dtv

Die deutsche Geschichte von ihren Ursprüngen bis heute ist die Geschichte eines Volkes ohne feste historische Begrenzungen, eines Territoriums ohne natürliche Grenzen, eines Staatsgebildes, das erst in jüngster Vergangenheit ein einheitlicher Nationalstaat wurde. Joseph Rovan beschreibt zwei Jahrtausende in den großen Entwicklungslinien und Epochen mit ihren Umwälzungen und Zäsuren und charakterisiert die Kräfte, die der deutschen Geschichte ihre eigentümliche Dynamik, Kontinuität und Zielrichtung gegeben haben. Das vereinigte Deutschland heute blickt auf eine Geschichte zurück, in der sich wie in keinem anderen Staat die Idee des Föderalismus, die Einheit in der Vielfalt, Anpassungsfähigkeit und Pluralität bedeutet, nachhaltig herausgebildet hat. Ein solcher Föderalismus ist nach Ansicht von Rovan auch die Grundlage für die Schaffung eines gemeinsamen Europa, in das Deutschland diese geschichtliche Erfahrung einbringen kann und muß.

Joseph Rovan, geboren 1918 in München, emigrierte 1933 nach Frankreich. Nach der deutschen Besetzung Frankreichs schloß er sich der Résistance an, wurde verhaftet und in das Konzentrationslager Dachau gebracht. Nach der Befreiung engagierte er sich für die deutsch-französische Verständigung in einem demokratischen Europa: als Publizist, als politischer Berater verschiedener Minister, als Mitbegründer des deutsch-französischen Jugendwerks und seit 1968 als Professor für deutsche Geschichte an der Universität Paris-Vincennes und an der Sorbonne. Veröffentlichungen u.a.: *Zwei Völker – eine Zukunft. Deutsche und Franzosen an der Schwelle des 21. Jahrhunderts* (1986); *Geschichten aus Dachau* (1992).

Joseph Rovan

Geschichte der Deutschen

Von ihren Ursprüngen bis heute

Aus dem Französischen von
Enrico Heinemann, Reiner Pfleiderer
und Reinhard Tiffert

Deutscher Taschenbuch Verlag

Aktualisierte Fassung der zweiten Auflage von 1995

Februar 1998
Deutscher Taschenbuch Verlag GmbH & Co. KG, München
© 1994 Éditions du Seuil, Paris
Titel der Originalausgabe:
Histoire de l'Allemagne. Des origines à nos jours
© der deutschsprachigen Ausgabe: Carl Hanser Verlag, München Wien 1995
Umschlagkonzept: Balk & Brumshagen
Satz: Dr. Ulrich Mihr GmbH, Tübingen
Druck und Bindung: C. H. Beck'sche Buchdruckerei, Nördlingen
Gedruckt auf säurefreiem, chlorfrei gebleichtem Papier
Printed in Germany · ISBN 3-423-30638-6

Inhalt

Vorwort

Ich beende diese Darstellung der Geschichte Deutschlands in meinem fünfundsiebzigsten Lebensjahr. Meinen Lebenslauf könnte ich abkürzend so beschreiben, daß ich in den ersten fünfzehn Jahren meines Lebens Deutscher und in den darauffolgenden sechzig Jahren Franzose gewesen bin. Als Soldat, Résistance-Kämpfer und Deportierter (nach Dachau) stand ich in dem letzten großen Kampf zwischen Deutschland, dem Land meiner Väter, und Frankreich, das zum Vaterland meiner Söhne wurde. Damals waren mehr als nur zwei Nationen gegeneinander angetreten, es war ein großer internationaler Bürgerkrieg zwischen widerstreitenden Ideologien, Weltanschauungen und Wertesystemen. Um an diesem Kampf teilzunehmen, hatte ich im Sommer 1940 ein amerikanisches Visum ausgeschlagen, für das nach der Niederlage Frankreichs mancher Flüchtling aus Deutschland viel gegeben hätte. Ich war aber der Meinung, man dürfe den Kampf gegen die nationalsozialistische Gewaltherrschaft, zu deren ersten Opfern meine Familie gehörte, nicht anderen überlassen. Aus der gleichen Haltung habe ich gleich nach meiner Rückkehr aus Dachau in einem Artikel in der Zeitschrift »Esprit«, die nach fünfzig Jahren Geschichte heute immer noch erscheint, die Ansicht vertreten, daß die Sieger – also auch und vor allen anderen Frankreich, denn als Nachbarland hatte es von alters her im Vergleich und in der Auseinandersetzung mit Deutschland und den Deutschen gestanden – künftig die Verantwortung für das deutsche Volk tragen. Ich war immer der Meinung, daß wir im Laufe unseres Lebens Gaben – in der Bibel ist von den »Pfunden« die Rede, mit denen »gewuchert« werden soll –, aber auch Pflichten erhalten: Als Bewohner der Grenze zwischen beiden Kulturen fühlte ich mich zum Dolmetscher und Vermittler berufen. Ich wollte dabei mithelfen, daß ein von seinen Dämonen befreites Deutschland und ein Frankreich, das in Niederlage und Sieg gleichermaßen Größe und Maß bewahren sollte, nun gemeinsam für die Menschenrechte, die Demokratie, die bürgerlichen Freiheiten und die Freiheit schlechthin kämpften.

Deswegen habe ich mich, sobald sich die Gelegenheit bot, für den Aufbau eines demokratischen Deutschland engagiert, eines Deutschland in der Tradition seiner großen humanistischen Geister Kant und Goethe und in der Nachfolge der Männer und Frauen von 1848 und 1918. Neben meiner Arbeit als Verantwortlicher für die Erwachsenenbildung in der französischen Besatzungszone bemühte ich mich als Journalist und Publizist, den Franzosen Deutschland und Frankreich den Deutschen nahezubringen. Rund zehn Bücher, einige tausend Aufsätze und Rundfunkbeiträge habe ich diesem Thema gewidmet. Aus meiner publizistischen Tätigkeit ergab sich ganz folgerichtig, daß ich zum Mitbegründer des Deutsch-Französischen Jugendwerkes wurde. Für mich überraschend, aber nicht weniger logisch, kam meine Ernennung zum Professor für deutsche Geschichte und Politik an der Universität Paris-Vincennes, an der ich dreizehn Jahre lang lehrte. Dann folgte ich einem Ruf auf den Lehrstuhl meines Freundes und unvergessenen Lehrers Pierre Bertaut an der Universität Paris III (Nouvelle Sorbonne) und wirkte dort die letzten Jahre meiner akademischen Laufbahn.

In gewisser Hinsicht ist das vorliegende Buch die Frucht aller vorher erwähnten Etappen meines Lebens. Ich bin in der Auvergne heimisch geworden, ohne mein Bayern zu verleugnen. Das Buch habe ich im treuen Andenken an meine Eltern geschrieben, an meinen Vater, einen Berliner, und an meine Mutter, eine Regensburgerin; beide ruhen auf dem Friedhof von Saint-Christophe-les-Gorges im Departement Cantal. Beide kamen aus ursprünglich jüdischen Familien, die aber schon lange emanzipiert und in grundverschiedenen Milieus aufgegangen waren, im protestantischen Preußen und im katholischen Bayern. Väterlicherseits bin ich dem intellektuellen Liberalismus des 19. Jahrhunderts verbunden; mein Vater hat mir jene geistigen Werte vermittelt, die ihn dazu trieben, am 2. April 1933, am Tag nach dem Boykott jüdischer Geschäfte, von dem er selbst nicht betroffen war, ohne jede Sicherheit für die Zukunft einem Land den Rücken zu kehren, »das in die Hände einer Räuberbande gefallen war«. Das war nicht mehr mein Vaterland, aber ich habe, soweit mir das an meinem bescheidenen Platz möglich war, dafür gekämpft, es dieser Bande wieder zu entreißen.

Als Kind erhielt ich evangelischen Religionsunterricht, fühlte mich aber schon sehr früh zur katholischen Kirche hingezogen. Zu den Denkern, die mich als Jugendlichen zu diesem Wandel bestimmt haben, gehörten an erster Stelle Henri de Lubac und Emmanuel Mounier. »Esprit« war von Anfang an ein Forum, das sich mit besonderer Aufmerksamkeit Deutschland widmete. Ich verdanke meinen Vorbildern, zu denen ich auch den großen, noch lebenden Jean-Marie Soutou rechne (er war mein Vorgänger als Redaktionssekretär der Zeitschrift), daß ich meine Epoche im Licht der unbeschönigten Vergangenheit erkennen und an dem Kampf für die Rechte der Erniedrigten und Beleidigten teilnehmen konnte, ohne der kommunistischen Ideologie zu verfallen, dieser großen Versuchung meiner Generation.

Ich habe schon angedeutet, was ich Pierre Bertaux verdanke. Unter meinen Lehrern an der Sorbonne war Edmond Vermeil wohl derjenige, der mich am meisten beeinflußt hat und dem ich nachzueifern bestrebt war. Vermeil, der selbst in der Nachfolge Charles Andlers stand, wurde zum Bahnbrecher einer Germanistik, die Geistesgeschichte und Gesellschaftswissenschaft miteinander verbindet. In diesem Zusammenhang muß ich auch den Historiker Henri Marrou nennen, mein Vorbild in diesem Fach. Er wurde mein akademischer Mentor und schrieb das Vorwort zu meinem ersten Buch zur deutschen Geschichte.

Wenn ich einigen Einfluß auf die französische Öffentlichkeit und auf die Gestaltung der deutsch-französischen Beziehungen gewinnen konnte, so verdanke ich das vor allem Edmond Michelet. Seit unserer gemeinsamen Zeit im Konzentrationslager Dachau, wo er der Führer unserer Gruppe war, ist er über die fünfundzwanzig Jahre seines politischen Wirkens hinweg nicht müde geworden, sich für eine neue und endgültige Verbindung zwischen Deutschland und Frankreich einzusetzen. Ich wurde sein Begleiter auf diesem Weg, geführt von General de Gaulle, der mir 1955 schrieb, »von nun an sind Frankreich und Deutschland dazu verurteilt, wie zwei Alexandriner Hand in Hand zu gehen«.

Das vorliegende Buch hat alle diese Anregungen, Vorbilder und Ermutigungen in sich aufgenommen. Ich bin als Universitätslehrer, Journalist, Publizist und politischer Berater verschiedener Minister immer der Ansicht gewesen, daß die Wissenschaft – und ebenso die Politik und die Publizistik – kein Zweck in sich ist, sondern stets ein Instrument im Dienst der Aufklärung sein sollte. Wenn wir aufklärerisch wirken, stehen wir im Dienst Gottes, dessen Licht die Schöpfung erhellt, die er uns anvertraut hat. Viele Jahre lang habe ich vor Studenten Vorlesungen zur vergleichenden Geschichte Deutschlands und Frankreichs gehalten. Aus diesen Vorlesungen ist das Buch entstanden.

So ist mein Buch, wie das meiste, was ich geschrieben, wie die meisten Vorträge, die ich gehalten, und die meisten Aktionen, für die ich mich engagiert habe, vor allem politisch gemeint: Nur aus dem Verständnis ihrer Geschichte können Deutsche und Franzosen ihre Rolle bei der Gestaltung der europäischen Union bewußt ausfüllen. Wenn die Zukunft ihre Wurzeln in der Vergangenheit hat, dann gibt auch nur die Zukunft der Geschichte ihren wahren Sinn.

Saint-Christophe-les-Gorges
am Sonntag vor dem Fest des hl. Josef,
des Schutzheiligen der Arbeiter, dem 14. März 1993

Zur deutschen Ausgabe

Ich habe mich gefragt, ob es notwendig ist, diesem Vorwort, das mein Buch in die Kontinuität meines Lebens stellt, einige Worte für den deutschen Leser hinzuzufügen. Freunde haben mir dazu geraten.

Während ich das Buch schrieb und als es in Frankreich erschien, war ich davon überzeugt, daß eine Übersetzung ins Deutsche wohl kaum in Frage käme. Ich meinte, daß dem deutschen Leser genug interessante und ausführliche Darstellungen der eigenen Geschichte zur Verfügung stünden, die auch unter sehr unterschiedlichen Vorzeichen verfaßt worden sind. Das fast umgehend bekundete Interesse eines angesehenen deutschen Verlages hat mich zuerst überrascht, dann wurde mir in Gesprächen aber klargemacht, daß mein »Blick von außen«, der ja auch von meiner Anteilnahme am Werden und Wirken des deutschen Volkes geprägt ist, für deutsche Leser erhellend und interessant sein könnte. Vielleicht ergibt es auch einen tieferen Sinn, daß sich hier ein Autor, dem man die Zugehörigkeit zum Volk der Deutschen ausgetrieben hat, auf diese Weise an Hitler und den Seinen rächt. Mit meinem Buch bringe ich also auch meinen Anspruch auf Mitbesitz an der deutschen Geschichte zum Ausdruck, der mir einst entrissen und verboten worden war.

In meiner Vorlesungs- und Vortragstätigkeit, die ich im Universitätsjahr 1994/95 als Emeritus wiederaufgenommen habe, behandle ich parallel die deutsche und die französische Geschichte. Indirekt und implizit ist der Blick auf Frankreich wohl auch im vorliegenden Buch auf jeder Seite spürbar. In ebendiesem Sinne will das Buch, auf deutsch wie auf französisch, ein Beitrag zur Schaffung eines gemeinsamen europäischen Geschichtsbewußtseins sein.

Der Titel der französischen Originalausgabe lautet: *Histoire de l'Allemagne. Des origines à nos jours.* Der Hanser Verlag bestand auf dem Titel *Geschichte der Deutschen. Von den Anfängen bis heute.* Der Autor ist der Meinung, daß dieser Titel sich nicht mit dem Inhalt des Buches deckt. Er hätte *Deutsche Geschichte von den Anfängen bis zur Gegenwart* für richtiger gehalten.

Joseph Rovan
31. Dezember 1994

I. KAPITEL

Einleitung

Eine Geschichte Deutschlands? Soll hier die Geschichte eines Landes oder die Geschichte eines Volkes geschrieben werden? Das deutsche Volk tritt im 9. Jahrhundert als ein Ensemble von Stämmen auf, deren Siedlungsgebiete im Norden von der Nordsee, im Osten von der Elbe und vom Böhmerwald, im Süden von den Alpen und im Westen von den Vogesen begrenzt waren. Außerdem verlief eine Sprachgrenze quer durch das heutige Belgien, das damals zum Fränkischen Reich gehörte. Die germanischen Stämme, aus denen einmal das deutsche Volk hervorgehen sollte, hatten ihre eigene Vorgeschichte, die sich über lange Perioden nachweisen läßt. In ihren Siedlungsgebieten hatten vorher schon andere Völker gewohnt: zum Beispiel indoeuropäische[1] Kelten und die Illyrer, die hochbegabten Völker der jüngeren vorrömischen Eisenzeit, der sogenannten La-Tène-Kultur, und noch früher, in der Jungsteinzeit, Ackerbau treibende Völker, deren Herkunft und Sprache wir nicht kennen. Diese Völker waren ihrerseits über Menschen der mittleren Steinzeit, die dort als Jäger und Sammler lebten, hereingebrochen und hatten sich mit ihnen vermischt. Die Geschichte der Stämme, die den Ursprung des deutschen Volkes bilden, kann nicht von derjenigen der anderen germanischen Völker getrennt werden. Einige hielten sich recht lange in den Gebieten, wo im 9. und 10. Jahrhundert Deutschland entstehen sollte, während andere nur durchzogen. Die Wanderungen germanischer Stämme erstreckten sich über mehrere Jahrhunderte. Fast ein Jahrtausend lag zwischen dem ersten Auftauchen der Kimbern und Teutonen an den Grenzen des damaligen Römischen Reiches und der Gründung des russischen Reiches durch schwedische Waräger. Fast 1200 Jahre vergingen von der ersten Berührung der Germanen mit der Kultur des Mittelmeers bis zur Gründung des Normannenreiches auf Sizilien. Schauplatz der meisten Wanderungen und Kriegszüge waren die Gebiete zwischen Elbe und Weichsel, in die nach dem Auszug der germanischen Stämme slawische Völker einwanderten. Goten, Vandalen (ein Zweig der Vandalen, die Silingen, gaben dem Land Schlesien seinen Namen), Heruler und Burgunden wohnten für längere Perioden dort, manchmal mehrere Jahrhunderte lang. In der Regierungszeit Karls des Großen begann dann etwas wie eine germanische »Reconquista« mit Höhepunkten im 12. und 13. Jahrhundert. Ihr ist es zu verdanken, daß das Gebiet der ehemaligen DDR heute noch zu Deutschland gehört, während die andere Hälfte der deutschen »Ostkolonien«, d.h. die Länder östlich der Oder-Neiße-Linie, heute fast keine deutsche Bevölkerung mehr hat und wieder Teil der slawischen Welt geworden ist. Wo die Geschichte des deutschen Volkes ihre zeitlichen Begrenzungen hat, ist schwer zu sagen; ebensowenig können für die Geschichte Deutschlands feste geographische Begrenzungen angegeben werden. Als im 19. Jahrhundert das »Deutschlandlied« geschrieben wurde, war Deutschland noch ein Gebilde von rund fünfunddreißig souveränen Staaten.[2] Die Grenzen, die in der Hymne für das kommende einige Deutschland genannt werden, erreicht die heutige Bundesrepublik jedoch nirgends. Weder die Maas noch die Memel gehören zum deutschen Staatsgebiet, die Ufer des Belt sind dänisch, und die Etsch ist von ihrer Quelle an ein italienischer Fluß.[3]

In der langen Zeit, die Deutschland für seine Nation- und Staatwerdung brauchte, sind zwei staatliche Gebilde auf dem Gebiet des Reiches entstanden, die sich von ihm getrennt hatten: die Niederlande und die Schweiz. Luxemburg, Österreich und Liechtenstein entwickelten sich im Laufe der Geschichte zu selbständigen Staaten, wenn nicht gar Nationen. Das »übrige« Deutschland, das Kernland des deutschen Reiches, wie es 1871 wiedererstand, wurde nach 1945 erneut geteilt und blieb es fünfundvierzig Jahre lang. Das Elsaß und Südtirol, deutsche Siedlungsräume, in denen noch zum Teil deutsch gesprochen wird, gehören heute zu anderen Staaten, die ihre älteren oder jüngeren Erwerbungen assimilierten. Den Zusammenbruch der in ganz Osteuropa zerstreuten deutschen »Kolonien« haben nur drei Siedlungsgruppen überlebt: die Siebenbürger Sachsen, die seit dem 13. Jahrhundert im Karpatenbogen ansässig sind, die Banater Schwaben aus dem Grenzgebiet zwischen Rumänien und Ungarn und die Diaspora der Rußlanddeutschen, die immer noch rund drei Millionen zählen, aber über kein zusammenhängendes Siedlungsgebiet, geschweige denn einen eigenen Staat verfügen, seit Stalin die Republik der Wolgadeutschen auflöste ... Die Rußlanddeutschen fordern heute die Wiederherstellung der einstigen autonomen Republik; sollte das Projekt scheitern, wird der überwiegende Teil dieser ethnischen Minderheit nach Deutschland zurückkehren, aus dem ihre Vorfahren im 18. Jahrhundert ausgewandert waren.[4]

Ein *Volk* ohne feste historische Begrenzungen, ein *Staatsgebiet* ohne natürliche geographische Grenzen, so stellt sich der Gegenstand unseres Buches dar. Wäre es da nicht einfacher, unsere Aufmerksamkeit auf den *Staat* zu konzentrieren? Das deutsche Volk, das auf deutschem Boden siedelt, hat sich allerdings einen Staat geschaffen, ja im Verlauf seiner Geschichte sogar mehrere gegründet. Aber auch hier stoßen wir wieder auf die gleichen Schwierigkeiten: Zu keinem Zeitpunkt der deutschen Geschichte fallen Volk, Nation, Territorium und Staat so zusammen, wie wir es von der Geschichte Frankreichs oder Englands kennen. Als das deutsche Volk, oder was einmal das deutsche Volk werden sollte, aus dem Verband der Völker und Territorien des karolingischen Reichs heraustrat, bildete es keine staatliche Einheit und siedelte auch nicht innerhalb mehr oder weniger klarer geographischer Grenzen, wie die Westfranken, die künftigen Franzosen, oder auch die nach Großbritannien ausgewanderten angelsächsischen und skandinavischen Völkerschaften, die von den normannischen Königen zusammengeführt, geeint und einer Zentralmacht unterstellt wurden. Frankreich ist ein Kap, das an drei Seiten ans Meer grenzt, England ist eine Insel. Deutschland hingegen liegt in einem Durchgangsgebiet ohne natürliche Grenzen. Aus mehreren, teils gewichtigen, teils eher zufälligen Erwägungen heraus verknüpfte das deutsche Königtum im 10. Jahrhundert das Schicksal der *Francia orientalis,* des späteren Deutschland, mit demjenigen Italiens. Für die deutschen Könige, die ja auch römische Könige und zumeist römische Kaiser wurden, war Deutschland nie der einzige Gegenstand ihrer Aufmerksamkeit, selbst wenn sie sich diesseits der Alpen aufhielten. Der Wunschtraum Italien, ein Traum von Macht, Geld und Verantwortung, ließ sie mehrere Jahrhunderte nicht los. Einen vergleichbaren Zauber übte die Kaiserwürde aus, die den römischen Kaiser zum Souverän und Schirmherrn der ganzen Christenheit machte, ohne ihn allerdings mit den Machtmitteln für solch hohe Pflichten auszustatten. Zum Heiligen Römischen Reich, das aus Deutschland und Italien bestand – im Süden ohne sichere Grenzen gegenüber Byzanz, der arabischen Welt, den letzten lombardischen Fürstentümern und den ersten normannischen Eroberungen –, kam im 11. Jahrhundert noch Burgund, ein weiteres Königreich, das nach dem Zerfall des karolingischen Reiches entstanden war und sich von Basel bis hinab nach Marseille erstreckte. Die Grenze des Reichs verlief damals entlang der Rhône, Arles und Lyon waren kaiserliche Städte. Aber auch Besançon und Cambrai gehörten dazu, denn im 10. Jahrhundert wurde »Lotharingien« zur dauerhaften Erwerbung (d. h. für mehrere Jahrhunderte) des deutschen Reichs. Vorher hatten sich das Westfränkische (Frankreich) und Ostfränkische Reich (Deutschland) nach dem Erlöschen der Dynastie Lothars, des ältesten Enkels Karls des Großen, um das Erbe gestritten. Der sich allmählich herausbildende deutsche Staat blieb untrennbar mit dem Kaisertum verbunden und konnte sich nicht zu einem zentralistischen Nationalstaat entwickeln.[5] Noch bis ins 19. Jahrhundert hinein trug Deutschland schwer an dem hohen Anspruch kaiserlicher Universalität, den einzulösen es nur selten die Mittel besaß und wenn, dann nur für kurze Zeit.

Da Deutschland auf der einen Seite mehr ist als ein Staat (oder es sein will), nämlich ein Reich, das über den nationalen Königreichen steht, fehlt ihm auf der anderen Seite die Macht, als Einzelstaat seine Souveränität zu behaupten. Wir werden im folgenden noch sehen, inwieweit es erlaubt ist, für diese hochmittelalterliche Epoche von einem Staat zu sprechen. In die Belange in Italien, Rom und Burgund verwikkelt, gelang es dem deutschen König und römischen Kaiser nicht, seine Autorität auch über die mächtigen Territorialherren in Deutschland zu wahren. Während die Kapetinger im Westfränkischen Reich gegen Ende des 13. Jahrhunderts eine unumstrittene Machtposition errungen hatten, sahen sich die deutschen Könige gezwungen, den geistlichen und weltlichen Fürsten die wichtigsten Herrschaftsrechte zu überlassen. Die Fürsten übten die eigentliche Macht in einem territorial aufgesplitterten Deutschland aus; dem Kaiser blieb nur eine fassadenhafte Macht, eine Machtfassade. Staat und Nation fallen also in der deutschen Geschichte ebensowenig zusammen wie Volk und Territorium. Deutschland ist ohne Zweifel eine Realität, aber eine Realität ohne Konturen und Grenzen. Nie geht es völlig in seiner jeweiligen historischen Gestalt auf. Aber gerade dies macht die deutsche Geschichte für uns Franzosen so interessant, weil sie sich von so vielen Gesichtspunkten her und an so vielen Stellen von der französischen unterscheidet und manchmal sogar entgegengesetzt erscheint.

Nachdem die Führung der ehemaligen DDR die Einheitsthese, wonach eine deutsche Nation in zwei verschiedenen Staaten existierte, zurückgewiesen hatte, bekam die deutsche Frage neue Aktualität. Die Gegenthese der SED, mit dem ersten sozialistischen Staat auf deutschem Boden sei auch eine ganz neue Nation entstanden, die sich von der »kapitalistischen« Nation im Westen grundlegend unterscheide, ist damals zu Recht bestritten worden. Immerhin hatte sie den Vorzug, auf die Vielfalt der Merkmale aufmerksam zu machen, aus denen sich eine Nation zusammensetzt und die nicht bei jeder gleich sein und im Verlauf der Geschichte auch nicht unbedingt gleichbleiben müssen. Die *Sprache* ist eines dieser Merkmale, und im Falle Deutschlands ist sie von herausragender Bedeutung, da das deutsche Volk nie in einem einzigen Staat existiert hat. Historiker sehen einen ersten Beleg für die Existenz eines deutschen Volks in den »Straßburger Eiden« (842): Über die eher zufälligen dynastischen Teilungen hinaus dokumentiert der Text, daß es in der Mitte des 9. Jahrhunderts innerhalb des Fränkischen Reiches eine Trennung in eine östliche und eine westliche Hälfte gab. Im Osten sprach die Bevölkerung germanisch, im Westen romanisch, und aus dieser Sprachverschiedenheit wird sich im Westen Frankreich und im Osten Deutschland entwickeln. Das Adjektiv, mit dem das deutsche Volk bezeichnet wird, ist *diutisk* oder »teutsch« (so lautet die Form noch bei Goethe) und bedeutet soviel wie »dem Volk zugehörig«. Gemeint sind damit die Angehörigen aller Stämme, ob Sachsen, Schwaben, Franken, Bayern oder Thüringer, die verschiedene Dialekte der einen Volkssprache sprechen und nicht das gelehrte, einheitliche Latein. Im 18. und 19. Jahrhundert werden dann im Anschluß an Herder und die Vertreter des Sturm und Drang[6] die Ideen des »Volksgeistes« und der »Volksseele« geboren. Danach ist die Sprache das stärkste Band und die wichtigste Einfassung der Nation, die gegen Ende des Heiligen Römischen Reiches aus nicht weniger als 1789 einzelnen Territorien und auch zur Zeit des Deutschen Bundes (1815) noch aus 38 souveränen Fürstentümern bestand.[7] Martin Luthers Bibelübersetzung im 16. Jahrhundert war zu einem Symbol nationaler Einheit geworden. Sie gab das Muster ab für eine einheitliche Hochsprache und förderte damit das Bewußtsein nationaler Einheit.

Das Territorium, der Staat und die Sprache bilden nur den Rohstoff für eine nationale Existenz, die im Laufe ihrer Geschichte ständigem Wandel unterworfen ist. Die deutsche Nation konstituierte sich, wie jede andere auch, in Kämpfen und trotz großer Widrigkeiten. Die ersten schriftlichen Belege für ein erwachendes Nationalbewußtsein finden sich in Verträgen, Streitschriften und Gedichten der »kaiserlichen Partei«, die Ende des 11. Jahrhunderts gegen die »päpstliche Partei« und gegen den »welschen« Papst antritt.[8] Auch die Welle nationaler Begeisterung, die Luther auslöste und für seine Zwecke nutzbar machte, ohne sie zunächst vorausgesehen zu haben, richtete sich noch gegen den fremden, den ausländischen Papst. Die Humanisten hatten in der vorangegangenen Generation das große germanische Erbe wiederentdeckt. Sie sammelten seine Heldenlieder, Sagen und Dichtungen und beschworen die Erinnerung an seine großen Männer, ganz so, wie es die italienischen Humanisten getan hatten. Letztere entdeckten bei der Rückbesinnung auf die griechisch-römische Antike eine nationale Vergangenheit; wenn Gelehrte und Gebildete aus Deutschland es ihnen gleichtaten, dann in der Absicht, sich eine komplementäre und ebenbürtige Vergangenheit zu geben. Gewiß wäre es übertrieben, hier schon von einem breiten Nationalbewußtsein zu sprechen, aber quer durch die Gesellschaft, von den Fürsten bis hinab zu den Bauern, gab es zu verschiedensten Gelegenheiten und lange vor dem Ende des Mittelalters immer wieder Empfindungen, Reaktionen und Unmutsbekundungen, die in Wort und Tat zeigten, daß man sich als Deutscher fühlte, vor allem als schikaniertes, ungerecht behandeltes Volk, als Opfer von nicht zu tolerierenden Einmischungen und Aggressionen. Als Karl der Kühne das obere Elsaß endgültig an sich binden wollte, um eine territoriale Verbindung zwischen den beiden getrennten Teilen seines Herrschaftsgebietes, den Niederlanden und den beiden Hälften Burgunds (dem Herzogtum und der Franche-Comté), herzustellen, erhoben sich Bauern und Städte 1474 gegen den fremden Eindringling und vertrieben ihn mit Hilfe der Eidgenossen. Obwohl die Beziehungen der Schweizer Kantone zum übrigen Reich schon sehr lose waren, hatten die Siege der alemannischen Volksheere über die Truppen des Herzogs von Burgund, ein Franzose nach Sprache und Kultur, in ganz Deutschland einen ungeheuren Widerhall. Die unaufhaltsame Ausdehnung des französischen Reiches nach Osten, das seine Grenzen beharrlich in deutsche Gebiete vorschob, löste im 17. Jahrhundert immer neue, wenn auch vergebliche Proteste aus. Gleiches galt für die Besetzung der Freien Reichsstadt Straßburg mitten im Frieden und die Verwüstung der Pfalz und anliegender Gebiete durch die französischen Truppen unter dem Befehl des Marquis von Louvois, die damit die »Taktik der verbrannten Erde« vorwegnahmen. Gegen den vorherrschenden Einfluß der französischen Zivilisation kämpfte im 18. Jahrhundert eine neue deutsche Nationalliteratur und setzte sich auch durch. Sie reinigte die Sprache und machte aus ihr ein Instrument mit universaler Bestimmung. Gegen die politische und militärische Hegemonie des napoleonischen Frankreich wendete sich schließlich die »Nationalbewegung« zwischen 1807 und 1815. Mit ihr regte sich zum erstenmal in Deutschland ein gemeinsames politisches Bewußtsein, ein nationales und vom Volk getragenes Bewußtsein.[9]

Nicht weniger wichtig für die Herausbildung einer deutschen Nation, die sich ihrer selbst bewußt ist, wurden die jahrhundertelangen Kämpfe mit den Slawen. Anders als an der Westgrenze zu Frankreich waren hier zumeist die Deutschen die Sieger, die ihre Grenzen ausdehnten und Land annektierten. Freilich gab es auch Gegenbewegungen: so den Aufstand der Hussiten, die erste nationale und vom Volk ausgehende Bewegung im neuzeitlichen Europa. Den Hussiten gelang es, die Präsenz der Deutschen in Böhmen und Mähren für einige Zeit zurückzudrängen. Schon 1410 hatten Polen und Litauer einen großen Sieg über das Heer des Deutschen Ritterordens bei Tannenberg errungen. Damit war der deutsche Vorstoß ins Baltikum vorerst zu Ende. In Wirklichkeit waren diese slawischen Siege jedoch nur Abwehrerfolge. Sie verhinderten nicht die deutsche Kolonisierung Pommerns und Mecklenburgs, der Mark Brandenburg und Ostpreußens und des größeren Teils Schlesiens. Vor allem aber war diesen Erfolgen keine Dauer beschieden.

Im 17. Jahrhundert werden sie weithin aufgewogen durch die Niederlage der tschechischen Nation und als deren Folge den Verlust ihrer staatlichen Unabhängigkeit und im 18. Jahrhundert durch die Teilungen Polens. Die Deutschen sind Kolonisatoren, Assimilatoren und Beherrscher, und in dem Maße, in dem sich Nationalbewußtsein aufbaut, inkorporiert es diese aggressiven Züge. Über die Ostgrenze der deutschen Territorien hinaus erstreckte sich ein weites politisches und kulturelles Einflußgebiet, in dem sich auch geschlossene deutsche Siedlungsgebiete bildeten, so in Siebenbürgen, im ungarischen Banat und im Süden und Osten Rußlands. Weiterhin stellten Deutsche die vermögende soziale Elite im Baltikum, die sogenannten »baltischen Barone«, die, ob adlig oder bürgerlich, die estnische und lettische Bauernschaft gänzlich beherrschten. Soziale Enklaven fanden sich auch in polnischen, böhmischen und ungarischen Städten, in denen das deutsche Bürgertum den Ton angab (in Krakau im 15. und 16. Jahrhundert, in Prag und Budapest bis in die Mitte des 19. Jahrhunderts). Auch die vom Volk abgehoben herrschende Bürokratie im Rußland des 18. Jahrhunderts war zum Teil deutschen Ursprungs und wirkte maßgeblich am Aufbau des russischen Staates mit. Schließlich kam es im 19. Jahrhundert fast überall in Osteuropa zu der erstaunlichen Wiederbegegnung zwischen Deutschen und jenen Juden, die in der Mehrzahl Nachfahren der Opfer der großen mittelalterlichen Pogrome in Deutschland waren. Die Juden in Rußland, Polen, Litauen, Rumänien, Ungarn, Böhmen und Mähren sprachen Jiddisch, eine in den Grundlagen mittelhochdeutsche Sprache aus dem 14. Jahrhundert, versetzt mit hebräischen Elementen. Sie bildeten im 19. Jahrhundert eine bedeutende »Reservearmee« für die politische und kulturelle Germanisierung Osteuropas. Der deutsche Antisemitismus war ihnen gegenüber großer historischer Undank.

Die Deutschen hatten sich also ein weitreichendes geographisches, sprachliches und ökonomisches Vorfeld geschaffen. Bereits im 13. Jahrhundert begannen sie mit dem Bergbau in Böhmen und Ungarn und trieben ihn voran; im 15. und 16. Jahrhundert gründeten sie Städte im Osten; in der Bürgerschicht waren sie zahlreicher und dynamischer als die Angehörigen des slawischen Bürgertums; im 19. Jahrhundert schließlich gründeten Deutsche und Juden den größten Teil der polnischen und russischen Industrie. Dieses Vorfeld war bis zum Jahr 1945 ein Teil der deutschen Wirklichkeit. Heute existiert es größtenteils nicht mehr, und seine Erosion setzt sich seit Beginn der achtziger Jahre fort. Hunderttausende von »Volksdeutschen« aus Rumänien, Rußland und Polen sind seitdem nach Deutschland zurückgewandert. Damit ist die deutsche Nation zu einem europäischen Volk »mittlerer Größe« geschrumpft, das auf ein bestimmtes, festumgrenztes Territorium beschränkt ist. Dank seiner kulturellen und wirtschaftlichen Anziehungskraft kann es heute in Ost- und Südosteuropa, seit die Völker dort das Joch des sowjetischen Kommunismus abgeworfen haben, wieder seine alten Handelsbeziehungen spielen lassen. Allerdings müssen damit nicht notwendigerweise auch politische Ziele verfolgt werden, so sehr scheint die Idee des Nationalstaates angesichts der Probleme des 21. Jahrhunderts überholt zu sein. Welche Entwicklung weitergeht, hängt davon ab, wie rasch die Union der Völker Europas zustande kommt und wie belastbar ihre föderative Konstruktion sein wird.

Wie alle neuzeitlichen Völker, aber vielleicht mehr als die anderen, ist Deutschland nicht nur das Produkt seiner Geschichte, sondern auch das der Historiker und all jener, die »eine bestimmte Idee von Deutschland«, manchmal sogar mehrere, im Kopf hatten und sie auch propagierten. Deutschland hat später als die meisten anderen Länder Westeuropas seine staatliche Einheit erlangt; in Deutschland, so könnte man behaupten, ist das Nationalbewußtsein dem Staat vorausgegangen, in Frankreich und England war es genau umgekehrt. Deutschland hat seine Einheit zu einem erheblichen Teil seinen Universitäten, dem Wirken seiner Professoren, Historiker, Philologen und Juristen zu verdanken. Die Gegenwart gehörte damals Frankreich nach der Revolution von 1789, und etwas später Staaten, welche die Idee der Nation für subversiv hielten, also den Staaten der Restauration nach 1815, konservativen Staaten, die aber auch einer Vergangenheit mißtrauten, die vor der Herrschaft einer autoritären Bürokratie bestanden hatte, welche nun ihrer selbst sicher und von der Pflicht überzeugt war, das Wohl der Völker ohne und oft auch gegen diese herstellen zu müssen. Das geistige Deutschland, die Jugend und die »Rebellen« im Land suchten und fanden in der Vergangenheit das Ideal einer Größe, die ihnen die Gegenwart verweigerte. Das revolutionäre Frankreich verkündete den Bruch, es schaffte (zumindest in der Theorie) die Vergangenheit ab; Deutschland hingegen besann sich im Kampf gegen Frankreich gerade auf seine ruhmreiche Vergangenheit, feierte sie und zögerte auch nicht, sie nötigenfalls umzuschreiben oder neu zu erfinden. Die romantische Geschichtsschreibung wird von einem grundlegenden und bizarren Mißverständnis beherrscht: Trotz einiger Schriften und vorausweisender Texte, von denen schon die Rede war, ist die deutsche Vergangenheit, zumindest bis Luther und zu großen Teilen sogar bis in die zweite Hälfte des 18. Jahrhunderts hinein, eine »vornationale«, die man

nur dann für die Nationalidee beanspruchen kann, wenn sie in ein vor-
geformtes Deutungsschema, das die Vergangenheit weitgehend verfälscht, gepreßt wird.[10] Doch das focht das neue universitäre Bürgertum
nicht an. Die Hochschulen prägten eine immer zahlreicher werdende
»Elite« im Geist des Liberalismus und Nationalismus, der im weiteren
Verlauf des 19. Jahrhunderts jedoch zunehmend national-liberal wurde.
Die Professoren, Dichter und Publizisten gaben der Bewegung die Vergangenheit, die sie brauchte, und lieferten ihr die entsprechenden Helden,
Bannerträger und Legenden: der hartnäckige Abwehrkampf der Ostgoten
gegen Byzanz; Heinrich IV. barfuß im Schnee vor Canossa, ein Büßer
vor dem Papst; Konradin, der letzte Staufer, hingerichtet in Neapel, nachdem der Franzose Karl von Anjou ihn in einem Scheinprozeß zum Tode
verurteilen ließ; Luther vor dem Kaiser in Worms (»Hier stehe ich, ich
kann nicht anders«). Einem Volk, das zur Hälfte aus Katholiken bestand
und immer schon in föderativen Strukturen gelebt hatte, verschafften die
Vertreter der nationalliberalen Bewegung eine protestantische, die Einheit
der Nation betonende Geschichte. Die Sprachwissenschaftler erfanden
die »indogermanische« Völkergemeinschaft (in Frankreich nennt man
sie später indoeuropäisch), die ferne Vergangenheit der Mythen und
Legenden wurde den blonden Ariern, den Ahnen der Nation, zugeschrieben. Auf dieser weitgehend erfundenen Vergangenheit bauten die Deutschen des 19. Jahrhunderts ihre Gegenwart auf. Und wenn die Wirklichkeit zu sehr vom mythischen Bild abwich, standen manche Deutsche
nicht an, ihr Volk und ihr Land so umgestalten zu wollen, daß das *Sein*
und das *Seinsollen* endlich zusammenfielen. Gerade dies sollte dann eines
der eigentlichen Merkmale des Hitlerschen Irrweges werden. Da die Vertreter der nordischen Rasse, blonde, hochgewachsene Menschen mit
blauen Augen, »nur noch« eine Minderheit unter den Deutschen des
20. Jahrhunderts bildeten, wollte Himmler Deutschland wieder »auf-
norden«. Wie alle von totalitären Ideen Besessenen wollten auch die
Nationalsozialisten einen neuen Menschen formen; aber ihr Modell der
Zukunft lag in der Vergangenheit, noch dazu in einer weitgehend chi-
märenhaften.

Wenn die Klassenbeziehungen und die Produktionsverhältnisse von solch
herausragender und sogar ausschlaggebender Bedeutung für die Menschheitsgeschichte wären, wie es der Marxismus behauptet, dann gäbe es
gar keine Nationen. Wer die Geschichte einer Realität beschreibt, die
durch die Begriffe Volk, Territorium, Staat und Nation gekennzeichnet
ist wie zum Beispiel Deutschland, der wird rasch gewahr, daß die marxistische Analyse nur einen Teil dieser Realität erschließt. Andererseits

entdeckt man wieder die – natürlich ebenso nur relative und partielle – Wahrheit der historischen Methode, deren Vertreter, von Herder bis Meinecke, in den Völkern und Nationen handelnde Personen, ja sogar die Hauptpersonen der Weltgeschichte sehen wollen. Vor dem Hintergrund dieser beiden Methoden, die den einzelnen in Abhängigkeit von der Gesellschaft zeigen, tritt die Rolle des Individuums hervor, das sich weder auf ein Milieu oder ein Kollektiv reduzieren noch als völlig selbsttätiges und unabhängiges Wesen denken läßt. Eine Nation ist eine Schicksalsgemeinschaft, ein kollektives Unternehmen, das sich zu keiner anderen Zeit und an keinem anderen Ort wiederholen könnte, eine unverwechselbare Art und Weise, in Gemeinschaft und als einzelner Mensch zu leben. Eine Nation wiederholt eben nicht nur ständig bestimmte Herrschaftsformen, die wiederum von bestimmten Produktionsverhältnissen abhängig sind. Der Klassenkampf in Deutschland ist nicht derselbe wie in England, und dieser Unterschied ist genauso bezeichnend wie das universelle Vorkommen dieses Phänomens, das ja auch nicht übersehen werden darf. Wir müssen also in unserer Darstellung gleichermaßen das Individuum und die größeren gesellschaftlichen Einheiten, die Klassen und die Nationen (und was sie voraussetzen bzw. was ihnen zugrunde liegt) im Auge behalten. Wir dürfen nicht der Versuchung nach einlinigen und monokausalen Erklärungen, nach vorgeformten Deutungsmustern nachgeben. Das unauslotbare Geheimnis, das jeder Mensch in sich trägt und spürt, begegnet uns auch im Leben von Nationen, von Völkern und sozialen Gruppen, die Lebensmilieus bilden. Die deutsche Lehnsherrschaft ist nicht genau dasselbe wie die französische Lehnsherrschaft, und zwar aus vielerlei Gründen, nicht nur wegen der Unterschiede in den ökonomischen Verhältnissen in Frankreich und Deutschland. Die deutsche Arbeiterklasse unterscheidet sich von der französischen oder englischen, ungeachtet der Ähnlichkeiten in der industriellen Entwicklung der drei Länder. Zwischen einem deutschen und einem italienischen Katholiken gibt es erhebliche Unterschiede, obwohl beide derselben Kirche angehören und sich zum selben Glauben bekennen. Die Darstellung eines historischen Gebildes, das mit den Begriffen Volk, Sprache, Nation und Staat zu umschreiben wäre, ist nicht nur *notwendig,* weil unausweichlich oder weil jeder andere Ansatz (der den solchermaßen beschriebenen Aspekt nicht berücksichtigte) falsch oder bewußt irreführend wäre, sondern immer auch *möglich.* Dies gilt freilich nur unter der Bedingung, daß die Geschichte der sozialen Kategorien, der verschiedenen Kulturformen und Ideologien mit all ihren möglichen Widersprüchen auch in die Darstellung aufgenommen wird. Wir haben weiter oben gesagt, daß Deutschland in gewisser Hinsicht das Produkt seiner Geschichte als ge-

dachter, erlebter und vor allem geschriebener Ideologie (der Geschichts-
philosophie) ist. Engels hat die gleiche Geschichte auf seine Weise und
durch die Brille einer anderen Ideologie gelesen. Aus einer zukünftigen
Entwicklung, die er für unausweichlich hielt, gewann er die Kriterien
und Begriffe, mit denen er der Vergangenheit einen Sinn zu geben meinte.
Für uns hat die Menschheitsgeschichte und folglich auch die Geschichte
Deutschlands nicht *einen* Sinn, sondern eine Vielfalt von Bedeutungen,
die wir zu sehen und zu erfassen versuchen, um sie in der Sprache unserer
Zeit verständlich zu machen.

Wer, zumal in Frankreich, eine Geschichte Deutschlands schreibt, sollte
sich vor dem Mythos von einem »ewigen Deutschland« hüten. Es ist
ebenso verlockend wie absurd, Deutschland (oder jedes andere Land
oder Volk) für unwandelbar zu halten oder es für ganz und gar neu
auszugeben. Unsere Lehrmeister haben in der deutschen Vergangenheit
nach den Ursachen der gärenden Unruhe in Deutschland gesucht, die sie
als Zeugen und manchmal auch als Opfer miterlebt hatten. Ein solches
Vorgehen war unvermeidlich, aber auch bedenklich. Völker sind wie
Individuen Produkte ihrer geschichtlichen Voraussetzungen (Personen,
Verhältnisse, Ideologien), und zugleich haben sie die Freiheit, sie selbst
zu sein. Ein Charakter oder ein Wesen steht in einer Kontinuität, und
zugleich kann diese Kontinuität jederzeit aufbrechen. Veränderungen
sind immer möglich, aber nicht »die« Veränderung schlechthin. Uns
bleibt die Aufgabe zu sagen, was das Dauerhafte einer nationalen Identität über alle tiefen Einschnitte, Veränderungen und Revolutionen hinweg ausmacht. Womit wir wieder beim alten Universalienstreit wären.
Wir vertreten den Standpunkt, daß Deutschland mehr als nur ein Name
ist, daß aber andererseits der Name zum Fortbestand und zur Fortentwicklung der Sache, also der deutschen Realität, beigetragen hat. Wir
fragen uns nicht, was wohl das »deutsche Wesen« ausmachen könnte.
Vielmehr wollen wir beschreiben, wie und auf wie viele Arten man bis
heute Deutscher sein konnte und wie man es nach all dem Vergangenen,
all den Veränderungen in ältester und jüngster Zeit auch weiterhin noch
sein kann.

Für sich und in sich, in Europa und in der Welt.

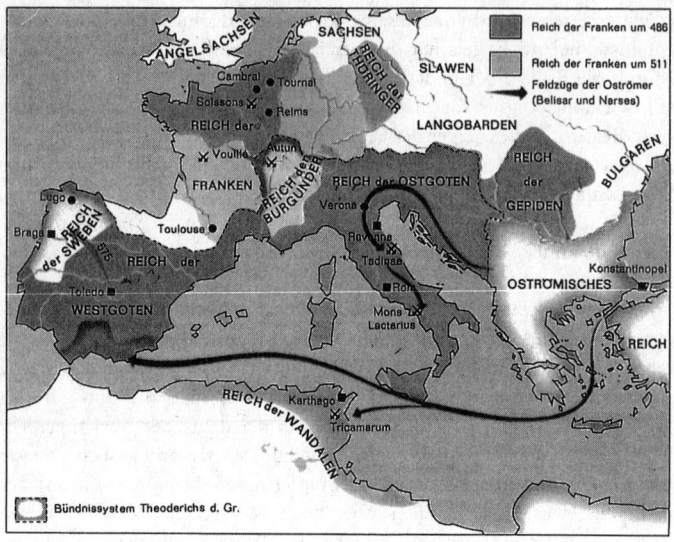

Die Germanenreiche um 526

2. KAPITEL

Von den Ursprüngen
bis zu Karl dem Großen

Die Germanen: Sprachen und Götter

Am Anfang gab es also die Germanen, ein Ensemble von Völkern und Stämmen, die ihren Namen (dessen Bedeutung bis auf den heutigen Tag ungeklärt geblieben ist) den Römern[1] verdanken. Wußten die Germanen, daß sie Germanen waren? Wir wissen nicht, ob sie über einen Namen verfügten, um die germanischen Stämme in ihrer Gesamtheit zu bezeichnen. In römischen Zeiten, als sie an den Grenzen des Imperiums standen, sehen wir sie bald in heftiger Fehde untereinander, bald mit den Römern verbündet, bald als germanische Waffenbrüder vereint. Konnten sich Germanen, die zur gleichen Zeit, aber in verschiedenen Stämmen lebten, überhaupt untereinander verständigen? Nach dem, was wir über die germanischen Sprachen des 5. und 6. Jahrhunderts n. Chr. wissen, dürfen wir annehmen, daß sie sich so verständigten, wie heute z. B. alle Angehörigen slawischer Völker untereinander kommunizieren können. Sicherlich gab es auch Sprachen mächtiger Völker im germanischen Raum, die als Koine oder Verkehrssprache dienten. Das Gotische scheint damals eine solche Rolle gespielt zu haben. Allerdings wissen wir nur sehr wenig über die Sprachen, die damals in Skandinavien oder in den Gebieten des späteren Deutschland gesprochen wurden. Was die wandernden Germanenstämme sprachen, waren gewiß eher Dialekte als eigenständige Sprachen. Wie dem auch sei, es gibt hierüber keine schriftlichen Zeugnisse. Erst im 5. Jahrhundert erscheint mit Bischof Ulfilas' Übersetzung der Heiligen Schrift ins Gotische das erste bedeutsame Dokument in germanischer Sprache, das auf uns gekommen ist. Noch ältere skandinavische Inschriften mit offensichtlich magischem Charakter sind in Runen geschrieben, die zumindest teilweise griechisch-römischen Ursprungs sind. Vor allem die germanischen Stämme, die in engem Kontakt zu Rom standen, paßten die griechische oder römische Schrift ihrer Sprache an und benutzten sie zu den verschiedensten religiösen oder profanen Zwecken.

Wie bereits erwähnt, bilden die germanischen Sprachen einen Zweig des indogermanischen Sprachstammes, ebenso wie die keltischen Sprachen, das Griechische, die indopersischen Sprachen, das Hethitische, Illyrische, die baltischen und die slawischen Sprachen. Die Vorfahren der Sprecher dieser Sprachen waren Nomaden, die im dritten und zweiten Jahrtausend v. Chr. die endlosen Weiten Zentralasiens und Südrußlands durchwanderten. Die vergleichende Sprachwissenschaft hat ausgehend von den bekannten europäischen Sprachen eine hypothetische Ursprache rekonstruiert: das Indogermanische. Aus der Masse der nomadisierenden Völkerschaften lösten sich die Germanen, die wie die anderen auch von Viehzucht und Raubzügen lebten, und siedelten in den Gebieten nahe der Ostsee zwischen Weichsel und Elbe, im heutigen Niedersachsen und in Südskandinavien, in Jütland, auf den dänischen Inseln und im schwedischen Schonen. Diese Gebiete waren durchaus nicht menschenleer. Die archäologische Forschung hat mindestens zwei große aufeinanderfolgende Siedlungsschichten freigelegt: eine mittelsteinzeitliche Bevölkerung von Fischern, Jägern und Sammlern, auf die in der Jungsteinzeit Ackerbau treibende Siedler folgten, die teils die Urbevölkerung nach Norden verdrängten, teils sich mit ihr vermischten. Über die Völker und Sprachen der vorgermanischen Zeit ist so gut wie nichts bekannt. Als im zweiten Jahrtausend v. Chr. germanische Krieger und Viehzüchter in die Region kamen, konnte dies nicht ohne Konflikte abgehen. Eindringlinge und Ansässige vermischten sich, soziale Rollen wurden neu verteilt. Aber auch hierüber wissen wir nichts Genaues. Die ältesten Zeugnisse germanischer Handwerkskunst, vor allem Keramik und Schmiedewaren, weisen unverkennbare Züge der sogenannten Steppenkunst auf, für die abstrakte Ornamente und Tiermotive charakteristisch sind. Die ersten griechischen und römischen Entdeckungsreisenden berichten alle, wie gering bei den Germanen das Interesse für den Ackerbau sei. Bis zum Beginn des Mittelalters beruht die germanische Kultur zum größten Teil auf Kriegs- und Raubzügen. Die einzelnen Stämme zeichnen sich durch kriegerischen Geist und einen ausgeprägten kollektiven Wandertrieb aus. Vieles weist darauf hin, daß die germanischen Eroberer gegenüber der Urbevölkerung ihren unverwechselbaren Charakter behielten. Wenn sich die Völker später auch mischten, blieb das germanische Element selbst bei zahlenmäßiger Unterlegenheit prägend.

Die Geschichte kennt die Germanen als Völker auf ständiger Wanderschaft. Die Kimbern und Teutonen brachen Ende des 2. Jahrhunderts v. Chr. in die römische Welt ein. Aber waren es wirklich Germanen? Oder waren es germanische Stämme, die unterwegs andere Völker auf ihren Zügen mitgenommen hatten? Die Römer, die sie zuerst für Gallier, also Kelten hielten, merkten sehr bald, daß sie es mit einem neuen, bisher noch unbekannten Volk zu tun hatten. Rund fünfzig Jahre später scheint Caesar Germanen und Kelten zweifelsfrei unterscheiden zu können. Die

Gallier waren den Römern wohlbekannt, seit Jahrhunderten hatten die beiden Völker eine gemeinsame Geschichte. Auch den Griechen waren sie ein Begriff, zumindest seit dem großen Raubzug der Galater, die um 250 v.Chr. plündernd durch Nordgriechenland zogen, ehe sie sich in Kleinasien niederließen. Diesen seßhaft gewordenen Kelten widmete später der Apostel Paulus seine »Briefe an die Galater« und verewigte damit ihren Namen für die Nachwelt. Die Kultur der Kelten hatte durchaus eigenständige Züge, war aber auch aufnahmefähig für die griechisch-römische Zivilisation. Die Assimilation der keltischen Bevölkerung ging in der Po-Ebene, der *Gallia cisalpina*, schneller voran als in der *Gallia transalpina*, dem »eigentlichen« Gallien. Anders die Germanen. Was Tacitus, der nach den langen, verlustreichen und letztlich ergebnislosen römischen Feldzügen zwischen Rhein und Elbe sein Buch über die Germania schrieb, von ihnen zu berichten wußte, weist sie als Bewohner einer anderen, fernen und barbarischen Welt aus, die aber zugleich auch Faszination ausübte. Das Zeitalter der Germanenwanderungen, angefangen mit den Raubzügen der Kimbern und Teutonen bis zur Niederlassung der Langobarden in Oberitalien, erstreckt sich über sieben Jahrhunderte, und nur die letzten werden als »Völkerwanderungszeit« bezeichnet.

Unser Wissen und unser Bild von einer Zeit verdient nur dann den Namen Geschichtsschreibung, wenn es datierbar ist. Nun tauchen aber über Jahrhunderte immer neue germanische Völker auf. Nicht nur ihre Namen wechseln, wenn sich Stämme verbinden und wieder lösen, auch ihre Siedlungsgebiete und mit ihnen die Sitten und Gebräuche ihrer Bewohner. Über diese Veränderungen haben wir nur ein bruchstückhaftes, marginales Wissen, vieles ist überhaupt nur zufällig überliefert worden. Da die Germanen keine verbreitete Schrift besaßen, geht bis ins 5. Jahrhundert alles, was wir von ihnen wissen, auf die Berichte von Beobachtern zurück, die ihre Kultur nur von außen wahrnahmen. Ihre eigene mündliche Überlieferung bleibt im Dunkel der Geschichte. Erst im Hochmittelalter wurden die mündlich überlieferten Erinnerungen an die Völkerwanderungszeit, die damals auch schon sechs bis sieben Jahrhunderte zurücklag, zum Gegenstand literarischer Bearbeitung: Das Anfang des 13. Jahrhunderts verfaßte »Nibelungenlied« geht auf verschiedene germanische Heldensagen zurück. Der Ostgotenkönig Theoderich der Große, der um 500 in Ravenna residierte, wird darin zu »Dietrich von Bern« (Verona), dem treuen Freund des Hunnenkönigs Attila, an dessen Hof sich das Schicksal der Burgunden, auch sie ein historisches Volk, besiegelt. Römer und Griechen, vor allem Tacitus und Prokop, wissen von den »Seltsamkeiten« der Germanen zu berichten, was sie zu bestaunten Wesen macht, aber nicht unbedingt treffend charakterisiert.

In den weiten geographischen Räumen, in denen einmal Deutschland entstehen sollte, lebten die Germanen, wie sie uns Tacitus schildert, weit verstreut in kleinen Siedlungen inmitten von Wäldern, Sümpfen und sandigen Heiden. Die Gesellschaft war streng hierarchisch gegliedert in Adel, Freie, Liten oder Halbfreie und Schalke oder Unfreie. Die letzten beiden Kategorien, die sich sicherlich aus den Gefangenen älterer und jüngster Kriegszüge zusammensetzten, betrieben Ackerbau. Einerseits bestanden starke Gemeinschaftsbande, die Bewohner besaßen Äcker, Viehweiden, Wald und Wasserläufe gemeinsam, andererseits verfügten einzelne auch über große Reichtümer. So konnten sich reiche Stammesfürsten eine regelrechte Hofhaltung leisten, sie umgaben sich mit Sklaven, Gefolgsleuten, Waffengefährten und Verbündeten. Ging ein reicher und mächtiger Stammesfürst auf Kriegs- oder Raubzug, versammelte er mit dem Versprechen auf Ruhm und Beute eine größere Kriegerschar um sich. Der Krieg war Ursache und Anlaß neuer Stammesbildungen, die sich später auch wieder auflösten. Aus dem erfolgreichen Kriegszug eines großen Anführers konnte ein neuer Stamm entstehen, und tatsächlich tauchten im Laufe der Jahrhunderte immer neue germanische Völkerschaften auf und verschwanden wieder, ohne daß unter ihnen eine auch nur halbwegs sichere »Genealogie« zu rekonstruieren wäre. Der Name eines dieser Völker, der Alamannen (Alle Mannen), die im 3. Jahrhundert in der Geschichte erschienen, bedeutet denn auch soviel wie »jedermann«. Der Fall der Alamannen zeigt, wie ein neues Volk entstehen konnte. Auf ihren jahrhundertelangen Wanderungen hatten Germanen, die von Südskandinavien über die Weichselgegend und Thüringen bis an die Grenze des Römischen Reiches gelangten, immer wieder versprengte Mitglieder verschiedenster Stämme bei sich aufgenommen. Am Ende ließen sie sich im Gebiet zwischen Rhein und Donau nieder. Das Land der Alamannen – im Französischen ist daraus »Allemagne«, die Bezeichnung für ganz Deutschland geworden – ist also eigentlich Jedermanns Land. Völker auf Kriegszug oder auf Wanderung gaben sich oft Könige, die aus dem Stammesadel gewählt wurden. Diese Könige behaupteten von sich, daß ihre Ahnen göttlicher Abkunft gewesen seien. Es gab aber auch Völker, die nur von Herzögen geführt wurden, also von Truppenführern, die keine religiöse Legitimation besaßen.

Die Germanen verehrten Götter, welche die Römer nach dem Muster ihrer eigenen Religion in einem Pantheon vereinigten, wobei sie jedem germanischen Gott eine analoge griechisch-römische Gottheit zuordneten. Eine solche Analogie, die von den »Philologen« des 19. Jahrhunderts übernommen und systematisiert wurde, geht jedoch nicht ohne Gewaltsamkeit ab. Nach dem, was wir über die germanischen Götter heute wissen, gehören sie mehreren und bisweilen sogar konträren »Ordnungen« an. Die Gestalten und Kräfte der Natur wie Donner, Sonne, Feuer, Frühling, Sturm und fruchtbare Erde werden als verschiedene Gestaltungen des Göttlichen verstanden. Die Göttervorstellungen überschneiden sich, ohne jemals ganz kongruent zu sein; auch sind sie bei den meisten anderen indogermanischen Völkern verbreitet und selbst in fremden Kulturkreisen. Sie dienen bisweilen der Darstellung von Konflikten, Siegen und Niederlagen, und je nachdem, welchen Ausgang die Konfrontation nimmt, eignet sich das triumphierende Volk die Gottheiten der Besiegten an. Wie Trophäen werden diese dann einer »Göttergeschichte« einverleibt, in der die ursprünglichen Götter von einem neuen Göttergeschlecht, das dem siegreichen Volk nahesteht, überwunden werden. Ein solches religionsgeschichtliches Magma ist für uns Heutige um so schwerer zu durchdringen, als unsere Kenntnisse aus einer sehr viel späteren Überlieferung stammen. Die im Mittelalter auf Island verfaßten Sagas dokumentieren ihrerseits eine weiterentwickelte und spezifisch skandinavische Ausprägung der germanischen Religion und Mythologie.

Die Götter der Germanen kennen Zorn und Kampfgeist, Leid und selbst den Tod: Odin/Wotan (der Zeus/Jupiter des germanischen »Pantheons«), Thor, Loki, Baldur, Freyer und Freya, Frigga, die Asen und die Wanen wohnen in einer Welt aus Feuer und Blut, Zorn und Rache, Rausch und Schrecken, in der über jedem, gleichviel ob Gott oder Mensch, ein unerbittliches Schicksal waltet. Wer die Grazie, den Wohllaut und den Tiefsinn gewohnt ist, mit denen die klassische Antike ihre immer symbolhafter[2] werdenden Götter schmückte, den überraschen wildes Kampfgetümmel, wüstes Hauen und Stechen, Dunst von Blut und Schweiß, lodernde Flammen und ein anarchischer Kampf jedes gegen jeden. Die germanische Götterwelt ist das genaue Gegenteil der antiken, die sich durch Anmut und Maß auszeichnete. Sie kennt Verbrechen und Revolten, Niederlagen und vorübergehende Siege. Wie die Welt der Menschen, deren getreues Spiegelbild sie ist, treibt das Geschick der Götter auf den allesverschlingenden großen Weltenbrand zu. Das Bild, das die Germanen durch ihre Mythen und Sagen von sich selbst geben, macht die Schwierigkeiten verständlich, die ihrer Christianisierung im Wege standen. Es bedurfte gewaltiger innerer und äußerer Umwälzungen, ehe die Vorstellung von einem liebenden und leidenden Gott, die Idee der Barmherzigkeit und Nächstenliebe sich Eingang in eine Welt verschafften, die von Kampflärm erfüllt war und in der es nur Ehre oder Schmach gab. Die germanischen Mythen und Sagen charakterisieren ein Volk, das tief in einer harten und kargen Natur verwurzelt ist. Es ist eine Welt, in der Geister und verborgene Kräfte walten, in der Zwerge und Riesen wohnen, aber keine Sylphen und Musen. Indessen genießen die Frauen ein größeres Ansehen und nehmen eine höhere Stellung ein als in der mediterranen Zivilisation. Die kämpferischen und herrischen Germaninnen lassen sich in kein Gynäkeion einsperren. Der Widerstand der königlichen Jungfrau Brunhilde wird erst durch übernatürliche Kräfte und Siegfrieds Zaubergürtel gebrochen.

Lange Zeit, im ganzen christlichen Mittelalter, in Humanismus, Barock und Aufklärung – Epochen, die von italienischer, spanischer, französischer und englischer Kultur geprägt wurden –, führten die germanischen Mythen und Sagen im kollektiven Gedächtnis des deutschen Volkes nur ein Schattendasein oder waren ganz vergessen. Erst die Denker und Gelehrten des Historismus haben sie im Anschluß an die Arbeiten Herders und Wilhelm von Humboldts wiederentdeckt, veröffentlicht und allgemein bekannt gemacht. Dieselben Gelehrten brachten auch die sagenhaften Gestalten und Ereignisse aus der germanischen Vorzeit und den Anfängen der deutschen Geschichte, von den Goten bis zu den Staufern, zu neuen Ehren. Das Bild dieser weitgehend imaginären, mythisch-religiösen Vergangenheit hat die deutsche Kultur des 19. und 20. Jahrhunderts nachhaltig beeinflußt und das Selbstverständnis der deutschen Nation, wie es in Schule und Universität verbreitet wurde, entscheidend geprägt. Wagner ließ in seinen Opern die germanische Mythologie wiedererstehen. Das künstlerische Ergebnis ist zwiespältig, es zeigt wahre Größe, aber auch unfreiwillige Komik und einen Hang zur dichterischen und musikalischen Prahlerei. Das mit Samt und Stickereien ausstaffierte Bayreuther Festspielhaus verrät, wie das Bürgertum eine religiöse »Wiedergeburt« auf seine Art feiert und darüber vergißt, daß der germanische Kult keine Tempel kannte. Der Bariton vertritt die Stimme des Donners. Aber gerade Wagners Opern stachelten die wilden und maßlosen Phantasien des jungen Hitler und seiner künftigen Parteigänger an. Der Weltenbrand, wie ihn eine Mythologie ohne Heilshoffnung verkündet und wie ihn Wagner musikalisch darstellt, wurde im April 1945 lebensecht in den rauchenden Trümmern Berlins nachgespielt. Die Moral, die Hitler nach dem Endsieg an die Stelle des Christentums setzen wollte, ist den Helden der »Edda« nachgebildet: eine Moral, die nur den Kampf um des Kampfes willen sucht und nach der absoluten Herrschaft strebt; die einen Helden fordert, der keinen anderen Zweck als sein Heldentum kennt, den nihilistischen Helden also, der dem blinden Schicksal seine männliche Entschlossenheit bis zum bitteren Ende entgegenhält.

Von Skandinavien nach Nordafrika

Die Germanen traten ins Licht der Geschichte, als sie ihre angestammten Siedlungsgebiete in Skandinavien verließen und nach Süden, Südwesten und -osten (und vermutlich auch nach Norden, wo sie allmählich die nomadisierenden Lappen verdrängten) wanderten. In den ausgedehnten Wäldern und Heidelandschaften des späteren »Germaniens« kamen sie auch mit den benachbarten Kelten und Illyrern in Berührung, Völker, die ebenfalls – zumindest der Sprache nach – zur großen Familie der Indogermanen gehörten. Kelten und Illyrer waren die Träger jener großen nachsteinzeitlichen Kulturen, die üblicherweise nach ihren Hauptfundstätten La Tène und Hallstatt benannt werden und die sich durch den Gebrauch von Bronze und Eisen auszeichneten. Die Illyrer, von denen heute nur noch die Albaner übriggeblieben sind, siedelten zwischen der Mitte des zweiten und der Mitte des ersten Jahrtausends v. Chr. in großen Teilen Mittel- und Osteuropas von der Weichsel bis zum Balkan. Der Name eines ihrer wichtigsten Stämme, der Veneter, lebt nicht nur im Namen Venedig weiter, sondern auch in dem Ausdruck »Wende« (zugehöriges Adjektiv »wendisch« oder »windisch«), mit dem die Germanen die slawischen Völker bezeichneten. Diese erschienen zur Völkerwanderungszeit an der östlichen und südöstlichen Grenze der germanischen Welt und nahmen den Platz ein, an dem tausend Jahre vorher die Veneder gesiedelt hatten. Von keltischen und illyrischen Gebieten aus entwickelte sich der Handel mit Nordgermanien, wie archäologische Funde von Waffen, Schmuck, Keramik und anderen Gebrauchsgegenständen bezeugen. Und zusammen mit diesen Handelswaren verbreiteten sich auch bestimmte Sitten und Gebräuche, religiöse und soziale Anschauungen. Die Germanenstämme, die auf ihrem Weg nach Süden die keltisch-illyrische Bevölkerung verdrängten oder assimilierten, lernten von ihren kulturell höherentwickelten Nachbarn. Es gab sicherlich vielfältige Kontakte und einen regen Austausch mit anderen Völkern. Zu Lebzeiten Caesars standen die Germanen im Westen am Rhein, im Osten hatten sie das Thüringer Bergland überschritten und besetzten Böhmen. Auch einen großen Teil des heutigen Polen besiedelten sie bis an den Rand der großen Sümpfe zwischen Weichsel und Pripet, die nach Osten ein schier unüberwindliches Hindernis darstellten.

Welche Gründe und Ursachen haben die Wanderungen der Germanen ausgelöst? Auch hier bietet die Wissenschaft nur Teilerkenntnisse, die miteinander kombiniert werden können, ohne damit einen geschlossenen Erklärungszusammenhang zu liefern. Gewiß hat es Klimaveränderungen gegeben, in deren Folge Südskandinavien, das ursprüngliche Siedlungsgebiet der Germanen, kühler, feuchter und insgesamt weniger fruchtbar wurde. Schon ein Rückgang der Durchschnittstemperatur um ein bis zwei Grad im Laufe eines Jahrhunderts genügt, um Pflanzen- und Tierwelt so zu verändern, daß das Überleben der Bevölkerung, die wegen der spärlichen Erträge der Saaten ohnehin nur ein karges Auskommen hat, grundsätzlich in Frage gestellt ist. Da Zeiten günstigeren Klimas und relativ langen Friedens (nach dem Ende der Auseinandersetzungen zwischen den Germanen und der Urbevölkerung) vorangegangen waren, kam noch ein Bevölkerungsüberschuß hinzu. Im Gefolge der Klimaveränderungen haben große Sturmfluten die Nordseeküste verheert und besonders an der Westküste Jütlands die heutigen Ostfriesischen Inseln vom Festland abgetrennt. Neben diesen Veränderungen des natürlichen Milieus müssen Motive berücksichtigt werden, die in der Kultur und im »Nationalcharakter« begründet liegen, wie z. B. die Lust am Beutemachen und kriegerische Impulse, in die auch religiöse Vorstellungen hineinspielen. Verglichen mit den Hethitern, Indern, Persern, Griechen und Italikern verlassen die Germanen mit zweitausend, fünfzehnhundert und tausend Jahren Verspätung die nordischen Nebelregionen und machen in der Geschichte von sich reden. Später als sie kommen nur noch die Slawen und Balten.

In ihrem Drang nach Süden folgten sie indes keiner geraden Linie. Zwischen dem Zeitpunkt, da Kimbern und Teutonen ins Römische Reich einfielen, und der Epoche, in der sich die Stämme, aus denen einmal die deutsche Nation hervorgehen wird (Franken, Sachsen, Thüringer, Schwaben und Bayern), in ihren auch heute noch bestehenden Siedlungsgebieten einrichteten, lagen siebenhundert Jahre vieler ständig hin- und herwogender Kämpfe. Die meisten Stämme, die Caesar und Tacitus erwähnen, existierten zwei oder drei Jahrhunderte später nicht mehr. Wir müssen sie uns als Nachbarschaftsverbände oder bloße Kriegsbündnisse vorstellen. Wenn der Heerführer, um den sich Krieger in wachsender Zahl scharten, auf seinem Feldzug eine Niederlage erlitt, zerfielen die Bündnisse wieder so schnell, wie sie entstanden waren. Da Verkehrseinrichtungen fehlten und da es unmöglich war, umfangreiche Nahrungsvorräte anzulegen oder zu transportieren, mußten die wandernden Gruppen, Stämme und Völkerschaften klein genug sein, wollten sie in den Durchgangsgebieten überleben, ehe sie die fruchtbaren Regionen erreichten, deretwegen sie aufgebrochen waren. Die größten Völker der Völkerwanderungszeit zählten einige zehntausend Krieger und dürften kaum 100 000 Seelen überschritten haben, Frauen, Kinder, Greise und Sklaven inbegriffen. Zur Zeit der Merowinger lag die Zahl der Gesamtbevölkerung in den Gebieten des späteren Deutschland bei schätzungsweise einer Million.

Die Historiker des 19. Jahrhunderts teilten die germanischen Völker in drei große Zweige ein: die Westgermanen zwischen Elbe und Rhein, die Ostgermanen zwischen Elbe, Weichsel und Schwarzem Meer und die Nordgermanen, die in Skandinavien siedelten. Diese Einteilung gibt die Verhältnisse in einem relativ späten (zwischen dem 3. und 4. Jahrhundert n. Chr.) Stadium wieder, vernachlässigt aber die Tatsache, daß die Stämme und Völker über Jahrhunderte auf Wanderschaft waren, sich spalteten und neue Verbindungen eingingen. In diesem ständigen Hin und Her verwischten sich die Spuren und wechselten Familien und Stämme ständig ihre Gefolgschaften.[3] Die archäologische Forschung vermittelt uns heute ein differenzierteres Bild dieser Teilungen und geht auch in ältere Epochen zurück, aber ihre Ergebnisse interessieren meist nur die Fachleute. Für unsere Darstellung genügen einige Namen, die sich aus dem allgemeinen Chaos herausheben. Die Cherusker, die vielleicht zum Teil als Vorfahren der Franken und der heutigen Hessen gelten können, siedelten in verstreuten Dörfern des heutigen Westfalen. Einer ihrer Anführer war der berühmte Hermann (latinisiert Arminius), der den Widerstand seines Stammes gegen die römische Besetzung zur Zeit des Kaisers Augustus leitete. Wir bekommen ein angemessenes Bild von den Verhältnissen im Germanien zu dieser Zeit, wenn wir zum Vergleich an die Auseinandersetzung denken, die zwischen nordamerikanischen Indianern und weißen Siedlern im 18. und zu Beginn des 19. Jahrhunderts zu Zeiten von James Fenimore Cooper und Davy Crockett stattfand. Hermann hätte dann eine ähnliche Rolle wie der Häuptling eines Stammesbundes von Sioux und Cheyenne, mit dem Unterschied, daß er als Geisel in Rom aufgewachsen war und Latein sprach. Er besaß sogar das römische Bürgerrecht unter dem Namen Gajus Julius Arminius. In seinem Namen steckt die Wurzel *her*, was soviel wie »bewaffnete Schar, Heer« bedeutet, und *man*, neuhochdeutsch »Mann«. Der Überfall im Teutoburger Wald, bei dem im Jahre 9 n. Chr. die drei Legionen des Prokonsuls Varus aufgerieben wurden, war nur ein verhältnismäßig unbedeutendes Ereignis in den unablässigen Grenzkriegen. Erst im 19. Jahrhundert stilisierten ihn die Dichter und Historiker der erstarkenden deutschen Nationalbewegung zu einer epochemachenden Waffentat, allen voran Heinrich von Kleist, der Verfasser einer exaltierten und überspannten »Hermannsschlacht«, in der die Römer nur eine durchsichtige Larve für die französischen Besatzer sind. Die historische Wirklichkeit sah anders aus: Augustus und seine Adoptivsöhne Tiberius und Drusus versuchten über mehrere Jahrzehnte die Grenze des Imperiums bis an die Elbe voranzutreiben, aber ihre Feldzüge, die von Germanicus, dem Sohn des Drusus, fortgeführt wurden, blieben ohne den erhofften Erfolg. Die römischen

Vorstöße verliefen sich in den Wäldern und Heidelandschaften eines weiten Landes, das anders als die mediterrane Zivilisation keine städtischen Zentren besaß. Während sich die Gallier verhältnismäßig leicht assimilieren ließen,[4] leisteten die Germanen hartnäckigen Widerstand. Am Ende entschloß sich Rom, einen teuren Krieg zu beenden, der doch zu keinem Ergebnis führte, und statt dessen die Reichsgrenze an Rhein und Donau zu befestigen. Das jenseits dieser Linie liegende Germanien überließ man von da ab seinen inneren Zwistigkeiten. Einige Jahrzehnte später schoben die Römer die Grenze auf einer Linie von Koblenz bis Regensburg weiter in germanisches Land vor und annektierten den südwestlichen Teil des heutigen Deutschland. Das damals noch weitgehend von Kelten (vor allem aber von Bären, Hirschen und Wildschweinen) bevölkerte Land sicherten sie mit einem Grenzwall, dem sogenannten Limes. Das Imperium hatte seine äußerste Ausdehnung erreicht, ein weiterer Vormarsch überstieg seine Kräfte. Die Kaiser des zweiten und dritten Jahrhunderts trafen am Limes und entlang der Donau auf den Widerstand eines starken und aggressiven Zusammenschlusses germanischer Stämme. Diese Markomannen (»Grenzleute«) mußte der Kaiser und Philosoph Mark Aurel sein Leben lang mit wechselndem und nie endgültigem Erfolg bekämpfen. Der Zusammenschluß der Markomannen zerfiel wieder,[5] aber andere Völker und Stammesverbände nahmen ihren Platz ein. Vor dem Limes waren es die kriegslustigen, wilden Alamannen, während an der nordöstlichen Reichsgrenze auf dem Balkan die mächtige Nation der Goten auftrat.

Die deutschen Historiker des 19. Jahrhunderts haben den beiden gotischen Stämmen die Namen Ostgoten und Westgoten gegeben, obgleich über die Berechtigung dieser geographischen Einteilung keine Einigkeit herrscht. Die Goten kamen wahrscheinlich aus Skandinavien (doch auch hier fehlen schlüssige Beweise für eine Verbindung mit der Insel Gotland und den schwedischen Provinzen Oster- und Vestergotland). Ehe sie sich in den weiten Ebenen niederließen, die heute teils zu Polen, teils zur Ukraine gehören und bis zur Schwarzmeerküste reichen, hatten sie sicher am Unterlauf der Weichsel gesiedelt. Die zahlenmäßig und militärisch starken Goten waren die ersten Germanen, die so etwas wie einen Staat gründeten. Im 4. Jahrhundert brachen über sie die Hunnen herein, die unvermutet aus Innerasien auftauchten. Die Westgoten drängten daraufhin gegen die Grenzen des Römischen Reiches, während die Ostgoten den Hunnen botmäßig wurden und sich ihnen anschlossen. Die Westgoten waren abwechselnd Verbündete und Gegner der Römer: Teils siedelten sie als Kolonen am Unterlauf der Donau und verteidigten das Reich gegen Einfälle plündernder Völkerschaften, teils gingen sie selbst auf Raubzug und verbreiteten in Griechenland und bis nach Anatolien hinein Angst und Schrecken. Anfang des 5. Jahrhunderts verließen sie den verwüsteten Osten und wendeten sich dem noch halbwegs intakten Westen zu. Im Jahr 410 nahm ihr König Alarich Rom ein, doch nur wenige Monate darauf starb er in Süditalien (auch er wurde zu einem Helden für die deutsche Dichtung des 19. Jahrhunderts). Seine Nachfolger führten das Volk nach Südgallien, wo sie in der Gegend um Toulouse ein neues Reich gründeten. Ein Jahrhundert später wurden sie von den Franken über die Pyrenäen nach Spanien gedrängt. Dort kamen die Westgoten endlich zur Ruhe; ihre Herrschaft hielt sich über zwei Jahrhunderte bis zum Einfall der Mauren. Ihre Wanderung, die sie von Skandinavien nach Toledo, der Hauptstadt des Gotenreichs auf der Iberischen Halbinsel, geführt hatte, den Umweg über die Weichsel, das Schwarze Meer und Rom eingeschlossen, hat drei bis vier Jahrhunderte gedauert! Von den Resten des westgotischen Adels, der sich in den Bergen Asturiens verschanzt hielt, wird zu Beginn des 8. Jahrhunderts die »Reconquista« ihren Ausgang nehmen.

Die Ostgoten hatten unterdessen das Schicksal aller von den Hunnen besiegten Völker geteilt. Dank ihres langen Kontaktes mit der antiken Welt waren die Goten »halbzivilisierte« Barbaren und prädestiniert, als Vermittler zwischen Rom und Attilas von antiker Kultur unberührten Barbaren zu dienen. An Attilas Hof gab es zahlreiche gotische Stammesfürsten und exilierte Römer, die über beträchtlichen Einfluß verfügten. Nach dem Zusammenbruch des Hunnenreiches folgten die Ostgoten dem Beispiel ihrer westgotischen Vettern und drangen in die römischen Provinzen am Unterlauf der Donau ein. Ihr König Theoderich bekam vom oströmischen Kaiser von Konstantinopel den Auftrag, mit seinem Volk nach Italien aufzubrechen und das Land von der Herrschaft Odoakers, des Anführers der germanischen Heruler, zu befreien. Odoaker hatte 476 den letzten weströmischen Kaiser Romulus Augustulus (der in seinem Namen den Stadtgründer und den Gründer des Römischen Kaiserreiches vereint, aber wie zum Hohn nur in Diminutivformen) abgesetzt. Die Heruler waren ein germanisches Volk, das es nicht zu geschichtlichem Ruhm gebracht hat. Das einzige, was über sie zu vermelden wäre, ist der Entschluß der Mehrheit der Volksgemeinschaft, die damals in Pannonien (dem heutigen Ungarn) siedelte, wieder nach Skandinavien zurückzuwandern, woher sie einige Jahrhunderte zuvor gekommen waren. Theoderich eroberte 488 Italien und gründete ein Reich, in dem Goten und Römer friedlich zusammenleben sollten. Von seiner Hauptstadt Ravenna aus führte er eine milde Herrschaft, ein wenig wie ein älterer Bruder, über die meisten germanischen Völker und Staaten. Doch der

Koexistenz von Goten und Römern, seinem Traum, von dem die prächtigen Überreste seiner Residenz in Ravenna künden, sollte keine Zukunft beschieden sein. Nach dem Tod des großen Königs nutzte der Kaiser von Konstantinopel die Wirren, die in der gotischen Aristokratie ausgebrochen waren, und versuchte unter Mithilfe eines Großteils der italienischen Römer Italien zurückzuerobern. Der Gotenkrieg, den Prokop so hinreißend geschildert hat, dauerte beinah dreißig Jahre, von 536 bis 562. Nach erbittertem Widerstand wurde das gotische Volk schließlich vernichtet. Ein patriotischer Professor aus dem 19. Jahrhundert, Felix Dahn, hat über die Tragödie der Goten einen großen populären Roman geschrieben. »Ein Kampf um Rom« wurde zur fesselnden Lektüre für mehrere Generationen junger Deutscher. Dahn war durchaus mit Alexandre Dumas, dem Verfasser von Abenteuerromanen wie »Die drei Musketiere«, vergleichbar, wenn ihm auch das burleske Genie und der Humor des Franzosen fehlten. Jedenfalls ist es ihm zu verdanken, daß viele Schülergenerationen gerade dieses untergegangene Volk der germanischen Völkerfamilie als die Ahnen der neuzeitlichen Deutschen angesehen haben, obwohl die Goten eigentlich nur ihre sehr entfernten Vettern waren. Noch in der Weimarer Republik haben sich Schuljungen in den Pausenhöfen der Gymnasien Kämpfe zwischen Ostgoten und Römern geliefert. Die Goten verkörperten die Rolle der »Guten«, während die verschlagenen Römer von dem Eunuchen Narses befehligt wurden.

Die Vandalen haben ebenfalls ihren Namen der Nachwelt vermacht, allerdings in einem anderen Register. Sie hatten wohl lange Zeit am Unterlauf der Elbe gesiedelt und waren dann nach Schlesien gezogen. Von dort durchquerten sie das spätere Deutschland von Ost nach Südwest, vereinigten sich mit mehreren anderen Völkerschaften und drangen 406 mit Ungestüm nach Gallien ein. Der alles verheerende Vandalenzug wälzte sich bis zu den Pyrenäen, die ebenfalls überwunden wurden. Während die Sueben, aus dem gleichen Stamm wie die alemannischen Schwaben, ein kleines Reich in der nordwestlichen Ecke der Iberischen Halbinsel in Galizien und im Norden des heutigen Portugal in der Gegend um Braga gründeten, setzten die Vandalen nach Nordafrika über, entrissen den Römern das Land und errichteten dort im Gebiet des heutigen Tunesien ihre Herrschaft. Ursprünglich reine Binnenlandbewohner, die in zehn Jahren vom Rhein nach Karthago gewandert waren, entdeckten sie bei sich nun ein Talent für die Seefahrt und wurden zu einem Piratenvolk, das den ganzen Mittelmeerraum in Angst und Schrecken versetzte. Hundert Jahre lang währte ihre Herrschaft, dann war ihre Macht erschöpft. Als der oströmische Kaiser Justinian in den Jahren 533/534 ein griechisch-römisches Heer zur Rückeroberung Nordafrikas aussandte, wurden die

einigen tausend Vandalen, die Hunderttausende romanisierter Nord-
afrikaner terrorisierten, gleich beim ersten Versuch geschlagen. Ihr Name,
der zum Synonym für Zerstörungswut wurde (aber waren die Vandalen
in dieser Hinsicht wirklich schlimmer als andere barbarische Stämme?[6]),
ist das einzige, was von diesem Volk geblieben ist.[7]

Kaum hatten die Byzantiner (die sich selbst immer noch »Römer« nannten, obwohl ihre Kultur eigentlich griechisch und nach Geist und Sprache
sogar orientalisch war) Italien der Herrschaft der Goten entrissen, da
brach eine neue germanische Invasion über das Land herein: Ein Volk,
das erst kürzlich in Pannonien (Ungarn) aufgetaucht war, noch in tiefster
Barbarei lebte (obwohl seine Kontakte mit den Römern am Unterlauf
der Elbe bis ins erste Jahrhundert zurückreichten), ergoß sich über das
in dreißig Jahren Krieg verheerte Italien. Den neuen Eindringlingen, die
zuvor ihre Wohnsitze weit entfernt von der mediterranen Zivilisation
hatten, muß es dennoch wie ein irdisches Paradies vorgekommen sein.
Die Langobarden, so hießen sie (wegen ihrer langen Bärte, aber diese
Erklärung ist strittig), hatten nicht einmal oberflächlich Bekanntschaft
mit der christlichen Kultur gemacht, sie waren Heiden und entsprachen
ganz dem klassischen Bild der Barbaren. In mehreren Vorstößen eroberten sie Oberitalien und einen Teil Mittelitaliens. Ohne Kenntnis der antiken Zivilisation brauchten sie mehrere Generationen, ehe sie einen halbwegs passablen Staat errichteten. Italien hatte Grund, sich nach
Theoderich und seinen »zivilisierten« Goten zurückzusehnen. Noch hundertfünfzig Jahre nach ihrem Einfall galten die Langobarden in den Augen der »Römer« als schreckliche Barbaren. Als sie nach und nach die
Byzantiner aus Italien vertrieben, wurden sie auch zu einer Bedrohung
für den Papst, der mehr oder weniger auch die weltliche Herrschaft ausübte und den fernen und weitgehend machtlosen Kaiser in Konstantinopel ersetzte. Gegen solche gefährlichen Nachbarn bat der Pontifex maximus im 8. Jahrhundert andere germanische Fürsten um Hilfe: die
Könige der Franken, die über Gallien und einen Teil Germaniens herrschten. Die Langobarden verbündeten sich darauf mit den Bayern, ihren
Nachbarn im Norden. Pippin der Kurze und sein Sohn Karl (Karl der
Große) besiegten im 8. Jahrhundert erst das Reich der Langobarden,
dann das Herzogtum Bayern. Karl der Große annektierte Oberitalien
und nannte sich von nun an König der Franken und der Langobarden.
Ein kleines Gebiet am Saum der Alpen, das von Bayern bevölkerte Süd-
tirol, wurde fast vollständig germanisch. Im übrigen Italien gingen die
Langobarden allmählich in der Masse der »römischen« Bevölkerung auf.
Die heutige Region Lombardei trägt noch ihren Namen. Garibaldi, der

Nationalheld des italienischen Risorgimento im 19. Jahrhundert, wird wohl einen fernen langobardischen Vorfahren namens Garibald gehabt haben; Garibald heißt soviel wie »kühn mit der Lanze«.

Zusammen mit den Sueben und Vandalen gehörten die Burgunden zu den germanischen Völkern, die nach zahlreichen Raubzügen in früheren Zeiten im Jahr 406 den Rhein überquerten. Der Sage nach sind sie von der Insel Bornholm (Burgunderholm, *holm* bedeutet im Altnordischen »Insel«) gekommen, die heute zu Dänemark gehört. Die Burgunden waren zahlenmäßig nicht sehr bedeutend; nachdem sie ihre Wohnsitze eine Zeitlang am Mittelrhein hatten, zogen sie weiter südwärts und ließen sich schließlich in den Gegenden nieder, die heute Savoyen, die Dauphiné, die Freigrafschaft und die Bourgogne bilden; letztere trägt auch heute noch ihren Namen. Dieser kleine Staat hielt sich nur drei Generationen von 460 bis 534. Wie die Westgoten wurden auch die Burgunden von den Franken besiegt. Doch anders als die Westgoten hatten sie kein Spanien, in das sie sich zurückziehen konnten; ihr Reich wurde annektiert, sie selbst gingen in der mehrheitlich aus Franken und Galloromanen bestehenden Bevölkerung auf. Dennoch blieben Erinnerungen von ihrem kurzen Auftritt in der Geschichte, die sich über Jahrhunderte im kollektiven Gedächtnis der germanischen Völker hielten. Die Burgunden waren schon längst verschwunden, als die Sage von ihrem Reich am Rhein, ihren Königen Gunther, Gernot und Giselher in dem berühmtesten deutschen Heldenepos, dem »Nibelungenlied«, wieder auflebte. Das Epos schildert die »Not« und das tragische Ende dieses mythischen Geschlechts. Sein unbekannter Verfasser lebte im 13. Jahrhundert vermutlich am Hof des Bischofs von Passau. Gebildet und mit großer gestalterischer Kraft begabt, verwebt er in seinem Epos die verstreuten Erinnerungen an die Burgunden mit noch älteren Erzählungen aus dem Sagenschatz der altnordischen Überlieferung. Auch der Gotenkönig Theoderich der Große und Attila (»Etzel«), der Herr über die Hunnen, haben ihren Auftritt. Obgleich die Völker der Goten und Burgunden damals bereits seit sechshundert Jahren verschwunden waren, lebte die Erinnerung an ihre Waffentaten in der mündlichen Überlieferung bei ihren Vettern, den Bayern, Franken und Schwaben fort.

Das mittelalterliche Heldenepos ist ein Beleg dafür, daß die »untergegangenen« Völker aus der Zeit der germanischen Völkerwanderung trotz aller Katastrophen zur fernen Vergangenheit der Deutschen gehören ... Karl der Große war sich dessen bewußt, als er die Heldenlieder und Sagen der germanischen Völker sammeln und aufschreiben ließ.[8]

Das fränkische Gallien, das Frankenreich und das angelsächsische Großbritannien

Im 3. und 4. Jahrhundert n. Chr. vereinigten sich am Niederrhein die Stämme der Franken (der »Freien«), die vorher schon teils unter anderen, teils unter unbekannten Namen dort gewohnt hatten. Obwohl sie den anderen Germanen an Kampfesmut nicht nachstanden und sich zu Lande und zu Wasser an zahlreichen Raubzügen nach Gallien beteiligten (manchmal gemeinsam mit den Sachsen), brachen sie nicht wie die übrigen Stämme zu langen Wanderungen auf. Je schwächer die Stellung der Römer in der fernen Provinz »Belgica« wurde, in der die Pax Romana nie unangefochten herrschte, desto weiter drangen die Franken in die nur dünn besiedelten Gebiete vor und ließen sich dort mit Familien und Gesinde nieder. Im 5. Jahrhundert erreichte die fränkische Besiedlung (die auch weiterhin dünn blieb) jene Linie, die heute noch, von geringfügigen Schwankungen abgesehen, die Sprachgrenze zwischen französisch sprechenden Wallonen und niederländisch sprechenden Flamen bildet. Gleichzeitig zogen andere fränkische Stämme den Rhein hinauf bis zur Mosel. Hier war die Besiedlung dichter. Die Neuankömmlinge verdrängten den größten Teil der ursprünglichen Bevölkerung in die Berge und Wälder. Eine Minderheit von ihr, die Begüterten, floh ins Innere Galliens, wieder andere nahmen die Kultur der Sieger nach und nach an. In den Städten, die den Germanen fremd blieben, hielt sich die römische Zivilisation lange inmitten der Ruinen großer Bauwerke und im Umkreis der Bischofskirchen. Die Stadt Trier (die fast hundert Jahre lang zu den Hauptstädten des Römischen Reiches zählte) und ihr Umland blieben für fast zwei Jahrhunderte eine Insel lateinisch sprechender römischer Bürger in einem sonst schon längst germanisierten Land. Als gegen Ende des 5. Jahrhunderts die staatlichen und militärischen Strukturen des Römischen Reiches zusammenbrachen, besetzten die Franken in rascher Folge entlang der Sprachgrenze den Raum zwischen den ausgedehnten Wäldern Belgiens und den Flüssen Aisne, Oise und Seine.

Einer ihrer Könige, Chlodowech oder Chlodwig (aus diesem Namen wurde im Deutschen Ludwig und im Französischen Louis) erwies sich als gewiefter und fähiger als andere fränkische Führer. Obendrein besaß er Fortüne. Im letzten Drittel des 5. Jahrhunderts entledigte er sich seiner Verwandten und Rivalen und brachte alle Frankenstämme unter seinen Befehl. Dann ließ er sich taufen und bekannte sich zur Religion der Galloromanen, die nun die Mehrheit seiner Untertanen stellten. Der Kaiser von Konstantinopel, der einzige Repräsentant der römischen Welt nach dem Zusammenbruch des Weströmischen Reiches im Jahr 476, war klug genug, ihn mit Titel und Insignien seiner Legitimität auszustatten. Mit einem triumphalen Sieg über die Alamannen bei Zülpich (auf französisch Tolbiac, ein Name, der den Parisern wegen der Rue de Tolbiac vertraut ist; wo sich das Schlachtfeld befand, ist nicht genau zu bestimmen) sicherten sich die Franken die Herrschaft über den Südwesten des heutigen Deutschland und über einen Teil der heutigen Schweiz, wenn auch die Alamannen oder Alemannen dieses Joch immer wieder abzuschütteln versuchten. Chlodwig und seine Söhne errangen später noch weitere Siege und annektierten das Westgotenreich von Toulouse – ausgenommen einen schmalen Küstenstreifen, Septimanien, der sich vom Roussillon bis nach Montpellier hinzog und den die Franken erst im 8. Jahrhundert erobern konnten – und das Reich der Burgunden, das später neben Neustrien und Austrasien zu einem Teil des merowingischen Frankenreichs wurde. Um die Mitte des 6. Jahrhunderts war ganz Gallien mit Ausnahme des gasconischen (vasconischen) Südwestens, in dem die Basken sich hartnäckig gegen die Herrschaft der Franken wehrten, und der Bretagne, die um die gleiche Zeit von den Briten (d. h. von den Kelten des heutigen Großbritannien, von wo sie die Angeln und Sachsen vertrieben hatten) erobert wurde, unter dem Zepter des fränkischen Königs vereint. Genauer müßte es heißen, der fränkischen Könige, denn Chlodwigs Erben teilten das Reich unter sich auf, wie es nach germanischem Recht üblich war. Langsam, aber stetig werden die Reiche aber doch zusammenwachsen und die französische Nation bilden, die galloromanischen Ursprungs ist und einen germanischen Namen trägt. Im Norden und Osten der Sprachgrenze nahm die Entwicklung einen anderen Lauf. Teils blieb die ursprüngliche fränkische Bevölkerung an ihren Wohnsitzen, teils konnten die neu hinzugekommenen Franken bei der Fusion mit der schon ansässigen Bevölkerung die germanische Sprache durchsetzen. In Flandern und in den Gebieten zwischen Rhein und Mosel waren die Franken die Vorfahren der Flamen und heutigen Deutschen.

Den Alamannen hingegen blieb es verwehrt, neben einem solch mächtigen Nachbarn einen eigenen Staat zu errichten. Da sie aber volkreicher als die Burgunden waren und eine aktive Siedlungspolitik betrieben, verschwanden sie trotz der fränkischen Annexion nicht aus der Geschichte. Wie die Franken waren auch die Alamannen aus einem Zusammenschluß verschiedener Stämme hervorgegangen, wobei der Anteil der Sueben (Schwaben) dominierte. Im Laufe des 3. und 4. Jahrhunderts breiteten sie sich in den Gebieten zwischen Limes, Rhein und Donau aus, dann drängten sie teils ins Elsaß, teils in den Siedlungsraum der alten keltischen Helvetier. Die galloromanischen Bewohner Rätiens wurden entweder ver-

drängt oder assimiliert. Im 5. Jahrhundert erreichte die Spitze der Siedlungsbewegung die Alpen. Andererseits hielten sich südlich der Ströme
Rhein und Donau romanische Enklaven, teilweise bis in unsere Zeit: die
»romantsche« Bevölkerung Graubündens und ihre Vettern, die Ladiner
in Südtirol (die der Eroberung durch die Bayern erfolgreich widerstanden).

Im 6. Jahrhundert machten sich weiter östlich die »Bajuwarii« oder Baiern auf ihre Wanderung hinab zur Donau. Sie überquerten den Strom
und siedelten erst im Voralpenland, dann auch in den Alpentälern bis
zum Brenner, wo sie auf die Vorposten der Langobarden und vielleicht
auf verstreute Reste der Goten[9] trafen. Ihr Name weist darauf hin, daß
sie aus Böhmen (»Bo-heim«, das Land der »Boii«, die wahrscheinlich
Kelten waren) kamen. Möglicherweise hatten sich dort versprengte Elemente verschiedener Stämme aus der Völkerwanderungszeit zusammen-
gefunden und eine neue »Nation« gebildet. Die Baiern, deren Siedlungsgebiet von den Wäldern Böhmens (der heutigen Oberpfalz) bis hinunter
nach Bozen und Kärnten reichte, lebten in engem Kontakt mit der kel-
tisch-romanischen Restbevölkerung (ein Teil von dieser wanderte nach
dem Tod ihres geistlichen Führers, des heiligen Severin, nach Italien aus),
die sich in den Bergen lange hielt. Die Baiern nannten sie »Walchen«,
ein Name, der sich vielleicht von der Wurzel »gal« herleitet, die allen
keltischen Völkernamen zugrunde liegt (Gallier, Galater sowie der Name
Gälisch für die in Irland und Schottland gesprochene Sprache). Im Südosten und Osten stießen die Bayern auf die ersten Vorboten der slawischen Stämme, die am Ende der Völkerwanderungszeit auftauchten. Die
Slawen nahmen teils die Gebiete in Beschlag, die die Germanen verlassen
hatten (die Weichselgegend von den Goten, die Oder von den Vandalen),
teils drängten sie auf das Territorium des Byzantinischen Reiches vor,
das sich nördlich des Balkans und in Pannonien (Ungarn) nicht mehr zu
halten vermochte. Hier hatten »barbarische« Völker, Bulgaren und Awaren, die türkischen oder mongolischen Ursprungs waren, fast alle Spuren
der antiken Zivilisation getilgt. Da sie aber nicht sehr zahlreich waren,
konnten sie der anbrandenden slawischen Einwanderungswelle keinen
anhaltenden Widerstand leisten. Die Bulgaren wurden zu Slawen; die
Awaren wehrten sich erfolgreich gegen ihre slawischen Nachbarn, nahmen sie aber nicht in ihre nomadisierenden Horden auf. In Böhmen
siedelten die Tschechen auf dem Gebiet, das die Vorfahren der Baiern
verlassen hatten, in Kärnten und in der Steiermark trafen die Baiern auf
die Slowenen. Im 6. und 7. Jahrhundert fügte sich so ein Völkerpuzzle
zusammen, dessen nationale Zusammensetzung noch heute das Gesicht
Mitteleuropas prägt. In Regensburg an der Donau, der alten römischen

Grenzstadt, errichteten die baierischen Herzöge ihre Residenz und die Hauptstadt ihres »Staates«. Während die fränkischen Könige weiterhin von Residenz zu Residenz zogen, besaßen die Baiern schon sehr früh eine Hauptstadt. Regensburg, obgleich eine römische Gründung, darf daher mit Fug und Recht als erste deutsche Stadt gelten. Doch im 7. Jahrhundert griffen die Franken nach ihrem Sieg über die Alamannen nun auch in Baiern ein. Gegen Ende des Jahrhunderts besiegelte Karl der Große die Eingliederung Baierns in sein Reich. Nach den Franken, Burgunden und Alamannen bildeten die Baiern den vierten germanischen Stamm im Frankenreich. Wie wir schon gesehen haben, hatten auch die Langobarden das gleiche Schicksal wie die Baiern, doch da sie vom Zentrum des Reiches zu weit entfernt waren, blieben sie außerhalb der künftigen deutschen Nation. Die Reihe war nun an den Sachsen.

Auch bei den Sachsen haben wir es mit einem Volk zu tun, dessen Herkunft im ungewissen liegt und das vermutlich mehrere Wurzeln hat. Wie die Alamannen kannten auch die Sachsen keinen König, sondern scharten sich in Kriegszeiten um einen Heerführer, den sie unter ihren Adligen wählten. Die große Bedeutung des Adels und die Existenz einer breiten Schicht von »Halbfreien« legt die Vermutung nahe, daß das Volk der Sachsen aus einem Sieg eines oder mehrerer Stämme über andere hervorgegangen ist. Es war ein kriegerisches und kühnes Volk, das ursprünglich seine Wohnsitze an der Nordseeküste und am Unterlauf von Elbe und Weser hatte und von dort landeinwärts bis nach Westfalen vordrang. Während der Völkerwanderungszeit hatten Teile der Sachsen allein oder gemeinsam mit den Franken Raubzüge entlang der Küste Galliens bis zur Loire unternommen und Angst und Schrecken verbreitet. Ihre Kenntnisse der Seefahrt versetzten sie in die Lage, im 6. Jahrhundert mit ihren Nachbarn, den Angeln, die in Ostholstein lebten, den Jüten, die dem heutigen Jütland in Dänemark den Namen gaben, und einigen friesischen Gruppen[10] die Eroberung Britanniens zu wagen. Die Römer hatten die Insel aufgeben müssen, worauf zwischen den Stämmen der Britonen, die nur sehr oberflächlich romanisiert waren, sehr rasch wieder die alten, für die Kelten charakteristischen Fehden ausbrachen. Die Angeln und Sachsen kamen zuerst als Piraten und Räuber nach Britannien. Bald verdingten sie sich als Söldner und fanden schließlich Gefallen an der Insel, die später einmal England, das Land der Angeln und Sachsen heißen sollte. Sie ließen sich dort in ständig wachsender Zahl mit Frauen und Kindern nieder und verdrängten gleichzeitig die Britonen in den kargen, bergigen Westen.

Nachdem sie so zu Herren des gastlicheren Teils der Insel geworden

waren, richteten sie sich in ihrer Herrschaft ein und entwickelten ohne
Störungen von außen eine eigenständige germanische Kultur. Abgesehen
vom religiösen Leben, das nach der Missionierung durch Mönche aus
Rom christlich geprägt war, hatten die Sachsen kaum Kontakt mit der
antiken Zivilisation gehabt. Für uns stellt daher die angelsächsische Kultur von der britischen Insel eine unschätzbare Quelle dar: Die Literatur
(Sagen und Lieder), das Rechtswesen, die politisch-sozialen Institutionen
und nicht zuletzt die Sprache, die nach dem Gotischen als eine der ersten
auch geschrieben wurde, geben uns Aufschluß über das Leben und die
Kultur der Germanen vor und zum Augenblick ihres Eintritts in die Geschichte. In den angelsächsischen Klöstern des 7. und 8. Jahrhunderts
praktizierten die Mönche nicht nur christliche Frömmigkeit, sie sorgten
auch für eine allgemeine kulturelle Renaissance. Anders als die Länder
auf dem europäischen Festland, die von Kriegen und inneren Zwistigkeiten geschüttelt in Barbarei versanken, war England eine Insel relativen
Friedens. Die Mönche pflegten das Erbe der Antike, in erster Linie die
Theologie, aber auch die Literatur und die Philosophie. Die angelsächsische Kirche zeichnete sich in dieser grausamen und verdorbenen Epoche
durch Sittenstrenge und echte Frömmigkeit aus. Daher vermochte sie
auch der Kirche im fränkischen Gallien aufzuhelfen, die in den Wirren
und Kriegen nach Chlodwigs Tod in tiefe Dekadenz gefallen war. Angelsächsische Missionare sorgten in Gallien für ein Mindestmaß an Bildung, kirchlicher Disziplin und Organisation. Mit ihrer Arbeit standen
sie in der gleichen Linie wie die iroschottischen Mönche, die einige Zeit
vor ihnen am Rand der damals bekannten Welt eine sehr originelle Form
christlichen Lebens entwickelt hatten. Diese frommen und gebildeten
Männer kamen nach Germanien und schufen die Grundlage für eine
kirchliche Organisation, während sie gleichzeitig die immer noch heidnischen Stämme der Hessen, Friesen und vor allem Sachsen missionierten.
Im 8. Jahrhundert verdiente sich der erste Bischof von Mainz, der heilige
Bonifatius (sein sächsischer Name war Winfrid) durch seine Arbeit als
Staatsmann, Kirchengründer und zuletzt durch seinen Märtyrertod den
Titel Apostel der Deutschen, den ihm später die romantische Geschichtsschreibung verlieh. Die angelsächsischen Mönche fanden leichter
als andere Missionare Gehör bei ihren Vettern vom anderen Ufer des
Rheins, denn schließlich waren sie Germanen wie sie, ohne indes mit der
fränkischen Politik verquickt zu sein, die nach Vorherrschaft über alle
germanischen Völker auf dem Festland strebte. Das hinderte die Heiden
allerdings nicht, sie gelegentlich doch zu erschlagen.

Bei weitem nicht alle Sachsen waren nach England gegangen. Die Daheimgebliebenen dieses stolzen und kriegerischen Volks waren noch so

zahlreich, daß sie im 7. und 8. Jahrhundert als der bedeutendste Stamm gleich nach den Franken galten. Fest in ihrer heidnischen Religion verwurzelt, wehrten sie sich energisch gegen die Versuche der Franken, sie zum Christentum zu bekehren und sie sich gleichzeitig botmäßig zu machen. Gegen Ende des 8. Jahrhunderts führte Karl der Große dreißig Jahre lang einen erbarmungslosen Krieg, ehe er die Sachsen seinem Reich einverleibt und sie, nicht ohne manche recht unchristliche Massaker, für die Kirche gewonnen hatte. Hundert Jahre später wird Sachsen dem deutschen Königtum seine erste nationale Dynastie stellen. Die Integration war also erfolgreich.

Wir haben damit alle Elemente, aus denen sich das deutsche Volk zusammensetzen wird: die vier die Nation begründenden Stämme und die verlorenen Zweige der untergegangenen Völker, die im kollektiven Gedächtnis in Sage und Legende weiterleben. Aber die ethnischen Bestandteile und die genealogischen Abstammungen allein machen noch keine Nation aus. Die Germanen standen schon sechs Jahrhunderte in unmittelbarem oder mittelbarem Kontakt mit der griechisch-römischen Zivilisation, ehe das Frankenreich, der direkte Vorläufer des künftigen Deutschland, gegründet wurde. Dessen materielle Kultur und geistige Strukturen sind geprägt von der teils erzwungenen, teils gesuchten Symbiose von Römern und Germanen, die manchmal friedliche, meist aber kriegerische Nachbarn waren. Am Ende haben aber Handel und Plünderung die gleiche Wirkung gezeitigt wie der Krieg gegeneinander und die Partnerschaft als Söldner im Dienste Roms. Das Weströmische Reich war in den letzten beiden Jahrhunderten vor seinem Zusammenbruch – vor allem im 5. Jahrhundert – darauf angewiesen, immer mehr Barbaren in seinen Dienst zu nehmen. Diese dienten in den Legionen und selbst in den höchsten Staatsämtern, und oft waren sie die einzigen, die gegen ihre Stammesbrüder oder -vettern kämpften und das mehr und mehr zum Mythos verblassende Reich verteidigten. Und doch hatte das Imperium noch in seinem Niedergang eine ungeheure Assimilationskraft. Auch in fernen germanischen Stämmen finden wir, teils vermittelt über Nachbarn der Römer, teils durch direkte Kontakte, Belege für den Einfluß Roms: Selbst im hohen Norden sind große Mengen römischer Münzen mit dem Bildnis des Kaisers gefunden worden. Aber die Germanen horteten nicht nur römische Schätze, sie machten auch zahlreiche sprachliche Anleihen bei den Römern, da ihnen Wörter zur Bezeichnung von Gegenständen und Begriffen aus der höherentwickelten römischen Kultur fehlten. Diesen Vorgang bezeugen gotische Texte des 5. Jahrhunderts (Ulfilas' Bibelübersetzung) genauso wie die althochdeutsche Sprache des 9. Jahrhunderts.

Die Germanen bauten ihre Häuser nicht aus Stein, daher übernahmen sie aus dem Lateinischen die entsprechenden Ausdrücke für die neue Bauweise: Aus *tegula* wurde »Ziegel«, aus *mura* wurde »Mauer«. Genauso verfuhren sie im Bereich der Religion: »Kirche« ist abgeleitet aus *ecclesia*, »Priester« aus *presbyter*; das »Münster« als Bezeichnung für eine große (bischöfliche) Kirche stammt von dem lateinischen *monasterium*. Viele andere Wörter belegen die Überlegenheit der antiken Zivilisation in den Bereichen Handel, Gewerbe und Landwirtschaft (»Acker« kommt von lateinisch *ager*, »Frucht« von *fructus* usw.) Solange das Imperium fortbestand (und im Osten hielt es sich bis ins Spätmittelalter), verbrachten die Söhne der »barbarischen« Könige und Fürsten oft lange Jahre am römischen Kaiserhof. Dort waren sie Geiseln als Unterpfand für das freundschaftliche Verhalten ihrer Väter gegenüber Rom oder Konstantinopel, zugleich lernten sie aber auch die Formen und Werte antiker Zivilisation kennen, eine Erziehung, die sie später in ihre Heimat mitnahmen und bisweilen gegen Rom selbst verwendeten.

Dies änderte sich auch nicht grundlegend, als germanische Eroberervölker ihre Herrschaft in ehemals römischen Provinzen errichteten: die Westgoten in Gallien und auf der Iberischen Halbinsel, die Vandalen in Nordafrika, die Ostgoten, später dann die Langobarden in Italien, die Burgunden und Franken in Gallien. Die Eroberer verdrängten die unterlegene romanische Bevölkerung nicht vollständig, da letztere immer sehr viel zahlreicher war, abgesehen von Nordgallien, den Ufern des Rheins und dem Gebiet zwischen Donau und Alpen. Überall sonst beanspruchten die Sieger nur einen Teil der Ländereien der romanischen Aristokratie, manchmal ein Drittel, manchmal auch zwei Drittel, der Rest verblieb bei den bisherigen Besitzern.[11] Die Verständigung zwischen der herrschenden Minderheit und der Mehrheit der Unterworfenen entwickelte sich fast überall mehr oder weniger rasch zu einer wechselseitigen Durchdringung, die der Fusion der Völker vorausging oder ihr folgte. Anfangs überwogen die Unterschiede in Sprache, Religion, Brauch und Sitte. Germanen und Romanen, die nun zusammen in denselben Gebieten lebten, konnten nicht den gleichen Gesetzen gehorchen. So unterstanden im Frankenreich die Galloromanen, Westgoten, Burgunden, Franken, Alamannen und Baiern ihrem jeweils eigenen Recht. Jeder Bewohner hatte Anspruch darauf, nach seinem Recht verurteilt zu werden. Nach und nach wurden diese nationalen »Gesetze«, die an die Person jedes Bewohners, wohin er auch wanderte, gebunden waren, nach geographischen Kriterien zu Sammlungen von Gewohnheitsrechten vereinheitlicht. (Die ersten germanischen Könige ließen die bislang nur mündlich tradierten Gesetze ihrer Stämme schriftlich niederlegen. Dann aber gerieten alle schriftlich fixierten Gesetze, einschließlich des römischen Rechts, zu großen Teilen in Vergessenheit, und das Mündliche überwog wieder.) Das war der Zustand der Rechtsordnung im französischen Königreich am Ende der Kapetingerzeit, während in Deutschland die Erinnerung an die »nationalen« Quellen des Rechts lebendig blieb; im 13. Jahrhundert wurden die gewohnheitsrechtlichen Regeln der Sachsen in einem Rechtsbuch, dem »Sachsenspiegel«, niedergelegt. Nach diesem Muster erschienen auch in Schwaben und Franken ähnliche Rechtsbücher. Zu dieser Zeit erwuchs den verschiedenen Formen des germanischen Gewohnheitsrechts jedoch im wiedergefundenen römischen Recht eine starke Konkurrenz, da dieses als »kaiserliches Recht« mit universeller Geltung und nicht mehr nur als nationales Recht der Romanen auftrat.

Das Zusammenleben von Germanen und Romanen bildete die Voraussetzung für eine neue Kultur in »Frankreich«, Spanien und in »Langobardien«. Vor allem bei den Franken entwickelte sich diese Kultur nachhaltig und dauerhaft, da sich die Franken in Wellen und über mehrere Generationen verteilt in den eroberten Gebieten ausbreiteten, allerdings mit nachlassender Tendenz in den Ländern südlich der Loire. Anders als Westgoten und Burgunden wurden die fränkischen Eroberer in Gallien seßhaft. Sie waren auch nicht so überraschend und brutal ins Land eingefallen wie etwa die Langobarden in Italien. Vor allem aber, und das ist das ausschlaggebende Moment, nahmen seit Chlodwig die Franken das Christentum an, die Religion der romanischen Bevölkerung. In Anbetracht des Stellenwerts, den religiöse Haltungen und Glaubensinhalte für die Mentalität der damaligen Menschen besaßen, müssen wir hierin einen wesentlichen Teil der romanischen Kultur sehen, den sich die Franken aneigneten. Von da an war die wechselseitige Assimilation nur noch eine Frage der Zeit. Die Franken waren vor ihrer Bekehrung Heiden gewesen. Darin unterschieden sie sich von den meisten anderen germanischen Völkern, die ebenfalls in den Provinzen Roms siedelten, aber im Laufe ihrer Wanderungen das Christentum in Gestalt des Arianismus angenommen hatten. Der Arianismus hatte einst im Osten vorgeherrscht, war dann aber von Konstantinopel, Antiochia, Alexandria und Rom einmütig als Häresie verdammt worden. Der Begründer dieser Lehre war Arius, der von 260 bis 336 lebte und erst in Alexandria, dann in Konstantinopel wirkte. Arius bestritt die göttliche Natur Jesu Christi. Für ihn war Christus dem höchsten Wesen ähnlich, aber nicht mit ihm eins, er war nur das vornehmste Geschöpf Gottes, aber nicht *Deus verus de Deo vero* (wahrer Gott vom wahren Gott). Sicherlich waren es nicht solche theologischen Feinheiten, die den barbarischen oder allenfalls halbzivilisierten Westgoten, Ostgoten und Vandalen den Arianismus schmackhaft gemacht hatten, sondern in erster Linie ihre Kontakte mit dem Christentum, die in die Zeit zurückreichten, als der Arianismus das vorherrschende Dogma im Oströmischen Reich war. Diese Prägung hielt durch das Wirken arianischer Priester an, die bei den Barbaren Zuflucht suchten, nachdem Konstantinopel sich einer anderen dogmatischen Lehre angeschlossen hatte. Auch heute kennen wir vergleichbare Verhältnisse bei melanesischen Völkern, die durch die Rivalität evangelischer und katholischer Missionare gespalten wurden. Vielleicht bot der Arianismus gerade den schlichten Gemütern der ungebildeten Germanen einen großen Anreiz, da er das Glaubensbekenntnis in bestimmten Punkten von Aussagen befreit hatte, die einem nüchternen Verstand stets als Zumutung erscheinen werden. Ihm fehlte der spekulative Einschlag der griechisch-orientalischen Theologie, die sich seit Jahrhunderten gegen immer neue ketzerische Lehren neu definieren mußte. Da es zwei Formen des Christentums gab, konnte es da nicht gut möglich sein, daß manche Völker oder manche Könige ihr Bekenntnis zum Arianismus hervorkehrten, um damit zu zeigen, daß sie sich nicht der Religion ihrer römischen Feinde unterwarfen? Wie dem auch sei, der Arianismus wurde nach und nach der Glaube der Germanen. Über diesen Glauben ist recht wenig bekannt, weder über die Texte (abgesehen von der großartigen Bibelübersetzung des Bischofs Ulfilas, die uns aber vielleicht gerade deshalb so beeindruckt, weil es sonst keine anderen Textzeugen gibt) noch über den Kult noch über den Aufbau dieser Kirche. Andererseits wissen wir, daß die Feindschaft der Römischen Bevölkerung gegenüber den barbarischen Siegern und Besatzern großenteils auf Unterschiede in der Religion zurückging. Das Christentum hatte den Synkretismus der hellenistischen Welt und des römischen Kaiserreichs bereits weitgehend durch Orthodoxie und Intoleranz ersetzt. Die byzantinischen Rückeroberungen in Afrika, Italien und Südspanien[12] profitierten im 6. Jahrhundert auch vom Zusammenhalt aller »Römer« im Glauben. Daher erschien der fränkische König, der sich zum katholischen Christentum bekannte, der Bevölkerung im Süden Galliens als Glaubensbruder, der sie vom Joch der ketzerischen Westgoten befreien kam. In Spanien hielten die Spannungen noch über anderthalb Jahrhunderte an, bis die schon weitgehend romanisierten Westgoten schließlich auch zum katholischen Glauben übertraten. Ähnlich verhielt es sich in Italien, wo die feindselige Haltung der Langobarden gegenüber dem Papsttum sogar ihre Konversion überdauerte. Der Konflikt der politischen Interessen verlängerte und verstärkte noch die alte religiöse Zwietracht.

Während der Arianismus zusammen mit den untergegangenen germanischen Völkern verschwand, setzte sich der römisch-katholische Glaube bei den Stämmen durch, aus denen einmal Deutschland hervorgehen sollte. »Römisch« war dieser Glaube in der Tat, denn von den vielfachen Traditionssträngen, über die antikes Erbe an die »barbarischen« Germanen weitergegeben wurde, erwies sich die Religion als der stärkste und dauerhafteste. Das Zusammenleben und die wechselseitige Assimilation zwischen Germanen und Romanen vollzog sich in Gallien und Westgermanien auf einem sehr bescheidenen Niveau. Die Schrift wurde kaum noch gepflegt, in der Wirtschaft herrschte Ackerbau und Tauschhandel vor. Das soziale Leben war von Gewalt und dem Mangel an Formen in Umgang und Denken geprägt. Nach und nach erloschen die letzten Lichter der antiken Zivilisation. Obwohl auch die Kirche dem allgemeinen kulturellen Niedergang nicht entging, blieb sie das letzte Bollwerk gegen den gänzlichen Verfall. Unter ihrem Schutz konnte doch ein Minimum an kulturellen Errungenschaften bewahrt werden, die eine mehr als tausendjährige Blütezeit in der Menschheitsgeschichte hervorgebracht hatte: etwa die lateinische Sprache, elementare Kenntnisse in Grammatik, Musik und Philosophie, vor allem aber die Theologie; das Vermögen, grundlegende moralische Prinzipien zu erkennen und auch gegenüber Herrschern zu vertreten, die, gerade wenn sie sich für gebildet hielten, was damals nicht viel heißen sollte, besonders barbarisch waren. Auch die Kirche geriet in die Krise, ihre spirituelle Kraft ließ nach, und ihr Wissen verlor sich mehr und mehr. Vor allem verweltlichte sie und ließ sich in die Intrigen der Mächtigen verwickeln. Nur wenige Priester konnten die Messe lesen. Das Volk hing heidnischen Vorstellungen an und übte magische Praktiken, von denen es sich in Wirklichkeit nie ganz gelöst hatte. In diese barbarische Welt, in der Blut floß und Unwissenheit herrschte, kamen erst irische, dann angelsächsische Missionare und brachten eine neue Frömmigkeit und neues religiöses Leben. Die großen Klostergründungen jener Zeit wie Luxeuil und Sankt Gallen verkörperten den neuen Geist, der über dem ganzen Osten des Frankenreiches und die ihm mehr oder weniger fest angeschlossenen germanischen Herzogtümer strahlte. Die fränkische Kirche (genauer gesagt, die von den Missionaren erneuerte galloromanische Kirche) spendete den benachbarten germanischen Stämmen der Alamannen, Baiern, Sachsen, Thüringer und Friesen neues spirituelles Leben, eine geistliche Organisation und den verbliebenen Schatz antiken Wissens, den die Kirche in Irland und Großbritannien gehütet hatte. Noch heute stößt man in süddeutschen Kirchen auf die Namen irischer Heiliger wie Columban, Emmeram, Kilian, Florian, Magnus und Gallus, während die angelsächsischen Missionare Willibald, Willibrord und Winfrid weiter nach Osten und Nordosten vordrangen. Wohin sie auch kamen, überall gründeten sie mit der Unterstützung der Grundherren Kirchen und Klöster. In den alten Römerstädten, in deren Umkreis die Germanen in Hütten hausten, wurden wieder Kirchen gebaut und Bischofssitze eingerichtet, ebenso Häuser für Priester und Gelehrte, die Schulen einrichteten. In den Ruinen des alten entstand der Keim zu neuem städtischen Leben, das bald Handwerker, Kaufleute und Dienstleute anlockte. Regensburg (zugleich Residenz der baierischen Herzöge), Augsburg, Salzburg, Mainz, Trier und Köln blühten wieder auf. In Sankt Gallen, auf der Insel Reichenau, in Fulda und Corvey (ein neues Corbie, als Gründung der Benediktiner in der Nähe von Amiens) wurden Klöster gegründet.

Als weiteres, geographisch noch ferneres Kulturerbe kam die Tradition des jüdischen Volkes hinzu, wie sie in der Heiligen Schrift dargestellt und verewigt ist. Karl der Große, mit dem die Geschichte Deutschlands und Frankreichs begann, bezog seine Auffassung vom Kaisertum und dessen Bestimmung weniger aus der immer schwächer werdenden Erinnerung an die römischen Kaiser als vielmehr aus dem biblischen Königsvorbild, wie es der alttestamentliche König David darstellt. Deutschland war christlich, ehe es Deutschland wurde, und das Erbe der Römer an Donau und Rhein gehört zu den Fundamenten, auf denen seine Geschichte ruht. Aber gleiches gilt auch für die Juden, wie der Rheinländer Carl Zuckmayer in seinem Widerstandsdrama »Des Teufels General«, einem der wenigen Stücke der deutschen Nachkriegsliteratur, die es beim Publikum zu Beliebtheit gebracht haben, de .tlich macht: Nicht nur die Römer, auch die Juden (die mit ihnen als römische Bürger kamen) haben im Rheinland gelebt, lange ehe die »Deutschen«, und das heißt die germanischen »Besatzer«, sich dort niederließen. Deutschland und das deutsche Volk, die deutsche Kultur überhaupt, gäbe es nicht ohne Rom und Israel.

Von den Merowingern zum karolingischen Reich

Das Frankenreich der Merowinger und Karolinger stellt gewissermaßen die Vorgeschichte Frankreichs und Deutschlands dar, allerdings eine Vorgeschichte, aus der uns schriftliche Zeugnisse überliefert sind. Für die Franzosen ist das selbstverständlich, hat doch jeder dort in der Schule die Anekdote von König Chlodwig und dem Krug von Soissons gehört. Sie kennen die merowingischen Ochsenkarren, den guten König Dagobert und die faulen Könige mit ihren sehr geschäftigen Hausmeiern. Letztere zögerten nicht, ihre Herren mit geschorenem Haar ins Kloster zu verbannen, wenn sie ihnen lästig wurden. Doch was für Frankreich gilt, trifft auch für Deutschland zu. Das Ergebnis der Teilungen des Frankenreiches sah so aus, daß Austrasien, der östliche Teil, die germanische Dialekte sprechenden Länder an Rhein und Mosel sowie das »Protektorat« (um einen modernen Begriff zu gebrauchen) über die Alamannen, Thüringer und Baiern erhielt. Metz war eine der merowingischen Hauptstädte, und ein Bischof von Metz war der Ahnherr des zweiten fränkischen Königsgeschlechts, der Karolinger. Mit dem Aufstieg Austrasiens verlagerte sich das Machtzentrum des Reiches, das sich zu Chlodwigs Zeiten im Pariser Becken befand, nach Osten und Nordosten. Pippin der Ältere, auch er ein Ahn der Karolinger, stammte aus Herstal in den Ardennen. Ihm wurde unter König Dagobert gemeinsam mit dem Bischof Arnulf das Amt eines Hausmeiers verliehen. Sein Enkel Pippin der Mittlere wurde ebenfalls Hausmeier, aber bereits für das gesamte Frankenreich. Der Triumph der Pippiniden mit Karl Martell, dem Sohn Pippins des Mittleren (dieser starb 714), und mit der Thronbesteigung Pippins des Kurzen im Jahr 751 war auch ein Sieg des Ostens über den Westen des Frankenreiches (damals Neustrien genannt) und Burgund, ganz abgesehen von den fernen südlichen Gebieten Aquitanien, Provence und Septimanien, wo sich die Königsmacht erst nach und nach durchsetzen konnte. Der Übergang der Königswürde von den Merowingern auf die pippinidischen »Usurpatoren« scheint mit einer »Regermanisierung« des Frankenreiches einherzugehen. Die Kaiserpfalzen, an denen sich Karl der Große mit Vorliebe aufhielt, darunter Ingelheim und Aachen, liegen fast alle auf germanischem Boden. Wie schon erwähnt, ließ der Kaiser germanische Sagen und Heldenlieder aufschreiben und die Regeln des germanischen Gewohnheitsrechts in einer Sammlung vereinen.

Mit der Verlagerung des Machtzentrums nach Osten kam ein Zivilisationsschub: Statt wie bisher entlegene Rand- und Grenzgebiete zu sein, wurden die germanischen Gegenden in die großen politischen, wirtschaftlichen und kulturellen Beziehungs- und Kommunikationsnetze einbezogen. Allerdings brachte die Ostausdehnung nun die Gefahr mit sich, daß das Reich seine Kräfte überspannte und angesichts der schwachen Militär- und Verwaltungsstruktur unregierbar wurde. Die Vergrößerung des Frankenreiches enthielt im Keim schon die Teilung in ein romanisches Westfranken und ein germanisches Ostfranken. Dieser Prozeß war noch vor dem Ende des 9. Jahrhunderts abgeschlossen, obwohl auch starke Einigungskräfte vorhanden waren: an erster Stelle die Kirche, die ihrem Wesen nach überall gleich ist und die eine geeinte Christenheit unter dem Zepter und Schirm eines christlichen Kaisers, des neuen Davids eines neuen Israel, sehen wollte; dann aber auch die Aristokratie des Reiches, die adligen Familien, gering an Zahl, aber im allgemeinen überaus vermögend, die wichtige Ämter bekleideten, Ländereien überall im Reich besaßen und die fast alle zumindest teilweise germanischer Herkunft waren. Oft stammten sie allerdings aus Verbindungen verschiedener Dynastien, denn die Könige wünschten durch Heiraten eine Auffrischung des Blutes. Manche der alten Adelsfamilien, die Nachfahren der Robertiner (der Ahnen der Kapetinger und über diese auch der Bourbonen) oder der Welfen existieren noch heute. Auch die Robertiner waren ein jüngeres Geschlecht germanischen Ursprungs. Charles Maurras, im Frankreich des frühen 20. Jahrhunderts der führende Ideologe der chauvinistischen »Action française«, hatte das sicherlich nicht bedacht, als er seinen antideutschen »kompromißlosen Nationalismus« in die Hände einer Dynastie legte, deren Vorfahren aus Deutschland stammten. Die Reichsteilung von 843, wie sie der Vertrag von Verdun vorsah, ist ein Beleg dafür, daß sich das Zentrum Europas nach Osten verlagerte: Die Gebiete, die Lothar, dem Ältesten und Träger der Kaiserwürde, zugesprochen wurden, umfaßten neben Italien, den Ardennen und dem Elsaß den überwiegenden Teil des ehemals römischen Germaniens. Lothars Reich bestand damit aus den Provinzen, die einst zum Imperium gehört hatten, und aus den Stammlanden Karls des Großen einschließlich seiner Residenzen Aachen, Ingelheim und Metz. Das so entstandene »Lotharingien« war jedoch ein Kunstgebilde. Als das Geschlecht Lothars nach zwei Generationen erlosch, bedeutete das auch das Ende dieses Reiches. Bei den Karolingern des Ostfränkischen, vor allem aber bei jenen des Westfränkischen Reichs nahm die Geschichte einen anderen Verlauf. Lothars Reichsteil kam für mehrere Jahrhunderte zu Ostfranken, so daß die politische Grenze mehr oder weniger mit der Sprachgrenze zusammenfiel. Ohne bereits von Nationen sprechen zu können, bildeten schon zu diesem frühen Zeitpunkt die beiden verschiedenen Sprachen und alle damit einhergehenden Unterschiede die stärkste Realität. Allerdings dürfen wir nicht die Verbindungen unterschätzen, die zwischen den beiden Hälften des Frankenreichs auch nach der politischen Teilung fortbestanden. Reiseverkehr, Handel und kultureller Austausch, Heiraten, politische und militärische Unternehmungen zwischen beiden Reichshälften blieben das ganze 9., 10. und 11. Jahrhundert über häufig. Die großen Klosterreformen und der vorherrschende Baustil kamen aus dem Westen und setzten sich rasch auch im Osten durch. Andererseits mischten sich die deutschen Kaiser bis ins 11. Jahrhundert oft in die inneren Angelegenheiten des Westfränkischen Reiches ein. Auch die Sozialgeschichte folgte im Westen wie im Osten annähernd der gleichen Entwicklungslinie. Der allmähliche Übergang zur Lehnsherrschaft fand fast in allen Gebieten des ehemaligen fränkischen König- und Kaiserreichs statt. Das Lehnswesen setzte sich durch, weil diese soziale Ordnung der geschichtlichen Situation entsprach: eine schwache und ferne Zentralmacht ohne echte Hauptstadt, ohne Verwaltung, ohne stehendes Heer und nur mit dürftigen technischen Möglichkeiten ausgestattet. Mit dem Lehnswesen dezentralisierten sich die Herrschaft und der Schutz, den die Herrschenden ihren Untertanen schuldeten. Es war eine Folge des Einbruchs der »Barbaren«, die große Teile der Ländereien der ehemaligen römischen Senatsaristokratie[13] besetzten. Das wiederum bedeutete das Ende des Kolonats und der Sklavenwirtschaft auf den Latifundien. Die Institution der *munt,* durch die ein Mann sich dem Schutz seines Herrn unterstellt und ihm dafür Gefolgschaft schwört, diese Vorstellung wechselseitiger Pflichten – Schutz und Treue –, die aus dem germanischen Recht stammt, verbreitete sich in ganz Westeuropa, weil sie die beste Antwort auf die Herausforderungen der geschichtlichen Situation darstellte. Die Idee des Staates und der Verwaltung nach römischem Vorbild verschwand aus dem öffentlichen Leben, und nur die Kirche bewahrte Teile der alten Strukturen innerhalb ihrer Hierarchie. Die Kirche bildete im Osten und im Westen des Frankenreichs die Grundlage der Königsmacht, wie sie es schon im noch vereinten Reich zumindest seit Pippin dem Mittleren gewesen war, weil sie sowohl innerhalb der Lehnsordnung stand als auch über sie hinausgriff (ein vom König oder Kaiser ernannter Bischof oder Abt hatte keinen Anspruch auf die Erblichkeit seines Amtes und seiner Besitzungen). Die unabweisbare Einheit des Frankenreiches steckte den Rahmen ab, an dem sich die Hauptvölker Europas in ihrer Entwicklung orientierten und den sie erst (und auch nur scheinbar) im 19. Jahrhundert, dem Zeitalter des nationalen Aufbruchs, sprengten. Frankreich, Italien und Deutschland entstanden in einer ökumenischen europäischen Einheit. Aber Deutschland gäbe es wohl kaum, wenn Karl der Große nicht einen großen Teil seiner Energie und seiner Regierungszeit für die Unterwerfung und Eingliederung der Sachsen in sein Reich aufgewendet hätte. Er hätte seine Macht ebensogut zur Eroberung der Bretagne oder zur Wiedergewinnung Spaniens verwenden können. Mit der Unterwerfung des baierischen Herzogs Tassilo und des Sachsenführers Widukind entstanden die Voraussetzungen für die Existenz Deutschlands, so wie andererseits die Kapitulation des Langobardenkönigs Desiderius als Vorspiel für das deutsche Engagement in Italien gelten kann, das die Geschichte des künftigen Deutschland dann so tiefgreifend formen sollte. Karl der Große steht also am Ende der »Vorgeschichte« Deutschlands, jener Epoche, die der Nationwerdung Deutschlands vorangeht.

Zeittafel

um 150 v. Chr.	Die germanischen Stämme der Kimbern und Ambronen und die keltischen Teutonen siedeln sich im südlichen Mitteleuropa an.
um 100 v. Chr.	Die Germanen verdrängen die Kelten aus Mitteleuropa.
58–51 v. Chr.	Caesar erobert das keltische Gallien. Der Rhein wird Grenze des Römischen Reiches.
9	Die germanischen Cherusker vernichten in der Schlacht im Teutoburger Wald drei römische Legionen.
84–90	Als Grenzbefestigung gegen die Germanen errichten die Römer den Limes. Das römische Germanien wird in zwei Provinzen geteilt: Germania superior (Hauptstadt Mainz) und Germania inferior (Hauptstadt Köln).
98	Tacitus' »Germania«.
256–268	Wanderungen der germanischen Völker nach Westen.
ab 313	Beginn der Christianisierung in Mitteleuropa: Köln, Straßburg, Worms, Speyer, Trier, Chur, Lüttich, Metz werden Bistümer.
um 350	Der westgotische Bischof Ulfilas übersetzt die Bibel ins Gotische.
375	Einfall der Hunnen in Westeuropa und Unterwerfung des Ostgotenreiches.
395–410	Erhebung der Westgoten unter König Alarich und Plünderung Roms.
406	Vandalen, Burgunden, Sueben, Alamannen überschreiten den Rhein und unterwerfen Gallien.
449	Eroberung Britanniens durch Angeln, Sachsen und Jüten.
451	Vereinigte römische, fränkische und westgotische Heere schlagen die Hunnen in der Schlacht auf den Katalaunischen Feldern.
482–501	In Gallien herrscht der Merowingerkönig Chlodwig über das germanische Reich der Franken.
493	Gründung des Ostgotenreiches in Italien durch Theoderich den Großen.
531–536	Unterwerfung der Thüringer, Burgunden und Alamannen und Eingliederung ins Frankenreich.
nach 561	Teilung des Frankenreiches in Austrien, Neustrien und Burgund.
nach 714	Karl Martell begründet die Herrschaft der Karolinger im fränkischen Reich.
732	Karl Martell besiegt bei Tours und Poitiers die Araber und gilt als »Retter des Abendlandes«.
741	Tod Karl Martells und Aufteilung des fränkischen Reiches an seine Söhne Karlmann (Osten) und Pippin den Jüngeren (Westen).
751	Pippin der Jüngere übernimmt die Alleinherrschaft.
754–756	Bündnis zwischen Pippin und Papst Stephan II. Sieg über die Langobarden in Italien und Begründung eines von Ostrom unabhängigen Kirchenstaates.
771	Karl der Große übernimmt die Alleinherrschaft über das fränkische Reich.
773–774	Vernichtung des Langobardenreiches in Italien und Anerkennung der Herrschaft Karls des Großen durch den Papst.
782	Aufstand der Sachsen unter Widukind. Unterwerfung durch Karl den Großen.

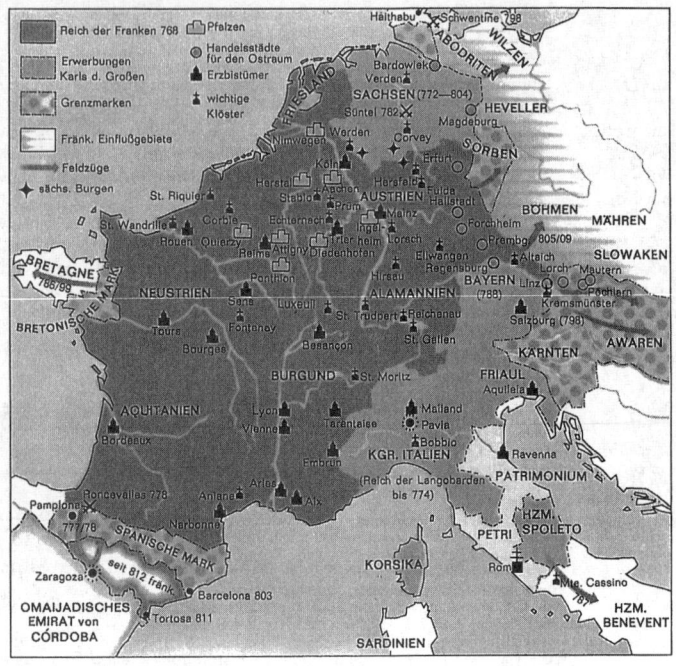

Das Reich Karls des Großen

3. KAPITEL

Das karolingische Deutschland

Italien, Baiern, das von den Awaren besetzte Pannonien (das heutige Ungarn), Sachsen: Karls des Großen Wirken nach außen, seine Eroberungen, waren gen Süden, Norden und Osten gerichtet. Der Kampf gegen das maurische Spanien, der durch Roland und sein tapferes Ausharren in Roncesvalles berühmt wurde, war eine Ausnahme, auch insofern es die einzige Unternehmung des großen Königs und Kaisers blieb, der kein endgültiger Erfolg beschieden war. Soweit wir uns eine Vorstellung von der geistigen Statur Karls des Großen, von seinem Denken und Wollen machen können, erscheint der Herrscher, der heutzutage nach geläufiger politischer Anschauung am Ursprung Europas steht, als ein echter fränkischer König, ein germanischer Fürst mit dem stolzen Bewußtsein seiner Herkunft. Verstand er Latein? Vieles spricht dafür, daß er fränkisch sprach, wenn er sich mit seinem Gefolge unterhielt und mit seinen engsten Freunden Scherzworte wechselte. Zu ihnen zählten die angelsächsischen Geistlichen, die Grafen und Markgrafen (die Hüter der Grenzmarken), denen er den Befehl über die Heere und die Oberherrschaft über die Provinzen gab und die zum größten Teil aus Austrien stammten und zur schwäbischen und bairischen Verwandtschaft der Karolinger gehörten. Gewiß sprach er auch fränkisch mit seinen Kindern, vor allem mit seinen zahlreichen Töchtern, die er vergötterte und die er stets in seiner Nähe haben wollte. Dies ging soweit, daß ihre Heiratspläne darunter litten, wenn er ihnen andererseits auch erlaubte, sich Liebhaber an seinem Hof auszusuchen und gewissermaßen mit seinem Segen illegitime Kinder in die Welt zu setzen. Karl selbst suchte sich seine Ehefrauen und Konkubinen vorzugsweise in Schwaben und ausnahmslos in den großen austrasischen Adelsfamilien germanischen Ursprungs. Auch hielt er sich am liebsten auf austrasischem Boden auf, in den Gegenden von Aachen bis Mainz, wo unzweifelhaft fränkisch gesprochen wurde. Er ließ nicht nur germanische Mythen und Sagen sowie Gesetze aufzeichnen, die bisher noch nicht schriftlich festgehalten worden waren, sondern auch eine fränkische Grammatik verfassen. Keiner dieser Texte ist auf uns gekommen, da die Kulturträger der folgenden Generationen, ausnahmslos Geistliche, nur Mißtrauen und Verachtung für alles kannten, was heidnischen Ursprungs war. In einer der großen Benediktinerabteien, die damals gegründet wurden, im Kloster Fulda, das eine Schlüsselrolle bei der Christianisierung des nördlichen Germaniens gespielt hat, lebte und schrieb Anfang des 9. Jahrhunderts der Dichter des »Heliand«. Dieses altsächsische Epos stellt Jesus als König dar, der seine Heilstaten nach dem Vorbild nordischer Heldengestalten als Kämpfer und Triumphator vollbringt. Mit diesem Stabreimepos, das uns vollständig überliefert ist, beginnt eigentlich die deutsche Literatur. Hinter ihm steht wie hinter den Werken der französischen Klassiker ein umfassendes politisches Ordnungsschema: Danach wirkt der christliche König mit seinen Untergebenen auf die Errichtung des weltumspannenden Reiches hin, damit seine Bewohner einmal das eine, große Gottesvolk um den fränkischen Kern bilden. Aus dem göttlichen Heilsplan, der den damaligen Gläubigen als die einzig mögliche Deutung ihres Lebenssinns erschien, lasen die stolzen Franken, und das heißt in erster Linie der König und seine Adligen, sichere Anzeichen dafür heraus, daß dem Frankenkönig Karl dem Großen die irdische Herrschaft und der göttliche Bund übertragen worden seien. Damit hatte ihn die Vorsehung zum Nachfolger des Augustus, besser noch Konstantins und Davids gemacht.

Unterstützt von seinen Bischöfen, Äbten, Grafen und Markgrafen vollendete Karl der Große, der Sieger über so viele Völker und Fürsten, die Einheit des christlichen Westens. Nur die britischen Inseln gehörten nicht zu seinem Reich. Zwar stand die Kultur dort in hoher Blüte, aber die Besiedlung war nur dünn, die Bevölkerung untereinander gespalten, das Land als Ganzes ohne politische Bedeutung. Karl war praktisch der Gesetzgeber der ganzen westlichen Christenheit. Die Kirche, deren Bevollmächtigter und Schutzherr er war, konnte sich nur als einig und universal begreifen. Daher verwundert es nicht, daß sie den König des Okzidents veranlaßte, sich auch um das orientalische Christentum zu kümmern und in die Angelegenheiten des Byzantinischen Reichs einzugreifen, das sich immer noch römisch nannte, aber damals vom Bilderstreit zerrissen war. Mit dem Ostreich bekam das neue große Westreich Grenzkonflikte – in Süditalien, Istrien und Venedig – und auch Streit um den Einfluß bei der Bekehrung slawischer Völker, besonders der Tschechen und Kroaten. Der germanische König, der nicht nur Herr über Italien war, sondern von dem auch die Macht, ja die persönliche Sicherheit des Papstes abhing, sah sich nun als ebenbürtiger Partner, wenn nicht gar als Herausforderer des Kaisers in Konstantinopel. Die Byzantiner waren die Erben des Römischen Reiches, das in Rom nicht mehr seine Mitte hatte. Seit über drei Jahrhunderten gab es im Westen keinen Kaiser mehr. Keiner, vor allem kein germanischer König, hatte wie Karl der Große Italien, Gallien und die Reste des christlichen Spanien vereint und diesen alten romanischen Ländern die weiten Räume Germaniens hinzugefügt, die die Römer nie zu unterwerfen vermocht hatten. Den wenigen, aber einflußreichen zeitgenössischen Beobachtern, die die geschichtlichen Zusammenhänge kannten, mußte Karl als der Nachfolger der frühen römischen Kaiser erscheinen. Die römische Kirche brauchte einen neuen Konstantin, der sie vor dem Machthunger der adligen Territorialherren schützte und ihr gegen die theologisch-politischen Ansprüche der byzantinischen Kirche beistand. Alle diese Bestrebungen führten folgerichtig zur Kaiserkrönung in Rom am Weihnachtstag des Jahres 800. In dieser feierlichen Stunde, die mit Hoffnungen, aber auch mit Konflikten und Zwiespältigkeiten befrachtet war, begann ein Jahrtausend europäischer und deutscher Geschichte. Denn vieles spricht dafür, daß Karl von der päpstlichen Aktion überrascht wurde. Sicherlich hätte er eine symbolische Geste vorgezogen, die frei von jedem Verdacht einer Unterwerfung des Kaisertums unter die päpstliche Autorität gewesen wäre.

Das karolingische Königtum konnte sich nicht auf den germanischen Legitimitätsbegriff berufen. Die Urenkel des Bischofs Arnulf und Pippins des Älteren hatten keine göttlichen Ahnen. Schon die Usurpation Pippins des Kurzen bedurfte der Bestätigung durch den Papst. Die Salbung durch den Pontifex maximus – eine symbolische Handlung, die ihren Ursprung im Alten Testament hat – stellte eine neue christliche Legitimität her und ersetzte die germanische Königswürde. Die Kaiserkrönung des Jahres 800 schloß sich logisch an, sie bestätigte die neue Macht Karls des Großen, die diejenige seines Vaters bei weitem übertraf. Mit ihr erreichte der König der Franken die höchste Würde der Alten Welt, die vor ihm kein germanischer Heerführer oder Fürst für sich zu verlangen gewagt hatte, obwohl sie schon vor der Abdankung des letzten weströmischen Kaisers Romulus Augustulus im Jahr 476 die eigentliche Macht in Rom ausübten. Selbst das Oströmische Reich mußte ihm nach langem Bedenken und Zögern die Kaiserwürde zugestehen, da es an den realen Machtverhältnissen nicht mehr vorbeischauen konnte. Die Kaiserkrönung durch den Papst bedeutet aber noch etwas anderes; die Kirche, genauer gesagt, die römische Kirche in Gestalt des Papstes, designiert den Kaiser. Die Kaiserwürde wird fortan nicht mehr vererbt oder per Akklamation des Volkes verliehen, das heißt in Übereinstimmung mit den anderen Inhabern säkularer Macht; nur der Papst als Vollstrecker des göttlichen Willens (der sich übrigens auch durch Vererbung oder Wahl hätte kundtun können) durfte sie von nun an verleihen. In gewisser Hinsicht hatte die Kaiserkrönung durch den Papst zur Folge, daß der Kaiser in Abhängig-

keit vom Oberhaupt der Kirche geriet. Karl war sich der Hypothek be-
wußt, mit der die Gründungsurkunde seines Kaisertums belastet wurde.
Er vermerkte es mit Groll oder doch Unmut, aber so übermächtig er
auch gegenüber einem mittelmäßigen Papst war, den er gerade aus dem
Griff seiner schlimmsten Feinde gerettet hatte und der außerhalb der
Mauern Roms über keine reale Macht verfügte, es blieb ihm keine andere
Wahl. Kaiser Konstantin, der Erbe eines heidnischen Reiches, hatte keine
Salbung durch den Papst nötig gehabt, seine Soldaten hatten ihn zum
Kaiser ausgerufen. Aber Saul und David waren dem Volk durch das Wort
der Propheten zu Königen designiert worden. Allerdings standen die Propheten nicht an der Spitze einer Institution, die einmal in Wettstreit mit
der höchsten weltlichen Macht treten konnte. Neben der Majestät Karls
des Großen verblaßte ein Leo III., aber dieses Verhältnis mochte sich
rasch ändern, und tatsächlich wandelte es sich in den folgenden Jahrzehnten grundlegend. Da das neue westliche Kaiserreich mit der deutschen Königswürde verbunden blieb, sollte die Zwiespältigkeit, die in
der Kaiserkrönung des Jahres 800 bereits enthalten war, über ein Jahrtausend auf der deutschen Geschichte lasten.

Wie sollen wir uns das Deutschland unter Karl dem Großen vorstellen?
Das Land hatte so gut wie keine Städte, nur armselige Marktflecken
entstanden in den Überresten römischer Stadtkultur, während Siedlungen sonst nur auf den wenigen gerodeten Flächen inmitten ausgedehnter
Wälder oder verstreut auf öder Heide zu finden waren. Im 10. Jahrhundert zählte Deutschland in den Grenzen des Reiches, das vom Ebro
bis zum Rhein und von der Elbe bis zur Etsch reichte, wahrscheinlich
knapp vier Millionen Einwohner, das sind weniger als zehn Menschen
pro Quadratkilometer (im Jahr 1990 sind es fast 250!). Die erdrückende
Mehrheit fristete ein karges Dasein in Armut und Unwissenheit. Das
Klima war vermutlich kühler und feuchter als heute, andernfalls wäre
nicht zu erklären, wie der Kaiser seine Truppen auf Flüssen transportieren konnte, auf denen heute nicht einmal flache Boote ohne jeden
Tiefgang fahren könnten. Die Erträge in der Landwirtschaft waren gering, die Ernte brachte oft nicht mehr ein als das ausgebrachte Saatgut.
Den in Hütten und Katen wohnenden Menschen drohte ständig Hunger
und Not, sie waren den Gewalten und Launen der Natur ausgesetzt
und hatten nur die Religion oder den Aberglauben als Trost (abergläu-
bische Vorstellungen sind oft nur die Überbleibsel besiegter Religionen).
Verloren in der Weite des Landes, unwissend und von Not und Ängsten
bedrückt, wußten die Menschen, abgesehen von der Lichtung, auf der
ihre Hütte stand, und dem angrenzenden Wald, nur wenig von der

großen Welt. Noch weniger wußten sie über die historischen Epochen, die ihrer Zeit vorangegangen waren. Aber in ihrem kollektiven Gedächtnis fanden sich doch, in Mythen, Sagen und Lieder gekleidet, Erinnerungen an ferne Waffentaten, in die sich die Kämpfe alter und neuer Götter mischten. Solche Erinnerungsreste an eine versunkene heidnische Welt wurden jedoch von den Dienern des Christentums anhaltend und mit Erfolg bekämpft und durch die heilige Geschichte des Volkes Israel ersetzt. Nach und nach legte sich eine christlich fundierte Ethik über die alte germanische Kämpfermoral. Das ganze Hochmittelalter hindurch versuchte die Kirche mit Synoden, Hirtenbriefen und Predigten dem Volk die letzten Reste der alten heidnischen Kultur auszutreiben. Verdrängt, verleugnet und aus dem Bewußtsein verbannt, konnte die Erinnerung doch nicht ganz ausgemerzt werden. Hier, Ende des 12. und Anfang des 13. Jahrhunderts, sieben, acht Jahrhunderte nach den historischen Ereignissen, die der epischen Darstellung zugrunde liegen, tauchten wieder die alten nordischen Sagen und die Erinnerungen an die Völkerwanderung auf.

Die Gottesmänner kämpften jedoch nicht nur gegen widerspenstige Heidenseelen, sondern auch gegen den Urwald. Mönche drangen über die Grenzen des römischen Germanien vor und erschlossen die Wildnis, indem sie neue Klöster gründeten oder Ableger bereits vorhandener anlegten. Mit ihrer Kolonisierungsarbeit förderten und beschleunigten sie die Eingliederung der heidnischen Gebiete in das Reich. Das Kloster war Festung, Musterbauernhof und Schule zugleich. Mehr noch, hier wurden darüber hinaus Abgaben verwaltet, Archive angelegt, Chroniken geschrieben, Nachrichten von nah und fern empfangen und weitergeleitet. Auch als Wirtschaftsfaktor spielten die Klöster eine große Rolle. Hier wurden nicht nur landwirtschaftliche Produktionstechniken erprobt und weiterverbreitet, hier sammelte sich auch beträchtlicher Reichtum an, der aus Schenkungen des Königs und der Grundherren ebenso wie aus Almosen der Armen stammte. Die Klöster waren auch groß genug, um arbeitsteilige Formen des Wirtschaftens und eine Spezialisierung der Produzenten zu ermöglichen. Die Männer und Frauen, die mit der Leitung betraut waren, konnten lesen und besaßen Bücher. Sie bewahrten oder entdeckten erst wieder das verstreute Wissen der Antike und gaben es weiter. Auch in der Verwaltung bildeten die Klöster ein Muster für die großen weltlichen Güter und selbst die Krongüter. Viele Söhne und Töchter des Adels wurden hinter Klostermauern erzogen und lernten hier die Grundbegriffe der Weltsicht, wie sie in der Umgebung Karls des Großen vor allem von Geistlichen formuliert wurden. Die Klöster waren dank ihrer wirtschaftlichen Potenz der weltlichen Macht eine verläßliche Stütze

und vor allem eine sichere Bleibe für den von Pfalz zu Pfalz und von
Abtei zu Abtei reisenden Königshof, der wie ein Heuschreckenschwarm
einfiel und weiterzog, sobald alle Vorräte vertilgt waren. Schließlich hatten die Klöster auch eine militärische Funktion, denn sie stellten dem
königlichen Heer Truppenkontingente, die sie unter ihren »Leuten« aus-
hoben. Auf diese Kontingente war sehr viel mehr Verlaß als auf diejenigen
der mächtigen Laien-Vasallen, auf deren Gefolgschaft der König nie ganz
zählen konnte. Was wir hier über die Klöster und Abteien sagen, traf
natürlich auch auf die weniger zahlreichen Bistümer zu, die die Königsmacht nach und nach in Germanien einrichtete und die sich ebenfalls zu
politischen, wirtschaftlichen und kulturellen Zentren entwickelten. Fulda, Reichenau (auf einer Insel im Bodensee), Lorsch, Corvey, Sankt Gallen, Sankt Emmeram in Regensburg zählten zu den berühmtesten Abteien; Mainz, Konstanz, Regensburg, Salzburg und Magdeburg hießen
die glanzvollsten Bistümer in Germanien.

Karl konnte sein gewaltiges Reich, das sich von Barcelona bis Magdeburg, von Benevent bis zur Rheinmündung, von den bretonischen Marken bis zu den Marken im Osten, dem heutigen Ungarn, erstreckte, nur
mit Hilfe seiner zahlreichen Hofgeistlichen regieren. Sie halfen ihm bei
der Rechtsprechung und der Anwendung der Gesetze, sie verbreiteten
seine schriftlichen Botschaften und berichteten über die Ausführung seiner Befehle, sie sammelten und kodifizierten Rechtssprüche und wachten
über den rechten Glauben und die Einheitlichkeit des kirchlichen Ritus.
Ohne Kirche keine Verwaltung und folglich auch keine Zentralmacht.
Ohne Kirche keine Finanzwirtschaft, ja nicht einmal ein stehendes Heer
(alle diese Begriffe dürfen nicht im modernen Sinn verstanden werden).
Die Hofkapellane sind die Sekretäre, Kanzler und Notare des Kaisers.
Aufbau und Organisation der Kirche waren ungleich stabiler und ver-
läßlicher als die Strukturen der weltlichen Macht, die man noch nicht
als Staat bezeichnen kann. Vor allem bot die Kirche dem Kaiser den
unschätzbaren Vorteil, in seiner Verfügung zu stehen: Er ernannte die
Bischöfe und Äbte, und diese waren, anders als die weltlichen Würdenträger, nicht darauf erpicht, ihre Ämter und Lehen in erbliches Eigentum
zu verwandeln und damit der Verfügung des Königs zu entziehen. Der
Geistliche war loyal, weil er die Ernennung durch den König erhoffte;
nach seiner Ernennung blieb er die meiste Zeit über loyal, denn er konnte
sein »Geschlecht« nicht von der Königsmacht lösen und ihm nicht zur
Selbständigkeit verhelfen, weil seine Macht vergänglich und an seine Lebenszeit gebunden war.

Seit Karl dem Großen ruhte der »deutsche« Staat auf der engen Verbindung von Königtum und Kirche, einem Verhältnis wechselseitiger Ab-

hängigkeit. Nun stand aber eigentlich der Papst in Rom an der Spitze der kirchlichen Hierarchie. Zu Karls Zeiten war die päpstliche Macht noch keine Realität. Die Ideologie einer Monarchie in der Nachfolge Davids machte andererseits den Kaiser zum Stellvertreter Gottes auf Erden, zum Erwählten und Gesalbten des Herrn. Er war Oberhaupt der Kirche wie der Kaiser in Byzanz, der höher angesehen war als der Patriarch der östlichen Kirche. Allerdings war der Westen drei Jahrhunderte lang ohne Kaiser geblieben, und der neue fränkische Kaiser residierte fern von Rom. Auch würde sich der Papst nie mit der Rolle eines Patriarchen des Westens begnügen. Die Macht des erst fränkischen, dann deutschen Königs und Kaisers war also von Anbeginn an eine Institution gebunden, die stets auf ihre Unabhängigkeit bedacht war und bald auch den Vorrang in geistlichen und weltlichen Dingen für sich forderte. Für Karl konnte ein solcher Anspruch nur vom Kaiser erhoben werden. Kaiserliche und päpstliche Theokratie werden jahrhundertelang im Streit liegen und damit die Geschichte Deutschlands wesentlich prägen. Sobald die Kirche sich zurückzieht und nicht mehr als wichtigstes Instrument der kaiserlichen Macht dient, verliert letztere ihre Substanz. Das Kaisertum gerät zwischen Hammer und Amboß: Auf der einen Seite stehen der Papst und die Kirche samt ihren Bischöfen und Äbten, auf der anderen Seite die weltlichen Herren, beide entwickeln sich zu Territorialherrschern. Die Kaiserkrönung des Jahres 800 zeigt symbolhaft bereits die Hauptursache des schicksalbestimmenden Konflikts der deutschen Geschichte: Den Kaisern des Hochmittelalters wird die Macht fehlen, Deutschland die staatliche Gestalt einer zentral gelenkten Monarchie zu geben, wie es den Königen des Westfränkischen Reichs und Englands sowie den Herrschern Spaniens nach der Vertreibung der Mauren gelungen ist.

In der weltlichen Gesellschaft jener Zeit galt weiterhin barbarische Härte. Christliche Moral war kaum bekannt, dafür sorgten Grausamkeit, Habgier und Kampflust für unsichere Lebensverhältnisse. Selbst die Geistlichen ließen es oft an Bildung fehlen. Daher legte Karl der Große, selbst kaum des Lesens und Schreibens mächtig, bedeutenden Wert auf die Schulen, besonders auf seine Hofschule, in der junge Adlige auf ihre künftigen Aufgaben als geistliche oder weltliche Verantwortliche vorbereitet wurden. Die Spitze der weltlichen Hierarchie bildete der Reichsadel, das Produkt vielfacher Vermischungen des galloromanischen Senatorenadels mit den Gefolgsleuten der fränkischen Könige, also den Familien der Grafen, Herzöge, ja Bischöfe aus schwäbischem, bairischem, sächsischem und langobardischem Adel. Diese Schicht verfügte über ungeheuren Grundbesitz und hatte mehr oder weniger das Monopol auf die höchsten königlichen Ämter; hierzu gehörte auch der Befehl über die Truppen, der meistens an

die eher juristische als administrative Würde des Grafen- oder Markgra-
fenamtes gebunden war. Der Markgraf hatte den Oberbefehl in den Grenzgebieten, den sogenannten Marken, wo neben die innere Unsicherheit, die
im ganzen Reich herrschte, noch die Bedrohung durch äußere Feinde trat.
Genaugenommen waren es sogar zwei Reiche, denn die Gebiete der Franken und der Langobarden blieben voneinander geschieden, und zwar bis
in den königlichen Titel hinein: *Rex Francorum et Langobardorum.* Die
Amtsführung der Grafen und Markgrafen wurde von Königsboten, *missi
dominici,* überwacht, die unablässig im ganzen Reich unterwegs waren.
Ein Graf führte den Vorsitz bei Gerichtsversammlungen nach germanischem Recht, er sprach Recht, sorgte für die Durchsetzung politischer
Beschlüsse, stellte dem kaiserlichen Heer das Truppenkontingent, das er,
seinem Amtsgebiet entsprechend, alljährlich im Frühjahr für den bis zum
Herbst dauernden Feldzug stellen mußte. So groß das Reich auch war, es
konnten doch nur recht wenig Truppen ausgehoben und unterhalten werden. Um so mehr mußte der Kaiser auf die Loyalität und die Fähigkeiten
seiner Grafen zählen können, die wie alle Grundherren zunehmend durch
die Bande des Vasallentums gebunden waren. Eine Zentralverwaltung gab
es in der Lehnsherrschaft nicht. Wie schon zu Zeiten der Merowinger
waren die Grafen stets bemüht, die Erblichkeit ihrer Ämter und der zu
Lehen gegebenen Ländereien durchzusetzen. Die Umwandlung in erbliche
Lehen war in Deutschland wie auch in den anderen Gebieten des Reiches
schon im 9. Jahrhundert abgeschlossen. In der Lehnsherrschaft kann der
König nur seinen Kronvasallen unmittelbar Befehle erteilen sowie den
Untertanen, die auf seinem Familienbesitz oder auf lehnsfreiem Königsgut
wohnen. Der König ist bestrebt, die Erblichkeit der zu Lehen gegebenen
Ländereien wieder aufzuheben, während die Vasallen den König drängen,
freiwerdende Lehen sogleich wieder zu vergeben, damit er nicht in die
Versuchung kommt, seinen erblichen Familienbesitz, das Hausgut, oder
den Besitz der Krone, das Königsgut, zu vermehren. Die großen Vasallen
versuchen ihrerseits, sich Kirchengut anzueignen oder zumindest die Kirchen, Bistümer und Abteien unter die Verwaltung ihres Lehens zu stellen.
Die Könige und großen Vasallen kämpfen um die Güter und die Organisation der Kirche, während die Bischöfe und Äbte ihrerseits den Vasallen-
status, allerdings ohne Erblichkeit, fordern. Auch sie möchten frei über ihr
Lehen verfügen und dem König nur bestimmte Dienste schuldig sein, ohne
daß dieser in ihre Angelegenheiten hineinregieren oder ihren Untertanen
direkte Befehle erteilen könnte.

Unter Karls Nachfolgern breiteten sich Vasallentum und Erblichkeit
des Lehens rasch aus. Sein eigener Sohn war ein schwacher Herrscher, und
seine Enkel teilten das Reich unter sich auf, worauf sich jeder der Unter-

stützung der weltlichen Großen und der kirchlichen Würdenträger zu versichern suchte. Je mehr der Adel der verschiedenen Stämme zusammenwuchs, desto mehr beschleunigte sich dieser Prozeß. Bereits gegen Ende der Herrschaft Karls des Großen begann die Integration des sächsischen Adels in das Reich. Ein Jahrhundert später ging die Königswürde über ganz Deutschland an einen Nachfahren des heidnischen Widukind, der über viele Jahre die treibende Kraft des sächsischen Widerstands gewesen war. Diese Tatsache allein sollte schon genügen, um die Behauptungen aus der Zeit des Dritten Reichs zu entkräften, die Karl den Großen als den »Sachsenschlächter« und Zerstörer der reinen nordischen Rasse anprangerten, während Widukind ein Held nach dem NS-Geschmack war.

Das Volk der Karolingerzeit war ein Volk von Bauern. Schwaben, Baiern, Franken, Thüringer, Sachsen und Friesen waren zum überwiegenden Teil waffentragende Freie, die eigenen Grund und Boden besaßen und nur Heeresdienst leisten mußten. Viele wohnten und arbeiteten allerdings auch auf Gütern, die den großen Herren gehörten, den Adligen, den Klerikern oder dem König. Da sie in wirtschaftlicher und sozialer Abhängigkeit lebten, änderte sich auch ihr Stand. In einigen Regionen, besonders in Sachsen, gab es sogenannte Halbfreie, in denen manche Historiker Angehörige besiegter und schon früh assimilierter Stämme sehen. Weiterhin gab es im Frankenreich Hörige, Menschen ohne persönliche Freiheit, die der Grundherrschaft eines weltlichen Herrn, der Kirche oder dem König unterworfen waren. In erbliche Hörigkeit konnte geraten, wer, aus welchen Gründen auch immer, dazu verurteilt worden war, oder wer eine Schuld nicht bezahlen konnte. Schließlich gab es auch noch Sklaven, im allgemeinen Kriegsgefangene oder Opfer von Raubzügen, die in die Siedlungsgebiete der Slawen jenseits der Elbe, nach Skandinavien und sogar noch weiter östlich nach Rußland und in die Steppen Asiens unternommen wurden. Der Sklavenhandel war einer der einträglichsten Geschäftszweige in der Karolingerzeit. Viele der Opfer blieben nicht in Frankreich; Ziel der Sklavenzüge war das maurische Spanien; Verdun bildete damals eine wichtige Etappe, hierher kamen arabische Händler und kauften den Franken und Friesen ihre lebende Ware ab ...

Die Standeszugehörigkeit, die mehr oder weniger weit in die Vergangenheit zurückreichte, der Beruf sowie der Status der Tätigkeit oder des ausgeübten Gewerbes waren im ländlichen Deutschland der Karolingerzeit eng miteinander verwoben. Allerdings gab es auch Bewegung im sozialen Gefüge, so daß der ererbte Stand in vielen Fällen an Bedeutung verlor. Ein Freier, der sich als Arbeiter auf dem Fronhof eines großen Herrn verdingt und wie die Hörigen und Sklaven Anordnungen erhält und sie ausführt, ohne selbst einen eigenen Hof zu bewirtschaften, verliert nach und nach sein Ansehen, bis seine Nachkommen, vor allem, wenn er sie mit einer Frau niederen Standes gezeugt hat, schließlich in die soziale Kategorie der Halbfreien oder gar der Hörigen absinken. Ein Höriger, den sein Herr mit der Bewirtschaftung eines Vorwerks beauftragt, der nur zu Abgaben und vielleicht zu Frondiensten verpflichtet ist, steigt im sozialen Ansehen, so daß sein Sohn oder sein Enkel durchaus den Stand eines Freien erreichen kann. In den politisch unruhigen Zeiten nach dem Tod Karls des Großen bis zur relativen Stabilisierung der sächsischen Königsdynastie (um 930) gewann in Deutschland die Institution der *munt* immer mehr an Bedeutung. Der Begriff umfaßt Herrschaft und Schutz und lebt in abgeschwächter Form im heutigen Wort »Vormund« fort. Ein Freier, der sich nicht mehr in der Lage sieht, hinreichenden Schutz für sich und seine Familie zu gewähren, der womöglich kein Auskommen mehr erzielt, kann sich in den Schutz eines Lehnsherrn begeben, sei es ein weltlicher Herr oder eine kirchliche Institution, und damit zu dessen Vasallen werden. Der Lehnsherr muß ihm Schutz und Auskommen gewähren, der Vasall schuldet ihm dafür persönliche Treue, die sich auch auf die Ehefrau und die Kinder des Lehnsherrn erstreckt. Er muß sich an der Verteidigung der Familie und des Besitzes seines Lehnsherrn beteiligen und einen Teil seiner Arbeitskraft für Frondienste bereitstellen. Daß der Stand des Freien aufgegeben wurde, war sicherlich nicht immer und nicht uneingeschränkt freiwillig. Allerdings war der alte Stand des Freien in den verschiedenen germanischen Stämmen schon vor ihrer Eingliederung ins Frankenreich nicht mehr überall die Regel, und in der romanischen Bevölkerung bildete er sowieso die Ausnahme.

Die großen Grundherren hatten ihrerseits einen steigenden Bedarf an Finanzmitteln. Sie mußten ihren Rang im Umkreis des Königs wahren, dessen Hofhaltung »zivilisierter« und aufwendiger wurde. Sie mußten Truppen aufstellen und ausrüsten, die das königliche Heer verstärkten, manchmal aber auch bekämpften, und schließlich mußten sie ihre ererbte Herrschaft über eine Grafschaft oder ein Herzogtum ausbauen und sie so unabhängig wie möglich von der Königsmacht halten. Die Quelle ihres Reichtums waren die Abgaben, die eine wachsende Zahl von Untertanen zahlen mußte. Als reiche und mächtige Grundherren (bei den Klerikern kam noch die geistliche Autorität hinzu, die sie über die Seelen der Gläubigen ausübten) konnten sie gewiß einen armen, aber freien Mann mehr oder weniger offen nötigen, sich in ihren »Schutz« zu begeben. Aber diese »materialistische« Erklärung wird dem Problem nicht gerecht, denn die Zeiten waren wirklich furchtbar. Zu den Bürgerkriegen, die im Land wüteten, kamen bald die Raubzüge der Normannen und die Einfälle der Araber und Ungarn hinzu. Im ganzen Westen von England bis Sizilien wurde die Bevölkerung geplündert und hingemetzelt. In solch unruhigen Zeiten hatte es also durchaus seine Berechtigung, sich unter den Schutz eines Mächtigeren zu begeben.

Die Bauern betrieben eine meist nur kümmerliche Subsistenzwirtschaft. Nur die Mächtigen im Reich brauchten den Handel zur Befriedigung ihrer gehobenen Ansprüche. Die Epoche Karls des Großen, vor allem die letzten Jahrzehnte seiner Regierungszeit, waren eine »Renaissance«. Der karolingische Frieden, der zwar nicht ungetrübt blieb, aber doch stabil war wie schon seit Jahrhunderten nicht mehr, die Macht des Königs und Kaisers, seine glänzende Hofhaltung, seine Förderung von Kunst und Kultur, der Reichtum, den ihm seine Eroberungen einbrachten – an erster Stelle der Schatz der Awaren, den dieses kriegerische Nomadenvolk im Verlauf von zweihundert Jahren zusammengeraubt hatte –, das Ansehen des Herrschers und seine weitgespannten Beziehungen, die ihn mit Byzanz und selbst mit dem Kalifen von Bagdad verbanden, der Ansporn zur Nachahmung, der vom Kaiserhof auf die Residenzen des Adels und der Kirchenführer ausging, und natürlich der Umstand, daß vier Fünftel Italiens, der Drehscheibe des Mittelmeerhandels, nun zum Frankenreich gehörten, alle diese Faktoren und Tendenzen führten zu einem Wiederaufleben des »internationalen« Handels. Die Warenströme – Pelze, Bernstein und Sklaven aus dem Nordosten, Wolle aus England und erlesene Luxuswaren aus Indien, Persien und Arabien – flossen in Westeuropa zusammen und vermehrten den Wohlstand ausländischer und einheimischer Kaufleute. Besonders die Juden, die schon seit langem in Gallien und am Rhein ansässig waren und über die Karl und seine Nachfolger schützend die Hand hielten, spielten eine Hauptrolle im Fernhandel. Waffen, Tuche, Weine und Gewürze, Edelsteine und kostbare Gewänder für weltliche und geistliche Herren machten einen großen Teil dieses Handels aus, dessen Ausmaß indes nicht überschätzt werden darf, da er nur die sehr dünne Oberschicht der Reichen und Mächtigen erreichte. In den Marktflecken, die in den Ruinen der alten Römerstädte an Rhein und Donau entstanden, in den Häfen Flanderns und Frieslands, an den Grenzposten an der Elbe wie zum Beispiel Magdeburg ließen sich Kaufleute erst vorübergehend, dann ständig nieder und boten ihre Dienste den Markgrafen, Grafen oder Bischöfen an, ebenso den übrigen Einwohnern, den Handwerkern und natürlich auch den Bauern, die das Land vor der Stadt bebauten. Zwar waren es noch keine echten Städte mit festen Mauern und einer breiten Palette von Handwerks- und Gewerbeberufen, aber in der Karolingerzeit sind bereits die Konturen der künftigen mittelalter-

lichen Städte erkennbar. Die Entwicklung ging auch nicht ohne Rückschläge voran. Wie viele Städte in Deutschland wurden als Folge immer
neuer Invasionswellen feindlicher Völker zwei-, drei-, ja zehnmal abge-
brannt und wieder aufgebaut! Das Kriegselend trieb die Bevölkerung
ganzer Landstriche zur Flucht und erlaubte nur ein primitives Wirtschaften, bei dem an Handel kaum zu denken war. Geld war rar, der Tauschhandel überwog bei weitem. Nachdem Karl dem Großen der Awaren-
schatz in die Hände gefallen war, ließ er Goldmünzen prägen, in
Westeuropa die ersten seit Jahrhunderten. Die Münzen wanderten jedoch
bald in den Orient oder nach Skandinavien, sofern sie nicht im Frankenreich gehortet oder zu Schmuck und Sakralgegenständen verarbeitet
wurden. Dies alles gehört zu einer glänzenden Oberfläche, die fast ohne
jeden Zusammenhang mit dem harten Alltag der einfachen Menschen
stand, der im Dunkel lebenden »Massen« möchte man fast sagen, wenn
der Begriff nicht so befremdlich klänge, vergegenwärtigt man sich die
schütteren Siedlungen, die nur ab und zu die undurchdringliche Wildnis
Germaniens unterbrachen.

Die karolingische Reform war gewiß eine Renaissance, eine *renovatio
imperii* (aber keine *renovatio imperii Romanorum,* denn der Kaiser und
seine Ratgeber waren kluge Politiker und Diplomaten, die wußten, wie
sich mit kleinen Nuancen in der Formulierung große Realitäten und kühne ideologische Ansprüche[1] ausdrücken lassen). Aber sie beschränkte sich
nicht auf die Erneuerung der Antike, sondern nahm auch die kulturellen
Beiträge all jener Völker auf, die auf die Römer gefolgt waren und sich
mit ihnen vermischt hatten oder die ins Frankenreich eingegliedert worden waren. Der König selbst hatte, wir sagten es bereits, ein lebhaftes
Interesse an der germanischen Vergangenheit. Zur Ausschmückung der
Pfalzkapelle in Aachen, der späteren Krönungsstätte der deutschen Könige, verwendeten seine Baumeister Säulen aus Bauten, die Theoderich,
der größte König der Völkerwanderungszeit, seinerzeit in Ravenna hatte
errichten lassen. Karl ließ sie aus Italien nach Deutschland schaffen, was,
nebenbei bemerkt, Beleg dafür ist, daß man damals in Deutschland selbst,
im ehemals römischen Gebiet, nicht mehr die Kunst des Schneidens und
Ziselierens von Marmorsäulen beherrschte. Vermutlich verstand man sich
auch nicht auf das Bauen von Steinhäusern, geschweige denn von Palästen. Die wenigen karolingischen Kirchen, die heute noch erhalten sind,
auf der Insel Reichenau, in Lorch und im fränkischen Seligenstadt, be-
eindrucken vor allem durch ihre große Schlichtheit, die schmalen Öff-
nungen und die Massigkeit des Mauerwerks. Anders in Aachen; die hier
versammelten Talente arbeiteten mit allen zur Verfügung stehenden tech-

nischen Mitteln an der Verwirklichung eines ehrgeizigen Programms, das
in Architektur und Skulptur eine Darstellung kaiserlicher Majestät bieten
sollte, ein irdisches Bild der Herrlichkeit des göttlichen *Pantokrator,* Christus als Herrscher der Welt. Ein solches Vorhaben überstieg die Möglichkeiten der Zeit und mußte unvollendet bleiben. Die Herrscher der folgenden Jahrhunderte hatten jedoch recht, gerade Aachen zur Stätte des
halb religiösen, halb weltlichen Schauspiels der Königskrönung zu bestimmen. Die Krönung galt nur dann als authentisch, wenn sie hier neben
dem Grabmal des großen Kaisers stattfand. Zwei seiner Nachfolger,
Otto III. im Jahr 1000 und Friedrich I. Barbarossa im 12. Jahrhundert,
mitten in der schärfsten Auseinandersetzung mit dem Papsttum, ließen
das Grabmal sogar öffnen, um die Legitimität ihrer Herrschaft zu erneuern. Der Stauferkaiser ließ Karl sogar auf die Altäre erheben, wenn auch
nur ein Gegenpapst, der Friedrich nichts abschlagen konnte, die Heiligsprechung vornahm. In einer Zeit, die noch keine organisierte Kultur des
Gedenkens kannte, war kaum zwei Jahrhunderte nach Karls Tod die
Erinnerung an ihn schon zur Legende geworden. Was ist von seinen Bemühungen um die Pflege der Kultur seines Vielvölkerreiches auf uns gekommen? Außer einigen wichtigen juristischen, politischen und diplomatischen Texten, wie etwa dem unerschöpflichen Kapitularium *De villis,*
das den Aufbau und die Finanzen der großen Krongüter bis in Einzelhei-
ten regelt, ist nur wenig überliefert von den großangelegten Vorhaben in
der Schrift- und Bildkultur, die von der Kirche aufgenommen und weitergetragen wurden: Die Buchmalerei der klösterlichen Skriptorien, die
Gedichte und Prosatexte der Sankt Galler Mönche, abgefaßt in Latein
und in der Volkssprache – in *tiudesk*[2] –, die Wandmalereien, von denen
Reste auf der Insel Reichenau zu sehen sind, und einige Skulpturen aus
Bronze und Holz sind Zeugen der karolingischen Renaissance.

Karl der Große war Heerführer, Herrscher, geistliches Oberhaupt, ein
Mann von weitgespanntem und originellem Geist – hatte er doch versucht, Rhein und Donau durch einen Kanal verbinden zu lassen, um den
Handel und den Transport seiner Truppen zu erleichtern –, aber in der
Frage seiner Nachfolge vermochte er sich nicht von der traditionellen
germanischen Rechtsvorstellung zu lösen, wonach die Könige ihre Territorien als ihren persönlichen Besitz betrachteten, der folglich unter allen
Söhnen aufzuteilen war. Der Tod ließ ihm am Ende nur noch einen von
ihnen. Ludwig der Fromme war für den Thron bestimmt und entsprechend erzogen worden, wenn Erziehung Bildung und Achtung vor der
Tradition meint. Der große Kaiser hatte ihm sein Reich, aber nicht sein
Genie vermachen können. Wie sein Vater hielt sich Ludwig mit Vorliebe
in den germanischen Gebieten zwischen Ardennen und Rhein auf. Aus

Germanien kam auch seine zweite Frau, Judith, aus dem Geschlecht der
Welfen. Die Dynastie, deren Vertreter über Baiern, Sachsen, Hannover
und England geherrscht haben, existiert auch heute noch. Judith war
eine ausnehmend schöne und verführerische Frau. Mit ihren Reizen und
Ambitionen trug sie dazu bei, daß das Reich schließlich geteilt wurde
und ein eigenständiges Deutschland entstehen konnte. Im Jahr 814 war
das Reich noch eins, aber Ludwig wurde alsbald hin- und hergerissen
zwischen dem Wunsch, diese Einheit zu bewahren, und der Forderung
der Tradition, es unter seine drei erwachsenen Söhnen aufzuteilen, wie
es vor ihm schon die Merowinger, Karl Martell und Pippin der Kurze,
allesamt Herrscher über das Frankenreich, getan hatten. Bald brachen
in Ludwigs Umgebung Kämpfe unter Parteien aus, die divergierende Interessen verfolgten: Die »Minister« Karls des Großen, seine alten Ratgeber und die meisten hohen Kleriker fochten für die Einheit, denn ihrer
Ansicht nach mußte der Kaiser vor allem die Einheit des Gottesvolkes
bewahren. Seine Söhne hielten dagegen, die Verwaltung des weiträumi-
gen Reiches sei seit dem Tod des genialen Gründers in eine Krise geraten.
Auch an den Grenzen herrschte Unruhe. Ludwig, ein schwacher Herrscher, wollte es allen recht machen; er kündigte den Plan einer Erbteilung
an, der für Lothar, den ältesten seiner Söhne, eine durch den Kaisertitel
ausgewiesene Sonderstellung vorsah. Die Geburt eines weiteren Sohnes
nach der Heirat mit Judith verlieh dem Plan zusätzliche Brisanz. Karl,
dem Jüngsten, mußte ein Teil zugesprochen werden, wobei das Erbe der
anderen Söhne beschnitten wurde. Der Kaiser verwand nur schwer eigene
Schwächen und Fehler. Einmal hatte er einen Neffen, der gegen ihn ein
Komplott geschmiedet hatte, blenden lassen, worauf der Neffe an den
Folgen der Bestrafung starb. Der Kaiser litt deswegen an schweren Ge-
wissensbissen, obwohl die Blendung damals die übliche Strafe für Rebellen war. Die kaiserliche Partei warf ihm denn auch seine Schwäche
vor, die Söhne rebellierten abwechselnd und bekämpften sich untereinander, Verfechter einer starken Kaisermacht schwächten seine Position
durch ihren Widerstand. Als er 840 starb, war ein guter Teil des Erbes
schon durch Kriege und Teilungen verlorengegangen. Die Kirche
schwang sich zum Schiedsrichter auf, der Papst übte sich nicht mehr in
Ergebenheit, und das kaiserliche Prestige bei seinen Gegnern von außen
war dahin. Wegen der Kriege im Innern hatten der Kaiser und seine
Söhne die Ränder des Reiches außer acht gelassen: Von Friesland bis
zum Golf von Biskaya fielen die Normannen, heidnische Piraten aus
Skandinavien, immer häufiger plündernd und mordend ins Land ein,
während die Mittelmeerküste schutzlos den Angriffen der Araber ausgeliefert war. Gleich nach dem Tod des Kaisers brach der Streit unter den

Söhnen erneut aus. Auf der einen Seite stand der Älteste, Lothar, der schon zu Lebzeiten des Vaters zum Kaiser Gekrönte, er wollte die Einheit zu seinen Gunsten wiederherstellen. Auf der anderen Seite standen Ludwig, der Zweitälteste, und Karl, der Jüngste, der Sohn der schönen Judith. Letzterer hatte das Westfränkische Reich an sich gerissen; Ludwig herrschte über Germanien, das Ostfränkische Reich. Lothar wollte sich nicht mit einem Reichsteil begnügen, der aus einem schmalen Korridor entlang von Rhein und Rhône bestand, mit Italien als Zugabe. Darauf verbündeten sich die beiden jüngeren gegen den älteren. In Straßburg schworen sie mit ihren Armeen einen Eid, der sie zu gegenseitigem Beistand verpflichtete. Der Wortlaut der Eide ist uns überliefert. Ludwig wendete sich in Altfranzösisch an die Truppen Karls, so wie dieser in Althochdeutsch zu den Gefolgsleuten und Rittern Ludwigs sprach. Mit diesem Eid ist die Existenz zweier verschiedener Völker belegt, die einen dynastischen Konflikt wie eine List der Geschichte aufgreifen, um ihre eigene Identität zu behaupten. Die Verbündeten hatten mit ihrer Strategie Erfolg, Lothar mußte sich mit seinem »Lotharingien« begnügen, das sich von der Mündung des Rheins bis zur Mündung der Rhône erstreckte. Der Name rührt übrigens von einem anderen Lothar her, nämlich Lothar II., seinem Sohn, dem später nur das Königreich Lothringen zufällt, ein Gebiet zwischen den heutigen Niederlanden und der heutigen Schweiz[3]. Ludwig, den spätere Historiker »den Deutschen« nennen, hielt sich zumeist in Regensburg auf und regierte über die Schwaben, Baiern, Thüringer und Sachsen. Mit ihm war Germanien zum erstenmal in der Geschichte selbständig und geeint. Als Lothars Geschlecht erlosch, bemächtigte sich Ludwig 870 auch des mittleren Reiches und schob damit seine Grenzen bis zur Schelde und zum Argonnerwald vor. Ein Teil der romanischen Reichshälfte (das französische Flandern, das französischsprachige Brabant, der Hennegau, die Region um Lüttich und Namur, Lothringen, die Freigrafschaft Burgund, Savoyen und die französischsprachige Schweiz) kam zum germanischen Reich, und Frankreich wird neun Jahrhunderte brauchen, um alle diese Gebiete wieder zurückzuerobern. An der Reichsteilung des Jahres 843 erscheint bereits etwas, was als prägend für die »Nationwerdung« bezeichnet werden kann, wenn es auch nur ein Moment unter anderen war und weit davon entfernt, als solches erkannt zu werden. Dennoch müssen wir hierin die Geburt Deutschlands sehen, obwohl sich die Zeitgenossen dessen nicht bewußt waren.

Daß die plündernden und brandschatzenden Wikinger nach Herkunft und »Geblüt« Vettern der Franken waren – was diese wohl auch kaum erkennen konnten –, hat sie in den Augen der Deutschen des 9. Jahrhunderts kaum sympathischer gemacht. Jahrzehntelang hatten sie in kleinen Gruppen die Küsten der Nordsee, des Ärmelkanals und des Atlantik erkundet. Schon vor dem Tod Karls des Großen begannen dann die kriegerischen Seefahrer aus dem Norden ihre massiven Angriffe auf fränkisches Territorium. Der große Kaiser verfügte über keine Kriegsmarine, um die Küsten seines Reiches zu schützen; vermutlich sah er auch gar keine Veranlassung dazu. Keines seiner Völker besaß Erfahrungen in der Seefahrt, abgesehen von den Friesen und einem Teil der Sachsen, die aber nur unzureichend in sein Reich integriert waren. Daher war es nicht möglich, die Wikinger in ihren fernen Wohnsitzen im Norden anzugreifen, noch sie auf hoher See zu überraschen. Sie bildeten regelrechte Expeditionskorps und schlugen immer öfter und immer dreister zu. Alljährlich verheerten sie erst die Hafenstädte an der Küste und fuhren dann die Flüsse stromaufwärts immer tiefer ins Land hinein. Während in der zweiten Hälfte des 9. Jahrhunderts die Erben Karls des Großen sich um die Teile des einstigen Großreiches stritten und die Königsautorität vor der Macht der Vasallen schwand, plünderten die Wikinger Köln, Paris und Straßburg, ja sie stießen bis ins Burgund und die Loire stromaufwärts über Orléans hinaus vor. Die Normannen (die »Nordmänner«), die feste Wohnsitze in der Nähe der Flußmündungen besaßen, stellten an Grausamkeit und Zerstörungswut alles in den Schatten, was germanische Völker in vorangegangenen Jahrhunderten bei ihren Einfällen ins Römische Reich verübt hatten. Sie schonten niemanden vom Kind bis zum Greis und ließen alles in Lohe und Asche aufgehen, was sie nicht als Beute mitnehmen konnten. Zwar war Gallien mit seinen langen Küsten das vorrangige Ziel ihrer Raubzüge, aber auch das Rheinland hatte unter ihnen zu leiden. So wird verständlich, weshalb ein Sieg über eine Normannenexpedition, auch wenn er keinen dauerhaften Erfolg brachte, die größte Bedeutung erlangte. Der junge Ludwig, der Sohn Ludwigs des Frommen, wurde für eine solche Tat mit einem Heldenlied gefeiert. Das »Ludwigslied« ist nach dem »Heliand« einer der ersten großen Texte in altdeutscher Sprache. Die Bevölkerung, die Grausamkeiten ohne Zahl und Namen erleiden mußte und Zeuge wurde, wie das große Frankenreich ohnmächtig einem dreisten, aber zahlenmäßig kleinen Angreifer gegenüberstand, wünschte sich nichts sehnlicher, als daß die alte Einheit wiederhergestellt würde und an der Spitze des karolingischen Reiches ein König stehe, der dem ganzen Christenvolk Schutz und Frieden gebe. Vierzig Jahre nach den Straßburger Eiden hoben die fränkischen Großen noch einmal einen karolingischen König auf den Thron des vereinten Frankenreiches, den einzigen im regierungsfähigen Alter, Karl III., genannt der Dicke, ein Sohn Ludwigs des Deutschen. Doch dieser Versuch, die Reichseinheit wiederherzustellen, scheiterte am Mangel an Mut und Tatkraft dieses Spätlings: Karls Absetzung im Jahr 887 besiegelte die endgültige Teilung des Reiches. Ostfranken fiel an den Neffen Karls III., Arnulf von Kärnten, einen tapferen Krieger und fähigen Herrscher, der auch Italien für sich gewann und schließlich die Kaiserwürde erhielt.[4] Wie Ludwig der Deutsche wählte auch Arnulf Regensburg zu seiner Hauptresidenz; Baiern wurde so zum Kernland des Reiches. Aber der Kaiser starb früh und hinterließ einen unmündigen Sohn, der noch vor seinem zwanzigsten Lebensjahr starb. Die Regierungsschwäche Karls III., die Italienfeldzüge Arnulfs und die lange Unmündigkeit Ludwigs des Kindes waren die Ursachen dafür, daß sich im Reich wieder politische Unordnung ausbreitete. Nutznießer waren die großen Lehnsherren, die Herzöge und Grafen, Bischöfe und Äbte, die sich immer mehr von einer schwachen oder zeitweise überhaupt nicht existenten Zentralmacht lösten.

Die Einheit Ostfrankens war zu jung, als daß die Schwäche der Königsmacht nicht wieder die Neigung der Stämme aufkommen ließ, sich auf sich selbst zurückzuziehen. Weil der König schwach oder gar nicht präsent war, blieben die Stämme bei den Angriffen von außen auf sich allein gestellt. Die Normannen beschränkten sich noch darauf, die Küsten unsicher zu machen und Raubzüge den Rhein und die Weser stromaufwärts zu unternehmen; die Araber stießen von ihren Piratennestern an der provenzalischen Küste die Rhône aufwärts bis ins Burgund vor; aber die Überfälle der Magyaren oder Ungarn (die die Zeitgenossen mit den Hunnen verwechselten, mit denen sie Aussehen und Grausamkeit teilten) bedrohten plötzlich ganz Süddeutschland. Dieses wilde Reitervolk hatte die Steppen und Wälder des heutigen südöstlichen Rußlands verlassen und war in die weite Ebene Pannoniens gezogen, die nach der Vernichtung des Awarenreiches durch die Truppen Karls des Großen weitgehend menschenleer geblieben war. Die Ostmark, Baiern, Schwaben, Thüringen, aber auch Oberitalien, boten kaum Widerstand gegen ihre ungestümen Attacken, die sie bis ins Burgund, ja bis nach Katalonien führten. Wie die Normannen suchten die Ungarn alljährlich im Frühjahr den Westen auf der Suche nach Nahrung, Reichtümern und Sklaven heim. Ohne zentrale Königsmacht sammelte sich die Bevölkerung wieder in den alten Strukturen der Stammesherzogtümer: In Baiern, Schwaben, Franken und Sachsen organisierten Herzöge[5], die aus dem Ortsadel oder Reichsadel stammten, den Widerstand gegen die Eindringlinge. Ihre Macht, zu der ihnen die Legitimation fehlte (die Herzöge waren nicht gesalbt, sie wurden nicht von Bischöfen gekrönt), blieb stets umstritten und reichte oft nicht aus, um einen entscheidenden Schlag gegen die Ungarn zu führen. Während Deutschland am Ende der Karolingerzeit in Anarchie und Barbarei versank, stieg in der Erinnerung das Ansehen Karls des Großen ins Legendäre. Die Klöster und Abteien, in denen gelehrte und schriftkundige Mönche das Gedächtnis jener glanzvollen Zeit bewahrten, waren zwar bevorzugte Ziele der heidnischen Plünderer, boten aber auch oft befestigte Zufluchtsorte für die sonst schutzlos den Barbaren ausgelieferte Bevölkerung.

Zeittafel

800	Kaiserkrönung Karls des Großen im Petersdom zu Rom durch Papst Leo III. Bestätigung seiner Würde als Oberhaupt des christlichen Imperiums.
804	Endgültige Unterwerfung der Sachsen.
813	Krönung Ludwigs des Frommen durch Karl den Großen zum Mitkaiser.
814	Tod Karls des Großen.
817	In der »Ordinatio imperii« (Reichsteilungsgesetz) wird festgelegt, daß die Kaiserwürde jeweils auf den ältesten Sohn übergeht. Ludwigs Sohn Lothar wird zum Mitkaiser und Reichserben bestimmt. Die beiden anderen Söhne Pippin und Ludwig der Deutsche herrschen über die westlichen und östlichen Teilreiche.
840	Tod Kaiser Ludwigs und Ausbruch des offenen Krieges zwischen den beiden Söhnen.
842	»Straßburger Eide«.
843	Im Vertrag von Verdun wird die endgültige Teilung des Reiches entschieden: Kaiser Lothar I. erhält Italien und einen Landgürtel von der Rhônemündung bis zur Nordsee, Ludwig der Deutsche das Ostfrankenreich und Karl der Kahle das Westfrankenreich.
855	Tod Kaiser Lothars I.
876 –	Nach dem Tod Ludwigs des Deutschen wird das Ostfrankenreich geteilt.
877	Auflösung des Westfrankenreiches.
880	Im Vertrag von Ribémont wird der westliche Teil des lothringischen Mittelreiches, der 870 an das Westfrankenreich gefallen war, nun auch dem Ostreich zugeteilt. Die Grenzziehung zwischen Deutschland und Frankreich ist vollzogen.
884	Karl III. (der Dicke) wird Herrscher über das gesamte Ostfrankenreich, wird aber bereits 887 auf dem Reichstag zu Tribur vom Adel abgesetzt. Im Ostreich kommt es zum Aufbau neuer Königreiche.
896	Arnulf von Kärnten wird zum Kaiser des Ostfrankenreiches gekrönt. Er stirbt 899.
900	Ludwig das Kind wird vom fränkischen Adel zum König erhoben. Schwächung der königlichen Zentralgewalt und Begründung der Macht des Reichsadels in Baiern, Sachsen, Thüringen, Schwaben, Franken und Lothringen.
911	Tod Ludwigs des Kindes, des letzten Karolingers im ostfränkischen Reich.

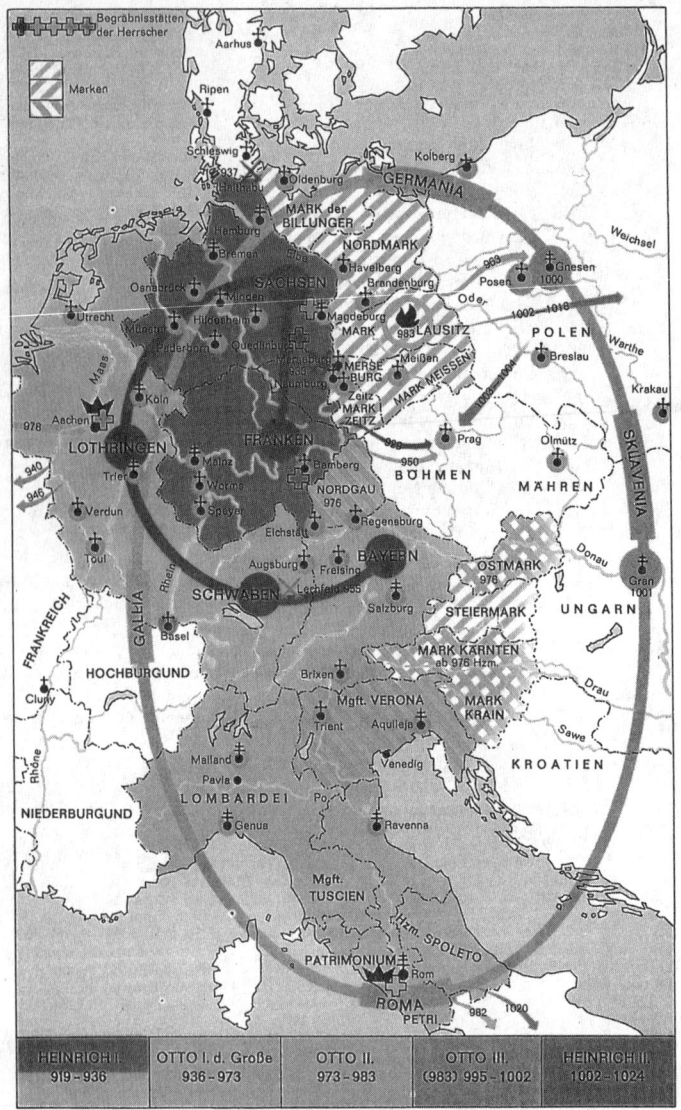

Das Deutsche Reich 919–1024

4. KAPITEL

Das erneuerte Reich

911–1076

Nach dem Tod des jungen Ludwig, genannt »das Kind«, im Jahr 911 suchten die Großen des Ostfränkischen Reiches seinen Nachfolger nicht unter den männlichen Nachkommen Karls des Großen, die im Westfränkischen Reich weiterhin die Könige stellten (abwechselnd mit den Häuptern eines anderen berühmten Adelsgeschlechts, den Robertinern, den direkten Vorfahren der Kapetinger). Die Karolinger vermochten ihre dynastischen Ansprüche nicht so kraftvoll zu behaupten wie ihre Vorgänger, die Merowinger, die zweieinhalb Jahrhunderte lang ihr Vorrecht auf den Thron verteidigt hatten, ohne stets die reale politische Macht im Land besessen zu haben. So einigten sich die Großen aus Franken (von Rhein und Main) und Schwaben und wählten den Frankenherzog Konrad[1] zum neuen König. Die Franken und Schwaben (letztere gehörten dem Fränkischen Reich schon seit dem 6. Jahrhundert an) bildeten die Kernlande des Ostfränkischen Reiches und versagten dem König die Gefolgschaft nicht. Die Baiern und Sachsen hingegen, die erst seit Karl dem Großen zum Reich gehörten und sich ihrer »Exzentrizität«, ihrer ethnischen Eigenständigkeit, wohl bewußt waren, erkannten den Herrschaftsanspruch des neuen Königs nicht ohne weiteres an. Baiern und Sachsen bildeten ungleich geschlossenere und mächtigere Stammesherzogtümer als Schwaben und Franken. Daraus zog denn schließlich auch König Konrad die Konsequenz, indem er 918 auf seinem Sterbebett den Großen des Reichs den Sachsenherzog Heinrich[2] als seinen Nachfolger empfahl.

Der neue König, den spätere Geschichtschreiber wegen seiner ausgeprägten Leidenschaft für die Beizjagd mit dem Beinamen »der Vogler« bedachten, war eine starke Persönlichkeit, die Umsicht und Tatkraft in sich vereinte. Er war kein Interimskönig, sondern Gründer einer der bedeutendsten Dynastien Deutschlands. Seine Wahl ist Beweis dafür, daß in den Stammesherzogtümern über alle divergierenden Interessen hinweg doch ein hinreichend starkes Bewußtsein der Einheit vorhanden war, das das Ende der karolingischen Dynastie und die kurze Herrschaft Konrads unbeschadet überdauert hatte. Das Ostfränkische Reich, das im 10. Jahrhundert immer häufiger im Lateinischen als »Germania« und in der Volkssprache als *Theodisk-Land*[3], »Land des Volkes«, bezeichnet wird, bildete fortan eine festgefügte Gemeinschaft. In der krisenhaften, anarchischen Periode nach dem Tod Kaiser Arnulfs hatten sich nur diejenigen westlichen Gebiete vom Reich gelöst, die nach der Teilung von 843 Lotharingien bildeten und deren Bevölkerung zum Teil aus Romanen bestand, die sich über ihre Zugehörigkeit nicht im klaren waren. Diese damals dem Westfränkischen Reich zugefallenen Gebiete kehrten unter Heinrich dem Vogler zu Deutschland zurück. Allerdings nahm Lotharingien, das kein Stammesherzogtum war, sondern ein geographisches Gebilde, das sich dem geschichtlichen Zufall verdankte, auch künftig in Deutschland eine Sonderstellung ein. Bereits Ende des 10. Jahrhunderts zerfällt es in eine Vielzahl kleiner Herzogtümer und Grafschaften, von denen nur ein Teil bis heute den Namen Lothars trägt, nämlich Lothringen. Betrachten wir die Verhältnisse im Westen Deutschlands, so ergeben sich für jeden Teil Lotharingiens verschiedene Zeiten der Zugehörigkeit zum Reich seit Heinrich I.: für die nördlichen Niederlande bis 1648, für die südlichen Niederlande bis 1797, für Lothringen bis 1768, bis zur zweiten Hälfte des 17. Jahrhunderts für das Elsaß, bis 1678 für die Freigrafschaft Burgund und bis 1792 für Savoyen[4]. Die andere Bedeutsamkeit der Wahl des Sachsenherzogs zum König bestand darin, daß er Sachse war und ein Nachkomme Widukinds, des heidnischen Anführers im Kampf gegen Karl den Großen – ein weiterer entscheidender Beweis für die Festigkeit der neuen deutschen Einheit.

Heinrich I. mußte wie sein Vorgänger Konrad und wie alle seine Nachfolger dauernd gegen die Unbotmäßigkeit der Großen kämpfen und vor Verschwörungen und Revolten auf der Hut sein, die oft von unzufriedenen Mitgliedern der Königsfamilie angezettelt wurden. Jeder gewählte oder, besser gesagt, durch Akklamation erhobene König hatte sich bei einem Rundritt durch das Reich erst einmal der Anerkennung der Herzöge, Grafen und Bischöfe zu versichern, die gemeinsam mit ihren Familien und Vertrauten, ihren Vasallen und Klerikern die politische Klasse im frühmittelalterlichen Deutschland bildeten. Hierzu waren oft langwierige Verhandlungen, bisweilen sogar blutige Kämpfe nötig. Ebensowenig wie die meisten Karolinger besaßen auch die sächsischen Könige eine feste Residenz, sondern zogen unablässig durch Deutschland, später auch durch Italien. Das Zentrum ihrer Macht befand sich in ihrem sächsischen Familiengut, genauer gesagt im südöstlichen Teil Sachsens an der Grenze zum heutigen Thüringen und Hessen. In Goslar, am Rande des Harz, in Gandersheim und Quedlinburg errichteten sie ihre Pfalzen und gründeten Klöster, in denen sie die großen kirchlichen Feste begingen, ihre Töchter unterbrachten und wo sie sich bestatten ließen. Werden im Rheinland, Magdeburg an der Grenze zu slawischem Gebiet sind weitere

Hochburgen der sächsischen Könige. Ihren Reichtum schöpften sie aus den Bergwerken im Harz, wo schon seit vorgeschichtlichen Zeiten Silber abgebaut wurde. Im 10. Jahrhundert nahmen die Bergwerke im Harz, in Kärnten, in Tirol und im Schwarzwald einen neuen Aufschwung. Die Fördertechniken wurden ständig verbessert, und der Fernhandel konnte sich nach dem Ende der Normannen- und Ungarneinfälle stärker entwickeln. Das Silber aus dem Rammelsberg bei Goslar bildete die wichtigste Edelmetallreserve der damaligen Christenheit und die Hauptquelle des Reichtums der sächsischen Könige.

Die neue Dynastie festigte ihre Stellung vor allem durch ihre Siege über die Hauptfeinde des Landes. Heinrich I. hatte keine Bedenken, den Anführern der Ungarn Tribut zu zahlen, um seine Untertanen zu schonen und Zeit für Verteidigungsmaßnahmen zu gewinnen. Gegen die Reiterhorden der Ungarn baute er ein berittenes deutsches Heer auf, das sich die Taktik des Feindes zunutze machte. Außerdem ließ er vor allem in Sachsen und Thüringen Fluchtburgen errichten, in denen die Familien mit ihren Herden bei der ersten Warnung vor einem feindlichen Einfall Schutz fanden, während die waffenfähigen Männer gemeinsam mit der aus Berufssoldaten bestehenden Garnison für die Verteidigung sorgten. Als sich Heinrich stark genug fühlte, verweigerte er die Tributzahlung und konnte schon beim ersten Treffen den Ungarn eine empfindliche Niederlage beibringen. Auf seiten der Ungarn fand zur gleichen Zeit ein bedeutsamer sozialer und kultureller Wandel statt. Je weiter die Besiedlung des Tieflands von Theiß und Donau voranschritt, desto seßhafter wurden die früheren Nomaden. Ihre Angriffe gingen deutlich zurück, aber erst unter Otto I.[5], dem Sohn und Nachfolger Heinrichs I., kam es zur Entscheidungsschlacht, die für den Westen das Ende eines langen Alptraums brachte. Im Jahr 955 traf das königliche Heer auf dem Lechfeld vor Augsburg auf die Scharen der Ungarn, die von ihren Stammesfürsten geführt wurden, und schlug diese vernichtend. Die Zeitgenossen müssen sich der Bedeutung dieses Ereignisses bewußt gewesen sein, war damit doch die Zeit der verheerenden Einfälle asiatischer Reiterheere, die seit Jahrhunderten Europa immer wieder heimgesucht hatten, ein für allemal zu Ende. (In der Bundesrepublik wurde 1955 die Tausendjahrfeier der Schlacht auf dem Lechfeld mit besonderem Akzent auf der Bedeutung für das christliche Abendland begangen; eine solche Deutung bezog ihre Berechtigung aus dem damals herrschenden Kalten Krieg.) Nach der Schlacht feierten Ottos Krieger ihren König als Retter der Christenheit. Von nun an stand der sächsische König in dem Ruhm, die Barbarengefahr gebannt zu haben, was ihn für die Kaiserwürde prädestinierte. Acht Jahre später, nach siebzig Jahren kaiserloser Zeit, krönte der Papst mit Otto I. wieder einen Deut-

schen zum Kaiser. Auch für die Ungarn bedeutete die vernichtende Niederlage einen tiefen Einschnitt. Nunmehr verließen sie ihre Wohnsitze
nicht mehr und begannen sich in ihrer Lebensweise dem christlichen, vom
Lehnswesen geprägten Westen anzupassen. Ottos Enkel verlieh im Einvernehmen mit dem Papst einem der ungarischen Stammesfürsten, der bei
seiner Taufe den Namen Stephan angenommen hatte, den Titel und die
Krone eines Königs. Außerdem gab er ihm eine Prinzessin aus seinem
Hause zur Frau. Ungarn fand damit Anschluß an Rom und an das deutsche
Reich, dem es über alle geschichtlichen Wechselfälle hinweg bis 1918
verbunden bleiben sollte.[6]

Mit dem Ende der Ungarneinfälle konnte das deutsche Königtum endgültig die Gebiete an der Donau und in den Alpen wieder in Besitz nehmen, die in den Kriegszeiten nahezu ihrer ganzen Bevölkerung verlustig
gegangen waren. Die Ostmark (*Ostariki,* das Reich im Osten, Österreich)
und die karantanische Mark wurden anfangs dem Herzogtum Baiern
zugeschlagen, entwickelten aber immer größere Unabhängigkeit. Schon
zu Zeiten Ottos I. bildete Karantanien, das die ganzen Südostalpen, vom
Semmering bis zur Save, die heutige Steiermark, das eigentliche Kärnten
und Slowenien umfaßte, ein selbständiges Herzogtum; im 12. Jahrhundert bekamen dann auch die mächtigen Markgrafen von Österreich den
Herzogstitel. In den wiedergewonnenen Gebieten organisierte sich auch
die Kirche neu und förderte gemeinsam mit den weltlichen Herrschern
die Wiederansiedlung deutscher Bewohner, um die südslawischen Stämme in Schach zu halten, die seit Jahrhunderten langsam nach Westen
und Nordwesten drängten. Die mächtigen bairischen Bistümer Salzburg,
Passau, Regensburg und Bamberg (eine Gründung des letzten sächsischen
Königs Heinrich II. zu Beginn des 11. Jahrhunderts) bekamen weitere
ausgedehnte Lehen hinzu, während in den wiedereroberten Gebieten
neue große Abteien gegründet wurden: Melk, Sankt Florian, Göttweig,
Klosterneuburg in Österreich, Admont in der Steiermark und Gurk in
Kärnten entwickelten sich zu Zentren deutscher Kultur und Kolonisation.
Während aber Kärnten und die Steiermark (die sich von Kärnten im 12.
Jahrhundert trennte) mehrfach die Herrschaft wechselten, erstand in der
Ostmark mit den Herren von Babenberg eine starke und ehrgeizige Dynastie. Die Babenberger, die in ottonischer Zeit aus Franken eingewan-
dert waren, machten ihren Hof in Wien zu einem politischen und kul-
turellen Zentrum des mittelalterlichen Deutschland. Schließlich brachten
sie auch die Steiermark in ihren Besitz.

Die Könige und Kaiser der sächsischen Dynastie (918–1025) waren seit
Karl dem Großen die ersten, die eine vorausschauende und dauerhafte

Politik gegenüber den Slawen betrieben: als Nachbarn, als Eroberer und als Missionare. Das Herzogtum Sachsen hatte über die ganze Länge seiner Ostgrenze slawische Stämme zu Nachbarn. Zu den Liutizen, Obotriten und Sorben unterhielten die Sachsen (teilweise auch ihre südlichen Nachbarn, die Thüringer, Franken und Baiern, denn z.B. Bamberg lag Anfang des 11. Jahrhunderts noch an der Grenze zu slawischem Gebiet) vielfältige Kontakte. In den weiten Landstrichen zwischen Weichsel und Ostsee, zwischen Elbe, Böhmerwald und Karpaten hatten sich nach und nach slawische Stämme niedergelassen und dabei die Reste der germanischen Bevölkerung, die bis zur Völkerwanderung Herr im Land war, verdrängt oder assimiliert. Im 7. Jahrhundert schuf sich ein fränkischer Kaufmann namens Samo aus Böhmen und Mähren ein eigenes Königreich, dem aber keine Zukunft beschieden war. Von Franken und Baiern aus drang das Christentum in tschechisches Gebiet vor und förderte auch den Aufbau einer politischen Ordnung, die über bloße Stammeszugehörigkeiten hinausging. Im Zuge dieser Entwicklung entstand ein Herzogtum Böhmen, das bis zum Ende des 10. Jahrhunderts fast vollständig christianisiert war und in der Folge als Brückenkopf für die weitere Missionierung der slawischen Völker im Nordosten und der noch ferneren Balten diente. Adalbert von Prag, ein Sproß der böhmischen Herzogsfamilie, der in Rom und Deutschland in der engeren Umgebung des jungen Kaisers Otto III. gelebt hatte, brach zur Missionierung der heidnischen Pruzzen[7] zu deren Wohnsitzen östlich der Weichselmündung auf. Dort erlitt er den Märtyrertod. Einige Monate später – der im polnischen Gnesen bestattete Adalbert war schon bald heiliggesprochen worden – besuchte sein kaiserlicher Freund sein Grab und gründete im Einvernehmen mit Papst Silvester II., dem Franzosen Gerbert von Aurillac, seinem und Adalberts früherem Lehrer, das nationale polnische Erzbistum Gnesen[8]. Außerdem verlieh er dem Herzog der Polen die Königswürde. Otto und Silvester hielten es für entscheidend, daß unter den Heiden christliche Reiche entstanden, die sich sowohl an das Kaisertum als auch an das Papsttum anlehnten. Diese doppelten Bande sollten um so fester sein, als die Anerkennung ihrer nationalen Reiche die Ungarn, Tschechen und Polen vor Annexionsgelüsten mächtiger Nachbarn schützte. Diese weitsichtige und großzügige Politik, die ein noch jugendlicher Kaiser gemeinsam mit dem größten Gelehrten der damaligen Zeit entworfen und geplant hatte, erwies sich als richtig und dauerhaft. Die Völker und Staaten der Böhmen, Polen und Ungarn existieren auch heute noch, und ihre politische und kulturelle Geschichte gehört zur Geschichte Europas. Diese Zugehörigkeit hat selbst die Schrecken und schweren Prüfungen überdauert, die die slawischen Völker seit 1938 durch Nazi-Deutschland und den Bolschewismus erdulden mußten, und zeigt sich erneut mit Evidenz nach dem Zusammenbruch des kommunistischen Regimes.

Dennoch: Wir dürfen uns die Beziehungen, die Deutschland im 10. und 11. Jahrhundert mit den entstehenden Reichen seiner Nachbarn im Osten unterhielt, nicht als idyllisch vorstellen. Mit allen genannten Völkern, besonders aber mit Polen, waren sie oft kriegerisch, da die meisten deutschen Könige und Kaiser eher danach strebten, sich die östlichen Fürsten zu ergebenen Vasallen zu machen, als deren Souveränität zu respektieren. Beständig griffen sie in die inneren Kämpfe ein, die in den noch wenig gefestigten slawischen Dynastien ausbrachen. Im Gegenzug nutzten die polnischen Herzöge und Könige, kaum hatten sie sich unterworfen und den Lehnseid geschworen, jede sich bietende Gelegenheit, das deutsche Joch abzuschütteln. Hierzu verbanden sie sich oft mit slawischen Stämmen, die in den noch von keiner staatlichen Ordnung berührten Gebieten östlich von Elbe und Saale wohnten, und führten gemeinsame Attacken gegen das Territorium des Reiches. Nur die Tschechen ließen sich auf Dauer ins Reich einbinden, genaugenommen ihre Herzöge und Stammesfürsten, denn das Volk hatte in jenen frühen Zeiten wenig zu vermelden. Der Herzog von Böhmen erhielt 1198 die Königswürde, aber als Vasall der deutschen Krone. Als sich dann im 13. Jahrhundert allmählich die kleine Gruppe der Kurfürsten herausbildete, denen nun allein das Recht zustand, den deutschen König und künftigen Kaiser zu wählen, erhielt der böhmische König sogar den ersten Rang unter den weltlichen Kurfürsten. Böhmen, zu dem damals auch Mähren und Schlesien gehörten und das näher an den deutschen Kernlanden lag als Polen oder Ungarn, öffnete sich auch früher und stärker dem Einfluß der westlichen Zivilisation, die über Deutschland vermittelt wurde.

Im 10. Jahrhundert blieben dagegen die Landstriche zwischen Elbe, Saale und Oder eine Art Niemandsland, in dem die dort wohnenden slawischen Stämme zu keinem staatsähnlichen Gebilde von der Bedeutung Böhmens oder Polens zusammenfanden. Seit Karl dem Großen traten die Deutschen hier als Eroberer und Missionare auf und versuchten immer wieder, die Grenze des politischen und kirchlichen Einflusses weiter nach Osten vorzuschieben. Die sächsischen und thüringischen Adligen, die gern Vorstöße über die Grenzflüsse unternahmen, dachten dabei jedoch eher ans Beutemachen und an die Jagd nach Sklaven als an das Seelenheil der heidnischen Slawen. Diese wiederum holten regelmäßig zum Gegenschlag aus, setzten über Elbe und Saale und plünderten Marktflecken und Klöster. Auf Drängen ihrer Vasallen und Geistlichen führten die sächsischen Könige als Herren über das grenznah gelegene Königsgut zahlreiche Expeditionen durch, um die slawischen Grenzgebiete endgültig unter ihre Herrschaft zu bringen. Im übrigen bekämpften sich die Slawen auch untereinander und gingen bisweilen sogar mit den Deutschen Bündnisse ein. Könige, Herzöge und Grafen, vor allem aber die Markgrafen gründeten auf slawischem Boden Bistümer, die sich anfangs nur mühsam halten konnten. Die Marken Sachsen, Meißen, Brandenburg und die Nordmark sollten das Vordringen im Osten erleichtern, hatten aber alle ein wechselhaftes Schicksal. Nördlich der Elbe, auf dem Gebiet des heutigen Schleswig-Holstein, und an der Küste Mecklenburgs stießen die Deutschen auf die Dänen. Die Skandinavier hatten nach und nach das unstete Leben aus der Wikingerzeit aufgegeben und stabile Königtümer gegründet. Sie öffneten sich sogar langsam dem Christentum, das über Deutschland dank der Missionstätigkeit der Erzbistümer Hamburg und Bremen zu ihnen kam. Wir müssen uns die Ostgebiete in den ersten Jahrhunderten des Hochmittelalters wie einen immensen »Wilden Westen« vorstellen, in dem die Slawen die Indianer waren und die Deutschen die Rolle der Kolonisten übernahmen. Die Pioniere an der Grenze verdrängten die »Eingeborenen«, töteten sie oder unterwarfen sie sich. Für die sächsischen Adligen war dieses Grenzland das Feld für ein permanentes kriegerisches und räuberisches, beutebringendes Abenteuer. Dauerhafte Erfolge stellten sich jedoch erst spät ein und dann nur im Südosten: Der Oberlauf des Mains, der Westen des heutigen Sachsen, der Nordgau Bayerns und die sächsische Mark Meißen fanden christianisiert und germanisiert Eingang ins Reich lange vor Brandenburg, Mecklenburg und Pommern, die das gleiche Schicksal erst Ende des 12. Jahrhunderts erlebten. Einer der Gründe für die langsame deutsche Eroberung war sicherlich der erbitterte Widerstand der slawischen Stämme und die Hilfe, die sie oft aus Polen erhielten. Der Hauptgrund für den dürftigen Erfolg so vieler Offensiven bestand aber darin, daß die Ostgrenze für die deutschen Könige nur von nachrangigem Interesse war. Die nationalistische Geschichtsschreibung des 19. und 20. Jahrhunderts hat denn auch behauptet, die Könige und Kaiser seit Otto I. hätten das Schicksal Deutschlands im Osten ihren überspannten Träumen von der Weltherrschaft geopfert, sie hätten das deutsche Reich für das wiedererstandene Imperium, Deutschland für Italien und Rom hingegeben.

In Wirklichkeit handelte Otto so, wie es schon die Söhne Ludwigs des Deutschen und Kaiser Arnulf getan hatten. Er war schon 951 einmal nach Italien gezogen, um den Markgrafen Berengar II. von Ivrea, der die Königswitwe Adelheid in seine Macht gebracht hatte und sich zum König krönen ließ, in die Schranken zu weisen. Anschließend hatte er sich in

Mailand die Krone der Langobarden aufs Haupt gesetzt. Kaum hatte er nach seinem Sieg über die Ungarn seine Herrschaft in Deutschland gefestigt und die Grenzen im Nordosten gesichert, da griff er wieder in Italien ein.

Das langobardische Königreich grenzte an Bayern, die bequemsten Alpenpässe nach Venetien und Friaul waren in bayerischer Hand. Zwischen den nördlichen und südlichen Tälern, zwischen Tirol und der Po-Ebene, zwischen Kärnten und Friaul bestanden enge Verbindungen unter der Bevölkerung. Nach dem Tod Arnulfs war Italien in eine lange Anarchie versunken, deren die heimischen Könige, die teils aus lombardischem, teils aus kaiserlichem fränkischen Adel stammten, nicht Herr wurden. Hatten im 9. Jahrhundert einige große Gestalten auf dem Stuhl Petri dem Papsttum zu wachsender Autorität verholfen, zumal die Macht der Kaiser eher abnahm, so wurde dieses nun wieder Ziel der Begehrlichkeit der römischen Aristokratie. Im Süden setzte sich die Kette der Streitigkeiten zwischen den lombardischen Fürsten von Benevent, Salerno und Capua, den byzantinischen Statthaltern in Apulien und Neapel und den arabischen Emiren auf Sizilien fort. Sie bekriegten, verbündeten und verrieten sich abwechselnd, und jeder bedrohte dabei Rom und das schwache Papsttum. Doch verglichen mit Deutschland, das kaum aus dem Dunkel der geschichtslosen Zeiten herausgetreten war, blieb Italien mit seinen Städten, die aus antiken Ruinen neu erstanden, mit seinem aufblühenden Handel, mit seinen Beziehungen zum christlichen und arabischen Orient, weiterhin ein ungleich reicheres und zivilisierteres Land.

Nach der Vertreibung der Usurpatoren und der italienischen Königskrönung ließ sich Otto im Jahr 962 in Rom zum Kaiser krönen und bei dieser Gelegenheit seine Autorität der Stadt und dem Papst aufzwingen. Der sächsische König erneuerte damit das Reich Karls des Großen, der sich seinerseits als Erneuerer des Römischen Reiches gesehen hatte. Wie dieser war Otto nun das Oberhaupt der Christenheit, Beschützer und Herr der Kirche.

Für die deutschen Könige war Italien nicht bloß ein weiteres Königreich, das unter ihre Herrschaft kam und das mit dem ruhmvollen Kaisertitel winkte, der zu höchsten Ansprüchen berechtigte. Italien war auch das reichste Land der abendländischen Christenheit, aus dem der Monarch ein Vielfaches der Abgaben beziehen konnte, die er aus seinem deutschen Reich erhielt. Es war auch dichter besiedelt und besaß in den Augen der Deutschen das Prestige einer verfeinerten Kultur. Daher nimmt es nicht wunder, daß Italien einen unwiderstehlichen Reiz auf die deutschen Herrscher ausübte. Obwohl Italien die Könige immer wieder zu Hilfe rief, um die Ordnung im Land wiederherzustellen, unterwarf es sich ih-

nen nie vollständig. Der deutsche König blieb immer der Fremde, der
Barbar, dem Italien die kaiserliche Legitimation verlieh, der aber auch
aus überlegener Macht seinen Willen diktierte, so wie Karl der Große
zum Kaiser gekrönt wurde, nachdem er zuvor die Langobarden besiegt
hatte. Für die Deutschen des Hochmittelalters war Italien wie ein goldenes Kalifornien mit dem Prestige einer alten, verfeinerten Kultur. Dort
kam man zu Reichtum, dort lernte man den Luxus und das süße Leben
schätzen, dort fand man auch den Tod. Vor allem am Fieber, das sich in
der Sommerhitze ausbreitete, starben viele Krieger aus dem Norden (neben der Malaria, der Hauptursache für die Epidemien, brachte verseuch-
tes Wasser, das durch sommerliche Gewittergüsse noch anschwoll, Siech-
tum und Tod). Wie viele deutsche Heere sind durch Malaria, Typhus
und Ruhr dahingerafft worden! Mit ihrem Verlust stand auch alles politisch Erreichte wieder auf dem Spiel: die Früchte des Sieges, die Macht
und Autorität des Kaisers. Würden sich die Eroberungen als dauerhaft
erweisen, würden die unterworfenen Städte oder der Papst weiterhin
stillhalten? Die Bande, die Italien und Deutschland vom 10. bis zum 19.
Jahrhundert zusammenhielten, blieben stets prekär und waren doch un-
zertrennlich. Die ineinander verschlungenen Schicksale der beiden Länder können mit Begriffen, die aus der französischen Geschichte herstam-
men, nur schwer verständlich gemacht werden.

Die Herrschaft über Unter- und Mittelitalien war nie wirklich gefestigt
und hielt den Kaiser immer wieder lange auf italienischem Boden. Bald
rebellierten Vasallen oder Städte, bald empörten sich Bischöfe, bald in-
trigierte der Papst, der sich mit einer untergeordneten Stellung nicht abfinden mochte und nach Unabhängigkeit[9] strebte. Während der Italienaufenthalte des Kaisers sorgten daheim in Deutschland die Herzöge und
Grafen für Unruhe; Brüder, Söhne und Vettern schmiedeten Komplotte
gegen ihn. Aus Deutschland mußten aber immer neue Krieger herangezogen werden. Wenn die Reichsgeschäfte den Kaiser in die Heimat zurück-
riefen, brachen in Italien sogleich wieder die alten Revolten und Fehden
aus. Trotz der Abtrennung Frankreichs (des Westfränkischen Reichs) sowie Hoch- und Niederburgunds[10], die bis 1032 ihre Unabhängigkeit bewahrten, war das Reich immer noch zu groß für die beschränkten Mittel
der Zeit auf verwaltungstechnischem und militärischem Gebiet. (Otto I.
jedoch besaß genügend Macht, in die westfränkische Politik immer wieder
einzugreifen. So verheiratete er zwei seiner Schwestern dorthin, die eine
mit dem karolingischen König, die andere mit dem ersten Vertreter des
rivalisierenden Geschlechts der Robertiner; Hugo Capet war der Neffe Ottos des Großen und zugleich der Vetter des karolingischen Fürsten
Karl von Lothringen, den er um den Thron brachte.) Wenn die Polen

einen Angriff über die Elbe vortrugen, erfuhr der Kaiser, der gerade die Byzantiner an der Grenze zu Kalabrien und Apulien bekämpfte, erst mit mehrwöchiger Verspätung von diesem Ereignis. Bis es zu einem Vergeltungsschlag kam, vergingen Monate, und nicht anders verhielt es sich, wenn in Italien eine Revolte ausbrach und der Kaiser Krieg auf slawischem Gebiet führte. In jenen Zeiten ohne feste Residenz und ohne funktionierende Verwaltung verlockte die Abwesenheit des Kaisers die Großen des Reiches immer wieder zur Überschreitung ihrer Befugnisse. Indem der Kaiser über zwei große Länder regieren wollte, lief er stets Gefahr, in keinem der beiden wirklich der Herr zu sein. Nutznießer dieser Entwicklung, die in beiden Ländern, wenn auch auf verschiedenen Wegen, zum gleichen Ergebnis führte, waren stets die Feudalherren (in Italien auch die Städte), und das zum Schaden für die zentrale Königsmacht.

Der Kaiser brauchte die Kirche, um sein großes Reich einigermaßen zu verwalten und den zentrifugalen Kräften Einhalt zu gebieten. Der Klerus war seine einzige verläßliche Stütze, abgesehen von den Gefolgsleuten, die in seinem Familiengut oder im Krongut ihr Amt versahen. Gegen die Herzöge und anderen großen Vasallen, die ständig die königlichen Vorrechte aushöhlen wollten, mußte der Herrscher um jeden Preis sein Recht wahren, Bischöfe und Äbte zu ernennen, die im übrigen beträchtliche weltliche Macht ausübten. Das Kirchengut nahm ständig zu, und die Kleriker, die es als Lehen empfingen, duldeten immer weniger, daß weltliche Fürsten als Schutzherren, als Schirmvögte, Macht darüber ausübten, wofür die Kleriker ihnen einen Teil der Einnahmen abtreten mußten. Die Bischöfe und Äbte, die der König unter seinen Verwandten, Getreuen und engsten Mitarbeitern auswählte, konnten nur von ihm weitere Wohltaten erwarten.[11] Während Otto und seine Nachfolger nie vor Komplotten sicher waren, die Familienangehörige und Verwandte in weltlichen Ämtern – Brüder, Söhne, Schwäger und Schwiegersöhne – entweder selbst schmiedeten oder unterstützten, konnten sie fast ausnahmslos auf die Loyalität der von ihnen ernannten höchsten Geistlichen des Reiches bauen. Otto der Große hatte in seinem Bruder Brun, dem Erzbischof von Köln und Herzog von Lothringen, die größte Stütze seiner Herrschaft; sein illegitimer Sohn Wilhelm leistete ihm als Erzbischof von Mainz nicht weniger große Hilfe; Otto III. wiederum erhob seinen Vetter Bruno, Bischof von Toul, sogar zum Papst und regierte mit ihm in großer Harmonie mehrere Jahre lang die christliche Welt. Die Reichsbischöfe standen nicht nur an der Spitze eines umfangreichen Verwaltungsapparates, wenn dieser Begriff auf die damaligen, recht unzureichenden staatlichen Strukturen angewendet werden darf, sie waren auch Kriegsherren;

außerdem stellten sie dem kaiserlichen Hof schriftkundige Beamte, Sekretäre, Juristen und Historiographen, ohne die sich der Staat nicht hätte entwickeln können. Bischöfe amtierten als Kanzler (im allgemeinen gab es einen Kanzler für das deutsche Reichsgebiet und einen für das italienische), das heißt, sie standen der obersten Verwaltung des Reiches vor. Alles, was schriftlich festgehalten werden sollte, wurde von Geistlichen verfaßt und kehrte auch wieder in geistliche Hände zurück. Zwar versuchten auch die weltlichen Großen, vor allem die Herzöge, ihren Einfluß auf die Ernennung zu hohen geistlichen Ämtern zu sichern, doch hatten sie damit wenig Erfolg. Wenn die Bischöfe und Äbte über wirkliche Autonomie verfügen wollten, mußten sie ein Interesse daran haben, unter keiner anderen Autorität als der des fernen Kaisers zu bleiben, der sie und ihre geistlichen Beamten brauchte. Die Herzöge strebten nur danach, sie zu engen Vasallen zu machen.

Solange der Papst Mühe hatte, sich gegen die römische Stadtaristokratie durchzusetzen, war der Kaiser in Deutschland und Italien das eigentliche Oberhaupt der Kirche, die wiederum dem Staatswesen den unerläßlichen Verwaltungsapparat stellte. Wenn sich die Kirche eines Tages aus der kaiserlichen Vormundschaft befreien wollte, mußte das die Autorität des Kaisers in eine tiefe Krise stürzen. Diese Krise sollte denn auch tatsächlich eintreten, als sich unter der Regierung Heinrichs IV. (1056–1106) Kaiser und Papst im Investiturstreit in einem regelrechten Duell gegenüberstanden. Die Großen des Reiches hatten nur die Wahl zwischen Kaiser und Papst und ließen sich jeden Bündniswechsel teuer bezahlen. Der Kampf der zwei Schwerter, des geistlichen und des weltlichen, sollte drei Jahrhunderte dauern, und der Gedanke ist nicht abwegig, daß die protestantische Reformation zumindest indirekt eine Folge dieser Auseinandersetzung gewesen ist. In jedem Fall waren die Großen des Reiches die Gewinner, da im Verlauf des Streits immer mehr Regalien auf sie übergingen. Die geistlichen Fürsten erhielten die gleichen Vorteile wie die weltlichen Herren; bei jeder Königswahl und jedesmal, wenn der Kaiser Geld oder Soldaten brauchte, ließen sie sich ihre Stimme oder ihren Beitrag mit Privilegien und Lehen vergüten.

Otto der Große war nicht nur ein fähiger Kriegsherr und kluger Verwalter seines Reiches, er hatte neben seinen vielen Vorzügen auch noch das Glück, lange zu regieren und altzuwerden (er starb über sechzigjährig, ein hohes Alter für diese Epoche). Obwohl er nicht lesen und schreiben konnte, wie übrigens die meisten weltlichen Fürsten seiner Zeit, besaß er dank seiner geistlichen Berater und seiner langen Regierungserfahrung einen weiten geistigen Horizont und einen starken Sinn für die Realität,

was ihm große politische Erfolge bescherte. Niemand machte ihm die
Herrschaft über Italien und die Kaiserwürde streitig. Selbst der Kaiser
von Byzanz mußte schließlich die Macht des neuen »barbarischen« Usurpators anerkennen. Zum Zeichen dafür gab er die byzantinische Prinzessin Theophanu dem Sohn und Erben Ottos zur Frau. Diesen Sohn hatte
Otto mit der Kaiserin Adelheid[12], einer burgundischen Prinzessin, deren
Familie ebenfalls die überlegene Macht des Erneuerers des Römischen
Reiches anerkennen mußte. Auf mehreren Feldzügen gegen Frankreich
gelangte er wieder in den Besitz Lothringens, das seinem Vater verlorengegangen war. Im Kampf der Kapetinger und Robertiner um den westfränkischen Thron gab die Gunst des deutschen Kaisers den Ausschlag,
welches der beiden Königsgeschlechter den Thron erhielt. Auch Dänemark, Polen und Böhmen erkannten seine kaiserliche Oberherrschaft an,
beobachteten dabei aber genau etwaige Schwächen des deutschen Reiches. Seinen Sohn und Erben Otto II. ließ Otto der Große schon zu seinen
Lebzeiten zum deutschen König erheben. Die Wahl des damals erst Siebenjährigen durch das »Volk« blieb eine Zeremonie ohne feste juristische
Form. Eigentlich hätte jeder Freie daran teilnehmen können, tatsächlich
aber war es nur eine nicht näher festgelegte Zahl von Adligen. Der gewählte König mußte daher stets mit verdecktem oder offenem Widerstand
der Abwesenden (die oft der Wahl bewußt fernblieben) rechnen.

Daß Otto der Große die Wahl seines noch unmündigen Sohnes erreichte, hätte für das Reich der Beginn eines erblichen Königtums wie
in Frankreich oder England sein können. Doch es kam anders, und der
Hauptgrund war sicherlich die kurze Dauer der Dynastien. Diejenige der
Sachsen und Ottonen erlosch 1024; die folgende Dynastie der Salier dauerte gerade ein Jahrhundert bis 1125, und dem dritten Kaisergeschlecht
des Hochmittelalters, den Staufern, war von 1138 bis 1254 eine nur
wenig längere Herrschaft beschieden. Jedes Geschlecht versuchte die Erblichkeit der Krone durchzusetzen, aber immer wenn eine Dynastie an ihr
Ende kam, sorgten die Großen des Reiches durch die Wahl des neuen
Königs und durch die Bedingungen, die sie ihm setzten, für eine weitere
Stärkung des Wahlkönigtums.

Zu diesem Hauptgrund (zu ebendieser Zeit ging in Frankreich die
Krone innerhalb des Geschlechts der Kapetinger stets vom Vater auf den
Sohn über) kommt noch die kurze Lebensspanne der meisten Kaiser.
Otto II., der beim Tod seines Vaters 18 Jahre alt war, starb mit 28.
Otto III., der mit 16 für mündig erklärt wurde, starb, gerade 22 Jahre
alt, nach einer achtjährigen Regierungszeit. Heinrich II., der letzte säch-
sische Kaiser, starb nach zweiundzwanzigjähriger Herrschaft im Alter
von fast 51 Jahren. Konrad II., der erste Salier auf dem Thron, regierte

knapp 15 Jahre und wurde nicht älter als 50. Heinrich III. bestieg mit 22 Jahren den Thron und regierte 17 Jahre. Er hinterließ einen sechsjährigen Sohn, dem eine außergewöhnlich lange, aber dramatische Regierungszeit bis 1106 beschieden war. Doch Heinrich V., der letzte Salier, starb schon mit noch nicht einmal 39, nachdem er 19 Jahre regiert hatte. Sein gewählter Nachfolger Lothar von Supplinburg blieb ebenfalls nur 12 Jahre auf dem Thron. Konrad III., der erste Staufer, regierte 14 Jahre. Friedrich Barbarossa, dem ein langes Leben beschieden war, trug die Krone 35 Jahre lang. Als einziger Kaiser des Hochmittelalters erreichte er ein hohes Alter. Er starb mit 68 Jahren in den Fluten des Saleph in Kleinasien. Sein Sohn Heinrich VI. regierte sieben Jahre und starb 32 Jahre alt. Philipp von Schwaben, ein weiterer Sohn Barbarossas, wurde, wohl gute dreißig Jahre alt, nach zehnjähriger Regierungszeit ermordet. Der welfische Gegenkaiser Otto IV., der 1198 nicht formgerecht gewählt wurde, starb 1218. Tatsächlich regierte er jedoch nur sieben Jahre, zwischen 1208 und 1215, nach der Ermordung des Königs Philipp und bevor der in Sizilien aufgewachsene Friedrich II. nach Deutschland zog. Friedrich, der sich 1215 zum Herrn über Deutschland machte, starb sechsundfünfzigjährig in Italien, doch schon lange vorher bestand seine Königsmacht in Deutschland nur noch auf dem Papier. Konrad IV., der letzte Stauferkönig, starb nach nur dreieinhalb Regierungsjahren wie sein Vater im fernen Süden.[13] Daß die Existenz der Dynastien wie auch das Leben der meisten Herrscher nur so kurz waren, ist ein folgenreicher tragischer Zug der deutschen Geschichte im Mittelalter, denn er verhinderte die Konsolidierung der Königsmacht. Das beweist aber *ex contrario*, wie wichtig die Persönlichkeiten gewesen sind, die damals die Geschichte zum großen Teil gestalteten, ein Umstand, dem heutige Historiker zuwenig Beachtung schenken, nachdem man zuvor lange Zeit die Bedeutung der großen Männer überschätzt hatte.

Schließlich kommt noch ein dritter Grund hinzu, der erklären mag, weshalb Deutschland im Hochmittelalter nicht die Grundlagen für einen Nationalstaat legen konnte. Die Kaiserwürde brachte für die deutschen Könige die Schwierigkeit mit sich, daß sie für längere Perioden fern der Heimat wirken mußten, wollten sie die Italien- und Rompolitik energisch betreiben, wie es ihr Anspruch war (Otto I. blieb dreimal für mehrere Jahre jenseits der Alpen, Otto II. und Otto III. verbrachten den größten Teil ihres Lebens in Italien und fanden dort auch beide einen frühen Tod). In Abwesenheit vermochte der Kaiser seine Autorität bei den Großen in Deutschland nicht durchzusetzen; für seine fernen Unternehmungen brauchte er aber ihre militärische und finanzielle Unterstützung. Schließlich begann unter Heinrich IV. für das Kaisertum durch seine Verwicklung in die römische Kirchenpolitik eine dramatische langandauernde Krise mit dem Papsttum.

Friedrich Barbarossa verbrachte fast die Hälfte seiner langen Regierungszeit von achtunddreißig Jahren auf italienischem Boden. Heinrich VI. verwendete alle ihm zu Gebote stehenden Mittel für die Eroberung Siziliens; er starb auch auf der Insel. Friedrich II. war eigentlich ein italienischer Herrscher, der nur zweimal in seinem Leben Deutschland besuchte, beim erstenmal für mehrere Jahre, beim zweitenmal nur noch für ein paar Monate. Er starb wie auch sein Sohn Konrad IV. in Italien, nachdem er den geistlichen und weltlichen Herren in Deutschland den größten Teil seiner königlichen Privilegien zugestanden hatte.

Solange die deutsche Nation Träger des Kaiserreichs war, solange sie deshalb eng mit Italien verbunden blieb (und gleichfalls mit dem Königreich Burgund, das von Basel bis Marseille reichte und das Konrad II. im Jahr 1032 für das Reich gewann, nachdem die dortige Dynastie erloschen war, die es selbst in den Wirren der spätkarolingischen Zeit erworben hatte), konnte sie eine nationale Bestimmung nicht ausbilden wie die anderen europäischen Völker. Betrachtet man, was aus ihr geworden ist, seitdem sie sich bemüht, es den anderen gleichzutun und sie womöglich noch in der Entfaltung nationaler Größe zu überbieten, kann man sich fragen, ob dies wirklich ein Unglück war, wie nationalistisch gesinnte Historiker es immer wieder behaupten. Der an Bedeutungen reiche und mehrstimmige Begriff des Reiches hat zu seinem Kern die sehr erhabene Idee der Einheit der Christenheit, deren innerer Friede durch eine Machtstruktur mit dem Kaiser an der Spitze gewährleistet wird. Die kaiserliche Autorität erstreckte sich in der Theorie (und diese Theorie wurde vor allem in den Kanzleien Friedrich Barbarossas und Friedrichs II. ausgearbeitet[14]) auf den ganzen Erdkreis, dergestalt, daß das einzelne Recht jedes Individuums, jedes Volkes und jedes Königreiches in einer universalen Rechtsordnung aufgehoben sein sollte. Das Reich war »heilig«, da unmittelbar dem Willen Gottes entsprungen wie das davidische Königtum Karls des Großen, es war »römisch«, da es das Imperium Romanum fortsetzte, und es war »deutsch«, da nach päpstlichem Spruch das deutsche Volk zum Träger der *translatio imperii* auserkoren war (der Ausdruck »Heiliges Römisches Reich deutscher Nation« erscheint aber erst im 15. Jahrhundert, als das Reich schon im Niedergang begriffen ist). Föderativ und feudal zugleich, war das Reich das genaue Gegenteil des Zentralismus, den die Kapetinger in Frankreich anstrebten. Daher sind die föderativen Strukturen der heutigen Bundesrepublik, die ansonsten so sehr darauf bedacht ist, sich den anderen Nationen anzugleichen, ein Erbe, das tausend Jahre lang Glanz und Elend, sicherlich aber auch die Unverwechselbarkeit

der deutschen Geschichte ausgemacht hat. In der Folge wurde der Reichsgedanke, seines christlichen und supranationalen Inhalts beraubt und mit
einer radikalisierten nationalistischen Ideologie aufgeladen, allerdings
auch ein willkommenes Vehikel für den nihilistischen Eroberungsdrang
des Nationalsozialismus ... Leider überwiegt diese letztere Konnotation
des Wortes »Reich« auch heute noch im Geist eines großen Teils der
Franzosen.

Otto II. war zum Herrscher geboren. Hochgebildet, was ihn von den
meisten Monarchen seiner Zeit unterschied, und unterstützt von seiner
griechischen Frau Theophanu, die neben den Verfeinerungen der byzantinischen Kultur die nie unterbrochene Tradition römischer Kaiserherrlichkeit in die Ehe einbrachte, wurde er zu Beginn seiner Regierung in
mehrfacher Weise herausgefordert. Er mußte der Selbstherrlichkeit der
Großen des Reiches entgegentreten, die wiederholten Versuche der westfränkischen Könige, Lothringen mit Hilfe des regionalen Adels zurückzugewinnen, abwehren und die Polen und Tschechen im Zaum halten, die
das deutsche Joch abschütteln wollten. Kaum hatte er diese Herausforderungen erfolgreich bestanden, mußte auch er den Kampf in Italien aufnehmen. Zum einen machte ihm die römische Aristokratie zu schaffen,
zum anderen rumorte es in Unteritalien, wo sich der Kaiser gegen die
langobardischen Fürsten durchzusetzen hatte und wo er zugleich auf einen neuen Gegner stieß: die Araber, die seit dem 8. Jahrhundert in Sizilien
ansässig waren und nun auf der apenninischen Halbinsel Kalabrien und
Apulien unter ihre Herrschaft zwingen wollten. Im Kampf gegen die Araber erlitt er mehrere Niederlagen; wenig später starb er an den Folgen
einer jener Epidemien, die das ganze Mittelalter über immer wieder unter
den nach Italien gezogenen deutschen Heeren ausbrachen. Die kaiserliche
Autorität war jedoch so gefestigt, daß kein Gegner es wagte, die Thron-
nachfolge des erst drei Jahre alten Otto III. anzufechten. Seine Mutter
Theophanu führte als Regentin das Reich mit Intelligenz und Tatkraft.
Sie war es auch, die den bedeutendsten Gelehrten der Epoche an den
Kaiserhof holte. Der aus Aurillac in der Auvergne gebürtige Gerbert hatte
einen überragenden Ruf als Philosoph, Mathematiker und Astronom. Er
war Erzbischof von Reims gewesen, dann in die Kämpfe der rivalisierenden Geschlechter um die französische Königskrone geraten und schließlich ins Exil gezwungen worden. Der ehemalige Abt von Bobbio, damals
eines der reichsten italienischen Klöster und berühmt für seine spirituelle
Ausstrahlungskraft, wurde der Erzieher des jungen Königs, dessen geistige
und seelische Gaben sich eines solchen Lehrers würdig erweisen sollten.
Mit sechzehn verblüffte er den Hof mit seiner Bildung und seinen Talen-

ten. Theophanu starb, ehe der junge König die Volljährigkeit erreicht hatte. Die nun einsetzende Regentschaft von Adelheid von Burgund, der Witwe Ottos des Großen, verlief weniger ruhig. Kaum volljährig, überschritt Otto die Alpen und stellte seine Autorität in Rom und Italien her. Wie sein Vater und Großvater ernannte er Päpste, die seine kaiserlichen Ansprüche anerkannten und seine Ambitionen teilten. Otto III. war sich der doppelten Tradition des west- und oströmischen Kaisertums bewußt, das ihm Vater und Mutter mitgegeben hatten. Er wollte tatsächlich die Nachfolge der römischen Cäsaren antreten und errichtete daher seine Residenz in Rom. Wie Konstantin und Theodosius, über deren Regierungsgeschichte er wohlunterrichtet war, wollte er ein Herrscher über den ganzen Erdkreis im Dienste Gottes und der Christenheit sein. Sein Hof folgte dem byzantinischen Vorbild, er selbst war ja ein Abkömmling der byzantinischen Kaiserfamilie. Er wollte mit »seinen« Päpsten – seinem Vetter Brun (Gregor V.) und nach dessen Tod mit seinem großen Freund und Vertrauten Gerbert, der unter dem Namen Silvester II. auf den Stuhl Petri gelangte – den in Frieden vereinten christlichen Völkern eine neue und endgültige Weltordnung stiften. Er fühlte sich dazu berufen, auch die Völker, die bisher noch außerhalb der christlichen Welt lebten, zu bekehren und seinem Reich einzugliedern. Der Papstname, den Gerbert (gewiß im Einverständnis mit Otto) gewählt hatte, verwies mit Klarheit auf die »Ideologie« des Programms, das sich Kaiser und Papst vorgenommen hatten. War doch Silvester I. der Zeitgenosse und Günstling Konstantins, des ersten christlichen Kaisers, gewesen. Der Legende nach sollen sie stets in Eintracht und Harmonie gewirkt haben. Aber hatte die päpstliche Kurie nicht schon im 8. oder zu Beginn des 9. Jahrhunderts jene berühmte Fälschung – die sog. Konstantinische Schenkung – herstellen lassen, mit der Konstantin nach seinem Entschluß, fortan in Konstantinopel zu residieren, angeblich dem Papst Silvester Rom und das Weströmische Reich übereignet hatte? Otto III. und Silvester II. verwahrten sich gegen diese These, die den Papst über den Kaiser stellte. Otto herrschte in Rom wie in seinem übrigen Reich, aber der Papst war an allen Entscheidungen beteiligt. Otto wollte nicht nur das Erbe Konstantins und des Byzantinischen Reiches antreten, sondern auch in die Fußstapfen Karls des Großen treten, des ersten Erneuerers des Imperium. Im Jahr 1000 begab sich daher der junge Kaiser nach Aachen und ließ das Grab des berühmten Ahnen und Amtsvorgängers öffnen, dessen Leichnam und Gewand wunderbar unversehrt zum Vorschein kamen. Otto hatte eine hohe Vorstellung von seiner kaiserlichen Berufung, und darüber hinaus war er mystischen Gedanken zugänglich. Das weltliche Oberhaupt des Römischen Reiches, der Freund des Märtyrers Adalbert von Prag und der häufige Gast bei Ein-

siedlern im Apennin, bei denen er Versenkung ins Gebet suchte, ragte über
sein Zeitalter hinaus und maß doch die ganze Spannweite seiner Extreme
aus. Seinen gewaltigen und hochfliegenden Absichten fehlte indes die
nüchterne Einschätzung der Machtmittel, über die der Kaiser, trotz allem
ein Fremder in Rom und Italien, verfügte. Eine Erhebung der römischen
Aristokratie zwang ihn zur Flucht aus Rom, dieser grandiosen Ruine, die
er wiederaufbauen wollte, so wie er von der Wiedergeburt des Reichs der
Cäsaren träumte. Doch vorerst mußte er auf neue Truppen aus Deutschland warten, wo es auf die Nachricht von der Flucht des Kaisers ebenfalls
zu Unruhen kam. Otto III. starb 1002, erst zweiundzwanzigjährig, ehe er
die aufrührerische und undankbare Hauptstadt zurückerobern konnte.
Sein Schicksal, das die Vorstellung der Zeitgenossen so fesselte, scheint
die Größe und das Elend des ganzen mittelalterlichen Kaisertums in sich
zu fassen. Silvester II., dessen Wissen damals solches Erstaunen erregte,
daß manche ihn für einen Zauberer hielten, überlebte seinen Schüler und
Freund nur um einige Monate.

Da sich der Kaiser fast ausschließlich in Rom aufgehalten hatte, war die
Autorität der Krone in Deutschland sehr schwach geworden. Dennoch
wählten die Großen des Reiches den einzigen in Frage kommenden männlichen und erwachsenen Vertreter der sächsischen Dynastie zum Nachfolger: Herzog Heinrich von Bayern, den Enkel eines Bruders Ottos des
Großen. Heinrich II. (1002–1024) wurde später wegen seiner Frömmigkeit heiliggesprochen; er war aber auch ein ausgezeichneter Organisator
und tapferer Heerführer. Dafür, daß er sich mehr um Deutschland als um
Italien kümmerte, mußte er das Erstarken der dortigen Adelsgeschlechter
hinnehmen, gegen die sich die kaiserliche Autorität später nur mühsam
durchzusetzen vermochte. Er gründete das Bistum Bamberg in direkter
Nachbarschaft zu Böhmen und zu den slawischen Stämmen, die das Gebiet des heutigen Sachsen bewohnten. Wie seine Vorgänger mußte Heinrich während seiner Regierungszeit abwechselnd gegen die Großen des
Reichs, die Slawen und die aufsässigen italienischen Adligen kämpfen.
Mit seinem Tod erlosch die Dynastie. Die Wahlversammlung wählte einen
großen Lehnsherrn, den Sohn eines Herzogs von Kärnten und Herrn über
große Ländereien im heutigen Bundesland Rheinland-Pfalz. Konrad II.,
so hieß der erste Vertreter der neuen Dynastie, die von den Historikern
»Salier«[15] genannt wurde, war übrigens über die weibliche Linie ein Urenkel Ottos des Großen, aber es ist nicht sicher, ob dieser Umstand der
Wahlversammlung bekannt war, ja nicht einmal, ob der Betreffende selbst
es wußte. Wir wissen heute so viel mehr über diese Epoche, als die Zeitgenossen damals je erfahren konnten, so begrenzt und bruchstückhaft

war ihre Weltsicht! Wie seine Vorgänger mußte Konrad gegen Böhmen, Ungarn, Polen und die Großen in Deutschland und Italien kämpfen. Zur Festigung seiner Dynastie rang er sich dazu durch, die Erblichkeit der großen Lehen zuzugestehen. Als großen Erfolg durfte er sich zugute halten, daß er Burgund nach dem Tod des letzten Königs Rudolf III. wieder in den Reichsverband geführt hatte. Burgund, der südliche Teil des Erbteils Lothars, des ältesten Sohns Ludwigs des Frommen, erstreckte sich von Basel bis Marseille und bildete von nun an mit Italien und Deutschland den Herrschaftsverband des Kaisers. Freilich vermochte Konrad seine Autorität nur im nördlichen Teil Burgunds, einem Gebiet, das die heutige Schweiz und Savoyen umfaßte, nachhaltig auszuüben. Immerhin befanden sich nun alle Alpenpässe nach Italien auf Reichsgebiet. Für mehrere Jahrhunderte hatte Frankreich keinen direkten Zugang nach Italien. Basel, Genf, Lyon, Besançon, Arles und Marseille waren wieder Städte des Reiches.

Heinrich III., der seinem Vater 1039 auf den Thron folgte, konnte auf diesem Erbe aufbauen und tat es mit großer Energie. Der zweite salische Kaiser war gebildet und bestens auf sein Amt vorbereitet, dabei fromm und ganz von den Ideen einer geistigen Erneuerung ergriffen, die sich, ausgehend von den großen Klöstern Cluny in Burgund und Gorze in Lothringen, über den ganzen Westen ausbreiteten. Wie Karl der Große und die Ottonen sah er eine seiner Aufgaben darin, für die Reinheit des Glaubens und die guten Sitten in der Kirche zu sorgen. Sobald ihm die Sicherung der Grenzen im Osten Zeit dazu ließ, zog er nach Italien, zwang einen unwürdigen Papst zur Aufgabe seines Amtes und stellte in Rom und in der päpstlichen Verwaltung die Ordnung wieder her. In seiner Regierungszeit ernannte er nacheinander vier deutsche Päpste seines Vertrauens; der dritte, der unter dem Namen Leo IX. den Stuhl Petri bestieg, war der lothringische Bischof Bruno, ein Vetter des Kaisers und wie dieser ein überzeugter Verfechter der Kirchenreform. Mit ihm gelangten hochbegabte, ehrgeizige Männer an den päpstlichen Hof in Rom. Ihr Ziel war nichts weniger als eine grundlegende Reform der gesamten Kirche, die von aller Verweltlichung und Verderbnis der Sitten gereinigt werden sollte. Als Heinrich III. im Alter von 39 Jahren starb, hinterließ er einen Sohn, den ihm seine Frau, die fromme, aber politisch unerfahrene Agnes von Poitiers geschenkt hatte. Heinrich IV., der schon als Kind zum König Gekrönte, war damals gerade sechs Jahre alt. Während der langen Zeit der Unmündigkeit des Thronfolgers wandelte sich die Welt grundlegend. Nie wieder sollte ein Kaiser die Macht besitzen, einem Papst seinen Willen aufzuzwingen, geschweige denn, ihn abzusetzen.

Was wissen wir über die gesellschaftliche Wirklichkeit im Deutschland des 10. und 11. Jahrhunderts? Geschichtsschreibung wurde damals kaum von den Zeitgenossen betrieben, die weder die Mittel noch das Gespür des Historikers besaßen. Die Verfasser von Chroniken, ausnahmslos Kleriker (während es zu Zeiten Karls des Großen immerhin gebildete Laien am Hof wie Einhart, den Verfasser der *Vita Karoli Magni,* gab) wie der Mönch Widukind von Corvey und der Bischof Thietmar von Merseburg, waren noch die besten »Historiker« jener Zeit und treue Parteigänger des sächsischen Königsgeschlechts. Daher schrieben sie über die Herrscher und ihre ruhmreichen Taten und nicht über den sozialen Aufbau der Gesellschaft und die Produktionsverhältnisse der Epoche. Die soziale Wirklichkeit, sofern wir ihrer überhaupt habhaft werden können, müssen wir uns aus vielen kleinen Details, die ohne Zusammenhang und oft marginal sind, mühsam erschließen. Die Welt, in der die Deutschen im Hochmittelalter lebten, war immer noch recht unzivilisiert. Allerdings gibt es Hinweise darauf, daß die Bevölkerung zunahm und immer mehr Siedlungsfläche dem Urwald abgezwungen wurde. Zwei Gründe dürften für das Bevölkerungswachstum, das bis ins 14. Jahrhundert anhielt, ausschlaggebend gewesen sein: Erstens hatten die verheerenden Einfälle und Raubzüge der Ungarn und Normannen aufgehört; damit fand eine Zeit der existentiellen Verunsicherung ein Ende, die sich unter anderem in einer niedrigen Geburtenrate zeigte, die zu den Verlusten durch Krieg und Hungersnot noch hinzukam; zweitens scheint sich das Klima langsam, aber stetig erwärmt zu haben, was sich in besseren Ernten niederschlug. Die landwirtschaftliche Produktion erhöhte sich auch dank besserer Anbautechniken. Der Einfluß der Klöster und anderer frommer Stiftungen, die neues Wissen vermittelten, drang von Generation zu Generation immer weiter nach Osten, Südosten und Nordosten vor. Mit dem Ende der Barbareneinfälle konnten Bischöfe und Äbte wieder an den Aufbau neuer Schulen und Bibliotheken denken. In den Skriptorien wurden nun auch Abschriften zahlreicher Texte der Antike angefertigt und an die Bildungsanstalten weitergegeben. Über Italien, dessen Handelsbeziehungen zum Orient nie ganz aufgehört hatten, kamen schon verloren geglaubte griechische und lateinische Werke wieder in den Westen. Über Spanien bildeten sich Kontakte zur arabischen Welt, die einen Teil der griechischen Kultur geerbt hatte. Im 11. Jahrhundert nahmen die Pilgerreisen in das Heilige Land zu, auch dadurch wurde der kulturelle Austausch gefördert. Es ist aber bezeichnend, daß aus der Epoche, die von den Historikern ottonische Renaissance genannt wird, kein einziger bedeutender Text in deutscher Sprache auf uns gekommen ist. Mit dem Neuaufschwung der Kirche nach der Krise des 9. Jahrhunderts setzte sich das Latein überall durch. Das Interesse, das Karl der Große an der germanischen Vergangenheit zeigte, war nun vergessen. In der Volkssprache sind allenfalls einige Reste heidnischen Aberglaubens überliefert, der aber von der Kirche energisch bekämpft wurde. Auch Glaubensvorstellungen, die von der dogmatischen Lehre abwichen, fanden seit dem 11. Jahrhundert volkssprachlichen Ausdruck und wurden vom Klerus fanatisch verfolgt. Weil viele Kleriker einen losen Lebenswandel führten, eine kümmerliche Bildung besaßen, sich aber machtbesessen und besitzgierig gaben, hatten die Ketzer, die mehr oder weniger manichäischen Vorstellungen huldigten, großen Zulauf beim Volk. Gleichzeitig schien das klösterliche Leben in einer sonst von Härte und Grausamkeit geprägten Welt eine Zuflucht, einen schützenden Hafen zu bieten. Bei den schlicht, aber tief empfindenden Seelen konnte die Unbedingtheit, mit der sie ihr Seelenheil suchten, plötzlich auch in handfeste Gewalt umschlagen, ja sogar mit ihr abwechseln.

In den Klöstern wurden nicht nur Chroniken oder theologische Abhandlungen geschrieben; sie waren auch Orte des philosophischen Denkens (unter Papst Leo IX. verurteilte das Konzil von Verceil das große spekulative System des Johannes Scotus Eriugena), der praktischen Künste, der Dichtung und des Theaters. Das in Latein verfaßte Heldenlied *Waltharius* aus dem Elsaß schildert die Taten des Fürsten Walter[16]; es knüpft an den burgundischen Sagenkreis an und nimmt sicherlich volkssprachliche Muster auf. Im Stift Gandersheim, einer ottonischen Gründung, schrieb die Kanonikerin Hrotsvit[17] von Gandersheim, die wahrscheinlich aus dem sächsischen Königsgeschlecht stammte, zur Unterhaltung ihrer Mitschwestern Theaterstücke in lateinischer Sprache, in denen sich ein origineller Geist über die klassischen Muster erhebt.

Kirchen und Klöster zeugten auch vom Fortschritt in den Künsten, in Schrift und Malerei, vor allem in der Buchmalerei, in Bildhauerei und Architektur. Sakralbauten waren die einzigen in Stein ausgeführten Gebäude, sieht man von den Kaiserpfalzen ab, welche die Ottonen in Goslar und Bamberg errichten ließen und von denen heute nur noch Reste erhalten sind. Die romanische Baukunst erreichte in Deutschland schon sehr früh ihren Höhepunkt: Die Dome in Bamberg und Speyer (im Kernland des salischen Familienguts), die auf den Höhen der Haardt erbaute große Benediktinerabtei Limburg bei Bad Dürkheim; die Abtei Hirsau im Schwarzwald, der wichtigste deutsche Ableger von Cluny; Gorze in Lothringen, von wo aus die Kirchenreform nach Nordosten über Stablo und Malmédy ausstrahlte ... Die ansteigende Zahl der Kirchen und Klöster, die Verwendung von Stein statt Holz als Baumaterial, der üppige Skulpturenschmuck und die Wandmalereien, alles das ist Zeichen für eine allgemeine Besserung der wirtschaftlichen Lage und für den wachsenden Reichtum der Kirche, die ihren Anteil am Ertrag des Bodens stetig erhöhte. Solche Abgaben mochten bis zu einem gewissen Grad gerechtfertigt sein, denn die Kirche leistete der Gesellschaft beträchtliche und unersetzliche Dienste. Aber sie waren überzogen, da die gewachsene Macht Bischöfe und Äbte in die Lage versetzte, die Masse der Hörigen auszubeuten, zumal geistliche und weltliche Macht bei den hohen Würdenträgern ineinander übergingen. Wer hätte es gewagt, mächtigen Herren wie dem Erzbischof von Köln oder von Bremen, die sich um die Vormundschaft des jungen Königs Heinrich IV. stritten, jemals die Stirn zu bieten? Unterhalb der Schicht der hohen, ambitionierten und reichen Kleriker existierte die Masse der niederen Geistlichen, deren Bildung sehr zu wünschen übrigließ und die oft im Konkubinat lebten. Die Kirche – und das ist ein weiterer Aspekt einer vielfältigen Wirklichkeit – entging hingegen zum großen Teil den Zwängen der Lehnsherrschaft. Männer aus dem Volk konnten bis in höchste Positionen aufsteigen und mit den Großen des Reiches Umgang pflegen: Gerbert[18] von Aurillac kam aus einfachen Verhältnissen und wurde schließlich Papst. Kardinal Friedrich von Lothringen, der Bruder des Herzogs, förderte die Karriere des Priesters Hildebrandt[19], armer Leute Sohn, bis dieser schließlich unter dem Namen Gregor VII. ebenfalls auf den Stuhl Petri stieg und Kaiser Heinrich IV., der ihm zu widerstehen wagte, zum Bußgang nach Canossa zwang. Heinrich III. hatte zugunsten der Kirchenreform noch Päpste abgesetzt; Heinrich IV. wurde von einem Papst abgesetzt, der sich auf die Grundsätze ebendieser Reform berief.

Auf die Erblichkeit der großen Lehen – ein Prozeß, der seit der Teilung des karolingischen Reiches unaufhaltsam voranschritt – folgte ebenso unaufhaltsam die Erblichkeit der Afterlehen. Jeder Belehnte versuchte gegenüber seinem Lehnsherrn die freie Verfügbarkeit über das ihm anvertraute Land zu erreichen, das dieser eigentlich nach dem Tod des Vasallen zurückfordern durfte. So bildete sich die Lehnspyramide heraus, während die alte ständische Einteilung allmählich verschwand. Menschen, die ursprünglich frei waren, fielen auf die unterste Stufe der Lehnspyramide, da sie das Land eines Grundherrn bestellten, dem sie Pachtzinsen und Frondienste schuldeten. Ehemalige Unfreie, die an die Person eines Lehnsherrn oder des Königs selbst gebunden waren, wurden zu Verwaltern umfangreicher Güter ernannt, die sie ebenfalls in erblichen Besitz verwandeln wollten, nicht ohne daß sie manchmal ein anderes erbliches Gut als Belohnung für ihre Verdienste erhielten. Das waren die Anfänge der soziologisch so wichtigen Kategorie der Ministerialen, der persönlichen Beamten des Königs und Kaisers, die unter den Saliern ihren Aufstieg begannen. Der König mußte bestrebt sein, gegenüber den Gro-ßen das Krongut und das Familiengut zu erhalten und wenn möglich zu vermehren (jede neue Dynastie vermehrte das Königsgut um das Fami-liengut der vorangegangenen Dynastie); die Ministerialen verwalteten und verteidigten als Vögte das ihnen anvertraute Königsgut. Während der Unmündigkeit des Thronfolgers und in Bürgerkriegszeiten versuchten die großen Vasallen sich des Königsguts zu bemächtigen; manchmal war es allerdings auch der Vogt, der durch kluge Verwaltung der Ländereien schließlich zum Grundherrn aufstieg.

Die Feudalgesellschaft des 11. Jahrhunderts scheint bemerkenswert of-fen und zeigt große soziale Mobilität. Von der alten karolingischen Reichsaristokratie konnten sich nur wenige Familien halten; ihre Stelle nahmen nun Adelsgeschlechter aus den Landesherrschaften (Baiern, Sachsen, Thüringer, Hessen und Friesen) ein. Da der Kaiser vor allem Personen aus diesen Kreisen für hohe Ämter ernannte und Heiraten wie-derum unter Mitgliedern der gleichen Kreise arrangiert wurden, verban-den und vermischten sich die Adelsstämme untereinander. Der Kaiser ernannte aber auch Personen nichtadeliger Herkunft für bestimmte Funk-tionen, die den Ministerialen oder deren Erben den Zugang zum Adel eröffneten, sofern es ihnen gelang, das Lehen in ein erbliches umzuwan-deln. Der Hochadel war in einer Gesellschaft ohne ziviles Rechtswesen und ohne schriftlich fixierte Rechtsinstitutionen noch keine homogene Klasse wie die großen Familien gegen Ende des Ancien régime in Frank-reich. Er bildete zusammen mit dem hohen Klerus, der oft aus den glei-chen Geschlechtern stammte, die Oberschicht, deren gemeinsames Merk-mal der Grundbesitz war. Die vom Adel ausgeübte Grundherrschaft, deren Formen nicht überall gleich waren und sich im Lauf der Zeit wan-delten, hielt die überwältigende Mehrheit der Bevölkerung in Abhängig-keit, wobei auch hier unterschiedliche Grade zu beachten sind. Die Masse der Bauern in ihren strohgedeckten Hütten lebte in einer geschichtslosen Welt, in der aber Sagen und Legenden erzählt wurden und in die die christliche Religion ein oft nur trübes Licht warf.

Verglichen mit dem 8. und 9. Jahrhundert haben jedoch unter den sächsischen und salischen Kaisern in Deutschland beachtliche Verände-rungen stattgefunden. Die vielfältigen Beziehungen zu Italien brachten die weltlichen und geistlichen Großen – und in ihrem Gefolge eine be-deutende Zahl niederer Dienstmannen und Kleriker – in Kontakt mit einer feineren Kultur. Mailand, Pavia, Rom und Venedig (das nicht zum Reich gehörte und sich gerade aus der byzantinischen Vormundschaft löste) waren wirkliche Städte mit mehreren tausend Einwohnern, darunter Kaufleuten, Handwerkern, Künstlern und Schriftkundigen in wachsender Zahl. In den Schulen der Bistümer und Abteien wurde nicht nur Theologie und Philosophie gelehrt und gelernt, sondern auch Jurisprudenz, in erster Linie kanonisches Recht, aber auch das alte römische Recht, dessen Kodizes gesammelt und neu gewürdigt wurden. Hohe weltliche und geistliche Herren, die in Italien fremdartige Nahrungsmittel und Luxusgüter kennen und schätzen gelernt hatten, mochten nach ihrer Rückkehr nach Deutschland auf solche Genüsse nicht mehr verzichten. Dieser neue Bedarf konnte nur durch den Fernhandel gedeckt werden, dessen Aufschwung die Marktflecken, Messeplätze und Häfen belebte. Nach der Eroberung Englands durch die Normannen im Jahr 1066 entwickelte sich ein reger Handel zwischen den britischen Inseln und den Provinzen der Festlandküste; Kron-Flandern und Reichs-Flandern[20], Brabant und Holland waren die Nutznießer. Von dort gelangten die Güter zu Schiff rheinaufwärts nach Köln, Speyer und Worms, dann über die Alpenpässe nach Oberitalien. Im Norden entstanden im 11. Jahrhundert in Lübeck, Bremen und Hamburg Handelsmetropolen, die sich deutlich von ihrer ländlichen Umgebung abhoben. Sie zogen Menschen mit handwerklichen Berufen an, die keiner Grundherrschaft angehörten und die für sich Rechte forderten. Daraus entstanden Konflikte mit der örtlichen Herrschaft, den Grafen oder den Bischöfen. Das Reich, das Heinrich IV. mit dem Überschwang und dem Selbstbewußtsein seiner Jugend übernahm, war nicht mehr das unzivilisierte Land, das die letzten Karolinger hinterlassen hatten. Der junge König, der in seiner Kindheit Spielball fürstlicher Interessenbünde gewesen war und nacheinander unter der Vormundschaft des Kölner und Bremer Erzbischofs gestanden hatte, hatte eine hohe Vorstellung von seinen Rechten und Pflichten. Er wollte sie uneingeschränkt ausüben und auch jene wiedererlangen, die von den Großen des Reichs und von der Kirche in Rom, Italien und Deutschland während der Zeit seiner Unmündigkeit usurpiert worden waren. Aber die Welt, die ihn umgab, war nicht mehr diejenige, die sein Vater Heinrich III. knapp dreißig Jahre zuvor vorgefunden hatte, als er im Jahr 1039 zum König erhoben worden war.

Zeittafel

911	Herzog Konrad von Franken wird als Konrad I. zum König gekrönt. Mit dieser Wahl wird die Idee der fränkischen Reichseinheit verabschiedet.
911– 917	Kriegerische Versuche Konrads I., die Macht der Stammesherzöge zu verhindern, scheitern. Besonders die Herzogtümer Sachsen, Baiern und Schwaben stärken ihre Position.
919	Nach dem Tod Konrads I. wird der Herzog von Sachsen als Heinrich I. zum König gewählt. Mit ihm gilt das deutsche Reich (»regnum teutonicum«) als begründet. Das Lehnsverhältnis zwischen König und Herzögen wird zur Grundlage der neuen Reichsordnung.
921	Im Vertrag von Bonn werden zwischen Heinrich I. und dem westfränkischen Karolinger Karl dem Einfältigen die Unabhängigkeit und die gegenseitige Anerkennung des Ost- und des Westreiches festgelegt.
924– 926	Einfälle der Ungarn ins Reich.
928– 929	Heinrich I. zieht gegen die Slawen zu Felde und gründet zur Grenzsicherung die Burg Meißen. Slawische Stämme werden tributpflichtig.
933	Sieg über die Ungarn bei Riade an der Unstrut.
936	Tod Heinrichs I. und Krönung seines Sohnes Otto zum König.
ab 938	Otto I. der Große unterwirft aufständische Herzöge und slawische Stämme und zieht gegen Ludwig IV., König von Frankreich, zu Felde.
um 950	Gründung von neuen Bistümern und Domschulen zur Stärkung des Königreiches und der Reichskirche.
951	Feldzug Ottos gegen Italien und seine Krönung zum »König der Langobarden«.
953– 954	Aufstand der Herzogtümer Schwaben, Lothringen und des Erzbischofs von Mainz gegen König Otto.
955	In der Schlacht auf dem Lechfeld schlägt Otto die Ungarn vernichtend und bestätigt die königliche Gewalt über die Herzogtümer.
962	Otto I. wird in Rom zum Kaiser gekrönt. Durch Schenkungen und Schutzzusagen sichert er sich den Einfluß auf das Papsttum.
966– 972	Auf einem weiteren Feldzug gelangt Otto I. bis nach Süditalien. Konflikte mit Byzanz.
968	Gründung des Erzbistums Magdeburg als Ausgangspunkt für die Christianisierung und politische Eingliederung der Slawen.
ab 970	Die Erschließung von Kupfer- und Silberminen im Harz verschafft dem Reich wachsende Einnahmen.
973	Tod Ottos des Großen. Sein Sohn übernimmt als Otto II. die Herrschaft.
978	Feldzug gegen den französischen König Lothar III.
980– 983	Feldzüge in Italien gegen Byzanz und die einfallenden Sarazenen, die das deutsche Heer vernichtend schlagen. Erhebung der Slawen. Das Gebiet östlich von Elbe und Saale geht dem Reich verloren. Tod Ottos II.
984– 994	Regentschaften der Kaiserinnen Theophanu und Adelheid.
995	Otto III. übernimmt die Herrschaft und wird 996 von Gregor V., dem ersten deutschen Papst, zum Kaiser gekrönt. Ottos Ziel: das Bündnis von Kaisertum und Papsttum als Basis eines christlichen Universalreiches.

1002	Nach dem Tod Ottos III. wird der bairische Herzog Heinrich zum König als Heinrich II. gewählt. Er wird 1014 zum Kaiser gekrönt.
1024	Tod Heinrichs II. und Krönung des Saliers Konrad als Konrad II. zum König und 1027 zum Kaiser.
1026– 1037	Feldzüge nach Italien und Polen.
1039	Nach dem Tod Konrads II. tritt Heinrich III. die Nachfolge an.
1046	Auf der Synode von Pavia erläßt Heinrich III. ein generelles Simonie-verbot.
1056	Kaiserin Agnes übernimmt nach dem Tod Heinrichs III. die Regent-schaft. Die weltlichen und geistlichen Fürsten gewinnen immer mehr an Macht.
1065	Heinrich IV. wird König und muß sich gegen die Fürsten behaupten. Rückgewinnung verlorenen Königsgutes und Unterstützung durch das entstehende städtische Bürgertum sind wichtigste politische Ziele.
ab 1069	Von der Abtei Hirsau ausgehend, verstärkt sich die monastische Re-formbewegung in Deutschland, die Unabhängigkeit von der weltlichen Macht anstrebt.
1073– 1076	Aufstände des sächsischen Adels gegen Heinrich IV. und Unterwerfung Sachsens.

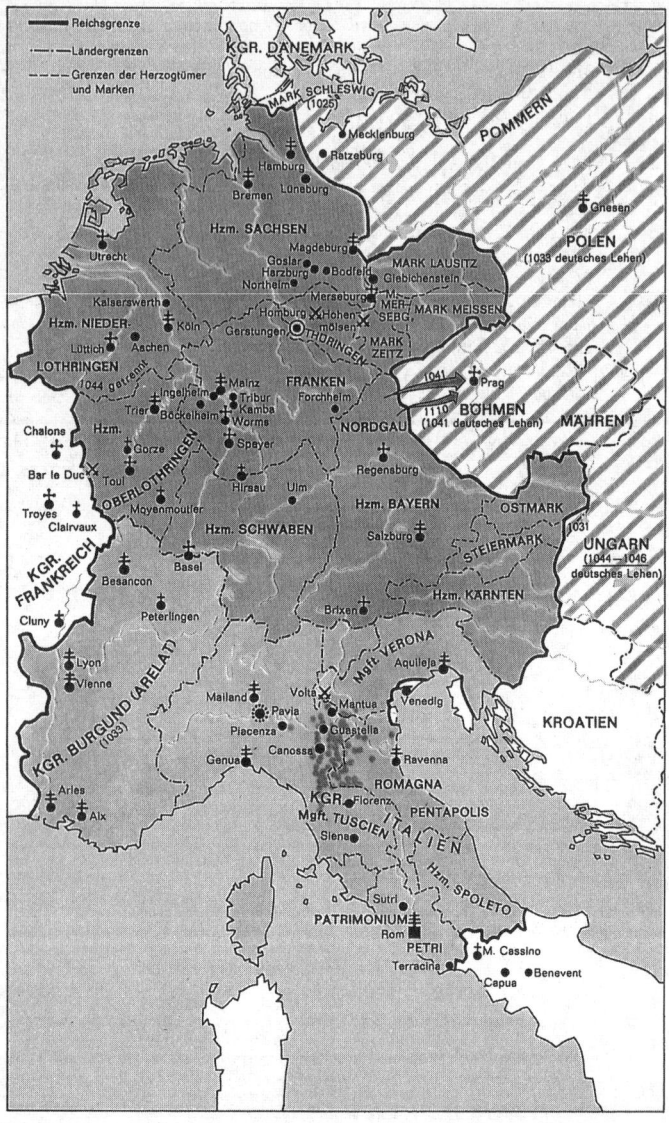

Das Deutsche Reich
unter den fränkischen (salischen) Kaisern 1024–1125

5. KAPITEL

Der Kampf
der zwei Schwerter

1076–1152

Heinrich III. und seine Frau Agnes hatten sich nach Kräften für die Verbreitung der religiösen Reformideen eingesetzt, die um die Mitte des 10. Jahrhunderts in Frankreich entstanden waren. Der Kaiser, der sich als Schutzherr und Oberhaupt der Kirche verstand, tat alles, um diesen Ideen nicht nur in Deutschland, sondern in der ganzen römischen Kirche Geltung zu verschaffen. Die Reform hatte ihren Ursprung im burgundischen Cluny (einer Gründung der Herzöge von Aquitanien und des Hauses Poitou, aus dem die Kaiserin Agnes stammte) und richtete sich gegen eine von Gewalt und Niedertracht gezeichnete Welt, deren verderblicher Einfluß auch vor Klostermauern nicht haltgemacht hatte. Die Ziele der Bewegung hießen: Erneuerung der Frömmigkeit, Reinigung des mönchischen Lebens, das nur noch im Dienst Gottes stehen soll, Kampf gegen jedwede Einmischung der weltlichen Macht in geistliche Angelegenheiten, Rückkehr zu den Quellen der göttlichen Lehre, Wirken für die Welt, damit auch sie geläutert werde und den Frieden finde. Es war eine jener Erneuerungsbewegungen, die immer wieder innerhalb der kirchlichen Gemeinschaft entstehen mit dem Ziel, die Institution Kirche aus der Verwicklung mit der weltlichen Macht zu befreien. Der Erfolg der Reformbewegung war gewaltig; innerhalb weniger Jahrzehnte entstand ein ganz Europa überziehendes Netz erneuerter oder neu gegründeter Klöster. Wer gegen die Welt kämpfen und sie läutern will, kann jedoch nicht ganz auf weltliche Macht verzichten. Ursprünglich wollte Cluny den Bruch mit der Welt, aber um die Kirche zu erneuern, genügt es nicht, arm und fromm zu sein. Mochten die Mönche auch auf alle irdischen Güter verzichten, das Kloster mußte doch über Vermögen und Macht verfügen, um die heiligen Lehren zu verbreiten. Dazu mußten Missionare in die ganze christliche Welt geschickt und andere Klöster und Abteien für die Reform gewonnen werden. Cluny hatte nur wenige direkte Tochterabteien im Deutschland des 11. Jahrhunderts, aber der Geist der Erneuerung drang über die lothringischen Abteien überall ins Reich. Schließlich war es ein lothringischer, von kluniazensischen Vorstellungen geprägter Bischof, den Heinrich III. mit dem

Papstamt betraute, damit er gegen die Dekadenz in der römischen Kirche vorgehe.

Die Reform durfte nicht bei den Klöstern und Abteien stehenbleiben. Aber nicht nur die Mönche, die ihr Gelübde nicht ernst nahmen und das Beten über profanen Lüsten vergaßen, auch die Priester, die oft ungebildet waren und in Ehe oder Konkubinat lebten, führten einen skandalösen Lebenswandel. In allen Ländern Westeuropas hatten sich Priester der Simonie schuldig gemacht, hatten also ihre Weihe erkauft und spendeten Sakramente gegen Geld. Die Wiederherstellung des Zölibats sollte die Trennung des Priesters von allen weltlichen Geschäften für alle sichtbar markieren. Wer sich aber aus der Hörigkeit und Abhängigkeit von Frau und Kindern befreite, der mußte noch mehr Grund haben, nicht bloß sein priesterliches Herz zu läutern, sondern sich auch gegen jedwede politische und wirtschaftliche Abhängigkeit zu wehren. Waren die Güter der Kirche erst einmal aus dem weltlichen Machtsystem herausgenommen, dann sollten sie auch dessen Begehrlichkeit, und das heißt dem Arm der weltlichen Macht, für immer entzogen sein. Die Güter der »toten Hand«, das heißt unveräußerliches Gut, machten einen großen und immer noch wachsenden Teil des Territoriums aus, und kein geistliches Amt sollte künftig mehr unter das Nominierungsrecht eines weltlichen Herrn fallen. Theologen und Gelehrte des kanonischen Rechts faßten in der Mitte des 11. Jahrhunderts kühn Simonie und weltliche Nominierung zu bestimmten geistlichen Ämtern zu einem Tatbestand zusammen. Priester, die von weltlichen Lehnsherren Amt und Pfründe annahmen, und Bischöfe, die sich vom König ernennen ließen, verfielen dem gleichen Verdikt wie Simon Magus, der die Geheimnisse Christi mit Geld erkaufen wollte. Heinrich III. hatte der Sache der Reform dienen wollen, indem er gute, reformwillige Päpste ernannte. Nach seinem Tod legte Nikolaus II. Regeln für die Papstwahl fest, die künftig jede Einmischung des Kaisers ausschließen sollten.

Der Impetus der Kirchenreform griff die Grundlagen der weltlichen Macht an. Alle Könige der christlichen Welt mußten sich vom neuen Emanzipationsstreben der Kirche betroffen fühlen, vor allen anderen aber der »deutsche« König, dessen Macht zum großen Teil auf den Bischöfen ruhte. Sie bildeten die geistlichen Beamten aus, die er für die Verwaltung des Reiches benötigte, sie stellten die Krieger, die sein Heer schlagkräftig machten, von ihnen erhielt er die Abgaben, die seine Kasse füllten. Der Konflikt zwischen Kirche und Kaiser wurde unvermeidlich, als die Reformkräfte an die Spitze der Kirchenhierarchie gelangten. Große Intellektuelle und unbestechliche leidenschaftliche Verfechter der reinen christlichen Lehre wie die Kardinäle Friedrich von Lothringen, Hugo Candidus und Humbert von Moyenmoutier, in der denkerischen Disziplin der Philosophenschulen Frankreichs ausgebildet und von kluniazensischer Frömmigkeit durchdrungen, hatten nun in der Kirche das Sagen. Der junge, unerfahrene, aber selbstbewußte Heinrich IV. lief geradewegs in die Falle, die ihm die Geschichte gestellt hatte. Zu seinem Unglück war sein Kontrahent ein fanatisches Genie, das sich seiner Sache ebenso sicher fühlte. Der Mönch Hildebrandt[1], der seit dreißig Jahren an der Spitze der Reformbewegung stand und als großer Propagandist seine künftige Politik selbst vorbereitet hatte, war unter dem Namen Gregor VII. auf den Stuhl Petri gelangt. Hildebrandt, ein frommer, unbeugsamer Mann von niederer Herkunft, verkörperte die neue Kirche, die der Feudalgesellschaft von außen als Richterin gegenübertrat. Er hatte die Unterwerfung des Papsttums unter den Kaiser erlebt, als er einem von Heinrich III. abgesetzten Papst ins Exil folgte. Unter seinem Einfluß hatten die Päpste in der Zeit der Unmündigkeit Heinrichs IV. die Beschlüsse gefaßt, die der Unterwerfung ein Ende setzen sollten.

Der Konflikt brach aus, als der König die Stelle des Erzbischofs von Mailand, des Metropoliten des Königreichs Italien, mit einem Kleriker seiner Wahl besetzen wollte und der Papst Einspruch erhob. Mailand war damals schon eine große Stadt mit sozialen Spannungen, zu denen nun noch der religiöse Streit hinzukam.

Das einfache Volk, das dem Adel gegenüberstand, fand Unterstützung bei den Anhängern der Kirchenreform. Der deutsche König geriet hier zum erstenmal mit der aufstrebenden Macht des städtischen Bürgertums in Konflikt, einer Kraft, die außerhalb des Lehnswesens stand und der die Zukunft gehören sollte. Mit der kirchlichen Reformpartei teilte es die Ablehnung der bestehenden Ordnung, auch wenn sich diese Haltung jeweils auf ganz verschiedene Motive gründete.

Gleich zu Beginn des großen Kampfes zwischen den beiden höchsten Mächten der Christenheit hatte es der Kaiser also mit zwei Gegnern zu tun. Das Bürgertum in Italien und Deutschland strebte einen eigenen Weg außerhalb der Feudalordnung an, es wollte sich aus der Vormundschaft durch die Territorialherren befreien und dann selbst über das Umland der Städte bestimmen. Auch in Mailand standen dem jungen Heinrich IV. damit zwei verschiedene Kräfte gegenüber, die für den Augenblick in ihm einen gemeinsamen Gegner sahen. In fortgeschrittenem Alter fand er dann in der Bürgerschaft von Speyer und Worms, die gegen den Bischof, ihren geistlichen Stadtherrn, aufbegehrten, schließlich doch noch Verbündete. Das städtische Gemeinwesen ist seinem Wesen nach der feudalen Welt fremd. Die Kräfte, die es entbindet, werden zum Zusammenbruch der Lehnsordnung beitragen. Später, wenn die zentrale Königsmacht erst einmal die Oberhand über die Territorialherren gewonnen hat, sollte sie sich auch die Städte unterwerfen. Doch dieser grundlegende Wandel lag noch in ferner Zukunft.

Was jetzt begann, war der von nun an dreihundert Jahre lang währende offene Machtkampf zwischen Kaiser und Papst: Dieser wollte auch die weltlichen Geschicke bestimmen, und jener sah sich auch als Oberhaupt der Kirche. Der Konflikt hat von den Historikern den Namen Investiturstreit bekommen. Unter Investitur verstand man die förmliche Einweisung in ein Kirchenamt, die mit der Übergabe der Insignien verbunden war. Das Recht zur Investitur war stets dem Höherstehenden vorbehalten. In der Lehnsordnung war nun der Bischof (oder der Abt innerhalb des Reichskirchensystems) nicht nur geistlicher Würdenträger, er hatte auch eine wichtige Funktion in der Verwaltung des Reiches. Der König und Kaiser, der als »Gesalbter des Herrn« seine Macht von Gott selbst bezog, bestand darauf, daß es sein ausschließliches Recht sei, geistliche Würdenträger zu ernennen, wenn es auch dem Klerus vorbehalten blieb, sie *anschließend* zu ordinieren. Unter dem Einfluß der kluniazensischen Bewegung behauptete das Reformpapsttum nun, nur der Papst als Stellvertreter Christi auf Erden sei die Quelle aller irdischen Macht, vor allem aber der kaiserlichen Macht. Wenn der Papst den deutschen König zum Kaiser »mache«, indem er ihn feierlich salbe, dann habe er auch das Recht, ihn wieder abzusetzen. Dasselbe Recht stehe ihm auch im Hinblick auf die höchsten weltlichen Fürsten zu, die nicht unter der kaiserlichen Macht standen, wie etwa die Könige von Frankreich und England. Im 11., 12. und 13. Jahrhundert stellten diese fernen Souveräne aber keine Gefahr für den Heiligen Stuhl dar. Sie hatten nicht die Macht, den Papst in die Rolle eines kaiserlichen Hofkaplans zu zwingen. Gregor VII. wußte, daß er die Grundlagen der kaiserlichen Macht in Frage stellte, wenn er dem Kaiser das Recht auf die Ernennung der Bischöfe und Äbte der Reichskirche abstritt. Heinrich IV. blieb bei seinem Anspruch, allein das Investiturrecht zu besitzen, und ging zum Frontalangriff gegen die Reformbewegung über, die nun intellektuell und politisch die Kirche beherrschte. Der Investiturstreit sollte jedoch nur ein Aspekt dieses Machtkampfs zwischen Kaisertum und Papsttum bleiben.

Der Konflikt eskalierte schon bald. Es begann mit etwas Unerhörtem: 1076 sprach der Papst den Kirchenbann gegen den König aus und entband die geistlichen und weltlichen Großen von ihrer Gehorsamspflicht als Vasallen. Einige unter ihnen wählten sich einen »Gegenkönig«, da sie Heinrich nicht verziehen, daß er das Königsgut und alle königlichen Rechte, die sie während seiner Unmündigkeit an sich gerissen hatten, wieder Schritt für Schritt zurücknahm. Doch der junge Heinrich wußte sich zu helfen. Als er sah, daß seine Stellung wankte, machte er sich ohne Heer auf den Weg nach Italien, wanderte über die Alpen bis zur Burg Canossa in der Toskana und bat dort den Papst um Vergebung. Gregor war von diesem ungewöhnlichen Schritt so überrascht, daß er sich zur Aufhebung des Banns genötigt sah. Das Bild des Königs, der im weißen Büßergewand barfuß im Schnee steht und drei Tage lang um Einlaß und Vergebung fleht, bis ihn der Papst schließlich erhört, wurde im 19. Jahrhundert von nationalistischen Historikern aufgegriffen und popularisiert. Sie sahen darin ein Symbol für die Erniedrigung, die Deutschland immer wieder vom fremden, »welschen« Papst und dem römischen Katholizismus habe erdulden müssen. In Wirklichkeit war der Gang nach Canossa eher ein Erfolg für den König, doch seit Bismarck in der Zeit des Kulturkampfs mit der katholischen Kirche vor dem Reichstag den berühmten Ausspruch tat: »Nach Canossa gehen wir nicht«, sind fast alle in Deutschland vom Gegenteil überzeugt. »Nach Canossa gehen« ist sogar eine sprichwörtliche Redensart geworden. Heinrich setzte sich dann bald gegen den »Gegenkönig« durch, den die Papstpartei aufgestellt hatte, und dachte gar nicht daran, sein Investiturrecht aufzugeben. Der Machtkampf entbrannte von neuem. Der Papst bannte den König ein zweites Mal, der König berief ein Konzil ein, dessen Teilnehmer seine Sache vertraten. Das Konzil setzte kurzerhand den Papst ab, worauf jene Kardinäle, die mit Gregors autoritärer Führung und dem moralischen Rigorismus der Reformpartei nicht einverstanden waren, einen Gegenpapst wählten. Von ihm ließ sich Heinrich zum Kaiser krönen. Fortan gab es in Deutschland und Italien eine päpstliche und eine kaiserliche Kirche, die sich abwechselnd mit dem Bann belegten. Die »offiziellen« Päpste wiegelten nacheinander Heinrichs Söhne Konrad und Heinrich gegen den Vater auf. Der Kaiser kam mit einem Heer nach Rom und zwang Gregor VII., Schutz bei den Normannen zu suchen, die damals in Unteritalien nach und nach die noch den langobardischen Fürsten gehörenden Gebiete sowie die des Byzantinischen Reiches und sogar der Sarazenen eroberten. Ein Normannenherzog, Robert Guiscard, brachte schließlich den Papst wieder nach Rom zurück, doch seine Krieger plünderten und zerstörten die Stadt. Gregor mußte wieder fliehen und starb in Gaeta (»Ich habe immer die Gerechtigkeit geliebt, deshalb endet mein Leben im Exil«), doch seine Nachfolger waren nicht weniger unbeugsam. In Italien hatte der Kaiser wieder die wachsende Macht der Städte gegen sich, die die Herrschaft der Bischöfe und weltlichen Herrn, von denen viele der kaiserlichen Partei angehörten, abschütteln wollten. In Deutschland lagen die Fronten genau umgekehrt. Zwar strebten auch hier die Bürger nach Emanzipation, aber sie hielten zum Kaiser, dessen Gegner die großen Territorialherren waren.

Neben den Armeen lieferten sich Theologen und Juristen hitzige Gefechte. Jede Partei hatte ihre Philosophen, Rechtsgelehrten und Pamphletisten. Gregor definierte in seinen päpstlichen Leitsätzen, dem *dictatus Papae*, den absoluten Vorrang des Papstes als Stellvertreter Christi vor allen weltlichen Autoritäten, die nur mit dem Segen der Kirche als legitim angesehen werden dürften. Die aus karolingischen und ottonischen Zeiten stammende Vorstellung einer kaiserlichen Theokratie ersetzte er durch die Idee der päpstlichen Autokratie, zu deren Begründung juristische und geschichtliche Dokumente wie etwa die gefälschte Urkunde über die Konstantinische Schenkung[2] und die Lehre von den zwei Schwertern, die die weltliche Macht nur als Ausfluß der geistlichen Macht ansieht, verwendet wurden.

Die kaiserliche Partei griff ihrerseits auf die traditionellen Anschauungen zurück, wonach das Königtum eine gottgewollte Institution sei und der Kaiser als »Verteidiger der Christenheit« eine heilige Mission erfülle. Zu diesen bekannten Anschauungen gesellten sich erstmals Schlußfolgerungen, die italienische Rechtsgelehrte in Bologna und Padua aus den wiederentdeckten Schriften des römischen Rechts zogen. Daraus kristallisierte sich die Theorie der absoluten Monarchie, nach der auch der Papst nur ein Untertan wie jeder andere sei. In Deutschland kam es vor dem Hintergrund dieser leidenschaftlich geführten Polemik zu einer nationalen Reaktion. Zwar waren sämtliche Texte, die sich an die schmale Elite der »Schriftkundigen« richteten, selbstverständlich in Latein abgefaßt. Durch Übersetzungen, lautes Vorlesen und Kommentare dürften die darin formulierten Ideen aber eine sehr viel größere Verbreitung gefunden haben.

Deutschland, das doch in der Mitte der abendländischen Welt lag, war so sehr mit den Wirren um Kaiser und Papst beschäftigt, daß es bei den größten Unternehmungen des ausgehenden 11. Jahrhunderts nur eine Nebenrolle spielte. Als im Jahr 1098 ein europäisches Ritterheer zum ersten Kreuzzug ins Heilige Land aufbrach, das die fanatischen Seldschuken gerade den toleranter gewordenen arabischen Kalifen entrissen hatten, war Deutschland nur mit seinen Grenzregionen Lothringen, Bayern und Kärnten betroffen. Allerdings waren Gottfried von Bouillon und sein Bruder Balduin, der erste König von Jerusalem, Reichsfürsten. Der exkommunizierte Kaiser, dessen Legitimität in Frage gestellt war, konnte sich schlechterdings nicht an die Spitze des Expeditionsheeres stellen, obwohl ihm dieser Platz eigentlich zukam. Tatsächlich ist der Kreuzzug eine neue Episode in der Geschichte der Kirche als Herrschaftsstruktur, die ihre Macht über die profane Welt ausweitete. Am Anfang stand ein kriegerischer Mönch, der Einsiedler Peter von Amiens. Dieser rief mit solcher

Begeisterung zum Volkskreuzzug auf, daß sich auch Papst Urban II., ein ehemaliger Mönch aus Cluny und geistiger Erbe Gregors VII., mitreißen ließ. Der Kreuzzug war für die Kirche ein Mittel, ihr Herrschaftsgebiet zuungunsten der Griechen und der Ungläubigen auszudehnen; zugleich konnte sie damit die latente Kriegslust der abendländischen Aristokratie in Bahnen lenken, die ihrer Kontrolle oblagen. Die destruktiven Energien würden, so war der Gedanke, in jenes großangelegte Bemühen um eine Heiligung der Welt eingebunden, die das vornehmste Anliegen der gesamten Reformbewegung war. Insofern war der Kreuzzugsgedanke mit einer anderen kluniazensischen Bewegung verbunden, die das gleiche Ziel mit dem genau konträren Mittel anstrebte. Der Gottesfriede, *treuga Dei,* verbot jede Fehde an hohen Festtagen, Sonntagen und später auch an Tagen vor und nach kirchlichen Festen. Die Kirche versuchte mit diesem Gebot ein immer noch lebendiges heidnisches Erbe einzudämmen und aus der christlichen Gemeinschaft zu verbannen: die Verherrlichung des Krieges. Für die Freien blieb die Fehde nach wie vor die wichtigste Beschäftigung und das Feld, auf dem es um ihre Ehre ging. Ein solches Ethos stellte das genaue Gegenteil der Ethik der Nächstenliebe dar, und das Christentum mußte sich gegen diese konkurrierende Kriegermoral in den Herzen der Menschen durchsetzen. Der Gottesfriede war indes nicht nur Ausfluß religiöser Moral und Barmherzigkeit, die die Kirchenrepräsentanten für ihre leidenden Mitmenschen empfanden. Die kirchlichen Friedensbemühungen entsprangen auch ähnlichen Motiven wie die Politik der Könige. Diese wünschten der Anarchie der Fehden unter Vasallen ein Ende zu setzen. Dabei hatten sie gewiß das Wohl ihrer Untertanen und das Wohl des Staaten im Auge, aber sie wollten sich damit auch das alleinige Recht zum Kriegführen sichern.

Der Gottesfriede kam auch den Bedürfnissen des aufblühenden Handels und der Städte entgegen, in deren Mauern immer mehr Kaufleute und Gewerbetreibende lebten. Der Reichtum der Städte erweckte die Begehrlichkeit der kriegerischen und stets auf Beute erpichten Territorialherren. Heinrich III. hatte die Bewegung für den Gottesfrieden in Deutschland begrüßt, und Heinrich IV. verkündete, obwohl er im Kirchenbann stand, den ersten längeren Gottesfrieden, der zumindest in der Theorie für das ganze Reich galt. Doch der große, epochemachende Wandel, die kluniazensische Bewegung, war von Frankreich ausgegangen. Papst Urban II. war Franzose, und gemeinsam mit Peter von Amiens rief er in Frankreich zum Kreuzzug auf. Das Kreuzfahrerheer bestand daher auch zum überwiegenden Teil aus französischsprachigen Fürsten und Rittern, ob sie nun Vasallen der Kapetinger, des Kaisers, des normannischen Königs von England oder der normannischen Fürsten in Unteritalien waren. Der Wandel in Kultur, Wirtschaft und Politik ging an Deutschland vorbei, obwohl es noch ein halbes Jahrhundert zuvor das Abendland beherrscht hatte.

Mit der Zeit verlor der Kaiser seine Macht, nicht aber seine Hartnäkkigkeit. Die Kräfte, die sich gegen ihn verbunden hatten, wurden übermächtig und waren Ausdruck neuer Tendenzen, während die Idee des Kaisertums der Vergangenheit angehörte. Die Kirche, der Reichtum der oberitalienischen Städte, die deutschen Großen ... Als auch noch sein zweiter Sohn gegen ihn rebellierte, mußte der alte König (tatsächlich hatte er gerade erst die Fünfzig überschritten), obwohl die rheinischen Städte treu zu ihm standen, schließlich doch zurückweichen. Bei den Bürgern von Lüttich fand Heinrich seine letzte Zuflucht; dort starb er 1106 geschlagen, aber ohne in der Sache nachgegeben zu haben. Sein Sarg blieb lange Jahre ohne christliches Begräbnis in einer Seitenkapelle des Doms zu Speyer, den sein Großvater Konrad II. hatte erbauen lassen. Erst als sein rebellischer Sohn seinerseits in Konflikt mit der römischen Kirche geriet, ließ er den Sarg in die Gruft bringen, die für Jahrhunderte als Grablege der Könige und Kaiser Deutschlands dienen sollte. Fünf Jahrhunderte später schändeten die Soldaten des Marquis von Louvois die Gräber und verstreuten die königlichen Gebeine. Diese infame Behandlung der sterblichen Überreste des Büßers von Canossa haben nationalistische deutsche Historiker des 19. und 20. Jahrhunderts den Franzosen niemals verziehen.

Heinrich V., ein harter, aber befähigter Mann, war kaum seinem Vater auf dem Thron nachgefolgt, da mußte er auch die alte Rolle des Verstorbenen im Kampf mit der Kirche übernehmen. Ungeachtet seiner Versprechungen bestand er auf den traditionellen Rechten des Reichs. Der Machtkampf zog sich so in die Länge, daß selbst die Großen des Reiches seiner überdrüssig wurden. Die Verbote und Bannsprüche, die die Gefolgsleute des Kaisers und ihre Territorien trafen, brachten erhebliche Störungen für alle, und das Fehlen einer allseits anerkannten Zentralmacht förderte noch die Anarchie. Auch in Frankreich und England stießen die Ansprüche Roms auf den Widerstand der Könige, die problematisch gewordenen Beziehungen zwischen weltlicher und geistlicher Macht riefen nach einer Lösung. Schließlich zeichnete sich unter den neuen Philosophen, die in den französischen Schulen den Ton angaben, eine Lösung ab: Der Bischof, so hieß es, sei ein mit einer besonderen Weihe ausgestatteter Priester und zugleich ein weltlicher Grundherr. Die Investitur, die der König von alters her vollzog und deren Berechtigung von der Reformpartei bestritten wurde, zerfiel danach in zwei verschiedene Akte: Der erste bestimmte den

Priester zur Bischofsordination, durch den zweiten stattete ihn der König mit seinen Lehen, seinen weltlichen Rechten und Gütern aus. Zum Schrecken der Bischöfe war der Papst in einer Phase des Streits sogar bereit, allen weltlichen Besitz der Kirche aufzugeben, wenn der Kaiser im Gegenzug auf die geistliche Investitur verzichten wollte. Das war gewiß eine Übertreibung, wie sie sich Vertreter der reinen Lehre zuschulden kommen lassen, doch mußte eine Lösung in dieser Richtung gesucht werden, wie sie Ivo von Chartres, einer der größten Denker der Epoche, vorgezeichnet hatte. Im Jahr 1122 wurde in Worms, der alten salischen Kaiserstadt, ein Konkordat unterzeichnet: Der Kaiser verzichtete auf die geistliche Investitur, der Papst duldete, daß der Monarch weiterhin die weltliche Investitur vornahm. Was Deutschland betraf, so erreichte der Kaiser sogar, daß die Bischofswahl durch das Domkapitel in seiner oder in Gegenwart seines Stellvertreters stattfinden mußte, vor allem aber, daß der Bischof erst nach der weltlichen Investitur ordiniert werden konnte. Auf diese Weise behielt der Kaiser seinen ausschlaggebenden Einfluß auf die Wahl der Kirchenfürsten, aber er mußte diesen Anspruch für Italien und das Königreich Burgund aufgeben. Das war besonders im Falle Italiens ein schwerer Verlust, denn die italienischen Bischöfe waren wie die deutschen und vielleicht sogar noch mehr als diese verläßliche Stützen des Kaisertums. Mit Sicherheit aber zahlten sie die meisten Abgaben an die kaiserliche Kasse. Aus dem Machtkampf ging also die Kirche gestärkt hervor, während das Kaisertum an Macht und Ansehen eingebüßt hatte. Allerdings war der Sieg der Kirche nicht vollständig und die Niederlage des Kaisertums nicht endgültig. Der Kampf der zwei Schwerter, der sich noch über zweihundert Jahre hinzog[3], bildet einen wesentlichen Bestandteil der deutschen Geschichte und hebt sie von allen anderen Staaten Westeuropas ab. Dieses Drama ist die Kehrseite des Anspruchs auf kaiserliche Größe, der Tribut, den Deutschland dafür zahlen mußte, mehr als die anderen Völker sein zu wollen.

Welcher grundlegende Wandel verbirgt sich hinter den spektakulären Ereignissen des Investiturstreits? Es fällt nicht leicht, ihn in eindeutige Begriffe zu fassen. Die Kirche stand zum großen Teil außerhalb der Lehnsordnung. Ohne Rücksicht auf die Zwänge der Dynastien, der Stände und der Erbfolge nehmen zu müssen, bot sie einfachen Menschen aus dem Volk die Möglichkeit zum sozialen Aufstieg und hielt die Gesellschaft offen, ohne indes deren Wesen zu verändern. Mit ihrer Emanzipation gab die Kirche den Stimmen solcher Menschen Gewicht, die ohne sie kein Gehör gefunden hätten. Sie verhinderte, daß die Gesellschaft verknöcherte oder im Gegenteil auseinanderbrach.

Die Kirche stellte zwar eine Körperschaft für sich dar, hatte aber Interessen, die mit denen anderer Gruppen kollidieren oder auch zusammenfallen oder konvergieren konnten. Wie der Adel, wie die Grundherren lebte auch die Kirche von Abgaben, die vom Ertrag der Bauern (und zusätzlich von den Erträgen produzierender Gewerbe, je mehr sich diese entwickelten) erhoben wurden.

Der Investiturstreit kann bis zu einem gewissen Grad – aber das ist selbstverständlich nur eine Teilerklärung – als Kampf zwischen den Kirchenfürsten einerseits und dem König samt den Großen des Reiches andererseits um die Verteilung dieser Abgaben verstanden werden. Die Kirchenreform führte zu einer strafferen Organisation, die die Masse des Klerus fester an ihre Vorgesetzten und diese an den Papst band; zudem bildete sie die Voraussetzung dafür, daß ständig steigende Beiträge in die päpstliche Kasse flossen und ebenso ein wachsender Teil der Erträge aus dem Besitz jener kirchlichen Institutionen, der Kirchengemeinden und Bistümer, die dem Papsttum direkt oder indirekt unterstanden. Im Ergebnis hatte die Kirche ihre Position gegenüber der weltlichen Herrschaft gestärkt, gleichzeitig festigte sich die Stellung der Kirchenführung und hier besonders die der römischen Kurie gegenüber dem niederen Klerus und der einzelnen Nationalkirchen.

Die Reformer in der Kirche, die durch Heinrich III. bewußt gefördert worden waren, schufen ab der Mitte des 11. Jahrhunderts eine kirchliche Zentralgewalt, eine Regierung mit Ministerien und Sekretariaten, mit Rechtskundigen, Philosophen und Intellektuellen, mit einer Finanzabteilung und einer funktionierenden Verwaltung. Etwa zur gleichen Zeit entstanden in Frankreich, England und im normannischen Königreich Sizilien die ersten Staaten im modernen Sinn, also mit ganz ähnlichen Strukturen. Im Gefolge des Investiturstreits bildete sich die katholische Kirche zu einem Über-Staat aus – neben und über den Territorialstaaten, vor allem aber über dem Kaiserreich[4].

Diese ganze Entwicklung hätte Deutschland nur von fern und indirekt betreffen können. Gewiß, auch die Kirche in Deutschland wurde vom Reformgeist ergriffen, der sich allenthalben ausbreitete, aber die Forderungen der Reformer entsprachen nicht unbedingt den Verhältnissen und Bedürfnissen in Deutschland. Der Investiturstreit betraf in erster Linie Rom, und er hatte seinen Ausgang in französischen Klöstern genommen. Die deutsche Kirche verlangte gar nicht nach tiefgreifenden Reformen: Sie hatte sich sehr gut in Verhältnissen eingerichtet, in denen der König auf sie angewiesen war und ihre Dienste großzügig mit Lehen und Privilegien vergalt. Die deutsche Kirche war auch nicht durch Korruption und Verfall der Sitten gezeichnet, wie dies anderswo offensichtlich der

Fall war. Das enge und ergebene Verhältnis zum Königtum erlaubte den Bischöfen und Äbten, den Priestern und Mönchen keine klerikale Selbstherrlichkeit und keine Amtsentgleisungen, wie sie in Italien zu beobachten waren, wo der Kaiser seine Autorität nur vorübergehend geltend machen konnte. Deutschland geriet ins Zentrum des Konflikts, weil das Kaisertum Rechte und Verpflichtungen in Italien hatte, die es nicht ohne Preisgabe der hohen kaiserlichen Ansprüche aufgeben konnte. Am Ende erschütterte dieser Machtkampf nachhaltig die Macht des Kaisers und blockierte in Deutschland die Entwicklung zum Nationalstaat, die sich sonst überall in Westeuropa durchsetzte. Im Hochmittelalter blieb das Schicksal Deutschlands untrennbar mit dem Kaiserreich und der Herrschaft über Italien verbunden. Der Investiturstreit gehört daher ins Zentrum der deutschen Geschichte zu Beginn des modernen Europa.

Heinrich V. starb 1125, kurz nach dem Abschluß des Wormser Konkordats. Mit ihm erlosch das salische Königsgeschlecht. Der Machtkampf mit dem Papsttum hatte mit einem Kompromiß geendet, der zwar auf Zugeständnissen beider Seiten beruhte, vor allem aber für das Kaiserreich einen beträchtlichen Verlust an Macht und Ansehen darstellte. Der Papst gab lediglich Ansprüche auf, während der Kaiser auf Rechte verzichtete, die seine Vorgänger tatsächlich ausgeübt hatten. Wieder bedeutete das Fehlen männlicher Erben eine weitere Schwächung der zentralen Königsmacht. Die Güter der Königsfamilie fielen an den Neffen des verstorbenen Kaisers, Herzog Friedrich von Schwaben, den Sohn seiner einzigen Schwester Agnes und eines kleineren Territorialherrn, Friedrich von Büren, der das Herzogtum von seinem Schwiegervater Heinrich IV. zu Lehen bekommen hatte.

Friedrich von Schwaben oder von Staufen, so genannt nach dem Bergkegel Hohenstaufen, auf dem sein Vater eine Burg errichtet hatte, besaß sicherlich die Eigenschaften, die man von einem guten König erwartet, aber seine Macht und sein Reichtum, vor allem aber seine Verbindungen mit der salischen Dynastie, machten ihn als Kandidaten unannehmbar für die päpstliche Partei und für die meisten Großen. Nicht auf ihn, sondern auf den Sachsenherzog Lothar von Süpplingenburg einigte sich die Wahlversammlung. Lothar III. war schon betagt und hatte sich bis dahin stets als verläßliche Stütze der Kirche und als Gegner der salischen Kaiser erwiesen. Seinen alten Allianzen in Treue verbunden, gab er den Päpsten keinen nennenswerten Grund zur Klage und verzichtete sogar auf einige Rechte, die das Wormser Konkordat dem Kaiser belassen hatte. Sein Leben lang galt Lothars Interesse vorrangig der Politik in Sachsen, was die besondere Aufmerksamkeit für die Entwicklung der slawischen

Nachbarn einschloß. Als König und Kaiser betrieb er eine aktivere Politik an der Nordostgrenze als seine Vorgänger. Er unterstützte die Markgrafen in ihrem Bestreben, die Grenze weiter nach Osten zu verschieben, und ebenso die Bischöfe und Mönche, die die Slawenmission vorantrieben. Einen großen Teil seiner Energie und seiner Regierungszeit (1125–1137) mußte er auf den Kampf gegen Friedrich von Hohenstaufen und dessen Bruder Konrad, den Herzog von Franken, verwenden, die beide seine Wahl nicht anerkennen wollten. Nach dieser Auseinandersetzung sah sich der Kaiser gegen seinen Willen dazu genötigt, nach Italien zu ziehen und dem Papst gegen die Angriffe Rogers II., des Königs von Sizilien, beizustehen. Ganz anders als die übrigen mittelalterlichen Kaiser war Lothar ein gehorsamer Sohn der Kirche, der den Vorrang des Papstes anerkannte. Obwohl ihm vor allem die deutsche Politik am Herzen lag, mußte er seiner Verpflichtung als Kaiser und römischer König nachkommen. Der Papst selbst bat um kaiserlichen Schutz, als er sich von anderer Seite bedroht fühlte, wie vor ihm schon Leo III. nach Karl dem Großen gerufen hatte. Lothar konnte sich dem päpstlichen Ersuchen nicht verschließen. Bedarf es noch eines weiteren Beweises, um zu zeigen, daß der Reichsgedanke und die Italienpolitik entgegen den Behauptungen der nationalistischen und nationalliberalen Historiker des 19. Jahrhunderts für Deutschland im Mittelalter zum unabwendbaren Schicksal wurde? Tatsächlich rief Innozenz II. nach Lothar, als sei dieser der Soldat der Kirche, der seinem Herrn Gehorsam schuldet. Das weltliche Schwert mußte dem geistlichen Schwert zu Diensten sein, und dabei war die Stellung dieses Papstes sogar geschwächt, denn 1130 waren zwei Päpste gewählt worden, und Innozenz hatte sich gegen seinen Rivalen Anaklet II. zu behaupten. Auch hierin blieb sich Lothar treu, daß er die schwierige Lage des Bischofs von Rom nicht ausnutzte, um Rechte, die seine Vorgänger aufgeben mußten, nun wiederzuerlangen. Er starb schließlich fern von seinem geliebten Sachsen in Italien, ohne daß ihm ein entscheidender Sieg über die Normannen gelungen war.

Die Wikinger, die ihr norwegischer Anführer Rollo im Jahr 911 an der Seinemündung hatte seßhaft machen wollen, zogen weiterhin auf Raub aus in die ganze westliche Welt und in die Mittelmeerregion. Schon vor der Eroberung Englands durch Wilhelm, der einen Teil der normannischen Adligen und Freien mit auf die britische Insel nahm, waren Scharen junger Normannenkrieger auf Wikingerart nach Süden gesegelt. Mochten ihre Großväter und Urgroßväter auch die Taufe empfangen haben, sie strebten nach der Herrschaft über Süditalien, erst als Söldner der langobardischen Fürsten[5], dann auf eigene Faust. Die zwölf Söhne Tankreds, des Barons von Hauteville, stellten sich an die Spitze dieser Scharen; der fähigste unter ihnen, Robert Guiscard, vertrieb die Langobarden und Sarazenen und bedrängte sogar den Kaiser von Konstantinopel in dessen unteritalienischen Besitzungen. Am Ende hatte er ganz Süditalien in seiner Gewalt. Er war es auch, der Papst Gregor VII. bei der Belagerung durch das Heer Heinrichs IV. aus der Engelsburg befreite. Der jüngste, Roger, beendete die Sarazenenherrschaft auf Sizilien, ehe er 1102 starb. Sein Sohn Roger II. nahm 1130 den Titel eines Königs beider Sizilien an, nachdem er seinen Vettern die festländischen Provinzen Apulien, Kalabrien und Kampanien entrissen hatte. In dem knappen Jahrhundert, das von der Landung der ersten Söhne des Barons von Hauteville bis zum Tod König Rogers II. im Jahr 1154 reichte, schufen die normannischen Barone in Süditalien, in dem sich seit einem halben Jahrtausend Griechen, Germanen und Sarazenen um die Herrschaft stritten, einen starken, zentralisierten Staat, der über die schlagkräftigste Armee Europas verfügte und der einzige war, der eine Verwaltung besaß, die diesen Namen im modernen Sinn verdiente (die Normannen hatten ihre Verwaltung in erster Linie dem Byzantinischen Reich und den Sarazenendynastien zu verdanken). Ein anderer Staat, der ähnliche Qualitäten aufzuweisen hatte, war das anglonormannische Königreich, das Wilhelm der Eroberer und seine Söhne zu einem zentralisierten Lehnsstaat gestalteten.

Das politische und militärische Geschick dieser romanisierten Wikinger war erstaunlich. Tankreds Söhne, die als Piraten und Söldner aufgebrochen waren, entwickelten Sinn für Bildung, die Schriftkultur und die Künste. Sie verstanden es, auf Sizilien, wo sich die großen Kulturen des Mittelmeers schnitten, Menschen, Ideen und vorhandene Institutionen zum Aufbau eines Staates nach ihren Vorstellungen zu nutzen. Zur gleichen Zeit ließen die normannischen Könige in England zum erstenmal seit dem Imperium Romanum den Kataster eines ganzen Landes erstellen.

Auch die deutsche Geschichte blieb von der normannischen Eroberung Unteritaliens nicht unberührt. Nicht, weil die Normannen zur germanischen Völkerfamilie gehörten, ja sogar nahe Vettern der Deutschen waren, wie ihre Namen[6] bezeugen. Solche Verbindungen waren den damaligen Deutschen nicht bewußt. Zudem hatten die Wikinger in Nord- und Nordwestdeutschland keine guten Erinnerungen hinterlassen, zu oft waren diese Regionen von ihnen angegriffen und ausgeplündert worden. Vielmehr war es der neue Machtfaktor, der mit den Normannen in Süditalien auf den Plan trat, nachdem die Griechen politisch fast nichts mehr vermochten und die Sarazenen für Christen »Unpersonen« waren. Die neue Figur auf dem politischen Schachbrett kam zuerst der Politik der

Päpste zupaß, die sich der Autorität des Kaisers entziehen wollten. Zwar standen am Anfang Mißverständnisse und heftige Auseinandersetzungen zwischen den normannischen Eroberern und dem Papst, dessen Besitz und Interessen sie ebensowenig anerkannten wie die Güter und Interessen der übrigen in Unteritalien vertretenen Mächte. Doch schon bald kam es zum Bündnis auf der Grundlage eines Kompromisses. Der Papst erkannte die normannischen Eroberungen an und legitimierte sie, indem er den Normannenfürsten Titel, Ehren und außerordentliche Rechte verlieh. Roger I. wurde zum päpstlichen Legaten für Sizilien ernannt, ausgestattet mit allen Hoheitsrechten, die der Papst über die Kirche dieses für die Christenheit zurückgewonnenen Territoriums hätte ausüben können. Die Normannen willigten im Gegenzug ein, daß das eroberte Land ihnen vom Papst zu Lehen gegeben wurde und sie selbst fortan Vasallen des Heiligen Stuhls waren. Vor allem aber verpflichteten sie sich dazu, den Papst gegen den Kaiser zu schützen. Zog der Kaiser künftig nach Italien, mußte er mit der Diplomatie, dem Geld und oft auch mit der Waffenmacht der Normannen rechnen. Oberstes Ziel des Kaisers mußte es daher fortan sein, sich des Normannenreiches zu bemächtigen, während der Papst gerade das zu verhindern hatte. Die kaiserliche Strategie ging Ende des 12. Jahrhunderts auf, als Friedrich Barbarossa seinen ältesten Sohn, den künftigen Heinrich VI., mit Konstanze, der Tochter Rogers II., verheiratete (1186). Konstanze sollte nach dem Tod Wilhelms II. im Jahr 1189 das Normannenreich erben.

Beim Tod Lothars III. hätte es der Erwartung entsprochen, wenn sein Schwiegersohn Heinrich der Stolze sein Nachfolger auf dem Kaiserthron geworden wäre. Heinrich war Herzog von Bayern und durch den Tod seines Schwiegervaters nun auch Herzog von Sachsen. Der damals mächtigste deutsche Fürst stammte aus dem Geschlecht der Welfen, aus dem anfangs des 9. Jahrhunderts die Kaiserin Judith hervorgegangen war, die zweite Frau Ludwigs des Frommen. Sein Bruder Welf VI. hatte die reichen, über weite Teile Mittelitaliens verteilten Güter der Gräfin Mathilde geerbt, der einstigen Schutzherrin Gregors VII. Wie 1125, als die Wahlversammlung Lothar den Vorzug vor Friedrich von Schwaben gegeben hatte, sprachen der Reichtum und die Macht des Erben gegen ihn. Auch wollte man eine Rückkehr zum Prinzip der dynastischen Erbfolge möglichst vermeiden. Da Friedrich von Schwaben tot war, fiel die Wahl auf seinen Bruder Konrad von Schwaben, der ebenfalls ein Enkel Heinrichs IV. und Neffe Heinrichs V. war. Und so wie Lothar gegen den Herzog von Schwaben kämpfen mußte, hatte Konrad Mühe, seine Autorität gegen die Partei der Welfen[7] durchzusetzen. Nachdem er seinen Widersachern das Herzogtum Bayern entreißen konnte, war seine Stellung gefestigt. Dann stell-

te sich Konrad einer neuen Herausforderung. Auf die wiederholte Aufforderung des Papstes, vor allem aber auf die aufrüttelnden Predigten
des Bernhard von Clairvaux hin entschloß sich Konrad, das Kreuz zu
nehmen und mit einem großen Heer ins Heilige Land zu ziehen, wo er
sich mit den Truppen des französischen Königs Ludwig VII. vereinen
wollte. Endlich führte also der Kaiser, zumindest der Idee nach das Oberhaupt der Christenheit, ein Heer gegen die Ungläubigen. Doch der Zweite
Kreuzzug endete mit einem Mißerfolg: Konrad stieß beim Kaiser von
Konstantinopel auf Mißtrauen und konnte ihn nicht zum Handeln bewegen. In seinem Heer brachen Seuchen aus. Der Sturm auf die Befesti-
gungen von Damaskus blieb erfolglos, doch gerade die Eroberung dieser
Stadt hätte dem lateinischen Königreich Jerusalem und den fränkischen
Kreuzfahrerstaaten in Syrien die dringend nötige Luft verschafft. Schließlich kehrte er enttäuscht und krank aus dem Heiligen Land heim. Auch
die große diplomatische Initiative, zu der ihn der Basileus von Konstantinopel, der oströmische Kaiser, veranlassen wollte, scheiterte. Nach vier-
zehnjähriger Regierung empfahl er der Wahlversammlung, ihre Stimmen
nicht seinem noch minderjährigen Sohn Friedrich, sondern seinem Neffen
gleichen Namens, dem Herzog von Schwaben zu geben, der bereits ein
gestandener Mann war ... Diesmal gab die Furcht vor der dynastischen
Erbfolge nicht den Ausschlag, und der Herzog von Schwaben wurde
gewählt. Der neue König hatte einen prachtvollen blonden Bart mit einem
Stich ins Rötliche, weshalb die Italiener ihm den Namen Friedrich Barbarossa gaben. Nach so vielen Jahrzehnten, die durch Unglück oder Mit-
telmäßigkeit geprägt waren, sollte Deutschland wieder eine lange Epoche
der Kaiserherrlichkeit (1052–1090) erleben.

Die Ostkolonisation: ein zweites Deutschland

Der glücklos verlaufene Kreuzzug Konrads III. hatte für Deutschland
beträchtliche indirekte Folgen. Die Grundherren im Nordosten Deutschlands machten wie schon die spanischen Fürsten den Papst darauf aufmerksam, daß sie Heiden sozusagen bei sich daheim hatten, von denen
sie nur durch eine unsichere Grenze getrennt waren. Sie erhielten auch
tatsächlich einen Dispens vom Kreuzzug in das Heilige Land und konnten
nun gegen ihre heidnischen Nachbarn, die Slawen, einen eigenen Kreuzzug führen. Der »Slawenkreuzzug« brachte keine spektakulären Ergebnisse, aber er bildete den Auftakt einer Offensive der deutschen Fürsten
und Grundherren, die sich mit Unterbrechungen über mehrere Jahrzehnte
hinzog. Der Widerstand der Slawen zwischen Elbe und Oder erschöpfte

sich, zumal die einzelnen Stämme keinen Staatsverband gebildet hatten wie die Tschechen und Polen. Isoliert und untereinander verfeindet, hielten sie dem Druck nicht stand, den die starke Siedlungswelle auf sie ausübte. Obendrein war die Kultur der Kolonisatoren in materieller und geistiger Hinsicht ihrer eigenen überlegen. Einige slawische Stammesfürsten ließen sich taufen und gingen dynastische Verbindungen mit benachbarten deutschen Adelsgeschlechtern ein. So war es bei den Vorfahren der Grafen von Mecklenburg und Pommern, die ihren Besitz wahren und sogar vergrößern konnten und in den Reichsfürstenstand erhoben wurden. Dagegen unterlagen die Slawen, die den Osten Holsteins bewohnten, dem Ansturm der Deutschen und kamen unter die Grundherrschaft der Grafen von Schauenburg. Am mittleren Lauf der Elbe schloß Albrecht von Ballenstädt, genannt der Bär, ein Abkommen mit einem bekehrten slawischen Stammesfürsten, dessen Territorium sich zwischen Havel und Spree erstreckte. Danach setzten sich die beiden Herrscher jeweils zum Erben des anderen ein für den Fall, daß sie ohne Nachkommen sterben sollten. Bald darauf starb der Slawe, und Albrecht wurde Nachfolger in dessen Besitzungen, die fortan die Mark Brandenburg hießen, nach dem Namen der Stadt, in der schon im 10. Jahrhundert ein Bistum gegründet worden war. In der Zwischenzeit war es wie dasjenige von Havelberg untergegangen, aber Markgraf Albrecht ließ es neu gründen. Weiter südlich lag zwischen Saale und Elbe die Mark Meißen. Einige Jahre später wurde der südwestliche Teil Polens zu beiden Ufern der Oder aus dem polnischen Königreich herausgelöst. Dieses »Schlesien«[8] genannte Gebiet zerfiel damals in zahlreiche Fürstentümer, die rasch unter den politischen und kulturellen Einfluß Deutschlands gerieten. Kaiser Friedrich Barbarossa hatte beim polnischen König durchgesetzt, daß Schlesien den Söhnen eines vom Thron gestoßenen und dann verstorbenen polnischen Potentaten zu Lehen gegeben wurde. Die schlesischen Adelsgeschlechter richteten sich nach Deutschland aus und riefen Deutsche ins Land, die Landwirtschaft und Bergbau verbessern und die Stadtentwicklung vorantreiben sollten. Schlesien lehnte sich künftig immer enger an das Kaiserreich an. Es war seit dem 14. Jahrhundert der Lehnshoheit Böhmens unterworfen und damit 1526 derjenigen der Habsburger, kam dann 1742 zu Preußen und blieb dort nach dem Ende des Heiligen Römischen Reiches im Jahr 1806 als preußische Provinz.

Während der Kaiser im Machtkampf mit dem Papst stand und in Italien kämpfte, erweiterte sich das Reich und das Siedlungsgebiet des deutschen Volkes nach Osten. Auf kolonisiertem Boden entstand ein zweites Deutschland in erstaunlichen Proportionen. Die »Ostkolonisation« war neben der Erneuerung des Römischen Reiches und der Vereinigung mit Italien unter Otto I. und neben dem »dreihundertjährigen Krieg« gegen das Papsttum, der unter Heinrich IV. begonnen hatte, der dritte prägende Faktor in der mittelalterlichen Geschichte Deutschlands. Die Bedeutung, die ihm zukam, war beträchtlich, und doch verlief die ganze Entwicklung ohne direkten Eingriff der Zentralmacht und fast ohne ihr Wissen. Daß die deutschen Siedler weite Gebiete östlich der Elbe in Beschlag nehmen konnten, war der Tatkraft des Sohnes von Heinrich dem Stolzen zuzuschreiben. Heinrich der Löwe, so sein Name, wirkte dabei in Konkurrenz zu Albrecht dem Bären. Sein Vetter Friedrich Barbarossa hatte den ehrgeizigen Fürsten, der sich durch Energie und Intelligenz auszeichnete, zum Herzog von Sachsen und Bayern eingesetzt. Heinrich förderte die Stadt Lübeck und ihren Hafen, die vom Grafen von Holstein, einem sächsischen Vasallen, 1144 an der Trave gegründet worden war. Damals war es die erste größere Kaufmannssiedlung an der Ostsee. (Als ausgezeichneter Planer und Stratege gründete er auch München an einer Furt der Isar, um den Wegzoll einzustreichen, den vorher der Bischof von Freising erhoben hatte.) Lübeck entwickelte sich rasch zu einer aufstrebenden Kaufmannsstadt, blieb aber nicht allein, denn zu Beginn des 13. Jahrhunderts kamen weitere Hafengründungen an der Südküste der Ostsee hinzu: Wismar (1229) und Rostock in Mecklenburg, Stralsund in Pommern (1209), Riga in Livland (1201). Auch die einst slawischen Marktflecken Stettin und Danzig erlebten einen großen Aufschwung. Aber auch im Landesinnern wurden aus slawischen Siedlungen oder Neugründungen rasch richtige Städte. Innerhalb weniger Jahrzehnte setzte sich die Tendenz zur Stadtgründung und -entwicklung bis in den Südosten Polens fort (Lemberg, heute Lwow, wurde um 1270 gegründet). Überall in den neuen Grenzen des Reiches wie auch innerhalb der slawischen und ungarischen Länder, die ihre politische Unabhängigkeit bewahrten, siedelten sich in den Städten deutsche Kaufleute und Handwerker an und gaben sich für ihr Zusammenleben ein deutsches Recht (oder erhielten es vom Landesherrn), das den deutschen oder assimilierten Bürgern große Handlungsfreiheit einräumte. Das Lübecker oder Magdeburger Recht fand auf diese Weise in ganz Osteuropa bis nach Rußland Verbreitung. Die Entwicklung setzte sich bis ins 14. Jahrhundert fort und prägte wesentlich die politische, wirtschaftliche und kulturelle Geschichte des Ostens.

In einer neuen Phase, die bereits 1225 begann, griff die Ostkolonisation über die Weichsel ins Baltikum aus. Dort entstand das eigentümliche Gebilde eines Ordensstaates. Sein Träger war der Deutsche Ritterorden, ein geistlicher Ritterorden. Er dehnte sein Territorium und die deutsche Einflußsphäre bis nach Estland aus. Gegen die heidnischen Pruzzen führten die Deutschherren einen langen Vernichtungskrieg. Zur gleichen Zeit nahm um das Zentrum Lübeck eine nicht weniger bedeutende Macht ihren Aufschwung: die Deutsche Hanse. Ursprünglich als Kaufmannsgenossenschaft gegründet, erweiterte sich die Hanse zu einem Städtebündnis, das zum Zeitpunkt seiner größten Verbreitung um 1350 mehr als 250 Hafenstädte und kontinentale Städte umfaßte, von Brügge bis Krakau und von Reval (dem heutigen Tallinn) bis Köln. Allerdings wurden die Eroberungen des Deutschen Ritterordens nicht in das Reich eingegliedert, und die Hanse blieb ein Zusammenschluß, dem der staatliche Charakter fehlte (obgleich sie eine Zeitlang über eine eigene Seestreitmacht und einen Obersten Gerichtshof verfügte).

Die Neusiedlung innerhalb und außerhalb der Grenzen des Reiches setzte einen erheblichen Bevölkerungsüberschuß voraus. Alles weist darauf hin, daß die Bevölkerung Deutschlands, ähnlich wie in vielen anderen europäischen Ländern, vom 10. bis zum 14. Jahrhundert stetig und kräftig gewachsen ist. Die Zahl der Einwohner dürfte sich in diesem Zeitraum vervier- oder verfünffacht haben. Da die Techniken des Ackerbaus und die Produktivkräfte zur gleichen Zeit aber keine vergleichbaren Fortschritte machten, konnte eine wachsende Bevölkerung nur durch intensive innere »Kolonisation« ihr Auskommen finden. Die Anbaufläche wurde ständig erweitert, Wald wurde gerodet und bergiges Gelände erschlossen. Der König, die Grundherren, die Klöster und bäuerlichen Gemeinschaften, ja einzelne Familien trieben die Neusiedlung voran. Sie verwandelten die ursprüngliche Natur, und das hatte weitreichende politische und soziale Folgen. Zahllose neue Dörfer wurden auf Rodungsland gegründet.[9] Manchmal wurde die Siedlung planmäßig betrieben, dann gewährte der König, der Grundherr oder der Abt einem Anführer das Privileg, einen neuen Siedlungsplatz anzulegen, zu dessen erstem Verwalter und Richter (»Schulze« oder »Schultheiß«[10]) er meist ernannt wurde. Auch die Siedler kamen in den Genuß rechtlicher Vorteile, sie brauchten mehrere Jahre lang keine Abgaben zu zahlen und hatten geringere Frondienste zu leisten.

Doch die Rodung und die anschließende Bewirtschaftung der kargen Böden stießen bald an Grenzen. Da das Bevölkerungswachstum anhielt, suchten die bäuerlichen Siedler (auch die Städte profitierten von der Bevölkerungsbewegung) neues Land im Osten. In die nur dünnbesiedelten Gebiete der Slawen und Balten drang eine organisierte Siedlungsbewegung vor, die über ein Jahrhundert anhielt. Das alte Volkslied »Gen Osten wollen wir reiten« zeugt von dem Pioniergeist der Siedler, die dort ein freieres und weniger von Not und Armut geprägtes Leben suchten. Die Gebiete, aus denen die meisten Siedler kamen, waren selbstverständlich die am dichtesten besiedelten: an erster Stelle die Niederlande, Flandern, Brabant und Holland; dann Westfalen, die Regionen um Rhein und Mosel und die Pfalz. Noch bis vor dem letzten Krieg fand man die Spuren ihrer Dialekte unter der Bevölkerung Ostpreußens und in Transsilvanien (wohin die deutschen Bauern auf den Ruf der ungarischen Könige hin gekommen waren; sie sollten das Brachland unter den Pflug nehmen und gleichzeitig die große Ebene gegen Einfälle östlicher Völker schützen).

Die Ostkolonisation im 12. und 13. Jahrhundert, die sicherlich das größte kollektive Unternehmen des deutschen Volkes vor Anbruch der Neuzeit darstellt, folgte dem Muster der Neusiedlung innerhalb des Altreiches, nur war sie systematischer und massiver. Bekehrte slawische Stammesfürsten oder deutsche Grundherren, die die eroberten Gebiete zu Lehen bekamen, sowie die Äbte der von Fürsten gegründeten Klöster betrauten tatkräftige Männer mit der Führung einer Siedlergemeinschaft, die meist aus benachbarten Familien aus dem gleichen Dorf bestand. Diese *collocatores* führten dann die Siedler zu dem Platz, der für die Neusiedlung vorgesehen war. Auch die Ostsiedler kamen in den Genuß rechtlicher und steuerlicher Vorteile. Mit einem Reiter an der Spitze zogen sie in langen Zügen nach Osten, ihr Vieh sowie Werkzeug und Baumaterial führten sie mit. Sie glichen damit den Kolonnen weißer Siedler, die im 19. Jahrhundert den nordamerikanischen Kontinent von Ost nach West durchquerten und deren Anblick uns aus Kinofilmen wohlbekannt ist, oder den Trecks der Buren, der nach Südafrika eingewanderten niederländischen Bauern, die nach Transvaal aufbrachen, um der britischen Herrschaft und der städtischen Zivilisation zu entkommen.

Das Neureich, das jenseits der Elbe entstand, zog an Bedeutung bald mit dem Altreich gleich, dem Deutschland der vier großen Stämme, wie es aus der karolingischen Erbteilung hervorgegangen war. Ab dem 13. Jahrhundert verlagerte sich das kulturelle und wirtschaftliche Zentrum Deutschlands nach Osten. Während die alten Herzogtümer Sachsen, Franken und Schwaben immer weiter zerstückelt wurden und nur Bayern ein relativ großes und einheitliches Territorium bildete, entstanden auf dem kolonisierten Boden im Osten große Fürstentümer. Manche von ihnen, darunter das Herzogtum Meißen, das erst Obersachsen, dann Sachsen schlechthin hieß (das ursprüngliche Sachsen fand seinen alten Namen erst nach 1945 wieder, als das Bundesland Niedersachsen gebildet wurde, das allerdings nicht Westfalen umfaßt), und Brandenburg gewannen schon im 13. Jahrhundert zunehmend an politischer Bedeutung. Abgesehen von einigen Bezirken in Thüringen bestand das gesamte Territorium der ehemaligen DDR nur dank der Ostkolonisation, die diese Gebiete im 12. und 13. Jahrhundert für das Reich hinzugewonnen hatte.

Historiker in Deutschland und in slawischen Ländern haben ganz andere Urteile über die Ostkolonisation gefällt, seit die Europäer erfahren mußten, welches Gift im Nationalismus steckt und zu welchen Verunstaltungen er führen kann. Der ganze Streit sollte überwunden werden. Uns geht es nicht mehr darum, Lob und Tadel zu verteilen, sondern festzustellen, was sich in der Vergangenheit zugetragen hat und was bis heute bleibt. So gesehen gerieten durch die Ostkolonisation weite Regionen für mehrere Jahrhunderte unter den Einfluß der deutschen Politik und Kultur, die früher nur einen Platz am Rand der Geschichte hatten. Die Kultur der wendischen und baltischen Stämme war auf einem erheblich primitiveren Entwicklungsstand stehengeblieben als die ihrer deutschen Nachbarn (die ihrerseits hinter der italienischen und französischen Kultur ihrer Zeit zurückblieben). Die Kluft zwischen den Deutschen auf der einen und den Slawen und Balten auf der anderen Seite war in jeder Hinsicht real, ob es sich nun um den materiellen Fortschritt handelte, um Agrar- und Handwerkstechniken, um die Entwicklung städtischer Zentren oder um das intellektuelle und religiöse Leben. Es sei daran erinnert, daß die slawischen Stämme zwischen Elbe und Oder noch keine Schrift kannten. Auch darf man annehmen, daß der christliche Monotheismus eine höhere Stufe der Einsicht in die Situation des Menschen darstellt und auch die geistigen Bande, die zwischen den Menschen bestehen oder bestehen sollten, klarer faßt, als es die heidnischen Mythologien vermochten. Dieses kulturelle Gefälle ist eine Erklärung dafür, weshalb die Assimilation der Slawen verhältnismäßig rasch, nämlich in weniger als zwei Jahrhunderten vonstatten ging, ausgenommen einige kleine Inseln slawischer Kultur, die bis in unsere Tage bestehen, wie etwa die Sorben der Lausitz mit den Zentren Cottbus und Bautzen, deren Gebiet teils in Sachsen und teils in Brandenburg liegt, und die heute weniger als 100 000 Seelen zählen.

Alles, was in den kolonisierten Landstrichen im Osten von geschichtlichem Leben zeugt, die Städte, Kirchen, Schlösser und Burgen, aber auch das gesamte Schrifttum, ist durch und durch deutsch. Mögen Breslau und Danzig, mögen die ostpreußischen Städte Königsberg, Marienburg und Elbing, ja auch die baltischen Städte von Riga bis Reval mit ihren mittelalterlichen Überresten (die oft mit viel Liebe restauriert sind) heutzutage von Polen, Letten, Esten und Litauern bewohnt werden (ganz zu schweigen von den Russen, die in ihrem Teil Ostpreußens alle Spuren einer bedeutenden geschichtlichen Vergangenheit getilgt haben),

dieses geschichtliche Erbe darf keinem anderen Geist zugeschrieben werden als dem, der es geschaffen hat. Niemand bestreitet heute, daß Nordafrika einen überwiegend arabischen Charakter hat, aber deswegen käme
niemand auf die Idee, die römischen Ruinen von Volubilis und Timgad
der arabischen Baukunst zuzurechnen. Herder und Gryphius, Angelus
Silesius und Kant waren keine slawischen Dichter und Denker. Dieser
ganze fruchtlose Streit ist eigentlich lächerlich und beweist nur, daß das
Europa des 20. Jahrhunderts, will es sein Erbe bewahren, allen seinen
Völkern zur gemeinsamen Heimat werden muß. In dieser Heimat sollte
sich jeder aufgehoben und in seiner kulturellen Identität anerkannt fühlen, auch wenn die Menschen heute einer anderen Nation und der Ort
oder das Land einem anderen Staat angehören.

Zeittafel

1075	Papst Gregor VII. proklamiert den Anspruch des Papsttums, in der abendländischen Hierarchie über der kaiserlichen Macht zu stehen. Er erläßt das Verbot der Priesterehe und der Laieninvestitur (Vergabe geistlicher Ämter durch Laien).
1076	Auf der Synode von Worms erklärt Heinrich IV. den Papst für abgesetzt. Gregor VII. belegt den König mit dem Kirchenbann.
1077	Von den deutschen Fürsten genötigt, zieht Heinrich IV. zur italienischen Burg Canossa, wo er durch Bußfertigkeit den Papst zwingt, den Bann aufzuheben.
1080	Heinrich IV. läßt einen Gegenpapst wählen.
1085	Auf der Synode von Mainz verkündet der inzwischen zum Kaiser gekrönte Heinrich IV. den Gottesfrieden für das ganze Reich.
1095	Papst Urban II. ruft zum ersten Kreuzzug auf (1096–1099).
1103	Heinrich IV. proklamiert in Mainz einen »Reichslandfrieden«, um die Reichsgewalt durch eine eigene Gesetzgebung gegen die Fürsten zu stärken.
1105	Der Sohn Heinrichs IV. zwingt gemeinsam mit dem kaiserfeindlichen Adel aus Sachsen und Bayern den Vater zur Abdankung.
1106	Heinrich V. wird als neuer König anerkannt.
1111	Auf einem Italienzug wird der Papst unter Gewaltandrohung zur Kaiserkrönung Heinrichs V. gezwungen, der dafür 1112 gebannt wird.
1122	Im Wormser Konkordat verzichtet der Kaiser auf eine Investitur mit Ring und Stab.
1125	Tod Heinrichs V. Lothar von Süpplingenburg wird als Lothar III. zum König gewählt. 1133 wird er zum Kaiser gekrönt.
1136	Lothar III. verteidigt in Italien den Papst und byzantinische und venezianische Ansprüche gegen die Normannen. Kampf gegen Roger II., den normannischen König von Sizilien.
1137	Tod Lothars III.
1138	Konrad von Schwaben wird als Konrad III. zum König gewählt. Beginn der Auseinandersetzungen mit den welfischen Fürsten.
1146	Bischof Otto von Freising verfaßt die »Chronik der beiden Reiche«.
1147	Auf dem Reichstag zu Frankfurt wird ein allgemeiner Reichsfrieden verkündet. Unter der Führung des Kaisers brechen deutsche Kreuzfahrer nach Jerusalem auf.
ab 1149	Die deutschen Städte geben sich zum Zeichen ihrer Autonomie Stadtsiegel.
ab 1150	Beginn der Ansiedlung von Deutschen in Siebenbürgen (Ungarn).
1152	Tod Konrads III.

Das Reich der Hohenstaufen 1125–1254

Die Blüte des mittelalterlichen Reiches: von Friedrich Barbarossa zu Friedrich II.

1152–1254

Während in Frankreich die Kapetinger seit 987 regierten, hatten sich in Deutschland schon drei Dynastien auf dem Königsthron abgelöst, als 1152 Friedrich von Schwaben, ein Enkel Heinrichs IV. mütterlicherseits, zum König erhoben wurde. In Frankreich regierten zwischen 987 und 1152 sechs Könige, in Deutschland dagegen acht; Friedrich war der neunte. In Frankreich zentralisierte sich die Königsmacht um Saint-Denis und Paris. In Deutschland gab es nach wie vor keine feste Residenz oder Hauptstadt, jede Dynastie hatte ihre eigenen Pfalzen und Abteien, die auch als Grablege dienten. Zwei gewählte Könige, Otto III. und Heinrich IV., waren lange minderjährig, ehe sie die Herrschaft antreten konnten. Heinrich IV., den der Papst für abgesetzt erklärte, mußte mit zwei »Gegenkönigen« um die Herrschaft kämpfen, bis ihn schließlich sein eigener Sohn vom Thron stieß. Zwei schwache Könige, Lothar von Sachsen und Konrad III., wurden nur deshalb gewählt, damit nicht mächtigere Prätendenten auf den Thron kamen. Zwar erwuchs dem französischen Königtum im König von England ein mächtiger Rivale, der eine Zeitlang über fast die Hälfte des französischen Reiches gebot, aber Philipp II. Augustus, ein Zeitgenosse des alten Friedrich Barbarossa, entriß den Engländern einen großen Teil ihrer kontinentalen Besitzungen. Darüber hinaus gelang es ihm, die dynastische Erbfolge endgültig durchzusetzen, während in Deutschland die Entwicklung auf ein Wahlkönigtum zulief. Abgesehen von der in vieler Hinsicht verheerenden Herrschaft Heinrichs IV., die sich über ein halbes Jahrhundert von 1053 bis 1105 erstreckte, die Jahre seiner Unmündigkeit mitgerechnet, blieben die deutschen Könige nicht lange auf dem Thron: Zwanzig Jahre waren schon eine lange Regierungszeit. Friedrich (1152–1190) hob sich von seinen Vorgängern ab. Er bestieg den Thron mit dreißig Jahren, also im besten Mannesalter. Kein Hüne von Gestalt, aber stattlich und gutaussehend (die Porträtbüste, der sogenannte Cappenberger Barbarossakopf, die uns überliefert ist – eine für die damalige Zeit seltene Arbeit – zeigt ihn mit dichtem, lockigem Haar, feingeschnittenen Gesichtszügen, leicht hervortretenden Augen, wohlgestutzter Bartkrause und Oberlippenbart, die wir uns wie das Haupthaar in prächtigem Rotblond vorstellen müssen). Dieser stets unermüdliche Reiter und unerschrockene Kämpfer strahlte eine königliche Würde aus, der sich nur wenige Zeitgenossen zu entziehen vermochten. Mit Friedrich Barbarossa, dem sicherlich größten deutschen Monarchen zwischen Karl dem Großen und Friedrich dem Großen, begann sich ein deutsches Nationalbewußtsein zu regen und auch kundzutun. Jene Männer in seiner Umgebung, die genug Geist besaßen, um ihre Zeit und ihr Volk zu überblicken, sahen in ihm einen »Nationalhelden«. Unter seiner Herrschaft begann die gotische Kunst ihren Siegeslauf, wurden die ersten großen Werke der deutschen Nationalliteratur aufgeschrieben und vorgetragen. Zäh und willensstark, ließ er sich von keiner Niederlage entmutigen, sondern nahm den Kampf immer wieder auf, bis er seine Dynastie und den deutschen Namen zu solchen Ruhmeshöhen führte, wie sie Deutschland seit Karl und Otto nicht mehr gekannt hatte. Er war aber auch ein umsichtiger und kluger Staatsmann, der sich mit ausgezeichneten Gefolgsleuten, Bischöfen und weltlichen Führern umgab. Nach dreißig Jahren Krieg in Italien und zehn Jahren Frieden nahm er mit siebzig noch das Kreuz. Auf dem von ihm geführten Kreuzzug ereilte ihn der Tod in den Fluten eines Flusses in Anatolien. Aus seinem beispiellosen Schicksal spann die Volksdichtung die Sage vom rächenden König, der die alte deutsche Größe wiederherstellen und Gerechtigkeit für die Armen schaffen wird. In seiner Höhle im Kyffhäuser schläft Friedrich und wartet auf seine Wiederkehr. In der mündlichen Überlieferung wurde der in Kleinasien ertrunkene Ahne bald mit dem Enkel gleichen Namens verschmolzen, der weniger als hundert Jahre nach ihm als Kriegsherr und Gesetzgeber im fernen Italien wirken wird.

Fast hundert Jahre waren zwischen dem Tod Heinrichs III. und der Krönung Friedrich Barbarossas im Jahr 1152 vergangen. Während dieser Zeit konnte sich die kaiserliche Macht in Italien immer nur vorübergehend durchsetzen, immer blieb sie umstritten, und oft war sie überhaupt nicht präsent. Ein ähnliches Bild bot das Königreich Burgund, auf das die Zentralmacht immer weniger Aufmerksamkeit verwendete.[1] Der neue König war sich nicht nur seines Werts und seiner Würde bewußt, er kannte auch seine Rechte und war entschlossen, alles wiederzuerlangen, was bisher vernachlässigt worden war. Dazu mußte er zuerst einmal in Deutschland Ordnung schaffen und sich seiner Freunde versichern. Mit den Welfen[2] verständigte er sich dahingehend, daß Heinrich der Löwe die Herzogtümer Sachsen und Bayern zurückerhielt. Letzteres wurde allerdings um die Mark Österreich verkleinert, die zu einem selbständigen Herzogtum erhoben und dem Geschlecht der Babenberger, nahen Verwandten des Königs, zu Lehen gegeben wurde. Die neuen Herren führten einen weitberühmten Hof in Wien. Otto von Freising, ein Onkel Friedrichs, machte sich zum Historiographen des deutschen Kaiserreiches. Seine »Chronik« oder »Geschichte der zwei Reiche«, die im Original lateinisch geschrieben ist, stellt eines der bedeutendsten Werke seiner Epoche dar. Mit der Erhebung Österreichs zum selbständigen Herzogtum, dem Kärnten, das schon im 10. Jahrhundert von Bayern abgetrennt wurde, vorhergegangen war, setzte der Übergang zu den Territorialherzogtümern ein. Am Anfang standen die älteren Stammesherzogtümer, die die Karolinger ihrem Reich einverleibt hatten, nämlich Sachsen, Bayern und Schwaben. Darauf bildeten sich im 10. Jahrhundert innerhalb des Westfränkischen Reiches die jüngeren Stammesherzogtümer, die zur alten Unabhängigkeit im Rahmen der Stämme zurückkehrten und zu denen Kärnten und die beiden Lothringen hinzukamen. Die neueste Entwicklung ging nun dahin, die Herzogswürde als bloßen Titel aufzufassen, der überall im Reich vergeben werden konnte, während sich die großen, auf Stammeszugehörigkeit und Geblütsrecht fußenden Einheiten immer mehr aufsplitterten. Nach dem Erlöschen der Staufer gab es kein Herzogtum Schwaben oder Franken mehr, sondern eine Vielzahl von Fürstentümern und freien Städten mit wachsender Unabhängigkeit. Beim Sturz Heinrichs des Löwen im Jahr 1180 wird auch Sachsen zerstückelt werden.

Nachdem Friedrich Barbarossa die drängendsten Probleme der Deutschlandpolitik gelöst hatte, wandte er sich Burgund zu. Er heiratete die Erbin der Freigrafschaft Burgund und erhielt damit ein Territorium, das nun für die kommenden Generationen zum Familiengut der Staufer gehörte. In Besançon, der Hauptstadt, hielt er einen seiner glanzvollsten Reichstage ab. Außerdem führte er die Königreiche Polen und Dänemark, die sich unter seinen schwachen Vorgängern selbständig gemacht hatten, wieder unter die kaiserliche Lehnshoheit zurück. Dann war der Weg frei für das wichtigste politische Unternehmen: die Wiederherstellung der kaiserlichen Macht in Italien. Ein solches Vorhaben mußte Mißtrauen und heftigen Widerstand erregen: Zu viele Fürsten, Städte und vor allem die Kirche hatten die Schwäche der Kaiser zu ihrem Vorteil genutzt. Kaum war Alexander III. 1159 zum Papst gewählt worden, da kam es zum offenen Konflikt, der sich fast zwanzig Jahre hinziehen sollte. Der Zankapfel war nach wie vor das Recht zur Investitur der Bischöfe in Italien. Hinzu kam der Status der päpstlichen Besitzungen, die der Papst völlig der Lehnshoheit des Kaisers zu entziehen gedachte und die er gleichzeitig weit über Latium hinaus ausdehnte. Gegen Alexander bot Friedrich Päpste von seinen Gnaden auf, konnte aber keinen entscheidenden Sieg ver-

buchen. Die Kirche, die mittlerweile über eine straff geführte und zentralisierte Hierarchie verfügte, brachte die öffentliche Meinung vielerorts auf
ihre Seite. Viele Länder konnten dem Papst ihre Unterstützung nicht verweigern, oder ihnen lag ausdrücklich daran, das Erstarken der kaiserlichen Macht zu bremsen. Das Neue daran war, daß die ans Alleinherr-
schen gewohnte Kirche die wichtigsten oberitalienischen Städte als
Verbündete annahm. Das sollte in Zukunft noch für Widersprüche sorgen. Die Kernlande des Königreichs Italien wurden nun »Lombardei«
genannt, nach den Langobarden, deren Reich durch Karl den Großen
dem Frankenreich einverleibt worden war. Die reichgewordenen Städte
hatten sich innerhalb des Jahrhunderts seit der Herrschaft Heinrichs IV.
als weithin selbständige Republiken konstituiert und verfügten über oft
beträchtlichen Landbesitz. Weiterhin hatten sie auch schon seit Jahrzehnten Rechte und Privilegien usurpiert, die eigentlich dem Kaiser in seiner
Eigenschaft als König der Langobarden oder König von Italien, wie es
seit dem 10. Jahrhundert hieß, zukamen. Gegen Friedrichs Forderungen
nach Wiederherstellung der Reichsrechte stellte sich Mailand an die Spitze
einer starken Koalition, die vom Papst aktiv unterstützt wurde, während
andere, mit Mailand rivalisierende Städte – allen voran Cremona – die
Basis einer kaiserlichen Partei bildeten. Mailand wurde zerstört, erstand
aber wenige Jahre später erneut aus den Trümmern. Rechtsgelehrte der
Universitäten Padua und Bologna lieferten dem Kaiser hieb- und stichfeste
Argumente zur Untermauerung seiner Forderungen. Als Quelle diente
ihnen das römische Recht, das nun wieder angewandt und an der Universität gelehrt wurde. Die Prinzipien von gestern sollten zu denen von
übermorgen werden, denn auf sie wird sich die absolute Monarchie gründen. Für die Zeitgenossen waren jedoch die lombardischen Städte in vieler
Hinsicht zukunftsweisend: durch ihre wirtschaftliche Macht, die auf einer
starken Währung fußte, die wiederum Ausdruck eines reichen, agrarisch
geprägten Umlands und eines florierenden Handels war, durch ihre republikanische Verfassung und durch ihre Volksheere.

Doch Friedrich Barbarossa war aus anderem Holz geschnitzt als sein
Urgroßvater Heinrich IV., und er hatte das Glück auf seiner Seite. Deutschland stand treu zu ihm; dem Papst gelang es nicht, einen Rivalen gegen
ihn ins Treffen zu schicken. Auch war das Land nun sehr viel reicher und
zivilisierter als vor hundert Jahren. Friedrich fand dort hervorragende
Mitstreiter wie seinen ersten Kanzler Rainald von Dassel, Erzbischof von
Köln, und Christian von Buch, Erzbischof von Mainz (daran erkennt man,
daß die Reichskirche nach wie vor die Stütze der Verwaltung war und die
Grundlage der kaiserlichen Macht darstellte, was das hartnäckige Festhalten der Kaiser an der Laieninvestitur erklärt). Rainald und Christian

waren beide Kleriker, Kriegsherren und Diplomaten zugleich. Aus den italienischen Städten, die dem Reich treugeblieben waren, flossen dem Kaiser beträchtliche Abgaben zu. Zwar konnte er den Papst nicht in die Knie zwingen, aber auch diesem blieb ein Triumph versagt.

Der Friede, der 1177 in Venedig mit dem Papst und 1183 in Konstanz mit den lombardischen Städten geschlossen wurde, stellte den Status quo im Verhältnis von Kirche und Reich wieder her, dehnte aber gleichzeitig das Königsrecht zur Designation der Bischöfe auf Oberitalien aus. Die Städte kehrten unter die Reichshoheit zurück, dafür wurde ihnen eine reelle Autonomie und die freie Wahl ihres Magistrats gewährt. Friedrich durfte mit den Ergebnissen zufrieden sein, wenn sie sich auch als zerbrechlich erweisen sollten. Insgesamt war es nur ein Teilerfolg, den der starke und ruhmvolle Kaiser errungen hatte. Seine Nachfolger hatten nicht seine Statur und seine Fortüne.

Friedrich war nun Herr in Italien, ebenso unbestritten war seine Herrschaft in Deutschland, wo er die Macht der Welfen zerschlug, nachdem Heinrich der Löwe sich geweigert hatte, ihm bei der letzten Heerfahrt nach Italien militärischen Beistand zu leisten. Daß der Sturz dieses mächtigen Vasallen und die Aufteilung seiner Herzogtümer keine allgemeine Erhebung auslöste, beweist, wie stark die Kaisermacht in den achtziger Jahren des 12. Jahrhunderts war. Heinrich ging nach England ins Exil und konnte nach einiger Zeit sogar wieder heimkehren, ohne daß es deswegen zu größeren Unruhen gekommen wäre. Schließlich begnügte sich Heinrich mit seinem Familiengut Braunschweig, das ihm der Kaiser zurückerstattete.[3] Barbarossa erschien fortan als der mächtigste und glanzvollste Herrscher der ganzen Christenheit. In der Sprache seiner Kanzler hießen die anderen europäischen Könige *reguli*, die kleinen Könige; sie standen im Schatten des übermächtigen Kaisers und seiner hohen Ansprüche, die auf Erinnerungen an Konstantin und Karl den Großen zurückgingen.

Zweihundert Jahre vorher hatte ein Vorgänger Friedrich Barbarossas, der junge Otto III., von der Erneuerung des Reiches in seiner Kaiserherrlichkeit geträumt und seine Residenz in Rom genommen. Im Jahr 1000 war er dann nach Aachen gepilgert, hatte dort den Sarg Karls des Großen öffnen lassen und den Leichnam wunderbar erhalten vorgefunden. Friedrich folgte ganz dieser Logik der wiedergefundenen Politik kaiserlicher Größe, als er den berühmten »Neubegründer« des Reiches, dem die Franken die *translatio imperii* zu verdanken hatten, von einem seiner Gegenpäpste heiligsprechen ließ. Die französischen Schulkinder, die bis in die jüngste Zeit den Tag des heiligen »Charlemagne« feierten, erfuhren freilich nur selten, daß sich die (umstrittene) Heiligsprechung des Schutzpatrons der Schulen und Hochschulen der Stadt Paris und die damit verbundenen Festlichkeiten einem Akt der hohen Politik des 12. Jahrhunderts verdankten.

Noch im Jahr 1180 feierte der Kaiser nach dem Frieden mit dem Papst und der Unterwerfung der Welfen in Mainz die Schwertleite seiner beiden ältesten Söhne im Rahmen eines großen Hoffestes. Mehr als 4000 Ritter waren zu diesem feierlichen Anlaß zusammengekommen, dessen Pracht in den Augen der Zeitgenossen alles in den Schatten stellte, was die Christenheit bisher gesehen hatte. Mit seinen Turnieren, seinem Dichter- und Sängerstreit stellte es zugleich den Höhepunkt der höfischen Kultur in Deutschland dar.

Der Kaiser war nun Herr über die Herzogtümer Schwaben und Franken, über die Freigrafschaft Burgund und weitverstreutes Königsgut vom Elsaß bis zum Harz, von der Pfalz bis zum Vogtland um Plauen. Zu diesen ausgedehnten Territorien kam noch das umfangreiche Familiengut mit dem Zentrum in Schwaben. In Bayern hatte Otto von Wittelsbach, ein treuer Gefolgsmann, die Stelle Heinrichs des Löwen in einem verkleinerten Herzogtum eingenommen. In Österreich konnte sich der Kaiser auf seine Verwandten aus dem Hause Babenberg verlassen. Im Norden teilten sich der Erzbischof von Köln und die Nachfahren Albrechts des Bären, des Eroberers der Mark Brandenburg, das zerschlagene Herzogtum Sachsen mit einer ganzen Reihe kleinerer Fürsten. Friedrich stand im Zenit seiner Macht und konnte gelassen den Plan ins Auge fassen, seine Herrschaft mit einem siegreichen Kreuzzug zu krönen. Schon beim Friedensschluß mit dem Papst hatte die Bedrohung des »Bruderreichs Jerusalem«, seit die arabische Welt vom mächtigen kurdischen Sultan Saladin beherrscht wurde, eine wichtige Rolle gespielt. Nun, im Jahr 1187, war die heilige Stadt gefallen. Der Kaiser zögerte nicht und nahm das Kreuz. Anders als sein Onkel Konrad III. brach er als strahlender Herrscher an der Spitze eines großen, gut ausgerüsteten Heeres ins Heilige Land auf. Während die Könige von Frankreich und England den Seeweg wählten, nahm das kaiserliche Heer den beschwerlichen Landweg über den Balkan. In Konstantinopel stieß auch Barbarossa auf das alte Mißtrauen und das Ränkespiel der Byzantiner; in Kleinasien schwächten die Verrätereien der »Griechen«, die Seuchen und die Entbehrungen die Kampfkraft des Heeres. Dennoch erreichten die Truppen relativ unversehrt Kilikien, das Tor zum Heiligen Land. Hier stürzte sich der fast siebzigjährige Kaiser, der immer noch die körperliche Anstrengung liebte, in die eiskalten Fluten des reißenden Saleph. Friedrich ertrank und wurde von der Strömung davongetragen, sein Leichnam wurde nie gefunden. Sein geheimnisvoller

Tod gab später, als die kaiserliche Macht nur noch Erinnerung war, Anlaß zu der Sage, wonach Barbarossa nicht gestorben sei, sondern in einer Höhle im thüringischen Kyffhäuser auf die Wiederkehr der alten Kaiserherrlichkeit in Deutschland warte. Nach Friedrichs Tod löste sich die Disziplin im deutschen Kreuzritterheer auf. Vor Akkon kam es zu Streitereien mit den Engländern und Franzosen, die sich auch untereinander nicht einig waren. Der Sultan blieb Herr über Jerusalem.

Seit der Wahl Heinrichs IV., der bereits als unmündiges Kind, als sein Vater Heinrich III. auf der Höhe der Macht stand, zum König designiert wurde, hatte es kein deutscher König und Kaiser vermocht, noch zu Lebzeiten seinen Nachfolger zu bestimmen. Es ist ein weiteres Zeichen der unvergleichlichen Autorität Kaiser Friedrich Barbarossas, daß er seinen Erben Heinrich VI. zum König erheben lassen konnte, ehe er zum Kreuzzug aufbrach. Heinrich VI., der bereits die Stelle seines Vaters während dessen Orientexpedition vertrat, hatte dann keine Mühe, die Thronfolge anzutreten, die nun wie in Frankreich erblich zu werden schien. Der Vater hatte dem Sohn politisches Geschick, aber nicht die physische Kraft, das charmante Auftreten und die herrscherliche Milde mitgeben können. Doch er hatte ihm eine Braut zugeführt, die zu den größten politischen Hoffnungen für die Zukunft Anlaß gab: Konstanze von Sizilien, Tochter Rogers II. und Tante des regierenden Königs Wilhelm II., der selbst keine Kinder hatte. Zweifellos war es eine von der Diplomatie diktierte Verbindung, denn die Braut hatte bei der Eheschließung die Dreißig überschritten, während Heinrich gerade erst achtzehn war. Seit ihrer Ankunft in Italien gehörten die Normannen zu den erbittertsten Feinden der deutschen Kaiser, die seit Otto I. stets bestrebt waren, Süditalien mit dem Reich zu vereinen. Die Normannenkönige blieben treue Verbündete des Papstes, der ihnen in ihrem Reich all jene Rechte überließ, über die er sich sonst mit dem Kaiser stritt. So hatten sie den Kaiser fast die ganze Zeit über bekämpft. Nun rückte die Möglichkeit einer Verbindung der beiden Reiche in greifbare Nähe – zur großen Furcht der römischen Kurie, die alles getan hatte, um diese Heirat zu verhindern.

Kurz darauf, 1189, starb Wilhelm II. In einer ersten nationalen Reaktion erhob der normannische Adel einen illegitimen Enkel Rogers II., Tankred von Lecce, zum König, aber auch er starb 1194. Diesmal setzten Konstanze und Heinrich VI. ihre Thronansprüche mit militärischen Mitteln durch. Auch späterhin schreckten sie nicht vor Grausamkeiten zurück, wenn normannische Barone gegen den neuen Herrscher aufbegehrten. Heinrich, der in Palermo die Krone von Sizilien empfing und nun Herr über einen der am besten verwalteten und reichsten Staaten der ganzen Christenheit war, durfte als der mächtigste deutsche Herrscher seit Otto I., wenn nicht gar seit Karl dem Großen gelten. Der König von England, der sich nur mit Mühe gegen die Offensiven Philipps II. Augustus halten konnte, der König von Zypern und der König von Armenien erkannten ihn als obersten Lehnsherrn an. Heinrichs Herrschaft war konsolidiert. Sei es, um dem Papst den Wind aus den Segeln zu nehmen, sei es, um sein Reich bis in den Orient auszudehnen, der Kaiser entschloß sich in dieser Lage, einen Kreuzzug zu wagen. Einem König von Sizilien stand der Seeweg offen. Genua, Pisa und Sizilien hatten eine große Flotte bereitgestellt. Alles war zum Aufbruch bereit, da starb Heinrich plötzlich 1197 in Messina. Ob am Fieber oder an einer Vergiftung, blieb unklar. Manche Zeitgenossen machten die Kaiserin selbst für seinen Tod verantwortlich, sie soll ihren Gatten, der ein grausamer Mann gewesen war, gehaßt haben. Er ließ einen nur wenige Monate alten Sohn zurück, der wie sein Großvater den Namen Friedrich trug. Nach einem halben Jahrhundert kaiserlichen Glanzes hatte das Schicksal dem Reich wieder einen harten Schlag versetzt. Heinrich VI. war kaum dreißig Jahre alt geworden. Seine sterblichen Überreste ruhen nicht in Lorch, wo sich die Grabkapelle der Staufer befand, und auch nicht in der Kaisergruft in Speyer, sondern im Dom von Palermo, dem Symbol des italienischen Traums, den dieser Kaiser weiter und höher trug als alle seine Vorgänger.

Auch der kleine Friedrich, der König von Sizilien, war schon zu Lebzeiten Heinrichs VI. zum deutschen König gewählt worden, nachdem der Kaiser mit seiner Absicht, das Erbkönigtum einzuführen, gescheitert war. Heinrich hatte den deutschen Fürsten die Erblichkeit selbst in weiblicher Linie für alle Lehen versprochen, sofern sie auf sein Angebot eingehen wollten. Wäre ihm ein längeres Leben beschieden gewesen, hätte er diese Politik sicherlich mit mehr Erfolg weiterbetrieben. So aber erschien eine mehr als zehn Jahre dauernde königliche Minderjährigkeit allen unannehmbar. Während die deutsche Herrschaft in Italien zusammenbrach und Königin Konstanze sich bemühte, die Truppen ihres verblichenen Gatten aus Sizilien zu vertreiben, scharten sich die deutschen Fürsten um den Bruder des verstorbenen Kaisers, den gutaussehenden, charmanten und fähigen Herzog Philipp von Schwaben. Doch beileibe nicht alle; ein Teil war entschieden gegen jede Tendenz zum Erbkönigtum und ließ sich von den Argumenten der päpstlichen Partei einnehmen. Sie wählten Otto, einen Sohn Heinrichs des Löwen, zum König. Otto IV. war mütterlicherseits der Neffe der englischen Könige Richard Löwenherz und Johann Ohneland. Die hohen Ansprüche, mit denen das Kaisertum verbunden war, verloren ihre Grundlage. Gerade zu dieser Zeit kam in Rom mit Innozenz III. ein neuer junger Papst auf den Stuhl Petri, der in der Politik

wie in der Theologie gleichermaßen beschlagen war. Das Papsttum bildete
die bei weitem solideste Institution in der ganzen christlichen Welt. Selbst
der häufige Wechsel an der Spitze, der durch das hohe Alter vieler Päpste
bedingt war, konnte es nicht erschüttern. Gregor VII. und seine Nachfolger hatten die Kirchenorganisation so reformiert, daß der Bestand der
Kirche und das Funktionieren ihrer Verwaltung gesichert waren. Obendrein war Innozenz, der gebürtige Graf Lothar von Segni, gerade erst
achtunddreißig Jahre alt. Das Kaisertum dagegen stand und fiel mit der
Person des Kaisers; jedes Interregnum, jeder Wechsel in der Kaiserdynastie,
jeder bloß mittelmäßige Herrscher auf dem Kaiserthron bedeutete eine
Katastrophe. Innozenz III., den Kaiserin Konstanze sogar zum Vormund
des kleinen Königs von Sizilien machte, wollte vor allem verhindern, daß
sich Sizilien und das Kaiserreich erneut vereinigten. Seine Politik zielte im
Grunde auf die Demontage der kaiserlichen Macht. Daß gerade jetzt zum
erstenmal in der deutschen Geschichte zwei Könige zur gleichen Zeit
gewählt wurden und alles auf eine Entscheidung auf dem Schlachtfeld
hinauslief, konnte dem Papst nur recht sein.

Philipp war zwar vom Papst exkommuniziert worden, konnte sich aber
auf ihm treu ergebene Ministerialen verlassen, die sein Familiengut und
das Königsgut zu seinem Vorteil verwalteten. So wäre er aus dem zehn-
jährigen, immer wieder aufflackernden Bürgerkrieg beinahe als Sieger
hervorgegangen, wenn er nicht 1208 von einem unzufriedenen Fürsten
ermordet worden wäre. Aus Sorge um das Reich und um ihre eigenen
Interessen sammelten sich fast alle bisherigen Anhänger des Stauferkönigs
nun um den Welfenkönig. Der heiratete, um die Legitimität seiner Ansprüche noch zu bekräftigen, die Tochter des früheren Königs. König
Otto IV., der nun in Deutschland allgemeine Anerkennung genoß, zog
nach Italien, um sich dort vom Papst zum Kaiser krönen zu lassen. Dann
machte er sich an die Eroberung Siziliens, mochte der Papst auch noch so
sehr über ihn zürnen. Die Ansprüche, die sich mit dem Amt verbanden,
waren wieder einmal stärker als die Person: Der Kaiser konnte nicht
umhin, wie seine Vorgänger die Herrschaft über ganz Italien anzustreben.
Innozenz belegte daraufhin Otto, den er selbst gekrönt hatte, mit dem
Bann und setzte ihm einen Rivalen entgegen, der, wie konnte es anders
sein, der einzige noch lebende Staufer war: Friedrich von Sizilien. Der
junge König war nun fünfzehn Jahre alt, besaß die Anmut eines griechischen Gottes und alle Gaben des Geistes, kurz er war ein Staufer mit dem
ritterlichen Glanz und dem einnehmenden Wesen eines Barbarossa und
eines Philipp von Schwaben. Friedrich schickte sich an, das Land seiner
Väter zu erobern, diesmal aber sollte der Zug von Süden nach Norden
führen. Kaum hatte er die Alpen überquert, wurde ihm von allen Seiten

die Gefolgschaft angetragen, die Ministerialen, die früher Philipp gedient hatten, wandten sich von Otto ab. Dieser ließ sich auch noch von seinem englischen Onkel, König Johann Ohneland, in einen Krieg gegen den König von Frankreich (der sogleich Partei für den Staufer ergriff) verwikkeln. In der Schlacht von Bouvines brachte Philipp II. Augustus dem Heer Ottos eine vernichtende Niederlage bei. Für Frankreich bedeutete der Ausgang der Schlacht eine Wende in seiner Geschichte, während es für Deutschland nur ein eher marginales Ereignis blieb. Immerhin war mit der Niederlage in Frankreich Ottos Schicksal besiegelt. Fortan herrschte Friedrich II. unangefochten in Deutschland, wenn er auch Eile hatte, nach Italien zurückzukehren.

Friedrich II. war eine blendende, fesselnde, letztlich rätselhafte Gestalt, die eher der Geschichte Italiens als der Geschichte Deutschlands angehört. Dennoch ist er alles andere als ein schlichter Normannenkönig: vor ihm hatte kein Fürst von Sizilien die Hand nach der Weltherrschaft ausgestreckt. Friedrich mochte Italiener nach Sprache, Empfinden und Lebenserfahrung sein, aber er verstand sich doch vorrangig als Kaiser, als Erbe Karls des Großen, Ottos, Heinrichs IV. und Friedrich Barbarossas. Er sah sich als säkularer Herrscher des ganzen Erdkreises, als Nachfahre der Cäsaren (die einzige von ihm überlieferte Porträtbüste zeigt ihn als römischen Cäsar). Er kämpfte hartnäckig gegen die Machtansprüche des Papstes und gegen die Unabhängigkeitsbestrebungen der Städte, beides Tendenzen, die gegen die Kaisermacht arbeiteten. Auch er huldigte noch der Vorstellung, nach der das Reich eine gottgewollte Einrichtung sei. Darin war er ein genialer Spätling, der zum Scheitern verurteilt war. Mit ihm kommen das Hochmittelalter und das erste deutsche Reich an ein tragisches, aber poetisch verklärtes Ende. Friedrich schrieb Minnelieder und verfaßte ein Buch über die Falknerei, er war in allen Wissenschaften bewandert, er pflegte Umgang mit den großen Geistern aller Kulturen und Religionen, die sich damals in Sizilien ein Stelldichein gaben, er war Kriegsherr und Pamphletist, er liebte die Künste und die Frauen, und er glaubte trotz aller Widerstände unbeirrt an seinen Stern. In einem von starrer Orthodoxie und Grausamkeit geprägten Zeitalter erschien er den einen als Wunder, den anderen als Skandal, unbegreiflich für alle. Friedrich II., diese faszinierende, aber auch beunruhigende Herrschergestalt, mußte das Mißfallen der national gesinnten, rationalistischen und bürgerlichen Geschichtsschreibung des 19. Jahrhunderts erregen. Dagegen hat er das leidenschaftliche Interesse der Neuromantik im 20. Jahrhundert erregt. Ein Schüler von Stefan George, der jüdische Historiker Ernst H. Kantorowicz, widmete ihm 1927 eine monumentale Biographie[4], die fast sieben Jahrhunderte nach dem Tod des sizilianischen Kaisers leidenschaftliche Reaktionen zwischen Bewunderung und Zorn auslöste. Als Gesetzgeber griff er auf die römische Tradition zurück, vereinigte sie mit dem Beitrag des germanischen Lehnsrechts und schuf daraus das erste moderne Gesetzbuch. Seine Zeitgenossen nannten ihn das »Staunen der Welt«, *stupor mundi*.

Wer sich über sieben Jahrhunderte nach seinem Tod eine Vorstellung von seiner geistigen Statur machen will, besichtige Castel del Monte, den prächtigsten, aber auch strengsten Schloßbau unter den vielen Residenzen, mit denen er Süditalien, vor allem aber Apulien geschmückt hat. Mehr als Sizilien, wo er eine einsame, angsterfüllte Jugend verbrachte und, wie später Ludwig XIV. zur Zeit der Fronde, zum Gegenstand der Intrigen ehrgeiziger Höflinge aller Schattierungen wurde, galt seine Liebe Apulien. Hier ließ er Castel del Monte als Jagdschloß auf einer Anhöhe des Tavoliere errichten. Schwärme von Zugvögeln kommen hier vorüber, die der Kaiser in seinen Mußestunden gerne jagte. Der oktogonale Bau dominiert die Landschaft mit seinem strahlend weißen Marmor und setzt das vollendete Muster einer sinnfälligen, kalkulierten und doch geheimnisvollen Kunst. Nicht weit entfernt, in Lucera, lag seine sarazenische Leibgarde mit ihren Frauen und Kindern in Garnison. Friedrich hatte diese letzten Nachfahren der einstigen Herrscher über Sizilien nach der blutigen Niederschlagung einer Revolte verschont und hierher umgesiedelt. Dafür dienten sie ihm und seinen Söhnen mit unbedingter Hingabe. Aber die bloße Existenz einer muslimischen Enklave auf christlichem Boden war ein Skandal, eine Gotteslästerung und der lebende Beweis, daß der verstorbene Kaiser tatsächlich der Antichrist gewesen war, wie es die päpstliche Propaganda immer behauptet hatte. Die Sarazenen von Lucera wurden 1300 nach verzweifeltem Widerstand samt ihren Frauen und Kindern von Karl II. massakriert oder als Sklaven verkauft. Nichts hatte zu Lebzeiten Friedrichs seine klerikalen Gegner mehr in Harnisch gebracht als diese Toleranz gegenüber den Ungläubigen. Sie vermochten darin nur Gleichgültigkeit und folglich Mangel an Glauben zu erkennen.

Tatsächlich war die Einigung zwischen dem Papsttum und dem Kaiser nicht von Dauer. Zu den alten Zwistigkeiten, die seit den Zeiten Heinrichs IV. und Friedrich Barbarossas fortbestanden, kam nun die unerträgliche Einkreisung des Kirchenstaates durch die Union des Königreichs Sizilien und des Königreichs Italien. Der Papst nahm den Kreuzzugsgedanken zum Vorwand, um den Bruch zu provozieren. Friedrich hatte versprochen, die heiligen Stätten zurückzuerobern, doch die Widerstände, auf die er nacheinander in Deutschland, in Sizilien und in Oberitalien (wo die lombardischen Städte die Wirren nach dem frühen Tod Heinrichs VI. dazu genutzt hatten, das kaiserliche Joch abzuwerfen) stieß, hinderten ihn lange daran, sein Versprechen einzulösen. Der Papst (zwar war es nicht mehr Innozenz III., doch sein Nachfolger führte die Logik des Machtkampfes weiter) verwies auf diesen »Wortbruch« und exkommunizierte den Kaiser, der sich nicht zum Werkzeug des Papsttums machen lassen wollte. Damit begann die letzte Phase des Kampfes der zwei Schwerter, ein Kampf, der schon über hundertfünfzig Jahre dauerte. Friedrich, gestützt auf eine starke oberitalienische Partei, zu der Pisa und Genua gehörten, bot dem Papst die Stirn und setzte sich über den Kirchenbann hinweg. So bot sich dem verblüfften Abendland 1229 das ungewöhnliche Schauspiel, daß ein exkommunizierter Kaiser zum Kreuzzug aufbrach. Kaum war Friedrich im Heiligen Land angekommen, versuchte er nicht etwa Jerusalem mit dem Schwert zurückzuerobern, sondern begann Verhandlungen mit dem Sultan von Ägypten, dem Erben Saladins, der gegen eine Opposition im Innern zu kämpfen hatte. Mit ihm traf er ein Abkommen, woraufhin Jerusalem den Christen zurückgegeben wurde. Das war ein neuer Stein des Anstoßes, denn mit den Feinden Christi verhandelte man nicht! Der exkommunizierte Friedrich achtete die Formen und setzte sich selbst die Krone des Königreichs von Jerusalem aufs Haupt, nachdem er vorher die Tochter des letzten christlichen Königs geheiratet hatte. Darauf kehrte er sogleich nach Italien zurück, wo nach vergeblichen Beschwichtigungsversuchen der Machtkampf mit dem Papst und einigen lombardischen Städten wieder ausbrach. Der Konflikt ging weiter, ohne daß nach einer Reihe von Siegen und Niederlagen ein endgültiger Triumph gelang. Als Friedrich II. mit sechsundfünfzig Jahren starb, war er zwar unbesiegt, aber er konnte sich auch nicht Sieger nennen. Daß ein Herrscher wie er es nicht vermochte, den ersehnten Sieg zu Lebzeiten zu erringen, bedeutete für die Sache des Kaisers, daß der Machtkampf nicht zu seinen Gunsten zu entscheiden war. Mochte Friedrich auch viele moderne Züge in sich vereinen, so verkörperte er doch ein Prinzip, das die Geschichte nun hinter sich ließ.

Der Machtkampf der Staufer mit dem Papsttum hatte Tragik und Größe. Weder fehlten Grausamkeiten noch überraschende Wendungen wie sonst nur in Ritterromanen: der Verrat des Großhofrichters und Kanzlers Petrus de Vinea, an dem die barbarische Strafe der Blendung vollzogen wurde (aber hatte er den Kaiser wirklich verraten?), die lange Kerkerhaft Enzios, des Königs von Sardinien, des Kaisers Lieblingssohn, den die Bologneser mehr als zwanzig Jahre gefangenhielten. Zwar behandelten sie ihn gut, blieben aber unbeugsam, so daß dieser einst lebenslustige blonde Hüne ohnmächtig dem Todeskampf seines Geschlechts zusehen mußte. Von diesen denkwürdigen Episoden finden sich kaum Spuren im kollektiven Gedächtnis des deutschen Volkes.

Für Friedrich war das ferne Deutschland nur ein nützliches Hinterland, aus dem der Kaiser frische Truppen bezog, doch hatte er weder Zeit noch Neigung, sich um die deutschen Reichsgeschäfte zu kümmern. Nach dem Untergang der Staufer floß für das Volk die Erinnerung an Friedrich II. in die Sehnsucht nach der glanzvollen alten Kaiserzeit ein. Die Erinnerung verschmolz mit derjenigen an Friedrich Barbarossa, der trotz seiner langen Italienaufenthalte ein echter deutscher Kaiser gewesen war. Das Volk, das die Sage vom Kaiser erfand, der in einer Höhle des Kyffhäusers auf die Wiederkehr der Kaiserherrschaft in Deutschland wartete, täuschte sich nicht über den Sinn der Geschichte. Als Friedrich II. Deutschland zu Beginn der zwanziger Jahre des 13. Jahrhunderts verließ, übergab er seinem ältesten Sohn Heinrich die Herrschaft, der aber noch ein Kind war und unter der Vormundschaft geistlicher und weltlicher Fürsten stand. Der Kaiser, der nicht an allen Fronten gleichzeitig kämpfen konnte, erkaufte sich die Loyalität der Fürsten und damit sein sicheres Nachschubgebiet, indem er ihnen zahlreiche königliche Vorrechte abtrat, die seine Vorgänger noch hartnäckig verteidigt bzw. für sich zurückverlangt hatten. Die Bischöfe und Äbte erreichten 1220 den Verzicht auf alle Vorrechte, die das Wormser Konkordat dem Kaiser zugestanden hatte: die Nominierung der Bischöfe, die Investitur der geistlichen Lehen, die Einziehung des Nachlasses von Kirchenfürsten für das Reich. Einige Jahre darauf gewährte der junge König Heinrich mit Zustimmung seines Vaters den weltlichen Fürsten die Erblichkeit ihrer Lehen selbst in weiblicher Linie. Auch unterstützte er nicht mehr die Sache der Reichsstädte, für deren Unabhängigkeit gegenüber den Territorialherren bisher alle Kaiser seit Heinrich IV. eingetreten waren. Die meisten großen Reichsstädte erlangten oder verteidigten dennoch ihre Unabhängigkeit, aber die Emanzipation der Städte ging langsamer voran und stieß an Grenzen. In der deutschen Politik besiegelte Friedrich II. den Stand einer Entwicklung, die unter Heinrich IV. begonnen und die Friedrich Barbarossa und Heinrich VI. für eine Weile gebremst hatten. Das deutsche Reich zerfiel in zahlreiche weltliche und geistliche Territorien. Die von Friedrich II. und Heinrich (VII.)[5] erlassenen Gesetze und Privilegien gewährten ihnen die meisten bisher dem König vorbehaltenen Hoheitsrechte oder Regalien, die niedere und höhere Gerichtsbarkeit, das Münz-, Steuer- und Zollrecht. Unter Friedrich II. näherte sich Deutschland mit Riesenschritten einer neuen konstitutionellen Ordnung, nämlich einem Verband von Territorialfürstentümern, über den ein gewählter König weniger herrscht als vielmehr den Vorsitz führt, der sich in Italien zum Kaiser krönen läßt. Im gleichen Zeitraum trat auch an die Stelle der Königswahl per Akklamation (ein zwar juristisch unpräzises Verfahren, das aber drei Jahrhunderte lang die Legitimität der höchsten staatlichen Macht verbürgt hatte) die Designation durch das kleine Wahlkollegium der sogenannten Kurfürsten.

Der junge König Heinrich, der seine Erziehung in Deutschland erhalten hatte und dort auch residierte, mußte sich gegen eine Verzichtspolitik stemmen, die Deutschland zugunsten Italiens opferte, ohne indes dem Kaiser den Sieg in seinem geliebten Italien zu sichern. Der König mußte bei seinem Streben nach Unabhängigkeit und eigenem Profil mit dem Kaiser in Konflikt kommen, der Sohn in Rivalität zum Vater geraten. Vielleicht hätte Deutschland als Nation und Staat ein anderes Schicksal gehabt, wenn sich Heinrich (VII.) durchgesetzt hätte, doch das Amt des Kaisers und die Persönlichkeit Friedrichs, von der ein beinahe magischer Zauber ausging, wogen schwerer. Der Kaiser brauchte nur in eigener Person und mit einem prächtigen Gefolge, aber ohne Heer, nach Deutschland zu kommen, um über den rebellischen Sohn zu triumphieren. Der unglückliche junge König starb bei der Überführung von einem italienischen Kerker in einen anderen, vermutlich durch eigene Hand. Noch einmal konnte Friedrich seine Herrschaft über Deutschland herstellen (1237); es war sein letzter Aufenthalt in der Heimat seiner Vorfahren. Einige Jahre später begann eine neue Phase im Machtkampf zwischen Papsttum und Kaiser, denn mit Innozenz IV. trat ein noch größerer Staufergegner auf den Plan. Der Papst begann von seinem Exil in Lyon aus, das damals eigentlich noch auf Reichsgebiet lag, aber sich in Wirklichkeit bereits in der Hand des französischen Königs befand, dem exkommunizierten Kaiser Deutschland abspenstig zu machen, indem er »Gegenkönige« wählen ließ. Friedrich war in Italien beschäftigt und mußte die Verteidigung Deutschlands seinem zweiten Sohn Konrad, dem Kind der Königin von Jerusalem überlassen. Diesem standen die Vasallen und Ministerialen der Königsfamilie und des Königsguts zur Seite. Bei Friedrichs Tod war der Kampf zwischen Konrad und dem König der päpstlichen Partei, dem jungen Grafen Wilhelm von Holland, noch unentschieden. Auf die Nachricht vom Tod seines Vaters eilte Konrad IV. sogleich nach Italien. Den letzten Staufern lag das Königreich Sizilien, wo sie geboren waren und wo sie uneingeschränkt herrschen konnten, mehr am Herzen als das unruhige und unsichere Deutschland. Während dort der Kampf zwischen Wilhelm und den Anhängern Konrads anhielt, übernahm der König in Italien sogleich die Ansprüche seines Vaters. Doch schon bald, im Jahr 1254, starb er, ohne zum Kaiser gekrönt worden zu sein. Er hinterließ nur einen zweijährigen Knaben, Konrad mit Namen, der in Deutschland geboren war, den aber niemand zum König wählen oder als Prätendenten anerkennen wollte. In Italien griff Manfred, ein illegitimer Sohn Friedrichs II., nach dem Königreich Sizilien. Er verkörperte noch einmal den Zauber, das Genie und den scharfen Verstand, aber auch das tragische Geschick der Staufer. Mit ihm an der Spitze der Partei der *ghibellini* setzte sich der Streit mit den *guelfi*, der Partei der Welfen fort.[6] Die Päpste wollten weiterhin den »teuflischen Samen« der Staufer ausrotten und nahmen nun Manfred als Zielscheibe. Während der König, der wie sein Vater Dichter, Jäger und Kriegsherr war, in Sizilien und Apulien ein Leben in Glanz und Pracht führte, versank Deutschland in Anarchie. Der Gegenkönig Wilhelm von Holland fand bei einem Scharmützel mit den Friesen den Tod, allerdings war er sowieso nur in Holland und im Nordwesten Deutschlands anerkannt. Die Fürsten rissen auch noch die letzten dem König verbliebenen Rechte an sich. Selbst die Ministerialen der Staufer wandelten ihre Ämter in Grundherrschaften um und drängten auf die Erblichkeit der Lehen, um den Ansprüchen benachbarter Fürsten wirksamer entgegentreten zu können. Da die kaiserliche Macht als Ordnungsfaktor fehlte, waren die weniger Starken der Willkür der Mächtigen ausgesetzt. Die Städte und die Kaufmannschaft, die zur bevorzugten Beute der kriegerischen Kräfte im Reich wurden, mußten Bünde bilden, wollten sie ihre Unabhängigkeit und ihren Besitz verteidigen. Nicht von ungefähr fiel der Aufschwung der Hanse in diese Zeit. Erst nach einigen Jahren fühlten sich die Kurfürsten bemüßigt, den vakanten Königsthron wieder zu besetzen, da sie sich aber nicht einigen konnten, nominierten sie wie 1198 wieder zwei Könige, noch dazu zwei ausländische, den Herzog Richard von Cornwall, den Bruder des Königs von England, einen Verwandten der Welfen, und den König von Kastilien, Alfons X., einen Enkel Friedrichs II. in weiblicher Linie. Ersterer kam selten nach Deutschland, letzterer nie. Diese Doppelwahl vergrößerte nur noch die Unordnung, statt sie zu beheben.

Unterdessen tobte in ganz Italien der Bürgerkrieg zwischen Ghibellinen und Guelfen. Trotz König Manfreds Bemühungen um Frieden wollte der Papst von einer Versöhnung mit dem Sohn des ketzerischen Kaisers nichts wissen. In jeder Stadt standen sich die beiden Parteien feindlich gegenüber, schreckten vor Verbannung und Mord nicht zurück und beriefen sich dabei entweder auf den Papst oder auf den König von Sizilien. Seit Innozenz IV. stützte sich das Papsttum immer offener auf den französischen König. Tatsächlich ging dieses Bündnis noch weiter zurück, bis in die Zeit des Kreuzzugs gegen die Häretiker im Languedoc, zu dem Innozenz III. aufgerufen hatte. Die französischen Könige hatten dabei die Führung übernommen und waren die vorrangigen Nutznießer dieses Krieges. Ludwig IX., der Heilige, der innerhalb seines Reiches die volle Autorität über die französische Kirche ausübte, zeigte sich bei seinen zahlreichen Kreuzzügen gegen die Ungläubigen als Bannerträger der Christenheit, eine Rolle, die eigentlich dem Kaiser zugekommen wäre. Da der Papst keinen endgültigen Sieg über die Staufer in Italien erzwingen konnte, wandte er sich wieder an Frankreich. Karl von Anjou, der Bruder des französischen Königs und Graf der Provence, damals noch Reichsgebiet, sollte bei der Ausrottung des Staufergeschlechts helfen. An der Spitze eines großen französischen Ritterheeres zog Karl nach Italien, wie einst sein Vater Ludwig VIII. in Okzitanien einmarschiert war. Manfred und seine Verbündeten wurden als Ketzer gebrandmarkt; so winkte der nordfranzösischen Ritterschaft wieder im Zeichen des Kreuzes die Aussicht auf Abenteuer, Reichtum, Raub und Landnahme. Bei der Verteidigung seines Reiches fiel Manfred 1266 bei Benevent. Der Papst belehnte daraufhin Karl von Anjou mit dem Königreich Sizilien. Zwei Jahre später nahm der letzte Sproß der Staufer, der Sohn Konrads IV., den Fehdehandschuh auf. Konradin oder Corradino, wie ihn die Italiener nannten, war kaum sechzehn Jahre alt, als er, nur von einer kleinen Schar von Freunden und Gefolgsleuten begleitet, Deutschland verließ, um das sagenumwobene ferne Sizilien zu erobern. Nach anfänglichen Erfolgen wurden die Truppen des staufischen Erben von der Streitmacht des gefürchteten Franzosen vernichtend geschlagen. Konradin geriet in Gefangenschaft, wurde aber nicht, wie damals üblich, gegen andere Gefangene ausgetauscht oder in Haft gehalten, sondern Karl von Anjou ließ dem jungen Prinzen den Prozeß machen. Das Gericht verhängte über ihn die Todesstrafe, und Konradin wurde auf dem Marktplatz von Neapel enthauptet. Im 19. Jahrhundert wird die Schule häufig das Nationalgefühl der deutschen Jugendlichen mit der Erinnerung an diese sich so gut zum Beispiel eignende Geschichte nähren. Mit Trauer und Entrüstung wurde dort das Gedächtnis des jugendlichen Helden aus dem Norden gepflegt, der zum Opfer des grausam-finsteren »welschen« Usurpators wurde. Jahre darauf sollte der Aufstand der Sizilianer Rache für die Staufer nehmen. An einem Ostermontag, der berühmten »Sizilianischen Vesper«, wurden die französischen Besatzer umgebracht und in der Folge das Königreich Sizilien im Namen der Mutter der letzten Staufer, der Tochter des Königs Manfred, den Fürsten von Aragon zu Lehen gegeben, die es lange behielten. Doch das gehört schon nicht mehr zur deutschen Geschichte. Von dieser erstaunlichen und glanzvollen Episode, die »schwäbische« Könige *(suevi)* auf dem sizilianischen Thron sah, bleiben nur die schönen Porphyrsarkophage im Dom von Palermo, wo Heinrich VI. und Friedrich II. ihre letzte Ruhe gefunden haben.

Der Ordensstaat der Deutschritter

Die letzte Phase der Stauferherrschaft war für Deutschland nicht nur eine Zeit der Unordnung und Wirren. Das Schicksal des Kaisers und seiner Familie war für das Land seiner Herkunft nur noch eine geschichtliche Marginalie. Viele Territorien des Reiches erlebten gerade damals eine Zeit des Fortschritts und der Blüte in materieller und kultureller Hinsicht. Während das berühmte Kaisergeschlecht Niederlagen hinnehmen mußte, befand sich Deutschland in einer Periode der Expansion. Die immer noch voranschreitende und bald ihrer Vollendung zustrebende Ostkolonisation bildete den Rahmen für eines der erstaunlichsten Kapitel der deutschen Geschichte: Gründung und Aufstieg des Ordensstaates der Deutschritter in Preußen.

Wie alle anderen Ritterorden war der Deutsche Orden im Heiligen Land gegründet worden, um Kranke und Verwundete unter christlichen Pilgern und Kreuzfahrern zu versorgen. Die Templer und die Johanniter[7] rekrutierten sich überwiegend aus Angehörigen französischsprachiger Nationen, zu denen damals die Engländer (die aufgrund der normannischen Eroberung zum Teil Franzosen waren) und in gewisser Hinsicht auch die Italiener zählten. Es war kein Zufall, daß Araber und Türken alle Kreuzfahrer und Europäer ganz allgemein als »Franken« bezeichneten. In diesem romanischen Milieu fühlten sich die Deutschen isoliert; die deutschen Ritter, die sich der Krankenpflege widmen wollten, schlossen sich daher im Deutschen Orden zusammen. Die Ordensangehörigen, die sowohl als Krankenpfleger wie auch als Kämpfer dienten, trugen ein schwarzes Kreuz auf weißem Mantel. Solange der Orden wie andere Stiftungen mit gleichem Zweck in Palästina wirkte, erhielt er regelmäßig Spenden und Schenkungen. Abgesehen von seinen Besitzungen im Orient, die durch die arabische Wiedereroberung allesamt verlorengingen, verfügte der Orden über große Güter in Italien und Deutschland. Die Deutschritter sahen wie die Templer und Johanniter ihren vornehmlichen Zweck darin, Werke der Barmherzigkeit zu tun; daneben verschrieben sie sich aber auch dem Kampf um die Befreiung der heiligen Stätten aus der Hand der Ungläubigen. Sie beteiligten sich das ganze 12. Jahrhundert über an der Verteidigung der fränkischen Kreuzfahrerstaaten und des Königreichs von Jerusalem.

Nach dem Fall Jerusalems und nach dem Scheitern des Zweiten und Dritten Kreuzzugs trat zu Beginn des 13. Jahrhunderts der ungarische König an die Ordensleitung der Deutschritter mit der Bitte heran, sich in Siebenbürgen niederzulassen, da er sich der Überfälle heidnischer Nomaden, die immer aufs neue gegen die Ostgrenze seines Reiches drängten, nur mit Mühe zu erwehren vermochte. Zum Lohn für ihre geistlichen und militärischen Dienste versprach der König ihnen die Grenzregionen als Besitz. Da jedoch der König sein Versprechen nicht halten konnte, beorderte der Hochmeister seine Ritter nach einigen Jahren wieder zurück. Der damalige Amtsinhaber, Hermann von Salza, ein gebürtiger Thüringer, war einer der begabtesten Köpfe der Epoche, ein kompetenter Geistlicher und gewandter Diplomat zugleich. Die Vorstellung, den Sitz seines Ordens nach Europa zu verlegen, mußte ihm gefallen, vielleicht zweifelte er auch an der Möglichkeit, der Sache des Christentums im Orient auf Dauer Geltung zu verschaffen. Wie dem auch sei, er folgte einem Hilferuf, den wenige Jahre darauf ein polnischer Territorialherr, der Herzog von Masowien, an den Orden richtete. Die polnischen Untertanen dieses mächtigen, von der Krone so gut wie unabhängigen Vasallen klagten über die Raubzüge ihrer Nachbarn, der Pruzzen, die immer wieder auf masowisches Territorium vordrangen. Während die Polen seit zwei Jahrhunderten christianisiert waren, hielten die Pruzzen an ihren heidnischen Bräuchen fest. Die Pruzzen bildeten einen Zweig der baltischen Völker und waren nahe verwandt mit Litauern und Letten. Was die Polen an ihren unruhigen Nachbarn störte, waren nicht nur die ständigen Überfälle, sondern auch die hartnäckige Weigerung, sich taufen zu lassen. Die Mission bei den Pruzzen war gefährlich und hatte bisher wenig Erfolg hervorgebracht. Im Jahre 997 hatten die pruzzischen Heiden den Bischof Adalbert von Prag, einen Freund Kaiser Ottos III., der sie bekehren wollte, erschlagen. Hier gab es also »Ungläubige« sozusagen vor der Haustür, gegen die Krieg zu führen als fromme Tat galt.[8] Der Herzog von Masowien konnte dabei hoffen, daß die Pruzzen, wenn sie erst einmal besiegt und bekehrt waren, ihn als Territorialherrn anerkennen würden. Im Jahr 1225 erschienen die ersten geistlichen Ritter des Deutschen Ordens an der Weichsel. Der Hochmeister verlangte und erhielt als Preis für den Einsatz, daß alles Land, das seine Krieger eroberten, in den Besitz des Ordens übergehe, der souverän darüber herrschen dürfe. Die Weichsel stromabwärts ziehend eroberten die Deutschritter das Gebiet zwischen diesem Fluß und der Memel, dichtbewaldetes Land, das nur selten von Rodungen unterbrochen wurde, wo die Pruzzen einen primitiven Ackerbau betrieben.

In dieser Wildnis organisierten die Deutschritter einen permanenten Kreuzzug. Aus ganz Europa strömten Adlige herbei, die ihnen für eine oder mehrere Kampagnen Schwerthilfe leisteten. Sie taten es in der Hoffnung auf Verdienste, die sich im Jenseits auszahlten, oder einfach nur aus Abenteuerlust, zumeist wohl in einer Mischung aus beidem. Für uns Heutige ist es schwer vorstellbar, wie das Innenleben dieser geistlichen Ritter ausgesehen haben mag, die im Namen Jesu Wunden schlugen und töteten.

Selbst während der Kreuzzüge überließ der Klerus gemeinhin das blutige Geschäft den Laien. Die Deutschritter waren fromme Männer und zugleich hart und unerbittlich gegenüber den »Ungläubigen«, sie beherrschten die militärische Taktik genauso wie die politische Strategie, sie betätigten sich als Verwalter und als Baumeister. Im eroberten Land legten sie systematisch befestigte Plätze an. Burgen dienten als Militär- und Verwaltungszentren, als Zuflucht im Fall von Aufständen der Unterjochten (was oft vorkam) und als Ausgangspunkt für Kolonisationsprojekte, für die man weiterhin Siedler aus den bevölkerungsreichen Gebieten des Altreiches anwarb, aus Flandern und Holland, aus den Rheinlanden und aus Westfalen. Unter und neben den Deutschrittern bildete sich ein weltlicher Adel, der den Orden als Lehnsherrn anerkannte. Zur Aristokratie zählten auch adlige Pruzzen, die sich zum Christentum bekehrt hatten.

Die Eroberung stellte sich als langwierig und zäh heraus. Sie dauerte fast ein Jahrhundert und war von mehreren Aufständen in Gebieten gekennzeichnet, die der Orden glaubte, endgültig befriedet zu haben. Alle Aufstände wurden grausam niedergeschlagen, um anschließend Platz für die Kolonisation zu schaffen. Nach Hermann von Salza, der es verstanden hatte, von Papst und Kaiser zugleich alle Besitz- und Hoheitsrechte für die Landesherrschaft des Ordensstaates verbrieft zu bekommen, verlegten die späteren Hochmeister den Ordenssitz nach Preußen. Zu ihrem Hauptsitz machten sie die Marienburg hoch über der Weichsel, eine Anlage, die Festung, Residenz und Kloster in einem war. Zur Befriedung des Samlandes, des nordöstlichen Teils des Landes, gründete der Orden 1255 Königsberg, dessen Name an eine Expedition des böhmischen Königs Ottokar II. erinnert, der sich in der zweiten Hälfte des 13. Jahrhunderts fromme Meriten erwarb, indem er die Heiden geißelte. Aus dem Orient und Italien brachten die Deutschritter neue Kenntnisse in staatlicher Verwaltung und eine neue Baukunst mit. Was sie bei den Sarazenen und im normannischen Königreich Sizilien gesehen hatten, nutzten sie zum Aufbau des wohl autoritärsten und am stärksten zentralisierten Staates der damaligen Zeit, einer Art absolutistischen präsidialen Republik, in der der Hochmeister und seine fünf obersten »Gebietiger« das Monopol der weltlichen und geistlichen Macht besaßen und in der eine systematische und strenge Verwaltung aller Ressourcen dem Ordensstaat zu militärischer und wirtschaftlicher Macht verhalf. Für den Dienst im Heer wurden alle männlichen Einwohner herangezogen, außerdem schuf sich der Orden eine Seestreitmacht, die den blühenden Handel in den Häfen seines baltischen Territoriums schützen sollte. Die Polen, die schon lange bereut hatten, die geistlichen Ritter mit den hochfliegenden Ambitionen ins Land gerufen zu haben, mußten dem Orden schließlich Pomerellen abtreten, das Gebiet am Unterlauf der Weichsel von Thorn (poln. Torun) bis Danzig. Danzig stieg zum wirtschaftlichen Zentrum des mittleren Baltikums auf mit einem Einzugsgebiet bis in die westliche Ukraine. Ukrainischer Weizen gelangte die Weichsel stromabwärts nach Danzig, von wo er nach England verschifft wurde.

Jenseits der Memel, noch höher im Norden, war Anfang des 13. Jahrhunderts ein anderer geistlicher Ritterorden, der Schwertbrüderorden, auf Anregung des Erzbischofs von Riga gegründet worden. Riga war damals eine noch ganz junge deutsche Kaufmannssiedlung, erlebte aber einen noch rascheren Aufstieg als Danzig. Die Schwertbrüder dehnten ihr Territorium bis zum Finnischen Meerbusen aus und versuchten auch, ostwärts auf slawisches Gebiet vorzudringen. Dort trafen sie auf den Widerstand der russischen Fürsten. Da sie allein den heidnischen Litauern und den schismatischen Russen nicht Paroli bieten konnten, suchten sie 1237 den Anschluß an den Deutschen Orden und verschmolzen mit ihm. Der Deutsche Orden ging gegen die Russen wieder in die Offensive, fand aber zum erstenmal seinen Meister. In Großfürst Alexander Newskij trat ihm ein gefürchteter Kriegsherr entgegen, der den Verteidigungswillen seines Volkes zu wecken verstand. Der sowjetische Filmregisseur Sergej Eisenstein hat in einem berühmten Film, dessen künstlerische Bedeutung von der stalinistischen Propaganda ausgenutzt wurde, dieses erste kriegerische Zusammentreffen von Deutschen und Russen in unvergeßliche Bilder übersetzt. Alexander trug damals einen glänzenden Sieg davon, während die Deutschritter zu Hunderten im brechenden Eis des Peipussees umkamen. Trotz dieser schweren Niederlage blieb der Deutsche Orden die führende Macht an der Südküste der Ostsee. Im 14. Jahrhundert erreichte er seine größte Ausdehnung und erstreckte sich von der Oder bis zur Narwa und von Danzig bis Reval (Tallinn). Allerdings klaffte zwischen Preußen und den sogenannten baltischen Provinzen wie Kurland, Livland und Estland eine große Lücke: Die Litauer hielten an ihrem Heidentum fest und verteidigten ihre Unabhängigkeit. Allen Offensiven des Ordens zum Trotz wurde Litauen nie erobert. Ein Jahrhundert lang zogen jedes Jahr im Frühling Deutschritter und Hilfstruppen aus ganz Europa in den Krieg gegen die Litauer. Die hochgemuten Teilnehmer solcher Expeditionen drangen mordend und plündernd in die Wildnis der Wälder Preußens und Litauens ein (nicht zu reden von den schönen Sklaven männlichen und weiblichen Geschlechts, die sie regelmäßig als Beute heimbrachten). Mit Beginn der kalten Jahreszeit zogen sich die christlichen Ritter wieder zurück, wobei ihnen kleine Trupps von »Eingeborenen« Scharmützel lieferten. Dann war alles wieder wie vorher. Ab und zu stellte sich der Gegner auch zum offenen Kampf und wurde meist in Stücke gehauen, doch die Überlebenden entkamen ins Dickicht der undurchdringlichen Wälder. Mochte der Widerstandswille des litauischen Volkes auch ungebrochen sein, so blieb der Gedanke doch abwegig, den Deutschen Orden besiegen zu können. Für diesen war der Kampf gegen die Litauer gewissermaßen eine ständige Übung unter realen Kriegsbedingungen. Er diente der militärischen Ertüchtigung der Deutschritter und ihrer Soldaten und sicherte zugleich die Verbindung mit dem Westen, aus dem viele adlige Söhne in den Ordensstaat kamen. Was sie anzog, war die Aussicht auf eine Menschenjagd im großen Stil, bei der alles erlaubt war, da die Gegner »Ungläubige« waren. Der größte Rückschlag für den Orden und der Beginn seines Niedergangs war daher die Bekehrung der Litauer zum römisch-katholischen Glauben. Im Jahr 1386 wurde mit der Vermählung des Großfürsten Jagiello und der polnischen Thronerbin Hedwig (poln. Jadwiga) die Personalunion des Großherzogtums Litauen und des christlichen Polen begründet. Damit verlor der Orden seine Daseinsberechtigung, denn wozu sollte im Osten ein militärisch und theokratisch geführter Ordensstaat erhalten werden, wenn es dort keine Heiden mehr zu bekämpfen gab. Dennoch existierte dieses in Europa einmalige Staatsgebilde noch fast hundertfünfzig Jahre lang ...

Wir werden im Verlauf unserer Darstellung noch auf den Niedergang und das Ende des Ordensstaates zurückkommen. An dieser Stelle sei festgehalten, daß die Eroberung Preußens den Höhepunkt und das Ende der ausgedehnten deutschen Ostkolonisation im Hochmittelalter markiert. Mit ihr traten weite Gebiete im Osten aus dem Dunkel der Vorgeschichte. Zwar wurden sie, zumindest im streng juristischen Sinne, nicht in den Reichsverband aufgenommen, aber sie fanden doch in politischer, wirtschaftlicher und kultureller Hinsicht den Anschluß an die Entwicklung Deutschlands. Das alteingesessene Volk der Pruzzen verschwand völlig aus der Geschichte (insofern war es ein »Ethnozid«), seine Sprache wurde im 17. Jahrhundert nicht mehr gesprochen. Andererseits erfaßte die Kolonisation nicht das gesamte Gebiet, vermutlich weil der Bevölkerungszustrom aus dem Altreich allmählich nachließ. Am Unterlauf der Weichsel blieb die slawische Bevölkerung zahlenmäßig stark und vermischte sich mit den Einwohnern der deutschen Städte und Dörfer. Ostpreußen sollte bis 1940 eine Region bleiben, die sowohl von Deutschen wie von Polen bewohnt wurde. Vor Flucht und Vertreibung der Deutschen am Ende des Zweiten Weltkriegs waren der Westen und Norden Ostpreußens rein deutsch, während der Südosten, das Gebiet der Masurischen Seen, von Slawen bewohnt wurde, die anstelle der dünnen pruzzischen Bevölkerung dort siedelten. In den baltischen Provinzen dominierte der deutsche Einfluß im sozialen Bereich, während der Anteil der

Deutschen in der Gesamtbevölkerung klein blieb. Er umfaßte den Adel und das Bürgertum, darunter die prägende Gruppe der Pastoren mit ihren Familien, während sich die Bauernschaft aus Letten (d. h. Balten) und Esten (die Esten, nahe Verwandte der Finnen, sprechen eine Sprache aus der finnisch-ugrischen Sprachfamilie) zusammensetzte. Noch in der zweiten Hälfte des 19. Jahrhunderts blieb einem Letten oder Esten, der das bäuerliche Milieu verlassen wollte, nichts anderes übrig, als die deutsche Sprache und Kultur zu übernehmen. Dorpat, die einzige Universität in den baltischen Provinzen, war bis ins 20. Jahrhundert hinein deutschsprachig.

Staat und Kultur der geistlichen Ritter des Deutschen Ordens haben eine eigene Geschichte, von der mächtige Festungen und hohe Dome zeugen, die ganz aus rotem Backstein gebaut sind. Die spröde Eleganz und strenge Nüchternheit dieser Bauwerke geht auf neue Ideen in der staufischen Kunst und Architektur zurück, die für eine kurze Zeit in Unteritalien geblüht hatte. Vor allem aber war es eine Geschichte, die von der Autorität und Herrschaft des Militärs geprägt war. Das setzte die Unterwerfung der »Untertanen« voraus, an erster Stelle der pruzzischen Bauern. Aber auch die deutschen Siedler, die Bürger und selbst die weltlichen Adligen mußten sich dem Regiment der Deutschritter fügen. Die christlich-totalitäre Herrschaft des Ordensstaats trug in vieler Hinsicht erstaunlich moderne Züge. Die Geschichte hat noch kein abschließendes Urteil über die Spuren gefunden, die mehrere Jahrhunderte einer solchen Herrschaft im Charakter des Volkes hinterlassen haben, das später gemeinsam mit Brandenburg zur tragenden Säule des Königreiches Preußen und des preußischen Staates werden sollte. Die schwarz-weiße Fahne des königlichen Preußens, das schwarze Kreuz auf weißem Grund in seinem Wappen und auf seinen Orden waren ein direktes Erbe der Deutschritter. Dieses blühende mittelalterliche Staatswesen an der fernen Küste des Baltikums nimmt eine Randstellung in der deutschen Geschichte ein, wird uns aber beizeiten wieder ins Zentrum unserer Darstellung führen.

Zeittafel

1152 Herzog Friedrich von Schwaben wird als Friedrich I. Barbarossa zum König gewählt.

1153 Im Vertrag von Konstanz verpflichtet sich Friedrich I. zur Verteidignug des Papstes gegen die Normannen. Papst Eugen III. verspricht dafür die Kaiserkrönung und die Unterstützung der Reichspolitik in Deutschland.

1155 Friedrich I. wird in Rom zum Kaiser gekrönt.

1156 In Reichskanzler Rainald von Dassel, dem späteren Erzbischof von Köln, gewinnt Friedrich I. einen einflußreichen Berater im Kampf um die kaiserliche Macht gegen den Papst.

1157 Auf dem Reichstag zu Besançon proklamiert Friedrich I. die Unabhängigkeit des Kaisertums vom Papsttum. Er wird von den geistlichen und weltlichen Fürsten unterstützt.

1159 Bei der Papstwahl kommt es zu einem Schisma: Alexander III. gegen Viktor IV.

1161 Deutsche Kaufleute gründen eine Genossenschaft als Keimzelle der späteren Hanse.

1165 Auf dem Reichstag zu Würzburg wird die Nichtanerkennung von Papst Alexander III. mit der Androhung des Verlustes von Ämtern und Lehen gefordert.

1167 Im lombardischen Bund schließen norditalienische Städte ein Bündnis gegen den Kaiser.

1177 Im Frieden von Venedig versöhnen sich Kaiser und Papst.

1189 Kaiser Friedrich I. bricht mit den Königen von Frankreich und England zu einem Kreuzzug auf. Er ertrinkt 1190 im kleinasiatischen Fluß Saleph.

1190 Gründung des Deutschen Ordens durch Lübecker und Bremer Kaufleute. Heinrich VI. wird König.

1194 Heinrich VI. erobert für das Reich ganz Italien (mit Ausnahme des Kirchenstaates).

1197 Nach dem Tod Heinrichs VI. wird Otto IV. sein Nachfolger.

um 1200 Wirken von Walther von der Vogelweide und Entstehung des »Nibelungenliedes«.

1211 Auf Betreiben des Papstes und Frankreichs wird gegen Otto IV. Friedrich von Sizilien zum König gewählt.

1220 Kaiserkrönung Friedrichs II. Eike von Repkows «Sachsenspiegel«, das bedeutendste deutsche Rechtsbuch im Mittelalter.

1226 In der Goldenen Bulle erteilt Friedrich II. dem Deutschen Orden die Vollmacht zur Eroberung Preußens.

1235 Reichslandfrieden von Mainz: Absicherung der Reichsgewalt.

1245 Papst Innozenz IV. erklärt Kaiser Friedrich II. als Verfolger der Kirche, als Friedensstörer und als Tyrann für abgesetzt.

1250 Friedrich II. stirbt in Apulien. Nachfolge durch König Konrad IV., der 1254 in Apulien stirbt.

7. KAPITEL

Interregnum und der Beginn des Spätmittelalters

1254–1347

Das von Otto dem Großen erneuerte Reich hatte drei Jahrhunderte Bestand. Auch nach Friedrich II. gab es noch deutsche Könige, die den Titel eines Römischen Kaisers trugen. Der letzte, Franz II., verzichtete erst 1806 auf den ruhmreichen Titel, hinter dem am Ende fast gar keine reale Macht mehr stand. Doch mit dem Niedergang der Staufer war etwas Irreparables geschehen. Kirche, deutsche Fürsten und oberitalienische Städte hatten sich in ihren gemeinsamen Interessen und Tendenzen getroffen und läuteten das Ende der Glanzzeit der deutschen Nation im Hochmittelalter ein. Im Hintergrund wurde schon die aufstrebende Macht der französischen Könige spürbar. Mit dem Verlöschen des letzten großen Kaisergeschlechts war das Scheitern der großen Ansprüche der Nation besiegelt. Gewiß, auch die Kapetinger mußten Niederlagen und Rückschläge hinnehmen, aber anders als in Deutschland, wo drei Dynastien aufeinanderfolgten, war bisher kein französischer König gestorben, ohne einen Sohn und Erben zu hinterlassen.[1]

Als erste unmittelbare Folge des Endes der Staufer lockerten sich die Bande, die seit Ottos, wenn nicht gar seit Karls des Großen Zeiten Deutschland und Italien auf zwangsläufige und tragische Weise vereinten. Die deutschen Könige hatten für lange Zeit weder die Mittel noch die Zeit, eine aktive Italienpolitik zu betreiben. Als im 14. Jahrhundert die Italienfahrten, einige davon als Kriegszüge, wiederaufgenommen und die Könige in Rom zu Kaisern gekrönt wurden, gelangte dadurch die Kaisermacht keineswegs zu ihrer alten Stärke zurück, die ihr im Hochmittelalter erlaubt hatte, fast über ganz Italien zu herrschen. Das Königreich Neapel unter den Anjou-Königen und sein Erbfeind, das aragonische Königreich Sizilien, der Kirchenstaat, die aufstrebenden Stadtrepubliken, die sich bald zu erblichen Grafschaften, Markgrafschaften und Herzogtümern entwickelten, sie alle teilten nun Italien unter sich auf. In Ober- und Mittelitalien (mit Ausnahme Venedigs, das von Anbeginn unabhängig war[2]) blieb der Kaiser zumindest dem Recht nach der Souverän. Nur der deutsche Römische Kaiser konnte Usurpatoren und Annexionen legitimieren, indem er sie formell anerkannte. Er allein konnte strittige dynastische Nachfolgefragen regeln und erloschene Lehen neu vergeben. Das waren keine geringen Rechte, und mancher Kaiser verstand sich sehr gut darauf, sie in politische Vorteile und auch in bare Münze umzusetzen. Aber noch mehr als in Deutschland lag fortan in Italien die reale Machtausübung bei den lokalen Herrschern. Der Kaiser, dem es regelmäßig an Geld und Soldaten mangelte, sah sich genötigt, mit ihnen zu verhandeln und mit den einen Bündnisse einzugehen, um andere in Schach zu halten. Italien, dessen wirtschaftliche und kulturelle Bedeutung ständig wuchs, war zu lange sich selbst überlassen worden (zwischen 1254 und 1313 zog kein deutscher König nach Italien). Die italienischen Angelegenheiten lasteten nicht mehr so schwer auf der deutschen Politik, aber andererseits war Italien kein wirklicher Teil des Reiches mehr.

Ähnlich verlief die Entwicklung beim dritten Königreich, das neben Deutschland und Italien das hochmittelalterliche Heilige Römische Reich bildete. Die südlichen Teile des kaiserlichen Burgunds – die Provence, die Dauphiné und das Vivarais – gerieten in den Einflußbereich Frankreichs, der aufstrebenden dynamischen Macht, deren dynastische Politik zumindest in der Dauphiné durch die gemeinsame Sprache noch gefördert wurde. Karl von Anjou, der Bruder Ludwigs IX., des Heiligen, Erbe der Provence durch seine Heirat mit Beatrice und späterer König von Neapel, entzog 1246 die reiche Grafschaft der kaiserlichen Autorität, obwohl der rechtliche Status noch lange hinter der politischen Realität zurückblieb. Noch 1365 ließ sich Kaiser Karl IV. in der Kathedrale von Arles zum König von Burgund krönen, allerdings sollte er der letzte sein. Als Freund des Hauses Valois räumte er ihm den Titel eines Reichsvikars für die Provence ein. Im 15. Jahrhundert war die Annexion Südburgunds durch Frankreich eine vollendete Tatsache. Bereits im 13. Jahrhundert hatte sich Lyon für den französischen König entschieden. Beim Heiligen Römischen Reich blieb nur Savoyen (das aus Furcht vor dem französischen Expansionsstreben Hilfe und Beistand beim Reich suchte), die Freigrafschaft Burgund und das deutschsprachige »Burgund«, das heißt die spätere Schweiz, in der die ersten Bauernbünde in der zweiten Hälfte des 13. Jahrhunderts auftraten.[3] Das Reich blieb künftig auf Germanien oder Deutschland beschränkt, von einigen Grenzgebieten abgesehen.

Die zweite wichtige Folge des Untergangs des letzten großen Kaisergeschlechts im Hochmittelalter betraf die inneren Strukturen von Staat (wenn dieser Begriff auf die Verhältnisse in Deutschland im 13. Jahrhundert angewendet werden darf) und Gesellschaft. Heinrich VI. war gestorben, ohne sein großes Ziel, die Erblichkeit der Krone, erreicht zu haben. Kein Kaiser nach ihm besaß die Machtmittel, dieses Ziel ernsthaft anzustreben. Im Gegenteil, schon er selbst, aber mehr noch sein Sohn Friedrich II. hatten nach den Wirren des ersten Interregnums immer neue königliche Vorrechte an die weltlichen und geistlichen Fürsten des Reichs abgeben müssen. Deutschland verwandelte sich in einen bunten Teppich von Territorialherrschaften unterschiedlicher Größe, die anstelle der alten großen Stammesherzogtümer (Sachsen, Baiern, Franken, Lothringen, Schwaben) aufblühten. Neben alte regionale Dynastien wie die Welfen (denen nur noch das Herzogtum Braunschweig geblieben war), die Herzöge von Brabant und die Markgrafen von Thüringen oder auch die Babenberger, erst Markgrafen, dann Herzöge von Österreich, waren schon im 12. Jahrhundert Adelsfamilien getreten, die aus bescheidenen Anfängen zu Macht und Ansehen gekommen waren wie die Wittelsbacher, nunmehr Herzöge von Bayern, die Askanier, Markgrafen von Brandenburg und Herzöge von Sachsen, und die Wettiner, Markgrafen von Meißen. Im 13. Jahrhundert kamen viele Grundherren, die früher Vasallen des Kaisers oder der Stammesherzöge gewesen waren, in den Genuß einer gewissermaßen internen Autonomie, die Friedrich II. den deutschen Fürsten zu gewähren genötigt war. Niemand wußte genau, wieviele es waren und wessen Stimme wirklich Gewicht hatte. Es wird Jahrhunderte dauern, ehe sich die rechtliche Lage klärt und stabilisiert. Eine sich ständig im Fluß befindende politische Realität bekommt durch Gesetzestexte und Gewohnheitsrechte allmählich Konturen, ohne indes endgültig fixiert zu werden. Der Untergang der Staufer setzte eine große Zahl von Ministerialen frei, die im Dienst der einstigen Herren gestanden und für sie als Statthalter oder Vögte das Königsgut oder das Familiengut der Könige verwaltet hatten. Die ausgedehnten Besitzungen, für die nach Konradins Tod kein Erbe vorhanden war (schon Konradin hatte nach dem Tod seines Vaters im Jahr 1254 nicht verhindern können, daß sich Grundherren Lehen unrechtmäßig aneigneten), wurden zum großen Teil von benachbarten Grundherren annektiert. Anderswo gelang es den Gefolgsleuten und Ministerialen, deren mehr oder weniger ferne Ahnen manchmal noch Unfreie gewesen waren, die Besitzungen, die ihnen anempfohlen waren, zum Erbbesitz ihrer Familien zu machen. An die Stelle der Staufer traten keine Herzöge von Franken oder Schwaben; diese großen Herzogtümer wurden zerschlagen und die Territorien neu aufgeteilt, wie es vorher die Staufer selbst mit den Herzogtümern Sachsen und Bayern getan hatten. Überall überschritten die Grundherren die Privilegien, mochten sie auch noch so großzügig sein, und maßten sich eigene Rechte an: die höhere Gerichtsbarkeit, die Vogtei über Kirchen und Städte, die Aufsicht über die Bergwerke und das Münzwesen und Zölle aller Art. Deutschland wurde zu einem Puzzle autonomer Territorialherrschaften. Früher konnte sich der König Geltung verschaffen, indem er sich auf das Königsgut (doch ein wiederholtes Interregnum hatte davon nicht mehr viel übriggelassen) und das Reichskirchengut stützte, aber die Bischöfe und Äbte, zu deren Gunsten Friedrich II. auf Rechte verzichtet hatte, die ihm nach dem Wormser Konkordat von 1122 eigentlich zustanden, waren nun den weltlichen Fürsten gleichgestellt und schuldeten dem König nichts. Auch sie versuchten nun, und zwar mit Erfolg, sich aus der Abhängigkeit von der zentralen Königsmacht zu befreien. Die Reichskirche, deren Kleriker für die Verwaltung unentbehrlich waren und deren Abgaben zum Unterhalt der kaiserlichen Armee beitrugen, existierte nicht mehr in ihrer ursprünglichen Form. Immerhin waren die Fürstbischöfe und Fürstäbte, um sich der Begehrlichkeit ihrer weltlichen Nachbarn zu erwehren, doch darauf bedacht, daß dem König einige Macht verblieb, die er zu ihrem Schutz verwenden konnte.

Auch das eigentliche Interregnum (1254–1273) hatte seine Vorgeschichte. Bürgerkrieg herrschte von 1198 bis 1208, dann von 1212 bis 1215 und nochmals von 1247 bis 1254. Kaiser Friedrich II. war lange Zeit überhaupt nicht in Deutschland, hinzu kamen sein Konflikt mit dem jungen König Heinrich (VII.), die Exkommunikation des Kaisers und die Wahl zweier Gegenkönige, Heinrich Raspe von Thüringen und Wilhelm von Holland, die Rivalität zwischen letzterem und dem legitimen Erben Konrad IV. In jedem Fall war die Position des Königs geschwächt, wenn er nicht überhaupt außer Landes war. Das Interregnum ist im übrigen nur eine Fiktion der Historiker, da damals zumindest auf dem Papier stets ein gewählter König, manchmal auch mehrere vorhanden waren. Mit Konrads IV. Tod blieb Wilhelm von Holland alleiniger Inhaber des Königstitels. Dieser kleine Territorialherr fand jedoch nur in Norddeutschland Anerkennung und kam bei der Niederschlagung eines Bauernaufstandes in Friesland ums Leben (1256). Bei der Wahl eines Nachfolgers kam es wie 1198 wieder zu einer Doppelwahl. Die Fürsten, denen nichts ferner lag, als eine starke Königsmacht wiederherzustellen, wählten in beiden Fällen einen ausländischen Kandidaten: Richard von Cornwall, der Bruder des Königs von England, erhielt die Stimmen der welfischen, päpstlichen Partei; Alfons X. von Kastilien, Enkel Philipps von Schwaben[4], konnte die Stimmen der ehemaligen Parteigänger der Staufer auf sich vereinen. Ausschlaggebend bei der Wahl waren jedoch nicht so sehr politische oder andere idealistische Argumente, sondern Geld, das beide Prätendenten reichlich austeilten und für die Zukunft noch mehr versprachen. Während Richard bisweilen nach Deutschland kam (ohne je den Rhein zu überschreiten), setzte der Kastilier nie seinen Fuß auf deutschen Boden. Solche Könige konnten

den Emanzipationsbestrebungen der Fürsten nicht ernsthaft entgegentreten, und ebensowenig konnten sie die unrechtmäßige Aneignung von
Königsgut verhindern.

Auf die Dauer wirkte sich das politische Machtvakuum aber in die
Gegenrichtung aus: Weil ein König und Kaiser an der Spitze der Lehnspyramide fehlte, brachen immer neue Konflikte zwischen untergeordneten Autoritäten aus, so daß die Situation schließlich unhaltbar wurde.
Die Ironie der Geschichte wollte es, daß ausgerechnet der Papst den
deutschen Fürsten drohte, er selbst werde einen Kaiser designieren, falls
sie nicht in der Lage seien, sich einen König zu wählen. Der Pontifex
maximus hatte zwar über den Kaiser, der sich als Oberhaupt der Christenheit, zumindest aber als gleichrangig betrachtete, am Ende triumphiert, aber nun bekam er die Folgen zu spüren, die sich aus dem
Fehlen eines obersten weltlichen Herrschers ergaben. Die Kreuzzugsbe-
wegung, die stets neuer Antriebe bedurfte, vermißte ihren natürlichen
Anführer, und Reichsitalien drohte eine Beute des französischen Hauses
Anjou zu werden.[5] In Deutschland hatten die kleineren Grundherren
als Folge der anarchischen Zustände unter der Willkür der mächtigeren
zu leiden. Dem Handel machten immer neue Zölle und Abgaben zu
schaffen, die jeder Grundherr nach Belieben festsetzte, nicht zu reden
von den Wegelagerern, die wegen der Abwesenheit eines obersten Gerichtsherrn und der Rivalität unter den lokalen Gerichten oft ungestraft
davonkamen. Aber nicht nur ehrloses Gelichter betrieb Raub und Plünderung, auch viele Grundherren scheuten sich nicht, Kaufleute zu überfallen, die an ihren Burgen vorüberziehen mußten. Als es nach langer
Zeit endlich wieder einen König gab, mußte der die meiste Zeit seiner
ersten Regierungsjahre darauf verwenden, die Burgen der Raubritter zu
belagern, die gesetzesvergessenen Burgherren zu bestrafen und die Festungen zu schleifen.

Im Jahr 1273 war es dann soweit. Siebenundzwanzig Jahre nach der
Absetzung Friedrichs II. durch den Papst, nach einer Zeit der Wirren,
der Doppelwahlen und der allgemeinen Anarchie einigten sich die Kurfürsten auf Rudolf von Habsburg. Der neue König stammte nicht aus
einer der großen Dynastien, deren Ruhm schon lange in der deutschen
Geschichte glänzte, und seine Besitzungen konnten sich nicht mit denen
der Wittelsbacher oder Welfen messen. Die Kurfürsten wollten zwar die
Königsmacht wiederherstellen, hatten aber gleichzeitig darauf geachtet,
daß ihr Kandidat sich weder auf ein überragendes Ansehen noch auf
eine starke Hausmacht würde stützen können. Rudolf, Graf von Habsburg, war ein gesetzter, erfahrener Mann; ohne mit den Staufern verwandt zu sein (der Papst hatte ausdrücklich verboten, einen Abkömmling

des verfluchten Staufergeschlechts zu wählen), hatte er doch stets der kaiserlichen Partei angehört. Als Patenkind Friedrichs II. hatte er sogar Konradin zu Beginn seiner tragisch endenden Fahrt nach Italien begleitet. Sein Familiengut, das durch kluge Verwaltung an Wert gewonnen hatte, lag im alemannischen Südwesten, im Elsaß und auf dem Gebiet der heutigen Schweiz. Die mächtigsten Fürsten im Reich hatten von einem solchen König keine Initiativen zu befürchten, die ihre Eigeninteressen geschädigt hätten. Andererseits konnte man von ihm erwarten, daß er das Amt des obersten Gerichtsherrn mit Autorität ausüben und damit einem Mangel abhelfen würde, der so große Unordnung gebracht hatte. Während in Frankreich die Königsmacht über alle Gegner triumphierte, entwickelte sich Deutschland nach dem Untergang der Staufer in eine Art Konföderation mit einem König als Staatsoberhaupt.

Der neue König mußte jedoch nicht ohne alle Trümpfe auskommen. Im Denken der Zeitgenossen waren die Vorstellungen, die jahrhundertelang mit der Herrlichkeit des biblischen Königtums Davids und dem Heiligen Römischen Reich verwoben waren, nach wie vor tief verwurzelt. Im Empfinden des Volkes blieb der Kaiser der Schutzherr und Verteidiger der Christenheit. Das Bedürfnis nach einem legitimen Oberhaupt und die Sehnsucht nach einer Wiederherstellung der Kaisermacht waren so stark, daß sie Hochstaplern und »falschen Friedrichs«, die vielerorts in Deutschland auftauchten, Zulauf und echte Anhänger bescherten. Als kluger Staatsmann stützte sich Rudolf während seiner gesamten Regierungszeit (1273–1291) auf die Städte, deren Aufstieg auch durch die Wirren des Interregnums nicht wirklich gebremst worden war. Die Bürger hatten seit den fernen Zeiten Heinrichs IV. treu zum Königtum gestanden. Sie wußten, daß nur der König ihr Unabhängigkeitsstreben gegenüber den geistlichen und weltlichen Territorialherren legitimieren konnte, deshalb stellten sie ihm Soldaten und zahlten in seine Kasse. Obendrein hatte Rudolf das Glück auf seiner Seite: Eines der größten Familiengüter des ganzen Kaiserreichs, das Erbe der Babenberger, Markgrafen und Herzöge von Österreich seit dem 10. Jahrhundert, wurde nach dem Erlöschen des Geschlechts vakant. Neben dem eigentlichen Herzogtum Österreich umfaßte es die Herzogtümer Steiermark (das heutige Slowenien) und Krain, erstreckte sich also insgesamt von der Donau bis zum Adriatischen Meer. Diese Gebiete bargen außerdem reiche Bodenschätze, Silber- und Eisenerze. König Ottokar II. von Böhmen, einer der mächtigsten Fürsten des Reiches, ein prachtliebender, großzügiger, aber auch ehrgeiziger Herrscher, hatte sich diese herrenlosen Lehen in der Zeit des Interregnums angeeignet. Rudolf forderte sie nun von ihm zurück, und da Ottokar sich weigerte, kam es zum Krieg. Der König von Böhmen fand den Tod auf dem Schlachtfeld, und Rudolf vergab das österreichische Erbe an seine Söhne. Damit erhielt die neue Dynastie eine Hausmacht, mit der sie in den Rang eines der größten Adelshäuser des Reiches aufstieg, und das für über sechshundert Jahre. Die Niederlage König Ottokars beendete gleichzeitig die Gefahr einer Loslösung Böhmens aus dem Reichsverband. Tatsächlich hatte Ottokar versucht, Böhmen zur Unabhängigkeit zu verhelfen und seine Einflußsphäre auf ganz Osteuropa auszudehnen. Seine Großmachtpläne schlossen Polen und Österreich ein und zielten auf ein Herrschaftsgebiet, das sich von der Ostsee bis zum Adriatischen Meer erstreckte. Nun aber kehrte Böhmen wieder ins Reich zurück. Selbstverständlich darf man diese Vorgänge nicht mit den Begriffen des modernen Nationalismus zu fassen suchen. Schon seit langem waren die Frauen der böhmischen Könige aus dem Geschlecht der Przemysliden allesamt Deutsche. Ottokar hatte wie seine Vorgänger und nach ihm noch andere böhmische Könige die Einwanderung deutscher Bauern, Handwerker und Kaufleute gefördert. Deutsche Bergleute halfen beim Aufbau der Bergwerke und der Hüttenindustrie, die nicht wenig zum Reichtum des Königs beitrugen. Anders als die slawischen Gebiete zwischen Elbe und Oder wurde Böhmen nicht gewaltsam kolonisiert, sondern die böhmischen Könige selbst organisierten zu ihrem eigenen Vorteil Kolonisationsprojekte. Die Deutschen brachten eine höhere Kultur und technisches Wissen ins Land und siedelten vornehmlich an den Rändern der tschechischen Kernlande Böhmen und Mähren.[6]

König Rudolf war nun Herr über Österreich samt der anliegenden Territorien und besaß weiterhin sein Familiengut im alemannischen Raum. Für die anderen deutschen Fürsten war das Anlaß genug zum Neid. Rudolf gelang es nicht, noch zu seinen Lebzeiten seinen ältesten Sohn Albrecht zum König wählen zu lassen, wie es bei den alten Kaisern Brauch gewesen war. Nach seinem Tod im Jahr 1291 wählten die Kurfürsten wieder einen unbedeutenden Landesherrn ohne große Hausmacht, den Grafen Adolf von Nassau, der um seine Anerkennung kämpfen mußte. Albrecht trat ihm militärisch entgegen, tötete ihn im Kampf und wurde an seiner Stelle 1298 zum König gewählt. Der neue Throninhaber war ein energischer, aber unzugänglicher Mann, der anders als sein Vater unfähig war, die Herzen der Menschen zu gewinnen. Allerdings fand sich unter seiner Herrschaft die Königsmacht, die unter Adolf an Ansehen verloren hatte, wieder gestärkt und geachtet. Doch nach zehn Jahren starb Albrecht seinerseits eines gewaltsamen Todes, ein Neffe erschlug ihn heimtückisch. Die Kurfürsten nutzten die Königswahl, um eine dynastische Kontinuität erst gar nicht aufkommen zu lassen, zu groß war die Furcht vor dem Erbkönigtum. Diesmal war der Gewählte ein recht mächtiger Fürst, Graf Heinrich von Luxemburg. Sein Bruder war Erzbischof von Trier, einer der drei geistlichen Kurfürsten. Heinrich VII. (der unglückliche Sohn Friedrichs II., der als Heinrich VII. in späteren Geschichtsbüchern auftaucht, war in Vergessenheit geraten) war ein stattlicher Mann, reich und erfahren in Staatsgeschäften. Zum erstenmal trug ein Herrscher die deutsche Königskrone, dessen Muttersprache Französisch[7] war und der mit seiner Lebensgeschichte, seinen Interessen und Vorlieben ganz im Westen verwurzelt war. Gerade weil Heinrich aber so vieles mit der Politik des Westens verband, zu dessen Epizentrum Frankreich geworden war, konnte und wollte er sein Wirken nicht auf das an die Peripherie gerückte Deutschland beschränken, wie es seine drei Vorgänger getan hatten. Weder Rudolf noch Adolf oder Albrecht waren trotz wiederholter Einladungen nach Italien gezogen. Sie begnügten sich damit, die Politik auf der Apenninenhalbinsel aus der Ferne zu beobachten und, oft gegen klingende Münze, Titel zu vergeben und Reichsvikare zu ernennen. In Italien gingen die alten Rivalitäten weiter. Die Parteien behielten sogar die bedeutungslos gewordenen alten Bezeichnungen Ghibellinen und Guelfen bei, unter denen einst die Parteigänger der Staufer gegen diejenigen des Papstes angetreten waren. Auch das Papsttum hatte seinen Triumph über das Reich nur einige Jahrzehnte genießen können. Vom französischen Königtum gedemütigt und an die Kandare genommen, mußte der Papst sogar Rom verlassen, wo sich die römische Stadtaristokratie seiner Autorität nicht mehr beugte, und über die Alpen nach Avignon ins Exil gehen. Diese Stadt lag dem Recht nach noch auf Reichsterritorium wie die ganze Provence, aber praktisch war sie den Päpsten von den Anjou-Königen von Neapel, die auch die Grafen der Provence waren, geliehen worden.[8] Die Römer mochten diesen Prestigeverlust nicht hinnehmen und wählten einen anderen Papst. Überall riefen die Ghibellinen nach der Unterstützung durch den legitimen König, und die Römer samt ihrem Gegenpapst schlossen sich ihnen an. Heinrich, der sich in der großen Politik auskannte und der sie aktiv mitgestalten wollte, entschloß sich, dem Hilferuf zu folgen. Nach langer Zeit zog wieder ein deutscher König über die Alpen nach Italien, wieder wurde er erwartet, bejubelt, umworben und ebenso rasch verraten und im Stich gelassen. Am Ende mußte er um Geld, Soldaten und freies Geleit bitten. Dante, ein überzeugter Ghibelline, der von den in seiner Heimatstadt Florenz siegreichen Guelfen verbannt worden war, hat erst der Hoffnung, die sich mit Heinrich VII. verband, und dann der Enttäuschung, die seinem Scheitern folgte, in berühmten Versen Ausdruck verliehen. Der konservative Denker und Verfasser eines Traktats mit dem Titel *Monarchia* hatte die reale Situation seines Vaterlandes nicht verstanden. Zwar war

Italien politisch gespalten, und in der ganzen Kultur herrschten anarchische Zustände, aber gerade das erwies sich als Nährboden für die zukünftige Kultur der Renaissance. Eine Vielzahl kleiner und mittelgroßer Staaten war als politisch-gesellschaftlicher Rahmen gewiß förderlicher als eine universale Monarchie. Die Vielfalt entsprach dem Geist des Aufbruchs, der kühnen Unternehmungen und des Individualismus der kommenden Epoche. Heinrich VII. vermochte sich Italien nicht zu unterwerfen, aber er wollte auf diesen Teil des Reiches auch nicht verzichten; am Ende ereilte ihn dort ein früher Tod wie schon so viele vor ihm. Die Geschichte nimmt oft die großen weitgespannten Themen einer ausklingenden Epoche noch einmal in einer Modulierung auf, ehe sie ein neues Kapitel beginnt. Ehe Heinrich von Luxemburg in Italien den Tod fand, hatte er noch Zeit, seinen Sohn mit der Erbin der Przemyslidenkönige von Böhmen zu verheiraten. In Konkurrenz zum Hause Habsburg baute eine andere Dynastie, die ursprünglich aus dem Westen stammte, ihre Machtbasis im Osten auf, wo nun das politische Zentrum des Reiches lag. Prag und Wien sind für die kommenden Jahrhunderte die eigentlichen Hauptstädte Deutschlands. Die Staufer hatten, zumindest in Deutschland, noch keine Residenz, die diesen Namen verdient hätte. Friedrich II. hatte in Palermo und Neapel residiert. Die anderen Stauferkönige hielten sich in den Burgen ihres Familienbesitzes auf, in Trifels, Wimpfen, Hagenau und in den Reichsstädten, die sie reihum empfingen. Die Urbanisierung des gesellschaftlichen Lebens machte im 14. Jahrhundert große Fortschritte. Paris, Palermo und Neapel, auch London wurden zum Vorbild für die deutschen Fürsten, die sich nun einen umfangreichen Hof hielten und über eine spezialisierte, dauerhafte Verwaltung verfügten. Sie verließen ihre alten, hochgelegenen Burgen und wählten sich eine der Städte ihres Territoriums zur Residenz. Manchmal entwickelten sich auch Städte aus dem Kern einer Fürstenresidenz.

Im Jahr 1314 kam es wieder zu einer Doppelwahl; zwischen den beiden Königen mußte eine Entscheidung fallen. Friedrich von Österreich war der älteste Sohn des Königs Albrecht und Enkel Rudolfs von Habsburg. Sein Gegenspieler Herzog Ludwig von Bayern entstammte einem der mächtigsten Adelsgeschlechter Deutschlands, den Wittelsbachern, die nach dem Sturz Heinrichs des Löwen von Kaiser Friedrich Barbarossa Bayern zu Lehen erhalten hatten. Der pfälzische Zweig der Wittelsbacher besaß die reiche Kurpfalz. Nach mehrjährigem Konflikt, in dem der Krieg der beiden Könige noch zu den vielen Einzelfehden hinzutrat, die unter Fürsten, Grundherren und Städten ausgefochten wurden, konnte Ludwig den Kampf schließlich für sich entscheiden. Ludwig IV. war ein Fürst

von aufrechter Gesinnung. Mehr Kriegsherr als Diplomat, hochgewach-
sen und kräftig, entsprach er ganz dem Bild des untadeligen Ritters. Sein
offenes und herzliches Wesen machte ihn beim Volk beliebt: Kein deutscher Herrscher seit Barbarossa hatte soviel Sympathie bei den kleinen
Leuten. Außerdem gewährte das Schicksal einem deutschen König wieder
einmal die Gunst eines langen Lebens, die notwendige Voraussetzung für
eine erfolgreiche Regierungszeit (1314–1347). Ludwig war aber auch
temperamentvoll, aufbrausend und besessen von dem Ehrgeiz, seine
Hausmacht zu vergrößern. Mit Methoden, die ihm viele Feinde einbrachten, gewann er zum Herzogtum Bayern höchst unterschiedliche Territorien hinzu: Tirol, Brandenburg und Holland. Dieser maßlose Appetit
beunruhigte viele Fürsten, die stets darauf bedacht waren, daß keine
Königsmacht entstand, die ihnen jene Rechte wieder nehmen könnte, die
sie, die Schwäche vorangegangener Könige ausnutzend, an sich gerissen
hatten.

Ludwig IV., der Bayer, hätte vielleicht genügend Tatkraft und finanzielles Vermögen gehabt, um die Fürstenopposition zu bezwingen, hätte
er nicht einen ungleich gefährlicheren Machtkampf bestehen müssen, der
in Wirklichkeit die letzte Phase des alten Streits zwischen Papst und Kaiser darstellte. Der Papst in Avignon machte sich anheischig, zwischen
den beiden 1314 gewählten Königen zu entscheiden. Ludwig wies selbstverständlich diese neue und unerhörte Anmaßung zurück. Daraufhin
setzte sich wieder die altbekannte Maschinerie in Bewegung. Es wurde
exkommuniziert und verurteilt, Interdikte und Absetzungen wurden ausgesprochen, Gegenpäpste und Gegenkönige gewählt. Ludwig brach seinerseits nach Italien auf und ließ sich von einem Gegenpapst zum Kaiser
nominieren, doch anders als seine Vorgänger ließ er sich nicht in die
inneritalienischen Machtkämpfe hineinziehen. In Italien traf er Rechtsgelehrte und Philosophen, die aus ihrer Kenntnis antiker Rechtsquellen
zu der Ansicht gekommen waren, man müsse die alte römische Kaiserherrlichkeit wiederherstellen und die Gesellschaft vom beherrschenden
Einfluß der Kirche befreien. Marsilius von Padua, der berühmteste dieser
Denker und Schriftsteller, die für die Sache des Kaisers eintraten, war in
mancher Hinsicht schon kein Mann des Mittelalters mehr. Bei ihm wird
die alte Kritik an der Dekadenz der Kirche, die sich in weltliche Geschäfte
verstricke und gleichzeitig behaupte, über ihnen zu stehen, schon von
einem entschiedenen und freudigen Freiheitsanspruch begleitet, der sich
für den einzelnen und für das Volk starkmacht. Von den Gedankengän-
gen dieses Philosophen und Pamphletisten hat der Kaiser sicherlich nur
soviel verstanden, daß sie ihm nützlich sein könnten. Aber er ließ sich
von ihm einnehmen und ebenso von anderen Gegnern des Papsttums,

wie etwa den Franziskanern. Die Päpste in Avignon verfolgten den Bettelorden wegen seiner radikalen Rückbesinnung auf die Armut Jesu. Auch der berühmteste Philosoph der Zeit, der Engländer Wilhelm von Ockham, ebenfalls ein Franziskaner, in dessen Lehre die Vernunft einen höheren Stellenwert hatte als das Dogma, fand die Gunst des Königs.

Der Königshof in München wurde zur Zuflucht all dieser oppositionellen Geister, die sich gegen die etablierte Kirche wandten, gegen ihre Prachtentfaltung und ihren Reichtum, ihre Finanzwirtschaft und ihre politischen Intrigen, kurz gegen ihr weltliches Machtstreben. Der Haß, den sich Ludwig damit bei der päpstlichen Kurie in Avignon zuzog, wurde dadurch nur noch unversöhnlicher. In vielen deutschen Städten gab es über zehn Jahre lang keinen Gottesdienst (das Interdikt, also das Verbot, die Messe zu lesen und die Eucharistie zu feiern, wurde im allgemeinen von den Geistlichen eingehalten), ohne daß deswegen die Treue zum Kaiser nachgelassen hätte.[9] Auch die Mehrheit der Fürsten wollten die Einmischung des Papstes in die deutschen Reichsgeschäfte nicht dulden. In mehreren feierlichen Erklärungen bekräftigten sie, daß der König, der nun regelmäßig vom Kollegium der sieben Kurfürsten gewählt wurde, keiner päpstlichen Billigung bedürfe. Wie zu Zeiten der Staufer wurde mit polemischer Feder geschrieben, um die deutsche Freiheit gegen die ungerechtfertigten Ansprüche des Papstes zu verteidigen. Dank der Fortentwicklung von Kultur und Wirtschaft konnten nun aber sehr viel mehr Menschen, darunter auch Frauen, diese Streitliteratur lesen. Eine dieser Erklärungen war die des Kurvereins von Rhense (1338). Dort hatte eine große, auf dem linken Rheinufer gelegene Wiese als Versammlungsort der Kurfürsten gedient; in einem »Weistum« verkündeten die Kurfürsten ihren Entschluß, jegliche Einmischung des Papstes in die Wahl des deutschen Königs zurückzuweisen. Die politischen Schriften deutscher Rechtsgelehrter, die Gedankengänge des Marsilius und die geißelnden Predigten der Franziskaner sorgten für Kritik von allen Seiten an der päpstlichen Kirche. Dieser anhaltende Hader sollte über mehrere Etappen schließlich zu Luthers Reformation führen. Für dieses Mal gelang es jedoch dem Papst in Avignon und seinem französischen Schutzherrn (Ludwig hatte sich mit den Engländern verbündet, der Hundertjährige Krieg zwischen Frankreich und England war in seiner ersten Phase), dem Kaiser einen neuen gefährlichen Rivalen zu präsentieren: Karl von Luxemburg, König von Böhmen und Enkel Heinrichs VII. Karl war am französischen Hof erzogen worden, wo sich sein Vater Johann der Blinde (er starb in Crézy) öfter aufhielt als in Böhmen. Während mehrerer langer Italienaufenthalte war er in die Kunst der Politik eingeweiht worden, er war geistreich und gebildet (wohingegen Ludwig weder lesen noch schreiben konnte) und insgesamt ein Mann des Kabinetts, der die Akten studierte und die Finanzen kannte. Alle diese Züge machten ihn zum genauen Gegenteil des Bayern. Der Tod ersparte diesmal Deutschland einen weiteren Krieg der Könige. Nach dem Hinscheiden Ludwigs IV. im Jahr 1347 wurde Karl IV. einmütig zum König erhoben. Da er der Kandidat des Papstes war, bedeutete seine Wahl das Ende des Streits. Einige Jahre später legte der neue Kaiser den Kurfürsten und den versammelten Landesherren auf einem Reichstag ein Verfassungsdokument, gewissermaßen ein Grundgesetz, zur Beratung und Verabschiedung vor. Die »Goldene Bulle« legte ein für allemal das Verfahren der Königswahl fest und bestätigte nochmals den Ausschluß jedweder päpstlicher Mitspracherechte. Mit Recht hat man von diesem Text sagen können, es sei die erste geschriebene Verfassung Deutschlands. In ihren wesentlichen Zügen ist sie bis zur Auflösung des Heiligen Römischen Reiches im Jahr 1806, also fast fünf Jahrhunderte lang, gültig geblieben.

Seit dem Ende der Karolinger hatte sich die Königswahl in Deutschland langsam, aber stetig gewandelt. Die Entwicklung ist nicht leicht nachzuvollziehen, da das Verfahren und die Riten erst spät schriftlich niedergelegt worden sind. Bei den Franken und den anderen Stämmen hatte eigentlich jeder Freie das Recht zur Teilnahme an der Wahl, wenn eine solche überhaupt stattfand. Doch schon damals sah die Wirklichkeit anders aus: Nur die Großen, die Landes- und Grundherren, die mit Lehen und Ämtern, geistlichen und weltlichen, versehen waren, hatten Stimmrecht in der Wahlversammlung. Im 10., 11. und 12. Jahrhundert zählte man nicht die Stimmen aus, sondern suchte per Akklamation einen Konsens, der dann durch das Krönungszeremoniell besiegelt wurde. Dieses Zeremoniell war seinem ganzen Wesen nach ein religiöser Ritus. Die Königswürde war nur dann gültig, wenn sie der Erzbischof von Mainz durch die Salbung in der Aachener Pfalzkapelle Karls des Großen verliehen hatte. Nach und nach hob sich jedoch eine kleinere Gruppe aus der Masse der Grundherren heraus. Nur eine Minderheit erhielt die Würde eines Reichsfürsten, und innerhalb dieser Minderheit kristallisierte sich das Kurkolleg heraus, das seit dem Interregnum die Königswahl durchführte.[10] Es setzte sich aus sieben Kurfürsten zusammen. Auf der einen Seite die drei Fürstbischöfe: die Erzbischöfe von Köln, Trier und Mainz. Letzterer war zugleich der Kanzler des Königreichs Deutschland (der Fürstbischof von Salzburg, der den Titel des Primas von Deutschland beanspruchte, erhielt nicht den Status eines Kurfürsten). Auf der anderen Seite die vier weltlichen Fürsten: der Pfalzgraf bei Rhein, der sich gegen seinen Vetter und Rivalen, den Herzog von Bayern durchsetzte, der Herzog von Sachsen (eigentlich der Markgraf von Meißen aus dem Haus der Wettiner, der das kleine Fürstentum Sachsen-Wittenberg an der Elbe geerbt hatte und mit ihm den Herzogtitel; dieser war mit dem Territorium verbunden geblieben, nachdem Friedrich Barbarossa in der Auseinandersetzung mit Heinrich dem Löwen das Herzogtum dem Welfen weggenommen und geteilt hatte), der Markgraf von Brandenburg und, nach langem Ringen, der König von Böhmen. Das Kurrecht Böhmens wurde erst in der Goldenen Bulle verbindlich anerkannt, auf Betreiben von Kaiser Karl IV., der gleichzeitig König von Böhmen war. Von den in der Goldenen Bulle bestimmten sieben Kurfürsten gehörten vier dem Altreich an, also jenen Gebieten, in denen Deutsche seit der Völkerwanderung siedelten, und drei vertraten das Neureich, das kolonisierte Land östlich der Elbe (Meißen und Brandenburg) sowie Böhmen, wo der deutsche Einfluß den zähen tschechischen Selbstbestimmungswillen nie völlig überdecken konnte. Zur Zeit der Staufer war Böhmen noch ein bloßes Anhängsel gewesen, eine halbe Wildnis, in der es oft zu Aufständen gegen die kaiserliche Lehnshoheit kam; Meißen und Brandenburg waren Grenzzonen, in denen Befriedung und Kolonisierung rasch voranschritten, aber nicht ohne auf erbitterten Widerstand zu stoßen. Hundertfünfzig Jahre später waren diese beiden Regionen nicht nur vollständig in das deutsche Reich integriert, sondern sie überragten die meisten anderen Fürstentümer sogar an politischer Bedeutung. Während im Altreich die großen Stammesherzogtümer verschwanden und an ihrer Stelle eine Vielzahl kleiner und mittlerer Territorialherrschaften entstand, bildeten sich im Neureich große territoriale Einheiten: das (neue) aus der Mark Meißen entstandene Sachsen, Brandenburg, das Herzogtum Holstein und der Staat des Deutschen Ordens, dessen Zugehörigkeit zum Reich allerdings unbestimmt blieb. Hinzu kamen mehrere Herzogtümer slawischer Dynastien, die erst christianisiert und dann von Deutschen kolonisiert wurden: Mecklenburg, Pommern und die schlesischen Herzogtümer, die im Besitz von Nebenlinien und germanisierten Nachfahren der polnischen Königsfamilie der Piasten waren. Mitte des 14. Jahrhunderts hat sich das Zentrum Deutschlands weit nach Osten verlagert. Auf dem Territorium des Altreichs vor der Ostkolonisation konnten sich nur die bayerischen und pfälzischen Wittelsbacher mit den Habsburgern messen, den Herren über Österreich[11], mit den in Böhmen installierten Luxemburgern, mit den Wettinern in Sachsen und mit den Askaniern in Brandenburg. Die Einschränkung des Wahlrechts auf die sieben Kurfürsten, wie sie die Goldene Bulle verbindlich festlegte, hatte indes etwas Zufälliges und Willkürliches; so gab es keinen ersichtlichen Grund, weshalb die Herzöge von Österreich und Bayern von der Wahl ausgeschlossen waren, außer

daß es nach den damaligen Zeitumständen opportun schien. Vor allem
mußte Karl IV. in den Angehörigen jener Dynastien, die vor ihm die
Königs- und Kaiserkrone getragen hatten, notwendigerweise Rivalen sehen. Auf jeden Fall besaß die Festlegung einfacher und klarer Regeln
einen Vorzug: Nach der Proklamation der Goldenen Bulle sollte es in
Deutschland nie wieder Doppelwahlen geben und auch keine Absetzungen und erneute Königswahlen durch eine mehr oder weniger große Minderheit von Wahlberechtigten wie zur Zeit Heinrichs IV. oder Heinrichs V. oder unter den Staufern. Die einzige Ausnahme bildete die
Absetzung von König Wenzel, dem Sohn Karls IV., im Jahr 1400, der
wegen notorischer Unfähigkeit und Vernachlässigung seiner Pflichten seiner Königskrone verlustig ging. Der Entschluß zu dieser schwerwiegenden Maßnahme wurde ohne große Widerstände gefaßt, und es kam in
der Folge auch zu keinem Bürgerkrieg.

Schon zu Zeiten der fränkischen Herrscher, vor allem aber seit der Epoche der Karolinger riefen die alten Könige und Kaiser die Vertreter des
Volkes, und das hieß die Großen, zu Reichstagen zusammen, wenn es
darum ging, ein wichtiges neues Gesetz zu verabschieden, einen Feldzug
anzukündigen oder vorzubereiten, Truppen und Geldmittel für kaiserliche Unternehmen zu beschaffen. Die Zusammensetzung und die Rolle
des Reichstags bildeten sich erst im Laufe der Jahrhunderte heraus. Aus
der Versammlung aller Freien und Adligen, die aus dem ganzen Reich
zusammenkamen, entwickelte sich der Reichstag zu einer Vertretung der
geistlichen und weltlichen Fürsten, die eine relative Unabhängigkeit gegenüber dem König und Kaiser behaupteten und die, wie es später hieß,
die »Reichsstände« bildeten, also vollwertige Mitglieder des Reiches waren. Außer den reichsunmittelbaren Großen, die allein der (schwindenden) Autorität des Kaisers unterstanden, gab es noch den Landadel, der
als niederer Adel seinen Platz innerhalb der Territorialherrschaften hatte.
Die Fürsten bildeten den Reichsadel, der allein im Reichstag vertreten
war, entweder direkt oder als Mitglieder einer der regionalen Kurien oder
Bänke, in denen die Reichsgrafen zusammengefaßt waren.[12] Im 14. Jahrhundert war der Reichstag unterhalb des Kurfürstenkollegiums zu einer
tragenden Institution der deutschen Politik geworden. Er trat nicht regelmäßig, aber oft zusammen, und seine Zustimmung war für alle wichtigen Maßnahmen der kaiserlichen Macht unerläßlich. Vor allem in Fragen der Besteuerung, wobei besser von Abgaben die Rede sein sollte,
denn auch in diesem Bereich hatten die Fürsten das Sagen, und der Festlegung der Truppenkontingente, die die Fürsten an die kaiserliche Armee
zu entsenden hatten, besaß der Reichstag die Kompetenz, Entscheidun-

gen zu fällen, die dann auch tatsächlich ausgeführt wurden. Das bereits in der zweiten Hälfte des 13. Jahrhunderts sich abzeichnende dreistufige Verfassungssystem (Reichstag, Kurfürstenkollegium, Kaiser) war Ende des 14. Jahrhunderts fest etabliert. Es vervollständigte sich noch in den folgenden Jahrhunderten, zeigte aber auch seine Schwerfälligkeit und zunehmende Ineffizienz. Es vermochte bestimmte Bereiche der politischen Wirklichkeit nicht hinreichend genau zu regeln, allem voran die Entwicklung der Städte. Seit der Epoche Heinrichs IV. hatten sich immer mehr Städte, deren Bevölkerung, Reichtum und politischer Einfluß unaufhaltsam wuchs, aus der Bevormundung durch die geistlichen oder weltlichen Grundherren befreit. Die neue Freiheit war in den meisten Fällen durch kaiserliche Privilegien verbrieft. Die Kaiser förderten die Emanzipation der Städte, da sie damit ein Gegengewicht zur Macht der Fürsten schufen. Die Fürsten nötigten zwar 1231–1232 Friedrich II. einige Zugeständnisse zum Nachteil der Städte ab, aber das konnte deren Aufschwung während des Interregnums nicht aufhalten. Die neuen Wahlkönige Rudolf, Ludwig der Bayer und Karl IV. taten sich wieder als Förderer der Städte hervor. Um das Jahr 1380 gab es rund hundert freie Städte; einige wie Nürnberg und Frankfurt standen auf »Königsboden« und nannten sich Königsstädte, die anderen verfügten über kaiserliche Privilegien und ein eigenes Stadtrecht. Alles trug zur wachsenden Bedeutung der Städte bei: steigende Bevölkerungszahlen, blühender Handel, wachsender Wohlstand der Bürger und damit einhergehend eine zunehmende Spezifizierung des Handwerks. So nimmt es nicht wunder, daß sie einen Sonderstatus im sich entwickelnden Verfassungssystem forderten. Die freien Reichsstädte wollten wie die geistlichen und weltlichen Fürsten ihren Platz auf den Bänken des Reichstags haben. Zahlten sie nicht einen erheblichen Anteil für die Verwaltung des Reiches und zur Finanzierung der kaiserlichen Feldzüge? Waren sie nicht oft die verläßlichste Stütze des Kaisers? Nach und nach siegte ihr Einfluß über den Widerstand der Fürsten. Ende des 15. Jahrhunderts waren die freien Städte zu Reichsständen geworden, vollwertige Mitglieder des Reichstags und gleichberechtigt mit den Fürsten. Manche, wie Nürnberg, Augsburg und Ulm, konnten sich, was ihre Territorien betraf, sogar mit den Landesherren messen, gleiches galt für ihren Wohlstand.

Die freien Reichsstädte und einige der landesherrschaftlichen Städte taten sich zu Städtebünden zusammen, um ihren politischen Einfluß zu stärken und ihre Handelsinteressen innerhalb und außerhalb des Reiches effektiver zu vertreten. Gegen Ende der Stauferzeit, 1254, entstand der Rheinische Bund (dem auch Fürsten angehörten), der während der unsicheren

Herrschaft Wilhelms von Holland für die Sicherheit seiner Mitglieder in
Zeiten allgemeiner Anarchie eintrat. Im 14., 15. und 16. Jahrhundert
sorgte der Schwäbische Bund im Südwesten des Reichs für politische und
sogar militärische Sicherheit. Teils stützten sich die Kaiser auf die Städtebünde, teils ließen sie sie wieder links liegen oder verboten sie, wenn
sie im Gegenzug für Zugeständnisse der Fürsten zahlen mußten. Der
bedeutendste Städtebund und eigentlich ein Phänomen *sui generis* entstand jedoch in Norddeutschland.[13] Die Hanse vereinte in ihrer Blütezeit
mehr als dreihundert Städte von Brügge in Flandern bis Riga in Livland,
und nicht nur Hafenstädte, sondern auch große und kleine Handelszen-
tren im Binnenland von Köln bis Krakau. Die wichtigsten Glieder der
Kette waren jedoch die großen Seehäfen: Brügge und Gent, Hamburg
und vor allem Lübeck, Rostock, Wismar, Danzig und Riga. Lübeck errang allmählich eine herausragende Stellung unter den Hansestädten, da
es an Macht und Dynamik alle anderen hinter sich ließ. Hier hatten
Schiedsgerichte der Hanse ihren Sitz, hier fanden die Hansetage statt. In
Norddeutschland, das der Königsmacht weitgehend entzogen war und
das auch nur selten den Besuch der Könige erlebte (Karl IV. war der
erste, der nach Lübeck kam seit dem Aufenthalt Friedrichs II. in den
Mauern der Stadt im Jahr 1219), entstand somit eine originale übergreifende Struktur: Ursprünglich ein Schutzbündnis von Kaufleuten, entwickelte sich die Hanse in der zweiten Hälfte des 13. Jahrhunderts zu
einer politischen und militärischen Macht, die sich gegenüber den An-
rainerstaaten der Ost- und Nordsee behauptete. Mal Verbündete, mal
Gegnerin des Deutschen Ordens, stellte sie sich dem Versuch der dänischen Könige entgegen, die Vorherrschaft über die Ostsee zu erringen.
In dem Gebiet, das von den vier größten Fernhandelskontoren (die man
sich als exterritoriale Enklaven und Freihäfen für den Handel der Han-
sestädte denken muß) Novgorod in Rußland, Wisby auf Gotland, Bergen
in Norwegen und London in England markiert wurde, besaß das Städtebündnis im 14. Jahrhundert gleichsam das Monopol im Handel zwischen Ost und West in Nordeuropa, zwischen Skandinavien und dem
Süden und zwischen England und dem Kontinent. Russische Pelze,
schwedischer und norwegischer Hering, das wichtigste Nahrungsmittel
des Volks während der langen Fastenwochen, Wolle und später Tuche
aus England wurden nur auf deutschen Schiffen transportiert, auf den
für ihre Segeltüchtigkeit berühmten Koggen. Die Hanse war gegenüber
deutschen und ausländischen Fürsten eine mächtige Vertreterin der Interessen ihrer Mitglieder. Im Norden und Osten, in Polen, Rußland und
in den baltischen Ländern förderte sie die Verbreitung des deutschen
Rechts (die Städte gaben sich eine Gesetzgebung nach »Lübecker« oder

»Magdeburger« Recht, um nur die bekanntesten zu nennen) und verstärkte damit die Einwanderung deutscher Handwerker und Kaufleute. Doch im Verlauf des 15. Jahrhunderts begann der Niedergang. Rivalitäten zwischen Hansestädten, die zunehmende Macht der deutschen Territorialherren und der Aufstieg der slawischen und skandinavischen Königreiche schwächten im Verein mit sozialen Spannungen zwischen Patriziern und Handwerkszünften innerhalb der Städte, vor allem in Lübeck, die Position der Hanse. Letztendlich hatte sie sich nicht zu einem echten Städtebund entwickeln können. Lübeck war kein zweites Athen, kein Haupt eines maritimen Reiches geworden. Schritt für Schritt schafften die nordischen Staaten die Privilegien für deutsche Kaufleute ab. Was geblieben ist, sind die großen Bauwerke der religiösen und bürgerlichen Architektur, die auch heute noch vom Glanz und von der Macht der norddeutschen Stadtkultur künden, deren Instrument und Ausdruck die Hanse war. Es liegt in der Besonderheit der deutschen Geschichte begründet, daß dieses mächtige Städtebündnis seinen Platz außerhalb des schwachen, unzureichenden staatlichen Gefüges fand. Der Kaiser und das Reich taten nur wenig für die Hanse, ebensowenig wie für den Deutschen Ordensstaat, der allerdings auch nicht zum Reichsverband gehörte. Als sich gegen Ende des Spätmittelalters in Europa die Entwicklung zu großen, zentralistisch gelenkten und verwalteten Nationalstaaten abzeichnete, war für dieses originelle und prachtvolle Gewächs der deutschen Geschichte kein Platz mehr.

Aber wo bleibt das Volk in unserer Darstellung der Geschichte Deutschlands? Bis jetzt sind wir nur Königen und Kaisern, Fürsten und Grundherren, Bischöfen und Äbten, geistlichen Rittern und Kaufleuten begegnet. Doch die überwältigende Mehrheit der Deutschen bestand aus Bauern, mindestens 90 Prozent, sehr wahrscheinlich sogar 95 Prozent, wenn man bedenkt, daß ein Gutteil der Stadtbewohner sogenannte Akkerbürger waren, die neben dem Handwerk oder Geschäft, das ihnen ein Wohnrecht innerhalb der Stadtmauern verschaffte, noch ein mehr oder weniger umfangreiches Stück Land bebauten. Die Geschichte der Bauern bietet wenig Abwechslung, ihre Helden sind meist anonym, ihre Ereignisse sind die Mühsal des Alltags ohne die Symbolik und den Ruhm, die den Taten der Großen Glanz verleihen. Mehr noch, die Geschichtsschreibung hat über Jahrhunderte, bewußt oder unbewußt, die Geschichte des gemeinen Volkes vernachlässigt und sich ausschließlich auf bestimmte Kategorien, Klassen und privilegierte Kreise beschränkt. Vieles, was eine geschichtliche Darstellung verdiente, kommt erst zutage, wenn schiere Unkenntnis, falsche Deutungen und ideologische Voreingenommenheit gegenüber dem einfachen Volk überwunden werden. Eine solche Studie wäre weniger eine Darstellung der historischen Ereignisse als vielmehr eine Geschichte der Lebensformen, wobei die Ereignisse, die wir gewöhnlich als geschichtsträchtige Daten lesen, sich ganz anders ausnehmen, wenn wir einmal untersuchen, welche Auswirkungen sie auf das Volk hatten. Dennoch bleiben die Ereignisse Gerüst und Halt, gewissermaßen das Skelett der Geschichte. Ihr Verständnis und ihre Bedeutung blieben den meisten »Protagonisten« oder »Opfern« weitgehend verborgen, obwohl sie deren Auswirkungen zu spüren bekamen. Dies änderte sich erst mit dem Aufkommen der Massenkommunikationsmittel, die eine Allgemeinbildung auch der breiten Bevölkerung voraussetzten. Nachdem wir diese Zusammenhänge skizziert haben, können wir nun versuchen, von der Geschichte des deutschen Volkes im 13. und 14. Jahrhundert zu sprechen.

Wie viele Deutsche gab es damals eigentlich? Vom 10. Jahrhundert bis zur Großen Pest im 14. Jahrhundert stiegen die Bevölkerungszahlen stetig an. Das Deutschland zur Zeit der Ottonen dürfte von kaum mehr als fünf Millionen Einwohnern bewohnt gewesen sein; beim Tod Ludwigs des Bayern (1347) betrug die Zahl auf einem Territorium, das durch die Ostkolonisation erheblich zugenommen hatte, eher zwanzig als fünfzehn Millionen. Dieses Wachstum war durch das Zusammenwirken mehrerer Faktoren möglich geworden. An erster Stelle stand eine Klimaverbesserung. Dank gestiegener Temperaturen konnten nun auch Gebiete unter den Pflug genommen werden, die vorher zu feucht oder zu lange verschneit waren.

Der Boden des damaligen Deutschland ernährte also deutlich mehr Menschen als vorher. Im Zuge des Landausbaus wurde die Acker- und Weidefläche ausgedehnt und der Wald zurückgedrängt. Die Urbarmachung im Innern des Reiches, die vom König, den Fürsten und Grundherren, den Bischöfen und Äbten, aber auch von Dorfgemeinschaften und einzelnen Familien vorangetrieben wurde, ging der Kolonisation der weiten Räume östlich der Elbe voraus und hielt noch lange an. Neue Agrartechniken, besonders die Verbreitung des Pflugs mit eiserner Pflugschar und die Verwendung des Jochs, mit dem Zugtiere vorgespannt werden konnten, erhöhten, wenn auch nur in Graden, die landwirtschaftliche Produktivität. Insgesamt waren die Erträge kümmerlich, verglichen mit heutigen Ernten. Im Mittelalter blieb die Landbevölkerung in Deutschland und anderswo stets von Hungersnöten bedroht, auch wenn durch den Anbau neuer Feldfrüchte, besonders verschiedener Rübensorten, die Abhängigkeit von der Getreideernte verringert wurde.

Mit der Entwicklung der Städte wurde auch der ländliche Raum langsam in den Handel einbezogen. Der Bauer arbeitete nicht mehr nur für sein eigenes Auskommen, sondern auch für den Markt der näheren Umgebung und manchmal sogar für fernere Märkte. So exportierten die baltischen Länder Weizen nach England. Dort hatte die rasche Entwicklung der Schafzucht, mit der der steigende Bedarf an Wolle gedeckt wurde, zu einer wachsenden Abhängigkeit von Getreideimporten geführt. Der Bauer verdiente nun Geld mit dem Verkauf der Früchte seines Ackers und obendrein mit der gewerblichen Tätigkeit der übrigen Familienmitglieder. Und er brauchte das Geld. Nicht nur, um sich Werkzeuge und unerläßliche Güter (zum Beispiel Salz) oder Waren seines Geschmacks zu kaufen, sondern vor allem auch, um die Abgaben zu bezahlen, die er dem Grundherrn und der Kirche schuldete und die in barer Münze entrichtet werden mußten. Das Geld aber verlor ständig an Wert. Die Grundherren, denen der Kaufkraftverlust nicht entging, versuchten mit allen Mitteln, den Verlust zu kompensieren. Sie griffen selbst auf Abgabenquellen zurück, die schon lange in Vergessenheit geraten waren. Weit mehr als die Bauern waren die Grundherren in die Geldwirtschaft hineingezogen worden. Immer neue Luxusgüter, die ein im Wachsen begriffener Fernhandel[14] ins Land brachte, stellten eine ständige Versuchung dar. Wer seinen Rang halten wollte, mußte den neuen Lebensstil und neue Moden mitmachen. Auch die heimische Produktion kunsthandwerklicher Waren stieg beträchtlich; überall in Deutschland blühte im 13. und 14. Jahrhundert eine sich spezialisierende Handwerkskultur auf: Gold- und Waffenschmiede, Maler, Steinmetze, Kunsttischler und Schneider für Prunkgewänder. Die bürgerlichen Kaufleute übertrafen an Reichtum und aufwendigem Lebensstil oft die an ihren Grund und Boden gefesselten Adligen. An den Fürstenhöfen wurden die Ratgeber und Rechtsgelehrten, die an den italienischen Universitäten studiert hatten, aber auch die Offiziere der neuen stehenden Heere zum großen Teil mit Geld bezahlt.[15] Mit dem Schwinden der Feudalordnung verloren die Grundherren ihre soziale Funktion, im Waffendienst für den Feudalherrn zu stehen, oder sie modifizierte sich doch beträchtlich. Wollten sie nicht ins Hintertreffen geraten, blieb ihnen oft nur eine Erwerbsquelle: die Abgabenlast »ihrer« Bauern zu erhöhen, also all derjenigen Untertanen, die nicht Ministeriale oder Offiziere im Dienst der Fürsten geworden waren.

Wir haben schon in karolingischer Zeit die Umwandlung der freien Bauernschaft in Vasallen und Leibeigene beobachtet, während gleichzeitig die Sklaverei verschwand. Der größte Teil der Landbevölkerung schuldete einem oder mehreren Grundherren Abgaben und Frondienste, die sich teils aus ihrem Stand, teils aus dem bebauten Acker ergaben. Bauern, die als Freie auf eigenem Grund und Boden wirtschafteten, waren selten geworden. Man fand sie fast nur noch in entlegenen, schwer zugänglichen Gebieten, wo sie eine Randexistenz führten: in den Alpentälern des alten römischen Rätiens (der heutigen Schweiz) und in Tirol, außerdem an der Nordseeküste, im früheren Sachsen, dem heutigen Niedersachsen (im Gegensatz zum oberen Sachsen der Wettiner um Wittenberg und Leipzig) und vor allem in Friesland. Die Existenz solcher Inseln bäuerlicher Freiheit, in denen auch »politische« Rechte fortbestanden, die allen anderen Bauern genommen worden waren (im Reichstag gab es keine Vertretung der Bauernschaft!), war den großen und kleinen Grundherren gleichermaßen ein Dorn im Auge. Sie setzten daher alles daran, die freien Bauern dem Los aller anderen Bauern zu unterwerfen, vor allem dort, wo sich Bauern zur Verteidigung ihrer angestammten Freiheit zu unabhängigen Bünden zusammenschlossen, die keinen anderen Herrn als den Kaiser anerkannten. Gegen eine dieser bäuerlichen Gemeinschaften, gegen die Bewohner des Stedinger Landes am Unterlauf der Weser, durfte im 13. Jahrhundert der Erzbischof von Bremen sogar mit päpstlicher Erlaubnis zum Kreuzzug aufrufen. Ein Heer von Adligen und Plünderern fiel mit dem Segen der Kirche über die freien Bauern her und metzelte sie nieder. Herzöge von Österreich, Nachfahren Rudolfs von Habsburg, stießen ihrerseits auf den Unabhängigkeitswillen freier Bergbauern, die untereinander Schutz- und Trutzbündnisse geschlossen hatten. Die freien Bauern der Kantone Schwyz und Uri schlugen die stattlichen Ritterheere der Habsburger gleich mehrmals. Die Herzöge, Könige und das ganze Reich mußten am Ende die Schweizer Eidgenossenschaft anerkennen. Im Verlauf des 14. Jahrhunderts dehnte sie sich rasch aus und verband sich mit den großen freien Städten Zürich, Bern und Basel. Im folgenden Jahrhundert stieg die Eidgenossenschaft zu einer beträchtlichen politischen und militärischen Macht auf, die unabhängig vom übrigen Reich ihren eigenen Weg ging.

Die Geschichte der Schweiz ist tatsächlich ein Fall für sich (ähnlich wie die Geschichte Tirols, wo die Bauern ihren Platz in der Ständevertretung der Grafschaft hatten). Im ganzen übrigen Deutschland lebten die Bauern, von wenigen Ausnahmen abgesehen, in verschiedenen Graden der Abhängigkeit. Während ihnen mehr oder weniger ein Recht auf Haus und Acker zustand, mußten sie in ihrem Recht, über sich selbst zu bestimmen, weitreichende Einschränkungen hinnehmen. Manchmal hingen sie gleich von mehreren Herren gleichzeitig ab: von einem oder mehreren Grundherren, von einem Gerichtsherrn, der über den Bauern oder über das Land die niedere und manchmal auch die hohe Gerichtsbarkeit ausübte, und der dieselbe Person wie der Grundherr sein konnte. Außerdem schuldete der Bauer der Kirche, also dem Pfarrer oder dem Kloster (das auch als Grundherr und sogar als Gerichtsherr auftreten konnte), den Zehnten und Frondienste. Diese Rechte konnte der Bischof oder Abt auch einem Vogt freiwillig oder gezwungenermaßen abgetreten haben. Der Vogt wiederum konnte sehr wohl noch andere Rechte über den Bauern haben. Zum Beispiel verfügte er als Leibherr über dessen Person und Familie. Der deutsche Bauer war also in einem Netz von Abhängigkeiten, Zwängen und Abgabenpflichten gefangen, das ihn mehr oder weniger stark je nach Region und Epoche knechtete. In den ersten Jahrhunderten der Ostkolonisation bekamen die Kolonisten in den Ostgebieten weitreichende Rechte. Sie verfügten über große persönliche Freiheit, hatten wenig Abgaben zu zahlen und wenig Frondienste zu leisten. Die Organisatoren der Ostkolonisation warben im Auftrag der Fürsten, des Deutschen Ordens, der Zisterzienser und Prämonstratenser[16] besonders die jüngeren Bauernsöhne an, für die auf dem elterlichen Hof kein Platz mehr war. Auch im früheren Sachsen und in Bayern hatten die Bauern noch Rechte, während ihre Lage im Südwesten nach der Zerstückelung der alten Herzogtümer und der starken Vermehrung der Grundherrschaften sehr viel drückender wurde.

Tatsächlich ist keine vereinheitlichende Darstellung der Lage der Bauern im Mittelalter möglich. Es genügt nicht, ihren rechtlichen Status zu beschreiben, auch die bäuerliche Lebenswelt muß einbezogen werden. Die Abhängigkeit vom Grundherrn wurde in gewisser Hinsicht durch die Einbindung des Bauern in die dörfliche und nachbarliche Gemeinschaft ausgeglichen. Die Dorfgemeinschaft verwaltete sich weitgehend selbst, sie wählte oft ihren Schulzen oder Bürgermeister, bewirtschaftete die Allmende, den Gemeindeacker, gemeinschaftlich, legte die Fruchtfolge fest und einigte sich über den Holzeinschlag im Gemeindewald. Sehr häufig übte sie auch die Gerichtsbarkeit aus, sofern es sich nicht um Vergehen handelte, die unter die Rechtshoheit des Grundherrn oder gar des Kaisers fielen. Der mittelalterliche Bauer war kein Einzelmensch, kein Individuum im modernen Sinn, vielmehr war er in einem Ausmaß, das uns Heutigen kaum vorstellbar ist, Teil einer Gemeinschaft, die ihn trug und schützte. Gewiß, auch in der deutschen Geschichte des Mittelalters gab es Bauernaufstände, aber die Feudalordnung ließ doch viel relative Autonomie zu. Die großen sozialen Bewegungen erschütterten die Bauernschaft erst, als der Fürstenstaat alle Bereiche der Gesellschaft seiner Herrschaft zu unterwerfen trachtete. Mit seinem Beamtenapparat, seinen Steuergesetzen und dem römischen Recht, das von staatlichen Gerichten angewendet wurde, brach er in die althergebrachten, auf germanischem

Gewohnheitsrecht beruhenden bäuerlichen Gemeinschaftsstrukturen ein und brachte sie zur Gärung.

Für die Historiker früherer Generationen waren die Bauern stumm, da sie keine Schriftkultur besaßen. Es ist eine Tatsache, daß die Literatur bis auf den heutigen Tag die kulturelle Leistung einer Minderheit für andere Minderheiten bleibt. Sie ist in einer »Hochsprache« geschrieben, die vielen Gruppen gemeinsam sein muß, und eben deshalb ist sie niemandes Muttersprache, sondern ein Kunstgebilde, ein Produkt von Konventionen, deren Regeln und Symbole erst mühsam erlernt werden müssen. Das mittelalterliche Deutschland hatte wie alle christlichen Nationen mindestens zwei geschriebene Literaturen, eine lateinische und eine deutsche. Unter dieser manifesten Literatur lebte jedoch noch eine geheime Literatur, die für viele folgende Generationen verborgen bleiben sollte. Die anonyme Literatur der mündlichen Überlieferung stellt eine unerschöpfliche Quelle dar, von der wir aber nur wenig wissen. Mit ihren Themen, Helden und Legenden versorgt sie die geschriebene Literatur mit Stoffen und Inspiration. Das mittelalterliche Volk besaß ein phänomenales Gedächtnis; es bewahrte über Jahrhunderte das Andenken an Ereignisse und Gestalten, die von der Geschichtsschreibung erst im 19. Jahrhundert mit wissenschaftlichen Methoden und dank systematischer Quellenvergleiche wiederentdeckt wurden. Die Gebildeten und Schriftkundigen des 12. Jahrhunderts wußten so gut wie nichts über die Völkerwanderung, die neun, acht oder sieben Jahrhunderte vorher stattgefunden hatte. Doch die literarisch gestalteten Heldenlieder nutzten die Volksüberlieferung und erzählten von den Hunnen und ihrem König Attila, von den Ostgoten und Theoderich (Dietrich von Bern), von den Burgunden an ihren alten Wohnsitzen am Rhein, ehe sie nach Süden ins »Burgund« aufbrachen. Im Volk beliebte Lieder, Gedichte, Erzählungen und Legenden wurden über Generationen von Spielleuten und Barden ausgeschmückt und immer neu vorgetragen. Manche ihrer Themen fanden im 13. Jahrhundert Eingang in die »hohe« Literatur, während das Volk sie weiter auf seine Art nutzte. Erst im Spätmittelalter wurden dann auch volkstümliche Fassungen aufgeschrieben und sogar gedruckt. In einer immer zivilisierter werdenden Welt beschränkte sich die Zahl der Schriftkundigen nicht mehr auf die Geistlichen, einige große Gelehrte und deren engste Mitarbeiter. Die hohe Literatur des 13. Jahrhunderts war aristokratisch und geistlich, diejenige des 14. und 15. Jahrhunderts war dazu auch bürgerlich. Erstaunlicherweise, aber andererseits nur logisch, war die Literatur des Hochmittelalters zu diesem Zeitpunkt fast gänzlich verschwunden. Niemand kannte mehr das »Nibelungenlied«, das erst in der zweiten Hälfte des 18. Jahrhunderts wiederentdeckt wurde, während die Prosaerzählung vom »hürnen Seyfried« als Volksbuch fast bis in unsere Tage hinein fortlebte.

Das Fortleben der mündlich überlieferten Stoffe und Legenden hing ohne Zweifel damit zusammen, daß zum einen eine volkssprachliche, für das Volk geschriebene Literatur fehlte und zum anderen soziale Strukturen vorhanden waren, in denen die Tradition der Spielleute oder das Erzählen im Familien- oder Dorfverband gepflegt wurde. Von alledem existiert heute nichts mehr. Die Massenmedien bieten einen künstlichen Ersatz für das kollektive Gedächtnis, während die Kleingesellschaften, in denen an langen dunklen Winterabenden Erzähltraditionen gepflegt wurden, ganz verschwunden sind. Ob in Frankreich oder Deutschland, die bäuerliche Lebenswelt vor sechzig oder siebzig Jahren war dem Mittelalter noch sehr viel näher, als es die Generation der Enkel heute ist.

Es spricht einiges für die Annahme, daß soziale Prozesse, die zur Reife gekommen waren, Voraussetzung für die Blüte der deutschen Literatur in der zweiten Hälfte des 12. und der ersten Hälfte des 13. Jahrhunderts waren. Ein erstes klassisches Zeitalter war erreicht: lange Regierungszeiten, die für Thron und Land gleichermaßen ruhmvoll waren, Fortschritte in der Entwicklung einer städtischen Kultur und ein wachsender Handel. Von der Dynamik und dem Unternehmungsgeist der Epoche künden die Kreuzzüge und die Ostkolonisation, vor allem aber die rasche Zunahme und Intensivierung der internationalen Beziehungen. Die neuen geistigen Horizonte, die sich damit öffneten, waren zum Teil eine Frucht der Kreuzzüge, zum anderen Teil gingen sie auf die Kriege und Eroberungen der Stauferkaiser in Italien zurück, die das normannische Sizilien erwarben. Die Höfe der Könige, Fürsten und Bischöfe entwickelten sich zu geistigen Zentren, in denen ein Austausch kultureller Einflüsse, neuer Kenntnisse und Ideen stattfand. Gleichzeitig erlebte der Westen, der keine wirklichen inneren und äußeren Grenzen mehr kannte, eine reiche literarische Produktivität in den verschiedensten Gattungen wie Epos, Roman, höfische Dichtung, politische und polemische Schriften, Reiseberichte, Werke der spekulativen Geschichtsschreibung und, was nicht den geringsten Teil ausmachte, Zeugnisse mystischer Introspektion. Der unbekannte Verfasser des »Nibelungenliedes« gestaltete heidnische Legenden der mündlichen Tradition aus der Zeit der Völkerwanderung zu einem Epos in der Hochsprache. Das »Gudrunlied« stammte aus dem nordischen Sagenkreis. Das Lied von König Rotger stellte die legendenhafte Ausschmückung der Taten der Normannen im Mittelmeer dar. In den Klosterbibliotheken wurde der antike Stoff um Alexander den Großen wiederentdeckt und neu verarbeitet. Aus Frankreich kamen der Sagenkreis um König Artus und seine Tafelrunde und der gesamte keltische Gralszyklus nach Deutschland, wo sie übersetzt und neu gestaltet wurden; gleiches trifft auf den Zyklus um Guillanme d'Orange zu, der im Deutschen zu Willehalm wurde. Wolfram von Eschenbach (um 1170– um 1220) war alles andere als nur ein Bearbeiter bekannter Stoffe; er war ein schöpferischer Dichter, der im Deutschland der Stauferzeit die Themenkreise um Parzival und Titurel heimisch machte, die keltischen Ursprungs waren und über das höfische Frankreich vermittelt wurden. Nicht anders war der Verfasser des »Nibelungenliedes« verfahren, der die sehr alten Legenden mit der Geschichte des 5. und 6. Jahrhunderts vermengte und ihnen eine »aktualisierte«, höfische Form gab. Walther von der Vogelweide (um 1170– um 1230) beherrschte alle lyrischen Genres: das kunstvoll gesponnene Volkslied und das religiöse Gedicht, das Minnelied und das antirömische, antiklerikale und welschenfeindliche Pamphlet. Letzteres schrieb er im Dienste von König Philipp, aber auch aus einem Nationalbewußtsein heraus, das sich gegen die päpstlichen Machtansprüche wehrte. Gewiß will ich hier keine literaturhistorische Namensliste aufstellen, jedoch auf das jähe Ende dieser so reichhaltigen, machtvollen und ruhmreichen Blüte hinweisen, ein tragisches und erstaunliches Abbrechen. Die erste klassische Epoche der deutschen Literatur dauerte nur ein halbes Jahrhundert. Warum? Nach dem Untergang der Staufer gab es noch in vielen Fürstentümern prächtige Höfe. Die vorhandenen sozialen Strukturen und der Grad ihrer Entwicklung erklären nicht alles. Gegen Ende der ersten Hälfte des 13. Jahrhunderts brach eine neue Zeit an, ein neues Lebensgefühl kam auf. Der Niedergang des Reiches ist auch eine nationale Niederlage mit all ihren Demütigungen, Wirren und Unsicherheiten. Der politische Horizont der Territorialfürstentümer war nicht mit der Herrschaft über den Erdkreis vergleichbar, der *Imperator* mit universalen Ansprüchen eröffnete dem Geist andere Dimensionen als der Hof eines Landgrafen von Thüringen, mochte dieser auch ein großer Freund der Künste sein.[17] Die Kirche, die immer tiefer in die Politik verwickelt wurde, enttäuschte und ängstigte die um ihr Seelenheil besorgten mittelalterlichen Menschen. Diese deuteten denn auch das Scheitern der Kreuzzüge als einen fatalen göttlichen Richtspruch.

Ende des 13. Jahrhunderts begann in Deutschland die große Tradition der deutschen Philosophie. Am Anfang stand Meister Eckhart (um 1260–1328), Theologe und Prediger. Er trat als Denker einer Einheit des Kosmos auf, die für die christliche Philosophie nicht selbstverständlich ist. Seine Predigten in deutscher Sprache zählen wie die Epen Wolframs von Eschenbach und die Gedichte Walthers zu den größten Schöpfungen eines Sagens, das noch nicht Literatur ist und es auch nie werden wird. Vor ihm war schon Albertus Magnus, Graf von Bollstädt, aufgetreten (um 1200 – um 1280) – der Meister Albert, Maître Aubert, der der Place Maubert im Pariser Quartier latin ihren noch heutigen Namen gegeben hat, ein Dominikaner wie Eckhart, dessen Werk ganz der Gelehrsamkeit verpflichtet und ausschließlich in Latein verfaßt war. Nach Meister Eckhart gewann eine weniger spekulative, das Gefühl ansprechende Mystik an Bedeutung. Ihre Vertreter waren Johannes Tauler (um 1300–1361), ein sehr populärer Dominikanerprediger, und Heinrich Seuse (um 1295–1366), ebenfalls ein Dominikaner, der vor allem als Seelsorger wirkte und mystische Intuition mit dem Zauber höfischer Minnelyrik verband. An dieser Stelle muß auch von der raschen Ausbreitung der neuen Bettelorden in Deutschland die Rede sein, bei der die Dominikaner als religiöse Denker, Prediger und Lehrer einen ungeheuren Erfolg hatten. In enger Abstimmung mit dem französischen Zweig des Ordens wurden im Süden und Südwesten Deutschlands, von Köln bis Regensburg und Wien, zahlreiche neue Klöster gegründet. Damit setzte sich die mittelalterliche Kirchenreform nach zwei, drei und vier Jahrhunderten Abstand erneut fort. Im 10. Jahrhundert war ihr Ausgangspunkt Cluny gewesen, im 12. Jahrhundert waren es Cîteaux und Prémontré, im 13. und vor allem im 14. Jahrhundert Assisi und Prouille bei Toulouse, wo der Dominikanerorden gegründet wurde. Von den genannten fünf Orten sind vier französischen Ursprungs. Das religiöse Leben in Frankreich strahlte im Hochmittelalter auf die Nachbarländer aus. Die Zisterzienser und Prämonstratenser spielten eine große Rolle in der deutschen Ostmission, wovon auch heute noch viele prächtige Abteien in Brandenburg, Mecklenburg, Pommern und dem einstigen Preußen künden. Die höfische Epik und Lyrik des französischen und keltischen Westens wurde auch an deutschen Höfen rezipiert und gab Anlaß zu eigenständigen und originär deutschen Werken der Dichtung. Nicht anders verhielt es sich mit Architektur und Bildhauerei. Die Kunst der Romanik und Gotik, die ursprünglich aus Frankreich kam, fand in Deutschland eine unverwechselbare Ausprägung. Auch die normannische Kunst hinterließ ihre Spuren in der deutschen Kunst und Architektur der Stauferzeit, im Stil der Epoche Kaiser Friedrichs II.

Zeittafel

1338   Der von den deutschen Kurfürsten gebildete Rhenser Kurverein proklamiert die Unabhängigkeit des deutschen Königs von der päpstlichen Zustimmung. Ein Reichsgesetz legt diese Unabhängigkeit auch für die Kaiserwürde fest.

1346   Markgraf Karl von Luxemburg wird als Karl IV. zum König gewählt.

1347   Tod Kaiser Ludwigs des Bayern.

8. Kapitel

Die Große Pest und die Krise der Kirche

1347–1437

Von Anbeginn ist die Menschheit auf ihrem Weg durch die Zeit immer wieder von Seuchen heimgesucht worden. Die Geschichte der Seuchen ist auf geheimnisvolle Weise Teil der Menschheitsgeschichte. So gab es Epochen, in denen es zu besonders heftigen Ausbrüchen kam. Die bei weitem schrecklichste Plage, zumal sie über eine Menschheit hereinbrach, die über die Ursachen der Krankheit und über ihre Heilung so gut wie nichts wußte, ist wohl bis heute die Beulenpest geblieben. Der »Schwarze Tod«, wie die Seuche auch genannt wurde, versetzte die Menschen in Schrecken durch seinen fulminanten Verlauf, durch die ungestüme Macht, mit der er die Kranken niederwarf, aber auch durch die gräßlichen Entstellungen, mit denen er sie schlug. Die Haut der Infizierten bedeckte sich mit schwärzlichen Flecken. In den Achselhöhlen und in der Leistenbeuge wuchsen Ganglien, die sogenannten Pestbeulen, die sich mit Eiter füllten und dann aufbrachen. Die Pest hatte zum erstenmal im 7. Jahrhundert in Europa gewütet, doch ist uns von dieser Katastrophe nur wenig überliefert. Es kann allenfalls vermutet werden, daß die Seuche durch die große Zahl der Opfer nicht wenig zum Zusammenbruch der antiken Zivilisation beigetragen hat, die damals in vielen Ländern des Kontinents ihrem Ende zuging. In den folgenden Jahrhunderten erreichten die Pestepidemien nicht mehr das Ausmaß einer weltweiten Katastrophe. Sicherlich fand sich die Pest auch unter den epidemisch auftretenden Fieberseuchen, die regelmäßig in den deutschen Heeren in Italien oder unter den Kreuzfahrern in Kleinasien grassierten, obwohl diese Epidemien wahrscheinlich eher dem Krankheitsbild von Typhus oder Cholera entsprachen, wie wir aus zeitgenössischen Berichten entnehmen können. Mitte des 14. Jahrhunderts kam es nach rund siebenhundert Jahren wieder zu einem massiven Ausbruch der »Großen Pest«. Da in der Zwischenzeit die Schriftkultur große Fortschritte gemacht hatte, sind wir in der Lage, die Spur der Seuche bei ihrem neuerlichen Auftreten genau zu verfolgen. Für die Europäer nahm die Seuche in den Häfen an der Nordküste des Schwarzen Meers ihren Anfang. In den alten griechischen Städten auf der Krim und am Hellespont endeten die Karawanen oder blutigen Beutezüge aus Zentralasien. Seitdem die Kreuzfahrer 1204 die Reste des

Byzantinischen Reiches unter sich aufgeteilt hatten, waren diese Städte zu genuesischen Handelsniederlassungen geworden. Die Pest gelangte auf italienischen Schiffen nach Sizilien und Ligurien. Im Jahr 1347 wurde sie nach Italien eingeschleppt. Binnen zweier Jahre breitete sie sich in ganz Europa bis hinauf nach Schottland, Skandinavien und Rußland aus. Krieg und Handel, aber auch Pilgerzüge förderten die Verbreitung der Seuche. In wenigen Tagen, manchmal sogar nur Stunden, fiel ihr die Bevölkerung ganzer Landstriche und Städte zum Opfer. Manche Regionen wurden entvölkert, andere blieben wie durch ein Wunder verschont. In Deutschland überzog die Pest das Rheintal und ganz Süddeutschland (Schwaben, Franken und Bayern), Sachsen und die Ostgebiete an der Grenze zu Polen, während der Nordwesten weitgehend unberührt blieb. Aus dem geschichtlichen Abstand betrachtet, stellt die Große Pest um die Mitte des 14. Jahrhunderts zusammen mit dem Dreißigjährigen Krieg und der Vertreibung der deutschen Bevölkerung aus den Ostgebieten in den Jahren 1945–1946 eine der größten Katastrophen in der deutschen Geschichte dar. Schätzungen zufolge soll die Todesrate bei den von der Seuche Befallenen durchschnittlich 50 Prozent betragen haben. Das aber bedeutet, daß ihr in manchen Landstrichen drei Viertel oder gar die gesamte Bevölkerung zum Opfer fiel. Die Verluste wogen um so schwerer, als sie innerhalb einer sehr kurzer Zeitspanne auftraten. Die Überlebenden mußten mit ansehen, wie nacheinander ihre Eltern, Freunde und Nachbarn an der Seuche starben. Ein großer Teil der Dörfer und Weiler, die seit dem 11. Jahrhundert auf Rodungen, kargen Böden oder in Bergregionen angelegt worden waren, verschwand nun ganz, da die Überlebenden solche Siedlungsgebiete vorzogen, die fruchtbarer und leichter zugänglich waren. Auch heute noch kann man in Waldgebieten auf Reste menschlicher Siedlungen stoßen, die irgendwann einmal verlassen wurden. Solche »Wüstungen« hat man früher für Reste von zerstörten Dörfern aus dem Dreißigjährigen Krieg gehalten. Tatsächlich waren viele solcher Siedlungen aber schon im 14. Jahrhundert aufgegeben worden. Weil die Bevölkerung zurückging, eine direkte Folge der Pestepidemie, wurden jedoch nicht nur die jüngsten Rodungen auf klimatisch und geologisch weniger günstigem Terrain aufgegeben, auch die Ostkolonisation kam fast vollständig zum Erliegen. Der Siedlungsstrom von West nach Ost versiegte schlagartig. Von wenigen Ausnahmen abgesehen, etwa der Einwanderung deutscher Bergleute nach Böhmen und in die Slowakei, breitete sich die deutsche Sprache seit Mitte des 14. Jahrhunderts nur noch durch innere Germanisierung der slawischen Bevölkerung aus – in Brandenburg, Holstein, Mecklenburg, Pommern, Pomerellen und Schlesien und den baltischen Volksgruppen in Preußen. Der fehlende Bevölkerungszustrom veränderte das Kräfteverhältnis überall an den Ostgrenzen. Die Deutschen, an erster Stelle der Deutsche Orden und die Hanse, gerieten nun in die Defensive, während die Staaten der Polen, Tschechen, Litauer, Ungarn und selbst der Russen in kultureller, politischer und militärischer Hinsicht auf raschem Vormarsch waren. Zu Beginn des 15. Jahrhunderts wurde dem Deutschen Orden seine erste große Niederlage durch das vereinte Heer der Polen und Litauer beigebracht. Zur gleichen Zeit brach im tschechischen Volk die hussitische Revolution aus, die unter anderem auch eine nationale Reaktion auf die deutsche Kolonisation war.

Der Schwarze Tod versetzte die Menschen in Furcht und Schrecken. Tief erschüttert, zweifelten manche an der Güte der Vorsehung, andere suchten nach menschlichen Ursachen für den vermeintlich göttlichen Zorn. Überall in Europa, vor allem aber in Deutschland, traf man Flagellantenzüge, die mit Selbstgeißelungen die Gnade des Allmächtigen zu erwirken hofften und sich dabei auch Ausschreitungen aller Art zuschulden kommen ließen. Wie hätte man auch der Versuchung widerstehen können, die Erklärung für das Unbegreifliche im Naheliegenden zu suchen und Sündenböcke zu benennen? Feinde Gottes und der Menschheit gab es in der Nachbarschaft, sie boten sich dem Rachedurst als Opfer an, zumal sie nicht unvermögend waren und man ihrer leicht habhaft werden konnte: Die Juden mußten es gewesen sein, Fremde, anders gar als alle anderen Fremden. Vielen schienen sie nicht geheuer, folglich wurde ihnen alles zugetraut. Der Schwarze Tod löste eine Pogromwelle aus, in deren Verlauf es zu Morden, Plünderungen, Konfiskationen und Vertreibungen kam. Es war die zweite große Judenverfolgung nach den Massakern zu Beginn der Kreuzzüge. Die Juden, so hieß es, hätten die Brunnen vergiftet und damit die Seuche erst ausgelöst. Daher sei es nur recht und billig, sie mit ihrem Besitz und ihrem Leben für diesen Frevel büßen zu lassen. Diesmal konnten die Juden nicht mehr auf den kaiserlichen Schutz und den der Bischöfe zählen, der vielen in der Zeit der Kreuzzüge das Leben gerettet und ihnen ein Mindestmaß an Sicherheit gewährt hatte. In Nürnberg kauften die Juden für teures Geld kaiserliche Schutzbriefe, worauf der Magistrat der Stadt für nicht weniger teures Geld von Kaiser Karl IV., diesem Humanisten auf dem Thron, das Recht zur Aufhebung der Schutzbriefe erkaufte, die er selbst ausgestellt hatte. Als die Nürnberger dann ihre jüdischen Mitbürger niedergemacht und verbrannt hatten, forderte und erhielt der Kaiser seinen Anteil am nachgelassenen Besitz der Pogromopfer. So oder ähnlich ging es in vielen deutschen Städten zu. Die Überlebenden – denn es gibt immer oder fast immer Überlebende, nur selten ist eine Katastrophe total – flüchteten nach Polen und Litauen, wie vor ihnen ein Teil ihrer Leidensgenossen, die Ende des 11. Jahrhunderts den Pogromen während der Kreuzzüge entkommen waren. Die dortigen Herrscher meinten nicht ohne Grund, daß ihnen der Zustrom so vieler weltläufiger, gebildeter und beruflich qualifizierter Menschen, Kaufleute, Ärzte und Handwerker, die alle auf Schutz angewiesen waren, nur Nutzen bringen könne. Das vom Schwarzen Tod heimgesuchte Deutschland war damals zum erstenmal so gut wie »judenrein«, um es mit einem Ausdruck zu sagen, den sechshundert Jahre später die Urheber des größten Pogroms der Geschichte prägten. Die Ostjuden, deren Vorfahren in der Mehrheit eben jene Pogromflüchtlinge waren, haben bis in unsere Zeit hinein eine Sprache und ein Brauchtum bewahrt, das zum großen Teil aus dem mittelalterlichen Deutschland stammt.

Die Pest raffte die Menschen hinweg, ließ aber die Natur und die unbelebten Dinge unberührt. Auf dem Land mußte der Ackerbau auf die geringere Nachfrage umgestellt werden, unrentable Höfe oder Anbauflächen wurden aufgegeben. Andererseits war auch eine Konzentration zu beobachten; Erben, Grundherren oder Nachbarn eigneten sich den Grund und Boden an, der nach dem Tod der Pestopfer herrenlos geblieben war. Weniger Besitzer teilten sich kleinere, aber rentablere Anbauflächen. Zur Bewirtschaftung brauchte man Arbeitskräfte, die nach der Seuche knapp und teuer geworden waren. Die Lohnkosten in der Landwirtschaft stiegen, während die Preise für Nahrungsmittel zusammenbrachen, weil ein Großteil der städtischen Kundschaft gestorben war. Um Bauern und Pächter bei der Stange zu halten, mußten die Grundherren günstigere Bedingungen für die Bewirtschaftung einräumen oder zu Zwangsmaßnahmen greifen. In manchen Regionen wirkte sich die Pest insofern günstig für die Bauern aus, als ihre Abgaben und Frondienste erheblich gekürzt wurden; in anderen hingegen beschleunigte sie nur die Entwicklung zur allgemeinen Leibeigenschaft. Die Städte, in deren Mauern die Seuche stärker gewütet hatte als auf dem Land, zogen die Überlebenden an, und diese Wanderbewegung vom Land in die Stadt verknappte die Arbeitskräfte in der Landwirtschaft noch mehr. Außerdem verschlechterte sich gegen Ende des 13. Jahrhunderts erneut das Klima in Europa. Nach einer langen Epoche milder Durchschnittstemperaturen wurde es wieder unwirtlicher, kälter und regnerischer. Die erneute Abkühlung, in deren Folge furchtbare Sturmfluten über die Ostfriesischen Inseln und die holsteinische Nordseeküste hereinbrachen und ganze Landstriche vom Meer verschlungen wurden, führte zu den gleichen bereits genannten Ergebnissen, zur Verkleinerung der Anbaufläche und zum

Rückgang des Ertrags, der im Vergleich zu heute sowieso schon kümmerlich genug war.

In der Stadt hatte die Pest verheerender gewütet als auf dem Land, da die hygienischen Verhältnisse schlecht waren und sich viele Menschen auf engem Raum drängten. Die Ansteckungsgefahr war in der Stadt bedeutend größer als auf dem Land. Oft gab es nicht einmal genügend rüstige Einwohner, um die Leichen der Pestopfer, deren Verwesung neue Gefahren heraufbeschwor, möglichst rasch zu begraben. Auch in der städtischen Wirtschaft hatte die Seuche die gleichen Folgen wie auf dem Land – Arbeitskräftemangel und Preisverfall wegen geringerer Nachfrage –, aber das Phänomen der Konzentration fiel ungleich markanter aus. Die Erben oder Nachbarn gelangten in den Besitz großer materieller Werte. Rohstoffe, Werkzeuge, Fertigwaren, Edelmetalle, Schmuck und Münzen waren leicht zu transportieren und ebenso leicht in Geld umzusetzen. Die Pest wurde auf diese Weise zum Ursprung vieler großer »bürgerlicher« Vermögen. Die glücklichen Überlebenden und ihre Nachkommen legten das so zusammengefaßte Kapital neu an und ließen es nach ihren Plänen arbeiten. Der im 15. und 16. Jahrhundert beginnende Aufschwung einer Frühform des Kapitalismus, der sich im Finanzgeschäft, im Manufakturwesen und sogar im Bergbau entfaltete, ist durch die Vermögenskonzentration in der zweiten Hälfte des 14. Jahrhunderts beträchtlich erleichtert worden, eine Konzentration, deren Auslöser die Pest war.

Schon vor dem Ausbruch der Großen Pest hatten religiöse und mystische Themen eine herausragende Rolle in der deutschen Literatur gespielt, nachdem die höfische Kultur mit dem Untergang der Staufer allmählich erloschen war. Das Nachdenken über Sinn und Dasein des Menschen und sein Verhältnis zum göttlichen Willen, die Suche nach dem persönlichen Heil, die Beunruhigung durch existentielle Not, das alles hatte die Menschen schon vorher beschäftigt, aber nach der schrecklichen Prüfung durch die Seuche gewann dieser Hang zum metaphysischen Grübeln noch an Intensität. Die Seuche verschwand übrigens nicht so plötzlich, wie sie gekommen war. Meereswellen gleich, die anbranden und wieder zurückrollen, schlug die Pest immer wieder zu, gewährte den Menschen Zeiten der Schonung, um dann nach Monaten oder Jahren mit doppelter Heftigkeit wieder über sie hereinzubrechen. Dann litten die Menschen erneut unter Angst und Grauen, sie zweifelten und sehnten sich nach Geborgenheit und Heil. Die Unsicherheit der menschlichen Existenz und die Bedrohung durch einen grauenhaften Tod machten mehr denn je den Grundton ihres täglichen Lebens aus.

Während dieser schrecklichen Jahre erhob im Osten der Islam erneut das Haupt. Das Osmanische Reich der Türken – ein Volk, das erst kürzlich aus den Steppen Asiens gekommen war – trug mit jungen Kräften eine neue Offensive vor. Das Byzantinische Reich, das sich nach dem Überfall der fränkischen Kreuzfahrer auf Konstantinopel 1204 nur mühsam wieder aufgerichtet hatte, sah sich zu Beginn des 14. Jahrhunderts auf wenige Regionen um den Bosporus und das Marmarameer zurückgedrängt. Die Türken überschritten die Dardanellen, setzten sich auf dem europäischen Kontinent fest und machten so Konstantinopel zur Enklave. Bald hatten sie auch den Balkan erobert und bedrohten Mitteleuropa. Gegen Ende des Jahrhunderts, 1396, brachten sie einem großen europäischen Heer unter der Führung des ungarischen Königs Sigismund, des jüngsten Sohns Karls IV. und künftigen Kaisers, eine vernichtende Niederlage bei (Schlacht bei Nikopolis).

Von der Pest und den Türken in zweifacher Weise bedrängt, begannen die Christen, ihr Selbstverständnis in Frage zu stellen. Der franziskanische Geist hatte bei seinen kompromißlosen Vertretern, den sogenannten Spiritualen, überdauert. Dieser Geist befand sich mit seinem Anspruch auf Reinheit in Opposition zur Weltlichkeit und stellte eine Herausforderung für die Kirche dar, die schon lange eine weltliche Macht erster Ordnung geworden war. Die »deutsche Mystik« der Dominikaner Johannes Tauler und Heinrich Seuse, die als Prediger und Beichtväter gewirkt hatten, entwickelte sich in der Begegnung mit anderen Geistesströmungen fort. Dank der allen Denkern der Zeit gemeinsamen lateinischen Sprache erhielten sie Kenntnis von den Gedanken eines Wilhelm von Ockham, John Wyclif und Jan Hus. Dieses fieberhafte intellektuelle Klima blieb nicht ohne Einfluß auf das Volk und regte dort sowohl offene Ketzereien als auch kontemplative Lebensformen an. Ein Beispiel für letztere waren die Brüder und Schwestern vom gemeinsamen Leben. Sie erregten kaum den Verdacht der Inquisition, dafür aber um so mehr die in ihrer Frömmigkeit auf weltliches Wirken zielenden Beginen und Begarden. Thomas von Kempens »Nachfolge Christi«, die Spekulationen Jan van Ruysbroeks, aber auch Johannes von Tepls bescheidene, aber gleichwohl geistlich anrührende Todesmeditation »Der Ackermann aus Böhmen« zeugen von einer Spiritualität, die sich durch Gebet, Askese, Kontemplation, aber auch durch gute Werke von den Schrecken befreien wollte, die auf den Menschen jener Zeit lasteten.

Eine tiefgehende geistige Verbindung entwickelte sich zwischen der neuen innerlichen und oft geheimen Frömmigkeit und der bürgerlichen Existenz der Handwerker und Kaufleute. Das spirituelle Interesse befruchtete auch das wachsende Wissen von Handel und Finanzen, das aus

Italien kommend nun auch die deutschen Städte erreichte (die Kaiser-
fahrten nach Italien, die im 14. Jahrhundert wieder fortgesetzt wurden,
vermehrten die Kontakte zwischen den beiden großen Reichsteilen). Der
Bürger, der sich in die »Nachfolge Christi« vertiefen oder seine Buchführung verbessern wollte, mußte sich die Grundlagen der Schriftkultur
aneignen, er mußte sich bilden. Lange vor Luther waren in Deutschland
Dutzende von Bibelübersetzungen im Umlauf. Die neue Frömmigkeit und
die doppelte Buchführung sind der Ursprung des Humanismus der Reformationszeit, aber auch des enormen Anstiegs von Reichtum und
Macht der Städte in Schwaben, Franken und am Oberrhein in der zweiten Hälfte des 15. Jahrhunderts.

Um 1400 ging jedoch immer noch der Schwarze Tod um und suchte
sich seine Opfer. Totentanzdarstellungen folgten in Europa den lichten
Harmonien der Kathedralen und der eindrucksvollen Majestät der Kaiserpfalzen und Königsburgen. Der Tod als höhnisch grinsender Knochen-
mann konkurrierte nun mit den lieblichen Madonnenbildnissen, die auf
ihre Weise vom neuen Vorrang des Gefühls zeugten. Die Menschen erfuhren sich mehr und mehr als Individuen, die ständige Präsenz des Todes
bildete auch einen Anreiz, den Augenblick, das Einmalige zu genießen.
In der Kaufmanns- und Bürgerkultur dominierte das Individuum, während die bäuerliche Lebensordnung auf der Gemeinschaft ruhte. Wie wir
bereits gesehen haben, hat die Pest den Frühkapitalismus gefördert. Geld
steht in enger Beziehung zum überraschenden, zum massiv zuschlagenden
Tod, der nicht auf seine Stunde wartet. Überleben, genießen und profitieren – diese Reaktionen führten die Zeitgenossen dazu, die Verbote der
offiziell herrschenden mittelalterlichen Moral (die nie ganz respektiert,
gegen die aber bis dahin nie offen und ohne Scham verstoßen wurde)
zu übertreten. Neue Perspektiven eröffneten sich dem Handel wie der
Frömmigkeit, der kapitalistischen Spekulation wie dem metaphysischen
Denken, dem Glauben wie der Gottlosigkeit. Im Italien der Vorrenais-
sance bildete die Pest den Hintergrund für Boccaccios Novellensammlung
»Decamerone«, deren erste deutsche Übertragung um 1471 erschien.

Karl IV. war 1346 zum Gegenkönig gewählt worden. Sein jüngster Sohn,
Kaiser Sigismund, starb 1437, ohne einen männlichen Erben zu hinterlassen. Unter Karl und seinem älteren Sohn Wenzel war Prag fünfzig
Jahre lang die Hauptstadt des Reiches. Im Anschluß daran sollte das
tschechische Böhmen zum Ausgangspunkt für die erste große revolutionäre Volksbewegung werden, die nationale, soziale und chiliastische Ziele verfolgte. Karl, der in Italien zum Römischen Kaiser und in Arles zum
König von Burgund gekrönt wurde, der einen französischsprachigen Va-

ter und eine tschechische Mutter hatte, war vor allem ein großer deutscher Herrscher, wenn auch auf ganz andere Art, als es die Könige und
Ritter eines nunmehr überlebten Mittelalters waren. Er war ein geschickter, listenreicher Diplomat, ein gewissenhafter, tüchtiger Organisator seines Reiches, ein Finanzmensch, der eine kluge Heiratspolitik dem Kriegführen vorzog, ein Sammler von Kunstwerken und Reliquien, ein
humanistisch gebildeter und nachdenklicher Mensch (Karl war der erste
deutsche Kaiser, der eine Autobiographie verfaßte), ein Mann, der fromm
und verschlagen, hart und abergläubisch zugleich war. Ihm verdankten
Prag und Böhmen ihren beträchtlichen wirtschaftlichen und kulturellen
Aufschwung, als dessen weithin sichtbares Zeichen die Gründung der
Universität Prag galt, der ersten auf nördlich der Alpen liegendem Reichsgebiet. Für das Deutschland im modernen Sinn war Karl vor allem der
König der »Goldenen Bulle«, der von ihm initiierten grundlegenden Ver-
fassungsurkunde. Wie sein Vorgänger verfolgte auch er eine kontinuier-
liche Erwerbspolitik zur Stärkung seiner Hausmacht. Zu Böhmen und
Mähren gewann er die Lehnshoheit über die schlesischen Herzogtümer
hinzu, die sich von Polen gelöst hatten, außerdem die Markgrafschaft
Brandenburg. Auf diese Weise verfügte das Haus Luxemburg über zwei
Kurfürstenstimmen, diejenigen Böhmens und Brandenburgs, und mehrere Jahrzehnte sogar über eine dritte, die Stimme des Erzbistums Trier,
das lange bei Balduin, dem Bruder des verstorbenen Kaisers Heinrich VII.
und Großonkel Karl, in festen Händen war. Karl, dessen Ambitionen
lange Zeit auf den polnischen Thron gerichtet waren, verheiratete seinen
jüngeren Sohn Sigismund mit der Erbin der ungarischen Krone. Von Prag
aus gesehen sind die Weichsel und die Theiß ebenso nahe wie der Rhein,
wenn nicht näher. Während aber der Kaiser in Polen beschäftigt war,
schwand sein Einfluß in Italien. In Schwaben konnte er sich nur dadurch
Autorität verschaffen, daß er die Vermittlung der Fürsten oder der verbündeten Reichsstädte in Anspruch nahm. Seine Macht und sein Reichtum beruhten auf seinem umfangreichen Hausgut, aber gerade das Hausgut zwang ihn zu einer »Ostpolitik«, für die es im Reich weder
Parteigänger noch Verbündete gab. Als friedliebender Herrscher und als
Freund der Künste war Karl selbstverständlich auch der Freund und
Schutzherr der Städte, sofern es die Rücksichten, die er gewissen Fürsten
schuldete, erlaubten oder sofern die Städte über hinreichend Macht verfügten, so daß ein Bündnis mit ihnen für den Kaiser politisch und finanziell von Vorteil war.

Karl, der Kandidat des Papstes gegen Ludwig den Bayern, hatte mit
der Goldenen Bulle jede Einmischung Roms in die deutsche Reichspolitik
ein für allemal ausgeschlossen. Wir dürfen darin eines der Daten sehen,

die das Ende des Mittelalters markieren. In seiner langen Regierungszeit (er starb 1378) versank die Kirchenorganisation immer mehr im Chaos, ohne daß der Kaiser dies hätte verhindern können. Avignon ist das Zeichen für die französische Vorherrschaft über die universale Kirche. Aber das Frankreich des Hauses Valois, dessen Kraft im Hundertjährigen Krieg mit England dahinschwand, besaß nicht die Macht, einen so hohen Anspruch durchzusetzen. Diesen hatte auch Deutschland in den Zeiten der alten Kaiserherrlichkeit nicht auf Dauer verwirklichen können. Rom und die italienischen Herrschaften der Kirche gehorchten ihrem fernen Souverän, der zudem Franzose, also Ausländer war, nur widerwillig oder gar nicht. Ihre Forderung, der sich die meisten italienischen Kardinäle anschlossen, lautete auf Rückkehr des Heiligen Stuhls nach Rom. Gegen den französischen Einfluß machten auch noch andere Interessen Front. Da waren die alten und neuen Fürsten, die sich nach und nach ausgedehnte Ländereien in Oberitalien aneigneten; weiterhin die in Neapel herrschenden Könige aus dem Hause Anjou, deren einer Zweig nun auch in Ungarn auf den Thron gelangt war und die als Grafen der Provence keine ergebenen Vasallen waren; ebenso ihre Erzrivalen, die aragonischen Könige von Sizilien, die Erben der Staufer; auch die Interessen der Republiken Venedig und Florenz, der spanischen Königreiche und des Byzantinischen Reiches, dessen Territorium im Griff der Türken zusehends kleiner wurde und das daher im Westen um die Solidarität aller Christen warb (was die Einigkeit der Kirche voraussetzte). Schließlich gab es auch die Interessen des ganzen Christenvolkes, das sich eine Kirche wünschte, die näher am Evangelium lebte, die den Glauben, der ihr entgegengebracht wurde, auch tatsächlich verdiente. Das Papsttum kehrte schließlich nach Rom zurück, weil die gegen Avignon gerichteten politischen Interessen den Sieg davontrugen, aber auch die geistlichen Appelle einer Katharina von Siena und der Aufruf eines seltsamen »Senators der Römer«, Cola di Rienzo, trugen das Ihre dazu bei. Rienzo war ein demagogischer Abenteurer, der sich zum eifrigen Anwalt der einstigen Größe und Herrlichkeit Roms machte, die wiederherzustellen sein größtes Anliegen war. In dieser Hinsicht war er ein Renaissancemensch *avant la lettre*. Sein humanistischer Traum war nichts als ein Hirngespinst, doch warb er mit solcher Eloquenz dafür, daß der Papst ein neues laizistisches Reich, ein republikanisches Rom fürchten mußte. Sehr viel später hat Richard Wagner diese erstaunliche Gestalt in einer Oper zu neuem Leben erweckt. Die erste Rückkehr des Papsttums nach Rom sollte jedoch nur von kurzer Dauer sein und diente gleichsam als Vorspiel für eine noch dramatischere und skandalösere Etappe der mittelalterlichen Kirchengeschichte: ein Papsttum nämlich, das sich im Schisma einrichtete. Papst und Gegenpapst erhoben den Anspruch, über die *ganze* Kirche zu regieren. Dabei stützte sich jeder auf seine Kardinäle, diejenigen, die ihn gewählt hatten, und diejenigen, die er nominierte. Die Christen, denen es vor allem um ihr Seelenheil und das ihrer Brüder und Schwestern ging, konnten diese schrecklichen, aber auch lächerlichen Bannflüche nur bedauern, mit denen sich der Papst von Rom und der Papst von Avignon gegenseitig bedachten. Die Könige, Fürsten und Republiken nutzten die Spaltung der Kirche, um dem Papst ein Zugeständnis nach dem anderen abzunötigen. Die Könige von Frankreich, England, Kastilien und Aragon, Neapel und Sizilien wurden alle mehr oder weniger rasch zu Herren über ihre Nationalkirche. Der Kaiser hingegen konnte außer seiner eigenen Stimme nur die Obödienz der Territorien seines Hausgutes, in denen er seine landesherrliche Kirchenoberhoheit festigte, in die Waagschale werfen. Im übrigen Reich wählte jeder geistliche oder weltliche Fürst und jede Freie Reichsstadt nach ihrem Gutdünken und ihren Interessen die eine oder andere päpstliche Partei, und nicht selten wechselten sie ihre Obödienz, sobald sich ihre Interessenlage änderte. Früher, im 9. und 10. Jahrhundert, hatte der Kaiser zwischen Päpsten, die aus einer Doppelwahl hervorgegangen waren, entschieden, oder er nominierte einen Dritten unter den Klerikern seiner Wahl. Doch diese Zeiten waren längst vorbei. Die Masse der Gläubigen war zwar ungebildet und neigte zum Aberglauben, aber sie sah sehr wohl den Skandal, der in dem mangelhaft ausgebildeten, sittlich verdorbenen und Simonie praktizierenden Klerus, in der Prachtentfaltung und Geldgier der Kirchenführung und in dem von Avignon zur Perfektion getriebenen kirchlichen Abgabensystem handgreiflich Gestalt angenommen hatte. So begannen die Gläubigen mehr oder weniger verborgen an der Autorität einer Kirche zu zweifeln, deren Fragwürdigkeit in zwei rivalisierenden, gleich mächtigen und gleich lächerlichen Päpsten sichtbaren Ausdruck fand. Nicht weniger zweifelten sie an der politischen und sozialen Ordnung, die ein Kaiser repräsentierte, der den skandalösen Zuständen in der Kirche ohnmächtig gegenüberstand. Welchen Nutzen hatten Kaiser und Papst überhaupt noch? Die mehr oder weniger ketzerischen »Brüder« in ihrer Weltabgeschiedenheit waren gleichsam der stumme Ausdruck dieses anhaltenden Zweifels. Aber es gab auch andere, und ihre Zahl wuchs, die die Frage ganz offen stellten. Mochte der Kaiser auf seiner Burg Karlstein, die als Aufbewahrungsort für die Reichskleinodien diente, eine kaum noch überschaubare Sammlung von Reliquien aufhäufen, seine Söhne sollten noch erleben, wie sich das Volk, und ausgerechnet in seinem geliebten Böhmen, gegen die Obrigkeit erhob.

Alles in allem war Karl auf seine Art dennoch ein großer König und

Kaiser: als geduldiger Diplomat, der in Verhandlungen unermüdlich war, als Verfasser von Gesetzen und Verträgen, als kluger Verwalter und Friedensstifter, als ein Mann der Kultur und des Handels, auch als Finanzier, denn wer seinen Rang wahren und seine Projekte verwirklichen wollte, brauchte nun immer mehr Geld. Dort, wo er konnte, wahrte er immerhin rein formal die Reichsrechte. Wenn ihm auch die Machtmittel fehlten, um in Italien seine Autorität durchzusetzen, so vergab er doch kraft seiner Lehnshoheit Titel und Lehen an die Usurpatoren, die neuen Fürsten, und ließ sich dies meist in barer Münze vergelten. In Deutschland bestimmte er die Reichspolitik nicht wirklich, da er auf Allianzen angewiesen war und meist die Partei der freien Städte und deren Bündnisse unterstützte, aber er regierte und übte tatsächliche Macht aus. Gleiches kann man nicht unbedingt von seinem ältesten Sohn und Nachfolger Wenzel sagen. Nach seiner Wahl zum Römischen König[1] verließ er Böhmen nicht mehr und verlor alles Interesse am Reich, ohne indes jemals abtreten zu wollen.

Die einzige erwähnenswerte Tat dieses faulen Königs gehört ins Reich der Legende: Angeblich soll er den Beichtvater seiner Frau in der Moldau ertränkt haben, weil dieser sich geweigert habe, das Beichtgeheimnis preiszugeben. (Das legendäre Opfer Johannes von Nepomuk wurde später in der Epoche der Gegenreformation von der tschechischen katholischen Kirche zu einem ihrer frühen Märtyrer hochstilisiert und diente als Gegengewicht zu den zahllosen Anhängern der Reformation, ob Evangelische, Reformierte oder Wiedertäufer, die ihr Leben für ihren Glauben hingegeben hatten.) Der in Deutschland ungeliebte Wenzel, den seine Brüder und Vettern mit Neid verfolgten, stützte sich immer offener auf das tschechische Nationalgefühl, das sich im Adel, im Klerus und auch im Volk rasch entwickelte. Mit seiner Untätigkeit zog er sich schließlich den Unmut der Reichsfürsten zu, die zwar keinen mächtigen König wünschten, aber auch nicht ohne Souverän auskommen konnten, da der König als oberster Gerichtsherr und Quelle des Rechts keine hinreichende, aber eine notwendige Macht darstellte. Auch wollten sie vermeiden, daß sich nach dem Chaos in der Kirche nun auch noch Unordnung im Reich ausbreitete. Wenzel hatte die schwäbischen Städte, den wichtigsten Bündnispartner seines Vaters, der Begehrlichkeit der benachbarten Landesherren überlassen (1388), die den freien Städten ihre Privilegien beschneiden und von ihrem Reichtum profitieren wollten. Auch gegen das Schisma in der Kirche hatte er nichts unternommen. So kamen die Kurfürsten, oder doch die Mehrheit unter ihnen, im Jahr 1400 zu dem Entschluß, den König von Böhmen abzusetzen und Ruprecht von der Pfalz zu seinem Nachfolger zu wählen. Fast ein Vierteljahrhundert hatte Wenzel auf dem Thron gesessen, ohne durch eine größere politische Tat von sich reden zu machen.

Allerdings hinterließ auch Ruprecht, der zweite Vertreter der Wittelsbacher auf dem deutschen Thron, kaum Spuren in der Geschichte. Das lag nicht an seiner Person, vielmehr bestätigte sich an ihm wieder einmal die bekannte Regel bei der Königswahl. Wenn die Kurfürsten einen zu mächtigen Landesherrn wählten, liefen sie Gefahr, daß der König Machtbefugnisse für sich einforderte, die ihre Rechte beschneiden konnten. Fiel ihre Wahl aber auf einen Fürsten ohne großes Hausgut, dann fehlte ihm die Macht zur Durchsetzung seiner königlichen Autorität. Ruprecht vermochte seinen Rivalen Wenzel, der offiziell auf seine Kaiserwürde nicht verzichtet hatte (genauer gesagt auf den Titel des gewählten Römischen Königs, denn zum Kaiser ist er nie gekrönt worden), noch nicht einmal zur Abdankung zu zwingen. Sein guter Wille und sein Mut genügten auch nicht, um die heillos verwirrten päpstlichen Angelegenheiten zu ordnen. Gleiches galt für die Reichspolitik in Italien und sogar für den ständigen Streit zwischen deutschen Fürsten und Freien Reichsstädten. Mittlerweile standen die Türken nach ihrem Sieg über das bunt zusammengewürfelte christliche Heer unter König Sigismund schon an der Südgrenze Ungarns. Das Chaos in der Kirche hatte sich unterdessen durch die Wahl eines dritten Papstes noch weiter vergrößert. Der Kandidat einer dritten Partei hatte die Kirche dadurch erneut vereinen wollen, daß er die beiden bisher rivalisierenden Päpste für abgesetzt erklärte.

Als Ruprecht 1410 starb, konnte nicht die Rede davon sein, Wenzel auf den Thron zurückzurufen, der dem politischen Geschäft ferner denn je stand und sich dem Trunk und der Völlerei ergeben hatte. Die Mehrheit der Kurfürsten entschied sich für seinen jüngeren Bruder Sigismund, den König von Ungarn, einen stattlichen, kühnen und gebildeten Ritter, von dem es aber auch hieß, er sei streitsüchtig, überspannt und stets in Geldnöten. Ein Mann, der bezaubern konnte, aber selten einer ausdauernden Anstrengung fähig war. In dieser Hinsicht ähnelte er eher seinem Großvater, dem blinden König Johann, der sein Leben in der Schlacht bei Crézy ließ, die gar nicht seine Angelegenheit war, und weniger seinem Vater, dem Kaiser Karl, der Klugheit, Umsicht und Ausdauer besaß. Doch kaum gewählt, machte sich Sigismund an die Reform der Kirche. Das Schisma war nur das äußere und letztlich oberflächliche Zeichen einer tiefen, allgemeinen Krise der Kirche. Viele Theologen und Laien, ob gebildet oder nur fromm, litten unter der Würdelosigkeit der Amtsträger und dem Chaos in den kirchlichen Institutionen. Sie träumten von einer wirklichen Reform an Haupt und Gliedern, von einer Rückkehr zur Strenge und Schlichtheit der evangelischen Botschaft. Die »babylonische

Gefangenschaft« der Päpste in Avignon und das anschließende Schisma hatten bei mehreren Theologengenerationen das Bewußtsein für ihre Rolle und Bedeutung geschärft. Ihre Überlegungen mündeten in die Idee eines Konzils: Über den Päpsten, den bloßen »Dienern der Diener Gottes«, stand das Volk Gottes, dessen Ausdruck und Repräsentanz ein allgemeines Konzil war. Um das Schisma zu beenden, um jedem Rückfall einen Riegel vorzuschieben und um die Kirche von Grund auf zu reformieren, war ein Konzil unabdingbar. Die letzten allgemeinen Konzilien und vor allem das eindrucksvollste von allen, das Laterankonzil von 1213, auf dem Innozenz III. den Primat des Papstes in einem schriftlichen Dokument feierlich bestätigen ließ, waren vom Papst einberufen worden. Diesmal konnte davon nicht die Rede sein, denn erstens gab es drei Päpste, und zweitens hatte sich das kurze Zeit vorher abgehaltene und schlecht besuchte Konzil zu Siena als Mißerfolg erwiesen. Aber die gegen den Papst Front machenden Theologen und die den Klerus kritisierenden Rechtsgelehrten kannten schon lange die Lösung für diesen lästigen Widerspruch: Es sei Sache des Kaisers, des wahren Oberhauptes der Christenheit, ein allgemeines Konzil einzuberufen. Sigismund nutzte die Gelegenheit und verschaffte damit dem Kaisertum für einen kurzen Augenblick den Ruhm und das Ansehen, das ihm seit dem Hochmittelalter gefehlt hatte, als die sächsischen und salischen Kaiser die Päpste nominierten und wieder absetzten. Kein König in der ganzen Christenheit machte dem Römischen Kaiser dieses ihm allein zukommende Vorrecht streitig. Sigismund hatte keine Mühen gescheut und strapaziöse Reisen bis nach Spanien unternommen, um dort – vergeblich – über den Rücktritt eines der drei Päpste zu verhandeln, der sich in eine abgelegene Festung an der katalanischen Küste geflüchtet hatte. Auf kaiserliche Initiative wurde also das langerwartete allgemeine Konzil 1415 in Konstanz, auf deutschem Territorium, eröffnet.

Bischöfe, Äbte, einfache Kleriker, herausragende Laien, Fürsten und Rechtsgelehrte versammelten sich dort, ohne daß ihre Zahl und ihre Rechte jemals genau festgelegt wurden, in einer schöpferischen Improvisation, deren Garant und Motor der Kaiser selbst war. Dank seines Geschicks und seiner Festigkeit löste das Konzil die Frage des Schismas dadurch, daß zwei Päpste sich zum Rücktritt bereiterklärten; der dritte wurde von der Mehrzahl seiner Anhänger fallengelassen. Das Konzil konnte daraufhin einen neuen Papst in der Person eines römischen Kardinals wählen, der den Namen Martin V. annahm. Nach der wiedergefundenen Kircheneinheit stellte sich jedoch heraus, daß der Kaiser und das Konzil einen Fehler begangen hatten, als sie den neuen Papst wählten, ehe die Kirchenreform auf den Weg gebracht war. Martin V. hatte nur das eine Bestreben, die unbeschränkte Machtposition zurückzuerlangen, die seine Vorgänger auf dem Stuhl Petri besessen hatten. Von einem Vorrang des Konzils vor dem Papst wollte er nichts wissen, ebensowenig von regelmäßig stattfindenden Konzilien, wie es die Reformatoren forderten. Statt die apostolische Armut der Kirche wiederherzustellen, den Aberglauben zu bekämpfen und die Simonie auszurotten, handelte der neue Papst Konkordate mit den Königen aus. Dabei gewährte er den weltlichen Herren mehr oder weniger großzügige Rechte bei der Nominierung der Bischöfe und beim Umgang mit Kirchengut. Die mächtigsten Könige an der Spitze zentralisierter Reiche wie Frankreich und England erhielten sehr weitgehende Rechte. In Deutschland mußte jeder Fürst für sich allein ein Konkordat mit Rom aushandeln. Die Hoffnung, die Kirche könnte ihre ursprüngliche Schlichtheit und der Glaube seine biblische Reinheit wiederfinden, wurde tief enttäuscht. Das war gerade für Deutschland bitter, denn hier hatte man vertrauensvoll an das Konzil große Erwartungen geheftet. Damals gab es in Deutschland noch keine soziale Schicht, die ein deutliches Interesse an einer echten religiösen Reform hatte, wie es hundert Jahre später dann der Fall sein sollte. Das Konzil zu Konstanz richtete die Kirche wieder auf, ohne sie zu reinigen. Wenn auch noch die *Klasse* fehlte, die zum Träger der Reform hätte werden können, so gab es doch eine *Nation,* die sich für diese historische Mission zur Verfügung stellte. Indem Sigismund die Verbrennung des Pragers Jan Hus als Ketzer befahl, obwohl er dem berühmten Prediger sicheres Geleit versprochen hatte, und indem das Konzil die Lehren des tschechischen Magisters verdammte, gaben sie den Anstoß zur hussitischen Revolution.

Der Tscheche Jan Hus war ein Mann aus dem Volk, und noch als Gelehrter, als Magister der Theologie und Universitätsprofessor, bewahrte er sich die Nähe zum Volk. Bei ihm wechselten Vorlesungen über diffizile theologische Fragen mit volkstümlichen Predigten, die die Herzen seiner treuen Anhänger in der Bethlehemskapelle in Prag bewegten. Hus lieh seine Stimme den Leiden eines Volkes, das nach Gerechtigkeit dürstete, das für sich Rechte forderte, das sich Priester wünschte, die arm und zölibatär lebten und sich ihres Amtes würdig erwiesen. Und es wollte endlich das wahre Wort Gottes, befreit von den Schlacken der Tradition, selbst studieren. Hus kannte die großen Schriften der englischen Theologen und Philosophen des 14. Jahrhunderts, diejenigen Wilhelms von Ockham und John Wyclifs, die mit Priestern aus dem Gefolge einer Königin von Böhmen, einer gebürtigen Engländerin, nach Prag gelangt waren. Aus diesen Schriften übernahm er die Vorstellung eines der menschlichen Vernunft unerreichbaren Gottes, der aber die Vernunft zur Herrin über die ganze Schöpfung gesetzt habe, deren Gesetze und Vielfalt von ihr erkundet werden konnten. Weiterhin verdankte er den Engländern die Vorstellung von der Souveränität des christlichen Gottesvolkes, das, mit dieser Vernunft begabt, nicht der Leitung durch die Institution Kirche bedürfe (die ja als solche nicht in der Heiligen Schrift vorkommt): »Nur die Schrift, aber die ganze Schrift!« Rationalität, Demokratie (die Priester sollen von den Gläubigen gewählt werden) und Ablehnung der unbiblischen Tradition sind die Grundzüge der Lehre von Hus. Von ihr rückte er auch dann nicht ab, als er auf dem Konstanzer Konzil verhaftet und unter Anklage gestellt wurde, trotz des sicheren Geleits, das Kaiser Sigismund ihm für seine Rückreise nach Böhmen zugesichert hatte. Hus war ein Protestant *avant la lettre*. An sein Schicksal dachten Luthers Freunde, als sie den deutschen Reformator 1521 drängten, den Reichstag zu Worms eilig zu verlassen …

Der »Verrat«, die Doppelzüngigkeit des Kaisers, legte in Böhmen das Feuer an die Lunte. König Wenzel war unterdessen, 1419, gestorben, ohne Nachkommen zu hinterlassen. Sein Bruder Sigismund wäre der rechtmäßige Erbe gewesen, aber die Mehrheit der Tschechen wollte den Mörder ihres Nationalhelden Jan Hus nicht als Nachfolger auf dem Thron sehen. Der Adel, das städtische Bürgertum, die Professoren und Studenten, der niedere Klerus und die Masse der armen Bauern forderten vom Kaiser und vom Konzil die Anerkennung einer Reihe von Rechten, die unmittelbar der Lehre von Hus entsprangen. Das Abendmahl in beiderlei Gestalt *(sub utraque specie)*, das heißt, Wein und Brot, wurde zu ihrem zentralen Symbol. Jesus selbst habe es so eingesetzt, und die Kirche, also Menschenwerk, habe die Laien von der Kommunion mit dem Wein ausgeschlossen und sie dem Klerus vorbehalten. Das Abendmahl in beiderlei Gestalt fordern hieß somit gegen die Macht der Tradition aufbegehren und der Kirche die vorrangige Rolle streitig machen, die sich diese für sich und den Klerus anmaßte. Insgesamt lief alles auf die Forderung nach einer religiösen Demokratie hinaus. Sigismund lehnte die Forderungen ab und wollte statt dessen seine Autorität in Böhmen mit militärischer Gewalt durchsetzen. Daraufhin kam es zu einer bewaffneten Volkserhebung, die sich aus revolutionären und evangelischen Antrieben speiste. Die kaiserlichen Truppen erlitten eine Niederlage. Die Tschechen, und das waren in erster Linie die einfachen Leute aus Stadt und Land, unter ihren Führern Jan Žižka und Prokop dem Großen, auch sie Männer aus dem Volk, schlugen zwanzig Jahre lang die von Fürsten und Kirche gegen sie versammelten Heere. In immer neuen Wellen kamen die Angreifer, die den Aufrufen zum Kreuzzug oder einfach nur der Verlockung reicher Beute folgten. Die hussitische Führung ging zur Verteidigung ihrer

Revolution zu »Gegenkreuzzügen« über. Tschechische Armeen drangen tief nach Deutschland ein, bis nach Thüringen, Franken und Schwaben. Die Hussitenkriege waren der erste große Religionskrieg in Europa seit den Kreuzzügen gegen die Albigenser, aber diesmal siegten die Ketzer über die »Rechtgläubigen«, die nicht wie einst Simon von Montfort den kriegerischen Enthusiasmus und die Beutegier der zahlreichen armen Adligen aus Nordfrankreich hinter sich hatten. In den zwanzigjährigen Kämpfen nahm die hussitische Revolution – wie alle Revolutionen – eine immer radikalere Gestalt an. Die Prager Bürger, der hohe und mittlere Klerus und der Adel gerieten nacheinander in Verdacht und wurden entsprechend behandelt. Das Gottesvolk ließ sich nach dem Auszug aus den Städten auf einem Berg mit dem biblischen Namen Tabor nieder.

Den Gemäßigten oder Utraquisten, denen eine Garantie des Rechtes auf freie Religionsausübung genügte, standen die Taboriten gegenüber, die die Monarchie und den Adel abschaffen und so etwas wie eine vorweggenommene kommunistische Gesellschaft errichten wollten. Die hussitische Lehre, in der sich religiöse und soziale Impulse verbanden (war nicht Jesus selber vor allem für die Erniedrigten und Beleidigten auf die Welt gekommen?), stieß auf dem Land, in den städtischen Quartieren der kleinen Handwerker und Händler und in den Klöstern weit über die tschechische Grenze hinaus auf ein lebhaftes Echo. In Böhmen selbst richtete sich die Revolution vor allem gegen die Deutschen. Die wachsende Zahl der Deutschen und ihr Reichtum erregten schon seit langem den Neid der Tschechen. Wenzel, der sich die Tschechen gewogen machen und der Offensive der Anhänger Ruprechts entschieden entgegentreten wollte, hatte die deutschstämmigen Studenten und Professoren zum Abzug gezwungen. Die meisten von ihnen ließen sich in Leipzig nieder. Als religiöser, sozialer und nationaler Aufstand war der Hussitismus eine totale Revolution. Sein nationaler Charakter verhinderte seine Verbreitung in Deutschland. Sicherlich aber stellt er die größte geschichtliche Epoche mit allen Höhen und Tiefen im Schicksal eines kleinen Volkes dar, das ständig in der Angst lebte, vom mächtigen Nachbarn annektiert oder erdrückt zu werden.

Doch zwanzig Jahre allgemeiner Mobilmachung, zwanzig Jahre Revolution und blutiger Kriege machten das Volk müde und matt. Diese Situation wird sich 1815 in Frankreich wiederholen. Unbesiegt von äußeren Feinden, wurden die Hussiten Opfer ihrer inneren Zwistigkeiten: Die Utraquisten – die Partei des Adels, des reichen Bürgertums und des hohen nationalen Klerus, die insgeheim vom König unterstützt wurde – trennten sich von den radikalen Taboriten. Es kam zum Bürgerkrieg, der mit der Niederlage der »Linken« endete. Die Gemäßigten verhandelten daraufhin mit dem Kaiser und der Kirche. Ihren Forderungen nach dem Abendmahl in beiderlei Gestalt und nach der Meßfeier in Volkssprache wurde entsprochen. Außerdem versprach man die große Reform, die für alle Völker Gültigkeit haben sollte. Die Angst vor der sozialen Revolution hatte bei den Besitzenden die Bereitschaft zum Kompromiß gefördert. In der universalen Kirche blieb Böhmen künftighin ein Sonderfall, aber Kaiser Sigismund konnte nun endlich feierlich Einzug in die Hauptstadt seiner Väter halten. In Böhmen und Mähren ist die deutsche Kolonisation gestoppt. Einige Jahre nach Sigismund gibt sich Böhmen wieder einen national-tschechischen König. Sein Schicksal scheint sich damals von dem des Reiches zu trennen.

Diese eigenständige, aber andererseits auch wieder ganz normale Entwicklung der ersten modernen Revolution in der europäischen Geschichte gibt mancherlei Stoff zum Nachdenken. In vieler Hinsicht noch mittelalterlich, endete sie wie alle Revolutionen mit einer Restauration, aber einer, die einen Teil der revolutionären Errungenschaften bewahrte. Gewiß wollten Jan Hus und die Taboriten zurück in die Vergangenheit, in das Goldene Zeitalter der Urkirche. Erst Ende des 18. Jahrhunderts werden die profanen Revolutionen den Weg nach vorn in die Zukunft beschreiten, zu einem noch zu erfindenden Goldenen Zeitalter. Das Verblüffende am Hussitismus ist die große Zahl der zivilen und militärischen Talente, die aus dem Volk kamen, wie später die Generäle der französischen Revolution. Für die deutsche Geschichte war der Aufstand der Hussiten ein zentrales Ereignis, zeigte er doch die Schwäche des Kaisers und der römischen Kirche. Zugleich bewies er aber auch, daß das tschechische Böhmen über ein starkes politisches Eigenleben verfügte.

Man sollte wohl dieses so eigenartige Kapitel unserer Geschichte Deutschlands nicht schließen, ohne kurz darüber nachzudenken, welche Bedeutung das Wort »national« damals und in jenem Zusammenhang haben konnte. Die tschechischen Könige hatten selbst die Einwanderung der Deutschen und die Verbreitung der deutschen Kultur gefördert. Wenn das »Volk« anders reagierte, so war es vor allem fast die Gesamtheit der tschechischen Bevölkerung, die sich im eigenen Land immer mehr an den Rand gedrängt fühlte. Der Deutsche war ein Fremder, auch wenn er vom »nationalen« König ins Land gerufen wurde. Im Gegenüber zu dem Deutschen lernte der Tscheche, er selbst zu sein, so wie seit dem frühen Hochmittelalter, einige Jahrhunderte vor Jan Hus, die deutsche Sprache langsam begonnen hatte, das Lateinische zu ersetzen, ein Vorgang, der erst mit Luthers Person und Werk zum Abschluß kommen sollte.

Zeittafel

1348	Gründung der Universität Prag durch Karl IV., der ersten Universität des Reiches. Beginn der verheerenden Pestepidemie. Pogrome an jüdischen Gemeinden.
1349	Karl IV. wird von allen Territorialherren als deutscher König anerkannt.
1351	Winrich von Kniprode wird Hochmeister des Deutschen Ordens und führt diesen zu politischer und wirtschaftlicher Macht.
1355	Kaiserkrönung Karls IV. in Rom.
1356	In der Goldenen Bulle, verkündet auf einem Reichstag zu Nürnberg, wird das Recht zur Wahl des deutschen Königs endgültig den sieben Kurfürsten übertragen: die Erzbischöfe von Mainz, Trier und Köln, der König von Böhmen, der Pfalzgraf bei Rhein, der Herzog von Sachsen-Wittenberg, der Markgraf von Brandenburg.
1370	Im Frieden von Stralsund wird der Krieg zwischen der Hanse und Dänemark beendet. Die Hanse besitzt die wirtschaftliche Vormacht im Ostseeraum.
1376	Wenzel, ein Sohn Karls IV., wird zum deutschen König gewählt.
1378	Beginn des Großen Schismas: Papst Urban VI. in Rom, Papst Clemens VII. in Avignon. Die unterschiedliche Parteinahme der enropäischen Mächte führt auch zur politischen Konfrontation. Tod Kaiser Karls IV.
1381– 1382	Gründung einflußreicher Städtebünde (Rheinischer Städtebund, Schwäbischer Bund, Sächsischer Städtebund).
1383	In einem sogenannten Landfrieden wird das Reich in vier Bezirke geteilt.
1386	Gründung der Universität Heidelberg, der weitere Gründungen in Köln, Erfurt, Würzburg, Leipzig und Rostock folgen.
1399	König Wenzel wird von einigen Kurfürsten abgesetzt. Zu seinem Nachfolger wird Pfalzgraf Ruprecht gewählt.
um 1400	»Theologia Teutsch«, Johannes von Tepls »Ackermann von Böhmen«.
1401	Feldzug König Ruprechts nach Italien.
1404	Erste Errichtung einer sogenannten Rolandsäule in Bremen zum Zeichen der städtischen Markt- und Gerichtsbarkeitsfreiheit.
1410– 1411	In der Schlacht bei Tannenberg wird das Heer des deutschen Ordensstaates von den Litauern und Polen vernichtend geschlagen. Tod König Ruprechts und Wahl Sigismunds von Ungarn zum Nachfolger.
1412	Jan Hus, Magister der Prager Universität und Prediger, wird wegen seiner Reformtheologie sowie sozialkritischer und nationaltschechischer Thesen aus Prag ausgewiesen.
1414– 1418	Konzil zu Konstanz. Im Zentrum der Beratungen stehen die Thesen von Jan Hus. Das Ziel des Konzils, eine Erneuerung der Kirche, wird nicht erreicht.
1415	Anklage gegen Jan Hus, der als Ketzer verbrannt wird.
1417	Ende des Papstschismas. Martin V. wird zum alleinigen Papst gewählt.
1419	Volksaufstand in Prag und Befreiung gefangener Hus-Anhänger. Beginn der Hussitenkriege.
1420	Kreuzzug König Sigismunds gegen die Hussiten. Die Hussiten (Prager Bürger, tschechischer Adel) proklamieren Predigtfreiheit, Laienkelch, Verzicht der Geistlichkeit auf Besitz und Macht. Die Kreuzzugsheere werden geschlagen.

1431   Beginn des Basler Reformkonzils, das in Bologna, Ferrara und Florenz
        fortgeführt wird. Erste Bauernaufstände in der Pfalz.
1433   König Sigismund wird zum Kaiser gekrönt.
1436   Ende der Hussitenkriege durch einen Friedensschluß zwischen Kaiser
        Sigismund und Vertretern Böhmens und des Basler Konzils.
1437   Tod Kaiser Sigismunds.

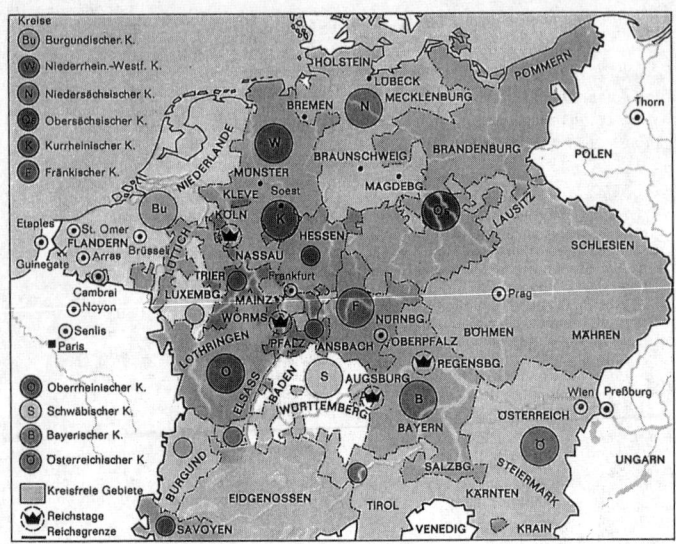

Die Kreiseinteilung des Deutschen Reiches 1512

9. KAPITEL

Das Ende des Mittelalters

Mit Sigismund endete die Herrschaft der Könige und Kaiser des Hauses Luxemburg. Elisabeth, seine einzige überlebende Tochter, war mit Albrecht von Österreich, dem Chef der älteren Linie des Hauses Habsburg, verheiratet. Albrecht trat nicht ohne Mühe die Nachfolge seines Schwiegervaters als König von Böhmen und Ungarn an. Trotz seiner Machtfülle nominierten ihn die Kurfürsten zum Römischen König. Allerdings schien seine Macht größer, als sie tatsächlich war; denn Böhmen, das gerade die Wirren der Hussitenkriege hinter sich hatte, und Ungarn, das unter dem Zwist rivalisierender Adelsparteien und der Türkenbedrohung litt, waren unsichere Besitzungen. So kam also nach hundertfünfundzwanzig Jahren wieder ein Habsburger auf den Königsthron, auf dem einst Rudolf I. und Albrecht I. gesessen hatten. Abgesehen von einer kurzen Unterbrechung (1740–1745) sollte sich das Haus Habsburg an der Spitze des Heiligen Römischen Reiches bis zu dessen Auflösung im Jahr 1806 halten. Albrecht II. blieb jedoch kaum Zeit, seine großen Fähigkeiten als Staatsmann und Kriegsherr, die ihm seine Zeitgenossen nachsagten, auch unter Beweis zu stellen. Nach kaum zweijähriger Herrschaft starb er 1439 in seinen besten Jahren und hinterließ eine schwangere Gattin. Der Sohn, der einige Monate nach dem Tod seines Vater geboren wurde, erhielt den slawischen Namen Ladislaus und den Beinamen Postumus (»der Nachgeborene«). Das Kind wurde zum König von Böhmen und Ungarn erhoben und unter die Vormundschaft zweier mächtiger einheimischer Regenten gestellt, Georg von Podiebrad in Prag und Matthias Corvinus in Pest. Ersterer stammte aus dem niederen Adel, hatte sich aber großes Ansehen erworben als Stratege während der Hussitenfeldzüge und als Unterhändler bei den Friedensverhandlungen. Der andere, Corvinus, gehörte einer der größten Adelsgeschlechter des Reiches an. Sein Vater Johannes Hunyadi, Feldherr und mehrmaliger ungarischer Reichsverweser, hatte sich in den Kriegen gegen die Türken ausgezeichnet. Das Reich, in dem nun das Wahlkönigtum festgeschrieben war, erlebte keine umstrittenen Minderheitswahlen mehr, die im Hochmittelalter nach dem Tod Heinrichs IV. und Heinrichs VI. das Regierungsgeschäft so gelähmt hatten. Das Kurfürstenkollegium überging den kleinen Ladislaus und wählte zu Albrechts Nachfolger seinen Vetter Erzherzog Friedrich, den Chef der jüngeren habsburgischen Linie, den Herzog von Steiermark und Kärnten und Grafen von Krain.[1] Friedrich III. sollte von allen Königen und Kaisern seit Friedrich Barbarossa die längste Regierungszeit (1439–1494) vergönnt sein. Diese Langlebigkeit blieb jedoch das einzige nennenswerte Merkmal des vierten Kaisers der habsburgischen Dynastie. Seine Trägheit, der Mangel an Entschlußkraft enttäuschten die Völker, die naive Hoffnungen mit jedem neuen Kaiser verbanden. Gerade in dieser Epoche warteten viele auf die Verwirklichung langersehnter Reformen. Friedrich verließ nur selten seine Stammlande (zu denen er noch die österreichischen Herzogtümer hinzuerworben hatte, nachdem der junge Ladislaus, der letzte Sproß der älteren habsburgischen Linie, mit siebzehn Jahren eines frühen Todes gestorben war). Die großen Ereignisse der ersten Hälfte dieses Jahrhunderts fanden ohne die Mitwirkung des Kaisers statt, ja, oft war er überhaupt nicht beteiligt. Das Konzil zu Basel (1431–1449), mit dem Sigismund versucht hatte, seine kaiserliche Macht über die Kirche und die Landesherren zu festigen wie einst in Konstanz, ließ sich auf einen Machtkampf mit dem Papst ein. Nach langen Wirren gewann der Heilige Stuhl die Oberhand, ohne daß diesmal der Kaiser als Friedensstifter oder Reformator eingegriffen hätte, wie es die Sehnsucht der Völker erhoffte, Kleriker und Rechtsgelehrte forderten und sein eigenes politisches und persönliches Interesse eigentlich nahelegte. Im Jahr 1453 eroberten die Türken Konstantinopel, und die ganze Christenheit, die kein Bündnis zustande gebracht hatte, um dem Byzantinischen Reich zu Hilfe zu kommen, geriet unter diesem Ansturm ins Wanken. Friedrich III. rührte sich nicht von seiner Residenz weg und dachte nicht im Ernst daran, einen Kreuzzug zu unternehmen. Die Türken, denen mit diesem Sieg das Erbe Ostroms in die Hände gefallen war, fühlten sich zu neuen Taten angespornt und erschienen wenig später an der Südgrenze Ungarns und der benachbarten habsburgischen Besitzungen. Friedrich mußte sich derweil gegen Aufstände im Innern wehren. Matthias Corvinus, der nach Ladislaus' Tod ungarischer König geworden war, vertrieb ihn sogar aus seiner Hauptstadt Wien, wo der große Magyarenkönig mehrere Jahre lang residierte. Die Art und Weise, wie Friedrich den Plänen Karls des Kühnen entgegenkam, rief in Europa Widerstand und heftige Mißbilligung hervor. Karl wollte Lothringen annektieren und die Brücke zwischen den Niederlanden und den beiden Herzogtümern Burgund schlagen, die seine wichtigsten Besitzungen darstellten. Das so entstandene Territorium sollte zum Königreich erhoben werden. Das Elsaß, zum großen Teil habsburgisches Stammland, wurde dem Herzog von Burgund als Pfand überlassen. Der aber knechtete und beutete des Land so sehr aus, daß es zu blutigen Volksaufständen kam. Am Ende siegten die Heere der elsässischen Bauern und Städte.

Der begehrliche Blick, den der Burgunder auf Elsaß und Lothringen warf, und sein Krieg gegen die Schweizer weckten im 15. Jahrhundert eine heftige nationale Reaktion gegen den Herzog, der als Franzose galt, obwohl sein Verhältnis zum Hause Valois sehr gespannt war. Die Elsässer verteidigten die Einheit des Reiches, an dem der Kaiser alles Interesse verloren zu haben schien. Der aber bemühte sich auf seine Weise, die burgundische Gefahr auszuschalten. Für Friedrich bestand die Lösung des Problems darin, daß er für seinen einzigen Sohn und Erben Erzherzog Maximilian um die Hand von Maria, des einzigen überlebenden Kindes Karls des Kühnen, warb. Der Plan ging auf. Maximilian und sein Sohn Philipp, die Frucht der Verbindung mit Maria, brachten die Freigrafschaft Burgund, die Niederlande sowie Kronflandern und das Artois unter ihre Herrschaft und bremsten damit den französischen Vormarsch, der auf die Linie Rhein-Jura-Alpen zusteuerte. Gleichzeitig vermehrten sie die habsburgische Hausmacht um ausgedehnte Territorien samt ihren bedeutenden Reichtümern. Die Bauern des Oberrheins, die den burgundischen Vogt und seine Truppe besiegten, mußten sich fünfzig Jahre später erneut, aber dann erfolglos, in vorderster Linie im Bauernkrieg (1525–1526) schlagen. Passiv und wie immer in Geldnöten, konnte Friedrich dann nicht verhindern, daß die Krone Böhmens und Ungarns nach dem Tod von Podiebrad und Corvinus an einen polnischen Herrscher überging. Friedrich begnügte sich damit, mit dem glücklichen Rivalen ein dynastisches Abkommen zu schließen: Für den Fall, daß eine der Dynastien erlosch, sollte die andere das Erbe antreten. Daß dieser Fall eintreten könnte, erschien den Zeitgenossen unwahrscheinlich, und doch war es genau das, was kein halbes Jahrhundert später geschah. Im Jahr 1526 ließ Ludwig II., der zweite polnische König von Ungarn und Böhmen, sein Leben in der Schlacht bei Mohács, in der das türkische Heer den Sieg davontrug. Erzherzog Ferdinand, der Urenkel Friedrichs III. (und Bruder Karls V.) und Gatte einer Tochter Ludwigs II., wurde König von Böhmen und Ungarn oder dessen, was nach dem Ansturm der Türken vom magyarischen Staat noch übriggeblieben war. In der Epoche Friedrichs III., dieses gänzlich unkriegerischen, passiven Herrschers, der lieber Heiraten stiftete, kam jenes berühmte lateinische Diktum in Umlauf: *Bella gerant alii, tu felix Austria, nube!* (»Mögen andere Krieg führen: Du, glückliches Österreich, heirate!«) Dieser Spruch fand in der Folge seine eindrucksvolle Bestätigung in der Heirat des Spaniers Philipp, des einzigen Sohns Maximilians, mit Maria von Burgund. Mit diesem Heiratsbündnis sollten Aragon und Kastilien, also ganz Spanien und seine Kolonien, den Aufstieg des Hauses Österreich zur Weltmacht ermöglichen.

Doch diese grandiosen Perspektiven lagen noch in weiter Zukunft. Friedrich, der kaum in Deutschland eingriff, tat es noch weniger in Reichsitalien, wo neben den großen lokalen Herrschaften – Mailand, Florenz, Venedig, dem Kirchenstaat und Neapel – von der Kaisermacht nicht mehr viel übriggeblieben war. In die Regierungszeit des »faulen« Friedrich, des letzten Kaisers, der sich in Rom krönen ließ, fiel auch der Italienzug des französischen Königs Karl VIII. (1494). Dreißig Jahre lang, bis zur Schlacht von Padua (1525), blieb Frankreich die Hegemonialmacht in Italien, vor allem in Oberitalien, und forderte nacheinander das Erbe Neapels und Mailands.

Es erübrigt sich fast darauf hinzuweisen, daß der Kaiser auch nicht in den Machtkampf im Baltikum eingreifen konnte, wo die Truppen des Deutschen Ordens, geschwächt von den häufigen Aufständen der Städte und des Adels, auf die vereinten Heere des polnisch-litauischen Königreiches trafen. Mit der Schlacht von Tannenberg[2] im Jahr 1466 brach die Macht des Deutschen Ordens jäh zusammen und als Folge auch die deutsche Vorherrschaft an der Süd- und Ostküste der Ostsee. Rechtlich gesehen, gehörten zwar die Ordensgebiete nicht zum Römischen Reich, aber solange der Zustrom von geistlichen Rittern, adligen Vasallen und bäuerlichen Siedlern aus dem Altreich nicht versiegte und solange die Bekehrung der heidnischen Litauer dem Orden nicht seine Existenzberechtigung entzog, blieben die Erwerbungen und der Erfolg des Deutschen Ordens tragende Säulen der Ostkolonisation und damit der Schaffung eines zweiten Deutschland östlich der Elbe. Nach der Niederlage von Tannenberg mußte der Orden die Gebiete am Unterlauf und an der Mündung der Weichsel mit Danzig sowie das Bistum Elbing, das sogenannte Ermland, an Polen abtreten. Der Verlust dieses »Ostpreußens« und die wachsende Unabhängigkeit Böhmens (wo ein König der siegreichen polnischen Jagellonendynastie, die selbst litauischen Ursprungs war, auf den Thron gelangte) bezeichneten den schwindenden deutschen Einfluß im Osten, vor dem der tatenlose Kaiser nur ohnmächtiger Zuschauer blieb, von dem bereits erwähnten dynastischen Abkommen mit Böhmen einmal abgesehen.

Es verwundert daher nicht, daß der Kaiser auch im Reichsinnern nur eine marginale Rolle spielte. In seiner Regierungszeit bauten die Landesherren ihre Position weiter aus. Die Herzöge von Bayern und Württemberg erstarkten nach ihren Erfolgen gegen die Städtebünde. Geistliche und weltliche Fürsten, Städte und Ritter lieferten sich endlose Fehden. Der Erzbischof von Köln, der Kurfürst bei Pfalz und einer der brandenburgischen Markgrafen, die auch in Franken regierten, zeichneten sich durch ihren Eroberungsdrang besonders aus, aber auch viele kleine Landesherren standen ihnen in nichts nach. Nie zuvor seit dem Interregnum von 1254–1273 hatte die Anarchie in Deutschland ein solches Ausmaß angenommen. Dem Kaiser fehlte es nicht an Hellsicht und Intelligenz, wohl aber an Tatkraft, seiner wahrhaft imposanten Statur zum Trotz, und vor allem an Machtmitteln. Bei seiner Thronbesteigung noch in jungen Jahren wollte er Sigismunds Bemühungen um eine Reichsreform weiterführen, nach der sich das Volk und die führenden Köpfe der Epoche sehnten. Der brillanteste unter ihnen, Nikolaus Krebs, genannt Nikolaus von Kues nach seinem Geburtsort Kues an der Mosel, war Philosoph, Theologe und Rechtsgelehrter. In seiner Schrift *De concordantia catholica* hatte er einen Reformentwurf vorgelegt. Er und sein Zeitgenosse Kardinal Piccolomini aus Siena, der Freund und Berater Friedrichs III. und spätere Papst Pius II., kannten genau die tieferen Ursachen der anarchischen Zustände in Deutschland: Die Selbstsucht und die Machtgier der Landesherren erstickten schon im Keim jeden Reformversuch, der die Zentralmacht zu ihren Lasten stärken wollte. Die Bevölkerung in Stadt und Land hatte unter der Willkür und der Gewalt zu leiden, die jeder Ritter an Dorfbewohnern und durchziehenden Händlern ungestraft ausüben durfte, solange er dabei nicht die Interessen eines mächtigeren Herrn antastete. Auf dem Reichstag stemmten sich die Fürsten gegen die Einrichtung eines obersten Gerichts, ebenso verweigerten sie dem Kaiser das Recht, ihre Untertanen zur Verteidigung des Reiches heranzuziehen oder eine Reichssteuer zu erheben. Angesichts des erbitterten Widerstands der Fürsten hatte der Kaiser allen Grund zur Resignation. Ihm blieb nicht anderes übrig, als zu verhandeln, zu betteln und sich um Bündnisse zu bemühen, bei denen sich ein Teil seiner Untertanen gegen andere, bedrohlichere oder mächtigere Herren zusammentat. Der Kaiser konnte nur dadurch wieder halbwegs Frieden und Ordnung in Schwaben herstellen, daß er die Führung eines Bundes, den er in dieser Region geschmiedet hatte, dem mächtigsten Grundherrn des Landes, dem Grafen von Württemberg, übertrug und ihn auch noch in den Herzogsstand erhob. Wie hätte er da dem Hochmeister des Deutschen Ordens zu Hilfe kommen sollen? Immerhin machte Friedrich keine Zugeständnisse in den juristischen Verhältnissen. So erkannte er nicht den Vertrag von Thorn an, mit dem der Deutsche Orden 1466 die Lehnshoheit des polnischen Königs über die preußischen und livländischen Gebiete akzeptieren mußte, die ihm nach der Niederlage noch verblieben waren. Mit der gleichen Beharrlichkeit wehrte er sich gegen die Intrigen des Kurfürsten bei Pfalz und des Königs von Böhmen, die sich nacheinander an seiner Stelle zum

Römischen König wählen lassen wollten. Die Fürsten, bei denen die Verantwortung für den Ruin Deutschlands lag, warfen dem Kaiser Trägheit und Unfähigkeit vor. Mehrmals war die Rede davon, ihn seines Amtes zu entheben. Doch Friedrich verstand es, alle Attacken abzuwehren. Er überlebte alle seine Gegner, aber das Reich lag bei seinem Tod danieder.

Wenn Friedrich weder das Reich noch den deutschen Staat zu ordnen vermochte, wie hätte er dann die Kirchenreform zuwege bringen können, die das Volk und die Gelehrten seit einem Jahrhundert forderten, eine Reform übrigens, die im Verständnis der Zeitgenossen nicht von der Reichsreform zu trennen war? Nur einige italienische Humanisten und Diplomaten begannen, sich der Vorstellung von einer schrittweisen Säkularisierung der Sphäre der Politik zu nähern (Machiavelli besuchte in seiner Jugend Deutschland und erkannte klar die Gründe für die Schwäche eines so großen Staatswesens). Die Renaissancepäpste konnten nach ihrem Triumph über das Konzil zu Basel, wo der päpstliche Herrschaftsanspruch über die konziliaren Reformbestrebungen gesiegt hatte, nun ihre militärischen Eroberungen vorantreiben und sich ihrem kulturellen Mäzenatentum widmen. Beides war kostspielig. Das Christenvolk mußte also auf jede erdenkliche Weise gepreßt werden, nur setzte in den zentralisierten Staaten, in Frankreich, England und den Staaten der iberischen Halbinsel, der zivile Machtapparat den Abgaben an die päpstliche Kasse enge Grenzen. Anders im zersplitterten Deutschland, denn hier war der staatliche Widerstand geringer. Außerdem hatte die Kirche in Deutschland, wo sie über ungeheuren Landbesitz verfügte, am Erstarken der Territorialfürsten partizipiert. Fürstbischöfe und Fürstäbte, die auf Erwerb erpicht und ausgabenfreudig waren, gab es in Deutschland reichlich. Auch ihre Existenz war kostspielig. Die Kleinen eiferten den Großen nach, jeder wollte mit seinen Reichtümern und Kunstwerken prunken. Wie die weltlichen Fürsten leisteten sich ihre geistlichen Kollegen eine Verwaltung und manchmal sogar ein stehendes Heer. Zur selben Zeit wuchs im Volk unter den Gewerbetreibenden und Händlern, unter den Bauern und Handwerkern zusammen mit dem Hunger nach Gerechtigkeit und Frieden auch die Sehnsucht nach einer Kirche der Armut und der Barmherzigkeit. Einerseits wurde das Land durch die Angriffe fremder Mächte und die Ohnmacht seines Kaisers gedemütigt; andererseits stieg der Wohlstand dennoch, und die Erfindung des Buchdrucks und die wachsende Lesekultur erleichterten die Verbreitung elementarer Kenntnisse und Fertigkeiten. In all ihrem Elend blickten die Deutschen in die Vergangenheit und entdeckten ein großes und mächtiges Deutschland wieder. Der Humanismus, der die Beschäftigung mit dem Erbe einer großen Vergangenheit lehrte, ermutigte sie, sich ihrer germanischen Vorgeschichte bewußt zu werden. Die römische Kurie, die die deutschen Gläubigen mit immer neuen Abgaben quälte, war italienisch, fremdländisch, kurz der Feind. Sie gehörte zur selben »welschen« Kultur wie das vom Volk gehaßte römische Recht, das die Fürsten nach und nach einführten, um eine uneingeschränkte Herrschaft über ihre Untertanen ausüben zu können, die bisher noch vom germanischen Gewohnheitsrecht geschützt wurden. Im Süden, dem entwickelteren und reicheren Teil Deutschlands, waren Ende des 15. Jahrhunderts deutliche Zeichen eines religiösen und weltlichen Aufbruchs zu erkennen: Prediger und selbsternannte Propheten hatten ungeheuren Zulauf, Bauern machten ihren Unmut in Aufständen Luft, religiöse Gemeinschaften, die am Rande der etablierten Kirche lebten, breiteten sich überall aus. Hans Böhm, der »kleine Pfeifer« aus Niklashausen, zog mit seinen gegen Kaiser und Papst gerichteten Predigten die ungebildeten Massen an, bis ihn der Bischof von Würzburg 1476 als Ketzer auf den Scheiterhaufen brachte. Die »Theologia Teutsch«[3] kam im lesekundigen Bürgertum einem Bedürfnis nach einem geläuterten, verinnerlichten und von fremden römischen Zusätzen befreiten Christentum nach, wie es schon in den Brüdergemeinschaften praktiziert wurde. Diese frommen Handwerker, die ausgezeichnete Schulen gründeten, lebten jedoch fern ab der großen Welt. Sie wollten keine neue Kirche gründen, anders als die Waldenser und Jan Hus, die aber auch keine Revolutionäre waren. Unter den Bauern im Elsaß, im Schwarzwald und in Schwaben entstanden Geheimgesellschaften, die das Volk von der Unterdrückung durch die Grundherren und die Kleriker befreien und dazu dem alten Recht wieder zur Geltung verhelfen wollten. Auch den geistlichen Reformatoren seit Petrus Waldes, John Wyclif und Jan Hus ging es um die Wiederherstellung der Religion in ihren ursprünglichen Zustand. Bis ins 18. Jahrhundert hinein, ja bis zu Marx, ist das revolutionäre Denken rückwärts gerichtet: Nicht Innovation, sondern Restauration ist das Ziel, Rückkehr zu einem Goldenen Zeitalter, das am Anfang einmal geherrscht haben soll. Die größte Entdeckung des europäischen Geistes ist vielleicht die Entdeckung der Zukunft als Ziel des menschlichen Denkens und Strebens. Der Mensch befreit sich, indem er die Zukunft freilegt, und diese Entdeckung ist erst jüngeren Datums: Sie fällt ins ausgehende 18. Jahrhundert.

Im 15. Jahrhundert, besonders in seiner zweiten Hälfte, wuchs in Deutschland die Macht und Bedeutung der Städte. Zwar lebte die überwältigende Mehrheit der Bevölkerung weiterhin auf dem Land, und daran sollte sich auch bis zum Sieg der Industriellen Revolution im 19. Jahrhundert nichts ändern. Auch gab es im spätmittelalterlichen

Deutschland keine Stadt, die mit Paris vergleichbar gewesen wäre. Köln, die größte Stadt des Reiches, zählte einige zehntausend Einwohner, und der gesamte Anteil der Stadtbewohner an der Bevölkerung dürfte erheblich unter zehn Prozent gelegen haben. Dennoch bildeten die Städte als Zentren von Handel und Gewerbe, vor allem auch als Finanzplätze, den Motor einer Wirtschaft, deren landwirtschaftliche Produktion infolge der Pestepidemien erheblich zurückgegangen war. Daß die Anbaufläche kleiner wurde, war selbstverständlich eine direkte Folge des Bevölkerungsrückgangs, aber während die Städte sehr rasch ihre Einwohnerzahlen vor der Großen Pest zurückgewannen und sogar noch wuchsen, brauchten die ländlichen Gebiete über ein Jahrhundert, ehe sie den alten Stand wieder erreicht hatten, und viele Landstriche blieben Wüstungen. Die städtischen Bevölkerungsverluste führten zu einem Preisverfall bei landwirtschaftlichen Erzeugnissen, während der Mangel an Arbeitskräften auf dem Land, der sich noch durch den Wegzug in die Städte verstärkte, die Löhne steigen ließ. In den Städten war es genau umgekehrt. Der bald einsetzende Bevölkerungsanstieg, die Vermögenskonzentration, der wachsende Handelsverkehr innerhalb des Reiches und mit fernen Regionen (mit dem Mittelmeerraum, den östlichen Nachbarstaaten, Rußland und Skandinavien), der Aufstieg der Fürstentümer (deren Herren samt ihren umfangreichen Höfen hohe Ausgaben für militärische und repräsentative Zwecke verursachten), die veränderten Lebens- und Konsumgewohnheiten der Mächtigen und Reichen, die für wechselnde Kleidermoden und neue Tafelfreuden sorgten, alle diese sich gegenseitig beeinflussenden Faktoren führten zu einem Preisanstieg erst bei Fertigwaren, dann auch bei Rohstoffen und importierten Luxusgütern.

Der Aufstieg der deutschen Städte, der bereits im 11. Jahrhundert begonnen hatte, wurde im 13. Jahrhundert unverkennbar, als die Hanse an Stelle der fehlenden Zentralgewalt ihre wirtschaftliche, politische und sogar militärische Herrschaft an den Küsten der Nord- und Ostsee von Brügge bis Reval, aber auch im Landesinnern von Köln über Krakau bis Novgorod ausdehnte. Zur gleichen Zeit bemühte sich der aus einer Initiative der Städte hervorgegangene Rheinische Städtebund um die Wahrung des Landfriedens in einem Reich ohne wirklichen Herrn. Während die politische Macht der Städte nicht über diesen nur für kurze Zeit erreichten Stand hinauswuchs, hielt ihre wirtschaftliche Entwicklung vor allem in Süddeutschland bis ins 16. Jahrhundert unvermindert an. Diese Unterscheidung ist in gewisser Hinsicht künstlich. Rechtlich gesehen ist das Verbot der Bildung von Städtebünden oder -konföderationen, das im 13. Jahrhundert von Friedrich II. auf Verlangen der Fürsten ausgesprochen wurde, nie widerrufen worden. Erst Ende des 15. Jahrhunderts erhielten die Freien Reichsstädte das Recht, sich gleichberechtigt mit den Fürsten als Stand zu konstituieren. Rund hundert Städte verfügten dann über Sitz und Stimme im Reichstag. Unter ihnen waren große und mächtige wie Köln, Nürnberg und Augsburg, andere hatten kaum mehr Einwohner als ein größeres Dorf, so wie es die geschichtlichen Umstände gerade ergeben hatten. Wieder andere Städte verdankten ihren Aufstieg ihrer Rolle als Verwaltungsmittelpunkt und Residenz der Fürsten, aber sie erhielten nie die Freiheiten und Privilegien, die die Reichsstädte genossen. München, Stuttgart, Heidelberg, Berlin (das die Hohenzollern 1444 zum Austritt aus der Hanse zwangen), Dresden, Leipzig und selbstverständlich Prag und Wien, die Hauptstädte großer Staaten innerhalb oder am Rande des Reiches, gehörten zu diesen »Territorialstädten«. Bis ins 18. Jahrhundert hinein war ihr wirtschaftliches Gewicht geringer als das der großen Freien Reichsstädte, da Handel und Gewerbe wie auch die Kultur in dem Klima größerer Freiheit und Verantwortung, das in den städtischen Gemeinwesen herrschte, besser gediehen als in den Residenzstädten, wo der Hof und die Beamtenschaft alles und jedes reglementierten. In der Zeit des Absolutismus werden die Fürsten dann versuchen, diese Vorteile der Freien Städte durch Privilegien und materielle Hilfe für die Residenzen auszugleichen. Die Existenz zahlreicher Freier Reichsstädte bereicherte die an sich schon buntscheckige historische Wirklichkeit, aus der die modernen deutschen Staaten hervorgegangen sind, um ein wenn nicht demokratisches, so doch oligarchisches Element. Diese Stadtrepubliken bildeten ein Gegengewicht zu den starken feudalistischen Zügen, die fast bis in unsere Epoche hinein charakteristisches Element der deutschen Geschichte waren.

In den deutschen Städten des 14. und 15. Jahrhunderts bildete sich nach und nach eine Wirtschaftsform heraus, die manche Historiker »Vor-Kapitalismus« nennen. Im Deutschen wird hierfür auch der Ausdruck »Frühkapitalismus« verwendet, eine mir angemessener erscheinende Bezeichnung. Die Entwicklung hatte in Oberitalien schon viel früher eingesetzt, und dank der Handelsbeziehungen zwischen den italienischen Städten – Venedig, Florenz, Mailand und Genua, vor allem aber Venedig – und den süddeutschen Städten – Augsburg, Straßburg, Ulm, Nürnberg, aber auch Konstanz, Ravensburg und Lindau – kamen die neuen Wirtschaftstechniken und -instrumente wie die doppelte Buchführung, Wechselbrief und Wechsel, Termingeschäft und anderes mehr auch in Deutschland rasch in Gebrauch. Sie erst ermöglichten das Führen großer Handelsunternehmen und förderten die Konzentration großer Vermögen, die durch Gewinne aus Handel und Gewerbe und nicht mehr durch Einkünfte aus Landbesitz gebildet wurden. Allerdings legten viele reiche

Stadtbürger einen Gutteil ihrer Gewinne auch in Landbesitz an und wurden so nach und nach zu Grundherren. Die Lage der deutschen Städte
an den großen Handelsrouten zwischen Italien, Flandern und England,
zwischen den Küsten Westeuropas und Rußland und zwischen dem europäischen Kontinent und Skandinavien machte sie in erster Linie zu
Umschlags- und Handelsplätzen. Früher waren sie Märkte für die landwirtschaftliche und gewerbliche Produktion des Umlands, dann, im Zuge
des sich ständig vergrößernden Warenaustausches, für den Handel mit
ferneren Regionen. Die Städte waren aber auch große Werkstätten. Das
städtische Handwerk hatte lange Zeit nur für den Bedarf der Einwohner
und der benachbarten Burgen und Abteien und nur auf Bestellung gearbeitet. Nun produzierte es über den heimischen Bedarf hinaus, und Fern-
händler setzten die überschüssige Produktion auf anderen Märkten ab.
Das waren wichtige Schritte hin auf eine Geldwirtschaft, und das trotz
der Anarchie, die nach dem Ende des kaiserlichen Münzmonopols im
Geldverkehr herrschte. Die Vielfalt und die Vielzahl der zirkulierenden
Münzen und die Manipulationen, zu denen dieser Umstand von Fürsten
und den Städten selbst ausgenutzt wurde (die Städte besaßen mittlerweile
das Münzrecht, ohne daß deswegen die Reichswährung ihren Wert verlor,
ja sie erlebte im 16. Jahrhundert sogar einen beträchtlichen Aufschwung),
gereichten den großen Handelshäusern sogar noch zum Vorteil, konnten
sie sich doch als Geldwechsler und Bankiers betätigen. Hierfür bestand
um so mehr Bedarf, als zu den deutschen Münzen auch noch die Münzen
aus Reichsitalien und die ausländischen Währungen kamen, die in
Deutschland in großer Zahl im Umlauf waren. Die Mächtigen – Papst,
Kaiser, Könige, weltliche und geistliche Fürsten – hatten ständig Bedarf
an Münzgeld. Sie mußten die Söldnertruppen bezahlen, die die Lehns-
aufgebote ersetzten, ebenso die Verwalter und Berufsrichter, die für die
Anwendung des römischen Rechts unerläßlich waren. Weiterhin brauchten sie Geld, um die Mitglieder der Wahlkollegien zu kaufen, die Kardinäle und Domherren, die Kurfürsten und Reichstagsvertreter, die Stän-
devertreter in Böhmen und Ungarn, denn von ihren Stimmen hing der
Zugang zu hohen und höchsten Ämtern ab, die zum großen Teil nunmehr
durch Wahl vergeben wurden. Auch das päpstliche Plazet mußte bezahlt
werden, ohne das die Bischofswahlen keine Gültigkeit gehabt hätten.
Selbst in Reichsitalien, wo es so gut wie keine Zentralmacht mehr gab,
bedurften die Condottieri, die Söldnerführer und Glücksritter, eines kaiserlichen Dekrets, das die Beute aus ihren Eroberungszügen in legale
Besitzungen umwandelte. Nur der Kaiser konnte ein vakantes Lehen neu
vergeben oder eines der damals häufig geschlossenen dynastischen Abkommen sanktionieren, mit dem zwei Fürstengeschlechter sich gegensei-

tig das Erbrecht gewährten. Nur er konnte Adelstitel vergeben. Alle diese
heiß begehrten Privilegien schlugen sich in barer Münze nieder. Die
sozio-politische Struktur der Epoche sprach also ebenfalls für eine Erhöhung der zirkulierenden Geldmenge. Das aber beschleunigte nur noch
das Zurückdrängen der alten Lehnsordnung, die auf Treue und Beistand
und auf Einkünften beruhte, die meist noch in Naturalien gezahlt wurden. Damit einhergehend verlor der Adel seine militärische Funktion.
Die Söldner, die bei entsprechender Bezahlung jederzeit einsatzbereit und
mit den neuen Kriegsmaschinen und Kampftechniken vertraut waren,
ersetzten die Truppenkontingente, die die Vasallen im Rahmen des Lehns-
aufgebots dem Lehnsherrn stellen mußten[4]. Er verlor auch seine politische Existenzberechtigung, da der Territorialstaat den adligen Vasallen
auch die Rechtsprechung und die Verwaltung entwand, die bisher jeder
in seinem Stand und auf seinem Grund und Boden ausübte. An ihre
Stelle traten Berufsbeamte, die die gleichen Aufgaben auf Dauer und
gegen Bezahlung versahen, aber ganz nach fürstlichem Gutdünken ernannt und wieder entfernt werden konnten. Vasallen hingegen verloren
nur dann ihr Lehen, wenn sie sich des Verrats oder der Pflichtvergessen-
heit schuldig gemacht hatten und von ihresgleichen abgeurteilt wurden.

Die Wirtschaftskraft hätte im 14. und 15. Jahrhundert sicherlich nicht
ausgereicht, dem wachsenden Bedarf an Geld und Münzen nachzukommen, wäre nicht der Bergbau ganz erheblich ausgeweitet worden. In Tirol, im Harz, im Erzgebirge und in Ostungarn wurden in großem Stil
Silber- und Goldminen sowie Schürfstätten an Flußläufen angelegt und
ausgebeutet. Deutsche und ausländische Fürsten förderten diese Entwicklung, die Könige von Böhmen, Polen und Ungarn riefen Scharen von
Bergleuten ins Land, die dort Kolonien bildeten. Bis ins 19., 20. Jahrhundert hinein hielten sich die Nachkommen dieser Einwanderer in deutschen Dörfern und Städten in den Karpaten der Slowakei und in den
Sudeten. Damals waren deutsche Bergleute immer noch führend in der
Abbautechnik, ihr Wissen war ein Exportfaktor. Doch der Export lief
nicht von allein, der Ausbau der Bergwerke erforderte Kapital. Anfangs
wurden die Minen, die über das kaiserliche Bergregal verfügten (das
später, als immer mehr Regalien an die Territorialherren übergingen, von
den Fürsten vergeben wurde), von einem Unternehmer und seinen Bergleuten ausgebeutet, die, von ihren Familien begleitet, oft in größeren
Verbänden ins Land gekommen waren. Der Kapitalbedarf zwang die
Unternehmer aber bald, finanzielle Beteiligungen am Abbau, sogenannte
Kuxe, an »Aktionäre«, die sich selbst nicht an der Ausbeutung beteiligen,
zum Verkauf anzubieten. Dadurch wurden die Bergleute mehr und mehr
zu Lohnabhängigen. Die Silberminen, die früher von sogenannten Ge-

werkschaften[5], im Kollektiv arbeitenden Bergleuten, aufgrund kaiserlicher oder fürstlicher Regalien ausgebeutet wurden, gingen in die Hände von »Kapitalisten« über, die dank ihrer Gewinne aus Handel und Gewerbe zu großen Vermögen gekommen waren. Sie liehen den Mächtigen Geld und erhielten Abbaumonopole als Bürgschaft oder als Zahlung. Die reichsten Kapitalisten der damaligen Zeit waren die Fugger und die Welser aus Augsburg. Sie finanzierten Kriege und Wahlen, gleichviel ob Kaiser oder Päpste gewählt werden sollten, und sie »produzierten« selbst auch einen Teil des Golds und Silbers, das sie an die Großen verliehen.

Die Fugger, die schließlich in den Grafenstand erhoben und Reichsfürsten wurden, waren ursprünglich eine Familie von Webern aus der Nähe von Augsburg. Im 14. Jahrhundert gelangten sie im Tuchhandel zu Reichtum. Vom Textilgewerbe gingen sie zum Fernhandel und schließlich zum Geldgeschäft über. Das Beispiel des Handelshauses Fugger wirft Licht auf einen weiteren Aspekt des städtischen Wirtschaftslebens im ausgehenden Mittelalter: Neben dem einzelnen Handwerksbetrieb, in dem der Meister, umgeben von seinen Gesellen und Lehrlingen, innerhalb seiner Zunft oder Gilde arbeitete, entstanden nun frühindustrielle Gewerbebetriebe, die vom Kapital der Handelshäuser finanziert wurden. Regelrechte Manufakturen (für Textilwaren, Waffen und Rüstungen) beschäftigten Arbeiter in Werkstätten. In anderen Branchen, so in der Tuchweberei, gaben die Handelsherren der ländlichen Bevölkerung Heimarbeit. Sie versorgten sie mit der zu verarbeitenden Wolle und diktierten die Preise. Diese neuen Wirtschaftsformen ersetzten zwar nicht die individuellen Handwerksbetriebe, sondern ergänzten sie nur, aber dennoch bedrohten sie die traditionelle Wirtschafts- und Sozialordnung der Städte. Die Arbeiter in den Manufakturen waren nicht durch die Zunftregeln geschützt; sie lebten und arbeiteten außerhalb der gesellschaftlichen Sicherungen wie die Wanderarbeiter und Handwerker, die keiner Gilde angehörten. Im ausgehenden Mittelalter entstand in den Städten ein »Lumpenproletariat«, das keine Arbeit, keine Einkünfte und keine feste Wohnung hatte. Man könnte es auch schlicht »Proletariat« nennen, sofern man von der üblichen Bedeutung absieht, die das Wort zur Bezeichnung der Arbeiterklasse in der industriellen Revolution des Kapitalismus bekommen hat. Die Angehörigen dieser zahlenmäßig starken, stets fluktuierenden Schicht, die von Bettelei und Diebstahl lebte und bei der Obrigkeit schlecht angeschrieben war, gerieten schnell in Aufruhr, scheuten nicht vor Schlägereien und Krawallen zurück und ließen sich von Rädelsführern und Demagogen leicht für fremde Zwecke einspannen. Ebenso empfänglich waren sie für alle Botschaften, die ein neues Leben und eine bessere Welt versprachen. Dieser städtische Pöbel sollte im 16. Jahrhundert die gefügige Masse für jene Gruppe bilden, die man die »extreme Linke der Reformation« nennen könnte. Im 14. und 15. Jahrhundert war er vor allem eine Bedrohung, aber auch ein Machtfaktor in der Auseinandersetzung innerhalb der Freien Reichsstädte zwischen dem alteingesessenen Handelspatriziat – Familien, die sich oft schon aus dem aktiven Wirtschaftsleben zurückgezogen hatten und sich nach dem Erwerb von adligem Landbesitz in ihrer Lebensweise der Aristokratie annäherten – und den Gilden, die an der Regierung beteiligt werden, ja allein die Macht ausüben wollten. Die Gilden, die sich immer stärker abschotteten, um das Oligopol der Meister zu schützen, stellten übrigens ihrerseits eine erbliche Elite dar. Patrizier und Gilden standen sich in Verteilungskämpfen gegenüber, von denen die Masse der armen Stadtbevölkerung ausgeschlossen war, sofern sie nicht als gegängelter Bündnisgenosse benutzt wurde, der schnell und umstandslos wieder ins politische Abseits gestoßen werden konnte.

Auch in der Kunst entwickelte sich im 14. und 15. Jahrhundert, vor allem in letzterem, ein Stil, der den Bedürfnissen und dem Geist einer neuen städtischen Bevölkerung entgegenkam. Es ist behauptet worden, daß auf die kaiserliche und kirchliche Gotik eine bürgerliche Gotik folgte. Das trifft selbstverständlich nur teilweise zu. Zum einen haben die Bürger, die städtische Bevölkerung, auch schon im 11. Jahrhundert eine wichtige Rolle beim Bau der großen Kaiserdome im Rheinland (Speyer, Worms und Mainz) gespielt, und zum anderen betätigten sich die Bischöfe und Fürsten auch in den beiden letzten Jahrhunderten des Mittelalters weiterhin als Bauherren. Hier kann es also nur darum gehen, Tendenzen und bestimmende Einflüsse aufzuzeigen. Wenn man das Ulmer Münster betrachtet, die höchste Pfarrkirche der Welt, die die Bürger einer Stadt, die nicht einmal Bischofssitz war, in wenigen Jahren erbauten, oder den großen Regensburger Dom, dessen Bau ebenfalls von Bürgern geplant und begonnen wurde, gar nicht zu reden von dem gigantischen Kölner Dombauprojekt, das bis ins 19. Jahrhundert hinein unvollendet blieb, wenn man schließlich staunend vor den prächtigen Nürnberger Pfarrkirchen St. Sebaldus und St. Lorenz steht, dann erahnt man, welcher unternehmerische Elan und welche technisch-planerische Kompetenz in solch ehrgeizigen Bauwerken stecken. Das städtische Patriziat und die Gilden konnten und wollten mit den adligen Gründern in einem für das Mittelalter wesentlichen Lebensbereich in Wettstreit treten, und diese Rivalität war Ausdruck eines neuen Kräfteverhältnisses. Genauer gesagt trat hier eine neue geistige und soziale Kraft zutage, die es in der alten Lehnsgesellschaft nicht gegeben hatte, eine Kraft, die ihren eigenen reli-

giösen Impuls hatte und deren Elan zum Ausdruck, zur glanzvollen Darstellung drängte, zur Begegnung mit dem Himmel, wenn nicht gar zu
seiner Eroberung. Ausgehend von den Metropolen verbreitete sich der
Baueifer der Bürger auch in den kleineren Städten. Im Südosten Deutschlands entstanden an vielen Orten Hallenkirchen. Bei diesem Sakralbau-
typus sind die Säulen gleich hoch wie die Außenmauern und tragen ein
einziges, alle Schiffe abdeckendes Dach. Die Hallenkirche versammelt
eine große Schar Gläubiger unter einem Dach: gewissermaßen ein demokratischer Zug, der in der Architektur zum Ausdruck kommt. Sie ist eine
sakrale Reproduktion des großen Marktplatzes, der sich stets in der Mitte
der Stadt befand, im Herzen des bürgerlichen Lebens und Arbeitens.

Zur selben Zeit entwickelte sich in Norddeutschland die Backstein-
baukunst als Ausdruck eines siegreichen, ja triumphierenden Bürgertums.
In ihren Anfängen handelte es sich um die beeindruckend schlichte Ge-
brauchsarchitektur einer Kultur, die um ihre Selbstbehauptung rang. Kirchen und burgenartige Klöster wurden in heidnischem, noch zu erobern-
dem oder gerade erst erobertem Land errichtet. Nun bildeten die großen
Küstenstädte die Vorreiter einer neuen Architektur. Von Brügge bis Reval
entstanden Backsteinkirchen und -rathäuser im gotischen Stil, aber nicht
nur dort, auch im Hinterland und selbst in bescheidenen, fast noch ländlichen Flecken wie Stendal in der Altmark.[6] Eine rauhere Natur und ein
härterer Menschenschlag wurden hier, in einem Land ohne schönes Ge-
stein, das sich zum Bauen und zur bildhauerischen Bearbeitung geeignet
hätte, zur Grundlage für eine ganz eigene Ausdrucksform, die sich die
Bewohner als Antwort auf die Herausforderungen durch eine karge Natur und in gefährdeter Existenz schufen. In allen deutschen Städten, ob
im Norden oder im Süden, errichteten die Bürger in einem Gemein-
schaftsstolz, der aber nie ganz vom Bedürfnis nach Anbetung und Versöhnung mit der göttlichen Macht getrennt war, prächtige Rathäuser und
reich verzierte Zunfthäuser, Spitäler und Hospize. Nun entstanden auch
Klöster und Häuser für religiöse Gemeinschaften, deren Frömmigkeitspraxis dem Lebensgefühl der Bürger näherlag: Bettelorden, vor allem
Dominikaner, Franziskaner und Augustiner, und Gemeinschaften von
Beghuinen und Begharden ließen sich im Herzen der Städte nieder, mitten
im Menschengewimmel, während ihre Vorgänger, die Benediktiner und
Zisterzienser, gerade die tiefe Einsamkeit gesucht hatten. Die Architektur
des 16. Jahrhunderts und des folgenden Barockzeitalters hat nicht überall
die Bauwerke der ersten großen bürgerlichen Epoche verdrängt. Noch
heute bieten Klein- und Mittelstädte (die auch von den Zerstörungen des
Zweiten Weltkriegs eher verschont geblieben sind) ein erkennbares Bild
des Deutschland des 14. und 15. Jahrhunderts. Das Regensburger Alte

Rathaus und das Lübecker Heilig-Geist-Hospital sind glanzvolle Beispiele der spätgotischen Architektur in den großen Handelsmetropolen. Sie zeigen, wie Bürgerstolz und Frömmigkeit in prächtigen Bauten ihren Ausdruck finden konnten.

Malerei und Plastik der Periode zwischen der Mitte des 15. Jahrhunderts und der Renaissance waren vom »weichen Stil« geprägt, der stärker das Gefühl anspricht, aber auch die Vanitas, die Zerbrechlichkeit allen irdischen Lebens, ausdrückt, eine Erbschaft aus der Pestzeit. Anders als in der hohen, öffentlich-repräsentativen Kunst der Stauferzeit fanden – je weiter bürgerliche Lebensformen in die Gesellschaft vordrangen – nun auch individuellere und intimere Töne Eingang in die Kunst. Das Bürgertum gewann an Einfluß und Initiative und vermehrte sein Vermögen zu einem Zeitpunkt der Geschichte, als das Individuum sich stärker aus der Gemeinschaft heraushob, und diese beiden Entwicklungen verbanden sich in immer reicheren Konstellationen. Individualität ist stets ein Luxus, nur reiche, hochentwickelte Kulturen haben die Zeit und die Mittel und finden auch Geschmack daran, das Individuelle wahrzunehmen und ihm Ausdruck zu verleihen (ihm diesen Ausdruck zu gestatten). Daher finden wir in Deutschland erst im Spätmittelalter frühe Beispiele der Porträtkunst (von den großen Kaisern vor dem Interregnum ist kein Porträt überliefert, wenigstens keines, das mit Sicherheit als solches angesehen werden darf), Porträts in größerer Zahl erst in der zweiten Hälfte des 15. Jahrhunderts, ebenso wie Beispiele für eine reine Landschaftsmalerei, die naturbeschreibend und nicht mehr symbolisch-allegorisch ist. Sofern man an einem Anachronismus keinen Anstoß nimmt, könnte man die Geschichte der Malerei und Plastik im Mittelalter in eine hohe expressionistische Phase, die einen ersten Höhepunkt darstellt, und in eine eher impressionistische Phase einteilen, die zu den Meisterwerken des frühen 16. Jahrhunderts führt. Die Individualisierung zeigt sich auch in der Tatsache, daß wir nun die Namen der Künstler und einiges über ihr Leben erfahren. Vor allen anderen erscheinen hier die Namen und die Lebensdaten der großen Baumeister und Steinmetze wie Hans Stethaimer, der die schönen Hallenkirchen in Landshut erbaute, der Familie Roritzer, die in Regensburg wirkte, und vor allem der Familie Parler, einer Baumeister- und Bildhauerfamilie, deren Werke die böhmische Kunstlandschaft zur Zeit Karls IV. schmückten. In einer bürgerlichen Kultur – und die Kultur des 15. Jahrhunderts in Deutschland empfing von der städtischen Gesellschaft die meisten Anregungen und Vorbilder für den allgemeinen Lebensstil – besteht immer eine starke Spannung zwischen dem Sparwillen und dem Ideal eines bescheidenen Lebenswandels einerseits und der Lust am Geldausgeben und am Repräsentieren andererseits.

Letzteres kommt selbstverständlich den Schönen Künsten und dem Kunsthandwerk zugute. Die Künstler und Kunsthandwerker der reichen Städte arbeiteten für das Patriziat, dessen künstlerischer Geschmack und Stil auch die Höfe inspirierte. Die Aristokratie zog nun in die Stadt, da die Burgen der Feudalzeit ihre militärische Funktion verloren hatten. Die politische Machtstellung ebenso wie die Sitten und Moden (die von Paris, Dijon, den flämischen und brabantischen Metropolen, von Rom, Venedig, Mailand und Neapel ausgingen) veranlaßten die Fürsten, ihre Hofhaltung in die Mauern der Stadt zu verlegen, die sich zur Repräsentation und zur Einrichtung einer zentralisierten Verwaltung besser eignete.

Auch das geistige Leben des Spätmittelalters war vom Aufstieg des städtischen Bürgertums geprägt (ich benutze diese geläufige Bezeichnung, obwohl vom Ende des Römischen Reiches bis zur Renaissance eigentlich vier oder fünf »Mittelalter« unterschieden werden könnten, so wie manche Historiker von mehreren Renaissancen sprechen, einer karolingischen, ottonischen usw., die dem großen Zeitalter der Renaissance im 15. und 16. Jahrhundert vorangingen). Im Spätmittelalter verlor der Klerus sein Monopol der Schriftkultur. Gewiß, die Kluft zwischen der Kultur der Gebildeten (eigentlich waren es mehrere Kulturen) und der Volkskultur blieb bestehen und vergrößerte sich sogar noch, da die überwältigende Mehrheit der Deutschen weder schreiben noch lesen konnte. Aber die Zahl und der Anteil der Gebildeten stiegen stetig; nunmehr waren auch viele Laien schreib- und lesekundig, und wer Erfolg haben wollte, brauchte zu fast allen bürgerlichen Tätigkeiten ein Mindestmaß an Bildung. Bücher zu besitzen wurde bei Kaufleuten und Handwerkern üblich, noch bevor die Verbreitung der Gutenbergschen Erfindung die Nachfrage nach Büchern in vollem Maß befriedigen konnte. Der Klerus bestimmte auch nicht mehr allein über die Inhalte der Schriftkultur: Neben theologischen Werken und Erbauungsschriften kamen auch Werke des kanonischen Rechts und einige wenige klassische Texte in Umlauf, die den Untergang der antiken Zivilisation überstanden hatten oder der Zensur der Kleriker entgangen waren. Weltliche Chroniken und profane Wissenschaften fanden unter Laien Verbreitung, die Philosophie emanzipierte sich von der Theologie, das öffentliche und private Recht entwickelte sich unabhängig vom kanonischen Recht. Zwar war ein echtes laizistisches Weltbild, waren Emanzipationsbestreben und vorurteilsloses Denken noch die Ausnahme, aber die geistige Ausstrahlung der Universitäten von Paris, Oxford und Italien, die Wiederentdeckung und wachsende Kenntnis der griechischen Wissenschaft und Literatur, die von gelehrten Flüchtlingen aus Byzanz in den Westen gebracht wurde, im Verein mit dem Unternehmens- und Entdeckergeist der Händler und Seefahrer, all das schuf im 14. und 15. Jahrhundert ein neues geistiges Klima. Diese Entwicklung begann in Italien, aber Deutschland, das politisch immer noch mit Reichsitalien, kirchlich mit Rom und wirtschaftlich mit Venedig eng verbunden war, bekam sehr bald Kunde von den Neuerungen. Das ließ wiederum eine wachsende Zahl von Privilegierten und Abenteurern nach Italien aufbrechen, um dort die Texte und die Genüsse eines neuen Lebensgefühls zu entdecken. Die Fürsten, die nach Italien zogen, taten dies nicht nur, um den Kaiser auf seinen Feldzügen oder bei Verhandlungen zu begleiten, sie wollten dort auch eine neue Lebensart kennenlernen und Studien betreiben. Und sie schickten auch Männer aus ihrem Gefolge dorthin, junge Rechtsgelehrte, die sie zu ihren Verwaltungsfachleuten machen wollten. Auch die Baumeister, Maler und Bildhauer gingen zu Studienzwecken nach Italien, so daß über die Alpen hinweg ein enges Geflecht geistiger und künstlerischer Beziehungen zwischen Deutschland und Italien entstand. Einer der scharfsinnigsten Köpfe der italienischen Renaissance, Aeneas Silvius Piccolomini, der spätere Papst Pius II., war ein Freund und Mitarbeiter von Kaiser Friedrich III. Der überragendste deutsche Denker der Epoche, Nikolaus von Kues, beschloß seine kirchliche Laufbahn als Fürstbischof von Brixen, der Stadt südlich des Brenners, über den die meisten Armeen, Reisenden und Händler zogen, die zwischen Nord- und Südeuropa unterwegs waren. Lesen und schreiben können hieß damals immer noch Latein können. Doch Latein war nicht mehr allein die Sprache des Klerus, eine Klasse oder, genauer gesagt, Schichten gebildeter Laien entstanden. Das 14. und 15. Jahrhundert war in Deutschland die Zeit der Universitätsgründungen, die eher dem italienischen als dem französischen oder englischen Modell folgten. Die Prager Universität war eine Gründung Karls IV., aber die neuen Universitäten in Leipzig, Wien, Heidelberg, Erfurt, Altdorf[7] und Wittenberg wurden von Fürsten oder Städten gegründet, die die Wissenschaften fördern und zugleich die Ausbildung ihrer Untertanen und Bürger besser kontrollieren wollten. Während also die Zahl der Lateinkundigen zunahm, wuchs auch das Interesse an der Sprache, Geschichte und Sitte der alten Germanen. Die Kultur bekam ein doppeltes Gesicht. Seit der Woge der nationalen Begeisterung, die Kaiser Ludwig dem Bayern im Konflikt mit den Päpsten in Avignon den Rücken gestärkt hatte, war das Nationalbewußtsein stetig gewachsen, auch und gerade als leidendes Bewußtsein. Es erlebte die Wirren, Schwächen und Schicksalsschläge des Reichs und empörte sich über Rom und die Franzosen, die diese Schwächen auf die verschiedenste Weise für sich ausnutzten. Die Sagen und Legenden der germanischen Vergangenheit waren im Volk in der Gestalt von Volksbüchern verbreitet, die die alten Heldenlieder in »moderne«

Prosa übersetzten und damit das weite Feld der bisher nur mündlich überlieferten Literatur vor dem Vergessen bewahrten. Die Stoffe der Siegfried- oder Nibelungensage fanden sich neben mehr oder weniger phantastischen Reisebeschreibungen und Heiligenviten. Die Beschäftigung mit der Heiligen Schrift, die von der Amtskirche mißtrauisch verfolgt wurde, machte beträchtliche Fortschritte, wie aus den zahlreichen Übersetzungen und gedruckten Bibelausgaben hervorgeht, lange ehe Martin Luthers Bibelübersetzung erschien. Die Schriften der Rechtsgelehrten und Politiker fanden auch im Volk ihr Echo; die *Reformatio Sigismundi,* eine dem verstorbenen Kaiser Sigismund zugeschriebene Flugschrift, die die Klagen und Erwartungen der breiten Bevölkerung gegenüber Kirche und Obrigkeit artikulierte, hatte ungeheuren Erfolg. Trotz des lateinischen Titels war es die erste große politische Streitschrift in deutscher Sprache, und sie sollte zahllose Nachfolger und Nachahmer haben. Selbst die Mächtigen griffen nun zur Feder. War die Autobiographie Karls IV. noch in Latein verfaßt, so schrieb Maximilian I., der schneidige und im Volk überaus beliebte Sohn des blassen Friedrich III., die Geschichte seiner Kämpfe und Abenteuer in deutscher Sprache und in der Manier der Ritterromane und Volksbücher. Sein unter dem Titel »Weißkunig« erschienenes Werk wurde eines der erfolgreichsten Bücher zu Beginn des 16. Jahrhunderts, nicht zuletzt auch wegen der köstlichen Holzschnitte, mit denen es vor allem Hans Burgkmair illustriert hat.

Während Friedrich III., der träge, aber schlaue und stets überaus behutsam vorgehende Kaiser, in seiner langen Regierungszeit die Hoffnungen seiner Untertanen enttäuscht und sogar Verachtung geerntet hatte (nicht immer zu Recht, denn wenn er auch die alte Kaisermacht nicht wiederherstellen konnte, so hatte er doch auf kein Reichsrecht Verzicht geleistet), gelang es seinem Sohn Maximilian, die Sympathie und Bewunderung der Zeitgenossen zu gewinnen. Dabei fehlte es nicht an militärischen Niederlagen und politischen Mißerfolgen im Leben dieses Kaisers, den die Historiker des 19. Jahrhunderts, im Rückgriff auf die Einschätzung seiner Zeitgenossen, zutreffend »den letzten Ritter« nannten. Maximilian, ein hochgewachsener Mann mit langem blondem Haar und funkelnden Augen, war eine stattliche Erscheinung und wußte die Menschen für sich einzunehmen. Er war nicht nur in allen ritterlichen Turnierspielen gewandt, ein großer Jäger, tapferer Soldat und umsichtiger Feldherr, sondern glänzte auch durch seine Bildung, seinen Kunstgeschmack und sein literarisches Talent. Mit seinem römischen Namen schien er dem humanistischen Idealbild des Herrschers zu entsprechen, aber er war auch ein deutscher Fürst nach dem Geschmack deutscher Humanisten. Träumer oder Diplomat, wie es die geschichtliche Stunde gerade erforderte, in politische Verhältnisse hineingeboren, in denen nichts wirklich erworben und alles immer wieder neu erkämpft werden mußte, waren ihm Resignation und Mutlosigkeit fremd, vielmehr stürzte er sich in immer neue Abenteuer. Mit seinem bunten Gefolge von Musikern, Malern und Hofchronisten zog er von Stadt zu Stadt, meist ohne Geld, um die Kosten für seinen Aufenthalt zahlen zu können, aber nie um neue Ideen und Pläne verlegen, um die Phantasie der Politiker zu beflügeln und die Geldbörsen der Bankiers für sich zu öffnen.

Maximilians Schicksal hatte an jenem Tag des Jahres 1475 seinen Lauf genommen, als Karl der Kühne die offizielle Verlobung seiner einzigen Tochter und Erbin Maria mit dem einzigen Sohn des Kaisers bekanntgab. Nach dem Tod des Herzogs von Burgund mußte der kaum achtzehnjährige Maximilian ohne Erfahrung im politischen Geschäft und ohne Vermögen – der Kaiser besaß nicht die Mittel, um die Pläne seines Sohns zu unterstützen – aus eigener Kraft die Schöne und ihr Erbe erobern. Die Liebe war auf seiner Seite, denn hier hatte diplomatisches Kalkül einmal ein harmonisches Paar zusammengebracht. Schon bei ihrer ersten Begegnung sprang der Funke der Leidenschaft über. Die Zeitgenossen, die sonst mit Bemerkungen über persönliche Beziehungen geizten, wußten von dem jungen Paar zu berichten, daß beide, als sie sich zum erstenmal gegenüberstanden, »bis in die Lippen erblaßten«. Dem romantischen Bild dieser Liebe kam ihre kurze Dauer zugute: Nur viereinhalb Jahre nach der Hochzeit verlor die passionierte Reiterin Maria von Burgund bei einem Sturz vom Pferd ihr Leben. Maximilian überlebte sie um siebenunddreißig Jahre; in seinem Testament verfügte er, daß sein Herz in dem in Brügge stehenden Sarg seiner geliebten jungen Gattin beigesetzt werde.

Das Erbe hingegen fiel ihm nicht in den Schoß. Der französische König Ludwig XI., der den Plan verfolgt hatte, Maria mit dem Thronfolger Karl, einem unmündigen Kind, zu verheiraten, wollte aus dem burgundischen Territorium die Gebiete zurückfordern, die der Lehnshoheit der französischen Krone unterstanden (und wenn möglich sogar noch mehr), auf jeden Fall das Herzogtum Burgund sowie die Grafschaften Artois und Flandern.

Die Stände der verschiedenen Länder, aus denen die Herzöge von Burgund ein zusammenhängendes Ganzes hatten machen wollen, erhoben sich und versuchten die Macht der Fürsten zurückzudrängen. Im Verlauf der Auseinandersetzung wurden die gemeinsamen Institutionen abgeschafft. Maximilian mußte zwischen Frankreich und den Aufständischen der Niederlande sechzehn Jahre lang Krieg führen, ehe er 1493 im Frie-

den von Senlis als Regent des jungen Philipp, Marias Sohn, das ganze
burgundische Erbe, mit Ausnahme des Herzogtums selbst, erhielt. Alles
übrige, Flandern, das reichste und wirtschaftlich aktivste Land nördlich
der Alpen, Artois, Brabant, Hennegau, Luxemburg, Holland und Seeland, die Herzogtümer Limburg und Geldern, das Protektorat über die
Bistümer Utrecht, Lüttich und Namur, bildete einen Block von geballter
politischer und wirtschaftlicher Macht, der nun zu den habsburgischen
Stammlanden hinzukam und die Hausmacht des Kaisers beträchtlich vergrößerte. Auch die Freigrafschaft Burgund, die an die habsburgischen
Besitzungen im Elsaß und in Schwaben stieß, war keine unerhebliche
Erwerbung. Allerdings herrschte der Kaiser in allen genannten Ländern
nicht uneingeschränkt, vielmehr machten ihm die Stände das Leben
schwer. Dennoch fiel die Bilanz für die Dynastie sehr positiv aus, und
nicht nur für sie: Nach Jahrhunderten der Schwäche des Reichs, in deren
Verlauf Frankreich und Burgund unter dem Hause Valois die Grenze
zum Reich immer weiter nach Osten verschoben hatten, wurde diesem
Vordringen Einhalt geboten, ja teilweise wurde die Entwicklung sogar
rückgängig gemacht. Von Ansprüchen Frankreichs auf das Elsaß wie zu
Zeiten Friedrichs III. oder Plänen Burgunds, sich Lothringen oder gar
Köln einzuverleiben, konnte nun nicht mehr die Rede sein. Am Ende des
Krieges erhielt das Reich sogar einen Teil Flanderns und des Artois zu-
rück, also Provinzen, die seit 870 immer innerhalb des Westfränkischen
Reiches gelegen hatten. Seinem Sohn Philipp von Habsburg fiel dieses
glanzvolle Erbe zu, doch Maximilian, wie vor ihm schon Friedrich III.,
schmiedete andere dynastische Bündnisse, die Hoffnungen auf ungeahnte
Erweiterung der habsburgischen Machtsphäre den Weg bahnten. 1496
und 1497 verheiratete er seinen Sohn Philipp, der die Schönheit seiner
Eltern geerbt hatte, und seine Tochter Margarete mit den Kindern eines
anderen berühmten Königspaars, Ferdinand von Aragón und Isabella
von Kastilien, *los reyes católicos*. Der Tod des Infanten Don Miguel
machte Philipp wenige Monate später zum Anwärter auf die spanische
Doppelkrone. Tatsächlich wurde er 1504 nach dem Tod Isabellas König
von Kastilien, starb aber schon 1506 und hinterließ zwei Söhne – Karl,
den künftigen Karl V., und Ferdinand, der nach seinem Bruder ebenfalls
Kaiser wurde, außerdem noch eine Tochter, Maria mit Namen. Maximilian sorgte dafür, daß sein Enkel Karl sich in den Niederlanden auf seine
Herrschaft in den westlichen Staaten sowie auf seine universale Rolle als
Kaiser vorbereiten konnte. Daneben betrieb er weiter eine aktive Hei-
ratspolitik. Er verband 1515 seinen Enkel Ferdinand mit der Tochter des
Königs von Böhmen und Ungarn aus der Jagellonendynastie, und seine
Enkeltochter Maria gab er dem künftigen Ludwig II., dem Sohn des Kö-

nigs Ladislaus II., zur Frau. Damit gelang ihm ein dynastisches Abkommen, wie es Friedrich III. einst mit dem jungen Ladislaus für das Königreich Böhmen ausgehandelt hatte. Einige Jahre nach dem Tode Maximilians fiel Ludwig II. 1526 in der furchtbaren Schlacht bei Mohács, die den Türken das Tor zum ungarischen Kernland öffnete. Da Ludwig keinen Erben hinterließ, wurde Ferdinand König von Böhmen und Ungarn, oder genauer gesagt der westlichen und südlichen Landesteile, die als einzige von der osmanischen Herrschaft verschont geblieben waren. Innerhalb eines dreiviertel Jahrhunderts und in vier Generationen hatten die Nachkommen Friedrichs III., der 1440 nur ein kleiner Herzog von Kärnten und der Steiermark gewesen war, ein gewaltiges Reich erworben. Dies war nur durch das unerschütterliche Vertrauen möglich, das Friedrich III. und sein Sohn Maximilian in den Stern des Hauses Habsburg gesetzt hatten. Kein anderer Herrscher seit den Tagen der Stauferkaiser hatte in den Händen einer einzigen Dynastie so viele ausgedehnte Besitzungen vereint: Spanien und das Königreich Neapel, die Freigrafschaft Burgund, das Elsaß und die Niederlande, große Teile Schwabens, Tirol, die Steiermark und Kärnten, Triest und die Krain, die österreichischen Herzogtümer, das Herzogtum Mailand, Böhmen und Mähren, Schlesien, Ungarn und Siebenbürgen. Seit den Entdeckungen des Kolumbus und den Eroberungen des Cortés bedeutete Spanien auch soviel wie die ganze Neue Welt mit all ihren Schätzen, die man erst allmählich erahnte. Was hätte daraus werden können, wenn diese vielen heterogenen Teile zu einem großen Ganzen zusammengewachsen wären und wenn die Kaiser, gestützt auf ihre Hausmacht, mit Autorität im ganzen Reich hätten walten können! Aber es kam ganz anders. Ihr Leben lang mußten sich Maximilian I., Philipp, Karl V. und Ferdinand I. in jedem ihrer Königreiche, Herzogtümer und Grafschaften mit den Landständen, den Städten, dem Adel und dem Klerus auseinandersetzen, die alle ihre altüberlieferten partikularen Rechte gegen die Errichtung absolutistischer Herrschaften geltend machten. Bald verweigerten sie den Königen die Mittel zum Kriegführen, bald probten sie den offenen Aufstand und zwangen sie, Kräfte von ihren politischen Hauptzielen abzuziehen. Diese aber waren die Wiederherstellung der Zentralmacht in Deutschland, der Kampf gegen die französischen Interventionen in Italien und an der Westgrenze Deutschlands und sehr bald auch die Verteidigung gegen die Türken.

Alle Menschen hatten damals das mehr oder weniger bestimmte Gefühl, daß die Verfassung des Reichs eine tiefgreifende Reform nötig hatte. Maximilian, der 1486 zum Römischen König gewählt worden war – mit ihm war nach über einem Jahrhundert ein Nachfolger noch zu Lebzeiten des Kaisers nominiert worden –, brauchte Geld, um Österreich aus ungarischer Hand zurückzugewinnen und die französischen Machtpläne in Oberitalien zu vereiteln. Die Stände, also die im Reichstag vertretenen Fürsten und Reichsstädte, verstanden sich darauf, eine Vergütung ihrer Hilfe zu verlangen, und zwar in Form von rechtlichen Zugeständnissen – dem einzigen Vermögen des Kaisers, abgesehen von den Einkünften aus seinen habsburgischen Erblanden –, die das Reich in eine Republik mit einem Monarchen als Staatsoberhaupt verwandelt hätten. Die Reichsreform strebte daher in zwei entgegengesetzte Richtungen: Der Kaiser und ein großer Teil der öffentlichen Meinung, die humanistische Intelligenz und das »aufgeklärte« Bürgertum der Freien Reichsstädte befürworteten eine Reichsgewalt, die stark genug wäre, um eine unabhängige Außenpolitik und eine Strategie zu entwickeln, die diese Bezeichnung verdient hätte. Die meisten Fürsten dagegen, denen das Deutsche und der deutsche Name durchaus nicht gleichgültig waren, wollten vor allem ihre Autonomie nach außen verteidigen und ihre Souveränität im Innern wahren. Wenn Maximilian Reichsitalien vor der Eroberung durch Frankreich retten wollte, brauchte er ein Heer von Landsknechten, auf deren Drill und Führung er sich so gut verstand. Auf dem Reichstag zu Worms im Jahr 1495 kam es zu einem Kompromiß. Die Stände stimmten der Proklamation eines »Ewigen Landfriedens« zu, der jede Fehde im Reich verbot. Ein Reichskammergericht wurde geschaffen. Es bestand zur einen Hälfte aus Juristen und zur anderen aus Ständevertretern und stand unter dem Vorsitz eines Richters, den der Reichstag ernannte. Vor diesem Gericht sollten die Streitfälle zwischen den Ständen geregelt werden. Außerdem sollten hier Untertanen ihr Recht finden, das ihnen von ihren Grundherren, Fürsten oder Stadtregierungen versagt worden war. Das gesamte Reichsterritorium, mit Ausnahme des Hausgutes des Kaisers, also Österreich und den Niederlanden, sowie des Königreichs Böhmen, wurde in zehn Kreise eingeteilt und dem Vorsitz eines erblichen Kreishauptmanns unterstellt. Der Kreistag sorgte für die Wahrung des Landfriedens, das heißt, diese Körperschaft bestrafte all jene, die von ihren Privatfehden nicht abließen (die oft nichts anderes waren als Beutezüge von Reichsrittern, die damit ihre schmalen Einkünfte aufbesserten). Außerdem war er für die Mitwirkung des Kreises an der Landesverteidigung verantwortlich. Schließlich wurde eine Reichssteuer eingeführt, der »Gemeine Pfennig«, mit dem die Kosten für das Reichskammergericht und das stehende Reichsheer bestritten werden sollten. Im Gegenzug versuchten die Reichsstände beim Kaiser ein Reichsregiment durchzusetzen, eine aus Ständevertretern zusammengesetzte Regierung mit ähnlichen Machtbefugnissen, wie sie der Kaiser besaß.

Die Reichsreform, die mehrere Jahrzehnte dauerte und tief in die Regierungszeit Karls V. hineinreichte, war von heftigen Auseinandersetzungen begleitet und blieb am Ende Stückwerk. Der Gemeine Reichspfennig – der Pfeiler, auf dem die ganze Reform ruhte – mußte wegen des hartnäckigen Widerstands der Stände schließlich aufgegeben werden. Diese wiederum ließen nach vielen fruchtlosen Versuchen von der Idee des Reichsregiments ab. Übrig blieben das Reichskammergericht und die Einteilung des Reiches in Kreise, die sich bis 1806 hielten. Zwar wurden damit nicht die grundlegenden Probleme gelöst, die aus dem Fehlen einer souveränen Reichsgewalt erwuchsen, aber beide Einrichtungen garantierten die Funktionsfähigkeit des alten Reichs und halfen ihm, auch die schrecklichen Krisen der Reformation und des Dreißigjährigen Krieges zu überstehen. Mit der mühsam und stückweise umgesetzten Reichsreform konnten die Stände nun nicht mehr ohne den Kaiser auskommen, mochte seine Macht auch beschränkt sein, und andererseits konnte der Kaiser seinen politischen Willen nicht ohne die Zustimmung der Ständemehrheit durchsetzen. Neben dem 1231 von Friedrich II. erlassenen *Statutum in favorem principum* (»Gesetz zugunsten der Landesherren«) und der Goldenen Bulle Karls IV. von 1356 stellen die Texte des Reichstags zu Worms, die 1507 und nochmals 1512 in Köln überarbeitet wurden, eine schriftliche Verfassung für das Reich dar.

Während all dieser Jahre kämpfte Maximilian mit List und Ausdauer für die Wahrung seiner Rechte und versuchte den Reformen die ihm genehme Richtung zu geben. Das Ergebnis erfüllte zwar bei weitem nicht die nationalen Hoffnungen, sprach aber doch für seine beharrlichen Bemühungen. In einem Punkt jedoch sollten die Reformen eine weitreichende geschichtliche Folge haben: Die Entscheidungen des Wormser Reichstags von 1495 wurden für die Schweizer Eidgenossen zum Anlaß, um sich unter Berufung auf altüberlieferte Rechte aus der Bevormundung durch Kaiser und Reich zu lösen. Die Eidgenossen waren zur führenden Militärmacht in Europa aufgestiegen. Sie hatten über Karl den Kühnen triumphiert, sie hatten Kaiser Friedrich III. die letzten habsburgischen Besitzungen südlich des Bodensees (Aargau und Thurgau) entrissen, und nun griffen sie in Oberitalien und im Elsaß ein. Sie weigerten sich, das Reichskammergericht anzuerkennen, sich in die Unterteilung in Reichskreise einzugliedern und den Gemeinen Pfennig zu zahlen. Da sie nicht mehr auf dem Reichstag erschienen, bildeten sie von nun an eine selbständige politische Einheit, obgleich ihre Sezession erst 1648 im Rahmen des Westfälischen Friedens offiziell vollzogen werden sollte. Ein letzter Feldzug gegen die Schweizer, den Maximilian 1499 unternahm, endete wie alle vorangegangenen Kriege, bei denen sich Habsburger und Eidgenossen seit Beginn des 14. Jahrhunderts gegenübergestanden hatten:

Das schweizerische Bauernheer brachte den zahlenmäßig unterlegenen und schlecht bezahlten kaiserlichen Landsknechten eine Niederlage bei.

Auch im Osten des Reiches mußte sich Maximilian den geschichtlichen Tatsachen beugen. Im Rahmen eines Abkommens, das er 1491 mit den Königen von Polen und Böhmen schloß, erlaubte er dem Hochmeister des Deutschen Ordens, dem polnischen König den Lehnseid zu schwören, zu dem er seit dem Frieden von Thorn verpflichtet war. Mit diesem Vertrag war der Krieg zwischen dem Deutschen Orden und dem Königreich Polen beendet worden, aber das Reich und Kaiser Friedrich III. hatten sich stets geweigert, die rechtlichen Folgen anzuerkennen.

Auch Maximilians Italienpolitik blieb ohne spektakuläre Erfolge. Der Papst erlaubte ihm wohl, den Kaisertitel auch ohne offizielle Krönung zu tragen, aber er vermochte weder den Gebietsvergrößerungen der Venezianer, die dem Reich einen Großteil der Provinz Friaul fortnahmen, Einhalt zu gebieten, noch konnte er die französischen Ansprüche auf das Herzogtum Mailand abwehren. Immerhin bewahrte er mit seinem hartnäckigen Widerstand die Rechte und die Position des Reichs in Italien; Karl V. konnte später die Situation zumindest im Hinblick auf Frankreich wieder bereinigen. Friaul blieb bei Venedig, aber das Herzogtum Mailand, aus dem die französischen Könige das Geschlecht der Sforza vertrieben hatten, fiel als vakantes Lehen an den Kaiser zurück und vergrößerte dessen habsburgische Hausmacht. Über das aragonesische Erbe hielt Karl bereits Neapel, Sizilien und Sardinien. Als entfernter Verwandter der Staufer hatte der habsburgische Kaiser Gelegenheit zur Revanche über die Kapetinger und das Haus Valois. Freilich konnte mit diesen Erwerbungen und Rückgewinnungen keine mittelalterliche Reichsherrlichkeit wiederhergestellt werden, welche Träume Maximilian und sein Enkelsohn auch darüber hegen mochten. Als Karl mit seiner Abdankung das Scheitern dieser Reichsträume besiegelte (1556), kamen Neapel und Mailand zum Erbteil der spanischen Linie ... Maximilian mochte es an Geld fehlen, aber nicht an Ideen. Nachdem er sich gewissermaßen als Heerführer im Dienst einer antifranzösischen Koalition betätigt hatte, faßte er gegen Ende seiner Regierungszeit den Gedanken, sich zum Papst wählen zu lassen, um das weltliche und das geistliche Schwert in einer Hand zu vereinigen. Dieser kuriose Plan, der durchaus ernst gemeint war, ist ein weiteres Beispiel für die stets rege visionäre Kraft des meistgeliebten und meistbetrauerten deutschen Kaisers nach Friedrich Barbarossa. Sein Andenken sollte im Volk noch lange fortleben.

Zu Maximilians hohem Ansehen trug sein schillernder, ja widersprüchlicher Geist bei, der so vieles vom Geist der Epoche einfing. Der Kaiser war Kriegsherr und Kunstkenner, versierter Diplomat und politischer Visionär, Humanist und »letzter Ritter«, Renaissanceherrscher und Mann der Vergangenheit, der die mythischen Zeiten des König Artus und seiner Tafelrunde heraufbeschwor. Die Gelehrten, Künstler und Literaten seiner Zeit liebten ihn darum und vermehrten seinen Ruhm. Er empfing sie an seinem Hof, beschenkte sie reichlich und stattete sie mit Pensionen aus, die er von den Einkünften abzweigte, die ihm die Bankiers für teures Geld ermöglichten. Alle großen Namen der berühmtesten deutschen Künstlergeneration gaben sich an seinem Hof ein Stelldichein. Albrecht Dürer, der offizielle kaiserliche Hofmaler, Albrecht Altdorfer, der wunderbare Landschafts- und Schlachtenmaler, Lucas Cranach d. Ä., Rueland Frueauf d. J., Hans Schäuffelein aus Augsburg, die Bildhauer Peter Vischer, Veit Stoß, Adam Krafft aus Nürnberg, der Komponist Heinrich Isaac. (»Ohne die Musik«, so gestand Maximilian einmal, »wäre ich ein tobender oder trübsinniger Narr.«) In Wien gründete der musikbegeisterte Kaiser den berühmten Chor der Wiener Sängerknaben. Seine Ermunterung und verständnisvolle Hilfe erfuhren aufgeklärte Theologen wie Staupitz, der Lehrer und Freund Martin Luthers, oder Johannes Trithemius, der berühmte Historiograph, Dichter (er stiftete das *Collegium poetarum et mathematicorum,* zu dem der Humanist Konrad Celtis 1501 den Anstoß gegeben hatte), aber auch Erzgießer und Waffenschmiede. Das Deutsche hielt er in hohen Ehren, ihm war es eine gewaltige Macht, die durch die egoistische Interessenpolitik der Fürsten erniedrigt wurde. Mit den Humanisten teilte er, der selbst als Dichter und Prosaschriftsteller in der Volkssprache hervorgetreten war, die Leidenschaft für das ruhmreiche Erbe des germanischen Altertums. Für das »Heldenbuch«, das er in Schloß Ambras bei Innsbruck, dem bevorzugten Aufenthaltsort seiner letzten Jahre, zusammenstellte, ließ er nach Manuskripten der alten dichterischen Texte forschen. So verdanken wir Maximilian den einzigen Text des »Gudrunlieds«, eines der klassischen Heldenepen des germanischen Altertums. Ebenfalls in Innsbruck ließ sich der Kaiser von den größten Bildhauern und Erzgießern seiner Zeit, die meisten von ihnen waren seine Freunde, jenes großartige Bronzegrabmal errichten, das von den lebensgroßen Statuen seiner kaiserlichen Vorgänger umringt war. Doch als wollte das Schicksal ein letztes Mal zeigen, wie widersprüchlich und fragmentarisch das Lebenswerk dieses ungewöhnlichen Kaisers war, blieb das Grab am Ende leer. Seinem Enkel und Erben, dem jungen Karl, Herr über die Niederlande und König von Spanien, der Sprache und Kultur nach ein Franzose, den er zu Lebzeiten nicht zum Römischen König nominieren konnte, hinterließ er neben den habsburgischen Erblanden auch alle ungelösten Probleme der deutschen Geschichte: den Dualismus zwischen kaiserlicher Zentralgewalt und Reichsständen, die Spannung zwischen der deutschen Nation und der römischen Kirche. Anderthalb Jahre vor dem Tod des Kaisers schlug Martin Luther seine fünfundneunzig Thesen an die Tür der Schloßkirche zu Wittenberg, mit denen er direkt oder indirekt das ganze Gebäude von Kirche und Religion des europäischen Mittelalters in Frage stellte. Der alte Kaiser, der nach seinem ganzen Fühlen und Wollen ein Deutscher war, hätte vielleicht, wenn er es noch erfahren hätte, den Sinn dieses epochemachenden Ereignisses begriffen. Karl hingegen, ein Fremder gegenüber allem Deutschen, mußte als frommer Katholik (obwohl er sich über die Zustände in der Kirche, die nach Reformen riefen, keine Illusionen machte) in dem Mann Luther lediglich einen kleinen Mönch sehen, der gegen die legitime Autorität der Kirche aufbegehrte. Martin Luther und Karl von Spanien haben sich bei diesem Rendezvous mit der Geschichte einfach verfehlen müssen.

Zeittafel

1438	Kaiser Sigismunds Schwiegersohn, Herzog Albrecht von Österreich, wird als Albrecht II. zum deutschen König gewählt. Die Erbmonarchie löst das Wahlkönigtum ab. Mit Albrecht II. übernimmt das Haus Habsburg die endgültige Herrschaft über das Reich (bis 1806).
1439	Einfall der Türken in Ungarn. Tod Albrechts II.
1440	Herzog Friedrich von Steiermark wird als Friedrich III. zum König gewählt.
1443	Bauernaufstände in Straßburg und am Oberrhein (Bundschuh).
1445	Konkordat zwischen Friedrich III. und Papst Eugen IV.: Anerkennung des Papstes durch das Reich, aber auch zusätzliche kirchenhoheitliche Rechte für die weltliche Macht.
1447	In Dithmarschen wird mit einer eigenen Landesverfassung ein freier Bauernstaat gegründet.
1452	Kaiserkrönung Friedrichs III., die letzte Krönung eines deutschen Kaisers durch den Papst.
1453	Eroberung Konstantinopels durch die Türken. Ende des Byzantinischen Reiches.
um 1454	Johann Gutenberg druckt mit beweglichen Lettern die 42zeilige lateinische Bibel. Rapider Aufschwung der Kommunikation und Information durch Druckwerke.
1454– 1466	Krieg des Deutschen Ordens gegen Polen. Hegemoniegewinn durch Polen.
1488	Gründung des Schwäbischen Bundes durch schwäbischen Adel und die Städte.
1489	Reichstag zu Frankfurt: Bestätigung der Reichsstände als unabhängiger Macht gegenüber dem Kaiser.
1493	Tod Kaiser Friedrichs III. Sein Nachfolger wird Maximilian I., der »letzte Ritter«.
1495	Reichstag zu Worms: Ausrufung eines Ewigen Landfriedens und Gründung eines obersten, vom Kaiser unabhängigen Reichskammergerichts.
1497	Durch Heiraten gewinnt das kaiserliche Haus Habsburg das Erbrecht auf Spanien.
1500	Reichstag zu Augsburg: Verwaltungsneuorganisation des Reiches.
1508	Maximilian I. ernennt sich selbst zum Kaiser.
1513	Ausbruch von Bauernaufständen.

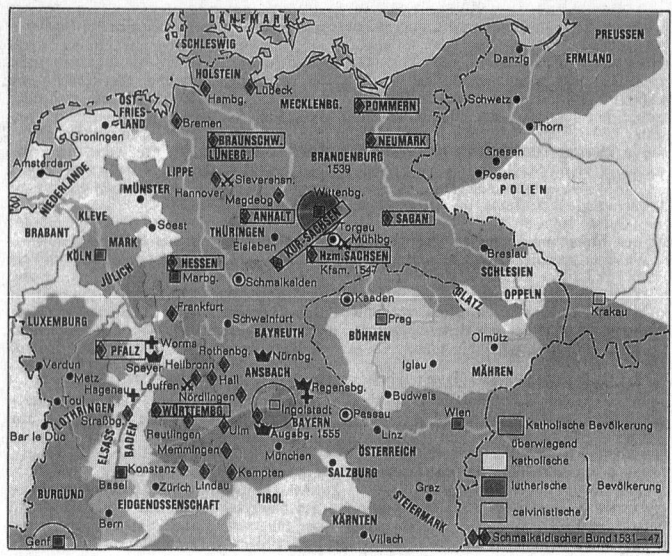

Die Reformation in Deutschland bis 1546

10. KAPITEL

Die Reformation

1517–1555

Die Epoche, der wir uns nun zuwenden, gehört zu den bedeutendsten und bewegendsten in der Geschichte Deutschlands. Was für die französische Geschichte die Große Revolution ist, ist für die deutsche Geschichte die Reformation. Martin Luther, der Mann, der den reformatorischen Prozeß auslöste und verkörperte, ist derjenige Deutsche, der vor Karl Marx und mit ihm die tiefsten Spuren in der Weltgeschichte hinterlassen hat. Die erste Hälfte des 16. Jahrhunderts war eine Epoche allgemeiner Blüte, in der aber auch Spannungen zur Entladung drängten. Der deutsche Humanismus hatte seinen Höhepunkt erreicht, die deutsche Kunst in Architektur, Malerei und Bildhauerei Meisterwerke hervorgebracht. In der Politik unternahm Karl V. den ehrgeizigen Versuch, das mittelalterliche Ideal eines Universalreichs wiederherzustellen. Mit und dank Luther machte das Deutsche den entscheidenden Schritt zur Schriftsprache, der unverzichtbaren Voraussetzung dafür, daß ein Volk zur Bewußtheit und zum Ausdruck seines Wesens gelangt. In diese Zeit fiel der erste und für Jahrhunderte letzte Auftritt der breiten Masse des deutschen Volkes, dessen Protest sich im großen Bauernkrieg mit bisher nicht gekannter Heftigkeit Luft machte. Nicht minder heftig fiel die darauffolgende Repression aus. Das soziale Leben wurde danach für drei Jahrhunderte in den starren Rahmen eines territorialstaatlichen Absolutismus gezwängt, bei dem die Fürsten über eine vom Adel dominierte Klassengesellschaft herrschten. Vor allem aber wurde diese Zeit durch das spirituelle Ringen des Augustinermönchs Luther geprägt, der ausgezogen war, einen Gott der Gnade zu suchen, und damit den Anstoß zum Bruch mit einer mehr als tausendjährigen Ordnung gab. Ein Mönch, dem es allein um einen »gnädigen Gott« ging, löste eine Revolution aus, und zwar keine, die auf religiöse und moralische Dinge beschränkt blieb, sondern eine politische war, eine Umwälzung, die weit über Deutschland hinaus auf die meisten europäischen Länder, ja auf andere Kontinente, auf Amerika, Australien und die pazifischen Inseln übergriff.

Luthers Reformation ist seit bald fünfhundert Jahren Gegenstand des Disputs unter Historikern und Denkern, und auch heute noch scheiden sich an ihr die Geister. Katholiken und Protestanten sind sich in ihrer

Sicht der reformatorischen Bewegung nähergekommen, ohne daß damit fundamentalistische Positionen auf beiden Seiten völlig verschwunden wären. Was aber heute für die Kontroverse sorgt, sind marxistische und materialistische Erklärungen, so wie sie in der ehemaligen DDR von orthodoxen kommunistischen Historikern verbreitet wurden und die sich von allen anderen Deutungen, seien es christliche, humanistische oder »liberale«, scharf abgrenzen. Für diese war Luther ein Mensch, dessen Denken und Streben vor allem um Gott kreiste, mithin war und bleibt für sie die Reformation vor allem ein epochemachendes *religiöses* Ereignis. Nun fehlte es zu Beginn des 16. Jahrhunderts in Deutschland nicht an Krisenelementen: Unter den Bauern, unter der Masse der städtischen Armen, aber auch in der Ritterschaft, das heißt bei der Mehrheit des niederen Adels, gärte es allenthalben und drängte zur Entladung. Die Gebildeten fügten sich immer weniger in die vorgegebenen Denkformen und reagierten mit wachsender Ungeduld auf die Gängelung des geistigen Lebens, wie sie seit Jahrhunderten von der römischen Kirche praktiziert wurde. Das alles ist wahr und kann nachgewiesen werden, aber erst post festum. Man kann ohne große Mühe zeigen, daß Deutschland zu Beginn des 16. Jahrhunderts auf eine Revolution zusteuerte und daß in Anbetracht der damaligen Verfaßtheit der Gesellschaft und der Geister das revolutionäre Geschehen im religiösen Leben seinen Ausgang nehmen mußte. Was solche Erklärungen, die nicht ohne Konsistenz, in anderer Hinsicht aber auch wieder sehr unzulänglich sind, überhaupt nicht plausibel machen können, ist der Eintritt Martin Luthers in die Geschichte, seine unverwechselbare intellektuelle und seelische Gestalt. Was hätte ein anderer Reformator in Deutschland getan und hervorgebracht? Die Frage ist müßig: Es war eben Martin Luther, der 1517 mit seinen fünfundneunzig Thesen gegen den Ablaßhandel aus der Anonymität heraustrat, er und kein anderer. Warum? »Weil er es war und weil es Deutschland war«, könnte man in Anspielung auf das berühmte Wort Montaignes über seine Freundschaft mit La Boétie antworten. Damit ist das Einzigartige, Unvergleichliche und Unvorhersehbare in der menschlichen Individualität angesprochen, etwas, wodurch jeder Mensch und mehr noch die Großen der Menschheitsgeschichte den engen Rahmen des historischen Materialismus sprengen. Geschichte ist beides: das Werk großer schöpferischer Geister und einer anonymen Menge (die gleichwohl aus unverwechselbaren Individuen besteht), zugleich aber auch eine Reihe von Klassenkämpfen. Die Geschichtsauffassung eines Plutarch und eines Ranke einerseits und eines Marx und Engels andererseits schließen sich nicht aus, vielmehr ergänzen sie sich gegenseitig, obgleich Marx und Engels das bestritten hätten.

Martin Luther wurde 1483 als Sohn eines Bergmanns geboren. Sein Vater arbeitete zwar noch mit eigenen Händen, war aber kein schlichter Arbeiter im modernen Sinne mehr, sondern Teilhaber eines Grubenunternehmens, ein Bürger, der seine bäuerliche Herkunft hinter sich gelassen hatte. Der junge Luther hatte als Student der Rechtswissenschaft ein erschütterndes Erlebnis in einer Gewitternacht, worauf er den Entschluß faßte, ins Kloster zu gehen. Seine geistlichen Vorgesetzten erkannten rasch die großen Gaben des Novizen und förderten seine Studien. Bald wurde er selbst Professor, immer bestrebt, sein weitreichendes Wissen in Theologie, Philosophie, Literatur und Geschichte noch zu vergrößern und zu vertiefen. Luther kannte sich in der humanistischen Kultur seiner Zeit bestens aus, und besonders philosophische Fragen hatten es ihm angetan. Er war ein ausgezeichneter Latinist und besaß auch im Griechischen und Hebräischen mehr als beachtliche Kenntnisse. Sein bedeutendstes literarisches Werk, die Übersetzung der Bibel, nutzte die griechischen und hebräischen Urtexte, soweit sie damals verfügbar waren. Doch in der Studierstube, in der der junge Professor seine Vorlesungen vorbereitete, schauderte ihm vor der Allmacht Gottes, vor dem Abgrund der Sünde und dem Unvermögen des Menschen, sich die göttliche Gnade zu verdienen. Für Luther war Gott eine allumfassende, erdrückende Realität, vor der alles andere zur Bedeutungslosigkeit herabsank und nichts bestehen konnte. Aber trotz der heftigen Krisen, deren Tiefe wir erahnen, war er doch stark genug, alle seine Pflichten zu erfüllen. Seine Vorgesetzten schickten ihn sogar in besonderer Mission nach Rom, wo ihm der Kontrast zwischen seiner tragischen Auffassung der Religion und dem fast heidnisch anmutenden Schauspiel des prunkenden Renaissancepapsttums schmerzhaft bewußt wurde. Ein umfassend gebildeter und von religiöser Inbrunst durchdrungener Mann wie Luther kannte selbstverständlich die harsche Kritik und die Reformungeduld, die sich gegen die Kirche als Organisation und Machtfaktor seit mehr als einem Jahrhundert richteten. Er kannte auch das Beispiel des Jan Hus, seine thüringisch-sächsische Heimat lag ja an der Grenze zu Böhmen, wo der hussitische Ketzerglaube weiterhin blühte. Die Schriften des Franziskaners Wilhelm von Ockham, der durch die Vermittlung Wyclifs als wichtigster Anreger des böhmischen Häretikers galt, standen in seinem Orden in hohem Ansehen und wurden emsig studiert. Luther führte also ein intensives spirituelles Leben, als ihm plötzlich wie eine strahlende Sonne der Sinn der Worte des Apostels Paulus aufging, jene schon oft gelesene und mit einemmal verstandene Stelle im Römerbrief, wonach »der Glaube allein« zur Gnade führe. Für seine Studenten arbeitete Luther an einem Kommentar dieses Textes, der an die bereits fertiggestellten Kommentare anderer biblischer Bücher anschloß.

Wieder ist es eine Erleuchtung für ihn, wie einst das Erlebnis im Gewitter, das ihn bewog, das Mönchsgelübde abzulegen. Nach Luther vermag der Mensch aus eigener Kraft und durch seine Werke gar nichts. Die Sünde trennt den Menschen abgrundtief von der göttlichen Gnade. Auch an den reinsten Werken der Barmherzigkeit haftet noch der Makel der Sünde. Der allmächtige Gott ist mit der menschlichen Existenz nicht nur inkommensurabel, er ist dem Menschen auch unerreichbar, außer im Gebet, das aber gerade im Verzicht auf die Werke, auf das Erwerbenwollen der Gnade besteht. Die Gnade ist ein unverdientes Geschenk Gottes, das der Mensch in Demut und Dankbarkeit empfangen soll. Nicht um die Gnade zu verdienen, soll der Mensch Gott gehorchen und seinen Willen erfüllen; Gott zu gehorchen und ihn zu verehren ist die notwendige, aber keineswegs hinreichende Haltung für den in Dankbarkeit lebenden Menschen. In diesem Sinn ist die Dankbarkeit des Sünders ebenso unvermittelt wie die Gnade, die Gott ihm schenkt, da die ganze Dankbarkeit der Menschheitsgeschichte nicht ausreichte, auch nur für einen einzigen Menschen einen Gnadenerweis zu erwirken.

Luthers Unterricht im Erfurter Augustinerkloster und an der Universität Wittenberg schien kein Gegenstand der Kritik zu sein. Allein diese Tatsache sagt einiges über die Vielfalt der Lehrmeinungen, die es damals in der deutschen Kirche gab, und über die relative Freiheit, mit der solche Meinungen vertreten und weitergegeben werden konnten, sofern sie nicht gedruckt wurden. Der Anlaß, der aus dem Mönch einen Mann machte, dessen Wirken zu einem öffentlichen Skandal ersten Ranges wurde, war der Ablaßhandel. Das Papsttum unter den Pontifikaten von Julius II. (1503–1513) und Leo X. (1513–1521) benötigte große Summen für die prunkvolle Hofhaltung, die immense Bautätigkeit, die Kriege in Italien, aber auch für die Verwaltung der Kirche und die Vorbereitung des Kreuzzugs gegen die Türken. Es ließ sich seine Zustimmung bei Wahlen teuer bezahlen, über die in Deutschland, und hier vor allem in den geistlichen Fürstentümern ohne Konkordat mit dem Heiligen Stuhl, die Besetzung der Bistümer und Abteien geregelt wurde. So zahlte etwa der Markgraf Albrecht II. von Brandenburg, der Bruder des Kurfürsten, für den Erwerb des Erzbistums Mainz, des höchsten kirchlichen Amts in Deutschland, da der Erzbischof zugleich Kurfürst und Kanzler des Reichs war, eine hohe Summe, die zum großen Teil in einem Kredit des Bankhauses Fugger bestand. Dafür reichten die Steuereinnahmen nicht, die ihm aus dem Erzbistum, aus seinen beiden Bistümern Magdeburg und Halberstadt und den hohenzollernschen Territorien zuflossen. Das bewog ihn, den Jubiläumsablaß zum Neubau der Peterskirche in seinen Bistümern zuzulassen, wobei die Ablaßgelder zur Hälfte zur Tilgung seiner Schulden an die Fugger flossen. Er förderte den Ablaßhandel, so als würde man einen Werbefeldzug zur Zeichnung von Aktien starten, die einen Anspruch auf Sündennachlaß und früheren Eintritt ins ewige Leben gäben, und zwar nicht nur für den Käufer selbst, sondern auch für seine verstorbenen Anverwandten, wenn dies seine »Meinung« sein sollte.

Der Ablaßprediger Tetzel, der mit der Durchführung der Kampagne beauftragt war, gehörte dem Dominikanerorden an, mit dem die Augustiner, Luthers Orden, noch einen alten theologischen Strauß auszufechten hatten. Ein krasses Beispiel dafür, zu welchen Auswüchsen die Theologie der guten Werke führen konnte, deren mangelnde Fundierung Luther gerade entdeckt hatte. Die Kirche frevelte an Gott, dem einzigen Herrn über Nachlaß und Vergebung, wenn sie die Gläubigen zum Kauf von Ablaßzetteln ermunterte. Luther war kein unerfahrener Novize, er mußte also wissen, daß in der Lehre von den kirchlichen Gnadenmitteln alles miteinander zusammenhing, daß also die guten Werke und die Schlüsselgewalt der Kirche zusammengehörten. Aber sicherlich sah er weder die Konsequenzen noch die Stärke des Erdbebens voraus, das er dann mit seinem Thesenanschlag auslöste. Möglicherweise ahnte er, ihm könnte ein ähnliches Schicksal wie dem unglücklichen Jan Hus beschieden sein. Sicherlich aber hoffte er noch, daß der von seiner Umgebung schlecht informierte und beratene Papst noch für die Wahrheit gewonnen werden könnte. Wie auch immer, seine Thesen gegen den Ablaßhandel sollten in dem 1517 in Deutschland herrschenden geistigen Klima einen Bruch herbeiführen. Die Tragweite seiner Ansichten und die Resonanz auf ihre Veröffentlichung haben Luther sicherlich überrascht. Dabei blieb die Veröffentlichung der lateinisch abgefaßten Thesen noch innerhalb der kirchlichen und universitären Sphäre. Doch das Ablaßwesen und der daraus resultierende Handel bildeten seit Generationen einen Stein des Anstoßes, der die Kritik an den Mißbräuchen und Mißständen in der Kirche herausforderte. Binnen weniger Wochen wußte jeder in Deutschland über das Ereignis in Wittenberg Bescheid. Die Thesen, die in Volkssprache übersetzt und gedruckt, wurden von Hunderttausenden von Deutschen entweder selbst gelesen, oder sie kamen ihnen durch andere zu Gehör. Die Zeitgenossen sahen darin den Ausdruck ihres Zorns, aber auch ihrer Hoffnung auf eine Reinigung der Kirche, auf eine *reformatio,* wie der im 15. Jahrhundert geläufige Begriff für die Erneuerung von Kirche und Reich lautete. Ein Mann hatte für alle gesprochen. Nach wenigen Wochen war Luther zur »Wittenbergischen Nachtigall« geworden, nach einem Wort des dichtenden Schusters Hans Sachs aus Nürnberg. Ihr Gesang kündete von einem neuen Morgen der Weltgeschichte.

Luthers reformatorisches Denken hat sich allmählich und im dialektischen Austausch entwickelt, wobei ihn seine Gegner mit ihrem Widerspruch zu immer kühneren Aussagen herausforderten. So wagte er 1519
im Verlauf der Leipziger Disputation mit Johann Eck, einem versierten
Juristen und scharfsinnigen Theologen, die Behauptung aufzustellen, daß
nicht nur der Papst, sondern auch das Konzil irren könne. Was als tra-
ditionelles Streitgespräch begann, hatte revolutionäre Folgen, denn damit
brach eine tragende Säule des Gebäudes der mittelalterlichen Kirche zusammen. Die Verleumdungen, die in Rom über Luther zu hören waren,
der Ketzerprozeß, der ihm nach kanonischem Recht gemacht wurde, die
wütenden Angriffe der Parteigänger der alten Ordnung, die Verurteilun-
gen unter anderem durch die theologischen Fakultäten von Köln und
Löwen, all dies spornte ihn zu immer selbstbewußterem Widerspruch
an. Gewiß war Luther kein schlichtes religiöses Gemüt: Die Bereitschaft,
den Willen Gottes zu tun, hatte unbedingten Vorrang, aber bei ihm war
auch die Absicht sehr stark, seinem Volk, auf das er stolz war, zu dienen.
Dieses Volk hatte außerdem unter demselben Feind zu leiden, den Luther
immer deutlicher auch als Feind Gottes identifizierte: den Papst, die ganze
päpstliche Institution, die, dessen war sich Luther gewiß, als der Antichrist selbst gelten müsse. Als er sich 1520 in seiner Schrift »An den
christlichen Adel deutscher Nation«, die zum Polemischsten und Ent-
schiedensten gehört, was er je geschrieben hat, an die regierenden Stände
wandte, und als er ein Jahr später vor dem Kaiser und dem versammelten
Reichstag in Worms ebenso demütig wie unerschütterlich behauptete, er
habe um seines Volkes und seines Vaterlandes willen nicht schweigen
können, da löste er ein ungeheures Echo in einer Nation aus, die sich
ihrer potentiellen Größe und Macht einerseits und ihrer tatsächlich empfundenen Demütigung andererseits immer mehr bewußt wurde. Das führte allerdings auch zu schrecklichen Mißverständnissen, für die auch der
Reformator verantwortlich gemacht werden mußte.

Wenn Luther sein Volk und das Volk liebte, wenn er als echter mittelalterlicher Christ tief davon überzeugt war, daß das Volk Gottes aus
den Armen und Schwachen bestehe und daß das in christlicher Demut
auf sich genommene Leid den Königsweg zu Gott und seiner Gnade
darstelle, so heißt das, daß es ihm vor allem anderen und gegebenenfalls
sogar ausschließlich um das Seelenheil und den Gehorsam gegenüber
Gott zu tun war. Alles, was hinieden geschehe, sei für das Wirken des
Teufels offen und ihm ausgesetzt, daher könne die irdische Welt niemals
zum Reich Gottes werden. In seiner Schrift an den deutschen Adel legt
Luther seine Lehre von den »zwei Reichen« dar: Dem Reich Gottes gehören hier auf Erden nur diejenigen an, die sich durch Demut und Leiden

auf die verheißene Gnade, ihre einzige Sorge, vorbereiten; alles andere
sei das Reich des Übels, in dem der Christ allerdings die Pflicht habe,
den großen Widersacher mit dessen eigenen Waffen zu bekämpfen, sofern
er Auftrag und Amt dafür erhalten habe. Für den Christen bestehe der
Gehorsam gegenüber Gott darin, seine ständischen Pflichten zu erfüllen
und das zu sein, wozu der Wille Gottes ihn bestimmt habe. Er müsse
sich mit seinem Stand bescheiden und dürfe nicht versuchen, höher zu
steigen und sich zu bereichern. Wer aber reich und mächtig sei, der müsse
noch mehr als die anderen die Pflichten seines Standes erfüllen. Luthers
Denken, das sich hier vor uns entfaltet, kennt also eine durchgängige
Tendenz zum Quietismus, dessen Anhänger ein frommes Leben am Rand
der Gesellschaft führen möchten (nach dem Vorbild der Brüder vom
Gemeinsamen Leben, die Luther aus seiner Schulzeit kannte), und gleichzeitig ·die Pflicht zur »Wahrung der Ordnung« und zum Kampf gegen
das Böse, die all jenen zufalle, die Gott mit weltlicher Macht ausgestattet
habe. Die Macht sei Attribut ihres Standes und zugleich ihr Beruf, der
in Luthers Verständnis ihre Berufung einschließt. Der Mächtige sei zur
Obrigkeit berufen, er verkörpere die von Gott gegebene Macht. Der
»christliche Adel deutscher Nation«, dem Luther seine Zweireiche-Lehre
auseinandersetzte, das waren vor allem die deutschen Fürsten, denen er
mit den schlimmsten Strafen und Verdammungen drohte, wenn sie sich
nicht dem Willen Gottes öffneten. Im gleichen Zug erkannte er aber ihre
Macht an und legitimierte sie, sofern sie diese im Dienst Gottes verwendeten. Gehorsam schulde der Christ sogar der schlechten Obrigkeit, er
müsse in Demut die Ungerechtigkeit ertragen, die sie ihm zufüge, denn
die Macht sei wegen der Schlechtigkeit und Sündhaftigkeit der Menschen
errichtet worden. Diese Legitimität komme aber nur der weltlichen
Macht zu. Die Macht hingegen, die sich die Kirche als Gesamtheit des
Klerus im Laufe der Jahrhunderte angemaßt habe, sei nicht von Gott
gewollt, sondern ein Werk des Teufels. In einer anderen wichtigen Schrift
aus dem Jahr 1520 nennt Luther Rom »die große Hure der Apokalypse«
und die Kirche eine Gefangene eines neuen Babylon, dessen Name Rom
laute.

Unter dem Druck seiner Gegner und auf Drängen seiner Freunde weitete Luther den reformatorischen Gedanken immer mehr aus. Aus der
Gewißheit, daß nur das Wort Gottes Legitimität stifte, entdeckte und
verkündete er nach und nach, daß das Papsttum und die Kirche, die
durch Ordination verliehene Priesterschaft, die Sakramente (abgesehen
von Taufe und Eucharistie) und die Dogmen, die Messe und die anderen
Riten allesamt nur Werke des Menschen und daher Frucht der Sünde
seien. Auf »die Gnade allein« antworte »das Wort allein«, so wie es in

der Heiligen Schrift niedergelegt sei, an deren Offenbarungscharakter der
Humanist Luther nie zweifelte. Im Lauf der Geschichte (die für Luther,
und darin war er ganz mittelalterlicher Denker, vor allem das Feld für
das Wirken des Teufels war) sei die Botschaft Jesu so entstellt worden,
daß die Institution Kirche mitsamt ihren Strukturen alle Legitimität verloren habe. Jeder Christ sei Träger des allgemeinen Priestertums, das
Christus verliehen habe. Die Unterscheidung zwischen Laie und Priester
werde hinfällig, und mit dem Priester verschwinde auch der Bischof, die
kirchliche Hierarchie überhaupt und die Unterscheidung zwischen weltlichem und religiösem Leben. Als Mönch oder Nonne zu leben erschien
plötzlich nicht mehr gottgefälliger als laikale Lebensformen, im Gegenteil, sie galten als Versuch, sich aus der Pflicht zu stehlen, die Gott den
Menschen auferlegt habe, und seinem Stand aus Stolz oder aus Angst
zu entkommen. Das Mönchstum sei nur eine Flucht.

Im Deutschland des Jahres 1520 mußten diese revolutionären Gedanken, die dank einer bisher nicht gekannten Intensivierung des Druckge-
werbes und des Buchhandels (der die Ware oft durch Wanderverkäufer
auf Jahrmärkten und Wallfahrten feilbot) weite Verbreitung fanden, einen politischen und sozialen Dammbruch ohnegleichen auslösen (ähnliches hatte nur die hussitische Bewegung hervorgebracht, die aber in einer
sehr spezifischen und durch ihre Sprache abgetrennten Region stattgefunden hatte[1]). Die Legitimität der kirchlichen Macht abstreiten hieß die
Existenz reicher und mächtiger Fürstentümer in Frage stellen, die von
Anfang an eine entscheidende Rolle in der Struktur des Reiches gespielt
hatten und als Reichsstände mit Sitz und Stimme im Reichstag vertreten
waren. Es hieß die Existenz Tausender von Klöstern in Frage stellen,
hinter deren Mauern Hunderttausende von Mönchen, Nonnen und Lai-
enbrüdern lebten. Es hieß schließlich, den Zehnten und die Fronen, die
dem landbesitzenden Klerus zukamen, in Frage stellen, die frommen Stiftungen, die die materielle Grundlage für Zehntausende von geistlichen
Beamten darstellten. Das Kirchengut machte einen großen Teil des Reichtums der Nation aus, es bedeckte ein Viertel, vielleicht auch ein Drittel
der gesamten Fläche des damaligen Deutschland. Die Werte, die von der
Kirche vermittelt wurden und auf denen die Institution ruhte, bestimmten
zum großen Teil das individuelle Verhalten des einzelnen ebenso wie das
soziale Verhalten des ganzen Volkes. Luthers Predigten, vor allem aber
sein gedrucktes Wort, lösten die größte und am weitesten reichende Revolution in der Geschichte Deutschlands, ja, in der Geschichte des Abendlandes nach der Antike aus. Dabei ging es Luther nur darum, den Menschen das Wort Gottes unverkürzt zugänglich zu machen, damit keiner
wegen Lügen und Entstellungen taub gegenüber der Stimme des Heils

bleibe. Luther wußte vielleicht nicht, welche Lawine er lostrat, doch wich er nie den Konsequenzen aus, den weitreichenden Folgen von Behauptungen, die er, der nur Gott dienen wollte, glaubte veröffentlichen zu müssen. Mochte ihm auch manchmal bange sein, so hielt ihn das nie vor weiteren Schritten zurück, und stets fand er im Gebet und in der Meditation die einzige, von Gott gewollte Lösung, die der neuen Situation entsprach. Das Geheimnis der ungeheuren Resonanz, die das Wirken Luthers überall in Deutschland fand, lag vermutlich in jener einzigartigen Mischung im Wesen des ehemaligen Augustinermönchs aus Wittenberg, der die Züge des Mystikers und spekulativen Kopfes, des geistlichen Führers und Schriftstellers (und sogar des Dichters und Musikers) mit den Talenten eines, wie wir heute sagen würden, Medienmenschen verband. Ohne das Druckgewerbe, das innerhalb weniger Wochen Hunderttausende von Exemplaren seiner Schriften herstellen konnte, wäre Luther nicht der, der er geworden ist. Wie alle großen Revolutionäre hat er nicht von vornherein gewollt, was er tatsächlich angestoßen hat, aber er stritt nie seine Urheberschaft ab. Er hatte die dunkle, aber unabweisbare Ahnung, daß die Zeit reif war und daß er dazu bestimmt war, der Mann dieser neuen Zeit zu sein.

In Rom wurden die Nachrichten aus Deutschland, die über das Wirken des Augustinermönchs und Professors an der Universität Wittenberg berichteten, keineswegs als Sensation gehandelt. Dort war man sich über den häretischen Charakter einer Reihe von Luthers Behauptungen einig. Aber ketzerische Prediger und Theologen waren damals keine Seltenheit, und der römischen Kurie waren weder der feurige Geist des unerschrockenen Reformators noch die wirkliche spirituelle und soziale Lage in Deutschland bekannt. Der Prozeß gegen Luther wurde als Routine behandelt, erst die Reaktion in Deutschland machte die *causa Lutheri* zum größten Fall des ganzen Zeitalters, ja der Kirchengeschichte überhaupt. Unter den *gravamina,* den Beschwerden der deutschen Nation, die von Männern des öffentlichen Lebens, also Intellektuellen und Politikern, seit Jahrzehnten am häufigsten vorgebracht wurden, rangierte an erster Stelle die Klage darüber, daß deutsche Bürger von ausländischen Gerichten angeklagt, zum Verhör vorgeladen und nach fremdem Verfahren verurteilt werden durften. Im Falle Luthers war es das römische Gericht. Vor diesem Hintergrund bekamen zwei Umstände zusätzliches Gewicht: einmal die Persönlichkeit des sächsischen Kurfürsten. Friedrich der Weise, in dessen Herrschaft die Stadt und die Universität Wittenberg fielen, war ein frommer, bedächtiger Mann, der sein Land nach bestem Wissen und Gewissen regierte. Die Geschichte hätte vielleicht einen anderen Verlauf genommen, wenn Luther einen zynischen Fürsten zum Landesherrn gehabt hätte. Und dann der Tod Kaiser Maximilians im Januar 1519. Plötzlich erhielt Friedrich der Weise, einer der sieben Kurfürsten, eine ganz außergewöhnliche Bedeutung. Friedrich war alles andere als ein Revolutionär, er praktizierte eine ganz traditionelle Frömmigkeit, zu der auch das Verehren und Sammeln von Reliquien gehörte. Aber er war ein Fürst, der seine Pflichten ernst nahm und der sich um sein Seelenheil sorgte. Ohne sich das Recht anzumaßen, theologische Fragen zu entscheiden, hielt er es doch für seine Pflicht, seinen Untertanen Luther in Schutz zu nehmen und ihm Gerechtigkeit widerfahren zu lassen. Vieles, was der hitzige Professor vorbrachte, schien vernünftig und wahr und machte ebenso tiefen Eindruck auf Friedrich und seine Ratgeber wie auf viele andere Zeitgenossen in Deutschland. Der sächsische Kurfürst war selbst zwischen widerstrebenden Neigungen und Ansichten hin- und hergerissen. Wie alle Landesherren wollte er sein Territorium und seine Macht vergrößern, zugleich war er aber auch patriotisch gesinnt und wünschte sich ein starkes, gut geschütztes und regiertes Deutschland. Maximilian hatte nicht mehr genug Zeit gehabt, seine Nachfolge zu regeln, sein ältester Enkel Karl, König von Kastilien, Aragón und Neapel, war noch nicht zum Römischen König gewählt worden. Gegen Karl trat der französische König Franz I. als Kandidat um die Krone an. Karls Besitzungen – die Niederlande, das Elsaß, die Freigrafschaft Burgund und Spanien – legten sich schon in weiten Teilen wie ein Ring um Frankreich. Würde Karl auch noch Herr über das Heilige Römische Reich werden, wäre seine Macht noch größer und Frankreich vollkommen eingekreist, da zum einen die Fürstentümer an der französischen Ostgrenze, Lothringen und Savoyen, sowie die Freien Reichsstädte im Elsaß – und theoretisch sogar noch die Schweizer Eidgenossen – zum Reich gehörten und zum anderen Spanien mit seiner Flotte die Weltmeere beherrschte. Diese Aussicht beunruhigte nicht nur den König aus dem Hause Valois, auch der Papst in seiner Eigenschaft als weltlicher Herr über den Kirchenstaat machte sich deswegen Sorgen. Als Erbe der aragonesischen Könige von Neapel und Sizilien gehörte Karl bereits Unteritalien. Als gewählter Römischer König würde er versucht sein, die alten Reichsrechte in Ober- und Mittelitalien einzufordern. Aus Spanien, den überseeischen Kolonien und vor allem aus dem burgundischen Erbe bezöge er die finanziellen Mittel, die seinen Vorgängern immer gefehlt hatten. Der Medici-Papst Leo X. sah das Gespenst des einstigen Universalreiches der Staufer wieder heraufziehen. Dann aber wäre nicht nur die Unabhängigkeit des Kirchenstaates, sondern auch die seiner nächsten Verwandten, der Herren von

Florenz, bedroht. Unter diesen Umständen zögerte Leo nicht, die Kandidatur Franz I. gegen Karl zu unterstützen. Damit erneuerte er das alte Bündnis des Papsttums mit den Kapetingern, deren Erbe das Haus Valois war. Rom stellte sich auch, das kleinere Übel wählend, hinter die französischen Ansprüche auf das Herzogtum Mailand, um auf diese Weise ein Gegengewicht zur Macht des Habsburgers in Italien zu schaffen.

Franz I. stürzte sich also in die Italienpolitik wie vor ihm schon Karl VIII. und Ludwig II. Damit begann die dauerhafte Rivalität zwischen dem französischen Königshaus und dem Haus Österreich, die mehr als drei Jahrhunderte lang die europäische Politik bestimmen sollte. Unter den Kurfürsten, die zwischen Karl und Franz zu wählen hatten, war Friedrich der einflußreichste. Der Papst setzte daher alles daran, ihn für den französischen König einzunehmen. Er wollte nicht das Risiko eingehen, ihn wegen eines Theologenstreits gegen sich aufzubringen. Rom ließ sich daher mit dem Häresieprozeß gegen Luther Zeit und begann gleichzeitig Verhandlungen zur Frage, wer zum Römischen König gewählt werden sollte. Letzteres war keine nur diplomatische Angelegenheit: Beide Kandidaten bedachten die Kurfürsten, ihre Familien und Ratgeber reichlich mit Versprechungen und Geld. Der weise und tugendhafte Friedrich hatte keine Einwände gegen solche Wohltaten, ließ sich aber in seiner Wahl nicht beeinflussen. Der Papst, der die Hoffnung aufgegeben hatte, den französischen Prätendenten einem Land als König zu oktroyieren, in dem die Flamme des Patriotismus hochschlug, drängte nun Friedrich zur Kandidatur. Vergebens, denn am Ende wurde Karl gewählt. Aber Luther und seine Anhänger hatten kostbare Monate gewonnen, in deren Verlauf der reformatorische Gedanke sich in allen deutschen Landen verbreitete, ohne auf ernsthaften Widerstand zu stoßen.

Die Wahl Karls von Spanien zum Römischen König hatte viel Geld gekostet. Auf Wunsch seiner »Gläubiger«, der Nutznießer der Wahlgeschenke, war die Finanzierung ganz in die Hände Jakob Fuggers gelegt worden (wie früher schon der Ablaßhandel), der damals auf dem Gipfel seines Reichtums und seiner Macht stand (die Fugger, die dem Kaiser eng verbunden waren und der sie seinerseits in den Reichsgrafenstand erhob, blieben dem katholischen Glauben treu). Doch damit nicht genug, die Kurfürsten wollten auch verbindliche Zusagen: Der Nachfolger Kaiser Maximilians mußte einen regelrechten Vertrag, eine Wahlkapitulation, unterschreiben.

Karl war eigentlich ein Fremder in Deutschland. In Flandern aufgewachsen und erzogen, hatte er als Muttersprache Französisch und Niederländisch. Deutschen Boden hatte er vorher noch nie betreten. Mit der Wahlkapitulation verpflichtete er sich nun, nur deutsche Minister und

Ratgeber zu wählen, die Herrschaft mit dem vom Reichstag gewählten Regiment zu teilen, Deutschland nicht in fremde Kriege hineinzuziehen und keinen Deutschen von ausländischen Gerichten und im Ausland verurteilen zu lassen. Die letztgenannte Klausel war direkt auf den Fall Luther zugeschnitten, der nationale Bedeutung erlangt hatte. Karl hatte keine Sympathie für einen rebellischen Mönch und erkannte sicherlich nicht die Tragweite der *causa Lutheri* für Deutschland und über die Grenzen Deutschlands hinaus, zumal er in Spanien mit blutigen sozialen Aufständen konfrontiert war und den Fall noch nicht eingehend studiert hatte. Wegen des Vertrags mit den Kurfürsten stand er nun in der Pflicht, als er 1521 endlich Zeit fand, nach Deutschland zu kommen, sich krönen zu lassen und den Reichstag einzuberufen. Außerdem befand er sich bereits im Kampf mit Frankreich. Franz I. hatte sich nur schwer mit seinem Mißerfolg bei der Wahl zum Römischen König abgefunden und versuchte nun wie seine Vorgänger, sich in Italien zumindest das Herzogtum Mailand zu sichern. Karl brauchte die Zustimmung der deutschen Fürsten, um Geld und Truppen für den Krieg in Oberitalien zu bekommen, bei dem Reichsgebiet auf dem Spiel stand. Im Osten drohte erneut von den Türken Gefahr. Unter diesen Bedingungen hätte Karl niemals eine autoritäre Lösung des Falls Luther durchsetzen können.

Karl von Österreich oder Karl von Flandern, Karl V. für die Nachwelt, war damals ein junger Mann von zwanzig Jahren. Sein Vater war der glanzvolle Philipp der Schöne, seine Mutter die leidenschaftliche Johanna von Kastilien, die nach dem Tod ihres Gatten in geistige Umnachtung fiel und als Johanna die Wahnsinnige schon seit Jahren in Schlössern wie eine Gefangene gehalten werden mußte. Karl wuchs in Gent und Brüssel in der Obhut seiner Tante Margarete von Savoyen auf (ihr verdankt Frankreich die wunderschöne Kirche von Brou, nahe bei Bourg-en-Bresse, die sie zum Gedächtnis an ihren jung verstorbenen Ehemann Philibert von Savoyen errichten ließ). Der Junge war scheu, in sich gekehrt und hatte nicht die Ausstrahlung und Schönheit, denen Maximilian und Philipp Bewunderung und Zuneigung verdankten. Den frommen, grüblerischen und bedächtigen Karl beherrschen zwei Überzeugungen: Zum einen glaubte er an die gottgewollte Größe des Hauses Habsburg und zum anderen an die universale Mission, die ihm Gott zugedacht habe, als er an die Spitze des Reiches gewählt wurde. Verglichen mit dem glanzvollen französischen König wirkte Karl düster und blaß, eher ein Mann des Kabinetts und der Studierstube als ein Kriegsherr. Auch in seinem Liebesleben war er diskret, seine Beziehungen blieben geheim, von wenigen Ausnahmen abgesehen wie derjenige zu der jungen Regensburger Patriziertochter Barbara Blomberg. Aus dieser Liaison ging Don Juan d'Austria (1547–1578) hervor, der brillanteste Feldherr des habsburgischen Spanien, der Sieger der Schlacht von Lepanto.

Betrachten wir das Porträt Franz' I. von Jean Clouet im Louvre, sehen wir einen feinen, genußliebenden Mann, passionierten Jäger und Tänzer, Freund der Schönen Künste, Herrscher in einer triumphierenden Renaissance, einem an Genüssen reichen Zeitalter. Ganz anders das Porträt Karls V. von Tizian in der Alten Pinakothek in München, das uns den Kaiser in gedämpftem und dunklem Kolorit zeigt. Franz I. war ein schneidiger Reiter, Karl V. wirkte im Sattel immer deplaziert. Schon früh gichtleidend, reiste er am liebsten in der Sänfte. Doch dieser blasse, unscheinbare Mann besaß einen eisernen Willen und große Zähigkeit. Obwohl er in Flandern, einer der fortschrittlichsten Regionen im damaligen Europa, aufgewachsen war, blieb Karl ebenso aus Überzeugung wie aus Notwendigkeit und Berufung ganz auf die Vergangenheit ausgerichtet. Er selbst sah seine Aufgabe darin, das Heilige Römische Reich wiederherzustellen. Damit aber verschrieb er sich einer unlösbaren Aufgabe, mochten seine Besitzungen und seine Machtmittel auch noch so groß sein. Für uns Heutige ist es leicht, dieses Urteil zu fällen, aber wie hätte der Kaiser darauf verzichten können, das zu tun, was er als ein nur an ihn gerichtetes göttliches Gebot ansehen mußte? Der französische König hielt trotz seiner Leichtlebigkeit und seiner Launen sein gesamtes Erbe beisammen und trieb sein Einigungswerk voran. Unter seiner Herrschaft entwickelte sich Frankreich zum »zivilisiertesten« Land auf dem Kontinent (was allerdings weder damals noch heute blutige Religionskriege ausschloß). Der Kaiser hingegen mußte nach fünfunddreißig Jahren ermüdender Kämpfe sein Scheitern erkennen und entschied sich für die Abdankung. Seine großartige Strenge gab Karl V. das notwendige Gewicht, das er als Gegenspieler Luthers in diesem historischen Drama brauchte. Und der große Regisseur, der die Fäden des Schicksals zieht, ließ sich die Szene nicht entgehen, die den Mönch und den Kaiser in einer Begegnung von Angesicht zu Angesicht zeigt.

Nach Karls Wahl zum Römischen König hatte die Kurie keine triftigen Gründe mehr, auf die Skrupel und Bedenken Friedrichs des Weisen Rücksicht zu nehmen. Luthers Prozeß wurde wiederaufgenommen und zügig vorangetrieben. Der Häresie überführt, wurde der ehemalige Wittenberger Mönch exkommuniziert; die päpstliche Bannbulle ordnete zugleich die Verbrennung seiner Schriften auf öffentlichen Plätzen an. Diese Anordnung wurde aber nur in wenigen im Westen Deutschlands gelegenen Städten mit starker kirchlicher Tradition wie Löwen, Köln und Mainz befolgt. Überall sonst stellte sich die weltliche Obrigkeit entweder taub oder widersetzte sich offen dem Beschluß aus Rom, sei es aus Überzeugung, sei es aus Furcht vor Unruhen. Luther selbst antwortete auf seine Art, indem er in Wittenberg die päpstliche Bannbulle und die kirchlichen Rechtsbücher feierlich verbrannte. Damit vollzog er den Bruch mit einer mehr als tausendjährigen kirchlichen Ordnung und Tradition, die in den Kodizes ihren Niederschlag gefunden hatten. Wie der Thesenanschlag von 1517 fand auch diese zeichenhafte Geste ein ungeheures Echo in Deutschland. Ein Tabu war gebrochen. Kein Ketzer vor Luther hatte seine persönliche Wahrheit so selbstbewußt und so vehement gegenüber der offiziellen Wahrheit der römischen Kirche vertreten, die doch für die ganze Christenheit Verbindlichkeit besaß. Luther war alles andere als liberal; die Idee der Toleranz war ihm ebenso fremd und unerträglich wie seinen Gegnern. Von innerer Gewißheit geleitet, hörte er bei jeder Entscheidung auf die Stimme Gottes, wenn es galt, sich von seinen Gegnern abzusetzen. »Wenn es ein Werk Gottes ist, wird Gott es zum guten Ende führen; wenn es aber Menschenwerk ist, wird Gott es vernichten.« Vielerorts in Deutschland, vor allem aber in den freien Städten, geriet die Bevölkerung in Aufruhr. Aufgewiegelt von Priestern und Mönchen, die sich von ihrem Gelübde losgesagt hatten, von »Intellektuellen« oder Autodidakten – die man damals nicht immer leicht auseinanderhalten konnte –, von Menschen, die am Rand der mittelalterlichen Ständegesellschaft lebten, und anderen, die eine plötzliche Erleuchtung aus der Bahn ihres bisherigen geregelten Lebens geworfen hatte, von allen diesen Elementen angestachelt, brach die Menge gewaltsam in die Klöster ein, befreite – notfalls unter Zwang – die Mönche und Nonnen, forderte den Gottesdienst in der Volkssprache und zerstörte die Bilder und sonstigen Schätze in den Kirchen. Bei diesen Tumulten kamen auch dumpfe Regungen wie Neid, Schändungslust und Rache zum Durchbruch, die nach dem plötzlichen Fall einer lange Zeit gefürchteten Ordnung nun nach ungezügeltem Ausdruck drängten. Doch diese Formen einer wilden Befreiung waren nicht das Entscheidende in jenen Tagen des überschwenglichen Jubels. Es herrschte Begeisterung über eine langersehnte grenzenlose Freiheit, das Gefühl, einen Neuanfang, den Anbruch einer neuen Schöpfung zu erleben und mit neuer Würde und neuer Lebensfreude beschenkt zu werden. Das sollte sich, wie hätte es anders sein können, als eine kurze Illusion erweisen. Der lyrische Traum vom Neuanfang zerbrach sehr schnell im Aufruhr der ungebildeten Massen und der Repression durch die Kräfte der alten Ordnung. Diese wußten genau, was sie wollten. Luther selbst charakterisierte den Widerspruch genau, als er in seiner Schrift an den deutschen Adel schrieb, daß »ein Christenmensch ein freier Herr über alle Dinge und niemand untertan« sei, aber sogleich hinzufügte, daß »ein Christenmensch ein dienstbarer Knecht aller Dinge und jedermann untertan« sei. Luther hat die Wahrheit nicht relativieren, sondern sie von ihrer lügenhaften Verkleidung befreien wollen, er wollte nicht dem freien Willen und der persönlichen Gewissensentscheidung die Bahn ebnen. Dennoch lief sein Wirken am Ende darauf hinaus, denn der reformatorische Impuls ging über den Menschen Luther hinaus, so groß sein Genie auch war.

Die Fürsten, Grundherren und Magistrate verstrickten sich ebenfalls in die Widersprüche, Hoffnungen und Befürchtungen, die ihrem Stand entsprachen und die die Tatsache widerspiegelten, daß auch sie Deutsche waren, Angehörige desselben Volkes und derselben Nation wie die Masse, und sowohl partikulare als auch gemeinsame Interessen besaßen. Der Kaiser, der die sozialen Aufstände in Spanien, die bedrohliche Ausmaße angenommen hatten, niederschlagen konnte, den aber nun Finanznöte drückten, weil er nach Franz' I. Kriegserklärung gegen Frankreich zu Felde ziehen mußte, kam endlich nach Deutschland. Das Reichsregiment unter Vorsitz des jüngeren Bruders des Kaisers, des Erzherzogs Ferdinand, entschied, den Fall Luther vor den Reichstag zu bringen, den der junge Monarch selbst einberufen und leiten wollte. Wie ein Jahrhundert zuvor Jan Hus sollte der Ketzer aus Wittenberg vor dem Kaiser erscheinen, dem von Gott bestellten Herrn der Christenheit. Doch der Reichstag war kein Konzil, sondern eine politische Versammlung, diesmal maßte sich also die weltliche Macht ein Urteil in einem geistlichen Streitfall an. Und tatsächlich folgte zur großen Empörung der Kurie auf die päpstliche Bannbulle nicht sogleich und *ipso facto* die weltliche Acht, die das Reich über den verurteilten Ketzer hätte verhängen müssen. Dieser wurde nicht sofort verurteilt, sondern erhielt eine Vorladung, um vor Kaiser und Reichstag gehört zu werden. Das Recht, sich öffentlich vor dem Konzil in eigener Sache zu äußern, war einst Hus verweigert worden. Wie Hus besaß auch Luther einen kaiserlichen Geleitbrief. Aber während Hus, ein außerhalb seiner böhmischen Heimat unbekannter Theologe, allein und ohne den Schutz seines fernen und im übrigen machtlosen Königs (Wenzel) vor seine Richter treten mußte, kam Luther als ein Nationalheld in die alte Kaiserstadt Worms. Er kam auch nicht allein, sondern begleitet von einer Eskorte bewaffneter Ritter, der wohlwollenden Aufmerksamkeit eines Großteils der aufgeklärten Oberschicht gewiß und angefeuert von der leidenschaftlichen Hoffnung des übrigen Volkes. Er konnte sich des Schutzes seines Landesherrn sicher sein, den der Kaiser mitten im Krieg gegen Frankreich und in Erwartung einer neuen türkischen Offensive nicht gegen sich aufbringen durfte.

Wußte es Luther wirklich? Und konnte er sich des Schutzes sicher sein? Völlige Gewißheit gab es in diesem Punkt nicht. Viele Anhänger rieten ihm davon ab, ein solches Risiko einzugehen. Von mehreren Seiten wurde ihm Unterschlupf und Schutz angeboten. Aber der untrügliche Instinkt und die Inspiration des für eine Mission Erwählten legten ihm nahe, den gefahrvollen Weg zu wählen: Vor Kaiser und Reich mußte er für Gott Zeugnis ablegen. Die nun folgende historische Begegnung ist immer wieder neu erzählt und in zahllosen frommen Bildern beschworen worden. Der Kaiser wollte in keine echte Disputation unter Theologen und Rechtsgelehrten einwilligen. Luther, sichtlich beeindruckt, aber von seiner festen inneren Gewißheit getragen, wurde gefragt, ob er sich zu den ihm zugeschriebenen Behauptungen bekenne, die das römische Gericht als ketzerisch erkannt habe? Luther bat um einen Tag Bedenkzeit. Am darauffolgenden Tag legte er dann ruhig und bestimmt die Grundlagen seines Denkens dar. »Hier stehe ich, ich kann nicht anders«, mit diesen Worten soll er der Legende nach den großen historischen Augenblick beschlossen haben.

Der Kaiser erhob sich darauf ungeduldig, er hatte genug gehört. Luther durfte gehen, das sichere Geleit wurde respektiert. Gegen Ende der Versammlung, als viele Vertreter den Reichstag schon verlassen hatten, ließ der Kaiser das Wormser Edikt verabschieden, mit dem Luther in die Reichsacht getan wurde. Außerdem ließ er sich von den Ständen Truppen und Geld für seinen Krieg mit Frankreich zusagen. Für sieben lange Jahre sollte ihn dieser Krieg daran hindern, wieder nach Deutschland zu kommen. Wieder übertrug er die Statthalterschaft seinem Bruder, dem Erzherzog Ferdinand, der zwar ebenfalls im Ausland, in Spanien, geboren worden war, aber seit längerem und ständig in Deutschland lebte und daher als ein echter deutscher Fürst gelten konnte. Der Kaiser war genötigt, die Herrschaft in Deutschland in die Hände seines Bruders zu legen. Nach dem Wormser Reichstag überließ er ihm die habsburgischen Erblande von Wien bis Freiburg und behielt für sich selbst nur die Niederlande, die Freigrafschaft Burgund und, als unentbehrliche Brücke zwischen Besançon und Luxemburg, das Elsaß. Im Jahr 1531 wurde Ferdinand zum Römischen König erhoben und war damit der designierte Nachfolger seines Bruders. Die Fürsten, katholische wie »protestantische«, wollten nicht die Verbindung zu Spanien weiterführen, die den Kaiser vom Reich fernhielt. Während der entscheidenden Jahre, die auf den Wormser Reichstag folgten, hatten es die führenden Köpfe der Reformation mit Ferdinand als Gesprächspartner zu tun, der sich allerdings bei jeder wichtigen Entscheidung erst mit seinem älteren Bruder abstimmen mußte. Was fehlte, war ein Kaiser, der die Zentralgewalt wirklich ausgeübt hätte. Auch ließ die Regentschaft Ferdinands, der nicht die letzte Entscheidungsbefugnis besaß, zu wünschen übrig. Beides förderte das Vordringen der Ideen Luthers und ihre politische Umsetzung beträchtlich.

Die deutsche Geschichte in den Jahren von 1521 bis 1526 wurde von Ereignisfolgen geprägt, die sich in ihrem dramatischen Ablauf überschnitten. An erster Stelle sehen wir die reformatorische Bewegung voranschreiten und an Beschleunigung zunehmen. Bei der Abreise aus Worms wurde Luther, dessen Freunde die rasche Ausführung der Reichsacht befürchteten, von bewaffneten Soldaten entführt, die im Auftrag des Kurfürsten von Sachsen handelten. Unter dem Decknamen »Junker Jörg« brachte man ihn hinter die dicken Mauern der Wartburg in Sicherheit. Dort, in erzwungener Abgeschiedenheit und gegen innere Krisen und Niedergeschlagenheit ankämpfend, begann Luther sein größtes schriftliches (um nicht zu sagen literarisches) Werk, die Übertragung der Heiligen Schrift ins Deutsche. Nach Luther kann das Heil nur erlangen, wer sich der Gnade Gottes anempfiehlt. Das Volk muß aber erst einmal die Texte selbst kennenlernen, in denen Gott zu den Menschen spricht. Sie allein sind die alleinige Quelle des Glaubens. In einer wahren Schaffenswut arbeitete Luther Tag und Nacht und übersetzte auf der Grundlage der lateinischen Vulgata und unter ständigem Blick auf andere Versionen in zehn Wochen das Neue Testament. Die Bibelübersetzung wurde zu einem Ereignis, das den religiösen Rahmen sprengte. Für weite Teile des deutschen Volkes war die Lutherbibel über drei Jahrhunderte lang das Buch schlechthin, mit dem die Kinder sprechen, lesen und schreiben lernten und ein Gefühl für ihre Sprache bekamen. Für alle Deutschen, ob im Norden oder Süden, wurde die Sprache Luthers zur Gemeinsprache, zu einer echten Koine, die jeder verstehen konnte und die infolgedessen auch diejenigen Teile des Reiches und der Bevölkerung beeinflußte, die katholisch blieben oder es später wieder wurden. Mögen auch viele Wörter und Wendungen der Luthersprache inzwischen veraltet sein und die Vergleiche nicht mehr der Lebenswirklichkeit der Menschen von heute entsprechen, so bewahrt diese Sprache dank ihrer poetischen und mystischen Qualität, ihrer urwüchsigen Kraft und Großartigkeit auch heute noch einen zugleich vertrauten und exotischen Zauber, dem sich nur wenige entziehen können. Nur selten ist in der Geschichte ein Mann und er ganz allein zum Sprachrohr seines Volkes geworden und hat auf diese Weise dessen Denken und Sprechen so entscheidend geprägt. Luther verband eine große Liebe mit dem deutschen Volk, dem er an jenem denkwürdigen Tag in Worms ausdrücklich sein ganzes Wirken widmete. Seine Bibelübersetzung war das schönste Geschenk, das er der Nation machen konnte. In gewisser Hinsicht gründete er die Nation sogar erst auf diesen Text und seine Sprache, und das zu einem geschichtlichen Zeitpunkt, da die politischen Folgen seines reformatorischen Wirkens den Zugang zur politischen Einheit Deutschlands für Jahrhunderte versperrten.

Aber Luther konnte nicht lange in der Weltabgeschiedenheit der Wartburg bleiben. Sein plötzliches Verschwinden beunruhigte die Zeitgenossen; die religiöse und soziale Explosion, die er selbst ausgelöst hatte, blieb ohne Meister. In Wittenberg trieben Anhänger und Rivalen den reformatorischen Prozeß voran. Mönche wurden aus ihren Klöstern gejagt, die lateinische Messe abgeschafft, das Bilderverbot ausgesprochen, die Heiligenverehrung und die Spendung der Sakramente untersagt. Die alte Ordnung brach zusammen, und niemand besaß die Autorität, neue Regeln zu erlassen. Selbsternannte Propheten traten auf, die nicht das Wort Gottes als alleiniges Gesetz anerkannten, ein Gesetz, das für Luther singulär und unumstößlich war. Sie hingegen verkündeten den Vorrang der individuellen Inspiration vor der Heiligen Schrift, den Vorrang des lebendigen Wortes, das Gott in das Herz eines jeden gelegt habe, vor dem erstarrten Wort in Texten, die vor langer Zeit niedergeschrieben worden waren. Aus Böhmen und den Nachbarländern kamen neue Propheten, unter denen die Ideen der radikalen Hussiten, der Taboriten, lebendig geblieben waren, und stifteten Unruhe und Verwirrung in Sachsen. Der Kurfürst, der sich nach wie vor um sein Seelenheil und das seiner Untertanen sorgte, wollte sich nicht das Recht zum Schiedsspruch in Glaubensfragen anmaßen. Also eilte Luther nach Wittenberg. Tagtäglich predigte er und beruhigte die Gemüter. Gewiß, auch er forderte die Freiheit, das Evangelium zu verkünden, aber ihm lag daran, daß aus Rücksicht auf die »Schwachen im Glauben« die alten Formen des Kults nicht radikal abgeschafft wurden. Vor allem wollte er verhindern, daß sich neue äußere Zwänge an die Stelle der alten setzten.

Damals glaubte Luther noch, der Gehorsam gegenüber dem Wort Gottes erübrige eine neue Kirchenordnung, das allgemeine Priestertum und die freie Gemeinschaft (ecclesia) der Gläubigen könnten sich unter dem Schutz der politischen Obrigkeit als Garantien für die Reform erweisen. Doch schon bald sah er sich dem Problem gegenüber, daß mehrere »Lesarten«, eine Vielzahl von Schriftdeutungen, auftauchten. Mit der Veröffentlichung seiner Bibelübersetzung war die Frage nach der »wahren Lehre« nicht aus der Welt geschafft. Die Auseinandersetzung fand auf persönlicher Ebene in Luthers Rivalität mit einem ehemaligen Freund und Gefährten statt, dem abtrünnigen Priester Thomas Müntzer. Der theologisch hochgebildete, rasch entflammbare Müntzer war ein Mann extremer Entscheidungen und kompromißloser Haltungen. Er verwarf die theologische Wissenschaft, in der er wie Luther großgeworden war, um in Predigt und Praxis seine schwärmerische Theologie zu vertreten.

In Zwickau, wo er eine Predigerstelle erhalten hatte, gründete er den »Bund der Erwählten«. Seine Mitglieder, die geistlich Erweckten, führten ein asketisches Leben in brüderlicher Gleichheit und Gütergemeinschaft mit dem Ziel, das Reich Gottes schon auf Erden zu beginnen.

Luther dagegen hatte nie die Ansicht vertreten und sollte es auch späterhin nicht tun, daß schon im Diesseits die Gottesherrschaft beginnen könnte. Für ihn folgte aus der absoluten Souveränität der göttlichen Gnade auch deren radikale Andersheit. Wie hätte der Mensch, dieses Geschöpf der Sünde, durch eine individuelle Erleuchtung sich von der Sünde befreien und gerecht werden können? Für Luther stand die Welt unter dem Schwert, das der weltlichen Macht gegeben war, um die Herrschaft des Bösen zu beschränken. So werde den wahren Christen, die stets nur eine Minderheit blieben, der Frieden und die nötige Ordnung gegeben, die sie brauchen, um Gott in Liebe und Demut in Erwartung seiner Gnade zu dienen. Für Müntzer war Luther zum »sanftlebenden Fleisch« geworden, der Gott durch Trägheit und Behaglichkeit verriet, aber auch durch den Dämon der Herrschsucht, durch seinen Willen zur Macht. Zu seinen heftigen Angriffen gegen Luther gesellten sich immer radikalere Töne in seiner Predigt: Da die Mächtigen, die Fürsten, sich weigerten, dem Willen Gottes zu folgen, wie ihn Müntzer verkündete, müsse die bestehende Ordnung, die nichts weiter als Unordnung sei, mit Gewalt gestürzt werden. Den Feinden Gottes prophezeite er einen baldigen Untergang. Die Logik des Kampfes in Müntzers Predigt machte aus ihm einen Störfaktor in der politischen und sozialen Ordnung. Die Vertreter dieser Ordnung zwangen ihn daher, Sachsen und Thüringen (das zum großen Teil den sächsischen Fürsten gehörte) zu verlassen und in Süddeutschland an der schweizerischen Grenze Zuflucht zu suchen. Von dort kam er dann 1525 zurück nach Thüringen, um eine entscheidende Rolle im Bauernkrieg zu spielen.

Müntzers Kampf begeisterte die Revolutionäre des 19. und 20. Jahrhunderts, die ein historisches Vorbild suchten, das ihnen eine nationale Legitimation verlieh. Die deutschen Sozialisten haben aus dem Bauernkrieg die erste große Revolution in Deutschland gemacht; Engels schrieb seine Geschichte im Licht der marxistischen Theorie. Ernst Bloch machte Anfang der zwanziger Jahre in einem hinreißend geschriebenen Buch Müntzer zu einem Propheten des »Prinzips Hoffnung«. In den sechziger Jahren rollten revolutionäre Intellektuelle den Prozeß gegen Luther neu auf, den einst Müntzer angestrengt hatte. Und selbstverständlich nahmen sich kommunistische Historiker der Thesen Engels neu an und führten sie weiter. Dabei aber saßen sie einem grundlegenden Mißverständnis auf, das für sie unvermeidlich war, da sie die religiöse Erfahrung, Ursprung und Antrieb des Denkens eines Luther wie eines Müntzer nicht als eigentliches Motiv gelten lassen wollten und konnten. Sie nahmen die sozialrevolutionären Folgen dieses Denkens für die Ursache, das »Nebenprodukt« war für sie das eigentliche Ziel. Abgesehen von diesem Anachronismus hat der große Streit zwischen Luther und Müntzer, dem es nicht an Dramatik und Schrecken mangelte, heute eine unerwartete Aktualität bekommen. Nach einem Gesetz, das für alle Revolutionen, religiöse oder soziale, Gültigkeit besitzt, bildete sich auch in der Reformation ein »linker Flügel«, von dem sich Luther dadurch distanzieren sollte, daß er eine neue Orthodoxie errichtete. Damit aber entstand eine neue kirchliche Ordnung als Halt und Stütze für das religiöse Leben der Gläubigen, damit sie keine Beute der »falschen Propheten« wurden. Zur gleichen Zeit erkannten die weltlichen Souveräne deutlicher, welche Vorteile sie aus Luthers Reformation gewinnen konnten.[2] Wenn Luther die Legitimität der kirchlichen Strukturen und Regelungen in Frage stellte, konnte dies so verstanden werden, daß die Lehen neu vergeben werden mußten. Die Herrschenden in den Fürstentümern und Freien Städten mußten versucht sein, die riesigen Güter der Toten Hand, die Stiftungen, Abteien, Domkapitel und Bistümer in ihren Besitz zu bringen, ohne ihr Seelenheil aufs Spiel zu setzen. Im Reich konnten die Stände auch daran denken, die geistlichen Fürstentümer zu annektieren. Während die »linken« Schwärmer Luther mit einer sozialrevolutionären, egalitären Variante seines »Reich Gottes« überbieten wollten, schickten sich die Territorialherren an, die politische und konstitutionelle Ordnung, die sich seit dem 9. Jahrhundert in Deutschland herausgebildet hatte, mit Berufung auf Luthers reformatorische Lehre von Grund auf zu verändern. Nachdem dann die »linke« Revolution mit Waffengewalt niedergeschlagen worden war, kam die »Revolution von rechts«, diejenige der Fürsten, in den vollen Genuß der Vorteile aus dem Erfolg Luthers und der Niederlage seiner Gegner.

Das zweite große historische Ereignis der Jahre 1521–1526 ist die Erhebung eines Teils des Feudaladels gegen die aufstrebenden neuzeitlichen Mächte: gegen die Fürstentümer, die sich zu Territorialstaaten mit zentralisierter Verwaltung entwickelten, und gegen die Städte mit ihrer frühkapitalistischen Wirtschaftsform. Allerdings formierte sich der Protest nicht zu einer einheitlichen Bewegung, sondern betraf nur einige Gebiete im Altreich, nämlich das Mittelrheingebiet, Schwaben und Franken. In diesen Gebieten hatte sich schon unter den Staufern und nach deren Untergang, als eine Zentralmacht fehlte und keine starke Fürstenherrschaft an ihre Stelle trat, eine unabhängige Reichsritterschaft herausgebildet, die nur die ferne und umstrittene Autorität des Kaisers anerkannte und Anspruch auf eine eigene ständische Vertretung im Reichstag erhob. Die Reichsritterschaft bestand zum großen Teil aus ehemaligen Ministerialenfamilien, deren Schicksal an das staufische Kaisergeschlecht gebunden war und die nach 1250 die Ländereien und Burgen des Königsguts, die sie als Vögte und Burgherren verwaltet hatten, in erblichen Besitz umwandeln konnten. Die Reichsritter, die ihrem Selbstverständnis und ihrer sozialen Rolle nach Krieger waren, wurden durch die Fortschritte in der Waffentechnik um ihre Legitimation gebracht. Der Einsatz individueller Feuerwaffen, vor allem aber der Artillerie revolutionierte den Krieg, der nun mit Söldnertruppen geführt wurde. Seit es Artillerie gab, konnten auch die Burgen nicht mehr als sichere und uneinnehmbare Festungen gelten. Die Ritter verloren damit ihre Machtbasis und mehr und mehr auch ihre Beschäftigung, sofern sie sich nicht zum Dienst entschieden, zum Dienst für die Fürsten als Nachfolger der alten Könige und Herzöge.

Die wirtschaftliche Entwicklung bedrohte gleich in zweifacher Weise die materiellen Grundlagen des alten Feudaladels: Erstens verloren sie das Monopol der Kriegführung oder wenigstens der Kommandogewalt; zweitens mußten sie erleben, wie die im 14. Jahrhundert eintretende Lohnkrise in der Landwirtschaft, der Preisverfall für landwirtschaftliche Produkte, die Verteuerung von Fertigwaren und schließlich die anhaltende Inflation, die durch die Politik der Fürsten oft noch angeheizt wurde, für einen fortschreitenden Rückgang ihrer Einkünfte sorgten. Der Adel lebte im wesentlichen von den Abgaben der Bauern, die nun in Geldwährung gezahlt wurden, deren Wert immer weiter sank. Zu allem Unglück sahen sich die Reichsritter auch noch in ihrer Unabhängigkeit durch die Territorialstaaten bedroht, deren Bedeutung und Macht in dem Maße wuchs, wie die Macht des Kaisers abnahm. Die Fürsten und ihre Verwaltungsbeamten, die römisches Recht an italienischen Universitäten und seit dem 14. Jahrhundert auch an Universitäten nördlich der Alpen studiert hatten, waren bestrebt, sich die Besitzungen der Reichsritterschaft einzuverleiben, die ihrem Territorium benachbart waren oder Enklaven in ihm bildeten. Damit aber machten sie die Reichsritter zum landsässigen Adel, das heißt, sie »mediatisierten« sie, wie der juristische Fachausdruck für den Sachverhalt lautet, daß sich der Fürst zwischen Ritter und Kaiser stellte und seinem Stand die Reichsunmittelbarkeit raubte. Dieser wachsenden Bedrohung traten die Ritter auf verschiedene Weise entgegen. Sie erhöhten die Abgaben und Steuern, forderten alte Rechte ein, die in Vergessenheit geraten waren, oder versuchten neue geltend zu machen. Auch verschuldeten sie sich bei den Kaufleuten, den ebenso verachteten wie gefürchteten »Pfeffersäcken«. Viele unter ihnen ließen sich zu offenem Machtmißbrauch verleiten, der von keinem juristischen Vorwand mehr bemäntelt war. Sie wurden zu Raubrittern, eine Erwerbsart, für die sich in Zeiten politischer Wirren auch Vertreter des Territorialadels nicht zu schade waren. Gegen das Raubritterunwesen traten Städte und Stände auf. Die großen Bünde, die vom 13. bis zum 15. Jahrhundert ihre Blütezeit hatten (noch zu Luthers Zeiten war der Schwäbische Bund die größte Militärmacht in Süddeutschland), sahen in diesem Kampf eines ihrer wichtigsten Ziele. Auch die Verordnungen zum Landfrieden, die der Reichstag im 15. Jahrhundert verkündete, waren gegen die Raubritter gerichtet. Mit dem großen Landfrieden von 1490 schuf man endlich auch die juristische Handhabe für Reichsexekutionen, mit deren Durchführung ein oder mehrere Fürsten, Städte oder Städtebünde betraut wurden, um die Macht der größten Raubritter zu brechen. Die Krise der Jahre 1521–1523 trieb eine Entwicklung auf die Spitze, die seit mehreren Jahrzehnten schwelte und als letztes Aufbäumen einer zum Niedergang bestimmten Klasse gedeutet werden kann. Der Kampf der Reichsritterschaft war im wesentlichen rückwärts gewandt, der soziale Funktionsverlust der Ritter und ihr wirtschaftlicher Abstieg waren unaufhaltsam, aber da dieses Phänomen in einer Zeit des politischen und moralischen Umbruchs auftrat, wurde es auch durch Kräfte aus der großen neuzeitlichen Strömung verstärkt, die von Humanismus und Reformation ausgingen (allerdings darf man dabei nicht vergessen, daß die Reformation nur dank einer List der Geschichte modern war und daß Luther sein Anliegen darin sah, eine Ordnung wiederherzustellen, die im Lauf der Geschichte dekadent geworden war). Eine Revolution mit dem erklärten Ziel einer neuen Ordnung gab es nicht vor den sozialen Bewegungen im England des 17. Jahrhunderts und vor allem im Frankreich des 18. Jahrhunderts.

Zwei Namen standen für die Bewegung der Reichsritterschaft, Franz von Sickingen und Ulrich von Hutten. Hutten war ein gebildeter Ritter, der lieber die Feder als das Schwert führte. Als humanistischer und patriotischer Literat schrieb er glänzende Texte, in denen er einerseits beißende Kritik an Fürsten, Kaufleuten und Klerikern übte und andererseits sein deutsches Vaterland verherrlichte, dessen Größe ihm untrennbar mit seiner Klasse, der Ritterschaft, verbunden schien. Vom jungen Kaiser erhoffte er sich, dieser werde Deutschland von der Herrschaft Roms (das er als Deutscher und die Vernunft liebender Humanist haßte) und der Fürsten befreien und zugleich die Arroganz der reichen Handelsherren strafen. In seinen Gedichten in deutscher Sprache (doch schrieb er auch und vor allem ein elegantes Latein) feierte er die befreiende Tat Luthers, sah aber nur den patriotischen Aspekt und verkannte völlig, da er selbst der Kirche entfremdet war, die durch und durch religiösen Wurzeln des Reformators. Dieser fast schon romantische Sänger des alten Feudaladels zeigte ungleich modernere Züge als Luther und darf auf jeden Fall als eine der größten Gestalten der deutschen Literatur gelten.

Hutten war ein militanter Intellektueller. Seine politische Bedeutung verdankte er seiner Freundschaft mit Franz von Sickingen, einem der reichsten und mächtigsten Reichsritter, Herr über viele Burgen und Befehlshaber über ganze Armeen. Sickingen war vor allem ein Militär, der sich als Hauptmann im Dienst des Kaisers Ruhm erworben hatte. Wie Hutten war er gebildet und patriotisch gesinnt, besaß aber auch Erwerbssinn und große Ambitionen. Im Grunde genommen war Sickingen kein typischer Vertreter seiner Klasse, aber die gesellschaftlichen Gruppen suchen sich fast immer atypische Führer aus, weil der Typus ein Durchschnittsphänomen und daher meist nur mittelmäßig ist. Tatsächlich hätte Sickingen mit etwas mehr Fortüne und mehr Sinn für politisches Kalkül seine Besitzungen zu einem echten Territorialfürstentum ausbauen können, doch der berühmte Kriegsherr war auch von unberechenbarem und unstetem Charakter: Er stürzte sich in immer neue Unternehmungen und führte keine zu Ende. So legte er sich mit großen Städten und mächtigen Fürsten an, mit dem Kurfürsten von der Pfalz und dem bischöflichen Kurfürsten von Trier. Er erlitt eine Niederlage nach der anderen, bis er sich auf seine Festung Landstuhl zurückziehen mußte. Das Heer der verbündeten Fürsten begann mit der Belagerung und zwang ihn schließlich zur Kapitulation, da selbst die starken Mauern seiner Festung dem Beschuß durch moderne Artillerie nicht standhielten. Sickingen starb bald darauf an den schweren Verletzungen, die er während der Belagerung erlitten hatte, enttäuscht vom Kaiser, der sich nicht auf die Seite des Adels und gegen die Fürsten gestellt hatte, wie er es aus ideologischer Sicht hätte tun müssen (doch Karl mußte dafür sorgen, von den Fürsten Geld und Truppen zu erhalten, daher konnte und wollte er sie nicht vor den Kopf stoßen). Die Fürsten und Städte nutzten den Feldzug gegen Sickingen, um ein für allemal die Bedrohung des Landfriedens, die von den Raubrittern ausging, aus der Welt zu schaffen. Allein in Schwaben wurden mehr als fünfzig Burgen erobert und niedergebrannt. Was Huttens Schicksal betrifft, so flüchtete der kranke und vereinsamte Dichter in die Schweiz und starb jung und verzweifelt auf einer Insel im Zürichsee. Sein romantisches Schicksal hat die historisierenden Deutschen des 19. Jahrhunderts begeistert. Sickingens Fehde wiederum hat Ferdinand Lassalle, den Gründer der Sozialdemokratie in Deutschland, zu einem Drama inspiriert. Lassalle, der in dem Abenteurer Sickingen eine verwandte Seele erkannte, feierte den adligen Haudegen des 16. Jahrhunderts, der für eine längst vergangene Ordnung gekämpft hatte, als einen Ahnherrn der deutschen Arbeiterrevolution.

Die Reichsritterschaft, deren Stellung in der deutschen Gesellschaft schon durch den Ausgang der Sickingenschen Fehde erschüttert war, sollte 1525 im Bauernkrieg, in deren Verlauf so manche Burg in Flammen aufging, einen weiteren hohen Tribut entrichten. Nach diesen schweren Prüfungen gliederten sich die meisten Reichsritter direkt oder indirekt (als Offiziere oder Verwaltungsbeamte) in die Territorialfürstentümer ein. Damit war ihre politische Rolle als eigenständige Klasse zu Ende, obgleich mehrere hundert kleine Grundherrschaften rechtlich selbständig (der juristische Ausdruck lautete »immediatisiert«, das heißt durch keine höhere Instanz außer dem Kaiser mediatisiert) bis zum Ende des Heiligen Römischen Reiches im Jahr 1806 fortbestanden. Viele hatten ein ausgeprägtes Bewußtsein von ihren Rechten und ihrem Rang, vor allem aber von ihrer Berufung, dem Kaiser mehr als den Fürsten dienen zu müssen. Der Reichsgedanke, die Vorstellung von einem einigen transnationalen, aber von der deutschen Nation getragenen Reich, lebte in vielen adligen Familien fort. Aus ihnen gingen zu Beginn des 19. Jahrhunderts einige führende Köpfe der Befreiungskriege hervor, so der Freiherr vom Stein, der preußische Reformer und gefürchtete Gegner Napoleons. Und noch in der Verschwörung vom 20. Juli 1944 gegen Hitler waren einige der tatkräftigsten Mitglieder Nachfahren eben jener Reichsritterschaft; der Organisator des Attentats, Claus Graf Schenk von Stauffenberg, stammte aus solch einer Familie, und das Ethos, das in diesen Kreisen herrschte, hat seine entschiedene Haltung geformt, die christlich, humanistisch und patriotisch in einem war.

Die von Sickingen ausgelösten Unruhen sind zugleich Symptom und Folge des sozialen, wirtschaftlichen und politischen Wandels, dem die deutsche Gesellschaft in der ersten Hälfte des 16. Jahrhunderts unterlag. Doch relativiert sich ihre Bedeutung im Vergleich mit der gewaltigen Erschütterung, die der große deutsche Bauernkrieg mit sich brachte. Der Aufstand der Bauern brach 1524 aus, hatte seine entscheidende Phase im Jahr 1525 und verebbte dann 1526. Bei ihm handelte es sich wirklich um eine Massenbewegung. Die Bauernheere zählten bis zu mehreren Zehntausend Mann, eine für die damalige Epoche sehr hohe Zahl, die von den Armeen des Königs oder Kaisers nur selten erreicht wurde. Die Bewegung umfaßte zwar nicht die ganze Nation, aber sie nahm doch überregionale Dimension an und erstreckte sich auf Schwaben, Franken, das Elsaß, Thüringen und Tirol, also auf fast ganz Süddeutschland (allerdings mit Ausnahme Bayerns und Österreichs) und einen Gutteil Mitteldeutschlands. Schon aus dieser Aufzählung geht hervor, daß sich die Regionen der Bauernunruhen und der Adelsaufstände überschnitten, und das war kein Zufall, denn gerade die Ritter, die am meisten ins Hintertreffen geraten waren, unterdrückten »ihre« Bauern auch am schonungslosesten.

Der Bauernkrieg war insofern eine echte Revolution, als die Bewegung in kurzer Zeit immer größere Kreise zog und sich zunehmend radikalisierte. Die anfangs noch begrenzten Forderungen wurden zum militanten Konzept einer neuen Gesellschaftsordnung ausgeweitet. Was dieser Revolution fehlte, waren Denker und Organisatoren aus der herrschenden Gesellschaftsschicht, die den Aufstand der Massen hätten vorbereiten, kontrollieren und leiten können. Den deutschen Bauern von 1525 fehlten ein Rousseau und Diderot, ein Mirabeau und Robespierre, ein Marx und Lenin. In dieser Hinsicht bleibt der revolutionäre Charakter der Bewegung strittig, denn die Bauern bildeten keine aufstrebende Klasse, die vom Wandel in den Produktionsverhältnissen und, allgemeiner gesprochen, in den wirtschaftlichen Strukturen nach vorn getragen wurde. Die Bauern verstanden es auch nicht, ihr großes soziales Gewicht und ihren Veränderungswillen in eine militärische Schlagkraft neuer Art umzumünzen, wie es das Bürgertum und der niedere Adel in England zu Beginn des 17. Jahrhunderts und das französische Bürgertum Ende des 18. Jahrhunderts vermochten. Wie die Revolte der Reichsritterschaft, so war auch die Bauernbewegung im Grunde eine »reaktionäre Revolution«. Mit ihren rückwärtsgewandten und chiliastischen Vorstellungen beschleunigte sie nicht etwa die neuen Kräfte, die in der Gesellschaft am Werke waren, sondern hemmte sie vielmehr.

Bauernerhebungen hatte es im 15. Jahrhundert in mehreren Gebieten Süddeutschlands gegeben. Im Elsaß, im Schwarzwald, in der Pfalz schwelten die Unruhen meist in Geheimbünden fort, die sich zur gegenseitigen Hilfe und zum Widerstand gegen den Machtmißbrauch der Herrschenden verschworen. Die bekanntesten unter ihnen versammelten sich unter verschiedenen Sinnbildern, so der »Bundschuh« (nach der Fußbekleidung des Bauernstandes, die mit Riemen über dem Fuß festgebunden wurde) und der »Arme Konrad« (nach einer kollektiven Gestalt, in der sich die ausgebeutete und geknechtete Bauernschaft wiedererkannte). Nicht von ungefähr konzentrierten sich die Unruhen gerade im Südwesten: Da große zusammenhängende Territorien fehlten[3], teilte sich eine Vielzahl kleiner Grundherren die Macht und die Rechte im Land. Dieser landsässige Adel bezog den größten Teil seiner Einkünfte aus den Abgaben der Bauern. Althergebrachte und schwer zu durchschauende »Feudalrechte«, die Kleinteiligkeit der Grundherrschaften und der bäuerlichen

Betriebe hatten zu unübersichtlichen und daher konfliktgeladenen Verhältnissen geführt. Hier griffen die Fürsten nun immer häufiger mit dem Ziel ein, das germanische Gewohnheitsrecht, das die dörfliche Gemeinschaft stärkte, durch das römische Recht zu ersetzen, das den Vorrang des Privateigentums und die Souveränität des Fürsten zur Grundlage hatte. Die wirtschaftliche Lage der Bauern hatte sich im großen und ganzen seit der Mitte des 14. Jahrhunderts verbessert. Wenn die Nutznießer der vielen Steuern, Abgaben und Frondienste nun versuchten, mehr aus den Bauern herauszupressen, dann wehrten sich diese gegen die Übergriffe der Grundherren und der fürstlichen Verwaltung. Zudem darf nicht vergessen werden, daß es beträchtliche lokale Unterschiede gab, die eine allgemeine Aussage über die Lage der Bauernschaft erschweren. Auch gab es erhebliche Ungleichheiten zwischen wohlhabenden Bauern, die eigenen Grund und Boden bewirtschafteten und über angestammte Rechte verfügten, und den weniger begünstigten Bauern und Pächtern, ganz zu schweigen von den Armen, die keinen Acker besaßen und sich verdingen oder betteln gehen mußten. Außerdem muß zwischen Rechten unterschieden werden, die aus der Grundherrschaft hervorgingen und das Land betrafen, und solchen, die sich auf die Personen erstreckten. Ein Mann, der einem Grundherrn oder einem Kloster »gehörte«, konnte auf Ländereien arbeiten, die von Frondiensten fast frei waren. Die Leibeigenschaft bestand in manchen Gebieten aus der Verpflichtung zu geringen oder bloß symbolischen Abgaben, anderswo konnte sie die Form echter Sklaverei annehmen. Daß die bäuerlichen Massen so rasch für einen gewalttätigen Aufstand gewonnen werden konnten, deutet aber auf eine allgemeine und tiefgehende Unzufriedenheit, für die es sicherlich viele und bisweilen widersprüchliche Ursachen gab. Zur Revolte aus echter Not gesellte sich der Widerstand der begüterten Bauern, die nicht hinnehmen wollten, daß ihr materieller Wohlstand und ihre Rechte durch den landsässigen Adel und die obrigkeitliche Anmaßung der neuen Territorialstaaten beschnitten wurden.

Die Anführer der Aufständischen stammten im allgemeinen aus dem Milieu der wohlhabenden Bauern. Es waren auch Gastwirte, Schreiber der Dorfschulzen und Handwerksmeister dabei, vor allem aber Landsknechte, Söhne von Bauern, die sich als Söldner verdingt hatten, mit der Waffe umzugehen wußten und in der Welt herumgekommen waren. Aus der Bauernschaft des Südwestens rekrutierte sich schon seit Generationen der Nachschub für die Söldnerheere. Ähnlich wie in der benachbarten Schweiz fanden die jüngeren Söhne keine Arbeit und kein Auskommen auf den kleinen Gehöften, während andererseits das Bevölkerungswachstum bis 1500 die Verluste durch die vorangegangenen Pestepidemien ausgeglichen hatte. Immerhin waren fast anderthalb Jahrhunderte nötig gewesen! Nun lebten, relativ gesehen, zu viele Menschen in den Dörfern und Weilern des Südwestens. Doch das Zeitalter der Ostkolonisation war vorüber, und die großen, im 14. Jahrhundert aufgegebenen Anbauflächen wurden nicht wieder unter den Pflug genommen, da das Klima weiterhin schlecht blieb und sich erst wieder in der zweiten Hälfte des 16. Jahrhunderts bessern sollte. Die relative Überbevölkerung auf dem Land war wohl der Hauptgrund für die Unruhen, die im großen Bauernkrieg ihren Höhepunkt erreichten. Die Bewegung wurde in den Gebieten stark, die der Schweizer Eidgenossenschaft benachbart waren. Die Schweizer Bauernheere hatten bereits gegen feudale Grundherren und die neuen Territorialstaaten, also die Habsburger und Burgunder, glänzende Siege errungen. Auch das Elsaß gehörte zum Kern der Aufstandsgebiete. Dort hatten überwiegend bäuerliche Heere wiederholt die Angriffe der Armeen des Königs von Frankreich und des Herzogs von Burgund zurückgeschlagen. Bei alledem dürfen wir nicht vergessen, daß es im 16. Jahrhundert keine genaue Trennung zwischen Stadt und Land gab: Die meisten Städte im Südwesten waren klein, Ackerbürgerstädte, in denen viele Einwohner noch Landwirtschaft betrieben. Auch die Städte kämpften gegen das Raubritterunwesen und gegen die Grundherren und Fürsten, die ihre Autonomie beschneiden wollten. Aber auch in ihren Mauern gab es Konflikte, denn dort lebten in brisanter Mischung lese- und schreibkundige Gebildete, Gesellen ohne Hoffnung, jemals eine Meisterstelle in einer Zunft zu erhalten, Heimarbeiter, die von den Handelsherren ausgebeutet wurden, und die große Masse der städtischen Armen, Arbeitslosen und Bettler, die am Rande der Gesellschaft dahinvegetierten. Unter all den genannten Gruppen stieß der Bauernaufstand auf ein lebhaftes Echo, hier fanden sich Verbündete und sogar Anführer. Es fehlte auch nicht an Versuchen, zwischen Bauern und Reichsritterschaft eine Allianz zu bilden. Während aufständische Bauern die Burgen der Grundherren zerstörten und Steuerlisten verbrannten, übernahmen einige Adlige die Rolle der Anführer oder »Militärexperten«. Diese konnten aus freien Stücken handeln wie beispielsweise Florian Geyer oder aus Not oder List wie der berühmte Götz von Berlichingen, den Goethe etwas beschönigend zum Helden seines gleichnamigen Dramas machte. Der junge Dichter des Sturm und Drang fühlte sich von tragischen Helden und der einstigen Größe der nationalen Vergangenheit angezogen. Was den großen Bauernkrieg von allen vorangegangenen Unruhen und Verschwörungen unterschied, war die Verbindung zwischen den altbekannten Forderungen nach Wiederherstellung des Gewohnheitsrechts und der religiösen Reform. Luthers reformatorische Lehre verbreitete sich in ganz

Deutschland und drang auch noch in entlegene Dörfer. Überall lieferte sie religiöse und moralische Gründe für die Verweigerung der Steuern, Abgaben und Frondienste gegenüber der Kirche. Mehr noch, sie gab den Bauern ein neues Bewußtsein ihrer Rechte und ihrer Würde: Wer den Acker bebaut, geht einer gottgefälligen Tätigkeit nach wie alle anderen Berufe auch. In Luthers Schriften fehlte es nicht an Verdammungsurteilen über die Reichen und Mächtigen, die sich nicht Gottes Wort beugen wollen. So wie Luther die kirchliche Ordnung stürzte, um der reinen Lehre des Evangeliums wieder Geltung zu verschaffen, so versuchten die Bauern eine von Gott gewollte soziale Ordnung wiederzuherstellen, nämlich die traditionelle, auf Gleichheit beruhende dörfliche Gemeinschaftsordnung, die nur die Autorität des Kaisers anerkannte. Die große Erwartung einer *reformatio,* die im deutschen Volk lebte, fand beredten und leidenschaftlichen Ausdruck in den Manifesten der Bauern, die von Schreibern, Handwerkern und Soldaten formuliert wurden. Alle waren von der egalitären und evangelischen Botschaft der Reformation ergriffen. Der Bauernkrieg wurde von einer umfangreichen Streitliteratur, den Flugschriften, vorbereitet und begleitet. Im Volk, das nach Wissen dürstete, verbreiteten sich die Nachrichten mit atemberaubender Schnelligkeit.

Die Bauernbewegung nahm im Juni 1524 im südlichsten Teil des Schwarzwalds, in der Landgrafschaft Stühlingen und in der Stadt Waldshut ihren Ausgang und erreichte im Frühjahr 1525 ihre größte Ausdehnung. Insgesamt dauerte sie nur wenige Wochen von März bis Juni. Die aufrührerischen Bauern bildeten überregionale Gruppierungen, sogenannte »Haufen«, doch jeder Bauernhaufen führte auf eigene Faust Feldzüge und Verhandlungen, und jeder wurde am Ende auch einzeln geschlagen. Weitblickende Anführer sahen zwar die Notwendigkeit einer größeren Einheit, aber ihr Zusammentreffen in Heilbronn Mitte Mai 1525 kam erst zu einem Zeitpunkt zustande, als die Fürsten mit der Repression schon in die Offensive gegangen waren. Anfangs verfielen die etablierten Obrigkeiten noch in Panik, flohen oder überließen den Bauern den Platz, öffneten ihnen die Tore der Städte und Burgen und unterzeichneten Verträge mit den Aufständischen. So handelten noch am 26. Mai der Fürstbischof der Freien Reichsstadt Straßburg, die Markgrafen von Baden und andere Grundherren, auch der Statthalter des Kurfürsten von Mainz, der mit dem ganzen Erzbistum in den Bund der Odenwälder Bauern unter Götz von Berlichingen eintrat. Anderswo trugen zu diesem Zeitpunkt die Fürstenheere bereits erste Erfolge davon. Im Elsaß ließ am 16. Mai der Herzog von Lothringen, ein fanatischer Gegner der Reformation, annähernd 20 000 Bauern niedermetzeln. Im schwäbischen Herrenberg floh am 10. Mai der Bauernhaufen, kaum daß die Armee des Schwäbischen Bundes unter dem Grafen Georg von Waldburg die ersten Schüsse abgegeben hatte. Am 15. Mai wurden im thüringischen Frankenhausen die von Müntzer geführten Aufständischen von der Armee des Landgrafen von Hessen aufgerieben. Schließlich bereitete Waldburg am 2. Juni bei Würzburg dem fränkischen Bauernaufstand ein Ende. Nirgends leisteten die schlecht bewaffneten und unzureichend ausgebildeten Bauernhaufen ernsthaften Widerstand; sobald sie es mit kriegserfahrenen Truppen zu tun hatten, suchten sie das Heil in der Flucht.

Die anfänglichen Erfolge der Aufständischen rührten daher, daß ihre Forderungen schlicht und moderat waren und einem universalen Rechtsgefühl Ausdruck gaben. Die Form, in der sie rasch die weiteste Verbreitung fanden, war die Schrift »Zwölf Artikel der schwäbischen Bauern«. Ihr Verfasser war der Kürschnergeselle Sebastian Lotzer, ein frommer Handwerker und eifriger Bibelleser, der dieser Bewegung der schwieligen Hände seine Stimme lieh. Die Zwölf Artikel forderten unter anderem die Abschaffung der Abgaben und Frone, die Wiederherstellung des »alten Rechts« und der Rechtsprechung durch gewählte Richter, auch die freie Wahl der Pfarrer, wohl die einzige Neuerung im Vergleich zu vorangegangenen Beschwerdelisten der Bauern. Die Zwölf Artikel hatten einen ungeheuren Erfolg; selbstverständlich wurden sie auch Luther vorgelegt, der zum Frieden aufforderte, Verhandlungen anmahnte und die Anwendung von Gewalt verurteilte. Die konkreten Forderungen fielen, so beschied er seine Anhänger, nicht in seine Zuständigkeit, er verwies sie an die Rechtskundigen, da die Heilige Schrift über die Formen und Satzungen der weltlichen Ordnung keine Aussagen mache. Zur selben Zeit errichtete Müntzer, der sich auf die Masse der Besitzlosen stützte, im thüringischen Mühlhausen die Herrschaft der »Reinen«. Unter dem Eindruck seiner flammenden Predigten plünderten die Bauern die Burgen und Klöster im Land und brannten sie nieder. Am Oberrhein blieb der Aufstand friedlich und moderat; in Schwaben, Franken und Thüringen nahm er radikale Züge an, hier wurde die Abschaffung der Privilegien, die Gleichheit aller und der gemeinschaftliche Güterbesitz verkündet. Die Burgen der Adligen und die Klöster als Bastionen einer dekadenten Religion gingen in Flammen auf. In wenigen Fällen kam es auch zu Übergriffen auf Personen, was von der Propaganda der Grundherren sogleich aufgegriffen und maßlos aufgebauscht wurde.

Während viele Fürsten und Städte anfangs mit den Aufständischen – meist nur, um Zeit zu gewinnen – Kompromisse eingingen, wurde schon bald der Gegenschlag vorbereitet. Die Bauernhaufen wurden besiegt und zerstreut, dann setzte die obrigkeitliche Vergeltung mit einer Härte ein, die der vormaligen Angst und Wut der Fürsten und Grundherren entsprach. In Württemberg übte Erzherzog Ferdinand wieder die Regentschaft aus, nachdem Herzog Ulrich, den der Schwäbische Bund einst vertrieben und der darauf mit den Aufständischen paktiert hatte, erneut in die Verbannung geschickt worden war (seine Schweizer Söldner, die das Gros seiner Truppen stellten, waren bei der Nachricht von der Schlacht bei Pavia nach Hause gerufen worden). Überall hatten die überlebenden Aufständischen, und das war die große Mehrheit, gewaltige Schadensersatzforderungen zu gewärtigen, die dem relativen Wohlstand vieler bäuerlicher Familien ein Ende setzten. Die Rädelsführer wurden oft auf ausgesucht grausame Weise hingerichtet; einer von ihnen wurde mit einer kurzen Kette an einen Baum gebunden, mit trockenem Reisig umwickelt und angezündet. Man kann sich vorstellen, wie der Unglückliche zum Vergnügen der Soldateska unter lauten Schmerzensschreien um den Baum lief und langsam verbrannte.

Die grundherrlichen Abgaben und Fronen wurden überall wieder eingesetzt, doch die eigentlichen Gewinner der großen Bauernerhebung waren nicht die kleinen Grundherren, sondern die Territorialstaaten. Der Schwäbische Bund, die Landgrafen von Hessen, die Herzöge von Sachsen und Lothringen, alle, die die Repression organisiert hatten, wiesen nun ihre Beamten und Richter an, die Ordnung auf dem Land wiederherzustellen, die letzten Reste dörflicher Autonomie zu tilgen und die Bewohner der obrigkeitlichen Herrschaft zu unterwerfen. Die Gesellschaftsordnung in Deutschland war tief erschüttert worden, aber der Kaiser hatte sich unbeteiligt im Hintergrund gehalten. Jedem war klargeworden, daß im Krisenfall die Macht bei den Fürsten und einigen großen Städten lag. Diese Lektion sollte nicht vergessen werden. Daß die aufständischen Bauern zahlreiche Adelsburgen niedergebrannt hatten, erwies sich nun von Vorteil für die Fürsten: Ein Teil des Adels war ruiniert und mußte Dienst im Heer oder in der Verwaltung der Territorialstaaten nehmen. Die Adligen hatten verstanden, daß nur noch die Macht der Fürsten die Privilegien, die ihnen verblieben waren, garantieren konnte. Der Bauernkrieg beschleunigte also die Integration des Adels in die neue territorialstaatliche Ordnung, die sich in Richtung auf die absolutistische Monarchie hin entwickelte. Innerhalb dieser Ordnung konnten die Privilegien gegen Niedrigergestellte gerichtet werden. Dem Adel, der Fürstendienst leistete, wurde dies mit wirtschaftlichen und politischen Vorteilen vergütet, die zu Lasten der niederen Schichten gingen, an erster Stelle selbstverständlich zu Lasten der Bauern, weil sie das Gros der Bevölkerung bildeten und weil sie nach ihrer Niederlage in tiefe Apathie gefallen waren. Das Volk wurde noch mehr zum Statisten auf der Bühne der deutschen Geschichte, als dies in den vorangegangenen Jahrhunderten der Fall gewesen war. In vielen Gebieten verschlechterte sich die rechtliche Situation der Bauern sowohl hinsichtlich ihrer Person als auch ihres Eigentums an Grund und Boden. Allerdings achtete die Verwaltung der fürstlichen Obrigkeit darauf, daß die Bauernschaft nicht soweit verelendete, daß sie keine Steuern mehr zahlen konnte. Vielerorts schritt sie gegen eine Repression ein, die extreme Ausmaße annahm.

Die Niederlage der Bauern war sicherlich unvermeidlich, da ihre Forderungen, so bescheiden sie auch daherkamen, geradewegs einer anderen geschichtlichen Bewegung, der wachsenden Macht der Territorialstaaten, zuwiderliefen. Sie wurde aber noch durch Luthers Haltung beschleunigt, vergrößert und gewissermaßen moralisch sanktioniert, obwohl die überragende geistliche Autorität des Reformators anfangs die Sache der Armen und Erniedrigten zu rechtfertigen schien. Hatte er nicht den Reichen und Mächtigen mit dem göttlichen Strafgericht gedroht? Hatte er nicht prophezeit, daß sie sich mit ihrer Verstocktheit gegenüber dem Wort des Evangeliums die Rebellion der Armen einhandelten? Doch es gilt zu unterscheiden: Für Luther hatten alle geschichtlichen Ereignisse nur im Hinblick auf die religiöse Sphäre Sinn und Bedeutung. Ihm ging es nicht um die Freiheit und Gleichheit der Menschen hienieden, sondern um Gottes Werk, das sich durch eine mit dem Makel des Bösen behaftete Tat vollzieht, die aber die Bosheit der Hochmütigen straft. Wenn also durch sein Predigen anfangs der Eindruck entstehen konnte, er ermutige die Bauern zum Aufstand, so hatte er selbst doch nie an etwas anderes gedacht, als die Herren zur Milde und die Bauern zur Demut zu ermahnen. Alle Gewalt sei des Teufels, auch wenn sie Teil der unergründlichen Ratschlüsse Gottes sein sollte. Daher mußte Luther über die Verbindung verstört sein, die zwischen den Forderungen der Bauern und ihrem Ausdruck in politischer Gewalt einerseits und dem Predigen Müntzers andererseits entstanden war. Die Verbindung trat nicht in den Manifesten der aufständischen Bauern wie den Zwölf Artikeln zutage, aber Müntzer hatte die besonders unversöhnlichen und chiliastischen Vertreter unter den Aufständischen im Südwesten und nach seiner Rückkehr auch in Thüringen geprägt. Für Luther waren die »räuberischen und mörderischen« Bauern zu Feinden Gottes geworden, weil sie sich in den Dienst der »teuflischen Verkehrung« gestellt hatten, die Müntzer predigte (dieser stellte die individuelle Inspiration über die Heilige Schrift, zumindest über die Deutung, die Luther der Schrift gab und die er als vollkommen objektiv und unumstößlich ansah), und weil sie es unternommen hatten, in dieser dem Teufel anheimgefallenen Welt das Reich Gottes zu errichten. Luther wandte sich in seiner Schrift »Wider die räuberischen und mörderischen Rotten der Bauern« mit schrecklichen Worten gegen diese verirrten Schafe und rief das weltliche Strafgericht der Fürsten auf sie herab. Sie zu töten sei ein gutes Werk, auch wenn das Schwert von einer Hand geführt werde, die selbst mit Bösem behaftet sei. Wie seine vorangegangenen Schriften, so wurde auch diese zu Zehntausenden in ganz Deutschland verbreitet und löste heftige Reaktionen aus. Für die Geschichte ist der Bauernkrieg nur ein, wenn auch großes Ereignis unter anderen; für die Reformation hingegen stellt er eine Wende, ja *die* Wende dar. Gegen Müntzer machte sich der ehemalige Wittenberger Mönch, nur acht Jahre nach seinem Thesenanschlag, zum Verteidiger einer neuen Orthodoxie. Und wie die mittelalterlichen Inquisitoren wandte auch er sich an die weltliche Macht, um die Ketzer zu bestrafen. Dabei spielt es keine Rolle, daß sich Müntzer seinerseits nicht weniger intolerant und von der Richtigkeit seiner Lehre überzeugt gab als Luther und daß auch für ihn die sozio-politischen Folgen seiner Lehre nur Randphänomene waren. Luther verlor endgültig das Vertrauen – sofern er es jemals wirklich besessen hatte – in die Fähigkeit der Menschen, sich frei eine Richtschnur für ihr Handeln zu geben. Der Staat müsse Gewalt anwenden, um das Böse im einzelnen und in der menschlichen Gemeinschaft im Zaum zu halten.

Für Luther war es nunmehr klar, daß die Fürsten über das gesamte moralische Handeln und den religiösen Glauben ihrer Untertanen wachen mußten. An die Stelle der alten Kirche, die er gestürzt hatte, an die Stelle der alten Machtstrukturen, in denen sich ein von Jesus dazu nicht autorisierter Klerus eingerichtet hatte, setzte er das moralische und geistliche Regiment der Fürsten. Da jede Obrigkeit, auch die verdorbenste, von Gott gewollt sei, schulde man ihr Gehorsam. Der Christ solle in Demut alles erdulden, äußerstenfalls sich durch Flucht oder Auswanderung der bösen Macht entziehen wie einst die Heilige Familie, die nicht gegen Herodes konspiriert hatte, sondern nach Ägypten geflohen war, darin das Vorbild für alle späteren Asylanten.

Diese Wende in Luthers Denken und Handeln hatte für Deutschland sehr weitreichende Folgen: In den Fürstentümern, die sich der Reformation anschlossen, gingen die obrigkeitliche Macht und die materiellen Güter der alten Kirchenhierarchie in die Hand des Landesherrn über, dessen Macht und Besitz damit beträchtlich zunahm. Das Kirchengut wurde meist seinem ursprünglichen Zweck entfremdet. Mit ihm konnte nun der Aufbau einer Verwaltung und eines stehenden Heeres finanziert werden; und später sollte es als Geldquelle für die Freigebigkeit und das Mäzenatentum der Barockfürsten dienen. Außerdem konnte damit der Adel für den Verlust politischer Rechte entschädigt werden, denn ein großer Teil des Kirchenguts wurde unter die Vertreter des landsässigen Adels neu verteilt. Zugleich aber wurde der Fürst zum Herrn nicht nur über die physische Existenz, sondern auch über die Seele seiner Untertanen. Ihm oblag es, sich um das Seelenheil seiner Untertanen zu sorgen, für die er vor Gott verantwortlich war. Andererseits wurde jede Erhebung gegen seine absolute Herrschaft, mochte diese auch verwerflich sein, eine Sünde vor Gott. Der Tyrannenmord galt als schreckliches Verbrechen, da selbst eine despotische Obrigkeit jene stellvertretende bischöfliche Autorität besaß, die im 18. Jahrhundert in Preußen in der Anschauung gipfelte, der König sei *summus episcopus,* das heißt Oberhaupt und Herr der Kirche. Da Ideologien zu den prägenden Kräften der Geschichte gehören, hat Luther gerade dadurch, daß er gegen die herrschende Ordnung aufbegehrte, Deutschland eine Ideologie der Unterwerfung unter die Macht hinterlassen. Das hat dem obrigkeitlichen Staat eine große Stabilität verliehen. Mit diesem schrecklichen, aber die weitere Geschichte prägenden Paradox kommt nur der zweite Teil des berühmten Ausspruchs aus Luthers Schrift »Von der Freiheit eines Christenmenschen« (1520) zum Tragen: »Ein Christenmensch ist ein freier Herr über alle Dinge und niemand untertan; ein Christenmensch ist ein dienstbarer Knecht aller Dinge und jedermann untertan.« Der Deutsche nach Luther sollte vor allem ein Untertan seines Fürsten sein, denn in diesem Punkt erhielten auch die katholischen Landesherren von ihrer Kirche annähernd gleichwertige Rechte und ideologische Garantien.[4] Luthers Konzeption der Macht enthielt im Keim auch schon den Grundsatz *cuius regio, eius religio,* der die Untertanen dazu nötigte, das Bekenntnis ihres Landesherrn anzunehmen. Diese Regel war die Grundlage, auf der 1555 der Waffenstillstand zwischen altem und neuem Glauben geschlossen wurde, da Katholiken wie Protestanten erkennen mußten, daß keiner den anderen endgültig in die Knie zwingen konnte. In diesen auf Luther zurückgehenden Anschauungen ist möglicherweise auch die Erklärung für die teils erschütternden, teils unverständlichen Gewissenskämpfe zu suchen, die Grund dafür waren, daß die Verschwörer gegen Hitler so lange, zwischen 1938 und 1944, vor dem Tyrannenmord zurückschreckten. Aus dieser Wende der lutherischen Reformation stammt auch der tiefverwurzelte Hang, die Politik als das Feld des Teufels anzusehen, das man besser dem Fürsten und obersten Gendarmen überließ. Ferner steckt sie hinter der Neigung, jede Entscheidung der Obrigkeit als legitim und gut zu betrachen und als illegitim und verwerflich jeden Versuch der Untertanen, sich ins politische Geschäft einzumischen.

Luther hat also einen ideologischen Überbau geschaffen, der den Fürsten zupaß kam und folglich die Entwicklung zum Absolutismus förderte, aber zugleich entsprach diese Ideologie auch genau dem Zustand Deutschlands. In England, wo der König sich mit eigenwilligen reformatorischen Parlamentsakten die Rolle des Oberhaupts der englischen Kirche angemaßt und alle Kirchengüter eingezogen hatte, entstanden in religiöser und politischer Hinsicht ganz andere Ideologien. Bis in unsere Tage trägt die Mentalität der Deutschen, trägt die deutsche Gesellschaft den Stempel der Vorstellungen Luthers von weltlicher Ordnung und kirchlicher Organisation, von Predigt und Erziehung, wie sie der Reformator unter der für ihn schockartigen Erfahrung des Bündnisses zwischen Müntzer und den aufständischen Bauern formuliert hatte. Die wichtige Rolle, die die evangelischen Kirchen und ihre Vertreter, Pastoren und Synodalen, beim Sturz des kommunistischen Regimes der DDR gespielt haben, zeugt sowohl vom Fortwirken lutherischer Glaubenshaltungen als auch von den Brüchen, die nach der Novemberrevolution von 1918 und den beiden Diktaturen zwischen 1933 und 1989 im Bewußtsein der Deutschen stattgefunden haben. Ähnliches gilt für die Position, die die protestantische Amtskirche in der DDR lange einnahm und die in der Formel »Kirche im Sozialismus« zum Ausdruck kam.

Ehe wir unsere Darstellung des Bauernkriegs abschließen, wollen wir nach den Ursachen fragen, die eine Ausbreitung des Aufstands nach Norddeutschland verhindert haben. Wie so oft können für die großen Ereignisse oder ihr Ausbleiben viele Gründe gefunden werden. An erster Stelle ist hier die Tatsache zu erwähnen, daß im Norden größere Fürstentümer entstanden waren. Der Aufbau von Verwaltungen war weiter vorangeschritten, und die Bauernschaft wurde nicht so ausgepreßt wie in den zerklüfteten Grundherrschaften im Südwesten Deutschlands. Weiterhin ist zu bedenken, daß die Bauern in vielen Gebieten Norddeutschlands, besonders in Westfalen und Niedersachsen, in rechtlicher Hinsicht besser gestellt waren als ihre Genossen im Süden. Die alte dörfliche Gemeinschaft bestand noch fort und stand sogar unter dem Schutz des Fürsten, während die Ritterschaft nie zu solcher Autonomie gekommen war wie die adligen Grundherren im Süden, die nach dem Sturz der Staufer von der Aufsplitterung der alten Herzogtümer Schwaben und Franken profitiert hatten. Im Osten schließlich, in den erst jüngst kolonisierten Gebieten, genossen die Bauern damals Rechte, die ihnen weit mehr Freiheit schenkten als in den Territorien des Altreichs, etwa im Südwesten, in Franken oder Thüringen. Erst nach der Reformation und vor allem nach dem Dreißigjährigen Krieg sollte sich die Lage der Bauern in den Ostgebieten so verschlechtern, daß marxistische Historiker nicht zu Unrecht von einer »zweiten Leibeigenschaft« sprechen konnten.

Wie wichtig die fürstliche Macht war, besonders wenn ihr eine gutfunktionierende Zentralverwaltung zur Seite stand, zeigt ein Vergleich zwischen Bayern auf der einen Seite und Tirol und dem Erzbistum Salzburg auf der anderen Seite. Während auf dem Territorium der Herzöge von Bayern, machtbewußten und energischen Fürsten, alles ruhig blieb, entwickelten sich die Alpenfürstentümer, deren Regiment kraftlos und deren Verwaltung schlecht waren, zu Zentren des Bauernaufstandes. In Tirol ging der Anführer der Aufständischen, Michael Gaismair, sicherlich der begabteste unter den Führern des deutschen Bauernkriegs, als Urheber einer republikanischen Verfassung in die Geschichte ein. Sein Entwurf einer Landesordnung für Tirol war das erste Beispiel einer christlichen Demokratie auf deutschem Boden (das sicherlich von hussitischen Vorgängern inspiriert war). In Tirol und Salzburg gab das Bündnis von Bauern und Bergarbeitern dem Aufstand noch eine besondere Farbe, ähnlich wie in Thüringen die Bauern von einem Teil des Armutsproletariats aus den Städten Unterstützung erhalten hatten.

In diesem Zusammenhang muß man sich fragen, weshalb in den meisten Teilen Deutschlands der Funke des Aufstands nicht auf die Städte übergesprungen ist. Dort gab es doch die große Masse der Armen, das »Lumpenproletariat«, dort standen sich seit dem 13. Jahrhundert Zünfte und Patrizier in oft hartem Kampf gegenüber, dort lebten Handwerker, die, von Luthers Glaubensverkündigung und dem Wirken anderer Reformatoren bestärkt, vielerorts wirtschaftliche und soziopolitische Erfolge erzielt hatten und zugleich die eifrigsten Anhänger einer religiösen Läuterung waren. Sicherlich war die Bauernbewegung zu disparat, waren ihre Ziele hingegen zu spezifisch, als daß sie eine dauerhafte Anziehung auf die Stadtbevölkerung hätten ausüben können. Trotz des Haders zwischen ihnen hatten Handwerker und Patrizier, verglichen mit der Masse der Besitzlosen, doch starke gemeinsame Interessen, und gemeinsam verhinderten sie auch größere Unruhen unter den städtischen Armen. Im übrigen konkurrierten die Städte eher miteinander, als daß sie sich solidarisch verhielten. Viele hatten nicht den Status einer Freien Stadt erlangt und standen unter der Herrschaft eines Territorialherrn. Im 16. Jahrhundert hatte die Macht der Städtebünde ihren Höhepunkt bereits überschritten.

Unter diesen Umständen konnte die Aufstandsbewegung der Bauern nicht mehr als ein heftiges, aber kurzes Aufflammen des Protests sein. Marxistische Intellektuelle, die der Geschichte gern eine Schlüssigkeit geben, die ihren Theorien entspricht, haben versucht, eine Verbindung zwischen dem Scheitern des Bauernkriegs und dem in der zweiten Hälfte des 16. Jahrhunderts zu spürenden Stillstand der Entwicklung des städtischen

Frühkapitalismus zu konstruieren. Sie haben den Nachweis erbringen wollen, daß der Rückschlag und die Immobilität, die auf den Aufstand folgten, den Handel und die Manufakturen um eine enorme Verbrauchernachfrage gebracht hätten, eine Nachfrage, die damals nur von den bäuerlichen Massen kommen konnte. Dieser These widerspricht aber die Tatsache, daß sich die wirtschaftliche Lage der Bauern auch nach der Niederlage nicht wesentlich verschlechtert hat. Außerdem ist zu beachten, daß in den Ländern, in denen sich der Aufschwung des Frühkapitalismus Ende des 16. und Anfang des 17. Jahrhunderts fortsetzte, wie etwa in den Niederlanden, es nicht etwa die ländlichen Verbraucher waren, die den Aufschwung trugen, sondern die steigende Nachfrage in den Städten. Selbst dieser Faktor bleibt noch zweitrangig neben den eigentlichen Stützen, auf denen das Handelswachstum und die Finanzkraft dieser Länder beruhten: Die Ausbeutung der amerikanischen und afrikanischen Kolonien und die Eroberung der asiatischen Märkte waren erst indirekt und dann direkt für den Aufschwung verantwortlich. Der Entwicklungsstillstand des städtischen Frühkapitalismus in Deutschland scheint mehrere Ursachen gehabt zu haben: Erstens verlagerte sich der Handel in die Hafenstädte am Atlantik, zweitens fehlte eine Zentralmacht, die das Manufakturwesen und den überregionalen Handel innerhalb Deutschlands und vor allem mit dem Ausland hätte wirksam fördern können, und drittens, als Folge davon, spielte Deutschland keine Rolle im Kampf um die Kolonien[5]. Die deutschen Fürstentümer waren zu klein und wurden von Männern regiert, die nicht den Weitblick besaßen, den ein Herrscher brauchte, um in einer Welt, deren Grenzen plötzlich gesprengt wurden, eine Rolle zu spielen. Die Städte wurden entweder von Magistraten regiert, die die Erfordernisse der neuen Zeit nicht verstanden und keinen Ehrgeiz für die Welt außerhalb ihrer Stadtmauern entwickelten, oder sie befanden sich in der Hand von Kasten, deren Unternehmungsgeist zu wünschen übrigließ. Vor allem aber war Deutschland keine seefahrende Nation. Der einzige Teil dieses großen Ensembles, in dem ein Interesse an der Seefahrt bestand, die Niederlande, löste sich zusehends aus dem Reichsverband, und diese Tendenz wurde durch die Reformation noch beschleunigt. Das sind die Hauptursachen für den wirtschaftlichen Rückstand Deutschlands im Vergleich zu den europäischen Staaten mit Zugang zum Atlantik. Im 17. Jahrhundert wurde der Rückstand noch durch die großen Verheerungen und den beispiellosen Blutzoll des Dreißigjährigen Krieges verstärkt. Deutschland sollte erst in der zweiten Hälfte des 19. Jahrhundert gegenüber den anderen Staaten wieder aufholen, als all diese Hindernisse endlich überwunden waren.

Während der heftigen Erschütterungen, die die deutsche Gesellschaft in den Jahren 1521 bis 1526 erlebte, hielt sich der Kaiser, der in den Augen des Volkes immer noch der eigentliche Herr im Reich war oder es doch wieder werden sollte, fast immer fern von Deutschland auf. Für den Erben der Herzöge von Burgund war das Hauptanliegen in der Dekade von 1520 bis 1530 der Krieg mit Frankreich. Allerdings hatte dieser Krieg ebenso große Bedeutung für das Heilige Römische Reich, ging es doch darum, den französischen Vormarsch nach Oberitalien aufzuhalten und gegenüber den italienischen Fürstentümern, die dort seit dem 13. Jahrhundert fast unbeschränkte Autonomie erreicht hatten, und gegenüber dem Papsttum als Träger weltlicher Macht, den alten Reichsrechten wieder Geltung zu verschaffen. Karl V. verwendete die Zeit, die er für die Entwicklungen in Deutschland nicht aufbrachte, für seine Politik in den Niederlanden und in Italien. Der Krieg gegen Frankreich (und die Türkengefahr) beanspruchte nicht nur die ganze Aufmerksamkeit des Kaisers, er zwang ihn auch, Kompromisse mit den Fürsten und Reichsstädten in Deutschland zu schließen, damit sie die Mittel für seine große Politik bereitstellten (was sie nie in ausreichendem Umfang taten). Wieder einmal führte, gemäß der Regel, die man als das innere Gesetz der historischen Existenz Deutschlands bezeichnen könnte, der kriegerische Einsatz außerhalb des deutschen Territoriums, der zwar unumgänglich, aber nie von bleibendem Erfolg gekrönt war, zu einem weiteren Schwund der Zentralmacht. Schon im 13. Jahrhundert hatte Friedrich II. wegen seiner Kämpfe in Italien den deutschen Fürsten den größten Teil der kaiserlichen Privilegien abtreten müssen. Durch die klaffenden Lücken der universellen Kaisermacht drang die Sache Luthers immer weiter vor. Nachdem Karl V. schließlich im Ausland siegreich war, wandte er sich wieder Deutschland zu und wollte dort Ordnung schaffen, doch sogleich zeichnete sich eine neue Krise an der Grenze zu Frankreich und in Italien ab. Erst nach langen Monaten und Jahren konnte sich der Kaiser durchsetzen. In der Zwischenzeit war die Unordnung in Deutschland so weit fortgeschritten, daß die neuen Machtverhältnisse nicht mehr rückgängig gemacht werden konnten. Der große Sieg, den der Kaiser 1525 in der Schlacht von Pavia – zum großen Teil dank deutscher Landsknechte – über die Franzosen errungen hatte, nützte ihm am Ende gar nichts, weil der Kaiser beharrlich von Franz I. etwas forderte, was ohne Interesse für das Reich war: die Abtretung des Herzogtums Burgund, eines rein französischen Lehens, das Ludwig XI. nach dem Tod Karls des Kühnen den Besitzungen der französischen Krone eingegliedert hatte. Der Krieg begann von neuem, trotz des Vertrags von Madrid, der dem gefangenen französischen König abgepreßt worden war. Der Sieg von Pavia war nicht genutzt worden, um die italienische Frage dauerhaft zu lösen. Der Kaiser geriet durch die Fortsetzung des Krieges in noch größere Finanzschwierigkeiten und war weniger denn je in der Lage, die deutschen Fürsten mit Waffengewalt zur Botmäßigkeit zu zwingen. Ein solches Vorgehen hätte vielleicht Aussicht auf Erfolg gehabt, wenn auf Pavia ein echter Friede mit Frankreich gefolgt wäre. Die Kämpfe flammten also in Italien wieder auf, zugleich fehlte dem Kaiser das Geld, um die Truppen zu bezahlen. Dies führte zu dem in den Augen der katholischen Welt erschreckenden und aberwitzigen Ereignis des *sacco di Roma,* der Eroberung und Plünderung der Hauptstadt des päpstlichen Kirchenstaates durch die meuternden Landsknechtshaufen (die eben keinen Sold mehr erhalten hatten). Von diesem Schlag sollte sich das glanzvolle Rom der Renaissance nicht erholen. Doch welch ungeheuren Eindruck machte in Deutschland der Fall der Papststadt, die Luther so oft als die große Hure Babylon gebrandmarkt hatte. Unter den Landsknechten, die bei der Erstürmung der Mauern Roms mitgewirkt hatten, waren viele schon vom reformatorischen Gedanken berührt. Daß der Kaiser den Papst zu einem demütigenden Frieden nötigte (aber er hatte die Erstürmung Roms nicht selbst befohlen, was zeigt, wie weit die Ereignisse außerhalb seiner Macht lagen), stellte keinen endgültigen Sieg im großen mittelalterlichen Machtkampf der zwei Schwerter dar, keine späte Vergeltung am Gegner der Staufer, vielmehr bewies es nur Karls fehlendes Vermögen, mit seinen Konzepten und seinen Machtmitteln die Probleme der Zeit zu lösen.

Nach dem Damenfrieden von Cambrai, einem Kompromiß, der von realistisch denkenden Prinzessinnen ausgehandelt worden war, konnte sich der Kaiser 1529 endlich wieder einmal nach Deutschland begeben. Doch wieviel Zeit war für die Anhänger des Widerstands gegen den Wandel nutzlos verstrichen, wieviel für die Neuerer gewonnen! Und der Damenfrieden hielt auch nicht lange. Die inneren Zwistigkeiten in Deutschland kamen der Sache der französischen Könige zugute, so wie im 12. und 13. Jahrhundert der Kampf zwischen Kaiser und Papst. Das Bündnis der protestantischen Fürsten mit Heinrich II. öffnete diesem 1552 die Tore der Bischofsstädte Metz, Toul und Verdun. Diesmal handelte es sich nicht mehr um das ferne Italien, sondern um Gebiete des alten Lotharingien, die von Anfang an zum deutschen Reich gehört hatten. Die Wechselwirkung von inneren Spaltungen und äußeren Konflikten brachte Karl V. eine Niederlage ein, die seinen Kampfwillen brach und ihn amtsmüde werden ließ. Für Deutschland aber bedeutete sie einen unwiederbringlichen Substanzverlust. Aber war es wirklich Deutschland? Zu Beginn des 16. Jahrhunderts bildeten Savoyen, die Freigrafschaft Burgund, Lothringen, das Bistum Cambrai, Lüttich, Namur und der südliche

Teil Brabants noch einen umfangreichen Block französischsprachiger Gebiete im Heiligen Römischen Reich.

Eng verbunden mit den Kriegen gegen Frankreich erscheint der zweite
große äußere Konflikt, der das Schicksal Deutschlands zutiefst berührt:
die Türkengefahr; diese stellt das fünfte der großen Ereignisse und Entwicklungen dar, denen Deutschland in dieser Zeit ausgesetzt ist. Die Eroberung Südosteuropas durch die Türken, ein islamisiertes asiatisches
Nomadenvolk, erscheint vom 14. Jahrhundert an als die muslimische
Vergeltung für die Kreuzzüge. Gewiß war sie auch eine Folge jenes wahnwitzigen Unternehmens, den Vierten Kreuzzug umzulenken und, statt
Jerusalem zu befreien, über die Hauptstadt des Byzantinischen Reiches
herzufallen. Die Zerstörung dieses Bollwerks gegen den Islam durch die
Macht- und Habgier der abendländischen Christen sollte die Christen
lateinischen Ritus noch teuer zu stehen kommen. In Deutschland war
die Türkengefahr lange Zeit als relativ fernes Phänomen empfunden worden. Ungarn und selbst Italien schienen eher bedroht (im Norden wie
im Süden, vor allem aber im Süden) und wirkten wie ein Schutzschild.
Doch schon Sigismund hatte, wie wir gesehen haben, die schreckliche
Niederlage von Nikopolis einstecken müssen. Der Vormarsch der Türken
war damals nur deshalb zum Stehen gekommen, weil die Mongolen unter
Timur Leng den Osmanen bei Ankara 1402 eine schwere Niederlage
beigebracht hatten und weil letztere mit den Resten des Byzantinischen
Reiches im belagerten Konstantinopel fertigwerden mußten. Der Fall der
Hauptstadt, 1453, des Zweiten Roms, wurde auch in Deutschland als
Schock empfunden, als unerträglicher Verlust für die ganze Christenheit.
Der Orient war erobert und fest in türkischer Hand. Nachdem Süley-
man II. der Prächtige auch Ägypten erworben und Nordafrika tribut-
pflichtig gemacht hatte, konnte er sich erneut auf den Weg nach Europa
machen. Der innere Aufbau und die Macht des osmanischen Staates
waren auf ständige Eroberungen gerichtet, aus denen die Militärkaste
ihre Macht bezog (indem sie die Kinder der Besiegten zwangsrekrutierte,
Plünderungen unternahm und Land, das den Ungläubigen entrissen wurde, als Lehen verwaltete). Diese innere Dynamik gab den Türken ihren
Vorwärtsdrang; seit mehr als einem Jahrhundert erwartete Ungarn, das
Bollwerk des Westens, den entscheidenden Ansturm; er kam 1526 bei
Mohács, als der deutsche Bauernkrieg gerade beendet war und Franz I.
als Gefangener in Madrid festgehalten wurde. In dieser historischen
Schlacht fiel der junge ungarische König Ludwig II., ohne einen Erben
zu hinterlassen. Nach ihrem Sieg konnten die Türken leicht den größeren
Teil des ungarischen Tieflands für sich erobern. Aber der Tod des jungen
Königs machte für Erzherzog Ferdinand den Weg frei zum Thron von

Böhmen und Ungarn, wie es die einst von Friedrich III. und Maximilian unterzeichneten dynastischen Abkommen vorsahen. Die lange Geduld der Habsburger trug nun postume Früchte. Während Ferdinand ohne große Mühe die Krone des heiligen Wenzel erlangte und zum Herrn in Böhmen, Mähren und Schlesien aufstieg, mußte er in Ungarn mit einem Rivalen Kompromisse schließen, und mit der Krone ging auch das Erbe der Türkenkriege auf ihn über. Für anderthalb Jahrhunderte war das unglückliche Ungarn dreigeteilt: das Kernland mit der Hauptstadt Ofen (Buda) wurde türkisch und unterstand der Verwaltung des Paschas; im Osten, in Siebenbürgen, herrschten einheimische Fürsten, die bald türkische Vasallen, bald Lehnsmänner des Königs waren, vor allem aber selbst nach der Krone strebten; im Westen, Norden und Süden schließlich lag der halbmondförmige, an manchen Stellen nur wenige Kilometer breite Gebietsstreifen des »kaiserlichen Ungarn« mit der neuen Hauptstadt Preßburg (Bratislava, Pozsony). Nun war das Heilige Römische Reich durch die habsburgischen Erblande direkt in den Türkenkrieg verwickelt.

Nach der Niederlage von Mohacs im Jahre 1526 kam es immer wieder zu Angriffen und Scharmützeln entlang der Grenze. Im Jahre 1529 belagerte eine mächtige türkische Armee Wien, die Hauptstadt der habsburgischen Lande und Residenz von König Ferdinand. Die Belagerung wurde erst aufgehoben, nachdem innere Streitigkeiten im Osmanischen Reich ausgebrochen waren.

Tatsächlich hatte die Offensive der Türken zu diesem Zeitpunkt schon ihren Höhepunkt überschritten. Die Spannungen im Innern der herrschenden Klasse und der ununterbrochene Krieg mit Persien im Verein mit strukturellen Schwächen eines Riesenreiches, das immer noch auf dem Verhaltenskodex eines Nomadenvolkes beruhte, retteten Europa. Im historischen Rückblick erscheint die Zeit nach 1526 als eine relativ friedliche Epoche, die nur hin und wieder von kleineren und größeren Feldzügen wie der Belagerung Wiens im Jahre 1683 unterbrochen wurde. Wäre es nicht so gewesen, hätte der Dreißigjährige Krieg den Türken die einzigartige Gelegenheit geboten, Deutschland ein für allemal zu besiegen. Dennoch, Mohacs hinterließ tiefe Spuren in den Deutschen des 16. Jahrhunderts.

Die Treue zum Reich und die alte Kreuzzugsideologie waren damals noch reale politische Kräfte, denen die Türkennot zu neuer Aktualität verhalf. Der Wille, Deutschland, das Reich und die Christenheit zu verteidigen, war bei den Anhängern der Reformation ebenso stark wie bei den Altgläubigen. Dennoch schwächte die Türkennot Karls V. Vermögen, den religiösen Neuerern entgegenzutreten. Außerdem sorgte sie für ständige Spannungen zwischen dem Kaiser und seinem Statthalter Erzherzog

Ferdinand, der als König von Ungarn im Schatten der Bedrohung lebte und daher eher geneigt war, mit Konzessionen im religiösen Bereich die militärische und finanzielle Unterstützung der deutschen Fürsten zu »erkaufen«. Die Bedrohung bremste allerdings auch bei den Fürsten, die Anhänger der Reformation waren, die Tendenz zur Opposition gegen die kaiserliche Autorität. Der Kaiser sah sich zwar ständig herausgefordert, genoß aber immer noch einen geradezu mythischen Respekt. Wenn jemand die Verteidigung gegen die Türken organisieren konnte, dann er, darüber waren sich alle einig.

Der Gegenschlag der Christen erfolgte nicht nur an der Ostgrenze Deutschlands. Karl V. ließ Militäraktionen von Italien und Spanien aus durchführen. Die spanischen Expeditionen in Nordafrika und 1571 der Sieg in der Seeschlacht von Lepanto (den Don Juan d'Austria, der natürliche Sohn des Kaisers, errang) verminderten den militärischen Druck, den die Türken auf Wien und Graz ausübten. In Deutschland erwachte wieder ein Reichspatriotismus, ein ausgeprägtes Bewußtsein für nationale Würde. Ursachen hierfür waren zum einen der immer noch fortlebende mittelalterliche Kreuzzugsgedanke, das über anderthalb Jahrhundert während Bewußtsein der Türkenbedrohung und, damit oft verbunden, die Bedrohung durch Frankreich[6], das an seiner Ostgrenze beharrlich mit seiner Annexionspolitik fortfuhr. Diese Mentalität zeitigte zwar nie wirklich einschneidende Wirkungen, aber sie glich in gewissem Umfang die zentrifugalen Tendenzen aus, die seit der Reformation zunahmen. Solche Faktoren gegen die Auflösung der Zentralmacht sollten noch lange nachwirken: Zum Beispiel beteiligte sich Preußen-Brandenburg 1683 an der Verteidigung Wiens gegen die Türken und kämpfte gegen Frankreich während des Spanischen Erbfolgekriegs (1701–1713). Allerdings konnten sie auch nicht verhindern, daß sich manche Fürsten zu Verbündeten Frankreichs machten.

Die Jahre zwischen 1521 und 1530 waren, wie wir gesehen haben, durch tiefgreifende soziale Unruhen und Ereignisse der hohen Politik gekennzeichnet. Unterdessen setzte sich die religiöse und kirchliche Reformation in ihrer ganzen Komplexität fort und unterlag dem Einfluß der großen und kleinen Themen der Politik. In diesem Jahrzehnt schloß sich eine wachsende Zahl von Reichsständen, Fürsten und Städten der Reformation an. Die ersten und wichtigsten waren das Kurfürstentum Sachsen, das nicht mehr von Friedrich dem Weisen, sondern von dessen Bruder Johann, einem resoluteren Fürsten, regiert wurde, und die Landgrafschaft Hessen, in der der eifrige junge Philipp die evangelische Botschaft begeistert aufnahm. Nürnberg, Augsburg, Ulm, Konstanz, Straßburg, Regens-

burg und Magdeburg zählten zu den Städten, die die alten Frömmig-
keitsformen und die alte Kirchenordnung abschafften, aber auch nicht
wenige Kleinfürstentümer im norddeutschen Raum, die unter dem Einfluß Sachsens standen. Im Jahr 1525 wandelte Albrecht von Brandenburg-Ansbach, der Hochmeister des Deutschen Ordens, auf Anraten Luthers Preußen in ein seit 1563 auch erbliches weltliches Herzogtum um.
Er erkannte die Lehnshoheit des Königs von Polen an, heiratete und
führte die Reformation in seinem Staat durch. Andere Reichsstände blieben unentschieden und wechselten die Positionen. In manchen Territorien
leisteten die Landesherren Widerstand, obgleich die Bevölkerung, zumal
die städtische, entweder nach und nach oder schlagartig zum neuen Glauben übertrat (der im übrigen nur der reformierte alte Glaube sein wollte).
Das hinderte ihre Söhne oder anderen Erben nicht, nach ihnen doch mit
Rom zu brechen. In den geistlichen Fürstentümern spielte sich ähnliches
ab. Das Volk verwarf die alte Ordnung und hörte auf die lutherischen
Prediger. Viele Bischöfe und Domkapitel ließen es an der nötigen Ent-
schiedenheit fehlen, um die Rückkehr zu Verhältnissen wie vor dem Auftreten Luthers durchzusetzen. Manche verlockte auch das Beispiel des
Hochmeisters des Deutschen Ordens; wie er versuchten sie ihre Besitzungen zum eigenen Nutzen zu säkularisieren.

Man darf nicht meinen, der »neue Glaube« oder die »neue Kirche« seien
mit einem Schlag und vollständig aus einem Bruch mit Rom hervorgegangen. Luther selbst entdeckte erst nach und nach die Konsequenzen,
die er aus jedem seiner Schritte ziehen mußte. Erst im Jahr 1530 stellten
seine Freunde die Grundsätze der Reformation in der *Confessio Augu-
stana,* dem Augsburger Bekenntnis, zusammen. Der Reformator selbst
war mit Teilen dieser Bekenntnisschrift, die seine Mitarbeiter (an erster
Stelle ist hier Philipp Melanchthon zu nennen, ein großer humanistischer
Gelehrter, der allerdings, von tiefem Friedensbedürfnis beseelt, einen
Hang zu fast übergroßer Gewissenhaftigkeit besaß) zusammengestellt
hatten, keineswegs einverstanden – wegen der Zugeständnisse an die Verfechter des alten Glaubens. Dennoch wurde dieser um Ausgleich bemühte
Text zur theologischen und kirchlichen Grundlage des lutherischen Glaubens, nicht nur in Deutschland, sondern in der ganzen Welt. »Anhänger
des Augsburger Bekenntnisses« wurde zur geläufigen Bezeichnung für die
Lutheraner. Nirgendwo erfolgte die konfessionelle Neuorientierung mit
einem Schlag oder nach einem vorgegebenen Muster. Manchmal lag die
Betonung auf der Abschaffung der Messe und anderer traditioneller Kultformen, manchmal auf der Dogmatik und der Unterweisung der Gläubigen, manchmal auf der kirchlichen Neuorganisation.

Viele Forderungen der Lutheraner fanden nach und nach auch bei all jenen Zustimmung, die keinen offenen Bruch wollten: so das Abendmahl in beiderlei Gestalt, die Aufhebung des Zölibats und vor allem die notwendige Neuordnung der Beziehungen zu Rom. Erst im Verlauf der Gegenreformation und nach dem Konzil von Trient (1545–1563) verhärtete sich auf beiden Seiten die Haltung zu diesen Streitpunkten. Forderungen, die vorher fast konsensfähig waren, erschienen nun als typisch »evangelisch« und mit dem Wesen des katholischen Glaubens, wie er vom Konzil verbindlich definiert worden war, nicht vereinbar. Zwischen 1525 und 1530 hatten die meisten Fürsten und Magistrate noch keine eindeutige Position gefunden; die wenigsten vertraten wie der Kaiser auf der einen Seite und Philipp von Hessen auf der anderen ausschließlich und unerschütterlich die Sache des katholischen bzw. des evangelischen Glaubens. Die meisten Stände hofften noch auf eine Reform der Kirche, in der alle einen Platz fänden, auf eine Reinigung des Glaubens, ohne ganz mit der Tradition zu brechen. Sie waren der Meinung, daß die Mißstände abgeschafft werden sollten, zugleich erhofften sie für sich ein effektiveres Kontrollrecht über das Kirchengut und dessen Verwaltung. Das Vertrauen in den Kaiser blieb lange Zeit unerschütterlich; man erwartete von ihm entscheidende Impulse, die das Papsttum endlich zur Einberufung eines allgemeinen Konzils veranlassen würden. Dann wieder gingen die Hoffnungen auf ein nationales Konzil in Deutschland, von dem sich viele Stände einiges versprachen. Auch Erzherzog Ferdinand, der näher am Puls des deutschen Volkes lebte und der die wachsende Bedrohung durch die Türken spürte, war dieser Lösung nicht abgeneigt. Doch diese Bestrebungen scheiterten am Widerstand des Kaisers, für den die Vorstellung unannehmbar war, den Anhängern des ketzerischen Wittenberger Mönchs auf einem Konzil das gleiche Recht zur Darstellung ihrer Lehrmeinungen einzuräumen wie den Vertretern der orthodoxen Lehre. Der Plan zu einem allgemeinen Konzil schien in der kurzen Amtszeit von Papst Hadrian VI. (1522–1523) Gestalt anzunehmen. Hadrian stammte aus den Niederlanden und war einer der Lehrer Karls V. gewesen. Doch nach diesem kurzen Intermezzo zeigten seine italienischen Nachfolger auf dem Stuhl Petri keinerlei Verständnis für die deutschen Forderungen. Sie beharrten nachdrücklich auf den päpstlichen Privilegien, auf allen Formen der jahrhundertealten Herrschaft und Verwaltung der römischen Kirche, auf ihrer weltlichen Macht und (manchmal sogar vor allem anderen) auf der Beteiligung ihrer natürlichen Söhne und Neffen an dieser Macht. In ihrer Eigenschaft als weltliche italienische Fürsten unterstützten sie oft (wie einst Leo X.) die Gegner Karls V. und nicht die kaiserlichen

Unternehmungen. So war es auch 1527, als sich der Papst im Lager der Gegner befand und damit die Plünderung Roms auslöste.

In Anbetracht der wiederholten Versuche, das Wormser Edikt mit der darin ausgesprochenen Reichsacht in die Tat umzusetzen, traten einige Fürsten und Städte, die der Reformation positiv gegenüberstanden, zu einem Schutzbündnis zusammen. Andere, romtreue Fürsten bildeten ihrerseits Bündnisse. Diese Allianzen entstanden und zerfielen wieder ganz nach der jeweiligen politischen und militärischen Lage, sei es dem Krieg gegen Frankreich oder gegen die Türken, den Aufständen in den Niederlanden oder in Ungarn, oder aber Rivalitäten unter den Fürsten (oft im selben Lager) oder Unruhen innerhalb der Städte. Da eine für alle Beteiligten annehmbare Regelung nicht zustande kam und da keine Partei ihre Lösung mit Gewalt durchzusetzen vermochte, setzte der Reichstag, der sich 1526 in Speyer versammelte, fest, daß für die Dauer von anderthalb Jahren bis zur Einberufung des Konzils »jeder für sich also leben und regieren solle, wie ein jeder solches gegen Gott und kaiserliche Majestät zu verantworten sich getraue«. Mit diesem Beschluß lag die Regelung der Glaubensfrage in der Zuständigkeit der weltlichen Stände, die damit über das Seelenheil der Bewohner ihres Landes entscheiden konnten. Doch der Beschluß war nur befristet gültig, der Papst verurteilte ihn, und der Kaiser akzeptierte ihn nur widerwillig. Aus Furcht vor einer Offensive des Kaisers verhandelte Philipp von Hessen schon mit ausländischen Mächten über Bündnisse und plante einen Präventivschlag. Doch Luther selbst, der tief in der mittelalterlichen Reichsvorstellung verwurzelt war, erinnerte die evangelischen Fürsten an ihren Gehorsam gegenüber dem Kaiser, der allerhöchsten Obrigkeit, die auch dann noch als legitim zu gelten habe, wenn sie den wahren Glauben verfolge. Das Zaudern der Anhänger der Reformation wurde auf dem Reichstag von 1529, der wieder in Speyer stattfand, von Erzherzog Ferdinand und den Altgläubigen ausgenutzt: Der Beschluß von 1526 wurde aufgehoben, das Wormser Edikt von 1521 bestätigt, wenigstens in den Gebieten, in denen es bis dahin angewandt wurde, was eine wichtige Einschränkung zugunsten der Reformationsanhänger bedeutete. In Zukunft sollte kein neuer Stand die Reform auf seinem Territorium einführen können, auch sollte es erlaubt sein, die katholische Messe überall zu feiern, auch da, wo sie abgeschafft worden war. Gegen diesen neuen Beschluß legten evangelische Stände, der Kurfürst von Sachsen und der Landgraf von Hessen, drei weitere Fürsten und vierzehn Städte, feierlich Protest ein und appelierten an den Kaiser und an das Konzil. Sie behaupteten, daß ein einstimmig gefaßter Beschluß nicht durch eine einfache Mehrheit widerrufen werden könne und daß in Fällen, in denen es um die Ehre Gottes und das Heil der Seelen gehe, jeder Stand sich selbst vor Gott verantworten und entscheiden müsse, was rechtens sei. Die Evangelischen wurden wegen dieser »Protestation« künftighin Protestanten genannt. Dadurch, daß sie sich auf ein höheres Recht als das der Mehrheit beriefen, führten sie ein neues Prinzip in die Reichsverfassung ein. Vor der Drohung, der Reichsacht zu verfallen, weil sie sich einem Mehrheitsbeschluß nicht beugen wollten, schlossen sie sich zu einem Bündnis zusammen. Ein nicht mehr zu heilender Bruch, eine nicht mehr überschreitbare Trennung werden hier dem Leib Deutschlands zugefügt. Manche Züge dieser Trennung sind auch in unseren Tagen noch spürbar. Meinten nicht manche Kommentatoren nach 1990, daß die Wiederherstellung der deutschen Einheit das protestantische Element neu verstärken würde?

Während sich also eine protestantische Partei bildete, vertiefte und institutionalisierte sich die Reformation in weiten Teilen Deutschlands. Dieser Prozeß vollzog sich nicht nur im Bereich des Kults, der Liturgie und der Kirchenorganisation, sondern auch und vielleicht vor allem im Bereich der weltlichen Herrschaft. Die Kirche war unermeßlich reich. In allen Territorien und Städten, in denen die Reformation Fuß faßte, wurde der Kirchenbesitz vakant. Die Fürsten und Magistrate der Freien Städte bemächtigten sich seiner und säkularisierten ihn. Das Kirchengut diente zu einem großen Teil sozialen Zwecken. Fromme Stiftungen und Träger von Schulen oder Spitälern, die bisher außerhalb des Zugriffs der weltlichen Macht lagen, kamen nun in die Zuständigkeit der weltlichen Obrigkeit. Der größte Teil des Kirchenguts diente aber zum einen dem Kult und zum anderen dem Unterhalt des Klerus, und diese Vermögenswerte standen nach der Aufhebung der Klöster und der Kirchenhierarchie, nach der Abschaffung der Messe und des Ablaßwesens zur freien Verfügung. In den Territorien der Reformation gelangten Fürsten und Städte in den Besitz großer Reichtümer, mit denen sie den Ausbau einer modernen Verwaltung beschleunigen und weitertreiben konnten, ohne auf repräsentative Bauten wie prachtvolle Residenzen und Rathäuser verzichten zu müssen. Selbstverständlich wurde das säkularisierte Kirchengut auch dazu benutzt, den Lebensunterhalt der Pastoren zu sichern und das Schulwesen auszubauen. Auf letzteres legten viele reformierte Fürsten und Städte großen Wert, damit das Volk die Heilige Schrift selbst lesen könne. Ebenso wurden mit diesen Mitteln neue Universitäten gegründet und bestehende erweitert. In Marburg, Altdorf (bei Nürnberg), Tübingen, Frankfurt an der Oder, Heidelberg und Straßburg bestanden universitäre Ausbildungsstätten für die Beamten und Pastoren der Reformation. Die Säkularisierung stellte eine gewaltige Umverteilung von Vermögenswerten und Einkünften dar. Nutznießer waren die Fürsten, aber auch die landsässigen

Adligen, die in deren Dienst standen und die mit Lehen aus dem ehemaligen Kirchengut entschädigt wurden. Daß sich der Reichsadel für den
Fürstendienst entschied und dafür reichlich belohnt wurde, war unter
anderem eine Folge der gescheiterten Revolte Franz von Sickingens.

Neben dem Kirchengut innerhalb der Reichsstände gab es aber auch
noch rund hundert geistliche Stände mit Fürstbischöfen und Fürstäbten
an ihrer Spitze, die Sitz und Stimme im Reichstag hatten und die hinsichtlich Bevölkerungszahl, Größe und Reichtum vielen weltlichen Fürstentümern in nichts nachstanden. Dort, wo die Reformation siegte,
konnten sie nicht fortbestehen; ihre Existenz war für die Evangelischen
ein anhaltender Skandal, der sichtbare Beweis für die Dekadenz der Kirche unter dem Papsttum. Diese reichen Territorien weckten die Begehrlichkeit der Nachbarn, die allerdings auch kleinere Bissen wie Abteien
und Domkapitel nicht verschmähten. Wie schon berichtet, säkularisierte
der Hochmeister des Deutschen Ordens Preußen zu seinen Gunsten, doch
war die Zugehörigkeit zum Reich immer nur formell gewesen, die kaiserliche Zentralgewalt hatte sich nie eindeutig und auf Dauer auf diese
Gebiete erstreckt.[7] Die Legalität der Reichsstandschaft der Bistümer zwischen Elbe und Oder, die dem Kurfürstentum Sachsen und Brandenburg
sowie Pommern benachbart waren, war immer strittig gewesen. Sie wurden ohne große Umstände den benachbarten weltlichen Fürstentümern
zugeschlagen, wobei oft ein jüngerer Vertreter der herrschenden Dynastie
als Bischof oder Koadjutor an die Spitze gewählt wurde. Auf das gleiche
indirekte Verfahren griffen auch mehrere protestantische Fürsten zurück,
um Bistümer zu säkularisieren, deren Reichsstandschaft eindeutig war,
so die Erzbistümer Magdeburg und Bremen, die Bistümer Lübeck, Hil-
desheim, Osnabrück, Paderborn und Münster, die alle im Nordwesten
lagen. Ganze Teile der alten Reichskirche brachen zusammen. Die Aussicht auf solch umfangreiche territoriale Erwerbungen mußte für so manchen Fürsten verlockend erscheinen. Wenn Paris eine Messe wert ist,
dann konnte auch Magdeburg mit seinem umfangreichen Territorium
den Kurfürsten von Brandenburg dazu verleiten, sich der Reformation
anzuschließen. Bei den territorialen Erwerbungen waren die bedeutendsten Nutznießer der Säkularisierung die großen Fürstentümer im Nordosten Deutschlands: Sachsen und Brandenburg, das Herzogtum Preußen,
die Herzogtümer Braunschweig, Pommern und Mecklenburg sowie die
Könige von Dänemark für das Herzogtum Holstein. Keines dieser Gebiete wurde von der Gegenreformation berührt. Diese »Staaten« unterschieden sich durch ihre Ausdehnung, Solidität und Stärke von den meisten Ständen im Nordwesten und Südwesten des Reiches, Regionen, die
politisch sehr viel zerklüfteter waren. Dagegen wurden die meisten geist-

lichen Fürstentümer in Westfalen, im Rheinland, in Franken und Schwaben sowie im Südosten (Passau, Salzburg, Brixen und Trient) von der Gegenreformation gerettet und existierten als Reichsstände bis zur großen Säkularisierung von 1803. Die Reformation gestaltete die politische Landkarte Deutschlands von Grund auf neu. Nur die napoleonische Neugliederung, die alle geistlichen Fürstentümer abschaffte, sollte ähnlich weitreichende Folgen haben.

Wie immer, wenn Kircheneigentum aufgehoben wurde, gingen auch im 16. Jahrhundert große Kunstschätze verloren, sei es, daß sie Bilderstürmern zum Opfer fielen, sei es, daß sie von fürstlichen Beamten verkauft oder entwendet wurden. Viele Klöster verfielen zu Ruinen, nachdem sie von aufständischen Bauern verwüstet oder von den Mönchen und Nonnen aufgegeben worden waren. Viele andere wurden zu fürstlichen Residenzen umgebaut oder als Schulen genutzt (so die berühmten württembergischen Klosterschulen, aus denen der Pastorennachwuchs und große Gelehrte hervorgingen). Wieder andere, vor allem im Herzogtum Braunschweig-Lüneburg, wurden unter protestantischen Äbten und Äbtissinnen weitergeführt; diese Stifte nahmen hauptsächlich ledige Töchter aus dem Adel auf. Die Forderung, zum alten Zustand des Reiches vor der Reformation zurückzukehren, wurde immer unrealistischer, je weiter die territoriale Neugliederung und der konstitutionelle Umbau voranschritten. Hätten die protestantisch gewordenen Fürsten die evangelische Glaubenserneuerung wieder aufgeben wollen, so hätten sie auch das säkularisierte Kirchengut und die geistlichen Territorien zurückgeben müssen. Im darauffolgenden Jahrhundert bildeten solche materielle Interessen ein starkes Fundament für die im Dreißigjährigen Krieg entfesselten religiösen Leidenschaften. Als der katholische Kaiser sich vorübergehend als Sieger betrachten konnte, versuchte er mit dem Restitutionsedikt alle Territorien, die seit 1555 protestantisch geworden waren, wieder ins katholische Lager zurückzuholen.

In den ersten Jahren der Reformation, während sich der neue Glaube herausbildete und festigte, standen Theologen und kirchliche Verwalter vor dem Problem, dem religiösen Leben eine neue Ordnung zu geben. Da die alte priesterlich-hierarchische Kirche mitsamt ihrem kanonischen Recht abgeschafft war, fiel die Verantwortung für die Errichtung einer neuen Ordnung in die Hände der weltlichen Herrschaft. Nach Luthers Auffassung konnte diese neue Ordnung einen Zweck nicht in sich selbst finden, sondern sie sollte einen »Beruf« bilden mit dem Ziel, die »äußere Gestalt« der Christenheit zu leiten und eine dem Seelenheil des einzelnen förderliche Gemeindeverfassung zu garantieren. Anfangs hatte Luther auf die Fähigkeit der Gemeinde vertraut, sich in Freiheit eine gottesdienstliche

Ordnung zu geben und über die rechte Verkündigung zu wachen, doch nach dem Schock der Sezession Müntzers, dem sozial-religiösen Aufstand im Dienst einer neuen weltlichen Herrschaft, die dem Reich Gottes schon hier auf Erden vorgreifen sollte, sah er die Notwendigkeit einer obrigkeitlichen Lösung des Ordnungsproblems. Die weltliche Macht sollte als Stütze für die menschliche Schwäche dienen. Wenn es der Wahrheit und dem Wirken der Gnade förderlich war, durfte auch Zwang angewendet werden. Die Züge einer religiösen Demokratie, die in Luthers ersten Schriften enthalten waren, sollten schon bald nicht mehr gelten und gerieten in Vergessenheit. Zwar kümmerte sich Luther wenig um die gottesdienstliche Ordnung und vertrat in diesem Bereich lange eine »evangelische Freiheit«. Doch nach 1525 trat sein tiefer Pessimismus hinsichtlich der menschlichen Natur immer deutlicher hervor. In diesem Zusammenhang muß sein Bruch mit dem Humanismus gesehen werden, zu dem es aus Anlaß seiner Polemik gegen Erasmus von Rotterdam kam. Dieser subtile und tolerante Geist, der als »Fürst der Humanisten« galt, hatte erst die Mißstände in der Kirche scharf angegriffen, aber die direkte Konfrontation und den Bruch mit Rom vermieden. Er selbst und seine Anhänger hatten Luther anfangs als einen der Ihren angesehen, täuschten sich dabei aber über die Intoleranz und den Autoritätsanspruch Luthers, dessen ausschließliche Sorge um das Seelenheil keine Toleranz zuließ. Wenn es um das Heil ging, wurde Toleranz zum Vergehen, ja zur Sünde wider Gott. In einer seiner unversöhnlichsten, zugleich aber auch tiefsinnigsten Schriften, *De servo arbitrio,* verabschiedete sich Luther vom humanistischen Optimismus und hielt ihm seine Mystik der Gnade entgegen. Um der Schwäche und dem mangelnden guten Willen der Menschen einigermaßen abzuhelfen, müsse die Obrigkeit all jene dazu zwingen, fromm und gerecht zu sein, die sich einem solchen Lebenswandel verschließen, auch nachdem sie das Wort Gottes gehört haben.

Die alte Kirchenordnung war verschwunden, dafür hielten Sittenverfall, Glaubenszweifel, Individualismus und Aberglaube Einzug. Vielerorts war das religiöse Leben am Erlöschen. So jedenfall lautete der traurige Befund einer Kommission aus Theologen und Juristen, die der Kurfürst von Sachsen ernannt hatte. Auf Luthers Rat schuf der Landesherr eine neue Ordnung für den Kirchenkult und die Verkündigung: Prediger und Pastoren wurden ernannt oder nach Examinierung im Amt bestätigt (oder entfernt); sogenannte Superintendenten, die am Hauptort eines Verwaltungsbezirks eingesetzt wurden, waren für die Ausbildung und Visitation der Geistlichen zuständig. Pastoren und Superintendenten wurden von der landesherrlichen Obrigkeit ernannt.

Soll sich das Volk dem Wort Gottes öffnen, braucht es ein Minimum an Bildung. Luther, seine Anhänger und die evangelischen Fürsten ließen es daher nicht an beständiger Bemühung um das Schulwesen fehlen. Während Melanchthon und andere Freunde den evangelischen Standpunkt in Glaubensfragen definierten und für die Ausbildung der Pastoren sorgten, verfaßte Luther selbst seine beiden Katechismen (den Großen und den Kleinen), die ebenso wie seine Bibelübersetzung dem evangelischen Geist in Deutschland sein Gepräge gaben und auch die deutsche Sprache in diesem Geist formten. So nahmen eine neue Kirche und eine neue Glaubenslehre Gestalt an, obgleich die Träger dieser Revolution selten ein Bewußtsein der ganzen Bedeutung und Tragweite des ausgelösten Wandels besaßen. Die protestantischen Fürsten und Theologen hofften immer noch, daß die verlorene Einheit des Christentums von einem Konzil wiederhergestellt werden könnte. Eine solche Versammlung hätte dann erkennen müssen, daß sie keineswegs Neuerer waren, sondern lediglich der Kirche zu ihrer ursprünglichen, evangelischen Reinheit verhelfen wollten.

Die protestantischen Fürsten hatten in der neuen Kirche das Sagen. Diejenigen Fürsten, die dem alten Glauben treu geblieben waren, wollten in kirchlichen Angelegenheiten nicht hinter den Protestanten zurückstehen. Die Herzöge von Bayern und Erzherzöge von Österreich erhielten vom Papst das Recht zur Visitation und eine weitreichende Aufsicht über ihre Territorialkirchen; außerdem fiel nun der Kampf gegen die Häresie in ihre Zuständigkeit. Der Grundsatz der religiösen Einheit jedes Reichsstandes, wie er zum erstenmal 1526 auf dem Reichstag zu Speyer formuliert wurde, stellte für die Fürsten und Städte eine absolute Notwendigkeit dar. Die Besitzungen der dynastischen Geschlechter, die durch Kriege und Heiraten zusammengekommen waren, bildeten oft nur einen lockeren Verband, der die Einführung verschiedener Konfessionen nicht überlebt hätte. Das Reich entwickelte sich schon seit langem in Richtung auf eine Konföderation weitgehend unabhängiger Fürstentümer und Städte. Die Reformation beschleunigte die Auflösung des Reichsverbands, indem sie den Fürsten gestattete, neben ihrer traditionellen weltlichen Herrschaft nun auch noch die Kirchenhoheit auszuüben. Zugleich schuf sie zwei Realitäten, die eine prägende Rolle in den evangelischen Territorien Deutschlands für die folgenden Jahrhunderte spielen sollten: Das landesherrliche Kirchenregiment erstreckte sich auf die Kirchen und auf das protestantische Pfarrhaus. Das Kirchenregiment hatte die Tendenz, mit der Kirche nicht anders zu verfahren als mit jedem anderen Zweig der Verwaltung. Seinerseits stand der protestantische Pastor, der Frau und Kinder hatte und als Lehrer, Organist, Chorleiter und Standesbeamter wirkte, für mehrere Jahrhunderte im Mittelpunkt des religiösen, intellektuellen und künstlerischen Lebens. Das Kirchenlied, der von der Gemeinde gesungene Choral, die musikalische Kultur ganz allgemein hatten einen hohen Stellenwert in der Gemeinde, und das seit Luther, der selbst ein großer Dichter und begabter Musiker war. Drei Jahrhunderte lang kam ein großer Teil der intellektuellen Elite aus protestantischen Pfarrhäusern. Religiöser Eifer und eine verengte Weltsicht, eine gediegene humanistische Bildung, die aber fast ausschließlich religiösen Zwecken diente, Sinn für Disziplin und gewissenhaftes Arbeiten neben innigem Zartgefühl, wie es in vielen Liedern und Gedichten Luthers durchscheint, Wissensdurst, Streben nach Gewißheit, aber auch geistige Intoleranz, gepaart mit einer puritanisch-asketischen Lebensauffassung, alle diese Tugenden und Untugenden zusammengenommen machten aus den Pfarrhäusern die Pflanzstätten der protestantischen Nation.

Das Jahr 1530 verzeichnete einen besonders feierlichen Augenblick in der Geschichte der Reformation. Karl V., ein Mann in reifen Jahren, der seine alten Gewißheiten nicht verloren, aber in der Zwischenzeit Erfahrungen gesammelt hatte und nun auf der Höhe seiner Macht stand, eröffnete am 20. Juni den Reichstag zu Augsburg. Er war mit der Erwartung nach Deutschland gekommen, die Glaubensspaltung dadurch zu beenden, daß er die Abtrünnigen in den Schoß einer geläuterten Kirche zurückführen und dem Papst endlich die Zustimmung zu einem allgemeinen Konzil abnötigen könnte, welches von der Kurie seit den Konzilserfahrungen im 15. Jahrhundert in Konstanz und Basel mit Argwohn betrachtet wurde. Er forderte alle Stände auf, ihren religiösen Standpunkt darzulegen. Am 25. Juni überreichte Philipp Melanchthon, der erste und wichtigste Mitstreiter Luthers, vor dem Reichstag dem Kaiser das gemeinsame Bekenntnis der evangelischen Fürsten und einiger Städte, darunter Nürnbergs. Wegen des Streits, der zwischen den Lutheranern und den Anhängern des Zürcher Reformators Ulrich Zwingli ausgebrochen war, vermochten die Evangelischen dem Kaiser keine geschlossene Opposition entgegenzusetzen.[8] Zwingli ließ vor dem Reichstag seine *Ratio fidei* verlesen, und einige Städte, vor allem Straßburg und Konstanz, legten eine *Confessio tetrapolitana* vor (das Bekenntnis der vier Städte, wie es im griechisch-lateinischen Idiom der Humanisten lautete), die in ihrer Auffassung des Abendmahls der Lehre Zwinglis nahestand. Schon bei seinem ersten Auftritt zeigte sich der deutsche Protestantismus also gespalten, und Spaltungen sollten seine Geschichte und die Geschichte Deutschlands bis heute prägen. Der Hader unter den Protestanten verschärfte sich noch, als der Calvinismus als dritte Form des reformierten Glaubens hinzukam.

Dieses »Augsburger Bekenntnis« wurde für den gegebenen historischen Anlaß verfaßt und belegt, daß damals keiner der Beteiligten, auch nicht unter den Anhängern Luthers, die Vorstellung gelten ließ, es könnten künftig mehrere Kirchen Christi existieren. Melanchthon hatte sich bemüht, den lutherischen Glaubensartikeln einen moderaten Ausdruck zu geben und daher vieles abgeschliffen oder unerwähnt gelassen. Dies tat er sowohl aus seinem zur Mäßigung neigenden Temperament als auch aus Gründen der politischen Opportunität, denn der Kaiser stand damals auf dem Gipfel seiner Macht und seines Ansehens. Der Bekenntnistext hebt denn auch das Gemeinsame mehr als das Trennende hervor und stellt die reformatorische Lehre als vereinbar mit dem Kern des traditionellen Glaubens dar. Dazu war der Verfasser Melanchthon zu weitreichenden Zugeständnissen bereit. Für den Laienkelch und die Priesterehe konzedierte er die herkömmliche Messe und die bischöfliche Rechtsprechung. Daß die Verkündigung des wahren Wortes Gottes zu Spaltungen geführt hatte, hatte viele Anhänger der ersten Stunde vorsichtig und ängstlich gemacht. Eine Verständigung mit den maßvollen Vertretern der alten Kirche behagte ihnen mehr als die auf evangelischer Seite zu beobachtende Tendenz, sich mit immer neuen, spekulativen Glaubensmeinungen zu überbieten. Obgleich dieser Text also auf historische Bedingungen antwortete, die längst überholt waren, besitzt er auch heute noch eine unvergleichliche Kraft und Würde. Annähernd fünfhundert Jahre sind seitdem verflossen, und doch bringt der Text auf anrührende Weise (wegen seines maßvollen Tons) die demütige und zugleich unerschütterliche Ergebenheit zum Ausdruck, mit der sich Millionen Männer und Frauen der unverdienten Gnade Gottes öffnen wollten.

Auf Geheiß des Kaisers präsentierten die Katholiken im August eine *Confutatio*, eine Widerlegung, worauf Verhandlungen begannen, die zeitweise und selbst in entscheidenden Fragen zu einer Annäherung der Standpunkte führten. Luther, der immer noch in der Reichsacht stand und daher an den Arbeiten nicht teilnehmen konnte, blieb skeptisch. Er glaubte nicht mehr an eine Reform der ganzen Kirche und wollte nur noch die Freiheit der Verkündigung dort erhalten, wo sie sich bereits durchgesetzt hatte. Karl V. hatte seinerseits weder ein Gespür für die geistliche Not, die sich hinter der religiösen Erhebung verbarg, noch für ihre Modernität, noch für das genuin Deutsche an ihr, denn fast die ganze Nation hatte begriffen, daß Luther sie von einer langen Demütigung befreite, die sie nicht mehr länger ertragen wollte noch konnte. Der Kaiser verhandelte mit dem Papst über die Einberufung eines Konzils. Als sich letzterer zu einer diplomatischen Zusage herabließ, tat er dies nur unter der Voraussetzung, daß die Protestanten in ihren Territorien zuerst die alte Ordnung wiederherstellten, was doch auf dem Konzil erst verhandelt werden sollte. Das sollte das Ende der Annäherung sein. Die Protestanten, die schon die Weigerung des Kaisers, Melanchthons Erwiderung auf die katholische *Confutatio* anzunehmen, mißtrauisch gemacht hatte, stahlen sich nach und nach davon. Am Ende kam der sogenannte Reichstagsabschied nur mit den Stimmen der Katholiken (und nicht einmal die waren vollzählig) zustande. Er sah die Wiederherstellung der traditionellen Kultformen vor und forderte zu allem Überfluß auch noch die Restitution aller der Kirche entfremdeten Güter. Die Hoffnung der Protestanten, die Übereinstimmung des lutherischen Glaubens mit der Lehrmeinung der traditionellen Kirche festgestellt zu sehen, verflog ebenfalls. Selbstverständlich verwahrten sich die protestantischen Stände erneut gegen diese Zumutung. Ihre Überzeugung und ihre Interessen nötigten sie zum Widerstand. Nach dem Augsburger Reichstag von 1530 stand nunmehr fest, daß die Kirchenreform und die Reichsreform gescheitert waren. Die Anstrengungen der Reformanhänger hatten seit mehr als einem Jahrhundert stets Kirche und Reich gemeinsam gegolten. Niemand hatte sich vorstellen können, daß diese beiden großen Institutionen der mittelalterlichen Welt einmal auseinanderbrechen könnten. Der Grund für dieses verheerende Ergebnis lag zum großen Teil in dem Unverständnis, das Karl V. seinen deutschen Untertanen entgegenbrachte. Wollte er die Einheit des Glaubens und die Würde des Kaisertums wiederherstellen, dann blieb ihm nur noch der Weg der militärischen Gewalt, zu dem ihm aber eigentlich die Mittel fehlten.

Fünfzehn Jahre lang zog sich die komplizierte Partie hin, die 1517 begonnen hatte, immer neue Stellungswechsel bot und alle Beteiligten mit wechselndem Glück bedachte, ohne indes die endgültige Entscheidung zu bringen. Karl V. verfolgte seinen Traum von der Universalherrschaft und kämpfte gegen Frankreich und die Türken. An der Spitze eines großen christlichen Heeres zog er nach Ungarn, stieß aber dort nur ins Leere. Auf seinen Sieg bei Tunis folgte die Niederlage bei Algier. Im nie wirklich befriedeten Italien schmiedete der Papst wieder Bündnisse gegen das weltliche Oberhaupt der katholischen Christenheit und verschob das allgemeine Konzil auf unbestimmte Zeit. In Deutschland erwies sich der Augsburger Reichstagsabschied als undurchführbar. Wieder einmal mußten Kompromisse mit den protestantischen Reichsständen geschlossen und ihnen Fristen eingeräumt werden, wie schon in der Vereinbarung von 1526. Die Ohnmacht des Kaisers, dessen Herrschaft sich über zu viele Territorien erstreckte und der sich wieder fast zehn Jahre lang fern von Deutschland aufhielt, begünstigte die weitere Ausbreitung der Reformation. Nach und nach nahmen die Territorien und Städte Norddeutschlands die Lehre und den Kult des lutherischen Glaubens an, bald folgten ihnen auch die skandinavischen Staaten. Regte

sich hie und da doch noch Widerstand, wie etwa bei den Herzögen
von Braunschweig oder beim König von Dänemark, dem Schwager des
Kaisers, dann griffen die bereits reformierten Nachbarn militärisch ein.
Diese konnten es nicht zulassen, daß sich katholische Stellungen in protestantischen Territorien hielten oder einen Ring um sie bildeten und
dann als Ausgangspunkt für eine Gegenoffensive der kaiserlichen Partei
hätten dienen können. Um einem Gegenschlag entgegenzutreten, schlossen sich die protestantischen Stände 1531 zum Schmalkaldischen Bund
(benannt nach einer kleinen Stadt in Thüringen) zusammen, der fünfzehn Jahre lang die bedeutendste militärische und politische Kraft in
Deutschland darstellte und einen sicheren Schutz für die lutherische
Reformation abgab. Mit dem Schmalkaldischen Bund im Rücken wagte
der Landgraf von Hessen sogar, den im Exil lebenden Herzog Ulrich
von Württemberg wieder in sein Amt einzusetzen, nachdem er die Truppen und die Verwaltung Ferdinands von Österreich vertrieben hatte.
Herzog Ulrich führte daraufhin gewaltsam die Reformation in Württemberg ein, das damit zum ersten bedeutenden protestantischen
Reichsstand in Süddeutschland wurde. Auch im Nordosten wechselten
zwei wichtige Stände ins lutherische Lager: Das Herzogtum Sachsen,
dessen dynastische Linie mit derjenigen des Kurfürstentums Sachsen verwandt war (die beiden Herrscher waren Vettern) und das Kurfürstentum
Brandenburg, lange Zeit Bollwerke des katholischen Glaubens, wurden
von den Nachfolgern der altgläubigen Fürsten für die lutherische Reformation gewonnen. In Köln führte der kurfürstliche Erzbischof selbst
die Reformation ein, wurde aber bald zur Abdankung gezwungen. Auch
der pfälzische Kurfürst entschied sich für die Reformation. Dieser anhaltende Erfolg war für die Sache Luthers auch eine Phase der Konsolidierung. Keine von der breiten Bevölkerung getragene unaufhaltsame
Erweckungsbewegung, nicht das persönliche Streben nach einem geläuterten Glauben und auch nicht die individuelle, in ihrem Eifer unwi-
derlegbare Inspiration waren die Ursache für den Übertritt ausgedehnter
Territorien von den Niederlanden bis zu den Grenzen zu Rußland,
sondern die wohlüberlegte Entscheidung der Herrschenden, die den Untertanen neue Glaubensauffassungen, neue Kultformen, eine neue Kirchenorganisation und letztendlich auch eine neue Glaubenslehre oktroy-
ierten. Gewiß, auch dieser Wandel hätte sich nicht ohne die innere Kraft
und die religiöse Leidenschaft vollziehen können, die weiterhin die Seelen der Menschen umtrieben, diese wurden aber künftig in vorgegebene
Bahnen gelenkt, »umfunktioniert«, um es mit einem heutigen Ausdruck
zu bezeichnen. Noch zu Lebzeiten seines Urhebers, der erst 1546 starb,
wandelte sich Luthers Revolution in eine neue Herrschaftsordnung, ge-

mäß einem Gesetz, das früher oder später jeder Revolution ihre Bahn und ihr Schicksal vorschreibt. Im vorliegenden Fall hatte diese Entwicklung sogar die Billigung des Reformators.

Luther, der im Alter immer aggressiver, ja geradezu grob wurde, auch tiefe Angst verspürte angesichts der tragischen Konflikte, die sich aus seinen Schriften entwickelten, verlor dennoch nichts von der ungestümen Kraft seines Genies. Er predigte und war weiter schriftstellerisch tätig, sang und komponierte Lieder, vollendete seine Bibelübersetzung, belehrte und gab Ratschläge, verurteilte und vermischte Hohes und Niederes, wie es allen Menschen, auch den größten Geistern, bisweilen unterläuft. So billigte er die Bigamie des Landgrafen Philipp von Hessen als ein kleineres Übel und verwies dazu auf einschlägige Schriftstellen im Alten Testament. Er verfaßte aber auch ein wüstes, unheilvolles Pamphlet gegen die Juden, die sich nicht zum wahren Glauben bekehren lassen wollten. Er verteidigte den Kaiser gegen den Papst, der daraufhin Karl V. vorwarf, er lasse sich nun mit den Protestanten ein. Er starb 1546 in der Gewißheit, auf die Stimme Gottes gehört zu haben und doch der größte aller Sünder zu sein. Gewiß war er das erstaunlichste Genie, das die deutsche Nation je hervorgebracht hat, stets vor seinem Gott zitternd und doch unerschütterlich, ein mächtiger und wunderbarer Gestalter menschlicher Geschicke, dem es allein um die Größe Gottes ging, ein Mensch, der ganz und energisch nur seinem inneren Wesen lebte und damit ein Beispiel bot, bis zu welchen Extremen Engstirnigkeit und menschliche Größe in einem Individuum nebeneinander existieren können.

Nur wenige Monate vor Luthers Tod wurde das lang erwartete allgemeine Konzil in Trient eröffnet – viel zu spät und ohne die Protestanten, aber auch die Katholiken waren nicht vollzählig, denn die Franzosen fehlten, und Großbritannien befand sich dank Heinrichs VIII. Heiratspolitik schon auf dem Weg zu einem Schisma ganz eigener Art. Entgegen den Wünschen der deutschen Teilnehmer und des Kaisers begann die hauptsächlich von italienischen und spanischen Bischöfen beschickte Versammlung mit der Festlegung der strittigsten dogmatischen Standpunkte, ehe sie sich der Reform der kirchlichen Institutionen zuwandte. So wurde die Tradition als Offenbarungsquelle bestätigt und der Heiligen Schrift gleichgestellt; auch an der Lehre von der Gnade und der Rechtfertigung, die den Ablaßhandel ermöglicht hatte, wurde festgehalten und damit die Glaubensspaltung besiegelt. Unterdessen holte der Kaiser zum großen militärischen Gegenschlag aus. Nach einem siegreichen Vorstoß ins Marnetal hatte er 1544 den neuen Krieg mit Frankreich beendet. Vielleicht hätte er der protestantischen Bewegung noch Einhalt gebieten können, wenn die Offensive fünfzehn Jahre früher gekommen wäre, so aber war es dazu zu spät. Nach der Vollstreckung der Reichsacht am Landgrafen von Hessen und am Kurfürsten von Sachsen begann er seinen Feldzug. Im Mai 1547 errangen Karls spanische Truppen einen Sieg in der Schlacht bei Mühlberg an der Elbe. Der Landgraf und der Kurfürst wurden gefangengenommen. Der Sieg war indessen nur durch den Verrat eines Protestanten ermöglicht worden, des Herzogs Moritz von Sachsen. Obwohl der Chef der albertinischen Linie der Wettiner ein überzeugter Lutheraner war, konnte er der Verlockung, die Kurfürstenwürde seinem ernestinischen Vetter abzunehmen, nicht widerstehen. Nunmehr war mit Ausnahme des hohen Nordens ganz Deutschland unter Karls Botmäßigkeit. Der Erzbischof von Köln, der sein geistliches Territorium in ein erbliches Fürstentum umwandeln wollte, wurde zur Abdankung gezwungen. Ein nach Augsburg einberufener Reichstag verabschiedete 1548 einen neuen religiösen Kompromiß. Der Kaiser, der über den Beginn des Konzils enttäuscht war, wollte ein Druckmittel gegen den Papst behalten, denn ihm war der Konzilsgedanke teuer, und außerdem konnte er selbst als militärischer Sieger die Tatsache der lutherischen Reformation nicht leugnen. Die katholische Glaubenslehre und die Messe wurden überall wieder verbindlich gemacht, lediglich der Laienkelch und die Priesterehe wurden bis auf weiteres zugestanden. Um die protestantischen Fürsten zu schonen, war auch nicht mehr von der Restitution des Kirchenguts die Rede. Durchgesetzt wurde das Augsburger Interim nur in Oberdeutschland und nur in den Reichsstädten und kleinen Territorien. Doch mittlerweile gab es schon nicht mehr genügend dem alten Glauben treu gebliebene Priester, um den katholischen Kult zu gewährleisten. Die verfolgten protestantischen Prediger hatten auch weiterhin das Ohr des Volkes. Immerhin bremsten Karls Sieg und das Interim die weitere Ausbreitung des Protestantismus, der bis dahin kaum auf Widerstand gestoßen war. Für den größten Teil Deutschlands konnte die Entwicklung jedoch nicht mehr rückgängig gemacht und die Einheit des Glaubens und des Kultes nicht wiederhergestellt werden. Ein Jahrhundert lang mußten Religionskriege geführt werden, ehe diese Tatsache auch wirklich anerkannt wurde (1548 war das Jahr des Augsburger Interims, 1648 wurde der Westfälische Frieden geschlossen).

Das Interim war nicht von Dauer, auch nicht die auf fremde Truppen gestützte kaiserliche Herrschaft. Diese war zu aufwendig für Karls V. tatsächliche Machtmittel und zu teuer, um über längere Zeit bezahlt zu werden, andererseits aber für eine autoritäre Herrschaft auch nicht massiv genug. Nach dem Erwerb der Kurfürstenwürde erinnerte sich Moritz von Sachsen, daß er Protestant und außerdem Reichsfürst war. Er mußte sich daher wie alle anderen auch von Karls Plänen bedroht fühlen, das Wahlkönigtum in ein Erbkönigtum zu verwandeln, wie es einst Heinrich VI. auf dem Höhepunkt des mittelalterlichen Reiches versucht hatte. Zur Konsolidierung der weitgehend wiedergewonnenen Macht hatte der Kaiser vorgesehen, daß nach seinem Bruder Ferdinand, der seit 1531 Römischer König war, Karls ältester Sohn Philipp von Spanien die Nachfolge antreten, und daß Maximilian, der älteste Sohn Ferdinands, der Nachfolger Philipps werden sollte. So wäre die Union von Spanien und Deutschland und die Einheit des Hauses Habsburg garantiert gewesen. Das Interesse der protestantischen Bewegung und sein eigener politischer Vorteil drängten nun Moritz, die protestantische Vergeltung vorzubereiten, nachdem er der wichtigste Akteur bei der Niederlage seiner Glaubensbrüder gewesen war. Er hatte keine Bedenken, sich mit dem neuen französischen König Heinrich II. zu verbünden, dem die Protestanten das Reichsvikariat über die Städte Cambrai, Metz, Toul und Verdun gegen Zahlung von Subsidien versprachen. Die Reformation war anfangs ausschließlich Sache der deutschen Nation gewesen; zu ihrer Verteidigung bedurfte sie nun aber der Hilfe von außen, und das war der nationalen Sache abträglich. Der Angriff der Protestanten überraschte Karl V. zu einem Zeitpunkt, da er fast keine Truppen in Deutschland hatte. Gedemütigt mußte er im März 1552 nach Italien fliehen. Von dem großen Triumph des Jahres 1547 blieb nichts mehr übrig; sein Bruder Ferdinand mußte in Verhandlungen mit den Siegern treten. Karl sammelte zwar neue Truppen und versuchte Metz zurückzuerobern, doch ohne Erfolg. Wieder brach der allgemeine Krieg mit Frankreich, von den Niederlanden bis Oberitalien aus. Karl V. war kampfesmüde, immer neue Niederlagen hatten seine Gesundheit ebenso ruiniert wie die Strapazen ständiger Reisen und Feldzüge und exzessiver Weingenuß. Waren nicht die Niederlagen Ausdruck göttlicher Mißbilligung? Nachdem er seinem Sohn Philipp II. die Niederlande, die Freigrafschaft Burgund, Spanien und die Kolonien in der Neuen Welt sowie Neapel und Mailand überlassen hatte, dankte er im September 1556 auch als Kaiser zugunsten Ferdinands ab. Ihm war nur ein kurzer Lebensabend beschieden in der Nähe des Klosters San Gerónimo de Yuste in der spanischen Extremadura, fern von Deutschland, das ihm stets fremd geblieben war. Dort lebte er nach seiner Abdankung zwar nicht mönchisch streng, aber doch kontemplativ. In maßvollem Luxus erwartete er sein Ende, das er nahe wußte.

Karl V. erlebte so in seinem Zeitalter das Scheitern des großen unmöglichen Traums vom Universalreich wie vor ihm schon seine kaiserlichen Vorgänger im Mittelalter. Wie Luther hatte er in der Kontinuität mit einer Vergangenheit gestanden, deren Ende alle beide, der eine durch seinen Erfolg, der andere durch sein Scheitern, beschleunigt haben. Luther war ein überragendes Genie, Karl V. nur ein gewöhnlicher Geist, der gleichwohl eine ungeheure und für ihn unerfüllbare Aufgabe ernst nahm. Luther, der eigentlich etwas ganz anderes gewollt hatte, wirkte zugunsten der Sache der Territorialfürsten, vor denen der Kaiser kapitulieren mußte. Von der Reformation, der seit einem Jahrhundert erhofften *reformatio*, hatten sich die Deutschen eine geläuterte, dem Evangelium folgende arme Kirche und ein geeintes und gestärktes Reich erwartet. Statt dessen hatte die Reformation die Macht der Fürsten gestärkt, die ihrerseits das Überleben des reformierten Glaubens in weiten Teilen Deutschlands gewährleisteten. Auf der Strecke blieb das Reich, das nur noch eine Föderation von zunehmend unabhängigen Reichsständen war. Ein noch von Karl einberufener neuer Reichstag in Augsburg setzte unter dem Vorsitz Ferdinands Regelungen für einen dauerhaften Religionsfrieden fest (Beschluß vom 25. September 1555):

Jeder Reichsstand konnte künftig das Bekenntnis, ob katholisch oder evangelisch-lutherisch, beibehalten. Ausgeschlossen von der neuen Regelung waren andere Richtungen des reformierten Glaubens wie Zwinglianer, Calvinisten und Täufer. Mit letzteren verfuhren die Lutheraner nach dem gleichen Prinzip, das früher die katholische Kirche auf sie angewandt hatte, das heißt, sie wurden als Ketzer und Abweichler, als *dissenters*, wie es die Engländer nannten, behandelt. Doch nach und nach profitierten auch die Calvinisten von dem Religionsfrieden von 1555, während die Zwinglianer die vorherrschende Glaubensrichtung in der deutschsprachigen Schweiz stellten.

Die Untertanen mußten das Bekenntnis ihres Fürsten annehmen; Andersgläubigen wurde nur das Recht zur Emigration zugestanden. Ein »geistlicher Vorbehalt« verbot der geistlichen Obrigkeit, in ihren Territorien die Reformation einzuführen. Traten geistliche Fürsten aus persönlichen Gründen zum evangelischen Glauben über, so mußten sie aus ihrem Amt scheiden. Umgekehrt durften ihre evangelischen Untertanen ihren Glauben auch ohne Emigration behalten.

Mit dem Augsburger Religionsfrieden sollte also der konfessionelle und politische Status quo in Deutschland, wie er sich nach den beiden ersten Religionskriegen darstellte, festgeschrieben werden. Die Lutheraner sahen ihre Erwerbungen bestätigt, und die Katholiken durften sich vor neuen Offensiven der Reformation sicher fühlen, vorausgesetzt, ihre katholischen Fürsten blieben ihrem Glauben treu. Auf den ungestümen reformatorischen Aufbruch folgte eine Phase der Konsolidierung, der Neuordnung und teilweise auch der Repression. Die Niederlande und

Großbritannien wurden nun Schauplatz der großen religiösen Auseinandersetzungen, die bald zu Entdeckergeist und ökonomischem Erfolgsstreben anspornen sollten. Unterdessen erlebte Spanien den Höhepunkt seiner weitgespannten, aber auch grausamen und enttäuschenden kolonialen Unternehmungen.

Die Reformation bekam vom ehemaligen Wittenberger Mönch ein Korsett orthodoxer Lehrmeinungen verpaßt, die Fürsten gaben ihr ein obrigkeitliches Kirchenregiment. Andererseits scheiterten auch die Versuche, die alte Kaisermacht wiederherzustellen. War es da noch Zufall, daß die Wirtschaft in Deutschland in eine lange Phase der Ermattung trat, daß die Blüte in der Malerei und Bildhauerei plötzlich zu Ende ging und daß Literatur und Dichtung nur noch mit kaum hörbarer Stimme sprachen (das lutherische Kirchenlied ausgenommen)? In der geistigen Welt gibt es zwischen Luther und Leibniz so gut wie keinen wirklich bedeutenden Namen; auch auf dem politischen Feld verdient zwischen Karl V. und Wallenstein keiner besonders hervorgehoben zu werden. Was die Fugger und Welser betrifft, die großen Bankiers ihrer Zeit, so wurden ihre Erben in den Reichsfürstenstand erhoben, während ihre Handelshäuser bankrott gingen. Nach einem letzten Aufschwung im Gefolge der Reformation vermochte auch die Hanse dem Angriff der deutschen Fürsten und ausländischen Herrscher nicht standzuhalten und zerbrach. Gewiß, das Reich verschwand nicht, nicht einmal der Reichspatriotismus, der sich mit einem eingefleischten Egoismus das Herz der Fürsten teilte. Von allen Unternehmungen und Einrichtungen unter der Regierung Karls V. war die nützlichste und dauerhafteste vielleicht die *Constitutio criminalis Carolina,* kurz Carolina genannt, die Peinliche Gerichtsordnung, mit der Karl dem Reich ein allgemeines und (für seine Zeit) modernes Strafgesetz gab. Dieses Werk patriotischer und aufgeklärter Juristen übernahmen die Fürsten und freien Städte zumindest in Teilen. Ebenfalls unter Karl V. erhielt Deutschland ein verbessertes Währungssystem, das zwar die Vielfalt und das Durcheinander der Währungen nicht beseitigte, aber doch eine Richtlinie gab dank der im ganzen Reich gültigen Goldwährung. Zur gleichen Zeit erlebten auch Frankreich und Großbritannien schwere Krisen, die die Einheit des Staates bedrohten, aber das französische Königtum und der englische Staat gingen aus diesen Krisen gestärkt hervor, während Deutschland noch weiter zersplittert wurde und die Schwächung anhielt. War die Reformation anfangs eine nationale Revolution, so verdankte sie ihren Fortbestand nun dem Bündnis der protestantischen Fürsten mit der französischen Krone, die sowohl dem französischen Protestantismus als auch der deutschen Nation feind war. Frankreich und die deutschen Fürsten waren schon einmal die gemeinsamen Nutznießer gewesen, als nämlich das Kaiserreich und das Papsttum von der Mitte des 11. bis zur Mitte des 14. Jahrhunderts in einer langen Auseinandersetzung gestanden hatten. Und wieder sollten Frankreich und die deutschen Fürsten Vorteil aus einem Konflikt ziehen, diesmal aus der vom Protestantismus ausgelösten Krise und aus den immer wieder aufflammenden Religionskriegen, die sich ungeachtet des Religionsfriedens von 1555 die Anhänger der Reformation und die Verfechter der Gegenreformation in Deutschland lieferten.

Ehe wir dieses große, erhabene und enttäuschende Kapitel der deutschen Geschichte abschließen, müssen wir noch einmal zurückgehen und kurz zwei Ausläufer des reformatorischen Geschehens beleuchten, die bisher noch keinen Platz in unserer Darstellung gefunden haben, die sich vielleicht zu geradlinig um die Hauptströmungen der Reformation und der politischen Geschichte bemüht. An erster Stelle sei das reformatorische Wirken Zwinglis in einem Gebiet genannt, das nur noch dem Namen nach zum Reich gehörte. Ulrich Zwingli war wie Luther Humanist und Priester, stand ihm in Sachen Autoritarismus und Intoleranz in nichts nach, war aber stärker durch eine reichhaltigere Bildung und weniger durch die Mystik geprägt. Er stieß die alte kirchliche und theologische Ordnung des Zürcher Stadtstaates um, während Luther ein treuer Untertan seines Kurfürsten war und blieb. Als Patriot bekämpfte Zwingli leidenschaftlich eine Politik, die die militärische Stärke der schweizerischen Bauernschaft ins Ausland verkaufte (der karge Boden in den armen Tälern bot für die jüngeren Söhne der Bauern kein Auskommen). Bei seinem schrittweisen Bemühen um einen gereinigten Glauben und ein authentisches Christentum stützte er sich auf die städtische Demokratie der Handwerker und Gewerbetreibenden. Unter dem Einfluß seiner Predigt setzte sich diese Schicht im Rat der Stadt Zürich durch, in dem bisher die Patrizier dominierten. Die Mehrheit der »Bürger« stimmte 1525 für die Abschaffung der Messe, die Entfernung der Bilder aus der Kirche und die Institution des Abendmahls als bloßer Gedenkfeier an den Kreuzestod Christi. Die bei Zwingli ursprüngliche Verbindung von Demokratie und Reformation sollte sich mit jedem Triumph über seine Gegner noch verstärken, mochten es nun Altgläubige sein oder Skeptiker und Laue aus den alten aristokratischen Familien. Kirche war für Zwingli die Volksgemeinschaft, die die Pastoren ernannte, die verbindliche Lehre festlegte und über die Sitten wachte. Der Besuch des Gottesdienstes wurde 1529 allen Bürgern zur Pflicht gemacht. Die einmütig handelnde Gemeinschaft übernahm die Rolle der Obrigkeit, wobei Zwingli gleichzeitig ihr Führer und ihr

Sprachrohr war. Die Gegner auf der »Rechten«, die Altgläubigen, und diejenigen auf der »Linken«, die Täufer, Anhänger der Erwachsenentaufe und der individuellen Inspiration, sahen sich rasch einer rücksichtslosen Unterdrückung ausgesetzt. In Zürich wurden unter Zwinglis Regiment Vergehen gegen den Glauben wie gegen die Sitten streng bestraft. Der Bürger und der Christ verschmolzen in der Theokratie Zwinglis ähnlich wie im vorweggenommenen Reich Gottes eines Thomas Müntzer. Die Trennung in zwei Reiche, von der Luther ausging und die ihn dazu führte, die weltliche Obrigkeit mit beständigen Polizeifunktionen zu betrauen, war für Zwingli undenkbar. Daher ist die Theologie des Zürcher Reformators auch rationalistischer und humanistischer, mehr vom Vertrauen in die menschliche Vernunft gezeichnet und dem Geheimnis eher abgeneigt als das Denken des einstigen Wittenberger Mönchs. Gegen Zwingli traten die » alten Orte« an (so der Name der acht Kantone, die sich einst zum Bund zusammengeschlossen hatten), die aus wirtschaftlichen Gründen auf den Söldnerdienst ihrer Landessöhne weder verzichten konnten noch wollten.

Der Reformator, der als Feldprediger die schweizerischen Truppenkontingente 1513 und 1515 nach Italien begleitet hatte, stritt aus patriotischen und humanistischen Gründen für die Abschaffung des sogenannten Reislaufens. Gegen ihn wandte sich auch der Bischof von Konstanz, dem auch die Zürcher Kirche unterstand, sowie Österreich. Zwingli übte seinerseits einen wachsenden Einfluß auf die deutschen Städte in Schwaben und im Rheintal aus, von Konstanz bis Straßburg und auch auf Augsburg. Es gelang ihm, auch Bern, die mächtigste Nachbarstadt, ins Lager seiner Reformation zu ziehen. Bald folgten auch Basel und dann das ganze Oberrheintal bis nach Graubünden hinein. Als ebenso politischer wie religiöser Kopf ließ er sich für die ehrgeizigen Pläne Philipps von Hessen zu einem umfassenden protestantischen Bündnis gewinnen. Dessen Bündnispolitik arbeitete in gewisser Hinsicht der Isolation entgegen, in die die Schweiz im Verhältnis zum Reich seit dem Ende des 15. Jahrhunderts geraten war. Die neue Politik konnte jedoch nur gelingen, wenn sich die Vertreter der Reformation, und zwar Fürsten und Theologen, einig waren. Die sächsischen Fürsten, die von Luther beraten wurden, wollten aber nicht mit dem Kaiser brechen. Luther selbst hielt Zwingli für einen Ketzer vom Schlage Müntzers. Ihre unüberwindliche Opposition entzündete sich im Abendmahlsstreit. Luther hielt an der katholischen Formel von der Realpräsenz fest. Zwingli war als Humanist der Überzeugung, der Herr in seiner Güte gestatte es den Menschen, mit ihrer Vernunft die *ganze* Gottheit zu begreifen. Dagegen verwahrte sich Luther: ein Diener habe nicht über den Willen seines Herrn nachzudenken, sondern die Augen zu schließen. Worauf Zwingli entgegnete, daß Gott nichts Unmögliches verlange. Er sei das Licht und führe nicht in die Dunkelheit. Die entscheidende, auch persönlich geführte Auseinandersetzung fand im Oktober 1529 auf dem Marburger Religionsgespräch beim Landgrafen von Hessen statt und endete mit einem Eklat.[9] Ein Teil der oberdeutschen Städte folgte Zwingli, andere, wie Straßburg, nahmen eine Mittelposition ein. Die sächsischen Fürsten und ihre Anhängerschaft verweigerten sich den offensiven politischen Plänen des Landgrafen. Zürich wurde in der Folge aus dem Schmalkaldischen Bund ausgeschlossen, den die Protestanten nach dem Augsburger Reichstag gebildet hatten. Allerdings erkannte Luther den protestantischen Fürsten, die seiner Anschauung nach ihre obrigkeitliche Autorität von Gott selbst bezogen, doch das Recht zu, sich gegen die Macht des Kaisers zu wehren, wenn dieser ihnen in Glaubensfragen Gewalt antun sollte. Noch gegen Ende desselben Jahres bekam die Entwicklung eine neue Wendung: Zwingli, der aus staatsbürgerlichem Pflichtbewußtsein die Truppen Zürichs in den Krieg gegen die katholischen Kantone begleitete, fiel in der Schlacht bei Kappel. Die Schweizer Reformation ging zwar auch nach dem Tod ihres Urhebers weiter, doch die Eidgenossen zogen sich auf sich selbst zurück. Die oberdeutschen Städte verloren die Unterstützung, die sie in Zürich gefunden hatten; zur Sicherung ihrer Verteidigung mußten sie sich mit den norddeutschen Protestanten verbinden und sich ihnen auch im dogmatischen Bereich annähern. Diese teilweise Angleichung war das Werk des Straßburger Reformators Martin Bucer. Die Schweizer waren auf den Zusammenhalt der reformierten und altgläubigen Kantone angewiesen, wenn sie überhaupt als autonome politische Einheit in Europa bestehen wollten. Im Ergebnis führte das zu einer noch stärkeren Isolation als vorher. Zwinglis Erbe fand in Genf eine fruchtbare Fortsetzung; dort wurde das politische und religiöse Werk des Zürcher Predigers von Johannes Calvin weitergeführt und vertieft. In ihrer calvinistischen Gestalt gewann die schweizerische Reformation dann in der zweiten Hälfte des Jahrhunderts auch Einfluß in Deutschland und verschaffte sich starke Stellungen in der Kurpfalz, in Friesland und Bremen, vor allem aber in den Niederlanden, wo der Calvinismus die Tendenzen, sich vom Reich zu trennen, noch verstärkte. Anders als Zwingli, der seinem religiösen Denken und Fühlen und seiner politischen Anschauung nach Deutscher war, blieb die Glaubenslehre Calvins stets ein Fremdkörper in der deutschen Kultur und Geschichte.

Wenn die auf Zwingli zurückgehende Lehre und Frömmigkeitspraxis zu einem rationalistischen »Sittenregiment«, zu einem aufgeklärten Christentum *avant la lettre* führte, mag es nicht verwundern, daß in Zürich auch ein »linker Flügel« der Reformation entstand, der sich gerade dadurch auszeichnete, daß er jede Beteiligung an der bürgerlich-weltlichen Ordnung ablehnte. Gleich zu Beginn der Zwinglischen Reformation stieß der Aufbau seiner neuen Lehre, die mit der politischen Verfaßtheit der Stadt organisch verbunden war, auf den Widerstand der »Linken«. Zwingli, so hieß es, gehe nicht rasch und nicht weit genug bei der Loslösung von der alten Kirche. Die Unterwerfung unter die politische Leitung sei in Glaubensfragen unannehmbar. Alle, die durch Gottes Gnade erweckt und in die Gemeinschaft der Erwählten berufen seien, hätten keine amtliche Auslegung der Heiligen Schrift nötig, ob diese nun von der alten oder von neuen Kirchen für verbindlich erklärt werde. Die Reformeifrigen versammelten sich in kleinen Gruppen, kannten außer einer schlichten Feier zum Gedächtnis an das biblische Abendmahl keinen Kult und keine Liturgie und lasen gemeinsam die Bibel, die sie spekulativ auslegten. Da aber auf ein äußeres Zeichen zum Ausdruck der spirituellen Erneuerung des einzelnen nicht verzichtet werden konnte, machten die Dissidenten die Taufe zum sichtbaren Symbol ihrer Erweckung und Erwählung in die Gemeinschaft der Berufenen. Selbstverständlich lehnten sie die Taufe von Säuglingen ab, da diese weder wüßten, was sie tun, noch was andere in ihrem Namen zu tun versprechen. In ihren Augen hatte nur die Taufe von Erwachsenen Gültigkeit, die belehrt und willig zum Empfang waren. Daher verlangten sie von den Männern und Frauen, die sich ihnen anschließen wollten, eine neue, die zweite Taufe, da die Säuglingstaufe ohne Wirksamkeit gewesen sei. Im Volk hießen die Reformeifrigen wegen ihrer Forderung nach einer zweiten Taufe »Wiedertäufer« oder einfach »Täufer«. Von den Vertretern der kirchlichen Hierarchie und der weltlichen Obrigkeit erhielten sie den gestelzt klingenden Namen »Anabaptisten«.

Der Rat der Stadt Zürich konnte diese gravierenden Akte der Unbotmäßigkeit keinesfalls dulden. Er ging erst mit Verboten und Verbannungen gegen die Täufer vor; als das nichts nützte, veranlaßte er mit Billigung Zwinglis, daß einige Anführer in der Limmat ertränkt wurden.

Die Entstehung der Zürcher Täuferbewegung fiel in die kurze Blüte von Thomas Müntzers »Bund der Erwählten« und in die Zeit des Bauernkriegs. Mochten Müntzer und die Täufer (deren bekanntester Anführer der 1526 hingerichtete Konrad Grebel war) auch einiges gemeinsam haben und gleichzeitig aufgrund identischer Haltungen und in vergleichbaren Verhältnissen entstanden sein, so bestand doch keine organisatorische Verbindung zwischen beiden Bewegungen. Die Gegner der Täufer warfen diese mit den Anhängern Müntzers, den Schwärmern, in einen

Topf. Diese unterschiedslose Verdammung geschah aus Unkenntnis, Voreingenommenheit oder einfach Angst, obgleich zwischen beiden Bewegungen ein grundlegender Unterschied bestand: Müntzer und seine Anhänger waren Revolutionäre, die hier auf Erden mit dem Schwert ein gottgefälliges neues Reich errichten wollten. Die Täufer hingegen lehnten alles Profane ab und wollten sich nur in ihrer Gemeinschaft und in Frieden auf das Ende der irdischen Welt vorbereiten, die sie bis zum Eintritt dieses Ereignisses gern den »Kindern der Finsternis« überließen. Ganz folgerichtig weigerten sie sich, Eide zu leisten und öffentliche Ämter zu übernehmen. Sie begnügten sich mit schlichten Handwerkstätigkeiten und vermieden so weit wie möglich den Umgang mit allen, die nicht ihresgleichen waren. Untereinander übten sie Nächstenliebe und lebten oft auch in Gütergemeinschaft.

Das Täufertum war gesellschaftlich betrachtet ein Phänomen des Rückzugs und der Resignation. Es entstand aus der Enttäuschung des Volkes, das über ein Jahrhundert lang große Hoffnungen in eine allgemeine Reform von Kirche und Reich gesetzt hatte und sich dann von den Großen betrogen sah. Da verwundert es nicht, daß das Täufertum sich rasch in Süddeutschland, im Rheinland, in den Niederlanden, Hessen, Thüringen und bis nach Schlesien ausbreitete. Seine Anhänger fand es unter den städtischen Armen, den Handwerkern, die keiner Zunft angehörten, den arbeitslosen Gesellen, dem fahrenden Volk und vor allem unter den Bauern, die noch unter dem Eindruck des Kriegs und der Repression der Fürsten standen. Für alle diese Enttäuschten und Gedemütigten war das Täufertum eine Möglichkeit, sich einer Welt zu verweigern, die nicht die ihre war und von der sie nichts mehr zu erhoffen hatten. Doch diese Welt konnte solch einen globalen Ungehorsam nicht dulden, auch wenn er sich nur in Passivität artikulierte. Sie erlaubte niemandem, sich selbst, sein eigenes Leben aus spirituellen Quellen zu heiligen, die nicht das Siegel des Amtlichen besaßen. Ein Privatleben und eine geschützte Privatsphäre sind geschichtlich gesehen erst junge Errungenschaften, die obendrein stets umstritten und gefährdet sind (ich spreche hier aus der Erfahrung eines Menschen am Ende des 20. Jahrhunderts). Da schon die bloße Existenz der Täufer eine ständige und fundamentale Kritik an den etablierten Kirchen darstellte und da die Täufer die »gefährlichen Gesellschaftsschichten« aufwiegelten, antworteten die Kirchen und die weltlichen Autoritäten mit härtester Verfolgung, mit Unterdrückung, Verbannung, Folter und als letztem Mittel mit der Hinrichtung auf dem Scheiterhaufen. Die Verfolgten bewiesen aber einen Mut und eine Widerstandskraft, die der Repression trotzte. Vom Märtyrertod der einen fühlten sich immer neue Adepten berufen, obwohl auf alle schreckliche Leiden und ein grauenvoller Tod warteten.

Die Täufer standen außerhalb der Gesellschaft und der offiziellen Reformation, bildeten aber gleichwohl eine umfassende und dauerhafte Verweigerungsbewegung, die indirekt zur Verfestigung der sie verfolgenden Orthodoxie beitrug. Unterschwellig belebte ihre schlichte und persönliche Religiosität auch den offiziellen Protestantismus. Die Täufer trugen also trotz ihrer engen Weltsicht dazu bei, daß der evangelische Glaube nicht zum Konformismus verkam. Zwischen der unorganisierten Täuferbewegung einerseits und den reformierten Territorialkirchen andererseits öffnete sich ein weites Feld für alle möglichen »spiritualistischen« Strömungen, die mit den Täufern das Streben nach Heiligung des Alltags und nach Erneuerung einer persönlich gefärbten Religiosität teilten. So machte sich der Straßburger Humanist Sebastian Franck zum Herold einer »unsichtbaren« Kirche, gewissermaßen eines freien Deismus ohne Dogma, der nur auf das hört, was Christus dem Herzen des einzelnen Gläubigen eingibt. Der Arzt, Alchimist und Philosoph Theophrastus Bombastus von Hohenheim, der unter dem Namen Paracelsus schrieb, entwickelte einen Pantheismus, der in der ganzen Schöpfung nach sichtbaren Zeichen einer göttlichen Ordnung suchte, die es erst noch zu entdecken galt. Auch er gehörte keiner organisierten Glaubensgemeinschaft an. Beide waren Einzelgänger, doch keineswegs isoliert in ihrem Denken. Von den spiritualistischen Philosophien des 16. Jahrhunderts führte ein deutlich erkennbarer Weg zur pietistischen Renaissance, die dem vertrockneten lutherischen Glauben in der zweiten Hälfte des 17. Jahrhunderts wieder neues Leben einhauchte.

Der »linke Flügel« der Reformation prägte in zwei weit auseinanderliegenden Reichsgebieten auch politisch-soziale Spielarten des Täufertums aus, denen eine sehr unterschiedliche Lebensdauer beschieden war. In Mähren bildeten die Hutterischen Brüder[10] über ein Jahrhundert lang Gemeinden, die nach einem strengen Reglement fern der übrigen Welt lebten, kein Privateigentum duldeten und im Kollektiv arbeiteten. Der Kommunismus der Hutterischen Brüder hatte selbstverständlich seine Wurzeln im radikalen Hussitismus, der in den tschechischen Ländern nie ganz untergegangen war.[11] Ihr tief empfundener Pazifismus und ihre wirtschaftliche Nützlichkeit in einem Land, in dem die Zentralmacht wegen des anhaltenden Widerstands der »Länder« gegen den habsburgischen König traditionell schwach war, waren die Gründe, weshalb sie lange unbehelligt ihren Glauben leben konnten. Erst nach der Schlacht am Weißen Berge (1620) wurden sie wie die Lutheraner, Calvinisten und verschiedene hussitische Gruppierungen Opfer der erbarmungslosen Unterdrückung durch die siegreiche Gegenreformation. Noch lange haben sie vielen Verfolgten Unterschlupf geboten. Auch heute noch gibt es in den Vereinigten Staaten religiöse und sozial lebendige Brüdergemeinden.

Am anderen Ende des Reiches, in den Niederlanden, verkündete nach 1530 der schwäbische Kürschnergeselle Melchior Hoffmann, auch er ein »Erweckter«, das nahe Weltende und machte damit tiefen Eindruck in den Täufergemeinden, die dort in der Tradition vorreformatorischer Dissidentengruppen (zum Beispiel der Brüder vom Gemeinsamen Leben) standen. Doch in den Niederlanden war der Kaiser Territorialfürst und angestammter Herr im Land. Karl V. schaltete gegen alle Kräfte des Neuen, die in irgendeiner Hinsicht den Verdacht der Ketzerei erregten, sogleich die Inquisition ein, die grausame Verfolgungsmaßnahmen anwandte. Dieser Kampf hat in Charles de Costers *Thyl Ulenspiegel*, dem Nationalepos der Flamen, eine fesselnde Darstellung gefunden. Gegen die Unterdrückung regte sich Widerstand in zweierlei Gestalt: zum einen im organisierten Kampf eines Teils der herrschenden Schichten, die sich einen der bedeutendsten Grundherren der Region, den Prinzen von Oranien, zum Anführer wählten, zum anderen in der zunehmenden Radikalisierung eines Teils der Reformationsbewegung. Jan Matthijs, ein Bäcker aus Haarlem, setzte Melchior Hoffmanns eschatologische Predigten fort und verkündete den baldigen Anbruch der Gottesherrschaft. Er predigte den bewaffneten Aufstand und forderte, die Feinde Gottes durch das Schwert auszumerzen. Einer seiner Anhänger, der Schneider Jan Bockelson aus Leiden (Jan van Leiden), brachte die Fackel des Aufstands nach Münster. Die Stadt erhob sich gegen ihren geistlichen Stadtherrn, den Bischof. Nach einer kurzen Phase der direkten Demokratie ließ sich Bokkelson in der Bischofsstadt zum unumschränkt herrschenden König ausrufen – eine seltsame, blutige Nachahmung oder Parodie des biblischen Königtums. Gegen die Revolution von Münster – denn um eine solche handelte es sich, auch wenn sie singulär blieb – vereinten der katholische Bischof und der angesehenste Führer der protestantischen Fürsten, Landgraf Philipp von Hessen, ihre Truppen. Nach einjähriger Belagerung bereiteten sie 1535 dem Täuferreich zu Münster ein Ende.[12] Für die Obrigkeit lieferten die Ereignisse in Münster den Beweis für die soziale und politische Bedrohung, die ihrer Meinung nach die Täufer darstellten. Überall in den protestantischen Territorien verfestigte sich daraufhin die Orthodoxie. Der Schmalkaldische Bund und die Hanse machten es ihren Mitgliedern und deren Untertanen zur Pflicht, das Augsburger Bekenntnis anzunehmen. Auch Straßburg, das lange ein Hort der Toleranz war, schrieb nunmehr das Bekenntnis zur *Confessio tetrapolitana* vor. Dennoch überlebte in den Niederlanden, Norddeutschland und Teilen des

Baltikums eine Minderheit der Täufer, die von Menno Simons geführt wurden und sich unbedingten Gewaltverzicht zur Regel machten. (Auch heute noch zeichnen sich Mennonitengemeinden, deren Vorfahren nach Rußland und Kanada ausgewandert waren, durch ihre Verweigerung des Kriegsdienstes aus.) Ob gewalttätig oder pazifistisch, die Randgruppen der reformatorischen Bewegung gaben auch in ihrer Vereinzelung dem Leben in Deutschland nach dem Religionsfrieden einen eigentümlich trüben Anstrich, so als sei die Nation nach den tiefgehenden Erschütterungen, den wunderbaren Hoffnungen und den grausamen Enttäuschungen der ersten Hälfte des Jahrhunderts ans Ende ihrer Kräfte gelangt.

Zeittafel

1517   Martin Luther veröffentlicht 95 Thesen gegen den Ablaßhandel.

1518   Auf dem Reichstag zu Augsburg beraten die Reichsstände und ein päpstlicher Legat über die »Gravamina deutscher Nation«. Der wegen Ketzerei angeklagte Luther erhält Zuflucht bei Kurfürst Friedrich dem Weisen von Sachsen. Die reformatorischen Theologen Philipp Melanchthon und Huldrych Zwingli treten an die Öffentlichkeit.

1519   Tod Kaiser Maximilians. Sein Nachfolger wird Karl V. Disputation zwischen Martin Luther und Johannes Eck: Luther leugnet die Autorität des Papstes und der Konzilien.

1520   Bannandrohungsbulle gegen Luther. Dieser verbrennt die Bulle und verfaßt seine wichtigsten Reformschriften: »Von der Freiheit eines Christenmenschen«, »An den christlichen Adel deutscher Nation«, »Von der babylonischen Gefangenschaft der Kirche«.

1521   Reichstag zu Worms: Neuordnung des Reiches durch den Ausbau von Zentralbehörden. Weigerung Luthers, seine Lehre zu widerrufen. Im Wormser Edikt wird Luther in die Acht erklärt. Luther übersetzt auf der Wartburg das Neue Testament ins Frühneuhochdeutsche.

1522   Auf dem Reichstag zu Nürnberg legt der päpstliche Nuntius ein Schuldbekenntnis für die römische Kurie ab.

1524   Landgraf Philipp von Hessen wird von Melanchthon für die Reformation gewonnen und übernimmt die Führung der evangelischen Fürsten. Ausbruch des Bauernkrieges.

1529   Reichstag zu Speyer (Protestation der evangelischen Reichsstände). Belagerung Wiens durch die Türken.

1530   Evangelische Kirchenordnungen in den Verfassungen und Verwaltungen. Augsburgisches Bekenntnis.

1532   Verkündung des Nürnberger Religionsfriedens.

1534   Regiment der radikalen Täufer in Münster.

1545   Konzil von Trient als Antwort auf die Reformation.

1546   Tod Martin Luthers. Schmalkaldischer Krieg (bis 1547).

1552   Protestantische Fürsten ziehen gegen Kaiser Karl V. zu Felde.

1555   Auf den Reichstag zu Augsburg wird der Augsburger Religionsfriede beschlossen. Das lutherische Bekenntnis wird als gleichberechtigt anerkannt. Die Reichsstände erhalten Religionsfreiheit.

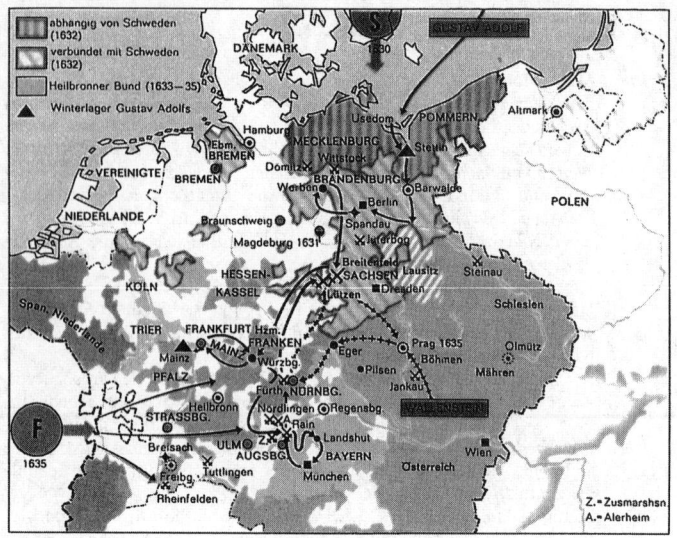

Der Schwedische und der Französisch-Schwedische
Krieg 1630–1648

II. KAPITEL

Das Erlernen der konfessionellen Vielfalt und der große Religionskrieg

Vom Augsburger Religionsfrieden zu den Westfälischen Verträgen

Wenn die Geschichte der Jahre 1517 bis 1555, um mit dem Dichter Charles Péguy zu sprechen, eine Epoche beschreibt, so ist die nachfolgende Zeit von 1555 bis 1618 sicher nur eine Periode. Nach den genialen Großtaten und leidenschaftlichen Eruptionen, den großen Unruhen und bedeutenden Persönlichkeiten schien sich Deutschland eine Ruhepause zu gönnen. Man festigte die Errungenschaften, verband die Wunden und versuchte, verlorenes Territorium zurückzuerobern. Die große Weltpolitik wurde anderswo gemacht, die deutschen Staaten standen nicht mehr im Zentrum des abendländischen Geschehens, nichts Weltbewegendes ereignete sich dort, die Moden und Trends kamen anderswoher. Nicht nur auf militärischer und politischer Ebene, sondern auch auf religiösem und kulturellem Gebiet kamen die entscheidenden Anstöße und Einflüsse jetzt immer öfter aus dem Ausland.

Wie die erste Hälfte des 16. Jahrhunderts, so wurden auch seine zweite Hälfte und der Anfang des 17. Jahrhunderts von Glaubensfragen beherrscht. Zunächst deshalb, weil sich die Menschen einzeln und kollektiv an eine erschreckende Situation gewöhnen mußten, die vormals undenkbar gewesen war: Es gab jetzt mehrere Religionen und mehrere christliche Kirchen, für die große Mehrheit der Zeitgenossen ein unerträglicher Zustand, bedeutete die Duldung von Ketzerei doch ein Verbrechen gegen Gott. So wurde die Einheit des Glaubens in den meisten Ländern Europas in der zweiten Jahrhunderthälfte mit Gewalt aufrechterhalten oder wiederhergestellt: In den skandinavischen Ländern herrschte das Lutheranertum vor, in Holland und Schottland der Calvinismus und in den iberischen Ländern und in Italien der Katholizismus. In Frankreich endete eine lange Serie von Religionskriegen mit einem katholischen Sieg, der unter Richelieu und Ludwig XIV. vollendet wurde. Wenn es in England im 17. Jahrhundert noch zu einem regelrechten Religionskrieg innerhalb des Protestantismus kam, so wurde der Vernichtungsfeldzug gegen die Katholiken dort erfolgreich zu Ende geführt. Auch in Polen ließ die Gegenreformation nur einzelne protestantische Inseln in den deutschsprachigen Regionen bestehen. Außerhalb Deutschlands bestanden – aus ganz unterschiedlichen Gründen – nur in Ungarn und in der Schweiz mehrere Religionen nebeneinander. Ungarn war zu dieser Zeit im eigentlichen Sinne kein Staat, und der dortige konfessionelle Pluralismus war eine Folge der inneren Zerrissenheit des Landes, das seit der Schlacht bei Mohács immer wieder in kriegerische Ereignisse verwickelt wurde. Zudem lieferten sich einheimische Thronanwärter mit den Habsburgern Bürgerkriege um die Nachfolge im Land. Und was die Schweizer Eidgenossenschaft anging, so waren die protestantischen und katholischen Kantone aus Gründen der Vernunft und wegen der fehlenden Überlegenheit einer Partei zwar zur gegenseitigen Unterstützung gezwungen, doch herrschte innerhalb der einzelnen Kantone die für die gesamte Epoche charakteristische Intoleranz vor. Die Schweiz ist hier beispielgebend für die deutsche Realität: In den beiden Kriegen 1546/1547 und 1551/1552 mußten die kaisertreuen Katholiken und die Lutheraner erkennen, daß keine Partei einen vollständigen Sieg erringen konnte. Im Augsburger Religionsfrieden 1555 zogen sie die notwendige Konsequenz: Da die Reichsstände aus Traditionsbewußtsein und politischen Gründen nicht bereit waren, das morsche, aber noch tragfähige Bauwerk des Reichs niederzureißen (wie auch die Schweizer ihre Eidgenossenschaft nicht aufgeben wollten), waren Katholiken und Lutheraner zur Koexistenz gezwungen. Damit verlagerte sich die Intoleranz ins Innere der einzelnen Territorien. Dennoch wurde die konfessionelle Vielfalt auch auf der Ebene des Reichs, das jetzt auch zu einer Konföderation geworden war, als unhaltbarer Zustand empfunden. Es bedurfte eines weiteren Beweises, eines erneuten, dreißig Jahre währenden Religionskrieges mit nie dagewesenen Schrecken, um alle Welt davon zu überzeugen, daß es für die Deutschen keinen anderen Weg gab als den einer organisierten Koexistenz der Konfessionen. Erst mit dieser Einsicht, die sich in den Westfälischen Verträgen von 1648 niederschlug, verlor die religiöse Unduldsamkeit auch innerhalb der einzelnen Staaten des Reichs, bei den Ständen, nach und nach an Bedeutung.

Der Glaube des 16. Jahrhunderts war mit dem Gedanken, Gott habe dem Menschen unterschiedliche Wege gewiesen, um zu ihm zu gelangen, offenbar unvereinbar. Die religiösen Vorstellungen waren vielmehr durch zahlreiche magische und mystische Elemente geprägt. Rationale Überlegungen überlagerten sich in den Köpfen und Herzen mit einer gewaltigen Menge Aberglauben. Die Gottesfurcht versetzte die Menschen im wahrsten Sinne des Wortes in Furcht und Schrecken. Die Liebe zu Gott, die Verzückung und dankbare Bewunderung wurden ständig überschattet und in den Hintergrund gedrängt durch die finstere Angst vor der Hölle und den Teufelsmächten, die von den Menschen, vor allem von Frauen, Besitz ergreifen konnten. Mußte man die armen Seelen zum Schutz der Allgemeinheit – und um sie selbst vor dem Höllenfeuer zu retten – nicht den reinigenden Flammen übergeben?

Die christlichen Strömungen des 16. Jahrhunderts waren ebensosehr Teufels- wie Gottesreligionen, insofern die Angst vor dem Bösen die Geister beherrschte. Luther, der sein Tintenfaß nach dem Versucher geschleudert hatte, gehörte derselben geistigen Tradition an wie diejenigen, welche die Hexen auf die Scheiterhaufen trieben. Ketzer und Hexen verkörperten das Anderssein, das Schrecken und Abscheu erregte und Teil jenes Dualismus war, gegen den sich der Monotheismus in mehr als eineinhalb Jahrtausenden des Christentums noch immer nicht so ganz hatte durchsetzen können. Im 16. und 17. Jahrhundert breitete sich in ganz Europa über alle konfessionellen Grenzen hinweg der Hexenwahn aus. Sicherlich spielten heftige religiöse Gefühle, welche die Menschen im Innersten erschütterten, Leidenschaften entfesselten und Instinkte weckten, in diesem »finsteren Zeitalter« eine Rolle. Hunderttausende von Hexern und Hexen, von denen die meisten wie ihre Denunzianten und Richter an Zauberei und Magie glaubten, bezahlten nach entsetzlichen Martern und Qualen mit ihrem Leben für die panische Angst der Zeitgenossen, dem Bösen anheimzufallen (eine soziale und ökonomische Erklärung des Hexenwahns ist hier kein Widerspruch, sondern eine Ergänzung). Daß vor allem Frauen auf dem Scheiterhaufen sterben mußten, deutet in dieser ganz von Männern beherrschten Gesellschaft auf jene tief im Menschen verwurzelte Angst vor dem Unbekannten hin, die mit einem psychoanalytischen Ansatz besser zu erklären ist als aus der Sicht einer »gewöhnlichen« Geschichte der Ereignisse. Die erschreckend häufigen Hexenprozesse spielten zudem im Unterdrückungsapparat der Herrschenden, die über Leib und Seele der Untertanen verfügten und die alte Ordnung hartnäckig aufrechtzuerhalten oder wiederherzustellen versuchten, eine ganz besondere Rolle. Auffallend, daß sich erst nach den Religionskriegen mit einer langsamen Humanisierung des Christentums und einer Säkularisierung der Gesellschaft gegen diese vom Gesetz gedeckten Verbrechen langsam und erfolgreich Widerstand regte.

Zu den wichtigsten Faktoren, die das religiöse und politische Geschehen nach dem Augsburger Religionsfrieden von 1555 bestimmten, kamen in den folgenden Jahrzehnten zwei weitere hinzu: der Calvinismus und die katholische Reform, die man früher mit dem unzulänglichen Begriff »Gegenreformation« bezeichnet hat. Während sich die Reformation in den meisten westeuropäischen Ländern, in Frankreich, den Niederlanden, vor allem in Schottland und weitgehend auch in England, vornehmlich in den unteren und mittleren Schichten der Handwerker und Kaufleute stark an Calvin anlehnte, blieb der Protestantismus im Reich weitgehend Luther verpflichtet. Außer in den vor der Spaltung stehenden Niederlanden konnte sich Calvins Lehre nur in der Kurpfalz, in Pfalz-Zweibrücken, in den Grafschaften Nassau, in einer großen Anzahl von unbedeutenderen Lehnsherrlichkeiten vor allem in Westfalen, in der Grafschaft Ostfriesland und in Bremen durchsetzen. Weder in Brandenburg noch in Preußen, die beide stark lutherisch geprägt waren, folgte die Bevölkerung dem Glaubensübertritt der brandenburgischen Hohenzollern am Anfang des 17. Jahrhunderts.[1] (Die Grundregel des Augsburger Religionsfriedens, *Cuius regio, eius religio,* die auch bei der Bekehrung der Kurfürsten von Sachsen zum Katholizismus am Anfang des 18. Jahrhunderts keine Rolle mehr spielte, war bereits außer Kraft gesetzt. Die Ära der Massenkonversionen war vorbei). Der Calvinismus blieb in den deutschen Territorien marginal und lange Zeit illegal (in Augsburg war lediglich das Luthertum für rechtmäßig erklärt worden). Zwar konnte den Kurfürsten von der Pfalz keine Macht mehr daran hindern, zum calvinistischen Glauben überzutreten, doch wurden die Calvinisten wegen ihrer unsicheren Situation in eine Verweigerungshaltung getrieben. Während die meisten Lutheraner aufrichtige Patrioten und loyale Untertanen des katholischen Kaisers waren, zögerten die Calvinisten niemals, sich mit niederländischen oder französischen Glaubensbrüdern oder sogar mit den katholischen Franzosen gegen Kaiser und Reich zu verbünden. Die radikalen calvinistischen Stände und vor allem der Kurfürst von der Pfalz legten Anfang des 17. Jahrhunderts nacheinander die Reichsinstitutionen lahm und sorgten so für eine allgemeine Verschärfung der Spannungen, und das mit verheerenden Folgen. Der Kurfürst von der Pfalz sollte denn auch den Dreißigjährigen Krieg auslösen, indem er die von den böhmischen Ständen angetragene Wenzelskrone annahm, die dem Erzherzog Ferdinand, dem Römischen König, zukam. Kein lutherischer Fürst hätte es gewagt, sich so direkt mit seiner höchsten Obrigkeit anzulegen. Und auch die böhmischen Stände, die stark vom hussitischen Erbe geprägt waren, konnten eigentlich nicht als Lutheraner betrachtet werden.

Die zum Calvinismus übergetretenen deutschen Fürsten übernahmen vor allem die dogmatischen und kirchlichen Aspekte des neuen Glaubens. Calvins vollständige Lehre mit einer sich selbst regierenden Gemeinde, die als demokratischer, aber totalitärer Gottesstaat die Regeln für ihr religiöses Leben festsetzte und alle Mitglieder zu ihrer Befolgung zwang, war in den meisten zum Calvinismus übergetretenen deutschen Staaten mit monarchischer Regierungsform kaum umzusetzen. Die Rolle der Gemeinde wurde im deutschen Calvinismus deshalb außer in Bremen und wenigen anderen Reichsstädten vom Fürsten und seinen Ratgebern übernommen, die das Volk mit den notwendigen Einrichtungen und den Formeln des Glaubensbekenntnisses versahen. In anderen Merkmalen deckte sich der deutsche Calvinismus dagegen mit dem anderer Länder: im Gottesdienst, der auf die Predigt und die Eucharistie als eine reine Gedächtnisfeier reduziert war, in der Prädestinationslehre und im ständigen und fieberhaften Aktivismus der Anhänger. Zudem spielten Lektüre und Studium eine herausragende Rolle. Calvinistische Fürsten gründeten, sofern sie die Mittel dazu besaßen, eine Universität oder wenigstens ein Gymnasium oder eine »Akademie« und bauten alle Stufen des Unterrichtswesen aus, wobei der Schulbesuch allgemein immer mehr zur Pflicht wurde. Das calvinistische Herzogtum Zweibrücken führte als erstes im Reich eine Volksschule ein, deren Besuch konsequent allen Kindern vorgeschrieben war. Die calvinistische Universität Heidelberg war Ende des 16. Jahrhunderts eine der renommiertesten Hochschulen Europas. Um ihre theologische Fakultät entstand 1563 der berühmte Heidelberger Katechismus, der in zahlreichen calvinistischen Kirchen auch außerhalb Deutschlands Verbreitung fand.

Der Calvinismus, der als reformierter Glaube in den einzelnen westeuropäischen Ländern eine stark nationale Prägung erhalten hatte, stand dort meistens im Konflikt mit dem Katholizismus. Im Heiligen Römischen Reich Deutscher Nation (und teils auch in England) rivalisierte er dagegen mit anderen protestantischen Konfessionen: Lutheraner und Calvinisten, Evangelische und Reformierte, Anglikaner und Presbyterianer sollten sich ebenso unversöhnlich hassen und erbittert bekämpfen wie Protestanten und Katholiken. In der zweiten Phase der Reformation zwischen 1555 und 1618 spielte sich zwischen den etablierten Kirchen, den Katholiken und Lutheranern, sogar eine gewisse Solidarität ein, welche die Calvinisten zu sprengen trachteten. Sie erreichten ihr Ziel im ersten Jahrzehnt des 17. Jahrhunderts, denn bis dahin setzte sich innerhalb des Katholizismus eine radikale Strömung durch, die den Religionsfrieden von 1555 immer weniger zu akzeptieren bereit war.

Luther war eine typisch deutsche Erscheinung gewesen. Sein Anliegen hatte darin bestanden, als Erfüllungsgehilfe des göttlichen Willens das deutsche Volk und sein Reich aus dem Joch des römischen Papstes zu befreien. Er hatte vor allem im Reich gewirkt, von wo aus sich sein Einfluß auf die skandinavischen Völker, die mit den Deutschen kulturell eng verwandt waren, ausgeweitet hatte. Obwohl das Luthertum – über deutsche und skandinavische Einwanderer freilich – später auch in den

Vereinigten Staaten von Amerika Fuß faßte, mutet es außerhalb Deutschlands doch stets etwas fremd an. Dank der widersprüchlichen Natur des Heiligen Römischen Reichs brauchte Luther den Widerspruch zwischen seiner spezifisch deutschen Mission und ihrem universalen Anspruch nicht zu fürchten, denn das Reich mit seiner Idee als Universalreich der Christenheit war nach dem Untergang der römischen Macht ja in der deutschen Nation aufgegangen. Dagegen bildete sich der Calvinismus im französischsprachigen Genf heraus, das dem Reich seit langem nur noch formell angehörte. Calvin selbst war französischer Exilant, und seine Botschaft richtete sich nicht vornehmlich an *sein* Volk, sondern an die universale Kirche. Deshalb fiel sie auch in so unterschiedlichen Regionen wie Siebenbürgen und Schottland auf fruchtbaren Boden. Die innere Reform der katholischen Kirche, die sogenannte Gegenreformation, war vor allem das Werk der Spanier und Italiener, die auf dem langen, nacheinander in Trient, Bologna und wieder Trient tagenden Konzil von 1545 bis 1563 maßgeblich wirkten. Der Katholizismus, dessen Untergang im Reich scheinbar besiegelt gewesen war, leistete überraschend Widerstand und ging in der zweiten Hälfte des 16. Jahrhunderts sogar zur Gegenoffensive über. Stark unterstützt wurde er dabei durch das dogmatische und institutionelle Werk dieses Reformkonzils, durch die neuen Orden der Jesuiten und Kapuziner und materiell und militärisch auch durch das Papsttum. Aus römischer Sicht waren die deutschen Staaten eine Festung, die der Feind bereits zu mehr als zur Hälfte erobert hatte und deren übrige Bastionen unbedingt gehalten werden mußten. Während der Calvinismus trotz aller Anstrengungen in Deutschland eine Randerscheinung blieb, war die Gegenreformation innerhalb des deutschen Katholizismus langsam auf dem Vormarsch. Über sie übte das Ausland immer stärkeren Einfluß und Druck auf die deutsche Politik aus, vor allem Spanien, dessen Macht zumindest bis zu den großen Niederlagen Philipps II. in den Niederlanden, aus denen die calvinistischen Enklaven im Reich im übrigen ihre Unterstützung bezogen, und vor der englischen Küste noch immer gewaltig war.

Die Gegenreformation

In einer engen, dialektischen Beziehung zum Calvinismus beherrschte die Gegenreformation die ideologische, politische und kulturelle Szene in der zweiten Hälfte des 16. Jahrhunders. Da der Begriff »Gegenreformation« bei vielen Historikern heute als zu eng gefaßt gilt, zieht man ihm den der »katholischen Reform« vor, um darauf hinzuweisen, daß es sich bei dieser Bewegung nicht einfach um eine Reaktion auf die Vorstöße der Reformatoren, um eine nachahmende Gegenbewegung zur Reformation handelt. Unbestreitbar und offensichtlich mußte die Kirche, um zu überleben, auf die Herausforderung Luthers, Zwinglis und Calvins reagieren und die von den neuen Häresiarchen aufs Korn genommenen Inhalte ihres Glaubens aus eigener Sicht deutlich und auf moderne Weise neu definieren; ebenso mußte sie, um den missionarischen Vorstößen der Evangelischen und Reformierten entgegenzutreten, ihren Apparat neu organisieren und sich die notwendigen Mittel für eine Gegenoffensive aneignen. Auf der anderen Seite gab es aber unter den Rom treu gebliebenen Ländern und Menschen zumeist schon seit langem ein gewisses Unbehagen über die von den Reformatoren gegeißelten Unzulänglichkeiten und Mißstände. Spätestens seit dem 14. Jahrhundert, seit dem Exil von Avignon, sehnte man sich innerhalb der alten Kirche nach einer Reform. Das Schisma, der Aufstand der Hussiten und die großen Konzile des 15. Jahrhunderts zeugten von der wachsenden Unzufriedenheit und vom allgemeinen Wunsch nach Abhilfe und Erneuerung.

Angesichts der Glaubensspaltung und des aggressiven Klimas nahm die römische Kirche aus der Defensive heraus endlich die unerläßliche innere Reinigung in Angriff, welche die Kirchenspaltung zu einem früheren Zeitpunkt noch hätte verhindern können. Wenn diese Reinigung auch nur partiell ausfiel und Hand in Hand mit repressiven Schutzmaßnahmen ging, so war sie dennoch eine Reform, die mit ihrem Kernstück, den Ergebnissen des Tridentinums, einen Wandel in der Kontinuität herbeiführte. Die katholische Reform bestätigte die Dogmen, reorganisierte die traditionellen Strukturen der römischen Kirche und sorgte dafür, daß die Geistlichkeit im neuen Klima bestehen konnte. Ihre Stärke verdankte sie der soliden Arbeit der Väter des Konzils, der eisernen Entschlossenheit einer Reihe von Päpsten, mit der weltlich-fürstlichen Lebensart ihrer Vorgänger in der Renaissance endgültig zu brechen, sowie der Einrichtung neuer zeitgemäßer Instrumente, vor allem der Gesellschaft Jesu und dem neuen franziskanischen Orden der Kapuziner. Wichtig waren in diesem Zusammenhang indes auch das beispielgebende Wirken religiöser Persönlichkeiten, Menschenfischer und Führerfiguren, allen voran Ignatius von Loyola, gefolgt von Carlo Borromeo, Theresia von Ávila und dem heiligen Johannes vom Kreuz sowie den spanischen Theologen, auf die etwas später in Frankreich der heilige Franz von Sales folgte.

Das Konzil von Trient war fast ausschließlich das Werk italienischer und spanischer Patres. Unter den erwähnten bedeutenden Figuren war nicht ein Deutscher vertreten. Wie der Calvinismus war auch die katholische Reform im Reich eine importierte Bewegung. Zur Zeit des Augsburger Religionsfriedens 1555 hingen nach Schätzungen neun von zehn Deutschen mehr oder weniger dem lutherischen Glauben an. Außer in wenigen, von der Reformation unberührt gebliebenen Territorien wie Bayern stand die römische Kirche im Reich vor dem Ende ihrer Existenz. Der versprengte und verunsicherte katholische Klerus stand unter der Führung oft pflichtvergessener Bischöfe, war über den eigenen Glauben nur schlecht unterrichtet und wurde von Zweifeln geplagt. Der deutsche Katholizismus verdankte seine Rettung weniger den eigenen religiösen Kräften als vielmehr dem Engagement weltlicher Fürsten, die in Italien und Spanien Unterstützung fanden. Die Gegenreformation verbuchte bedeutende Erfolge: Ein Jahrhundert nach dem Augsburger Religionsfrieden hatte fast die Hälfte der deutschen Bevölkerung zum katholischen Glauben zurückgefunden. Während die lutherische Reformation eine deutsche Nationalbewegung gewesen war, wurde die katholische Reform in den deutschen Staaten von außen gesteuert. Ihr Erfolg und der Vormarsch des Calvinismus zeugen davon, wie sehr das Reich, das nun nicht mehr das Zentrum und das Herz der abendländischen Welt war, an Bedeutung und Initiative verloren hatte. Auf nationaler Ebene war die Reformation so gesehen gescheitert: Sie beschleunigte den Zerfall des Reiches und gab es ausländischen religiösen, politischen und militärischen Einflüssen preis, die das Reich so gut wie passiv über sich ergehen ließ.

Die Wiederauferstehung des deutschen Katholizismus wäre undenkbar gewesen ohne den hartnäckigen persönlichen Einsatz einiger weltlicher und geistlicher Fürsten. Kaiser Ferdinand I. (1556–1564) und Kaiser Ferdinand II. (1619–1637), die Herzöge von Bayern Wilhelm IV. (1508–1550), der 1549 Jesuiten an seine Universität Ingolstadt rief, Wilhelm V. (1579–1597) und Maximilian I. (1597–1651), der Fürstbischof von Würzburg Julius Echter von Mespelbrunn (1573–1617) und der Bischof von Augsburg Kardinal Otto Truchseß von Waldburg, um nur die wichtigsten zu nennen. Von Bedeutung waren dabei auch politisch motivierte Glaubensübertritte, dank derer die Markgrafschaft Baden-Baden, das Fürstentum Pfalz-Neuburg und die Herzogtümer Kleve und Jülich wieder katholisch wurden. Die katholischen Fürsten hätten ihr restauratives Werk allerdings kaum entschlossen vorantreiben können ohne die materielle, moralische, politische, religiöse und militärische Unterstützung des gestärkten Papsttums und vor allem der mächtigen Spanier. Zwar hatte der Papst wenig Soldaten, doch verfügte er über viel Geld und im Verlauf des Jahrhunderts über immer mehr gut ausgebildete geistliche Milizen. Theologen, Juristen und Diplomaten oder Persönlichkeiten, die oft gleich alle drei Eigenschaften auf sich vereinten, wurden scharenweise zur Unterstützung des Katholizismus und der treu gebliebenen

Fürsten in die deutschen Staaten entsandt. Der aktivste und repräsentativste dieser neuen Missionare, Petrus Canisius (1521–1597), gehörte als einer der ersten und als der erste Deutsche der von Ignatius von Loyola gegründeten Gesellschaft Jesu an.[2] Dieser brillante und bedeutende Kanzelredner, der beim Aufbau von Universitäten half, Kollegien gründete, unermüdlich reiste und Päpste und Kaiser beriet, fand noch immer die Zeit, Bücher zu verfassen, denen eine gewaltige Nachwirkung beschieden war. Seine Katechismen für Kinder, Kollegschüler und Studenten blieben jahrhundertelang für den deutschen katholischen Glauben maßgebend. Sein Wirkungskreis im Dienst der Kirche überspannte ein Gebiet, das von Polen bis in die Schweiz reichte. Er lehrte an der bayerischen Universität Ingolstadt, die der Herzog den Jesuiten anvertraut hatte, in Wien, Prag und Freiburg i. Ü., dem Zentrum des katholischen Widerstandes in der Schweiz, und nahm als Theologe am Konzil von Trient teil. Als Begründer und Provinzial der deutschen Jesuitenprovinz erwarb er sich den Beinamen des »zweiten Apostels der Deutschen« (der erste war der heilige Bonifatius im 8. Jahrhundert). Canisius, seine Schüler und Gefährten gaben den Fürsten entscheidende Anstöße für die Gründung von Kollegien und Universitäten. Sie veranlaßten Bischöfe, Seminare nach den Anweisungen des Konzils einzurichten, eine kirchliche Inspektion zu organisieren und korrupte Geistliche aus dem Dienst zu entfernen. Oft mußten die Fürsten diese langwierige Aufgabe für unwillige Bischöfe oder Äbte erfüllen. Die Universitäten Ingolstadt und Dillingen (die Universität des Bistums Augsburg), die Jesuitenkollegien von Trier, München, Breslau, Koblenz, Münster, Paderborn, Heiligenstadt (Erzdiözese Mainz) und die in sämtlichen österreichischen Provinzen – Graz, Klagenfurt, Laibach (Ljubljana), Krems in Oberösterreich, Hall im österreichischen Schwaben – bildeten ein ganzes Netz katholischer Bildungszentren, die weithin ausstrahlten und an denen neue Generationen regierender Fürsten und Priester ihre Ausbildung empfingen. Dennoch war die katholische Reform in Deutschland ein langwieriger und schwieriger Prozeß, der erst Mitte des folgenden Jahrhunderts ohne vollständigen Erfolg abgeschlossen wurde. Das Heilige Römische Reich Deutscher Nation wurde, wo dem alten Glauben nicht treu geblieben, nur zur Hälfte für den Katholizismus zurückgewonnen. Auch die Bekanntmachung und mehr noch die Umsetzung der Trienter Beschlüsse erforderten über mehrere Jahrzehnte hinweg gewaltige Anstrengungen. Mindestens zwei Generationen waren notwendig, um die Geistlichkeit, deren kirchliche Zugehörigkeit um 1550 angesichts von Unwissenheit, Zweifel und Verunsicherung oft nicht klar auszumachen war, wieder geschlossen hinter die Sache der römischen Kirche zu bringen.

Klar voneinander geschiedene Konfessionen bildeten sich denn auch erst im Laufe der Zeit heraus. Gegen Mitte des 16. Jahrhunderts wies der lutherische Glaube, vor allem in der Liturgie, noch viele katholische Elemente auf, während die Katholiken zur Übernahme zahlreicher Neuerungen der lutherischen Reformation bereit waren. Und den Herzögen von Bayern wurde von päpstlicher Seite sogar zugebilligt, daß ihre Untertanen die Kommunion einige Jahre lang in beiderlei Gestalt empfangen durften. Der Calvinismus, die Gegenreformation und auch die theologischen Konflikte innerhalb des Luthertums führten nach und nach dazu, daß sich die verschiedenen Glaubensrichtungen scharf gegen die anderen abzugrenzen versuchten. Langsam gewannen Haß und Zorn die Oberhand über Verständigungsbereitschaft und Nächstenliebe. Lieber verwandle er seine Staaten in Wüsten, als sie dem Teufel (das heißt dem Luthertum) preiszugeben, schrie der spätere Kaiser Ferdinand II. (1619–1637), der bei den Jesuiten von Ingolstadt in die Schule gegangen war. Die Sorge um das eigene Seelenheil und die Verantwortung des redlichen Fürsten für das der Untertanen heizten neben menschlichen Leidenschaften eine Stimmung an, die immer mehr durch Intoleranz, Aggressivität und Grausamkeit geprägt war. Selbst der sanftmütige Melanchthon billigte Calvins Beteiligung am Todesurteil über den spanischen Gelehrten Michel Servet, der auf dem Scheiterhaufen starb.

In einer solchen Welt, mit einer Gesellschaft in einer solchen geistigen Verfassung, war die Anwendung von Gewalt in Glaubensfragen nicht nur ein legitimes Mittel, sondern geradezu eine Pflicht. Die katholischen Fürsten segelten in der zweiten Hälfte des 16. Jahrhunderts dabei offenbar vor dem Wind. England und die Niederlande waren dagegen angesichts der Übermacht der Spanier, bei denen sich erst nach ihren Niederlagen gegen Ende des Jahrhunderts Erschöpfung bemerkbar machen sollte, in der Defensive. Frankreich, der Feind Spaniens und des Kaisers, war wegen innerer Glaubenskriege handlungsunfähig. In dieser Situation konnten die Höfe von Wien und München mit päpstlicher und spanischer Unterstützung einige bedeutende Stellungen halten, deren Verlust den Niedergang des deutschen Katholizismus beschleunigt hätte: das Bistum Straßburg und vor allem die nordwestdeutschen Bistümer Lüttich, Münster, Paderborn, Osnabrück und das strategisch noch bedeutendere Erzbistum Köln, das der erzbischöfliche Kurfürst Gebhard Truchseß von Waldburg 1583 vergeblich in ein protestantisches Erbfürstentum umzuwandeln versuchte. Da die Südlichen Niederlande zum Katholizismus zurückkehrten und die Pfalzgrafen zu Neuburg, die Erben von Jülich und Berg, erneut den Glauben wechselten, blieb dem Katholizismus dank spanischer Militärhilfe am Mittel- und Unterrhein zudem ein geschlossenes Territorium erhalten, das sogar einen großen Teil Westfalens mit einschloß.

Die Affäre um Köln war exemplarisch für das größte Problem der Augsburger Übereinkunft, bei dem keine der beteiligten Parteien ihren Standpunkt hatte durchsetzen können: das Schicksal der geistlichen Fürstentümer. Der Vertrag von Augsburg untersagte Prälaten, die zum Protestantismus übertraten, ihre Ämter als Fürstbischöfe und Fürstäbte weiter auszuüben.

Diese Bestimmung, die dem Vormarsch der Reformation ein Hindernis in den Weg stellte, wurde für die Evangelischen und Reformierten immer mehr zu einem Stein des Anstoßes. Auf der anderen Seite hatte Kaiser Ferdinand I. den Protestanten der geistlichen Fürstentümer freie Religionsausübung garantiert, und dies stand wiederum den Bestrebungen der Fürsten der Gegenreformation entgegen. Während die Katholiken die rheinischen, westfälischen und fränkischen Bistümer hatten halten können, war es den Protestanten gelungen, nicht nur die sächsischen, brandenburgischen, pommerschen und mecklenburgischen Bistümer zu säkularisieren, die benachbarten Territorialfürsten unterstanden, sondern auch Fürstentümer mit unumstrittener Reichsstandschaft wie die Erzbistümer Magdeburg und Bremen und die Bistümer Lübeck, Verden, Minden und Halberstadt, welche die Katholiken nach wie vor für sich beanspruchten. Die Frage der Zulassung ihrer Bischöfe oder protestantischen Verwalter zum Reichstag sollte in der wichtigsten Reichsinstitution die Konflikte immer mehr verschärfen und ihre Arbeit schließlich völlig lahmlegen. Nach dem Tod des toleranten Kaisers Maximilian II. (1564–1576), der sich persönlich zum Luthertum hingezogen fühlte, ernannte sein Sohn Rudolf II., der am spanischen Hof im Geiste der Gegenreformation erzogen worden war, mehrheitlich Katholiken zu Mitgliedern der beiden großen Gerichtshöfe des Reiches, des Reichskammergerichtes und des Reichshofrates,[3] welche die Einsprüche gegen Säkularisierungen sowohl auf reichsunmittelbarer Ebene wie auch innerhalb der Territorialfürstentümer und Freien Reichsstädte verhandelten. Die Protestanten lehnten sich gegen ihre Urteile, mit denen sie systematisch benachteiligt wurden, auf und legten die Funktion der beiden höchsten Gerichtshöfe lahm. Die Institutionen, die Kompromisse im Geiste des Augsburger Religionsfriedens hätten herbeiführen können, wurden so nacheinander blockiert, während die Radikalen unter den Katholiken und Reformierten zusehends an Macht gewannen. Diese neue Generation betrachtete den Kompromiß von 1555 lediglich als einen Waffenstillstand, als Vorspiel zu einer erneuten Konfrontation. Am Anfang des

17. Jahrhunderts, in einer Zeit, in der in Frankreich und den Niederlanden nach einem halben Jahrhundert verheerender religiöser Auseinandersetzungen der Frieden wieder einkehrte – ermöglicht durch den Glaubensübertritt Heinrichs IV., das Edikt von Nantes in Frankreich und den Waffenstillstand zwischen den Niederlanden und Spanien 1606 –, driftete das Heilige Römische Reich auf einen weiteren Religionskrieg zu.

Die Entstehung zweier Bündnisse, eines protestantischen und eines katholischen, markierte nach 1600 eine weitere gefährliche Etappe auf dem Weg in die Gewalt. Als 1608 um Kurfürst Friedrich IV. von der Pfalz die Protestantische Union gegründet wurde, zeigte dies einmal mehr die Schlüsselrolle der Calvinisten bei der Verschärfung der Gegensätze. Die Union, eine bewaffnete Allianz, knüpfte enge Beziehungen zu den protestantischen Westmächten, vor allem zu den Niederlanden, die der Statthalter Moritz von Oranien (1567–1625), der älteste Sohn Wilhelms I. des Schweigers, auf einen strikt calvinistischen Kurs eingeschworen hatte. Die lutherischen Fürsten, die bisher kaisertreu und traditionell darauf bedacht gewesen waren, das zu erhalten, was vom Zusammenhalt des Reiches noch übrig war, zögerten lange, dem Bündnis beizutreten, das einen weiteren Schritt auf dem Weg zur endgültigen Auflösung des Reiches bedeutete. Ein Gewaltakt der Katholiken beseitigte ihre letzten Bedenken: Nach einem undurchsichtigen Streit zwischen der protestantischen Reichsstadt Donauwörth und einer in ihr liegenden reichsunmittelbaren katholischen Abtei wurde der Herzog von Bayern mit einer »Reichsexekution« beauftragt, mit der in der Stadt die im Frieden von 1555 verbriefte freie Glaubensausübung für die Katholiken durchgesetzt werden sollte. Der Herzog konnte Donauwörth mühelos einnehmen, hielt die Stadt als Pfand für die Kosten der Expedition besetzt und annektierte sie kurz darauf. In wenigen Jahren wurden sämtliche Protestanten aus der einst ausschließlich lutherischen Stadt vertrieben. Angesichts dieses erschreckenden Vorgehens schloß sich der friedliebende Kurfürst Christian II. von Sachsen, stets ein loyaler Untertan des Kaisers, der Union an. Auf der anderen Seite rief der Herzog von Bayern 1609 mit mehreren katholischen Ständen die Katholische Liga ins Leben, ein ebenfalls bewaffnetes Bündnis, das vom Papst und von den Spaniern politisch, finanziell und militärisch unterstützt wurde.

Zu einer weiteren ernsthaften Krise kam es 1609 anläßlich der Nachfolge eines der mächtigsten nordwestdeutschen Fürsten, des Herzogs von Jülich, Kleve und Berg und Grafen von der Mark und Ravensberg, dessen Besitzungen sich von den Niederlanden bis nach Westfalen erstreckten. Auf das Erbe machten mehrere Dynastien Ansprüche geltend. Am aussichtsreichsten waren die Ansprüche zweier protestantischer Häuser, die der Herzöge von Preußen aus dem Haus Hohenzollern und die der Pfalzgrafen zu Neuburg, einer jüngeren Linie des Hauses Pfalz-Zweibrücken. Da der Herzog von Preußen keinen Sohn hatte, setzte er seinen Schwiegersohn, den Kurfürsten von Brandenburg, zu seinem Erben ein. Die geographische Lage und die Bedeutung des Erbes führten dazu, daß sich sämtliche europäischen Mächte zur Einmischung gedrängt fühlten. Um sich Unterstützung zu sichern, scheuten die Prätendenten denn auch keinen Glaubensübertritt. Der lutherische Kurfürst von Brandenburg trat zum Calvinismus über, der in den Niederlanden vorherrschte. Der calvinistische Pfalzgraf zu Neuburg sicherte sich dagegen mit einem Übertritt zum Katholizismus die Unterstützung des Kaisers und der Spanier. 1610 drohte ein europäischer Krieg um das umstrittene Erbe: Zur Unterstützung der Niederländer und Brandenburger schickte sich Heinrich IV. von Frankreich zu einem Marsch durch die spanischen Niederlande an den Rhein an. Seine Ermordung setzte der Krise vorerst ein Ende. Die beiden Anwärter verständigten sich auf eine vorübergehende Aufteilung des Erbes (die bis zum Ende des Reichs 1806 bestehen bleiben sollte). Die Pfalzgrafen zu Neuburg erhielten Jülich und Berg, worauf Düsseldorf zum Sitz ihres glanzvollen Hofes, einem Zentrum des militanten Katholizismus, wurde. Kurbrandenburg begnügte sich mit Kleve und den Grafschaften Mark und Ravensberg, konnte damit aber immerhin Fuß am Niederrhein fassen, und dies zu einer Zeit, als es sein preußisches Erbe antrat (1618). Allmählich setzte sich der Name Preußen für diesen territorialen Verband durch, der sich jetzt über eine Distanz von über tausend Kilometern vom Rhein bis an die Memel erstreckte. Ein großer Krieg hatte noch einmal verhindert werden können. Aber wie lange ließ er sich noch vermeiden? Die Affäre um Jülich, Kleve und Berg zeigt zugleich, wie kompliziert die Verhältnisse in Europa geworden waren und wie unbefangen die europäischen Staaten und deutschen Fürstentümer Religion und handfeste Interessen vermischten. Wenn ihre Konversionen nicht ganz aufrichtig gewesen sein mochten, so war es das politische Kalkül, dem sie gedient hatten (und gerne glaubt man, was einem nützt). Und wie um die Seelen der verirrten Väter und Vorväter zu retten, legten die Erben der nachfolgenden Generationen, die nach der neuen Religion erzogen worden waren, einen um so größeren Glaubenseifer an den Tag.

Der wachsenden Gewaltbereitschaft nach außen entsprach im Inneren der verschiedenen Fürstentümer und Lehnsherrlichkeiten der Griff zu immer brutaleren Mitteln. Oft ging die innere Gewalt einer äußeren Konfrontation voran und bereitete ihr den Boden. Die katholischen Staaten taten sich, sofern Gelegenheit bestand, hier besonders hervor. Die Herzöge von Bayern hatten ihre Staaten mit eiserner Hand vor der lutherischen Häresie bewahrt. Anfang des 17. Jahrhunderts gelang es den benachbarten geistlichen Fürsten, vor allem den Fürsterzbischöfen von Salzburg, durch direkten oder indirekten Druck die »Ketzerei«, die in fast allen Gebirgsregionen Süddeutschlands sehr erfolgreich gewesen war, fast völlig zu unterdrücken.

Entschieden wurde das Schicksal von Reformation und Gegenreformation jedoch in den habsburgischen Ländern zwischen Elsaß und Slowenien, einem geschlossenen Territorium zwischen Rhein, Etsch und Donau. Dieses geographisch geschlossene Gebiet hatte allerdings seine politische Einheit verloren, nachdem Ferdinand I. seine Besitzungen in seinem Testament merkwürdigerweise unter seinen drei Söhnen aufgeteilt hatte. Kaiser Maximilian II. und seine Linie erhielten nur die beiden österreichischen Herzogtümer Oberösterreich um Linz und Niederösterreich um Wien, damit aber auch Ungarn und die Wenzelskrone mit Böhmen, Mähren und Schlesien. Ferdinands zweiter Sohn erbte das sogenannte Innerösterreich mit der Steiermark, Kärnten und Krain (im gegenwärtigen Slowenien), Görz und Triest. Der dritte Sohn erhielt Tirol, die habsburgischen Besitzungen in Schwaben, im Breisgau und im Elsaß, also das sogenannte Vorderösterreich.

Der zaghafte und friedliebende Maximilian II. stellte sich dem Vormarsch des Protestantismus in seinen Staaten nicht ernsthaft entgegen, und seine Brüder verteidigten den Katholizismus kaum entschlossener. Rudolf II., der 1576 den Thron bestieg, war zwar ein glaubenseifriger Katholik, verlor indes aber rasch an Autorität. In allen habsburgischen Ländereien geriet die große Mehrheit der Lehnsherren, Städte und oft auch der Bauern unter den Einfluß des Protestantismus. Die Landstände verlangten vom katholischen Herrscher Glaubensfreiheit und ein Mitspracherecht bei der Regierung. Rudolf und seinem Bruder und Nachfolger (ab 1612), Kaiser Matthias, fehlten die Charakterstärke und vor allem auch die Mittel, um sich den Forderungen zu entziehen. Zwischen 1593 und 1609 flammte der Türkenkrieg wieder heftig auf, so daß Rudolf mit den Ständen sämtlicher Provinzen Kompromisse schließen mußte, um sich notwendige Finanzmittel und Soldaten zu beschaffen. Das Ergebnis dieses langen verheerenden Krieges war eine Art Kräftegleichgewicht. Da die Türken im Rücken einmal mehr von den Persern bedroht wurden, schlossen sie 1606 für zwanzig Jahre einen Waffenstillstand. Er sollte über mehr als siebzig Jahre hinweg immer wieder verlängert werden und war für die deutsche Geschichte von eminenter Bedeutung, weil sich der Kaiser verstärkt Reichsangelegenheiten zuwenden konnte, während die Protestanten auf gemeinsame Interessen der Christenheit keine Rücksicht mehr nehmen mußten. So bestand eine unerwünschte Nebenwirkung dieses Waffenstillstands darin, daß sich die Deutschen jetzt ungestört untereinander bekriegen konnten. Rudolf und nach ihm Matthias hatten in den Erblanden allerdings auch nach dem Waffenstillstand noch zu viele Schwierigkeiten, um sich aufmerksam mit dem übrigen Reich beschäftigen zu können.

In Innerösterreich schufen sich die Vertreter der Gegenreformation unterdessen die Ausgangsbasis für ein künftiges Vorgehen. Der Erbe des 1590 verstorbenen Erzherzogs Karl, Erzherzog Ferdinand, war von Jesuiten erzogen worden. Dieser enge Geist, der in Glaubensdingen eine unerschütterliche Standhaftigkeit unter Beweis stellte, war entschlossen, seine Völker zum wahren Glauben zurückzuführen. So erklärte er fest überzeugt, er werde mit seiner Familie lieber betteln gehen, als seine christliche Fürstenpflicht gegenüber dem Seelenheil der Untertanen zu vernachlässigen. Kaum volljährig geworden, sorgte er in seiner Hauptstadt Graz, in der es außer seiner eigenen und der einiger Vertrauter keine einzige katholische Familie mehr gab, in wenigen Monaten für eine spektakuläre Wiederauferstehung des Katholizismus. Alle Protestanten standen vor der Wahl zwischen Glaubensübertritt oder Emigration. Gewaltsam wurde der Widerstand des Adels gebrochen. Erzherzog Ferdinand schuf sich damit den Ruf eines gefährlichen Fanatikers. Dem kam um so größere Bedeutung zu, als die zahlreichen Söhne Maximilians II., seine Cousins, keine männlichen Nachkommen hatten: Ferdinand von Steiermark war der mutmaßliche Erbe Österreichs, Ungarns, Böhmens und, falls der Kaiser wieder nach dynastischen Gesichtspunkten gewählt würde, des Heiligen Römischen Reichs Deutscher Nation.

Die Bedeutung des dynastischen Prinzips, in den Augen der allermeisten Zeitgenossen aus sämtlichen gesellschaftlichen und kulturellen Schichten der einzig legitime Ursprung einer gottgewollten Herrschaft, zeigte sich darin, daß Ferdinand sich fast überall mühelos als Nachfolger durchsetzen konnte, obwohl er bei der Mehrheit derjenigen, die ihn wählen oder zumindest seine Autorität anerkennen mußten (in Böhmen, Ungarn und im Reich), gefürchtet und verhaßt war.

Die fortschreitende geistige Umnachtung des exzentrischen Rudolfs II., eines ebenso prunkliebenden wie gelehrten Fürsten, beunruhigte die Erzherzöge zusehends. Sonderlich und faszinierend war dieser alte Junggeselle, der, umgeben von Dienern, Alchimisten und Astrologen, zurückgezogen auf der gewaltigen Prager Burg lebte. Trotz seines Mißtrauens, seiner Entschlußlosigkeit und Menschenscheu war der gebildete, aber auch frauenfeindliche Rudolf beim niederen Volk sehr beliebt. Die bedeutendsten Gelehrten der Zeit, die Astronomen und Mathematiker

Tycho Brahe und Johannes Kepler, hatten sein Vertrauen und seine Unterstützung. Sein böhmischer Hof spielte für die Kunst im Übergang von
der Renaissance zum Barock eine herausragende Rolle. Doch während
Prag als politische und kulturelle Hauptstadt wie einst unter Karl IV.
eine Blüte erlebte, drohte Rudolfs lange Regierungszeit für die Habsburger mit einer Katastrophe zu enden. Die Erzherzöge, seine Brüder und
Cousins, zwangen ihn, seine Staaten und Prärogativen an den ältesten
der jüngeren Brüder, den gemäßigten Erzherzog Matthias, der indes nicht
besonders tatkräftig war, schrittweise abzutreten. Ihre Konflikte zwangen
die rivalisierenden Brüder, den Ständen der verschiedenen Territorien
zahlreiche Zugeständnisse zu machen, von denen vor allem die Protestanten profitierten.[4] Der Protestantismus wurde in Österreich so vornehmlich eine Sache der Stände und des Adels, während der Katholizismus mit dem fürstlichen Absolutismus identifiziert wurde. Matthias
folgte Rudolf, dem er nach und nach sämtliche Besitzungen abgenommen
hatte, 1612 auf den Kaiserthron und verständigte sich mit seinen alternden Brüdern darauf, daß der bedeutend jüngere und tatkräftigere Ferdinand von Steiermark sein Nachfolger würde. Ferdinand wurde 1619,
einige Tage nach Matthias' Tod, zum Römischen König gewählt. Zwar
konnte er sich im eigentlichen Österreich mit Unterstützung der hohen
Geistlichkeit und eines Teils des katholischen Adels mühelos durchsetzen,
doch entschied sich das Schicksal der Dynastie, der Deutschen und des
Reiches in Böhmen. Rudolf II. und Matthias hatten den böhmischen
Ständen zahlreiche politische Vorrechte und Glaubensfreiheit zugestehen
müssen, und der Krieg, der sich seit langem angekündigt hatte, brach
schließlich wegen eines Streites um den protestantischen Kult aus (auf
dem Gebiet des Erzbischofs von Prag sollten auf königliche Weisung
protestantische Kirchen abgerissen werden). Der Anlaß war wie bei allen
großen Kriegen austauschbar. Während die religiösen Parteien schon seit
Jahrzehnten auf eine grundsätzliche gewaltsame Konfrontation zusteu-
erten, verschärften sich innerhalb der habsburgischen Staaten die Gegensätze zwischen den Ständen und dem fürstlichen Absolutismus. In Böhmen wurde dieser politische und religiöse Konflikt zudem überlagert von
den alten nationalen Streitigkeiten zwischen Tschechen und Deutschen.
Am 23. Mai 1618 schließlich stürzten aufgebrachte Vertreter der böhmischen Stände zwei kaiserliche Statthalter und ihren Sekretär aus dem
Fenster der Prager Burg, ein Gewaltakt, den die Nachwelt als Auslöser
des Dreißigjährigen Krieges (der in Wahrheit erst ein Jahr später, im
August 1619, ausbrach) betrachten sollte. Die symbolträchtige Tat, die
den Auftakt zu einer Serie von blutigen Kämpfen bildete, verlief im übrigen glimpflich: Die Gestürzten landeten auf einem großen Misthaufen

und erhielten später höhere Adelstitel sowie Grundbesitz von enteigneten Protestanten. Die Bevölkerung in den deutschen Ländern wurde in den nächsten Jahrzehnten fast um die Hälfte dezimiert.

Der Große Krieg in Deutschland

Der Dreißigjährige Krieg war die zweite große Katastrophe in der deutschen Geschichte – nach der Großen Pest Mitte des 14. Jahrhunderts und vor den Vertreibungen der Jahre 1945–1946, die die dritte ausmachen. Aber während die Pest »nur« Menschen hinweggerafft hatte, wurden im Krieg während der Lebenszeit einer ganzen Generation das Land verwüstet und die Städte zerstört. Wenn einige Regionen vom Krieg fast verschont blieben, so wurden andere gleich mehrfach von den plündernden und brandschatzenden Soldatenhorden heimgesucht, die ihre Wut über ausbleibenden Sold und schlechte Verpflegung an Dingen und Menschen ausließen. Ausländische Truppen spielten bei den Militäroperationen, die vornehmlich auf deutschem Boden durchgeführt wurden, eine immer größere Rolle. Die deutschen Territorien wurden Europas Schlachtfeld, auf dem ausländische Söldner noch barbarischer hausten als die einheimischen. Je mehr sich der Krieg in die Länge zog, desto brutaler wurde er geführt: Raub, Plünderung und Folter waren an der Tagesordnung. Mehrere Generationen folgen aufeinander, die nie den Frieden erlebt hatten und ihn nie erleben werden. Eines der bedeutendsten Werke der deutschen Literatur, der Schelmenroman »Simplicissimus« von Hans J. Christoffel von Grimmelshausen, schildert auf ergreifende, humorvolle Weise die Gewöhnung an die Schrecken, das Elend, die Tragödien und Farcen dieses endlosen Krieges. Ende des 18. Jahrhunderts, also aus noch geringem zeitlichen Abstand zu den Ereignissen, schuf Schiller um die Gestalt des genialen Feldherrn und ehrgeizigen Abenteurers Wallenstein ein kraftvolles Drama, das noch heute eine gewaltige Faszination ausübt. Im 20. Jahrhundert entwarf die Schriftstellerin und Historikerin Ricarda Huch ein großes Fresko deutscher Schicksale im Zeitalter des Großen Krieges, und Golo Mann verfaßte eine monumentale Biographie Wallensteins, eines der wichtigsten Werke der zeitgenössischen Geschichtsschreibung. Wer in der Vergangenheit nach Erklärungen für die Gegenwart Deutschlands sucht, erkennt im Dreißigjährigen Krieg einen der tiefsten Umbrüche deutscher Geschichte.

Der Aufstand des protestantischen Adels in Böhmen gegen Erzherzog Ferdinand, den einzigen Erben des Kaisers und Königs Matthias, hätte für ganz Deutschland vielleicht weniger verheerende Folgen gehabt, wenn der allgemeine Landtag der böhmischen Länder statt Ferdinand nicht den Kurfürsten Friedrich V. von der Pfalz, den Führer der Protestantischen Union, zum König gewählt hätte. Für die Katholische Liga war diese Wahl eine gewaltige Provokation. Mit Mähren und Schlesien, die von der Wenzelskrone abhingen, war Böhmen das größte, wohlhabendste und bevölkerungsreichste Territorium des Reiches. Mit dem Überwechseln ins Lager des militanten Protestantismus verschoben sich die Kräfte zu Ungunsten der Katholiken gewaltig. Die Liga machte gegen diesen »Winterkönig« mobil, während Ferdinand noch damit beschäftigt war, sich die Nachfolge im Reich zu sichern und seine österreichischen Staaten gegen den aufständischen protestantischen Adel zu verteidigen, der von böhmischen Truppen unterstützt wurde. Die Armee Herzog Maximilians I. von Bayern, des Chefs der Liga, stieß einige Meilen vor Prag auf die böhmische Armee. In der Schlacht am Weißen Berge schlug Graf Tilly, ein erfahrener Feldherr, Friedrichs Truppen vernichtend. Der gestürzte »Winterkönig« wurde mit der Reichsacht belegt und mußte den Weg in die lebenslängliche Verbannung antreten. Sein Schwiegervater, der englische König Jakob I. Stuart, unterstützte ihn ebensowenig wie die Mehrheit der deutschen protestantischen Fürsten. Der böhmische Landtag hatte den entscheidenden Fehler begangen, einen Calvinisten zum König von Böhmen zu wählen, und die Vertreter dieser Glaubensrichtung waren bei den frommen Lutheranern noch schlechter angesehen als die Katholiken. Die Niederlage am Weißen Berge war für Böhmen und das tschechische Volk eine der schlimmsten Katastrophen ihrer Geschichte. Ferdinand nahm am böhmischen Adel, der einzigen herrschenden Schicht der Nation, grausame Rache. Wer der Hinrichtung entging, wurde (mit Ausnahme der wenigen katholischen Adligen natürlich) verbannt und enteignet. Die beschlagnahmten Güter wurden an eine Kaiser und König treu ergebene neue Adelsschicht aus Deutschen, Italienern, Flamen und Kroaten verteilt. Die Pastoren und Intellektuellen der protestantischen und hussitischen Gemeinden (die Mährischen Brüder) flohen außer Landes, gefolgt von einem Teil der Glaubensanhänger, darunter dem großen Johann Amos Komenský, dem Begründer der neuzeitlichen Pädagogik. Mit Unterstützung des Kaisers und des neuen (und natürlich auch des alten katholischen) Adels unternahmen die Jesuiten im Zuge der Gegenreformation die Rekatholisierung des tschechischen Volkes. Mit ihr verschwand für zweihundert Jahre die eng an das hussitische Heldentum und die Reformation geknüpfte tschechische Nationalkultur. Von nun an wurde Böhmen von Wien aus verwaltet.

Unterdessen hatten sich einige unbedeutendere protestantische Fürsten angeschickt, dem unglücklichen Friedrich zu Hilfe zu eilen, so daß sich der Kriegsschauplatz nach Norden verlagerte. Die neuen Siege der Liga erschreckten die protestantischen Mächte (Niederlande, England, Dänemark und Schweden) um so mehr, als der 1609 eingestellte Krieg zwischen den Niederlanden und Spanien 1621 wieder aufgeflammt war. Die Südlichen Niederlande, die unter spanischer Herrschaft geblieben und zum katholischen Glauben zurückgekehrt waren, gehörten (wie der Norden, zumindest rechtlich) noch immer zum Reich, und der spanische König, ebenfalls ein Habsburger, war mit dem Kaiser verwandt und verbündet. Der Vormarsch der katholischen Armee in Norddeutschland führte zum Eintritt weiterer europäischer Mächte in den Krieg. Zwischen Rhein und Elbe lagen im übrigen auch die meisten Bistümer, die sich Katholiken und Protestanten seit dem Waffenstillstand von 1555 streitig machten.

Als erster ausländischer Herrscher trat der prunkliebende und ehrgeizige König Christian IV. von Dänemark, der einige der erwähnten geistlichen Territorien besaß, in den Krieg ein. Für Ferdinand war die militärische Abhängigkeit von der Liga hinderlich, denn deren Truppen konnten nur auf deutschem Boden eingesetzt werden, während er mit Aufständen in Ungarn und einem Konflikt mit dem Fürsten von Siebenbürgen fertigwerden mußte. Überdies ließen sich die Führer der Katholischen Liga ihre Unterstützung teuer bezahlen und hatten an einer Stärkung der kaiserlichen Autorität nicht das geringste Interesse. Der Herzog von Bayern hatte bereits die Kurwürde, die dem Pfalzgrafen aberkannt worden war, verliehen bekommen und einen Teil seiner Ländereien erhalten. So entschloß sich Ferdinand II., eine Armee zu schaffen, die ihm allein Gehorsam schulden sollte. Albrecht von Waldstein oder Wallenstein, ein wieder zum Katholizismus übergetretener tschechischer Adliger, den die Beschlagnahme von protestantischem Adelsbesitz reich gemacht hatte, hob für ihn Söldnerheere aus, die vornehmlich durch Beute aus dem Kriegsgebiet ernährt und besoldet werden sollten. Wallenstein, ein glänzender Organisator, war ein geldgieriger und großzügiger Glücksritter, ein großartiger Heerführer und Stratege, hinter dessen zügellosem Ehrgeiz sehr viel Illusionismus und Aberglaube steckten. Nachdem die neue kaiserliche Armee unter Graf Tilly in Norddeutschland aufgetaucht war, erlitt Christian IV. 1626 eine Niederlage, und auch seine deutschen Verbündeten wurden geschlagen. Wallenstein besetzte die Ostseeküste. Eine Vervollständigung des kaiserlichen Sieges durch eine Eroberung der dänischen Inseln scheiterte daran, daß keine Flotte zur Verfügung stand. Aus Furcht vor einem Eingreifen der Schweden drängte Wallenstein zum

Frieden von Lübeck 1629, mit dem Christian IV. die deutschen Protestanten im Stich ließ. Ferdinand verdankte seinem Generalissimus die Wiederherstellung der kaiserlichen Autorität in Regionen, die dem Reich schon vor Jahrhunderten verlorengegangen waren. Auf Drängen seiner jesuitischen Ratgeber verkündete er im gleichen Jahr das sogenannte Restitutionsedikt. Alle geistlichen Territorien, die seit dem Passauer Vertrag von 1552 eingezogen worden waren, mußten zurückgegeben werden. Die meisten protestantischen Fürsten waren von dem Erlaß betroffen, der, wäre er in die Tat umgesetzt worden, für den deutschen Protestantismus einen schweren Schlag bedeutet hätte, von dem er sich wohl niemals wieder erholt hätte. Unterdessen begannen auch die katholischen Fürsten die militärische Stärke des Kaisers zu fürchten, der sein schlagkräftiges stehendes Heer auch ohne Zustimmung des Reichstages unterhalten konnte. Und Ferdinand, der Wallenstein und seine Verwandten reich entlohnte, war sichtlich bestrebt, seine neue Macht mit einem soliden Fundament aus den beschlagnahmten Territorien des verbannten lokalen Adels zu untermauern.

Um die Wahl seines Sohnes zum Römischen König zu sichern, trennte sich Ferdinand II., der kein großer Geist und (außer in Glaubensdingen) kein starker Charakter war, auf Drängen der katholischen Fürsten von Wallenstein und reduzierte die Stärke seiner Truppen. Der Kurfürst von Bayern und seine Freunde hatten mit ihrem Vorstoß im übrigen auch auf die Argumente (rationaler und finanzieller Art) der Emissäre des Königs von Frankreich und seines Ministers Richelieu reagiert, die vor allem den Aufstieg des Hauses Österreich bremsen wollten. Ebenfalls durch Frankreich ermutigt, nutzte ein weiterer Verfechter des Protestantismus das Durcheinander nach Wallensteins Entlassung, um nun seinerseits in den deutschen Staaten zu intervenieren: Gustav II. Adolf von Schweden, der sich lange Jahre mit den Russen und Polen bekriegt und seine Rechnung mit ihnen nun beglichen hatte. Schweden, das im Abendland bislang noch nie eine führende Positition innegehabt hatte, sollte von 1630 bis 1715 in Europa die Rolle einer Großmacht spielen und anschließend wieder eine etwas marginalere Existenz führen. Schon lange genoß »der Retter« Gustav Adolf im deutschen Protestantismus einen glanzvollen Ruf. Dieser Mann, der erste wirklich bedeutende Schwede in der europäischen Geschichte, war eine zugleich schillernde und faszinierende Persönlichkeit. Als Staatsmann autoritär, aber weitblickend, als Feldherr ebenso kühn wie besonnen, übte er auf seine gesamte Umgebung eine starke Anziehungskraft aus. Der tief religiöse König wußte in seinen Armeen, die er aus den Söhnen armer Bauern rekrutierte, eine allgemein bewunderte und für die Epoche ganz außergewöhnliche Disziplin aufrechtzuerhalten. Doch war der gläubige Christ zugleich auch ein ehrgeiziger Politiker, der seine Interessen und die des Königreichs zu wahren wußte. Der Enkel Gustav Wasas, des Begründers des neuzeitlichen schwedischen Staates, war wie sein Vater und seine Onkel und Vorgänger von dem Willen beseelt, den Herrschaftsbereich der schwedischen Krone bis an die Ost- und Südküste der Ostsee auszudehnen, die so zum schwedischen Gewässer werden sollte. Der Sieger über die Russen und Polen verfolgte mit seinem Eingreifen in Deutschland vier verschiedene Ziele: Er wollte seine deutschen protestantischen Glaubensbrüder retten, seine Herrschaft auf einen Teil der deutschen Küsten ausdehnen und damit vorbeugend verhindern, daß der Kaiser dort Fuß fassen und sich mit dem katholischen polnischen König, dem Cousin und Rivalen des Schwedenkönigs, verbünden würde (Gustav Adolfs Vater Karl IX. hatte in Schweden seinen Neffen Sigismund entthront, der dank des mütterlichen und väterlichen Erbes zugleich König von Schweden und Polen gewesen war). Zudem wollte Gustav Adolf den König von Dänemark an einem weiteren Versuch hindern, die Vorherrschaft in Norddeutschland zu erringen. Der Bevölkerungsdruck in Schweden, unter anderem das Ergebnis eines neu geschaffenen Staatswesens, das Ordnung und Sicherheit garantierte, die protestantische Solidarität, der persönliche Ehrgeiz des Königs und schließlich auch der Einfluß der französischen Diplomatie wirkten so gemeinsam auf eine tiefgreifende und dauerhafte Veränderung der Kräfteverhältnisse in Nordeuropa hin, die im 17. Jahrhundert ganz im Zeichen der schwedischen Größe stand (wobei Größe für Macht, Ruhm, militärischen Erfolg und Reichtum steht, von denen vornehmlich die Mächtigen, aber auch die meisten anderen Schweden profitierten).

Bei seiner Landung am 4. Juli 1630 an der pommerschen Küste nutzte Gustav Adolf vor allem das Machtvakuum, das mit Wallensteins Entlassung entstanden war. Zögernd schlossen zahlreiche protestantische Fürsten mit ihm Bündnisverträge, während er seine Operationsbasis ohne große Rücksichten auf die Rechte lokaler Grundherren konsolidierte. Mit dieser Verstärkung gelang der kleinen schwedischen Armee ein entscheidender Schlag: Tilly, der Oberbefehlshaber der Truppen der Liga, erlitt am 17. November 1631 bei Breitenfeld eine Niederlage. Die kaiserliche Macht in Norddeutschland brach plötzlich in sich zusammen, und die Schweden rückten in den katholischen Süden bis nach Bayern vor. Der Kaiser rief Wallenstein zurück, der sofort eine neue Armee zusammenstellte und die Schweden in den Norden zurückdrängte. Am 16. November 1632 lieferten sich beide Armeen beim sächsischen Lützen eine erbitterte Schlacht mit unentschiedenem Ausgang. Unter den Gefallenen war auch König Gustav Adolf. Sein Tod bedeutete das Ende der hochfliegenden militärischen Pläne der Schweden. Zeitgenossen hatten Gustav Adolf sogar ein Streben nach der Kaiserkrone nachgesagt. Gleichwohl hatten die katholischen und kaiserlichen Kräfte die Chancen einer Restauration vertan. In Norddeutschland, Franken und Schwaben erhob der Protestantismus erneut das Haupt. Schweden sollte auch ohne Gustav Adolf fast ein Jahrhundert lang seine Stellung als eine der führenden europäischen Mächte behaupten. Der Tod des Schwedenkönigs markierte nach dem Krieg in Böhmen und den kaiserlichen Erfolgen im Norden das Ende der dritten Phase des Großen Krieges, wobei die Schweden noch bis 1648 im Konflikt präsent blieben.

Für die minderjährige Königin Christine, die einzige Tochter Gustav Adolfs, der für den Protestantismus gestorben war, führte Kanzler Axel Oxenstjerna, ein vorsichtiger und beharrlicher Diplomat, den Krieg mit einem Stab brillanter Generäle weiter. Schweden hatte bereits allzu große Opfer gebracht, und ein Rückzug aus dem Konflikt wäre ohne bedeutende Gebietsverluste nicht zu machen gewesen. Herzog Bernhard von Weimar, der Herr eines kleinen Territoriums in Thüringen, führte die schwedischen Truppen für die Königin bis ins Elsaß. Unterdessen fühlten sich die kaiserlichen Ratgeber in Wien angesichts von Wallensteins Macht zurückgesetzt und befürchteten von seiner Seite üble Absichten. Träumte er nach den Prophezeiungen seiner Astrologen nicht davon, sich ein eigenes Fürstentum zu schaffen? Sah er sich nicht schon als Friedensstifter im Reich, als Anwärter auf die Kaiserkrone? Auf den Ratschlag der Jesuiten und des spanischen Botschafters hin beschloß Ferdinand, sich den gefährlich werdenden Diener vom Halse zu schaffen. Nachdem er Wallensteins Hauptleute durch Ernennungen, Geschenke und Versprechungen zum Abfall bewegt hatte, ließ er ihn als Verräter ermorden. Nach seinem jähen Ende sprach die von ihm aufgebaute Armee noch immer für den brillanten tschechischen Heerführer. 1635 errang sie einen so deutlichen Sieg über die schwedischen Truppen, daß sich fast alle protestantischen Fürsten zu einem kompromißreichen Friedensschluß mit dem Kaiser durchrangen. Im Frieden von Prag wurde das Stichdatum für den kirchlichen Besitzstand auf das Jahr 1621 gelegt, was faktisch einen Verzicht auf das kaiserliche Restitutionsedikt von 1629 bedeutete. Im Gegenzug mußten die Protestanten eine bedeutende Stärkung der militärischen und politischen Macht des Kaisers hinnehmen. Trotzdem sollte der Krieg, der bereits achtzehn Jahre wütete, noch weitere zehn Jahre dauern, und der neue Kaiser Ferdinand III., eine Person ohne besonderes Format, wußte oder vermochte die gewaltigen Chancen aus Wallensteins Siegen in Norddeutschland nicht besser zu nutzen als 1626 sein Vater und Vorgänger Ferdinand II.

Die Erfolge des Kaisers und die Aussichten auf einen Frieden in den deutschen Ländern erregten in Frankreich bei Kardinal Richelieu und König Ludwig XIII. große Besorgnis. Ohne innere Feinde würde der Kaiser den König von Spanien, einen Verwandten, mit neuer Kraft unterstützen können. Mehr denn je fürchteten die Franzosen das Gespenst einer Einkreisung durch die Habsburger. Frankreich hatte sich am Krieg bislang nur mit Subsidien an einige protestantische Fürsten und vor allem an Schweden beteiligt, eine seltsame Allianz zwischen einem Kardinal der römischen Kirche, der in seinem eigenen Land Protestanten verfolgte, und dem protestantischen Königreich, das den Katholizismus bei sich ausgerottet hatte. Mit einer Kriegserklärung an Spanien trat Frankreich in den Niederlanden, am Rhein und in Süddeutschland in den Konflikt ein. Erneut wurde im Reich fast überall geplündert, gefoltert, gemordet, zerstört und gebrandschatzt. Mehr denn je zehrten die Soldaten an der Substanz des Landes. Angesichts der allgemeinen Sehnsucht nach Frieden entschlossen sich die kriegführenden Parteien Anfang der vierziger Jahre zu Verhandlungen: Die Vertreter des Kaisers und der anderen deutschen Fürsten führten in Münster und Osnabrück in Westfalen, in Frankreich, Spanien und Schweden endlose Gespräche, während jede Partei stets darauf hoffte, sich durch Militäroperationen entscheidende Vorteile zu verschaffen. Anfang 1648 nahmen die Schweden schließlich einen Teil von Prag ein, während die Franzosen Bayern bis zum Inn besetzten. Angesichts dieser Siege der Gegner nahm Ferdinand III. die Bedingungen, die er bisher stets abgelehnt hatte, schließlich an. Der Große Krieg endete so gewissermaßen im böhmischen Prag, wo er 1618/1619 auch begonnen hatte.

Aus den Verhandlungen, die in Münster mit Frankreich und in Osnabrück mit Schweden geführt wurden, gingen nicht nur Friedensverträge hervor. Das Reich erhielt zugleich einen neuen Status und eine neue Verfassung. Ein Jahrhundert nach Luthers Tod waren die Religionskriege damit zu Ende. Außer für die Territorien des Kaisers und des Kurfürsten von Bayern wurde der religiöse Status von 1624 festgeschrieben: Untertanen standen von jetzt an nicht mehr vor der Alternative, ihrem Fürsten im Glaubensübertritt zu folgen oder in die Verbannung zu gehen. In Österreich, Böhmen und den ehemaligen Gebieten des Kurfürsten von der Pfalz, die Bayern als Dank für seine Treue erhalten hatte (die Oberpfalz nördlich von Regensburg), blieben die 1624 eingeleiteten Maßnahmen zur Rekatholisierung der Bevölkerung dagegen in Kraft. Dies war für den Kaiser und die katholische Partei, die wegen des schwedischen und französischen Eingreifens einen totalen Sieg zweimal knapp verfehlt

hatten, denn auch der einzige Gewinn aus dem Krieg. Alle Kriegsteilnehmer kamen in den Genuß einer vollständigen Amnestie, der Sohn des
Winterkönigs Friedrich V. von der Pfalz wurde im Rheinland wieder in
seine Rechte eingesetzt und erhielt erneut eine Kurstimme (die achte),
nachdem er die frühere an den Herzog von Bayern verloren hatte. Schweden erhielt bedeutende territoriale Stützpunkte in Norddeutschland: Vorpommern, den Hafen Wismar in Mecklenburg und die Bistümer Bremen
und Verden, auf die es Dänemark lange abgesehen hatte. Damit faßte es
an der Ostseeküste festen Fuß und erhielt im Rücken der Dänen Zugang
zur Nordsee und den Status eines Reichsfürsten mit Sitz und Stimme im
Reichstag. Für die Rückführung der Heere und die Wiedereingliederung
der Soldaten ins Zivilleben erhielt Schweden eine gewaltige Abfindung.
Die Vereinigten Provinzen der Niederlande und die Kantone der Schweizer Eidgenossenschaft, die bislang rechtlich dem Reich angehört hatten,
wurden offiziell als unabhängige Mächte anerkannt (die Schweizer hatten
bereits Ende des 15. Jahrhunderts auf ihren Sitz im Reichstag verzichtet,
während die Niederländer den ihren wegen des Aufstands gegen ihren
legitimen Herrscher, den König von Spanien, Grafen von Holland und
Seeland, Herzog von Brabant usf. verloren hatten). Zugleich trat das
Reich die vor einem Jahrhundert annektierten lothringischen Bistümer
Metz, Toul und Verdun offiziell an Frankreich ab und gab alle Rechte
des Hauses Österreich im Elsaß und im Sundgau (Südelsaß) sowie das
Landvogtrecht über die elsässischen Reichsstädte und reichsunmittelbaren Lehnsherrlichkeiten auf. Das Frankreich Mazarins war damit an den
Rhein vorgestoßen, ein postumer Sieg Richelieus, der in den Krieg eingetreten war, um die ständige Gefahr einer Einkreisung durch die beiden
eng verbündeten Linien der Habsburger zu bannen. Frankreich führte
im übrigen gegen Spanien elf weitere Jahre Krieg, und Ludwig XIV. sollte
das Werk der beiden Kardinäle durch die Annexion der Franche-Comté,
von Teilen Flanderns und Straßburgs vollenden. Diese stattlichen Erfolge
waren von den beiden Kardinälen der römischen Kirche mit einer Politik
erkauft worden, dank derer die Protestanten sich in über der Hälfte des
Reichs hatten halten können. Damit waren alle Hoffnungen der Gegenreformation, das gesamte Reich für den Katholizismus zurückzuerobern,
ein für alle Mal zerschlagen worden. Die religiöse Leidenschaft, die am
Anfang des Krieges neben anderen Motiven noch besonders wichtig gewesen war, hatte an seinem Ende in Europa und im Reich gewaltig an
Bedeutung verloren.
    Zeitgleich mit dem Dreißigjährigen Krieg gab es noch weitere Kon-
flikte, die das Reich zwar nur am Rande berührten, aber vom Großen
Krieg nicht zu trennen sind: die Konflikte zwischen Spanien und den

Niederlanden, zwischen Spanien und Frankreich, zwischen Schweden und Polen und Schweden und Dänemark sowie das Engagement des Kaisers in Siebenbürgen und Oberitalien. Frieden herrschte dagegen – seltsamerweise – lange Zeit zwischen dem Kaiser und den Türken, die wegen innerer Schwierigkeiten und dem Konflikt mit den Persern die günstige Gelegenheit zu einer erneuten Offensive gegen Wien verstreichen ließen. Zu spät versuchten sie 1683, das Versäumte nachzuholen ...

Gebietsgewinne konnten auch einige mittlere Mächte innerhalb des Reichs verbuchen. Der Kurfürst von Sachsen erhielt die von Böhmen abhängige Lausitz nordwestlich von Schlesien. Der Kurfürst von Brandenburg erhielt Hinterpommern und das Erzbistum Magdeburg, und der Kurfürst von Bayern behielt die Oberpfalz. Die bereits vollzogenen Säkularisierungen der Bistümer und Klöster der protestantischen Fürsten im Osten und Norden des Reichs wurden bestätigt, und mehrere Bistümer in Westfalen sollten entweder einen katholischen oder einen protestantischen Bischof haben, ein weiteres Anzeichen dafür, daß die religiöse Dimension des Krieges an Bedeutung verloren hatte. Die Reichskirche, die seit Beginn der Reformation fast die Hälfte ihrer Fürstentümer eingebüßt hatte, war damit die große Verliererin dieser territorialen Flurbereinigung. Dabei waren die geistlichen Fürstentümer zum Schutz vor Übergriffen benachbarter weltlicher Territorien ein sicherer Verbündeter der kaiserlichen Macht gewesen. Das Verschwinden dieser zahlreichen (direkt im Reichstag vertretenen) Stände bedeutete eine Schwächung der kaiserlichen Autorität. Politisch erheblich geschwächt gingen auch die wirtschaftlich ruinierten Reichsstädte aus dem Krieg hervor.

Die Schwächung von Kaiser und Reich war seit langem das Ziel der französischen Diplomatie gewesen, und mit den Westfälischen Verträgen war es jetzt größtenteils erreicht worden! Der Kaiser verlor das Recht, die Außenpolitik des Reichs zu führen. Krieg und Frieden, die Aushebung von Soldaten und der Oberbefehl über die Reichsarmee, einst ein wesentlicher Bestandteil seiner Souveränität, hingen jetzt von der Zustimmung des Reichstages ab. Kaiser und Reich wurden so gewissermaßen zwei voneinander unabhängige politische Instanzen, was sich auch in der im öffentlichen Recht von jetzt an gebräuchlichen Formel von »Kaiser und Reich« niederschlug.

Als Territorialfürst konnte der Kaiser jetzt auch ohne die Gefolgschaft des Reiches einen Krieg gegen den König von Frankreich oder die Türken führen. Und die Reichsstände, Fürsten und Reichsstädte, konnten sich nun – auch gegen den Kaiser – mit ausländischen Herrschern verbünden. Diese Aushöhlung des Reichs zwang den Kaiser, sich vornehmlich auf seine Erblande und Besitzungen außerhalb des Reichs (Ungarn mit den anhängigen Ländereien) zu konzentrieren. So zeichnete sich mit den Westfälischen Verträgen bereits die Gründung des österreichischen Staates ab und für andere deutsche Staaten die Möglichkeit, zu einer bedeutenden europäischen Macht aufzusteigen. Die Auflösung des Reichs kam gewissermaßen symbolisch in dem Artikel zum Ausdruck, der es dem Reichstag unmöglich machte, in religiösen Fragen mehrheitliche Beschlüsse zu fassen: In diesem Bereich tagten Katholiken und Protestanten von nun an getrennt, und ihre Beschlüsse hatten nur dann Gültigkeit, wenn beide Gremien (corpus evangelicorum et corpus catholicorum) einvernehmlich entschieden.

Die jetzt verkündete Religionsfreiheit wurde auch auf die Calvinisten ausgedehnt, die nun offiziell anerkannt wurden und Rechtsgleichheit genossen (ausgeschlossen blieben dagegen Sekten, vor allem die Wiedertäufer). Alle Verfügungen der Westfälischen Verträge, auch diejenigen, die den inneren Aufbau des Reiches betrafen, unterstanden der Garantie Frankreichs und Schwedens. An sie konnten die Reichsstände appellieren, wenn sie ihre in den Verträgen von Münster und Osnabrück verbrieften Rechte verletzt sahen. Die Deutschen hatten es den anderen großen europäischen Mächten mit ihrem erbitterten Bruderkrieg leicht gemacht, sie als zentrale Macht auf dem Kontinent auszuschalten.

Zur Unabhängigkeit der Niederlande und der Schweiz

In einer deutschen Geschichte dürfen so bedeutende Kapitel wie das der Schweiz und der Niederlande, die für das Schicksal des Reichs so oft eine bedeutende, wenn nicht entscheidende Rolle spielten, nicht unerwähnt bleiben. Während auf Wilhelm von Holland, der 1248 zum Gegenkönig des Staufers Friedrichs des Zweiten gewählt worden war, nicht näher eingegangen werden muß, ist an dieser Stelle an so manches andere zu erinnern: an die zentrale Bedeutung der Städte Flanderns, Brabants und Hollands für das große Abenteuer der Hanse, an die massive Beteiligung niederländischer Einwanderer bei der Besiedlung der östlichen Regionen des Reichs, vor allem Preußens, und an den langen Kampf Maximilians I. mit Frankreich um den Großteil des burgundischen Erbes. Auf kultureller Ebene sei an den Humanistenfürsten Erasmus von Rotterdam, an die Universität Löwen (mit Köln die erste, die Luther verurteilte) und die Schicksalsgemeinschaft des Protestantismus in den Niederlanden und den anderen Teilen des Reichs erinnert. Die Fürsten von Oranien, die im Kampf um Glauben und Unabhängigkeit eine entscheidende Rolle spielten, zogen als Grafen von Nassau aus ihren Territorien am Mittelrhein und Umgebung beträchtliche materielle und militärische Ressourcen, die sie im Kampf gegen die Spanier einsetzten. Die flämische und holländische Kunst hatte im ausgehenden Mittelalter einen gewaltigen Einfluß auf das Kulturschaffen in der Rheinebene und in Oberdeutschland. Kurz, auch wenn die Niederlande – vor allem die Südprovinzen – in der burgundischen Ära kulturell unter französischen Einfluß gerieten oder unter ihm blieben, waren sie doch ein integraler Bestandteil der deutschen Geschichte, seitdem das gesamte lotharingische Erbe im Vertrag von Ribémont 880 und erneut unter Heinrich I. für das östliche Frankenreich zurückgewonnen worden war.

Die Hauptverantwortung für die Abspaltung der Nördlichen Niederlande (der zurückeroberte und rekatholisierte Süden sollte bis zur Eroberung durch die Truppen des revolutionären Frankreich formell im Reich bleiben), kommt wohl Karl V. zu, der das gesamte burgundische Erbe seinem Sohn, dem König von Spanien, und nicht seinem Bruder und Nachfolger in der Kaiserwürde vermacht hatte. Ferdinand von Österreich hätten nicht nur die Mittel und der politische Wille gefehlt, um gegen einen so bedeutenden Teil seiner Untertanen einen Krieg auf Leben und Tod zu führen, sondern die Niederlande hatten sich auch politisch und religiös von den übrigen Regionen des Reichs bereits zu weit entfernt. So wurde der Krieg des Königs von Spanien gegen die aufständischen Niederländer eine Sonderangelegenheit, aus der das Reich sich heraushielt. Als Ergebnis entstand eine neue europäische Macht, die im Reich, vor allem im Nordwesten, zwar ihre Interessensphären hatte, aber praktisch Ausland war. Die »Sieben Provinzen« erkämpften und verteidigten ihre Unabhängigkeit gegen die gewaltige spanische Macht völlig allein. Während des unablässigen Krieges, der von 1568 bis 1648 dauerte und nur durch den Waffenstillstand von 1609 bis 1621 unterbrochen wurde, sicherten sich die als föderative Republik konstituierten Niederlande in der Seefahrt, im Finanzwesen und im Handel eine führende Position auf dem Kontinent. Es leuchtet ein, daß für eine solch spezifische Wirklichkeit kein Platz mehr in den Institutionen des Alten Reichs war, welche sie mit ihrer Modernität in jeder Hinsicht überschritt.

Eine Folge und ein beschleunigender Faktor bei der Loslösung vom Reich war die Tatsache, daß sich aus den niederdeutschen Dialekten in Flandern und Holland eine eigenständige Schrift- und Kultursprache herausbildete. Diese Entwicklung hing wohl auch mit dem Willen der Protestanten zusammen, den Glauben in der eigenen Volkssprache zu vermitteln, während Luthers Dialekt in Leiden oder Amsterdam wohl kaum verstanden worden wäre. Doch spiegelt diese Entwicklung zugleich den Stolz der Niederländer auf ihre militärischen, politischen und wirtschaftlichen Erfolge wider, mit denen sich auch eine kulturelle und künstlerische Blüte eingestellt hatte. Nach ihrer bedeutenden Rolle im deutschen Bürgerkrieg gaben sie ihre sinnlos gewordene formelle Einbindung ins Reich schließlich auf. Ihr Kampf um die Unabhängigkeit, die 1648 als Faktum anerkannt werden mußte, hatte sich freilich nicht gegen Kaiser und Reich, sondern gegen Spanien gerichtet.

Während die Niederlande Mitte des 17. Jahrhunderts in allen Bereichen von der Seefahrt bis hin zur Malerei gerade den Gipfelpunkt ihrer Bedeutung erlangt hatten, war der Zenit für die Schweizer schon nach dem 15. Jahrhundert überschritten. Nach mehreren erfolgreichen Kämpfen zur Verteidigung ihrer Freiheit als Dorf- und Stadtbewohner gegen die Ansprüche der Habsburger – sie konnten sich als einzige bäuerliche Gemeinschaft in einem Reich aus Königreichen, Fürstentümern und Städten halten – hatten die Eidgenossen die Speerspitze im Kampf gegen die Versuche Karls des Kühnen gebildet, ein lotharingisches Reich vom Jura bis zur Nordsee wiederzuerrichten. Der Aufstieg der Schweizer Kantone war an das – in der deutschen Geschichte einmalige – Bündnis zwischen alpinen ländlichen Gemeinden und benachbarten großen Stadtrepubliken geknüpft, an das Bündnis mit Zürich, Basel und Bern, die alle von der habsburgischen Macht bedroht wurden. Alles sprach gegen die Beständigkeit einer solchen Allianz, die in Europa schon deshalb überall als »widernatürlich« empfunden wurde, weil die Regierungen der großen Städte gewöhnlich von einer Aristokratie dominiert waren. Aber die ständigen Kriege gegen die Habsburger und Burgunder ließen die »Schweizer« zu einer einheitlichen Volksgruppe verschmelzen, die besondere Fähigkeiten im Landkrieg entwickelte (wie die Niederländer im Kampf gegen die Spanier ihre Fertigkeiten in der Kriegsführung zu See vervollkommneten). Außerdem blieben die Schweizer Reisläufer im Gegensatz zu den deutschen Landsknechten des 15. und 16. Jahrhunderts, bei denen es sich zumeist um individuell angeworbene Bauern handelte, in die kollektiven Strukturen ihrer Gemeinde oder Stadt eingebettet, aus denen sich dann auch ihre Offiziere, Interessenvertreter und sogar Feldprediger rekrutierten, wie das Beispiel Zwinglis zeigt. Die militärische Rolle der Schweizer Söldner und die politische Rolle der Eidgenossenschaft verloren in der ersten Hälfte des 17. Jahrhunderts allerdings immer mehr an Bedeutung und lagen vornehmlich im defensiven Bereich. So mußten sich die Eidgenossen im Dreißigjährigen Krieg erst gegen die Spanier und dann gegen die Franzosen verteidigen. Trotz der gewaltigen Gegensätze während der Reformation und Gegenreformation ist die Eidgenossenschaft an der Glaubensspaltung nicht zerbrochen, und die Niederlande sind aus ihr zumindest als politisches Gebilde gewissermaßen hervorgegangen.

Obwohl die Eidgenossenschaft als staatliche Gemeinschaft ihre Unabhängigkeit zu verteidigen wußte und in der Religionsgeschichte mit Zürich und Genf eine eigenständige herausragende Rolle spielte, blieb sie mit Ausnahme der Kantone und Regionen mit romanischer Sprache und Kultur (Französisch, Italienisch, Romantsch) ein Teil Deutschlands. Die alemannische Schweiz spielte, obgleich sie insgesamt marginal blieb, beim kulturellen Erwachen Deutschlands im 18. Jahrhundert eine nicht zu vernachlässigende Rolle. Von Hutten über Büchner und die Sozialdemokraten unter Bismarck bis hin zu den Verfolgten des Hitler-Regimes fanden zahlreiche Exilierte eine neue Heimat in der Eidgenossenschaft, die für Deutsche niemals im gleichen Sinne Ausland war wie etwa die Niederlande. Zur Herausbildung einer eigenen Sprache bedarf es grundlegenderer und dauerhafterer trennender Faktoren als die der politischen Spaltung. Unfreiwillig wurde dies erneut von den kommunistischen Machthabern der ehemaligen DDR bewiesen, die weder die Zeit hatten noch die entscheidenden separatistischen Schritte in die Wege leiteten, um eine eigene Sprache zu schaffen. Freilich gehörte dies auch niemals ernsthaft zu ihren Zielen, hatten sie doch nie ganz aufgehört, auf eine Wiedervereinigung zu deren Gunsten zu hoffen, in einem kommunistischen Rahmen. Und es war ihnen wohl auch mehr oder weniger bewußt, daß ein solches Ziel ihre realen Möglichkeiten überstieg.

Die Krise der deutsch-französischen Beziehungen

Das Eingreifen Frankreichs in den Dreißigjährigen Krieg markiert den Beginn einer neuen Ära im deutsch-französischen Verhältnis, der Ära der Konfrontation und – zumindest auf der deutschen Seite – der nationalen Ressentiments. Die Beziehungen beider Völker zueinander liefen jetzt nicht mehr nur auf dynastischer Ebene. Für alle Deutschen, die sich auch nur entfernt für die Belange des Reichs interessierten, war die lange Rivalität zwischen Frankreich und dem Reich jetzt nicht mehr nur einfach ein Streit zwischen den Königen von Frankreich und dem Hause Habsburg. Die Politik Richelieus und Ludwigs XIV. ließ in Deutschland ein verletztes Nationalgefühl entstehen, das bis zur gewaltsamen Krise der Revolutionszeit und des Kaiserreichs langsam, aber stetig weiter wuchs. Überlagert und überdeckt wurde der verletzte Nationalstolz lange Zeit von der unwiderstehlichen Faszination, welche das französische Vorbild auf die deutschen Staaten ausübte. Versailles und Racine waren dort lange Zeit ebenso maßgebend wie die französischen Moden in Haartracht, Kleidung und Kunst oder die klare und solide französische Sprache, in der sich die Staatsraison widerspiegelte und die, anders als das

Deutsche mit seinen noch immer schwankenden und willkürlichen Schreibungen, bereits sehr gut fixiert war. Dennoch lehnten sich das aufgeklärte städtische Bürgertum und ein Teil des Adels – eine ebenso breite, aber diffuse Bereitschaft gab es auch im einfachen Volk – gegen die kulturelle Vorherrschaft Frankreichs auf, die mit einer politischen Dominanz und einer Serie deutscher Gebietsverluste verknüpft war. An Frankreich hatte das Reich allein durch den Westfälischen Frieden und unter Ludwig XIV. große Teile des Elsaß, zahlreiche Städte und Festungen in Flandern und im Hennegau sowie die gesamte Franche-Comté mit der Freien Reichsstadt Besançon verloren. Auch Straßburg hatte sich der Nachbar mitten im Frieden trickreich einverleibt, ganz zu schweigen von den himmelschreienden Reunionen,[5] Annexionen, von denen einige bestehen blieben. Wegen dieser zahllosen Eroberungen und Übergriffe erschienen die Franzosen den Deutschen als unersättliche Landräuber, die es vornehmlich auf deutsche Gebiete abgesehen hatten. Mehr noch als durch die widerrechtliche Aneignung Straßburgs schuf sich Frankreich bei den Deutschen den Ruf des Aggressors mit der Politik der verbrannten Erde, mit der Kriegsminister Louvois die Bevölkerung in der Pfalz und am Mittelrhein in Angst und Schrecken versetzte, gewalttätige Maßnahmen, bei denen es darum ging, dem Feind eine Versorgung vor Ort unmöglich zu machen und ihm mögliche befestigte Stützpunkte zu nehmen. Auch wenn humanitäre Aspekte und Zurückhaltung in bewaffneten Konflikten noch nie eine Rolle gespielt hatten, und die Greuel der plündernden, folternden und mordenden Soldatenhaufen des Dreißigjährigen Krieges in den achtziger Jahren des 17. Jahrhunderts kaum ein Menschenalter zurücklagen, so waren diese Schrecken nie zuvor in der prunkvollen Abgeschiedenheit eines Ministerkabinetts systematisch beschlossen und angeordnet worden. Die Erinnerung an die Gebietsaneignungen und Verheerungen dieser Kriege blieb unter dem goldenen Anstrich des französischen Einflusses das gesamte 18. Jahrhundert hindurch lebendig und wurde in verstärkter, systematisierter und ideologisierter Form von den Historikern und Politikern der Romantik wieder aufgegriffen. Bis dahin war zu den Eroberungen Ludwigs XIV. 1768 auch noch Lothringen als das Erbe Stanislaus Leszczynskis hinzugekommen.

Eine ganze Serie von Einfällen und Eroberungskriegen bestimmte so die Politik Frankreichs unter Ludwig XIV. gegenüber dem Reich. Ohne die Hoffnungen des französischen Königs vollständig zu erfüllen, zahlten sie sich alle mit einem Territorialerwerb aus, auf den ein Teil der deutschen Öffentlichkeit, sofern man von einer solchen bereits sprechen kann, mit Empörung reagierte. Der Vertrag von Rijswijk (1697), mit dem Straßburg französisch blieb, wurde in zeitgenössischen Flugschriften als »Vertrag von Reiß-weg« verhöhnt, der Vertrag von Nimwegen (1678/79), der dem Sonnenkönig die Franche-Comté und Südflandern sicherte, als »Vertrag von Nimm-weg«. Der Frieden zu Utrecht (1713) schließlich, mit dem die Gesamtheit der französischen Eroberungen festgeschrieben wurde, erhielt die Bezeichnung »Vertrag zu Unrecht«. Diese volkstümlichen Verballhornungen lassen erkennen, welche Gefühle die Untertanen des Reichs Frankreich entgegenbrachten.

Von Richelieus Eingreifen in den Dreißigjährigen Krieg bis zum Ende der Napoleonischen Kriege war das Territorium des Reichs der Schauplatz, auf dem die Franzosen ihren Kriegsruhm erwarben. Während die Kaiserlichen nur selten bis nach Frankreich, in die Provence oder den Artois vordrangen, verwüstete Frankreich während zahlloser blutiger Feldzüge immer wieder deutsches Gebiet. Die Franzosen sehen dieses Kapitel der Geschichte gewöhnlich aus eigener Sicht, während es den Deutschen im 19. und 20. Jahrhundert, als sich die Waage in demographischer, wirtschaftlicher und militärischer Hinsicht zu ihren Gunsten geneigt hatte, zur Rechtfertigung ihrer Einfälle nach Frankreich dienen sollte. Auch Frankreich zählt nur die Einmärsche, die es erlitten, aber niemals diejenigen, die es unternommen hat.

Das Paradox dieses geschichtlichen Kapitels ist das Ungleichgewicht der Gefühle, die sich die beiden Nationen entgegenbrachten. Frankreich wurde zum »Erbfeind« der Deutschen, während ihnen die Franzosen bis zur Mitte des 19. Jahrhunderts mit einer mitleidig-herablassenden Haltung begegneten, in die sich zuweilen auch etwas Bewunderung mischte. Deutsche waren gewissermaßen harmlose Bauerntölpel, die bei aller Einfachheit immerhin Tugenden praktizierten, die in Paris seit langem vernachlässigt wurden. Während sich die Sorgen, die Bewunderung, die Befürchtungen und die Wut der Deutschen vor allem auf Frankreich konzentrierten, erregte das Reich bei den Franzosen nur entfernt und zeitweilig Aufmerksamkeit: Frankreich war ein Nationalstaat, die deutschen Territorialstaaten waren ein zersplittertes und zerstrittenes Gemenge; Frankreich fand unter den deutschen Staaten stets Verbündete, da der Kaiser weniger das Oberhaupt der Nation als vielmehr eine rivalisierende Dynastie verkörperte. Deshalb blieben die deutschen Loyalitäten widersprüchlich und unbeständig: Selbst Fürsten, die sich für treue Untertanen des Kaisers hielten, verbündeten sich oft gegen ihn mit Frankreich, wenn es ihren Interessen nützte. Der Große Kurfürst, Friedrich Wilhelm von Brandenburg (1640–1688), beispielsweise stand zwar grundsätzlich hinter Kaiser und Reich, erhielt aber Geld von Ludwig XIV. und wechselte das Lager zwischen Paris und Wien mehrfach. Was hätte er als überzeugter Protestant und Anhänger der vom Kaiser noch immer bekämpften Reformation auch tun sollen? Auf der anderen Seite verfolgte er eine konsequent revanchistische Politik gegenüber dem mit Frankreich verbündeten protestantischen Schweden, das ihm 1648 die Hälfte des pommerschen Erbes der Hohenzollern entrissen hatte. Und als der Kurfürst auf französischen Druck hin auf einen Großteil der Erträge seines wundersamen Sieges über die schwedischen Armeen hatte verzichten müssen, hatte der Kaiser dies, sofern er überhaupt wollte, nicht verhindern können. Da die deutschen Fürsten nach den Verträgen von 1648 praktisch souverän waren, war der Kaiser nicht nur ihr Lehnsherr, sondern stellte auch eine eigenständige Macht innerhalb des europäischen Staatensystems dar, in dem jeder seine Pläne, seine Träume und seinen Ehrgeiz zu verwirklichen suchte. Die gewaltige Macht Frankreichs und die relative Schwäche des Kaisers, der sich wegen der osmanischen Gefahr und seiner territorialen Ambitionen militärisch auf die riesigen Gebiete des Ostens konzentrierte, zwangen viele deutsche Fürsten in Nachbarschaft zu Frankreich zu Arrangements mit dem Versailler Hof. So entstand der erste Rheinbund um Graf Johann Philipp von Schönborn, den Kurfürsten und Erzbischof von Mainz und Reichserzkanzler, einen begeisterten Patrioten. Als Patriot handelte vor allem auch der Herzog und Kurfürst von Bayern, der brillante Maximilian II. Emanuel: Der Kommandant der kaiserlichen Truppen in Ungarn, Generalgouverneur der Niederlande, welcher der Schwiegersohn des Kaisers und damit der Vater des spanischen Thronfolgers war, verbündete sich nach dem Tod des jungen Thronerben gegen seinen ehemaligen Schwiegervater mit dem König von Frankreich, um der ständigen Bedrohung Bayerns durch das benachbarte Österreich Herr zu werden. In dieses Bündnis mit einbezogen war – schon aus dynastischen Gründen – natürlich auch sein Bruder, der Kardinal, Kurfürst und Erzbischof von Köln (der Erzstuhl und das Territorium von Köln waren fast zwei Jahrhunderte lang als eine Art Sekundogenitur den Fürsten von Bayern vorbehalten und wurden vom Ende des 16. Jahrhunderts bis 1780 vom Onkel auf den Neffen weitervererbt).

Das dynastische Prinzip, die Treue gegenüber Kaiser und Reich, das Nationalgefühl und das konfessionelle Prinzip waren ineinandergreifende Faktoren, welche die politischen Verhältnisse des in Auflösung begriffenen Alten Reichs bestimmten. Zugleich prägten sie auch die Beziehungen der deutschen Fürsten zu Frankreich. Obwohl der Große Kurfürst mit Ludwig XIV. verbündet war und von ihm finanziell unterstützt wurde, gewährte er den hugenottischen Flüchtlingen, die durch die Rücknahme des Edikts von Nantes aus Frankreich vertrieben worden waren, Zuflucht in seinen Staaten und öffnete diese damit auf kultureller und sprachlicher

Ebene verstärkt dem französischen Einfluß. Trotz der Hugenottenverfolgung rief Gottfried Wilhelm Leibniz, der bedeutendste deutsche Geist der Epoche, der als friedliebender Protestant die Wiedervereinigung der Kirchen ersehnte und als Patriot die deutsche Sprache fördern wollte, mit herausragenden Franzosen eine Art europäische Republik der Literatur ins Leben, die selbstverständlich in französischer Sprache geschrieben wurde. Und bei allem war Leibniz seit seinem neunundzwanzigsten Lebensjahr Mitglied der französischen Akademie der Wissenschaften.

Die kulturelle Vorherrschaft Frankreichs war in den deutschen Staaten ebenso universell wie oberflächlich. Wer der vornehmen Gesellschaft angehören wollte, sprach französisch, doch dies nur selten besonders gut. Selbst Friedrich der Große, für den Deutsch eine Sprache für den gemeinen häuslichen Gebrauch oder die untere Ebene der Verwaltung war, sprach diese Sprache nicht ohne Fehler. Überall in Deutschland entstanden Schlösser, die zwar als Nachahmungen von Versailles gedacht waren, ihre deutsche Entstehung aber nicht verleugnen konnten: wegen der bescheideneren Mittel – der Herzog von Württemberg und selbst der Kurfürst von Hannover, der zugleich König von England war, oder der Kurfürst von Sachsen und König von Polen verfügten nicht über die Ressourcen des Sonnenkönigs –, aber auch aus geschmacklichen Gründen und wegen der Baumaterialien, denn unter dem gemeinsamen europäischen Anstrich, der damals nur französisch sein konnte, bewahrte sich die deutsche Kultur ihren ureigenen Charakter. Nichts an Versailles kommt dem architektonischen Capriccio der Pavillons des Dresdener Zwingers mit ihren eigenwilligen, komplizierten, herrlich regellosen und rokokohaften Formen gleich. Und auch das Schloß Nymphenburg, die heute an der Münchner Peripherie gelegene Sommerresidenz der Kurfürsten von Bayern, verdankt den großen Villen des italienischen Cinquecento mit ihren sehr deutsch anmutenden spitzen Dächern sehr viel mehr als Vorbildern des französischen Klassizismus.

Zeittafel

1556 Abdankung Kaiser Karls V. Sein Sohn Philipp II. übernimmt das Erbe in den Niederlanden und den Spanischen Reichen, sein Bruder Ferdinand wird Nachfolger als Kaiser. Der Theologe Petrus Canisius wirkt in Wien für die vom Kaiser unterstützte Gegenreformation.

1557 Wormser Religionsgespräch: Der letzte Versuch, die konfessionelle Spaltung zu überwinden, scheitert.

1559 Papst Paul IV. läßt den ersten Index von für Katholiken verbotenen Büchern erstellen. Mit den »Magdeburger Centurien« erscheint die erste protestantische Kirchengeschichte.

1564 Tod Kaiser Ferdinands I. Sein Nachfolger wird Maximilian II. Teilung der österreichischen Erblande unter die Söhne Ferdinands. Der Konflikt zwischen der erstarkten Gegenreformation und dem Protestantismus nimmt kriegerische Formen an.

1566 Beginn des niederländischen Freiheitskampfes gegen das habsburgische Spanien.

1568 Im Frieden von Adrianopel wird die Reichsgrenze gegen die Türken gesichert.

ab 1570 Von Bayern und Österreich ausgehend und theologisch vom Jesuitenorden geführt, gewinnt die Gegenreformation an Boden.

1572– 1574 Kurfürst August von Sachsen wird durch eine eigene Landesgesetzgebung und eine Zentralbehörde zum Vorreiter der autonomen Organisation der Fürstentümer.

1576 Tod Kaiser Maximilians II. Nachfolger wird Rudolf II., ein erklärter Verfechter der Gegenreformation.

1580 Im »Konkordienbuch« werden die lutherischen Lehren kodifiziert und zur verbindlichen Grundlage der Landeskirchenordnungen.

1583 Der Übertritt des Kölner Erzbischofs zum Protestantismus löst kriegerische Auseinandersetzungen aus (Kölner Krieg).

1587 »Volksbuch vom Doktor Faust«.

1591 Im Torgauer Bund schließen sich Kursachsen, Brandenburg, die Pfalz, Braunschweig-Wolfenbüttel, Hessen und Anhalt zur Abwehr gegen die gegenreformatorisch regierten Länder zusammen.

1593 Ausbruch des Krieges mit den Türken.

1598 Der neue Herzog von Bayern, Maximilian I., baut sein Land durch rechtliche, administrative und ökonomische Reformierung zu einem erfolgreichen absolutistischen Staat auf.

1604 Nach dem Vorbild von Sachsen und Bayern wird auch in Brandenburg eine kollegial organisierte Behörde geschaffen, der unter dem Kurfürsten die Regierungsgeschäfte obliegen.

1608 In einer Protestantischen Union schließen sich mehrere Herrschaften zusammen und stellen ein gemeinsames Heer auf.

1609 Als Antwort auf die Protestantische Union schließen sich Bayern und in der Folge alle katholischen Reichsstände mit Ausnahme von Österreich und Salzburg zur Heiligen Liga zusammen. Unter Führung von Maximilian von Bayern wird ein Söldnerheer unter Feldmarschall Tilly angeworben. Johannes Kepler, Prager Hofastronom, veröffentlicht seine revolutionären astronomischen Thesen.

1612 Tod Kaiser Rudolfs II. und Wahl Erzherzog Matthias' zum Kaiser.

1618	Mit der Erhebung des vorwiegend protestantischen Adels in Prag gegen die katholische Landesherrschaft beginnt der Dreißigjährige Krieg.
1619	Tod Kaiser Matthias' und Wahl Ferdinands II. zum Kaiser. Krieg zwischen den böhmischen Ständen und dem kaiserlichen Heer.
1620– 1621	Sieg des Kaisers und Zerschlagung des Aufstandes in Böhmen.
1624	Martin Opitz' »Buch von der deutschen Poeterey«.
1625	Krieg zwischen Dänemark und den kaiserlichen Truppen in Norddeutschland. Berufung Wallensteins zum kaiserlichen Heerführer.
1626	Wallenstein und Tilly erobern mit ihren Söldnerheeren das nordöstliche Deutschland.
1630	Der schwedische König Gustav II. Adolf landet mit seinem Heer auf der Insel Usedom.
1631	Im Bündnis mit Brandenburg und Sachsen besiegt Gustav II. das kaiserliche Heer von Tilly und dringt bis nach Prag und an den Rhein vor. Der Jesuit Friedrich Spee von Langenfeld veröffentlicht seine Anklageschrift »Cautio Criminalis« gegen die Hexenprozesse.
1632	Gustav II. Adolf fällt in der Schlacht von Lützen. Bauernaufstände gegen die Kriegslasten und die Ausbeutung durch die Söldnerheere.
1634	Ermordung Wallensteins. Niederlage der Schweden in der Schlacht bei Nördlingen.
1635	Im Frieden von Prag verbünden sich der Kaiser und die protestantischen Reichsstände gegen die Schweden.
1637	Tod Kaiser Ferdinands II. Nachfolger wird sein Sohn Ferdinand III.
1640	Friedrich Wilhelm, der »Große Kurfürst«, wird Kurfürst von Brandenburg. Neuorganisation Brandenburgs zu einem absolutistischen Staat.
1641– 1647	Siege und weiteres Vordringen der Schweden und Franzosen ins Reich.
1648	In Münster und Osnabrück wird durch den Westfälischen Frieden zwischen Kaiser und Reichsständen und Schweden und Frankreich der Dreißigjährige Krieg beendet. Der Friedensschluß bedeutet auch eine Neuorganisation des Reiches von Grund auf: Der Kaiser verliert Herrschaftsrechte an die Territorialmächte im Reichstag. Die Reichsstände erhalten territoriale Unabhängigkeit und Bündnisfreiheit. Der Friedensvertrag bleibt bis 1806 verfassungsrechtliche Grundlage des Reiches.

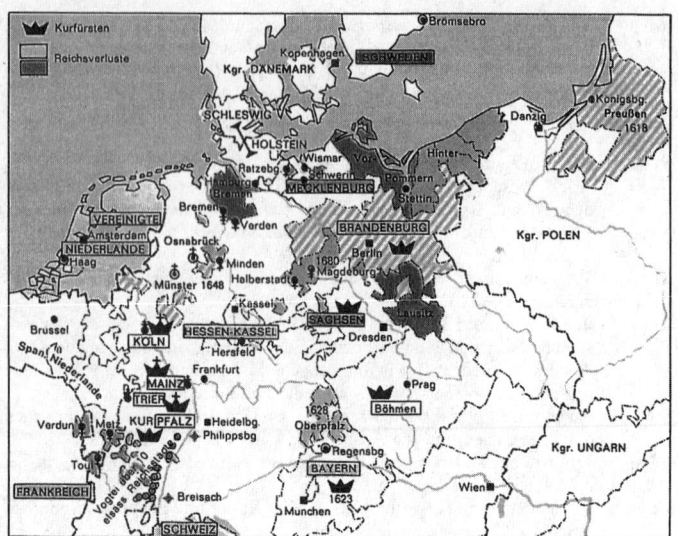

Der Westfälische Friede 1648

12. KAPITEL

Die Folgen des Dreißigjährigen Krieges und das Zeitalter des Barock

Die Unterhändler brauchten für den Friedensschluß so viele Jahre, daß man im ausgebluteten Deutschland an ein Ende der Verheerungen schon fast nicht mehr glauben mochte. Der Jubel blieb angesichts des herrschenden Elends und der Trauer aus. Das Land stand vor dem Zusammenbruch. Die Bevölkerung war um etwa vierzig Prozent geschrumpft und hatte wieder den Tiefststand vom Ende des 14. Jahrhunderts erreicht, nachdem große Pestepidemien ganze Landstriche entvölkert hatten. Und dabei betrugen die Verluste nur im Durchschnitt vierzig Prozent. In Pommern und Brandenburg im Nordosten und in Schwaben und der Pfalz im Südwesten lagen sie bei sechzig, siebzig und fünfundsiebzig Prozent. Anderswo, vor allem im Nordwesten, waren es dagegen nur fünfundzwanzig oder zwanzig Prozent. Die Städte hatten insgesamt weniger unter dem Krieg gelitten als das Land. Stadtmauern und Befestigungsanlagen erwiesen sich oft als ausreichender Schutz, und Heerführer handelten in der Regel lieber Kriegskontributionen aus, als ihren Soldatenhaufen die Plünderung zu erlauben; dagegen blieb den Bauern nichts anderes übrig, als in undurchdringliche Wälder zu fliehen oder Zuflucht in umliegenden Städten zu suchen.

Nach dem Krieg waren viele Landstriche verödet, die Dörfer zerstört und verlassen. Für das Handwerk und Gewerbe hatten die Kämpfe gewaltige Rückschläge gebracht, weil die Weitergabe der traditionellen Fertigkeiten über zwei oder drei Generationen hinweg unterbrochen war. Manchenorts und in manchen Bereichen erforderte die Behebung der Kriegsschäden fast ein ganzes Jahrhundert: Während Frankreich zu einer stolzen Großmacht aufstieg und England eine wirtschaftliche Blüte erlebte, lag das Heilige Römische Reich noch lange Zeit darnieder. Fast überall machten sich die Fürsten und ihre Beamten mit unterschiedlichem Erfolg und Sachverstand zielstrebig an die gewaltige Aufgabe des Wiederaufbaus. Da das Reich schon weitgehend in Auflösung begriffen, seine Organe schwach und seine Finanzmittel gering waren, konzentrierten sich die Bemühungen auf die »Territorien« oder Fürstentümer.

Zu den hauptsächlichen Verlierern des Westfälischen Friedens zählten die freien Städte. Einige büßten die Reichsunmittelbarkeit ein und wurden einem Fürstentum einverleibt: etwa Magdeburg, das sich dem Kurfürsten von Brandenburg unterwerfen mußte, und Braunschweig. Bremen, eine der bedeutendsten Republiken der Hanse, entging knapp einer Angliederung an Schweden. Andere hatten Gebietsabtretungen hinzunehmen, und die meisten verloren durch die Politik der benachbarten Fürsten, ihren Städten Vorteile zu verschaffen und mit mehr oder weniger rigorosen Maßnahmen den Handel auf dem eigenen Gebiet anzukurbeln, an wirtschaftlicher Bedeutung. Zu den Verlierern des Friedens gehörte auch die Reichskirche, die *Germania sacra*, die zahlreiche Bistümer verlor, die einst selbständige Fürstentümer gewesen waren und jetzt den protestantischen Staaten zugeschlagen wurden.

Die Zerrüttung der Wirtschaft und die Erfordernisse des Wiederaufbaus förderten allerorten absolutistische Tendenzen. In vielen Territorialstaaten gelang es den Fürsten, die Rechte der Stände zu beschränken, sie ganz abzuschaffen und ohne oder mit einem weitgehend entrechteten Landtag zu regieren. Hinzu kam das Vorbild aus dem Ausland: In den beiden führenden Mächten nach dem Westfälischen Frieden – im Frankreich Ludwigs XIV. und im Schweden der Dynastie Pfalz-Zweibrücken mit den Königen Karl X., XI. und XII. – trat die absolutistische Monarchie ihren Siegeszug an.[1] Die gleiche Entwicklung bahnte sich nach der Restauration 1660 in England an. Selbst die Niederlande, wo die Macht der Oranier ins Wanken geraten war, wandten sich angesichts der verschärften französischen Bedrohung 1672 wieder deren Erben Wilhelm III. zu.

Die zweite herausragende Tendenz der Zeit neben dem fürstlichen Absolutismus war der Merkantilismus, hinter dem sich das Bestreben der Territorialherrscher verbarg, die wirtschaftliche Entwicklung des Landes durch staatliche Initiative, Kontrolle oder direkte Herrschaft voranzutreiben. Das Vorbild hierfür war für zahlreiche deutsche Fürsten der französische Minister Colbert, während eine freie Entfaltung der Wirtschaftskraft, wie sie sich in den Niederlanden im 17. Jahrhundert und in England nach 1688 ohne Lenkung durch einen allmächtigen Staat vollzog, im Reich weitgehend fremd blieb. Nur Hamburg, das gegen Ende des Jahrhunderts zum bedeutendsten Handelszentrum und zur bevölkerungsreichsten Stadt des Reiches aufstieg, orientierte sich an dem Modell der protestantischen Seemächte. Die Hansestadt, ein großer Freihafen, galt im Zeitalter des Barock freilich eher als Kuriosum oder als ausländische Enklave denn als Vorbild für die deutschen Territorialstaaten.

Die fürstliche Macht organisierte zudem die Wiederbesiedlung der Landesregionen, indem sie den Bevölkerungsüberschuß aus kriegsverschonten Regionen mit staatlichen Hilfen und Vergünstigungen, aber auch mit Zwang und Gewalt in entvölkerte Gebiete zog. Wenn Bauernsöhne die Bewirtschaftung eines Hofs nicht übernehmen wollten, drohte ihnen ein verlängerter Kriegsdienst. Religiös Verfolgte – österreichische und böhmische protestantische Flüchtlinge des Dreißigjährigen Krieges, französische Hugenotten nach der Aufhebung des Edikts von Nantes 1685 und mißliebige holländische Wiedertäufer und Mennoniten – sorgten im nordöstlichen Reich, vor allem in Brandenburg und Preußen, für Bevölkerungszuwachs und Wirtschaftsaufschwung. Am Ende des 17. und während des 18. Jahrhunderts gab es in Deutschland zwei Auswanderungsbewegungen: nach Osten (nach Preußen, in das von den Türken zurückeroberte Ungarn und nach Rußland) und nach Nordamerika. Dieser Exodus nach dem Dreißigjährigen Krieg war das handgreifliche Resultat einer ungleichen Verteilung und des allgemeinen starken Wiederanstiegs der Bevölkerungszahl, die um 1740 wieder den Stand von 1618 erreicht hatte. Er war aber vor allem eine Folge der miserablen Lebensbedingungen von großen Teilen der Landbevölkerung, die ihrem Elend und der Bedrückung durch eine immer unumschränkter regierende Zentralgewalt zu entkommen versuchten.

Nach dem Friedensschluß war der Frieden noch lange nicht Wirklichkeit geworden. Die deutschen Staaten von 1648 ähnelten in mancherlei Hinsicht Frankreich während des Wiener Kongresses oder dem Nachkriegsdeutschland der Jahre 1918 und 1945: Für den Abzug der stationierten ausländischen Streitkräfte, vor allem der Schweden und ihrer Söldner, mußten gewaltige Reparationsleistungen erbracht werden, was allerdings ohne allzu große Schwierigkeiten bewerkstelligt wurde: Das Land, so zeigte sich, war keineswegs völlig ruiniert, denn vor allem die Städte verfügten über beträchtliche Reserven. Tatsächlich hatte der Krieg in den einzelnen Regionen nicht dauerhaft gewütet und betroffenen Regionen oft ausreichende Ruhepausen für eine teilweise Erholung gegönnt. Kaufleute, Bankiers und Abenteurer hatten mit Spekulationen und durch Geschäfte mit den Heeren Reichtümer erworben, die die Staaten jetzt aus ihnen herauszuholen versuchten.

Langsam etablierte sich eine neue Ordnung, die freilich nicht ganz neu war. Wie eh und je wurde der Reichstag einberufen, der zahlreiche Beschlüsse zur Umsetzung des Westfälischen Friedensschlusses faßte. Der relativ junge, aber kränkliche Kaiser Ferdinand III. konnte seinen ältesten Sohn zwar zum Römischen König küren lassen, doch starb Ferdinand IV., der die Herrschaft niemals ausübte, noch vor seinem Vater. Dem Kaiser blieb nicht mehr die Zeit, seinen jüngeren Sohn Erzherzog Leopold zu seinem Nachfolger designieren zu lassen. Als er 1657 starb, blieb der Thron achtzehn Monate lang unbesetzt. Das Bestehen der französischen Politik, die Wahl des neuen Oberhaupts der österreichischen Linie der Habsburger mit allen Mitteln zu verhindern, ging bis zu einer ernsthaften Kandidatur des französischen Königs für den Kaiserthron, ein Versuch, der ebenso scheiterte wie 1519 die Kandidatur Franz' I. vor der Wahl Karls V. Kaiser Leopold I., ein intelligenter, gebildeter und angenehmer Mensch, der ein ebenso brillanter Musiker wie begabter Komponist war, hatte eine der längsten Regierungszeiten in der Geschichte des Reiches vor sich (1658–1707). Allerdings war er wankelmütig und unentschlossen und glänzte eher durch Beharrlichkeit und das Vertrauen in das Schicksal seiner Dynastie als durch staatsmännische und militärische Talente. Nach den fehlgeschlagenen Bemühungen der Vorgänger Ferdinand II. und Ferdinand III. um die Wiederherstellung der kaiserlichen Macht konzentrierte sich Leopold vornehmlich auf seine Erblande und die Zukunft des Hauses Habsburg. Die spanische Linie der Dynastie stand kurz vor dem Erlöschen. König Philipp IV. hatte außer dem spätgeborenen, kränklichen und schwachen Don Carlos keinen Erben mehr. So sollte sich über kurz oder lang die Frage der Nachfolge für das spanische Riesenreich stellen (Karl II. sollte wider Erwarten allerdings erst 1700 sterben). An zweiter Stelle sorgte sich der Kaiser um das Reich, in dem seine Macht nur noch in eingeschränkter Form existierte. Als Leopold mehrfach Angriffe des Königs von Frankreich parieren mußte, gelang es ihm nur mühsam, die Fürsten zur Teilnahme am Reichskrieg zu bewegen; einige, darunter die bedeutendsten, entzogen sich dem Ansinnen, während andere sogar auf der Seite des Gegners kämpften. Die Beziehungen zwischen den Reichsständen und dem Kaiser waren in der Tat denn auch oft Beziehungen zwischen Territorialfürsten: So wurde die Politik des Berliner Hofs gegenüber Wien ein Jahrhundert lang entscheidend mitbestimmt durch den Streit um die schlesischen Herzogtümer, die der böhmischen Krone unterstanden und die der Kaiser 1675 nach dem Tod des letzten Piastenherzogs ohne Rücksicht auf die berechtigten Erbansprüche der Kurfürsten von Brandenburg der eigenen Hausmacht angegliedert hatte. Der alte Zwist sollte dann dem Hohenzollern Friedrich II. 1740 als Vorwand dienen, um Maria Theresia, der Erbin des letzten Habsburger Kaisers Karl VI., ganz Schlesien wegzunehmen.

Bei anderen Gelegenheiten stieß Leopold I. dagegen auf den Widerstand der Territorialfürsten, wenn er von seinen letzten Souveränitätsrechten als Kaiser Gebrauch machte: so 1692, als er Herzog Ernst August von Braunschweig-Lüneburg zum Kurfürsten von Hannover machte, um sich dessen Unterstützung in Angelegenheiten des Reiches wie dem Türkenkrieg zu sichern. Gegen die Schaffung dieser neunten Kurwürde protestierten einige Kurfürsten. Leopold konnte seinen Schritt freilich als konfessionellen Ausgleich rechtfertigen, da die Kurpfalz 1685 von der katholischen Linie Neuburg übernommen worden war. Damit waren alle Kurfürsten außer denen von Sachsen und Brandenburg Katholiken, obwohl die Protestanten im Reich über die Hälfte der Bevölkerung stellten. Der Kaiser griff zudem in letzter Instanz in Erbangelegenheiten ein, wenn eine Dynastie im Mannesstamm erlosch. Zu den Streitigkeiten zwischen Berlin und Wien gehörte so auch die Frage der Herzogtümer Jülich und Berg, um die sich die Hohenzollern, die Grafen von Pfalz-Neuburg und die Erben der ehemaligen Herzöge von Kleve seit Ende des 16. Jahrhunderts stritten. Schon vor dem Tod des letzten Kurfürsten von Pfalz-Neuburg Karl Philipp, der 1742 kinderlos starb, meldeten die Hohenzollern auf Jülich und Berg erneut Ansprüche an. Der Kaiser favorisierte den Vertreter einer Seitenlinie, den Herzog Karl Theodor von Pfalz-Sulzbach, der sich letztlich auch durchsetzte. Zum Ausgleich unterstützte er den Hohenzollern-König bei der Nachfolge der Grafen Cirksena in Ostfriesland, was Preußen Zugang zur Nordsee verschaffte.

In den Beziehungen des Kaisers zu den Fürsten spielte es auch eine Rolle, daß einige von ihnen außerhalb des Reichs Souveränität besaßen, was staatsrechtlich eine Gleichstellung mit dem Kaiser bedeutete. Der Schwedenkönig nahm nach dem Westfälischen Frieden beispielsweise als Herzog von Bremen und Pommern am Reichstag teil wie zuvor der Dänenkönig als Herzog von Holstein. 1697 gelang es Kurfürst Friedrich August von Sachsen mit kaiserlicher Hilfe, sich zum König von Polen wählen zu lassen. Den von den Wettinern einst leidenschaftlich verfochtenen lutherischen Glauben mußte er dazu freilich ablegen, womit sieben der neun Kurfürsten katholisch waren. Im übrigen wurde Kurfürst Georg Ludwig von Hannover dank des *Act of settlement,* den das englische Parlament 1701 verabschiedete, zum Erben des britischen Throns erklärt, den er 1714 als Georg I. bestieg. Derlei Beispiele bewogen den Kurfürsten von Brandenburg, Friedrich III. (1688–1713), sich ebenfalls um eine Königskrone zu bemühen. Da sein Vater, der Große Kurfürst, das Herzogtum Preußen der polnischen Lehnsherrschaft hatte entziehen können und es als außerhalb der Reichsgrenzen liegend galt, genoß es volle Souveränität. So konnte sich Friedrich nach vorsichtigen Verhandlungen mit dem Einverständnis des Kaisers am 18. Januar 1701 in Königsberg zum »König in Preußen«[2] erklären. Als Gegenleistung kämpften preußisch-brandenburgische Truppen tapfer an der Seite der Kaiserlichen im Spanischen Erbfolgekrieg. Von da an befanden sich unter den Reichsfürsten vier ausländische Könige, drei davon Kurfürsten, nicht mitgerechnet der spanische König, der (auch nach dem Ver-

lust der Franche-Comté 1678) noch immer über den Großteil der südlichen Niederlande herrschte, und der Herzog von Savoyen, der mit
dem Utrechter Vertrag 1713 zunächst für Sizilien und später für Sardinien die Königswürde zugesprochen erhielt. Die Beziehungen zu diesen Herrschern trugen immer stärker das Gepräge außenpolitischer Angelegenheiten: Alles, was Hannover anging, betraf nun automatisch
auch England, und die Schwierigkeiten Friedrich Augusts als König von
Polen verwickelten Sachsen, das zum Territorium des Reichs gehörte,
in kriegerische Auseinandersetzungen mit Schweden. Die langsame Auflösung des Alten Reiches trat damit in eine neue Phase.

Einheit in Vielfalt: das alte deutsche Reich

Es wäre trotzdem falsch, die Stärke des Bandes zu unterschätzen, das
zwischen den verschiedenen Elementen der deutschen Nation während
der letzten hundertfünfzig Jahre ihrer Existenz bestand und das vom
Reich mit seinen drei großen zentralen Institutionen zusammengehalten
wurde: dem Kaiser, dem Reichstag und dem Reichskammergericht, einem
obersten Gerichtshof, der, ähnlich dem amerikanischen, sowohl über Ein-
zelfragen als oberste Instanz entschied wie auch in Streitigkeiten zwischen
den Reichsständen. (Es klärte beispielsweise die Frage, ob ein Territorium
die Reichsstandschaft besaß, wobei seine Beschlüsse in der Regel auch
respektiert wurden.)

Abgesehen von der kurzen Herrschaft Karls VII., des Kurfürsten Karl
Albrecht von Bayern (1742–1745), dessen Wahl Frankreich und Preußen nach dem Tod des letzten Habsburgers in direkter Linie hatten
durchsetzen können, blieb die Kaiserwürde in der Hand des Hauses
Österreich, das von den eigentlichen Habsburgern auf das Haus Habs-
burg-Lothringen überging. Tatsächlich gelang es Erzherzogin Maria
Theresia, der »Königin von Ungarn«, wie Feinde sie nannten, nach dem
Tod Karls VII. ihren Gatten Franz Stephan, den Großherzog von Toskana und Herzog von Lothringen, als Kaiser Franz I. (1745–1765)
durchzusetzen.[3] Die Würde und die Person des Kaisers hatten selbst in
protestantischen Gebieten beim Volk noch immer beträchtliches Ansehen: So entfachte der Preußenkönig Friedrich II. einen Sturm der Entrüstung, als er den Pastoren seines Königreichs untersagte, das traditionelle Gebet für den Kaiser zu sprechen. Obwohl die meisten
Entscheidungen des Kaisers nach dem Westfälischen Frieden der Zustimmung des Reichstages bedurften, verfügte er noch immer über einige
wichtige, nur ihm zukommende Rechte: Nur er konnte die Reichsstand-

schaft und Adelstitel verleihen, nur er hatte das Gnadenrecht, nur er konnte uneheliche Kinder und Sprößlinge aus außerehelichen Beziehungen legitimieren, und nur er konnte an Angehörige einzelner Territorien Privilegien vergeben und einzelne Stände der Zuständigkeit der Reichsgerichtsbarkeit entziehen. Dank dieser Rechte genoß er ein gewisses Ansehen bei den unteren Ständen, die seines Schutzes gegen die Willkür mächtigerer Fürsten bedurften. Im übrigen konnte sich der Kaiser den Gebrauch dieser Rechte auch bezahlen lassen, was eine beträchtliche Einnahmequelle bedeutete. Wiederholte Bemühungen, die kaiserliche Macht zu konsolidieren, ja zu erweitern und reichsweit einheitliche Gesetze oder institutionelle Maßnahmen durch den Reichstag zu bringen, blieben in der Regel erfolglos. Trotzdem gab es in Wien eine Art Zentralverwaltung des Reichs, die von einem Reichsvizekanzler (das Amt des Reichskanzlers war an die Ämter des Kurfürsten und Erzbischofs von Mainz gekoppelt) geleitet wurde. Das Amt wurde dreißig Jahre lang unter Joseph I. (1705–1711) und Karl VI. (1711–1740) von Graf Friedrich Karl von Schönborn ausgeübt. Schönborn, der aus einer bedeutenden Familie stammte, die bereits zwei Kurfürsten von Mainz gestellt hatte, und der 1729 Bischof von Würzburg und Bamberg wurde, bemühte sich um eine Ausdehnung der kaiserlichen Macht. Widerstand leisteten ihm dabei neben den Reichsständen auch die Verwaltungen in den Königreichen, Herzogtümern und Erbgrafschaften der kaiserlichen Erbländer, die ebenfalls die eigenen Interessen über die des Reichs stellten. Auf Schönborns Betreiben verabschiedete der Reichstag 1731 eines der letzten großen Gesetze des Alten Reichs: die Reichshandwerksordnung, die das Zunftwesen reformierte und dem Handwerk so die Anpassung an die starken wirtschaftlichen und sozialen Veränderungen seit dem 16. Jahrhundert ermöglichte.

Solche »Ordnungen« waren eine Art Rahmengesetz, das von der jeweiligen Territorialregierung nach Bedarf übernommen, modifiziert oder ignoriert wurde. Ein Beschluß des Reichstags war zu dieser Zeit denn auch eher ein Imperativ denn ein Gesetz im eigentlichen Wortsinn. Die kleinen Territorien, die sich die Erstellung eines eigenen Rechtssystems nicht leisten konnten, neigten eher dazu, die Gesetzestexte des Reichstags zu übernehmen und sich an die Beschlüsse des Reichskammergerichtes zu halten. Als der Reichstag unmittelbar nach dem Frieden von 1648 beispielsweise ein zehnjähriges Moratorium für alle Schulden und eine Herabsetzung der aufgelaufenen Zinsen um drei Viertel beschloß, wurden die Entscheidungen nur im schwäbischen und fränkischen Reichskreis umgesetzt, wo es zahlreiche kleine und mittlere Territorien gab. Die großen Territorialstaaten verordneten dagegen eigene Festsetzungen, die mehr oder weniger stark an den Reichstagsbeschluß angelehnt waren. Der Reichstag, der 1653/1654 in Regensburg tagte, gab unter dem Titel *Jüngster Reichsabschied* sämtliche während der Sitzungen gefaßten Beschlüsse heraus, die vor der Abreise der Fürsten und ihren Delegierten zu einem einzigen großen Gesetzeswerk zusammengefaßt worden waren. Mit diesem Abschied wurden das Straf- und Verfahrensrecht neu kodifiziert und die Finanzen des Reichs neu geordnet. Die Untertanen und Landstände waren gehalten, auf der Ebene der Reichskreise Beträge für die gemeinsamen Kriegsanstrengungen, aber auch für den Unterhalt der eigenen Streitkräfte der Territorien zu zahlen, eine Bestätigung ihrer militärischen Souveränität. Die Wahlkapitulation Leopolds I. von 1658, also die vor der Wahl eingegangenen Verpflichtungen gegenüber den Kurfürsten, ging noch weiter und untersagte es den Ständen der Territorien, selbst Steuern zu erheben oder sich ohne Einberufung durch den Landesfürsten zu versammeln. So trugen sogar die Überbleibsel der reichsübergreifenden Zentralgewalt zum Ausbau des landesherrlichen Absolutismus bei.

Ab 1663 wurde aus der Versammlung der Reichsstände der Immerwährende Reichstag, der bis zum Ende des Alten Reichs 1806 ohne Unterbrechung in Regensburg tagte. Diese Neuerung entsprang durchaus nicht dem Willen zu seiner Stärkung als Institution; sie war vielmehr die Folge der Unfähigkeit des Reichstags, sich auf einen Abschied zu einigen. Mit seiner Permanenz erhielt er zugleich den Charakter eines Gesandtenkongresses, an dem der Kaiser und die Fürsten nicht mehr persönlich teilnahmen, was die Beschlußfassung noch stärker verzögerte. Im alten Rathaus der stolzen Freien Reichsstadt kann man noch heute den Prunksaal im Renaissance-Stil bewundern, der über hundertfünfzig Jahre lang die Sitzungen des Immerwährenden Reichstags beherbergt hat.

Die Beratungen fanden unter Leitung des Reichserzkanzlers nach Kurien getrennt statt: Es gab das Kurfürstenkollegium, den Reichsfürstenrat und das Kollegium der Reichsstädte. Die Zahl der Kurfürsten stieg von sieben auf acht und dann auf neun an und verringerte sich nach der Vereinigung von Rheinpfalz und Bayern 1777 wieder auf acht. Am Ende des Alten Reiches gab es einhundert Fürsten, eingeteilt in zwei Bänke, eine »geistliche« und eine »weltliche«, wobei 37 Fürsten geistlich und 63 weltlich waren. Unter den geistlichen oder Prälatenstimmen gab es zwei Gesamtstimmen für die Reichsklöster und die Bezirke der Ritterorden, deren Anzahl wie die der Fürsten die Jahrhunderte hindurch schwankte (1792 waren es noch 43). Auf der Fürstenbank saßen die Vertreter der vier Reichsgrafenkurien (1792 gab es noch 99). Die Reichsstädte schließlich (1792 waren es 51) hatten mit den Verträgen von 1648 endlich die uneingeschränkte Reichsstandschaft erhalten. Der Reichstag setzte sich 1792 somit aus 153 Virilstimmen und den 6 Gesamt- oder Kuriatsstimmen zusammen, die 142 Prälaten, Vögte und Reichsgrafen vertraten. Insgesamt waren im Reichstag damit 295 Stände direkt oder indirekt vertreten.

Die zahlenmäßig sehr viel stärkere Reichsritterschaft (etwa 1500) hatte im Reichstag keine Vertretung erringen können, behielt indes das vollständige Selbstbestimmungsrecht. Die Reichsritterschaft genoß den Status der Reichsunmittelbarkeit gegenüber den umgebenden Territorialfürsten. Sie war ebenfalls in Kreise (Schwaben, Franken und Rheinland) eingeteilt und bildete zur gemeinsamen Regelung bestimmter (vor allem strafrechtlicher) Angelegenheiten »Kantone«. Diese kleinen, zuweilen nur drei oder vier Dörfer umfassenden Herrschaften waren an die kaiserliche Autorität besonders stark gebunden und begegneten ihr mit besonderer Treue und Loyalität. Auf dieser Grundlage bildete die Reichsritterschaft für den Kaiser ein unerschöpfliches Reservoir für eine militärische und zivile Beamtenschaft.

Nur die höheren Stände (Kurfürsten, Fürsten und Städte) nahmen als einzelne an den Sitzungen des Reichstags teil, der sich in der großen Mehrheit aus Fürsten zusammensetzte, die vor allem auf ihre Privatinteressen und bestenfalls auf das Interesse ihres Territoriums bedacht waren. Das Volk war aus der Vertretung der deutschen Einzelstaaten ausgeschlossen, und zwar nicht nur die Bauern, sondern auch die Masse der städtischen Bürger (die Reichsstädte wurden im Reichstag zumeist von der dominierenden patrizischen Aristokratie vertreten) und selbst der nicht zur Reichsritterschaft gehörende Territorialadel. Egoistische Interessen der einzelnen Stände kamen im Reichstag um so mehr zur Geltung, als er keine geschlossene Nation vertrat. Dennoch bildete sich mit Blick auf die vergangene Größe des Reichs und trotz des vom Ausland oft mißachteten Zusammengehörigkeitsgefühls ein starkes Nationalbewußtsein heraus.

Oft behinderten religiöse Auseinandersetzungen die Arbeit des Reichstags, wenn sie sie nicht sogar für lange Zeit blockierten. Die Religionsparteien hatten in religiösen Fragen das sogenannte Itionsrecht, bei dem sich der Reichstag in zwei Teile, das *Corpus Catholicorum* und das *Corpus Evangelicorum* schied und getrennt abstimmte; die Möglichkeit zur Verhinderung einer einheitlichen Beschlußfassung wurde freilich oft mißbraucht und auf Bereiche ausgedehnt, die mit religiösen Fragen streng genommen nur noch wenig zu tun hatten. Obwohl der Westfälische Friedensvertrag religiöse Gegensätze im Prinzip ausglich, gab es bis zur Mitte des 18. Jahrhunderts in verschiedenen Landesteilen immer wieder heftige Krisen, die durch die Intoleranz vor allem katholischer Fürsten ausgelöst wurden: so in der Rheinpfalz, als die katholische Linie Pfalz-Neuburg die calvinistische Linie Pfalz-Simmern ablöste (1685), oder in Salzburg, als Erzbischof Leopold Anton Freiherr von Firmian 1731/1732 die Auswanderung der Protestanten des Erzbistums erzwang.[4] Zahlreiche Opfer des fanatischen Landesfürsten fanden Asyl in Ostpreußen, wo sie zu einem Aufschwung in der Landwirtschaft beitrugen. Ihre Vertreibung diente Goethe später als Hintergrund für das bürgerliche Epos »Hermann und Dorothea«.

Der Reichstag erklärte Frankreich mehrfach den »Reichskrieg«, ohne freilich die effektive Teilnahme aller Stände erwirken zu können. Dennoch spielten von den Reichskreisen oder direkt von den mächtigsten Fürsten entsandte Kontingente eine bedeutende Rolle in den Kriegen gegen die Türken (ab 1683) sowie gegen Frankreich, und die beiden Wittelsbacher Kurfürsten, der Herzog von Bayern und sein Bruder, der Kurfürst und Erzbischof von Köln, wurden mit der Reichsacht belegt und ihre Länder beschlagnahmt, als sie sich im Spanischen Erbfolgekrieg auf die Seite Ludwigs XIV. schlugen (mit dem Frieden von Utrecht wieder in ihre Rechte eingesetzt). 1681 verabschiedete der Reichstag eine »Defensionalverordnung«, welche die Schaffung und den Unterhalt einer Reichsarmee von 40 000 Mann im Rahmen der Kreise vorsah, ebenso eine »Reichsoperationskasse« zum Unterhalt der Stammtruppe; die Umsetzung der Beschlüsse fiel allerdings den Kreistagen zu, die sich ebenfalls aus Fürsten und Städten zusammensetzten. Obwohl die bedeutenden Fürsten einer Zusammenlegung ihrer Streitkräfte mit den Kaiserlichen zustimmten, entsandten sie doch lieber besondere Kontingente, um so mehr, als die Territorien der meisten über verschiedene Kreise verstreut waren oder wie das Gebiet des »Königs in Preußen« sogar außerhalb der eigentlichen Reichsgrenzen lagen.

Die Gliederung des Reichs in Kreise, die von Maximilian I. eingeführt worden war, funktionierte nach 1648 nur noch unvollständig. Die »vorderen« Kreise, die in bedrohlicher Nähe zum Nachbarn Frankreich lagen, waren dabei noch besser organisiert als die im Norden und Osten, ebenso waren Kreise mit zahlreichen Kleinfürstentümern besser organisiert als solche, die von einem oder mehreren großen Territorialstaaten dominiert wurden. Am aktivsten waren deshalb auch die Kreise Schwaben und Franken, die gemeinsame Organe schufen und übergreifende Gesetze auf so verschiedenen Gebieten wie Straßenbau, Währung, Wirtschaft und Polizeiwesen in Kraft setzten. Allein der Kreis Schwaben zählte neben seinen 31 Reichsstädten 68 weltliche und 40 geistliche Territorien, insgesamt 139 reichsunmittelbare Mitglieder. 1748 führten der Kreis Oberrhein und der Kreis mit den drei rheinischen Kurfürsten ein gemeinsames Strafrecht ein. Die Kreise erfüllten somit Aufgaben, die eher ins Aufgabengebiet des Territorialstaates fielen, vor allem in territorial zersplitterten Regionen in den Bereichen Strafverfolgung, öffentliche Sicherheit, Handel, Seuchenbekämpfung und Postwesen. So trugen auch die Kreise mit dazu bei, den Partikularismus der Stände in einer übergeordneten Einheit aufzuheben.

Die Reichskanzlei unter Leitung des Reichsvizekanzlers war gewissermaßen das einzige Ministerium des Reichs (wie denn auch der spätere Reichskanzler 1870 bis 1918 einziger Minister war, da die Staatssekretäre als Beamte ganz seiner Weisung unterstanden). Mit der Schaffung des Amtes des Hofkanzlers 1620 wurde dem Reichsvizekanzler allerdings die Verwaltung der Erblande und damit schrittweise auch die Leitung der kaiserlichen Angelegenheiten entzogen. Damit verlor er zugleich die Kontrolle über die Außenpolitik, die immer stärker eine österreichische Angelegenheit wurde und immer weniger Reichssache war. Das Gremium des Reichshofrats, das ursprünglich die Belehnung und den Heimfall von kaiserlichen Lehen abgewickelt hatte, war in Konkurrenz zum Reichskammergericht nach und nach zur höchsten Berufungsinstanz in allen Streitsachen geworden, in denen der Kaiser als oberster Richter angerufen wurde. Die Mitglieder dieses Gerichtshofs wurden allein vom Kaiser ernannt, und nur er legte auch seine Verfahrensweisen fest. Da das Reichskammergericht vom Reichstag nur spärliche Mittel erhielt, da es durch religiöse Streitigkeiten in der Arbeit stark behindert wurde und sich seine Verfahren immer länger hinzogen (einige dauerten über ein Jahrhundert), kam dem Reichshofrat eine immer größere Bedeutung zu, ohne daß die Kompetenzen beider Gremien klar voneinander geschieden wurden. Dennoch genoß das Reichskammergericht als eine unabhängige, von Kurfürsten und Kreisen eingesetzte Gerichtsbarkeit, die zur Hälfte aus Berufsjuristen bestand, bis zum Ende des Alten Reichs beachtliches Ansehen. Obwohl der Reichstag die Möglichkeiten einer Berufung gegen die Reichsstände 1654 eingeschränkt und deren aufschiebenden Charakter abgeschafft hatte, sorgte es angesichts der völlig unterschiedlichen Rechtsprechung der Territorien für eine gewisse Einheitlichkeit im Recht: Seine Entscheidungen wurden als Präzedenzfälle behandelt, und seine Verfahren hatten Modellcharakter. Das Reichskammergericht schützte die Untertanen vielfach vor einer überzogenen Willkür der Landesfürsten. Es vollendete zudem die im 15. Jahrhundert begonnene Kodifizierung des römischen Rechts, das in den meisten Territorien zur gemeinsamen Grundlage der Rechtsprechung wurde. Zu seiner Finanzierung wurde der sogenannte Kammerzieler erhoben, der freilich stets unzureichend blieb.

Der Kammerzieler war die einzige ständig erhobene direkte Steuer des Reiches. Über andere Steuern oder Abgaben, vor allem Anleihen für den Reichskrieg, mußte nach einer 1521 festgesetzten Verteilung nach Bedarf und für einen bestimmten Zeitraum abgestimmt werden. Derartige Abgaben oder Beiträge, wie zum Beispiel der Türkenpfennig für den Krieg gegen das Osmanische Reich, wurden an den Reichspfennigmeister gezahlt, der oft direkt mit den Reichsständen verhandelte, ohne den Weg über den Reichstag zu beschreiten. So konnte er dem Reich denn auch keine gesunde Finanzstruktur mit regelmäßig fließenden Geldern sichern.

Wie aus dieser – stark vereinfachten – Darstellung hervorgeht, war das Alte Reich alles andere als ein moderner Staat: Seine Kompetenzen in der Außen-, Verteidigungs-, Währungs- und Finanzpolitik waren sehr beschränkt, unklar und stets umstritten. Das Reich ähnelte in vielerlei Hinsicht der Europäischen Gemeinschaft vor 1992, die wie das alte Reich kein Staatswesen ist. Aber während das Reich nicht mehr das war, was zur Not im Mittelalter mit dem Wort »Staat« hätte bezeichnet werden können, hat die Gemeinschaft die Berufung, sich zu einem wirklichen Bundesstaat zu entwickeln.

Und so konnte denn auch Hegel kurz vor dem Untergang des Reiches in seiner funkelnden Schrift »Die Verfassung des Deutschen Reiches« schreiben: »Deutschland ist kein Staat mehr!« Dennoch: Mit seinem Kaiser, der nach wie vor großes Ansehen genoß, mit seinem würdevollen Reichstag, mit seinem sorgsam befolgten Reichskammergericht, mit seiner Reichskirche, die sich auf zahlreiche, oft wohlhabende geistliche Fürstentümer stützte, mit seiner deutschen Sprache in fixierter Form als Vehikel einer übergreifenden Kultur, die sich von Riga bis Straßburg, von Wien bis Köln und von Prag bis Bern erstreckte und sich von ausländischen Vorbildern loszulösen begann, besaß Deutschland noch immer eine gewisse Einheit, die in der Vielfalt lebte. Der große Staatsrechtler Samuel Pufendorf konnte nach Abschluß der Westfälischen Verträge schreiben, daß, vom Standpunkt der aristotelischen Logik aus betrachtet, das Reich einem »Monstrum« gleiche. Tatsächlich besaß dieses Gebilde gegenüber den meisten anderen europäischen Staaten, in denen der Absolutismus seinen Siegeszug angetreten hatte – und wenn auch in der Form der aufgeklärten Despotie –, eine ureigene historisch gewachsene Logik: Das »Heilige Römische Reich Deutscher Nation«, das heißt »der deutschen Nation«, bewahrte auf politischer und juristischer Ebene immer noch eine gewisse nationale Einheit, zudem es nach wie vor die Aufgabe erfüllte, seine Untertanen ein Stück weit vor landesherrlicher Willkür und die kleineren vor den größeren Ständen zu beschützen. So existierte im damaligen Deutschland nicht nur ein »negatives Reichsbewußtsein«, sondern ein regelrechter Reichspatriotismus in den Kreisen derer, die die Macht des Reiches stärken wollten, ohne ihm die historisch gewachsenen Partikularismen zu opfern. Dieses Bewußtsein einer starken und vielfältigen nationalen Einheit, verbunden mit der Verachtung des Duodezfürstentums, zieht sich als roter Faden durch die deutsche Geisteswelt vom Barock bis zur Aufklärung, von Leibniz und Lessing bis hin zu Herder und Schiller. Nach dem langen Triumph simplifizierenden Nationaldenkens hätte das wiedervereinte Deutschland am Ende des 20. Jahrhunderts einigen Grund, sich mit einem neuen Verständnis an dieses anpassungsfähige, realitätsnahe und pluralistische »Monstrum« zu erinnern, an das alte Reich, das zwar kein Staat, aber eine Art gemeinsames Haus war. Im Reich des 16., 17. und 18. Jahrhunderts entwickelte sich jedenfalls trotz äußerer und innerer Kriege die Tradition des Föderalismus, die Verteilung staatlicher Kompetenzen über mehrere Ebenen, das Kernstück der staatlichen Ordnung der Bundesrepublik Deutschland nach 1948, der sich die Deutsche Demokratische Republik 1990 angeschlossen hat. Ein solcher Föderalismus, der Einheit in Vielfalt bedeutet, ist auch das grundlegende Gesetz für die Schaffung eines gemeinsamen Europa. Deutschland ist der einzige große Staat, der in diese zukünftige Konstruktion eine derart lange föderalistische Erfahrung einbringt. Der deutsche Föderalismus, der nur während der Ära Hitler verlassen wurde, hat sich in zahlreichen Formen und unter verschiedenen Regimen bewährt.

Die großen Siege im Osten

Innere Streitigkeiten, Dekadenz und Konflikte mit Persien hatten die Türken, die den Balkan und drei Viertel von Ungarn besetzt hielten, über ein Jahrhundert nach der Niederlage Sulaimans des Prächtigen vor den Toren von Wien 1529 daran gehindert, gegen das Reich im Westen eine nennenswerte Offensive zu starten. Ein erstes Warnzeichen gab es 1663, als ein großes türkisches Heer das unter Habsburger Herrschaft verbliebene Westungarn angriff. Nach einem bedeutenden Sieg der christlichen Streitkräfte unterzeichnete Kaiser Leopold aus Besorgnis über die ständigen militärischen Erfolge Ludwigs XIV. in Westeuropa einen Waffenstillstand, der ihm für zwanzig Jahre einen unrühmlichen Frieden bescherte. 1683 herrschte wieder Alarm: Diesmal rollte eine wahre Heeresflut von 200 000 Mann – eine für damalige Verhältnisse

phantastische Zahl – über das Land nach Nordwesten. Wien wurde
nach der Flucht des Hofs von den Türken eingeschlossen und setzte
sich erbittert zur Wehr. Langsam gelang es dem Kaiser, ein Entsatzheer
zusammenzubringen. Unter dem Befehl Herzog Karls V. von Lothringen
und des polnischen Königs Johann III. Sobieski zogen kaiserliche und
polnische Truppen mit Verstärkung aus Kurbayern, Kursachsen und
verschiedenen Reichskreisen dem zahlenmäßig stark überlegenen Gegner entgegen. Am Kahlenberg bei Wien wurde 1683 eine Entscheidungsschlacht ausgefochten, bei der das christliche Abendland einen glanzvollen Sieg errang.

In einer Gegenoffensive wurden die Türken bis hinter ihre Ausgangs-
linien zurückgeworfen. 1686 eroberten die Kaiserlichen die alte Hauptstadt Ofen, das heutige Budapest, zurück, das 1525 an das Osmanische
Reich gefallen war. Leopold hatte sich als Herrscher über ganz Ungarn
durchgesetzt, die ungarische Krone wurde per Reichstagsbeschluß erblich, und Siebenbürgen schloß sich an. Im November 1688 nahm Leopolds Schwiegersohn Kurfürst Max Emanuel von Bayern Belgrad und
seine Festung im Sturm. Die Türkengefahr, die drei Jahrhunderte als Da-
moklesschwert über dem christlichen Abendland geschwebt hatte, war
endgültig gebannt. Obwohl durch hundertfünfzig Jahre Türkenherrschaft und Grenzkriege völlig zerrüttet, eröffnete das gewaltige Königreich Ungarn den Ambitionen der Habsburger eine glänzende Perspektive. Diese Siege, die so ganz im Gegensatz zu den Niederlagen und
Demütigungen im Krieg gegen Ludwig XIV. standen, verstärkten freilich
den dynastischen und auf österreichische Interessen abzielenden Charakter der Wiener Politik, die auf Kosten der Verantwortung für das Heilige
Römische Reich ging. Trotzdem wuchsen mit der Rückeroberung Ungarns das Ansehen und die Macht des Kaisers, und in den kommenden
Jahrzehnten strömten zahlreiche deutsche Siedler in mehreren Einwan-
derungswellen in die verwüsteten und entvölkerten Landstriche Ungarns,
vor allem die sogenannten Banater Schwaben,[5] von denen viele in Wahrheit aus Lothringen stammten. Während Ungarn trotz der wiederholten
zentralistischen Bestrebungen Wiens seine nationale und politische Identität zu wahren verstand, öffnete es sich der kulturellen Vorherrschaft
des Deutschtums. Die Personalunion von Kaiser, König von Böhmen,
Erzherzog von Österreich und König von Ungarn wurde durch bestimmte
Überschneidungen in Verwaltung und Militär zusätzlich verstärkt, was
beim nationalistischen und auf seine Interessen bedachten magyarischen
Adel – der vornehmlich calvinistisch war und eine Ausweitung der Gegenreformation unter den Habsburgern befürchten mußte – wiederholt
zu Aufständen führte, vor allem unter Franz Rákóczy, geschürt und un-

terstützt von den Franzosen während des Spanischen Erbfolgekrieges (1705–1711).

Im Osten waren die Aussichten für den Kaiser so günstig, daß er trotz des erbitterten Krieges mit Frankreich und entgegen dem Drängen der verbündeten Seemächte England und Holland den Kampf gegen die Türken fortsetzte; dabei bediente er sich einer Phalanx bedeutender Heerführer, unter denen neben dem Kurfürsten Max Emanuel von Bayern der Markgraf Ludwig Wilhelm von Baden glänzte, dessen Siege die Rückkehr des reichen Siebenbürgens, das eineinhalb Jahrhunderte selbständiges Fürstentum gewesen war, unter die Herrschaft des Habsburger Königs von Ungarn besiegelten (1692). Ludwig Wilhelms Abmarsch an die Westfront markierte vorerst das Ende der österreichischen Expansion; dann aber rangen sich die vorsichtigen Wiener Räte dazu durch, das Oberkommando einem jungen Offizier zu übertragen, der aus dem Nichts gekommen war und in fünfzehn Jahren glänzende militärische und politische Fähigkeiten bewiesen hatte: Prinz Eugen von Savoyen.

Eugen war der jüngste Sohn eines Offiziers aus der regierenden Familie der Herzöge von Savoyen; seine Mutter Olympia Mancini, eine Nichte Mazarins, war als ein Schwarm des jungen Ludwigs XIV. in Ungnade gefallen und rächte sich dafür mit gefährlichen Intrigen. Der buckelige und häßliche Savoyer war ursprünglich für die geistliche Laufbahn vorgesehen, aber seinem leidenschaftlichen Gemüt schwebten stets nur Schlachten und militärischer Ruhm vor. Mit zwanzig Jahren, während der Belagerung Wiens durch die Türken, versuchte er mit dem jungen Prinzen von Conti aus Frankreich zu fliehen, um beim Kaiser sein Glück zu machen. Als die beiden jungen Männer aufgegriffen wurden, hielt man nur Conti als Mitglied der Königsfamilie Bourbon zurück. Der unbedeutende Herzog durfte weiterziehen, ein Entschluß, den die Franzosen später in vielerlei Hinsicht zu bereuen haben sollten. Eugen stellte auf den Schlachtfeldern in Ungarn, Italien und am Rhein unvergleichlich viel Mut, Unerschrockenheit und strategischen Einfallsreichtum unter Beweis, was ihm einen raschen Aufstieg sicherte. 1697 errang er als fünfunddreißigjähriger Oberbefehlshaber den entscheidenden Sieg bei Zenta. Das Osmanische Reich war vernichtend geschlagen und mußte entgegen der sonstigen Praxis, mit Ungläubigen nur einen begrenzten Waffenstillstand auszuhandeln, dauerhaft Frieden schließen. Die Türken erkannten den Verlust Ungarns und Siebenbürgens an, behielten indes Belgrad und das Banat, das die südlichen Landesteile Ungarns und Siebenbürgens als schmaler Korridor trennte. Österreich war europäische Großmacht. Der Friede von Karlowitz, ein Ergebnis der Siege Eugens von Savoyen, war vor allem der Vermittlung der Seemächte zu verdanken, die mit Besorgnis dem Augenblick entgegensahen, wenn die Frage der spanischen Erbfolge akut werden würde. Der Vertrag von Karlowitz wurde am 26. Januar 1699 unterzeichnet; der letzte spanische Habsburger Karl II. starb am 1. November 1700.

Karls Tod war der Auftakt zu einem gewaltigen militärischen Konflikt, der zeitgleich mit dem Nordischen Krieg ausgetragen wurde, in dem sich der Schwedenkönig Karl XII., August von Sachsen-Polen und das aufstrebende Russische Reich Peters des Großen gegenüberstanden: Damit waren erstmals in der Geschichte alle Mächte Europas zur gleichen Zeit in zwei große Kriege verwickelt. Eugen von Savoyen feierte als Politiker und Kriegsherr weitere Triumphe. Nach aufsehenerregenden Siegen in Italien, deren Ergebnisse die Wiener Räte mit ihrer Zauderpolitik verspielten, wurde er 1703 zum Präsidenten des Hofkriegsrates ernannt. Neben der neuen Tätigkeit schlug er entscheidende Schlachten. Mit John Churchill, dem späteren Herzog von Marlborough, der wie er zugleich Staatsmann und Kriegsherr war, siegte er 1704 in der Schlacht bei Höchstädt (oder Blindheim) über die französisch-bayerische Armee, die Wien bedrohte. Der Sieg von Turin 1706 bedeutete die Vertreibung der Franzosen aus Norditalien. Der gemeinsam mit Marlborough errungene Sieg von Oudenaarde in Flandern 1708, dem die Schlacht von Malplaquet 1709 folgte, machte den Weg frei für Friedensverhandlungen; sie scheiterten an den überzogenen Forderungen, die die spanischen Ratgeber des Kaisers gegen den Ratschlag Eugens von Savoyen stellten: Ludwig XIV. sollte seinen eigenen Enkel Philipp V. aus Spanien vertreiben! Der Tod Kaiser Josephs I. (1711) und der Amtsantritt seines Bruders, des bisherigen spanischen Regenten Karl, der als Karl III. in Spanien gegen König Philipp gekämpft hatte, schürten die Furcht der Engländer vor einer Wiederherstellung des Weltreichs Karls V., eine Vision, die sie ebensosehr erschreckte wie die Aussicht auf einen Bourbonen als Erben ganz Spaniens. Dies und der Sturz Marlboroughs führten zum Austritt Englands aus dem Bündnis mit dem Reich. In dieser heiklen Lage trat erneut Eugen von Savoyen in Aktion und handelte mit seinem direkten Gegner im Krieg, dem Marschall Villars, 1714 den Frieden von Rastatt zwischen dem Kaiser und Frankreich aus. Österreich erhielt nach diesem Vertrag Neapel, Mailand und die Niederlande, während Philipp von Anjou Spanien und die Kolonien behielt.

Als die Türken erneut zu einer Gefahr wurden, zog Prinz Eugen, der wichtigste Minister des Kaisers, mit einem Reichsheer wieder gegen den

Erzfeind der Christenheit zu Felde. 1716 schlug er sie bei Peterwardein, besetzte das Banat, Nordserbien und die Walachei und eroberte 1717 Belgrad zurück: Der brillante Sieg sollte mit dem Volkslied *Prinz Eugen, der edle Ritter* zwei Jahrhunderte lang im kollektiven Bewußtsein lebendig bleiben. 1718 trat die Türkei im Frieden von Passarowitz das Banat, Serbien und die Kleine Walachei an Österreich ab. Die Herrschaft der Habsburger über den gesamten Balkan schien gesichert. Wegen seines Ruhms, seiner Macht und seines Vermögen wurde der Prinz immer wieder von Neidern angefeindet. Kaiser Karl VI. (1711–1740) schätzte ihn und setzte ihn ein, verließ sich auf seine genialen Fähigkeiten aber weniger ausschließlich als noch sein Bruder und Vorgänger, der offenere und großzügigere Joseph I. (1705–1711). Obwohl Eugen nach wie vor eine Hauptrolle spielte, gelang es ihm nicht, die unterschiedlichen alten und neuen Gebiete der Habsburger zu einem einzigen fest organisierten Staatsgebilde zu verschmelzen oder die Mittel aufzutreiben, um den von ihm geschaffenen Militärapparat schlagkräftig zu halten. Im glanzvollen leichtlebigen Wien, das damals zu einer barocken Metropole Europas inmitten eines Reiches heranwuchs, das Ungarn, Böhmen, Belgien, Neapel, die Lombardei und das deutsche Alpenland von Fribourg bis Graz umfaßte, betätigte er sich als Förderer der bildenden Kunst, Literatur und Wissenschaften. Lukas von Hildebrandt errichtete in seinem Auftrag im Wiener Süden den ausgereiftesten und kühnsten seiner genialen Bauten: den Palast des Belvedere. Dieses Schloß, in dem italienische mit chinesischen Einflüssen verschmolzen, überragt mit seinen großen grünen gewölbten Dächern auf seinem Hügel noch heute die Kaiserstadt, die dem siegreichen Prinzen soviel verdankte. Als Sammler, Gartenbauarchitekt, Konstrukteur von Fontänen und Mann von Welt wurde »Eugenio von Savoy«, wie der Begründer der Größe Österreichs in Anspielung auf seine italienische, französische und deutsche Abstammung zu unterzeichnen pflegte, über Ruhm und Enttäuschung alt. Seine letzten Feldzüge gegen Frankreich 1734 im Krieg um die polnische Nachfolge verliefen glücklos und konnten nur eine klare Niederlage abwenden: Franz von Lothringen, der Schwiegersohn des Kaisers, tauschte sein Erbherzogtum gegen die Toskana ein, so daß Frankreich sein seit hundert Jahren angestrebtes Ziel, den Vorstoß an den Rhein, schließlich erreichte.

Prinz Eugen starb 1736. Im folgenden Jahr wurde die österreichische Armee von den Türken geschlagen. Die Habsburger behielten zwar das Banat, verloren aber Serbien und die Walachei wieder an den Sultan und mußten ihre Hoffnungen auf den Balkan begraben. Ihre Niederlage, die 1739 zum Vertrag von Belgrad führte, hatte schwerwiegende historische Konsequenzen: Rußland war Anfang des 18. Jahrhunderts noch vollauf im Norden beschäftigt und verfügte noch nicht über die Mittel, um auf dem Balkan ebenfalls einzugreifen. In dieser Situation verspielte Österreich die einmalige Gelegenheit, sich dort die Herrschaft zu sichern. 1788, fünfzig Jahre später, nahm Joseph II. den Krieg gegen die Türken wieder auf, den er diesmal gemeinsam mit den Russen führte. Sie machten immense Gebietsgewinne, während Österreich sich trotz einer erneuten Eroberung von Belgrad mit bescheidenen Grenzkorrekturen zufriedengeben mußte. Die Niederlagen der Jahre 1737 bis 1739 bildeten somit den Keim für den russisch-österreichischen Konflikt um die Vorherrschaft auf dem Balkan, der dann mit zum Ausbruch des Ersten Weltkriegs von 1914 beitragen sollte.

Die Befreiung Ungarns schuf erstmals eine tiefe und dauerhafte Bindung zwischen der Gesamtheit der deutschen Staaten und der Stephanskrone.[6] Ungarn behielt außer in der Zeit zwischen 1849 und 1867 seinen Status als unabhängiger Staat, dessen Bedeutung innerhalb der habsburgischen Besitzungen 1740 mit dem Reichstag von Preßburg besonders hervorgehoben wurde. Andererseits lieferte der Reichstag, der die Königin von Ungarn als »unsere Königin Maria Theresia« akklamierte, der Habsburgerin eine solide Basis für den Kampf gegen diejenigen Kräfte, die nach dem Tod ihres Vaters Karl VI. eine Aufteilung seines Erbes anstrebten. Das Machtzentrum für das gesamte Herrschaftsgebiet der Dynastie lag dennoch nach wie vor in Wien, von wo aus auch Ungarn weitgehend regiert wurde, selbst wenn die Wiener Macht zuweilen durch einen Erzherzog als Palatin teilweise mediatisiert wurde. Obwohl Joseph II. (1765 bis 1790) ein begeisterter Reformer und ungeduldiger Hitzkopf, das Deutsche (dem er mehr aus Gründen der Vernunft denn aus nationaler Gesinnung zum Durchbruch verhelfen wollte) nicht in allen Ländereien als einzige Amtssprache durchsetzen konnte, wurde es zur Sprache der Führungsebene in den kaiserlichen und königlichen Streitkräften und diente zudem als ein Idiom, über das die Magyaren und mehr noch die kleinen slawischen und romanischen Volksgemeinschaften des Balkans Zugang zur europäischen Kultur erhielten. Durch Einwanderung von Deutschen, seit Ende des 17. Jahrhunderts systematisch gefördert, entstanden in Ungarn, vor allem im Banat, ausgedehnte Zonen mit mehrheitlich oder ausschließlich deutscher Bevölkerung; daneben gab es die alte »sächsische« Bevölkerung, die seit dem 13. Jahrhundert in Siebenbürgen siedelte. Die Städte Oberungarns, der heutigen Slowakei, die nicht unter Türkenherrschaft gestanden hatten, waren in der Mehrzahl von deutschen Handwerkern, Kaufleuten und Ärzten bewohnt, und Deutsche schlossen die Bevölkerungslücken in den zerstörten Städten unter ehemals türkischer Herrschaft. Buda (Ofen) und Prag blieben bis Mitte des 19. Jahrhunderts weitgehend deutschsprachig. Der erste Türkenkrieg Josephs II. brachte Österreich den Anschluß der Bukowina (Buchenlands) im Nordosten Ungarns hinter den Karpaten, einer von Rumänen, Ukrainern und Juden bevölkerten Provinz, in der nun auch zahlreiche deutsche Kolonien entstanden. In Czernowitz, einem Vorposten deutscher Kultur, wurde im 19. Jahrhundert mit großem Erfolg eine deutschsprachige Universität gegründet. Während das Alte Reich im 17. Jahrhundert im Westen große Gebiete verloren hatte, öffnete Österreich mit seiner Verfassung und Macht die endlosen Weiten Südosteuropas im 18. Jahrhundert dem deutschen Einfluß auf politischem, kulturellem und wirtschaftlichem Gebiet. Zur gleichen Zeit halfen deutsche Adlige, Bürger und Bauern bei der Modernisierung des Russischen Reiches, das sich seit Peter dem Großen nach Westen hin orientierte.

Als Tochter und Gattin von Kaisern, als direkte Herrscherin von Ungarn und Königin, Herzogin, Gräfin und Herrin der habsburgischen Erblande spielte Maria Theresia als einzige Frau in der politischen Geschichte Deutschlands eine überragende Rolle. Ihr Vater Kaiser Karl VI., der letzte direkte Nachfahr Rudolfs von Habsburg im Mannesstamm, hatte seine ganze Energie und ein Vermögen eingesetzt, um seiner ältesten Tochter (gegen die Töchter seines Bruders und Vorgängers Joseph I.) die Nachfolge zu sichern. Er erlangte den Konsens der Landstände aller Erblande und konnte die Zustimmung der europäischen Mächte erringen, die ihr Einverständnis nach dem Tod des Kaisers allerdings in der Mehrzahl rasch wieder vergaßen. Die energische, sittenstrenge und fromme Maria Theresia (1717–1780), die ebenso intelligent wie zäh war und sechzehn Kinder zur Welt brachte, wurde zur Begründerin der österreichischen Großmacht: Es gelang ihr, alle Erblande außer Schlesien, das sie Friedrich von Preußen abtreten mußte, zu erhalten und deren Zusammenhalt entscheidend zu stärken. Dennoch blieb Österreich stets ein Vielvölkerstaat, dessen einzelne, von den Habsburgern im Laufe der Jahrhunderte erworbene Glieder einen sehr realen Sinn für ihre Eigenheiten behielten, der vor der mehrheitlichen Besiedlung durch Deutsche noch ausgeprägter gewesen war. So war es in der Tat schwierig, ja eigentlich unmöglich, die Königreiche Ungarn und Böhmen, die vornehmlich deutschsprachigen Alpenländer, das Herzogtum Mailand – eine Schlüsselregion italienischer Kultur – und das halb slawische, halb italienische Istrien zu einem einzigen Staat zu verschmelzen. Österreich wurde niemals ein Nationalstaat, wie er trotz regionaler Unterschiede in Frankreich oder England zustande gekommen war. Es wurde, von der Zeit der Reaktion 1849 abgesehen, ebensowenig ein zentralistischer Staat, und doch war das Land fast zwei Jahrhunderte lang eine bedeutende Großmacht, bei der es ein ausreichendes Maß an Einigkeit gab, um dieses Konglomerat aus Provinzen und Einzelstaaten gegen die beiden bedeutendsten europäischen Staatsmänner der Zeit zu behaupten: gegen Friedrich II. und Napoleon.

Wien wuchs im 18. Jahrhundert bis weit über seine Festungsmauern, die 1683 den Türken standgehalten hatten, hinaus und entwickelte sich zu einer glanzvollen europäischen Metropole, die ihrer geographischen Lage wegen sehr offen für Einflüsse aus Italien oder vom Balkan war, zugleich aber vom Zentrum des Alten Reichs zu weit entfernt lag, um eine Hauptstadt werden zu können, wie es Paris, London oder Madrid für den jeweiligen Nationalstaat waren. Erst ein Jahrhundert später machte Bismarck, als er ein »kleindeutsches« oder »preußisch-deutsches« Reich ohne Österreich schuf, aus Berlin eine der führenden Kapitalen des Kontinents, die Hauptstadt des Zweiten Reichs, das mit dem ersten, 1806 aufgelösten, nur wenig gemein hatte und in vielerlei Hinsicht ein vergrößertes Preußen war. Im 17. und 18. Jahrhundert war das Wien der letzten drei Habsburger Kaiser Leopold, Joseph und Karl, die Stadt des Prinzen Eugen von Savoyen, dennoch das wichtigste Zentrum des Reiches mit einer einzigartigen Geltung, wie sie Berlin erst am Ende der Herrschaft Friedrichs II. erlangen sollte.

Der Aufstieg Preußens

Als sich der Kurfürst von Brandenburg Friedrich III. 1701 mit kaiserlicher Zustimmung zum »König in Preußen« krönte, hatte der Hohenzollern-Staat ungefähr den halben Weg seines Aufstiegs zur modernen Großmacht zurückgelegt. Die Hohenzollern, nahe Verwandte der Staufer, die der bedeutenden Kaiserdynastie den Namen gegeben hatten, sind nach ihrem Stammschloß auf dem Zollerberg am Rande der Schwäbischen Alb benannt; sie stammten ursprünglich aus Schwaben, wo sie im 10. Jahrhundert auftauchten und in der älteren Linie über bescheidene Gebiete herrschten, welche die letzten souveränen Fürsten 1849 an Preußen verkauften. Eine jüngere Linie erwarb bedeutende Besitzungen in Franken mit dem Titel der Burggrafen von Nürnberg. Der Burggraf verwaltete ursprünglich den Kaiserpalast und die ausgedehnten Gebiete der Krone in Nürnberg und Umgebung. Burggraf Friedrich VI. erhielt für seine treuen Dienste von Kaiser Sigismund beim Konzil zu Konstanz 1415 die Mark Brandenburg, die nach dem Tod eines kaiserlichen Cousins an die Krone zurückgefallen war, und für dieses Lehen die Kurwürde. Keiner von Friedrichs Nachfahren der nächsten zweihundert Jahre tat sich so weit hervor, daß sein Name in die Geschichte eingegangen wäre. Dann aber gereichte den ernsten, strebsamen und ehrgeizigen Kurfürsten von Brandenburg ein fränkischer Cousin zum Nutzen: Sie erbten Anfang des 17. Jahrhunderts das Herzogtum Preußen, das der Hochmeister Albrecht von Brandenburg-Ansbach, ein Hohenzoller, 1525 dem Deutschen Orden entzogen und in ein weltliches Fürstentum umgewandelt hatte. Am anderen Ende Deutschlands, am Niederrhein und in Westfalen, erwarben sie, ebenfalls durch Erbschaft, das Herzogtum Kleve und die Grafschaften Mark und Ravensberg. Im 15. Jahrhundert mußten sie ihre Macht zunächst allerdings gegen eine starke arme Adelsschicht, die sich unter vorigen schwachen oder häufig abwesenden Kurfürsten allerlei Rechte angemaßt hatte, durchsetzen und abgefallene Gebiete zurückerobern. Brandenburg, eine Landschaft mit ausgedehnten sandigen und bewaldeten Gebieten, warf keine Reichtümer ab, jedenfalls nicht so viel, um seinen Herrschern eine führende Rolle in Europa zu sichern. Es diente höchstens als Grundlage für die erfolgreiche Heiratspolitik der Hohenzollern, die, wenngleich in bescheidenerem Rahmen durchgeführt, stark an die Politik der österreichischen Habsburger erinnert.

Als der junge Kurfürst Friedrich Wilhelm 1640, also mitten im Dreißigjährigen Krieg, die Nachfolge seines mittelmäßigen Vaters antrat, bewies er auf Anhieb bedeutende politische und militärische Talente. Dieser »Große Kurfürst« war durch seine Mutter freilich Neffe des Schwedenkönigs Gustav Adolf, des gewaltigen Retters des deutschen Protestantismus. Die Westfälischen Verträge sprachen dem Kurfürsten die Bistümer Minden an der Weser und Halberstadt sowie die Anwartschaft auf das Erzbistum Magdeburg zu, was seine Ländereien nach Westen hin erweiterte. Vom Erbe der Herzöge von Pommern, einer erloschenen Dynastie, die mit den Hohenzollern durch Erbvertrag verbunden war, erhielt er allerdings nur den östlichen Teil, also Hinterpommern. Vorpommern mit der Hauptstadt Stettin und der Odermündung ging dagegen an Schweden, das nach dem Westfälischen Frieden ein Bein auf deutschem Festland behalten wollte.

Friedrich Wilhelm begann als typischer Barockfürst die Macht der Landstände auf seinen zersplitterten Besitzungen zwischen Rhein und Memel einzuschränken. Mit List, Gewalt und Verhandlungen errang er die uneingeschränkte Anerkennung seiner fürstlichen Autorität. Durch die Schaffung einer Zentralregierung versuchte er seine Ländereien miteinander zu verbinden. Im Vertrauen auf das Militär als solides Fundament der Staatsgewalt schuf er ein stehendes Heer von 30000 Mann,

eine gewaltige Zahl für die damalige Zeit, als der Kaiser und der König
von Spanien den Sold für eine solche Streitmacht nur selten aufbrachten.
Und dabei hatten Friedrich Wilhelms Besitzungen nicht einmal eine Million Einwohner. Der Kurfürst, der wechselweise mit dem Kaiser und dem
König von Frankreich paktierte und sich abwechselnd mit Schweden
oder Polen freundschaftlich verband, wußte sich mit Hilfe seiner gut
ausgebildeten, hervorragend geführten und stets verfügbaren Armee bei
den Großmächten unentbehrlich zu machen. Nach einem schwedischen
Angriff errang er am 18. Juni 1675 bei Fehrbellin über eine der führenden Militärmächte der Zeit einen eindrucksvollen Sieg. Die Schlacht bildet den Hintergrund für das »preußischste« aller deutschen Dramen, für
Kleists hundertfünfzig Jahre später entstandenen »Prinzen von Homburg«, in dem der Konflikt zwischen Individuum und Staat, zwischen
Pflicht und Neigung auf mitreißende Weise lebendig wird. Das Eingreifen
Ludwigs XIV. rettete zwar den Großteil der kontinentalen Besitzungen
Schwedens, doch übertraf Friedrich Wilhelm, der die polnische Lehnsherrlichkeit abgeschüttelt und so für sein Herzogtum Preußen die Souveränität errungen hatte, bereits die meisten Reichsfürsten an Macht und
Ansehen. Als autoritärer frommer Calvinist sah der Große Kurfürst, wie
er genannt wurde, nur den »gerechten« Krieg als legitim an, hielt es als
Herrscher zugleich aber für eine Lästerung Gottes, nun einmal dargebo-
tene Chancen nicht zu nutzen.

Im Jahre 1685, einige Wochen nach Aufhebung des Ediktes von
Nantes, das Frankreichs Hugenotten Glaubensfreiheit garantiert hatte,
bot er diesen Protestanten in seinen Staaten Asyl an. Viele Tausend, in
der Mehrzahl Südfranzosen, strömten ins Land. In Berlin ließen sich
allein 4000 Hugenotten nieder und brachten Handwerk und Gewerbe
zu neuer Blüte. Der Bildhauer Andreas Schlüter, der erste bedeutende
»preußische« Künstler, errichtete unter dem Nachfolger das Reiterstandbild des Großen Kurfürsten, das vor dem Berliner Schloß Charlottenburg
heute wieder zu bewundern ist. Der eigentliche Gründer des preußischen
Staates ist mit einer Allongeperücke als stämmiger, sehr robuster Mann
mit energischen Zügen und intelligentem Blick dargestellt. In Wien wurde
dem Prinzen Eugen von Savoyen, dem Feldherrn, Minister und Begründer
der Größe des habsburgischen Österreichs, einige Jahre später ebenfalls
ein Reiterstandbild errichtet; in beiden Fällen eine verdiente Ehre, denn
Friedrich Wilhelm von Brandenburg und Prinz Eugen von Savoyen waren
die herausragenden politischen Figuren des Reichs im Zeitalter des Barock. Im Unterschied zu Prinz Eugen, dem feinsinnigen Literaturkenner
und Förderer der Künste, bemühte sich der Große Kurfürst in der vom
Kriege ausgesparten Zeit vornehmlich darum, die wirtschaftliche Ent-

wicklung in seinen Staaten voranzutreiben, wofür es vor allem im Osten viel zu tun gab.

Eher unbedeutend war dagegen der erste »König in Preußen«, ein ehrgeiziger, aber schwacher und verschwenderischer Herrscher ohne klare politische Linie. Immerhin setzte Friedrich I. in den geographisch zersplitterten Territorien der preußischen Monarchie das administrative Einigungswerk seiner Vorgänger fort. Die Nachwelt hat ihm vor allem das Verdienst zuerkannt, seiner brillanten Hannoveraner Gattin Sophie Charlotte auf kulturellem Gebiet freie Hand gelassen zu haben. Berlin entwickelte sich langsam zu einer Hauptstadt, die diesen Namen tatsächlich verdiente. Dazu trugen die Gründung einer Akademie der Schönen Künste und einer Sozietät der Wissenschaften bei (Sophie Charlotte folgte auf diesem Gebiet den Ratschlägen des großen Leibniz), sowie ein königliches Mäzenatentum, das Künstler wie den Bildhauer Andreas Schlüter und den Baumeister Johann Friedrich Eosander von Göthe oder Gelehrte wie den Juristen und Historiker Samuel von Pufendorf an den Hof zu ziehen verstand. Das Berliner Schloß wurde zur Königsresidenz ausgebaut, weiter westlich in Charlottenburg entstand die nach der Königin benannte Sommerresidenz mit ihren ebenso klassischen wie imposanten Linien. In Halle, das durch die Westfälischen Verträge an Brandenburg-Preußen gekommen war, gründete Friedrich I. eine neue Universität mit einer theologischen und einer juristischen Fakultät, in denen die kühnsten und innovativsten Geister des protestantischen Deutschlands wirkten, so die Theologen Spener und Francke oder der Naturrechtstheoretiker Thomasius, der erstmals in deutscher Sprache Vorlesungen abhielt. In Halle gründete August Hermann Francke zur selben Zeit die Franckeschen Stiftungen, ein Waisenhaus und Lehranstalten, in denen sich – eine völlige Neuerung – der innige und individuelle protestantische Glaube mit einem sehr modernen Bemühen um gesellschaftlichen Fortschritt verband. Christian Thomasius zog seinerseits mit allem gebotenen Eifer gegen Folter und Hexenglaube zu Felde; mit seinem naturwissenschaftlichen Rationalismus und seiner aus dem Naturrecht abgeleiteten Ethik der Redlichkeit wurde er zum geistigen Wegbereiter des nüchternen, pflichtbewußten und eisern sparsamen »preußischen Beamtentums«.

Dieses »Beamtentum« sollte neben der Armee zu einer der Tragsäulen des preußischen Staates werden. In der Außenpolitik hielt Friedrich dem Kaiser als Gegenleistung für die Zustimmung zu seiner Selbstkrönung die Treue: Seine Truppen spielten im Spanischen Erbfolgekrieg eine bedeutende Rolle, aber aus Vorsicht verzichtete Friedrich I. auf eine Teilnahme am erneuten Nordischen Krieg, obwohl Preußen auf den Erwerb des beanspruchten Vorpommern hätte hoffen können, das noch immer unter schwedischer Herrschaft stand. Militärische Erfolge in Norditalien vergrößerten das Ansehen des vom Großen Kurfürsten geschaffenen Heeres. In der Frage der oranischen Nachfolge konnte sich Friedrich als persönlicher Erbe seines 1702 verstorbenen Cousins Wilhelms III. durchsetzen, des letzten Prinzen von Oranien, des Statthalters der Niederlande und Königs von England.[7] Obwohl das Fürstentum Oranien selbst an Frankreich fiel, erhielt Hohenzollern das Fürstentum Neuchâtel, das allerdings zu weit entfernt war, um eine bedeutende Machtbasis zu sein. Dafür erhielt es in der unmittelbaren Nachbarschaft von Kleve die südliche Hälfte des Herzogtums Geldern, das Fürstentum Moers und die Grafschaft Lingen. Die Generalstaaten lehnten dagegen Friedrichs Ansprüche auf die Nachfolge der Statthalterschaft in den Niederlanden, wo später eine jüngere Linie der Nassauer die Zügel in die Hand nahm, entschieden ab.

Im Jahre 1713 trat Friedrich Wilhelm I., der Soldatenkönig, wie man ihn nennen sollte, Friedrichs Nachfolge an. Welch ein Unterschied zum ersten König in Preußen! Dieser ebenso derbe wie fromme Pedant und autoritäre Despot war von einem geradezu krankhaften Pflichtbewußtsein erfüllt; geizig und jähzornig lehnte er die höfische Kultur mit Ausnahme der Musik, die er ebenfalls kaum pflegte, fast völlig ab und opferte sich statt dessen für eine Abstraktion auf: für den Staat und das Gemeinwohl. Friedrich Wilhelm I. war von glühendem Verlangen nach Zuneigung besessen, und er schlug blindlings zu, wenn man sich seiner Liebe entzog.

Dieser Sonderling hing so leidenschaftlich an seiner Armee, daß er sich stets scheute, sie den Gefahren der Schlacht auszusetzen. In den siebenundzwanzig Jahren seiner Regierung wagte er es nur ein einziges Mal, und zwar am Ende des Nordischen Krieges als gleichzeitiger Verbündeter von Rußland und vom England der Hannoveraner, als das Risiko eher gering war. Das Engagement brachte ihm schließlich Stettin, die Odermündung und die südliche Hälfte von Vorpommern ein. Nur der Nordteil mit Stralsund und die Insel Rügen blieben bei den Schweden, die es bis 1815 hielten. Die Erfahrungen auf den flandrischen Schlachtfeldern im Spanischen Erbfolgekrieg hatten Friedrich Wilhelm als Prinzen in einer Überzeugung bestärkt, zu der bereits sein bedeutender Großvater gelangt war: daß der preußische Staat nur mit Hilfe einer starken Armee zur ernstzunehmenden Großmacht aufsteigen konnte. In Friedenszeiten stockte er diese Streitmacht von 40 000 auf 80 000 Mann auf und opferte ihr alle Ressourcen eines Königreiches, das weniger als zwei Millionen Einwohner hatte. Die Truppenstärke wurde aufrechterhalten durch eine

Zwangsrekrutierung, die zuweilen Menschenraub gleichkam und vor den Grenzen des preußischen Staates nicht haltmachte. In den Regimentern herrschte eiserne Disziplin; angesichts der zahlreichen Deserteure drohten Strafen wie der Spießrutenlauf, eine besonders barbarische Züchtigungsart, bei der die Delinquenten zwei Reihen ihrer Kameraden durchlaufen mußten, die mit Ruten auf sie einzuschlagen hatten. Die Rekruten wurden mit Gebrüll, Schlägen, Erniedrigungen und körperlichen Strapazen zu willenlosen Werkzeugen gemacht, die in blindem Gehorsam ins gefährlichste feindliche Geschützfeuer liefen.

Der Soldatenkönig vollendete die politische Entmachtung des Adels, entzog ihm alle steuerlichen Privilegien (womit er das Werk seiner Vorfahren zum Abschluß brachte, angefangen vom ersten Kurfürsten, der zahlreiche Adlige wegen Wegelagerei hatte aufhängen lassen, bis hin zum Großen Kurfürsten, der in seinen Besitzungen die Ständeversammlungen abgeschafft hatte) und wandelte die Gefolgschaft in ein finanzielles Abgabensystem um, reservierte dem Adel aber andererseits höhere Verwaltungsämter und Offiziersstellen. Für die militärische Laufbahn waren vor allem die jüngsten Söhne adliger Grundbesitzer bestimmt, die die Härten dieses Lebens bereits mit zwölf oder dreizehn Jahren kennenlernten. Im Heer erwartete sie neben einem sicheren, aber bescheidenen Sold eine Ideologie, die im wesentlichen zwei Extreme prägten: Kadavergehorsam nach oben und unbeschränkte Befehlsgewalt nach unten. Der König konnte sich in seinem kleinen Staat mit nur geringer Bevölkerung noch um fast alles selbst kümmern und herausragende Figuren persönlich entdecken. Stur, opferbereit und verbissen übte er »wie ein eherner Fels« seine Herrschaft aus, die unbedingte Pflichterfüllung und das Verbot jeglicher Eigeninitiative bedeutete.

Zahlreiche Maßnahmen zur Förderung von Handwerkern und Unternehmern kurbelten die inländische Produktion an; die entstehenden Manufakturen, von denen viele mangels Erfahrung und Sachverstand der verantwortlichen Beamten bald wieder eingingen, schirmte er mit hohen Zollmauern gegen ausländische Konkurrenten ab. 1733 führte er als erster europäischer Herrscher eine Konskription ein, die die Söhne von Bauern und Handwerkern mit Ausnahme der ältesten zum Dienst in den Regimentern ihrer Kantone heranzog; freigestellt waren Manufakturarbeiter und städtische Bürger, die Söhne der Adligen mußten dagegen als Kadetten und Fähnriche dienen. Friedrich Wilhelm betrieb unter der Leitung des »Generaldirektoriums«, einer Art Wirtschafts- und Finanzministerium, eine strikt merkantilistische Wirtschaftspolitik, die nicht nur darauf abzielte, mit protektionistischen Maßnahmen die inländische Produktion zu fördern (so wurde zur Ankurbelung der Textilproduktion die

Ausfuhr von Wolle verboten), sondern auch dazu diente, die Staatsgewalt zu stärken, einen gewaltigen Kriegsschatz anzuhäufen und der Armee auch indirekt zu nutzen: So produzierte eine staatliche Manufaktur in Berlin Tuch zur Herstellung von Uniformen. Die auf Verbesserung der Staatsfinanzen gerichtete Sparpolitik des Soldatenkönigs machte nicht einmal vor seinen Soldaten halt: Nach dem Exerzieren mußten sie zum Eigengebrauch und öffentlichen Verkauf Socken stricken.

Dieser autoritäre und spartanische König geriet bald in Konflikt mit seinem ältesten Sohn Friedrich, einem Liebhaber von Kunst und Literatur, der höfischen Vergnügungen zusprach und Freundschaften pflegte. Mit achtzehn Jahren versuchte der Kronprinz ins Ausland zu fliehen. Sein Vater ließ ihn als Deserteur verurteilen; obwohl er ihn schließlich begnadigte, mußte der Prinz vom Fenster seiner Zelle aus mitansehen, wie sein bester Freund und Helfer, Leutnant von Katte, enthauptet wurde. Diese bitteren Erfahrungen machten aus dem kultivierten und feinsinnigen Friedrich, einem exzellenten Musiker, Komponisten und Flötisten, der klassisch gebildet war und ein elegantes Französisch schrieb, einen harten, unerschütterlichen, energischen und menschenscheuen Charakter. Die Leidenschaften der Jugend verwandelten sich in ihm in ein seltsames Gemisch aus Ruhmbegierde, Menschenverachtung und Pflichtbewußtsein in einem Staat, den er selbst zum höchsten Wert erhob. Der Verfasser des moralisierenden »Antimachiavell« und scheinbare Freund Voltaires – der geniale Widerspruchsgeist glaubte im Gegensatz zum König an den Wert des Menschen – widmete sich schließlich einer gewaltigen historischen Aufgabe, die wohl auch eine Flucht darstellte und die er wie besessen und mit zuweilen kleinlicher Pedanterie betrieb: die Perfektionierung des Staatsapparates, der reiner Selbstzweck geworden war. Denn Friedrich der Große, ein überzeugter Agnostiker, glaubte nicht mehr an transzendente Werte. Hatte sein Vater, ein tief religiöser Mensch, sein Lebenswerk noch als Mission der Vorsehung begriffen und der Staatsgewalt zum Wohle der Untertanen zum Durchbruch verhelfen wollen, so erfüllte sein Sohn die Aufgabe, die ihm das Schicksal, der Zufall und seine Abstammung auferlegt hatten, mit Nihilismus, Verzweiflung und Genialität: weil er sonst nichts zu tun hatte und zum Freitod nicht berufen war. Als junger König half sich Friedrich II. mit Spiel und Risiko über die innere Leere hinweg; als alter, gebrechlicher und verbrauchter Mann setzte er den einmal eingeschlagenen Weg als erster Diener und erstes Opfer eines Staates fort, der, da keiner äußeren Rechtfertigung mehr bedürftig, zu einem Moloch wurde.

Zeittafel

1657	Tod Kaiser Ferdinands III. Interregnum.
1658	Wahl Leopolds I. zum Kaiser.
1663	Unterstützt vom ungarischen Adel und von Frankreich, beginnen die Türken den Krieg gegen Österreich (Beendigung 1664).
1668	Expansionistische Politik Ludwigs XIV. von Frankreich nach Westen.
1669	Hans J. Christoffel von Grimmelshausens »Simplicissimus«.
ab 1674	Krieg gegen Frankreich.
1675	Sieg des Großen Kurfürsten über die in Brandenburg eingedrungenen Schweden in der Schlacht bei Fehrbellin.
1679	Friedensschluß mit Frankreich (Nijmwegen). Frankreich beginnt mit der Annexion und Rückgewinnung rheinischer Städte und Territorien.
1680	Auswanderung deutscher Siedler nach Amerika. Bauernaufstand in Böhmen.
1681	Besetzung Straßburgs durch Frankreich.
1682	Erste Koloniegründung an der afrikanischen Guinea-Küste durch den brandenburgischen Kurfürsten.
1683	Beginn des Großen Türkenkrieges (Belagerung von Wien).
1684	Bündnis von Kaiser, dem Königreich Polen und Venedig zum Kampf gegen die Türken.
1685	Aufhebung des Toleranzedikts von Nantes und Flucht der evangelischen Hugenotten aus Frankreich vor allem nach Brandenburg. Deren Integration dank des Edikts von Potsdam.
1687	Der Jurist Christian Thomasius hält in Leipzig erstmals deutschsprachige Vorlesungen.
1688	Beginn des Pfälzischen Krieges zwischen Frankreich und verbündeten deutschen Staaten. 1689 Verkündung des Reichskrieges gegen Frankreich.
1694	Gründung der Universität Halle (Zentrum der Aufklärung).
1697	Frieden von Rijswijk mit Frankreich. Prinz Eugen von Savoyen schlägt die Türken in Ungarn vernichtend (1699 Frieden von Karlowitz).
1700	Inspiriert von Gottfried Wilhelm Leibniz, wird in Berlin eine wissenschaftliche Akademie gegründet.
1701	Erhebung Brandenburgs zum Königreich.
1702	Wiederum Krieg gegen Frankreich.
1705	Tod Kaiser Leopolds I. Nachfolger wird Joseph I. (Tod Josephs I. 1711, Nachfolger wird Karl VI.).
1713	Tod König Friedrichs I. von Preußen. Nachfolger wird Friedrich Wilhelm I., der Preußen militärisch und ökonomisch weiter ausbaut.
1714	Friedensverträge mit Frankreich in Rastatt und Baden.
1718	Wieder ausgebrochener Türkenkrieg wird mit dem Sieg von Prinz Eugen beendet (Frieden von Passarowitz).
1723	Johann Sebastian Bach wird Thomaskantor in Leipzig.
1730	Johann Christoph Gottscheds »Versuch einer Critischen Dichtkunst vor die Deutschen«.
1739	Der preußische Kronprinz Friedrich verfaßt mit »Antimachiavell« eine aufklärerische Schrift über den Fürsten als »ersten Diener des Staates«.

354

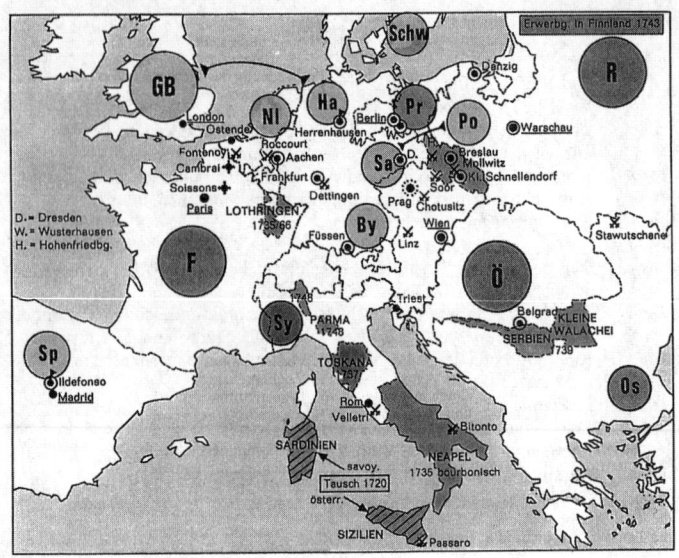

Europa 1713–1748

13. KAPITEL

Das Deutschland
Friedrichs des Großen

Friedrich II. bestieg den preußischen Thron 1740, also zufällig im selben Jahr, als Maria Theresia, die Königin von Ungarn und Böhmen, Erzherzogin von Österreich und die spätere Kaiserin des Heiligen Römischen Reichs mit ihrem Gatten Franz Stephan die Regierung der österreichischen Erblande übernahm. Der Gegensatz dieser beiden herausragenden Gestalten sollte vierzig Jahre lang die deutsche Geschichte prägen. Diese wurde zwar auch von Millionen anderer Menschen mitbestimmt, doch bringen die Massen, vor allem die anonymen, für sich allein noch nichts in Bewegung, die von bedeutenden und weniger bedeutenden Figuren bestimmt und gestaltet wird. Und natürlich bestimmen auch diese den Lauf der Geschichte nicht allein. Ihre Macht wird eingeschränkt durch die »Naturgewalten« von Klima und Bevölkerungsentwicklung und durch deren technische, wirtschaftliche, soziale und ideologische Folgen. Erst wenn die Zeit reif dazu ist, werden bestimmte Entscheidungen, Entdeckungen, Erfindungen und Gedanken möglich, wobei sich das Mögliche noch nicht ins Tatsächliche verwandeln muß. Und auch an diesem Reifen der Zeit haben die Bedeutenden wieder ihren Anteil. Der lange Streit um eine idealistisch-personalistische und eine materialistisch-kollektivistische Geschichtsauffassung, wie sie im 19. Jahrhundert die deutschen Gemüter bewegte und im 20. Jahrhundert zahlreiche französische Historiker umtrieb, ist nicht zugunsten der einen oder anderen, sondern zugunsten einer Synthese entschieden worden. In der Geschichte walten neben den materiellen und den kollektiven auch die individuellen Kräfte einzelner »Helden«. »Männer machen die Geschichte« – diese von Heinrich von Treitschke geprägte Formel wurde zum Wahlspruch der idealistischen Geschichtsschreibung in Deutschland.

Mit Maria Theresia von Österreich wurde die deutsche Geschichte erstmals maßgeblich von einer Frau bestimmt. Und von welch einer Frau! Gebildet und fromm, die liebevolle Mutter einer großen Familie, regierte sie ebenso gewissenhaft wie zielstrebig und flexibel. Sie war Ratschlägen gegenüber offen, vertraute aber auf ihre Mission und die eigenen Fähigkeiten. Als Königin, die sich ganz selbstverständlich in einer Männergesellschaft bewegte, war sie gütig, wußte zugleich aber auch, daß mit persönlicher Tugend allein nicht zu regieren ist. Maria Theresia sollte neben Rosa Luxemburg in der deutschen Geschichte, in der es weder bedeutende Königinnen noch einflußreiche Mätressen oder später bedeutende demokratische Führerinnen gibt, die einzige herausragende Frau bleiben.

Von ganz anderer Natur war Friedrich II. Der ebenso egozentrische wie geniale junge König hatte für die pietistischen Skrupel seines Vaters, des Soldatenkönigs, der einen ungerechten Krieg scheute und seine geliebte Armee möglichst nicht in Gefahr bringen wollte, nicht das Geringste übrig. Es war das Glück des Hohenzollern, daß der letzte habsburgische Kaiser gleich nach seiner Thronbesteigung starb. Karl VI. hatte sich die längste Zeit seiner Regierung damit beschäftigt, seiner ältesten Tochter die Thronfolge zu sichern, und dank bedeutender territorialer und politischer Zugeständnisse war es ihm gelungen, die wichtigsten europäischen Mächte und die Stände seiner Erblande zur Annahme der sogenannten Pragmatischen Sanktion von 1713 zu bewegen. Dieses grundlegende Hausgesetz der Habsburger setzte die Erzherzogin Maria Theresia zur alleinigen Erbin aller Besitzungen ein, die ihre Dynastie im Laufe der Jahrhunderte erworben hatte. Während die europäischen Mächte nach Karls Tod ihre teuer erkauften Unterschriften unter den Vertrag kurzerhand ignorierten, standen die Erblande weiterhin zu ihrem Wort. Nach substantiellen Zugeständnissen auch finanzieller Art verkündete der Reichstag von Ungarn begeistert: *Moriamur per regem nostrum Mariam Theresiam!* »Wir sterben für unseren König [sic] Maria Theresia!«

Unter dem Vorwand unleugbarer Ansprüche, die freilich nur einen kleinen Teil Schlesiens betrafen, überfiel Friedrich von Preußen dieses Gebiet, dessen zahlreiche Herzogtümer von der böhmischen Krone abhingen. Um die Mitte des 14. Jahrhunderts hatten sich die Piastenherzöge vor dem erstarkenden Polen dem König von Böhmen als Lehnsherrn unterstellt; 1526 stieß das Land im Erbfall zur Hausmacht der Habsburger. Mit dem preußischen Angriff begann die Ära der österreichisch-preußischen Kriege, die sich mit längeren Unterbrechungen über fast ein Vierteljahrhundert, von 1740 bis 1763, hinzogen und noch ein Jahrhundert später, im Jahre 1866, ein letztes Mal aufflammen sollten.

In den Augen Maria Theresias war Friedrich ein ehrloser, perfider und gottloser Aggressor, der es auf den Besitz einer schutzlosen Waise abgesehen hatte und die grundlegende Ordnung des Reichs zerstören wollte. Dieser blasierte Zyniker, der gebildet, aber ohne humanitäre Ideale war und sich in ehrgeizige Abenteuer stürzte, verkörperte für sie geradezu den Satan. In drei Kriegen stemmte sie sich ihm entgegen und versuchte

die Untertanen, die die Vorsehung ihrer Obhut unterstellt hatte, seiner
Herrschaft wieder zu entreißen.

Tatsächlich stand Friedrich II. am Beginn einer neuen, seltsamen und
bedrohlichen Entwicklung, die sich von da an in der deutschen Geschichte
immer wieder unheilvoll bemerkbar machen sollte: ein Hang zu Groß-
machtträumen, bei denen gar nicht erst lange versucht wurde, sie religiös,
ideologisch oder rechtlich zu rechtfertigen. Verbittert, ohne Glauben und
nur den eigenen Regeln gehorchend, eroberte, verteidigte und regierte
Friedrich seine Territorien einzig und allein um des Dienstes an einem
Staat willen, der reiner Selbstzweck war. Seine Moral als König ist eine
des auf kein konkretes Ziel ausgerichteten, »nutzlosen« Dienens, sein
Königtum ein Königtum des Nihilismus. Maria Theresia, die strenggläu-
bige Katholikin und fromm-gütige Barockherrscherin, hat mit der profunden Einsicht, die aus dem Herzen kommt, erkannt, daß mit ihrem
genialen Widersacher eine neue Figur des Bösen die Bühne der modernen
europäischen Geschichte betreten hatte.

Die beiden ersten Schlesischen Kriege (1740–1741 und 1742–1744) trug
Friedrich innerhalb eines größeren europäischen Konfliktes aus, wobei
er mit dem Erbfeind der Habsburger, mit Frankreich, ein Bündnis eingegangen war. Paris und Berlin konnten Maria Theresia – oder besser ihrem
Mann – zunächst die Kaiserwürde entreißen, die ihr Haus nach einer
ersten Bewährungsprobe zwischen 1272 und 1308 seit 1438 ununterbrochen innegehabt hatte. Zwar gab es keinen wirklichen Habsburger
mehr; der österreichische Kandidat war Maria Theresias Gatte Franz Stephan von Lothringen. Die Wahl Karl Albrechts von Bayern, des Schwiegersohnes Josephs I., als Karl VII. blieb jedoch nicht mehr als ein Zwischenspiel: Er wurde aus seinen Erblanden vertrieben und starb jung,
ohne seine Macht gefestigt zu haben. So konnte Maria Theresia bei der
Kaiserwahl 1745 ihren geliebten Gatten durchsetzen. Zur Spaltung der
Koalition unterzeichnete die »Königin von Ungarn« mit dem Preußenkönig zweimal einen Separatfrieden, den er jedesmal lediglich als Waffenstillstand betrachtete. Dank der Abtretung eines Großteils von Schlesien und einiger italienischer Provinzen, vor allem von Parma und
Piacenza, konnte sie das Kernstück des väterlichen Erbes zusammenhal-
ten. Mit der Toskana, die Franz Stephan im Austausch gegen Lothringen
erhalten hatte, und Aussichten auf Modena – ein Sohn Maria Theresias
heiratete später die Erbin dieses Herzogtums – verfügte Österreich nach
wie vor über bedeutende und solide Stützpunkte in Italien mit Mailand
als Zentrum. Nun konnte die Kaiserin das Werk Eugens von Savoyen
fortsetzen und ein großangelegtes Programm zur Einigung und Moder-

nisierung ihrer Erblande realisieren. Ähnliche Aufgaben warteten zur gleichen Zeit auf Friedrich in Preußen, wo allerdings nicht nur das seit einem
Jahrhundert betriebene Werk der Vorgänger fortgeführt, sondern dem
Reich auch neue Gebiete eingegliedert werden mußten: das große Schlesien und das ferne Ostfriesland mit Emden, damals einem der bedeutendsten Häfen Deutschlands und dem wichtigsten Zentrum des Schiffsbaus
auf dem Kontinent, das dem Hohenzollern Friedrich durch eine alte dynastische Übereinkunft zugefallen war. Derweil blieb die Situation in Europa sehr gespannt. Maria Theresia fand sich mit dem Verlust Schlesiens
durchaus nicht ab, und die wichtigen Mächte auf dem europäischen Festland betrachteten den preußischen Erfolg als besorgniserregende Bedrohung des Kräftegleichgewichts nach dem Westfälischen Frieden.

Indem Friedrich II. seine Verbündeten zweimal im Stich ließ und die
Marquise de Pompadour und Zarin Elisabeth (1741–1762) mit beißendem Hohn übergoß, verprellte er Frankreich und Rußland. 1756/57 traten beide Mächte mit Österreich und dem Reich – die meisten Fürsten
schlossen sich dem Kaiser an – in den Krieg gegen Preußen ein, eine
Allianz, die zahlreiche Beobachter für unmöglich oder sogar widernatürlich gehalten hatten. Dagegen fand der König von Preußen militärische
und vor allem finanzielle Unterstützung bei den Briten, die seit Wilhelm III. von Oranien aus Furcht vor Frankreich in allen großen europäischen Konflikten die Verbündeten des Kaisers gewesen waren. Großbritannien konnte ein Bündnis der beiden bedeutendsten Großmächte
des Kontinents, die es traditionell gegeneinander ausgespielt hatte, nicht
hinnehmen, hätte dies doch den Verlust seiner Schiedsrichterrolle in Europa bedeutet. Ebensowenig konnte der Kurfürst von Hannover, der
dank des *Act of settlement* statt der katholischen Stuart 1714 den englischen Thron bestiegen hatte,[1] den Untergang des protestantischen
Preußen hinnehmen, das im Heiligen Römischen Reich ein Gegengewicht
zur katholischen österreichischen Kaisermacht darstellte. England rivalisierte zudem mit Frankreich, dem neuerlichen Verbündeten des Kaisers,
seit einem Dreivierteljahrhundert erbittert um die Herrschaft über die
Weltmeere und die koloniale Vormachtstellung in Nordamerika und Indien. So konnte es gar nicht anders, als Preußen zu unterstützen.

Der Siebenjährige Krieg verwüstete breite Landstriche Böhmens, Sachsens, Schlesiens, Ostpreußens, Thüringens und Nordwestdeutschlands.
Berlin wurde zweimal besetzt. Das Schicksal Preußens, des kleinsten Faktors im europäischen Kräftespiel, schien mehrmals besiegelt. Wenn Friedrich das Ruder dennoch herumreißen konnte, so verdankte er dies seinen
glänzenden militärischen Fähigkeiten, der Disziplin und Schlagkraft seiner Truppen sowie dem Können des Offizierskorps und der Generäle.

Neben der vorteilhafteren Schlachtordnung und dem britischen Geld war ihm aber vor allem das Glück hold, das für das Militär wie für den Staatsmann gleichermaßen bedeutsam ist. Nachdem alle Ressourcen geplündert, die Territorien ausgeblutet, der Staat zerrüttet und die Armee erschöpft schienen, nahm das Schicksal eine phantastische Wende. In Rußland starb Zarin Elisabeth. Ihr Nachfolger und Neffe, Peter III., der Herzog von Holstein-Gottorp, ein glühender Bewunderer Friedrichs,[2] wechselte sofort die Fronten. Zwar wurde der schwache und gestörte neue Zar schon nach einigen Monaten von seiner Frau Katharina II. entthront (und wenige Tage später ermordet), aber die deutsche Prinzessin aus dem Hause Anhalt-Zerbst, das mit den Hohenzollern eng verbündet war, zog sich aus dem Krieg zurück. Die russische Neutralität entmutigte die Gegner Preußens. Im Frieden von Hubertusburg 1763 mit Österreich konnte Friedrich die Stellung seines Staates als europäische Großmacht behaupten. Im gleichen Jahr sicherte England seine koloniale Vormachtstellung im Pariser Frieden mit Frankreich, das sich aus Kanada und Indien zurückzog.

Mit dem Frieden von Hubertusburg begann für die Deutschen eine Ära des Friedens, die dreißig Jahre, so lange wie nie zuvor, Bestand haben sollte. Niemals war die Gesamtheit der deutschen Gebiete so lange von Invasionen, Glaubens- und Bürgerkriegen, von blühendem Banditenunwesen und plündernden Truppen verschont geblieben. Eine tausendjährige Vision, der Traum von der *Treuga Dei,* war plötzlich Wirklichkeit geworden, wenn auch nicht unter mittelalterlichen Vorzeichen, sondern in einem Klima der aufgeklärten Diesseitigkeit: im absolutistischen Staat, in der nach Allmacht strebenden, aufgeklärten Despotie, die sich von der Person des Monarchen, ja, vom monarchischen Prinzip loslöste und ihren Herrscher zu ihrem ersten Diener machte, in einem Staat, der langsam legalistisches und humanitäres Gedankengut in sich aufnahm und so zum Rechtsstaat wurde, der fast allgegenwärtig war, sich den Regeln, die er ausarbeitete und durchsetzte, aber selbst unterwarf und der über sehr viel bessere administrative und militärische Ressourcen verfügte als der Staat des Mittelalters. Dieser Staat verschaffte der öffentlichen Ordnung Geltung und machte die Kriege, wenngleich sie noch immer lange dauerten, zu einer Ausnahmeerscheinung: Fast dreißig Jahre, von 1763 bis 1792, herrschte überall Frieden, weitere elf Jahre, von 1795 bis 1806, in Norddeutschland, dann – vom kurzen Krieg gegen Dänemark 1848 abgesehen – von 1815 bis 1864 wieder überall und noch einmal dreiundvierzig Jahre von 1871 bis 1914! Während sich die Menschheit an dieses Glück rasch gewöhnte, konnten die Historiker nicht oft genug hervorheben, daß es sich hier um etwas ganz Besonderes handelte. Eine so lange Periode der Sicherheit von Leib und Leben, von Hab und Gut, war etwas völlig Neues. Auch Frankreich war nach Hubertusburg eine so lange Friedensperiode beschert, aber hier waren die Menschen jahrzehntelang von Invasionen und Bürgerkriegen verschont geblieben, so daß die Auswirkungen auf die Stimmung und die Kultur im Land mit denen in Deutschland nicht zu vergleichen waren. Die Ära des Friedens und der Sicherheit – auf preußischem Territorium gab es vierzig Jahre lang, von 1763 bis 1805, keinen Krieg mehr – war eng verknüpft mit dem sozialen und wirtschaftlichen Aufstieg des Bürgertums und der Entstehung einer deutschen Nationalkultur.

Friedrich II. galt schon zu Lebzeiten als ein Mythos, als ein Nachfolger Eugens von Savoyen, den er sogar noch übertraf. Seine Siege im Siebenjährigen Krieg über die französischen Truppen elektrisierten eine Öffentlichkeit, die unter dem Fehlen einer nationalen Identität litt und den sehnsüchtigen Wunsch hegte, die sklavische und demütige Nachahmung französischer Vorbilder zu überwinden. Es ist wohl eine seltsame Ironie der Geschichte, daß gerade der von der französischen Kultur am stärksten geprägte Herrscher, der die deutsche Sprache und Literatur verachtete und seine Kriege ohne Rücksicht auf die letzten Reste der Reichseinheit betrieb, zum gefeierten Nationalhelden einer Jugend wurde, die sich gerade aus den Fesseln der von Friedrich hochgehaltenen Kultur befreien wollte. Für Friedrich II. gab es eigentlich kein Deutschland, aber durch seine Siege, seine Reformen und sein Prestige bereitete er der Wiedergeburt der Nation, dem Wiedererstehen Deutschlands als politschem Gebilde, mehr als jeder andere den Boden. Seine Triumphe dienten Lessing als Voraussetzung und Grundlage für die Schaffung einer deutschen Literatur, die deutsche Literatur sein wollte. Seine Komödie »Minna von Barnhelm« spiegelt diese politische wie kulturelle Befreiung auf symbolischer Ebene im Konflikt zwischen dem ehrlichen, einfachen und tugendhaften Major von Tellheim, einem ausgeschiedenen Offizier Friedrichs II. »ohne einen Heller bares Geld«, und einem französischen Abenteurer ohne Treu und Glauben wider, dessen Devise beim Spiel »corriger la fortune« lautete. Hier stellte derselbe Lessing, der in »Nathan der Weise« gegen Antisemitismus und religiöse Intoleranz zu Felde zog, antifranzösischen Ressentiments einen Freibrief aus. Um nicht gedemütigt zu werden, muß man verachten, was einen erniedrigt ... »Minna von Barnhelm« entstand um 1763, im Jahr des siegreichen Friedens.

Es ist für den Fortgang der deutschen Geschichte von großer Bedeutung, daß sich das aufkeimende Nationalbewußtsein der Deutschen so sehr an die Person des preußischen Königs knüpfte, eines nüchternen Kriegshelden, der auf dem Boden des Protestantismus groß geworden und dennoch Nihilist war, insofern ihn einzig und allein der »an und für sich seiende« Staat interessierte. Weder die gewissenhafte Maria Theresia noch ihr Sohn Joseph II., der rastlose und hastige Reformer, haben den denkenden und schreibenden Eliten in einer Zeit, als die wirtschaftliche Blüte und die allgemeine Bildung in allen Teilen des deutschsprachigen Reichs die Entstehung einer breiten und soliden öffentlichen Meinung ermöglichte, deutschen Stolz eingeimpft. Mit der Verherrlichung Friedrichs II. als Nationalheld – er wußte aus der unfreiwilligen öffentlichen Sympathie das notwendige Kapital zu schlagen – zeichnete sich die Einigung Deutschlands bereits unter preußischer Führung und ohne Beteiligung Österreichs ab, eine Entwicklung, an deren Ende schließlich auch die Verabsolutierung der Staatsgewalt als reiner Selbstzweck stehen sollte.

Kaum zehn Jahre nach Ende des Siebenjährigen Krieges, im Jahre 1772, kam es zur ersten polnischen Teilung: Skrupellos und ohne Rücksicht auf historische und nationale Gegebenheiten verfolgten Katharina II. von Rußland und Friedrich II. von Preußen eine Politik des territorialen Zugewinns.

Obwohl die fromme Maria Theresia vor nackter Gewalt und vor Rechtsbrüchen zurückschreckte, gab sie schließlich doch ihrem Sohn, Kaiser Joseph II., nach, der die willkommene Gelegenheit nutzen und sich auch einen Teil aus dem Kuchen schneiden wollte. Wie sein Vorgänger Franz I., den er 1765 abgelöst hatte, war Joseph Mitregent der Erblande. Österreich nahm sich das südliche Galizien und Lodomerien mit der Hauptstadt Lemberg (russisch Lwow), ein großes Gebiet entlang der nördlichen Karpaten und der Beskiden, das an Böhmen und Ungarn grenzte.[3] Das große, neu erworbene Territorium, das von einer slawischen Mehrheit aus Polen und Ruthenen und einer starken jüdischen Minderheit bevölkert war, bildete wie Ungarn ein separates Königreich außerhalb der Reichsgrenzen und verstärkte so den Charakter Österreichs als Vielvölkerstaat. Preußen riß Pommerellen, das Culmer Land und den Netze-Distrikt an sich, das sogenannte Polnische oder Königliche Preußen, das der Deutsche Orden 1466 an Polen abgetreten hatte und das die östlichen Besitzungen der Hohenzollern vom Herzogtum und späteren Königreich Preußen trennte. Die Städte Danzig und Thorn blieben dagegen bei Polen und sollten von Preußen erst 1793 bei der zweiten polnischen Teilung annektiert werden. Diese neuen Besitzungen erhielten die Bezeichnung Westpreußen. Dazu gehörte auch das Ermland (polnisch Warmia), das von seinem in Braunsberg residierenden Bischof regiert wurde. Um sich die Treue der neuen katholischen Untertanen zu sichern, ließ Friedrich ein Mitglied der schwäbischen katholischen Linie der Hohenzollern zum Bischof wählen.

Der Erwerb Westpreußens war für das preußische Staatsgebilde besonders wichtig. Zunächst stellte es die territoriale Einheit zwischen den zentralen Provinzen Brandenburg und Pommern einerseits und der preußischen Ostprovinz andererseits her. Das herzogliche und königliche Preußen, das von nun an Ostpreußen hieß, war keine ferne Enklave mehr und galt bei den Einwohnern eher als Kernstück, dem der Rest des Königreichs angegliedert worden war. An der unbedeutenden Provinzuniversität Königsberg ging der Stern des genialen Immanuel Kant, der 1770 zum Professor berufen worden war, einsam am Himmel auf. Allerdings sprach ein Großteil der Bevölkerung in den neu erworbenen Gebieten Slawisch, polnische Dialekte oder Kaschubisch, das dank des Erfolgs von Günter Grass' »Blechtrommel« mit ihrem Schauplatz in und um Danzig weithin bekannt geworden ist. Zudem war die deutsche Bevölkerung des Bistums Ermland, wo die polnische Lehnsherrlichkeit die Reformation hatte verhindern können, wie die Slawen in den neu erworbenen Gebieten katholisch. Eine katholische und slawischsprachige Minderheit hatte Friedrich bereits mit Oberschlesien erworben. Somit ergab sich in der Gewichtung des preußischen Staates zwischen Ost und West ein deutliches Gefälle. Friedrich hatte sich am Vorabend des Zeitalters der Nationalstaatlichkeit und des Nationalismus ein Gebiet einverleibt, in dem nationale Konflikte vorprogrammiert waren. Während Österreich dem neu hinzugewonnenen Galizien weitgehende Autonomie einräumte, trieb der König von Preußen das Einigungswerk der Vorgänger weiter voran und gliederte Westpreußen einem Staat mit wachsendem Zentralismus ein. Wenn die unmittelbaren Vorteile der Annexion für Preußen offensichtlich waren, so führte diese doch zu einem Konflikt, der die deutsch-polnischen Beziehungen bis in die jüngste Vergangenheit mit der noch nicht gefestigten Versöhnung ständig überschatten sollte.

Mit der Annexion der unteren Weichsel tat Friedrich der Große, wie man ihn seit Ende des Zweiten Schlesischen Krieges nannte, einen Schritt, der hundertfünfundsiebzig Jahre später indirekt zu einer Festschreibung der polnischen Grenze an der Oder-Neiße-Linie führte.

Um die neu gewonnenen Territorien in ihrer Bedeutung hervorzuheben, stürzte sich Friedrich in Projekte, die sich an die bereits abgeschlossenen Programme zur Sanierung des sumpfigen Oderbruchs mit Hunderten von Dorfgründungen anschlossen. Diesmal ging es um die Niederungen von Warthe und Netze. Im Zuge der inneren Kolonisierung ließ der König die Gebiete – wie einst sein Großvater, der Große Kur-

fürst – von Holländern, Hugenotten, Westfalen und protestantischen
Flüchtlingen aus Salzburg besiedeln. Systematisch betrieb er den Wiederaufbau der Wirtschaft nach den Zerstörungen des Krieges, wobei er möglichst viel selbst in die Hand nahm, von der Einführung neuer Steuern
bis hin zur Propagierung der aus Amerika eingeführten Kartoffel. Als
Philosoph und fürstlicher Freund von Philosophen, der sich als Nationalheld in Szene zu setzen wußte, war Friedrich es sich schuldig, als
aufgeklärter Herrscher zu gelten. Aufgeklärt war er tatsächlich, solange
dies nicht an seiner Macht rührte: Er praktizierte eine fast unumschränkte
religiöse Toleranz (»in meinem Staat muß jeder nach seiner Façon selig
werden«) und schaffte die Folter ab. Mit dem Auftrag zur Erstellung
eines für alle Schichten und Teile der preußischen Monarchie gültigen
zivilen Gesetzbuchs und Strafgesetzbuchs vereinheitlichte und vereinfach-
te er die Rechtsprechung. Wenn staatliche Toleranz und Laizismus die
Ansprüche der Kirchen beschränkten, so mußte der König andererseits
die Integration der Katholiken in Schlesien und im polnischen Preußen
sowie der Calvinisten in Ostfriesland fördern. Friedrich gelang dies mit
besonderem Fingerspitzengefühl und Geschick. Der aufgeklärte Herrscher festigte aber zugleich die Privilegien des Adels und die Herrschaft
der Gutsherren über die Bauern. Dem Adel blieben die Offizierspositio-
nen und die hohen Ämter in der Zentral- und Provinzverwaltung vorbehalten. Der Gutsherr war für seine Bauern Richter, Verwalter und Ge-
meindevorsteher in einem, er ernannte den Pastor, den Schulzen und –
sofern eine Schule vorhanden – den Lehrer. Er selbst, ein Nachbar oder
Verwandter erfüllten im Kreis zudem die Aufgaben des Landrates. Die
Verwaltung der ländlichen Gebiete lag damit in den Händen des Adels,
der seine Aufgaben zwar oft mit paternalistischer Sorgfalt erfüllte, grundsätzlich aber den Interessen des eigenen Standes diente.

Im Zentrum des Staates regierte und herrschte dagegen allein der König. Er kommunizierte selbst mit seinen Ministern zumeist schriftlich,
indem er die Verfügungen oder Kabinettsanweisungen, die er seinen Se-
kretären diktierte, mit Randbemerkungen versah. Friedrich, der in seinem
Potsdamer Rokoko-Schloß Sanssouci ebenso unumschränkt herrschte
wie Ludwig XIV. in Frankreich, vollendete die von den Vorgängern begonnene politische Entmachtung des Adels auf höherer Ebene. Die gewaltigen wirtschaftlichen und gesellschaftlichen Privilegien, die dieser
vom preußischen absolutistischen Staat zum Ausgleich erhielt, hatten
allerdings ihren Preis: Schon als Zwölfjährige mußten Adlige zum Militärdienst antreten und wurden auf Kadettenschulen für den Dienst am
Staat gedrillt. Friedrichs Herrschaftssystem war im Grunde eine Art mo-
dernisierter Feudalismus: Kraft einer stillschweigenden Übereinkunft ver-

lieh der König Privilegien an den Adel, der ihm dafür Treue schuldete.[4] Dabei zog sich der preußische Staat auf erblicher Grundlage eine Schicht von Beamten heran, die sich ganz mit ihm identifizierten und ihn mit ihrem Leben zu verteidigen bereit waren. Der Philosophenkönig orientierte sich wie einige Jahre später die jakobinischen Revolutionäre in Frankreich allerdings eher am Vorbild Spartas als an dem Athens. In einer Zeit, in der in den fortschrittlichsten Ländern Vermögen und Kapital gegenüber der Abstammung immer wichtiger wurden, prägte Friedrich dem Staat eine veraltete Gesellschaftsstruktur auf, die dieser zum Großteil bis 1918 beibehalten sollte. Friedrichs Maßnahmen waren kein Zufall: Als Folge einer seit dem Großen Kurfürsten betriebenen Politik war der König zugleich größter Grundherr des Staates, von dem ihm ein Viertel der Gesamtfläche gehörte. Auf diesen riesigen Ländereien hob er – freilich als Teil seiner autoritären und absolutistischen Politik – die Leibeigenschaft auf und erleichterte das Los der Bauern damit beträchtlich. Für diesen Schritt ausschlaggebend waren freilich weniger humanitäre Überlegungen: Das Wohl des Staates verlangte gesunde, richtig ernährte Untertanen, die Landwirtschaft trieben und die Produktion in den Manufakturen in Gang hielten. Nur so konnte der preußische Staat Überschüsse für den Export erwirtschaften und ökonomisch unabhängig bleiben. Als aufgeklärter Despot regierte Friedrich zum Wohle seiner Völker, ohne sie indes an Entscheidungen zu beteiligen. Der Staat benötigte die Arbeit der Untertanen, und damit diese effizient geleistet wurde, mußte er sie zufriedenstellen. Die Unternehmer, zumeist risikofreudige Ausländer, erhielten Kredite und Monopole, während den Landwirten stabile Preise garantiert wurden und eine – wenn auch vornehmlich Kriegszwecken dienende – systematisch betriebene Lagerhaltung dafür sorgte, daß die Brotpreise in Notzeiten nicht ins Unermeßliche stiegen. Die Schulden der adligen Gutsherren hielten sich dank eines soliden staatlichen Kreditwesens in Grenzen, während der Verkauf von Adelsgütern an Nichtadlige untersagt und die Schaffung von Fideikommissen[5] erleichtert wurde. Den Zeitgenossen galt Preußen in der zweiten Hälfte der Regierungszeit Friedrichs des Großen (1763–1786) als bewundernswerter Musterstaat. Vergessen war die gefährliche Politik des Königs, der Preußen in eine Serie militärischer Abenteuer gestürzt, die Untertanen fast ruiniert und dann die langwierige Beseitigung der Schäden in Angriff genommen hatte. Das Glück wurde dem König als Verdienst angerechnet, der strenge Despotismus eines mißmutigen Greises als Herrschaft der Vernunft gepriesen. Vergessen war ebenso, daß Preußen als einziger Staat auf der Welt die Hälfte seiner Einkünfte der Armee opferte. Das war der Preis für den Aufstieg zur Großmacht.

Der Dualismus zwischen Preußen und Österreich bedeutete für das
Reich ein labiles Gleichgewicht, das sich ein Jahrhundert lang halten
sollte, bis Bismarck unter Ausschluß des habsburgischen Reichs drei Viertel der Nation mit Preußen als Zentrum vereinte. Mit dieser Verschiebung
der Kräfteverhältnisse existierte der deutsche Dualismus bis zum »Anschluß« Österreichs unter Hitler weiter. Mit einer Rückbesinnung auf
sich selbst nach 1945 will Österreich heute nicht mehr als deutscher
Staat bezeichnet werden.

Die Bipolarität beider Mächte, deren Territorien zu einem großen Teil
nicht zum Reich gehörten und die beide eine immer selbständigere Groß-
machtpolitik betrieben, war mit der Verfassungsordnung, die sich seit der
Goldenen Bulle von 1356 bis zu den Westfälischen Verträgen 1648 herausgebildet hatte, im Grunde unvereinbar. Es mochte noch angehen, daß
die dynastischen Besitzungen des Kaisers deutlich größer und bevölke-
rungsreicher waren als sämtliche anderen Territorien des Reichs. Daß
aber ein Reichsstand ihm gegenüber als ebenbürtige Kraft auftrat und
gegen Kaiser und Reich siegreiche Kriege führte, rührte an die Grundfesten einer Ordnung, in der die Fürsten zwar praktisch unabhängig geworden waren, der Kaiser aber noch immer als höchste juristische und
moralische Autorität galt. Wenn die Fürsten dem Kaiser auch gemeinsam
die Stirn bieten konnten, so waren sie einzeln doch schwächer als der
Lehnsherr. Der Reichskrieg, den die Reichsstände Friedrich mit Ausnahme
einiger Verwandter und Verbündeter erklärt hatten, war von vornherein
zum Scheitern verurteilt. Die aufgeklärten Kreise in Deutschland begriffen
sehr wohl, daß die tausendjährige Ordnung und das Reich Ottos des
Großen dem Untergang geweiht waren. So wurden denn auch schon einige Jahre vor der Französischen Revolution zahlreiche Forderungen laut,
die geistlichen Fürstentümer aufzulösen, die allgemein als rückständig
und deutlich schlechter regiert galten als die weltlichen Territorien.

Franz I. war nur Prinzgemahl gewesen. Obwohl Kaiser Joseph II. noch
lange unter der Autorität seiner Mutter, der Herrscherin der österreichischen Erblande, blieb, bemühte er sich seit 1765 um eine aktive Reformpolitik für das Reich. Allerdings stieß er dort rasch auf die starren politischen Verhältnisse: Die Macht Preußens hatte jetzt die definitive Ohnmacht
der Zentralgewalt zur Folge. Von da an versuchte Joseph seine österreichische Basis auszubauen, und zwar nicht nur durch Zugewinn ferner
Gebiete außerhalb der Reichsgrenzen wie Galizien und der 1775 von den
Türken eroberten Bukowina, sondern auch innerhalb dieser Grenzen
durch den Erwerb von Bayern. Mit der Ausdehnung seiner dynastischen
Gebiete bis an den Lech hätte der Kaiser sämtliche kleineren und mittleren
Staaten im Südosten des Reichs, die bereits mit habsburgischen Besitzun-

gen durchsetzt waren, unter seine alleinige Herrschaft gebracht. Der bayerische Kurfürst Maximilian III. Joseph hatte keinen direkten Erben, ebensowenig wie sein designierter Nachfolger, der pfälzische Kurfürst Karl
Theodor. So schlug Joseph II. Karl Theodor, dem Förderer des National-
theaters in Mannheim, in dem Schillers »Räuber« uraufgeführt wurden,
einen Tausch Bayerns gegen die österreichischen Niederlande vor, die vom
Rest der Erblande isoliert und abgelegen waren. Zweimal brachte Friedrich II. mit Unterstützung aller bedeutenden deutschen Staaten, die eine
Vorherrschaft des Kaisers befürchteten, das Projekt zum Scheitern. Joseph
mußte sich daraufhin mit dem Innviertel zufriedengeben. Mit einer Allianz
mit Rußland, die er zur selben Zeit einging, als sich Preußen mit dem
Osmanischen Reich und Polen verbündete, hoffte er den Rivalen auf internationaler Ebene auszuschalten. Im Krieg gegen die Türken, den Österreich und Rußland gemeinsam von 1787 bis 1792 führten, gelang es der
preußischen Diplomatie erneut, die österreichischen Zugewinne trotz bedeutender Siege von Josephs Armee auf ein Minimum zu reduzieren. Dagegen konnte Rußland der Hohen Pforte Gebiete von beträchtlicher Größe
entreißen. Während des Feldzugs holte sich Joseph II. eine Krankheit, an
deren Folgen er 1790 relativ jung starb. Es war ihm nicht gelungen, das
gefährlich instabile Gleichgewicht, das im Reich durch die Erfolge Friedrichs II. entstanden war, zu seinen Gunsten zu beeinflussen.

Tatsächlich verfügte Maria Theresias Sohn weder über das Genie noch
über den unbeugsamen Willen, die Entschlossenheit und Beharrlichkeit
seines großen Gegenspielers. Intelligent und einfühlsam, aufrichtig und
fromm, war es Joseph II. ein Bedürfnis, Gutes zu tun und wie seine Mutter das Glück der Untertanen zu schmieden. Leidenschaftlich, streng und
übereifrig neigte er zur Sturheit, Verschrobenheit und Realitätsferne, was
ihn oft dazu trieb, an sich lobenswerte Ziele ohne Rücksicht auf die
realen Gegebenheiten zu verfolgen. Sein überspanntes Wesen verhinderte
die volle Entfaltung seiner unleugbaren Qualitäten. Wenn Joseph II. vom
Nutzen und der Richtigkeit eines Vorhabens überzeugt war, duldete er
keinen Widerstand. Aus dem innersten Bedürfnis, den Menschen zu dienen, ließ er ihre traditionellen Bindungen, Gefühle und persönlichen Interessen außer acht und wunderte sich und war verärgert, wenn sie
scheinbar töricht und undankbar reagierten. Als fanatischer Aufklärer
lehnte er historisch gewachsene Haltungen und Gegebenheiten, die nicht
unmittelbar vernünftig erschienen, rundweg ab. Herrisch und stets in
Eile – wie getrieben von einer Vorahnung auf seinen verfrühten Tod –,
wollte Joseph II. alles selbst und sofort erledigen. So stieß er mit seinem
maßlos guten Willen zahlreiche Untertanen vor den Kopf.

Als Fortführung und Erweiterung von Maria Theresias Werk strebte er eine Vereinheitlichung der Verwaltung seiner Staaten an, die er nach einem einzigen Modell strukturieren wollte. Das Mitspracherecht der Stände suchte er überall zu beschneiden oder gar abzuschaffen. Er änderte den Verlauf von Territorialgrenzen, um die Widerstände zu brechen, die sich auf historische Rechte stützten. Die begonnene Vereinheitlichung der Gesetze konnte bis zu seinem Tod nicht abgeschlossen werden, und die Kodifizierung wurde noch bis nach den Napoleonischen Kriegen weitergeführt. Joseph II. unterwarf den Adel der Steuerpflicht, schränkte den Frondienst ein und war der erste Herrscher einer Großmacht auf dem europäischen Kontinent, der die Leibeigenschaft aufhob, die Bauern zu Grundpächtern ihrer einstigen Herren machte und ihnen rechtliche und wirtschaftliche Unterstützung verschaffte. Er liberalisierte das Zunftwesen und versuchte das starre merkantilistische System, das Österreichs Wirtschaft ebenso stützte wie behinderte, flexibler zu gestalten. Er führte das Deutsche als einzige Sprache in der österreichischen Armee und später in der Zivilverwaltung ein, nicht um eines Nationalismus willen, der ihm völlig fremd war, sondern zur Vereinfachung und Harmonisierung der inneren Abläufe. Joseph führte zudem die Schulpflicht ein, gründete zahlreiche weiterführende Lehranstalten, verbesserte die Ausbildung der Lehrer und hob ihre Besoldung an. Die höheren Schulen und Universitäten nahm er der Kirche aus der Hand und stellte sie unter staatliche Autorität.

In heftiger Auseinandersetzung mit der katholischen Kirche entwickelte Joseph II. jene besondere Form des aufgeklärten Absolutismus, die »Josephinismus« genannt wird. Obwohl praktizierender gläubiger Katholik, hielt es der Kaiser für angebracht, unzeitgemäßen Ansprüchen der Kirche entgegenzutreten, damit Glaube und Vernunft in gegenseitiger Ergänzung zum Glück der Völker beitragen konnten. Die Verwirklichung dieses Glücks fiel dabei dem Staat als einzigem legitimen Instrument zu. Um zwischen Kirche und Staat einen Einklang herzustellen, mußten die kirchlichen Organe letzterem unterstellt werden: Joseph schaffte die Unterordnung der Bischöfe unter die Autorität der Nuntien ab, verbot die Veröffentlichung päpstlicher Urkunden ohne kaiserliche Erlaubnis und untersagte Ordensgeistlichen die Korrespondenz mit im Ausland lebenden Oberen. Auch die Steuerbefreiung und andere Privilegien des Klerus fielen seiner Reformpolitik zum Opfer. So gesehen war der Josephinismus eine Art von österreichischem Gallikanismus, mit einer starken Beimischung jansenistischer Würze.

Dem aufgeklärten Reformer waren die beschaulichen Orden ein Dorn im Auge. Die Mönche und Nonnen sollten dem Nächsten in Lehre und Pflege dienen. Joseph ließ die Klöster untätiger Orden schließen und zog ihre Güter ein. Dagegen verbesserte er die Ausbildung und Vergütung der weltlichen Geistlichkeit, indem er die Seminare staatlicher Kontrolle unterstellte und die Gemeindepriester, Vikare und Bischöfe nach einer einheitlichen Hierarchie besoldete. Vergeblich reiste Papst Pius VI. nach Wien, um Josephs Reformeifer zu bremsen. Der Josephinismus war auf dieser Ebene eine Säkularisierungsbestrebung unter rationalistischen Vorzeichen. Die Reformen kamen ganz dem Zeitgeist entgegen, der sich im Entstehen verschiedener Geheimgesellschaften wie den Freimaurern ausdrückte, denen der Kaiser ebenso angehörte wie übrigens auch Friedrich II. und zahlreiche andere deutsche Herrscher der Zeit. Der den Freimaurern verwandte Illuminatenorden übte in Süddeutschland, Bayern und Österreich beträchtlichen Einfluß aus.

In der deutschen katholischen Kirche forderte Febronius, ein Pseudonym des Trierer Weihbischofs von Hontheim, die Errichtung einer deutschen Nationalkirche, die zu Rom nur noch geistige Beziehungen zu pflegen hätte. Sie sollte unter der Autorität eines Nationalkonzils das religiöse Leben vereinfachen, reinigen und auf eine rationalere Basis zurückführen. Auch der Kaiser war für die Kirchenreform, aber ausschließlich unter seiner Autorität. So unterstützte er in dieser Frage die römische Position und brachte das Ansinnen der Febronianer zum Scheitern. Auch auf weltlichem Gebiet lehnte er den Gedanken an eine Beteiligung der Untertanen an politischen Entscheidungen ab. Sein Bruder Leopold II., der Großherzog von Toskana, hatte für seinen Staat ein Verfassungsgesetz ins Auge gefaßt. Joseph II. folgte ihm bei der Abschaffung der Folter, dachte im übrigen aber nur daran, wie er das Mitspracherecht der Stände beschneiden konnte. Seine zahlreichen voreilig durchgezogenen und unflexibel gehandhabten Reformen schürten in einer Zeit, in welcher der Türkenkrieg viele Opfer an Menschen und Geld kostete, allenthalben Unzufriedenheit. Sie trat zwar in den deutschen und slawischen Gebieten nur sporadisch und gemäßigt in Erscheinung, aber in den äußeren Regionen der habsburgischen Besitzungen, in den Niederlanden und in Ungarn, kam es zu regelrechten Aufständen. Beide Territorien waren der eigenen historischen Tradition besonders stark verbunden und an eine weitgehende politische Autonomie gewöhnt. Als die Südniederländer 1790 Josephs Armee zurückschlugen, mußte der schwerkranke und stark bedrängte Kaiser auf dem Totenbett die umstrittensten religiösen, steuerlichen und rechtlichen Reformen zurücknehmen. Leopold II., sein Bruder und Erbe, der der Aufklärung gleichermaßen verpflichtet war, konnte die Aufstände mit kluger und vorsichtiger Diplomatie befrieden. Dieser exzellente Administrator und geschickte Politiker sollte aber nur zwei Jahre regieren, immerhin so lange, um den Beginn des großen Konflikts mit dem revolutionären Frankreich mitzuerleben. Friedrich II., der – vor allem dank eines bewundernden Werks von

Mirabeau – als aufgeklärter und sparsamer Souverän in Frankreich als Kontrastfigur zum verschwenderischen und leichtsinnigen Hof von Versailles gedient hatte, starb drei Jahre vor Ausbruch der Französischen Revolution. Hätte er länger gelebt, er würde sich ihr gewiß ebenso heftig entgegengestemmt haben wie dreißig Jahre zuvor der Forderung von Voltaire nach Anerkennung einer selbständigen geistigen Macht, die gleichwertig und sogar bedeutender sein sollte als die der Könige.

Friedrich regierte sechsundvierzig Jahre, Maria Theresia und Joseph II. bestimmten die Geschicke ihrer Länder zusammen über fünfzig Jahre lang. In diesen langen Perioden der Kontinuität – Maria Theresias loyaler Kanzler Kaunitz diente unter Joseph weiter – vollzog sich in beiden Staaten ein tiefgreifender gesellschaftlicher Wandel. Wien und Berlin, die Anfang des 18. Jahrhunderts ziemlich bescheidene Ansiedlungen um ein Königs- und ein Kaiserschloß gewesen waren, verwandelten sich bis zum Ende des Jahrhunderts in große Metropolen mit je ungefähr 200 000 Einwohnern. Zur politischen und administrativen Bedeutung der Residenzen kamen Handel, Industrie, Banken, kulturelle Einrichtungen und gesellschaftliche Zirkel. Dennoch blieben beide deutsche Großmächte in ihrer Bedeutung auf den europäischen Kontinent beschränkt. Versuche, in großem Stil Seehandel zu treiben und Kolonien in fernen Gebieten zu erwerben, waren in Preußen unter dem Großen Kurfürsten und in Österreich unter Karl VI. ohne dauerhaften Erfolg unternommen worden. Weder Hamburg, das politisch ohnehin nicht zu Preußen gehörte, noch Triest bildeten Ausfalltore zu den Weltmeeren. Eines Tages, im folgenden Jahrhundert, sollten die Deutschen versuchen aus dieser kontinentalen Abschließung auszubrechen. Die Folge war ein Weltkrieg von nie dagewesener Heftigkeit und Tragweite.

Die deutsche Kultur im 17. und 18. Jahrhundert

Im 17. Jahrhundert entstand und entwickelte sich in Deutschland erstmals ein literarisches Leben, das diesen Namen verdient: Zahlreiche Schriftsteller, neben vielen Lyrikern auch Romanciers und Philosophen, dichteten und schrieben in den unterschiedlichsten Teilen des Reichs, kannten sich persönlich, lasen sich gegenseitig und bildeten so eine literarische Gesellschaft, in der jedes Mitglied sozusagen für die anderen schrieb. An diese erste wirklich literarische Literatur hat in unserer Zeit Günter Grass mit seiner Erzählung »Das Treffen in Telgte« erinnert. Grass läßt dort in der Zeit vor dem Westfälischen Frieden die meisten großen damaligen Schriftsteller auftreten, von Paul Gerhardt, dem Pastor und Dichter wunderbarer Kirchenlieder, bis hin zu Grimmelshausen, der in der verschlungenen Handlung seines gewaltigen ironisch-tragischen Schelmenromans »Simplicissimus« die Schrecken und die bittere Komik des Großen Krieges ausmalt. Diese Literatur interessierte sich leidenschaftlich für die eigene Sprache, die es von ihren lateinischen, spanischen, italienischen und französischen Hemmnissen loszulösen galt. Abenteurer, Adlige, Kleinbürger, Metaphysiker oder Hedonisten, all diese Figuren beweinten und bejammerten als Patrioten in dieser Literatur ein Vaterland, das Europa so lange Zeit beherrscht hatte und nun zum Spielball der europäischen Mächte geworden war. Und sie besangen das menschliche Schicksal, zumeist aus dem frommen Empfinden des Protestantismus und oft gefühlsbeladen und voller »pietistischer« Rührseligkeit. Gryphius, Hofmannswaldau, Angelus Silesius und der Jesuit Friedrich von Spee, der auch den Hexenwahn bekämpfte, gehören noch heute zum Gemeingut deutscher Kultur. Die Entstehung dieser Literatur, von ganz anderer Natur als das vornehmlich wissenschaftlich und pädagogisch geprägte Schrifttum des Humanismus, war gewiß mit der Entwicklung der Höfe und Hauptstädte verknüpft. Die Protektion der Fürsten war für das materielle Überleben der Dichter meistens unerläßlich. Dennoch loderte dieses geistige Feuer auch dank ausländischer kultureller Impulse auf, die sich mit dem politisch-militärischen Einfluß einstellten. An manchen Höfen und in einigen freien Städten wie Nürnberg oder Hamburg entstanden literarische und wissenschaftliche Gesellschaften. Die berühmteste, die »Fruchtbringende Gesellschaft«, formierte sich um einen Fürsten von Anhalt. Diese Zirkel bemühten sich, die gesprochene und geschriebene Sprache zu vereinheitlichen, zu reinigen und von fremden Einflüssen zu befreien. Zuweilen übertrieben akribisch und pedantisch, oft rührend in ihrem ernsthaften Bemühen um edle Vorhaben, bereiteten sie den Boden für eine neue Blüte des deutschen Denkens und der deutschen Literatur.

Gleichzeitig und nach einer langen Pause in der zweiten Hälfte des 16. Jahrhunderts erlebte auch das wissenschaftliche Denken wieder eine Blüte. Nach dem großen Astronomen Johannes Kepler, der auf der Schwelle zwischen dem 16. und dem 17. Jahrhundert gewirkt hatte, erreichte nach 1670 Gottfried Wilhelm Leibniz die Gipfel der mathematischen Spekulation. Hatten die Zeitgenossen den Astronomen Kepler vor allem in der Rolle des Hofastrologen gesehen, so war Leibniz zugleich Gelehrter, Philosoph, Diplomat und Jurist, ein Ratgeber der Fürsten und ein geistiger Herrscher in seinem Bereich, dessen Ruhm und Ausstrahlung trotz aller Unterschiede an Goethe erinnern. Wie die Dichter sorgte auch er sich um die Reinheit und Ausdrucksfähigkeit der deutschen Sprache, die er in einer Zeit, als das Versailler Französisch dominierte, als einer der ersten zum

Ausdruck spekulativer Gedanken benutzte. Ganz am anderen Ende der sprachlichen Jakobsleiter wäre der größte deutsche Kanzelredner des Barocks und vielleicht sogar aller Zeiten anzusiedeln, der Franziskaner Abraham a Sancta Clara aus dem badischen Meßkirch, dem Ort, aus dem auch Martin Heidegger stammt, der den großen Prediger hochschätzte.[6] Er hieß eigentlich Ulrich Megerle und wetterte wortgewaltig gegen die Türken und die Sünden der Christen. Enorm war der Zulauf bei seinen Auftritten, wenn eine der großen Pestepidemien wütete, an die in den katholischen Ländern noch heute die zahlreichen barocken Pestsäulen erinnern, welche die Überlebenden der Jungfrau Maria und anderen Helfern zum Dank errichtet haben.

Obwohl das wissenschaftliche Denken zur damaligen Zeit vor allem in London, Paris und Amsterdam beheimatet war, hatten die barocken deutschen Staaten auch schon vor Leibniz honorige Gelehrte vorzuweisen: so den Amateurphysiker Otto von Guericke, der mit seinen Magdeburger Halbkugeln als erster Versuche zum Vakuum und zum Luftdruck durchführte, oder den Juristen und Historiker Samuel von Pufendorf, der die Gedanken Jean Bodins und Hugo Grotius' weiterführte.

Nach dem Dreißigjährigen Krieg und der Rückkehr von Frieden und Wohlstand entstanden die ersten wissenschaftlichen Gesellschaften im modernen Sinn. Die berühmteste, die noch dreihundertdreiundvierzig Jahre später wirkt und sich vornehmlich auf die Naturwissenschaften konzentriert, wurde schon 1652 in der kleinen Reichsstadt Schweinfurt am Main ins Leben gerufen. Zu Ehren des regierenden Kaisers, der sie mit Rechten und Privilegien ausstattete, erhielt sie den Namen *Academia Caesareo-Leopoldina Naturae Curiosorum* und wurde im 18. Jahrhundert zu Ehren der Kaiser Karl VI. und Karl VII., die sie ebenfalls unterstützten, in *Kaiserlich Leopoldinisch-Carolinische Deutsche Akademie der Naturforscher* umbenannt. 1879 nahm sie ihren Sitz in Halle, und die bedeutendsten deutschen Gelehrten bewerben sich noch heute um die Ehre der Mitgliedschaft.

Die deutschen Universitäten lösten sich nach und nach aus den Zwängen einer allmächtigen katholischen und lutherischen Theologie. Die Neugründung oder Finanzierung einer Universität wurde für Fürsten und reiche Reichsstädte zu einer Prestigefrage, an der sie nicht vorbeikamen. Einigen dieser Gründungen sollte dauerhafter Erfolg beschieden sein, etwa der preußischen Universität in Halle, deren geistige Atmosphäre ein anziehendes und explosives Gemisch aus Rationalismus und Pietismus darstellte, oder der hannoverschen Universität in Göttingen. Wolff und Thomasius, eifrige Verfechter der Aufklärung, machten aus Halle ein Zentrum juristischer, wirtschaftswissenschaftlicher und pädagogischer Gelehrsamkeit, nicht ohne Beziehung zum sittenstrengen, auf Erfolg ausgerichteten und sparsamen Geist des Soldatenkönigs. Göttingen wurde im 18. Jahrhundert *die* Universität für junge Leute aus gutem Hause, die Geschichte, Recht und Wirtschaft studieren wollten. Eine Ausbildung in diesen Wissenschaften galt im Zeitalter des aufgeklärten Absolutismus für die Regierung eines Staates und die Verwirklichung des Wohls der Völker geradezu als Voraussetzung. Wenn im fernen Königsberg in der zweiten Hälfte des 18. Jahrhunderts der helle Stern des genialen Kant fast alles überstrahlte, so sind die zahlreichen, nicht ganz so berühmten Universitäten von Dorpat in Livland bis Freiburg im Breisgau und von Bonn, einer Stiftung der Kurfürsten und Erzbischöfe von Köln, bis Prag nicht zu unterschätzen.

Das elsässische Straßburg war im 18. Jahrhundert eine noch weitgehend deutsch geprägte Stadt, die zahlreiche Ritter, begüterte junge Männer aus gutem Hause, anzog. Goethe und seine Freunde, die dort eine große nationale deutsche Vergangenheit entdeckten, stießen sich nicht an ihrer politischen Zugehörigkeit zu Frankreich: Französisch war bei den herrschenden und besitzenden Schichten beiderseits des Rheins verbreitet, in Heidelberg, Mannheim oder Mainz fast ebenso wie in Straßburg.

Die Schweiz, die sich nach Marignano und Pavia, dem Ende ihrer großen militärischen Abenteuer, auf sich selbst zurückgezogen hatte, wurde im selben Jahrhundert im wahrsten Sinne des Wortes zu einer Hochburg der deutschen Literatur: Ihre Dichter, angeführt von Bodmer und Haller, die eine Vorliebe für starke Gefühle und die Natur hatten, waren ebenso von Rousseau wie vom empfindsamen England beeinflußt und gaben ihrerseits wichtige Impulse für eine breite geistige Bewegung, die ganz Deutschland erfassen sollte. Und wohl nicht zufällig interessierte man sich in der Schweiz, wo das mittelalterliche Erbe hochgehalten wurde, so lebhaft für das längst in Vergessenheit geratene mittelhochdeutsche Schrifttum, das andernorts ignoriert wurde oder gänzlich unbekannt war. So wurde die große deutsche Heldensage des Nibelungenlieds vornehmlich in der Schweiz herausgegeben. Als ihr Wiederentdecker den Nationalhelden der Zeit, Friedrich den Großen, mit diesem Stück deutschen Kulturerbes beehrte, erhielt er bezeichnenderweise den Ratschlag, sich doch mit kultivierteren Dingen zu beschäftigen.

Die deutsche Kultur, die sich zunächst an Fürstenhöfen und in großen Städten wie Frankfurt am Main und Hamburg entwickelte, erhielt im 18. Jahrhundert wieder stärker jenes bürgerliche Gepräge, das sie zur Zeit von Dürer, Erasmus von Rotterdam und Luther getragen hatte. Das Bevölkerungswachstum, der Wirtschaftsaufschwung nach dem Ende des Krieges und der – vor allem in den protestantischen Staaten zu verzeichnende – Rückgang des Analphabetentums förderten die Bildung eines nationalen

Publikums, das sich mit mehr oder weniger regelmäßig erscheinenden Zeitungen, von denen es immer mehr gab, über alle literarischen Neuerscheinungen des großen deutschen Sprachraums auf dem laufenden hielt. Das Deutsche entwickelte sich in der ersten Hälfte des Jahrhunderts zu einer anerkannten Kultursprache. Gelesen, diskutiert und geschrieben wurde auch unter den Beamten, deren Anzahl und Bildungsstand mit der Entwicklung der absolutistischen Staaten und der Verbesserung der Universitäten beständig wuchs; ebenso unter den Lehrern, reichen Kaufleuten, Bankiers, Manufakturbesitzern und – eine besondere Erscheinung der deutschen Kulturgeschichte – in den Familien lutherischer Pastoren, die regelrecht als Pflanzstätten für Schriftsteller, Philosophen und Gelehrte fungierten.

Neben den Hoftheatern beklatschten die Bürger die Wanderbühnen, die Stücke mit einer deutschen »Dramaturgie« aufführten, die sich allmählich aus den konkurrierenden Einflüssen Racines und Shakespeares gelöst hatte. Feste Theaterhäuser entstanden in Leipzig, Hamburg, Berlin und Wien. Johann Christoph Gottsched, Professor in Leipzig, ein vielseitiger Autor von gewaltiger Bildung, als Schriftsteller allerdings nur mittelmäßig begabt, veröffentlichte neben zahlreichen Übersetzungen eigene Stücke, die in ganz Deutschland Verbreitung fanden und Lessing, Goethe und Schiller den Boden bereiteten. Das schwerfällige, mit Fremdwörtern überfrachtete und kaum fixierte Barockdeutsch wurde in wenigen Jahrzehnten zu einem brillanten und vielseitigen Werkzeug, das zur klassischen Dichtung ebenso taugte wie zum Ausdruck der tiefgründigsten philosophischen Gedanken, die seit der Antike gedacht worden waren. In dieser präzisen und geschmeidigen Sprache verfaßte als erster Gotthold Ephraim Lessing bürgerliche Dramen, Komödien, Tragödien und philosopische Lehrstücke. Lessing, der vor allem auch ein gewaltiges Werk an kritischen und ästhetischen Schriften hinterließ, machte die Aufklärung und den Humanismus im deutschen Sprachraum heimisch. Als Korrespondent und Freund des Philosophen Moses Mendelssohn, des ersten Juden im neuzeitlichen Schrifttum,[7] kämpfte der Kosmopolit Lessing unermüdlich für die Freiheit des Geistes und schrieb gegen die aufklärungsfeindlichen dogmatischen Tendenzen in der Theologie und gegen rassistische Vorurteile an. Angesichts der deutschen Situation focht er indes zugleich für die Emanzipation des deutschen Geistes, den es aus dem Joch des französischen Konformismus zu befreien galt.

Lessing und die nachfolgende Generation empfingen stärkste Impulse aus England mit der kulturellen Anerkennung von Gefühl, Empfindung und Herzensleid, von Natur und Geschichte, einem Wertesystem, das in der geistigen Kulturlandschaft Frankreichs niemals so recht hatte heimisch werden können. Auch Englands politisches System mit seinem geschichtlich verankerten repräsentativen Prinzip wurde vor und während der Französischen Revolution, die sehr bald schon wegen ihres Bruchs mit der Kontinuität auf Ablehnung stieß, für eine wachsende Anzahl von Historikern und Juristen zum Vorbild für den deutschen Weg in die gesellschaftliche Zukunft. Justus Möser, der Verwalter und Geschichtsschreiber des Bischofs von Osnabrück, bereitete in einer Zeit, als der Einfluß der Französischen Revolution eingedämmt und dem Vormarsch Napoleons Einhalt geboten werden mußte, so den preußischen Reformern vom Anfang des 19. Jahrhunderts den Weg.

Daß in der zweiten Hälfte des 18. Jahrhunderts eine Überfülle an talentierten, ja genialen Literaten in der deutsche Kultur in Erscheinung trat, hatte gewiß vielfältige politische, wirtschaftliche und soziale Ursachen: der Aufstieg des Bürgertums, der Ausbau von Straßennetz und Postbetrieb, die Einrichtung neuer Schulen und Universitäten, die wachsenden Bedürfnisse der Verwaltung und vor allem der dauerhafte und umfassende Frieden in den deutschen Staaten. Obwohl diese Faktoren und Aspekte einen Teil des Phänomens erklären können, gibt es doch einen Kern, der sich anscheinend jeder Kausalität und jedem Deutungsversuch entzieht: Plötzlich tauchten innerhalb kürzester Zeit, in nur einer oder zwei Generationen, ganze Heerscharen bedeutender Künstler auf, wie es in der Malerei in den Jahrzehnten um 1500, in der Bau- und Dekorationskunst um das Jahr 1700 oder in der Musik in England in der Zeit von Byrde bis Purcell der Fall gewesen war. Weder vor noch nach solchen Blütezeiten traten so viele Künster auf einmal in Erscheinung.

Die drei parallelen geistigen Bewegungen des Sturm und Drang, der Klassik und der Romantik, die sich überlagerten und zeitlich aufeinander folgten, können nicht als drei verschiedene Zeitalter der deutschen Geistesgeschichte gelten. Eine treibende Kraft der ersten Bewegung war Goethe, der meisterhafte Beherrscher klassischer strenger Serenität, der das romantische Treiben der Späteren nachsichtig, aber meistens verärgert beobachtete. Der Sturm und Drang war eine moralische und ästhetische Rebellion der Jugend gegen das graue Einerlei und den Konformismus des bürgerlichen Lebens, in dem man sich damit begnügte, als Hoflieferant sein Glück zu machen. Diese Bewegung war ein feuriges Manifest für die Leidenschaft und das Gefühl und zugleich eine Forderung nach deutscher Authentizität gegenüber einer gekünstelten Kultur, gegenüber der französischen Perücke.

Zuvor hatte Johann Gottfried Herder die Völker in ihrer Ursprünglichkeit, Einzigartigkeit und Kultur entdeckt, die schon vor der Kultur der schriftlichen Überlieferung existierte und durch lebendiges Brauchtum weitergetragen worden war. Nach Herder ist das Volk ein Ergebnis von Geschichte und Wachstum, ein gewachsenes Wesen der Natur, das sich wie Gräser oder Bäume nach Naturgesetzen entwickelt hat. Es ist das genaue Gegenteil der jakobinischen Nation, die das Ergebnis und Objekt eines im wesentlichen politischen Willens ist. Das Volk, so Herder, ist nicht in der Welt jener Vernunft ansässig, der Robespierre die Herrschaft hatte sichern wollen. Für Herder sind alle Völker gleich, denn sie alle sind in Urzeiten entstanden, sie sind gleich wie Bäume, aber auch unterschiedlich und einzigartig wie Menschen. Aus Herders Denken, aber auch aus dem jakobinischen Erbe, speiste sich der deutsche Nationalismus des 19. und 20. Jahrhunderts. Auch die slawischen und baltischen Völker verdanken ihm die Wiederentdeckung ihrer Volksdichtung und die Rückbesinnung auf die eigene historische Tradition. Der gebürtige Ostpreuße, der Pastor in Riga war und einem Ruf Goethes nach Weimar folgte, um in diesem Musterherzogtum dem Protestantismus neue Impulse zu geben, lieferte den geistigen Zündstoff für die widerstreitenden nationalistischen Forderungen des folgenden Jahrhunderts.

Die deutsche Klassik zog ihre Nahrung vor allem aus einer Wiederentdeckung der Antike, der zweiten nach der Renaissance, die indes nicht so sehr mit dem wissenschaftlichen und rationalistischen Ansatz der Humanisten betrieben wurde. Die Klassik entdeckte die Antike weniger in ihrer historischen Tatsächlichkeit wieder als vielmehr in der Gestalt eines erträumten Arkadien. Dieses Griechenland der Seele bedurfte kaum der Kenntnis dessen, was vom realen Griechenland noch übrig war, und so hat denn auch keiner der Klassiker Griechenland je bereist. Sie begnügten sich mit den Kunstwerken in den Museen, Palästen und antiken Stätten Italiens, in einer Ferne, in die man schweifte, um von dort aus ins eigentliche, ins innere Deutschland zu gelangen. Die Klassiker identifizierten ihr Deutschland, das kein einheitlicher Staat mehr war und dies auch gar nicht werden sollte – Goethes Verärgerung über die nationalistische Begeisterung während der Freiheitskriege zeigt dies –, in einem seltsamen und gewaltigen Kraftakt des Vorstellungsvermögens mit dem immateriellen Griechenland, »das sie mit ihrer Seele suchen«. So deutete Winckelmann die antike Kunst um, so fand Hölderlin in einem Olymp abseits jeder Geographie »Griechenlands Götter« wieder. Ein Griechenland ohne Krieg und Tyrannen, ohne Politik und unveränderlich wie alles, das nie existierte.

Mit der Wahl der Stoffe für seine ersten Dramen – »Götz von Berlichingen« und »Faust« –, die er dem deutschen 16. Jahrhundert außerhalb der engen, eher präkapitalistischen denn kapitalistischen bürgerlichen Welt entlehnte, knüpfte der junge Goethe an die schöpferische Epoche Dürers und Luthers an. Sein »Faust«, der als Erzählung, Abenteuerbericht und Volkssage von einem Mann, der seine Seele dem Teufel verkauft, begonnen hatte, endete sechzig Jahre später saint-simonistisch im Triumph der Technik. Der Kanäle grabende Faust ist weit, sehr weit entfernt vom Geliebten Gretchens und vom Abenteurer, der den Teufel zum Narren haben will.

»Die Räuber« des jungen Schiller sind das Werk eines rebellierenden Dichters, der sich gegen die bestehende Ordnung auflehnt, sofern sie die freie, nur den eigenen Gesetzen gehorchende Selbstentfaltung beschneidet. Gibt es etwas Romantischeres als dieses klassische Motiv? Als der reife Schiller mit seinen historischen Dramen zum Shakespeare des bürgerlichen Deutschland avancierte, war vom fanatischen Individualismus der »Räuber« oder von der in »Kabale und Liebe« zum Ausdruck kommenden Auflehnung gegen die absolutistische Despotie nur ein klassisches und seltsam abgeklärtes Protokoll von der Tragik der Conditio humana übriggeblieben. Ganz unfriedlich ist dagegen die einsame anrührende Stimme Hölderlins, bei dem alle Schönheit schließlich der Angst weicht. Diese Dichter, die anfangs den Siegeszug der Freiheit in Frankreich bewunderten und dann über die blind wütenden Auswüchse der Revolution erschraken, verliehen dem Deutschland der »Dichter und Denker« plötzliche Größe und wirkten über die Grenzen des zusammenbrechenden Alten Reichs hinaus nach. Diese Größe, die militärische Niederlagen und politische Auflösungserscheinungen verdeckte, war in der deutschen Geschichte einmal mehr der Ursprung eines unauflöslichen Widerspruchs: Sie begründete das Auseinanderfallen von Staatsgewalt und Geist, das schließlich entweder zur gegenseitigen Ablehnung oder zur sklavischen Unterwerfung der Kultur unter die gesellschaftlichen Kräfte führte. Hegel, dessen Hauptwerk erst nach dem 18. Jahrhundert erschien, der aber auf dem Boden der vorrevolutionären Welt stand, sollte später den grandiosen Versuch unternehmen, den freien Geist der Kultur auf einer höheren Ebene mit der Staatsräson zu versöhnen. Vergeblich: Die Wunde verheilte nicht.

Das deutsche Denken und die verschiedenen Gattungen der deutschen Literatur des 18. Jahrhunderts waren fast ausschließlich protestantisch geprägt. Wenn der deutsche Katholizismus kaum Schrifttum vorzuweisen hat, so verdankt man ihm um so mehr in der Musik. Gewiß nicht alles angesichts der gewaltigen Bedeutung von Telemann, Bach, seinen Söhnen und Händel, aber die Wiener Klassiker Mozart, Haydn und Beethoven setzten sich mit ihnen auseinander, führten sie weiter und überwanden die leichtfertige und übertriebene Gegenüberstellung vom deutschen Norden als Verkörperung von Vernunft und Wort und dem deutschen Süden als Verkörperung von Gefühl und Sinnlichkeit. Mochten die Dichter und

Denker Musik auch geschätzt haben, so betrachteten sie diese Kunst, verglichen mit der eigenen, als geringerwertig. Eine neue Bewertung sollte sich erst im 19. Jahrhundert einstellen, als neben den gotischen Kathedralen auch Bach wiederentdeckt wurde und die Musik aus den höfischen Salons und Musizierzimmern heraustrat: Der Konzertsaal war eine Erfindung des aufstrebenden Bürgertums, das mit ihm einen rationaleren Umgang mit der Kultur einführte. So kann man die kulturelle Wirklichkeit des 18. Jahrhunderts in einem neuen Licht betrachten: Literatur, Philosophie, Musik, Architektur und die bildenden Künste überlagerten sich, aber ihre gemeinsamen Züge, die im historischen Rückblick feststellbar sind, waren für die Zeitgenossen weder evident noch unabdingbar. Sie sind dies nicht einmal für uns heute. Bach an sich ist uns genug. Um uns von dieser Musik zu einer betörenden Einsicht tragen zu lassen, müssen wir weder an Lessing noch an die bedeutenden barocken Baumeister oder an Friedrich den Großen denken. Und doch können wir Bach und Mozart nicht von ihrem geschichtlichen und gesellschaftlichen Rahmen losgelöst betrachten. Diese Zusammenhänge sind wichtig, zielen aber nicht auf das Wesentliche, das sich Erklärungen und Determinismen entzieht. Wagner sollte Kunst und Politik um jeden Preis vereinen wollen. Seine Kompositionsweise, die der Natur der Musik Gewalt antut, ähnelt seltsam dem Bemühen Hegels, Staat und Geist zu vereinen. Diese geistigen Erzeugnisse gehören freilich in ein späteres, posttheologisches, voluntaristisches und historisierendes Zeitalter, in dem man zur Selbstbestimmung immer wieder in die Geschichte blickte, weil man seit der Französischen Revolution des objektivierenden Blickes von außen bedurfte. So gesehen bedeutete 1789 vor allem für Deutschland ein Schlüsselerlebnis für das Aufkommen eines modernen Geschichtsbewußtseins.

Die Bau- und Dekorationskunst im Zeitalter des Barock war im wesentlichen eine katholisch geprägte Erscheinung des Südens. Während sich die Musik des Nordens zu einer nie dagewesenen Feierlichkeit aufschwang, die Bach zum Lobpreis Gottes und Händel zur Verherrlichung des Königs einsetzte (war Händel Deutscher oder Engländer? In seiner Musik jedenfalls findet der englische Geist einen fast einzigartigen vollkommenen Ausdruck, wahrscheinlich gerade deshalb, weil er Ausländer war und doch nicht von allzuweit her kam), standen die Schlösser und Kirchen des protestantischen Deutschland im 17. und 18. Jahrhundert etwas am Rande, obwohl durchaus gelungene gewaltige und prachtvolle Bauten entstanden. Prahlerisches und Drolliges, Volksfrömmigkeit und der theatralische Geschmack der jesuitischen Gegenreformation, die im Göttlichen verwurzelte Natur und vielleicht sogar der ökonomisch unterentwickelte Charakter der

meisten katholischen Gegenden verschmolzen zu einer Kunst, die im Bet-
saal wie in der Wallfahrtsstätte ihren Ausdruck fand. Die Menge war da
mit ihren Gebeten, ihrem naiven Brauchtum und ihren Gauklern, aber auch
der Hof mit seinem Pomp und Geschmeide, seinen Diamanten und Intrigen. Man mag für die Blüte der barocken Bau- und Dekorationskunst vielerlei Gründe anführen: die Zersplitterung Frankens und Schwabens in
zahllose einzelne Territorien, von denen die meisten, da für ein stehendes
Heer zu klein, ohne Militärausgaben auskamen; die Ausbeutung der
menschlichen Arbeitskraft und die Spendenfreudigkeit frommer Bauern;
die Prunksucht der prestigebewußten Mächtigen und – was wohl der wichtigste Grund von allen ist – die Existenz zahlreicher geistlicher Fürstentümer, deren Fürstbischöfe und Fürstäbte der zeitgenössischen Vorliebe für
sichtbaren Glanz frönten und das Bedürfnis verspürten, den Ruhm Gottes
und – da man erworbene Güter nicht weitervererben konnte – den eigenen
Ruhm zu verherrlichen. Auch hier erklären diese zahlreichen Gründe nicht
alles und zuweilen auch überhaupt nichts. Weder die dicht gedrängten
Heerscharen von Baumeistern, Architekten, Malern, Stukkateuren oder
Bildhauern aus den bayerischen, schwäbischen und vorarlbergischen Dörfern wie die Dynastie der vier Gebrüder Dientzenhofer, die von einem großen Bauernhof in Oberbayern stammten und über zwei Generationen hinweg in Franken und Böhmen zahllose Kirchen und Paläste schufen. Oder
die vielseitigen Künstlerfamilien, die ihr geniales Können um das Benedik-
tinerkloster Wessobrunn entfalteten, die Schmuzers, Zimmermanns und
Feichtmayrs (der herausragende, Dominikus Zimmermann, errichtete in
der ländlichen Abgeschiedenheit Oberbayerns die anmutige Wallfahrtskir-
che Wies) ebenso wie die beiden Günther, Ignaz, der in seinen plastischen
Bildwerken die Bewegung der menschlichen Leiber einfing, und der Fres-
komaler Matthäus Günther, sowie die kraftvollen und anmutigen Gebrüder Asam, auch sie Maler und Bildhauer, die ihresgleichen nur in den großen Venezianern der Epoche mit Tiepolo und seinem Sohn an der Spitze
fanden. All diese Künstler entstammten dem Volk, wie übrigens auch die
meisten Fürstäbte, die von der Bausucht befallen waren. Die Fürstbischöfe
gehörten dagegen alle dem Hochadel an, entfalteten aber eine mindestens
ebenso rege Bautätigkeit, vor allem die Erzbischöfe von Mainz und die
Bischöfe von Würzburg und Bamberg aus der Familie der Grafen von
Schönborn; aus dem Bauernstand gingen auch die österreichischen Maler
hervor, der geniale Maulbertsch und der Tiroler Holzer, ein früh verstor-
bener Mozart sakraler Fresken … sie alle waren direkt zu einer Kunstform
übergegangen, die durch ideelle Schlichtheit und handwerkliches Können
geprägt ist und so immer wieder zur Bewunderung dieser Kunstschöpfun-
gen herausfordert.

Von Wien, damals die größte Metropole des Reiches und noch immer Kaiserstadt, gingen Moden und Neuerungen aus, die sich mit Pariser und Versailler Elementen verbanden. Fischer von Erlach und Lukas von Hildebrandt errichteten im neuen Österreich Eugens von Savoyen überall Kirchen und majestätische Paläste. In München entwarfen Joseph Effner und der Wallone François de Cuvilliés, der seine Laufbahn als Hofzwerg des Kurfürsten von Bayern begonnen hatte, für eine mittelgroße Provinzresidenz Bauten von überraschender Größe und Pracht. In Franken hinterließ Johann Balthasar Neumann, ein Offizier der Artillerie im Dienst der Bischöfe Schönborn, ein erstaunlich vielfältiges Werk, das von der Würzburger Residenz bis hin zur monumentalen Klosterkirche der Abtei Neresheim reicht. Die Hoch- und Großmeister des Deutschen Ordens, die Herzöge von Württemberg, Markgrafen von Baden, Bischöfe von Speyer und Fulda und Fürsterzbischöfe von Köln, sie alle versuchten die Schlösser der Nachbarn an Größe und Raffinement zu übertreffen. In Preußen, wo das Barock diskreter und weniger üppig auftrat, hielt mit dem Bildhauer und Baumeister Andreas Schlüter die Kunst ihren Einzug in die Berliner Nüchternheit. Doch verwandeln wir dieses Kapitel nicht in eine simple Aufzählung. Gefällig und blendend, als prachtvolles Schauspiel und zum Lobpreis Gottes lief die deutsche Barockkunst, die feierlich wie eine Hauptmesse begonnen hatte, in der schwingenden Kammermusik des Rokoko aus. Dies ist für meine Augen und für meine Ohren einer der Höhepunkte der deutschen Existenz. Das 18. Jahrhundert war allerdings auch ein Goldenes Zeitalter des Kunsthandwerks, vor allem des Porzellans: Das sächsische Meißen, Nymphenburg und Berlin errangen rasch europäische Geltung, und auch hier leistete sich jeder Fürst, der etwas auf sich hielt, möglichst eine Manufaktur. Diesem Umstand verdanken wir zum Beispiel das entzückende Ansbacher Porzellan. Die Kunsttischlerei, reichhaltiger als die französische mit ihrer Vorliebe für gewundene und gedrehte Formen und helle Hölzer, stand ebenfalls in voller Blüte. Zahlreiche deutsche Prachtstücke wanderten nach Paris, wo sie einen wohltuenden Kontrast zur ein wenig morbiden Grazie jener Möbel bildeten, die für das Ende des Ancien régime kennzeichnend sind. Welch großes Jahrhundert, in dem die düsteren Schatten der Vergangenheit endlich der Menschenliebe, Aufklärung und Vernunft zu weichen schienen! Und die Zersplitterung des Reichs in zahllose Territorien und Fürstentümer tat der Einheit der vielen »Deutschlands« durchaus keinen Abbruch. Noch deutete nichts hin auf den Vormarsch der schrecklichen Vereinfacher, die in den nächsten 150 Jahren das deutsche Schicksal auf erschreckend tragische Abwege führen sollten.

Zeittafel

1740	Friedrich II. der Große besteigt den preußischen Thron. Maria Theresia, die älteste Tochter Kaiser Karls VI., übernimmt im selben Jahr die Regierung in den habsburgischen Erblanden. Ausbruch des Ersten Schlesischen Krieges: Friedrich II. erobert Schlesien. Nach kurzfristigem Frieden (1742) rückt Friedrich II. in Böhmen ein (Zweiter Schlesischer Krieg).
1742	Der bayerische Kurfürst Karl Albrecht wird als Karl VII. zum deutschen Kaiser gewählt.
1749	Bachs »Kunst der Fuge«.
1756	Mit dem Westminster-Vertrag schließen Preußen und Großbritannien ein Bündnis gegen den Rivalen Frankreich als Kolonialmacht. In Reaktion schließen Österreich, Frankreich und Rußland ein Gegenbündnis.
1756– 1763	Im Siebenjährigen Krieg kämpft Preußen gegen Österreich, Rußland, Frankreich, Schweden und die Mehrzahl der deutschen Reichsfürsten. Im Frieden von Hubertusburg 1763 wird Preußens Stellung als europäische Großmacht bestätigt.
1762	Nach dem Tod von Zarin Elisabeth verläßt Zar Peter III. die antipreußische Koalition und schließt mit Friedrich dem Großen einen Separatfrieden. Seine Nachfolgerin, Katharina II. die Große, bestätigt den Frieden mit Preußen.
1763	Friede von Paris: Großbritannien wird vor Frankreich und Spanien führende Kolonialmacht in Nordamerika.
1765	Joseph II. wird zum deutschen Kaiser und zum Mitregenten von Maria Theresia gewählt.
1768– 1774	Krieg zwischen Rußland und dem Osmanischen Reich.
1772	Erste polnische Teilung durch Preußen, Rußland und Österreich.
1773	Boston Tea-Party: Erhebung der amerikanischen Kolonisten gegen das englische Mutterland.
1774	Goethes »Werther«. Ludwig XVI. wird König von Frankreich.
1775	Ausbruch des nordamerikanischen Unabhängigkeitskrieges.
1776– 1777	Deutsche Truppen werden zum Kampf gegen die aufständischen Kolonisten nach Nordamerika gesandt.
1776	Unabhängigkeitserklärung der dreizehn nordamerikanischen Staaten: Virginia Bill of Rights.
1779	Lessings »Nathan der Weise«.
1780	Tod Maria Theresias. Ihr Sohn Joseph II. wird Alleinherrscher.
1781	Kants »Kritik der reinen Vernunft«. Schillers »Räuber«.
1783	Friede von Versailles: Anerkennung der Unabhängigkeit der Vereinigten Staaten.
1785	Deutscher Fürstenbund unter Führung Preußens. Erste Handelsvertretungen Preußens in den Vereinigten Staaten.
1786	Tod Friedrichs des Großen.
1787	Mozarts »Don Giovanni«.

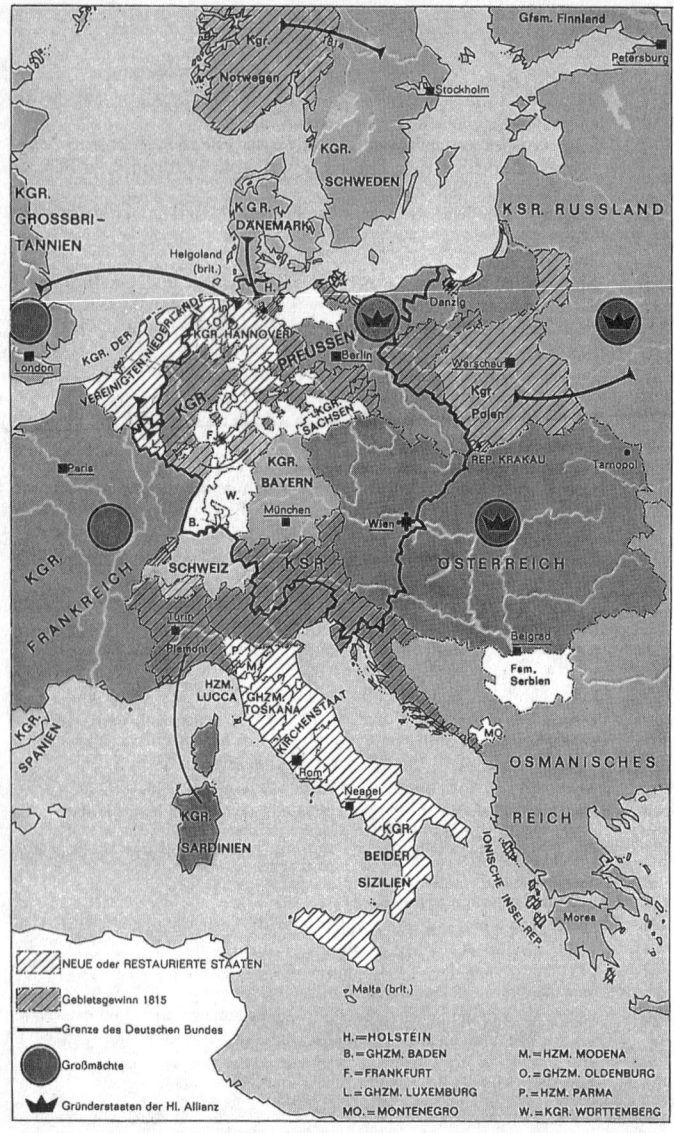

Neuordnung Europas durch den Wiener Kongreß 1815

14. KAPITEL

Die deutschen Staaten und die Französische Revolution

Die Französische Revolution war auch für die deutsche Geschichte ein besonders bedeutendes Ereignis, das diesseits des Rheins für gewaltige politische, soziale und ideologische Umwälzungen sorgte. Eineinhalb Jahrhunderte lang hatten die deutschen Staaten als Nacheiferer oder Opponenten nach Paris geblickt, wo die wichtigsten Trends gesetzt und Vorbilder geschaffen wurden. Frankreich war die bedeutendste militärische, wirtschaftliche und geistige Macht auf dem Kontinent, und nichts, was die Menschen dort bewegte, konnte die Mitglieder des Alten Reichs gleichgültig lassen. So wurden die französischen Ereignisse seit dem Sommer 1789 in Deutschland mit besonderer Spannung verfolgt. Anfangs weckten die Revolution und das Geschehen in Paris weithin Sympathie. Nur eine Minderheit befürchtete schon zu Beginn oder sehr früh negative Auswirkungen auf die Ruhe und Ordnung in den deutschen Staaten. Unter den Gebildeten, Informierten und Interessierten, die sich dank ausreichender Freizeit auch über Ereignisse außerhalb der unmittelbaren Umgebung auf dem laufenden halten konnten, herrschte eine zwiespältige Haltung vor. Für die Mehrheit der fortschrittlichen Kräfte in Deutschland war Frankreich mit seinem zu sehr auf Schein, Ruhm und Glanz bedachten Nationalcharakter das Opfer gesellschaftlicher Egoismen und Partikularinteressen geworden. Die Staatsführung hatte mit der gesellschaftlichen Entwicklung der Aufklärung nicht Schritt halten können. Während die meisten deutschen Staaten in der zweiten Hälfte des 18. Jahrhunderts im Zeichen des aufgeklärten Absolutismus Reformen mit dem Ziel durchgeführt hatten, Rechtssicherheit an die Stelle staatlicher Willkür treten zu lassen, die Bürger vor dem Gesetz gleichzustellen und dem Staat, also dem Gemeinwohl, den Vorrang vor Privilegien und Einzelinteressen zu sichern, waren diese Reformen in Frankreich an der Inkompetenz der Herrschenden, der Mätressenwirtschaft und dem Einfluß des egoistischen Adels gescheitert.[1] Die Ereignisse von 1789 erschienen so als eine Bewegung mit dem Ziel, den Anschluß an eine Entwicklung zu gewinnen, die in den meisten deutschen Staaten dank günstiger Voraussetzungen schon einige Jahrzehnte zuvor eingesetzt hatte. So empfanden viele Diplomaten, hohe Staatsdiener oder einfach neugierige Reisende, die auf die ersten Nachrichten von den Vorgängen in Paris hin in die französische Hauptstadt eilten, neben Sympathie für die Mitglieder der verfassunggebenden Versammlung auch ein Gefühl moralischer Genugtuung. Die Deutschen hatten bei den französischen Nachbarn immer als etwas ungehobelt, einfältig und provinziell, als redlich, aber plump und ohne Stil – den nur der französische Geschmack, die französische Lebensart und die französische Sprache verkörperte – gegolten und hatten diese Einschätzung oft geteilt, während sie sich nun als kluge Wegbereiter einer neuen Ära sahen. Maßvoll und bescheiden konnten sie sich jetzt mit ihren Dichtern und Denkern, die seit Ende der Kriegswirren 1648 die Kultur im Land befruchtet hatten, gegenüber den großen Kulturnationen Frankreich und England, die auf militärischem, wissenschaftlichem und wirtschaftlichem Gebiet in diesem Jahrhundert die Maßstäbe gesetzt hatten, wenn nicht als beispielgebend, so zumindest als ebenbürtig betrachten. Keine Nation auf dem europäischen Kontinent besaß damals eine so konsequente, moderne und in vielerlei Hinsicht liberale Gesetzgebung wie das unter Friedrich II. entstandene »Allgemeine preußische Landrecht«, auch wenn Friedrich Wilhelm II. einige der bahnbrechenden verfassungsmäßigen Elemente vor allem im öffentlichen Recht unter dem Einfluß reaktionärer, bigotter Ratgeber vor der endgültigen Veröffentlichung wieder streichen ließ. Obwohl Leopold II. alle allzu radikalen und autoritären Ergebnisse des übertriebenen Reformeifers Josephs II. korrigierte, faßte er für die Bewohner seiner Staaten eine Verfassung und eine gewählte Vertretung ins Auge. Die Reformen zur Aufhebung von Leibeigenschaft und Lehnsrecht waren in vielen deutschen Staaten schon wesentlich weiter vorangekommen als im Frankreich von 1788.

Diese etwas herablassende Sympathie sollte mit der gefährlichen Zuspitzung der Lage in Frankreich zwei entgegengesetzten Haltungen weichen: zum einen der begeisterten Bewunderung für die kühnen »gallischen« Neuerungen, zum anderen der wachsenden Angst, die Pariser »Auswüchse« und der Geist der Subversion könnten sich rasch über ganz Europa ausbreiten. Gewiß gab es eine kleine Minderheit von »Jakobinern«, »aufgeklärten« Beamten oder Intellektuellen, die das Volk zur Rebellion aufstachelten, zum Sturz der »Tyrannen« aufriefen und die Einführung republikanischer Rechte verlangten. Mitunter konspirierten sie ohne jeden Rückhalt im Volk (vor allem in Österreich und Ungarn, wo der offen reaktionäre Regierungskurs Franz' II., der 1792 Leopold II. nachgefolgt war, die Hoffnungen der – zahlenmäßig im übrigen schwachen und isolierten – »Reformer« enttäuscht hatte). Daneben gab es eine beachtliche Menge von Publizisten, Schriftstellern und gebildeten Männern von Welt, die selbst zwar nicht politisch aktiv wurden, die Einführung der Freiheit in Frankreich aber mit Begeisterung als ein neues Zeitalter für die gesamte Menschheit begrüßten. Mit rührenden Akzenten feierte der Dichter Klopstock, wegen seines Beitrags zur Befreiung des deutschen Geistes von der französischen Vorherrschaft einst als einer der bedeutendsten Vertreter der Nationalkultur verehrt, die neuerliche Vormachtstellung, die sich Frankreich im Kampf um die Freiheit in der Welt augenblicklich sicherte. »Nicht wir, sondern sie, wieder sie«, verkündete er in einem langen Gedicht in edlen Hexametern zum Ruhm der Französischen Revolution, wieder einmal »sie«.

Diese fast einhellige Bewunderung im kulturellen und geistigen Deutschland hielt den Exzessen der Revolution mit den sich überstürzenden blutigen Ereignissen freilich nicht lange stand. In den zahlreichen erfolgreichen Blättern, Zeitungen und Zeitschriften wurde das Geschehen in Paris noch immer verfolgt, doch wichen Zustimmung und Begeisterung allmählich Zweifeln, Empörung und vernichtenden Urteilen. In offiziellen Kreisen war man davon überzeugt, daß eine jakobinische Geheimorganisation die Revolution über ganz Europa und insbesondere über das Reich verbreiten wollte. Zwischen 1789 und 1792 kam es in einigen deutschen Regionen, dem Rheinland, Sachsen und Schlesien, zu Erhebungen von Landarbeitern, die man indes nur mit Mühe oder überhaupt nicht in eine direkte Beziehung zu den französischen Ereignissen bringen kann. Die Geschichtsschreibung der Bundesrepublik Deutschland hat sie lange Zeit ignoriert oder ihre Bedeutung zumindest heruntergespielt, während man sie in der DDR übertriebenermaßen als Keim einer breiten deutschen revolutionären Bewegung hinstellen wollte. Sicher ist dagegen, daß die Aufstände bei den Führungen der meisten deutschen Staaten die Abneigung gegen die Revolutionäre in Frankreich und die von Anfang an vorhandene Angst vor einem Übergreifen der Umwälzung verstärkt haben. So entstand rasch eine antirevolutionäre politische Literatur, die zum Teil von den großen englischen Pamphletisten wie Edmund Burke beeinflußt war, den Friedrich Gentz, Metternichs späterer Mitarbeiter, ins Deutsche übersetzte.

Nach der Machtübernahme durch die Girondisten, der Kriegserklärung an den »König von Ungarn und Böhmen«, den Septembermorden, nach dem Prozeß gegen den König und seiner Hinrichtung trat das Verhältnis zwischen Frankreich und dem Reich auf politischer, geistiger und militärischer Ebene in eine neue Phase. Den deutschen Großmächten Österreich und Preußen kamen die revolutionären Unruhen, die eine Schwächung der westlichen Großmacht bedeuteten, zunächst durchaus gelegen. Ebenso wie Rußland waren sie zwischen 1789 und 1792 sehr viel stärker mit den Angelegenheiten des Ostens, dem Balkan und Polen

beschäftigt. Preußens gewaltige Gebietsgewinne bei der zweiten und dritten polnischen Teilung (ab 1794 sprachen in Preußen ebenso viele Menschen Polnisch wie Deutsch) warfen schwere Integrationsprobleme auf,
ein Hauptgrund dafür, daß sich Friedrich Wilhelm II. mit dem Separatfrieden von Basel von 1795, der die Neutralität von ganz Norddeutschland bedeutete, aus dem Krieg gegen Frankreich zurückzog. Daß Frankreich als Machtfaktor in Europa zeitweilig verschwand und völlig isoliert
war, ermöglichte es den »Teilungsmächten«, der Existenz des polnischen
Staates (den Napoleon nach der preußischen Niederlage von 1806 teilweise wiederherstellen sollte) ein Ende zu setzen.

Die Kriegserklärung von 1792 bedeutete für einen Großteil des Reichs,
für die Staaten im Süden, die deutschen Provinzen Österreichs und für
alle linksrheinischen Gebiete den Anfang einer Periode der aktiven Teilnahme an militärischen Konflikten, die sich fast ununterbrochen über
annähernd fünfundzwanzig Jahre hinziehen sollte. Das linke Rheinufer
wurde mit der zweiten Besetzung von Frankreich 1794 faktisch annektiert, eine Angliederung, die mit den Verträgen von Basel (vor allem mit
Preußen 1795) und Lunéville (mit Österreich 1801) festgeschrieben und
1803 vom Reichstag bestätigt wurde. Bis 1815 teilte dieses Gebiet das
Schicksal der anderen französischen Departements. Die jungen Deutschen, die dort rekrutiert wurden, dienten neben den Franzosen in den
Armeen auf allen Schlachtfeldern von Republik und Napoleonischem
Kaiserreich. Die süddeutschen Territorien östlich des Rheins litten wiederholt unter militärischen Konfrontationen zwischen französischen und
österreichischen oder österreichisch-russischen Armeen. Die Angehörigen
der Staaten dieser Region nahmen an den Kämpfen bald auf französischer, bald auf gegnerischer Seite teil. Nach Entstehung des Rheinbundes
1806 gerieten sie in den Sog der Napoleonischen Kriege in Spanien und
Rußland. Die preußischen und österreichischen Hilfskorps nicht mitgerechnet, bestand die *Grande Armée* des Rußlandfeldzugs von 1812 zu
einem Drittel aus Deutschen. Von 30 000 bayerischen Soldaten, die nach
Rußland marschierten, kehrte nur ein Zehntel in die Heimat zurück. Ab
1806 geriet auch Norddeutschland in den Strudel der kriegerischen Ereignisse: Im Feldzug gegen Preußen und Rußland wurde von Thüringen
bis zum äußersten Nordosten Ostpreußens gekämpft. Um die Kontinentalsperre gegen England zu verstärken und den Briten den Einfluß zu
entziehen, annektierte Frankreich 1811 zudem die Nordseeküste von
Holland bis Hamburg. Nach den preußischen Niederlagen von 1806 und
1807 entstanden neue Satellitenstaaten, die Großherzogtümer Berg und
Frankfurt und das Königreich Westphalen. Nach der langen Friedenspe-

riode von 1763 bis 1792 hatte für die deutschen Territorien ein neuer »Großer Krieg« begonnen, der diesmal dreiundzwanzig Jahre dauerte und neben den materiellen Verlusten auf politischer und national-geistiger Ebene besonders verheerend wirkte. Auf Krieg und Fremdherrschaft, Leiden und Demütigung folgte der Kampf um die nationale Wiedergeburt mit neuer Hoffnung und Enttäuschung.

Österreich und die meisten Reichsstände im Süden und Westen führten den Krieg, den sie 1792 gegen das revolutionäre Frankreich begonnen hatten, bis zum Frieden von Lunéville 1801 mit Österreich und dem Reich fort; Preußen hatte sich schon 1795 mit dem Basler Frieden aus dem Konflikt zurückgezogen und die meisten Reichsstände des Nordens zum gleichen Schritt veranlaßt. Dieser Frieden, zu dem noch 1802 der Vertrag von Amiens mit England hinzukam, war allerdings nur von kurzer Dauer. Schon 1805 zog Österreich, diesmal im Bündnis mit Rußland, erneut gegen Frankreich in den Krieg, gegen das jetzige Napoleonische Kaiserreich. Nach der Niederlage von Austerlitz mußte es sich mit drastischen Gebietsverlusten abfinden, vor allem mit der Abtretung Tirols an Bayern. 1806 gab Preußen, ebenfalls ein Verbündeter Rußlands, die Vorteile des Basler Friedens auf, erlitt die schmachvollen Niederlagen von Jena und Friedland und mußte im Tilsiter Frieden von 1807 alle Provinzen westlich der Elbe und einige bei der zweiten und dritten polnischen Teilung erworbenen Gebiete abtreten.

Im Jahre 1809 zog Österreich erneut gegen Napoleon in den Krieg: Nach einem stürmischen Feldzug überließ es im Vertrag von Schönbrunn dem Sieger die »Illyrischen Provinzen« Dalmatien, Kroatien, Krain und einen Teil Kärntens. Ab 1808 kämpften deutsche Freiwillige in Spanien gegen Frankreich, zu dessen Armeen auch Kontingente des Rheinbundes gehörten. 1812 starben im katastrophalen Rußlandfeldzug Tausende deutscher Soldaten des Rheinbunds in der *Grande Armée*, die zudem von starken preußischen und österreichischen Kontingenten flankiert wurde. Anfang Januar 1813 verbündete sich Preußen wieder mit Rußland, einige Monate später gefolgt von Österreich. So waren die meisten deutschen Staaten zwischen 1792 und 1815 mit kurzen Unterbrechungen bald als Verbündete, bald als Gegner Frankreichs in die Kriege von Revolution und Kaiserreich verwickelt.

Einige Staaten zogen aus diesen Ereignissen, die sich zu nationalen Katastrophen dramatisierten, bedeutende Vorteile. Die französische Annexion der österreichischen Niederlande und der Besitzungen der Fürstbischöfe von Lüttich (das heutige Belgien) nach einer zweiten Eroberung bedeutete für das Reich in gewissem Sinn einen glatten Verlust, da Österreich mit Gebieten in Italien und an der Adria (die Territorien der Repu-

blik Venedig und Ragusa) entschädigt wurde, die nie oder schon lange
nicht mehr zum Reich gehört hatten. Die Einverleibung des linken Rhein-
ufers – mit der die Republik ein großes Anliegen der Monarchie vollendete – führte im tausendjährigen Staatensystem des Heiligen Römischen
Reichs zudem zu gewaltigen Unwälzungen. In einer Kettenreaktion, die
sich über eineinhalb Jahrzehnte bis zum Wiener Kongreß 1814/15 hinzog,
verringerte sich die Anzahl der deutschen »Staaten« von über dreihundert
auf ungefähr vierzig. Überdies verschwanden zugleich weit über tausend
autonome Lehnsherrschaften von Reichsfreiherren und Reichsgrafen.
Diese gewaltige »Flurbereinigung« führte 1806 zum Untergang des von
Otto I. 962 gegründeten oder wiederbelebten Heiligen Römischen Reiches. Nach der Übergangszeit des kurzlebigen Rheinbunds entstand 1815
schließlich der Deutsche Bund, dessen Mitgliedsstaaten fast alle Souveränitätsrechte besaßen. Vierundsechzig Jahre gab es auf deutschem Gebiet
keinen Kaiser mehr, bis 1871 das Zweite Reich entstand, das mit dem
alten kaum mehr als die Bezeichnung »Reich« gemein hatte.

Zunächst mußten vor allem die Fürsten entschädigt werden, die Gebiete am linken Rheinufer verloren hatten. Der kalte Egoismus der mehr
oder weniger aufgeklärten absolutistischen Staaten und die Vorurteile
der aufgeklärten Kräfte gegen den Klerus und die katholische Kirche
forderten erste Opfer: die Bistümer und Reichsklöster, also die – trotz
der Verluste durch die Reformation – noch immer gewaltige territoriale
Basis der Reichskirche, die, global gesehen, fast tausend Jahre lang eine
der wesentlichen Stützen der kaiserlichen Macht gewesen war.

Die Reichskirche war wehrlos. Das Papsttum, das auf den hohen deutschen Klerus mit seinen Souveränitätsrechten, seinem Ansehen und seiner
Unabhängigkeit von der zentralistischen römischen Bürokratie überdies
schlecht zu sprechen war, konnte nichts für sie tun. Der Kaiser, der alle
traditionellen Bindungen seiner Krone und Dynastie an die Kirche ver-
gaß, opferte sie, ohne zu zögern, und zerstörte so mit einem Streich das
wichtigste Fundament der ihm verbliebenen Autorität. Der größte Teil
der Territorien der katholischen Kirche wurde den protestantischen Fürstentümern zugeschlagen. Außerhalb Österreichs, Bayerns und einiger
kleinerer Staaten wurden die Katholiken überall zu Minderheiten im
Staate. Diese gewaltsame Säkularisierung auf konstitutioneller Ebene –
die im übrigen von vielen Untertanen der ehemaligen Reichsfürsten und
Reichsäbte bedauert wurde, da diese im allgemeinen ein besonders mildes
Regiment geführt und die Militärausgaben gering gehalten hatten –
wurde im Innern der konsolidierten und abgerundeten Staaten von einer
administrativen Säkularisierung begleitet, bei der vor allem die meisten
Klöster geschlossen, die Güter eingezogen und aufgeteilt und zuweilen

auch prachtvolle Baudenkmäler zerstört wurden. Bei diesen Willkürmaßnahmen, die den zumeist zwar redlichen, aber engstirnigen Bürokraten
anvertraut wurden, gingen unschätzbare Kulturgüter zu einem großen
Teil für immer verloren.

Da die geistlichen Fürstentümer offenbar nicht ausreichten, um Gebietsverluste am linken Rheinufer wettzumachen und diejenigen Staaten
zu entschädigen, die den französischen Protegés Gebiete am rechten
Rheinufer hatten abtreten müssen (Österreich hatte seine alten Provinzen
Breisgau und Oberschwaben zum Beispiel an Baden und Württemberg
verloren, und Bayern mußte ebenfalls dem Großherzog von Baden, dem
Schwiegervater von Napoleons Adoptivtochter Stéphanie de Beauharnais,
die Pfalzgrafschaft mit den altehrwürdigen Residenzen der Wittelsbacher
Heidelberg und Mannheim abtreten), wurden noch weitere Kategorien
von »Kleinen« ein Opfer der »Großen«: die alten freien Reichsstädte, ein
weiteres Fundament der kaiserlichen Macht, dazu zahllose Lehnsherrschaften und Reichsgrafschaften und schließlich über die Hälfte der weltlichen Fürstentümer. Durchgeführt wurden diese Zusammenlegungen und
Neugestaltungen unter enger Aufsicht und mit zahlreichen Eingriffen der
französischen Regierung von der Reichsdeputation, einem Ausschuß des
Immerwährenden Reichstages[2] zu Regensburg. In dem Maße, in dem
Napoleon seine Macht festigen konnte, verlagerte sich die eigentliche
Entscheidungsgewalt nach Paris. Das Geschick der deutschen Territorien
und ihrer Bevölkerung wurde jetzt am Hof des Ersten Konsuls und Kaisers
entschieden. Napoleon favorisierte treue Verbündete wie Dalberg, den
letzten Kurfürsten und Erzbischof von Mainz, den er zum Großherzog
von Frankfurt kürte, oder Dynastien, die einem Bündnis mit seiner Familie
zustimmten, wie die bayerischen Wittelsbacher und die badischen Zäh-
ringer. Einige Gebiete wechselten zwischen 1792 und 1815 die Herrschaft
mehrmals. Da Napoleon, der de facto unumschränkt herrschte, nicht alle
Akten persönlich studieren konnte, kam seinen Mitarbeitern – allen voran
dem Außenminister Talleyrand – eine besondere Bedeutung zu, und dies
wurde von den deutschen Fürsten ebenso rasch begriffen wie die Tatsache,
daß Talleyrand käuflich war. Zur Empörung der Patrioten begaben sich
die deutschen Fürsten, die sich von der Autorität des Alten Reichs »befreit« hatten, in eine Knechtschaft wie zweitausend Jahre zuvor die östlichen Duodezfürsten, die sich der Willkürherrschaft des Augustus, Tiberius oder Caligula unterworfen hatten.

Die meisten neuen Staaten setzten sich aus Gebieten ohne gemeinsame
Geschichte zusammen. Während die Untertanen dank der Institutionen
des Alten Reichs vor der Willkür der Territorialfürsten zumindest teil-

weise geschützt gewesen waren und die Staaten und die Ständevertretungen diesen Schutz in einigen Fällen bis zum Zusammenbruch des Alten
Reiches genutzt hatten, machten sich jetzt die Staaten des Rheinbundes
daran, aus den Einzelteilen des Puzzles ein neues Ganzes ohne diese Sicherheitsgarantien zu schmieden. Dazu mußten alle verbliebenen Besonderheiten und Unterschiede verschwinden. In München, Stuttgart, Darmstadt und Kassel (der Hauptstadt des Königreichs Westphalen, das 1807
für Jérôme Bonaparte gegründet worden war) wurden alle körperschaftlichen und vermittelnden Strukturen zwischen Herrscher und Verwaltung
einerseits und den alten und neuen Untertanen andererseits abgeschafft.
Konkret bedeutete dies mit geringen Varianten die allgemeine Einführung
der individualistischen Gesetzgebung der Französischen Revolution, die
Abschaffung von Berufsverbänden, Zünften und Gilden und die Auflösung der regionalen Landstände, die im jeweils übergreifenden Staatsgebilde aufgingen. In fast allen Staaten des Rheinbundes wurden – mehr
oder weniger konsequent – die Freiheit von Handel und Gewerbe eingeführt, die Adelsprivilegien abgeschafft, die Leibeigenschaft aufgehoben
und die Bürger vor dem Gesetz gleichgestellt. Zugleich wurden Verwaltungsreformen nach französischem Vorbild durchgeführt: Ohne historische Basis entstanden so neue Verwaltungseinheiten, für die von der Zentralgewalt Vertreter nach Art der französischen Präfekten ernannt und
Regierungen mit Ministern mit genau abgegrenzten Ressorts unter der
Führung eines Ministerpräsidenten, Ratspräsidenten oder Kanzlers gebildet wurden. In den Staaten des Südens, wo der Einfluß Frankreichs
am stärksten spürbar wurde, hielten es die Fürsten und Regierungschefs
für zweckmäßig, das Einigungswerk durch die Einrichtung einer »nationalen« Vertretung zu vervollkommnen, die wie ihr Vorbild, die napoleonischen Räte, keinerlei reale Macht besaßen. Diese Reformansätze
wurden in manchen Staaten allerdings erst nach dem Wiener Vertrag in
die Tat umgesetzt. Zwischen 1815 und 1820 erhielten Hannover und
die meisten Staaten im Süden, – Bayern, Baden, Württemberg und die
beiden Hessen – Vertretungen. Der Versuch war erfolgreich: In den neu
entstandenen vergrößerten deutschen Staaten entstanden in wenigen Jahren ein Zusammengehörigkeitsgefühl und bald auch politische Solidarität
und dynastische Treue, die heute noch spürbar sind. Obwohl die französische Vorherrschaft in Deutschland zur Entstehung einer Nationalbewegung führte, die sogar in eine Art patriotische Erhebung mündete (von
der später noch die Rede sein wird), verschwand mit dem plötzlichen
Ende dieser Vorherrschaft der französische Einfluß keineswegs. Ganz im
Gegenteil: Die deutschen Verhältnisse blieben noch lange Zeit zu einem
gut Teil von den Neuerungen geprägt, die Frankreich den deutschen Ter

ritorien aufgezwungen hatte. In den annektierten Gebieten am linken Rheinufer blieb der Code Napoléon noch bis zum Inkrafttreten des Bürgerlichen Gesetzbuchs, des ersten zivilen Gesetzbuchs für ganz Deutschland, bis ins Jahr 1900 gültig.

Im Jahre 1806 verlegte der Regensburger Buchhändler Johann Philipp Palm ein antinapoleonisches Pamphlet mit dem Titel »Deutschland in seiner tiefsten Erniedrigung«. Obwohl bayerischer Staatsangehöriger, wurde er, weil er den Namen des Autors nicht preisgab, von einem Kriegsgericht verurteilt und erschossen. Im Jahr 1809, als Österreich die französische Hegemonie ein weiteres Mal zu brechen versuchte, kam es in mehreren deutschen Regionen zu Aufständen. Der preußische Major Ferdinand von Schill, der Verteidiger von Kolberg, führte sein Husarenregiment in einen Aufstand, dessen erwartetes Echo ausblieb: Schill selbst fiel in Stralsund im Staßenkampf, elf seiner Offiziere wurden in Wesel von den Franzosen standrechtlich erschossen, über 500 Mann auf französische Galeeren verschleppt. Auch der Herzog von Braunschweig, dessen Besitzungen dem napoleonischen Königreich Westphalen eingegliedert worden waren, versuchte – ebenfalls ohne großen Widerhall – eine nationale Erhebung zu entfachen. Er hatte mehr Glück, konnte sich mit seinen Truppen nach England absetzen und führte den Krieg unter britischem Kommando in Spanien fort, wo seine deutschen Soldaten gegen die deutschen Kontingente der Staaten des Rheinbundes kämpften. Ganz anders als diese sporadischen Abenteuer war die allgemeine Volkserhebung in Tirol, das im Frieden von Preßburg 1805 Bayern und dem napoleonischen Königreich Neapel zugeschlagen worden war. Unter der entschlossenen und fähigen Führung des Gastwirtes Andreas Hofer boten die Tiroler Bauern und Bürger im Jahre 1809 den regulären bayerischen und französischen Truppen mehrere Monate lang die Stirn. Hofer eroberte Innsbruck und richtete eine provisorische Regierung ein. Nach Unterzeichnung eines unrühmlichen Friedens durch den Kaiser hielten die im Stich gelassenen Tiroler der zahlenmäßigen Überlegenheit des Feindes schließlich nicht mehr stand. Hofer, der einem Verrat zum Opfer fiel, wurde gefaßt und 1810 in Mantua standrechtlich erschossen. Mehr noch als Palm und Schill wurde er zur Symbolfigur des nationalen Widerstandes, zum Nationalhelden, der in Liedern in ganz Deutschland besungen wurde.

Die Aufstände von 1809 – ebenso wie der aufkommende Kult um die preußische Königin Luise, die nach dem raschen Zusammenbruch der preußischen Armee 1806 zur geistigen Schlüsselfigur der Fortsetzung des Kampfes wurde – waren Ausdruck einer neuen Haltung der deutschen Öffentlichkeit gegenüber Frankreich. Waren neben den Feinden der Revolution auch ihre einstigen Bewunderer über die Schreckensherrschaft der Jakobiner empört gewesen, so wuchs jetzt die Wut über den französischen Besatzer und seinen expansionistischen Imperialismus, der die deutschen Staaten zu ohnmächtigen Satelliten degradierte. Zahlreiche einstmals begeisterte Befürworter der Revolution verurteilten in einer Welle des Patriotismus, der die ruhmreiche deutsche Vergangenheit dem gegenwärtigen Triumph des revolutionären Frankreich entgegensetzte, die französische Hegemonie. Napoleon war der Erbe einer Revolution, die mit der Geschichte und Vergangenheit gebrochen hatte, um den Franzosen eine Zukunft in freier Selbstbestimmung zu sichern. Für dieses Ziel hatte man neben der Monarchie auch den christlichen Glauben abzuschaffen versucht. In Deutschland wandte man sich dagegen einer ruhmreichen Vergangenheit zu, dem christlichen Mittelalter, dem Heiligen Römischen Reich, das unter den Stauferkaisern den Gipfel seines Ruhms erreicht hatte, und dem 16. Jahrhundert mit Luther, der gewissermaßen den Kampf des Kaisertums gegen das Papsttum fortgeführt und den Glauben von römischen Entstellungen befreit hatte. Das erwachende deutsche Nationalbewußtsein, das mittelalterlich, christlich und antirömisch geprägt war, führte zwangsläufig in eine Restauration. Eine historische Nation mußte sich gegen eine politische auflehnen. Als ideologischer Historiker wurde Joseph Görres, der die jakobinische Versuchung erfahren und konsequent zum Katholizismus seiner Kindheit zurückgefunden hatte, zum Vorreiter der Rückbesinnung auf das mittelalterliche Deutschland. Als Ideologe setzte der Philosoph Johann Gottlieb Fichte, ebenfalls ein ehemaliger »Jakobiner«, dem französischen Imperialismus das moralische Recht der Deutschen auf eine Führungsrolle in der Weltordnung entgegen. Er entwarf die Theorie eines totalitären deutschen Staates, der sich nach dem Sieg über Frankreichs Ansprüche zum natürlichen Herrn Europas aufschwingt.

Die ideologische Basis dieser Bewegung des Widerstandes und der nationalen Wiedergeburt bildete eine auf Herder zurückgehende Konzeption von der Nation als etwas natürlich Gewachsenem, als dem Ergebnis einer Historie, die ein integraler Bestandteil der Natur war. Wollte die Französische Revolution den Menschen verändern (auch wenn diese Veränderung in der häufigen rousseauistischen Version die Rückkehr zur Authentizität oder einer tieferen Natur bedeutete, die im Laufe der Geschichte verlorengegangen war), so ging es der deutschen Nationalbewegung um die Beglückung des Menschen im Rahmen der geschichtlichen Kontinuität. Mit der Ablehnung der französischen imperialistischen Vorherrschaft verurteilte sie zugleich die revolutionäre französische Ideologie mit ihrem individualistischen Ansatz von Menschenrecht und Demokratie, nach dem der Staat als die Summe der einzelnen Bürger begriffen wurde; dieses System war zugleich idealistisch, rationalistisch und zutiefst ahistorisch, da es von der Gleichheit der Menschen und ihrer innersten Identität ausging, während die historisierende Konzeption Herders den Wert der Institutionen und äußeren Lebensbedingungen pries, die sich organisch aus der Nationalgeschichte heraus entwickeln, eine Geschichte, die für jede Nation anders, ganz eigen und keineswegs austauschbar ist. Demnach gab es kein Naturrecht, das allen Menschen gemein war, sondern nur historische Rechte, deren Grundlage keine äußere und absolute ethische Norm, sondern die Existenz selbst war. Hegel, der aus dieser neuen deutschen Ideologie ein gewaltiges philosophisches System schuf, verkündete nach dem Ende der Freiheitskriege die Identität von Existenz, Vernunft und Moral. Alles, was war, war auch vernünftig und sittlich richtig.

Demokratie und Parlamentarismus wurden als Bestandteile der feindlichen Unterdrückungsherrschaft abgelehnt. Die deutsche Nation – oder besser: die Bluts- und Schicksalsgemeinschaft des deutschen »Volkes«, die sich im Kampf gegen Napoleon selbst wiederentdeckte – mußte sich nach dem Sieg über die Fremdherrschaft eine eigene politische Existenz schaffen, die von der künstlichen französischen Demokratie ebensoweit entfernt war wie von der nüchternen mechanischen Rationalität der bürokratischen Despotie, die sich selbst als aufgeklärt verstand. Dies dachten und verkündeten die Vorreiter und Verfechter der Befreiung, der Katholik Görres, der Lutheraner Ernst Moritz Arndt und die Politiker, die auf eine nationale Erhebung hinwirkten. An ihrer Spitze stand der einstige preußische Regierungschef aus der Zeit nach der Niederlage von 1806, der Reichsfreiherr vom Stein.

Die romantische und nationalistische Geschichtsschreibung, die unter dem populärwissenschaftlichen Einfluß einer volkstümlichen, alle Schichten umfassenden Kultur stand, hat die Bedeutung des Volksaufstandes von 1813 nach der Niederlage Napoleons in Rußland maßlos übertrieben. In Wahrheit beteiligten sich an ihm nur einige zehntausend Freiwillige, Studenten, Intellektuelle, auch Gymnasiasten, Künstler und junge Adlige ohne Aufgabe und Stellung. Die Freiheitskriege wurden vor allem von Regierungen und regulären Armeen ausgefochten, wobei die Regierungen den begeisterten Patrioten mißtrauten und den regulären Armeen die romantische Aura fehlte. Die Volkserhebung war zum Großteil ein im nachhinein geschaffener Mythos.

Dieser Mythos ist zumindest teilweise vergleichbar mit dem französischen Kult um die Résistance im Zweiten Weltkrieg, die politisch und historisch weit über ihre tatsächliche Bedeutung hinaus Geltung erlangt hat.

Die Reformen in Österreich

Im Jahre 1804 wurde Österreich zu einem eigenständigen, vom Heiligen Römischen Reich Deutscher Nation unabhängigen Kaiserreich, auch wenn Franz II. die römisch-deutsche Kaiserkrone bis 1806 behielt und so gleich zweifacher Kaiser war. Ein drittes oder mittleres Deutschland neben Österreich und Preußen bildete der Rheinbund mit seinem Protektor Napoleon. Die beiden deutschen Großmächte, die durch die preußischen Niederlagen von 1806/1807 und die österreichischen Niederlagen von 1805 und 1809 gewaltig zusammengeschrumpft waren, besaßen im Inneren noch immer ein ausreichendes Selbstbestimmungsrecht, um ein gewaltiges Reformpaket in die Tat umsetzen zu können. In beiden Staaten zog man aus den militärischen Katastrophen die Konsequenzen, versuchte, im napoleonischen Staatensystem trotz allem einen Rang zu behaupten, und wartete auf die ungewisse Stunde eines möglichen Wiederaufstiegs. Napoleon hatte Österreich gegenüber eine mildere Politik verfolgt, da ihm die einstige Größe des Vielvölkerstaates, eines hartnäckigen und ernsthaften Gegners des revolutionären Frankreich, einen gewissen Respekt abnötigte. Zwar war der Staat, dem Kaiser Franz I. von Österreich (der römisch-deutsche Kaiser Franz II.) erstmals eine wirkliche politische und administrative Einheit verlieh, aus Deutschland und Italien ausgeschlossen und hatte mit der Abtretung Westgaliziens – diese problematische Errungenschaft aus der dritten polnischen Teilung wurde Teil des Großherzogtums Warschau, das Napoleon aus den meisten von Preußen 1793 und 1795 annektierten polnischen Territorien gebildet hatte – im Norden territoriale Verluste hinnehmen müssen. Dennoch war es noch immer ein bedeutender Staat, der sich offenbar hauptsächlich zum Balkan hin orientierte und so einem großangelegten Plan Napoleons entgegenkam, der England mit einem Angriff auf seine Macht in Indien im Rücken zu fassen hoffte. Mit seiner Vermählung mit Erzherzogin Marie Louise besiegelte Napoleon eine französisch-österreichische Aussöhnung, die dem Wiener Kaiserreich ein Überleben als zweitrangige Macht garantierte.[3]

Mit dieser Weichenstellung zog Franz I. die Konsequenzen aus den vier großen verlorenen Kriegen, in denen Österreich zunächst als Verbündeter Preußens, dann Rußlands und Englands und 1809 schließlich allein den Vormarsch der Revolution und die Expansion des französischen Kaiserreichs zu verhindern versucht hatte. Der erste österreichische Kaiser, ein engstirniger und eigensinniger Geist, hegte eine besondere Abneigung gegen revolutionäres Gedankengut und war vom Willen beseelt, seine unumschränkte Macht aufrechtzuerhalten. Dieser verbissene Arbeiter umgab sich als erster Bürokrat seines Staates mit vorwiegend mittelmäßigen Mitarbeitern. Eifersüchtig auf die eigene Autorität bedacht, beschränkte er, so gut es ging, die Macht, die er seinem Bruder, Erzherzog Karl, mitunter zubilligen mußte: Karl war ein weitblickender Politiker und besonders fähiger Kriegsherr, dem es in der Schlacht von Aspern vor Wien 1809 als einzigem General gelungen war, Napoleon vor 1812 eine empfindliche Niederlage beizubringen.

Erzherzog Karl, sein jüngerer Bruder Erzherzog Johann und Außenminister Graf Stadion, die zwischen 1805 und 1809 Österreich zur Führungsmacht einer deutschen Nationalerhebung zu machen versuchten, traten für militärische, politische und wirtschaftliche Reformen ein. Der Kaiser akzeptierte sie nur widerstrebend und verwirklichte sie nur zum Teil. Als Feind der Revolution konnte er schlecht an das Nationalgefühl und den Bürgersinn der Untertanen appellieren: Damit hätte er ihnen ein gewisses Maß an Reife und politischer Mündigkeit zuerkannt, und das war mit dem Geist des aufgeklärten Absolutismus, wie man diese Form der Despotie inzwischen nannte, unvereinbar. Der Kaiser dachte gar nicht daran, auf eine bewaffnete Nationalerhebung zu setzen, eine Karte, die Preußen gegen den Widerstand des Königs in den Jahren 1813/1814 ausspielen sollte. Lag Franz I. denn tatsächlich falsch? Österreich war keine Nation, sondern ein Konglomerat verschiedener Völker. Wenn sie vom Dämon des nationalen Erwachens erst einmal erfaßt worden wären, hätte dies das Auseinanderfallen des Einheitsstaates bedeutet, in den Franz sie einzubinden versuchte. Ebenso zeigte sich der österreichische Kaiser entschlossen, den Bürgern seines Reichs jede gemeinsame Vertretung zu verweigern. Er fürchtete die Entstehung von Faktionen und Parteien als Vehikel französischen Gedankengutes, das für einen Ausverkauf des Staates an den Meistbietenden sorgen würde. Das Frankreich der Generalstände von 1789 war auf diese Weise in die Schreckensherrschaft der Jahre 1793/1794 geschlittert!

Die praktisch ununterbrochenen Kriegsanstrengungen von 1792 bis 1805, der unglückliche Feldzug von 1809 und der Verlust der reichen italienischen Besitzungen stürzten Österreich in eine permanente Finanzkrise. Der 1811 dekretierte Staatsbankrott führte zu keiner dauerhaften Erholung. So trat das österreichische Kaiserreich in das Zeitalter des expandierenden Kapitalismus in geschwächter Verfassung, mit Furcht vor den unvermeidlichen Überraschungen der anstehenden Neuerungen und einem allgemeinen Mißtrauen gegenüber dem Unternehmertum ein, das von der pedantischen und argwöhnischen Bürokratie streng überwacht wurde. Nachdem Franz I. den reformwilligen Erzherzögen alle Macht entzogen – Karl, der als Sieger von Aspern zum deutschen Nationalhelden geworden war, spielte in den Feldzügen von 1813 und 1814 keinerlei aktive Rolle mehr – und Stadion nach der Niederlage von 1809 entlassen hatte, machte er den Grafen und späteren Fürsten Klemens Wenzel Nepomuk Lothar Metternich zu seinem wichtigsten Ratgeber und Minister. Der Einfluß dieses Staatsmanns, der einem rheinischen Adelsgeschlecht entstammte, blieb bis zur Revolution von 1848 fast vierzig Jahre lang bestimmend. Unter der alten Herrschaft aufgewachsen, war der intelligente und strebsame, aber auch frivole Metternich ein vorbildlicher Höfling, Frauenliebling und guter Katholik, der die Religion nicht nur als politische Notwendigkeit betrachtete. Sein Interesse galt vor allem der Außenpolitik, der alleinigen Domäne eines Grandseigneurs. In tiefem Pessimismus glaubte er an die Unvermeidlichkeit einer revolutionären Demokratie und eines plebejischen Nationalismus, hielt es aber für seine Pflicht, sich der verhaßten neuen Welt möglichst lange entgegenzustemmen. Sein Ziel war die Wiederherstellung und Aufrechterhaltung der österreichischen Macht innerhalb eines neuen europäischen Gleichgewichts der Kräfte. Nach seinem Amtsantritt 1809 bemühte er sich um reelle Beziehungen zu Napoleon und lehnte die unnützen und gefährlichen Illusionen des deutschen Nationalismus ab. Wien galt bis 1809 bei den Patrioten als das Mekka der nationalen Wiederauferstehung, und die meisten nationalistischen Intellektuellen fanden damals Zuflucht in Österreich. Nach Metternichs Machtübernahme schwappte die nationalistische Flutwelle nach Preußen hinüber, das einen kühnen Reformweg beschritten hatte. Der nationale Geist wechselte die Hauptstadt.

Die preußischen Reformen

Der Preußenkönig Friedrich Willhelm III. war zwar ein ebenso mittelmäßiger Geist wie der österreichische Kaiser, aber zu seinem Glück verfügte er über Minister von großem Format, wenngleich er sie auch erst spät und widerwillig, genauer gesagt nach der Katastrophe von 1806/1807, ins Amt berief. Preußen schmolz damals auf seine Territorien östlich der Elbe zusammen, wurde besetzt und mußte ungeheure Entschädigungen zahlen. Der König war so wenig Herr im eigenen Haus, daß er seinen leitenden Minister vom Stein entlassen mußte, weil den

Franzosen seine Briefe mit napoleonfeindlichen Äußerungen in die Hände gefallen waren. Viel hatte ihm an diesem berühmten Freiherrn ohnehin nicht gelegen, und dessen großer Einfluß war ihm immer ein Dorn im Auge gewesen.

Der Verlauf der Schlachten von 1806/1807 hatte ans Tageslicht gebracht, daß sich die Armee Friedrichs II. auf ihren Lorbeeren ausgeruht hatte. Daß der Staat in keiner besseren Verfassung war, zeigte sich in der Folge. Als der Gouverneur von Berlin die Einwohner der Hauptstadt über die militärische Katastrophe des Vaterlands informierte, fiel ihm nichts Besseres ein, als zur Untätigkeit zu mahnen: Ruhe sei jetzt die erste Bürgerpflicht. An dem Krieg, in den sich Preußen nach elf Jahren eines unrühmlichen Friedens hineinbegeben hatte, war das Volk zu keinem Zeitpunkt beteiligt gewesen. Seit dem Basler Frieden von 1795 hatte der Staat Norddeutschland aus den kriegerischen Ereignissen herausgehalten. So hatte Napoleon nach Belieben schalten und walten können, hatte sich Österreich mit ihm allein herumschlagen müssen.

Friedrich Wilhelm III. haßte Veränderungen ebensosehr wie Franz I., aber das Überleben seines zerstückelten, ausgebluteten und ausgepreßten Königreichs hing von großen Entscheidungen ab. Vom Stein, ein erfahrener Minister mit Autorität und ein glühender Patriot, nahm sich ihrer an. Der König gab ihm auf Betreiben seiner Frau, der schönen und empfindsamen Königin Luise, freie Hand. Stein regierte nur ein Jahr, aber diese kurze Zeit seiner Regierung erregte in der deutschen Geschichte mehr Aufsehen als die vierzig Jahre der Regierungszeit Metternichs. Nach seiner Entlassung und im von den Franzosen erzwungenen Exil hielt er sich als Schlüsselfigur des deutschen nationalen Widerstandes beim Zaren Alexander in Rußland auf. Mit seinem bedeutenden Einfluß wirkte er auf dessen Bruch mit Frankreich hin und appellierte nach dem Ende des Rußlandfeldzugs an eine Volkserhebung. Nach seiner Berufung zum Leiter des »Zentralverwaltungsrats« im befreiten Deutschland, also in den nicht österreichischen oder preußischen Territorien von Rheinbund und linkem Rheinufer, setzte er sich für die Bestrafung und Enteignung von Napoleons Verbündeten, für die Wiederherstellung eines starken Reiches und die Rückkehr von Elsaß und Lothringen ein, die Frankreich im 17. und 18. Jahrhundert erobert hatte.

Die Großmächte des Wiener Kongresses folgten seinen Empfehlungen nicht. Nicht verbittert, aber enttäuscht zog sich vom Stein aus der Politik zurück und gründete die *Monumenta Germaniae Historica,* eine gewaltige Quellensammlung zur deutschen Geschichte, deren Veröffentlichung sich über hundertfünfzig Jahre hinziehen sollte. Da er den deutschen Staaten nicht auf direktem politischen Weg zu erneuter Größe hatte verhelfen können, wählte er den Umweg über die kommenden Generationen, die aus dem Bewußtsein der großartigen deutschen Vergangenheit die Kraft zur Wiederherstellung der Einheit und Größe des Vaterlandes ziehen sollten.

Vom Stein, der aus einer alten Familie von Reichsfreiherren stammte, verabscheute die Duodezfürsten und die Kleinstaaterei. Als er an der Wiederherstellung Preußens arbeitete, dachte er an das gesamte Deutschland, und dies verziehen ihm viele »Altpreußen«, Landjunker und Bürokraten nicht. Nach Steins Ausscheiden übertrug der König die Staatsgeschäfte nach einer Zeit des Abwartens in der Hauptsache dem Freiherrn und späteren Fürsten Karl August von Hardenberg, der sie über zehn Jahre lang, von 1810 bis 1822, leiten sollte. Der Staatskanzler war kein vergangenheitsverklärender Romantiker, sondern ein rationalistischer, nüchterner Aufklärer. Hatte Stein seine Vorbilder in England gesucht, dessen Verfassung ein Ergebnis von Kontinuität und geschichtlichem Wandel war, so interessierte sich Hardenberg mehr für die Errungenschaften der Französischen Revolution und des Napoleonischen Kaiserreichs. Dennoch entdeckt man im Reformwerk, das beide Staatsmänner verfolgten und in eineinhalb Jahrzehnten besonders intensiv betrieben, eine gemeinsame Linie.

Der Ausgangspunkt der preußischen Reformen vom Anfang des 19. Jahrhunderts liegt in der Überzeugung, der Zusammenbruch von 1806/1807 sei einer verhängnisvollen Spaltung von Staat und Gesellschaft zu verdanken gewesen. Das Staatsgebäude ruhte nicht mehr auf dem soliden Fundament einer gesellschaftlichen Akzeptanz, während die Revolution den französischen Staat erneuert und gestärkt und ihm einen starken Rückhalt in der Gesellschaft verschafft hatte, deren bedeutendste Kräfte sich jetzt wieder mit ihm identifizierten. Für Stein, Hardenberg und ihre Mitarbeiter ging es zwar nicht darum, das Werk der Revolution zu wiederholen – die Wiederaufrichtung des preußischen Staates sollte ja im Gegenteil einer wirksamen Bekämpfung der französischen Vorherrschaft dienen –, sondern darum, auf der Grundlage der preußischen und deutschen Gegebenheiten eine ähnliche oder noch festere gesellschaftliche Akzeptanz für den Staat zu schaffen. Als Diener der Monarchie kam für Stein und Hardenberg, die aus dem Adel kamen, eine gewaltsame Zerstörung der alten Herrschaft und die Errichtung einer revolutionären Demokratie nicht in Frage.

Vielmehr wollten sie bei einer ausreichend breiten Schicht der Besitzenden ein Gefühl der Solidarität mit dem monarchischen Staat und ein Zusammengehörigkeitsgefühl mit einer geschichtlich gewachsenen und auf den christlichen Glauben gegründeten Nation wecken (der letzte

Punkt war für Stein wichtiger und grundlegender als für Hardenberg, der von der historisierenden und religiösen Romantik viel weiter entfernt war).

Bei der Verwirklichung dieses Werks schlugen die Reformer mehrere Wege gleichzeitig ein. Die Armee und der Staat Preußens stützten sich auf eine agrarische Gesellschaft, die zugleich Soldaten und Offiziere stellte. Der Zusammenbruch von Jena war der geistlosen, mit Stockschlägen eingeprügelten Disziplin einer Armee aus Leibeigenen zu verdanken gewesen, die auf Gedeih und Verderb Gutsherren ausgeliefert waren, deren älteste Söhne sie wiederum kommandierten. Die Wirtschafts- und Finanzkrise in Preußen machte nach Meinung der Reformer im übrigen eine Gesundung der landwirtschaftlichen Betriebe notwendig, nach wie vor die Grundlage der preußischen Wirtschaft. Die Abschaffung von Leibeigenschaft und Feudalrechten sollte die preußischen Bauern in eine Schicht verantwortlicher Bürger umwandeln, die Betriebe besaßen und diese in eigener Regie führen konnten. Diese radikale Umwälzung in den ländlichen Strukturen in den Provinzen östlich der Elbe beschwor eine heftige Reaktion des Adels herauf, der sich mit moralischen, politischen und religiösen Argumenten gegen sie zur Wehr setzte. Seit Jahrhunderten hatte der Großgrundbesitz dort die Gesellschaft nach Belieben geformt. Der Gutsherr war Gerichtsherr und verfügte über öffentliche Rechte, mit denen er von den Bauern unbegrenzt Leistungen verlangen konnte. Er ernannte den Pastor und den Schulmeister und war für die Landbevölkerung die zentrale Instanz der staatlichen Verwaltung. Dieses Fundament, auf das die großen Gutsbesitzer (sie waren zumeist, aber nicht immer adlig; die Zahl der bürgerlichen Gutsherren stieg im 19. Jahrhundert an, wurde durch die von der preußischen Monarchie von jeher großzügig gehandhabten Erhebungen in den Adelsstand aber künstlich vermindert) ihre Macht gründeten, blieb bei den Reformen allerdings unangetastet. Die Trennung von öffentlicher Verwaltung und Privatbereich auf den großen Gütern wurde erst in den achtziger Jahren des 19. Jahrhunderts unter Bismarck durchgeführt. Abgeschafft wurden dagegen die einstigen Beschränkungen der persönlichen Freiheit. Die Söhne und Töchter der Bauern waren jetzt rechtlich nicht mehr an die Scholle gebunden. Hinter dieser Reform stand eine individualistische Konzeption von Menschen und Rechten, wonach im Sinne der humanistischen Ideale der Aufklärung nur freie Menschen nützliche Bürger sein konnten. Die fortschrittliche Gesetzgebung hatte unabsehbare Folgen: Sie schuf die rechtliche Grundlage für eine gewaltige Wanderungsbewegung von Ost nach West, die für die beginnende industrielle Entwicklung einige Jahrzehnte später das notwendige Reservoir an Arbeitskräften lieferte. Ein

Großteil der Bevölkerung in den Industriegebieten von Ruhr und Saar stammte ebenso wie die Arbeitermassen in der Hauptstadt Berlin aus den ländlichen Gebieten in Schlesien, Pommern, den Provinzen Ost- und Westpreußen und in Posen.

Die Welle der Abwanderung wäre sicher kleiner ausgefallen, wenn es bei der Landreform wie in Frankreich mit dem Verkauf von »Nationalgütern« gelungen wäre, eine starke Schicht kleiner und mittelständischer Bauern zu schaffen. Allerdings hatten die großen Gutsherren durchsetzen können, daß sie von den befreiten Bauern für den Boden, der ihnen als Eignern überlassen wurde, eine Ablösung erhielten. Dazu gehörte die Abtretung der Hälfte des Grunds an den Gutsherren und der Freikauf von Frondiensten und anderen Feudalrechten.

Wegen der Zerstückelung des Bodens waren viele der entstehenden Betriebe unproduktiv. Den meisten Bauern mangelte es an Erfahrung und der nötigen Ausbildung für eine eigenständige Bewirtschaftung ihres Landes. Auch Kapital fehlte. Der Freikauf von Rechten zog sich über lange Zeit hin und wurde erst nach der Revolution von 1848 abgeschlossen. Wenn die Reform schließlich zur Schaffung von mehreren zehntausend bäuerlichen Betrieben führte, so ermöglichte sie andererseits vor allem Großgrundbesitzern eine Vergrößerung und Modernisierung ihrer Betriebe dank der Eingliederung der Böden, die ihnen von den ehemaligen Teilpächtern abgetreten wurden, oder durch den Ankauf des Landes neuerer kleinerer Eigentümer, die sich an die neue Wirtschaftsweise nicht hatten anpassen können. So wurde die große preußische Landwirtschaft mit kapitalistischem Unternehmergeist umgestaltet. Vielen befreiten Bauern blieb nichts anderes übrig, als Landarbeiter im Dienste eines Herrn zu werden, der einziger »Arbeitgeber« in der Region und zugleich Vertreter des Staates war. Diejenigen, welche die reale Verschlechterung ihrer Situation nicht hinnehmen wollten oder konnten, blieb nur die Abwanderung.[4] Der Grundbesitzer und Herr zog die Landarbeiter oft auch zu weiteren Tätigkeiten heran: Er ließ sie den Alkohol brennen, den er ihnen anschließend verkaufte, betrieb Ziegelbrennereien und unterhielt Sägewerke. In Oberschlesien beutete der Hochadel auf seinen Territorien Kohlegruben aus und baute eine metallverarbeitende Industrie auf. Die Landarbeiter konnten dort, ohne den Herrn zu wechseln, Minenarbeiter oder Industriearbeiter werden. Die humanistische und liberale Ideologie und der politische Wille, für den Staat besser ausgebildete und mündigere Bürger und Soldaten heranzuziehen, führte so bei einem Großteil des Volkes zu einer veränderten Lebensweise, die den Erfordernissen der modernen kapitalistischen Wirtschaft angepaßt war.

Die zweite große Reform in Preußen nach den Niederlagen von

1806/1807 war die Einführung der Handels- und Gewerbefreiheit, also die Abschaffung von Gilden und Zünften. Jeder Bürger konnte sein berufliches Betätigungsfeld von nun an frei wählen, wobei nur noch gewisse Voraussetzungen bei der Ausbildung erfüllt sein mußten. Die Adligen konnten sich als Kaufleute betätigen und Fabriken leiten, und die Bürger konnten Rittergüter erwerben, deren Besitz sich vormals ausschließlich auf den Adel beschränkte. Der freie Handel mit Grund und Boden war die logische Folge der Aufhebung der Leibeigenschaft.

Das praktisch unbegrenzte Recht zu unternehmerischer Betätigung entsprach ganz der wirtschaftlichen Logik der Aufklärung, des aufgeklärten Absolutismus und der Revolution: Der merkantilistische wie der revolutionäre Staat beruhten auf der Überzeugung, daß zwischen der Bevölkerungsstärke und der staatlichen Macht eine Beziehung bestand. Um die wachsende Bevölkerung ernähren und die staatlichen Ressourcen erweitern zu können, bedurfte es ganz offensichtlich einer wirtschaftlichen Expansion, die über die statischen und starren Konzeptionen der thomistischen und lutherischen Wirtschaftsethik weit hinausging. Die Sanierung und der Ausbau des Staatswesens mündeten so in einen Aufruf zur Selbstbereicherung, denen die Verfechter der traditionellen, ländlichen und christlichen Ordnung nur Rückzugsgefechte mit kleineren Erfolgen, aber ohne eine Umkehrung der allgemeinen Tendenz liefern konnten. Die Bewohner von Stadt und Land waren bereit, sich auf das überwältigende Abenteuer der kapitalistischen Industrialisierung einzulassen.

Damit sich das Unternehmertum frei entfalten und die Unternehmer sich als eng an den Staat gebundene aktive Bürger fühlen konnten, mußten sie die Möglichkeit zu einer Selbstverwaltung erhalten, bei der die Zentralgewalt nicht in Frage gestellt wurde. So erhielten die Bewohner der Städte mit Eigentum, einer bestimmten Steuerhöhe oder bestimmten Abschlüssen in der dritten großen Reform die Möglichkeit zur Selbstverwaltung über gewählte Stadtverordnete. Diese Selbstverwaltung befriedigte das städtische Besitzbürgertum weitgehend. Sie eröffnete den meisten ein ausreichendes politisches Betätigungsfeld, so daß nach 1815 lange Zeit nur eine isolierte Minderheit eine echte Beteiligung am politischen Leben, eine gewählte nationale Vertretung, anstrebte. Die Masse der Städter begnügte sich um so mehr mit der städtischen Selbstverwaltung, als die preußische Territorialverwaltung mit dem monarchischen und autoritären System der napoleonischen Präfekten keinerlei Ähnlichkeit hatte. Die Regierungen der 35 preußischen Bezirke funktionierten nach dem Kollegialitätsprinzip. Auf der Ebene von zehn (später acht) Provinzen hatte der Oberpräsident lediglich ein Mandat zur Information und Koordination. Dazu richtete man erstmals oder erneut Provinziallandtage aus »Kurien« ein, die sich nach traditionellem Recht aus den Vertretern des Adels, der Geistlichkeit, der Städte und – in den westlichen Provinzen – sogar der Bauernschaft zusammensetzten. Die Oberpräsidenten übten ihr Amt mitunter sehr lange aus: Theodor von Schön, ein Schüler Kants und Mitarbeiter Steins, stand beispielsweise fast vierzig Jahre lang an der Spitze der Provinz Preußen. Die Landräte, also die Regierungschefs der Kreise, rekrutierten sich aus den Grundbesitzern und blieben im allgemeinen bis zu ihrem Tod im Amt. Die Verwaltungsbeamten auf mittlerer und oberer Ebene galten als seriös, fleißig und unbestechlich. Die Universitätsreform, von der weiter unten die Rede ist, verschaffte dem Staat rasch fähige und sogar kultivierte Beamte. Der überwiegende Teil der höheren Ämter blieb zwar in der Hand des Adels, aber dessen Söhne mußten das gleiche Studium absolvieren und die gleichen Prüfungen bestehen wie die Abkömmlinge anderer Gesellschaftsschichten. Das verwirrende System an der Staatsspitze schließlich mit seinen Räten, Gremien, verschiedenen Ministern, die auf einem bestimmten Gebiet für den gesamten Staat und auf einem anderen nur für eine bestimmte Provinz zuständig waren, und mit den Kabinettsräten, die neben oder über den Ministern mit dem König direkt zusammenarbeiteten, wurde durch eine Regierung nach britischem Vorbild ersetzt, bei der jedem Minister ein bestimmtes Ressort zugeteilt wurde. Allerdings gab es nach Hardenbergs Tod 1822 an der Spitze des Staatsministeriums keinen Staatskanzler mehr, denn der König saß dem Ministerrat, sofern er ihn einzuberufen geruhte, persönlich vor. Auch hier wurde die Reform nicht konsequent zu Ende geführt. Obwohl die traditionalistischen Kreise unter dem alternden und mehr und mehr von Revolutionsangst beherrschten König nach 1820 Auftrieb erhielten, war Preußen dank der bereits vollzogenen Veränderungen wieder zu einem soliden Staat geworden.

Diese Solidität erforderte am Anfang des 19. Jahrhunderts eine Modernität, das heißt die Fähigkeit der Menschen, die im Wandel begriffene Welt zu verstehen, in welcher der Staat seine Tätigkeit entfaltete. Bildung wurde zur staatsbürgerlichen Notwendigkeit. So mündeten die Reformbestrebungen in die Schaffung eines zusammenhängenden öffentlichen Bildungssystems. Der Diplomat und bedeutende Publizist Wilhelm von Humboldt schuf ein dreistufiges Bildungssystem aus der obligatorischen Volksschule, die den Städten unterstellt und kirchlich kontrolliert war, dem Gymnasium und der Universität. Als Soldat und Arbeiter sollte der Preuße selbst auf unterster gesellschaftlicher Stufe lesen und schreiben können, die vier Grundrechenarten beherrschen und mit der Religion als

Grundlage der alltäglichen Ethik vertraut sein. Das Gymnasium, eine neue, vom klassischen Humanismus und vom Weimarer Idealismus geprägte Einrichtung, sollte den Eliten jedweder Herkunft humanistische Bildung vermitteln. Die Universität, die von körperschaftlichen und kirchlichen Traditionen befreit war, wurde zu einem Ort, an dem die zukünftigen hohen Beamten, Lehrer und Gelehrten in einer engen Gemeinschaft von Lehrer und Schüler und im Geist der Einheit von Lehre und Forschung ihre Ausbildung erhielten. Die Gründung der Universität Berlin 1810 hatte für das Humboldtsche Bildungssystem ungefähr die gleiche Bedeutung wie die Gründung der Académie française für die Schaffung der absoluten Monarchie in Frankreich. Ihr erster Rektor war Fichte, der Denker der nationalen Erhebung Deutschlands. Hegel lehrte dort später die Einheit von Wahrheit und Existenz, von Vernunft und Sein, deren Fortschreiten im höchsten Wesen des preußischen Staates gipfelte. Dem Idealisten Wilhelm von Humboldt widerstrebten derlei verallgemeinernde Spekulationen. Für ihn war der Staat an das sittliche Gesetz gebunden und zum sittlichen Wesen berufen. An der Universität Berlin bereiteten sich die Studenten auf die Berufswahl vor, weltgewandte Bürger und selbst die Offiziere der Garnison drängten zu den Vorlesungen der berühmtesten Professoren. Auch und vor allem die Armee sollte in jenem Staat, der auf der Grundlage eines unverhältnismäßig starken Heeres errichtet worden war, die Lehre aus den schmachvollen Niederlagen von 1806 ziehen.

Napoleon hatte die Truppenstärke der preußischen Armee im Vertrag von Tilsit 1807 auf 40000 Mann begrenzt. Durch eine drastische Verringerung der Dienstzeit gelang es den neuen Verantwortlichen – von denen General von Scharnhorst den größten Einfluß hatte –, eine übergroße Anzahl von Männern auszubilden, die im Kriegsfall wieder zum Dienst herangezogen werden konnten. Dank einer gründlichen Säuberung des Offizierskorps, der Gründung der Kriegsakademie und der Einrichtung des großen Generalstabs erhielt das Heer wieder Niveau und moralische Stärke. In ihm verschmolzen die Kriegserfahrungen der fähigsten noch lebenden Offiziere aus der Armee Friedrichs II. – so der alte General und zukünftige Marschall Blücher – und die Vorstellung der jungen Strategen, die sich an den Erfahrungen der französischen Revolutionsheere während der *levée en masse* und an den napoleonischen Heeren mit ihren Berufssoldaten und jungen Rekruten orientierten. Nach der Rückkehr Preußens in die antinapoleonische Koalition im Frühjahr 1813 schlossen sich den regulären Truppen vorwiegend studentische Freiwilligenkorps an. Ihre Rolle war vor allem moralisch und politisch: Das »Lützowsche

Freikorps«[5] und andere Freiwillige der Freiheitskriege stärkten den Na-
tionalgeist des erwachenden Deutschland. Zahlenmäßig war diese freiwillige Erhebung nur von zweitrangiger Bedeutung, ähnlich der Rolle der
F.F.I. (Forces françaises de l'Intérieur, Französische Streitkräfte im Innern),
das heißt der Kräfte des Widerstandes bei der Besiegung Hitler-Deutsch-
lands. Auch hier verschmolzen wieder die monarchistische Tradition und
das revolutionäre Beispiel zu einem originellen System: Nach Ende der
Kämpfe organisierte Kriegsminister von Boyen, ein Schüler Scharnhorsts,
die preußischen Streitkräfte in drei großen Blocks. Als »Linie« wurden
die Regimenter bezeichnet, die aus aktiven Soldaten, Berufssoldaten oder
ausgehobenen Soldaten bestanden. Die Rekruten dienten dort drei Jahre
außer Wehrpflichtigen mit Obersekundareife, die als sogenannte »Einjährige«[6] einen verkürzten Wehrdienst von einem Jahr als Reserveoffi-
ziersanwärter ableisten konnten.

Nach dem aktiven Wehrdienst traten die ins zivile Leben zurückkeh-
renden Soldaten in die »Landwehr« ein, eine Reservearmee des Volkes
mit eigenen Regimentern. Ihre Offiziere, darunter ehemalige Einjährige,
wurden von den Soldaten gewählt. Es handelte sich um eine Art Natio-
nalgarde, in der die Wehrfähigkeit aus der aktiven Dienstzeit durch zahlreiche intensive Wehrübungen aufrechterhalten wurde. Nach fünfundzwanzig Jahren Landwehr trat der Bürger in den »Landsturm« über, eine
Art zweite Reserve, die nur bei höchster Gefahr mobilisiert wurde. Damit
war die gesamte männliche Bevölkerung in den Militärdienst eingebunden, doch gab es daneben noch immer die königliche Armee mit ihrem
Offizierskorps, das in der großen Mehrheit aus Junkern gebildet wurde.
Die Klasse der Großgrundbesitzer stellte dabei die Offiziere, deren Bauern die Unteroffiziere und Berufssoldaten. Preußen, die kleinste unter
den europäischen Großmächten, verdankte diesem System eine respek-
table Armee. Es erleichterte zudem die Integration der mehrheitlich katholischen westlichen Provinzen, die durch den Wiener Vertrag erworben
worden waren. Nach den revolutionären Ereignissen von 1848 erschien
das System dagegen als militärisch unzulänglich und politisch gefährlich.
König Wilhelm I. setzte nach einem harten Konflikt mit der Volksvertretung, den Bismarck für ihn austrug, die Einbeziehung der Landwehr
in die aktive Armee durch und beseitigte damit den volkstümlich-demo-
kratischen Aspekt von Boyens Reform.

Die rechtliche Gleichstellung der Juden, die Hardenberg gegen den heftigen Widerstand der traditionalistischen Opposition durchsetzte, betraf
zwar nur einen kleinen Teil der Bevölkerung, hatte aber beträchtliche
Konsequenzen. Zunächst erhielten nur die wenigen in Preußen gebürti-

gen Juden die gleichen Rechte und Pflichten wie die anderen Bürger, dann aber wurde die Gleichstellung schrittweise auf alle Juden ausgeweitet, soweit sie in Preußen einen dauerhaften Wohnsitz hatten. Sehr rasch spielte eine kleine Anzahl aus begüterten und kulturell assimilierten jüdischen Familien im literarischen und künstlerischen Leben der Hauptstadt und etwas später auch im Grenzbereich zwischen Intellektualität und Politik eine bedeutende Rolle. Schon bald jedoch ließ die Gleichstellung in konservativen Kreisen einen nationalen christlichen Antisemitismus entstehen. Gleichgestellte Juden galten als Symbolgestalten der verhaßten Neuerungen der modernen Welt und als deren Nutznießer und Verbreiter, obgleich sich eine nicht unbedeutende Anzahl jüdischer Freiwilliger an den Freiheitskriegen von 1813/1814 beteiligte.

Im Zentrum des gesamten Reformpaktes stand der Gedanke an eine nationale Vertretung. Es ging darum, der jakobinisch-napoleonischen eine deutsche Nation entgegenzustellen, die sich ihrer Größe bewußt und entschlossen war, ihren Platz in der Welt zu behaupten. Dazu mußte man ihr eine politische Existenz mit deutscher Prägung geben. Stein dachte an die Wiederbelebung des Reichstages, der sich aus den Delegierten aller historischen Stände, aus denen sich die Nation gebildet hatte, zusammensetzen sollte. Hardenberg beschränkte sich auf Preußen und dachte an ein Parlament nach englischem Vorbild, das von verantwortlichen Bürgern, also von Grundbesitzern, gewählt werden sollte. Der König zögerte. Angesichts der außer Kontrolle geratenen Entwicklung im revolutionären Frankreich, wo auf die Generalstände der Nationalkonvent gefolgt war, fürchtete er diesen Sprung ins Ungewisse. Um die Finanzen in Ordnung zu bringen, wurde eine Notabelnversammlung einberufen, die allerdings kaum befriedigte. Mehrfach versprach der König eine nationale Vertretung, aber die Projekte scheiterten schließlich alle. Er begnügte sich mit der Einrichtung von Provinziallandtagen in allen acht Provinzen und versprach, Staatsanleihen künftig nur mit Einverständnis der nationalen Vertretung aufzunehmen, ein Versprechen, das er auch halten sollte. Auf diese Weise konnte sich der bürokratische Absolutismus in Preußen bis ins Jahr 1847 halten. Die Notwendigkeit einer Anleihe zum Bau der Eisenbahnlinie Berlin-Königsberg, die politisch und strategisch wichtig, aber wirtschaftlich kaum rentabel war, zwang Friedrich Wilhelm IV., das fast schon in Vergessenheit geratene Versprechen seines Vaters einzulösen und den »Vereinigten Landtag« einzuberufen, eine Fusion der acht Provinziallandtage. Indessen erschien die Aufrechterhaltung der absoluten Monarchie vielen Freiwilligen von 1813/1814 geradezu als Verrat. Der König hatte in seinem feierlichen

Aufruf »An mein Volk« an die Bürger appelliert, für »König und Vaterland« zu sterben, und ihnen die Teilnahme an der Ausarbeitung von
Gesetzen dann verweigert. Dieser Beweis für mangelndes Vertrauen, der
zugleich als Wortbruch betrachtet wurde, führte in der preußischen Politik zu einem erbitterten Wechselspiel von Forderungen und Repressionen. Auf diese Weise verlor der preußische Absolutismus bei den liberalen
und nationalen Kreisen in den anderen deutschen Staaten einen Großteil
seines Ansehens.

   Die Rolle der deutschen Staaten in der Endphase des napoleonischen
Zeitalters war beachtlich. Ohne den preußischen Kriegseintritt vom Frühjahr 1813 hätten sich Stein und die Fürsprecher einer Offensive am Hof
des Zaren gegen dessen Ratgeber, die gegen einen russischen Weiter-
marsch über die Westgrenzen des ehemaligen Polen hinaus plädierten,
nicht durchsetzen können. Blücher und sein Generalstabschef und großer
Stratege Gneisenau[7] nahmen an allen Feldzügen von Schlesien bis Waterloo teil. Allerdings verwandelten sich die Freiheitskriege nicht in eine
nationale Erhebung. Die Armeen des Rheinbundes blieben Napoleon –
mit Ausnahme der Sachsen während der Schlacht von Leipzig – bis zum
Wechsel ihrer Herrscher ins andere Lager treu. Wenig Spuren nationaler
Begeisterung fanden sich in den annektierten Regionen des linken Rhein-
ufers. Stein und die national gesinnten Intellektuellen wie Görres oder
Arndt konnten sich beim Wiener Kongreß, wo um akzeptable Kompromisse gerungen wurde, gegenüber den unterschiedlichen Interessen der
Einzelstaaten kaum durchsetzen. Das Frankreich Ludwigs XVIII., das
(noch immer) von Talleyrand brillant vertreten wurde, behielt Elsaß und
Lothringen. Deutschland erhielt nicht das Recht zur Bildung eines Nationalstaates; der Deutsche Bund war lediglich ein loser Zusammenschluß, in dem Österreich und Preußen das Sagen hatten. Die Mächte
im erneut befriedeten und stabilen Europa hielten ein Kräftegleichgewicht
nur dann für möglich, wenn Deutschland gespalten und zersplittert blieb.
Der Wiener Vertrag vollendete das Werk des Westfälischen Friedens, dem
zufolge Frankreich und Schweden – zur ersten Macht kam jetzt noch
England, und die zweite wurde durch Rußland ersetzt – für den verfaßten
Status des auf autonomen Territorien beruhenden Reichs garantierten.
Auch Preußen und Österreich verständigten sich darauf, daß es ein ver-
eintes Deutschland nicht geben würde, denn diese Vereinigung wäre
zwangsläufig auf Kosten von einer der beiden Mächte gegangen.

Die Ära von Revolution und Napoleonischem Kaiserreich war für
Deutschland ein Goldenes Zeitalter der Kultur. Hinter dem Schutzschirm
der norddeutschen Neutralität, die Preußen im Basler Frieden von 1795

erreicht hatte, stand Weimar in voller Blüte. Zur Klassik, zur griechischen Klarheit, zu den edlen Tugenden von Ordnung und Ruhe und zum Kult der von Plutarch beschriebenen Größe gesellten sich nun, ohne Widerspruch, das Halbdunkel, die Wortmagie, unkontrollierte Seelenregungen, geschichtliche Wehmut und der Kult eines sich selbst bespiegelnden Ich. Während Kleist in seinem antifranzösischen Kriegslied »Germania an ihre Kinder« ausruft: »Schlagt ihn tot, das Weltgericht fragt euch nach den Gründen nicht!«, verachtete Goethe den nationalen Aufruhr und bewahrte sich die Bewunderung für den Kaiser, der ihm mit besonderer Hochachtung begegnete. Die deutsche Philosophie, die plötzlich universelle Geltung erlangt, erlebt ihre Glanzzeit: Kant, Fichte, Schelling und Hegel formulierten in einem Zeitraum von wenigen Jahren die bedeutendsten Gedanken, die sich dem menschlichen Geist damals eröffneten. Hölderlins griechisches und Novalis' mittelalterliches Deutschland waren auf ebenbürtige und einander entgegengesetzte Weise eine imaginative Heimat, in der die Königin Dichtung regierte. Gegenüber der auf die Zukunft ausgerichteten Utopie der revolutionären Nation nach französischer Art lieferte Herder allen Völkern, alten wie neuen, kleinen wie mächtigen, den Schlüssel zum Verständnis ihrer Vergangenheit, die es in ihren Liedern und Sagen wiederzuentdecken galt. Von diesen Wiederentdeckungen führte freilich nur ein kurzer Weg zu den Rivalitäten, Konflikten und zum nationalen Haß, die jetzt mit Universitätsabschlüssen honoriert und glorifiziert wurden.

Rußland war fern, England eine Insel, Spanien hinter den Pyrenäen isoliert, und Italien stand am Rande: So trafen die Auswirkungen der gewaltigen französischen Umwälzungen während fünfundzwanzig langen Jahren vor allem Deutschland. Dem Appell an das Universelle, mit dem die Revolution das Schiff der französischen Nation befrachtet hatte, mußte Deutschland, um fortzubestehen und sich zu befreien, den Appell an das Einzelne und Individuelle entgegensetzen. Frankreich hatte seine Vorherrschaft im Namen der Nation und der Freiheit ausgeübt. Deutschland wollte sich allein im Namen seiner historischen Identität Geltung verschaffen. Es verkündet nicht die Herrschaft einer Idee, sondern die eigene, in gewisser Hinsicht biologisch begründete Überlegenheit. Es sucht dem revolutionären Frankreich gegenüber seinen eigenen Weg, der sich von der gemeinsamen Route der »abendländischen Werte«, von Demokratie und Humanismus, indes immer weiter entfernt. Unter den Hauptlinien des deutschen Werdens gibt es – zahlreichen anderen, ebenso mächtigen entgegengesetzt – eine direkte Verbindung zwischen der schwärmerischen Begeisterung, der Mystik des »Volks« und dem Rassismus der Hitlerdiktatur.

Zeittafel

1789	Beginn der Französischen Revolution. George Washington wird als erster Präsident der Vereinigten Staaten vereidigt.
1792	Preußen und Österreich verbünden sich zum Zwecke der Abwehr der französischen Revolutionsbewegung.
1793	Zweite Teilung Polens durch Preußen und Rußland. Nationale Erhebung der Polen führt 1795 zu einer dritten Teilung. Ende der polnischen Eigenstaatlichkeit.
1793	Erste antifranzösische Koalition.
1795	Sonderfrieden von Basel zwischen Preußen und Frankreich. Kants »Vom ewigen Frieden«.
1797	Frieden von Campo Formio: Abtretung der Österreichischen Niederlande, Mailands und des linken Rheinufers von Basel bis Andernach an Frankreich.
1799	Staatsstreich durch Napoleon, der die Französische Revolution für beendet erklärt. Schillers »Wallenstein«.
1801	Im Frieden von Lunéville wird die Rheingrenze anerkannt. Frankreich übernimmt die Oberherrschaft über Mitteleuropa.
1803	Reichsdeputationshauptschluß: Aufhebung der Hoheits- und Eigentumsrechte der geistlichen Fürstentümer und Neuordnung der deutschen Fürstenstaaten. Stärkung Preußens als hegemonialer Partner Napoleons in Norddeutschland.
1804	Kaiserkrönung Napoleons.
1805	Dreikaiserschlacht bei Austerlitz: Sieg Napoleons über Rußland und Österreich. Beethovens »Fidelio«.
1806	Gründung des Rheinbundes, einer Staatenkonföderation unter dem Protektorat Napoleons, und Ende des Heiligen Römischen Reiches Deutscher Nation. Doppelschlacht bei Jena und Auerstedt: Niederlage der preußischen Armee gegen das multinationale Heer Napoleons.
1807	Frieden von Tilsit zwischen Frankreich und Rußland: Preußen verliert alle Gebiete westlich der Elbe und bleibt nur auf Einspruch Rußlands als Staat erhalten. Hegels »Phänomenologie des Geistes«.
1807–1808	Fichtes »Reden an die deutsche Nation«. Die Leibeigenschaft wird in Preußen abgeschafft.
1808	Goethes »Faust I«. Der Reformer Freiherr vom Stein wird auf Betreiben Napoleons verbannt.
1809	Erhebung Österreichs gegen Napoleon.
1810	Gründung der Universität Berlin. Beginn der nationalen Bewegung.
1811	Goethes »Dichtung und Wahrheit« (bis 1831).
1812	Emanzipation der Juden in Preußen. Beginn des Rußlandfeldzuges von Napoleon. Preußen erhebt sich gegen Frankreich. Siegreiches Ende des spanischen Befreiungskampfes gegen Frankreich.
1813	Napoleon wird in der Völkerschlacht bei Leipzig von deutschen Freiwilligenverbänden, preußischen und österreichischen Truppen besiegt. Der Rheinbund wird aufgelöst.
1814	Verbannung von Napoleon. Erster Friede von Paris zwischen den siegreichen Alliierten und dem neuen französischen König.

1815 Niederlage des aus der Verbannung zurückgekehrten Napoleon bei Waterloo durch eine preußisch-englische Koalitionsarmee und zweite Verbannung. Neuordnung von Europa auf dem Wiener Kongreß: Die deutschen Großmächte Preußen und Österreich stellen ihre Hegemonie wieder her. Der Deutsche Bund tritt an die Stelle des Alten Reichs.

410

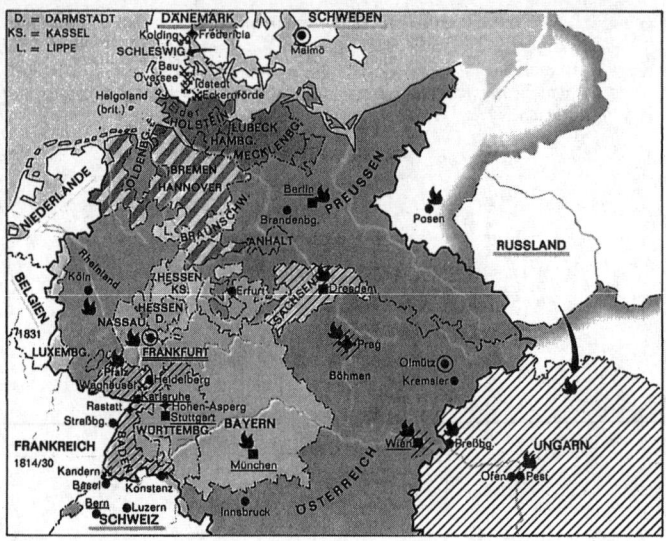

Der Deutsche Bund 1848

15. KAPITEL

Von der Restauration zur Revolution von 1848

Der Eintritt Deutschlands ins Zeitalter der Industrialisierung

Zwischen 1816 und 1855 stieg die deutsche Bevölkerung (auf dem Gebiet des späteren Zweiten Reichs nach 1871 ohne Elsaß-Lothringen) von ungefähr 23,5 Millionen auf 34,5 Millionen an, also um fast 50 Prozent: eine in der Geschichte bislang beispiellose Entwicklung, die, von einer Verlangsamung am Ende abgesehen, das ganze 19. Jahrhundert hindurch anhalten sollte. Bis 1914, einhundert Jahre später, wird sich dann die deutsche Bevölkerung nahezu verdreifacht haben. Kein Geschehen der Ereignisgeschichte kommt dieser Bevölkerungsexplosion an Bedeutung gleich, und dies muß um so mehr unser Interesse fesseln, als die Bevölkerung in Frankreich (ohne Elsaß-Lothringen) im gleichen Zeitraum wesentlich langsamer wuchs: Sie stieg von 33 auf 41 Millionen, also nicht einmal um 10 Millionen Menschen an. Die Dynamik der deutschen Geburtenrate wird für die Beziehungen des deutschen Volks zu den Nachbarn, besonders zu Frankreich, weitreichende Folgen haben. Frankreichs politischer Aufstieg seit dem Hochmittelalter hatte mit dem zahlenmäßigen Übergewicht seiner Bevölkerung eng zusammengehangen: Im 16. Jahrhundert gab es 20 Millionen Franzosen, das war über ein Drittel der gesamten europäischen Bevölkerung. Im Zeitalter Ludwigs XIV., nach dem Blutbad des Dreißigjährigen Krieges, gab es zweimal mehr Franzosen als Deutsche. 1816 hinkten die Deutschen einschließlich der Deutschen in Österreich dem Nachbarn im Westen zahlenmäßig noch hinterher, doch gab es schon ein Jahrhundert später doppelt soviel Deutsche in Europa wie Franzosen. Das Verhältnis hatte sich umgekehrt. Auch wenn die Öffentlichkeit die demographische Revolution in ihrer ganzen Tragweite zunächst nicht erkannte – sie führte allerdings bald zu einer wachsenden Geringschätzung der Franzosen, die als dekadentes Volk galten, das aus Egoismus oder Unvermögen keine Kinder mehr in die Welt setzte –, so drückten sich in ihr doch eine Stärke und Vitalität aus, die sich in vielen Bereichen des individuellen und kollektiven Lebens auswirken sollten. Man kann annehmen, daß von daher auch das Gefühl im deutschen Volk herrührte, durch Unterschätzung seines Wertes und dieses erlebten Dynamismus dauernd ungerecht behandelt zu werden.

In der Epoche, von der jetzt die Rede sein soll, kam bei den Deutschen eine sonderbare, mißliche Mischung aus Klagen und Selbstmitleid einerseits und Überheblichkeit und Anspruchsdenken andererseits zum Vorschein.

Die großen demographischen Veränderungen haben stets vielfältige Ursachen, die nie ganz geklärt werden können. Angesichts der grundlegenden Bedeutung des Bevölkerungswachstums in den deutschen Staaten des 19. Jahrhunderts wollen wir sie dennoch nach heutigem Kenntnisstand zu erklären versuchen. Besonders wichtig ist hier wohl die lange Friedensperiode in Mitteleuropa nach 1816. Sieht man von dem kurzen, de facto nur von der preußischen Armee ausgefochtenen Krieg gegen Dänemark 1848/1849 und von dem nur wenige Wochen dauernden österreichisch-französischen Krieg von 1859 ab, so lebte die überwiegende Mehrheit der deutschsprachigen Bevölkerung in Europa fünfzig Jahre lang, von 1815 bis 1866, in Frieden. Die preußischen Feldzüge zur Befriedung von Baden, der Pfalz und Sachsen (1849) hatten kaum Zerstörungen zur Folge, und die Schauplätze der großen Kriege von 1859, 1864 und 1870/1871 lagen fast ausschließlich im Ausland. Ebenso verhielt es sich mit dem großen Krieg von 1914 bis 1918. Der deutsche Boden, die deutsche Zivilbevölkerung und die deutsche wirtschaftliche Infrastruktur blieben so von 1815 bis 1942 vom Krieg weitgehend verschont. Hält man sich die ständigen Verluste an Menschenleben und Sachwerten in den vorangegangenen Epochen vor Augen, so ist man nicht versucht, das Gefühl der Sicherheit und Dauerhaftigkeit zu unterschätzen, das sich in einem dergestalt von Katastrophen verschonten Deutschland zu entwickeln begann, das nun die Früchte einer unvergleichlichen Ruhe einbringen durfte. Auch wenn solche Phänomene nicht vom Bewußtsein direkt erfaßt werden, so bestimmten sie die Verhaltensweisen der Menschen, die sich in den Jahrzehnten des Friedens entwickeln, doch weiterhin mit.[1]

Eine weitere Ursache für den Aufwärtstrend bei der Bevölkerungsentwicklung liegt in der verbesserten Hygiene im öffentlichen wie im privaten Lebensraum. Die Verwaltungen der aufgeklärten Monarchien hatten den Willen und die Mittel, die Probleme des Gesundheitswesens ernsthaft in Angriff zu nehmen. Nach der letzten großen Cholera-Epidemie Anfang der dreißiger Jahre des 19. Jahrhunderts wurden in der Seuchenbekämpfung entscheidende Erfolge erzielt. Ineinandergreifend wurde das Medizinstudium verbessert, die medizinische Forschung vorangetrieben und das Gesundheitswesen weiterentwickelt. Mit dem Ausbleiben von Kriegen, Seuchen und Hungersnöten (die letzte große Hungersnot, der zahlreiche Menschen aus den unteren Schichten zum Opfer fielen und die Hungerrevolten nach sich zog, wütete 1846–1849) stieg die allgemeine

Lebenserwartung. Mit der besseren Betreuung werdender Mütter und Wöchnerinnen beginnt ein Rückgang der Kindersterblichkeit. Dieser fortschrittlichen Entwicklung standen im aufkommenden Industriekapitalismus zwar die elenden Lebensbedingungen der unteren Schichten in Fabriken und Städten (und manchmal, vor allem bei vorherrschender Heimindustrie, auch auf dem Land) entgegen, doch kann man insgesamt von einer Verbesserung der Lage der Menschen sprechen. 1845 lebten fast 75 Prozent der Bevölkerung Preußens, des am stärksten industrialisierten deutschen Staates, noch immer auf dem Land, und als Deutschland in eine Phase beschleunigter Verstädterung eintrat, wurde diese von den neuen Errungenschaften des Gesundheitswesens begleitet.

Dennoch mag man über die Fähigkeit der deutschen Wirtschaft staunen, die Ernährung einer so rasch anwachsenden Bevölkerung ohne ernste Krise sicherzustellen. Eine entscheidende Rolle bei dieser im großen und ganzen befriedigenden Entwicklung kommt wohl der Steigerung der Agrarproduktion in Preußen zu, welche die im vorigen Kapitel beschriebenen Reformen ermöglicht hatten. In ebendiesem Sinne wirkte die Freiheit des Unternehmertums dort, wo sie, wie in Preußen, im großen Stil eingeführt wurde. Die Schaffung ausgedehnter Wirtschaftsräume, in denen die Ein- und Ausfuhrzölle aufgehoben und so der Handel angekurbelt und die Produktion gesteigert wurde, trug gewiß ebenfalls mit dazu bei, das Gespenst des Hungers zu bannen. Schon 1828 setzte einer der bedeutendsten deutschen Staatsmänner des 19. Jahrhunderts, der preußische Finanzminister Motz, die Abschaffung der inländischen Zölle durch. Fortan war Preußen von Königsberg bis Trier eine wirtschaftliche Einheit. 1834 wurde auf preußische Initiative hin der Deutsche Zollverein gegründet, dem neben dem preußischen Wirtschaftsraum die beiden Hessen, Bayern, Württemberg, Sachsen und die kleinen Staaten Thüringens angehörten. Das Großherzogtum Baden folgte 1836. Hannover war von da an bis 1851 der einzige größere Staat auf dem Gebiet des späteren Reichs, der dieser Union nicht angehörte. Die wirtschaftliche Vereinigung zu einem »Kleindeutschland« war damit vollzogen. Österreich blieb diesem fern, zunächst auf eigenen Wunsch wegen seiner Befürchtung, es könne die wirtschaftlichen Folgen einer groß angelegten Grenzöffnung nicht bewältigen. Als es später dann doch beitreten wollte, widersetzte sich Preußen, das die Union wirtschaftlich beherrschte. In Frage kam überhaupt nur eine partielle, auf jene Territorien beschränkte Zugehörigkeit, die dem Deutschen Bund angehörten (also ohne Ungarn, Dalmatien und das österreichische Polen). Ein großer Zollverein, wie ihn Österreich nach der Niederschlagung der revolutionären Bewegungen von 1848/1849 von Hamburg bis Triest und von Freiburg bis Lemberg anstrebte, hätte nicht nur für die deutsche Landwirtschaft ernsthafte Konsequenzen gehabt. Wegen der ungarischen Konkurrenz (die besonders rückständigen sozialen Verhältnisse ermöglichten den magyarischen Gutsbesitzern eine billigere Produktion) wäre es auch um die Vorherrschaft Preußens in der Wirtschaft geschehen gewesen, dem einzigen Bereich, in dem es zwischen 1830 und 1860 im direkten oder indirekten Konkurrenzkampf mit Österreich um die Vorherrschaft in Deutschland wirklich erfolgreich gewesen war. Jedenfalls hat der Zollverein, mit dem der freie Warenverkehr in vier Fünfteln des nicht-österreichischen Deutschlands Einzug hielt, entscheidend zum Bevölkerungswachstum beigetragen.

Im gleichen Sinne wirkte der Ausbau des Eisenbahnnetzes, das bisher isolierte Wirtschaftsregionen miteinander verband, starken Einfluß beim Aufbau der Schwerindustrie ausübte und einen Teil der Arbeitskräfte auffing, die durch die Auflösung zahlreicher ländlicher Betriebe und den Geburtenüberschuß verfügbar wurden. Das deutsche Eisenbahnnetz, das 1835 mit der Linie Nürnberg-Fürth begonnen worden war, erreichte bis zur Revolution von 1848 eine beachtliche Ausdehnung. 1860 umfaßte es 11 600 Kilometer Schienenwege, welche die verschiedenen, oft weit auseinander liegenden Regionen nun miteinander verbanden. Der Ausbau des Streckennetzes hatte aber auch evidente nationalpolitische und militärische Bedeutung. Deshalb sprang der Staat, vor allem in Preußen, bei der unzulänglichen Finanzierung durch die Banken ein, die später von der allgemeinen Belebung der Wirtschaft und dem Zustrom ausländischen Kapitals, die mit dem Mammutprojekt einhergingen, stark profitieren sollten. Die Eisenbahn sorgte für eine immer stärkere Verflechtung der einzelnen Wirtschaftskräfte in ganz Deutschland. Sie schuf neuen Zusammenhalt und neue Abhängigkeiten und erleichterte den Transport landwirtschaftlicher Erzeugnisse aus den großflächigen Gebieten des Ostens in die neuen Ballungszentren und Industriekonglomerate in der Mitte und im Westen des deutschen Staatensystems. Der beschleunigte Transport von Post und Menschen erleichterte zudem den Informationsaustausch und die Verbreitung neuer Gedanken. 1848 war zu beobachten, daß die Bahnhöfe als regelrechte »Nachrichtenbörsen« fungierten, an denen die Menschen sich über die jüngsten Ereignisse der Revolution, die sich gleichzeitig in den meisten Hauptstädten der deutschen Länder abspielten, auf dem laufenden hielten und über sie diskutierten. So wesensverschiedene Männer wie der Nationalökonom, Bankier und Publizist Friedrich List, der als glühender Patriot und liberaler Politiker einen nationalen Protektionismus zur Förderung der deutschen Industrie forderte, und der spätere Generalstabschef Helmuth von Moltke, strenger und kraftvoller Denker einer modernen Strategie, dem Preußen die Siege von 1864, 1866 und 1870/1871 verdankte, befaßten sich in ihren Schriften mit der Eisenbahn als einem Werkzeug zur Verwirklichung politischer Ziele.

Die Intensivierung, Diversifizierung und Ausweitung der öffentlichen Aktivitäten, die von einer immer größeren Anzahl standesbewußter, aber auch verantwortungsvoller Bürokraten mit einer verbesserten Ausbildung an neuen oder erneuerten Universitäten betrieben wurde, bildeten einen wichtigen Stützpfeiler der wirtschaftlichen Expansion. Diesem Verwaltungsapparat verdankte man es letztlich, daß die Bevölkerungsentwicklung nicht zu Hungersnöten und zum Ausbruch von Seuchen führte. Vor allem in Preußen gesellte sich zum liberalen Idealismus, dem ein Teil der höheren Beamtenschaft im Anschluß an Kants Lehren anhing, nicht ohne Aufeinanderprallen die von Hegel an der Berliner Universität verkündete Ideologie von der Allmacht des Staates als der Verkörperung der Vernunft. Aus beiden Strömungen leitete sich eine Konzeption des Staates ab, der als Sachwalter des Gemeinwohls über den Rivalitäten und Ansprüchen der Partialinteressen stand. Trotz moralischer Größe und Erhabenheit wurde bei dieser Sichtweise aber nur allzuoft übersehen, daß der Staat auch ein Zankapfel der verschiedenen gesellschaftlichen Klassen und Gruppen und das Werkzeug zum Austragen ihrer Konflikte ist. Die bestehende staatliche Ordnung, in der eine oder mehrere Minderheiten die Mittel zum Erwerb und zur Aufrechterhaltung von Besitzständen und Privilegien hatten, wurde dabei mit einer absoluten und unabänderlichen objektiven Weltordnung gleichgesetzt. Trotz dieses ideologischen Hintergrundes erhielten die meisten deutschen Staaten erstmals in ihrer Geschichte die Möglichkeit, die wirtschaftliche Entwicklung im Land in ihrer gesamten Komplexität zu überschauen, zu kontrollieren und in gewünschte Bahnen zu lenken.

Die Enttäuschungen von 1815 und die repressiven Maßnahmen, mit denen nach 1820 die Wiederbelebungsversuche der hauptsächlich von den Freiwilligen der Freiheitskriege getragenen demokratisch-nationalen Bewegung unterdrückt wurden, lähmen hingegen die politische Dynamik. Da der Staat im Besitz der Fürsten und ihrer Bürokratien war, konzentrierten sich die Kräfte, der Ehrgeiz und die Hoffnungen der jungen Deutschen, die ihm unter diesen Umständen nicht dienen wollten oder konnten, auf die Bereiche Kultur und Wissenschaft oder auf die Entfaltung wirtschaftlicher Aktivitäten. Die Tatkraft der Neuerer empfand die Methoden und die Trägheit der Bürokratien als unbefriedigend. Parlamentarisches Leben gab es lediglich in einigen Staaten im Süden, und auch da nur im Embryonalstadium. Die deutsche Wissenschaft von der Philologie bis zur Chemie erlebte hingegen jetzt einen gewaltigen Aufschwung und wurde rasch in der ganzen Welt maßgebend. Studenten aus allen Kulturnationen strömten nach Heidelberg, Göttingen, Berlin oder Bonn. In Berlin und auch in Wien, in Oberschlesien, Böhmen, Sachsen, im Rheinland und in Westfalen entstanden Entwicklungspole moderner Industrie, die Maschinen baut und benützt. Außer in Schlesien, wo der Hochadel in der Kohleförderung und Metallverarbeitung eine wichtige Rolle spielte, waren die Industrie, das Bankwesen und die Universitäten in der Hand des Bürgertums, das sich so neben dem Adel, der beim Großgrundbesitz, in der Armee und der höheren Verwaltung dominierte, als wichtigste gesellschaftliche Kraft etablierte. Einfallsreiche und beharrliche Handwerker wie August Borsig in Berlin und Friedrich Krupp an der Ruhr, Kleinindustrielle wie Harkort im Siegerland oder Bankiers wie Hansemann und Mevissen im Rheinland waren die Baumeister der rasch und stürmisch verlaufenden Anfangsphase der kapitalistischen Industrialisierung in Preußen. Die Revolution von 1848 verschaffte ihnen und bedeutenden Universitätslehrern erstmals politische Macht. Auch wenn sie diese Macht nicht behielten, gründete Bismarck das neue deutsche Reich fünfundzwanzig Jahre später auf einem Bündnis und Kompromiß zwischen dem alten grundbesitzenden Adel und dieser neuen Aristokratie aus den Vertretern der Finanzwelt und der Industrie. So ist die Wirtschaft wegen ihrer Innovationskraft denn wohl das interessanteste Kapitel der deutschen Geschichte zwischen 1815 und 1848.

Die besitzlosen unterprivilegierten Volksmassen hatten seit ihrem furchterregenden, jedoch nur flüchtigen Auftritt im 16. Jahrhundert während der Bauernkriege in der deutschen Geschichte kaum eine Rolle gespielt. Das Volk ist Urmasse der Geschichte, aber seine Namen treten nur selten in Erscheinung und seine Abenteuer lenken die Aufmerksamkeit kaum auf sich. Schriftsteller pflegen denn auch ihren Blick auf das Außergewöhnliche zu richten. Das Volk ist nur selten romantisch. Da die Großen herausragen, wird ihnen neben anderen Vergünstigungen auch die Ehre zuteil, in kollektiver Erinnerung zu bleiben (und zuweilen zur Volkssage zu werden). Wer aus dem Volk kommt und beim Volk bleiben will, muß dagegen ein Räuber oder zur Not ein wundertätiger Heiliger sein, wenn er berühmt werden will. Nach dem Ende der Französischen Revolution und dem Sieg der Restauration, welche die Angst der Besitzenden nie ganz ausräumen und die Erinnerung an die revolutionären Ereignisse vergessen machen konnte, hielt das Volk oder besser die – noch unbegründete – Angst vor dem Volk Einzug in die deutsche Geschichte. Einige Jahre nachdem Heinrich von Treitschke, ein Großmeister der modernen deutschen Geschichtsschreibung, die Formel »Männer machen die Geschichte« geprägt hatte, schuf der Hegelschüler Karl Marx die Grundlagen des historischen Materialismus.

Das Volk erregte Furcht, weil sein Elend, das schon immer groß gewesen war, neuerdings aufmerksam beobachtet wurde. Die Privilegierten verdankten dem Frieden, einer modernen Verwaltung, einem fortschrittlichen Gesundheitswesen und dem Aufblühen von Handel und Industrie eine Sicherheit und einen Wohlstand, der die Not der Besitzlosen noch größer, skandalöser und bedrohlicher erscheinen ließ und auch dramatischer durch den Wegfall der sie bisher schützenden – patriarchalischen und korporatistischen – Kräfte der alten Gesellschaftsordnung in den Städten wie auf dem Lande.

Die ersten zwanzig Jahre nach dem Ende der Freiheitskriege bedeuteten für das Volk tiefes Elend und unsägliche Leiden. Die Aufhebung der napoleonischen Kontinentalsperre, dank derer englische Produkte wieder ungehindert auf die europäischen Märkte gelangten, trieb viele lokale Unternehmen, die als Folge der Blockade entstanden oder zumindest von ihr begünstigt worden waren, in den Ruin. Hinzu kam der bereits erwähnte Umbruch in der ländlichen Gesellschaft der Ostprovinzen, wo die Bauern im Zuge der Abschaffung der Leibeigenschaft einen Großteil des bisher von ihnen bebauten Bodens verloren. In den Staaten, in denen das Zunftwesen abgeschafft worden war, führte die neue Berufsfreiheit zu einem Wildwuchs an handwerklichen Betrieben, denen zunächst kein ausreichender Bedarf gegenüberstand. Der explosionsartige Zuwachs an Handwerkern hing offenbar auch mit dem rapiden Bevölkerungswachstum zusammen. Andererseits nahmen in den Staaten, wo das Zunftwesen, das dem Handwerk ein standesgemäßes Einkommen gesichert hatte, länger erhalten blieb, die Gesellen überhand. Neben den verringerten Chancen, zum Meister aufzusteigen, wurde es für sie auch immer schwieriger, ihren Lebensunterhalt zu verdienen oder sogar eine Familie zu ernähren. In der Landwirtschaft kam es – wegen der Beendigung der Kriegswirren – zu einer Krise der Überproduktion, die nach einigen besonders strengen Wintern 1827/1828 bei den unteren Volksschichten zu einer Hungersnot führte. Die Pariser Julirevolution bedeutete für die Besitzenden und Privilegierten in den deutschen Staaten ein Alarmsignal. Die Gefahr war keineswegs gebannt, die besitzlosen Massen lagen noch immer auf der Lauer und warteten nur darauf, daß die Vertreter der Ordnung Schwächen zeigten. Unter Kontrolle gehalten werden konnten sie nur mit einer wirksamen Kombination aus polizeilichen Maßnahmen und religiöser Bevormundung, wobei der Kirche die Rolle zukam, die Seelen mit einem Katechismus des Gehorsams und der Demut an die herrschende Ordnung zu fesseln. Daß tatsächlich Gefahr drohte, zeigten die Barrikaden von Berlin und Wien 1848 und von Dresden 1849. Daß sie begrenzt war, bewies die Leichtigkeit, mit der die Autoritäten, vom Bürgertum aktiv oder passiv unterstützt, diese

Aufstände niederschlugen. Nichts, was mit den französischen Ereignissen von 1830 und 1832, vom Februar 1848 oder vom Juni 1848 vergleichbar war, wiederholte sich im deutschsprachigen Raum, außer in Wien, wo den bewaffneten Massen nur mit einer Belagerung beizukommen war.

Der anklagende Sprecher des deutschen Volkes in der Zeit von 1815 bis 1848 und auch später noch ist der Soldat Woyzeck in seinem Elend, ein Geschöpf der scharfen halluzinatorischen Beobachtungsgabe des jungen Georg Büchner. Der niedergedrückte, verratene und am Boden zerstörte Woyzeck tötet ohne einen Gedanken daran, daß er sich an den Urhebern seines Unglücks rächen könnte, seine eigene Geliebte. Seit Luthers Streit-schriften und Huttens kämpferischen Gedichten ist – von der Rebellion Karl Moors beim jungen Schiller abgesehen – in deutscher Sprache nichts Subversiveres geschrieben worden. Doch nachdem Büchner mit seinem »Hessischen Landboten«, einem Forum für Kritik an Ungerechtigkeit und Unterdrückung, den Wind der Auflehnung gesät hatte, starb er im Alter von 24 Jahren: Sein letztes, großartiges Werk, »Dantons Tod«, ruft nicht mehr zur Revolution auf, sondern deckt in ihr vielmehr das Tragische der Conditio humana auf. Zusammen mit einigen Texten Heines ist dieses Schauspiel das Beständigste, was der deutsche Vormärz, die Zeit vor der Märzrevolution 1848, auf dem Gebiet des Wortes hervorgebracht hat.

Tatsächlich stellten die Volksmassen für die Ordnung der Restauration vor 1848 keine Bedrohung dar, auch wenn Hunger und Arbeitslosigkeit zu lokalen Aufständen führten. Wo es zu gewalttätigen und blutigen Aus-schreitungen kam wie beim Kampf, den die Weber der schlesischen Heim-industrie gegen die Fabrikbesitzer mit ihren mechanischen Webstühlen führten, erregten sie gerade wegen ihrer Seltenheit Aufsehen. Heine hat den Weberaufstand zu einem seiner berühmtesten Zeitgedichte verarbeitet, und fünfzig Jahre später lieferte der Nachhall dieser blutigen und verzweifelten Gewalttaten den Stoff zu Gerhart Hauptmanns großem naturalistischen Drama, das einen ebenso schlichten und anklagenden Titel wie Heines Ge-dicht trägt: »Die Weber«. Verschwommen und fließend waren die Grenzen zwischen den Handwerksgesellen, die sich nicht etablieren konnten, den Meistern, die keine ausreichende Arbeit zum Unterhalt ihrer Familien hat-ten, und den Lohnarbeitern in den Manufakturen. Das Klassenbewußtsein blieb stark geprägt von Hoffnungen, Erfahrungen und von der Moral der Handwerksarbeit. Vorbehaltlich dieser fließenden Übergänge in der Ge-sellschaft zählte die Statistik in Preußen 1847 457 000 Handwerksmeister, 385 000 Gesellen und 550 000 Lohnarbeiter. Auf dem gesamten Territori-um des Zollvereins wurden 1 208 000 Fabrikarbeiter in 148 000 zumeist kleinen Betrieben registriert. Die Lebensbedingungen der Arbeiter einer

Kleinfabrik mit fünfzehn Beschäftigten dürften sich noch kaum von denen einer Werkstatt mit einem Meister, drei bis vier Gesellen und ein bis zwei Lehrlingen unterschieden haben. In der Revolution von 1848 spielten die Fabrikarbeiter, die von Marx definierten »Proletarier«, anders als bei den zur gleichen Zeit in Frankreich stattfindenden Ereignissen oder in der Bewegung des Chartismus in England nur eine zweitrangige Rolle. Marx orientierte sich bei seinen Analysen an den Ereignissen in Frankreich und vor allem in England, und seine Erkenntnisse und Überlegungen werden immer auf deutsche Verhältnisse nur schlecht übertragbar bleiben.

Die ersten Gruppierungen, die zu Keimzellen der deutschen Arbeiterbewegung werden sollten, bestanden aus Handwerksgesellen, die während der Wanderjahre ihren Horizont erweitert hatten und Kontakte zu Gleichgesinnten im gesamten deutschen Sprachraum und sogar in Europa erleichterten. Die späteren Gründungsväter der Sozialdemokratie in den sechziger Jahren des 19. Jahrhunderts waren fast durchweg Handwerkergesellen oder Meister, wenn man von einigen Intellektuellen wie Ferdinand Lassalle und Wilhelm Liebknecht absieht. Im Ausland kamen Handwerker, Facharbeiter und Angestellte in Berührung mit den nationalen und internationalen revolutionären Organisationen, mit dem »Jungen Europa« des italienischen Freiheitskämpfers Mazzini und den je nach momentaner Lage ganz oder halb im Untergrund operierenden französischen sozialistischen Gruppierungen. In Deutschland wie im Ausland nahmen Solidaritätsvereinigungen, Kulturvereine und Hilfsfonds zur gegenseitigen Unterstützung ihre politischen Aktivitäten auf. Ihr revolutionär-konspirativer Charakter trat desto deutlicher hervor, je stärker sie sich zu Ideologiezentren und Diskussionskreisen entwickelten. So formierte sich in den vierziger Jahren in der Schweiz und in Paris der »Bund der Gerechten«, der auf Initiative von Marx zum Bund der Kommunisten wurde. Innerhalb der Bewegung wurde der Arbeiter Wilhelm Weitling von dem Akademiker Karl Marx abgelöst und an den Rand gedrängt. Als Marx 1842 mit der Herausgabe der »Rheinischen Zeitung« die politische Bühne betrat, gehörte er der radikalen bürgerlichen Linken an und wandte sich an die radikalen demokratischen Randelemente der privilegierten Klassen. Seine Kommanditisten und Leser waren Kaufleute, Unternehmer, Beamte und Akademiker. Die Arbeiterschaft zählte nur insofern, als sie dem Bürgertum Angst einflößte. In der Dialektik der politischen Geschichte gerieten die Verteidiger der etablierten Ordnung – die Konservativen, Reaktionäre, Legitimisten und Traditionalisten – mit den Verfechtern der Neuerung und Veränderung – Konstitutionalisten, Liberalen und Demokraten – aneinander, die einen wie die anderen in Gemäßigte und Radikale gespalten. Doch stammten fast alle aus den privilegierten sozialen Schichten. [2]

Der 1815 auf dem Wiener Kongreß gegründete Deutsche Bund war eine Art erweiterter Rheinbund, dem auch die beiden deutschen Großmächte Preußen und Österreich angehörten. Die halbherzigen Versuche einer Wiederbelebung des Alten Reiches, die auch Metternich kaum unterstützte, konnten von den kleineren und mittleren Staaten mit Hilfe äußerer Mächte mühelos verhindert werden. Der Deutsche Bund war eine Föderation von Staaten. Sein wichtigstes Organ, der Bundestag, der seinen Sitz in Frankfurt am Main hatte, war wie der frühere Regensburger Reichstag ein Gesandtenkongreß unter dem Vorsitz des Vertreters von Österreich. Der Bund besaß zumindest in der Theorie einige Kompetenzen: Er verfügte über Truppen und die sogenannten Bundesfestungen, konnte eine gemeinsame Handels- und Zollpolitik betreiben und legte allgemeine Richtlinien für den inneren Aufbau der Staaten fest: So mußte sich jeder Mitgliedstaat eine Verfassung geben, die auf dem Prinzip der Ständevertretung, also auf gesellschaftlichen Kategorien beruhte. Der Deutsche Bund konnte den Krieg erklären, Gesandte anderer Länder empfangen und Maßnahmen gegen inneren Umsturz ergreifen. Dennoch blieben die meisten Kompetenzen rein formal (die Kontingente und Garnisonen rekrutierten sich aus den Truppen der einzelnen Mitgliedstaaten) und bestanden meist in der Theorie. Die gemeinsame Zollpolitik wurde beispielsweise nicht im Rahmen des Deutschen Bundes, sondern durch den Zollverein unter preußischer Führung verwirklicht. Und die Föderation funktionierte auch nur, solange die Großmächte Preußen und Österreich sich einig waren. Jeder der beiden konnte den Versuch des jeweils anderen verhindern, mit Verbündeten eine Mehrheit gegen sich zustande zu bringen. Hatte es vor 1789 noch geheißen, jedes Einvernehmen zwischen Preußen und Österreich gefährde den Bestand des Reiches, so verhielt sich die Sache jetzt umgekehrt: Österreich und Preußen verhandelten miteinander, einigten sich und zwangen die Entscheidungen den anderen Mitgliedern des deutschen »Klubs« auf, die sie nur noch bestätigen konnten. Kam keine Einigung zustande, schlief der Deutsche Bund ein oder geriet in die Krise.

Wenn man von der Unterbrechung während der Ereignisse 1848/1849 absieht (die allerdings auch keine rechtskräftige Auflösung bedeutete), hatte der Deutsche Bund einundfünfzig Jahre lang Bestand, drei Jahre länger als das nachfolgende, von Bismarck geschaffene Deutsche Reich. Seine Geschichte wurde vornehmlich von den österreichisch-preußischen Beziehungen geprägt, wobei sich Preußen anfangs und auch lange Zeit später noch als der schwächere Partner betrachtete, eine Einschätzung, die von außen geteilt wurde. Das preußische Königreich war kleiner und verfügte über weniger Untertanen als das österreichische Kaiserreich. Seit Wiederherstellung des Landes Hannover im Jahre 1815, das nun den

Titel eines Königreichs erhielt, war das Staatsgebiet Preußens in zwei
Teile gespalten, so daß seine beiden Westprovinzen, die Rheinprovinz
und Westfalen, von den übrigen sechs durch das breite Band des Hannoveraner Gebietes abgetrennt waren. Bis zu Bismarcks Einzug ins Kabinett 1862 stand Preußen gewissermaßen mit dem Rücken zur Wand
und mußte sich allen österreichischen Drohungen beugen, weil Deutschland bei einem militärischen Konflikt wie dem Siebenjährigen Krieg im
18. Jahrhundert in Schutt und Asche gelegt worden wäre. In den fünfziger
Jahren des 19. Jahrhunderts sagte Bismarck als Vertreter des preußischen
Königs im Bundestag in Frankfurt zum österreichischen Gesandten: Entweder ihr anerkennt die Gleichheit der Rechte in Deutschland, also die
Einteilung in zwei Einflußsphären, oder es wird Krieg geben. Als ein
Organismus ohne glanzvolles Ansehen, aber mit gewissem realen Nutzen
lieferte der Deutsche Bund schließlich eine durchaus befriedigende Antwort auf die deutsche Frage: Wie sollte man eine Nation, die aus zwei
Großmächten, vier Königreichen, fünf Großherzogtümern und einer
Menge weniger bedeutender Staaten bestand, zu einer politischen Einheit verbinden? Unbefriedigend blieb diese Antwort nur für diejenigen,
die sich nach politischer Freiheit und nationaler Größe sehnten.

Der Deutsche Bund war ein Deutschland der Höfe und Kanzleien, das
Deutschland des Wiener Kongresses, von dem die Völker ausgeschlossen
blieben. Bei der Ausrufung des Zweiten Reichs in Versailles 1871 sah man
hinter den prächtigen Uniformen der Militärs und Minister Abgeordnete
des Parlaments im Frack der Zeremonie beiwohnen. In Wien hatte gewiß
keiner daran gedacht, auch Vertreter des deutschen Volkes einzuladen,
die nirgends einen Sitz hatten, nicht einmal in den Parlamenten im Süden,
deren Abgeordnete durch das Zensuswahlrecht bestimmt wurden. Das
Volk hatte sich ruhig zu verhalten, es hatte zwischen 1789 und 1799 in
Frankreich schon genug Getöse veranstaltet. Viel Lärm aber machten jetzt
trotzdem die jungen enttäuschten Patrioten, außerhalb des Kongresses
und nach ihm, und darauf wurde, scheinbar wirksam, mit wütender Repression geantwortet. Als die Freiwilligen der Freiheitskriege wieder an
die Universitäten zurückgekehrt waren (die anders als die heutigen so
überschaubar waren, daß jeder jeden kannte), taten sie mit jüngeren Kom-
militonen ihre Erbitterung darüber kund, daß man das Vaterland um die
Einheit und sie selbst um die erhofften und versprochenen Bürgerrechte
betrogen hatte. Von bestimmten Professoren formuliert und favorisiert,
entwickelte sich unter den Studenten jener nach rückwärts gewandte nationale Radikalismus, der die Romantik auf politischer Ebene kennzeich-
net. Die *Teutschtümelei*, die übertriebene und sogar kindische Betonung

des Deutschtums, seiner Altehrwürdigkeit, Größe und universellen Berufung, war mehr als nur eine Mode: Das altertümliche »T« stand für historische Kontinuität, für die Verankerung und Verwurzelung in der fernen Vergangenheit, welche die Historiker und Sprachwissenschaftler der
Universitäten mit wissenschaftlichen Methoden auszugraben im Begriff
waren. *Teutsch* zu sein bedeutete eine betontere, gewolltere Art des
Deutschtums, als *deutsch* zu sein, ein nüchterneres Adjektiv, das sich von
seiner Wurzel *tiudesc* schon weiter entfernt hatte. Letztere hatte das Volk
sowohl als Schicksalsgemeinschaft als auch in seinem Gegensatz zur lateinischen Welt der Geistlichen bezeichnet. Die intellektuellen Debattier-
klubs, die mehr oder weniger kleinen Verschwörungen hätten den Obrigkeiten kaum Anlaß zu Besorgnis gegeben, wären diese so kurz nach den
revolutionären Ereignissen nicht ständig in Alarmbereitschaft gewesen.

Die diffuse Unzufriedenheit formierte sich nach und nach zu einer allgemeinen Bewegung, die nahezu alle Universitäten erfaßte, zu einer nationalen und volkstümlichen Sammlungsbewegung von Studenten, die
sich unter der Bezeichnung »Burschenschaften« zusammenschlossen. Der
Begriff »Bursche«, ein waffenfähiger junger Mann, der auf Abenteuer
ausgehen kann, war damals schon so veraltet wie die ans Mittelalter oder
die große deutsche Epoche des 16. Jahrhunderts angelehnte Tracht der
Burschenschaftler. Die Schriften von Ernst Moritz Arndt oder die noch
brisanteren von Friedrich Ludwig Jahn, der als Turnvater in die Geschichte einging (seine Turnerbewegung war ein Nährboden für die Freiwilligen
von 1813/1814 gewesen), gaben Anstöße für jene Sammlungsbewegungen, in denen sich über die alten, seit langem bestehenden regionalen
Studentenvereinigungen hinaus alle jungen Deutschen, die zur Führungs-
elite der Nation bestimmt waren, zusammenschließen wollten. Der Unterricht im Waffengebrauch, der vorgeschriebene Zweikämpfe mit einschloß (die »Mensur«, die etymologisch mit »messen« im Sinne eines
Messens der Kräfte und des Mutes zusammenhängt), wüste Trinkgelage,
wie sie Tacitus den alten Germanen nachsagte, der Haß auf die Franzosen
als Erbfeind und Träger der Aufklärung, Antisemitismus und ein undog-
matisches Christentum, das meistens eher eine naturphilosophische und
nationalistische Art der Gottverehrung darstellte – all diese Merkmale
äußerten sich in der Burschenschaftsbewegung direkt neben der Abneigung gegen die Tyrannei der Fürsten und ihre nüchtern-rationalen Bürokratien, matte Nachahmungen des verhaßten fremden und despotischen
Versailler Vorbilds. Ihr politisches Ideal war nicht die parlamentarische
Demokratie, die als Forum für phrasendreschende Advokaten und Notare
galt, sondern eine Demokratie nach den vermeintlichen Sitten der alten
germanischen Stämme, eine Gemeinschaft auf Leben und Tod und eine

Vereinigung von Kriegern, die ihre Führer durch Akklamation bestimmten und ihre Beschlüsse – wie in manchen traditionsbewußten Schweizer Kantonen noch heute üblich – in der Versammlung aller Bürger fällten. Die Welt eines Metternich, eines Französisch sprechenden, skeptischen Grandseigneurs, der Ideologien verachtete, war ihnen fremder und erschien ihnen noch verabscheuungswürdiger als die Herrschaft der französischen Jakobiner. In den Vorstellungen der Burschenschaftler tauchten viele Elemente auf, die man später in verstärkter, systematischer und zum Teil auch verzerrter Form bei den Nationalsozialisten wiederfindet, welche die Erinnerung an die von der »Rotfront und Reaktion« erschossenen Kameraden in ihrem Parteilied hochhielten. Metternich und seine Verbündeten täuschten sich nicht: An den Universitäten formierte sich eine revolutionäre Bewegung. Daß sie sich eher an den alten Germanen und, anders als in Paris, nicht an Rom oder Sparta orientierte, hatte für die Kräfte, deren Ideologie und Interessen sich gleicherweise gegen jede Veränderung stemmten, dabei wenig Bedeutung.

Im Jahre 1817 unternahmen die Burschenschaften eine große Aktion. Etwa fünfhundert Studenten versammelten sich im Oktober auf der Wartburg in Thüringen, um das dreihundertjährige Jubiläum der Bullenverbrennung durch Luther (der als Nationalheld galt) und den vierten Jahrestag der Völkerschlacht bei Leipzig zu feiern, den ersten großen Sieg von Deutschen über die Truppen Napoleons. Auf die Lieder folgten flammende Reden: Eine besonders erregte Gruppe junger Extremisten verbrannte am Schluß mißliebige Bücher zusammen mit den Symbolen der Reaktion, dem Perückenzopf des Bürokraten und dem Stock des preußischen Unteroffiziers. Der Scheiterhaufen auf der Wartburg sollte an den Reformator Luther erinnern, der die Bulle des Papstes den Flammen übergeben hatte. Heute wissen wir, daß dieses Beispiel andere symbolische Flammen inspirieren sollte, die im Jahre 1933 andere Bücher verbrennen werden, die damals als antinational verschrien waren, und auch hier werden wieder Studenten die Brandtradition aufleben lassen. Die Wartburg, auf der Luther nach der Rückkehr vom Wormser Reichstag 1521 Zuflucht gefunden hatte, stand zugleich auch für die großen Werke der mittelalterlichen deutschen Dichtung und ihre Verfasser, für den Sängerkrieg, der später den Hintergrund für den »Tannhäuser« Richard Wagners liefern sollte. Dieser Kämpfer auf den Dresdner Barrikaden von 1848, der Verfasser antifranzösischer und antisemitischer Schriften, der Beschwörer der fernen sagenumwobenen und mittelalterlichen deutschen Vergangenheit, der Komponist eines rückwärtsgewandten romantischen Bürgertums, das in samtenen Ohrensesseln Börsenkurse studierte, jener pseudochristliche und synkretistische Wagner faßte in seinem

Werk den nationalistischen Deismus (»Gottgläubigkeit«) auf bald geniale, bald groteske Weise zusammen. Es wird dem Leser nicht schwerfallen,
andere ideologische und moralische Entsprechungen aufzudecken: mit
der Studentenbewegung der sechziger Jahre unseres Jahrhunderts und
mit der Friedensbewegung in den Achtzigern.

Zwischen 1815 und 1820 waren sich die Regierungen der Restauration
über ihr weiteres Vorgehen offenbar nicht im klaren. Nach der Wiener
Bundesakte, nach den halbherzigen Schritten des Königs von Preußen in
Richtung auf eine Volksvertretung und den Verfassungstexten der Staaten
im Süden schienen Hoffnungen auf ein gewisses Maß an bürgerlicher Vertretung und Pressefreiheit gerechtfertigt. Die liberalen hohen Beamten, die
im Zeitalter der Aufklärung aufgewachsen waren, übten im Staat noch
immer starken Einfluß aus. Zugleich aber bespitzelte die Polizei Verschwörer, Jakobiner und Gründer von Geheimbünden. 1819 erdolchte der fanatische Karl Sand, ein ehemaliger Freiwilliger von 1813, den Schriftsteller
August von Kotzebue, der als Agent des russischen Zaren galt. Mit dem
Attentat hatte Metternich den lang erwarteten Vorwand. In Abstimmung
mit Preußen zwang er dem Bundestag einen Katalog von repressiven Maßnahmen auf: Säuberung der Universitäten, Verbot der Burschenschaften,
die Einführung einer vorbeugenden Zensur und die Schaffung einer zentralen Instanz zur Aufspürung und Verfolgung revolutionärer Umtriebe.
Die Herrscher waren angehalten, den Ständen, den Vertretern der sozialen
Schichten ihrer Bevölkerung, nur begrenzte und widerrufbare Rechte einzuräumen.

Diese Karlsbader Beschlüsse – benannt nach dem böhmischen Kurort,
in dem Metternich sie mit Vertretern der »zuverlässigsten« Regierungen
ausarbeitete – wurden vom Bundestag verabschiedet und mit unterschiedlicher Strenge in die Tat umgesetzt. Am heftigsten wütete die Repression
in Preußen, wo zahlreiche »Demagogen« ins Gefängnis geworfen wurden
und der König die Einberufung einer Nationalvertretung endgültig verwarf, und in Österreich, wo die Polizei in der Verwaltung erdrückende
Dominanz gewann. Das politische Leben in Deutschland schrumpfte für
zwei Jahrzehnte auf die wenigen Zentren zusammen, in denen sich liberale
Tendenzen noch mühsam halten konnten: im Großherzogtum Baden, wo
der Jurist Karl von Rotteck das »Staatslexikon«, ein Vehikel für liberales
französisches Gedankengut, herausgab, im Rheinland, wo die Erinnerung
an die französische Ära noch lebendig war, und in Ostpreußen, wo Kants
Lehre nach wie vor Einfluß hatte. Trotzdem wurden zahlreiche Universitätslehrer und Schriftsteller ins Schweizer oder französische Exil getrieben, wo sie radikalliberales Gedankengut aufnahmen. In den deutschen

Ländern war das eben erst entstandene politische Leben praktisch wieder erstorben. Metternichs Ideal einer völlig unpolitischen Gesellschaft, eines Staates, der nur außenpolitische Probleme hatte, ist selten besser und vollständiger verwirklicht worden als in den deutschen Ländern im Jahrzehnt zwischen 1820 und 1830.

Auch nach außen vertrat der Wiener Staatsmann eine Politik des unveränderlichen Status quo. Mit Unterstützung Rußlands und Preußens gelang es ihm einige Jahre lang, überall in Europa die Parteigänger des Wandels in Schach zu halten. In Neapel und Piemont zerschlugen österreichische Truppen revolutionäre Aufstände. In Spanien übernahm Ludwig XVIII. diese Aufgabe (»die große Idee« des Außenministers Chateaubriand). Dagegen kündigte England unter Minister Canning nach 1822 die Solidarität der konservativen Mächte auf und unterstützte im östlichen Mittelmeer den Aufstand der Griechen gegen ihren »rechtmäßigen« Herrscher, den osmanischen Sultan. In Lateinamerika förderte Canning die Rebellion der spanischen und portugiesischen Kolonien gegen ihre Mutterländer. Nach der Julirevolution 1830 bildete Frankreich, dessen Außenpolitik erneut zu einem großen Teil von Talleyrand geprägt wurde, mit England ein proliberales Bündnis, das sich der konservativen Allianz der drei »Ostmächte« oft in den Weg stellte. Während des polnischen Aufstandes 1830 gegen Zar Nikolaus kam die russische, preußische und österreichische Solidarität voll zur Geltung. Vor allem Preußen hinderte die Aufständischen mit einer starken Armee daran, in den preußischen Regionen Polens eine Zufluchtstätte zu finden. Die Krise markiert den Beginn einer antipolnischen Politik in Preußen, wo man die polnische Sprache und Kultur mit der deutschen bislang auf eine Stufe gestellt hatte. Von jetzt an hegte man Zweifel an der Loyalität der polnischen Untertanen, und in beiden Völkern sollte sich in den kommenden Generationen der Nationalismus breitmachen.

Die polnischen Angelegenheiten deckten sich teilweise mit den Problemen Preußens in seinem Verhältnis zum Katholizismus. War die Kirche seit dem Untergang des polnischen Staates nicht die wichtigste und einzige Instanz, die für nationale Identität eintrat? Die Beziehungen zum polnischen Katholizismus bildeten allerdings nur einen Teilaspekt des Verhältnisses des preußischen Staates zur katholischen Kirche. Dank des Territorialerwerbs im Osten durch die polnischen Teilungen und im Westen durch die Angliederung des Rheinlandes nach dem Wiener Vertrag hatte Preußen jetzt ein gutes Drittel katholischer Staatsangehöriger, deren religiöses Schicksal noch geklärt werden mußte. Ebensowenig wie die anderen deutschen Staaten, die nach Auflösung des Heiligen Römischen Reichs souverän geworden waren, hatte Preußen bisher ein Konkordat mit Rom geschlossen.

Ob protestantisch, rationalistisch, liberal oder absolutistisch, für die Verwaltung in Preußen (und dies gilt auch für das Großherzogtum Baden, das Königreich Württemberg und teilweise auch für Bayern) war es nicht hinnehmbar, daß eine ausländische Macht zwischen König und Untertanen stand, weder bei der Grenzziehung zwischen Diözesen noch bei der Ausbildung der Priester, der Verwaltung der Kirchengüter, der Schulinspektion, beim Inhalt von Predigten oder in Fragen der Mischehe zwischen Katholiken und Protestanten. Der Staat versuchte mit seinen Regeln und Richtlinien die Beziehungen der Katholiken zum Heiligen Stuhl auf allen Gebieten möglichst stark einzuschränken. Darüber hinaus galt der Katholizismus unter den Gebildeten als Relikt einer überholten Vergangenheit. Abgesehen von Bayern, Österreich, den Fürstentümern Hohenzollern und Liechtenstein waren jetzt alle herrschenden Dynastien protestantisch (die Könige von Sachsen waren zwar katholisch, aber ihr Staat war evangelisch geblieben). Da außer in Bayern, Österreich und den von Frankreich annektierten Provinzen seit der Säkularisierung von 1803, der Rom nicht zugestimmt hatte, kein Bischof hatte ernannt werden können, gab es in zahlreichen Diözesen keine Pfarrer mehr, wurden die verbliebenen Priester nicht mehr beaufsichtigt und blieben die Seminare geschlossen. Die neuen Priester wurden von den protestantischen Regierungen berufen. Es gab keine katholischen Universitäten mehr und unter den Professoren kaum noch gläubige praktizierende Katholiken. Der deutsche Katholizismus geriet kulturell in einen Rückstand, den er bis in unsere Tage nicht ganz aufgeholt hat.

Die Situation war paradox: In einem Deutschland, das ganz im Zeichen der Restauration stand, blieb die katholische Kirche, die doch ihrem Wesen nach eine traditionalistische Kraft ist, auf der Strecke. Allerdings mußten die Regierungen nach und nach feststellen, daß die katholische Bevölkerung an ihrem Glauben und ihrer Kirche festhielt und der Staat sich mit einer systematisch antikatholischen Politik einen bedeutenden Anteil der Bevölkerung als loyale Untertanen abspenstig machte. Kompromißbereitschaft im Interesse eines gemeinsamen Kampfes gegen die Revolution war auch in Rom spürbar. Gegen Ende der zwanziger Jahre fanden die Staaten mit katholischer Bevölkerung durch Verträge unterschiedlicher Form und verschiedenen Inhalts einen akzeptablen Modus vivendi. Die Beziehungen der Bischöfe zum Heiligen Stuhl wurden in diesen Verträgen strikter Kontrolle unterworfen. Die Grenzen der Diözesen wurden den neuen Verhältnissen angeglichen, an den Universitäten katholische Fakultäten eingerichtet, den Geistlichen wurde eine öffentliche Besoldung garantiert und namentlich in Preußen eine Kirchensteuer eingeführt, die als Entschädigung für säkularisierte Güter gelten sollte.

Um ihrer Kirche das Überleben zu sichern, und zu ihrer Verteidigung schlossen sich die Katholiken in Organisationen zusammen. Vereine wurden ins Leben gerufen und Publikationsorgane gegründet. In den Ländern, in denen sich ein parlamentarisches Leben entwickelte, gelang den Katholiken in den von Frankreich nach 1803 annektierten Regionen als gewählten Abgeordneten der Einzug in die Volksvertretungen. So entwickelte der katholische Volksteil ein politisches Eigenleben, welches sich Anfang der fünfziger Jahre in der Bildung einer eigenen katholischen Fraktion im preußischen Abgeordnetenhaus ausdrückte, die 1858 den Namen »Zentrum« annahm. Nach 1862 vorübergehend im Kampf zwischen Bismarck und dem Liberalismus aufgerieben, erwachte das Zentrum im Juni 1870 zu einem neuen langdauernden Leben. Um nach der Zerschlagung der Reichskirche, die von der römischen Kurie weitgehend unabhängig gewesen war, nicht unterzugehen, suchten die deutschen Katholiken als Gegengewicht zu dem als feindlich empfundenen Staat verstärkt Unterstützung beim Heiligen Stuhl. Nachdem der deutsche Katholizismus mit seinen Fürstbischöfen die längste Zeit fast unabhängig gewesen war, entwickelte er jetzt ultramontane Tendenzen und gab sich im Ansatz zugleich eine demokratische Ausrichtung.[3]

Die zwischen 1825 und 1830 geschlossenen Übereinkünfte räumten nicht alle Streitigkeiten aus, um so weniger, als die Regierungen darauf verzichteten, den Verträgen die feierliche Form eines Konkordats zu geben, das den Heiligen Stuhl mit dem jeweiligen vertragschließenden Staat auf eine Ebene gestellt hätte. In Preußen kam es 1837 zu einem ersten »Kulturkampf« zwischen katholischer Kirche und Staat, als die Regierung festsetzte, daß Kinder aus Mischehen nach dem Glauben des Vaters erzogen werden sollten. Der Heilige Stuhl wies die katholischen Priester daraufhin an, gemischten Brautpaaren, die sich nicht verpflichteten, ihre Kinder nach katholischem Glauben zu erziehen, den Segen zu verweigern. Zur Strafe für die Gehorsamsverweigerung des Klerus ließ der König die Erzbischöfe von Köln und Posen gefangennehmen und einsperren. Dieser Schritt löste im Volk einen Sturm der Entrüstung aus. Das »Kölner Ereignis« ließ bei der katholischen Bevölkerung ein politisches Bewußtsein aufkeimen. Auch viele Intellektuelle, ob Laien oder Geistliche, besannen sich auf die katholischen Werte und Lebensformen. Die Ansprüche von Protestantismus und aufklärerischer Philosophie, die oft Hand in Hand gingen, wurden jetzt nicht mehr widerspruchslos akzeptiert. Joseph Görres, in seiner Jugend ein glühender Anhänger der Revolution und zwischen 1813 und 1815 ein Verfechter der nationalen Wiedergeburt, veröffentlichte 1838 seine Streitschrift »Athanasius«, eine Apologie des Katholizismus und eine Verteidigungsrede für die Freiheit des Glaubens.[4]

1840 setzte der neue König von Preußen, bei dem sich christlicher Glaube mit einer romantischen Vision der deutschen Vergangenheit mischte, die Erzbischöfe wieder in Freiheit und beendete den Konflikt. Einige Zeit später beschloß er, die Bauarbeiten am katholischen Kölner Dom, die im Spätmittelalter eingestellt worden waren, wiederaufzunehmen und das gewaltige Projekt zu vollenden. Der Katholizismus hatte in der deutschen Kultur wieder einen Platz, aber der Konflikt war nicht endgültig beigelegt. Die Situation spitzte sich in dem von Bismarck ausgelösten »Kulturkampf« nach Gründung des Zweiten Reichs erneut dramatisch zu. Die deutschsprachige katholische Kirche, daran gewohnt, die weltliche Macht abwechselnd zu unterstützen und in Frage zu stellen, verurteilte die moderne Welt, die in der Revolution und im Liberalismus ihren bedeutendsten Ausdruck fand. Sie entwarf schließlich eine katholische Theorie der Gesellschaft, die »Katholische Soziallehre«, die den revolutionären Sozialismus wie den liberalen Kapitalismus verwarf und die Solidarität der natürlichen und historischen Gemeinschaften, der Familien und Verbände, forderte. So führte der Kampf gegen den protestantischen und liberalen Staat beim deutschen Katholizismus zu einer neuen intellektuellen Fruchtbarkeit in Anlehnung an die französische Bewegung, die sich schon früher um Lamennais, Lacordaire und Montalembert angebahnt und auf Deutschland beachtlichen Einfluß ausgeübt hatte. Während der volkstümliche Katholizismus im deutschen Süden wortgewaltige parlamentarische Verfechter fand, belebte der Mainzer Bischof Freiherr Wilhelm Emmanuel von Ketteler, ein hochgebildeter Priester aus westfälischem Adel und Theoretiker der »Soziallehre«, sowohl die eigenständige politische Bewußtwerdung der deutschen Katholiken, die sich zum ersten Mal zu einem »Allgemeinen Deutschen Katholikentag« versammelten, als auch die Wiederherstellung der katholischen kirchlichen Einheit mit der Gründung der gesamtdeutschen katholischen Bischofskonferenz. Als wortgewaltiger Abgeordneter zur Nationalversammlung trug Ketteler auch zur Bildung katholischer Arbeiterverbände bei, aus denen später die christlichen Gewerkschaften hervorgehen sollten, zur Verteidigung der Kirche wie zum Schutz der Lohnabhängigen.[5]

Wenn die Geschichte des deutschen Katholizismus einen Vorgriff ins Jahr 1848 nötig gemacht hat, so wollen wir uns jetzt wieder den deutschen Ländern zuwenden, die von den Auswirkungen der französischen Julirevolution 1830 erschüttert wurden. Die gebildete Welt, die allein um das Universum wußte und deren Kräfte es zunehmend beherrschten, erhielt ihre entscheidenden Impulse noch immer aus Frankreich. Metternich hatte zwar ein solides deutsches Staatensystem geschaffen, aber die Ordnung, die 1815 wiederhergestellt und neu errichtet worden war, geriet an den westlichen und östlichen Grenzen heftig ins Wanken. Mit der belgischen Revolution 1830 zerbrach das künstliche, eines historischen Fundaments entbehrende Staatsgebilde des Königreichs der Vereinigten Niederlande. Diese Erhebung, an der sich liberale, katholische, nationalpopulistische und bürgerliche Elemente beteiligten, war deshalb so erfolgreich, weil sie zur Empörung der konservativen Mächte von den miteinander rivalisierenden Mächten Frankreich und Großbritannien parallel unterstützt wurde. Da das neu entstandene Belgien den westlichen, frankophonen Teil Luxemburgs mit Arlon annektierte, wurde der östliche Teil des Herzogtums Limburg, der unter der Herrschaft des Königs von Holland blieb, zum Ausgleich dem Deutschen Bund angegliedert. Die Stadt Luxemburg, die zur Bundesfestung ausgebaut wurde, erhielt eine preußische Garnison.[6]

Einen nicht so positiven Ausgang nahm der polnische Aufstand im Osten. Das Einvernehmen der Teilungsmächte Preußen, Rußland und Österreich verhinderte den Sieg der nationalen Erhebung. Die Niederlage der Bewegung markierte im Innern Preußens den Beginn einer Assimilierungs- und Germanisierungspolitik, der sich die polenfeindlichen liberalen Kräfte noch einige Jahrzehnte widersetzten. Bis 1848 und in den Jahren danach wurde den bürgerlichen Liberalen allmählich bewußt, daß zwischen den nationalen Bestrebungen der Nachbarvölker, deren Schicksale miteinander verquickt waren, die prästabilierte Harmonie, die Herder erdacht und postuliert hatte, nicht existierte.

Die Julirevolution in Frankreich entfachte in den deutschen Ländern nur beschränkt und vereinzelt Unruhen: so in Braunschweig, wo der absolutistisch regierende Herzog von seinem Bruder abgelöst wurde, der den Untertanen eine Verfassung nach dem Vorbild der Staaten im Süden gewährte; ebenso in Kurhessen, in Sachsen und im Königreich Hannover, die ebenfalls Verfassungen erhielten, die im allgemeinen eine zweite, an der Gesetzgebung beteiligte Kammer mit Vertretern der ländlichen Massen vorsahen. Daß diesen Bewegungen das übergreifende Moment fehlte, lag daran, daß sich das liberale Bürgertum, in dem die Beamten eine entscheidende Rolle spielten, an die neue Einzelstaatlichkeit gewöhnt hatte. Die Frage der nationalen Einheit trat hinter der Forderung nach elementaren politischen Freiheiten im Lande selbst als zweitrangig zurück. Im übrigen gelang es diesem Bürgertum fast überall, die Daumenschrauben der Zensur, zumindest vorübergehend, zu lockern. Anspruchsvolle Zeitschriften ganz unterschiedlicher Richtungen sorgten in den bürgerlichen Kreisen für einen regen Meinungsaustausch.

Radikal revolutionäres Denken verbreiteten dagegen mehrere Jahre lang (1839–1843) die »Hallischen Jahrbücher für deutsche Wissenschaft und Kunst«, das Organ der Linkshegelianer Ruge, Feuerbach und Bauer, die auf eine ganze Generation von Intellektuellen, angefangen beim jungen Marx, beträchtlichen Einfluß ausüben sollten. Das »Berlinische politische Wochenblatt« vertrat ab 1837 mit Billigung und der Sympathie des preußischen Kronprinzen und künftigen Königs Friedrich Wilhelm IV. militant eine konservative Meinung, die sich am traditionsbewußten, historisierenden und romantischen Denken des Berners Karl Ludwig von Haller orientierte. Eine neue Generation von Schriftstellern, die zugleich auch die Erben der deutschen Klassik waren (Goethe starb 1832 kurz nach Vollendung seines »Faust II«; der unermüdliche geniale Dichter hatte darin modernste Einflüsse, unter anderem Elemente aus dem Saint-Simonismus, aufgenommen), sah sich mit einer politischen Mission betraut. Georg Büchner, Ludwig Börne und Heinrich Heine – mit den beiden zuletzt genannten floß in die deutsche Literatur die Begeisterung und Unruhe der ersten jüdischen Generation ein, die sich kritisch mit den Problemen der Assimilation auseinandersetzte – wurden rasch ins Exil getrieben, aber die bayerische Zensur ließ die geistreichen Pariser Briefe des jungen Heine in der Augsburger »Allgemeinen Zeitung« erscheinen. Der literarische Kreis des »Jungen Deutschland« war Träger einer radikalen politischen, ästhetischen und ethischen Kritik, die an die Grundfesten der Gesellschaft rührte. Anders als das »Staatslexikon« (ab 1834) des Freiburger Professors Karl von Rotteck, der eine bedeutende Rolle im Landtag von Baden spielte und im aufgeklärten Bürgertum die Gedanken des französischen Liberalismus von Montesquieu bis Tocqueville und die politische Philosophie der Menschenrechte verbreitete, lehrte der Historiker Friedrich Christoph Dahlmann in Göttingen einen Liberalismus, der sich auf eine eher englisch geprägte, historisch orientierte Rechtsphilosophie gründete.

Dank der Fortschritte im Bildungswesen, vermehrter Publikationen und besserer Kommunikation konnte das politische Interesse langsam auch in den volkstümlichen Schichten, bei den Massen der Kleinbürger und Handwerker, Fuß fassen. Die öffentliche Kundgabe von Meinung war jetzt nicht mehr nur die Sache von einigen hundert Studenten: Im Mai 1832 nahmen über 30 000 Menschen am Hambacher Fest in der Rheinpfalz teil, auf dem radikale, demokratische und nationale Gedanken zu Wort kamen. Die zugleich internationale Ausrichtung des Festes schlug sich in der Teilnahme einer starken Delegation aus Straßburg und in der brüderlichen Begeisterung und Solidarität mit den Exilpolen nieder. Auf die Demonstration in Hambach und einen eher lächerlichen

Putschversuch von Studenten in Frankfurt antwortete Metternich, unterstützt durch die reaktionären Kräfte in allen deutschen Staaten, mit einem Aufguß der Beschlüsse von 1819/1820: Entlassung allzu liberaler Professoren und Beamter, Schließung von Universitäten, Auflösung allzu fordernd auftretender Landtage und eine erneute Verschärfung der Zensur. Allerdings hatte sich die Atmosphäre seit der ersten Phase der Repression um 1820 stark verändert. Die fortschrittlichen Kräfte wurden nun von außen, von England und Frankreich unterstützt, die als Mitunterzeichner der Wiener Verträge gegen diese Maßnahmen protestierten. Im Innern geißelten so bekannte Persönlichkeiten wie Rotteck die reaktionäre Politik als absurd und verlangten ein konstitutionelles System mit garantierten Freiheiten. 1837 widerrief Ernst August, der neue König von Hannover, der dank des Salischen Gesetzes seinem Bruder Wilhelm IV. nachgefolgt war (die englische Krone erbte dagegen seine Nichte, Königin Viktoria), die relativ liberale Verfassung von 1833. Sieben namhafte Professoren der Universität Göttingen, darunter der Historiker Dahlmann, die bedeutenden Philologen Jacob und Wilhelm Grimm und der Historiker Georg Gervinus, die unter Berufung auf ihren Eid auf die alte Verfassung Protest einlegten, wurden des Landes verwiesen. Diese »Göttinger Sieben« werden damit mit einem Schlag zu Nationalhelden. Mit ihrer Parteinahme erhielt die Universität die Bedeutung als Hort des gemeinsamen Gewissens der deutschen Nation. Der Absolutismus alter Prägung war endgültig am Ende.

Die antikatholischen Maßnahmen in Preußen und der Streit zwischen König und Professoren in Hannover erhitzten noch immer die Gemüter, als die deutsche Öffentlichkeit 1840 von einer Welle der nationalen Empörung überrollt wurde, die an offiziellen Kreisen und Regierungen völlig vorbeilief. Am Anfang dieser heftigen Spannungen, die einen Großteil der deutschen und französischen Öffentlichkeit gegeneinander aufbrachten und sich in Kundgebungen, Debatten und Veröffentlichungen entluden, stand gleichwohl die Kabinettspolitik. Die Unabhängigkeit Griechenlands hatte den Begierden der Großmächte, welche die Zuckungen des »kranken Mannes« am Bosporus gespannt verfolgten, keineswegs ein Ende bereitet: Jede versuchte sich vor dem endgültigen Untergang des Osmanenreichs noch rasch Vorteile in der Region zu sichern und mißliebige Konkurrenz auszuschalten. Die deutschen Staaten wurden in den Konflikt nur indirekt hineingezogen, durch Preußen, das auf dem Balkan und am östlichen Mittelmeer zwar selbst keine Ambitionen, dafür aber Bündnisverpflichtungen gegenüber Rußland und vor allem Österreich hatte, deren Interessen dort unmittelbar betroffen waren. Frankreich, das den Vize-

könig von Ägypten gegen dessen Lehnsherrn, den Sultan in Konstantinopel, unterstützte, spielte ein gewagtes Spiel in den Orientangelegenhei-
ten, das bis zur Trennung von England führte, mit dem es seit 1830 oft
eine gemeinsame Politik zur Stärkung der liberalen Kräfte verfolgt hatte.
Mit unvorsichtigen und riskanten Manövern versuchte Adolphe Thiers,
der liberale französische Ministerpräsident, von den inneren Widersprüchen der Julimonarchie abzulenken, indem er einen neojakobinischen
Chauvinismus schürte und die Erinnerung an die napoleonische Glanzzeit
wiederaufleben ließ. Dies führte zu einer Einheitsfront all jener Mächte,
die den Todeskampf des Osmanischen Reichs verlängern wollten, um das
Auftauchen einer neuen starken Macht in der Region zu verhindern.
Frankreich wurde aus der Regelung der Orientfrage ausgeschlossen. Da
König Louis Philippe Frankreich keinen Krieg zumuten wollte, der wie
bei Waterloo die Isolation bedeutet hätte, mußte Thiers zurücktreten. Die
Reaktion der Meinungsmacher war heftig. Die scharfen Ressentiments
der französischen »Nationalen« richteten sich seltsamerweise weniger gegen England als vielmehr gegen die deutschen Staaten, gegen Preußen
und Österreich. Die Friedensverträge von 1814/1815 hatten dem geschlagenen Frankreich einen ungünstigen Grenzverlauf beschert. Die Rhein-
frage und die Forderung nach »natürlichen Grenzen« geisterten wieder
durch die Presse der Kriegshetzer und peitschten die Massen noch stärker
auf als die Frage des östlichen Mittelmeers. Thiers hatte das Land in
Kriegsstimmung versetzt und einen Revanchismus geschürt, der sich vor
allem gegen die Sieger von Waterloo, gegen England und mehr noch gegen
Preußen (also Deutschland) richtete, dem die Wiener Verträge das linke
Rheinufer zugebilligt hatten.

In den deutschen Staaten hatte der Kampf um politische Freiheiten
nach 1815 und vor allem nach 1830 die außenpolitischen Probleme in
den Hintergrund gedrängt. Die meisten fortschrittlichen Kräfte, ob gemäßigte Liberale oder Radikaldemokraten, betrachteten Deutschland als
eine saturierte Nation. Frankreich, wo sich liberale, demokratische und
sozialistische Gedanken entwickelten, wurde für die deutsche Linke wiederum zum Vorbild als die Heimat der großen Prinzipien, die Heimat
der Freiheit! Die Krise von 1840 setzte diesem Idyll, dem in Frankreich
ein lebhaftes Interesse an der deutschen Kultur entsprochen hatte, schnell
ein Ende. Eine Woge der nationalen Empörung rollte über die deutschen
Staaten hinweg. Die liberale Meinung erhielt wieder die antifranzösischen
Akzente aus den Freiheitskriegen. Erschrocken über diese politischen
Meinungsbekundungen der Untertanen, konnten die offiziellen Stellen
nicht anders, als sich der Bewegung anzuschließen. Die beiden deutschen
Großmächte erneuerten ihre militärischen Übereinkünfte. Die Bestim-

mungen der Bundesverfassung zur Verteidigung wurden aktualisiert. Antifranzösische Lieder wie »Die Wacht am Rhein« ertönten. Zugleich erhielt der Kampf gegen reaktionäre Fürsten und Regierungen wieder eine nationalistische Färbung. Der Sonderweg der deutschen Geschichte wurde deutlich: Freiheit war untrennbar mit Einheit verknüpft, und diese konnte ohne einen Krieg gegen Frankreich offenbar nicht verwirklicht werden: In Frankreich würde man sich mit einem vereinten Deutschland, das sehr viel stärker sein würde, als es die beiden trotz ihres Bündnisses noch immer gespaltenen Mächte Preußen und Österreich seit 1815 waren, niemals abfinden können.

Als es angesichts eines drohenden Krieges mit Frankreich Maßnahmen zu ergreifen galt, regierte in Berlin ein neuer König. (Dagegen hatte in Österreich der neue Kaiser Ferdinand I., eine schwache Persönlichkeit von mittelmäßiger Intelligenz, schon 1835 den Thron bestiegen. Die tatsächliche Macht lag allerdings in den Händen eines Staatsrates, in dem Metternich nach wie vor bedeutende, aber nicht exklusive Autorität ausübte.) König Friedrich Wilhelm IV. von Preußen besaß nicht den nüchternen und engen Verstand seines Vorgängers und Vaters, der ein wortkarger Bürokrat gewesen war. Er war vielmehr ein gefühlvoller Romantiker und Mystiker, der seine Ziele ebenso zaghaft wie hartnäckig verfolgte. Sein Ideal war die Gesellschaft des Mittelalters, so wie er sie sich vorstellte, gegründet auf gegenseitige Treue und Loyalität zwischen Herrschaft und Untertan, auf eine ständische solidarische Ordnung, in der jeder ohne Gewinnstreben dem Gemeinwohl dient und von Gott seinen Platz und seine Aufgabe in der Gesellschaft zugewiesen bekommt. Obwohl er die nüchtern-rationale und repressive Bürokratie verabscheute, war er kein Liberaler, sondern ein Traditionalist und Schwärmer, der sich an schönen Worten und erhabenen Gedanken berauschte. Er weckte große Hoffnungen und hinterließ tiefe Enttäuschung. Friedrich Wilhelm IV. litt zutiefst darunter, daß sein grenzenloser guter Wille und seine Liebe zu den Untertanen keine Anerkennung fanden. Um sich beliebt zu machen, amnestierte er Gefangene und holte Verbannte ins Land zurück. So konnten die katholischen Erzbischöfe von Köln und Posen ihre Ämter ebenso wieder einnehmen wie die Professoren, die Opfer der einander folgenden restaurativen Säuberungen geworden waren. Die Zensur wurde gelockert. Neben Militärs und Beamten empfing der Hof nun illustre Gelehrte und Künstler. Aber die Jahre verstrichen ohne entscheidende Reformen. Das Bürgertum der Unternehmerschaft, Finanzwelt und Industrie, von dem die entscheidenden Wachstumsimpulse ausgingen und dessen gesellschaftliche Bedeutung unablässig wuchs, blieb von den politischen Entscheidungen nach wie vor ausgeschlossen. Allmählich entstand eine Kluft zwischen dem zaudernden König und der liberalen Öffentlichkeit, einsießlich der gemäßigten und loyalen Kräfte, die sich mit der Einführung einer verfassungsmäßigen Ordnung und der Wahl eines Parlaments begnügt hätten. Nach zahlreichen Ausflüchten und Winkelzügen berief der König – der Entschluß wurde durch eine notwendige Staatsanleihe für den Bau der Eisenbahnlinie Berlin-Königsberg beschleunigt – 1847 schließlich den »Vereinigten Landtag« ein, der alle Mitglieder der acht Provinziallandtage umfaßte und die Gesellschaftsstruktur der Provinzen nach Ständen (Adel, Bürger, Bauern) widerspiegelte. Der Landtag, der das Recht auf Festlegung der Steuern und Anleihen hatte, verweigerte dem König die Mitarbeit. Er verlangte periodische Sitzungen, die direkte Wahl der Abgeordneten, eine Beteiligung an der Ausarbeitung der Gesetze und deren Verabschiedung. Im Landtag dominierten deutlich die Liberalen, mehrheitlich rheinische Bürger und ostpreußische höhere Beamte und Intellektuelle. Obwohl keiner dieser Bankiers, Industriellen, hohen Staatsbeamten, Ärzte und Juristen einen Umsturz im Sinn hatte, sollte ihr Konflikt mit dem König vor dem Hintergrund der ersten »industriellen Revolution« und dem »wilden« Kapitalismus, der in manchen Gegenden Hungersnöte zeitigte, zur Revolution von 1848 führen. Wieder zog Preußen wegen der auf dem König ruhenden Hoffnungen, der intellektuellen Regsamkeit im Land und des raschen wirtschaftlichen Aufschwungs die Aufmerksamkeit aller deutschen Länder auf sich. In den Staaten des Südens hatten die Liberalen den Regierungen bereits bedeutende Zugeständnisse in Richtung auf ein ernstzunehmendes konstitutionelles, ja sogar parlamentarisches System abgerungen. Über Staatsgrenzen hinweg formierte sich eine gemeinsame öffentliche Meinung. Der große geistige Aufbruch manifestierte sich in einer immer größeren Zahl von Zeitungen und Zeitschriften. Deutlich kristallisierten sich verschiedene politische Strömungen heraus: liberale Konstitutionalisten, Gemäßigte, radikale Demokraten, kleine sozialistische Zirkel, Kommunisten, volkstümliche Katholiken und militante Konservative steckten ihre ideologischen Positionen ab und erstellten praktische Programme. In dem Maße, in dem politische Vereine weiter verboten blieben, vor allem in Preußen, konzentrierten sich die liberalen und nationalistischen Bestrebungen verstärkt auf den kulturellen Bereich. Germanisten aus allen Teilen des deutschsprachigen Raums trafen sich 1846 und 1847 auf zwei großen Kongressen, die gewissermaßen als Parlamente des Geistes fungierten. Fast überall hatte die weit verbreitete Liebe zur Musik zur Gründung von Sängerbünden geführt, die zu Keimzellen der nationalen Begeisterung wurden. Ein großes »Allgemeines deutsches Sängerfest«, das 1847 in Lübeck stattfand, wurde zu einer spektakulären Kundgebung des

Einheitswillens. Das bürgerliche Deutschland drückte seine politischen Wünsche aus, ohne sich um Höfe, vornehme Herren und Bürokraten zu kümmern. Noch direkter manifestierte sich das politische Bewußtsein in der Bewegung der Schützen, die, an den Kampf gegen Napoleon in Tirol 1809 und in Preußen 1813 anknüpfend, für Gesundheit, Körperkraft und die Notwendigkeit eintraten, das Volk auf eine gemeinsame Verteidigung der Nation vorzubereiten. Durch die allgemeine Stimmung und die bereits durchgesetzten politischen Zugeständnisse ermutigt, schritten die liberalen Abgeordneten der Staaten im Süden zur Tat. Im hessischen Heppenheim trafen sie mit gemäßigten rheinländischen Liberalen zusammen und diskutierten über die Wahl eines gemeinsamen gesamtdeutschen Parlaments. Schon formierten sich links von ihnen »Radikale«, erklärte Anhänger der Republik und des gewaltsamen Umsturzes, die zu Verbannten und ausländischen revolutionären Bewegungen, vor allem in Frankreich, enge Beziehungen unterhielten.

Und wieder kam das Signal aus Frankreich, das in ganz Europa, vor allem in Deutschland, den Beginn eines neuen Zeitalters ankündigen sollte.

Die Revolution von 1848

Unter der Julimonarchie, die für ein autoritäres Regime zu liberal und für ein liberales Regime zu autoritär war, hatte sich in Frankreich das radikale, sozialistische und kommunistische Gedankengut offen entwickeln können und nicht nur bei Revolutionären, sondern auch bei vielen demokratisch gesinnten Intellektuellen in ganz Europa Aufmerksamkeit und Sympathien gewonnen. Frankreich wurde zugleich die Wahlheimat nationaler und internationaler Geheimgesellschaften, deren Mitglieder bald engen Schulterschluß übten und sich dann wieder gegenseitig Verrat und polizeiliche Spitzeldienste vorwarfen wie hundertundzwanzig Jahre später die verschiedenen Splittergruppen der extremen Linken in Frankreich und anderswo. Verbindungen zu zahllosen Partnern in Italien, den deutschen Ländern und Polen sorgten für die Verbreitung ihrer Schriften und Gedanken. Zwischen 1830 und 1840 lieferte eine Serie von Umsturzversuchen und Attentaten in Frankreich den Revolutionären im Ausland positive oder abschreckende Beispiele für das eigene Vorgehen. Ab 1840 näherte sich dann die französische Regierung unter François Guizot kontinuierlich den konservativen Kräften vor allem von Metternichs Österreich an: Ihr Sturz, der von einem Teil des liberalen Bürgertums im Bündnis mit der sozialistisch gesinnten Arbeiterschaft betrieben worden war, zog den Sturz der österreichischen Regierung nach sich.

Die Erschütterungen der französischen Februarrevolution setzten sich rasch in den deutschen Ländern fort, wo es 1830 kaum Unruhen gegeben hatte, während in Polen, wo man sich damals in gewaltige Aktionen gestürzt hatte, diesmal fast Grabesstille herrschte. Die großen Operationsgebiete der europäischen Krise von 1848/1849 sind neben Frankreich die deutschen Staaten, Böhmen, Ungarn und Norditalien, wobei das Schicksal der drei letzteren als Teile Österreichs mit den deutschen Angelegenheiten mehr oder weniger direkt verbunden ist. Darüber hinaus lösen die Gegensätze zwischen deutschen und dänischen nationalen Bestrebungen im Herzogtum Schleswig einen militärischen Konflikt an den Südgrenzen Skandinaviens aus, während die Erfolge der ungarischen nationalen Erhebung ein Eingreifen russischer Truppen in den Südkarpaten nach sich ziehen. Angesichts ihrer zentralen Lage in Europa und der geopolitischen Verhältnisse konnte der Zusammenbruch der inneren Ordnung in den deutschen Staaten keine europäische Macht gleichgültig lassen.

In Frankreich waren die Ereignisse vom Februar und Juni 1848 vornehmlich, ja ausschließlich politischer und sozialer Natur. Staat und Nation deckten sich hier weitgehend. Obwohl ein Drittel der Franzosen die französische Hochsprache noch nicht beherrschte und einem großen Teil der Landbevölkerung die Bildung und Kultur der herrschenden Klassen fremd blieb, betrachteten alle maßgeblichen, an den Entscheidungen beteiligten Franzosen, von den Revolutionären bis zu den Legitimisten, Frankreich als ein einheitliches Land. Nach den Unruhen von 1840, die rasch wieder abgeflaut waren, hatte es gegenüber ausländischen Mächten keine Gebietsansprüche mehr. Die Revolution, ihre Fortdauer und die Repression nach den Junitagen waren rein innere Angelegenheiten. Das Frankreich Lamartines hatte der Welt nur den Frieden zu erklären.

Dagegen waren die politischen und gesellschaftlichen Ziele in den deutschen Ländern, in Italien und Ungarn eng mit nationalistischen Bestrebungen verknüpft. Gemäßigte Liberale, radikale Demokraten und alle anderen Abstufungen im politischen Spektrum forderten zwar politische Rechte und bürgerliche Freiheiten – in einigen Fällen sogar mehr oder weniger einschneidende Veränderungen der sozialen und ökonomischen Strukturen –, aber zugleich auch immer die Einheit und Unabhängigkeit der Nation. Deshalb hatten die Revolutionen in Berlin, Wien, Prag, Budapest und Mailand, anders als die Ereignisse in Frankreich, neben ihrem innenpolitischen Aspekt auch eine außenpolitische und internationale Dimension.

In Frankreich war die Revolution von 1848 vor allem eine Pariser Angelegenheit. Die Provinz verfolgte das Geschehen, registrierte es und reagierte, aber ihre Reaktion, auch eine Reaktion im politischen Sinne, die sich zunächst in Wahlergebnissen ausdrückte, schlug sich wiederum in Paris-»Tagen« nieder. Das Deutschland von 1848 bildete dagegen nur einen losen Zusammenschluß von Ländern mit einem politischen Leben, das sich im Rahmen von separaten Staaten vollzog. Am wichtigsten und von den Unruhen am stärksten betroffen waren Preußen, Österreich, Bayern, Sachsen, das Großherzogtum Baden und Württemberg. Die revolutionären Aktionen wurden vor Ort durchgeführt und hatten vornehmlich die Staatsgewalt zum Ziel. Die Aufständischen konnten dem preußischen König zwar eine Verfassung und ein Parlament abringen, wem aber hätten sie die deutsche Einheit abtrotzen sollen? Allen Fürsten zugleich? Doch dies hätte eine gesamtdeutsche oder zumindest auf übergreifender Ebene koordinierte revolutionäre Bewegung vorausgesetzt, die es so eben nicht gab. Um die deutsche Revolution von 1848 zu verstehen, muß man das Augenmerk gleichzeitig und mindestens auf die Ereignisse von Berlin und Wien, den Hauptstädten der beiden mächtigsten Staaten, und auf Frankfurt, den späteren Tagungsort der gesamtdeutschen Nationalversammlung, richten. Was sich in Wien abspielte, war wiederum eng an die Ereignisse in den nicht deutschsprachigen österreichischen Gebieten gekoppelt, an die Ereignisse von Budapest, Mailand und Zagreb (Agram). Die Landkarte der deutschen Revolution von 1848 ähnelt einer Darstellung aus der Mengenlehre, bei der es stets Überschneidungen gibt, und ein Bericht über diese Ereignisse kann deshalb auch keiner linearen Abfolge gehorchen. Die neue Schnelligkeit in der Übermittlung von Informationen ermöglicht es der Bevölkerung in einer deutschen Stadt innerhalb eines Tages oder binnen Stunden auf das Geschehen in einer anderen zu reagieren. Die deutsche Revolution von 1848 war eine polyzentrische Umwälzung.

Da es vor den fast gleichzeitig ausbrechenden Aufständen in Berlin und Wien eine organisierte gesamtdeutsche revolutionäre Bewegung nicht gegeben hatte, richteten sich die Forderungen nach Veränderungen an die lokalen Obrigkeiten. Auf den Barrikaden von Berlin und Wien kämpften Bürger und Volk nicht gegen eine deutsche, sondern gegen eine preußische beziehungsweise österreichische Armee. Die Aufständischen setzten die Wahl verfassunggebender Versammlungen durch. Sieht man von den Ereignissen in den Staaten von zweitrangiger Bedeutung ab (das spektakulärste war die erzwungene Abdankung Ludwigs I. von Bayern, eines gekrönten Romantikers, der weniger über politische Forderungen als vielmehr über seine kostspielige Liaison mit der Tänzerin Lola Montez stürzte, die bei den bürgerlichen Untertanen heftige Empörung hervorgerufen hatte), wurden fast gleichzeitig eine preußische Nationalversammlung, ein österreichischer Reichsrat und eine gesamtdeutsche Nationalversammlung gewählt. Die öffentliche Aufmerksamkeit verteilte sich so auf verschiedene politische Ebenen. Die verfügbaren Politiker mußten auf die jeweiligen Gremien verteilt werden, da man nicht gleichzeitig in Frankfurt und Berlin beziehungsweise Wien an Parlamentssitzungen teilnehmen konnte. Die Tatsache, daß eine einheitlich organisierte nationale Bewegung fehlte und die Eigenständigkeit der einzelnen Staaten vor allem in den Bereichen Militär und Polizei – also bei den materiellen Machtmitteln – erhalten blieb, schwächte die Entwicklung auf höchster nationaler Ebene. Während die verfassunggebende Versammlung in Frankfurt über die Menschen- und Bürgerrechte diskutierte, brachten die Monarchien von Berlin und Wien ihre Hauptstadt mit Waffengewalt wieder unter ihre Kontrolle (in Wien im Oktober nach blutigen Kämpfen, in Berlin im Dezember durch ein massives Truppenaufgebot ohne Blutvergießen).

Nicht alle Territorien Preußens und Österreichs gehörten dem Deutschen Bund an, aber während im Falle Preußens nur östliche Gebiete wie das Großherzogtum Posen mit seiner mehrheitlich polnischen Bevölkerung ausgeschlossen war, herrschte im Falle Österreichs eine ganz andere Situation: Die einstige polnische Provinz Galizien, Ungarn, Dalmatien und das lombardisch-venetische Königreich, mit Ausnahme der Lombardei nie Mitglieder des Alten Reiches, waren daher eben auch nicht Teile des Deutschen Bundes. Dagegen gehörten ihm seit 1815 die Gebiete der Wenzelskrone, das eigentliche Böhmen, Mähren und das österreichische Schlesien an, die seit Jahrhunderten Teile des Reiches gewesen waren. Allerdings bestand die dortige Bevölkerung zu fast zwei Dritteln aus der slawischen Nation der Tschechen, die sich auf die eigene Identität zurückzubesinnen begannen. Würden die Tschechen Abgeordnete in die deutsche Nationalversammlung entsenden? Mit ihrer Weigerung und angesichts der Situation in den polnischen, italienischen und ungarischen Gebieten wurde eine Zugehörigkeit Österreichs zu einem vereinten Deutschland problematisch. Die meisten deutschsprachigen Österreicher waren zwar für diese Zugehörigkeit, wollten andererseits aber den Bestand des österreichischen Kaiserreichs, in dem sie den ersten Rang einnahmen, durch einen Alleingang ihrer Volksgruppe nicht gefährden. Nachdem die österreichische Regierung des Fürsten Felix zu Schwarzenberg die kaiserliche Autorität in Wien wiederhergestellt und die Aufstände in den meisten Provinzen niedergerungen hatte, tat Österreich seine Absicht kund, das gesamte Habsburgerreich in die neue Einheit, die dem Deutschen Bund nachfolgen würde, einzubeziehen. Ein großer einheitlicher Wirtschaftsraum, der von Hamburg bis Triest und vom Rhein bis zu den Siebenbürgener Karpaten reichte, mochte für Männer der Wirtschaft erstrebenswert sein, aber für die deutsche Nation war es unvorstellbar, die wiedergefundene Einheit mit einem Haufen Italiener, Slawen und Magyaren zu teilen. Unter diesen Umständen war entweder die Teilung Österreichs – mit einer Eingliederung der deutschsprachigen Provinzen in den neu entstehenden deutschen Staat – oder die Teilung Deutschlands – bei der die deutschsprachigen Provinzen im österreichischen Kaiserreich und Vielvölkerstaat verbleiben würden – unvermeidlich. Diese entscheidende Frage führte in der Frankfurter Nationalversammlung zur Bildung zweier Parteien, der »Großdeutschen« und der »Kleindeutschen«, von denen sich die letzteren mit einer Realisierung der deutschen Einheit ohne die zehn Millionen deutschsprachigen Österreicher begnügten, die (vorläufig zumindest) ihrem durch die hohe Politik bestimmten Schicksal überlassen bleiben sollten.

Die Bezeichnung »Partei« verlangt an dieser Stelle eine Erklärung. Zur Zeit der Revolution von 1848 waren die verschiedenen Formen von Parteien, die wir in den Demokratien des letzten Viertels unseres Jahrhunderts sehen, noch völlig unbekannt. Es gab Tendenzen, Richtungen, Klubs von Parlamentariern, kulturelle Vereinigungen, intellektuelle Gruppen und sogar Geheimgesellschaften. Darüber hinaus führten die nationalen Bestrebungen und die politisch-sozialen Vorstellungen zu zwei Reihen unterschiedlicher Gruppierungen. Der Gegensatz zwischen Großdeutschen und Kleindeutschen lief quer durch die meisten politischen »Parteien« hindurch. Die radikalen und revolutionären Demokraten waren fast alle Großdeutsche. Sie strebten eine Revolution für alle Deutschen an und verabscheuten das militaristische Preußentum, das der Reaktion so effizient diente. Dennoch war ein Sozialist wie Ferdinand Lassalle schon damals überzeugt, die deutsche Einheit müsse sich mit einem revolutionären Preußen als Zentrum verwirklichen, während Friedrich Engels 1849 im Lager der badischen Revolutionäre gegen die preußischen Truppen kämpfte. Viele gemäßigte Liberale konnten sich die deutsche Einheit ohne die Österreicher nur schwer vorstellen. Doch standen sich innerhalb dieser Strömungen konservative, liberale und demokratische Tendenzen entgegen. Bei den Ereignissen von 1848 lassen sich grob fünf verschiedene politische Richtungen unterscheiden, die man an allen wichtigen Schauplätzen der Revolution wiederfindet.

Auf der äußersten Linken standen die radikalen Demokraten, die stark von den französischen Jakobinern beeinflußt waren. Als egalitäre und unitaristische Republikaner neigten einige von ihnen sozialistischen Gedanken zu. Dieser Strömung gehörten neben Karl Marx, der zur Leitung der »Neuen Rheinischen Zeitung« nach Deutschland zurückgekehrt war, die verbannten Badener Friedrich Hecker und Gustav von Struve an. Arbeitervereinigungen entstanden, die mit ihren Forderungen – viele muten heute geradezu bescheiden an – eine isolierte Stellung am äußersten linken Rand einnahmen und bei der großen Mehrheit der Zeitgenossen als exotische Sektierer galten. Dennoch wurden sie bereits als eine Bedrohung empfunden. In Paris spielten die Arbeiter im Februar und Juni 1848 eine bedeutende Rolle, während in Wien, Berlin oder Dresden zumeist Studenten und Handwerker auf die Barrikaden gingen. Die Übergänge zwischen Arbeitern und Handwerkern wurden freilich bereits immer fließender.

Rechts von dieser extremen Linken standen die gemäßigten Demokraten, die in den Universitätsstädten im Rheinland, im Südwesten, in Ostpreußen, in Berlin und in Wien zahlenmäßig stark waren. Sie traten mehrheitlich für das allgemeine Wahlrecht und einen zentralistischen Aufbau des neuen deutschen Staates ein. Obwohl eher republikanisch gesinnt, konnten sie sich mit einem gewählten Kaiser arrangieren. Für Preußen verlangten sie eine dem Parlament verantwortliche Regierung. Der an eine Verfassung gebundene König sollte nur noch herrschen, aber nicht mehr regieren. In Österreich setzten sich die Gemäßigten entschieden für den Vorrang der deutschen vor den anderen ethnischen Gruppen ein. Während der radikalen Aufstände in Wien im Oktober 1848, im Südwesten (Baden, Pfalz) und in Dresden im Frühjahr 1849 schloß sich ein kleiner Teil der gemäßigten Demokraten den aufständischen Republikanern an, aber die Mehrheit war für den kleindeutschen Kompromiß mit allgemeinem Wahlrecht und Erbkaisertum, wobei die politische Rolle des Kaisers auf ein aufschiebendes Vetorecht gegenüber den Beschlüssen des Parlaments beschränkt bleiben sollte. Der erbliche Kaiser sollte unter den regierenden Dynastien der deutschen Staaten gewählt werden (de facto der König von Preußen). Die gemäßigten Demokraten, vornehmlich Akademiker und Vertreter freier Berufe, waren Vorläufer der im deutschen Parteienspektrum seit den sechziger Jahren des Jahrhunderts auftauchenden sogenannten »Fortschrittler«, der Linksliberalen oder in Baden und Württemberg der Volkspartei.

Rechts von ihnen erstreckte sich das breite Segment der konstitutionellen Liberalen und gemäßigten Monarchisten, deren verschiedene Abstufungen die Masse des Klein- und Großbürgertums, einen bedeutenden Teil der – vor allem höheren – Beamtenschaft und sogar Teile des aufgeklärten Adels repräsentierten. Die konstitutionellen Liberalen repräsentieren das, was in Frankreich zur gleichen Zeit *interêts* genannt wird (die »Interessen«, also Geld, Besitz, Einfluß). Als Gegner eines gewaltsamen Umsturzes wenden sie sich gegen eine Abschaffung der Monarchie und begegnen dem allgemeinen Wahlrecht mit Mißtrauen. Ihr politisches Ideal orientiert sich an der französischen Julimonarchie und dem konstitutionellen Königtum in England. Wichtig war ihnen vor allem die Beendigung der uneingeschränkten Willkürherrschaft der staatlichen Verwaltung. Sie forderten die für den Konstitutionalismus typische Beteiligung an wichtigen Entscheidungen und ein Recht auf politische Aktivität in einem klar umrissenen Rahmen. Auch innerhalb dieser Richtung gab es unterschiedliche Tendenzen, die allerdings nicht förmlich und dauerhaft gegeneinander abgegrenzt waren. Während einige mehr vom idealistischen Wunsch nach Freiheiten und von der nationalen Leidenschaft beseelt waren, ging es anderen eher um die freie Entfaltung des Unternehmertums, um den Wirtschaftsliberalismus und die hierfür notwendige Aufrechterhaltung der öffentlichen Ordnung. Die konstitutionellen Liberalen waren gegen gesellschaftliche Umwälzungen, wenn sie den Geschäften schadeten und das Eigentum gefährdeten. So wundert es denn auch nicht, daß in dem von der Frankfurter Nationalversammlung monatelang diskutierten Katalog der Grundrechte neben der Abschaffung von Adelsprivilegien und Feudalrechten auch die Unantastbarkeit des Eigentums gefordert wurde. Die deutsche Revolution von 1848 war mit ihren Erfolgen und Fehlschlägen eine Revolution von Bürgern, von denen sich einige bereits in das Abenteuer des kapitalistischen Unternehmertums gestürzt hatten, während andere noch dem schwerfälligen und beengenden Zunftwesen mit seinen Sicherheiten nachhingen. Waren die Rührigen schon auf dem Weg ins 20. Jahrhundert, so blieben die Unflexiblen teils noch mittelalterlichen Anschauungen verhaftet. Diese Widersprüche schlugen sich im Verlauf und im Ergebnis der Revolution von 1848/1849 nieder, die sicher nicht in jeder Hinsicht als gescheitert betrachtet werden kann.

Die konstitutionellen Liberalen waren in der nationalen Frage gespalten. Da sie in der Nationalversammlung die Mehrheit hatten, zeigte sich der Bruch – das Lager der Konservativen zerfiel im übrigen ebenfalls in Großdeutsche und Kleindeutsche – am 28. März 1849 bei der Abstimmung über die Frage, ob dem König von Preußen die Erbkaiserwürde angetragen werden sollte (290 Ja-Stimmen bei 248 Enthaltungen). Angesichts der gewaltigen österreichischen Forderungen war die Abstimmung für viele ein Votum der Resignation gewesen. Anfangs in der Minderheit, hatten die Verfechter des Königs von Preußen starken Zulauf bekommen, um in der Frage endlich zu einem Ergebnis zu gelangen. Die einflußreichsten Mitglieder der Nationalversammlung und die Mitglieder der provisorischen Exekutive – sie wurde schon am 28. Juni 1848 von dieser für das wiederherzustellende Reich gebildet – waren konstitutionelle Liberale: der Hesse Heinrich von Gagern, Fürst Karl Friedrich von Leiningen, der Halbbruder Königin Viktorias, und der Österreicher Anton von Schmerling. Leiningen, Schmerling und Gagern wurden nacheinander Reichsministerpräsidenten. Ebenfalls ein konstitutioneller Liberaler war der Reichsverweser, der populäre Erzherzog Johann, das letzte gemeinsame legitime Staatsoberhaupt aller Deutschen einschließlich der Deutsch-Österreicher.[7]

Rechts vom konstitutionellen Liberalismus war das politische Spektrum in der Frankfurter Nationalversammlung ziemlich schmal. Das zahlenmäßige Schwergewicht und die Intelligenz verteilten sich auf die Gruppierungen des linken und rechten Zentrums mit dem Großbürgertum aus Unternehmern und Vertretern der Kultur. Die Zusammensetzung des Parlaments bedeutete einen triumphalen Sieg der Liberalen, die so in den Genuß der Früchte der Volksaufstände vom März 1848 kamen, während die radikale Rechte kaum vertreten war. Besser repräsentiert war sie in Preußen, im Landtag und in der persönlichen Umgebung des Königs. Sie hatte vor allem in den Kolumnen der »Neuen Preußischen Zeitung« ihr Sprachrohr, die (nach dem Eisernen Kreuz von 1813 im Impressum) bald als »Kreuzzeitung« bekannt werden sollte. In ihr meldete sich die reinste Reaktion zu Wort, namentlich der junge pommersche Junker Otto von Bismarck und Friedrich Julius Stahl, ein protestantischer Staatstheoretiker jüdischer Abstammung.

In Österreich formierte sich die radikale Rechte um den Feldmarschall Fürst von Windischgrätz, den Militärkommandanten von Prag, der nach der fast mühelosen Niederschlagung des tschechischen Aufstandes im Oktober 1848 das revolutionäre Wien belagerte, das von radikalen Demokraten, von Studenten, Bürgern und aufständischen Arbeitern beherrscht war. Nach der Rückeroberung der Hauptstadt setzte er sich für die Ernennung seines Schwagers Fürst Felix zu Schwarzenberg zum Regierungschef ein. Schwarzenberg, ein Diplomat aus der Schule Metternichs, ein klarer Geist und starker Charakter, führte die militärisch eingeleitete Restauration auf politischer Ebene zu Ende. Bis zum Hochsommer 1849 war die einheitliche absolute Monarchie von Mailand bis Krakau und von Prag bis Budapest wiederhergestellt. Wegen der zögerlichen Haltung Preußens, das vor einem Konflikt mit Österreich schließlich zurückwich, befand sich der Deutsche Bund unter österreichischem Vorsitz Ende 1850 wieder im Zustand wie vor der Revolution. Schwarzenberg, der letzte große Staatsmann des habsburgischen Kaiserreichs, starb, kaum fünfzigjährig, 1852. Dieser Todesfall brachte die Historiker für den Zeitraum der folgenden zwanzig Jahre um das faszinierende Schauspiel der Rivalität zwischen einem harten, aber realistisch denkenden und flexiblen österreichischen Kanzler und dem jungen Aufsteiger Bismarck, der 1851 als Vertreter Preußens in den Deutschen Bundestag in Frankfurt geschickt wurde, welcher bis zur militärischen Entscheidung von 1866 wieder zum üblichen Austragungsort der Konkurrenzkämpfe zwischen den beiden deutschen Großmächten werden sollte.

Auch die konservative Strömung in Deutschland präsentierte sich mit extrem verschiedenen Gesichtern. Neben dem kalten, ja, zynischen Autoritarismus eines Schwarzenberg (Österreich werde die Welt durch seine Undankbarkeit überraschen, sagte er nach der Niederschlagung des ungarischen Nationalaufstandes, die durch das Eingreifen des Zaren möglich geworden war) vertrat Bismarck einen leidenschaftlichen Konservativismus, der ebenso zynisch sein konnte, zur Bewahrung wesentlicher Positionen aber ebenfalls stets kompromißbereit blieb. Für das religiöse Fundament, das bei Stahl und den Gebrüdern Gerlach[8] vorherrschte, anfangs sehr empfänglich, löste sich Bismarck von diesem in dem Maße, in dem er sein eigenes politisches Denken entdeckte in einem Willen zur Macht im Dienste des Staates, der für ihn Selbstzweck wird, beschränkt durch eine vorsichtige Besonnenheit, die ebenfalls sehr realistisch sein kann.

Der traditionalistische und religiöse Romantizismus des Schwärmers Friedrich Wilhelm IV. blieb Schwarzenberg und Bismarck gleichermaßen fremd, doch auch außerhalb des Hofs war diese weit verbreitet: unter dem preußischen protestantischen Adel, der protestantischen Geistlichkeit und den höheren Staatsbeamten, die zumeist zu einer der beiden Schichten gehörten, ebenso wie unter katholischen Adligen, Geistlichen und Intellektuellen. Die christlichen Konservativen waren freilich durch die konfessionellen Gegensätze gespalten, auch wenn sich die preußischen protestantischen »Ultras« wie die Gebrüder Gerlach einem politischen Bruch mit Österreich, der konservativen Macht par excellence, die zudem das Erbe des tausendjährigen Kaisertums angetreten hatte, vornehmlich aus Traditionsbewußtsein widersetzten. Hauptsächlich dieser Unterschied der Positionen sorgte ungefähr zehn Jahre nach der Revolution denn auch für den Bruch der Gerlachs mit Bismarck, woraufhin Ernst Ludwig von Gerlach als einziger Protestant in Bismarcks Reichstag Mitglied des katholischen Zentrums werden sollte. Sein Fall blieb eine Ausnahme, und die protestantischen Konservativen entwickelten sich erst gegen 1880, als sie sich als politische Vertreter eines großen Teils der Landwirte und des antisemitisch gesinnten Kleinbürgertums etablieren konnten, zu einer modernen Massenpartei.

Ganz anders war die Situation nach 1848 für die Katholiken. Wie schon erwähnt, waren sie die Hauptleidtragenden der gewaltigen Umwälzungen im deutschen Staatensystem in der Zeit zwischen 1789 und 1815 gewesen. Obwohl selbst zumeist nicht liberal eingestellt, profitierten sie als eine Minderheit (und zuweilen sogar als Mehrheit), die in den meisten Staaten übervorteilt und oft sogar klar unterdrückt wurde, von den liberalen Errungenschaften auf bürgerlicher und verfassungsmäßiger Ebene. Überall

garantierten nun Verfassungen die Gewissensfreiheit, die freie Ausübung
des Glaubens und die Gleichheit der Bürger vor dem Gesetz. Die katholische Bevölkerung konnte ihre Anliegen über Vertreter in die Parlamente
einbringen und die politischen Entscheidungen mit beeinflussen. Auf diese
Art kam es zwischen dem Katholizismus, der unter Papst Pius IX. nach
1848 immer antiliberaler, revolutionsfeindlicher und antimodernistischer
wurde, und dem Konstitutionalismus, der den Katholiken in den deutschen Ländern immer mehr Rechte und Freiheiten sicherte, zu einer Art
instrumenteller Allianz, die auf Dauer kein rein opportunistisches Zweck-
bündnis bleiben konnte. Vor und nach 1848 gab es in den deutschen
Ländern ein liberales katholisches Bürgertum, eine aufgeklärte katholische Adelsschicht und katholische Volksbünde, für die der Dienst an der
Kirche und das Ideal einer verfassungsmäßigen Ordnung keinen fundamentalen Widerspruch mehr bedeuteten, wenn letztere an eine Volksvertretung gekoppelt war und gleichzeitig auf der gottgewollten Monarchie
beruhte. 1848/1849 machten die Katholiken von den gewonnenen Freiheiten, vor allem von der Assoziationsfreiheit, ausgiebig Gebrauch. Die
katholische Bevölkerung war in zahllosen religiösen, kulturellen und politischen Vereinigungen organisiert, unter denen die Pius-Vereine, die sich
die Unterstützung des Papstes und die Intensivierung des religiösen Lebens
zum Ziel setzten, eine herausragende Rolle spielten. In der Frankfurter
Nationalversammlung wie im preußischen Landtag bemühten sich katholische Abgeordnete aller gesellschaftlichen Schichten, von Vertretern des
Hochadels bis hin zu Handwerksmeistern, gemeinsam um den Erhalt der
kirchlichen Freiheiten. Der Freiherr von Ketteler, der aus einer angesehenen westfälischen Familie stammte und 1850 Bischof von Mainz wurde,
wurde als Abgeordneter und Theoretiker zum Sprecher eines sozialen Katholizismus, der sich auf parlamentarischer Ebene später in der Gründung
der Zentrumspartei niederschlug. In Österreich führten die Erfahrungen
der Revolution und der Einfluß des korporativistischen Denkens eines
Freiherrn von Vogelsang, unter der politischen Leitung des Fürsten Alois
von Liechtenstein zur Entstehung einer weiteren Strömung des politischen
Katholizismus, die sehr viel konservativer und antimodernistischer war
und sich von dem der Zentrumspartei mit ihrem parlamentarisch-konsti-
tutionellen Kompromiß stark unterschied. Aus ihr entwickelte sich später
unter der fähigen Führung des populären Karl Lueger eine starke christlich-soziale Partei. Die »Christlich-Sozialen« Österreichs waren allerdings
nach wie vor deutlich antidemokratisch und antiparlamentarisch gefärbt,
was sie nicht daran hinderte, das Parlament vor 1914 und unter der Ersten
Republik (1918–1934) für ihre Zwecke zu nutzen.

Die Entscheidung verantwortlicher Katholiken, im nachrevolutionären und von Bismarck geprägten Deutschland auf parlamentarischer Ebene zu wirken, brachte freilich Schwierigkeiten mit sich. Sie stieß häufig auf das Unverständnis der römischen Kurie, die sich auf politischer, theologischer und seelsorgerischer Ebene um die systematische Definierung antirevolutionärer und antiliberaler Positionen bemühte. Pius IX., welcher der Revolution in Rom 1848/1849 nur mit der Unterstützung Frankreichs – nach der erneuten Übernahme der Regierung durch die Konservativen war Prinz Louis Napoléon dort Ende 1848 zum Präsidenten der Republik gewählt worden – hatte Herr werden können, bestätigte die Verweigerungshaltung und die Verdammungsurteile der Kirche mit ideologischen Stellungnahmen, die vom Syllabus, einem Verzeichnis von achtzig »Zeitirrtümern«, bis hin zum Dogma von der päpstlichen Unfehlbarkeit reichten. Nach dem Ersten Vatikanischen Konzil 1870 trennten sich einige deutsche katholische Geistliche und Universitätslehrer von Rom und gründeten die Altkatholische Kirche, die über die Stärke einer Sekte allerdings nie hinauskam. Andererseits lösten die Politiker mit ihrem Kampf gegen Bismarck beim Vatikan, der vor allem auf Unterstützung der konservativen Kräfte bedacht war, Verärgerung aus. Um ihre parlamentarische Strategie ungehindert verfolgen zu können, mußte sich die katholische Zentrumspartei jederzeit gegen verbotene Ideologien abgrenzen. So protestierte ihr Parteivorsitzender noch 1894 energisch, als ihr die Regierung demokratische Neigungen vorwarf ...

Das Scheitern der bürgerlichen und intellektuellen Revolution von 1848/1849 markiert einen besonders bedeutenden Wendepunkt in der modernen deutschen Geschichte. In Frankreich führten die blutigen Ereignisse vom Juni 1848 in direkter Linie zur kaiserlichen Diktatur, deren Scheitern wiederum die Einführung der republikanischen Institutionen ermöglichte. Die Republik, die in Frankreich trotz des allgemeinen Wahlrechts ihre Schrecken verloren hatte, konnte sich dort nicht nur deshalb durchsetzen, weil es zur militärischen und nationalen Katastrophe von 1870/1871 gekommen war, sondern auch deshalb, weil sie sich bei der blutigen Niederschlagung der Pariser Commune als effizient erwiesen hatte. In Frankreich ging es allerdings nur um ideologische Konflikte und den Klassenkampf, während die deutschen Staaten zusätzlich noch das gewaltige Problem der nationalen Einigung, das mit der Revolution von 1848 nicht gelöst worden war, zu bewältigen hatten. Der Reaktionär Otto von Bismarck, der am meisten gehaßte und verabscheute Mann der Rechten, sollte diese Einheit nach einem weiteren Sieg über den bürgerlichen Liberalismus »durch Blut und Eisen« zustande bringen. Der zukünftige Reichskanzler zeigte seine politische Größe 1866, als er den Liberalen nach einem militärischen Sieg über Österreich mit einem scheinbar lauteren Kompromiß den Wind aus den Segeln nahm: das allgemeine Wahlrecht und eine Beteiligung an der Legislative. Das Bismarcksche Deutsche Reich wurde niemals eine parlamentarische Monarchie wie England, während die französische Dritte Republik, die zunächst eine Republik der Herzöge und Honoratioren war, sich zum demokratischen und sozialen Staat entwickelte. Die deutschen Revolutionäre von 1848/1849 hatten keinen Bismarck in ihren Reihen und keine starken aktiven und militanten Minderheiten hinter sich. Wegen ihrer Ideale, ihres grenzenlosen guten Willens, ihres Engagements für die Menschenrechte und ihrer Absicht, die deutsche Einheit im Einklang mit den anderen Völkern Europas zu vollziehen, muß man der großen Mehrheit dieser gebildeten deutschen »Achtundvierziger« dennoch die löblichsten Absichten zusprechen. Wenn diese Versammlung – darunter fast alle damaligen Größen der deutschen Wissenschaft – von einem Übermaß an Idealismus und Unerfahrenheit geprägt war, so hat sie den kommenden Generationen doch demokratische und humanitäre Reformansätze hinterlassen, welche die verfassunggebende Versammlung von 1919 und vor allem die von 1949 beeinflußten. Und auch dem wiedervereinten Deutschland von 1990 weisen sie noch die Richtung.

Zum Abschluß sei an die wichtigsten Daten der Bewegung erinnert, die im Zeichen der Hoffnung begonnen hatte und zum Scheitern verurteilt war. Die erste Nationalversammlung des deutschen Volkes trat am 18. Mai 1848 in der Frankfurter Paulskirche zusammen. Am 28. März 1849 wählte eine kleine Mehrheit der 538 Parlamentsmitglieder den Preußenkönig Friedrich Wilhelm IV. zum »Kaiser der Deutschen«. Österreich rief daraufhin seine Abgeordneten zurück. Am 3. April 1849 lehnte Friedrich Wilhelm IV. die »aus dem Dreck der Straße geknetete« Krone ab. In Sachsen und in Südwestdeutschland brachen Unruhen aus. Preußen, Sachsen und Hannover riefen ihre Abgeordneten ebenfalls zurück. Das vorwiegend aus Linksradikalen bestehende sogenannte Rumpfparlament floh am 6. Juni nach Stuttgart. Die württembergische Regierung löste es am 18. Juni *manu militari* auf, während preußische Truppen in der Pfalz und in Baden vereinzelte Aufstände niederschlugen. Aber während Schwarzenberg in Wien die absolute Monarchie wiederherstellte, beschränkte sich der König von Preußen darauf, die von der Nationalversammlung verabschiedete Verfassung durch eine »oktroyierte« zu ersetzen, der zufolge die Gesetze und der Staatshaushalt nach wie vor durch gewählte Volksvertreter verabschiedet wurden. Das allgemeine Wahlrecht blieb ebenfalls erhalten, wurde indes eingeschränkt durch die Einführung eines Dreiklassensystems mit Wahlmännern, bei dem die Stimmen der Reichen bedeutend mehr Gewicht hatten als die der Armen.

Zeittafel

1816 Eröffnung des Bundestages in Frankfurt am Main.

1817 Wartburgfest deutscher Studenten (Burschenschaften): Demonstration für die Einheit und Freiheit Deutschlands.

1818 Konstitutionelle Verfassungen in Bayern und Baden. Gründung der Allgemeinen Deutschen Burschenschaft (Gesamtvertretung der deutschen Studenten).

1819 Ermordung des Schriftstellers und russischen Staatsrates Kotzebues. In ihrer Folge restriktive autoritäre Politik, ausgehend von Preußen und Österreich (Karlsbader Beschlüsse).

1820 Verabschiedung der Wiener Schlußakte: Ein Bundesgrundgesetz schreibt die Unabhängigkeit und Unverletzbarkeit der Mitglieder des Deutschen Bundes fest.

1821 Hegels »Rechtsphilosophie«.

1828 Bilaterale Zollverträge als Vorformen der Vereinheitlichung des Handels innerhalb des Deutschen Bundes.

1830 Julirevolution in Frankreich. In deren Folge Verschärfung der reaktionären Politik in Deutschland. Gründung der liberal-revolutionären Gruppe »Junges Deutschland« (Heinrich Heine, Ludwig Börne u. a.).

1832 Nationalfest der Deutschen zu Hambach: Versammlung liberal-radikaler Oppositioneller und Forderung der »vereinigten Freistaaten Deutschlands« in einem »konföderierten republikanischen Europa«. Vollständiges Verbot von Presse-, Vereins- und Versammlungsfreiheit durch den Deutschen Bund. Tod Johann Wolfgang Goethes.

1833 Sturm radikaler Studenten auf die Hauptwache in Frankfurt am Main.

1834 Der Deutsche Zollverein tritt in Kraft. Georg Büchners sozialrevolutionäre Flugschrift »Der Hessische Landbote«.

1835 Tod Kaiser Franz' I. Sein Nachfolger wird sein Sohn Ferdinand I. Erste deutsche Eisenbahnlinie zwischen Nürnberg und Fürth.

1836 Gründung des sozialrevolutionären »Bundes der Gerechten«.

1837 Protest der »Göttinger Sieben«.

1840 Friedrich Wilhelm IV. wird Nachfolger von Friedrich Wilhelm III. als König von Preußen.

1841 Hoffmann von Fallerslebens »Deutschlandlied«.

1843 Nach dem Verbot der »Rheinischen Zeitung« geht Karl Marx nach Paris und gibt mit Arnold Ruge die »Deutsch-Französischen Jahrbücher« heraus.

1844 Aufstand der schlesischen Weber gegen Ausbeutung und Einführung der maschinellen Webstühle.

1845 Friedrich Engels' »Die Lage der arbeitenden Klassen in England«.

1847 Hungerrevolten in Deutschland. Gründung des internationalen Bundes der Kommunisten durch Marx und Engels: erster Kongreß in London unter dem Motto: »Proletarier aller Länder vereinigt euch«. Offenburger Programm der radikalen Demokraten in Baden.

1848 Märzrevolution in Berlin, München, Wien. Im Mai tritt in der Frankfurter Paulskirche die Nationalversammlung zusammen. Ab Juni weitere Aufstände in Prag, Frankfurt am Main, Wien und in Baden. Nachfolger des abgedankten Kaisers Ferdinand I. wird Franz Joseph I. Im Dezember Verkündung des »Gesetzes über die Grundrechte des deutschen Volkes«. Marx' und Engels' »Manifest der kommunistischen Partei«.

448

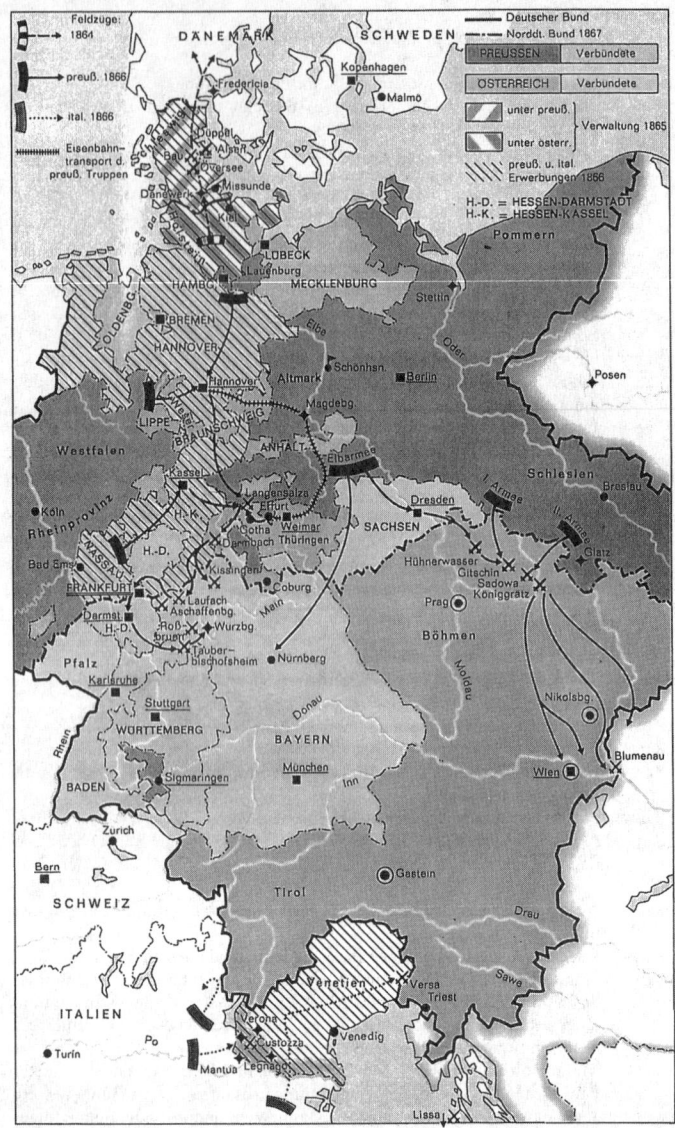

Preußens Kriege gegen Dänemark und Österreich 1864 und 1866

16. KAPITEL

Von der restaurierten Reaktion zur Revolution von oben: 1848–1871

Die zweite Restauration: 1849–1862

Die beiden Jahrzehnte zwischen der liberalen Revolution und der Gründung des Bismarckschen Kaiserreichs brachten im Schicksal des deutschen Volkes eine entscheidende Wende. Mit der Enttäuschung der großen Hoffnungen vom Frühjahr 1848 scheiterten auch die Bestrebungen des Besitzbürgertums und der Intellektuellen nach mehr Beteiligung an der politischen Macht. Diese Bestrebungen verschwanden natürlich nicht endgültig. Die oberen Schichten des Bürgertums wurden in den Jahren 1850 bis 1860 zahlenmäßig immer stärker und erlebten zugleich einen erstaunlichen wirtschaftlichen Aufstieg. Die reichen Vertreter der Wirtschaft konnten sich mit dem Ausschluß von den wichtigen politischen Entscheidungsprozessen, die ihre Beziehungen zu anderen Schichten und Bereichen der Gesellschaft direkt oder indirekt regelten und den Erfolg ihrer Unternehmen und Geschäfte mitbestimmten, nicht auf Dauer abfinden. Tatsächlich war die Bilanz der gescheiterten Revolution für diese Kreise denn auch weniger negativ, als es auf den ersten Blick scheinen mochte. Die Adelsprivilegien waren in der bürgerlichen Gesellschaft weithin abgeschafft und die letzten Einschränkungen des Handels und der unternehmerischen Freiheit außer in einigen Staaten, vor allem in Österreich (wo sie zwischen 1860 und 1867 ebenfalls beseitigt werden sollten), aufgehoben. Fast alle deutschen Staaten hatten eine geschriebene Verfassung, die eine Kammer aus gewählten Vertretern vorsah, in der das gehobene Bürgertum dominierte (außer den beiden Großherzogtümern von Mecklenburg, die bis 1918 eine feudalistische ständische und berufsständische Vertretung behielten). Das Zensuswahlrecht, nach dem die beiden Kammern der deutschen Parlamente auf verschiedene Weise gewählt beziehungsweise ernannt oder erblich bestimmt wurden, begünstigte die besitzenden und gebildeten Schichten. Wurde der Landtag in Preußen, das trotz der Olmützer Punktation noch immer der mächtigste deutsche Staat war, in den fünfziger Jahren des 19. Jahrhunderts von Beamten, wohlhabenden Bürgern und Adligen dominiert, so waren es Anfang der sechziger Jahre bereits Industrielle, Bankiers und Universitätsprofessoren.

Für eine gewisse Vermischung der gesellschaftlichen Schichten sorgten im übrigen der freie Zugang zu den Universitäten (außer selbstverständlich für Frauen) und zu gehobenen Ämtern, häufige Eheschließungen zwischen Besitz- oder Bildungsbürgern und Adligen und eine gezielte Taktik von Erhebungen in den Adelsstand, welche die höhere Verwaltungslaufbahn oder besondere wirtschaftliche Erfolge krönten. Die oberen Schichten des Bürgertums (der Ausdruck scheint hier angemessener als »Großbürgertum«) versuchten sich über Umwege mit der Politik vertraut zu machen und auf sie einzuwirken. Zwischen ihnen und den fortschrittlicheren Kreisen des Adels wurden Bündnisse vorbereitet und Teilungen abgesprochen. Das Scheitern der Revolution von 1848 war auf lange Sicht vor allem eine Niederlage des Mittelstandes, der Freiberufler und Lehrenden sowie deren Theorien. Dagegen konnte das gehobene Bürgertum liberale Ideologien opfern, die in dem Augenblick überflüssig wurden, als Bismarck die früher ausschließlich herrschende Schicht zu einer Teilung der Macht zwang.

Auch hier ist ein Vergleich mit Frankreich aufschlußreich, und zwar in doppelter Hinsicht. In Deutschland fehlte in der Periode zwischen 1870 und 1914 eine starke »radikale« linksliberale Partei, welche den Mitgliedern des mittelständischen Bürgertums in der Provinz, den lokalen Honoratioren (Ärzten, Anwälten, Apothekern und Universitätslehrern), Trägern einer demokratischen patriotischen Ideologie ohne sozialistische Sympathien, Zugang zur politischen Macht verschaffte. In Frankreich hatte der Adel seit 1789 seine rechtlichen Privilegien verloren und durch den Verkauf der Nationalgüter und die Festigung der neuen Besitzverhältnisse durch Napoleon die Grundlagen seiner wirtschaftlichen Stärke und seiner politischen Vorherrschaft eingebüßt. In den deutschen Staaten mußten die Großindustriellen, Großkaufleute und Bankiers dagegen erst noch mit den alten führenden Klassen und Schichten abrechnen, die in der Landwirtschaft und vor allem in den staatlichen Einrichtungen, am Hof, in der Armee und in der oberen Verwaltung nach wie vor die leitenden Positionen innehatten. Gleichwohl konnten sie ihre wirtschaftlichen Interessen in der Gesetzgebung verhältnismäßig leicht durchsetzen, da diese denen der »Großagrarier«, der zumeist adligen Großgrundbesitzer vor allem östlich der Elbe, damals noch nicht direkt entgegenstanden. Obwohl die preußischen Regierungen während der Epoche der Reaktion (1848–1858) politisch liberale Bestrebungen mit äußerster Härte bekämpften, förderten sie intensiv die Entwicklung des Industrie- und Finanzkapitalismus.

So stand der politischen Grabesstille nach 1849 ein immer schnellerer wirtschaftlicher Aufschwung gegenüber. Die demographische und industriell-finanzielle Fortentwicklung wurde durch die Niederlage des politischen Liberalismus von 1849 also keineswegs gebremst, auch nicht durch seine zweite und für lange Zeit endgültige Niederlage in Preußen am Ende des Konflikts zwischen einer starken liberalen Mehrheit im Landtag und dem Ministerpräsidenten von Bismarck, den König Wilhelm I. 1862 in höchster Bedrängnis an die Spitze der Regierung geholt hatte. Die Leute der Wirtschaft blieben in der Staatsführung Randfiguren, aber ihre Geschäfte liefen besser und besser. Während Deutschland zur ersten Industriemacht der Welt aufstieg, war in der Verfassung des 1871 proklamierten Zweiten Reichs nicht einmal die Verantwortlichkeit der Minister gegenüber dem Reichstag, dem aus allgemeinen Wahlen hervorgegangenen Parlament, vorgesehen!

Die beiden Niederlagen des Liberalismus waren für die deutsche Nation eine Lehre in politischem Zynismus, die ihre ferne und vorerst letzte Konsequenz in der Katastrophe von 1945 finden sollte. Der schöne, edle Idealismus, das Vertrauen auf geistige Werte und der Glauben an das Gute im Menschen, der auf sittlichem Gebiet ebenso unbegrenzt Fortschritte machen könne wie in den Naturwissenschaften und der Technik (die in diesem Zeitalter einen phantastischen Aufschwung erlebten), die Illusionen von Freiheit, Gleichheit und Brüderlichkeit – all das wich in den Köpfen und Herzen allmählich dem Realismus von Stärke und Macht. Den unverbindlichen Reden der Professoren auf den Tribünen der Parlamente und den in Illusionen schwelgenden oder käuflichen Journalisten setzte Bismarck gleich nach Übernahme der Staatsführung in Preußen 1862 die Realität von Blut und Eisen entgegen. Ideen und Ideologien bleiben so lange ein Schattentheater, wie sie nicht im Dienst materieller Kräfte stehen oder – was auf dasselbe hinausläuft – nicht über die Kraft verfügen, der Geschichte ihr Gesetz aufzuzwingen. Die Revolution von 1848 verkam zur Farce, weil sie weder über eine Armee noch eine Polizei verfügte und diese wesentlichen Attribute staatlicher Macht den Regierungen der alten Teilstaaten überlassen blieben. Sie verkam zur bloßen Rhetorik, weil die Professoren und edlen Idealisten nicht die Priorität der auswärtigen, internationalen Beziehungen erkannten. Als die nationale Bewegung nach dem Schock von 1849 wieder zu sich kam und erneut in die Offensive ging, übten die Kräfte, welche diese Lehre begriffen hatten, in ihr eine immer deutlichere Vorherrschaft aus. Die »Achtundvierziger« erschienen als naive Träumer, über die man sich im offiziellen Geschichtsbild, das an den Schulen gelehrt wurde und das die Selbsteinschätzung der Nation begründete, lustig machte.

Die große Mehrheit der Vertreter der Rechten und des Zentrums hatte die Frankfurter Nationalversammlung 1849 verlassen. Ein Häufchen linker Abgeordneter, das die Versammlung nach Stuttgart zu verlegen versuchte, wurde von der württembergischen Armee auseinandergejagt. Ebenfalls mit Hilfe der Armee vertrieb der König von Preußen »sein« Abgeordnetenhaus aus der Hauptstadt und löste es anschließend auf. Und auch die Aufstände ultralinker Kräfte im Großherzogtum Baden, in der Rheinpfalz und in Dresden wurden vom preußischen Heer im Blut erstickt.

Am Rande nur sei darauf hingewiesen, daß es sich bei diesen Kämpfen um ernsthafte Gefechte handelte. Der Badener Feldzug war keine militärische Landpartie. Viele Männer fielen auf den Schlachtfeldern, und in der Festung von Rastatt wurden zahlreiche Gefangene erschossen. Es gibt eine deutsche Tradition des Bürgerkriegs im Kampf um die Demokratie, die sich 1918 erneut zu Wort melden sollte. Vergeblich haben die kommunistischen Machthaber der Deutschen Demokratischen Republik zwischen 1945 und 1989 versucht, diese Kämpfer für sich zu vereinnahmen. Friedrich Wilhelm IV., der die Kaiserkrone, die ihm die Frankfurter Abgeordneten antrugen, empört ablehnte, hätte sich glücklich geschätzt, wenn ihn die deutschen Fürsten, seine Brüder und Vettern, an die Spitze eines geeinten und in seiner einstigen Größe wiederhergestellten Vaterlands berufen hätten. Der Preußenkönig, ein launischer und zaghafter Geist, blieb nie lange bei einer eingeschlagenen Linie. Nur ungern konnte er sich einen Bruch mit Österreich vorstellen, dessen Dynastie das Reich fünf Jahrhunderte lang regiert hatte. In den Momenten, in denen er sich den Habsburgern gegenüber loyal verhielt, schwebte ihm ein Reich unter Führung eines österreichischen Kaisers vor, wobei dem Preußenkönig das erbliche Amt des obersten Kronfeldherrn zukommen sollte. Auf Rat seines Ministers Radowitz, wie sein Dienstherr ein romantischer Träumer, versuchte er das von den Demokraten angestrebte wiederhergestellte Reich durch eine »Union« von Fürsten zu ersetzen, deren Vorsitz der preußische König übernehmen würde. Dieser Notlösung, die bei der österreichischen Regierung großen Unmut auslöste, schlossen sich denn auch nur die kleinen Staaten im Norden an. Der Zeitgeist bewog die Herrscherhäuser und ihre Minister, die hier noch einmal aus eigener Initiative handelten, zu Zugeständnissen an den Gedanken einer Nationalvertretung: 1850 wurde für die neue Union ein Parlament nach Erfurt einberufen, das auf der Grundlage der Frankfurter Texte eine Bundesverfassung ausarbeitete.

Diese Initiativen durchkreuzten die Pläne des Fürsten Schwarzenberg, des Ministerpräsidenten des gerade erst zwanzigjährigen Kaisers Franz Joseph. Schwarzenberg, der die Revolution in Wien, Venedig, Mailand

und vor allem (mit Hilfe der russischen Armee) in Ungarn niederge-
kämpft und in Österreich die absolute Monarchie wiederhergestellt hatte,
wollte die Autorität seines Herrn auf eine breite territoriale Basis stellen,
die sich als eine politische und wirtschaftliche Einheit von Hamburg bis
nach Triest erstrecken sollte. Er beabsichtigte eine Wiederbelebung des
Deutschen Bundes von 1815, wobei die österreichische Macht mit Unterstützung der meisten Klein- und Mittelstaaten dem preußischen Vor-
machtstreben Einhalt gebieten sollte. Preußen verfügte über eine bedrohliche Militär- und Wirtschaftsmacht, und flößte die Furcht ein, daß die
Unabhängigkeit der anderen deutschen Staaten seinen Ambitionen zum
Opfer fallen würde. Zwar war der preußische Herrscher ein bizarrer
Geist, der die Logik seines Staates, der als ein Raubstaat gewachsen war,
nicht konsequent weiter verfolgte, doch wird Preußen seine wahre Natur
erneut zeigen, sobald ein brillanter Politiker, ein würdiger Nachfolger
Friedrichs des Großen, die Regierung in Berlin übernehmen wird. Dagegen schwächten Österreich schwelende innere Konflikte und überalterte
Strukturen, die Schwarzenberg aus Zeitmangel nicht gründlich wird reformieren können (soweit er dies überhaupt wollte und konnte). Weil
Österreich eine weniger gefährliche Macht war, blieb ihm seine Klientel
der Klein- und Mittelstaaten, wie in der Periode von 1815 bis 1848, im
allgemeinen auch zwischen 1850 und 1866 noch treu, mit Ausnahme
der unmittelbaren Nachbarn Preußens und vor allem denjenigen Kleinstaaten, deren Gebiet völlig von preußischen Besitzungen umschlossen
war wie das Herzogtum Anhalt, ein Großteil des Herzogtums Braunschweig oder die beiden territorial fast völlig isolierten Mecklenburger
Großherzogtümer.

Nach der Niederschlagung Ungarns setzte Schwarzenberg der Existenz
des österreichischen Reichsrates, einer Errungenschaft der Revolution,
ein Ende und verwandelte die Monarchie in einen zentralistischen Staat,
in dem alle historischen Rechte der von den Habsburgern ererbten Königreiche und Länder abgeschafft wurden. Da der österreichische Regierungschef russische Unterstützung hinter sich wußte – Zar Nikolaus I.
warf seinem preußischen Schwager Zugeständnisse an den revolutionären
Geist vor, während Franz Joseph von Österreich voll und ganz hinter
Schwarzenbergs reaktionärer Politik stand –, wandte er sich den deutschen Angelegenheiten zu und steuerte eine Konfrontation an, der Preuß-
en sich nicht zu stellen wagte. Da sich der preußische König zu einem
siegreichen Krieg gegen Österreich nicht fähig glaubte, trennte er sich
von Radowitz und seiner zu abenteuerlichen Politik und übertrug die
Regierungsgeschäfte einem der bekanntesten Repräsentanten der Konservativen, dem Baron Otto von Manteuffel. Manteuffel traf Anfang De-

zember 1850 im mährischen Olmütz mit Schwarzenberg zusammen und unterzeichnete dort eine regelrechte Kapitulation. Preußen verzichtete auf die »Union« und stimmte der Wiederherstellung des Deutschen Bundes zu.

Manteuffels Außenpolitik lehnte sich eng an Österreich an und wollte jede weitere Konfrontation zwischen den beiden deutschen Großmächten vermeiden. Allerdings stieß der schmachvolle »Rückzug von Olmütz« nicht nur bei den Liberalen und Demokraten auf Kritik. Auch preußische Konservative waren über diese Demütigung ihres Königs und Staates empört. Bismarck, der von Friedrich Wilhelm IV. und Manteuffel 1851 als preußischer Vertreter in den wiederhergestellten Frankfurter Bundestag geschickt wurde, warf seinem König und Radowitz vor, Preußen in eine Sackgasse geführt zu haben. Er blieb bei der Überzeugung, das Interesse des preußischen Staates erfordere früher oder später eine entscheidende Klarstellung mit Österreich: Entweder werde das Kaiserreich einer Teilung der Vorherrschaft über Deutschland mit Preußen zustimmen, oder Krieg müßte die Lösung bringen. Tatsächlich war die sogenannte »Olmützer Punktation« für Österreich ein zu vollkommener Sieg, und Schwarzenbergs hochfliegender Plan überstieg die militärischen Kräfte der Donaumonarchie. Nach dem vorzeitigen Tod des Fürsten im Frühjahr 1852 wird die österreichische Politik keine Führung finden, die in der Lage gewesen wäre, die Schwächen und inneren Widersprüche des Reichs auszugleichen.

Deutsche Historiker bezeichnen die Periode zwischen 1850 und 1860 nicht zu Unrecht als die Ära der Reaktion. Manteuffel in Preußen, Schwarzenberg und seine Nachfolger, vor allem Innenminister Baron Bach, ein einstiger, zur Verteidigung der Ordnung bekehrter Revolutionär, in Österreich und ihre Nacheiferer in den anderen Staaten bemühten sich, die Errungenschaften der Revolution möglichst wieder abzubauen und die Untertanen, die kurze Zeit Bürger gewesen waren, wieder zur Unterwerfung unter die monarchisch-bürokratische Ordnung des Gottesgnadentums zu zwingen. Der Bundestag setzte die von der Nationalversammlung verabschiedeten Gesetze, darunter die »Grundrechte des deutschen Volkes«, formell außer Kraft. Zahlreiche Revolutionäre kamen ins Gefängnis oder mußten ins Exil. Zu den bedeutendsten Männern, deren aktive Präsenz Deutschland von da an fehlte, zählten Karl Marx und Friedrich Engels. Die »Neue Rheinische Zeitung« wurde wie die meisten liberal oder demokratisch gesinnten Presseorgane verboten. Zur Einschüchterung der Öffentlichkeit wurde gegen die deutschen Mitglieder des »Bundes der Kommunisten«, die der preußischen Polizei in die Hände gefallen waren, in Köln ein großer Prozeß angestrengt.

Engels hatte bis zur endgültigen Niederschlagung des Aufstandes in Baden auf der Seite der Republikaner gekämpft. Wegen dieser direkten Teilnahme an einer militärischen Aktion und seines starken Interesses an Kriegsangelegenheiten galt er unter den Kommunisten als Militärspezialist, als eine Art Clausewitz der Revolution. Ins Exil mußten unter anderem auch die Freiheitsdichter Ferdinand Freiligrath und Georg Herwegh, in deren Versen der Geist der Demokratie und des Patriotismus laut klingt. (Herwegh hatte an der Spitze einer deutsch-französischen Arbeitergruppe ebenfalls an der Revolution in Baden teilgenommen.) Viele Namenlose gingen nach England und vor allem nach Amerika, darunter ein Student namens Carl Schurz, der seinem Professor zur Flucht aus einem preußischen Gefängnis verholfen hatte. Schurz wurde amerikanischer General im Sezessionskrieg, Senator und Staatssekretär für innere Angelegenheiten. Sein Name wurde zum Symbol für Hunderttausende von Deutschen, die damals in Amerika nach neuen Freiräumen suchten.

Da der König von Preußen die Verfassung, die er seinem Volk nach der Auflösung der Nationalversammlung oktroyiert hatte, nicht außer Kraft setzen wollte, arrangierte sich Manteuffel auf seine Weise mit dem Parlament: Durch administrative Repression verschiedenster Art, das Verbot oppositioneller Zeitungen und polizeiliche Einschüchterung gelang es ihm, sich in der zweiten Kammer massive, disziplinierte und zum Großteil aus Beamten bestehende Mehrheiten zu verschaffen. Die Regierung konnte so ihre Kräfte der wirtschaftlichen Entwicklung widmen. Eine Grundlage für diese war die Zusammenführung der Eisenbahnen, die in den verschiedenen wichtigen Regionen gebaut wurden. Zum wirtschaftlichen Aufschwung trug auch die Vollendung des Zollvereins durch den Beitritt des Königreichs Hannover und des Großherzogtums Oldenburg bei. Die deutschen Staaten bildeten jetzt mit Ausnahme Österreichs und der hanseatischen Städte einen geschlossenen Wirtschaftsraum. Die preußische Diplomatie konnte dieses System, in dem Preußen die Hegemonie ausübte, gegen die österreichischen Versuche verteidigen, Schwarzenbergs Plan eines großen deutschen politisch geeinten Raumes von Hamburg bis Triest zu verwirklichen. Dieses Vorhaben wollte Baron Bruck, der Handelsminister der Ära Bach, selbst ein unternehmerisches Genie und Gründer der berühmten Schiffahrtsgesellschaft Lloyd Triestino, auf den wirtschaftlichen Bereich übertragen. Wie man später sehen wird, war die österreichische Niederlage im Wirtschafts- und Handelsstreit der Auftakt zum Zusammenbruch der politisch-militärischen Stellung der Donaumonarchie im deutschen Raum (und indirekt auch in

Italien). Österreich, das in demographischer und industrieller Hinsicht ins Hintertreffen geraten war und zudem vom passiven Widerstand der Bevölkerung gegen die zentralistische Diktatur der Wiener Büros behindert wurde, litt unter einer andauernden Finanzkrise, die sich auch auf die militärische Schlagkraft des Landes auswirkte.

Trotz seiner offenkundigen Erfolge bei der Wiederherstellung der Ordnung sah sich Manteuffel der Kritik konservativer Kreise ausgesetzt, vor allem von seiten der Hofkamarilla um den preußischen König, eifernden Christen, geprägt von gleichermaßen religiösem wie romantischem Konservativismus. Sie strebten die Wiederherstellung der alten Feudalordnung an, die auf der christlichen Religion und der gegenseitigen persönlichen Treue von König und Vasallen beruhte. Die Kälte und der Utilitarismus des bürokratischen Konservativismus kann die Treuesten der Treuen nicht befriedigen, deren Wortführer der General Leopold von Gerlach war, der Chef des königlichen Militärkabinetts. In der Außenpolitik vertrat die Kamarilla ein entschlosseneres Engagement an der Seite Österreichs. In der Innenpolitik verabscheuten sie den Konstitutionalismus als ein Ergebnis der Revolution von 1848. Im Sinne dieses romantischen Neo-Feudalismus schaffte der König 1854 die Erste Kammer, vornehmlich die Vertretung der Gebietskörperschaften, ab und ersetzte sie nach dem Vorbild des englischen House of Lords durch ein »Herrenhaus« mit hauptsächlich erblichen Sitzen.

Der protestantische Konservativismus der Kamarilla fand sein Gegenstück bei den katholischen Abgeordneten, die sich im preußischen Landtag in den fünfziger Jahren des 19. Jahrhunderts zu einer Gruppierung zusammenschlossen, die wegen der Lage ihrer Sitze im Halbkreis der Abgeordnetenbänke später Zentrumspartei genannt wurde. Diese organisierten katholischen Abgeordneten standen in enger Beziehung zu den zahlreichen Vereinigungen, die in der Zeit um 1848 entstanden waren, um die Gläubigen auch im Alltag besser in die katholische Gemeinschaft einzubinden. Im Gegensatz zur Kamarilla waren sie Anhänger einer Nationalvertretung und einer Verfassung. Diese sollte den Katholiken die Gleichheit vor dem Gesetz und die freie Religionsausübung garantieren, die der preußische Staat im Vormärz bekämpft und eingeschränkt hatte. Wenn der König dem katholischen Mittelalter auch ein diffuses romantisches Interesse entgegenbrachte, so blieb der Katholizismus in der preußischen Wirklichkeit doch ein Fremdkörper. Obwohl die Getreuen der römischen Kirche mehr als ein Drittel der preußischen Bevölkerung ausmachten, waren sie an der Spitze der Armee und in der gehobenen Verwaltung sehr selten. Diese kaum verdeckte Diskriminierung, die auch im Rheinland betrieben wurde, obwohl dort die egalitäre französische

Gesetzgebung beibehalten worden war, führte dazu, daß sich die Katholiken mit ihren Energien auf die Wirtschaft, die Industrie und das Finanzwesen konzentrierten. Im Staat Preußen an den Rand gedrängt, setzten sie der Regierung kein umfassendes alternatives politisches Konzept entgegen und beschränkten sich vielmehr darauf, innerhalb eines konservativen und traditionalistischen Horizonts für ihre Kirche ein Recht auf freie Organisation, vor allem die Möglichkeit zum freien Verkehr mit dem Heiligen Stuhl, und staatliche Finanzierungen zu fordern, die sie für die Enteignungen bei der Säkularisierung vom Anfang des Jahrhunderts entschädigen sollten. In außenpolitischer Hinsicht vertraten sie eine »großdeutsche« Linie, das heißt das Bündnis mit dem katholischen Österreich, dessen Dynastie an der Spitze des Heiligen Römischen Reichs die Rechte und Privilegien der Reichskirche jahrhundertelang verteidigt hatte.

Auf außenpolitische Fragen konzentrierte sich auch eine andere opponierende Gruppe gegen Manteuffel, die sogenannte »Wochenblattpartei«, die aus Adligen und hohen Beamten bestand und sich an England mit seinem zugleich aristokratischen und parlamentarischen Liberalismus orientierte. Ihr Organ, das »Preußische Wochenblatt«, wurde außerhalb der Führungskreise kaum gelesen. Ihre Hauptfiguren, der Baron von Bunsen, preußischer Gesandter in London und enger Vertrauter des Königs, sowie der schwerreiche Baron Bethmann Hollweg, der aus Frankreich stammmte, versuchten den König im Sinne einer gegen Rußland als der Hochburg der Reaktion gerichteten Politik zu beeinflussen. Die Wochenblattpartei machte sich für eine dauerhafte Entente mit England stark, von der sie sich zugleich auch liberale Anstöße für die preußische Innenpolitik erhoffte. Das immer mächtiger werdende Rußland erschien ihr dagegen als beständige Bedrohung für die Unabhängigkeit der anderen europäischen Staaten und für die europäische Kultur überhaupt. Die chronische Unentschlossenheit des Königs ermöglichte es Manteuffel, sich trotz dieser feindlichen Strömungen, die sich in ihrer Wirkung gegenseitig neutralisierten, an der Macht zu halten.

Österreich war zwar die Wiederherstellung des Deutschen Bundes gelungen, doch wurde dieses restaurierte System nicht mehr ganz vom früheren Geist getragen, auch wenn der Bundestag in den ersten Jahren erfolgreich für eine Ausmerzung der liberalen und parlamentarischen Elemente sorgte, die während der revolutionären Periode in die Verfassungen der einzelnen Staaten gelangt waren. Die Pressefreiheit wurde durch Bundesbeschlüsse eingeschränkt und 1854 ein Verbot der politischen Arbeitervereine erlassen, die während des kurzen Intermezzos von 1848/1849 entstanden waren. Wegen der Interessenkollision zwischen Österreich und Preußen gelang es einigen Staaten indes, sich der Kontrolle der beiden »Großen« über ihre innenpolitischen Angelegenheiten nach und nach zu entziehen. König Maximilian II. von Bayern, ein ernsthafter Geist und Freund von Wissenschaft und Kultur, war der reaktionären Strömung nur widerwillig gefolgt und ging immer mehr eigene Wege. Unter dem neuen Großherzog Friedrich I. war der Liberalismus in Baden ab 1852 wieder auf dem Vormarsch. Die nationale Frage, die für den Augenblick beiseite gelegt worden war, erhielt neue Brisanz, als sich das politische Klima in Europa mit dem Machtantritt eines neuen autoritären Regimes in Frankreich grundlegend veränderte, das sich zum Ziel setzte, die Ordnung von 1815 in Frage zu stellen.

Napoleon III., der die Ängste der Kleinbürger und Bauern vor den Sozialisten ausnutzte, hatte sich spielend durchsetzen können und wollte seine Popularität nun mit außenpolitischen Erfolgen absichern, indem er die nationalistischen Bewegungen gegen die konservativen Staaten unterstützte. Der plebiszitäre Bonapartismus setzt so erneut auf zwei Grundpfeiler des Ersten Kaiserreichs: auf eine innere Ordnung, welche die Besitzenden und Unternehmenden begünstigt, und auf die Freiheit für die Völker Europas unter Schirmherrschaft einer französischen Hegemonie, die sich aber weniger auf das Militär stützt als die des Onkels. In den Visionen des neuen, ebenso naiven wie findigen Herrschers taucht auch die Idee eines französisch-preußischen Bündnisses auf. Als Voraussetzung dafür hätte sich Preußen freilich ins Lager der Gegner der europäischen Ordnung von 1815 begeben müssen, ein Gedanke, den der legitimistische preußische König verwarf, während einer seiner Ratgeber, den er zugleich schätzte und fürchtete, durchaus bereit war, diese Idee frei von jedem Vorurteil zu prüfen: Otto von Bismarck, der ultrarechte Junker, der im preußischen Landtag mit feinsinnigen und provozierenden antirevolutionären Reden brilliert hatte und vom König als sein Vertreter an den Frankfurter Bundesrat entsandt worden war. Dieser Mann, der für Louis Napoléons Pläne keinerlei ideologische Sympathie nähren wollte, war ebenfalls an der Veränderung des Wiener Gleichgewichts von 1815 interessiert: aber zugunsten Preußens, nicht zugunsten Frankreichs.

Bei seinem ersten außenpolitischen Abenteuer hatte Napoleon III. Rußland im Visier, das unter Zar Nikolaus I. zu einem Bollwerk der monarchischen Ordnung gegen die revolutionäre Subversion geworden war. London hingegen mußte daran gelegen sein, den russischen Einfluß auf dem Balkan, im Türkenreich und im Nahen und Mittleren Osten zu verringern. So schlossen die beiden Westmächte aus völlig unterschiedlichen Gründen ein Bündnis, das im Jahr 1853 zum Krimkrieg führte. Österreich »erstaunte Europa durch seine Undankbarkeit«, indem es in den Krieg zwar nicht direkt eintrat, die Westmächte aber auf politisch-diplomatischer Ebene unterstützte, um den Balkan vor der Vorherrschaft des »dritten Roms« zu bewahren und um Preußen und die anderen deutschen Staaten dazu zu bringen, diesen Weg ebenfalls einzuschlagen. Der preußische König und Manteuffel wagten nicht, sich dem österreichischen Druck offen entgegenzustellen, fürchteten andererseits aber auch einen völligen Bruch mit Rußland und seinem Herrscherhaus, das mit den Hohenzollern eng verwandt war. Die Wochenblattpartei vertrat den Standpunkt, diese Gelegenheit müsse zur Vertreibung der Russen aus Europa genutzt werden. Bismarck wetterte gegen eine Politik, die die Expansion der Macht Preußens nicht entschlossen genug betrieb. Nach der Niederlage der Russen, mit der ihr Vorstoß zu den Meerengen am Bosporus vorerst ein Ende gefunden hatte, war Österreich von der wichtigsten konservativen Macht abgeschnitten, während es in Italien, mit der Unterstützung Napoleons III., wieder verstärkt zu nationalistischen Unruhen kam. Preußen hatte sich seinerseits in Europa in Mißkredit gebracht: Die Russen warfen ihm die vorenthaltene Unterstützung vor, während es andererseits auch nichts getan hatte, um die Gunst der Westmächte zu gewinnen. Nur mit Mühe erreichte Manteuffel eine Zulassung zur Konferenz von Paris, wo 1856 ein Kompromißfrieden ausgehandelt wurde. Als am Krieg beteiligte Partei nahm auch das kleine Königreich Sardinien dort teil, das sich unter Cavour im Zuge der Vorbereitungen auf einen Befreiungskrieg gegen Österreich mit den Westmächten verbündet hatte. Bismarck, der in Frankfurt entgegen den beschwichtigenden Anweisungen aus Berlin einen täglichen diplomatischen Kleinkrieg gegen Österreich führte, stellte die Weichen, damit die »deutsche Frage« mit einer der beiden Alternativen gelöst werden konnte. Österreich würde entweder eine Teilung des deutschen Raumes in zwei von den beiden Großmächten beherrschte Blöcke akzeptieren – was es seit den Kriegen des 18. Jahrhunderts niemals getan hatte –, oder der Streit um die Vorherrschaft in Deutschland würde mit einem Krieg entschieden.

Drei Jahre nach dem Vertrag von Paris präsentierte Napoleon III. Österreich die Rechnung für seine Winkelzüge: die schweren Niederlagen von Magenta und Solverino im Jahre 1859. Das französisch-sardische Bündnis entriß Österreich die Lombardei. Der Kaiser der Franzosen verhielt sich der nationalen Bewegung in Italien gegenüber zwiespältig, indem er sie einerseits begünstigte und sie andererseits – um die Unterstützung der französischen Katholiken nicht zu verlieren – daran zu hindern versuchte, sich auf Kosten des Papsttums über ganz Italien auszubreiten.

Dennoch gelang es ihr mit Stärke und List, den alten Traum von der nationalen Einheit 1860 schließlich zu verwirklichen. Lediglich Venedig und Rom, und dies auch nur noch für ein paar Jahre, blieben von dem neuen vereinten Italien ausgeschlossen. Während die deutsche Öffentlichkeit sich über die unrühmliche Rolle der beiden deutschen Großmächte im Krimkrieg erregt hatte, ergriff sie jetzt in der großen Mehrheit begeistert Partei für Österreich im Kampf gegen die »welschen« Italiener und Franzosen. Zwar vertrat Österreich in diesem Krieg die Prinzipien der Restauration, des Gottesgnadentums und des Obrigkeitsstaats einer Volksbewegung gegenüber, die mit der Waffe in der Hand das Ende einer fremden Despotie und die nationale Einheit verlangte, doch behielt die Solidarität mit dem als deutsche Großmacht angesehenen Österreich selbst bei Liberalen und Demokraten die Oberhand gegenüber einem Volk, dessen Schicksal dem des deutschen so sehr ähnelte. Preußen zögerte allerdings mit einem Engagement: Dort übte jetzt der Prinzregent Wilhelm für seinen kranken Bruder die Herrschaft aus mit liberaleren Ministern, von denen einige der Wochenblattpartei nahestanden. Zum einen schien die Armee wie vor der Olmützer Punktation für einen siegreichen Kampf gegen eine zahlenmäßig überlegene und renommiertere Armee nicht genug gerüstet, zum anderen wollte Wilhelm aber auch dem österreichischen Kaiser nicht helfen, ohne aus einem so gewagten Unternehmung substantielle Vorteile für Preußen herauszuschlagen. Er verlangt vor allem den Oberbefehl über die Bundestruppen, die Österreich zu Hilfe kommen sollten. Österreich gab allerdings lieber Frankreich und dessen italienischem Bundesgenossen nach, als den preußischen Rivalen zu stärken. Franz Joseph trat die Lombardei an Napoleon III. ab, und dieser gab sie weiter an König Viktor Emanuel II. Ein großer Teil der nationalistischen Kräfte in Deutschland warf nun Österreich Verrat vor, während andere Preußen beschuldigten, mit einer schamlosen Erpressung Österreichs gegen gemeinsame Interessen verstoßen zu haben. Wie 1848/1849 war die Nation, das heißt die überhaupt an Politik und an gemeinsamen Angelegenheiten interessierten Deutschen, in Großdeutsche und Kleindeutsche gespalten. Die deutsche Linke schlug sich wegen ihrer andauernden Abneigung gegen das obrigkeitsstaatliche und militaristische Preußen, das die Volksaufstände von 1849 militärisch niedergeschlagen hatte, ins Lager der Großdeutschen, zusammen mit den katholischen Traditionalisten, den meisten Liberalen und Demokraten der nichtpreußischen Staaten und sogar einer großen Anzahl Bewohnern des preußischen Rheinlandes. Marx, Engels und die meisten Männer der militanten Arbeiterschaft waren, da vornehmlich antipreußisch, ebenfalls Großdeutsche. Dagegen appellierte Ferdinand Lassalle, für den der Weg der deutschen sozialistischen Revolution über die Eroberung des preußischen Staates lief, an die Berliner Regierung, in den Krieg gegen Österreich einzugreifen, die Habsburger von deutschem Boden zu vertreiben und die nationale Einheit um Preußen als Kern zu verwirklichen.

Wie die Niederlage von 1859 zeigte, war das Österreich des jungen Kaisers Franz Joseph nicht in der Lage, seine innenpolitischen Probleme zu lösen und seine Rückständigkeit zu überwinden. Dies wäre wohl nicht einmal einem Staatsmann von außergewöhnlicher Statur gelungen, und dem Fürsten Schwarzenberg war kein Minister von entsprechendem Format gefolgt. Der passive Widerstand der ungarischen Nation, die mit der glatten Einverleibung in den deutschsprachig geführten Zentralstaat ihre Institutionen und ihre Jahrhunderte alten Freiheiten verloren hatte, übte auf die gesamte Monarchie einen lähmenden Einfluß aus.

Die anderen nichtdeutschen Nationen oder Nationalitäten in Österreich, die sich gegenseitig mit ihrem Streben nach Erwachen und Wiedergeburt Mut machen, nehmen sich an den Magyaren zwar ein Beispiel, lehnen aber deren Anspruch auf eine absolute Vorherrschaft in dem von ihnen angestrebten wiederhergestellten Reich der Stephanskrone ab. Obwohl die Industrialisierung an den Rändern Böhmens, im Wiener Becken, in der Steiermark und in der Lombardei große Fortschritte gemacht und ein dichter werdendes Eisenbahnnetz Böhmen und Wien inzwischen mit dem aufstrebenden Triest an der Adria verbindet, bleibt Österreich mit der Mehrheit seiner Provinzen größtenteils ein zutiefst rückständiges Agrarland. Von seinen beengenden Stadtmauern befreit, die zwei Jahrhunderte zuvor den Türken standgehalten hatten, wurde Wien zwar zu einer großen europäischen Metropole – die Paläste, Theater, Museen, Hotels, Kirchen und Zweckbauten, die auf den Ring an Stelle der niedergerissenen Befestigungsanlagen gebaut wurden, stellten das größte urbane Bauprojekt des europäischen 19. Jahrhunderts dar und waren ein Zeichen für die Leistungsfähigkeit des neuen Bürgertums, der Unternehmer und Bankiers –, doch war die Abhängigkeit des Staates von großen in- und ausländischen Finanziers zugleich die Folge und die Ursache einer beständigen Finanzkrise. Die finanziellen Schwierigkeiten und die sozialen Unzulänglichkeiten hatten für das österreichische Militärbudget katastrophale Folgen.

Die österreichische Armee blickte zwar auf eine glanzvolle Tradition zurück, zu der die Türkenkriege, die Siege unter Maria Theresia und die Feldzüge gegen Napoleon beigetragen hatten und die von dem alten Feldmarschall Radetzky, dem Sieger über die Sarden und Lombarden von 1848, fortgeführt wurde, doch herrschte in der Truppe eine veraltete, starre und formale Disziplin, während die Heere der anderen europäi-

schen Mächte inzwischen mehr und mehr als »Volk in Waffen« konzipiert waren. Der österreichische Vielvölkerstaat mußte an ältere und ur-
tümlichere Loyalitäten appellieren. Das Bildungswesen, eine unerläßliche
Voraussetzung für den Umgang der Soldaten mit immer komplizierteren
Waffen, war in Österreich gegenüber Preußen oder Frankreich unterent-
wickelt. Die bedeutenden Modernisierungsanstrengungen des Grafen
Thun-Hohenstein, des Ministers für Unterricht und Kultus und eines der
bemerkenswertesten Staatsmänner der Zeit, blieben wegen dessen konservativ katholischer Haltung auf die technischen Aspekte der Bildung
beschränkt. Mit dem Konkordat von 1855 wurden die Grundschulen
wieder unter die Aufsicht der römischen Kirche gestellt. Das Konkordat
selbst, dieser Bruch mit der josephinischen Tradition, welche die Kirche
dem Staat untergeordnet hatte, war eine Defensivmaßnahme der von
allen Seiten bedrängten Ordnung. In den anderen Bereichen des öffentlichen Lebens herrschte dagegen der pedantische und autoritäre Etatismus der deutschsprachigen Bürokratie, die in der Wirtschaft ebenso wie
in der Literatur, bei den Nationalitäten wie bei den politischen Gruppierungen jede Äußerung selbständigen Denkens scharf kontrollierte und
zu unterdrücken suchte. Im Zuge dieses entarteten Josephinismus versuchten die Bürokraten, obwohl selbst oft slawischen Ursprungs, das
Deutsche überall als einzige Sprache der Verwaltung und des Militärs
durchzusetzen, freilich nicht aus Begeisterung für das Deutschtum, sondern um das nationale Aufbegehren der verschiedenen Volksgruppen einzudämmen und weil die Vielsprachigkeit die Kommunikation innerhalb
der Verwaltung störte. Die absolutistische Regierung und ihre Diener
verletzten mit dieser Politik den Stolz der nichtdeutschen Nationalitäten
und entfremdeten sich zugleich das deutsche Bürgertum, das nach wirtschaftlichen und politischen Freiheiten verlangte. Indes nahm der Liberalismus unter den österreichischen Deutschen in der Sprachpolitik und
in nationalen Fragen sehr rasch eine antiliberalistische Färbung an. Wie
die Liberalen aller anderen europäischen Strömungen in der Tradition
des Humanismus, der Aufklärung und der englischen kapitalistischen
Wirtschaftstheorie wandten auch sie sich gegen den Hof, den Hochadel
und die katholische Kirche, doch wollten sie andererseits die Herrschaft
der deutschen Minderheit über die Mehrheit der anderen Völker aufrechterhalten. 1848/1849 hatten auch die österreichischen Liberalen naiv
an eine prästabilierte Harmonie der verschiedenen Volksgruppen geglaubt, doch hatten die Interessenkonflikte und ideologischen Feind-
schaften zwischen den Deutschen einerseits und den Tschechen, Magyaren und Italienern andererseits, auch zwischen Kroaten und Magyaren,
Italienern und Kroaten dieses Idyll rasch zerstört. Unter den österreichi-

schen Deutschen geriet der Liberalismus früher und heftiger in den Sog des Nationalismus als in den übrigen deutschen Staaten, wo sich das Problem des Zusammenlebens mit anderen Volksgruppen außer in den Ostprovinzen Preußens und in einigen Bezirken Schleswigs nicht so akut stellte.

Die verschärften nationalen Spannungen und die Forderungen nach Demokratie kamen in Österreich nach der Niederlage von 1859 voll ans Tageslicht. Angesichts des geschwundenen Ansehens von Kaiser, Minister und Generälen war der Absolutismus nicht mehr aufrechtzuerhalten, und allem Anschein nach waren die Ursachen des Desasters mit der Rückständigkeit des politischen Systems verknüpft. Franz Joseph versuchte daraufhin eine Öffnung gegenüber den Forderungen des Volkes und der Nationalitäten, vor allem denen der Ungarn, orientierte sich mit seiner neuen Politik aber im wesentlichen am Hochadel und den konservativen und klerikalen Kreisen. Mit dem »Oktoberdiplom« von 1860 trat die Zentralgewalt einen großen Teil ihrer Macht an die Landtage der Königreiche und anderen Provinzen ab, wobei an der ständischen Zusammensetzung der Gremien und ihrem nach Ständen getrennten Abstimmungsmodus festgehalten wurde. Das Diplom, das von dem polnischen Ministerpräsidenten Graf Goluchowski erarbeitet worden war, wurde von der Mehrheit der ungarischen Politiker als unzureichend kritisiert und rief bei den liberalen Deutschen heftigen Widerstand hervor. Der neunundzwanzigjährige und noch leicht zu beeinflussende Franz Joseph vollzog daraufhin eine Kehrtwendung. Die Monarchie konnte es sich nicht gleichzeitig mit dem magyarischen Adel und dem deutschsprachigen Bürgertum verderben, aus dem sich ein großer Teil der Beamten und des Militärs rekrutierte. Der neue Staatsminister Anton von Schmerling, der 1848 in Frankfurt Reichsministerpräsident gewesen war, verkündet 1861 das »Februarpatent«, das die staatliche Einheit durch eine Stärkung eines Reichsrates, der sich aus Delegierten der Landtage zusammensetzt, zu festigen sucht. Ungarn erhielt weitestgehende Autonomie, womit sich die Magyaren allerdings noch nicht zufriedengaben. Mit dem Februarpatent schaffte Österreich als letzter deutscher Staat die absolute Monarchie ab, doch wurde die Konsolidierung und Modernisierung nicht rasch genug vorangetrieben, um eine weitere Katastrophe einige Jahre später (1866) zu verhindern.

Unterdessen war auch Preußen nach einer langen Periode der erzwungenen Ruhe und politischen Stagnation in ein unruhigeres Fahrwasser geraten, was allerdings zu anderen Ergebnissen führte als bei dem im

Niedergang begriffenen Österreich. Bei König Friedrich Wilhelm IV. stellten sich Anzeichen einer fortschreitenden Geistesstörung ein, und 1858 mußte man sich schließlich mit der Umnachtung des verschrobenen und launenhaften Monarchen abfinden. Mangels eines direkten Erben war sein jüngerer Bruder, Prinz Wilhelm von Preußen, der designierte Nachfolger. Wilhelm sprang zunächst als Stellvertreter und ab 1859 als Regent für den König Friedrich Wilhelm in die Bresche, der 1861 sterben sollte. Der 1797 geborene Prinz, der in der Seele und durch die genossene Ausbildung Militär war, stand zu diesem Zeitpunkt bereits an der Schwelle des Alters.

Wilhelm hatte 1848 heftigen Widerstand gegen die Kapitulationen und die unentschlossene Haltung des Königs bekundet und eine Politik der starken Hand verlangt. Da seine Sicherheit nicht garantiert werden konnte, mußte er einige Monate nach England fliehen. Als preußischen Patrioten, der vor allem auf die Größe von Staat und Dynastie bedacht war, erschütterte ihn aber die Demütigung von Olmütz zutiefst. Später residierte er als Militärkommandeur der Westprovinzen in Koblenz im halb katholischen und halb liberalen Rheinland. Seine Frau, Prinzessin Augusta von Sachsen-Weimar, eine Enkelin des Großherzogs, dem Goethe als Staatsrat und Minister gedient hatte, war eine kultivierte und neuen Ideen gegenüber aufgeschlossene Frau. Unter ihrem Einfluß näherte er sich den gemäßigteren Kräften innerhalb des politischen Liberalismus. Gleich nach seinem Machtantritt entließ er Manteuffel und bildete eine Regierung, die den Druck lockerte, mit dem der reaktionäre Ministerpräsident sich bemüht hatte, die gesellschaftlichen Bewegungen unter Kontrolle zu halten. Der Regent leitete in der aufrichtigen Absicht, in Gestalt seiner Person die Einheit der Nation wiederherzustellen, die sogenannte Neue Ära ein. Erstmals seit 1849 gab es wieder einen Landtag, in dem die verschiedenen Strömungen des Liberalismus absolut dominierten. Das Dreiklassenwahlrecht, das ausschließlich die Besitzenden begünstigte, lieferte die Kammer an das Bürgertum aus, in dem die Grundkonzepte von 1848 – eine verfassungsmäßige Ordnung mit Gewaltenteilung zwischen König und Volk, der Verantwortlichkeit der Regierung vor den Abgeordneten, Gleichheit aller vor dem Gesetz und Wiederherstellung der politischen Einheit der deutschen Nation – noch weitgehend vorherrschten. Doch wurde rasch deutlich, daß die Neue Ära des Regenten, der nach dem Tod seines Bruders König Wilhelm I. wurde, falsch verstanden worden war. Wilhelm erwies sich als rückwärtsgewandter Mann, der sich politisch fortlaufend fragte, welche Entscheidungen sein Vater, Friedrich Wilhelm III., an seiner Stelle getroffen hätte. Moralisch lauter, aber politisch unerfahren, glaubte er an die göttliche Berufung seines Amtes und war trotz seiner persönlichen Bescheidenheit sehr auf Wahrung seiner Autorität bedacht. Keineswegs hatte er die Absicht, Preußen in eine parlamentarische Monarchie nach englischem Vorbild umzuwandeln.

Die unvermeidliche politische Krise entzündete sich an einer Heeresreform, die Wilhelm I. nach den niederschmetternden Erfahrungen von Olmütz und von 1859 für unerläßlich hielt. Der König wollte die Zahl der verfügbaren ausgebildeten Soldaten erhöhen, für eine bessere Bewaffnung sorgen und zugleich die Einheiten, die durch Boyens Reform von 1820 in zwei klar voneinander geschiedene Bereiche getrennt worden waren, wieder miteinander vereinen: die »Linie« der aktiven Regimenter, die sich aus einem allgemeinen dreijährigen Wehrdienst füllten und deren Offiziere (mehrheitlich adlige) und Unteroffiziere Berufssoldaten waren, und die »Landwehr« aus den ehemaligen Rekruten, deren Kampfkraft mit jährlichen Wehrübungen aufrechterhalten wurde und deren Offiziere von ihren Kollegen gewählt wurden. Dieses System, das einen Kompromiß zwischen einer Armee des Königs und der Armee der Nation, zwischen der Tradition Friedrichs II. und den Erfahrungen der Französischen Revolution darstellte, widersprach inzwischen aber den Erfordernissen der modernen Kriegführung. Dem Versuch des Königs, die Linie zu stärken, standen das liberale Gedankengut und die Interessen des mittelständischen Bürgertums entgegen, das die Offiziere der Landwehr stellte.

Die liberalen Abgeordneten, preußische und deutsche Patrioten, widersetzten sich einer Stärkung der Armee nicht von vornherein, suchten die Reform aber zu begrenzen und sie in eine bestimmte Richtung zu lenken. Dagegen wollte der König als oberster Heerführer zwar die von seinem Bruder oktroyierte Verfassung sorgsam respektieren, zugleich aber auch wie alle preußischen Herrscher vor ihm Chef des Heeres bleiben. Er erkannte dem Parlament das Budgetrecht zu, aber kein Mitspracherecht bei den Ausgaben. Die Mehrheit verlangte ein richtiges Militärgesetz und – im Gegenzug für die Genehmigung bedeutender Summen – eine Verkürzung des allgemeinen Wehrdienstes von drei auf zwei Jahre. Obwohl ein Kompromiß im Kern rasch hätte erzielt werden können, verhärteten sich die Fronten aus ideologischen Gründen. Dem König und seinen beratenden Ministern, vor allem dem Kriegsminister Albrecht von Roon, ging es darum, den Machtansprüchen der Abgeordneten entgegenzutreten und ein Abgleiten der Staatsordnung in den Parlamentarismus zu verhindern, der für den grundbesitzenden Adel einen Verlust seiner rechtlichen und vor allem materiellen Privilegien bedeutet hätte. Innerhalb der Liberalen begünstigte der Konflikt mit dem König den Aufstieg der radikalsten Kräfte. Das Abgeordnetenhaus wurde aufgelöst, anschließende Neuwahlen ergaben eine erdrückende Mehrheit kampfbereiter Liberaler. Eine große Anzahl Abgeordneter rückte von der gemäßigten Position ab und gründete 1861 die Deutsche Fortschrittspartei, die erste organisierte deutsche Partei im modernen Wortsinn. Schon der Name der Neugründung deutete darauf hin, daß sich die Ambitionen ihrer linksliberalen Mitglieder nicht auf Preußen beschränkten. Die neuen Kräfteverhältnisse im Abgeordnetenhaus riefen die Juristen des Königs auf den Plan. Sie stellten fest, daß die Verfassung nichts darüber aussagte, wie zu verfahren sei, wenn zwischen den drei Beteiligten am Gesetzgebungsverfahren – König, Landtag und Herrenhaus – längere Zeit keine Einigung zu erzielen war. In diesem Fall bleibe der König als oberster Heerführer ein absoluter Souverän und müsse seine Beschlüsse nicht vom Minister gegenzeichnen lassen. Der Konflikt spitzte sich zu. Die Abgeordneten lehnten nicht nur die Kriegskredite, sondern das gesamte Budget ab. Die sogenannte Lückentheorie, die es dem König erlaubte, im Rahmen des letzten Budgets weiterhin Steuern zu erheben, stieß mit Ausnahme Roons bei den Ministern auf Ablehnung. Der bedrängte Monarch hatte nun die Wahl, einen kämpferischen Regierungschef zu finden oder zugunsten seines Sohnes abzudanken, des Kronprinzen Friedrich Wilhelm, der unter dem Einfluß seiner englischen Frau, einer Tochter Königin Viktorias, die Entwicklung liberaler Tendenzen begünstigte. So schlug am 23. September 1862 die Stunde Bismarcks.

Der unaufhaltsame Aufstieg Otto von Bismarcks 1862–1871

Bismarck, der bedeutendste Staatsmann der zweiten Hälfte des 19. Jahrhunderts, war 1815 als Sohn eines kleinen adligen Offiziers aus einer alten Brandenburger Junkersfamilie und einer bürgerlichen Mutter, der Tochter eines hohen Beamten, geboren worden. Er war humanistisch gut gebildet, sprach fließend Französisch und Englisch und hatte in Göttingen Recht und Wirtschaft studiert. Mit zwanzig Jahren Republikaner und Atheist, tat er sich im vereinigten Landtag von 1847 als brillantester Redner der konservativen monarchistischen Ultrarechten hervor. Da ihn die Beamtenlaufbahn langweilte, die er inzwischen eingeschlagen hatte, zog er sich zur Verwaltung eines Familienguts auf das Land zurück, machte sich dort ein feuchtfröhliches Leben und galoppierte ausgelassen durch Wälder und Fluren. Im Umgang mit pietistischen Familien fand er als ausgezeichneter Gutsverwalter zum protestantischen Glauben seiner Kindheit zurück, den er zeit seines Lebens beibehalten sollte. Dieser zynische und gerissene Politiker, der weder vor Gewalt noch vor der Lüge zurückschreckte, trug stets ein Heftchen bei sich, in das er fromme Gedanken einschrieb, die er immer wieder aufs neue meditierte. In der Krise von 1848/1849 machte er sich als glühender Royalist und erbitterter Antirevolutionär einen Namen: Der König erkannte in ihm einen zukünftigen Minister. Einstweilen wurde er mit sechsunddreißig Jahren als Vertreter Preußens an den Frankfurter Bundestag entsandt, der wichtigste Posten der preußischen Diplomatie. Als er später als Gesandter nach Sankt Petersburg und Paris geschickt wurde, zählte er bereits zu den wichtigsten politischen Ratgebern des Herrschers. Gleichwohl fürchtete Wilhelm I. wie sein Vorgänger Friedrich Wilhelm IV. Bismarcks brillante Intelligenz, und seine erstaunliche Redegewandtheit wurde durch sein überspanntes Temperament bisweilen überschattet. In seinen Memoiren zeigt sich Bismarck als ein sehr großer Schriftsteller.

In Frankfurt festigten und bestätigten sich seine Ansichten. Er war und blieb Konservativer, ein Verfechter der patriarchalischen und patrimonialen Ordnung, die auch ihm als Großgrundbesitzer Vorteile verschafft. Doch erkannte er mit scharfem Blick die Zeichen der Zeit. Die alte Ordnung war nur aufrechtzuerhalten, wenn ein Teil von ihr geopfert wurde, indem seine Nutznießer die wirtschaftliche, politische und gesellschaftliche Macht mit den Industriellen und Banken teilen, also mit dem Großbürgertum, dem neuen Adel der Moderne. Bismarck ist überzeugter Monarchist, aber dient nur dem König von Preußen und den Interessen der preußischen Monarchie. Seine Politik ist niemals ideologisch. Im Kampf gegen den österreichischen Kaiser scheut er sich nicht, sich mit den ungarischen Revolutionären zu verbünden. Nach 1871 ist er sogar Parteigänger der republikanischen Staatsform in Frankreich, weil sie den auf Rache sinnenden Gegner im Kreis der europäischen Monarchien isolieren muß. Bismarck ist vor allem Preuße, erkennt aber, daß es das Glück Preußens jetzt verlangt, daß es als beherrschende Kraft in ein geeintes Deutschland eintritt. Mit seinem Bekenntnis zu diesen eigentümlichen Positionen trennte er sich von den neoromantischen Konservativen der Kamarilla, ohne sich den Liberalen anzunähern. Sein ruhiger Machiavellismus ist ebenso erschreckend wie faszinierend. So wird ihm der König die Macht denn erst an jenem Tag anbieten, an dem er keinen Minister mehr findet, der sich dem »Konflikt« mit der liberalen Mehrheit im Abgeordnetenhaus stellen will.

Bismarck dagegen ist zu diesem Kampf bereit. Er löst den Landtag erneut auf, worauf ihm die Wähler mit noch deutlicherer, stärkerer und radikalerer gegnerischer Mehrheit antworten. Der Riese, immer Herr seiner selbst, provoziert mit seiner hohen näselnden Stimme, der Stimme eines Gardeoffiziers und Junkers, die idealistischen Abgeordneten bewußt durch einen Realismus, den sie abstoßend zynisch finden. So spricht er vor dem Budgetausschuß des Landtages den berühmten Satz, wonach »die großen Fragen der Zeit nicht durch Reden und Majoritätsbeschlüsse [...], sondern durch Blut und Eisen« entschieden würden. Die ihn hören, ohne ihm zuzuhören, staunen nicht genug über diesen Mann, der sich als alleiniger Verteidiger der Interessen des preußischen Staates für die Sache der nationalen Einheit engagiert. Die Prozesse gegen die Presse häufen sich, Abgeordnete aus der Beamtenschaft werden mundtot gemacht und schikaniert, und auf die Wähler wird immer offener Druck ausgeübt. Die Heeresreform wird natürlich weiter und schneller vorangetrieben. Bismarck regiert unter Berufung auf die Lückentheorie munter auch ohne verabschiedeten Etat. Die Parlamentarier protestieren, aber die Macht ist auf der Seite des Ministerpräsidenten. Er erteilt der die Ereignisse aufmerksam verfolgenden Nation eine Lektion in Realpolitik, die sie so schnell nicht vergessen wird.

Das vorrangige Interesse des Regierungschefs gilt jedoch der Außenpolitik. Überzeugt davon, daß die preußische Monarchie das Zeitalter der Nationalstaaten nur dann überleben könne, wenn es die nationalistischen Kräfte für sich zu nutzen wisse, peilt Bismarck eine Lösung der deutschen Frage an, ohne sich von vornherein auf Ziele und Mittel festzulegen. Nach seiner Meinung mußte ein Staatsmann vor allem auf günstige Gelegenheiten warten. Noch als Gesandter in Paris vor seiner Berufung an die Spitze der Regierung hatte er im März 1862 stark zum Abschluß eines französisch-preußischen Handelsabkommens beigetragen, das Napoleon III. im Anschluß an sein jüngstes Freihandelsabkommen mit England vorgeschlagen hatte. Die Wirtschaft des Zollvereins war nun gut genug entwickelt, um ein hohes Maß an freiem Tauschhandel zu verkraften, während Österreich auf die traditionellen protektionistischen Maßnahmen nicht zu verzichten wagte. Eine Meistbegünstigungsklausel schloß die Gewährung besonderer handelspolitischer Vorteile der vertragschließenden Parteien an Österreich aus. Durch eine für Bismarck typische Mischung aus Täuschungsmanövern und Drohungen, bei der er sogar den Deutschen Zollverein auflöste, um ihn sogleich reformiert wieder herzustellen, zwang der neue preußische Regierungschef die anderen deutschen Staaten, das neue Freihandelssystem zu akzeptieren, das durch ein Österreich aufgezwungenes, für Preußen vorteilhaftes Abkommen anschließend vervollständigt wurde. Man hat diesen diplomatischen Sieg mit Recht als ein »wirtschaftliches Königgrätz«, also eine vernichtende Niederlage für Österreich, bezeichnet.

Der Handels- und Zollvertrag mit Frankreich entsprach einem Konzept für die preußisch-französischen Beziehungen, das Bismarck zur heftigen Empörung seiner ideologisch denkenden konservativen Freunde schon zu Anfang der fünfziger Jahre entwickelt hatte. Napoleon III. und Bismarck strebten beide eine Revision der Ordnung von 1815 an und konnten deshalb auf ihrem politischen Weg ein Stück gemeinsam gehen. Wenn Preußen die deutsche Frage auf Kosten Österreichs lösen wollte, benötigte es die wohlwollende Neutralität Frankreichs. Es fragte sich nur, welchen Preis Bismarck für dieses Wohlwollen zu zahlen bereit war. Er selbst wußte es nicht, aber was er wußte war, daß er möglichst wenig zahlen wollte. Weiterhin benötigte er gegen Österreich die nicht weniger wohlwollende Neutralität Rußlands, und seine aufeinanderfolgenden diplomatischen Tätigkeiten in St. Petersburg und Paris hatte ihn in der Überzeugung bestärkt, daß Preußen (und später Deutschland) als einzige Machtkonstellation eine französisch-russische Annäherung fürchten mußte. Seine große Politik visierte deshalb eine Isolierung Österreichs an, mit der Aufrechterhaltung des russisch-französischen Antagonismus, einem Erbe des Krimkrieges. Zur Verwirklichung dieser Pläne bot sich schon im Januar 1863 eine unverhoffte Gelegenheit: ein neuer Aufstand in Polen. Die Wiederauferstehung eines polnischen Staates stellte für Preußen eine ganz große Bedrohung dar. Bismarck hegte im Gegensatz zu den Liberalen für die nationalen Bestrebungen anderer Völker keinerlei Sympathien. Dagegen war Napoleon III., aus Opposition zu Rußland und weil dies in der napoleonischen Tradition lag, der polnischen Sache wohlgesinnt. In Rußland gab es eine »slawophile« nationalistische und antideutsche, das heißt antipreußische und antiösterreichische Partei, die trotz der bösen Erinnerungen an den Krimkrieg für eine russisch-französische Annäherung eintrat. Bismarck wollte ein Übergreifen der polnischen Nationalbewegung auf die Provinzen, die Preußen einst Polen entrissen hatte, verhindern und zugleich jede russisch-französische Zusammenarbeit im Keim ersticken. Am 8. Februar 1863 unterzeichnete sein Beauftragter, General von Alvensleben, mit Rußland eine »gegenseitige Beistandskonvention«. Diese ermächtigte unter anderem die Truppen einer Seite ausdrücklich dazu, Aufständische auf dem Territorium der anderen zu verfolgen. Damit entwaffnete Bismarck die Kräfte in Rußland, die eventuell für eine andere Polenpolitik eintreten möchten, und sicherte sich die Dankbarkeit des Zaren und der konservativen Kreise. Erkauft wurde dies allerdings durch eine vorübergehende Spannung mit Frankreich und vor allem mit neuen heftigeren Protesten der deutschen liberalen und nationalen Meinung gegen seine Politik. Bismarck ließ dies freilich kalt.

In der Tat, nach 1859, nach der Niederlage Österreichs in Italien und der Debatte um ein Eingreifen in den österreichisch-italienischen Krieg beginnt die Nationalbewegung wieder zu erwachen. In ihrem Umfeld entstand im selben Jahr nach dem Vorbild der italienischen »Società nazionale« der Deutsche Nationalverein, eine Gruppierung bürgerlicher Honoratioren, vor allem Akademiker, die bis zu 25 000 Mitglieder zählt und das kleindeutsche Programm eines Bundesstaates unter preußischer Führung wiederaufnimmt. Auf eine deutliche Formulierung wurde allerdings verzichtet, da die Wende in der preußischen Politik einen Teil des liberalen Bürgertums erschreckt hatte. Ende 1862 gründeten die Anhänger eines großdeutschen Programms mit österreichischen Sympathien ihrerseits den Deutschen Reformverein. Seine Mitglieder rekrutierten sich aus der katholischen Bevölkerung und aus Liberalen der Klein- und Mittelstaaten, welche den preußischen Expansionismus fürchteten. Obgleich diese beiden großen Vereinigungen auf die politischen Entscheidungen keinen unmittelbaren Einfluß ausüben konnten, drückten sie doch die wachsende Ungeduld der Öffentlichkeit aus, die sich ebenfalls in aufsehenerregenden und groß angelegten gesamtdeutschen Veranstaltungen manifestierte: die Feier zum hundertjährigen Geburtstag Friedrich Schillers 1859, das Deutsche Turnerfest in Coburg 1860, das erste Deutsche Sängerfest in Nürnberg 1861 und der Deutsche Schützentag in Frankfurt am Main 1862. Die Regierungen, die aus der Reaktion von 1849/1850 hervorgegangen waren, ahnten oder erkannten mehr oder weniger deutlich, daß die Frage der deutschen Einheit erneut akut wurde. Bismarck, entschlossen, sie zugunsten Preußens zu lösen, stand nun vor der Aufgabe, die nationale und die liberale Bewegung, die sich zu einer einzigen wesenhaften Strömung verbunden hatten, wieder auseinanderzudividieren. Mit seiner Haltung in der Polenfrage und mit seinem Kampf gegen die liberale Mehrheit im preußischen Landtag machte er sich allerdings bei all jenen verhaßt, die für die individuellen und bürgerlichen Freiheiten und für die Freiheit und Einheit der deutschen Nation eintraten.

Bismarck mußte zunächst auf eine diplomatische Offensive Österreichs reagieren. Die Regierung Schmerling, die das Land aus seiner langen Lethargie geweckt hatte, begann das ernsthafte Interesse all jener auf sich zu ziehen, die sich mit einem Deutschland unter der Dominanz des reaktionären Preußen und ohne Österreich nicht abfinden wollten. Im Sommer 1863 präsentierte Kaiser Franz Joseph Wilhelm I. in Bad Gastein das Projekt einer Reform des Deutschen Bundes und legte dieses dem im August zusammengetretenen »Fürstentag« in Frankfurt am Main vor, wo die Leiter aller deutschen Staaten seinen Plan diskutieren und annehmen sollten. Vorgesehen waren ein Exekutivorgan, bestehend aus fünf

Fürsten unter dem Vorsitz des Kaisers, und ein Nationalparlament aus dreihundert Vertretern der einzelnen Landtage. Von einigen modernen Einsprengseln abgesehen, fanden sich in diesem Dokument Gedanken wieder, die seit Jahrhunderten zahlreiche Ansätze zu einer Reichsreform geliefert hatten. Im Zeitalter der Eisenbahn und der Aktiengesellschaften lebte so die lange ruhmreiche Vergangenheit des von den Habsburgern geführten Heiligen Römischen Reichs Deutscher Nation wieder auf. Bismarck wischte das Ansinnen vom Tisch, indem er seinen König – nicht ohne Mühe – dazu brachte, die Einladung auszuschlagen. Statt den alten traditionsbewußten Monarchen zu überrumpeln, mußten die Österreicher einsehen, daß ihre Pläne mit dem Fernbleiben Preußens gescheitert waren. Der preußische Ministerpräsident stellte ihnen ein eigenes Projekt entgegen, das eine abwechselnde Präsidentschaft, die Preußen eine gleichberechtigte Stellung verschaffte, vorsah, sowie ein direkt gewähltes Parlament. Erstmals zeichnete sich hier die künftige Übereinstimmung der Bestrebungen des preußischen Staates mit denen der deutschen Nationalbewegung ab, eine gemeinsame Politik von konservativen, obrigkeitsstaatlichen und national-plebiszitären Kräften. Die Gelegenheit für das tatsächliche Zustandekommen dieser Mischung sollte sich wenig später bieten.

Die Lösung, mit der die Großmächte den Konflikt um die Herzogtümer Schleswig und Holstein von 1850 bis 1852 beendet hatten, war in der deutschen Öffentlichkeit als ganz und gar ungerecht empfunden worden. Um Holstein und vor allem das noch exponiertere Schleswig dem dänischen Zugriff zu entziehen, hatte sich die deutsche Nationalbewegung 1848 in einen kurzen, siegreichen Krieg gestürzt, aber das Ausland hatte sie um die Frucht ihrer Siege gebracht. Mit dem so entstandenen Sonderstatus der beiden Herzogtümer fanden sich auch die dänischen Nationalisten nicht ab, die vielmehr eine Vereinigung mit ihrem Königreich in einem Zentralstaat verlangten. Im November 1863 verabschiedete das Parlament in Kopenhagen eine Einheitsverfassung, welche die Herzogtümer einschloß. König Friedrich VII., der letzte direkte Abkömmling der älteren Linie des Hauses Oldenburg, starb allerdings am 15. November, ohne das neue Grundgesetz unterzeichnet zu haben. Nach dem Londoner Protokoll, mit dem der Deutsch-Dänische Krieg von 1848 beendet worden war, bestieg der neue König Christian IX. aus der Linie Sonderburg-Glücksburg den Thron. Mit seiner Unterschrift unter die neue Verfassung verstieß er jedoch gegen eben den Vertrag, dem er seine Krone verdankte. Der dänische Vorstoß entfachte in Deutschland, vor allem bei den bürgerlichen Kräften, aus denen der Nationalverein hervorgegangen war, und besonders bei Studenten und Professoren einen

Sturm der Entrüstung. Die deutsche Nationalbewegung antwortete auf die dänische Provokation mit der Kandidatur des Herzogs Christian von Augustenburg, der 1850 auf seine Rechte verzichtet hatte und nun den Thron beider Herzogtümer, die von Dänemark völlig getrennt würden, besteigen sollte. Unterstützung erhielt der Augustenburger von den deutschen Mittel- und Kleinstaaten, die angesichts der erdrückenden preußischen Vormachtstellung im mittleren Norden am dortigen Erscheinen eines neuen Herrschers einiges Interesse hatten.[1]

Bismarck war der sentimentale Idealismus der Bewegung, die für Augustenburg Partei ergriff, völlig gleichgültig. Unter Berufung auf den Bruch internationaler Verträge durch Dänemark band er Österreich in eine gemeinsame Aktion außerhalb des Gebiets des Deutschen Bundes ein (denn Schleswig gehörte nicht zu diesem) und schnitt es dadurch von seinen natürlichen Verbündeten, den Klein- und Mittelstaaten, ab. Die beiden deutschen Großmächte forderten Dänemark ultimativ auf, die Einheitsverfassung zurückzuziehen. Nach einer dänischen Weigerung begann am 1. Februar 1864 der Krieg: Trotz des erbitterten dänischen Widerstandes errangen die Preußen eine Serie von Siegen, während die Österreicher fern von ihren Basen nur eine Nebenrolle spielten. Die Halsstarrigkeit der dänischen Nationalisten zog die Kämpfe zwar in die Länge, doch kapitulierte das kleine skandinavische Land schließlich am 1. August, nachdem der König die extremistische Regierung entlassen hatte. Dänemark mußte Schleswig, Holstein und das kleine Herzogtum Lauenburg südlich von Lübeck an Preußen und Österreich abtreten. Durch Krieg und Diplomatie waren so drei deutsche Provinzen von der Fremdherrschaft befreit worden.[2] In dem neu entstandenen preußisch-österreichischen Kondominium war Österreich auf einen Ort abseits seiner wichtigsten Interessensphären festgebunden, und zudem erlaubte es die neue Situation Bismarck, zu einem beliebigen Augenblick einen Konflikt vom Zaum zu brechen. In Preußen war ein Teil der Liberalen, seiner Gegner, für seinen nationalen Sieg nicht unempfänglich. Eine annexionistische Kampagne, bei der die Einverleibung der drei Herzogtümer durch Preußen verlangt wurde, fand zahlreiche Anhänger.

Während Österreich zunächst zögerte, einer Teilung Deutschlands auf der Grundlage der völligen Gleichberechtigung der beiden deutschen Großmächte zuzustimmen, hielt Bismarck, der nie ein Freund des Krieges um jeden Preis gewesen war, diese Lösung nach wie vor für akzeptabel. Eine Übereinkunft zeichnete sich ab, nach der die Herzogtümer als Gegenleistung für eine aktive Beteiligung bei der Rückeroberung der Lombardei Preußen überlassen bleiben sollten. Trotzdem unterstützte Österreich schließlich den Augustenburger und unterzeichnete im August 1865 die Gasteiner Konvention, die eine Teilung vorsah: Österreich übernahm die provisorische Verwaltung Holsteins, Preußen die Schleswigs. Lauenburg wurde an Preußen verkauft. Einmal mehr zeigte sich Österreich unfähig, eine konsequente Linie zu verfolgen, und kompromittierte sich in den Augen seiner Verbündeten, weil es den unglücklichen Augustenburger erneut im Stich ließ. Man kann davon ausgehen, daß Bismarcks Entschluß, zu den Waffen zu greifen, schon zu diesem Augenblick gefallen war. Die österreichische Führung war ihrer selbst nicht sicher und entschlossen genug, um mit ihr eine dualistische Lösung der deutschen Frage aufbauen zu können. Allerdings stellt das Problem der Fürstentümer in seinen Augen noch keinen hinreichenden Kriegsgrund dar. Der Staatsmann, der auf Krieg setzt, benötigt einen Grund, der auch nach Ende des Krieges noch als triftig gelten wird: Bismarck unternahm daher einen neuen politischen Vorstoß, indem er die Einberufung einer gesamtdeutschen verfassunggebenden Versammlung vorschlug. Der einstige Konservative von ultrarechts entschied sich für die Revolution von oben. Österreich und die wichtigsten Mittelstaaten lehnten Bismarcks Vorschlag ab, da sie ihn als indirekten Versuch betrachteten, eine preußische Hegemonie zu errichten. Wien antwortete mit einer Aufforderung an den Deutschen Bund, die dynastische Frage in den Herzogtümern zu lösen. Damit brach Österreich die Gasteiner Konvention und setzte sich ins Unrecht. Bismarck ließ Holstein durch preußische Truppen besetzen. Wien verlangte die Mobilmachung der Bundesarmee gegen Preußen. Preußen präsentierte einen neuen Reformplan, der den Ausschluß der österreichischen und niederländischen Territorien aus dem Bund vorsah. Am 16. Juni 1866 stimmte die Mehrheit des Bundestags für die Mobilmachung gegen Preußen, das daraufhin bekanntgab, daß es den Deutschen Bund als aufgelöst betrachte. Der Krieg war Bismarcks Wünschen entsprechend kein nationaler Befreiungskrieg, sondern ein »rationaler« Konflikt, ein Hof- und Kabinettskrieg, aus dem die patriotische Begeisterung ausgeschlossen blieb. Die Nationalbewegung und die Liberalen wohnten in großer Verblüffung einer Entwicklung bei, an der sie keinerlei Anteil hatten. An diesem Bürgerkrieg, der ein Bruderkrieg war, nahmen auf der Seite Österreichs zwölf deutsche Staaten teil, während Preußen von den achtzehn norddeutschen Staaten mit Ausnahme von Hannover und Sachsen unterstützt wurde. Der Krieg hatte zugleich einen europäischen Aspekt: Nachdem sich Bismarck die wohlwollende Neutralität von Rußland und Frankreich gesichert hatte (durch ein geschicktes Taktieren mit Napoleon III., dem er die verlangten territorialen »Entschädigungen« aber nicht offiziell zusagt), schloß er ein offensives Bündnis mit Italien und bewies damit wieder einmal seine Gleichgültigkeit gegenüber den nationalen Leidenschaften.

Dieser sogenannte »Deutsche Krieg« wurde ein Blitzkrieg. Die schlecht geführten Kontingente der Staaten des Südens und Hannovers werden nacheinander leicht ausgeschaltet. Die Entscheidungsschlacht gegen Österreich fand einige Tage nach Beginn des Feldzuges im Norden Böhmens statt: Am 3. Juli 1866 schlugen die strategisch überlegenen Preußen die österreichische Armee bei Königgrätz (Sadowa) vernichtend.

Der Krieg hatte keine drei Wochen gedauert. Die österreichischen Siege gegen Italien änderten nichts am Schicksal Deutschlands. Sie hatten lediglich einen Großteil der österreichischen Streitkräfte an ein zweitrangiges Operationsfeld gebunden. Kurz nach Königgrätz, als die Preußen auf Wien marschierten und Bismarck sich mit den ungarischen Revolutionären verständigte, beginnt er die diplomatische Phase des Konflikts. Viel wichtiger als die Verhandlungen mit Wien sind dabei allerdings die Gespräche mit Frankreich, denn Kaiser Franz Joseph hatte ein Vermittlungsangebot Napoleons III. angenommen. Für die französische Diplomatie ist die Situation jetzt allerdings weniger günstig als vor dem Krieg. Mit dem Blitzsieg der Preußen waren ihr die wichtigsten Trümpfe aus der Hand geschlagen worden. Mit Schmeicheleien und ohne bindende Zusagen an Napoleon (Paris hatte eine Zeitlang sogar die Rheinpfalz und das rheinische Hessen verlangt) verschaffte sich Bismarck nach und nach die französische Zustimmung zu einer Neugliederung Deutschlands: Preußen wird Norddeutschland nach dem Ausschluß Österreichs eine föderative Struktur geben, während die Staaten im Süden ihre Unabhängigkeit behalten sollen. In dieser Selbstbeschränkung der preußischen Ambitionen lag die geniale List dieser Übereinkunft: Bismarck war davon überzeugt, daß der nationale Wille eines Tages von selbst sein Ziel erreichen würde.

Zur gleichen Zeit, als es Bismarck gelingt, durch Verhandlungen ein französisches Eingreifen zu verhindern (das wahrscheinlich auch zu einer russischen Intervention und zu einer Ausweitung des Konflikts auf ganz Europa geführt hätte), mußte er einen noch erbitterteren innenpolitischen Kampf gegen König und Militär austragen. Wilhelm I. konnte sich einen Sieg nicht ohne Gebietsabtretungen vorstellen, während Bismarck, für den der Krieg nur ein Mittel der Politik ist, dem neuen Deutschland unter preußischer Führung trotz des Krieges die künftige Möglichkeit offenhalten wollte, mit dem österreichischen Kaiserreich ein Bündnis einzugehen. Dazu mußten die Beziehungen vor einem irreparablen Schaden, der den Kriegsgegner zum bedingungslosen Revanchisten gemacht hätte, bewahrt werden. Bismarcks Kriegsziel war der Rückzug Österreichs hinter die eigenen Grenzen und der Verzicht auf seine Rolle in Deutschland oder genauer in jenem dritten Deutschland, das zwischen Preußen und Österreich lag. Bismarck, der keine Dynastieloyalität respektierte (außer den Hohenzollern gegenüber), visierte neben der Annexion Schleswigs und Holsteins auch die Einverleibung der Staaten an, die das preußische Territorium in zwei Teile teilten: des Königreichs Hannover, Kurhessens, des Herzogtums Nassau und der Stadt Frankfurt. Der König wollte den mit ihm verwandten Fürsten wohl einige Provinzen, aber nicht das gesamte Territorium wegnehmen. Es bedurfte dramatischer Krisen und der Unterstützung des Kronprinzen, der Bismarck keineswegs schätzte und liberal gesinnt war, bevor der Ministerpräsident den König schließlich davon überzeugen konnte, gegen Österreich mit Mäßigung und gegen Hannover mit Härte vorzugehen. Am 26. Juli, weniger als sechs Wochen nach Kriegsausbruch, wurde mit Österreich der Vorfrieden von Nikolsburg unterzeichnet. Der dänische Krieg hatte dagegen fünf Monate gedauert!

Welch ein Ereignis! Hundertsechsundzwanzig Jahre nachdem Friedrich II., der junge König des kleinen Preußen, mit einem schnellen Angriff auf Maria Theresia, die Erbin der glanzvollen Habsburger Kaiser, einen fast fünfundzwanzig Jahre währenden Krieg ausgelöst hatte, wird das gewaltige Kaiserreich mit einem einzigen kurzen Feldzug in die Knie gezwungen. Die Preußen verfügten nicht nur über bessere Kanonen und Gewehre, die Heeresreform, von Wilhelm I. mit der Hilfe Bismarcks gegen den Widerstand des Landtages durchgesetzt, hatte ihnen auch eine zahlenmäßig überlegene Armee verschafft. Überlegen war sie vor allem durch gut ausgebildete Reservisten, hervorragend geschulte und vom Korpsgeist durchdrungene Offiziere und einen Generalstab, den der geniale Helmuth von Moltke zu einem unvergleichlichen Instrument der strategischen Führung und Kommandogewalt ausgebaut hatte. Weiterhin verfügte Preußen über ein dichteres und ausgedehnteres Eisenbahnnetz und über eine im vollen Aufschwung begriffene Industrie. Kurzum: Preußen war ein von der Zustimmung der Massen getragener Staat in einem diffusen Bewußtsein der aufsteigenden Macht, unter der Führung eines unvergleichlichen Staatsmannes. Dieser genoß trotz heftigster Kontroversen wie der um den Nikolsburger Frieden, als er »seinen« Frieden ohne Gebietsabtretungen durchsetzte, die Unterstützung eines redlichen, bescheidenen und couragierten Souveräns. Die deutschen Staaten waren mit Ausnahme der deutschsprachigen Provinzen Österreichs, die von jetzt an ihr getrenntes Schicksal haben werden, an Preußen ausgeliefert. Die Ereignisse hatten eine abenteuerliche Wendung genommen: Bismarck wird die deutsche Nationalbewegung zum Sieg führen. Fünf Jahre danach wird in Versailles das Zweite Reich gegründet, aber ein globaler Blick auf die deutsche Vergangenheit zeigt, daß mit Königgrätz eine Teilung der deutschen Nation besiegelt war (die Niederlande und die Schweiz waren aus der deutschen Volksgemeinschaft schon Jahrhunderte zuvor ausgeschieden). Von nun an sind Tirol, Kärnten, die Steiermark, die beiden Herzogtümer Österreich sowie die Länder der Wenzelskrone (Böhmen, Mähren und das österreichische Schlesien), Krain (das heutige Slowenien), Görz und Triest, die jahrhundertelang zum Heiligen Römischen Reich Deutscher Nation gehört hatten, aus der deutschen Geschichte ausgeschlossen. Selbst Hitlers »Anschluß« wird die Entscheidung von Königgrätz auf Dauer nicht rückgängig machen.

Indem Deutschland seine Einheit verwirklichte, verurteilte es sich selbst zur Teilung. Die spätere, die von 1945 bis 1990, war in gewisser Hinsicht ebenfalls eine Konsequenz der Siege Bismarcks. Als dieser die nationalistische Begeisterung nutzte und dem preußischen Staat die Ausmaße Deutschlands gab, ließ er neue politische Kräfte zum Zuge kommen und machte den Weg frei für die Herrschaft einer obrigkeitsstaatlichen und imperialistischen Oligarchie, die das Gift ihrer antiliberalen und antihumanitären Ideologien über die Kanäle der Staatsdoktrin langsam unter der Nation verbreitete. Der Zusammenbruch des zweiten deutschen Staates 1989/1990, der DDR, wird dann eher eine Konsequenz der Entwicklungen in der russischen als in der deutschen Geschichte sein, aber die Wiedervereinigung von 1990 konnte den Verlust der Ostprovinzen, eine Folge von Hitlers Übersteigerung des deutschen Nationalismus, nicht wieder rückgängig machen.

Auch wenn sich die Kräfteverhältnisse in Deutschland abrupt und brutal geändert hatten, die nationale Einheit war damit noch nicht vollständig vollzogen. Der Zeitabschnitt von 1866 bis 1870 ist auf den ersten Blick nur eine Phase des Übergangs von jenem alten Deutschland – das trotz der Wirren der Reformation, des preußischen Aufstiegs im 18. Jahrhundert, der rücksichtslosen Flurbereinigungen in den Jahren der Revolution und der unvollständigen Restauration von 1815 zumindest in den Köpfen der Menschen in einer tausendjährigen Kontinuität lebte – zu jenem neuen Deutschland, das 1871 im besetzten Schloß des Sonnenkönigs proklamiert werden sollte. Bei näherem Hinsehen zeigt sich allerdings, daß zwischen 1860 und 1870 bereits die wesentlichen Fundamente des neuen Deutschland gelegt werden. Ein Beweis mit Symbolkraft war dafür die Verfassung des Norddeutschen Bundes von 1867, die nach der Proklamation von Versailles mit nur wenigen Änderungen zur Verfassung des Deutschen Reichs gemacht wurde.

Der Norddeutsche Bund entsteht um Preußen, das mit den neu annektierten Provinzen jetzt 25 Millionen Menschen gegenüber 5 Millionen der anderen sechzehn Mitgliedstaaten zählt. Gerade in Preußen muß daher jetzt unter die jüngste Vergangenheit ein Strich gezogen werden. Bismarck hatte mitten im Krieg, am Tag der Schlacht von Königgrätz, ohne den Sieg abzuwarten, wieder einmal einen neuen Landtag wählen lassen. Die patriotische Begeisterung war hilfreich: Die Fortschrittspartei ging aus dem Streit geschwächt hervor. Eine wachsende Zahl von Liberalen sah in Bismarck nun den künftigen Architekten der deutschen Einheit. In den folgenden Monaten spaltete sich die Partei: Die bismarckfreundlichen Mitglieder organisierten sich zu einer Nationalliberalen Partei, der sich zahlreiche Abgeordnete der annektierten Provinzen anschlossen, die den vorhergegangenen Konflikt zwischen Regierung und Parlament in Preußen nicht miterlebt hatten. Als vollendeter Taktiker schlug der Ministerpräsident dem Parlament großzügig (und erneut gegen den heftigen Widerstand des Königs) vor, die Budgets für die zurückliegenden Jahre, in denen ohne Etat regiert worden war, im nachhinein zu billigen. Das verabschiedete Indemnitätsgesetz erschien als ein juristisches Zugeständnis der Regierungsmacht an das Parlament, bedeutete sie doch eine Anerkennung der Zustimmungsbedürftigkeit von Staatsausgaben durch das Abgeordnetenhaus. Zugleich zwang dieses Gesetz die Volksvertreter zur Anerkennung der »Lückentheorie«, da der Regierung unter Berufung auf höhere Gewalt gewissermaßen eine Amnestie gewährt wurde.

Bei der Schaffung des Norddeutschen Bundes lehnte Bismarck weiterhin eine zentralistische Lösung ab, die er gar nicht braucht. Nachdem Preußen in den Staaten der enteigneten Dynastien fünf Millionen Staatsangehörige hinzugewonnen hatte, war sie nicht nötig, und zudem hätte sie bei den Staaten im Süden und im Ausland einen negativen Eindruck hervorgerufen. So arbeitete er die Verfassung des neuen Bundesstaates gemeinsam mit den Regierungen der Mitgliedstaaten und vor allem mit den herausragenden Persönlichkeiten der neuen Nationalliberalen Partei aus. Bismarck sah für dieses neue geeinte Norddeutschland anfangs zwei wesentliche Entscheidungsgremien vor: einen »Bundesrat« als Vertretung der Fürsten und Städte des Bundes, dem der König von Preußen vorsteht und der gewissermaßen den Frankfurter Bundestag des ehemaligen, 1815 gegründeten Deutschen Bundes fortsetzen soll. Da dieses Gremium die Kleinstaaten zumindest dem Anschein nach gegen die gewaltige Übermacht des größten Mitgliedstaates absichern soll, beansprucht Preußen nur siebzehn der insgesamt dreiundvierzig Stimmen. Die demographischen, wirtschaftlichen und militärischen Gegebenheiten gestatteten es Bismarck freilich, auf verfassungsmäßiger Ebene Großzügigkeit zu demonstrieren. Als zweites Gremium war ein »Reichstag« vorgesehen, der das gesamte Territorium des Bundes vertrat und durch allgemeine direkte Wahlen bestimmt wird. Beide Instanzen zusammen hatten die Legislative und das Budgetrecht, während der Bundesrat mittels eines »Bundeskanzlers« die Exekutivgewalt ausübte. Die Beschlüsse des Bundesrates mußten vom Bundeskanzler gegengezeichnet werden, der für sie verantwortlich war. Der Bundeskanzler war damit der einzige Minister des Bundes. Die Nationalliberalen konnten bei Bismarck ein direktes Wahlrecht mühelos durchsetzen, denn es war mit seiner Sicht einer plebiszitären Monarchie durchaus vereinbar, insofern die Stimme des Volkes mit der Geburt als zusätzliche Legitimierung durch göttliches Recht betrachtet werden konnte. (Einige Liberale, die das Volk für unreif hielten, hatten sogar wegen des Wahlrechts Bedenken, gerieten aber durch Bismarcks Überbieten unter Zugzwang.) Was sie bei Bismarck dagegen niemals durchsetzen konnten, war die Verantwortlichkeit der Regierung, das heißt des Kanzlers gegenüber dem Reichstag, was auf ein echtes parlamentarisches System hinausgelaufen wäre. Bismarck, der vom König den Titel eines Grafen verliehen bekam, blieb auch als Bundeskanzler Ministerpräsident, also Regierungschef von Preußen. Die Personalunion sollte mit wenigen Ausnahmen bis 1918 die Regel bleiben. Sie konzentrierte eine gewaltige Machtfülle in den Händen eines Einzelnen. In der Tat verfügte der Kanzler im Bund und nach 1871 im Reich über die Kompetenzen, welche die einzelnen Staaten an die nationale Ebene delegiert hatten, und zugleich auch über die verbliebene Macht in dem größten, bevölkerungsreichsten und wohlhabendsten Einzelstaat. Das Amt des Bundeskanzlers wurde so, vor allem nachdem Bismarck sich zu seiner Übernahme entschlossen hatte, neben Bundesrat und Reichstag zur dritten und de facto stärksten Macht.

Bei den deutschen Liberalen war der Gedanke an einen starken Staat nicht neu, allerdings nur in Gestalt eines Rechtsstaates, also eines Staates, in dem das Gesetz herrscht und nicht die Willkür eines Fürsten, seiner Günstlinge und Mätressen oder einer anmaßenden und gängelnden Bürokratie. Bismarcks Staat sollte ein starker Staat und ein Rechtsstaat sein, die Frage war nur, wer das Recht setzen und sprechen würde, wer das Gesetz machen würde; damit von Anfang an verknüpft war natürlich die Frage nach dem Gesetz der Gesetze, dem Budget. Bismark hatte den Konflikt mit dem preußischen Abgeordnetenhaus nicht ausgefochten, um dem neuen Bundesparlament jetzt das Recht einzuräumen, sich in die militärischen Angelegenheiten einzumischen. Andererseits konnten die Nationalliberalen nicht plötzlich auf die grundlegende Forderung des ganzen Liberalismus verzichten, auch wenn sie mit dem König, dem Bundeskanzler und der gewaltigen Mehrheit des Volkes das Bestreben teilten, Deutschland eine unbesiegbare Armee zu verschaffen. Das Ergebnis war ein Kompromiß, der bis 1871 hielt: Ohne die Verwendung der Kredite im einzelnen zu bestimmen, gewährte der Reichstag dem König von Preußen als dem Oberbefehlshaber der Streitkräfte des Bundes eine Truppenstärke von einem Prozent der Bevölkerung und ein Budget, das sich pauschal aus der Anzahl der Soldaten errechnete.

Als Bundesvorsitzender ernennt der König von Preußen den Kanzler, vertritt den Bundesstaat nach außen, verhandelt und schließt Verträge, empfängt und akkreditiert die Gesandten und entscheidet über Krieg und Frieden. Er beruft den Bundesrat und den Reichstag ein, vertagt ihre Beschlüsse und hebt ihre Sitzungen auf. Er ist der Chef der Armeen. Die inneren Kompetenzen des Bundes wurden erweitert: Sie umfassen nun die Gesetzgebung zur Nationalität und zum Ausländerrecht, in den Bereichen Handel, Zoll, Transport, Post- und Telegraphenwesen, das Privatrecht sowie die Gesetzgebung zu Aktien und Obligationen. Wie diese Aufzählung bereits verrät, behielten die Bundesstaaten bedeutende Kompetenzen: die Hoheit über das Polizei-, Finanz- und Steuerwesen sowie über die Bereiche Bildung und Kultur. Die Aufteilung der Kompetenzen zwischen Bund und Einzelstaaten blieb ungeachtet der später erfolgenden Veränderungen eine grundlegende Konstante der deutschen Verfassungen von 1871, 1919 und 1949; Ausnahmen bilden lediglich die Ära Hitler (in der es praktisch keine Verfassung gab) und die Verfassung der DDR, deren Staat nach den Regeln des »demokratischen Zentralismus« funktionierte. Bismarcks Entscheidung, die einzelnen Gliedstaaten, denen die heutigen Bundesländer entsprechen, als politische Realitäten bestehen zu lassen, war gleichzeitig ein geschickter und weiser Schritt. In jahrhundertealter Tradition hatten sich Besonderheiten der Menschen, Regionen und Staaten herausgebildet, die nach Einheit, nicht aber nach Einförmigkeit strebten. Bismarcks »Programm« räumte Preußen, seinem König und Staat zwar mehr, aber keine übermäßige und keine unbegrenzte Macht ein und zielte darauf ab, im Inneren wie im Äußeren ein neues Gleichgewicht an die Stelle des alten zu setzen, ohne dabei eine totalitäre universale Herrschaft zu errichten. Der Verfassungsentwurf wurde im Frühjahr 1867 vom Reichstag angenommen. Der Norddeutsche Bund war zu einer politischen Realität geworden. Die aufgeklärte preußische Bürokratie, aus der sich Bismarcks wichtigste Mitarbeiter rekrutierten, und die Liberalen der verschiedenen Strömungen, die im Reichstag die Mehrheit hatten, sorgten im neu entstandenen Bundesstaat rasch für umfassende Modernisierungen: 1869 wurde mit einer neuen Gewerbeordnung die allgemeine Freizügigkeit und Freiheit des Unternehmertums eingeführt und 1870 ein neues Strafgesetzbuch verabschiedet, das sich weithin an liberalen Prinzipien orientierte. In dem neuen Deutschland, das Bismarck nicht nur mit Blut und Eisen, sondern auch mit Diplomatie und Kompromissen gestaltet, kündigt sich ansatzweise schon die Vermischung der alten und neuen Eliten an. Obwohl letztere immer stärker in den Sog des Willens zur Macht geraten, haben sie ihr einstiges humanitäres und emanzipatorisches Ideal noch lange nicht völlig aufgegeben. Das Bismarcksche Einigungswerk schillerte dergestalt in vielen Farben.

Unterdessen herrschte unter den Staaten im Süden, die nach dem österreichischen Rückzug sich selbst überlassen blieben und denen Bismarck weise allzu einschneidende territoriale Opfer erspart hatte, große Unruhe. Ihre im Friedensvertrag vorgesehene Sonderunion kam niemals zustande. Sie war nur ein falsches Fenster, um Frankreich einigermaßen zufriedenzustellen. Unter Berufung auf Pariser Forderungen nach territorialen Entschädigungen zwang Bismarck sie statt dessen separat zum Abschluß geheimer Schutz- und Trutzbündnisse, mit denen sie sich zu einer Angleichung ihres Militärwesens an das preußische verpflichteten. Parallel dazu wurden die Staaten im Süden gezwungen, gegen den heftigen Widerstand von Handwerkern, Kleinindustriellen und Bauern einer beträchtlichen Stärkung des Zollvereins zuzustimmen, der mit einer richtigen Exekutive, dem Zollbundesrat, und mit einem Zollparlament ausgestattet wurde. Außer den Freihäfen Hamburg und Bremen und natürlich Österreich bildete Deutschland nun einen einheitlichen Wirtschaftsraum, der zur Übernahme der preußischen Freihandelspolitik gezwungen war. Während die militärische und wirtschaftliche Integration behutsam vorangetrieben wurden, schien die politische Integration nur noch eine Frage der Zeit zu sein. Indes trafen die entschlossenen dahinzielenden preußischen Vorstöße bei den katholisch-konservativen Kräften vor allem in Bayern und bei den Liberaldemokraten in Württemberg auf heftigen Widerstand. Nach den ersten Wahlen zum Zollparlament kam eine oppositionelle Mehrheit aus den Staaten des Südens zustande, während die Nationalliberalen, die Bismarck nahestanden, eine herbe Niederlage erhielten. Um die Einheit zu vollenden und die letzten partikularistischen Widerstände zu brechen, bedurfte es offenbar einer neuen »Gelegenheit«. Bismarck war nicht ungeduldig, aber er würde eine solche sicher nicht vorbeigehen lassen. Der Widerstand der bayerischen Patriotenpartei konnte ohne österreichische Unterstützung nur ein Rückzugsgefecht sein.

Österreich war endgültig ausgeschieden. Nach Königgrätz und der Abtretung Venetiens an Italien, mit der man einen Frieden an der Südfront erreichen wollte, war bei verschiedenen Kräften am Hof und in der Armee der Wunsch nach Revanche groß. Der neue Außenminister Graf Beust, der zuvor dem König von Sachsen als Regierungschef gedient hatte, war ein erbitterter Gegner Bismarcks. Mit Erzherzog Albrecht, dem Generalinspekteur der Armee, versuchte er gegen Preußen eine österreichisch-französische Allianz zustande zu bringen, die an der zögerlichen Haltung und dem gegenseitigen Mißtrauen beider Partner scheiterte. Im gedemütigten und verkleinerten Österreich hatten die innenpolitischen Probleme allerdings jetzt Vorrang: Die Vorherrschaft, welche die deutschsprachige Bevölkerung durch den bürokratischen und militärischen Apparat über die anderen Nationalitäten ausübte, konnte nach der Niederlage unmöglich fortdauern, aber die Konflikte zwischen den verschiedenen Volksgruppen machten eine für alle akzeptable umfassende Lösung praktisch unmöglich. Um dem Dringendsten abzuhelfen, beschlossen der Kaiser und Beust, mit Ungarn, das seit 1849 keine staatliche Selbständigkeit mehr hatte, Frieden zu machen. Der »Ausgleich« von 1867 kam einer Teilung gleich. Ungarn und Österreich bildeten fortan die österreichisch-ungarische Doppelmonarchie. Der wiederhergestellte ungarische Staat erhielt mit Ausnahme der Außenpolitik und des Militärwesens, die gemeinschaftliche Angelegenheit blieben, alle Souveränitätsrechte zurück. Im Innern des Königreichs betrieben der magyarische Adel und das magyarische Bürgertum eine Unterdrückungspolitik gegenüber den anderen Nationalitäten (auch gegen die Deutschen, die in Siebenbürgen ihre seit dem Mittelalter bestehenden Privilegien verlieren). Im anderen Teil der Monarchie waren die Slawen, Polen, Ruthenen,[3] Tschechen, Slowenen und die Italiener in Trient und Triest entschlossen, die deutsche Vorherrschaft nicht weiter hinzunehmen. (Konflikte gab es im übrigen auch zwischen Polen und Ruthenen in Galizien und zwischen Italienern und Slowenen in Triest und Görz.) Die österreichischen Deutschen, welche die Trennung von der großen Mehrheit der Nation, die Bismarck soeben vereinte, als schmerzhaft empfanden, gerieten in den Sog eines von Aggressionen und Komplexen geprägten Nationalismus. Der österreichische Liberalismus, der als politische Kraft im Bürgertum vorherrschte, nahm früher, rascher und exzessiver eine Entwicklung, wie sie sich auch in Deutschland mit dem Ruck zur Rechten des Nationalliberalismus abzeichnete. Die Deutschen Österreichs, die sich mit Deutschland solidarisch fühlten, und die Magyaren, denen die preußischen Siege letztlich den für sie so vorteilhaften »Ausgleich« beschert hatten, widersetzen sich heftig einer revanchistischen Politik. So war die letzte Etappe der Geschichte der Habsburgermonarchie geprägt durch eine faktische Solidarität zwischen Magyaren und Deutschen gegen die Slawen und Romanen (Italiener und Rumänen) im Innern und einer österreichischdeutschen Solidarität nach außen. Die maßvolle Haltung, die Bismarcks Politik 1866 bestimmt hatte, begann sich auszuzahlen. Nach der französischen Niederlage war die Doppelmonarchie zusehends der russischen Bedrohung ausgeliefert. Die Erinnerung an Königgrätz verblaßte, und Österreich-Ungarn hatte keinen anderen Garanten für sein Überleben als das Bismarck-Reich. Die kleindeutsche Lösung triumphiert auf ganzer Linie: Das Reich unter der Führung Preußens soll mit Österreich zu einer »größeren Union«[4] vereinigt werden, welche die Gestalt eines traditionellen Bündnisses einnimmt, aber immer mehr zu einem unauflöslichen Band wird, wie das Scheitern des Versuchs eines separaten Friedens unter Kaiser Karl I. 1917 zeigen sollte.

Krieg war für Bismarck kein notwendiges Instrument zur Durchsetzung seiner Ziele, sondern nur ein Mittel neben anderen im Dienst einer bestimmten Politik. Man mußte ihn notfalls beginnen und auch wieder beenden können. Bei Bismarck war er gewiß kein Selbstzweck. Um die deutsche Einheit unter preußischer Führung zu vollenden, mußte der Widerstand Frankreichs auf irgendeine Weise gebrochen werden, und eine militärische Lösung versprach am ehesten Erfolg. Damit sie gelingen konnte, bedurfte es allerdings eines dafür günstigen politischen Klimas in Europa. Außerdem mußten die Vorbereitungen in der preußischen Armee und in den Streitkräften des Südens abgeschlossen sein und die Umstände den Gegner in die Zwangslage bringen, sich die Verantwortung für den Gang zu den Waffen selbst aufzuladen.

Nach dem Scheitern der Expedition nach Mexiko und seiner unglücklichen Rom-Politik, die ihm den Unwillen sowohl der italienischen Patrioten wie der französischen Katholiken eingetragen hatte, versuchte Napoleon III. erneut, die instabile innenpolitische Lage durch außenpolitische Erfolge zu konsolidieren. Wegen des raschen preußischen Sieges und der meisterhaften Diplomatie Bismarcks hatte er die Gelegenheit des preußisch-österreichischen Krieges dazu nicht nutzen können. Sein allzu spät verbreitetes Vermittlungsangebot hatte nichts eingebracht. Im Gegenteil: Die Stärkung der preußischen Macht löste in der französischen Öffentlichkeit Besorgnis aus. Der Kaiser versuchte es daraufhin mit einem weiteren Ausfall, der diesmal Luxemburg zum Ziel hatte. Von Bismarck insgeheim ermuntert, schlug er dem König der Niederlande, dem Herrscher des Großherzogtums, einen Kauf des Territoriums vor, doch rief die Affäre nach ihrem Bekanntwerden in der deutschen Öffentlichkeit heftige Reaktionen hervor. Hatte Luxemburg, ein Land mit germanischer Sprache, nicht schon immer, seit dem Heiligen Römischen Reich und während des Deutschen Bundes von 1815, zu den deutschen Ländern gehört? Preußen unterhielt dort sogar eine Garnison. Bismarck riet jetzt dem niederländischen König Wilhelm III. von einer Fortsetzung der Verhandlungen ab. Eine internationale Konferenz sprach dem Großherzogtum daraufhin dauerhafte Neutralität zu, und die preußische Garnison zog ab. Bismarck erhielt Beifall von der deutschen Nationalbewegung, während Napoleon III. eine außenpolitische Niederlage erlitten hatte. Erneut wandte er sich den Plänen eines französisch-italienisch-österreichischen Bündnisses zu, und wieder scheiterte das Vorhaben. Dagegen bemühte sich Bismarck um die wohlwollende Neutralität Rußlands, ohne das offizielle Bündnis anzunehmen, das Zar Alexander II. seinem Onkel Wilhelm I. vorschlug. Rußland wollte seine Handlungsfreiheit auf dem Schwarzen Meer und auf dem Balkan zurückgewinnen und benötigte dazu preußische Unterstützung gegen Österreich und Frankreich. Das Bündnis hatte einen hohen Preis, die Neutralität war umsonst.

In Deutschland wuchs unterdessen die Unzufriedenheit über die noch unvollendete Einheit, mit der sich Bismarck zu arrangieren schien. Als der badische Landtag den Beitritt des Großherzogtums zum Norddeutschen Bund beschloß, lehnte der Kanzler das ab, weil er Frankreich keinen politischen Vorwand für eine diplomatische oder gar militärische Offensive liefern wollte. Dennoch war eine Situation, in der es in Frankreich gärte und in der die nationale Frage in Deutschland die Gemüter erhitzte, auf Dauer unhaltbar. Eine Lösung sollte der Zwist um die Nachfolge in Spanien ermöglichen.

Nachdem Königin Isabella II., die Ururgroßmutter des heutigen Königs Juan Carlos, durch eine Revolution gestürzt worden war, bot die spanische Regierung die Krone des Landes dem Erbprinzen Leopold von Hohenzollern-Sigmaringen an, der aus einer entfernten Nebenlinie der preußischen Dynastie stammte, aber offiziell zum Königshaus gehörte. Bismarck hatte diese Kandidatur wohl kaum angeregt. Danach hingegen, ohne daß König Wilhelm und Prinz Leopold selbst davon wußten, wirkt er heftig und heimlich auf die spanische Regierung ein, bei ihrer Wahl zu bleiben. Da Leopold durch seine Mutter und Großmutter mit der Familie Bonapartes eng verwandt war, bedeutete seine Kandidatur für Napoleon III. nicht unbedingt eine Bedrohung. Trotzdem wurde sie in der französischen Öffentlichkeit als ein Einkreisungsversuch hingestellt, so daß auch ohne das Bekanntwerden von Bismarcks Manövern dort helle Empörung entstand. Wilhelm I. war kein Befürworter eines Engagements im fernen Spanien, und Leopold selbst zögerte und lehnte das Angebot der Spanier schließlich ab. Unter dem Druck der öffentlichen Meinung, zu deren Mobilisierung die Regierung selbst beigetragen hatte, ließ sich die französische Diplomatie nun zu einem besonders ungeschickten Schritt hinreißen: Sie verlangte von dem greisen König, der sich in Bad Ems zur Kur aufhielt, eine bindende Zusage, in Zukunft jeder weiteren Kandidatur eines Hohenzollern seine Zustimmung zu versagen. In einem sehr höflichen Gespräch erklärte der König dem französischen Botschafter, er sehe keine Veranlassung, dem Verzicht des Erbprinzen etwas hinzuzufügen. Bismarck, der jetzt zum Krieg bereit gewesen war und gehofft hatte, Paris werde bei seiner unannehmbaren Forderung bleiben und damit die Verantwortung für den Bruch übernehmen, glaubte schon an ein Einlenken Frankreichs, mit dem seine Pläne gescheitert wären. Zum Rücktritt entschlossen, erhält er ein Telegramm, die sogenannte »Emser Depesche«, das einen Bericht über die jüngste Unterhaltung des preußischen Königs mit dem französischen Botschafter zum Inhalt hatte und den Ministerpräsidenten und Kanzler ermächtigte, den Text ganz oder teilweise zu veröffentlichen. Bismarck gab das Dokument nur in seinem Kern wieder, wodurch es einen scharfen und beleidigenden Tonfall bekam, den es ursprünglich keineswegs hatte. Für die deutsche Öffentlichkeit erschien die Affäre jetzt als eine gezielte Beleidigung des alten Königs, für die französische Öffentlichkeit dagegen als eine schroffe Absage an den Vertreter des Kaisers. Bismarck täuscht sich nicht: Seine verkürzte und entstellende Wiedergabe des Dokuments macht den bewaffneten Konflikt unvermeidlich, und die französische Regierung übernimmt »leichten Herzens« die Verantwortung für die Kriegserklärung. Wie zu Zeiten Ludwigs XIV., der Revolution, Napoleons und wie 1840 steht Frankreich vor der deutschen Öffentlichkeit als Aggressor da. Eine gewaltige Woge der patriotischen Empörung rollt über das gesamte Land hinweg. Noch mehr als Preußen wurde Süddeutschland, wo man sich den Begehrlichkeiten des Nachbarn stärker ausgeliefert sah, von einer frankreichfeindlichen Stimmung erfaßt. In Österreich machte die nationalistische Aufwallung zaghafte Überlegungen zu einem Bündnis mit Frankreich gegen den Sieger von Königgrätz zunichte. Die Menge in Paris, die auf den Straßen kindisch nach »Rache für Sadowa« schrie, obwohl Frankreich an dieser Schlacht überhaupt nicht teilgenommen hatte, brachte gleichwohl eine exakte Vision der jüngsten Vergangenheit zum Ausdruck. Die militärische Integration der Staaten des Südens war vollzogen, und diesmal konnte Moltke sein geniales strategisches Geschick ungehindert entfalten. Die französische Armee war dagegen schlecht geführt und sehr viel langsamer zu mobilisieren als die preußisch-deutschen Truppen. Bismarck hatte den Krieg im Bewußtsein gewählt, daß das Risiko nicht sehr groß sein würde.

Wie 1866 spielte sich der Feldzug zunächst dank der preußischen Überlegenheit mit erstaunlicher Schnelligkeit ab. Er begann in den ersten Tagen des August und endete am 2. September 1870 mit der Niederlage von Sedan. Kaiser Napoleon III. geriet in Gefangenschaft, die französische Armee war mit Ausnahme der in Metz eingeschlossenen Einheiten von Bazaine zerschlagen. Am 4. September brach in Paris die Revolution aus.

Der Sieger stand vor drei Hauptproblemen: erstens dem der Fortsetzung des Krieges. Wie 1866 fürchtete Bismarck das Eingreifen einer weiteren Macht und wollte den Krieg rasch beenden. Dazu benötigte er – Problem Nummer zwei – einen bereiten Verhandlungspartner, der zum Friedensschluß auch in der Lage war. Indem er die Abtretung der grenznahen Territorien, von denen aus Frankreich die deutschen Staaten bedrohte, und allgemein »bessere Grenzen« verlangte, trieb der Kanzler die revolutionäre Regierung allerdings selbst in eine Verweigerungshaltung. Andererseits konnte er auf diese Forderungen angesichts der gewaltigen annexionistischen oder revisionistischen Kampagne in Deutschland nicht verzichten. In den Augen der Nationalbewegung hatten Metternich und die Fürsten der Restauration einen Fehler begangen, als sie das von Ludwig XIV. mit Gewalt dem Reich entrissene Elsaß 1814/1815 bei Frankreich gelassen hatten, und Bismarck mußte nun diesen Mißgriff um jeden Preis beheben. Indem er den kochenden nationalistischen Kräften diese Genugtuung verschaffte, unterminierte er eventuelle Widerstände an den Höfen der Staaten des Südens gegen ihren Eintritt in ein neues deutsches Reich, für das er bereits im September 1870 eine Verfassung auszuarbeiten beginnen ließ. Das dritte Problem waren die internationalen Auswirkungen der preußisch-deutschen Siege. Zwar mobilisierte Rußland an der Nordgrenze Österreichs starke Kontingente und zwang die Wiener Regierung so endgültig zum Stillhalten, doch verlangte das Zarenreich im Gegenzug deutsche Unterstützung für die Aufkündigung der Klauseln des Vertrages von 1856, die ihm die Stationierung einer Flotte im Schwarzen Meer untersagten. Im Januar 1871 trat in London ein internationaler Kongreß zusammen, um dieses Problem zu lösen. Die preußische Diplomatie leistete Rußland wirksam Unterstützung und erreichte zugleich einen Ausschluß Frankreichs von der Konferenz. Bismarck bemüht sich nun dauernd, jeder Intervention dritter Mächte vorzubeugen: Dem republikanischen Frankreich wuchsen von liberaler Seite neue Sympathien zu, und andererseits nährten die gewaltigen Veränderungen, die Bismarck im europäischen Kräftesystem in sechs Jahren ins Werk gesetzt hatte, tiefgreifende Befürchtungen.

Die nationale Erhebung in Frankreich und die Aufstellung neuer Ar-

meen aus Freiwilligen haben zur Folge, daß es wieder zu heftigen Gefechten kommt und sich die unvermeidlich gewordene Belagerung von
Paris in die Länge zieht. Erneut kommt es zu Spannungen zwischen Bismarck, der ein rasches Ende durch Verhandlungen will, und den Militärs,
die eine spektakuläre Kapitulation wünschen. All diese Schwierigkeiten
und zusätzlichen Gefahren hinderten den Kanzler nicht daran, seine deutschen Pläne weiterzuverfolgen. Durch einige Zugeständnisse an den Partikularismus in Württemberg und vor allem in Bayern (das den Oberbefehl über seine Truppen in Friedenszeiten, eine eigene Verwaltung von
Post und Eisenbahn, eine Legation beim Vatikan und den Vorsitz in der
Kommission für äußere Angelegenheiten im Bundesrat erhält) bewegt er
die Staaten des Südens zum Eintritt in den Norddeutschen Bund, der
zum Deutschen Reich erklärt wird. Der föderative Charakter der Verfassung von 1867 wird dabei leicht verstärkt: Wie Preußen erhielten die
drei Königreiche Sachsen, Bayern und Württemberg eine Sperrminorität
bei Verfassungsänderungen. Die Verhandlungen entbehrten nicht der
Pikanterie, insofern der König von Bayern und sein Unterhändler finanziellen Argumenten nicht unzugänglich waren. Ludwig II. erhielt
heimlich die stattlichen Zuwendungen (die Bismarck aus den beschlagnahmten Gütern der Dynastie Hannover zog), die er für den Bau seiner
gewaltigen Traum- und Märchenschlösser benötigte. Das Einigungswerk,
das 1867 mit recht nüchternen Bezeichnungen wie »Bund« und »Präsi-
dium« begonnen hatte, erhielt seine wahre Bedeutung mit den Titeln und
Symbolen, welche die Herzen der romantischen Patrioten höher schlagen
ließen: Das wiedervereinigte Deutschland würde ein Reich mit einem
Kaiser an der Spitze sein, dessen Macht die der meisten seiner mittelalterlichen Vorgänger übertreffen würde. König Wilhelm I. zögerte allerdings, diesen wiederausgegrabenen Titel gegen seine gute ererbte preußische Krone einzutauschen. Er wollte mindestens »Kaiser von
Deutschland« werden, doch hätte dies die Souveränität der »verbündeten« Fürsten in Frage gestellt. Das neue Reich bleibt juristisch gesehen
ein Bund von Fürsten und Städten, die sich frei zusammenschließen (und
theoretisch das Recht behalten, ihren Bund wieder aufzulösen). Widerwillig begnügt sich der alte Monarch mit dem etwas merkwürdigen Titel
des »Deutschen Kaisers«. Am 18. Januar 1871 ließ der Großherzog von
Baden in der Versailler Spiegelgalerie vor einem Publikum aus Generälen
und Fürsten in Paradeuniform (eine Delegation der Abgeordneten des
Reichstages in Zivil hielt sich bescheiden im Hintergrund) schließlich
einfach den »Kaiser Wilhelm« hochleben. Hatte König Friedrich Wilhelm IV. die Kaiserkrone 1849 von einer Abordnung der Frankfurter
Nationalversammlung angeboten bekommen, so war den Volksvertretern

jetzt von der Geschichte nur noch die Rolle von Zuschauern zugedacht. In Versailles zelebriert die Politik von Blut und Eisen ein Hochamt. Ironie des Schicksals: Der Leiter der Delegation des Reichstages, ihr Präsident Eduard von Simson, ein bedeutender Jurist jüdischer Abstammung, war derselbe Mann, der dem König von Preußen als Präsident der National-versammlung einst die Kaiserkrone angetragen hatte.

Das neue Reich wird so im Zeichen des Krieges und der Gewalt, in-mitten von Uniformen und Vertretern des Hochadels geboren. Von den Entwürfen von 1848/1849 bleiben nicht einmal die Nationalfarben übrig: Die schwarz-rot-goldene Fahne der Volkssouveränität mußte einer schwarz-weiß-roten weichen, letztlich nur eine Erweiterung der schwarz-weißen Fahne Preußens. Gleichzeitig wurden Verhandlungen mit der pro-visorischen Regierung des republikanischen Frankreich eingeleitet: Adolphe Thiers und Jules Favre, die revolutionäre Unruhen in den großen Städten ebensosehr fürchteten wie eine Umkehr der öffentlichen Meinung zugunsten der Bonaparte, wollen den Krieg möglichst schnell beenden. Am 28. Januar 1871 wurde ein Waffenstillstand geschlossen. Am 23. Fe-bruar trat die Nationalversammlung in Bordeaux zusammen. Am 26. Fe-bruar wurde der Präliminarfrieden von Versailles unterzeichnet: Frank-reich trat Deutschland das Elsaß (außer Belfort) und das nordöstliche Lothringen ab (einschließlich Metz, das Bismarck zunächst bei Frank-reich hatte lassen wollen). Es soll eine gewaltige Kriegsentschädigung von fünf Milliarden Goldfrancs zahlen. Bismarck hatte eine irreparable Schädigung der gegenseitigen Beziehungen diesmal nicht vermeiden kön-nen, weil er wußte, daß er dazu nicht die Macht besaß. Das neue Reich, aus glanzvollen Siegen, die in Europa bereits für Unruhe sorgten, ent-standen, sah sich nun erbitterter Feindschaft und einmütigem Revanche-willen der Bevölkerung und der politischen Klasse in Frankreich gegen-über. Ein innenpolitisches Problem war der zu erwartende passive Widerstand der elsässischen und lothringischen Eliten. Deren moralischer Widerstand gegen das Reich kam zur Unzufriedenheit der Polen und der kleinen dänischen Minderheit hinzu sowie zur Frustration von Katholi-ken und Protestanten und zum wachsenden Protest des deutschen Indu-strieproletariats. Freilich fehlten diese störenden Kräfte während der prunkvollen Zeremonie von Versailles, doch suchte man dort auch ver-gebens nach den Vertretern der Großindustrie und der Hochfinanz, die dabei waren, das deutsche Reich, das hier nur auf politischer Ebene entstand, zur führenden wirtschaftlichen Macht auf dem Kontinent und damit auf der Welt zu erheben.

Zeittafel

1849   Verkündung einer Reichsverfassung in Frankfurt. Dem preußischen Kö-
        nig wird vom Frankfurter Parlament die Kaiserwürde angetragen. In
        der Folge erneute Revolution in der Pfalz, in Sachsen und Baden. Auf-
        lösung der Frankfurter Nationalversammlung.

1850   Das Erfurter Unionsparlament tagt mit dem Ziel eines kleindeutschen
        Bundesstaates unter Führung Preußens. »Olmützer Punktation«.

1850–   Dresdner Konferenzen: Beratungen zwischen den deutschen Staaten über
1851   die Neugestaltung des Deutschen Bundes, Auseinandersetzungen zwi-
        schen Preußen und Österreich um den Führungsanspruch.

1853–   Im Krimkrieg von Frankreich, Großbritannien und der Türkei gegen
1856   Rußland bereitet sich Österreich auf militärische Konfrontation mit
        Rußland vor und fordert die Unterstützung durch Preußen. Der preußi-
        sche Gesandte am Frankfurter Bundestag, Otto von Bismarck, erreicht
        die Neutralität Preußens.

1854   Verbot der Bildung von »Arbeitervereinen und Verbrüderungen, welche
        sozialistische, communistische, überhaupt politische Zwecke verfolgen«.
        Theodor Mommsens »Römische Geschichte« (1. Band). Gottfried Kel-
        lers »Der grüne Heinrich«.

1858   Regentschaft Wilhelms von Preußen. Beginn der liberalen »Neuen Ära«
        in Preußen.

1859   Krieg Italiens und Frankreichs gegen Österreich. Neutralität von Preu-
        ßen.

1861   Prinzregent Wilhelm wird als Wilhelm I. König von Preußen, der um-
        gehend den Führungsanspruch Preußens für alle deutschen Staaten pro-
        klamiert. Gründung der bürgerlichen Fortschrittspartei in Preußen
        (Theodor Mommsen, Werner von Siemens, Rudolf Virchow) mit dem
        Ziel der Einheit Deutschlands unter Führung Preußens und einer rechts-
        staatlichen Verfassung.

1862   Bismarck wird Ministerpräsident von Preußen.

1863   Gründung des Allgemeinen Deutschen Arbeitervereins unter Ferdinand
        Lassalle. Ausbruch des Deutsch-Dänischen Krieges. Im Frieden von
        Wien muß Dänemark norddeutsche Herzogtümer abtreten.

1864   Gründung der kommunistischen 1. Internationale in London.

1865   Gasteiger Konvention: Neuaufteilung Holsteins und Schleswigs unter
        Preußen und Österreich. Gründung des Allgemeinen Deutschen Frauen-
        vereins als erster Organisation der erstarkenden Frauenbewegung.

1866   Im Juni Ausbruch des Deutschen Krieges zwischen Preußen und Öster-
        reich. Vernichtender Sieg über Österreich in der Schlacht bei Königgrätz
        am 3. Juli. Am 23. August wird mit dem Frieden von Prag der Krieg
        beendet: Österreich erkennt die kleindeutsche Lösung mit der Führungs-
        macht Preußen an. Mit Unterstützung der rechtskonservativen Kräfte
        in Preußen kündigt der preußische König die Gründung eines neuen
        Bundes an.

1867   Gründung der Nationalliberalen Partei. Gründung des Norddeutschen
        Bundes unter der Führung Preußens. Karl Marx' »Das Kapital«
        (1. Band). Das Kaisertum Österreich wird in die Doppelmonarchie
        Österreich-Ungarn umgewandelt.

1868   In verschiedenen Deklarationen fordern tschechische Abgeordnete die
        Autonomie Böhmens und Mährens.

1869	Gründung der Sozialdemokratischen Arbeiterpartei auf dem Eisenacher Kongreß.
1870	Emser Depesche. Im Juli Kriegserklärung Frankreichs an Preußen. Österreich-Ungarn bleibt neutral. Im September Sieg Preußens über Frankreich bei Sedan. Vereinigung des Norddeutschen Bundes, Bayerns, Württembergs, Badens und Hessens zu einem neuen Deutschen Bund.
1870–1871	Der Deutsch-Französische Krieg: Sturz des französischen Kaisers, Ausrufung der französischen Republik, Kapitulation von Paris. Ende des Krieges durch den Frieden von Frankfurt. Während der Belagerung von Paris wird im Spiegelsaal des Schlosses von Versailles im Januar 1871 der preußische König zum Kaiser ausgerufen.
April 1871	Inkrafttreten der neuen Reichsverfassung: Das Deutsche Kaiserreich ist konstituiert als monarchischer Bundesstaat aus 22 Einzelstaaten und den 3 Freien Städten Hamburg, Bremen und Lübeck.

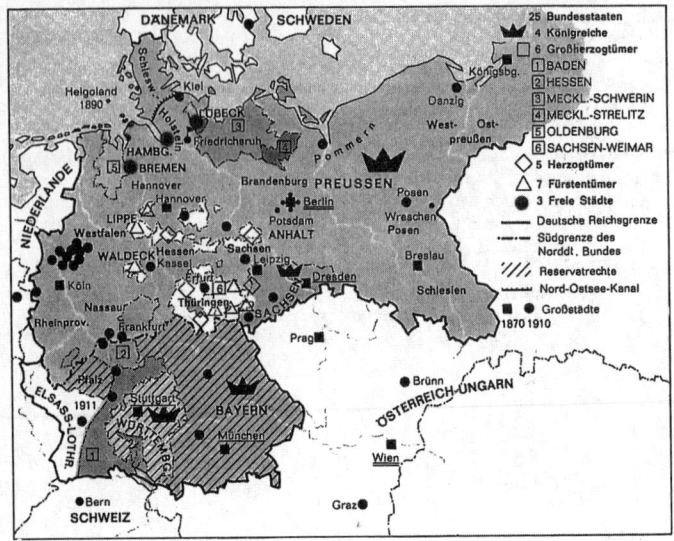

Das Deutsche Reich 1871–1914

17. KAPITEL

Das Zweite Reich 1871–1918

Ein Koloß auf tönernen Füßen

Die Herrschaft Bismarcks: 1871–1890

So wurde das Zweite Reich ohne Krone und ohne Krönung in Versailles auf dem Boden des Nationalfeindes gegründet. Der König von Preußen, der von seinen Ranggleichen, den Fürsten, die er nicht enteignet hatte, begeistert oder notgedrungen zum »Deutschen Kaiser« proklamiert wurde, ist weder »Kaiser von Deutschland« noch »Kaiser der Deutschen«. Der Titel, den Wilhelm I. nicht wollte – auch ihn mußte Bismarck dem Auserwählten aufdrängen –, war vom gleichen Stil wie Wagneropern oder Plüschsessel, ein Ergebnis aus romantischer Sehnsucht, synthetischer Nachahmung und Historizismus. Die gewaltigen Fortschritte in Wissenschaft und Technik, welche die eigentliche und authentische Größe des Jahrhunderts ausmachten, waren für die meisten Zeitgenossen kein Element der Kultur und schon gar kein wesentliches. Statt mit einer Republik mit einem Gelehrten, einem Bankier oder einem Industriellen an der Spitze versuchte man es in Deutschland mit einem Remake der feudalen oder vielmehr patriarchalisch-patrimonialen Ordnung. Nicht der Industriekapitän setzte in Bismarcks Reich die Normen, sondern der monokeltragende Rittmeister der preußischen Garde. Schrecklich modern und seltsam archaisch spiegelten sich in diesem preußisch-deutschen oder deutsch-preußischen Reich, vermittelt durch den machtvollen, ehrgeizigen und pessimistischen Geist seines Begründers, die Widersprüche zwischen den Provinzen der großen Rittergüter im Osten, dem großbürgerlichen Deutschland aus Hochfinanz und Industrie im Westen und – nicht zu vergessen – dem kleinbürgerlichen Deutschland der Handwerker und Kaufleute im Süden wider. Zu Recht zweifelte Bismarck an der Dauerhaftigkeit des von ihm geschaffenen Staatsgebildes, das keine achtundvierzig Jahre bestehen sollte, weniger als ein halbes Jahrhundert. Allerdings waren die politischen Strukturen im modernen Europa allgemein kurzlebig: Den Deutschen Bund hatte es von 1815 bis 1866, also kaum mehr als ein halbes Jahrhundert gegeben, das zudem noch von den beiden großen Revolutionsjahren 1848/1849 unterbrochen worden war. Das königliche Preußen hatte dagegen von 1701 bis 1871, also hundertsiebzig

Jahre bestanden und das Römische Reich, das Karl der Große scheinbar restauriert hatte, sogar an die tausend Jahre. In Frankreich überdauerte die Dritte Republik endlose siebzig Jahre, spätere Regime kamen im allgemeinen über das zweite Jahrzehnt nicht hinaus. Bismarck hatte, verglichen mit Louis Philippe oder Napoleon III., solide gebaut, aber das Baumaterial, das die zeitgenössische Geschichte verwendet, zerbröckelt schnell.

Man mag den anonymen Massen und ihren Haushaltsabrechnungen am Monatsende vor der Geschichte der Fürsten und der Schlachten den Vorzug geben, die deutsche Geschichte im letzten Drittel des 19. Jahrhunderts jedenfalls hatte einen Heros, die große Persönlichkeit »par excellence«. (Neben ihr wirkte als zweite entscheidende Kraft als Kollektiv die Arbeiterbewegung, die in die Geschichtsauffassung der »Annales« gehört, die sich mehr für die Gesellschaft als für Persönlichkeiten interessiert.) Deutschland war gut bedient mit Bismarck, dem hochintelligenten, kultivierten und redegewandten Diplomaten und Hofmann, der trotz seiner allzu hohen Stimme ein brillanter Parlamentsredner war. Willensstark und tatkräftig, unterschied er sich von den großen Tyrannen vor und nach ihm durch eine besondere Fähigkeit zum Maßhalten. Gewiß folgte er seiner Bestimmung als großes Raubtier, doch bemühte er sich gleichzeitig leidenschaftlich, niemals zu weit zu gehen. Der Haß trieb ihn um, doch niemals so sehr, als daß er nicht gewußt hätte, daß Triumph und Sturz eng beieinander liegen. Bismarck war ein Konservativer, der angetreten war, um die feudale Ordnung des Rittergutes zu verteidigen, auf dem der Herr regierte, wirtschaftete und schützte, ausbeutete, spielte, Krieg führte und die Stellung behauptete, die ihm durch den Gott Martin Luthers zugewiesen war. Doch begriff dieser Konservative rasch, daß in einer Welt des Wandels Altes nur durch Anpassung ans Neue bestehen kann und durch Opferung eines Teils dessen, was man mit dem eigenen Einsatz bewahren will. Die echten Konservativen verabscheuten Bismarck wie die französische Rechte später de Gaulle. Wie de Gaulle wollte und konnte Bismarck das Wesentliche von dem, dessen Rettung er sich vorgenommen hatte, durchaus nicht preisgeben, wollte er doch eine Restauration, keine Konsolidierung revolutionärer Errungenschaften. Darin unterscheiden sich beide vom Ersten Konsul, der am Ausgang einer enormen und gewaltsamen Umwälzung für fast zwei Jahrhunderte die Grundstrukturen des französischen Staates festlegte.

Von echten Konservativen, die niemals Verständnis für das Werden haben, unterschied sich Bismarck durch seine Mäßigung und seinen Modernismus. Maßvoll zeigte er sich in all »seinen« Kriegen, denn beim Friedensschluß war er stets bemüht, aus dem Gegner keinen Todfeind zu machen. Das galt für Dänemark wie für Österreich, und so wollte er auch Frankreich behandeln, hätten nicht König, Armee und Öffentlichkeit – im Süden mehr als im Norden – die Rückkehr Elsaß-Lothringens ins Reich erzwungen. Daß er dem Verhältnis zwischen Paris und Berlin diesen irreparablen Schaden zufügen mußte, bereitete dem Reichskanzler eine ständige Sorge und verstärkte seine Angst um den Bestand seines Werkes. Maßvoll zeigte er sich auch im Inneren, denn nach einem erbitterten Kampf gegen den Liberalismus verglich er sich mit ihm und führte im neuen Reich das allgemeine Wahlrecht ein. Der einstige Verfechter des Absolutismus, der in den Jahren 1847/1848 isoliert am extrem rechten Rand gestanden hatte, arrangierte sich auf Dauer mit der konstitutionellen Monarchie. Indem Bismarck die erste Sozialgesetzgebung mit Krankenversicherung und Altersversorgung durchs Parlament brachte – nicht ohne politischen Opportunismus, da er der Sozialdemokratie das Wasser abgraben wollte –, zeigte er sich auch wieder gemäßigt, weil er die Arbeiterschaft als Teil seines Kampfes gegen die revolutionäre Partei in die staatliche Ordnung einzubinden hoffte, und modern, da soziale Absicherung Mildtätigkeit und Spendenbereitschaft überflüssig macht und einen bedeutenden emanzipatorischen Aspekt aufweist. Heutige deutsche Historiker (vor allem Hans Ulrich Wehler) haben den bonapartistischen Charakter in Bismarcks Herrschaft hervorgehoben: Wenn der Reichskanzler eine klare parlamentarische Mehrheit benötigte oder die Mehrheitsverhältnisse ändern wollte, weil eine der beteiligten Parteien zuviel Einfluß auf die Regierungspolitik gewann, dann griff er auf die Reichstagsauflösung zurück, wobei er seine Person und seine Macht aufs Spiel setzte. Wenn diese Sichtweise auch nicht falsch ist, läßt sie in ihrer negativen Bewertung des Bonapartismus doch außer acht, daß die plebiszitäre Monarchie neben dem populistischen auch einen demokratischen Aspekt hat: Um vom Volkssouverän eine positive Antwort zu bekommen, genügt es nicht, ihm zu schmeicheln, man muß ihm auch die Fragen stellen, auf die er Lust hat, positiv zu antworten.

Die Verfassungsordnung, die Bismarck dem König und der »nationalen« Mehrheit der Liberalen abrang, war weder eine absolute Monarchie noch ein moderner totalitärer Staat. Zwar hielt der Reichskanzler als einziger Minister alle Fäden in der Hand, doch war er auf einen Reichstag mit Abgeordneten angewiesen, die durch allgemeine Wahlen (eine Teilnahme von Frauen war damals natürlich undenkbar) bestimmt wurden. Dieses gewaltige Zugeständnis Bismarcks an die Nationalliberalen wurde dadurch allerdings stark eingeschränkt, daß der Reichskanzler den Abgeordneten nicht verantwortlich war: Das neue Reich war eine konstitutionelle, keine parlamentarische Monarchie. Andererseits war Bismarck auch auf den Kaiser angewiesen, der in juristischem Sinne zwar kein Souverän war, aber dem Bundesrat vorstand, dem Gremium der verbündeten Fürsten und freien Reichsstädte. Dort besaß Preußen, das infolge der Annexionen von 1866 über fast zwei Drittel des Territoriums und der Bevölkerung des Zweiten Reichs verfügte, eine Sperrminorität gegen Verfassungsänderungen, die sich aber auch in eine Dynamikminderheit verwandeln konnte. Der alte Kaiser und König hatte es mit Bismarck, der nicht nur Reichskanzler, sondern auch preußischer Ministerpräsident war, keineswegs immer leicht. In Preußen verschaffte das sogenannte »Dreiklassenwahlrecht«, ein allgemeines Wahlrecht, das den Besitzenden sehr viel mehr Stimmen zuerkannte als den Besitzlosen, den Konservativen eine unaufhebbare Mehrheit. So war dafür gesorgt, daß die Monarchie stark und die Gesellschaft klar vom grundbesitzenden Adel und dem von ihm dominierten Militär beherrscht blieb. Preußen war noch weniger als das Reich ein demokratischer Staat, aber, soweit in damaligen Verhältnissen vorstellbar, ein Rechtsstaat, den man besser zu schätzen weiß, wenn man sich die Unterschiede zum Totalitarismus vor Augen hält. Rechtsstaatlichkeit bedeutete natürlich nicht die Gleichheit der Einwohner oder Bürger. (Wo gibt es die schon?) Der einstige Feudaladel und die neue besitzende Minderheit aus Industriellen und Bankiers strebten nach der politischen Macht, wobei die staatlichen Institutionen darauf beschränkt waren, die alten und neuen Eliten zu mäßigen und für die Vermischung zu sorgen. Es herrschte weitgehende, wenn auch nicht uneingeschränkte Pressefreiheit. Die Ausnahmegesetze gegen Katholiken und Sozialdemokraten waren nur einige Jahre in Kraft, und die politischen Organisationen beider gesellschaftlichen Kräfte gingen aus den Verfolgungen gestärkt hervor. Die Parteien (mit Ausnahme des katholischen Zentrums und der Sozialdemokratie damals nur Zusammenschlüsse von Honoratioren) und die Regierungen der Bundesstaaten konnten den Reichskanzler zwar nicht handlungsunfähig machen, ihn aber doch stark behindern. Dagegen kam in den Monaten, in denen er sich ins pommersche Varzin oder nach Friedrichsruh bei Hamburg auf seine Ländereien zurückzog (der großzügige König und die dankbare Nation hatten es ihm ermöglicht, sie zurückzukaufen beziehungsweise zu erwerben), das politische und diplomatische Leben zum Erliegen. Bismarck war mit einer knapp einjährigen Unterbrechung siebenundzwanzig Jahre lang Präsident des preußischen Ministerrates und regierte das Deutsche Reich siebzehn Jahre lang. Nach dem Gewinn seiner ehrgeizigen Wetten mit dem Schicksal bemühte er sich vornehmlich darum, sein Werk vor Unverständnis, Inkompetenz und jeder Art Radikalismus zu schützen.

Von 1871 bis 1878 befand sich das Reich in einem kalten Krieg mit dem Vatikan und der deutschen katholischen Kirche, denn Bismarck fürchtete den Einfluß einer rivalisierenden Fremdmacht, der über ein Drittel der Einwohner des Reichs ergeben war. Diese heftige Auseinandersetzung, die streckenweise die Züge religiöser Verfolgung oder einer antireligiösen Kampagne annahm, endete auf Bismarcksche Art mit Kompromissen; schon deshalb, weil der Kanzler, der den Einfluß der Nationalliberalen beschränken wollte, im Reichstag die Unterstützung des mit den Konservativen verbündeten Zentrums brauchte. Wie alle Unternehmungen Bismarcks nach 1871 war wohl auch dieser Kampf für den eingefleischten Konservativen und frommen Protestanten (der freilich zunächst Staatsmann war) ein Krieg ohne Sieger und Besiegte, zugleich aber auch ein bedeutender Schritt auf dem Weg zu einer – von ihm gewiß nicht angestrebten – Laizisierung der Gesellschaft. Die Gleichheit vor dem Gesetz forderte, daß, wenn man den katholischen Priestern die Registrierung des Familienstandes und die Kontrolle über die Volksschulen entzog, sie aus Gründen der Gleichheit auch den Protestanten entzogen werden mußten. Bewahren konnte man nur, wenn man einen Teil des zu Bewahrenden der Zerstörung preisgab oder sie gleich selbst in die Hand nahm, um den Schaden zu begrenzen. Beruht auf dieser Einsicht nicht letztlich jede wirklich große Politik, die weder ideologisch noch totalitär ist und will, daß spätere Generationen andere Politik treiben werden und daß man die Zukunft nicht beleidigt?

Eben um die Zukunft ging es im sogenannten »Kulturkampf«, einem Kampf um die protestantische Kultur, vor allem aber um die materialistisch wissenschaftsgläubige Vulgata, die sich mit mehr oder weniger starken lutherischen Elementen – aber hier handelt es sich um einen Luther, den man in einer gleichzeitig rationalistischen und nationalistischen Sahnesauce servierte, und nicht um den noch ganz mittelalterlichen glaubenseifrigen Gottsucher – an den Hochschulen und von dort aus unter den herrschenden Schichten von Adel und Bürgertum ausbreitete. Ein Dreivierteljahrhundert brauchten die deutschen Katholiken, um sich von diesem Trauma zu erholen, und dabei war Bismarck ihnen am Ende notgedrungen sehr weit entgegengekommen. Bismarcks Revanche wird Konrad Adenauer heißen, der zur Zeit des erzwungenen Rücktritts des Eisernen Kanzlers bereits vierzehn Jahre alt war. Damit diese Revanche möglich wurde, sollte Hitler allerdings noch das Volk, das sich als seiner unwürdig erwiesen hatte, indem es ihm nicht den totalen Sieg einbrachte, in die von ihm (Hitler) gewollte totale Niederlage hetzen. Nichts lag Bismarck (und Adenauer) ferner als das Streben nach einer Totalität, die in den totalen Brand führte. Aber der Reichskanzler von 1871 und der Bundeskanzler von 1949 waren sich darin ähnlich, daß sie die Macht liebten und eine geschickte Kompromißpolitik betrieben, die auf mittelfristige Ergebnisse abzielte. Bismarck versuchte die deutsche Einheit unter Bedingungen zu verwirklichen, die für die anderen europäischen Mächte gerade noch tolerierbar waren. Adenauer sah seine Aufgabe darin, den wiedererrichteten deutschen Staat nach dem Zusammenbruch als gleichberechtigten Partner fest in ein europäisches Ganzes einzubinden, das in der Lage sein sollte, sich gegen die neuen Supermächte, Töchter, Kusinen, Nachbarinnen und Rivalen Europas zu behaupten. Bismarck war durchaus nicht gezwungen, schon im ersten Jahr des neuen Reichs die Konfrontation mit den Katholiken zu suchen, denn sie verlangten ja nicht mehr, als in Ruhe ihre Religion auszuüben und ihren Patriotismus zu demonstrieren. Aber im Geist des großen Staatsmannes kam zur Mäßigung zunehmend ein Funken Wahnsinn, eine extreme Nervenschwäche, die sich mitunter in Tränenausbrüchen äußerte. Überall witterte er Komplotte, für so instabil hielt er seine Schöpfung: im revanchistischen Frankreich, das sich frömmlerisch einer überlebten Religiosität hingab, beim Papst und in Österreich – und bei den Katholiken im Innern, die nach der Schocklähmung von 1866 eines Tages wieder ganz zu sich kommen würden und sich schon jetzt politisch unter dem Hirtenstab des brillanten und unerschütterlichen Politikers Ludwig Windthorst, des einstigen Ministers des von Bismarck enteigneten Königs von Hannover, sammelten. Und auch die »Welfen«[1], Anhänger der vertriebenen oder gestürzten Fürsten, gehörten dieser »Verschwörung« an. Sieben Jahre später war diese Gefahr nicht mehr die schlimmste Angst des Kanzlers. In Frankreich war nicht mehr die katholische Reaktion an der Macht, und Österreich, 1866 von Preußen besiegt, schickte sich jetzt zu einem Bündnis mit Bismarck an, der es schonend behandelt hatte.

Als Beweis für Bismarcks geniale staatsmännische Fähigkeiten wird oft die Weisheit angeführt, mit der er die preußischen Armeen gegen den Willen des Königs an einem siegreichen Einmarsch in Wien gehindert hat. Trotz des Drängens der deutschen »Nationalisten« und der Nachbarstaaten – aus entgegengesetzten Motiven natürlich – hatte er eine Zerschlagung des Habsburgerreichs abgelehnt, womit er allerdings auch die Verantwortung dafür auf sich nahm, daß die Deutschen in Österreich an der Feier des Nationalstolzes nicht teilhaben durften und aus der schließlich wiederhergestellten oder besser gesagt erstmals vollzogenen deutschen Einheit – das Alte Reich war ja keineswegs ein Nationalstaat gewesen – ausgeschlossen blieben. Zwar mußten die Deutschen in der Diaspora, im eigentlichen Ungarn, in der Slowakei, in Siebenbürgen und im Banat, weiterhin eine isolierte Existenz inmitten von Völkern führen, die gerade ihr Nationalgefühl entdeckten oder wiederentdeckten, doch gab es daneben den geschlossenen Block der Herzogtümer und Grafschaften des Alpenlandes und die deutschsprachigen Gebiete in Böhmen und Mähren, die einen tschechischen Kern an drei von vier Grenzen umgaben! Das waren insgesamt über zehn Millionen Menschen, ein Sechstel der deutschen Nation! Wenn den österreichischen Deutschen im Vielvölkerstaat wenigstens ihre Rolle als Staatsnation erhalten geblieben wäre, die den Einheitswillen einer Großkultur gegenüber den Partikularismen kleiner Völker verkörperte, die erst über das Deutsche in Kontakt mit der universalen Kultur kamen! Aber gerade Bismarck hatte mit dem Sieg von 1866 Österreich die Position als oberster deutscher Führungsstaat entzogen und den Wiener Hof zur Aussöhnung mit der zweiten Staatsnation des Kaiserreichs, dem magyarischen Adel, gezwungen. Der Kompromiß von 1867 überließ die zweite Reichshälfte der ungarischen Herrschaft, und an diesem Beispiel orientierten sich die anderen Nationalitäten sowohl in Ungarn wie in den »im Reichsrat vertretenen Königreichen und Ländern«, eine Bezeichnung, die jetzt den für die nicht-deutschen Nationalitäten inakzeptablen Namen »Österreich« ersetzte. In Ungarn und den zugehörigen Territorien hatten Deutsche keine Bedeutung, und auch im österreichischen Polen waren sie kaum vertreten. In den tschechischen Ländern, unter den Südslawen, in Triest und in Südtirol flammten die Nationalismen auf und trieben die einst dominierenden Deutschen überall in die Defensive. Dank des allgemeinen liberalen Reformgeistes, der für Rechtsgleichheit und Freizügigkeit sorgte, errangen in Galizien, der Bukowina und Oberungarn, in Böhmen und Mähren die Juden in den Städten, vor allem in der Hauptstadt, im Kleinhandel unten, in der Industrie in der Mitte und im Bankwesen ganz oben eine führende Stellung. Die österreichischen Deutschen, die aus dem neuen Reich ausgeschlossen waren, ihre Führungsposition weithin verloren hatten und sich auch noch der Konkurrenz der Juden ausgesetzt sahen, die jetzt frei waren, ihre Energie und ihre Gaben mit unermüdlicher Tatkraft ungehindert in der Gesellschaft zu entfalten, wurden zum idealen Nährboden für einen neuen Radikalismus, einen Nationalismus, der rassistisch, antisemitisch und in seiner extremen Form sogar scharf antikatholisch war. Die Entwicklung, für die der deutsche Nationalliberalismus von Bismarck bis Hitler fast achtzig Jahre benötigen sollte, vollzog sich in Österreich mit einem halben Jahrhundert Vorsprung.

Für den Historiker ist die Ausschließung der österreichischen Deutschen aus dem neuen Reich wohl der schlimmste Fehler Bismarcks. Wie aber hätte er ihn vermeiden sollen? Weitere zehn bis fünfzehn Millionen

Katholiken hätten das Ende der preußischen Vormachtstellung im neuen Reich bedeutet. Und wie hätte Europas Zukunft ausgesehen, wenn sein Zentrum aus einem Flickenteppich kleinster Nationalstaaten bestanden hätte, die zum Zankapfel zwischen dem Deutschen und dem Russischen Reich hätten werden müssen? Einen solchen Konflikt mit Rußland fürchtete Bismarck vor allem anderen. Hitler und die russische Präsenz an der Elbe nach 1945 sind eben auch Folgen seiner Entscheidungen von 1866 und 1871. Vielleicht wäre alles ganz anders gekommen, wenn Österreich vor 1866 Bismarcks Angebote eines Kondominiums, einer geteilten Vorherrschaft in Deutschland, nicht abgelehnt hätte. Aber wäre ein solches System praktikabel gewesen? Gewiß nicht mehr als das System, das der Fürst zu Schwarzenberg, der Sieger über die Revolution, 1849 vorgesehen hatte: ein großes österreichisch-deutsches Staatsgebilde, das sowohl den Deutschen Bund von 1815 wie auch alle österreichischen Gebiete, die nicht zu diesem gehörten, umfaßte, von Hamburg bis Triest, vom Rhein bis zu den Siebenbürgener Bergen und von Krakau bis Mailand ...

Der Kulturkampf wurde eher in Preußen als im Reich ausgetragen, denn die Wähler im Süden folgten dem ungestümen preußischen Kultusminister Falk, einem fanatischen Gegner Roms, nur partiell. Im Bismarckschen Reich waren Kultus und Kultur Sache der einzelnen Länder. Dagegen betraf der zweite große innenpolitische Kampf des Gründungskanzlers ausnahmslos das ganze Reich und die »Verbündeten«. Mehrere vereinzelte Attentate auf den Kaiser und ihn selbst lieferten Bismarck den Vorwand, sich in einen Kampf auf Leben und Tod gegen die Arbeiterbewegung und ihre Speerspitze, die Sozialdemokratische Partei, zu stürzen.

Von den Deutschen seiner Zeit und seiner Generation gewann nur einer die geschichtliche Bedeutung Otto von Bismarcks: der in Trier an der französischen Grenze gebürtige Karl Marx, der Gründungsvater einer gewaltigen politischen Bewegung, deren Auswirkungen in unserer unmittelbaren Umgebung, in Europa und in der ganzen Welt noch heute spürbar sind, während Bismarcks politisches Werk einer überholten Epoche angehört. Als Schriftsteller und Philosoph, als Journalist und Agitator verlieh Marx den anonymen Arbeitermassen, auf deren Arbeit und Leiden die neue kapitalistische Gesellschaft mit ihrer postfeudalen und postmerkantilistischen Wirtschaftsweise beruhte, aus seinem Londoner Exil geistiges Rüstzeug und Stimme. Wir wissen nicht, ob Bismarck Marx gelesen hat, aber er verfolgte aufmerksam den Aufstieg Ferdinand Lassalles, des Verbündeten und Rivalen von Marx, des Begründers einer der Bewegungen, die sich 1875 zur »Sozialistischen Arbeiterpartei Deutschlands« zusammenschließen sollten. Da Marx und Engels in London seßhaft geworden waren und Lassalle früh gestorben war, wurde Bismarck auf seinem Weg seit dem Frühjahr 1871, schon als der erste gewählte Reichstag seine Arbeit aufnahm, nicht mit ihnen, sondern mit August Bebel konfrontiert, einem echten Arbeiter, der sich mit den Lehren der Gründungsväter der Bewegung vertraut gemacht hatte. Bebel tat sich am Tag der Eröffnung durch eine begeisterte Lobrede auf die Pariser Commune hervor. Hatte sich der Rittergutsbesitzer Bismarck auch mit den Bankiers und Großindustriellen arrangiert, mit der neuen Aristokratie, die zum alten Adel hinzugekommen war, sich einen großen Teil von dessen Macht aneignete, aber auch seinen Lebensstil annahm und in ihn einheiratete, so war er nicht gewillt, auch den unterdrückten und ausgebeuteten Massen soziale Forderungen zu erfüllen und eine politische Vertretung und eigene, vom grundbesitzenden Adel und Geldadel unabhängige Kampfmittel zuzugestehen. Sozialdemokraten im Kampf gegen Ausbeutung und Unterdrückung waren für ihn Räuberbanden und Wegelagerer. Auf die streng legalistische Erhebung der Proletarier reagierte der Eiserne Kanzler mit Zuckerbrot und Peitsche: mit einer Sozialgesetzgebung, die sich eher durch Neuheit als durch Großzügigkeit auszeichnete, und mit dem sogenannten Sozialistengesetz, das er 1878 erst nach einer erneuten Reichstagsauflösung durchsetzen konnte (den Vorwand lieferte ein weiteres Attentat auf den Kaiser). Sozialisten und Gewerkschaftlern drohten von da an Verbannung, Gefängnis und Arbeitslosigkeit, und eine politische Betätigung war ihnen nur noch im Reichstag als gewählten Volksvertretern möglich, deren Reden von der Presse unzensiert abgedruckt werden durften, während alle sozialistischen Presseorgane verboten waren. Zwölf Jahre gelang es Bismarck, die Ausnahmegesetze in dreijährigem Turnus immer wieder durch den Reichstag zu bringen, bis 1890 eine weitere Verlängerung an einer Koalition aus Linken, Katholiken (die, da selbst jahrelang betroffen, gegen jede Art von Ausnahmegesetz waren) und Rechten (die das Gesetz von 1878 als unwirksam ansahen) schließlich scheiterte. Erneut wollte Bismarck auf das altbewährte Mittel der Reichstagsauflösung zurückgreifen, doch widersetzte sich ihm diesmal der junge Kaiser Wilhelm II., der sich vom Joch des Kanzlers befreien und Herr im eigenen Haus sein wollte. Bismarck blieb nur das erzwungene Rücktrittsgesuch. In diesem Sinne kann man mit Fug und Recht behaupten, die Sozialdemokratie habe ihren Todfeind dank der von ihr gewiß ungewollten Unterstützung durch den Kaiser besiegt.

Obwohl die beiden innenpolitischen Kämpfe Bismarcks, der erste mit einem geordneten Rückzug und der zweite mit einer bitteren Niederlage

endeten, beeindruckte der Reichskanzler seine Zeitgenossen doch weit
mehr mit seinen Erfolgen. Die Errichtung eines neuen Zentralstaates
aus fünfundzwanzig »Bundesstaaten« und dem »Reichsland« Elsaß-
Lothringen (juristisch gesehen war das Reich ein Staatenbund auf unbeschränkte Dauer, dessen Mitglieder einen Teil ihrer Souveränitätsrechte delegiert hatten) kam – auch dank der großen Begeisterung nach den
Siegen von 1870/1871 – im Eiltempo voran. Die Militär- und Währungsunion und die Vollendung der Zollunion wurden mit der Einführung gemeinsamer Gesetzbücher fortgesetzt, von denen das wichtigste
und letzte, das Bürgerliche Gesetzbuch, allerdings erst am 1. Januar
1900 in Kraft trat. Die Gesetzgebung für Bankwesen und Industrie förderte den Aufschwung der Wirtschaftsmacht des Reiches und das deutsche Eindringen auf den Weltmärkten, ohne daß die Aufteilung von
Kompetenzen zwischen Reich und Bundesstaaten besondere Hindernisse
darstellte. Mit wenigen Ausnahmen bejubelte die Öffentlichkeit das Einigungswerk, das aus den deutschen Staaten, so lange Spielbälle ausländischer Interessen, jetzt eine der wichtigsten Mächte der Welt machte
und einer breiten Minderheit bedeutend mehr Einkommen und wachsenden Wohlstand verschaffte. Im Wettlauf um wissenschaftliche Entdeckungen und technische Erfindungen nahm Deutschland von jetzt an
den ersten Rang ein. Die Universitäten zogen massenhaft Studenten aus
Mittel- und Osteuropa, England und den Vereinigten Staaten an. In
den wuchernden Städten entstanden prachtvolle Baulichkeiten, Zeugnisse einer Vorliebe für Massivität, Prunk und Überfluß, die nur von
wenigen Kritikern als geschmacklos abqualifiziert wurden. Selbst die
Arbeiter, die Mißtrauen weckten und Befürchtungen nährten, profitierten von den selbst während der Ausnahmegesetze aufrechterhaltenen
rechtsstaatlichen Garantien, vom verbesserten Bildungssystem und in
beschränktem und ungerechtem Maße auch vom Wirtschaftswachstum.
Schon 1900 zweifelte Eduard Bernstein, der produktivste marxistische
Theoretiker der zweiten Generation, am Marx'schen Dogma von der
fortschreitenden Verelendung der proletarischen Massen. Wenn der
wachsende Materialismus und Amoralismus auch einige Männer von
Religion und Kultur schockierte, so blickte die überwältigende Mehrheit
der Deutschen doch optimistisch in die gemeinsame Zukunft. Schon zu
Lebzeiten wurde Bismarck als Vater der Nation verehrt, und nach seinem Tod begannen auf den Plätzen von Städten und Städtchen seine
Standbilder aufzuragen. Hart, rachsüchtig und besitzgierig, pessimistisch
und sorgengequält, war der mit erstaunlicher Vitalität gesegnete Politiker zugleich ein frommer Christ, der um seine Sünden wußte und auf
die unverdiente Gnade vertraute. Die Persönlichkeit war sehr viel schil-

lernder und vielschichtiger als die Standbilder, doch taugten seine Politik und ihre Mittel durchaus nicht dazu, den deutschen Volkscharakter zu verbessern. Im Gegenteil: Aufmerksame und unparteiische Beobachter wie der Schweizer Kultur- und Kunsthistoriker Jakob Burckhardt, der Philosoph Friedrich Nietzsche, der Historiker Theodor Mommsen oder der preußische Arzt Rudolf Virchow – die beiden letzteren waren herausragende Mitglieder der linksliberalen parlamentarischen Opposition – sahen deutlich und mit Schrecken, wie Deutschland in Bismarcks Fahrwasser einem Kult der Macht, der Stärke und des materiellen Erfolgs, der nationalen Überheblichkeit und der Verachtung für alles Schwache und Fremde anheimfiel.

Bismarcks Macht beruhte an erster Stelle auf dem unerschütterlichen Vertrauen des Kaisers und Königs, der ihn richtig einschätzte, ihm aber nicht danken konnte. Wilhelm I., ein schlichtes und einfaches Gemüt, erkannte die herausragenden intellektuellen Fähigkeiten seines Ministers und begegnete ihm mit Respekt, obwohl fast seine gesamte Familie, seine Frau, sein Sohn und seine Schwiegertochter, den »Tyrannen« heftig verabscheuten. Sodann beruhte Bismarcks Macht auf den Erfolgen, denen er seinen Ruhm und seine Popularität verdankte. Lange wird es die Öffentlichkeit Wilhelm II. nachtragen, daß er den getreuen Paladin seines Großvaters entlassen hatte. Für die Regierungsarbeit verfügte Bismarck über die hervorragende preußische Verwaltung, die effektivste und integerste der Welt, wenn man davon absieht, daß sie kollektiv den Interessen von Adel und Bürgertum diente, aus denen sich ihre Beamten rekrutierten. Aber deckten sich diese Klasseninteressen damals nicht mit denen des Staates? Wenig zahlreich, aber gut organisiert, diszipliniert und pflichtbewußt war diese Verwaltung so schlagkräftig wie die Armee, die von Kriegsminister Roon und Generalstabschef Moltke – beide Bismarcks Freunde und Gefährten und ebenso unabsetzbar wie er – wiederbelebt und modernisiert worden war. Weitere Unterstützung fand der Reichskanzler bei den Herrschern der meisten Bundesstaaten, die sein Genie bewunderten oder Subsidien von ihm erhielten. Er bediente sich auch meisterhaft einer Presse, die er mit gezielt eingesetzten Vertraulichkeiten ebenso geschickt zu beeinflussen wußte wie mit seinen Geheimfonds. Letztere besaß er in Überfülle, denn der preußische Staat strich die Zinsen für das eingefrorene Vermögen des gestürzten Königs von Hannover ein, das erst nach der Anerkennung der Enteignung von 1866 (die erst 1913, also siebenundvierzig Jahre später erfolgte) freigegeben werden sollte. Allerdings benötigte der Reichskanzler eine parlamentarische Mehrheit in Reichstag und Bundesrat, der Kammer der Bundesstaaten, die sich in die legislative Gewalt und das Budgetrecht teilten. Wenn er, einziger Minister der Reichsregierung (die Staatssekretäre der verschiedenen Ressorts waren Beamte), auch das Vertrauen des Parlamentes nicht benötigte (das neue Reich war ja nicht eine von Bismarck verabscheute parlamentarische Monarchie), mußte er seine Gesetzesvorlagen und vor allem die Einnahmen und Ausgaben des Reichs billigen lassen. Von 1871 bis 1877 stützte er sich im Reichstag auf eine nationalliberale Mehrheit aus Rechtsliberalen, die sich dem Sieger von 1866 angeschlossen hatten. Als Verfechter des Zentralismus, als Gegner Roms und als Interessenvertreter von Industrie und Handel waren die Nationalliberalen in der Anfangsära des neuen Staates Bismarcks notwendige Verbündete. Zahlenmäßig stark und einflußreich, traten sie allerdings zusehends fordernder auf, und viele wollten das Reich sogar auf den Weg des Parlamentarismus bringen. Wie einst die adligen Großgrundbesitzer der Ostprovinzen, als sie Weizen, Kartoffeln und Holz nach England verkauften, traten sie nun für den freien Warenverkehr ein und hielten diese Position auch dann noch, als die wachsende Konkurrenz aus Amerika und Rußland die »Junker« zu glühenden Protektionisten gemacht hatte. Wenn die Konservativen, die Interessenvertreter des Großgrundbesitzers, nun eine neue Wirtschaftspolitik anstrebten, mußten sie sich nach einem geeigneten Bündnispartner umsehen. Mit ihren Stimmen sorgte das katholische Zentrum für einen Wechsel der Mehrheitsverhältnisse, was eine der Erklärungen für Bismarcks Beendigung des Kulturkampfs ist. Die Aussöhnung mit dem Zentrum eröffnete ihm die Möglichkeit, mit wechselnden Mehrheiten zu regieren und sich aus der Abhängigkeit von den Nationalliberalen zu befreien. Tatsächlich hatten die katholischen Bauern und Grundherren das gleiche Interesse an einer Erhöhung der Einfuhrzölle auf ausländisches Getreide wie die protestantischen Großgrundbesitzer. Wenn einige Ultrakonservative Bismarck haßerfüllt Verrat, faule Kompromisse und seine kompromittierenden Verbindungen vorwarfen, so erbitterte ihn dies zwar, bewog ihn aber nicht zu einer Änderung seiner Strategie.

Ein dauerhaftes Ziel seiner parlamentarischen Politik seit seinem Machtantritt in Preußen 1862 bestand darin, die Unabhängigkeit der Streitkräfte zu sichern. Zu diesem Ziel führte er das sogenannte Septennat ein, die Verabschiedung des Militäretats auf sieben Jahre. Diese eklatante Selbstbeschneidung des Parlaments war wieder nur durch eine Auflösung des Reichstags mit anschließenden plebiszitären Neuwahlen zu erreichen. Dank dieses wirkungsvollen Wechselspiels und seines zynischen Pokers konnte Bismarck sich gegen ein widerspenstiges Parlament fast immer durchsetzen. Diese ständige Demütigung der Volksvertretung verstärkte in der Nation freilich die autoritären Tendenzen und die Politikverachtung.

Am glanzvollsten entfaltete Bismarck seine brillanten Fähigkeiten aber in der Außenpolitik. Die kaiserliche, das heißt die Bismarcksche Regierung, die ihren Sitz in der preußischen Hauptstadt hatte, berief dorthin zwei große Konferenzen von weltpolitischer Bedeutung ein. Beim Berliner Kongreß von 1878 ging es im Zuge einer Ostpolitik, wie man es heute nennen würde, nach glanzvollen russischen Siegen über die Türken um die Aufrechterhaltung des Kräftegleichgewichtes auf dem Balkan. Die Berliner Kongokonferenz von 1884/1885 hatte sich dagegen mit der Organisierung von Schwarzafrika zu befassen. Bismarck war zum Vermittler und Friedensstifter geworden, weil sein Werk der deutschen Einheit ein Europa der Ruhe und des Friedens brauchte. Während alle europäischen Staaten in ein Bündnissystem eingebunden und diszipliniert wurden, mußte der legitime revanchistische Wille der Franzosen im Zaum gehalten werden, indem man sie auf dem Kontinent isolierte und ihre Aufmerksamkeit und Kräfte nach Übersee lenkte. Das komplexe System aus dem Dreikaiserbündnis (Deutschland, Österreich, Rußland), der englisch-italienisch-österreichischen Allianz, der Allianz Deutschlands und Österreichs mit Rumänien und schließlich dem Dreibund (Deutschland, Österreich, Italien) hatte also sehr viel mehr zum Ziel als nur die Ruhighaltung Frankreichs: Es ging um nichts weniger als um die Aufrechterhaltung des Friedens in Europa. Denn jeder auch nur am Rande des Kontinents aufflammende Konflikt drohte sich zu einem Krieg auszuweiten, der die Mitte des Kontinents zum Epizentrum haben würde. An erster Stelle galt es dabei, die Russen und die Österreicher daran zu hindern, ihren Streit um die Herrschaft über den Balkan und Konstantinopel mit militärischen Mitteln auszutragen.

Bismarck wußte um die Instabilität seines Bündnissystems, von dem einige tragende Elemente wie der Rückversicherungsvertrag mit Rußland geheim bleiben mußten. Mindestens zweimal wäre es im Südosten fast zu einem Krieg gekommen, der unweigerlich das Reich erfaßt hätte – eine Schreckensvision, die 1914 unter Bismarcks unfähigen Nachfolgern schließlich Wirklichkeit werden sollte. Einstweilen war Deutschland stolz auf seinen ruhmreichen Regierungschef, der nun im Zentrum aller bedeutenden Beschlüsse stand und die Außenpolitik zu seinem besonders reservierten Gebiet machte. Eine besondere Rolle in diesem komplexen System spielte die Kolonialpolitik.

Widerwillig und ohne innere Überzeugung ließ sich Bismarck schließlich auf die Sicherung der Handelsstützpunkte ein, die deutsche Kaufleute und Glücksritter im »Niemandsland« in Afrika und im Südpazifik eingerichtet hatten. Der Reichskanzler konnte sich der starken kolonialistischen Strömung, die außer wiederum den Sozialdemokraten alle gesellschaftlichen Kräfte erfaßt hatte, nicht ohne Zugeständnisse entgegenstellen. Schließlich gab er dem Drängen von Bankiers, Industriellen und Großkaufleuten, die von ihren Kontoren in Hamburg, Bremen und Berlin aus Niederlassungen in Übersee finanzierten, nach und gewährte ihnen den Schutz des Reiches. In seinen Augen versprach das koloniale Engagement zugleich, Großbritannien angesichts der drohenden Konkurrenz zu einer Vernunftehe mit dem Deutschen Reich zu bewegen. Auf der anderen Seite befürchtete Bismarck allerdings auch, entfernte und wenig nützliche Kolonien würden Deutschland nur Spannungen bescheren und die von ihm aufgebaute Führungsrolle »seines« Reiches in Europa bedrohen. Seine Welt blieb die des Wiener Kongresses, und für ihn waren nur die traditionellen Mächte bedeutend, wobei das Deutsche Reich die Rolle Preußens übernommen hatte und Italien als neuer Nationalstaat hinzugekommen war. Der Kolonialismus war die Anfangsphase des Imperialismus, der Deutschland bald erfassen und zu einer Abkehr von Bismarcks gemäßigter Politik führen sollte. Das Ergebnis war die Isolierung des Reiches und Krieg an allen Fronten. Wenn Bismarck den Krieg von 1914 erlebt hätte, wäre er in seinem Mißtrauen gegenüber dem Imperialismus bestätigt worden, von dem wir heute wissen, daß er in gerader Linie zum modernen Totalitarismus führen kann.

Ein Held für die bürgerliche Mittelschicht, wurde Bismarck, 1890 fünfundsiebzig Jahre alt, am Hof von fast allen und in der Politik von den meisten gehaßt. Zu viele Eitelkeiten hatte er verletzt, gegen zu viele Interessen verstoßen und zu viele in ihrem Ehrgeiz gekränkt. Die Konservativen, die Barone des Großgrundbesitzes, seine eigene Klasse, fühlten sich von ihm im Stich gelassen, und dabei hatte er doch ihretwegen den freien Handel eingeschränkt und erneut protektionistische Maßnahmen eingeführt. Die Nationalliberalen verziehen es ihm nicht, daß er ihre Hoffnungen auf Ministerposten enttäuscht hatte. Die Linksliberalen warfen ihm rücksichtslose Tyrannei und sein Liebäugeln mit einem Staatsstreich vor. Die mit Krediten verwöhnten Militärs fanden, es sei immer noch nicht genug. Und Bismarcks engste Mitarbeiter dachten an die eigene Zukunft.

Kaiser Wilhelm I. starb am 9. März 1888 im Alter von einundneunzig Jahren. Sein siebenundfünfzigjähriger Erbe litt an Kehlkopfkrebs im fortgeschrittenen Stadium. Er und seine Frau Viktoria, die königliche Prinzessin von Großbritannien, warteten seit 1862 auf eine Gelegenheit zur Abrechnung mit dem allmächtigen Bismarck, der ihre liberalen Bestrebungen stets durchkreuzt hatte. Doch nun fühlte sich der todgeweihte

Kaiser Friedrich III., der nicht mehr sprechen konnte, dem Kampf nicht mehr gewachsen. Er behielt Bismarck im Dienst und begnügte sich mit der Entlassung des preußischen Innenministers, der die Wahlen ein wenig zu sehr manipuliert hatte. Drei Monate dauerte die Tragödie, dann bestieg am 15. Juni 1888 der zweiunddreißigjährige Wilhelm II. den Thron. Der neue Kaiser war ein schillernder, oberflächlicher Geist, der sich gerne mit Gardeoffizieren umgab und auf den übernatürlichen Ursprung seiner Würde allzu stolz war. Der eher rechtgläubige denn fromme Protestant liebte, was seine Eltern gehaßt, und haßte, was sie geliebt hatten. Mit seiner Prunksucht und seiner Vorliebe für Symbole der Macht, die er mehr liebte als die Macht selbst, erschien er als idealer Vertreter der von Bismarck wider Willen vorbereiteten Ära. Trotz seines großspurigen und provokanten Auftretens war Wilhelm, der an einer angeborenen Schwäche des linken Armes litt und als Knabe von seiner Mutter nicht geliebt worden war, von Natur aus schwach, zaghaft und im Grunde unsicher. Schon zu Lebzeiten Wilhelms I. ergriff er gegen seine Eltern Partei für Bismarck und beließ diesen nach seinem Machtantritt denn auch in seinen beiden Ämtern als Reichskanzler und preußischer Ministerpräsident. Dann aber entfremdete er sich zusehends von ihm: Der alte Bismarck mit seinen spartanische Tugenden stand für ein Preußen, dem der Kaiser nur mit Worten huldigte, und zudem stellte er diesen mit seinem Ruhm in den Schatten. Vorwände, ihn loszuwerden, gab es mehr als genug. Der Reichskanzler, der sich für mehrere Monate im Jahr auf seine Ländereien zurückzog, regierte immer weniger. 1890 verlor er die Wahlen und scheiterte mit der Verlängerung des Sozialistengesetzes. Dagegen trat Wilhelm II., der sich bei allen Untertanen beliebt machen wollte, für eine Ausdehnung der Sozialgesetzgebung ein, eine überflüssige demagogische Geste in den Augen des Reichskanzlers, der einsehen mußte, daß die Sozialdemokratische Partei aus den zwölf Jahren Verfolgung gestärkt hervorgegangen war und ihre Parlamentssitze bei jeder Wahl vermehrt hatte. Und trotz der Erneuerung des geheimen Rückversicherungsvertrags spürten Bismarck und die Öffentlichkeit, daß Rußland von der preußisch-deutschen Allianz mehr und mehr abrückte und sich Frankreich annäherte. Der Kaiser warf Bismarck vor, er verheimliche ihm wichtige Fakten in der Außenpolitik. Schließlich entschloß sich der alte Diener, sein Rücktrittsgesuch einzureichen. Endlich bin ich Kaiser, rief Wilhelm II. aus und begab sich auf einen Pfad, der achtundzwanzig Jahre später mit einer unrühmlichen Flucht nach Holland enden sollte. Zu seinem Reichskanzler ernannte er den General Leo von Caprivi, ein unbeschriebenes Blatt in der Politik. Mit Mut und gesundem Menschenverstand konnte er sich trotz der spöttischen Äußerungen des ausgeschiedenen Kanzlers, der sich mit seinem Sturz durchaus nicht abgefunden hatte, ohne allzu große Mühe behaupten.

Und auch – oder schon – ist das Alter hier ein Schiffbruch. Bismarck hatte sich vielleicht wirklich Illusionen gemacht. Die Nachfolger waren unfähig, die Gefahr von außen wuchs, er besaß eine gewaltige Popularität, die nach der Entlassung noch gewachsen war ... Doch hätte es den Kaiser unendlich viel Überwindung gekostet, den von Bord gegangenen Lotsen zurückzurufen. Aber eben das Alter im Verbund mit den Schmeicheleien der Umgebung und den groben Vereinfachungen seines ältesten Sohnes und engsten Mitarbeiters, den er zum Staatssekretär des Auswärtigen Amtes gemacht hatte, verschleierten dem großen Mann den Blick, so daß er die Spaltungen nicht mehr erkannte. Nichts gelinge ihm mehr, hatte es schon lange vor der Entlassung am Hof und in der Stadt geheißen. Bismarck, der sich verraten und sein politisches Werk in Gefahr sah (mit Recht, aber was ist ein solches Werk wert, wenn es sich nach dem Abgang seines Urhebers so rasch aufzulösen drohte?), bemühte sich in den ihm verbleibenden acht Lebensjahren nach Kräften, dem Herrscher und seinen Mitarbeitern ihre Aufgabe möglichst schwer zu machen. In den zahlreichen Zeitungen, die sich darum rissen, von Bismarck direkt inspirierte Erklärungen und Stellungnahmen abzudrucken, welche die Leser als solche auch erkannten, bekämpfte der Ex-Kanzler unablässig die Außenpolitik der Nachfolger, die er für unfähig hielt, weil sie sich mit ihm nicht solidarisiert hatten. Aus Rache wurde er vom Kaiser nach seiner Entlassung schäbig behandelt. Schon zu Lebzeiten als Nationalheld gefeiert, wurde Bismarck, der den Nationalismus stets als Sache des einfachen Volkes, ja des Pöbels, verachtet hatte, zum Schirmherrn aller patriotischen und expansionistischen Bewegungen, die das Land mit einem Netz von Ortsgruppen zu überziehen begannen. Außer in erzkatholischen Gegenden wurde es für jede Stadtverwaltung zum Muß, eine Straße nach Bismarck zu benennen oder Bismarck ein Denkmal zu setzen. Bismarck wurde zu einem lebenden Mythos. Zur Vollendung seiner Abrechnung mit den Gegnern erschienen nach seinem Tod 1898 die »Gedanken und Erinnerungen«. Der dokumentarische Wert dieses literarischen Meisterwerks ist gering, doch hatte seit Luthers Schriften kein Werk in der Nation mehr ein so zahlreiches Publikum gefunden, das aus diesen feinsinnigen Spekulationen, brillanten und schwungvollen Erzählungen und den bravourös aufgetischten Lügen allerdings nur das herauslas, was es gerne lesen wollte. In Bismarcks Schloß Friedrichsruh im Sachsenwald hatten sich Delegationen die Klinke in die Hand gegeben und waren mit den ermunternden Worten des großen Demagogen, der dieser einsame Aristokrat schon während seiner langen politischen Laufbahn gewesen war, nach Hause zurückgekehrt. Aber trotz der ihm entgegengebrachten Verehrung war Bismarck für die kommenden Tragödien nicht weniger verantwortlich als seine schwachen Nachfolger.

Das Reich Wilhelms II.: 1890–1918

Das Wilhelminische Reich bedeutete für Deutschland scheinbar Kontinuität. In den vierundzwanzig Jahren zwischen 1890 und 1914 lösten sich an der Spitze der Staatsgeschäfte nur vier Kanzler ab. Die Institutionen des Reichs blieben formell unverändert. Der Kaiser war im besten Mannesalter, und sein Volk wuchs rapide. Hatte es 1800 noch 20 Millionen Menschen gezählt, so waren es im Jahre 1910 schon 67 Millionen. Zugleich nahm die Wirtschaft einen phantastischen Aufschwung. Das Deutsche Reich, das bereits die bedeutendste Militärmacht der Welt war, war nun auch im Begriff, die erste Wirtschaftsmacht der Welt zu werden und England zu überflügeln. Nur noch die englische Flotte, so träumten einige, trennte das Reich von der Weltherrschaft. Die deutsche Wissenschaft, treibende Kraft beim wirtschaftlichen Fortschritt und Stütze der Militärmacht, nimmt ebenfalls den ersten Rang ein: Die Namen der Nobelpreisträger vom Anfang des Jahrhunderts geben Zeugnis vom Vorsprung, den die Deutschen auch auf diesem Gebiet gewonnen hatten. Technische Hochschulen vermittelten einer wachsenden Anzahl von Studenten, die auch aus Familien der unteren Mittelschicht kamen, den Zugang zur höheren Bildung. Berlin und München wuchsen im engen Austausch mit Paris zu führenden Zentren der modernen Kultur heran.

Der Rechtsstaat festigt sich mit der Regierung, und mit ihm die Stellung der Parlamente. Wenn das Deutsche Reich auch keine parlamentarische Demokratie war, so macht der Parlamentarismus wenigstens in den südlichen Bundesstaaten langsam Fortschritte, wo das Parlament das Staatsbudget aushandelte und verabschiedete (woran auch die Sozialdemokraten beteiligt waren). In Preußen wurde gegen das Dreiklassenwahlrecht mobil gemacht, und dessen Abschaffung schien unvermeidlich. Von den Zwängen des Lebens im Untergrund befreit, gewannen Sozialdemokratie und Gewerkschaften in der Gesellschaft immer größere Bedeutung: Bei den Wahlen 1911 verbuchte die SPD über ein Drittel der Stimmen, und die Gewerkschaften zählten fast drei Millionen Mitglieder.

Materielle Zuversicht und Kulturoptimismus waren für die Epoche kennzeichnend. Zahlreiche einst tödliche Krankheiten werden besiegt.

Die mittlere Lebenserwartung steigt, und die Bevölkerung wächst weiter. Doch machen sich gleichzeitig überall im gesellschaftlichen Gewebe Härte, Aggressivität und Intoleranz breit. In der Großindustrie verbreitet sich die neofeudalistische Mentalität des »Herrn im Hause«, dem einzig und allein Gehorsam, Disziplin und Unterwerfung geschuldet werden. Offiziere, die Zivilisten mit Arroganz und Verachtung begegneten, sorgten für gewalttätige Zwischenfälle. In den mittleren und oberen gesellschaftlichen Schichten kommt ein Antisemitismus auf, eher rassistisch als religiös motiviert, und stemmt sich gegen die Ergebnisse eines Jahrhunderts jüdischer Emanzipation und Assimilation. Eine Politik der Zwangsgermanisierung in den einst polnischen Provinzen und in Elsaß-Lothringen beschwört immer schärfere Reaktionen herauf. Industrielle, Offiziere und hohe Beamte gründen einen Bund gegen die Sozialdemokraten, der sich bemühte, die »Revolutionäre« aus den Betrieben zu werfen und aus den Gemeindeverwaltungen zu vertreiben. Zweimal versuchte die kaiserliche Regierung eine gewerkschaftsfeindliche Gesetzgebung durch das Parlament zu peitschen, um gegen Streikposten und andere »einschüchternde Maßnahmen« die »Freiheit der Arbeit« zu schützen. Die Pläne scheiterten am Zentrum, das Ausnahmegesetzen traditionell feindlich gegenüberstand. Der zunehmenden Radikalisierung der Besitzenden und Mächtigen entsprach in der Sozialdemokratie eine tiefer werdende Kluft zwischen Reformern und Revolutionären. Führende Vertreter der beiden Gruppierungen waren Eduard Bernstein auf der einen und die junge polnische Aktivistin Rosa Luxemburg und der Anwalt Karl Liebknecht auf der anderen Seite.

Gegen den verächtlichen Monokelblick des Junkeroffiziers, gegen den steifen Kragen, der den Hals der Spießbürger reizt, gegen entfremdendes Großstadtleben und den Kult des Geldes suchten Junglehrer und gelangweilte Schüler und Schülerinnen der höheren Klassen der Gymnasien, wo bärtige und dickbäuchige Oberlehrer über Poesie reden, um die Jahrhundertwende den Ausweg in die Natur. Zahlenmäßig war die Bewegung des Wandervogels freilich eine Randerscheinung und zudem leicht zu vereinnahmen von den Mystikern einer Ideologie von Blut und Boden. Ihre Bedeutung verdankte sie ihrer heftigen Irrationalität und weil in ihr Söhne und Töchter der Herren der bestehenden Ordnung oder von deren Dienern gegen die etablierten Normen rebellierte; eine Art Achtundsechziger-Bewegung ohne Barrikaden und revolutionäre Doktrin, aber dennoch in einer gewaltigen Aufbruchstimmung, welche die Gefühle und Parolen der nationalen Erhebung von 1813 wiederaufleben läßt. Und einige dazu bringt, ein reinigendes Kriegsgewitter herbeizuwünschen.

Den Krieg bereiteten indes andere vor, eiskalt Entschlossene, in deren
Innerstem, aber beherrscht und verdrängt, sich schiere Angriffslust regte.
Krieg war für sie das extreme Mittel, um Deutschland den Ruhm und
die Macht zu sichern, die ihm von seinen Ideologen seit Fichte, dem
Philosophen, und Treitschke, dem Historiker, verheißen worden waren.
Rasch begriff man in den Kreisen, wo die großen Entscheidungen vor-
bereitet werden, daß der Kaiser kein wirklicher Herrscher, sondern ein
schwacher Zauderer war, hinter dessen säbelrasselndem Auftreten sich
Unentschlossenheit und Angst verbargen. Man mußte ihn nur verführen
und vorwärtsstoßen. Keinem der Reichskanzler, den einzigen dem Herrscher verantwortlichen Ministern, gelang es je, die Militärs der zivilen
Autorität zu unterstellen. Wenn sie nicht wie der furchtbare Großadmiral
Tirpitz, der Erbauer der Kriegsflotte, selbst in der Regierung saßen, so
übten sie über den Chef des Militärkabinetts, der vom Kanzler völlig
unabhängig und oft mächtiger als dieser war, wirksam Einfluß auf Seine
Majestät aus. Caprivi, Bismarcks erster und zweifellos fähigster Nachfolger, bestand aus Unerfahrenheit nicht auf der Erneuerung des Geheim-
abkommens mit Rußland, dem Eckstein in Bismarcks Bündnissystem zur
Sicherung des europäischen Kräftegleichgewichtes. Daß sich dazu ver-
antwortungslose Ratgeber des Kaisers durchgesetzt hatten, veränderte
die politische und strategische Situation auf dem Kontinent grundlegend.
Es kam zu jener Annäherung der russischen Autokratie an die französische Republik, lange für unmöglich gehalten, die Bismarck aber stets
gefürchtet hatte. Der Generalstab mußte sich damit auf einen Zweifrontenkrieg einrichten, der nur sehr schwer zu gewinnen sein würde, wenn
Rußland seine gewaltigen Ressourcen erst einmal modernisiert hätte.

Caprivi stürzte bereits 1894 wegen seines von der Vernunft getragenen
Kampfs gegen die protektionistische Zollpolitik, die Bismarck als Zugeständnis an Großgrundbesitzer im Osten, seine Brüder und Vettern, eingeführt hatte. Caprivi, der selbst kein Großgrundbesitzer war, ging es
um eine Einbindung des Deutschen Reichs in eine weltweite solidarische
Wirtschaftsgemeinschaft. Wenn schon nicht den ganz freien Warenverkehr, so wollte er wenigstens eine Senkung der Zölle auf Lebensmittel
durchsetzen, womit er praktisch zugleich die von den Sozialdemokraten
angeprangerten hohen Lebenshaltungskosten bekämpfte. Die Großagrarier, die das Ohr Wilhelms II. hatten, entledigten sich des allzu zivilen
Generals mühelos. Sein Nachfolger, der Fürst Hohenlohe, ein siebzigjäh-
riger Diplomat aus ehemals regierender Fürstenfamilie, suchte vor allem
Konflikte zu vermeiden. Seiner Intelligenz standen sein Skeptizismus und
sein Bedürfnis nach Ruhe entgegen. Dank der »Weisheit«, mit der er den
energischsten Kräften freie Hand und dem Herrscher Rückendeckung

verschaffte, konnte sich Hohenlohe sechs Jahre lang im Amt halten. In dieser entscheidenden Zeit gelangten die Öffentlichkeit, die tonangebenden Kräfte in der Gesellschaft und vor allem die politischen Führer aller Richtungen zu der Überzeugung, Deutschland müsse Weltpolitik treiben, wenn es von den Rohstoffquellen nicht abgeschnitten und angesichts der übermächtigen russisch-französischen Allianz auf dem Kontinent nicht isoliert werden wollte. So gesehen, war das Rennen um den »Platz an der Sonne« letztlich eine Flucht nach vorn, eine Verteidigungsstrategie, die von Angst diktiert war.

Die Geographen, Historiker, Journalisten, Politiker und Militärs sahen gewaltige Kolonialreiche entstehen oder sich vollenden. England, Frankreich und sogar Italien teilten die Welt unter sich auf. Ihren Kontinent beherrschend, setzten sich die USA an die Stelle von Spanien. In Asien stieg Japan mit atemberaubender Geschwindigkeit zu einer modernen Großmacht auf. Die Zukunft lag auf den Weltmeeren. Während Bismarck noch in den geopolitischen Kategorien Metternichs gedacht hatte, wurden die Probleme der Staaten und Nationen im Zeitalter des Imperialismus auf weltpolitischer Ebene gestellt. Wilhelm II., über seine verhaßte Mutter ein Enkel der englischen Königin Viktoria, bewunderte, beneidete und verabscheute das britische Empire, dessen Kronprinz, sein Onkel, ihn – völlig zu Recht – als »ungezogenen Knaben« behandelt hatte. Reeder, Schwerindustrielle und Großkaufleute drängten mit aller Gewalt zum Bau der großen Flotte, den der intelligente Tirpitz mit rastloser Energie zu seinem Lebenswerk machte. Da das Deutsche Reich bereits stärkste Militärmacht des Kontinents war, beschwor der Bau der Hochseeflotte mit England, dessen wohlwollende Neutralität für Bismarck zu den Fundamenten der Existenz des Reiches gehört hatte, einen unvermeidlichen Konflikt herauf.

Angesichts der russischen Gefahr und der französischen Konkurrenz in Übersee sahen britische Staatsmänner wie Joseph Chamberlain die praktikabelste Lösung für einen Erhalt des Kräftegleichgewichts in der Welt in einer deutsch-britischen Allianz, vorausgesetzt, das Deutsche Reich wäre zu einer Einschränkung seiner Ambitionen zur See und als Kolonialmacht bereit. Der altersschwache Hohenlohe und sein Nachfolger, der brillante, aber arrogante, leichtsinnige und zynische Bülow, wußten diese Avancen nicht zu nutzen. Auch der Kaiser trug durch großspuriges Auftreten, Taktlosigkeiten und provozierende Interviews mit dazu bei, daß England die Verständigungsversuche abbrach und die Entente mit seinen Erbfeinden suchte. Das Deutsche Reich, das die Realitäten in der Welt verkannte, wurde immer mehr eingekreist. Einen Ausweg gab es nur nach Südosten über das verbündete Österreich-Ungarn, das durch innere Konflikte immer stärker in die Abhängigkeit vom ungeliebten Berliner Vetter geriet. Deutschland faßte mit Militärberatern, Bankiers und Großprojekten wie der Bagdad-Bahn, einer strategisch wichtigen Eisenbahnlinie von Istanbul nach Bagdad, im Türkenreich fest Fuß, durchkreuzte damit die hochfliegenden Pläne Rußlands, das weiter entschlossen war, sich der Meerengen zum Mittelmeer zu bemächtigen, und bedrohte englische Interessen in den kolonialen Besitzungen Suez und Indien. Zudem ergriffen die deutsche Öffentlichkeit und allen voran der Kaiser Partei für die Buren, die von den weit überlegenen Engländern in Südafrika angegriffen worden waren. Nach der sogenannten Krüger-Depesche, einer Art Solidaritätserklärung Wilhelms II. mit dem Präsidenten von Transvaal, dem Chef des Buren-Widerstands, die London als schallende Ohrfeige empfand, versicherte der deutsche Kaiser in einem Interview in einer englischen Zeitung, er habe dem britischen Generalstab die Pläne geliefert, mit denen er den Widerstand der Afrikaander brechen könne. Die Engländer reagierten mit Hohn und einem Sturm der Entrüstung. Auch die deutsche Öffentlichkeit fühlte sich diesmal hintergangen. Der Reichstag protestierte. Es gab Überlegungen, Wilhelm II. durch seinen ältesten Sohn ablösen zu lassen. Der drohende Sturz erschütterte das Selbstvertrauen des eher großsprecherischen denn mutigen Souveräns. Wilhelm war empört über Bülow, der sich nicht entschlossen genug hinter ihn gestellt habe, und ersetzte ihn kurze Zeit später durch einen hohen Beamten, der trotz seiner Intelligenz und eines gewissen Scharfsinns nicht zur Aufsässigkeit neigte: Theobald von Bethmann Hollweg sollte neun Jahre im Amt bleiben. Der Kaiser hielt sich von da an zurück, geriet aber auch stärker unter den Einfluß entschlossener Minister und Militärs. Der Bau der Kriegsflotte, die Erhöhung der Militärkredite, die forcierte Aufrüstung und die abenteuerlichen Wunschträume der Imperialisten verschiedenster Farbe führten bei den anderen Mächten zu wachsender Besorgnis. Das Deutsche Reich mit seinem gewaltigen Potential wurde nicht einmal mehr von einem festen Willen gelenkt.

Obwohl nicht wirklich zum Krieg entschlossen, warf sich der Kaiser, von Militärs, Industriellen und selbst von Abenteurern gedrängt, in gefährliche Expeditionen, die er kaum noch unter Kontrolle hatte. Ein Besuch in Jerusalem, bei der er ein protestantisches Bistum eröffnete, löste bei den Engländern höchsten Alarm aus. In Marokko stießen Deutschlands zweitrangige Interessen heftig auf die Ambitionen der Franzosen. Sporadische Provokationen (der sogenannte »Panthersprung«, die Entsendung des deutschen Kanonenbootes »Panther« nach Agadir) endeten mit kläglichen Kompromissen, da Marokko den Franzosen überlassen wurde. Der ungeschickte Versuch einer Aussöhnung mit dem schwachen russischen Zaren, den die Präpotenz des deutschen Vetters terrorisierte, weckte in Wien Zweifel. Am Vorabend des Ersten Weltkriegs hatte der Kaiser die Macht schon nicht mehr in Händen. Wer aber übte sie an seiner Stelle aus? Sicher weder der Reichskanzler, der höchste Regierungsbeamte, noch der auf seine Domäne beschränkte Tirpitz oder dieser oder jener General. Selbst die Großindustriellen beherrschten trotz Reichtum und Macht nur einen Teil der nationalen Existenz, und auch die Militärs hatten nur beschränkten Einblick und Einfluß, so wie der Generalstabschef Helmuth von Moltke der Jüngere, der Neffe des schreckeneinflössenden gleichnamigen Feldherrn Bismarcks, der ebenso unentschlossen und verzagt war wie der Kaiser selbst. Vielleicht lag das Geheimnis des Wilhelminischen Kaiserreichs am Ende darin, daß keiner mehr wirklich die Macht ausübte, eine unhaltbare Situation, die den Eingeweihten der Krieg als eine verlockend einfache, wenn auch nur vorübergehende Lösung erschien. Nach der Kriegserklärung galt die Macht wenigstens kollektiv als vom Militär ausgeübt, vertreten durch den preußischen Kriegsminister und den Generalstabschef. Wilhelm II., der heruntergekommene Großneffe Friedrichs des Großen, der so oft martialische Reden geschwungen hatte, machte nicht einmal einen Versuch, sich in das Kommando und die Kriegführung einzumischen. Lange vor seiner Flucht nach Holland war er zu einer Ohnmachtsfigur geworden, zu einem Phantomkaiser mit schwindendem Ansehen, dem die Feinde, indem sie ihn zum Kriegsverbrecher Nummer eins machten, eine unverdiente Ehre erwiesen.

Doch welch großes Land, welch großes Volk stand unter der Führung von Männern, die so wenig Bewunderung verdienten! Die deutsche Wertarbeit wurde in aller Welt geschätzt. Aus dem von den Engländern aufgebrachten, ursprünglich abwertenden Etikett *Made in Germany* hatten die Deutschen ein Markenzeichen höchster Qualität gemacht. In den deutschen Städten, in denen prachtvolle, vielleicht allzu monumentale, aber sehr solide Bauten wie Pilze aus dem Boden schossen, herrschten Sauberkeit und Ordnung. In der Verwaltung der Sozialversicherungen, in den Gewerbe- und Kaufmannsgerichten und in Stadträten lernten sozialdemokratische Arbeiter öffentliche Verantwortung tragen. In den deutschen Bundesstaaten gab es verantwortungsbewußte und kunstliebende Fürsten, welche die Probleme der einfachen Bevölkerung ernstnahmen wie der Prinzregent von Bayern, ein umgänglicher, würdevoller und freundlicher Mann, das Gegenteil seines geistig umnachteten Vorgängers, oder wie der Großherzog von Hessen, ein aufgeklärter Literaturmäzen. Die Wilhelminische Ära, in der die Wirtschaft einen gewaltigen Aufschwung nahm und eine Ideologie der Bereicherung vorherrschend wurde, ist – was selten vorkommt – zugleich auch eine kulturelle Blütezeit. Lyriker, Romanciers, Maler und Musiker aller Schulen und Richtungen bevölkerten den deutschen Parnaß in Wien wie in Berlin, in dem das Deutschland der Kultur noch immer fest vereint bleibt. An der Universität Czernowitz in der Bukowina nahe der ukrainischen Grenze und an der von Dorpat in Estland wurde ebenso wie an der Prager Karls-Universität noch immer in Deutsch gelehrt. Schweizer, Österreicher, Deutsche und russische Untertanen konnten unterschiedslos auf alle Lehrstühle der deutschen Geisteszentren berufen werden. In der Literatur und in den Künsten überlagerten sich Naturalismus, Impressionismus und Expressionismus und lösten einander ab.

Um das Reich Wilhelms II. zu verlassen, brauchte man wie in Poincarés Frankreich keinen Paß, höchstens zur Einreise nach Rußland, wo die Polizei schon damals fast allmächtig war. Das Europa, das langsam, aber unaufhaltsam dem Krieg entgegendriftete, ist noch immer eine Einheit, in der man sich frei bewegen konnte. Trotz der harten Klassenkämpfe (schon zu Beginn von Wilhelms Herrschaft brachen an der Ruhr heftige Streiks der Bergarbeiter aus, deren Elend und Kampfbereitschaft sowie das hier sich ereignende Aufholen einer neuen Macht, die mit der seinen rivalisierte und sie bedrohte, beim »jungen Kaiser« einen tiefen Eindruck hinterließen) und trotz der negativen wirtschaftlichen Folgen einer von Agrarinteressen diktierten Handelspolitik trug diese Ära von Recht und Gesetz auch überraschend menschliche Züge. Die Elsässer, die sich nach der Rückkehr ins Reich für Frankreich entschieden hatten und deshalb verbannt worden waren, durften die Heimat einmal im Jahr bis zu zwei Monate besuchen. August Bebel, der Führer der Sozialdemokraten, der aus politischen Gründen zu einer Haftstrafe verurteilt worden war, reiste in der Eisenbahn mit seinen geliebten Kanarienvögeln und auf jedem Bahnhof von einer Abordnung uniformierter Eisenbahner begrüßt der Festung entgegen, wo er seine Strafe absitzen sollte. Allseits bekannt ist die Anekdote des arbeitslosen Schusters Wilhelm Voigt, der, aus dem Gefängnis kommend, in einer alten Hauptmannsuniform ein paar Soldaten kommandierte und mit diesen zum Rathaus von Köpenick zog, den Bürgermeister verhaftete und das Geld der Stadtkasse einsteckte. Am schrecklichen Tag der Kriegserklärung hielten es die Sozialdemokraten der internationalistischen Partei, die Marx' und Engels' liebstes Kind gewesen war, aufrichtig für ihre Pflicht, das Deutsche Reich mit seiner Rechtssicherheit, seinem allgemeinen Wahlrecht, das die Exekutive täglich ein wenig mehr kontrollierte, wo das arbeitende Volk begonnen hatte, einige Teile der Macht einzunehmen, gegen die Bedrohung durch die russische Autokratie zu verteidigen. Auch wenn Wilhelm II. kaum Respekt verdiente, so sollte sich die nach ihm benannte Epoche im verzeihenden

Rückblick für viele schon bald zu einem Goldenen Zeitalter verklären. Selten in der Geschichte sind so große Chancen so leichtfertig vertan worden.

Wer hat den Krieg angefangen? Wer trägt die Schuld? Wer hat ihn gewollt? Nur wenige haben bewußt, absichtlich und entschlossen auf ihn hingewirkt, und diese Kriegstreiber gab es in und außerhalb des Deutschen Reichs. Waren es innerhalb des Reichs mehr? Am Krieg gar kein Interesse hatten von den europäischen Großmächten allein die Engländer, die denn auch zuletzt, nach einer bewußten Provokation, wie sie es sahen, auf die Verletzung der belgischen Neutralität hin in ihn eintraten. Um die deutsche Konkurrenz auf den Weltmeeren und im Handel in Schach zu halten, war der Krieg die Ultima ratio, deren Logik die meisten führenden englischen Politiker noch hofften umgehen zu können. Eine weitere Großmacht hatte ein besonderes Interesse an der Vermeidung jedes bewaffneten Konflikts: das von inneren Widersprüchen zerrissene Österreich-Ungarn. Trotzdem stürzte gerade die österreichische Regierung den Staat – vielleicht um eine Explosion im Innern zu vermeiden – selbstmörderisch in einen katastrophalen Krieg und riß die anderen fünf Mächte des Kontinents mit sich. Das Deutsche Reich hätte seinen einzigen, viel schwächeren und völlig abhängigen Verbündeten zurückhalten können. Aber war dies nicht der letzte Augenblick, einen Zweifrontenkrieg zu riskieren, bevor sich die Modernisierung Rußlands auch im militärischen Bereich auswirkte? Und wäre die Doppelmonarchie unter dem Druck der Slawen, die von den Russen unterstützt wurden, zerfallen, so wäre das Reich ohne Bündnispartner vom Balkan und den Türken abgeschnitten und von drei Seiten her eingekreist gewesen. Anders als die unsäglichen französischen Minister 1870 brachen der deutsche Kaiser, der Kanzler und der Generalstabschef diesen Konflikt nicht leichtfertig vom Zaun. Sie schlitterten vielmehr in ihn hinein, wollten ihn zwar nicht, wußten ihn aber auch nicht zu verhindern und ergriffen mit ihrer Kriegserklärung ungeschickterweise auch noch die Initiative, statt sie anderen zu überlassen. Österreich-Ungarn machte gegen Serbien mobil, worauf Rußland gegen Österreich-Ungarn mobil machte. Das Deutsche Reich ergriff nach Ablehnung eines Ultimatums die Offensive, und dann wiederholte sich das ganze Szenario mit Frankreich. Deutschland war somit für die Weltöffentlichkeit der Aggressor. Hinzu kam, daß der deutsche Generalstabschef am strategischen Konzept seines berühmten Vorgängers Graf Schlieffen, der für einen machtvollen Geist gegolten hatte, festhielt und den französischen Feind von Belgien her überrennen wollte. Anschließend sollten die Streitkräfte nach Rußland abgezogen werden, das man einstweilen mit einer verringerten Streitmacht in Schach zu halten hoffte. Das kleine Belgien, das 1831 gegründet worden war, um die ehemaligen österreichischen Niederlande keiner den Briten feindlich gesinnten Großmacht in die Hände fallen zu lassen (die Gründung hatte sich damals gegen Frankreich gerichtet, das wegen der fehlerreichen deutschen Außenpolitik jetzt aber englischer Verbündeter war), verteidigte seine Neutralität. Nachdem die Berliner Regierung Londons Forderungen nach Räumung des belgischen Territoriums nicht nachgekommen war, trat Großbritannien in den Krieg ein. Das Bismarcksche System war vernichtet. Italiens Überwechseln ins gegnerische Lager 1915 vollendete die vom Eisernen Kanzler so gefürchtete Isolierung.

Kriegslüsterne Minderheiten gab es nicht nur in Deutschland und Österreich. Auch in Rußland, wo die Macht nach der Niederlage gegen die Japaner und nach der Revolution von 1904/1905 ins Wanken geraten war, hofften hohe Regierungsbeamte und Militärs, ihren schwachen und wankelmütigen Herrscher, um die nationale Einheit wiederherzustellen, zu einem großen vaterländischen Krieg zu bewegen. In Frankreich war der Revanchismus bei der Rechten und Linken so lebendig wie nie zuvor, und die Kriegstreiber wurden ermutigt durch das Ende der außenpolitischen Isolierung, die die ersten Jahre der Dritten Republik überschattet hatte. Wie hätten Frankreich, Rußland und England mit einem Deutschen Reich, das durch das Bündnis mit dem schwerfälligen Österreich eher gehandikapt war, nicht fertig werden sollen? Und in Italien erhielten nun jene Kräfte Auftrieb, die dafür plädierten, Cavours Strategie im Krimkrieg zu wiederholen und zur Befreiung von Trient und Triest an der Seite der Entente in den Krieg einzutreten.

Von den sechs großen europäischen Mächten konnten demnach nur England und Österreich als saturiert gelten, aus gegensätzlichen Gründen hegten sie freilich keine expansionistischen und imperialistischen Gelüste. Während die Briten ihre kühnsten Träume bereits verwirklicht hatten, war Österreich so instabil geworden, daß jede Veränderung den Todesstoß bedeuten konnte. Rußland, Deutschland und Italien träumten von gewaltigen Gebietsgewinnen, die ihre Kräfte bei weitem überstiegen. Frankreich, dessen Vitalität nach den Blutbädern vom Ende des 18. und Anfang des 19. Jahrhunderts noch immer geschwächt war, wäre ebenfalls saturiert gewesen, hätte man ihm nicht Elsaß-Lothringen entrissen. Obwohl im Grunde am Status quo interessiert, strebte es angesichts seiner historischen Lage doch die Veränderung an. So hatten alle europäischen Mächte durch gewisse Elemente ihrer Strukturen, die Interessen ihrer Regierungen und die herrschenden Ideologien einen Anteil an der Kriegsschuld, selbst England, das mit einer früheren und deutlichen Warnung den Kaiser und seine Minister zum Zurückweichen hätte veranlassen können angesichts von Entscheidungen, vor denen im Grunde auch sie zittern mußten. Wie bei fast allen geschichtlichen Tragödien lag die Verantwortung bei vielen Seiten. Nur sehr selten läßt sich bei einem großen Krieg ein einzelner ausschließlicher oder vornehmlicher Urheber ausmachen und anklagen. Die Siegermächte, die den Kaiser und seine Komplizen 1918 als Kriegsverbrecher vor Gericht bringen wollten, haben auf verhängnisvolle Weise mit dazu beigetragen, daß die Deutschen mit ihrem unglücklichen Besiegtenbewußtsein isoliert wurden, während sie doch überzeugt waren, daß nach Moral und Gerechtigkeit sie hätten Sieger sein sollen. Der Erste Weltkrieg war bis zur bolschewistischen Revolution in Rußland eigentlich kein Krieg der Ideologien gewesen, der nur mit der Bekehrung oder Vernichtung des Gegners, also mit Untergang oder Identitätsverlust, beendet werden kann. Über den Versailler Vertrag hat man sagen können, er sei in seinen Härten zu milde und in seinen milden Seiten zu hart gewesen; oder, daß er zur Beendigung eines traditionellen Krieges zwischen Großmächten zu ideologisch gewesen sei und nicht ideologisch genug, um die Werte der westlichen Demokratien überall durchzusetzen, die Werte der Sieger oder zu denen diese sich zumindest nach außen hin bekannten.

Bei Kriegsausbruch tat sich in den Straßen von Berlin und in den Metropolen der anderen beteiligten Mächte begeisterter Jubel in Gesängen kund. »Ich kenne keine Parteien mehr«, verkündete der Kaiser von seinem Balkon herab, »ich kenne nur noch Deutsche!« Für ihn und zahlreiche Untertanen waren die Parteien und die Politik überhaupt etwas Schlechtes, ein Urteil, das selbst die Parteien zu teilen schienen, indem sie den Burgfrieden verkündeten, nationale Tugenden feierten und die Niedertracht des Feindes geißelten. Nur eine Handvoll Sozialdemokraten, deren Partei seit 1911 die größte Fraktion im Reichstag bildete, wollten dem Staat die notwendigen Kriegskredite verweigern, die von der deutschen Sektion der Zweiten Internationale dann aber doch einstimmig gebilligt wurden. Die gesamte Gesellschaft geriet in einen Taumel der Erneuerung und wiedererlangten Reinigung. Sie wurde von einer Art militaristischen Rousseauismus' erfaßt, während die ersten jungen Freiwilligen an der Front ihr Leben ließen. Singend starben sie im Geist der Jugendbewegung und in Erinnerung an das Jahr 1813 in den Dünen von Flandern.

Unterdessen stellte man in Berlin fest, daß nach fünfundvierzig Jahren Frieden, der nur durch die europäische Expedition nach China und einige blutige Kämpfe in Afrika unterbrochen worden war, keiner sich auf diesen modernen Krieg vorbereitet hatte. Niemand hatte damit gerechnet, daß sich der Konflikt länger hinziehen würde als die paar Monate des Frankreichfeldzugs von 1870/1871 und daß kein Heldentum jetzt die Knappheit an Rohstoffen ausgleichen konnte, von denen es nur sehr ungenügende Bestände gab. Eine wirtschaftliche Kriegführung mußte improvisiert werden. Sie war zum großen Teil das Werk eines Mannes, der gleichzeitig Industrieller und Philosoph war, und noch dazu Jude, Walther Rathenau, dem der extreme Nationalismus nie vergeben wird, daß er sich um das Vaterland verdient gemacht hatte, indem er Deutschland in die Lage versetzte, vier Jahre lang der von England verhängten Blockade zu widerstehen. Stahl und Erdöl waren das Lebenselixier des Krieges geworden. Um die Materialschlachten zu finanzieren und um trotz des kriegsbedingten Arbeitskräftemangels die industrielle und landwirtschaftliche Produktion zu sichern, übernahm das Militär in der Wirtschaft die Führung. Überraschend handelten das Kriegsministerium und die sozialistischen Gewerkschaften eine Übereinkunft aus, mit der Beschränkungen der Arbeitszeiten aufgehoben, die Bezahlung geregelt, die Beteiligung der Gewerkschaften an der Arbeitsorganisation und der Einsatz der verfügbaren Arbeiter bei den Ernten festgelegt wurden, da das Land durch den Krieg entvölkert war. Der Krieg führte so erstmals dazu, daß Kaiser und Unternehmer die Arbeiterschaft als als wirkliche Partner anerkannten. Wie überall unterstützten die Gewerkschaften die Arbeit der Verwaltung, ohne abzuwarten, daß der Kaiser im Gegenzug für die Treue des Volkes endlich das allgemeine direkte und gleiche Wahlrecht in Preußen einführte. Man bekommt eine Vorstellung von der gewaltigen Macht der Honoratioren und der Feudalherren, wenn man sich vor Augen hält, daß erst ein Krieg und die fast sichere Niederlage die Rechte zu einem Verzicht auf das Zensuswahlrecht bewegen würden, das ihre Macht auf immer festgeschrieben hatte. Freilich verhinderte die öffentliche Anerkennung der Gewerkschaften nicht, daß sich skrupellose Spekulanten und Industrielle am Krieg schamlos bereicherten.

Die ersten Siege lösten Begeisterung aus. Nach kaum einem Monat Krieg standen die Deutschen vor Paris und hatten die Russen in Ostpreußen zurückgeworfen. Erst langsam zeichnete sich ab, daß sich der Konflikt mit jeder gewonnenen Schlacht weiter in die Länge zog, während doch die Militärdoktrin des großen Generalstabs auf den raschen Sieg setzte. Österreich-Ungarn, das auf den Krieg wirtschaftlich noch weniger vorbereitet war als das Deutsche Reich, tat sich beim Vormarsch noch schwerer und hielt dann dem Druck des Feindes nur mit Mühe stand. Wie in Paris und London fielen auch im Reich die Menschen, ja sogar viele Besonnene, Arbeiter, Geistliche und Intellektuelle, dem chauvinistischen Wahnsinn anheim. Ehrenhafte Professoren der Universität

München erklärten alle Franzosen zu Opfern einer spezifischen Geistes-
krankheit, des sogenannten *Morbus Gallicus.* Dagegen vertraten die Kollegen in Paris die Ansicht, der Gestank aller Deutschen rühre von einem
Überschuß an Stickstoff im Urin her. Hochrangige Kirchenvertreter auf
beiden Seiten setzten die nationale Sache mit dem Willen Gottes gleich.
Namhafte Schriftsteller stimmten Kriegslieder an und feierten die Überlegenheit der germanischen Rasse. Thomas Mann setzte seinen Namen
unter Schriftstücke, für die er sich später schämte. Und die Militärzensur
sorgte überall für einstimmige Kriegsbegeisterung. Liberale, Alldeutsche
und selbst manche Sozialdemokraten überboten sich in ihren Träumen
von gewaltigen Gebietsgewinnen. Die Flamen sollten in ein Reich zurückkehren, das sich mindestens bis nach Boulogne erstrecken würde.
Die Einwohner der Franche-Comté, der Freigrafschaft Burgund, sollten
wieder Burgunder werden. In Polen würde ein Erzherzog den Nationalstaat wiedererrichten, wobei die nach der Teilung zu Preußen gewordenen Polen bei Preußen bleiben sollten. Andere schielten auf die Korn-
kammern der Ukraine. Mit dem türkischen Verbündeten sollten die
Deutschen bis zu den Südhängen des Kaukasus vorrücken. Und auch die
gefallenen Soldaten, die in den Familien aller Schichten Leere hinterließ-
en, sprachen für Gebietsgewinne, wenn sie nicht umsonst gestorben sein
sollten. Entbehrungen und Hunger bestimmten jedoch bald den Alltag.
Zivilisten spielten in der Staatsführung ebensowenig eine Rolle wie in
der Kriegführung, auch der Kaiser nicht, der seine Aufgabe als Oberbefehlshaber der Streitkräfte de facto an den Generalstabschef abgegeben
hatte. Im Westen erstarrte die Front, die Soldaten gruben sich ein und
führten einen Stellungskrieg, der nur manchmal von einer Großoffensive,
die Hunderttausende das Leben kostete, unterbrochen wurde. Nachdem
die russischen Angriffe im Osten zurückgeschlagen waren, rückten die
deutschen und österreichisch-ungarischen Heere in endlose Weiten vor.
Bald kam auch die italienische Front zum Stillstand, während auf türki-
schem Gebiet eine französisch-englische Landung vor Gallipoli scheiterte.
Die Mittelmächte zwangen die englisch-indischen Truppen in Mesopo-
tamien zur Kapitulation und bedrohten den Suez-Kanal. Die Deutschen
und ihre Helfer hielten dem Druck des Gegners von Bagdad bis Ostende,
vom Pripet bis an die Brenta stand. Doch dann wurde die Seeblockade
verschärft. Die militärische Führung, unterstützt von chauvinistisch-im-
perialistischen Kräften aus Politik und Wirtschaft, reagierte mit einem
uneingeschränkten U-Bootkrieg. Dieser brachte Großbritannien an den
Rand des militärischen Zusammenbruchs, sorgte zugleich aber auch für
einen Stimmungsumschwung in der amerikanischen Öffentlichkeit, die
bis dahin – schon wegen alter antibritischer Ressentiments – mehrheitlich

für die Neutralität gewesen war. 1917, als sich Rußland zum Rückzug
aus dem Konflikt anschickte, trat Amerika, das sich bislang nur mit
seiner rettenden Wirtschaftshilfe an England und Frankreich beteiligt hatte, mit frischen Kräften in den Krieg ein.

Die innere Front bröckelte zuerst. Schon sehr schnell, vor Ende 1914
hatte sich die sozialdemokratische Linke eines Besseren besonnen und
war zum Internationalismus und Klassenkampf zurückgekehrt. Dieser
Krieg war kein Krieg des Proletariats, er diente vielmehr dazu, die aufstrebende Klasse noch fester ins Joch der Ausbeuter zu spannen. Karl
Liebknecht, der parlamentarische Führer der Linken, verweigerte im Dezember 1914 weiteren Kriegskrediten seine Zustimmung. Von Abstimmung zu Abstimmung folgten ihm immer mehr Abgeordnete. Während
sich diese Opposition offizielle Empörung, Repressionen und Gefängnis
einhandelte, weitete sich der Widerstand innerhalb der SPD mit der zunehmenden Dauer des Krieges, den größer werdenden Verlusten an der
Front und unter der Zivilbevölkerung durch Entbehrungen, Hunger und
Kälte immer weiter aus. 1917 spaltete sich die Unabhängige SPD (USPD)
ab. Die rivalisierenden Mehrheitssozialisten (MSPD) standen nach wie
vor zum Burgfrieden von 1914, versuchten aber zugleich, die offizielle
Politik im Sinne eines Friedensschlusses zu beeinflussen. An der Spitze
der USPD standen die Intellektuellen Karl Liebknecht und Rosa Luxemburg; die Mehrheitssozialisten wurden von dem früheren Sattler Friedrich
Ebert und dem Journalisten Philipp Scheidemann geführt. Der Hunger
zunächst und die allgemein erbärmlichen Lebensbedingungen lösten Anfang 1918 in der Rüstungsindustrie eine gewaltige Streikbewegung mit
hoher Beteiligung aus. Repressionen und einige Zugeständnisse sorgten
für eine vorübergehende Entspannung der Lage, doch blieben die Unruhen nicht ohne geschichtliche Folgen. Später werden Revanchisten und
Nazis behaupten, die Sozialisten von links und rechts hätten den tapferen
und siegreichen Kämpfern an der Front den Dolch in den Rücken gestoßen.

Waren sie tatsächlich siegreich? Sicher nicht im Westen, in der Hölle
von Verdun, wo sich der Kampf mit Hunderttausenden von Toten auf
beiden Seiten zugunsten Frankreichs, das längeren Atem bewies, entschied. Eher im Osten und Süden: Nach langem Widerstand überrannt,
brach die serbische Front zusammen. Rumänien, das dem Krieg zum
unrechten Zeitpunkt beigetreten war, mußte rasch kapitulieren. Die russische Durchhaltepolitik nach der bürgerlichen Revolution Anfang 1917
konnte die Auflösung der Streitkräfte nicht verhindern. Als der deutsche
Generalstab auf den Rat des Geheimdienstes hin den Revolutionär Lenin

und seine Mitarbeiter, die seit 1914 in der Schweiz festsaßen, über Schweden und Finnland nach Rußland einschleuste, sorgten sie für eine jener überraschenden historischen Wenden, die dem Urheber schließlich zum Verhängnis werden. Anfangs zeichnete sich ein Erfolg ab: Die Bolschewiken unterminierten die Kriegsanstrengungen von Liberalen und Menschewiken. Die Fronten brachen zusammen. An die Macht gelangt, schlugen die Bolschewiken Friedensverhandlungen vor und unterzeichneten – mit völlig anderen Absichten als ihre Gegner – alles Verlangte.[2] Die Deutschen glaubten im März 1918 mit dem Vertrag von Brest-Litowsk, sie hätten den Krieg im Osten gewonnen und sich die unerschöpflichen Nahrungsmittelreserven der Ukraine gesichert. Doch das bolschewistische Beispiel wurde in der Truppe und zu Hause heftig diskutiert. Zwischen den Revolutionären und der militärischen und politischen Führung, die noch immer auf den Siegfrieden setzte, hatte ein rasanter Wettlauf begonnen.

Nach der Niederlage vor Verdun 1916 setzte die Führungsriege aus Militärs und Industriellen, die den Kaiser fast völlig entmachtet hatte, den alten General Paul von Hindenburg an seine Spitze. Der Sieger über die Russen von 1914 diente freilich als nationale Symbolfigur nur zur Beruhigung der Öffentlichkeit, während die Geschicke des kriegführenden Deutschen Reichs in Wirklichkeit schon in den Händen des Generalquartiermeisters Erich Ludendorff lagen. Ludendorff, ein verbissener Arbeiter, war ein intellektueller Militär und Ideologe, ein effizienter Technokrat und fanatischer Nationalist, der im Kriegszustand eine Vorphase zu einem völkisch-rassischen Totalitarismus sah. Zur gleichen Zeit war Lenin im Begriff, den bolschewistischen Totalitarismus zu errichten. So bahnte sich in der Schlußphase des Ersten bereits die Kräftekonstellation des Zweiten Weltkrieges an. Der Bürgerkrieg in Rußland kostete das Deutsche Reich einen Großteil der Ergebnisse von Brest-Litowsk. Obwohl die Armeen in die endlosen Weiten der Ukraine einmarschierten, gelang es nicht, in den in Auflösung begriffenen Provinzen die notwendigen Agrargüter zur Linderung der bitteren Not in den deutschen Städten aufzutreiben.

Im Reich gelang es den Ultrarechten, den Kanzler Bethmann Hollweg, einen vorzeitig gealterten Skeptiker und Pessimisten, durch den glühenden Pangermanisten Georg Michaelis, einen preußischen Verwaltungsbeamten, zu ersetzen, der sich mangels Fähigkeiten allerdings nicht dauerhaft behaupten konnte. Auf der anderen Seite ergriffen diejenigen Parteien, die der nationalistischen Propaganda nicht völlig erlegen waren, besorgt wieder die Initiative: Angeregt von dem Zentrumsabgeordneten Matthias Erzberger, der nach annexionistischen Illusionen nun die Realitäten erkannte, stimmten im Jahre 1917 Sozialdemokraten, Linksliberale und Mitglieder des katholischen Zentrums im Reichstag mehrheitlich für eine Friedensresolution, in der eine Beendigung des Krieges ohne Annexionen gefordert wurde. Ludendorff und die führenden Militärs und Industriellen ignorierten das, kamen andererseits aber nicht an der Tatsache vorbei, daß nach dem amerikanischen Kriegseintritt am 6. April 1917, mit dem Präsident Wilson auf den uneingeschränkten U-Boot-Krieg reagiert hatte, massiv amerikanische Truppen nach Europa entsandt wurden. Zudem lieferte Amerika Deutschlands Kriegsgegnern einen unerschöpflichen Nachschub an Proviant und Waffen. Ludendorff verlangte dem ausgebluteten Land, das bewundernswerte Disziplin und eiserne Standhaftigkeit zeigte, eine letzte gewaltige Kriegsanstrengung in der Frühjahrsoffensive von 1918 ab, die nach mehreren kleineren Erfolgen schließlich steckenblieb. Die deutschen Armeen traten den Rückzug an. Angesichts der sich abzeichnenden Niederlage begehrten im Reich die politischen Kräfte auf, die sich bislang ruhig verhalten hatten. Während der einstige Durchhaltepolitiker Ludendorff die Zivilregierung aufforderte, um einen Waffenstillstand zu bitten, rangen die Parteien der Friedensresolution von 1917 dem Kaiser die Bildung einer parlamentarischen Regierung ab. Zum Reichskanzler wurde der liberale Prinz Max von Baden, der Erbe eines Großherzogtums, berufen. Die Führer der Mehrheitssozialisten, Ebert und Scheidemann, traten dem Kabinett bei, das den Übergang in den Frieden und in die parlamentarische Monarchie gewährleisten sollte. Im Landheer, in der Marine und in den großen Städten brachen Aufstände aus und nahmen an Radikalität schnell zu. Das bolschewistische Beispiel machte Schule. Der Kaiser, die Generäle und die Minister zögerten, und die Regierung, auf Ludendorffs List hereinfallend, reichte das Waffenstillstandsgesuch erst Anfang Oktober 1918 ein. In den Kriegshäfen, in denen Tirpitz' prachtvolle Hochseeflotte vor sich hin rostete – obwohl eine der Hauptkriegsursachen, war sie nur ein einziges Mal in einer Schlacht mit unentschiedenem Ausgang eingesetzt worden –, machte sich die allgemeine Unzufriedenheit hungernder Matrosen in Aufständen Luft. Die Unruhen griffen auf Berlin und München über. Der Kaiser dachte nicht daran, den Tod auf dem Schlachtfeld zu suchen, wo seine Soldaten geordnete Rückzugsgefechte führten, sondern floh in die Niederlande. In Berlin legte Prinz Max am 9. November die Exekutivgewalt in die Hände Friedrich Eberts. In einem kurzen Zwiegespräch sagte der liberale Prinz dem sozialdemokratischen Arbeiterführer: »Herr Ebert, ich lege Ihnen das Deutsche Reich ans Herz.« – »Ich habe zwei Söhne für dieses Reich verloren«, antwortete der neue Regierungschef. Erzberger, der Mann der Friedensresolution von 1917, der nun den

Waffenstillstand in Compiègne unterzeichnete, sollte 1921 von rechten
Terroristen ermordet werden. Ludendorff paradierte später beim Putsch
der Nazis 1923 neben dem ehemaligen Gefreiten Hitler. In Berlin und
Hamburg, an der Ruhr und in Bayern begann das Ringen zwischen gemäßigten Sozialisten, die für eine parlamentarische Demokratie eintraten
und sich zur Aufrechterhaltung der Monarchie mit einer Regentschaft
während der Minderjährigkeit des ältesten Kaiserenkels arrangieren
konnten, und den Revolutionären, die sich mehr oder weniger am bolschewistischen Vorbild orientierten und für den Untergang der alten Welt
kämpften. Keine achtundvierzig Jahre zuvor waren Wilhelm I., Bismarck
und die siegreichen Generäle des Kriegs gegen Frankreich feierlich durch
das Brandenburger Tor in die Hauptstadt des neuen Deutschen Reichs
eingezogen. Jetzt tobte der Bürgerkrieg um das Berliner Stadtschloß der
Hohenzollern.

Zeittafel

1871 Nach der Reichsgründung eröffnet Bismarck den sog. Kulturkampf gegen die katholische Kirche (Gesetzgebung, Kirchenpolitik, Erziehungswesen).

1872 Gründung des »Vereins für Socialpolitik« durch bürgerlich-liberale Nationalökonomen als sozialreformerische Antwort auf die organisierte sozialistische Arbeiterbewegung.

1873 Dreikaiserabkommen zwischen Deutschland, Österreich und Rußland.

1875 Gründung der Sozialistischen Arbeiterpartei Deutschlands und Verkündung des Gothaer Programms, das »den freien Staat und die sozialistische Gesellschaft« fordert.

1876 Einweihung des Wagner-Festspielhauses in Bayreuth mit einer Aufführung des »Rings der Nibelungen«. Konstruktion des ersten Viertaktmotors durch Nikolaus August Otto.

1878 Berliner Kongreß auf Initiative von Bismarck: Neuordnung des Mächtegleichgewichts zwischen England, Rußland und Österreich auf dem Balkan. Gründung der nationalistischen Christlichsozialen Partei. Sozialistengesetz gegen Sozialdemokraten und gewerkschaftliche Organisationen.

1881 Dreikaiservertrag zwischen dem Deutschen Reich, Österreich-Ungarn und Rußland: Neutralitätszusagen im Falle eines Krieges mit einer vierten Macht.

1882 Wilhem I. proklamiert per Erlaß die alleinige Autorität des Kaisers über die Regierungspolitik. Dreibund zwischen Deutschland, Österreich und Italien.

1883 Bismarck erläßt als ersten Schritt seiner Sozialgesetzgebung das Gesetz zur Krankenversicherung der Arbeiter. Gründung des Allgemeinen Deutschen Bauernvereins. Tod von Karl Marx in London.

1884 Unfallversicherungsgesetz. Gründung der Gesellschaft für deutsche Kolonisation und Beginn der deutschen Kolonialpolitik in Afrika.

1886 Die polnische Frage: Bismarck leitet Zwangsmaßnahmen gegen Polen in ostdeutschen Provinzen ein.

1887 Rückversicherungsvertrag zwischen Deutschland und Rußland: Neutralitätszusage Rußlands im Falle eines französischen Angriffs. Antideutsche revanchistische Bewegung in Frankreich.

1888 Nach dem Tod Kaiser Wilhelms I. wird sein Sohn Friedrich III. sein Nachfolger, nach dessen Tod Wilhelm II. den Thron besteigt. Erste Zerwürfnisse zwischen Bismarck und dem Kaiser.

1889 Streik der Bergarbeiter an der Ruhr. Alters- und Invalidenversicherung. Gründung der reaktionär-antisemitischen Deutschsozialen Partei. Bertha von Suttners pazifistischer Roman »Die Waffen nieder«.

1890 Entlassung Bismarcks. Sein Nachfolger als Reichskanzler und preußischer Ministerpräsident wird Leo von Caprivi. Aufhebung des Sozialistengesetzes. Gründung freier Gewerkschaften.

1891 In Erfurt wird ein neues Grundsatzprogramm der Sozialdemokraten beschlossen. Gründung des rechtsextremen, militaristischen Alldeutschen Verbandes.

1892 Gründung der pazifistischen Deutschen Friedensgesellschaft. Choleraepidemie in Hamburg. Gerhart Hauptmanns »Die Weber«.

524

1896   Die Krügerdepesche, eine Glückwunschadresse Wilhelms II. an den Bu-
       renpräsidenten Paul Krüger, führt zu Spannungen mit England.
1897   Der Aufbau der deutschen Flotte wird beschlossen. Tod Otto von Bis-
       marcks.
1899   1. Haager Friedenskonferenz: Resolution über Rüstungsbeschränkung
       in Europa.
1900   Deutschland und England rüsten im Wettlauf ihre Flotten weiter auf.
       Max Plancks Vortrag über die »Quantentheorie«. Sigmund Freuds
       »Traumdeutung«.
1901   Thomas Manns »Buddenbrooks«.
1904   Entente cordiale zwischen England und Frankreich. Ausbruch eines
       Massenstreiks im rheinisch-westfälischen und oberschlesischen Bergbau.
1905   1. Marokkokrise. Erneute Streikwelle. Albert Einsteins »Spezielle Rela-
       tivitätstheorie«.
1907   Dreierverband von England, Frankreich und Rußland als Präventiv-
       bündnis gegen Deutschland. 2. Haager Friedenskonferenz.
1908   Österreich annektiert Bosnien und die Herzegowina.
1912   Bei den Reichstagswahlen wird die SPD stärkste Fraktion. Verstärkung
       der deutschen Aufrüstung.
1912– Balkankriege.
1913
1914– Ermordung des österreichischen Thronfolgers Franz Ferdinand in Sara-
1918   jewo (Juni 1914). Kriegserklärung Deutschlands an Rußland und Frank-
       reich (August 1914). Erster Weltkrieg: 1917 Eintritt der USA in den
       Krieg. Sonderfrieden von Brest-Litowsk mit Rußland 1918. Vierzehn-
       Punkte-Programm des amerikanischen Präsidenten Wilson. Streikbewe-
       gung in Deutschland. Oktober 1918: Reichskanzler Max von Baden
       macht ein Waffenstillstandsangebot. 11. November 1918: Unterzeich-
       nung des Waffenstillstands in Compiègne.
1918   28. Oktober: Oktoberverfassung (Begründung eines parlamentarischen
       Regierungssystems). Novemberrevolutionen. Bildung von Arbeiter- und
       Soldatenräten. 9. November: Ausrufung der Deutschen Republik.

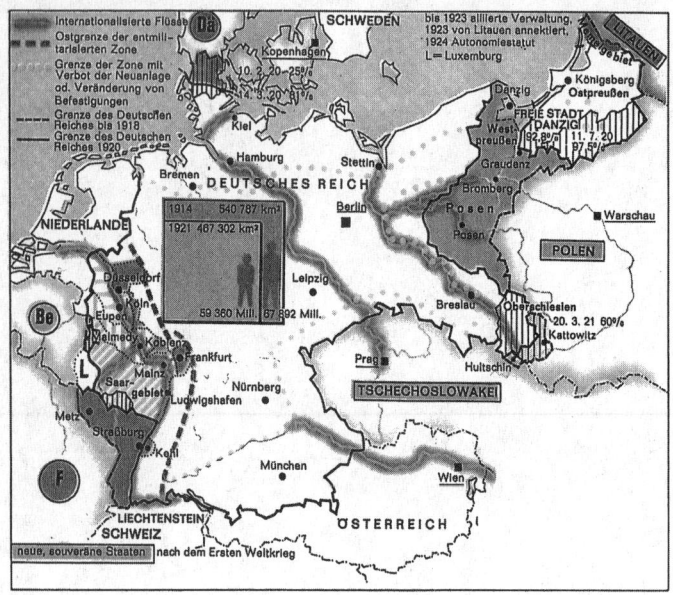

Das Deutsche Reich nach dem Frieden von Versailles

18. KAPITEL

Die Weimarer Republik

Alles in allem hatte sich zwischen 1871 und 1914 nur recht wenig ereignet. Deutschland war zur weltweit führenden Industriemacht aufgestiegen, und seine Bevölkerung hatte sich fast verdoppelt. Aber wirklich herausragende Ereignisse waren selten: einige Expeditionen in die Kolonien; im Jahr 1900 das Eingreifen in China, wo ein deutscher Admiral die erste europäische Armee in der Geschichte befehligte (bis heute hat es keine zweite gegeben); der Kampf gegen die katholische Kirche und gegen die Sozialdemokratie – lange und an dramatischen Zwischenfällen reiche Kämpfe, bei denen sich auf der einen Seite die Staatsmacht, gestützt auf die Mehrheit der Gesellschaft, und auf der anderen Seite große, unbesiegbare Minderheiten gegenüberstanden. Doch auch bei diesen Auseinandersetzungen hatte die Macht im großen und ganzen die geltenden Gesetze und die Prinzipien des Rechtsstaats respektiert. Das wilhelminische Deutschland hatte nichts an sich von den rücksichtslosen und mörderischen totalitären Staaten des 20. Jahrhunderts. Nun aber begann sich die Geschichte zu beschleunigen und zu radikalisieren. In unserer Darstellung nehmen die vierzehn Jahre der ersten deutschen Republik fast genausoviel Raum ein wie die achtundvierzig Jahre des zweiten deutschen Kaiserreichs.

Eine Republik. Friedrich Ebert, der Chef der Mehrheits-Sozialdemokratischen Partei Deutschlands (MSPD), dem der letzte kaiserliche Reichskanzler, Prinz Max von Baden, das Deutsche Reich übergab, hätte gern die Monarchie bewahrt, wenigstens so lange, bis das Volk selber eine neue Regierungsform wählen konnte. Doch aus Furcht, von den Linkssozialisten überholt zu werden, entschloß er sich, von Philipp Scheidemann, seinem Stellvertreter an der Spitze der Partei, die Republik ausrufen zu lassen. Abgesehen von den Freien Reichsstädten, die sich wie Inseln im Meer der Territorien ausnahmen, war Deutschlands ganze Vergangenheit monarchisch geprägt gewesen. Nach den Revolutionen in Deutschland und Österreich blieben von den zahllosen Fürstentümern des alten Heiligen Römischen Reiches nur noch das Großherzogtum Luxemburg und das Fürstentum Liechtenstein übrig. Der Kaiser hatte schmählich das Weite gesucht. Von einer Restauration der Monarchie war nie mehr ernsthaft die Rede. Es war eine historische Zäsur für ein Land, das gleichzeitig eine Republik werden und die parlamentarische Demokratie einführen sollte. Vielleicht wäre eine Präsidialdemokratie nach dem Muster der Vereinigten Staaten dem deutschen Volkscharakter damals angemessener gewesen.

Nach der Unterschrift unter das Waffenstillstandsabkommen, das wegen der humanitären Phraseologie des amerikanischen Präsidenten Wilson immerhin noch vage Hoffnungen gelassen hatte, mußte das aus der Niederlage geborene Deutschland tagtäglich das Schicksal des Besiegten erdulden. Den sich zurückziehenden deutschen Truppen folgten die Alliierten auf dem Fuß und besetzten das linke Rheinufer. Die Friedenskonferenz wurde einberufen, aber Deutschland erhielt keine Einladung. Über sein künftiges Schicksal diskutierten und stritten die Sieger unter sich. Die Deutschen wurden erst am Ende der Konferenz hinzugerufen. Ihnen wurde ein Vertragstext vorgelegt, den sie nur annehmen oder ablehnen konnten. Auf ihre Einwendungen wurde kaum eingegangen. Anders als die Beschlüsse des Wiener Kongresses, der die französische Hegemonie in Europa beendete, war der Vertrag von Versailles ein Diktat, das eine moralische Verurteilung des Besiegten mit einschloß. Die Aufforderung, eine solche Selbstbezichtigung und Selbstverurteilung zu unterschreiben und die früheren Befehlshaber, an erster Stelle den Kaiser selbst, einem Gericht auszuliefern, vor dem sie sich als Kriegsverbrecher verantworten sollten, empfand die große Mehrheit der informierten Deutschen als unerträgliche Demütigung. Die Minister Erzberger und Bell, die als Bevollmächtigte der deutschen Regierung den Vertrag unterzeichneten, wurden als Verräter an den Pranger gestellt. Erzberger sollte 1921 einem Attentat junger nationalistischer Verschwörer zum Opfer fallen.

Außerdem mußte sich die Republik mit einem verkleinerten Territorium bescheiden. Frankreich, wie konnte es anders sein, erhielt Elsaß-Lothringen zurück; es erreichte sogar, daß das Saarland zunächst zum autonomen Gebiet gemacht wurde. Belgien sicherte sich zwei kleine Grenzgebiete um die ehemalige Reichsabtei von Malmédy und um die Stadt Eupen. Die Bevölkerung blieb jedoch deutschsprachig und weigerte sich, französisch oder niederländisch zu sprechen. Die Menschen dort waren in ihrem düsteren und kalten Land fest verwurzelt. Ausgedehnte Wälder, die einem Siegfried als Wohnstatt hätten dienen können, umschließen auch heute noch die wenigen Eifeldörfer. Im Norden mußte die Republik das Versprechen einer Volksabstimmung einlösen, das Bismarck den Dänen 1864 gegeben, aber nie eingehalten hatte. Nach der Volksabstimmung kam Nordschleswig an Dänemark … Doch die wichtigsten

Veränderungen fanden im Osten statt. Zwei Drittel der Provinz Posen und zwei Drittel von Westpreußen werden an Polen abgetreten (mit Ausnahme von Danzig, das zur Freien Stadt erhoben wurde). Ein gutes Drittel von Oberschlesien erlebte dasselbe Schicksal nach einer Volksabstimmung, die aber zugunsten von Deutschland ausfiel, worauf die Alliierten sich darüber wegsetzten und eine Teilung durchsetzten. Ein kleines schlesisches Gebiet kam an die Tschechoslowakei.

Doch schwerer als alles andere wog das Deutschland auferlegte Verbot, Deutsch-Österreich und das Sudetenland, die Bismarck weise aus seinem Reich ausgeschlossen hatte, dem nunmehr republikanischen Deutschen Reich anzugliedern. Dieses Verbot stand aber im offenen Widerspruch zum Prinzip des Selbstbestimmungsrechts der Völker, das die Alliierten als eines ihrer wichtigsten Kriegsziele verkündet hatten. Sollten aber Frankreich und Großbritannien vier Jahre lang Krieg geführt haben, damit Deutschland am Ende stärker dastünde und seine Bevölkerung zahlreicher wäre als vor 1914? Die Auflösung Österreich-Ungarns durch die Friedensschlüsse von Saint-Germain und Trianon war gewiß unvermeidlich, da die Alliierten bei den Tschechen, Jugoslawen, Italienern und Rumänen im Wort standen. Dennoch war sie ein Fehler. Der Friedensschluß mit Österreich war noch härter als der Versailler Vertrag, weil er einem Land eine eigene staatliche Existenz aufnötigte, das nichts lieber getan hätte, als das gemeinsame Schicksal der deutschen Nation zu teilen. Der Versailler Vertrag war, um es mit dem französischen Historiker Jacques Bainville zu sagen, zu weich für das, was in ihm hart war, und zu hart für das, was weich war. Andererseits hatte die französische Republik 1871 auch Elsaß-Lothringen wohl oder übel an Deutschland abtreten müssen. Das hatte den französischen Patriotismus aber nur noch mehr befeuert, und niemand wäre auf den Gedanken gekommen, Adolphe Thiers einen Verräter zu nennen, weil er damals unter dem militärischen und politischen Druck Bismarcks unterzeichnet hatte. Vergessen wir nicht die Wegnahme der Kolonien, weil Deutschland, wie es hieß, moralisch gesehen sich ihrer nicht würdig erwiesen habe. Frankreich und Großbritannien hatten nichts Eiligeres zu tun, als sich vom Völkerbund die Verwaltung dieser Gebiete übertragen zu lassen. Vergessen wir auch nicht die Reparationen, die für den Wiederaufbau Frankreichs geleistet werden mußten: Kohle und Transportmittel (vor allem Lokomotiven und Eisenbahnwaggons). Schließlich die Verkleinerung der Streitkräfte auf 100 000 Mann, das Verbot der allgemeinen Wehrpflicht, das Verbot einer Luftwaffe und die drastische Beschränkung der Kriegsmarine, des Stolzes des Zweiten Reiches. Das war kein provisorischer Friedensschluß, der einem Krieg ein Ende setzte, wie ihn die europäischen Mächte einst führten, um das Kräftegleichgewicht auf dem Kontinent wiederherzustellen. Solche Verträge hatten den Gegner von gestern geschont, weil er der Verbündete von morgen sein konnte. Der Vertrag von Versailles war ein Friedensschluß, der den Gegner ausschalten sollte und ein demütigendes ideologisches Verdammungsurteil über ihn sprach, ohne ihn indes ein für allemal der Möglichkeit zur Revanche zu berauben. Auf jeden Fall kompromittierte dieser Vertrag die junge deutsche Demokratie. Wilsons Vereinigte Staaten erkannten in diesem ihre Kriegsziele nicht wieder. Sie verweigerten die Unterschrift und zogen sich aus der europäischen Politik zurück, während ihr Präsident, der wie ein Kreuzfahrer für seine Ideale gestritten hatte, seine lange Agonie begann.

Die territorialen und militärischen Klauseln wurden durchgeführt, der Kriegsschuldparagraph aber, obwohl unterschrieben, wurde sofort wieder zurückgewiesen. Kein Kriegsverbrecher wurde ausgeliefert, und auch die Alliierten beharrten nicht auf diesem Punkt. Schließlich lag den Engländern nicht unbedingt daran, den Vetter ihres eigenen Königs hängen zu sehen. Blieben die Reparationen, unvorstellbar hohe Summen, mit denen den Siegern die Kosten für einen Krieg erstattet werden sollten, der fast ausschließlich auf dem Boden einiger alliierter Staaten stattgefunden hatte. So hoch waren die Summen, daß es Jahre dauerte, ehe sie überhaupt berechnet wurden. Kaum genannt, mußten die Zahlen auch schon wieder nach unten revidiert werden. Dennoch begann Deutschland mit den Zahlungen, und noch 1930 konnten die Rechten Kampagnen gegen die Reparationsregelungen führen, die vier Generationen der Deutschen zur Arbeit für die Sieger verurteilten. Ein Friedensschluß als Revanche – so sahen es jene, die dem Kaiserreich nachtrauerten, die Alldeutschen und die Deutschnationalen. Sie fühlten sich in ihrer Weltanschauung bestätigt, wonach Stärke die einzige Quelle des Rechts sei. Der Versailler Vertrag verhöhnte das Selbstbestimmungsrecht der Völker, das er sowohl den Österreichern als auch den Elsässern (aus entgegengesetzten Gründen) verweigerte. Die Vertreter der jungen deutschen Republik, die retten wollten, was zu retten war, bemühten sich, den Forderungen des Vertrages, der mit Billigung der im Januar 1919 gewählten Nationalversammlung unterschrieben worden war, korrekt nachzukommen. Dafür wurden sie als »Erfüllungspolitiker« im Dienste des Feindes beschimpft.

Gleichbedeutend mit Bürgerkrieg. Der Rat der Volksbeauftragten, den Ebert am 10. November 1918 gebildet hatte, bestand je zur Hälfte aus Mehrheits- und Unabhängigen Sozialdemokraten. Unter letzteren gab es eine Minderheit, die auf schnellstem Wege das Ziel ansteuerte, das die Bolschewiki in Rußland von Februar bis Oktober 1917 erreicht hatten, nämlich den Übergang von der bürgerlichen Demokratie zur Diktatur der Kommunistischen Partei. Diese ungeduldigen revolutionären Gruppen und Grüppchen konnten sich auf Truppen stützen, vor allem Matrosen aus den Hafenstädten, wo die Flotte schon lange ohne Einsatzbefehl vor Anker lag und die extremistische Propaganda bei den in Untätigkeit gehaltenen Besatzungen leichtes Spiel hatte. Die bekannteste und rührigste Gruppe war der »Spartakusbund« unter Führung von Rosa Luxemburg und Karl Liebknecht. Die Revolutionäre hielten die Viertel im Zentrum der Hauptstadt besetzt. Um sie von dort zu vertreiben, wandten sich die Mehrheitssozialdemokraten um Hilfe an die ehemalige Armee. Doch die regulären Truppen waren in Auflösung begriffen. Vor dem Hintergrund von Hunger und Elend in Deutschland – die Alliierten hatten die Seeblockade immer noch nicht aufgehoben – gewannen die Radikalen unter den Revolutionären immer mehr an Einfluß. In dieser Situation verständigte sich Gustav Noske, ein gelernter Setzer und jetzt Volksbeauftragter für Verteidigung, mit einer Gruppe von Generälen über die Bildung von Freiwilligenverbänden, die fast ausschließlich aus Berufs- oder Reserveoffizieren bestanden. Der Spartakusbund und seine revolutionären Anhänger konstituierten sich ihrerseits unter bolschewistischem Einfluß als Kommunistische Partei Deutschlands. Die Gemäßigten, die bei der Reichskonferenz der Arbeiter- und Soldatenräte (»Rat« ist das deutsche Wort für den russischen Terminus »Sowjet«) die Mehrheit besaßen, ließen durch dieses Gremium den Termin für die Wahl einer Verfassunggebenden Nationalversammlung auf Ende Januar 1919 festlegen. Die Kommunisten und Unabhängigen, die den Einfluß der Gemäßigten ausschalten wollten, riefen zum Aufstand auf, der aber von den Freiwilligenverbänden unter dem Befehl Noskes blutig niedergeschlagen wurde. Bei den Kämpfen wurden Rosa Luxemburg und Karl Liebknecht von nationalistischen Freikorpsoffizieren ermordet. Andere Aufstände in Bremen, Bayern und im Ruhrgebiet fanden ebenfalls durch den Einsatz von Truppen ein rasches Ende. Die Mehrheitssozialdemokraten, die allein an der Regierung blieben, nachdem die Unabhängigen, die die Niederschlagung des Spartakusaufstands nicht billigen mochten, den Rat der Volksbeauftragten verlassen hatten, beriefen am 19. Januar 1919 die gewählte Verfassunggebende Nationalversammlung nach Weimar ein, um sie vor dem Druck der Straße zu bewahren. In Weimar gab es keine revolutionären Arbeiter, hingegen atmete alles dort noch den Geist des Olympiers Goethe, der einmal gesagt hatte, er ziehe die Ungerechtigkeit der Unordnung vor. In der neuen Volksvertretung – für die zum erstenmal auch die Frauen wählen und gewählt werden durften – waren die sozialistischen Parteien (SPD und Unabhängige, die Kommunisten bekamen nur zwei Sitze) in der Minderheit. Jedenfalls war es für die feindlichen Brüder ganz undenkbar zusammenzugehen. Die Sozialdemokraten gingen eine Koalition mit den Liberalen von der Deutschen Demokratischen Partei und mit den Katholiken von der Zentrumspartei ein. Es war die gleiche Koalition, die 1917 im Reichstag die Friedensresolution verabschiedet hatte. Ebert wurde zum Reichspräsidenten gewählt. Während in Versailles der verhängnisvolle Vertrag gleichen Namens allmählich Gestalt annahm, machten sich in Weimar die Mitglieder der Nationalversammlung zum zweitenmal in der Geschichte an die Arbeit an einer Verfassung für die Deutschen. Das erstemal war es die Nationalversammlung in der Frankfurter Paulskirche gewesen, die 1848–1849 eine Verfassung ausgearbeitet hatte. Man kennt ihr Schicksal: Sie trat niemals in Kraft.

Eine zu perfekte Verfassung. Die Väter der Verfassung von 1919 folgten nicht dem Rat Talleyrands, der die Ansicht vertrat, Verfassungen hätten knapp und dunkel zu sein. Mit deutscher Gründlichkeit waren sie darauf bedacht, einen vollständigen und für eine Ewigkeit gültigen Verfassungstext auszuarbeiten, der keinen Bereich des gesellschaftlichen Daseins ausließ, weder die Wirtschaft noch die Beziehungen zwischen den Sozialpartnern, weder die Familie noch Schule und Unterricht. In den Artikeln der Weimarer Verfassung sind einerseits die großen politischen Ideen spürbar, die sich im 19. Jahrhundert herausgebildet hatten und nun bekräftigt wurden, und andererseits die Kompromisse, die nach langen Debatten gefunden wurden. Das Ergebnis dieser Verbindung spiegelte die grundlegenden Positionen der drei großen politischen Strömungen wider, die zusammen die Weimarer Mehrheit bildeten: das katholische Zentrum, die Linksliberalen und die Sozialdemokraten. Gegen Liberale und Sozialdemokraten, die in der unitarischen Tradition der Linken in der Frankfurter Paulskirchenversammlung verblieben, bestand das Zentrum auf der Bewahrung einer föderativen Struktur im neuen Reich ohne Kaiser. Es hatte keine große Mühe, sich damit durchzusetzen, denn kaum kamen die Sozialdemokraten und Liberalen in den Ländern an die Regierung, machten sie sich auch für deren historisch gewachsene Autonomien stark. Womöglich hofften einige, auf diese Weise den revolutionären Prozeß weiter voran treiben zu können, als es die Nationalversammlung und die Zentralregierung vermochten. Im Vergleich zu den Texten von 1867 –1871 stärkte die neue Verfassung die Position der Reichsregierung vor allem im Steuerwesen. Die große Reichsreform, die ein Gleichgewicht in der Größe der Länder untereinander schaffen sollte, was nur zu Lasten der Vormachtstellung Preußens möglich war, wurde auf einen späteren Zeitpunkt verschoben. Abgesehen von Elsaß-Lothringen würden die territorialen Verluste, die der künftige Friedensschluß sicherlich bringen würde, in der Tat vor allem Preußen treffen.

Außerdem wollte man gewissen rheinischen Kreisen nicht in die Hände arbeiten, die dort die Schaffung eines politischen Gebildes unabhängig vom Reich oder doch zumindest außerhalb Preußens forderten. Die Sozialdemokraten, die zwischen 1919 und 1932 fast ununterbrochen den preußischen Ministerpräsidenten stellten, hatten nicht die Absicht, diese Machtposition zu schwächen, zumal zwischen 1920 und 1928 das Amt des Reichskanzlers durch Männer des Zentrums und der Rechten besetzt wurde. Im Unterschied zum Bismarckschen Reich war das Amt des preußischen Ministerpräsidenten nunmehr von dem des Reichskanzlers dauernd getrennt; das erstere fand sich dadurch aufgewertet und machte den Dualismus zwischen dem Reich und Preußen als dem wichtigsten unter den Ländern (es umfaßte zwei Drittel des Territoriums) wahrscheinlich, wenn nicht gar unvermeidlich. Die beabsichtigte große Reform blieb Stückwerk: Lediglich die neun thüringischen Herzogtümer und Fürstentümer vereinigten sich, ebenso die beiden mecklenburgischen Großherzogtümer; Waldeck schloß sich Preußen an, und Coburg kam zu Bayern. Das neue Reich war jedoch nicht mehr eine nur auf Vertrag beruhende Konföderation aus Monarchien und Freien Städten, die von den Vertragschließenden theoretisch jederzeit wieder aufgelöst werden konnte. Vielmehr war es ein Staat, der dem Willen der Nation entsprang. Daher konnten die im Reichsrat vertretenen Länder nicht mehr den gleichen Einfluß auf die Reichspolitik ausüben, wie es die verbündeten Regierungen im alten Bismarckschen Bundesrat noch vermocht hatten.

Das Reich hatte zwar keinen Kaiser mehr, aber die meisten Mitglieder der Nationalversammlung konnten es sich auch nicht ohne ein für alle sichtbares und mit großen Vollmachten ausgestattetes Staatsoberhaupt vorstellen. Die echten Monarchisten sprachen vom Reichspräsidenten denn auch spöttisch als einem »Ersatzkaiser«. Der Reichspräsident wurde für sieben Jahre in geheimer und direkter Wahl vom Volk gewählt. Er ernannte den Reichskanzler und die Minister, unterzeichnete die Gesetze und Verordnungen, ernannte, selbstverständlich im Einvernehmen mit der Regierung, die militärischen und zivilen Beamten. Noch wichtiger freilich war, daß der Reichspräsident und seine Regierung nach Ausrufung eines Notstands für eine begrenzte Dauer per Notverordnungen regieren konnten. Artikel 48 der Verfassung, der dem Reichspräsidenten diese Machtbefugnisse einräumte, sollte in den immer katastrophaleren Situationen gegen Ende der Weimarer Republik eine wesentliche Rolle spielen. Die Republik brauchte aber einen Präsidenten noch vor Verabschiedung der Verfassung, denn im Norden und Süden hielten die Unruhen an. So wählte die Nationalversammlung Friedrich Ebert zum Präsidenten, und seine Gegner ließen es sich nicht entgehen, immer wieder darauf hinzuweisen, daß ihm die entscheidende Legitimierung, nämlich die Wahl durch das Volk, fehlte.

Dem Verfassungstext nach war das Volk nicht nur der Souverän bei der Wahl des Staatsoberhaupts, es wählte selbstverständlich auch die Mitglieder der gesetzgebenden Versammlung. Der Reichstag wurde wie zu Bismarcks Zeiten in allgemeiner Wahl gewählt, nur besaßen jetzt auch die Frauen das Wahlrecht. Mit dieser Reform aber, die an sich ja einen Fortschritt darstellte, verlagerte sich die Mitte des politischen Lebens in Deutschland deutlich nach rechts. Die Wahlen fanden nach dem integralen Verhältniswahlrecht statt, unter Ausnutzung der Reststimmen auf Reichsebene. Ein solches System genügte zwar einem abstrakten Gerechtigkeitsprinzip, mußte aber in der Praxis zu einer Aufsplitterung der Wählerschaft in kleine und mittlere Parteien führen, die dadurch eine ganz unangemessene Bedeutung als Mehrheitsbeschaffer erlangten. Die Koalitionen aus zahlreichen heterogenen Gruppen waren schwer zu disziplinieren. Eine Anschauung davon gab der Kampf, den ein Staatsmann von der Statur Gustav Stresemanns mit seiner eigenen Partei, der rechtsliberalen Deutschen Volkspartei, führen mußte. Die in seiner Partei tonangebenden Nationalisten rebellierten beständig gegen die Politik der Mäßigung, die Stresemann als Außenminister betrieb. Die Linke ihrerseits hatte immer eine Leidenschaft für die direkte Demokratie, obgleich deren fatale Schwächen noch mehr ins Auge springen als die Nachteile der repräsentativen Demokratie. Die Weimarer Verfassung führte nicht nur den Volksentscheid, sondern auch das Volksbegehren ein; wenn die Zahl der Wahlberechtigten, die sich in die Listen für ein Volksbegehren eingetragen hatten, das Quorum erreichte oder überschritt, so war das dergestalt zustande gekommene Volksbegehren zur Volksabstimmung zu stellen. Die Weimarer Republik erlebte neben zahlreichen allgemeinen Wahlen (1919, 1920, 1924 [zwei Urnengänge], 1928, 1930, 1932 [ebenfalls zwei Wahlgänge], insgesamt acht in vierzehn Jahren) und vielen Regionalwahlen in den Ländern eine große Zahl von Volksbegehren und Volksentscheiden über so verschiedene Fragen wie die Entschädigung der 1918 abgesetzten Fürsten oder den Bau eines Kleinkreuzers, den der Versailler Vertrag zuließ. Wenn auch die meisten Volksbegehren und Volksentscheide nicht zu den Ergebnissen führten, die ihre Initiatoren wünschten, so trugen sie doch zu einem Klima allgemeiner Agitation und Unsicherheit bei, das die längste Zeit der ersten deutschen Republik prägte.

Die Revolution von 1918 hatte auch im Zeichen des Sozialismus gestanden. Viele seiner aktiven Anhänger waren der Meinung, für Verstaatlichungen und für die Macht der Arbeiterräte in den Betrieben gekämpft
zu haben. Die Verstaatlichungen wurden auf später verschoben, desglei-
chen die genaue Bestimmung der Befugnisse der Betriebsräte. In den vagen Formulierungen, die zu diesen Themen in die Verfassung aufgenommen wurden, spiegelten sich der starke Widerstand der »bürgerlichen«
Parteien wider sowie die Minderheitsrolle, in der sich die Sozialdemokraten in den Mitte-Links-Koalitionen befanden. Meist hieß es dann, die
konkrete Ausgestaltung von Beschlüssen, die prinzipielle Zustimmung
gefunden hatten, bleibe einer künftigen gesetzlichen Regelung vorbehalten. Umgekehrt erreichten auch die Abgeordneten des Zentrums nicht
alle ihre Ziele. Zwar gelang es ihnen, das Elternrecht auf freie Schulwahl
für ihre Kinder in die Verfassung aufzunehmen, aber sie fanden keine
Mehrheit für die Anerkennung des Prinzips der Konfessionsschule, gegen
das sich Sozialdemokraten und Linksliberale gleichermaßen aussprachen.
Die Weimarer Verfassung wurde im August 1919 von den drei Koali-
tionsparteien mit großer Mehrheit angenommen und trat fast gleichzeitig
mit dem Versailler Vertrag in Kraft. Sie hat nicht all die Kritik verdient,
die an ihr geübt worden ist. Sie ordnete die Macht auf eine recht moderne
Weise, die gleichzeitig Effizienz versprach. Die Bevölkerung stand im
großen und ganzen hinter ihr, ebenso das große Heer der Beamten und
Offiziere. Gewiß taten sie es ohne große Begeisterung, aber wenn der
ersten deutschen Republik allzu große Erschütterungen erspart geblieben
wären, hätte sie durchaus Bestand haben können. Doch es kam anders,
immer neue Schläge gingen mit wachsender Wucht auf das schwache
Bauwerk nieder. Die Aufsplitterung in zahlreiche Parteien, die eine solide
Koalitionsbildung immer schwieriger machte, brachte ein Moment der
Instabilität in das Weimarer Regierungssystem, während sich gleichzeitig
die politische Gesinnung immer mehr radikalisierte und Intoleranz, Haß,
Verachtung des Gegners und Fanatismus um sich griffen.

Die großen Parteien und die Anderen:
Kommunisten und Sozialdemokraten

Die Linke war nun heillos zerstritten. Die Spaltung von 1917 sollte nie
mehr überwunden werden, auch wenn ein Flügel der Unabhängigen Sozialdemokraten, die sich ihrerseits gespalten hatten, 1922 zur Partei von
Ebert und Noske zurückfand, während sich der linke Flügel den Kommunisten anschloß. Die Kommunistische Partei, die der Dritten Interna-

tionale unter Lenin und später unter Stalin angehörte, stand, abgesehen von wenigen Ausnahmen und dann auch nur für kurze Zeit, den »Sozialverrätern« von der SPD feindlich gegenüber. Sie fuhr in diesem unversöhnlichen politischen Kampf fort, ganz gleich, wer an ihrer Spitze stand. Die KPD wurde oft Objekt von Säuberungen, bis sich um 1928 schließlich die Autorität von Ernst Thälmann durchsetzte. Thälmann war ein schlichter, robuster Arbeiteraktivist, der ohne Wenn und Aber und von keinen Skrupeln angewandelt die wechselnden Direktiven der Moskauer Zentrale befolgte. Die Linke blieb vom Anfang bis zum Ende der Weimarer Republik gespalten und hatte nie, auch nicht rein theoretisch, die Stimmenmehrheit, die sie schon bei der Wahl zur ersten Nationalversammlung verfehlte. Die zunehmenden Gewinne der Kommunisten in den letzten Jahren, also nach 1930, sollten denn auch meist zu Lasten der Sozialdemokraten gehen. Weil die Kommunisten 1925, nach dem Tod von Ebert, an ihrem eigenen Präsidentschaftskandidaten festhielten, besiegelten sie den Sieg des Feldmarschalls von Hindenburg über den Zentrumspolitiker Marx, der Kandidat der Weimarer Koalition war. Während eines offensiv geführten Streiks der Berliner Verkehrsbetriebe im Jahr 1932 gingen die Kommunisten sogar mit den Nationalsozialisten ein Bündnis gegen die von Sozialdemokraten gestellte preußische Regierung ein. Die KPD, die eine straffe Organisation besaß, verstand sich als Trägerin einer absoluten Hoffnung und berief sich dazu auf ein (scheinbar) schlüssiges und rationales Weltbild. Ihre Aktivisten waren um keine Antwort verlegen und von der wissenschaftlichen Gewißheit durchdrungen, daß sie den Anbruch des künftigen glückseligen Zeitalters herleiten könnten. Bei den Wahlen im November 1932, den letzten freien Wahlen, an denen sie teilnehmen konnten, erzielten sie mit 17 Prozent der Stimmen und 100 Sitzen im Reichstag ihren größten Erfolg. Als stärkste Rivalen der Nationalsozialisten und von ihnen am meisten gehaßt, zahlten sie danach den größten Blutzoll in den Gefängnissen und Konzentrationslagern, in den Folterkellern und auf dem Schafott. Zur gleichen Zeit fanden in der Sowjetunion unter den dorthin geflüchteten deutschen Kommunistenführern stalinistische Säuberungen statt. Ungeachtet dieser blutigen Opfer errichteten die Überlebenden der KPD als Vollstrecker des Willens der Moskauer Zentrale eine neue totalitäre Diktatur im östlichen Teil Deutschlands, der ihnen 1945 überlassen wurde.

Die Sozialdemokratie war die wichtigste politische Kraft in den Aufbaujahren der Weimarer Republik zwischen 1920 und 1928. Während dieser Zeit spielte sie die Rolle einer loyalen Oppositionspartei, während sie in Preußen die Regierung stellte. In den Augen der linken und rechten Extremisten symbolisierte sie, ob sie nun an der Regierung teilhatte oder nicht, jene Republik, die im Innern auf den Schutz der Rechte und Güter jedes einzelnen bedacht war und in der Außenpolitik vor allem das Vertrauen der anderen Staaten zurückgewinnen wollte. Mit ihrer umsichtigen, schrittweise vorgehenden Politik erzielte sie am Ende große Erfolge, die zwar real, aber wenig spektakulär waren. Politische Schreihälse taten sich leicht, die Schwächen und den Verschleiß der Sozialdemokraten aufzubauschen. Gemeinsam mit der Zentrumspartei, die sogar an *allen* Regierungen beteiligt war, galt die SPD als *die* Partei der Weimarer Republik. Was ihr fehlte, waren herausragende Führer, nachdem Ebert zum Reichspräsidenten gewählt worden war. Seine Kanzler konnten diese Rolle nicht spielen: Gustav Bauer und Scheidemann verschlissen sich rasch im Amt, und Hermann Müller-Franken blieb eine mittelmäßige Figur. Otto Welser, der letzte Fraktionsvorsitzende, Rudolf Breitscheid, der Verantwortliche für internationale Politik, Rudolf Hilferding, der Ökonom in der Rolle des Finanzministers, und Fritz Naphtali, der aus der Gewerkschaftsbewegung kommende Theoretiker und Vertreter eines neuen Revisionismus, sie alle hatten nur eine begrenzte Ausstrahlungskraft. Die Generation, die 1930 in den Reichstag kam und später hohes Ansehen erlangte wie Kurt Schumacher und Julius Leber (einer der führenden Köpfe der Verschwörung vom 20. Juli 1944), stand gerade erst am Anfang ihrer politischen Wirksamkeit. Die SPD blieb hin- und hergerissen zwischen Verantwortungsbewußtsein und Staatsräson einerseits und ihrer Tradition als Arbeiterpartei marxistischer (aber nicht wirklich revolutionärer) Provenienz andererseits. Mit 37,9 Prozent der Stimmen im Jahr 1919 und 20,4 Prozent im November 1932 (die extreme Linke entwickelte sich gleichzeitig von 7,6 Prozent auf 16,9 Prozent, womit die Linke rein theoretisch 45,5 Prozent am Anfang und 37,3 Prozent am Ende der Weimarer Republik erhielt) war die SPD erst Galionsfigur, dann Sündenbock der ungeliebten Republik. Ihre inneren Widersprüche traten häufig offen hervor. So 1930, als sie der letzten sozialdemokratisch geführten Regierung selbst ein Ende bereitete, indem sie gegen die Kürzung der Arbeitslosenunterstützung stimmte, aber einige Wochen später, als der neue Reichskanzler Heinrich Brüning, Chef einer Regierung ohne feste Mehrheit, die Gesetzesvorlage wieder in den Reichstag brachte, sich doch dafür aussprach. So auch 1932, als sie die »freien Gewerkschaften« sozialistischer Tendenz daran hinderte, den Versuch des Reichskanzlers General von Schleicher zu unterstützen, in letzter Minute noch die Machtergreifung durch Hitler zu verhindern. Dennoch: Freiheit, Freizügigkeit, ja Libertinismus, die für die Kultur der Weimarer Zeit so charakteristisch waren, aber auch die neue Erfahrung, daß die Staatsform der Republik den zum Bürger aufgestiegenen Untertanen mit mehr Respekt für seine Würde bedenkt, das waren Errungenschaften, die sich die Partei der kämpferischen Arbeiter und der jüdischen Intellektuellen zuschreiben konnte und die das neue Gebäude eines Staates schmückten, in dem sich das Volk hätte heimischer fühlen sollen.

Der politische Katholizismus

Zwei große politische Strömungen, die über tiefe Wurzeln im Volk verfügten, hatten sich seit den sechziger Jahren des 19. Jahrhunderts in den Ländern deutscher Zunge, im Bismarckschen Reich ebenso wie in Österreich und selbst in der Schweiz, herausgebildet: die Partei der Sozialisten und die Partei des Katholizismus mit kräftiger christlich-sozialer Tönung. Beide waren unter Bismarck harter Verfolgung ausgesetzt, und nacheinander gelang es beiden, sich als unbestreitbare politische Kräfte schließlich Anerkennung und Ansehen zu verschaffen. Die Katholiken hatten eher und rascher Erfolg. Bereits Ende der siebziger Jahre gehörten sie der Mehrheit an, die oft, aber nicht immer, die Regierung unterstützte (man darf nicht vergessen, daß das Kaiserreich zwischen 1871 und 1914 eine konstitutionelle und keine parlamentarische Monarchie war), während die Sozialdemokraten, die mit über einem Drittel der Stimmen die stärkste Partei im Reich geworden waren, weiterhin abseits der offiziellen Welt gehalten wurden und sich selber auch zurückhielten, obschon sie sich langsam der Macht näherten. Das Zentrum hatte während des Ersten Weltkrieges den ersten Reichskanzler gestellt, der unmittelbar aus einer Partei hervorging, den Grafen Hertling, einen Universitätsprofessor. Es hatte sich vor 1914 dem Protest gegen die persönliche und höchst eigenwillige Außenpolitik des Kaisers angeschlossen, es war gegen das grausame militärische Vorgehen in der Kolonie Deutsch-Südwestafrika gewesen, und während des Krieges hatte es sich für den Vorschlag eines Friedens ohne Sieger ausgesprochen. Innerhalb der Partei gab es einen Arbeitnehmerflügel, der den christlichen Gewerkschaften sehr nahestand. Diesen hatte der Vatikan nach langem Zögern schließlich zugebilligt, sie dürften, zumindest in der Theorie, einen überkonfessionellen Charakter haben. In den südlichen Teilen des Großherzogtums Baden und des Königreichs Württemberg sowie im preußischen Rheinland hatten die Katholiken in Kämpfen, die sie zwischen 1815 und 1880 für das Überleben ihrer Kirche und ihrer eigenen religiösen und staatsbürgerlichen Rechte durchstehen mußten, die Grundlage zu einem christdemokratischen Politikverständnis gelegt. Zwar standen sie dem atheistischen Materialismus der marxistischen Bewegung feindlich gegenüber, aber ebenso verwahrten sie sich gegen den kapitalistischen Materialismus. Schon sehr früh erkannten sie die Möglichkeiten, die der Parlamentarismus für die Verteidigung ihrer Kirche bot, die in ihren offiziellen Verlautbarungen allerdings weiterhin das Prinzip der Volkssouveränität und folglich auch die Demokratie schroff verurteilte. Zum Zentrum als klassenübergreifender Partei zählten Industrielle und Proletarier, Kleinbauern und adlige Großgrundbesitzer. Diese janusköpfige Partei konnte die Achse einer Mitte-Links- oder einer Mitte-Rechts-Mehrheit sein. Sie schuldete den Hohenzollern nichts, aus theologischen und politischen Gründen war sie aber gegen Revolutionen. Da die Revolution von 1918 aber nun einmal stattgefunden hatte und da die politische Führung den gemäßigten Sozialisten zugefallen war, glaubte das Zentrum, es könne der Kirche und der Gesellschaft am besten dienen, wenn es sich auf den Boden der Tatsachen stellte und den Extremismus bekämpfte (das damals sehr nahe Schreckgespenst des Bolschewismus, der damals nicht nur in Rußland regierte, sondern für kurze Zeit auch in Ungarn unter Béla Kun und in München während der Räterepublik an die Macht kam). Der rechte Flügel des politischen Katholizismus stemmte sich jedoch weiter gegen jedes Arrangement mit den »Sozis«, diesen revolutionären Wölfen im Schafspelz, und mit dem liberalen Erzfeind. Auf dem Katholikentag von 1922, der wieder wie jährlich seit 1848 viele Zehntausende von Gläubigen versammelte, erklärte der Erzbischof von München, Kardinal Michael von Faulhaber, daß für die Katholiken die Monarchie die einzige gottgewollte politische Ordnung wäre. Ihm widersprach energisch der damalige Oberbürgermeister von Köln, Konrad Adenauer, dessen Stimme großes Gewicht in der Zentrumspartei besaß.

In Bayern war der politische Katholizismus durch die Erfahrungen mit dem linksintellektuellen Sozialismus eines Kurt Eisner[1] und der folgenden Räterepublik zutiefst erschüttert (obwohl mehr Angst als echter Schaden dahintersteckte). Sein Hilferuf an nationalistische paramilitärische Organisationen, die mit den Revolutionären rasch fertigwurden, führte zu einer Anlehnung an die Rechten. Die bayerischen politischen Katholiken trennten sich damals vom Zentrum, weil sie dessen Teilnahme an der Weimarer Regierungskoalition mit Sozialdemokraten und Linksliberalen nicht billigten. Sie gründeten die Bayerische Volkspartei (BVP), die sich in der Folge meist in der Opposition befand. Ihr rechter Flügel unterhielt ausgezeichnete Beziehungen zu den nationalistischen Geheimbünden und sogar zu der kleinen Nationalsozialistischen Deutschen Arbeiterpartei (NSDAP), die seit Beginn der zwanziger Jahre von einem Österreicher namens Adolf Hitler angeführt wurde. Im Jahr 1919, vor der Abspaltung, hatte das Zentrum bei der Wahl zur Nationalversammlung 19,7 Prozent

der Stimmen und 91 Sitze bekommen. Im November 1932 blieben ihm
11,9 Prozent und 70 Sitze, während die BVP 3,1 Prozent und 20 Mandate
errang. Die politischen Katholiken widerstanden alles in allem dem wachsenden Einfluß der Nazis, aber der bayerische Partikularismus, der sich
erstaunlicherweise mit großdeutschen Aspirationen verband, schwächte
ihr politisches Gewicht. So stimmte die BVP 1925 für Hindenburg und
gegen Marx, den Kandidaten des Zentrums, und sorgte damit, ebenso
wie die Kommunisten, für den Erfolg des Kandidaten der Rechten.

In den ersten Jahren nach dem Krieg gewann eine Strömung »linker
Katholiken« innerhalb des Zentrums und über seine Grenzen hinaus Bedeutung. Als ihr führender Kopf galt lange der badische Demokrat und
Reichskanzler Joseph Wirth. Von ihm stammte der Ausspruch »Der Feind
steht rechts«, anläßlich des Mordes an dem Außenminister Walther Rathenau, der 1922 Fanatikern aus rechtsradikalen Geheimbundkreisen
(unter ihnen auch der künftige Schriftsteller Ernst von Salomon) zum
Opfer fiel. Der »Linkskatholizismus« hatte sein Sprachrohr in der
»Rhein-Mainischen Volkszeitung«. Neben Wirth zählten zu ihm Gelehrte
wie der Theologe und Jesuit Friedrich Muckermann, der Biologe Friedrich Dessauer und junge Aktivisten wie Hubertus Prinz zu Löwenstein,
Sproß einer alten Adelsfamilie, der zu einem der Führer des »Reichsban-
ners« wurde. Dieser paramilitärische Kampfverband war von den »Weimarer« Parteien und Gewerkschaften zur Verteidigung der Republik
gegründet worden. Im großen und ganzen blieb der politische Katholizismus aber seinen konservativen (antibolschewistischen) Anschauungen
verhaftet und zeigte sich gegenüber der Staatsführung loyal. Ein heutiger
Kollege des Kardinals Bertram, des Fürstbischofs von Breslau und Ver-
fechters einer Politik größtmöglicher Verständigung mit dem Hitler-Regime, faßte diese Haltung einmal beispielhaft in die Worte, der Kardinal,
Sohn eines hohen preußischen Beamten, hatte sich nicht vorstellen können, daß ein Minister ein Verbrecher wäre. Es ist, in einer etwas anderen
Beleuchtung, das gleiche Thema wie in Hochhuths bekanntem Drama
»Der Stellvertreter«. Dort wird der Kirche und insbesondere Papst
Pius XII. der Vorwurf gemacht, sie habe mit dem Hitler-Regime nicht
brechen wollen aus Furcht, damit das Vordringen des Bolschewismus
nach Westen zu fördern (ebendies sollte aber das Ergebnis des von Hitler
entfesselten Krieges sein). Den Schrecken des atheistischen Bolschewismus hatte Pius XI. als Apostolischer Nuntius in Warschau direkt miterleben können, ebenso Pius XII., der das gleiche Amt in München versah.
Gewiß, Pius XI. verurteilte in seiner Enzyklika »Mit brennender Sorge«
1937 den rassistischen Atheismus der Nazis, doch ebenso gewiß ist auch,
daß Pius XII. und ein großer Teil der deutschen Bischöfe, die vor 1933

die Nazis mit dem Bann belegt hatten, nach deren Machtergreifung eine widersprüchliche, ja oft verständnisvolle Haltung gegenüber dem Hitler-Regime zeigten. Die Entscheidung für die Demokratie wurde vom politischen Katholizismus erst nach 1945 endgültig vollzogen ... Fügen wir noch hinzu, daß die katholischen Parteien in der Weimarer Republik gewiß bedeutende Männer an ihrer Spitze hatten, die aber keine wirklichen Staatsmänner waren. Matthias Erzberger, der sich durch seine Tatkraft und sein Geschick größtes Ansehen erwarb, wurde zur Zielscheibe heftiger Attacken rechter Kreise, aus denen schließlich auch seine Mörder kamen. Wilhelm Marx, der viermalige Reichskanzler, war nur ein kompetenter Verwalter ohne Ausstrahlungskraft, und Heinrich Brüning, der Mann Hindenburgs, ein aus der Gewerkschaftsbewegung kommender und unzugänglicher isolierter Verwalter. Wirth wiederum verstand es nicht, der Partei eine Struktur zu geben, die ihn bei der Durchsetzung seiner Politik unterstützt hätte. Prälat Ludwig Kaas, der letzte Parteivorsitzende des Zentrums vor der Auflösung durch die Nazis, war nur ein geschickt lavierender Kleriker ohne großes Format. Franz von Papen schließlich, schlichter Abgeordneter im preußischen Parlament, aber Eigentümer des Parteiorgans »Germania«, war ein reicher Intrigant und politischer Amateur, der selbst in der Partei ein Außenseiter blieb. Konrad Adenauer gehörte schon damals zu den besten Köpfen des Zentrums und war zweimal in die engere Wahl für das Reichskanzleramt gekommen. Er zog es jedoch vor, in seiner rheinischen Bastion zu bleiben, die er für stärker hielt, als sie in Wirklichkeit war.

Die Liberalen

Seitdem ein Teil von ihnen sich durch die Siege Bismarcks hatte verführen lassen, waren die deutschen Liberalen gespalten. Die Rechte, die Nationalliberalen, war die Partei der Bankiers, der Industriellen und eines beträchtlichen Teils des akademischen Bürgertums. Die Linke, die sich einmal Fortschrittspartei, ein andermal Freisinnige Partei nannte, zog ebenfalls Intellektuelle sowie die Vertreter der freien Berufe an. Unter den Linksliberalen gab es viele Juden. Nach 1918 versuchten die beiden feindlichen Bruderparteien eine Neugruppierung, da aber die Nationalliberalen in den ersten Reihen der Durchhaltepolitiker und Annexionisten des Ersten Weltkriegs gestanden hatten, weigerten sich die »echten« Liberalen, derselben Partei anzugehören wie ein Gustav Stresemann, der »Funktionär« eines Arbeitgeberverbandes. Sie verziehen es ihm nicht, daß er als Abgeordneter für den Siegfrieden eingetreten war. Während einige »echte« Liberale die Deutsche Demokratische Partei gründeten, sammelte sich ein Teil der Nationalliberalen um Stresemann zur Deutschen Volkspartei. Stresemann, dem es in dieser von vielen verachteten Republik nicht behagte, der aber zu »verantwortungsbewußt« war, um lediglich ideologische Opposition zu betreiben, setzte sich nur mit Mühe in der neuen Partei durch. Diese wiederum hatte schwer zu schlucken an der Verständigungspolitik mit Frankreich, die der »unersetzliche« Reichsaußenminister (er hatte dieses Amt von 1923 bis zu seinem Tod 1929 inne) zur tragenden Säule seines politischen Lebenswerks machte. Die Deutsche Demokratische Partei, die in ihren Reihen so illustre Intellektuelle wie den Sozialreformer Friedrich Naumann, den Soziologen Max Weber und den Theologen Ernst Troeltsch zählte, war ein aktiver und loyaler Partner in der Weimarer Koalition, wenngleich sie sich unter dem Eindruck der öffentlichen Empörung vorübergehend zurückzog, um nicht ihre Zustimmung zum Versailler Vertrag geben zu müssen. Mit der Zeit siegten jedoch die nationalistischen Impulse in großen Teilen des Bürgertums über die liberalen und demokratischen Traditionen. Hinzu kam, daß die DDP nach dem Tod der berühmten Universitätsprofessoren, die zu den Gründungsmitgliedern gehörten, keine herausragenden Persönlichkeiten und keine wirklichen Parteiführer mehr besaß. Während sie 1919 mit 18,5 Prozent der Stimmen auf 75 Mandate kam, fast soviel wie das Zentrum, erhielt sie schon 1920 lediglich 8,3 Prozent oder 39 Sitze und im November 1932 gar nur 1 Prozent, was ihr ganze 2 Sitze einbrachte. Hart bedrängt, versuchten die Liberalen vergebens, sich eine neue Fassade zu geben, indem sie ihren Namen in Deutsche Staatspartei veränderten. Diese letzte Selbstverleugnung hätten sie sich ersparen können, denn 1932 war Deutschland bereits so von politischen Extremisten beherrscht, daß für den Liberalismus kein Platz mehr war. Auch das Schicksal der rechtsliberalen Deutschen Volkspartei bestätigt dieses Urteil. Erst spät, 1919, gegründet, errang sie nur 19 Sitze in der Nationalversammlung. Im Jahr darauf verkehrten sich die Rollen zwischen den beiden liberalen Parteien: Die DVP erhielt 13,9 Prozent der Stimmen und 65 Sitze. Doch im November 1932 war ihr mit 1,9 Prozent und 11 Mandaten kein besseres Los beschieden als den ehemaligen Demokraten von der Deutschen Staatspartei. Zwischen 1919 und 1932 hatte die DVP ohne falsche Scham offen die Interessen der Unternehmer vertreten. Obwohl sie nach den Wahlen von 1928 in die Große Koalition des Sozialdemokraten Müller-Franken eingetreten war, gab sie der Regierung den Todesstoß, als sie die schon damals kümmerliche Arbeitslosenunterstützung, die den Millionen Arbeitslosen im Zuge der Weltwirtschaftskrise gewährt wurde, unbedingt noch weiter kürzen wollte. Da die Sozialde-

mokraten eine so harte unsoziale Maßnahme ablehnen mußten, hatte
die DVP mit ihrer Forderung wesentlichen Anteil daran, daß die letzte
Regierung der Weimarer Republik auseinanderbrach, die sich auf eine
parlamentarische Mehrheit stützen konnte. Mit dem Ende des Kabinetts
Müller begannen die Präsidialkabinette der Brüning, Papen und Schleicher, die zwischen März 1930 und Dezember 1932 aufeinanderfolgten. [2]

Die Konservativen

Auch die alte Rechte hatte sich unter Bismarck gespalten. Auf der einen
Seite stand die »Partei Bismarcks«, das waren die hohen Staatsbeamten,
die Verantwortlichen für eine moderne, urbane Wirtschaft und Professoren und Dozenten, die an die Größe des Staates glaubten; auf der
anderen Seite standen jene, denen der Eiserne Kanzler viel zu modern
war. Sie ziehen ihn des Verrats an seiner eigenen Klasse, den Großagra-
riern, Herren über die Gutsherren und ihre einstigen Leibeigenen, die
auch weiterhin von ihnen abhingen. Die »echte« konservative Partei war
vor allem nach Bismarck diejenige, die mit Erfolg die Masse der Kleinbauern in den östlichen Provinzen für die Interessen des Großgrundbesitzes einzuspannen vermochte. An erster Stelle rangierten bei den Konservativen Schutzzölle und die Beibehaltung des Dreiklassen-Wahlrechts
für den preußischen Landtag. Dieses Wahlrecht, das die Bürger nach der
Höhe ihrer Steuerzahlungen einteilte, verband das Prinzip der allgemeinen Wahl mit den Privilegien der Besitzenden. Der Antisemitismus bot
sich als brauchbares Mittel an, um die Masse der Kleinbauern fest mit
den Interessen der Großagrarier zu verbinden. Nach der Jahrhundertwende kam dann die Zeit der Bünde, die sich den unterschiedlichsten
Zwecken verschrieben: nationalen, kolonialen, maritimen, alldeutschen,
ja, es gab sogar einen Bund für den Kampf gegen die Sozialdemokratie.
Schon vor 1900 hatten sich die preußischen Konservativen in Aussehen
und Gebaren gewandelt. Sie bevorzugten nun möglichst diffamierende
Pressekampagnen und appellierten an Ängste, die der Furcht vor dem
Wandel entsprangen. Im Jahr 1919 gaben auch sie sich die Form der
Volkspartei. Sie nannten sich jetzt Deutschnationale Volkspartei (DNVP).
Die Partei war in ihrem Kern monarchistisch und nationalistisch und
lehnte daher die Weimarer Verfassung und den Versailler Vertrag ab. Ihr
politisches Credo bestand aus zwei Registern: zum einen aus dem traditionellen, protestantischen Konservativismus, der an altüberlieferten
Lebensformen festhielt, und zum anderen aus übersteigertem Nationalismus, der den Platz auf der nationalen Rechten für sich allein bean-

spruchte und nicht ungern sah, daß die Liberalen der DVP Kompromisse mit der Linken eingehen mußten. Anfangs, 1919, bildeten Vertreter der alten patriarchalischen Machtelite, Junker, Großgrundbesitzer und hohe Beamte, die Führung der »neuen« Partei, die darin der alten Bismarck-Partei noch sehr ähnelte. Doch nach und nach besetzten radikalere Elemente die Führungspositionen, Männer, die entschieden imperialistische und antisemitische Ansichten vertraten. Ende der zwanziger Jahre übernahm ein bis dahin bei der traditionellen Rechten unbekannter Managertyp den Parteivorsitz. Alfred Hugenberg hatte zuerst Karriere bei der Firma Krupp gemacht, wo er zuletzt Vorsitzender des Direktoriums war. Mit Gespür für die Mächte der Zukunft hatte er sich dann an die Spitze des großen deutschen Filmunternehmens UFA gesetzt. Er kaufte zahlreiche Provinzblätter, Wochenzeitschriften und vor allem den beliebten Berliner »Lokalanzeiger« auf. Seine geballte Medienmacht setzte Hugenberg zur Verbreitung der antidemokratischen, antiwestlichen und extrem nationalistischen Botschaft der radikalen Rechten ein, die er für die Ziele der Monarchie und des Großkapitals einzuspannen gedachte. Als die Gemäßigten unter den Konservativen gegensteuern wollten, war es bereits zu spät: 1931 schloß Hugenberg ein Bündnis mit Hitler, gemeinsam bildeten sie die Harzburger Front[3], die dem aus der Revolution hervorgegangenen »System« den Todesstoß versetzen wollte. Graf Westarp, der Vorgänger Hugenbergs, und eine Gruppe Konservativer, die den demagogischen Kurs des letzteren nicht billigten, verließen die DNVP und gründeten eine neue Partei, die Konservative Volkspartei. Ohne Erfolg, denn Hugenberg wußte die explosive Stimmung im Volk, das die Folgen der Weltwirtschaftskrise mit voller Wucht zu spüren bekam, für seine Zwecke auszubeuten. Hugenberg hätte wohl gerne auch Hitler instrumentalisiert, aber wer mit dem Teufel speisen will, braucht einen langen Löffel. Anfangs schien seine Rechnung aufzugehen. In dem Kabinett, das Hitler im Januar 1933 bildete, war Hugenberg Reichswirtschaftsminister, und seine Freunde, 52 Abgeordnete, erhielten dreimal mehr Ministerposten als die Nationalsozialisten mit ihren 288 Abgeordneten. Doch das nützte den Deutschnationalen wenig, denn auch sie wurden noch im Sommer desselben Jahres von der »nationalen Revolution« hinweggespült. Die Partei löste sich selbst auf, und wenige Wochen später dankte Hugenberg von seinem Ministerposten ab. Der kleine Tycoon der deutschen Presse und des Films hatte sich von den Nazis hinters Licht führen lassen. Er hatte ihnen die bürgerliche Kaution und die Parlamentsmehrheit besorgt, die sie, ungeschliffen und plebejisch wie sie waren, nicht hatten und dringend brauchten.

Ehe Hugenberg die Deutschnationalen auf seinen Kurs brachte, der

sich für viele von ihnen als verhängnisvoll erweisen sollte (die große
Mehrheit der Männer und Frauen der Verschwörung vom 20. Juli 1944
waren »deutschnational« gesinnt), schien es für kurze Zeit, in den wenigen Jahren, in denen die Republik sich wirtschaftlich erholte, als näherten sich auch die Konservativen gemäßigten und realistischen Positionen. Nach der Wahl Hindenburgs, der als alter Feldherr mit der
traditionellen Loyalität in den Salons, in der Staatsverwaltung und in
den Chefetagen der Wirtschaft rechnen konnte, entschieden sie sich für
eine »honorige« Mitarbeit in der Regierung, da dies ihren damaligen
Interessen entsprach. Mehrmals zwischen 1925 und 1930 bekleideten
Deutschnationale Ministerposten in der Reichsregierung, doch die Weltwirtschaftskrise und der relative Erfolg der Sozialdemokraten bei der
Wahl im September 1930 setzten der so versuchten Integration ein Ende.
Erst zwanzig Jahre später, nach der Katastrophe des Zweiten Weltkriegs,
gelang diese Integration im Rahmen der Christdemokratischen Union
Adenauers ... Der Stimmenanteil der DNVP entwickelte sich von anfäng-
lich 10,3 Prozent mit 44 Mandaten im Jahr 1919, als die Kriegsniederlage
und die Novemberrevolution gegen die konservative Idee sprachen, über
20,4 Prozent und 103 Sitzen auf dem Höhepunkt ihres Erfolgs bei der
zweiten Wahl 1924, bis sie auf 7,2 Prozent (52 Mandate) im November
1932 zurückfiel. Aber diese 52 Stimmen brauchte Hitler, um seiner Ernennung die Legitimation durch den Reichstag zu geben.

Obwohl bis zu vierzehn Parteien im Reichstag vertreten waren, wurde
das Spektrum der politisch relevanten Meinungen, die im Rahmen des
parlamentarischen Systems eine Rolle spielten, von den sechs »großen«
Parteien abgedeckt, die sich zwischen 1919 und 1930 die Macht teilten
oder sich in der Regierung ablösten. Die Sozialdemokraten, Zentrumskatholiken und Demokraten (Linksliberalen) bildeten die Weimarer Koalition. Sie regierten 1919 und 1920 im Reich und in Preußen bis 1932.
Von 1920 bis 1923 hielten sich »bürgerliche«, aus dem Zentrum und
den beiden liberalen Parteien gebildete Koalitionen nur dank der Tole-
rierung durch die Sozialdemokraten. Im Jahr 1923, mitten in der Ruhrkrise, bildete Stresemann ein Kabinett der »Großen Koalition« unter
Beteiligung der Sozialdemokraten. Von 1924 bis 1928 gehörten Katholiken und Liberale einer »bürgerlichen Koalition« an, zu der auch die
Deutschnationalen stießen, ohne sich endgültig für diese Option zu entscheiden. Von 1928 bis 1930 saßen im Kabinett Müller, ebenfalls einer
»Großen Koalition«, die roten »Sozis« und die Rechtsliberalen der DVP
an einem Tisch. Das baldige Ende dieser von ständigen internen Streitereien gekennzeichneten Regierung wurde allgemein mit großer Erleich-
terung begrüßt. Doch damit endete auch die Ära des Parlamentarismus:

In den Präsidialkabinetten der Jahre 1930 bis 1933 fanden sich Männer des katholischen Zentrums, der Liberalen und der Konservativen zusammen. Doch die Zeit der Parteien war abgelaufen. Die breite Öffentlichkeit, die das »Politikergezänk« verachtete, hatte sie nie besonders geschätzt. Auch die Republik sollte sie nur um weniges überleben.

Nationale Verbände und Freikorps, Putschversuche und Aufstände

Krieg mag noch so grausam sein, er wird auch geliebt. Überlebende, die ins Alltagsleben zurückkehren, schwärmen lauthals von den Ruhmestaten, die sie als Akteure oder Zeugen erlebt haben. Welchen Beruf sollten junge Männer, die so jung nicht mehr sind, nach vier, fünf, sechs Jahren Krieg ergreifen, hatten sie doch nichts anderes gelernt als zu marschieren, Befehle auszuführen und zu schießen? Und wie sollte man den Gedanken ertragen, daß so viele Mühen und Leiden, der Opfertod so vieler Kameraden umsonst gewesen waren und das Vaterland kleiner, ärmer und von der Welt weniger geachtet dastand als vor dem Krieg? Waren nicht Millionen Deutsche mobilisiert worden, und hatten sie allein nicht fast über die ganze übrige Welt triumphiert? Verzweiflung und Wut, der Wille, den Sieg doch noch zu erzwingen, das Unvermögen, etwas anderes als das Kriegshandwerk auszuüben, auch die Faszination, die von Berichten über den Krieg auf jene jungen Männer ausging, die noch nicht alt genug gewesen waren, um selbst daran teilzunehmen, alles das sind Gründe, die erklären mögen, weshalb es im geschlagenen Deutschland, das seine Niederlage aber keineswegs als endgültig ansah, zur Entstehung von paramilitärischen Verbänden wie der »Schwarzen Reichswehr« kam. Für Unruhe sorgten Extremisten und Nationalisten, die an Aufstand oder Revanche dachten und die darauf brannten, sich mit ihren Feinden im Innern zu schlagen, den »Novemberverbrechern«[4], den Politikern, die der kämpfenden Truppe einen Dolch in den Rücken gestoßen hatten. Nicht weniger brannten sie auf einen Kampf mit den äußeren Feinden, mit den degenerierten Franzosen, in deren Reihen sogar Neger kämpften, mit den perfiden Engländern, diesen Verrätern an der germanischen Rasse, mit den Polen, diesen Untermenschen, die sich zu Herren aufschwingen wollten. Und hinter allen stand der feige, übelriechende Jude und zog die Fäden, denn in seiner alles pervertierenden Bosheit strebte er nur danach, den Deutschen, den nordischen Menschen, diesen gerade und rein denkenden Helden, zu vernichten. Der rassistische Sumpf, der bereits in dunklen Randzonen der wilhelminischen Gesellschaft kochte und den sich die Mächtigen für bestimmte Zwecke zunutze machten, ansonsten aber verachteten, dieser Sumpf brachte nun seine zerstörerischen Früchte ans Licht.

Die konservative Idee der Nation war in sich schon aggressiv und hegemonial, blieb aber Teil einer sozialen Ordnung und ihrer internen Gesetzgebung. Die »völkischen« Bewegungen, die sich seit 1919 organisierten, verwendeten bewußt einen anderen Begriff als den der Nation. Das Wort ist französischer Herkunft, in ihm schwingen revolutionäre Konnotationen mit; die Nation ist ein permanentes Plebiszit (Renan), der Begriff enthält ein voluntaristisches Element (das der französischen Rechten, die Ende des 19. Jahrhunderts nationalistisch geworden war, nicht minder mißfiel). Das »Volk« hingegen wurde als eine Gegebenheit der Natur aufgefaßt, der man sich nicht entziehen, die man aber auch nicht frei wählen konnte. Zugehörigkeit zu diesem »Volk« war etwas Unausweichliches wie das Schicksal der Helden der germanischen Sage und Mythologie, die ihrem tragischen Ende unaufhaltsam entgegenstreben. Die »Doktrinäre der deutschen Revolution« (so nannte mein Lehrer Edmond Vermeil treffend die Denker[5], die den Nazismus vorbereiteten und von denen Denkspuren seltsamerweise gegenwärtig in einigen Sektoren der pazifistisch-ökologischen Bewegung aufzufinden sind) schufen ihre Theorien in der Stille ihrer Studierstuben, die Wehrbünde aber schossen scharf: an der Front, in Schlesien, im Baltikum, bei bürgerkriegsähnlichen Straßenkämpfen in Berlin, München, Hamburg, Bremen, im Ruhrgebiet und bei Attentaten gegen Vertreter der verhaßten Republik. Hatten die Inhaber der Staatsmacht, die in ihren Augen Usurpatoren waren, nicht selbst auf antirevolutionäre Freiwilligenverbände zurückgreifen müssen, um mit den kommunistischen Aufständen fertig zu werden? Zehntausende demobilisierter Soldaten, die auf Befehl jederzeit wieder einsatzbereit waren, träumten von einer Wende des Schicksals, wie sie Friedrich der Große 1762 erlebte, als schon alles für ihn verloren schien. In Deutschland stand der Mehrheit der Bürger, die ums Überleben kämpfte und dies allmählich mit einigem Erfolg, eine Minderheit gegenüber, die sich mit der Niederlage nicht abfinden konnte und wollte. Dem Beispiel Noskes und der bayerischen Sozialdemokraten folgten hohe Beamte und Offiziere, die nach Schlesien Freiwillige rufen ließen, um die polnischen Versuche zu vereiteln, mit Gewalt dem Ergebnis der im Versailler Vertrag vorgesehenen Volksabstimmung vorzugreifen. Im Baltikum waren es die aus dem Bürgertum und der Bauernschaft stammende Regierungen kleiner Völker, die deutsche Freiwilligenverbände ins Land riefen. Nach außen kämpften sie für die Unabhängigkeit von den Russen, nach innen wehrten sie sich gegen die Ansprüche des deutschen Adels, dem seit alters her die großen Güter gehörten und der auch die Seelen mittels

der protestantischen Kirche beherrschte. Zu Tausenden strömen Freiwillige nach Schlesien und ins Baltikum, vor allem Studenten, die über ihr
junges Leben frei verfügen konnten. Marguerite Yourcenar hat diesen
Kämpfen mit ihrer Erzählung »Der Fangschuß«[6] in der Literatur ein
Denkmal gesetzt; Volker Schlöndorff hat später nach ihrer Vorlage mit
Margarethe von Trotta in der Hauptrolle einen erschütternden Film gedreht.[7] Die Engländer setzten schließlich mit einem sowohl an Berlin als
auch an die baltischen Staaten gerichteten Ultimatum den Abzug der
deutschen Freiwilligenverbände durch, auch auf die Gefahr hin, den Bolschewisten freies Feld zu lassen.

Doch dazu kam es diesmal noch nicht. Die baltischen Staaten wurden
erst 1940 von der Sowjetunion annektiert und ein weiteres Mal 1945 nach
Kriegsende. Erst 1990 errangen sie erneut ihre Unabhängigkeit und eine
schwierige Freiheit. Nach der Abtrennung des ost-oberschlesischen Industriegebiets und der Pazifizierung der baltischen Staaten traten die Freikorps, die oft einen halblegalen Status lebten, immer dann wieder offen
in Aktion, wenn es kommunistische Aufstände zu bekämpfen galt, so in
Sachsen, Thüringen, in Nürnberg und im Ruhrgebiet. Sie beteiligten sich
auch am Kapp-Putsch im Frühjahr 1920, dessen »politischer Leiter«,
Wolfgang Kapp, ein hoher preußischer Beamter, sich anfangs auch auf
reguläre Einheiten der Reichswehr stützen konnte. Gemeinsam besetzten
sie die Hauptstadt und zwangen die Reichsregierung und den Reichspräsidenten zur Flucht nach Süddeutschland. Im Jahr 1923 fand man sie
wieder in vorderster Linie im Kampf gegen die französischen Truppen,
die das Ruhrgebiet besetzten. Der französische Ministerpräsident Poincaré
hatte den Einmarsch befohlen als Sanktion für die schlechte Zahlungsmoral der Deutschen, die ihren Reparationsverpflichtungen nicht gebührend
nachkamen. Einer aus der Schar der Freikorpskämpfer, Leo Schlageter,
halb Soldat, halb Student und gänzlich Außenseiter, gelangte zu Berühmtheit, als er von den Franzosen verhaftet und hingerichtet wurde. Er avancierte zum repräsentativen Helden der völkischen Bünde, die alle zu General Ludendorff emporschauen, als dem Heerführer, der in ihren Augen
den Krieg gewonnen hatte. Wenn die Freikorps zuschlugen und töteten,
taten sie es stets aus »patriotischen« Motiven und fanden, sofern sie
überhaupt zur Verantwortung gezogen wurden, immer milde, verständnisvolle Richter, auch wenn diese Gewalt als Mittel der politischen Auseinandersetzung ablehnten. Zugleich Produkt und Opfer der Krise der
Industriegesellschaft verhinderten die Freikorpskämpfer lange Zeit, daß
die Republik zu politischer Stabilität fand. Erst in der Periode relativen,
aber wachsenden Wohlstands, die nach der Inflation einsetzte, kehrten sie
und viele nur vorübergehend ins Zivilleben zurück. Auch die kleine na-

tionalsozialistische Arbeiterpartei, die 1919 in Bayern gegründet wurde
und zu deren ersten Rednern der demobilisierte Gefreite Adolf Hitler
zählte, gehörte zu der Welt der völkischen Bündler und Rebellen, der auf
»Halbsold« gesetzten Randfiguren. Doch Anfang der zwanziger Jahre war
sie nur eine winzige Gruppe unter vielen anderen.

Fünf Jahre ständiger Bürgerkrieg, fünf Jahre erst schleichende, dann ga-
loppierende Inflation: An der Wiege der Weimarer Republik haben nicht
viele gute Feen gestanden.

Die meisten der binnen weniger Tage oder Wochen niedergeschlagenen
Aufstände gingen auf das Konto der extremen Linken. Allerdings gab es
zwei bedeutsame Ausnahmen. Der eine Aufstand war der Kapp-Putsch
im Frühjahr 1920, in dessen Verlauf der Putsch-Kanzler Kapp, unterstützt von regulären Einheiten der Reichswehr und Freiwilligenverbänden, Berlin besetzte, ohne auf Widerstand zu stoßen. Doch er wußte mit
seinem Sieg nichts anzufangen, da sich die Regierung ihm entziehen
konnte und von ihrem Zufluchtsort Stuttgart aus sich weigerte, den
Staatsstreich anzuerkennen. Der Generalstreik, der von den Gewerkschaften – »freie« und »christliche« erstmals vereint – ausgerufen wurde,
Kapps eigene Unerfahrenheit und das abwartende Verhalten der Reichs-
wehrführung, die nicht gegen die Aufständischen vorging, aber ihnen
auch die Anerkennung verweigerte – alle diese Faktoren zwangen die
Putschisten schließlich zur Aufgabe. Die Warnung war ernst, doch es
wurden keine Lehren aus den Ereignissen gezogen. Die von den Gewerkschaften und Linksparteien geforderten Maßnahmen zum Schutz der Republik stießen bei den übrigen politischen Kräften auf Gleichgültigkeit,
ja Feindschaft. Sanktionen wurden fast nicht verhängt, wohingegen die
Aufstände der Linken stets blutig niedergeschlagen und danach harte
Urteile gesprochen wurden. Staatsdiener, die sich mit der Republik identifizierten, waren in der Tat die Ausnahme! Man brauchte sich nur das
Beispiel des Chefs der Heeresleitung anzuschauen, der sich weigerte, gegen die Putschisten von 1920 vorzugehen, und als Begründung die (von
ihm selbst statuierte) Regel angab, Reichswehr schieße nicht auf Reichswehr. Die Gerichte verfolgten Journalisten strafrechtlich, die Verletzungen des Versailler Vertrags aufgedeckt hatten, deren sich die Reichswehr
schuldig gemacht hatte. Und sie sprachen einen vom Reichspräsidenten
verklagten Schreiberling frei, der Ebert des Verrats bezichtigte, weil er
die Streiks der Arbeiter in den Rüstungsbetrieben zu Beginn des Jahres
1918 unterstützt habe. Von dieser Anklage tief getroffen, wollte sich
Ebert, der im Krieg zwei Söhne verloren hatte, ganz seinem Prozeß widmen. Dafür verschob er sogar eine an sich leichte, aber notwendige Ope-

ration, bis es schließlich zu spät für ihn war: Er erkrankte an einer Bauch-
fellentzündung. An dieser starb der erste Präsident der deutschen Repu-
blik wenig später mit dreiundfünfzig Jahren als ein Opfer der Verleumdung. Es war nur ein Fall unter vielen, der aber wegen der hohen Stellung
des Toten mehr Aufmerksamkeit weckte.

Der andere rechte Putschversuch wurde ebenfalls leicht vereitelt, und
auch hier wurden seine Urheber mit großer Nachsicht behandelt. Mitten
in der Ruhrkrise wollte Adolf Hitler die bayerische konservative Regierung nötigen, eine »Diktatur des nationalen Widerstands« zu errichten.
Seine Partei hatte in München an Einfluß gewonnen, und er selbst genoß
das Vertrauen des Generals Ludendorff, der ja bei der extremen Rechten
sehr beliebt war. Bei einer öffentlichen Versammlung von Hitler über-
rumpelt, taten die Spitzen der bayerischen Regierung so, als würden sie
sich Hitlers Plan anschließen. Doch als dieser am folgenden Tag – es war
der 9. November 1923 – gemeinsam mit seinen Parteigenossen einen Tri-
umphmarsch durch die Stadt unternahm, geriet er mit Polizeikräften in
Konflikt, die nicht zögerten, von der Schußwaffe Gebrauch zu machen.
Die Teilnehmer zerstreuten sich daraufhin. Hitler und einige seiner
Kampfgenossen wurden festgenommen. Statt ihn aber als unerwünschten
Ausländer des Landes zu verweisen – er war immer noch österreichischer
Staatsbürger –, stellte man ihn vor Gericht und verurteilte ihn am Ende,
eher glimpflich, zu drei Jahren Festungshaft, von denen der Chef der
Nationalsozialisten aber nur einige Monate absaß. In der recht erträgli-
chen Haft verfaßte er den ersten Entwurf zu »Mein Kampf«. Doch obwohl diese Behandlung von großer Nachsicht zeugte, wie man sie einem
vom rechten Pfad abgekommenen Gesinnungsfreund angedeihen läßt,
behielt Hitler einen tiefen Haß gegen die bayerischen Regierungspolitiker,
die ihn »verraten« hatten. Der Chef der bayerischen Exekutive, Gene-
ralstaatskommissar von Kahr, selbst ein Reaktionär, wurde nach der
Machtergreifung Hitlers in seinem Haus von SA-Männern überfallen.
Stunden später fand man seine Leiche in einem sumpfigen Gewässer trei-
bend, von tödlichen Spatenhieben entstellt ...

Der gescheiterte Hitler-Putsch vom November 1923 bezeichnete das
Ende der gewalttätigen Unruhen. Bis 1933 kam es weder zu Aufständen
noch zu *pronunciamientos*. Für die nicht vom Glück verwöhnte Republik
brachen einige kurze glückliche Jahre an.

Inflation und Reparationen

Allerdings war es nur ein relatives Glück vor dem Hintergrund der Kriegsruinen und dank ausländischer Anleihen. Nicht daß Deutschland in Schutt und Asche gelegen hätte wie später nach dem Zweiten Weltkrieg. Zwischen 1914 und 1918 wurde nirgendwo deutsches Territorium zum Schauplatz von Gefechten, und die Angriffe aus der Luft hinterließen keine nennenswerten Zerstörungen. Aber die Bürger waren ruiniert, und vor allem die »guten Bürger«, die Kriegsanleihen gezeichnet hatten und deren großmütig dem Vaterland geliehenes Geld nun nichts mehr wert war. Uns Heutigen scheint das selbstverständlich. Wir wissen, daß irgend jemand immer die weitgehend unproduktiven Kosten eines Krieges tragen muß, aber die damaligen Opfer wußten das noch nicht. Die französische Staatsführung hatte es schon begriffen, sie glaubte, man könne die Deutschen für alles zahlen lassen. Allerdings wußte keiner so recht, welche Summen man der deutschen Wirtschaft entziehen könne, ohne daß sie zusammenbrach. Über die Höhe der Reparationszahlungen wurde immer wieder neu verhandelt, und jedesmal sah das Ergebnis etwas weniger ungünstig für Deutschland aus. Diese Verhandlungen zogen sich fast über die ganze Dauer der Weimarer Republik hin, vom Dawes- zum Young-Plan und bis zum Abkommen von Lausanne, mit dem Papen das Ende der Reparationen erreichte gegen die Zahlung einer letzten Summe von drei Milliarden Reichsmark, die Hitler, als er an der Macht war, selbstverständlich nicht leistete ...

Anfangs hatte Deutschland noch unter der Blockade zu leiden, die erst 1919 aufgehoben wurde. Dann kamen die Reparationen und Beschlagnahmungen, die Besetzung des Ruhrgebiets und der passive Widerstand, die Unruhen und Aufstände im Innern, die Konflikte an der Ostgrenze, die zahlreichen Streiks, die mit diesen Ereignissen einherliefen, die physische Erschöpfung der Arbeiter – wegen der Blockade kamen wichtige Lebensmittel nicht ins Land –, und als die Auslagen der Läden endlich wieder voll waren, fehlte das Geld. Die Güterproduktion brauchte Jahre, ehe sie das Vorkriegsniveau wieder erreichte. Wie sollte das Geld unter diesen Umständen seinen Wert behalten? Die de facto Annulierung der Kriegsanleihen genügte nicht, die finanziellen Mittel, über die die Haushalte noch verfügten, mußten noch weiter abgebaut werden. Statt aber rasch und mit Autorität einzugreifen und eine Währungsreform durchzuführen (doch wie in einem solchen Fall vorzugehen war, wußte man damals noch nicht, oder man wagte es noch nicht), ließ man der Inflation freien Lauf, die zuerst langsam einsetzte und sich dann Anfang 1923 immer mehr beschleunigte. Die Verlierer waren dabei die Sparer, die Rentner und

Pensionisten, deren Einlagen, Renten und Pensionen nicht der steigenden Geldentwertung angepaßt wurden. Zahllose Menschen wurden Opfer der Inflation. Für sie brach die Welt nach dem Sturz der Monarchie ein zweites Mal zusammen, nun aber wurde auch ihre private, individuelle Existenz erschüttert. Der Verlust des Vertrauens in Strukturen und Werte, die als unwandelbar galten, sollte eine der tiefliegenden Ursachen für die Ausbreitung des Nationalsozialismus werden. Fernwirkungen sind auch noch heute, fast achtzig Jahre später, zu spüren, denn immer noch erweckt eine Geldentwertung panische Angst in Deutschland, sowohl bei der arbeitenden und sparenden Bevölkerung als auch bei den Spitzen des Staates. Die Arbeiter und Angestellten traf es danach weniger hart. Da sie produktive Arbeit leisten sollten, mußten sie auch bezahlt werden, und sei es auch nur, um ihre Arbeitskraft reproduzieren zu können, die eine Form von Kapital darstellte. Die Nutznießer der Inflation waren die Menschen, die über Rohstoffe, Fertigwaren oder Nahrungsmittel verfügten – oder über ausländische Devisen. Die Lösung der Krise war schließlich das Ergebnis mehrerer Faktoren: das Ende des passiven Widerstands im Ruhrgebiet, der Druck, den die angelsächsischen Alliierten auf Frankreich ausübten, damit es seine unbeugsame Haltung in der Reparationsfrage lockere, und das Interesse des amerikanischen Kapitals an einer entfalteten deutschen Wirtschaft, die immer noch begünstigt durch eine gutausgebildete und disziplinierte Arbeiterschaft war. Hinzu kam die Intelligenz und Kompetenz von Hjalmar Schacht, des unabhängigen und mächtigen Präsidenten der Reichsbank, gleichzeitig Bankier und Ökonom. Ihm gelang die Stabilisierung der Währung unter dem neuen Namen der Rentenmark, die offiziell auf dem Gesamtwert der deutschen Agrarproduktion, tatsächlich aber auf dem Vertrauen der heimischen und der internationalen Wirtschaft beruhte. Die alte Mark, die nur noch Milliardstel Dollars wert war, verschwand, während die neue Mark anfangs fast nur an Produzenten und die öffentlichen Dienste vergeben wurde. Schacht vollendete einige Zeit später die wirtschaftliche Konsolidierung, indem er eine Reichsmark einführte, deren Kurs wieder an das Gold und den Dollar gebunden war.

Von da an ging es mit der Wirtschaft wieder steil aufwärts. Amerikanische Finanziers begannen in Deutschland zu investieren, bald flossen kurzfristige amerikanische Kredite zum Aufbau langfristiger Wirtschaftsverflechtungen. Die Wirtschaft expandierte weltweit. Auch Deutschland, das noch unter dem Schock des wirtschaftlichen Ruins stand, erlebte einen ungeheuren Aufschwung, der durch seine Plötzlichkeit, sein Ausmaß und die von ihm verursachten Ungleichheiten nicht weniger traumatisierend wirkte als die Folgen von Krieg und Inflation. Mit der konjunkturellen Erholung von Wirtschaft und Handel und einer verbesserten

Beschäftigungslage traten die leidvollen Erinnerungen an die jüngste Vergangenheit zurück, zumindest bei den aktiven Trägern des Aufschwungs. Übrig blieb das tiefsitzende Ressentiment der breiten kleinbürgerlichen Schichten, die sich um ihre Ersparnisse gebracht sahen, und deren Unmut fand kein Ventil in den marxistischen Konzepten der Arbeiterbewegung, mit denen sie sich selten identifizieren konnten und wollten. Die Angehörigen der breiten bürgerlichen Mittelschicht legten vor allem Wert darauf, nicht mit der proletarischen Masse verwechselt zu werden. Ihr Klasseninteresse forderte, die Ideologie des Klassenkampfs abzulehnen. Die Verantwortung für ihre Misere durfte nicht bei den Kräften gesucht werden, die ihre Werte symbolisierten, beim Staat (für sie war die Monarchie die normale Staatsform), bei den hohen Beamten, beim Militär und auch nicht bei den Unternehmern, die ihnen Beschäftigung brachten, obwohl gerade diese Stützen des Staates eine hohe Verantwortung für die Fehler trugen, die das deutsche Volk in die Katastrophe geführt hatten. Die »eigentlich« Schuldigen waren die Verräter, die Revolutionäre, die Sozialdemokraten, die äußeren Feinde und, überall mit dabei und als Mörtel des Ganzen, die Juden. Und ebenfalls der Kapitalismus, insofern er die vaterlandslose und ausbeuterische Herrschaft des selbst nicht arbeitenden Geldes symbolisierte. Und wieder verdächtigte man die Juden, dabei ihre Hand im Spiel zu haben. Da sich aber in Staat und Gesellschaft die Ordnung langsam wieder durchsetzte, die Ära der Gewalt ein Ende zu nehmen schien und die Deutschen sich in die Arbeit stürzten, die unmittelbaren Gewinn versprach, blieben diese Ressentiments weitgehend unterschwellig oder wurden verdrängt. Bei den Wahlen im Mai 1924, die zu Beginn der Wirtschaftsstabilisierung stattfanden, erhielt die extreme »faschistische« Rechte 6,5 Prozent der Stimmen und 32 Sitze. Im Mai 1928, auf dem Gipfel der Prosperität, brachten es die Nationalsozialisten, die einzige »ernstzunehmende« Gruppierung der extremen Rechten, auf kümmerliche 2,6 Prozent der Stimmen und 12 Mandate. Zwei Jahre später, im September 1930, fielen den Nazis 18,3 Prozent der Stimmen und 107 Sitze zu. Dies war die direkte Folge der Weltwirtschaftskrise.

Frankreich als Shylock
Deutschland in sich zerrissen

Weder Poincaré noch Clemenceau, in dieser Zeit die wichtigsten Politiker der französischen Republik, hatten den Sinn für das rechte Maß und die historische Kontinuität, den Metternich und Talleyrand sehr zum Wohle Europas bewiesen hatten. Der Starrsinn, mit dem sie den besiegten Gegner als den Träger des Bösen schlechthin behandelten, entsprach in dieser Mischung von Nationalismus und Moralismus in keiner Weise der alten Idee des europäischen Gleichgewichts, das ständig von Hegemoniebestrebungen einzelner Mächte bedroht war, die dann zur Abwehr eine Allianz der übrigen Staaten auf den Plan riefen. War die Hegemonialmacht durch gemeinsame Anstrengungen überwunden, beließ man dem Besiegten seinen angestammten Rang, damit er gegebenenfalls bei der nächsten Störung des Gleichgewichts auf seiten einer neuen Allianz mitkämpfen konnte. Die französische Staatsführung von 1918 wollte sich nicht damit bescheiden, eine für alle akzeptable Ordnung in Europa zu errichten (die Rückgabe von Elsaß-Lothringen selbstverständlich eingeschlossen[8]), sondern schuf, auch zu Lasten des eigenen kriegsgeschwächten Landes, das seine angeschlagene Substanz nicht in einem neuen Konflikt aufs Spiel setzen konnte, eine bleibende Instabilität, die dem Revanchismus im gedemütigten Deutschland anhaltend Nahrung bot. Die Volkskriege, die die Leidenschaften der Massen mobilisierten, waren nicht nur unerbittlicher als die Kabinettskriege (darin gleichen sie den Religionskriegen), sie konnten auch nicht in einer allgemeinen Befriedung enden. Die deutsche Außenpolitik war die ganze Weimarer Republik über vom problemvollen Verhältnis zu Frankreich bestimmt. Die Regierungen Frankreichs schürten mit ihren Maßnahmen systematisch antifranzösische Gefühle in Deutschland: Verbot des Anschlusses Österreichs an das Reich, Interventionen zugunsten Polens in der Frage der Teilung Oberschlesiens, hartnäckiges, aber letztlich ohnmächtiges Beharren auf einer Verurteilung deutscher Kriegsverbrecher, überzogene Reparationsforderungen, pedantische Kontrolle über die Durchführung der militärischen Klauseln des Versailler Vertrages, aggressive, ja provokative Handlungen wie die Besetzung des Ruhrgebiets 1923 und die Unterstützung rheinischer Separatisten. Am Ende erntete Frankreich mit dieser Politik keine wirklichen Erfolge, denn es isolierte sich damit immer mehr. Nachdem sich die Vereinigten Staaten aus der europäischen Politik zurückgezogen hatten, besannen sich Großbritannien und Italien wieder auf die alte Gleichgewichtspolitik, die darin bestand, den Besiegten gegen den Mächtigsten unter den Siegern zu verteidigen. Dank seiner großen und ruhmreichen Armee galt Frankreich damals als die stärkste Kontinentalmacht. Nach den riskanten und unnötigen Eingriffen ins Ruhrgebiet in den Jahren 1922–1925 geriet Premierminister Poincaré mit seiner Politik in die Defensive und mußte seine Ansprüche und Forderungen zurückschrauben. In Frankreich fand die Linke wieder den Mut zu ihren alten Idealen der Völkerverständigung, der Abrüstung und des allgemeinen Friedens. Aristide Briand, ehemaliger Sozialist und Pazifist, der auch während langer Kriegsmonate die Regierung geführt hatte, warb nun für eine behutsame Politik der Versöhnung mit Deutschland. Damit tauchte auch das eigentliche Ziel dieser Politik, die europäische Union, allmählich am Horizont auf. Zwar hatte er die französischen »Nationalen«, die in der Nationalversammlung von 1919, der »horizontblauen Kammer« (bleu horizon war die Farbe der französischen Uniformen in den letzten Kriegsjahren), die überwältigende Mehrheit stellten, zu erbitterten Gegnern, doch auch sie konnten nicht verhindern, daß er schon 1921 wieder in das Amt des Außenministers und mehrmals in das des Premierministers einrückte, manchmal sogar zusammen mit Poincaré, seinem alten Gegner in ein und derselben Regierung. Der alte Friedenskämpfer, gebeugt, mit seiner wilden Mähne, bot Deutschland eine Alternative zu Ressentiment und Rachsucht.

Die Führung der jungen deutschen Republik mochte wohl gegen die Ungerechtigkeit und Unbilligkeit des Versailler Vertrages protestieren und ihren Widerstand gegen die französische Politik der Faustpfänder und der Demontage bekunden, doch ihr blieb gar nichts anderes übrig, als »Erfüllungspolitik« zu betreiben, das heißt, die mit der Unterzeichnung der Verträge eingegangenen Verpflichtungen zu erfüllen. In der Mitte der Nachkriegsquerelen, 1922, glaubten einige, daß sich eine andere Perspektive für Deutschland auftue: ein Bündnis mit dem anderen großen Verlierer des Krieges, mit Rußland. Zwar stellte sich Rußland in dem für die meisten Deutsch-Nationalen abschreckenden Gewand des Bolschewismus dar, diesem gleichmacherischen, materialistischen und atheistischen Geist, aber es teilte nun mit Deutschland die Rolle eines »Proletariers« unter den Nationen. Es hatte fast alle europäischen Eroberungen der Zaren seit Peter dem Großen verloren und kämpfte mit großen sozialen Umwälzungen, blieb aber trotz schwerer Rückschläge immer noch ein auf die Dauer unerschöpfliches Riesenreich. Viele Theoretiker der »deutschen Revolution«, die von einem Sozialismus nach Preußenart oder in den Farben Deutschlands träumten, fühlten sich angezogen von den antiwestlichen und antiliberalen Ideen, die in russischen Intellektuellenkreisen seit der ersten Hälfte des 19. Jahrhunderts zirkulierten. Bolschewisten und Deutschnationale hatten einiges gemein, so die Verurteilung des Kapitalismus und der industriellen Zivilisation, des Parlamentarismus und des Parteienpluralismus. Eigenartige Denker wie Ernst Niekisch traten für einen »Nationalbolschewismus« ein. Rußland, nun die Sowjetunion, war ebenfalls von den Friedensverhandlungen in Versailles ausgeschlossen worden. Englische, französische, japanische und amerikanische Truppen hielten zeitweise weite Teile des russischen Territoriums im Norden, im Süden und in Sibirien besetzt, und es dauerte lange, bis es den Kommunisten gelang, sie wieder in ihren Besitz zu bekommen. Auch die Polen, kaum hatten sie ihre nationale Unabhängigkeit wiedererlangt, versuchten erneut, die Ukraine bis Charkow zu annektieren. Doch schon 1921 mußten sie sich vor den Mauern Warschaus gegen die Armee des Sowjetgenerals Tuchatschewski wehren. So ließen sich Generäle, Botschafter, Bankiers und Industrielle von den Aussichten auf die unbegrenzten »Märkte« der Sowjetunion verlocken. Ein intellektueller Abenteurer, den es nicht ohne Erfolg in die Industrie und die Politik verschlagen hatte, Walther Rathenau, zeigte Sympathie für diese neue Politik, die genau besehen so neu nicht war. Schließlich bildete das Einvernehmen mit Rußland eine der Grundlagen der preußischen Politik, seit Peter III. im Jahr 1762, für Friedrich II. fast ein Wunder, auf den Zarenthron gelangt war. Während die Westmächte im Frühjahr 1922 in Genua über die Höhe der von Deutschland zu zahlenden Reparationen diskutierten, trafen sich im nur wenige Kilometer entfernten Rapallo deutsche und sowjetrussische Delegierte zu vertraulichen Gesprächen, an deren Ende ein Friedensvertrag stand. Das Spektakulärste an diesem Vertrag war, daß beide Partner auf Reparationsforderungen verzichteten. Der Vertrag von Rapallo schlug ein wie eine Bombe. Der deutsche Unterhändler hieß Walther Rathenau, Außenminister im Kabinett Joseph Wirth.

Die deutsch-französische Annäherung
Die Übereinstimmung Briand – Stresemann

Die Siegermächte des Ersten Weltkriegs hatten das sowjetische Rußland aus der zivilisierten Welt ausgeschlossen, obwohl sie weder den Willen noch die Macht hatten, es niederzuringen. Nun verband sich die deutsche Gefahr, von deren Fortbestehen Poincaré und seine Anhänger felsenfest überzeugt waren, mit der Bedrohung durch die bolschewistische Revolution. Hatte man damit nicht den Beweis für das doppelte Spiel der deutschen Führung? Lief es auf eine Allianz der »unterdrückten Völker«, der Proletarier unter den Völkern hinaus? Rapallo machte Angst und gab Anstoß zum Nachdenken. Es war eine Trumpfkarte, auf die Deutschland nie wirklich setzte, von der man aber nun wußte, daß es sie vielleicht doch ausspielen könnte. Seither ist die genaue Erinnerung an diese Ereignisse verlorengegangen, und viele Menschen glauben allen Ernstes, Rapallo bezeichne so etwas wie einen »Wechsel der Bündnisse«. Davon konnte indes keine Rede sein, denn weder war Deutschland der Verbündete der Westmächte, noch verband es sich mit der Sowjetunion. Dennoch bildeten sich von nun an recht enge und sehr eigentümliche Bezie-

hungen zwischen dem bolschewistischen Staat und Deutschland heraus.
Deutsche Unternehmer und deutsche Ingenieure spielten eine aktive Rolle
beim Wiederaufbau der russischen Wirtschaft, die nach langen Jahren
des Kriegs gegen äußere Feinde und nach den Wirren des Bürgerkriegs
darniederlag.[9] Geheimabkommen, wenn auch von begrenzter Tragweite,
gaben der Reichswehr die Möglichkeit, auf russischem Territorium Waffen zu entwickeln und zu erproben, die ihr nach den Bestimmungen des
Versailler Vertrags verboten waren (Flugzeuge und Panzer). Allerdings
kam die Annäherung über ein bestimmtes Stadium nicht hinaus, weil
der Kommunismus bei fast allen politischen Kräften in Deutschland, von
der extremen Rechten bis zu den Sozialdemokraten, heftige Ablehnung
hervorgerufen hatte und weil die ständigen Einmischungen der Sowjets
in die deutsche Innenpolitik für Empörung sorgten. Alles in allem blieb
Rapallo eine eher isolierte Episode.

Nun, nach Beendigung der scharfen Konflikte, die von der französischen Besetzung des Ruhrgebiets hervorgerufen worden waren, und nach
dem Scheitern des passiven Widerstands, nach geglückter Währungsreform, nach dem Scheitern Hitlers in München und der Intervention der
Reichswehr in Sachsen und Thüringen, wo Regierungen aus linken Sozialisten und Kommunisten an die Macht gekommen waren, konnte auf
dem Hintergrund der wiederhergestellten Ordnung endlich eine aktivere
und positivere Außenpolitik erdacht und ausgeführt werden. Das neue,
mit dem Namen Gustav Stresemanns verbundene außenpolitische Konzept zielte darauf ab, die Beziehungen zum Westen und besonders zu
Frankreich zu normalisieren. Stresemann, kahlköpfig und von massiger
Gestalt, glich dem Bild des Deutschen aus der Feder eines französischen
Karikaturisten. Wenn er erst zum Gesprächspartner, dann zum Verbündeten von Briand wurde, so teilte er sicherlich nicht die moralischen
Antriebe des Franzosen, denn dieser hatte seine politische Arbeit als Ver-
teidiger von Gewerkschaftlern begonnen, die von der bürgerlichen Justiz
verfolgt wurden. Der Sohn eines Berliner Gastwirts, der noch sein eigenes
Bier braute, hatte Karriere bei Arbeitgeberverbänden gemacht. National
und antisozialistisch eingestellt, war er vor allem ein Mann des gesunden
Menschenverstands und ein Patriot ohne Voreingenommenheit. Die
Kriegsniederlage, der Versailler Vertrag und die Republik waren in seiner
Sicht Realitäten, von denen ausgegangen werden mußte, und das hieß
zuerst einmal, daß man sie anerkannte. Was die beiden so ungleichen
Männer einander noch näher brachte, war die wilde Feindschaft, auf die
ihre gemeinsame Politik des gesunden Menschenverstandes in beiden
Ländern stieß. Die Logik dieser Politik führte Stresemann weit über die
Position hinaus, die er 1918 zunächst einmal eingenommen hatte. Als

Realpolitiker war er anfangs nur bedacht, die Lage im Westen zu bereinigen, um Deutschland nach und nach wieder den Platz zu verschaffen,
der dem Land im Konzert der europäischen Mächte zustand. Wenn
Deutschland wieder ein akzeptabler Partner für die Westmächte war,
könnte es eines Tages auch eine erneute Debatte über die schlecht abgeschlossenen Akten im Osten, vor allem über den »Polnischen Korridor«[10], erreichen. Stresemann, dem der Umgang mit Wirtschaftsführern
vertraut war, kannte den Wert, den Partnerschaften im kapitalistischen
Wettbewerb haben. Bis zu seinem frühen Tod im Jahr 1929 verkörperte
er, der als Außenminister ebenso unersetzlich war wie Aristide Briand in
Frankreich, auf seine Weise die glückliche Ära der Weimarer Republik.
Briands Karriere zeigt, daß er es verstand, weit über den Kreis seiner
politischen Freunde hinaus das Vertrauen von Menschen zu gewinnen.
Daneben besaß er ein ungewöhnliches taktisches Geschick. Beides verhalf
ihm zu einer glänzenden politischen Laufbahn, über der er aber nicht
den Idealismus seiner frühen Jahre als Rechtsanwalt der Armen und Be-
nachteiligten vergessen hatte. Obwohl er während des Krieges die Geschicke Frankreichs geleitet hatte, verabscheute er das Gemetzel auf den
Schlachtfeldern. Dieser tüchtige Minister und begeisternde Redner, der
älter aussah, als er eigentlich war (er starb 1932 im Alter von siebzig
Jahren), hatte seinen Machtinstinkt ganz in den Dienst seiner Mission
als »Friedensapostel« gestellt. Alles schien die beiden Staatsmänner zu
trennen, die sich so unähnlich waren, alles, bis auf die gemeinsame Überzeugung, daß ihre beiden Völker ein Ende der Konfrontationen dringend
brauchten, um in eine Ära des Friedens und der Verständigung zu treten.
   Das Jahr 1925 brachte das Ende der Ruhrbesetzung, den Young-Plan,
der die Last der Reparationen spürbar verringerte, und die Annahme der
Locarno-Verträge durch den Reichstag. Mit letzteren akzeptierte
Deutschland freiwillig, was ihm sieben Jahre zuvor in Versailles oktroyiert worden war. Erklärtes Ziel dabei war, die Beziehungen zu den westlichen Nachbarn zu normalisieren. Im Jahr 1926 folgte der Eintritt
Deutschlands in den Völkerbund gemäß seinem Rang und in Ehren (das
heißt, es stellte einen der Stellvertreter des Generalsekretärs). Die Etappen
dieser Politik trugen alle die Handschrift Stresemanns, der sich mit gleicher Hartnäckigkeit in den Mitte-Rechts-Regierungen zwischen 1924
und 1928 durchsetzte wie danach im Kabinett unter der Leitung des
sozialdemokratischen Reichskanzlers Hermann Müller. Ein Mann wie
er war ein Glück, sein Tod eine Katastrophe für die Republik. Seine
Nachfolger besaßen weder seine Begabung noch sein Ansehen und genossen nicht das gleiche Vertrauen bei ihren ausländischen Gesprächs-
partnern. Sie stürzten sich in das absurde Abenteuer einer Zollunion mit

Österreich, was als ein Versuch gewertet werden mußte, das Verbot des Anschlusses an Deutschland zu umgehen. Unter Hinweis auf die immer heftigere Wirtschaftskrise brachten sie die Westmächte schließlich dazu, den Reparationsforderungen ein Ende zu setzen. Doch die große stimulierende Idee eines immerwährenden Friedens für ein geeintes Europa, dieses von Briand entwickelte Konzept, dessen Tragweite Stresemann erkannt hatte, sollte im allgemeinen Zusammenbruch der Weltwirtschaft untergehen.

Die Kultur der Weimarer Republik

Auf dem Gebiet der Kultur stand die Weimarer Zeit im Zeichen des Experiments und des Neuen, auch wenn vieles wieder abrupt endete. Die schöpferische Spontaneität in Kunst und Literatur, in Erziehung und Wissenschaft kündete von einer wirklich »großen Epoche«. Nicht daß in der wilhelminischen Zeit nur pedantische Zensur und Unterdrückung geherrscht hätten, aber den offiziellen und allgemein anerkannten Werten mußte damals nur höchst selten durch Gesetze und die Organe der Justiz Achtung verschafft werden. Der Sturz der Throne, der enorme Verlust an Prestige, den alle ihre Autoritäten und die Autorität als solche zu spüren bekamen, das tägliche Schauspiel von Gewalt und Gegengewalt, die Aufhebung innerer und äußerer Schranken, die Entdeckung der Tiefen des Unbewußten, die Umwälzungen in Gesellschaft und Technik, alles das entband ein ungeheures Verneinungspotential, aber auch Kreativität, nicht nur bei den avantgardistischen Zertrümmerern, sondern auch bei den Verteidigern der traditionellen Werte, Regeln und Formen. Wie die Revolution hat auch die Gegenrevolution ihre Genies, und viele Künstler und Denker, junge und nicht mehr so junge, schwanken zwischen den Extremen, von denen sie abwechselnd angezogen und abgestoßen werden, da beide sich im Grunde ergänzten. Provokationen, die uns Heutigen nur noch ein Schulterzucken abnötigen, hatten damals noch gute Zukunftsaussichten. Der Expressionismus in Literatur und Kunst, der Kubismus, Dadaismus und Surrealismus, die atonale oder Zwölftonmusik, die Existenzphilosophie und die religiöse Erneuerung durch personalistische Theologien fanden begeisterte Anhänger oder erbitterte Gegner und boten Stoff für endlose Debatten. Der Film erhielt den Rang einer anerkannten Kunstgattung. Mit seinen »Stars«, die nicht nur für die Elite, sondern für das Massenpublikum glänzten, stieg er bald zur gefeierten Kunstform auf. Neben dem Bauhaus, in dessen Ateliers und Werkstätten ein strenger, puristischer Stil entwickelt wurde, gediehen gleichzeitig auch die schockierenden und üppigen Blüten des Berliner Nachtlebens. Albert Einstein, sublimer Charlot einer Wissenschaft, die ihre ethische Verantwortung nicht verleugnet, und ganze Scharen von Nobelpreisträgern verschafften der Republik Ruhm ohne Waffentaten. Viele unter ihnen bereicherten nach 1933 die amerikanische Forschergemeinschaft. Bedeutende reformerische Ansätze in Bildung und Erziehung entwickelten sich in Preußen unter der Ägide des liberalen Orientalisten Carl Heinrich Becker, der in seiner Eigenschaft als preußischer Kultusminister dem Experiment weiten Freiraum ließ. Die Reformer gaben der Spontaneität den Vorzug, sie glaubten an einen angeborenen moralischen Sinn und vertrauten auf die unerschöpflichen Quellen der Begabungen und Talente, die früher durch soziale Verhältnisse unterdrückt worden seien. Andererseits beunruhigten die Tabuverletzungen und die Demontage falscher Autoritäten die rückwärtsgewandten konservativen Geister, die von neuen Ungerechtigkeiten, Verboten und Verfolgungen träumten. Die Hauptstadt Berlin, die bis dahin eher grau und langweilig wirkte trotz ihres gewaltigen Wachstums, wurde mit einem Schlag zu einem Mittelpunkt der Weltereignisse und der Mondänität, von Chic und Enthüllungen. Die Bandbreite der gewagten Neuheiten reichte vom Nacktanz bis zur metaphysischen Spekulation. In diesen viel zu kurzen Jahren entstand das Werk Bertolt Brechts neben demjenigen Martin Heideggers, der Dichter Rainer Maria Rilke wirkte neben dem Komponisten Arnold Schönberg, die Filmregisseure Murnau und Pabst neben dem Theatermann Max Reinhardt, der Dichter Hugo von Hofmannsthal neben dem Philosophen Oswald Spengler, dem Künder des Untergangs, Thomas Mann neben Ernst Jünger, die Historikerin Ricarda Huch neben dem marxistischen Metaphysiker Ernst Bloch, der expressionistische Maler Emil Nolde neben dem Komponisten Kurt Weill. Wir setzen hier symbolisch berühmte Namen nebeneinander, die in ihrer Verschiedenheit einen Eindruck von der geistigen Spannweite der Epoche vermitteln sollen. Das jüngere und kühnere Berlin machte jetzt Paris den Rang als führende europäische Metropole streitig. Für die einen war es das neue Jerusalem der Künste, für die anderen das neue Sodom aller erdenklichen Laster. Die schöpferischen Geister und ihre Nachahmer, die Puristen und die Spekulanten, sie alle mußten diese kurze rauschhafte Zeit teuer bezahlen. Zu den Verfolgten und Exilierten (ob sie schon früh gingen oder erst spät noch eine Chance zur Ausreise erhielten), zu den Opfern der Konzentrationslager und Gaskammern gehörten viele jüdische Künstler und Intellektuelle. Die Freiheit und die Freizügigkeiten der Weimarer Epoche markierten den Abschluß einer Emanzipation, die viele Facetten trug: Lust an der kurzlebigen Provokation, die aber auch eine schöne Ungeduld vor beengenden Grenzen barg, Furcht vor den heraufziehenden, nur allzu realen Bedrohungen, vor der Rückkehr zu einer repressiven, hypertrophischen Ordnung. Zur Verhöhnung der Künstler sollten später die Nazis die Werke, deren sie habhaft werden konnten, in einer letzten Ausstellung »Entartete Kunst« denunzieren, ehe sie gegen Devisen an ausländische Kunstliebhaber verkauft wurden.

Die Krise der Wirtschaft und des Staates

Dem Zuschauer, der auf der Theaterbühne sieht, wie sich der Knoten der Tragödie allmählich schürzt, kann es passieren, daß er trotz seines Wissens um den fatalen Ausgang doch noch hofft. Schon 1914 war es so. Hätten sich jener etwas zu großsprecherische deutsche Kaiser, der etwas zu sehr wie ein Notar denkende französische Präsident und der begriffsstutzige, aber gutwillige Zar nicht noch einmal wie vernünftige Leute zusammensetzen können, um das Abgleiten in den Abgrund zu verhindern? Ähnlich 1929. Die fünf Jahre des innenpolitischen Friedens und der wirtschaftlichen Stabilisierung, die der Republik vergönnt waren, gingen zu Ende, und die Verantwortlichen hierfür saßen überall. Die Interdependenz der Weltwirtschaftsmächte hätte spätestens mit dem Kriegseintritt der Vereinigten Staaten im Jahr 1917 für alle sichtbar werden müssen, und doch erkannten nur wenige herausragende Beobachter, Männer mit Weitblick, unter ihnen Jean Monnet, die Bedeutsamkeit dieser Tatsache. Diesmal ging die Bombe in Amerika los: mit dem New Yorker Börsenkrach am 25. Oktober 1929, dem Schwarzen Freitag, begann der Weg, der zehn Jahre später zu Hitlers Entfesselung des Zweiten Weltkriegs führte. Die noch keineswegs gefestigte Entspannung der Jahre 1924–1929 hätte einer langen Periode krisenfreien Aufbaus bedurft, wie sie der Bundesrepublik nach 1950 beschieden war. Die wurde der Weimarer Republik vom Schicksal verweigert. Zur Überraschung aller begannen die amerikanischen Investoren ihr Kapital aus Deutschland zurückzuziehen, und keiner wußte, wie darauf zu reagieren war. Der prekäre Wirtschaftsaufschwung brach sofort wieder zusammen. Binnen weniger Monate kam es zu immer neuen Konkursen, die Arbeitslosenquote, die gerade erst auf ein erträgliches Maß gedrückt worden war, schnellte wieder in kritische Höhen. Die Linke träumte von Protektionismus und staatlicher Wirtschaftsankurbelung, die Rechte wollte Deflation und Stützungsmaßnahmen für die Unternehmen. Die gemäßigte Linke und die Rechte, die kaum gemäßigt genannt werden kann, wenn man an die DVP denkt, die unter dem Druck der Deutschnationalen stand, saßen damals am gleichen Kabinettstisch unter der Leitung eines sozialistischen Kanzlers, der nach einer fairen Interpretation der Reichstagswahlen von 1928 von dem alten und konservativen Feldmarschall und Reichspräsidenten ernannt worden war. Vor Beginn der Krise, als es nur wenige Arbeitslose gab, war es den Sozialdemokraten gelungen, ihr Wahlversprechen einzulösen und ein Gesetz zur Einrichtung einer Arbeitslosenversicherung im Reichstag durchzubringen. Mit der Krise stiegen nun die Kosten für diese soziale Sicherung schlagartig. Die Männer der DVP riefen Skandal. Die Koalition war schon einmal fast auseinandergebrochen, als es um die Frage ging, ob dem Bau eines Panzerkreuzers zugestimmt werden sollte, der zwar nicht gegen den Text des Versailler Vertrags verstieß, den aber die Sozialdemokraten nicht wollten. Die sozialdemokratischen Minister hatten es ihren Abgeordneten freigestellt, gegen die von einem Sozialdemokraten geführte Regierung zu stimmen, ohne daraus irgendwelche Konsequenzen zu ziehen. An der nachdrücklichen Forderung der DVP, die Arbeitslosenunterstützung zu kürzen, zerbrach die Koalition.

Feldmarschall von Hindenburg war nie ein großer Denker und wohl auch kein großer Stratege gewesen, doch seine unerschütterliche Ruhe, die sicherlich zum Teil von einem Mangel an Vorstellungskraft herrührte, hatte ihn 1914 während der Schlacht um Ostpreußen zum Fels in der Brandung gemacht, die gegen einen zahlenmäßig überlegenen Feind gewonnen wurde. Er zeichnete sich durch einige typisch preußische Tugenden aus, Ordnungsliebe, Patriotismus und Disziplin, die dank seiner Verbindung zu Generalquartiermeister Ludendorff zu erhöhter Wirksamkeit kamen. Ludendorff war auf seine Art tatsächlich ein profunder Geist, ein Stratege, Organisator, ja sogar ein politischer Kopf. Hindenburg war 1913 in den Ruhestand getreten, dann aber wieder reaktiviert worden. Dank der Intelligenz seines engsten Mitarbeiters wurde er nun zu einem nationalen Symbol. Elf Jahre nach Kriegsbeginn brauchte man ihn noch einmal und berief ihn in das höchste Staatsamt. Das Alter hatte ihn nicht nachgiebiger, weitsichtiger oder weniger egozentrisch gemacht. Als Mensch war er eher boshaft, auf sein Geld und seine Interessen bedacht und ohne jene Loyalität gegenüber Mitarbeitern, was sonst den wirklich großen Menschenführer auszeichnet. Selbstverständlich war er Monarchist, aber ohne Ergebenheit für seinen König und Kaiser, den er aus zu großer Nähe kannte. Als Reichspräsident wollte er sich an den Wortlaut der Verfassung halten, die nun Teil der herrschenden Ordnung war und die ihm eine prächtige Rolle anbot. Hindenburg stand seit 1925 an der Spitze des Staates. Ab 1930 machte sich Senilität bemerkbar, der alte Herr war nur noch wenige Stunden am Tag geistig präsent und hing in

seinen Entscheidungen zunehmend von einer Kamarilla aus aktiven und
ehemaligen Offizieren ab. Ihre Schlüsselfigur war General von Schleicher,
der Amtschef im Reichswehrministerium und die Nummer zwei der gesamten Armee gleich nach dem Chef der Heeresleitung (so lautete der
Titel, mit dem man nach Versailles den Oberbefehlshaber ausgestattet
hatte). Über den Kopf des Ministers (normalerweise ein Zivilist) hinweg
verständigte sich Schleicher direkt mit dem Reichspräsidenten dank der
Vermittlung des »in der Verfassung nicht vorgesehenen Sohnes« Oskar
von Hindenburg, der im selben Garderegiment wie Schleicher gedient
hatte. Der Sohn war zwar ein politisches Leichtgewicht, doch sein Einfluß
arbeitete gegen die republikanischen Politiker. Der Sohn war es auch,
der seinen Vater dazu bewog, das Gut Neudeck, das einst der Familie
gehört hatte, als Zeichen der Anerkennung seitens des Verbands der
Gutsherrn wieder in Besitz zu nehmen. Die Großagrarier strichen enorme
staatliche Subventionen ein, angeblich um das Deutschtum in den östlichen Grenzregionen zu verteidigen; das nannte sich »Osthilfe«. Diese
Subventionen stellten einen Skandal dar in einer Zeit, da Millionen Arbeitslose mit achtzehn Reichsmark pro Woche für sich und ihre Familie
auskommen mußten. Der Reichspräsident ließ sich zu Komplizen dieses
Skandals machen.

Als Reichskanzler Hermann Müller-Franken ihm 1930 den Rücktritt
der Regierung erklärte, da die über der Arbeitslosenunterstützung zer-
brochene Mehrheit nicht mehr wiederherstellbar und eine neue Mehrheit auch nicht zu finden sei, entschied sich der Feldmarschall unter
dem Einfluß seines »Hofes«, ein »Präsidialkabinett« zu ernennen, das
unabhängig von den parlamentarischen Mehrheitsverhältnissen regieren
sollte. Der Mann, der mit dieser heiklen Mission betraut wurde, war
an sich keine schlechte Wahl: Heinrich Brüning, ein eifriger Katholik
und Zentrumsmitglied, hatte sich als Organisator und Leiter der christlichen Gewerkschaften einen Namen gemacht. Nach einem Universitätsstudium hatte der aus kleinbürgerlichen Verhältnissen stammende
Brüning im Feld gedient. Er gehörte zu der Generation von Katholiken,
die nach dem Ende des Kulturkampfs aufgewachsen waren und die
beweisen wollten, daß sie keine schlechteren Patrioten waren als die
Protestanten.

Die Tugenden des Frontsoldaten prägten seine Vorstellung von Politik.
Der schweigsame und einzelgängerische Junggeselle lebte in einer Art
Pensionat, das von Ordensfrauen geleitet wurde. Er erklärte sich bereit,
ein Kabinett zu bilden, dem Politiker des Zentrums, Demokraten und
Volkskonservative, die er persönlich ausgesucht hatte, Abtrünnige aus
Hugenbergs DNVP sowie einige hohe Beamte angehörten. Die Leitung

des Reichswehrministeriums und des Innenministeriums übertrug er dem ehemaligen General Wilhelm Groener, einem kompetenten Militär und Fachmann für Eisenbahnorganisation, der 1918 als Nachfolger Ludendorffs die schwierige Aufgabe der Demobilisierung übernommen hatte.

Brüning, auf das Vertrauen des Feldmarschalls gestützt, regierte per Notverordnungen. Da der Reichspräsident fürchten mußte, daß der Reichstag die Verordnungen nach Ablauf der von Artikel 48 der Verfassung vorgesehenen Frist, die der diktatorischen Vollmacht des Präsidenten gesetzt war, nicht billigen könnte, löste er das Parlament auf. Die daraufhin erforderlichen Reichstagswahlen am 14. September 1930 brachten ein katastrophales Ergebnis. Die Parteien, die den Reichskanzler schlecht und recht unterstützten, erhielten lediglich 35 Prozent der Stimmen. Die kleinen liberalen und konservativen Parteien glitten vollends ins Marginale ab (4,5 Prozent für die DVP, 3,8 Prozent für die Demokraten). Das Zentrum und die Bayerische Volkspartei hielten sich mühsam (zusammen 14,7 Prozent gegenüber 15,8 im Jahr 1928). Die SPD fiel von 29,8 auf 24,5 Prozent, die DNVP von 14,2 auf 7 Prozent. Die Gewinner der Wahlen waren unstreitig die Nationalsozialisten, die von 2,6 Prozent im Jahr 1928 auf 18,3 Prozent der Stimmen stiegen und statt 12 Abgeordnete nunmehr 107 stellten. Auch die Kommunisten verbesserten ihr Ergebnis, wenn auch nicht auf so spektakuläre Weise, von 10,6 auf 13,1 Prozent der Stimmen. Beinahe ein Drittel der Wähler hatte also für extremistische Parteien gestimmt.

Die Nazis zogen mit braunen Uniformen in den Reichstag ein. Was blieb den Sozialdemokraten anderes übrig, als Brüning zu unterstützen oder doch wenigstens ihn handeln zu lassen? Der asketische Gewerkschaftler hielt an einem streng deflationistischen Kurs fest. Alle sollten den Gürtel enger schnallen; Steuererhöhungen, Kürzung der Beamtengehälter und der Sozialhilfen, gemeinsames Schicksal. In den Städten lieferten sich Nazis, Kommunisten und Polizeikräfte regelrechte Straßenschlachten. Die politischen Attentate häuften sich. Reichsinnenminister Groener, der die öffentliche Ordnung wollte, sprach ein Verbot der uniformierten Verbände aus, das an erster Stelle die SA und die SS treffen sollte. Die Empörung auf der Rechten kannte daraufhin keine Grenzen. Im Jahr 1931 trafen sich in Bad Harzburg Hitler, Hugenberg und die Führer des Frontkämpferbundes »Stahlhelm« und schlossen ein Offensivbündnis. Unterdessen gab es in den Parteien der Mitte und selbst im katholischen Zentrum Überlegungen, ob man die Energie der jungen Nazihorden und das propagandistische Talent ihres Anführers nicht dadurch kanalisieren und nutzen könnte, daß man sie in einer Koalitionsregierung mundtot machte. Doch bei jedem Treffen erschreckte Hitler

seine Gesprächspartner von neuem mit seinen Drohungen und ungeheu-
erlichen Forderungen.

Anders verhielt es sich in der Außenpolitik. Hier konnte Brüning, der
die Linie Stresemanns ernst und nachhaltend weiterführte, Erfolge vorweisen. Bei seiner Entlassung war er nahe daran, die Einstellung fast
aller Reparationszahlungen zu erreichen. Sein Außenminister Julius Cur-
tius hatte keine so glückliche Hand, als er den seltsamen Plan einer Zollunion mit Österreich vorantrieb. Damit mußte er das Mißtrauen der
Franzosen erregen und das Gespenst eines Anschlusses an das Reich wieder erwecken. Der Besuch des französischen Premierministers Pierre Laval und seines Außenministers Aristide Briand in Berlin, eigentlich ein
politisches Ereignis ersten Ranges, kam zu spät: Stresemann war tot, und
Briand sollte wenig später sterben. Wie dem auch war, die Öffentlichkeit
beschäftigten damals ganz andere Probleme. Trotz der deflationistischen
Maßnahmen verschlechterte sich die Wirtschaftslage immer schneller,
und die Arbeitslosenzahlen stiegen weiter. Junge Leute ohne Hoffnung
auf Anstellung und auch viele arbeitslose Erwachsene wandten sich den
extremistischen Parteien zu. Im Frühjahr 1932 ging die siebenjährige
Amtsperiode von Reichspräsident Hindenburg zu Ende. Hitler hatte die
deutsche Staatsangehörigkeit erworben, indem er sich von der Nazi-Re-
gierung des kleinen Landes Braunschweig zum Beamten ernennen ließ.
Er wollte sich zur Präsidentschaftswahl stellen. Wer konnte ihn aufhalten
und in der Gunst der Wähler überflügeln, wenn nicht der alte Soldat
selbst? Wenn der Feldmarschall und der Gefreite kandidierten, konnte
es über den Ausgang der Wahl keinen Zweifel geben. Der alte Präsident
mußte also davon überzeugt werden, sich nochmals zur Wahl zu stellen.
Das war nicht weiter schwer, aber er mußte auch als Kandidat der Weimarer Parteien und gegen die Rechte und extreme Rechte auftreten, was
ihm weniger behagte. Außerdem mußten die loyal zur Republik stehenden Parteien, allen voran die SPD, davon überzeugt werden, für das alte
Symbol der Reaktion zu stimmen. Mit großem Geschick gelang es Brüning, diese fallenreiche Aufgabe zu meistern. Hindenburg gewann zwar
die Wahl, aber Hitler konnte doch 13,4 Millionen Wählerstimmen auf
sich vereinen! Eine besondere Demütigung für den alten Feldmarschall
bestand darin, daß ihn seine deutschnationalen Freunde zunächst im
Stich gelassen hatten, weil er sich in ihren Augen durch die Zustimmung
der Sozialdemokraten kompromittiert hatte. Sie waren deshalb im ersten
Wahlgang mit einem eigenen Kandidaten, einem der Führer des »Stahlhelms«, in die Präsidentschaftswahlen gegangen. Die neue Lage schuf
ernste Verstimmung in der Umgebung des Präsidenten. Auf der einen
Seite wollte Brüning nun den Skandal der Osthilfe beseitigen, auf der

anderen Seite wirkten Schleicher und sein Anhang auf eine Verfassungsreform hin, die dem Staat autoritärere Züge geben sollte. Noch andere
vertraten weiterhin die Ansicht, die Nationalsozialisten würden, einmal
in die Regierungsverantwortung eingebunden, ihren Radikalismus aufgeben, während ihre Dynamik der Autorität der neuen Regierung im
Innern wie nach außen nützlich sein könnte. Kaum hatte Hindenburg
seine zweite Amtsperiode angetreten, da verabschiedete er Brüning und
ernannte den fast unbekannten Franz von Papen zum Reichskanzler. Papen war Zentrumsabgeordneter im preußischen Parlament und gehörte
innerhalb seiner Partei dem reaktionären und nationalistischen Flügel
an, vor allem in sozialen Fragen, da er durch seine Frau Miterbe von
großen Stahlbetrieben im Saarland geworden war. Vor allem aber war
Papen Berufsoffizier gewesen, hatte mit Schleicher und Oskar von Hindenburg im selben Regiment gedient und war Mitglied des elitären »Her-
renklubs«. Die erste Maßnahme des neuen Kabinetts, das sich mehrheitlich aus Adligen zusammensetzte, bestand darin, das Verbot der SA
aufzuheben.

Der »böhmische Gefreite« und die Frustrationen der Deutsch-Österreicher

Der Mann, den alle fürchteten und der in der Tat zum Fürchten war, ein
vulgärer Charakter, hysterisch, unzugänglich, aber von eigentümlich hyp-
notischer Kraft, mit schwarzer Haarsträhne, die ihm nach links in die
Stirn fiel: Adolf Hitler war nun Regierungsrat im Innenministerium des
Landes Braunschweig. Der in Braunau am Inn geborene Sohn eines österreichischen Zollbeamten hatte sich ohne Erfolg als Kunstmaler versucht,
hatte in Wien im Obdachlosenasyl gelebt, ehe er als disziplinierter Soldat
im Krieg seine Bestimmung gefunden zu haben schien. Der geborene
Volksredner und Autodidakt mit unvollkommener Allgemeinbildung
hing fanatisch einigen schlichten aggressiven Vorstellungen an, deren älteste und gefährlichste der Haß auf die Juden war. Der alte Reichspräsident nannte ihn mit der ganzen Verachtung, deren er als preußischer
General fähig war, nur den »böhmischen Gefreiten«. Gewiß, der Mann,
der Anspruch auf die höchste Macht erhob, glich nicht gerade dem Ideal
des blonden Ariers, man hätte ihn leicht für die Karikatur seiner eigenen
von Charlie Chaplin erfundenen und gespielten Karikatur halten können.
In der Geschichte findet man schwer vergleichbare Gestalten, man täte
Napoleon oder Cromwell großes Unrecht, wollte man sie mit ihm auf
eine Stufe stellen. Vielleicht könnte man ihn mit den finstersten Figuren

aus der Geschichte der Revolutionen vergleichen, etwa mit einem Jean-Baptiste Carrier, der als Kommissar des Revolutionsgerichts Massenertränkungen von Häftlingen anordnete, doch war dieser vergleichsweise unbedeutend für die Geschichte. Was an Hitler fasziniert, ist die Macht des Bösen in Reinkultur. Der Mensch verschwindet hinter seiner historischen Rolle. Ein zum Spott reizendes, seltsam schattenhaftes Individuum ohne persönliches Leben, wäre da nicht diese Tötungs- und Vernichtungswut, die ihn zum Träger einer elektrischen Ladung machte, die von anderswo kam. Ein Historiker, der sich lange mit dieser von Tod und Verbrechen umschatteten Person beschäftigt hatte, machte sich in einer sehr positivistisch eingestellten Gelehrtenrunde mit der Bemerkung Luft: »Ich spreche jedem, der nicht an die Existenz des Teufels glaubt, das Recht ab, über Hitler zu reden.« Hitler war die Inkarnation des Bösen in einer Reinheit, die den Atem verschlug, eine atemberaubende »Reinheit« des Übels, so wie die Luft in den Gaskammern, die zum Symbol seiner Herrschaft werden sollten.

Nicht der Reichstag war die Stätte seines Wirkens. Er zog durch Deutschland und versammelte die Massen bei Veranstaltungen, die immer mehr die Züge eines ekstatischen Kults annahmen. Für einen stetig wachsenden Teil der Bevölkerung, die in Verzweiflung lebte oder doch glaubte, auf alle Hoffnung verzichten zu müssen, wurde er der Retter und Heiland, der das Schicksal wenden und sein Volk in unsagbares Glück führen würde. Währenddessen drohten und provozierten seine Statthalter, und seine Horden knüppelten und töteten. In Schlesien brachten SA-Männer kommunistische Arbeiter auf geradezu bestialische Weise um. Sie kamen vor Gericht, und Hitler versicherte sie in einem Telegramm seines Beistands.

Woher kommt er eigentlich? Wenn wir einmal sein völlig banales Persönlichkeitsmuster außer acht lassen, müssen wir in ihm den übersteigerten Ausdruck einer großen gesellschaftlichen Strömung sehen, die sich nach 1866 unter den Deutsch-Österreichern gebildet hatte. Sicherlich wirkten immer noch sehr alte Traumata in dieser Bevölkerung nach. Das Volk war ja fast vollständig zum Protestantismus übergetreten, aber dann im Zuge der Gegenreformation von den Habsburgern gewaltsam zum römisch-katholischen Glauben zurückgezwungen worden. Um den Widerstand zu brechen, mußten die habsburgischen Fürsten alle Strukturen nivellieren, die dem Widerstand einen Halt hätten geben können. Der Adel und die Städte verloren ihre Privilegien. Gestützt auf ein loyales, fähiges und pedantisches Beamtentum herrschte die Monarchie nun uneingeschränkt in den Königreichen und Herzogtümern. Dann kamen zwischen 1780 und

1790 die Josephinischen Reformen, eine von oben angeordnete aufgeklärte Religionsmodernisierung, genauso wie ab 1792 der antirevolutionäre Kampf auf Geheiß von Josephs Neffen Franz II., Repression und gesellschaftliche Stagnation waren die Kennzeichen der langen Kanzlerschaft des Fürsten Metternich von 1809 bis 1848. Zur gleichen Zeit setzte Preußen – in politischer Hinsicht nicht weniger reaktionär – auf den Fortschritt in der Wirtschaft, auf Banken, Eisenbahnen und Industrie. Es gründete den Deutschen Zollverein und schloß Österreich davon aus. Abgesehen von Ungarn und Oberitalien war Deutsch die Sprache von Militär und Verwaltung. Deutschsprachige Untertanen zogen daraus unbestreitbare Vorteile, so daß auch die Eliten anderer Volksgruppen innerhalb der Habsburgermonarchie ein Interesse hatten, sich die deutsche Sprache und Kultur anzueignen. Es ist jedoch bezeichnend, daß im 19. Jahrhundert die Bevölkerung in den deutschsprachigen Teilen des österreichischen Kaiserreichs, verglichen mit dem Norden Deutschlands, erheblich weniger wuchs. Zwischen 1800 und 1850 stieg die Bevölkerung in Westpreußen (die Gegend um Danzig) um 115 Prozent, in Tirol dagegen nur um 26 Prozent.

Die Revolution von 1848 war für die Deutsch-Österreicher das Erwachen aus langer Apathie. Doch der Versuch, aus eigener Kraft zur Autonomie zu gelangen, hatte keinen Erfolg. Nirgendwo sonst wurde der Straßenkampf blutiger und grausamer geführt als in Wien, wo Bürger, Studenten und Arbeiter den kroatischen, italienischen und tschechischen Truppen unter Feldmarschall von Windischgrätz erbitterte Kämpfe lieferten. Die harte und grausame Niederschlagung des Aufstands hinterließ unheilbare Wunden, die zumindest teilweise den tiefen Haß erklären, der zwischen 1918 und 1938 die Atmosphäre im radikal verkleinerten Österreich vergiftete. Selbst am Ende unseres Jahrhunderts sind die letzten Folgen dieser Ereignisse noch nicht ganz verschwunden. Nachdem die Zentralregierung in Wien alle Aufstände unter den Deutsch-Österreichern ebenso wie unter den anderen Völkern niedergeschlagen, das Königreich Ungarn zurückerobert und dessen Verfassung aufgehoben hatte, stellte sie auch die absolute Monarchie wieder her, die mehr als je die Privilegien der Deutschen und ihrer Sprache aufrechterhielt.

Nach der Niederlage von 1866 begnügte sich Bismarck damit, die Habsburger Monarchie aus der deutschen Politik auszuschließen, denn er war überzeugt, daß das europäische Gleichgewicht ein starkes Österreich weiter brauchte. Daher verzichtete er auf die Annexion von österreichischen Gebieten. Damit aber sahen sich auch fünfzehn Millionen Österreicher in den Alpenregionen und in Böhmen mit seinen Nebenländern, Mähren und österreichisches Schlesien, von der nationalen Begeisterung nach der Gründung des Zweiten Kaiserreichs ausgeschlossen.

Eine unerschöpfliche Quelle der Frustration: Das Bismarcksche Reich erklomm den Gipfel von Macht und Ruhm, während es mit Österreich bergab zu gehen schien. Nach der Niederlage gegen Preußen mußte sich Wien kompromißbereit gegenüber dem ungarischen Widerstand zeigen, der einträchtig und mit Nachdruck die Wiederherstellung des magyarischen Staates forderte. Der österreichisch-ungarische Ausgleich von 1867 erfüllte die Forderungen der ungarischen Aristokratie, die im Gegenzug die Legitimität des habsburgischen Königtums anerkannte. Doch in der ungarischen Hälfte der neuen Doppelmonarchie Österreich-Ungarn war es nun mit dem Deutschen als Amtssprache und dem Vorrang der Deutsch-Österreicher überhaupt vorbei. Damit aber war den Forderungen der anderen Volksgruppen, besonders in den Landesteilen, die bei Österreich verblieben waren und wo Deutsch-Österreicher und andere Nationalitäten zusammen lebten, Tür und Tor geöffnet: Italienern in Tirol, Slowenen in Kärnten und in der Krain, Tschechen in Böhmen und Mähren und selbst den Rumänen und Ukrainern der Bukowina. Während aber die Magyaren die Forderungen der anderen Volksgruppen auf ihrem Territorium beharrlich ablehnten (sogar die aus dem 13. Jahrhundert stammenden Privilegien der »Siebenbürger Sachsen« wurden abgeschafft[11]), geriet die Regierung in Wien, kaum war das parlamentarische System wiederhergestellt, von mehreren Seiten unter ständigen Druck. Mal zeigte sie sich konzessionsbereit gegenüber den slawischen Bevölkerungsgruppen, mal verhärtete sie ihre Haltung wieder, wenn die Deutsch-Österreicher sich darüber empörten, daß ihre Vormachtstellung immer mehr in Gefahr geriet. Bei einer vereinfachenden Betrachtungsweise der Zeitspanne von 1870 bis 1914 erscheinen die Deutsch-Österreicher ständig in der Defensive. Daher entwickelte sich zu Beginn dieser Periode unter ihnen das Bewußtsein, eine überlegene Rasse im Belagerungszustand zu sein.

Trotz energischer und oft auch erfolgreicher Anstrengungen der Regierungen in Wien in den Jahren 1850 bis 1865 hielt die moderne kapitalistische Wirtschaftsweise erst mit Verspätung in Österreich Einzug. Zwar gehörte Wien zu den großen europäischen Finanzplätzen, auch entwickelten sich um die Hauptstadt, in Südböhmen und in Oberitalien (das bis zum Verlust der Lombardei im Jahr 1859 und Venetiens im Jahr 1866 zur Habsburger Monarchie gehörte) industrielle Zentren. Doch im ganzen gesehen konnte sich Österreich nicht mit Deutschland messen, noch weniger mit den Staaten Westeuropas. Das Bürgertum war von alters her eher schwach, sein repräsentativer Ausdruck, der Liberalismus, ebenfalls. Dessen schwache Position wurde durch die Antagonismen zwischen den Nationalitäten (in Prag die Konflikte zwischen dem deutschen und tschechischen Bürgertum, die z. B. wieder ausbrachen, als dort eine tschechische Universität gründet werden sollte) nicht besser. Der deutsche Liberalismus gelangte nur in den siebziger Jahren des 19. Jahrhunderts zu entscheidender Bedeutung in der österreichischen Politik, besonders unter der Regierung des Fürsten Carlos Auersperg. Der Aufschwung des Kapitalismus in Österreich wurde erneut gebremst, wenn nicht vollends gebrochen, durch die Börsenkrise im Jahr 1873, in deren Verlauf viele kleine Anleger ihr Vermögen verloren. Im Bürgertum machte sich darüber Fassungslosigkeit und Mißtrauen breit. Ungefähr zur gleichen Zeit beschleunigte sich die Judenemanzipation in den östlichen und südöstlichen Teilen der Monarchie, in Galizien, in den tschechischen Landen und in der ungarischen Slowakei. Damit einhergehend verstärkte sich der Zuzug von Juden in die großen Städte und vor allem in die Hauptstadt Wien. Die Neuankömmlinge wurden zu der mächtigen Konkurrenz für die ansässigen kleinen Händler und Handwerker, die deutscher Herkunft waren oder sich assimiliert hatten. Diese Spannungen entluden sich in einem aggressiven, aber primitiven und noch nicht als Weltanschauung auftretenden Antisemitismus. Auf einer höheren gesellschaftlichen Stufe, unter den Angehörigen der akademischen Kreise und in den freien Berufen, ergibt sich der gleiche Konflikt: Die Professorenschaft der Universitäten, auch die Juristen und der ärztliche Stand beobachteten, wie ein wachsender Anteil von Juden Studien mit dem entsprechenden Abschluß verfolgte oder bereits diese Berufe ausübte. Zu diesem Trend trug der Umstand bei, daß den Juden der Eintritt in den Staatsdienst noch verwehrt war. Alle diese Faktoren zusammengenommen beschleunigten bei den Österreichern eine Entwicklung, die auch im Bismarckschen Reich, wenn auch weniger deutlich, spürbar war: Der Liberalismus nahm immer mehr nationalistische Züge an und verlor immer mehr von seiner im westlichen Sinne liberalen Substanz.[12] Diese nationalistische Tendenz des bürgerlichen Liberalismus prägte sich besonders an den Universitäten aus, unter den Professoren ebenso wie unter den Studenten, während das Kleinbürgertum, die Schicht der Handwerker und Händler, für einen christlich-sozial, antiliberal gefärbten Antisemitismus anfällig wurde. Bei den Arbeitern schließlich wendete sich seit den achtziger Jahren des 19. Jahrhunderts eine wachsende Zahl der Sozialdemokratie zu.

Die Deutsch-Österreicher, die weder konservative Monarchisten noch Christlich-Soziale oder Sozialdemokraten waren, fühlten sich von einer nationalistischen, antirömischen und antihabsburgischen Ideologie stark angezogen. Deren Vertreter träumten davon, die Verdrängung Österreichs aus Deutschland nach der Niederlage von 1866 rückgängig zu machen. Sie wollten den Anschluß ans Deutsche Reich und zugleich den Vorrang der Deutsch-Österreicher über die anderen Völker in der Habsburgermonarchie, ja in ganz Mitteleuropa wiederherstellen. Drei Männer, die etwa das gleiche Alter hatten und ihre Karriere in den Reihen der Liberalen begannen, wurden später zu den führenden Köpfen der großen politischen Strömungen unter den Deutsch-Österreichern: Victor Adler, ein junger jüdischer Arzt, war der unbestrittene Führer der österreichischen Sozialdemokraten und spielte eine maßgebliche Rolle in der Zweiten Internationale; Karl Lueger, Sproß einer Handwerkerfamilie, eifriger Katholik und Schüler des Theoretikers des sozialen Katholizismus, Baron Vogelsang, war ein einflußreicher Volkstribun, der die Masse der hauptstädtischen Kleinbürger mit antisemitischen und antikapitalistischen Parolen hinter sich brachte; und schließlich der »Ritter« Georg von Schönerer, der die nationalistischen, imperialistischen und rassistischen Impulse in der österreichischen Politik zu extremistischen Positionen zuspitzte, die bisher nur geistig Verwirrten vorbehalten waren. Adler und Lueger waren die Begründer zweier Massenparteien, deren Macht sich 1907 bei der Einführung des allgemeinen Wahlrechts vor allem im deutschsprachigen Teil der Doppelmonarchie Österreich-Ungarn zeigte und die unter anderem Namen noch heute das politische Leben in Österreich beherrschen.[13] Schönerer verschreckte mit seinem Extremismus das etablierte Bürgertum, hatte aber beträchtlichen ideologisch-intellektuellen und, wenn man so sagen darf, »moralischen« Einfluß an den Universitäten. Seine militanten alldeutschen Ideen führten geradewegs zu Hitlers Weltanschauung. Schönerers Haß auf die Slawen und die römische Kirche war auch der Grund für seine antihabsburgische Einstellung. Der Kaiser verstand sich zwar stets als ein deutscher Herrscher wie alle seine Vorfahren, zugleich aber wollte er der Vater aller Völker seines Reiches sein, ohne irgendeines zu bevorzugen. Als Apostolischer König von Ungarn und als Nachfolger von Konstantin, Karl dem Großen und Karl V. sah er sein Kaiseramt nicht außerhalb der Strukturen der römischen Kirche. Daß der Kaiser die Mission des deutschen Volkes darin sah, der Idee des supranationalen, universalen Christentums Gestalt und Geltung zu verschaffen, mußte den Widerstand der rassistischen Alldeutschen herausfordern. Daher haßte Hitler die Kirche und bewunderte sie doch zugleich, behielt sich aber die Endabrechnung für die Zeit nach dem Sieg in *seinem Krieg* vor. Der junge Hitler, der im Wien der Jahrhundertwende seinen Lebensunterhalt mit dem Malen von Postkarten verdiente, war aber auch schon ein erbitterter Gegner der Arbeiterbewegung (die natürlich »von Juden geführt wurde«). Er, der faktisch in der Gesellschaft noch unter den Arbeitern stand, wollte vor allen Dingen nicht mit den Pro-

leten verwechselt werden. In dieser Zeit war Karl Lueger ein vom einfachen Volk der Handwerker und Händler verehrter Führer und ein
tüchtiger Bürgermeister der Hauptstadt, während die extremistischen
Anschauungen Schönerers im Universitätsmilieu zahlreiche Anhänger
fanden. Hitler strickte sich seine Weltanschauung aus der »Betrachtung«
der Wiener Verhältnisse, er verband das Konzept des charismatischen
Führers, wie es Lueger verkörperte, mit der rassistischen, antikatholischen und alldeutschen Ideologie Schönerers. Die »dritte Kraft der österreichischen Politik« verfolgt bis in unsere Tage eine deutschnationale
Linie, obwohl sie sich weiter »liberal« nennt. Daß ihre Vertreter auch
Erfolge in den regionalen oder sozialen Wählerschichten haben, die bisher fest in der Hand der Christlichsozialen der ÖVP waren, beweist
den starken Einfluß politischer Traditionen in Österreich.

Ein Blick auf den weiteren Lebensweg Adolf Hitlers zeigt, daß seine
Wiener Jahre, in denen er Elend und Verachtung kennenlernte, für die
Ausbildung seiner politischen Weltanschauung gar nicht zu überschätzen
sind, trotz oder gerade wegen des Hasses, den der spätere »Führer« gegenüber der alten Hauptstadt der Habsburger immer bewiesen hat. Der
Aufstieg des Bolschewismus, dieser höchsten Form des »jüdischen Marxismus«, sollte tiefen Eindruck auf Hitler machen, aber was sich damals
in Rußland und Deutschland abspielte, Sieg und Scheitern der großen
revolutionären Erhebungen, bestätigte nur die politischen Lehren, die er
in Österreich erworben hatte. Vielleicht war es gerade dieser extremistische, geheimnisvolle und fremd-befremdliche Zug an Hitlers Gestalt, der
ihm eine solch leidenschaftliche Gefolgschaft schuf. Die Leidenschaft
scheut das Licht der Aufklärung.

Das Ende der Weimarer Republik

Das Experiment Papen hätte vielleicht einen Sinn gehabt, wenn es zu einer
grundlegenden Verfassungsreform gekommen wäre, sei es zur Wiederherstellung der Monarchie, sei es zur Schaffung eines Präsidialsystems, in dem
der Staatschef die Politik des Landes bestimmt, während das Parlament
sich auf die Verabschiedung der Gesetze und die Kontrolle der Exekutive
beschränkt, ein System, das der französischen V. Republik ähnlich gewesen
wäre. Doch dazu kam es nicht. Anfangs schien Papen die Erwartungen zu
erfüllen, die die autoritäre Rechte in ihn gesetzt hatte. In Preußen war es
nach den Wahlen zu einem parlamentarischen Patt gekommen. Die Regierung unter dem Sozialdemokraten Otto Braun verfügte über keine Mehrheit mehr, aber eine rein theoretisch vorhandene Mehrheit aus den Abge-

ordneten der NSDAP und der KPD war in der Praxis undenkbar. Doch Braun begnügte sich schon seit Monaten damit, lediglich die laufenden Geschäfte zu führen. Die Situation wurde zunehmend schwieriger, aber vorgezogene Neuwahlen bargen die Gefahr in sich, daß die Extremisten noch mehr Zulauf bekämen. Papen meinte das Problem dadurch lösen zu können, daß er *manu militari* am 20. Juli 1932 die preußische Regierung des Amtes enthob und an ihre Stelle Reichskommissare setzte. Braun legte vor dem Reichsgerichtshof Klage ein und verzichtete auf den Einsatz von Machtmitteln, da die preußische Regierung schon seit vielen Wochen zurückgetreten war. Die Arbeitslosenzahlen stiegen weiter. Hitler rief seine Anhänger zu einer letzten großen Anstrengung auf. Papen konnte im Reichstag nur auf die Deutschnationalen, die Partei Hugenbergs, zählen, ganze fünfzig von über sechshundert Abgeordneten. Er erreichte vom Feldmarschall die Auflösung des Reichstags durch Präsidialverordnung, was Hindenburg dem früheren Reichskanzler Brüning stets verweigert hatte. Das Wahlergebnis wurde jedoch katastrophal für Papen. Am 31. Juli 1932 erhielten die Deutschnationalen lediglich 5,9 Prozent der Stimmen gegenüber 7 Prozent im Jahr 1930. Die Nazis hingegen machten einen Sprung von 18,3 Prozent auf 37,4 Prozent, ihre Fraktion verfügte nun statt über 107 über 230 Abgeordnete. Bei der konstituierenden Sitzung wurde Hermann Göring, Hitlers erster Weggefährte, ein früheres Fliegeras und ehrgeiziger Morphinist, zum Präsidenten gewählt. Im braunen Hemd der Nazis führte er den Vorsitz.

Wie sein Vorgänger Brüning suchte Papen nach einem Kompromiß, mit dem die Nazis an der Regierung beteiligt werden könnten, ohne daß man sich ihnen auslieferte. Doch Hitlers Emissäre verschreckten ihn durch ihre Forderungen. Unterdessen nahm die Unruhe im Land zu. Bei einem großen Teil der Wirtschaftsführer wuchs die Furcht vor der Anarchie. Einige unter ihnen suchten sich bereits des Wohlwollens des Kandidaten Hitler zu versichern. Schon seit langem, eigentlich schon seit dem Beginn der Weimarer Republik, hatte ein großer Teil der Unternehmer, im Geist des Bundes gegen die Sozialdemokratie vor dem Ersten Weltkrieg, kein anderes Bestreben, als diese von der direkten oder indirekten Machtausübung auszuschließen. Vor allem wollten sie die Gewerkschaften loswerden, die dank der Unterstützung durch die sozialdemokratischen Abgeordneten »sich in alle Fragen der Unternehmensführung mischten und die Arbeiter gegen ihre Brotgeber aufbrachten«. Die Unternehmer wollten wieder wie vor 1914 alle Herren im eigenen Haus sein. Alle diese Unzufriedenen hatten gehofft, der alte Feldmarschall Hindenburg und seine Minister würden den Kern des alten Regiments retten und einen starken Staat errichten. Hitler versprach ihnen nun, sie von den lästigen Gewerkschaften zu befreien. Aber Papen war nicht zum Kanzler ernannt worden, um die Gewerkschaften zu bekämpfen oder um den Staat an Hitler auszuliefern. Immerhin hatte er einen außenpolitischen Erfolg aufzuweisen (bei den Reparationsverhandlungen mit den Alliierten, wobei aber Brüning entscheidende Vorarbeit geleistet hatte), und außerdem sanken die Arbeitslosenzahlen wieder langsam. Diese für ihn günstigen Umstände wollte Papen nutzen und erhielt von Hindenburg eine zweite Notverordnung zur Auflösung des Reichstags. Das Ergebnis der Neuwahlen am 6. November 1932 fiel nicht ganz entmutigend aus, war aber immer noch weithin ungenügend: Die Deutschnationalen gewannen 15 Sitze hinzu (sie hatten nun 52 statt 37 Abgeordnete), die Nazis verloren 4,3 Prozent und 34 Sitze (196 statt 230 Abgeordnete), aber auch die »Weimarer Parteien« verloren Anteile (beim Zentrum waren es 5 Sitze, bei der SPD 12 Sitze weniger). Dagegen erhielten die Kommunisten 16,9 Prozent der Stimmen und 100 Sitze (11 mehr), damit kamen sie dem Stimmenanteil der gemäßigten Linken gefährlich nahe. Der relative Mißerfolg Papens war Anlaß für den eigentlichen Regisseur, aus dem Hintergrund hervorzutreten. General von Schleicher, der seit Brünings Sturz Reichswehrminister war, ließ sich zum Reichskanzler ernennen. Diese singuläre Erscheinung, die auf alle, mit denen sie Umgang hatte, eine starke Anziehungskraft ausübte, hatte stets das geheime Ränkespiel der offenen politischen Auseinandersetzung vorgezogen. Der General, um vieles intelligenter als seine Kollegen, war sicherlich kein Demokrat, aber er hatte begriffen, daß es kein Zurück zu den Verhältnissen vor 1914 gab. Die gauklerhaften Züge des Nazi-Anwärters auf das Amt des Reichskanzlers waren dem ganz auf Takt und Diskretion eingestellten General ein Greuel. Nunmehr selbst an den Schalthebeln der Macht, riskierte er ein gefährliches Spiel: Er wollte die Nazis spalten, indem er denjenigen unter ihnen, die an Hitlers Stern zu zweifeln begannen, die Mitwirkung in einer parteiübergreifenden Regierung anbot. Ein »alter Kämpfer« der nationalsozialistischen Bewegung, Gregor Straßer, genoß wirkliches Ansehen in Arbeiterkreisen und hatte den Ausdruck »sozialistisch« im Parteinamen der Nazis immer ernst genommen. (Sein Bruder Otto hatte schon 1930 mit Hitler gebrochen und seine eigene rivalisierende Organisation gegründet, die Schwarze Front.) Er ging auf Schleichers Angebot ein. Der General wandte sich dann an die christlichen und sozialistischen Gewerkschaften, mit denen er jenseits aller parteilichen Bindung so etwas wie eine Diktatur des nationalen Sozialismus errichten wollte. Die meisten Gewerkschaftsführer blieben unschlüssig. Anders die Führung der Sozialdemokraten, die sich heftig gegen Schleichers Vorhaben aussprach. Am Ende entzogen sich die Führer des Allgemeinen Deutschen Gewerkschaftbunds (ADGB) einer Zusage, während Straßer in der Nazi-Partei zusehends isoliert wurde, da Hitler dort die Lage wieder in den Griff bekam. Schleicher war nun seinerseits auf eine weitere Präsidialverordnung zur Auflösung des Reichstags angewiesen. Er hoffte, die Neuwahlen über die von der Verfassung vorgeschriebene Frist hinaus verschieben zu können. Unterdessen hatte sich jedoch Papen, aus Zorn über die Art und Weise, wie er kaltgestellt worden war, mit Hitler wieder versöhnt. Die Vermittlung kam durch einen Kölner Bankier zustande, der die Beteiligung der Nazis an einer Koalitionsregierung wünschte. Papen teilte Hindenburg mit, Hitler werde sich mit wenigen Ministerien begnügen und die größere Zahl der Ministerposten den Konservativen überlassen. Daraufhin weigerte sich Hindenburg, dem Kanzler weiter auf einem Weg zu folgen, den er selbst oder seine Umgebung für zu riskant hielt. Schleicher, der erst am 3. Dezember 1932 ernannt worden war, trat am 28. Januar zurück. Am 30. Januar 1933 berief der alte Feldmarschall Adolf Hitler zum Reichskanzler. Das Kabinett entsprach den Ankündigungen: Neben dem Kanzler gab es nur zwei nationalsozialistische Minister, nämlich Wilhelm Frick als Innenminister und Hermann Göring als Minister ohne Geschäftsbereich (allerdings wurde er gleichzeitig kommissarischer Innenminister in Preußen und damit faktisch Polizeiminister). Papen war Vizekanzler, die übrigen Minister gehörten der DNVP an wie Hugenberg, oder sie waren parteilose Konservative. Noch am Abend desselben Tages fand ein Fackelzug statt, bei dem Hunderttausende begeisterter Nazi-Anhänger vor der Reichskanzlei in der Berliner Wilhelmstraße nahe dem Präsidentenpalais vorbeimarschierten. Die »nationale Revolution«, von der in dem Abkommen mit Hindenburg keine Rede gewesen war, begann auf der Straße.

Zeittafel

1919 Wahlen zur Nationalversammlung (Januar): Dreiviertelmehrheit für die demokratisch-parlamentarischen Parteien SPD, Deutsche Demokratische Partei und Zentrum. Nationalversammlung in Weimar und Wahl Friedrich Eberts zum Reichspräsidenten (Februar). Friedensvertrag in Versailles (Juni). Die Weimarer Reichsverfassung tritt in Kraft (August). Karl Kraus' »Die letzten Tage der Menschheit«.

1920 Kapp-Putsch (März): Erfolgloser Versuch rechtsextremer Gruppierungen, die Regierung zu stürzen. Erhebungen im Ruhrgebiet. 1. Reichstagswahlen (Juni), Regierungsumbildung ohne SPD mit Reichskanzler Fehrenbach vom Zentrum. Ernst Jüngers » In Stahlgewittern«.

1921 Ermordung des früheren Finanzministers Matthias Erzberger durch eine rechtsradikale Geheimorganisation. Verhängung des Ausnahmezustandes und in dessen Folge verstärkte Agitation durch die Nationalsozialistische Deutsche Arbeiterpartei (NSDAP) in München unter ihrem neuen Vorsitzenden Adolf Hitler.

1922 Vertrag von Rapallo zwischen Deutschland und der neugegründeten Sowjetunion: Anerkennung der Gleichberechtigung und gegenseitiger Verzicht auf Ansprüche aus dem Ersten Weltkrieg. Ermordung von Reichsaußenminister Walter Rathenau durch Rechtsradikale. Beginn der Inflation. Bertolt Brechts »Trommeln in der Nacht«.

1923 Besetzung des Ruhrgebiets durch die Franzosen, Ruhrkampf und passiver Widerstand gegen die Besatzung (Januar). Rücktritt der Regierung Cuno. Gustav Stresemann (Deutsche Volkspartei) bildet ein neues Kabinett aus DVP, Zentrum, DDP und SPD. Hitlerputsch in München (November) und Verurteilung Hitlers zu Festungshaft. Neue Währungsordnung durch den Reichsbankpräsidenten Hjalmar Schacht und Beendigung der Inflation. Regierungsneubildung mit Gustav Stresemann als Außenminister. Thomas Manns »Von deutscher Republik«.

1924 Thomas Manns »Zauberberg«.

1925 Paul von Hindenburg wird zum Reichspräsidenten gewählt. Räumung des Ruhrgebiets. Vertrag von Locarno: Friedensvertrag Deutschlands mit Belgien, Großbritannien, Frankreich, Italien, Polen und der Tschechoslowakei. Schwere innenpolitische Konflikte um den Vertrag.

1926 Deutsch-Sowjetischer Freundschafts- und Neutralitätsvertrag. Beitritt Deutschlands zum Völkerbund. Franz Kafkas »Das Schloß«.

1928 Niederlage der Regierungsparteien bei den Reichstagswahlen, Gewinne von SPD und KPD. Regierungsbildung unter Reichskanzler Hermann Müller (SPD). Der rechtsextreme Alfred Hugenberg wird Parteivorsitzender der Deutschnationalen.

1929 Tod von Außenminister Gustav Stresemann (Oktober). Börsenkrach in New York und Beginn der Weltwirtschaftskrise. Verstärkte nationalsozialistische Agitation im Bündnis mit Hugenberg (»nationale Einheitsfront«). Alfred Döblins »Berlin Alexanderplatz«. Erich Maria Remarques »Im Westen nichts Neues«.

1930   Sturz der Regierung Müller (Beitragserhöhung für die Arbeitslosenver-
        sicherung). Der Zentrumspolitiker Heinrich Brüning wird Reichskanzler
        und bildet unter Ausschluß der SPD ein Minderheitenkabinett. Reichs-
        tagswahlen (September): Die Nationalsozialisten werden zweitstärkste
        Fraktion. Ende Dezember beträgt die Zahl der Arbeitslosen 4,4 Millio-
        nen. Lion Feuchtwangers »Erfolg«.

1931   NSDAP und Deutschnationale Volkspartei (»nationale Opposition«) zie-
        hen aus dem Reichstag aus. Im Oktober verbünden sich Nationalsozia-
        listen, Deutschnationale und der Stahlhelm zur antirepublikanischen
        Harzburger Front. In der Eisernen Front verbünden sich daraufhin SPD,
        Gewerkschaften, Arbeitersportverbände und das Reichsbanner Schwarz-
        Rot-Gold zur Verteidigung der Republik. Ende Dezember beträgt die
        Zahl der Arbeitslosen 5,66 Millionen. Hermann Brochs »Die Schlaf-
        wandler«.

1932   Hindenburg wird zum Reichspräsidenten wiedergewählt. In einer Not-
        verordnung werden die paramilitärischen Unterorganisationen SA und
        SS der NSDAP verboten. Starke Gewinne der Nationalsozialisten bei
        den Landtagswahlen. Rücktritt der Regierung Brüning (Mai). Franz von
        Papen (Zentrum) wird Reichskanzler (Juni). Aufhebung des Verbots von
        SA und SS. Bürgerkriegsähnliche Auseinandersetzungen zwischen SA
        und kommunistischen Gruppen, Reichstagswahlen im Juli: Die NSDAP
        wird stärkste Fraktion und stellt mit Hermann Göring den Reichstags-
        präsidenten. Auflösung des Reichstags durch Notverordnung. Rücktritt
        des Kabinetts Papen (November). General Kurt von Schleicher wird
        Reichskanzler. Hans Falladas »Kleiner Mann – was nun?«.

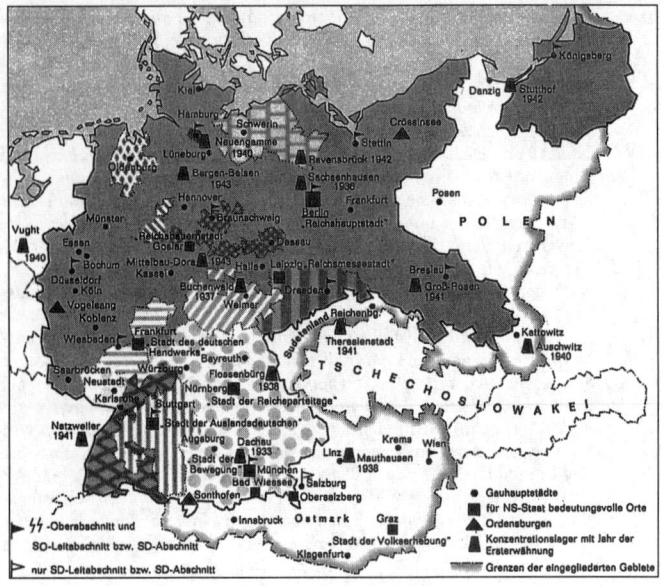

Deutschland zur Zeit des Nationalsozialismus

19. KAPITEL

Das Reich Adolf Hitlers

Trotz der unausschöpfbaren Fülle an Dokumenten und Berichten, Untersuchungen und Anklageschriften ist das Dritte Reich in einem wichtigen Teil seiner Wirklichkeit rätselhaft geblieben. Um über diese ebenso grauenhafte wie banale Epoche sprechen zu können, bedarf es einer neuen Sichtweise, einer anderen Wahrnehmung der Fakten und der Personen, so als würden wir in der Geschichte aus einem modernen Staat und einer modernen Gesellschaft plötzlich an den Hof eines Tiberius oder Caligula zurückgeworfen, an dem die Launen des Herrschers und die Intrigen der Höflinge die Institutionen ersetzen. Je weiter wir in der Geschichte des Dritten Reiches voranschreiten, desto offenkundiger wird die Auflösung – oder vielmehr Verflüchtigung – des Staates, und desto stärker prägt diese die Entwicklung. Ein Riesenreich ohne feste Institutionen und ohne staatliche Gesetze wird zunehmend schwerer faßbar. Wir dringen in eine Materie vor, die immer noch heiß und aktuell ist, in eine Zeit, die wir als hilflose Zuschauer oder sogar als Akteure erlebt haben, und unseren Nachforschungen entzieht sich der Boden. Das Dritte Reich war kein Staat wie jeder andere. Nicht einmal die Sowjetunion, so scheint mir, hat auf dem Höhepunkt des stalinistischen Terrors ein so völliges Verschwinden der Institutionen erlebt. In seinen letzten Jahren brachte Hitlerdeutschland Phänomene von einer krebsartig wuchernden Kreativität hervor, die, wenn auch nicht systematisch oder überall auf einmal, an die Stelle von Regierung, Verwaltung und Wirtschaftsgefüge traten.

Dieses erstaunliche Phänomen, das sich vor allem in den Lebensbeschreibungen zeigt, die von den Kriegsjahren handeln, das aber auch schon bei der Affäre um die SA und der Hinrichtung Röhms im Juni 1934 oder bei der Blomberg-Fritsch-Krise 1938 sehr deutlich wird, hängt weitgehend und sogar ausschließlich mit der Person Adolf Hitlers zusammen, dessen intuitives Regierungssystem, da ihm kein theoretisch verbindlicher Rahmen gesetzt war, automatisch immer institutionsfeindlicher wurde. Im Kampf aller gegen alle mußte der Schiedsspruch des »Führers« entscheiden. Eine Gesellschaft ist immer schwer zu beschreiben, wie sie auch beschaffen sein mag, doch in einer Gesellschaft, in der die Regeln immer nebulöser, die Behörden immer zahlreicher und die

Kompetenzen immer verschwommener werden, stößt der Historiker auf
ungewohnte Schwierigkeiten. Ein autoritärer, monarchistischer Staat ist
selbstverständlich ein komplexer Gegenstand. Aus welchen Gründen sich
Hitler, der das Militär verehrte und ein disziplinierter Soldat gewesen
war, auf die fortschreitende Zerstörung der etablierten Ordnung einge-
lassen hat, deren Wiederherstellung vor der Machtergreifung doch eine
der populärsten Forderungen in seinem Programm gewesen war? Vielleicht empfand er einen abgrundtiefen Haß auf alle Hierarchien, auf alles,
was ihn in seiner Jugend und in seinem erfolglosen Leben als dilettieren-
der Künstler verletzt, brüskiert und gedemütigt hatte, einen Haß auf
Formen und Konventionen, auf Gebräuche, auf das Überkommene und
die Erben, einen Haß auf Gesetze, die eine Obrigkeit erlassen hatte, die
er verabscheute und die er verdrängen und vernichten wollte. Das gigan-
tische Mißverständnis bestand darin, daß die breite Masse in Hitler einen
Mann der Konsolidierung sah, während er in Wahrheit ein Zerstörer
war, einen Ordnungsstifter, während er in Wahrheit eine Art Anarchist
war. Doch der wahre Nihilismus gehörte nach Meinung der Öffentlichkeit und der Fachleute in die Welt der Linken. Der Nihilist war ein Anarchist, der eine harmonische Welt anstrebte, während Hitler von tragischen Umwälzungen träumte. Ohne Zweifel offenbart sich sein wahres
Wesen in seinem Ende, in seiner fast stummen Billigung des Zusammenbruchs seines Reiches. Die alte, uneingestandene Beziehung des Nihilismus zum Bösen, jenseits aller Hoffnung auf eine Welt ohne Herrschaft
und Gesetze, die in gewisser Weise das offizielle Ideal des Nihilismus der
Linken darstellte, findet in der Person Hitlers ihre Erfüllung.

Zweifellos lag hier ein letzter Grund, den er selbst nicht kannte oder
den er weder formulieren wollte noch konnte, außer in den dunklen
Drohungen, die er gegen das deutsche Volk ausstieß, falls es sich zu
seinem Unglück seines Führers nicht würdig erweisen sollte. Ist diese
Sichtweise korrekt, dann muß Hitler als ein Phänomen für sich betrachtet
werden, getrennt vom Nationalsozialismus, auch wenn er unter seinen
Getreuen die gleiche Lust an Zerstörung und Tod, an der Grausamkeit
als Selbstzweck vorgefunden oder hervorgerufen hat. Aus diesem Grund
haben seine Gegner nicht unrecht, die behaupten, daß der Hitlerismus
in den Konzentrationslagern sein wahres Gesicht zeigt. Und auch jene
sind der Wahrheit auf der Spur, die im Zusammenhang mit dem Totalitarismus auf die Wichtigkeit des Unterschieds der Ideologien hinweisen,
selbst wenn diese nur noch Vorwände sind, leere Hüllen, ihres alten Inhalts beraubt: Sogar unter Stalin bleibt das offiziell erklärte Ziel des
Kommunismus die Entfaltung der Persönlichkeit in harmonischer Freiheit. Demgegenüber bietet der Nationalsozialismus seiner auserwählten

Rasse nur Macht um der Macht willen, Stärke um der Stärke willen, Herrschaft als einen Quell mörderischer Lust, nicht das Ende der Querelen, sondern die ununterbrochene Fortsetzung des Kampfes, der den Starken erlaubt, die Schwachen zu unterdrücken, denn dazu sind sie da. Diese Ideologie von Raubtieren, und zwar von Raubtieren, die ihre Bestialität in gewisser Weise rationalisieren, verbindet doch wieder den wahren Nationalsozialismus mit seinem Führer, aber keinesfalls die vielen Millionen Wähler, die ihm in den Jahren 1932 und 1933 den Weg zur Macht geebnet haben. In Wirklichkeit gibt es, ohne daß sich eine klare Trennlinie ziehen ließe, einen öffentlichen Nationalsozialismus und eine geheime Gegenkirche mit einer verschleierten Gegenreligion, aus der sich die großen Unternehmungen herleiten. Die breite Öffentlichkeit, das Volk, das Hitler und die Seinen gewählt hat, ist nicht reif für so weitgesteckte Ziele: Daher der fanatische Wille zur Geheimhaltung, der zunächst alles, was in den Konzentrationslagern geschieht, umgibt, dann die Vernichtungsaktion gegen Geisteskranke und Behinderte und vor allem die »Endlösung« der Judenfrage? Die Geheimhaltung hat hier nicht nur taktische und praktische Gründe, sie gehört zur Natur der Hitlerschen Weltanschauung selbst. Unter der offiziellen Doktrin, wie sie in *Mein Kampf* und im Programm der NSDAP formuliert ist, verbirgt sich, unausgesprochen und nur gelegentlich angedeutet, und zwar meist von Himmler, die geheime Ideologie der nihilistischen Verdammnis, die sich jedem, der die Botschaft empfangen und verstehen will, im Totenkopf, dem Emblem der SS, offenbart. Für die große Masse der Wähler und Parteimitglieder, die große Masse der Angehörigen des Dritten Reiches ist der Nationalsozialismus der Erbe des preußischen Geistes des Bismarck-Reiches, der Armee Friedrichs II. und Hindenburgs, der deren Tradition fortsetzt. Die NSDAP ist eine nationalkonservative und dennoch soziale Partei, welche die bestehende soziale Hierarchie festigen und gleichzeitig beleben will, indem sie den Einfluß der Erblichkeit begrenzt. Hitler spielt die Rolle eines Mannes, der an die Tradition anknüpft, obgleich er weiß, daß er ein Mann des Bruches, ein Revolutionär ist, und es sein will. Diese Lüge lebt in den Erinnerungen vieler Deutscher an Hitler und sein Reich fort: Die Beseitigung der Arbeitslosigkeit, der Bau der Autobahnen, die Wiederherstellung des deutschen Ansehens in der Welt, die Revision des ungerechten Versailler Vertrags – all das kann immer noch leicht die Zustimmung eines deutschen Durchschnittspublikums finden, weil es das eigentliche Thema – Terror und Gewaltherrschaft, Ausbeutung und Ausrottung – an den Rand der Betrachtung drängt. Und dies um so mehr, als die harte Realität damals von den meisten gar nicht in ihrem vollen Ausmaß wahrgenommen wurde, weil das Regime neugierige Fragen verbot und Nachrichten fälschte. Andererseits konnten nur ganz wenige von sich behaupten, sie hätten niemals geahnt oder vermutet, daß es Tabubereiche gab.

Bei den Wahlen am 5. März 1933, einen Monat nach Hitlers Aufstieg zur Macht, gelang es den Nazis nicht, eine Mehrheit zu erringen. Trotz des seit Wochen wütenden Terrors mußten sie sich mit 43,9 Prozent der Stimmen begnügen. Gleichwohl stimmte danach die Mehrzahl der Deutschen dem zu, was man unter dem Namen »nationale Erhebung«, »nationalsozialistische Weltanschauung« und »Großdeutsches Reich« präsentierte, und setzte in die Person des Führers Adolf Hitler ein nahezu messianisches Vertrauen. Über dieses Phänomen haben die Historiker noch nicht aufgehört nachzudenken. Es hängt mit den erstaunlichen Eigenschaften dieses Volkes zusammen: mit seiner Tüchtigkeit und Disziplin, seinem Fleiß und Gehorsam, seiner Schicksalsergebenheit, seinem Fatalismus und seiner Begeisterungsfähigkeit, Eigenschaften, die es dem Hitlerreich erlaubten, sechs Jahre lang einen furchtbaren Krieg durchzustehen, in dem es mehr als einmal nahe vor einen entscheidenden Sieg stand. Es gibt dafür eine Vielzahl von Erklärungen, die alles erklären, aber keine kann letztlich befriedigen. Bliebe noch jener Ausspruch, den General de Gaulle 1944 beim Besuch des Schlachtfelds von Stalingrad tat: »Welch großes Volk! Wer hätte gedacht, daß sie bis hierher kommen.« Zu welch ungeheurer Begeisterung wäre das deutsche Volk ohne diesen teuflischen Führer imstande gewesen? Doch andererseits, wer würde in den Franzosen von heute das Volk wiedererkennen, das imstande war, Europa zu erobern und zu Fuß bis nach Hamburg und Reggio di Calabria, zum Ebro und bis vor die Tore Moskaus zu marschieren? Sehen wir davon ab, Ziele oder Ideologien miteinander zu vergleichen. Belassen wir es bei der Feststellung, daß Völker, aufgestachelt und angespornt durch das ungewöhnliche Zusammenwirken mobilisierender Kräfte, sich in bestimmten Momenten in gewaltige leidenschaftliche Unternehmungen stürzen, die von vornherein zum Scheitern verurteilt sind.

Am 30. Januar 1933 wurde Adolf Hitler vom Reichspräsidenten völlig legal und rechtmäßig ins Amt des Reichskanzlers berufen. Damit gelangt er an die Macht. Zur gleichen Zeit begann überall in Deutschland eine gewaltsame Machtergreifung durch die NSDAP und ihre paramilitärischen Organisationen, die SA und die SS. Diese beiden Seiten der »nationalen Revolution«, die sich teils ergänzen, teils widersprechen, erschweren das Verständnis der Ereignisse. Die meisten Bewohner des

Landes erlebten die ersten Monate des Dritten Reiches in völliger Ruhe und gewöhnten sich nach und nach an die Veränderungen, die schrittweise erfolgten und daher keineswegs als revolutionär empfunden wurden. Selbst die Mehrzahl der rund sechshunderttausend Juden, die damals in Deutschland lebten, bekam die Folgen des Sieges ihres Todfeindes nicht sofort in deren ganzem Ausmaß zu spüren. Die führenden Konservativen, die bis zuletzt geglaubt hatten, die Kräfte der Bewegung durch die Ernennung des Nazi-Führers zum Reichskanzler einrahmen und zähmen zu können, erkannten nicht sofort ihren Irrtum, geschweige denn die Industriellen und Bankiers, die endlich die Arbeiterbewegung hatten zerschlagen wollen, die ihre Macht in Frage stellte, und nun den Untergang ihrer Feinde beklatschen konnten.

Zur gleichen Zeit brach in bestimmten Vierteln, in dieser oder jener Kleinstadt eine unkontrollierte Gewalt über wehrlose Opfer herein. Es gab Tote, nicht Tausende, sondern nur Hunderte, es kam zu Mißhandlungen und Greueltaten. Häufig ging die Initiative dazu von unten, von Angehörigen der SA aus, die alte Rechnungen mit kommunistischen Gegnern aus derselben Straße beglichen oder einen jüdischen Kaufmann einsperrten, um von ihm Geld zu erpressen. Sie konnte aber auch von weiter oben ausgehen, wenn etwa ein lokaler Parteichef den führenden Sozialdemokraten am Ort verhaften und demonstrativ durch die Stadt treiben ließ. SA-Leute verschleppten Gewerkschafter und richteten geheime Gefängnisse ein, in denen sich grausame Szenen abspielten. Die hohen Parteifunktionäre schritten ein oder ließen gewähren, ohne daß es dafür eine Regel gab. Nur wenn Polizei oder Justiz wegen Mordes, Freiheitsberaubung oder Mißhandlung ermitteln wollten, machten alle Nazis gemeinsam dagegen Front. Manchmal gelang es der Polizei, Opfer zu befreien. Doch unter dem fadenscheinigen Vorwand eines angeblich drohenden Widerstands gegen die neuen Machthaber ließ Göring der SA den Status einer Hilfspolizei zuerkennen und machte es den Justizorganen, die weiterhin an die Gesetze gebunden blieben, dadurch noch schwerer, sich einzumischen. Und dennoch: Die Ereignisse sprachen sich herum, die Angst nahm zu, und eine unbestimmte Besorgnis machte sich breit. Führende Sozialdemokraten flohen ins Ausland, um der Verhaftung zu entgehen. Doch für Millionen Deutsche nahm das Leben seinen gewohnten Gang. Nur einige Tausend waren dem Terror ausgesetzt. Die Polizei, insbesondere in Preußen, hielt an ihren Richtlinien fest und blieb ihrem Berufsethos treu, das stark sozialdemokratisch geprägt war. Um sie besser kontrollieren und von sensiblen Fällen fernhalten zu können, schuf Göring die Geheime Staatspolizei (Gestapo), die zu einem entscheidenden Unterdrückungsinstrument werden sollte, gleichzeitig aber dazu bestimmt war, unkontrollierte Privatinitiativen im Kampf gegen die politischen Gegner zu unterbinden.

Hindenburg gewährte Hitler das, was er Schleicher versagt hatte: die Auflösung des Reichstags. Am 5. März wurde zum dritten Mal innerhalb eines knappen Jahres gewählt. Es war gleichzeitig die letzte Wahl herkömmlicher Art, bei der mehrere Parteien um die Stimmen konkurrierten. Der Reichstagsbrand am 27. Februar 1933 hatte dafür gesorgt, daß sie in einem Klima der Angst und Einschüchterung stattfand. Mehrere Generationen von Historikern haben über die Verantwortung für den Brand gestritten. Es ist mehr als wahrscheinlich, ja nahezu sicher, daß Funktionäre der höchsten Ebene – und allen voran zweifellos Göring – direkt oder indirekt die Hände mit im Spiel hatten, indem sie den Brand entweder selbst inszenierten oder entsprechende Befehle gaben. Sie wollten eine Situation verschärfen, die bisher nur für die wenigen Opfer, die wir erwähnt haben, dramatische Züge angenommen hatte. Selbst wenn wir der These folgen, daß die Nazis nichts mit dem Brand zu tun hatten, so verstanden sie es trefflich, ihn auszuschlachten. Doch die Masse der Wähler ließ sich dadurch nicht manipulieren: 43,9 Prozent stimmten für die NSDAP und 8 Prozent für ihre Verbündeten von der Deutschnationalen Volkspartei. Das ergab keine eindrucksvolle Mehrheit. 18,3 Prozent hielten trotz aller Anfeindungen der SPD die Treue, und 12,3 Prozent wählten weiterhin kommunistisch, obwohl die Partei für den Reichstagsbrand verantwortlich gemacht wurde. Der an den Haaren herbeigezogene Vorwurf lautete, die KPD habe mit dem Brand einen revolutionären Aufstand entfachen wollen, den zu organisieren sie freilich kaum in der Lage gewesen wäre. Das deutsche Volk, das bei dieser Gelegenheit zum letztenmal nahezu frei seine Meinung kundtun konnte, hat die Diktatur nicht legitimiert. Dies besorgten danach die von ihm Gewählten, die sich aus Angst oder Überzeugung einmal mehr für die Taktik entschieden, das kleinere Übel zu wählen, als sie wenige Tage später das Ermächtigungsgesetz verabschiedeten und damit dem Kabinett Hitler uneingeschränkte Vollmacht übertrugen.

Die kommunistischen Abgeordneten waren per Notverordnung ihres Mandats beraubt worden. Da sie nicht ersetzt wurden, verfügte die Regierung nun über eine große Mehrheit. Dennoch sprachen sich fast alle Abgeordneten des Zentrums und die wenigen Liberalen, die den Popularitätsschwund ihrer Partei überlebt hatten, für die Abtretung der Macht aus, darunter auch der 1949 zum ersten Bundespräsidenten der Bundesrepublik Deutschland gewählte Professor Theodor Heuss, der damals zum linken Flügel der Liberalen zählte. Die Ehre der deutschen Demokratie wurde von den sozialdemokratischen Abgeordneten gerettet, zumindest von jenen, die noch nicht im Gefängnis saßen oder ins Exil geflüchtet waren. Unter den Drohungen und Schmähungen der uniformierten Nazi-Abgeordneten stimmten sie mit »Nein«. In der Folgezeit sollte der Reichstag nur noch sehr selten zusammentreten, und wenn, dann nur zu rein formellen Sitzungen, die mit einstimmigen Voten endeten: eine Registrierkammer, die das Regime immer weniger benötigte. Es ist bezeichnend, daß das Dritte Reich außer diesem Marionettenparlament, das während des gesamten Krieges nur ein einziges Mal einberufen wurde, über kein beratendes oder zu Beschlüssen befugtes Gremium verfügte, nicht einmal über ein Zentralkomitee der Partei. In gleicher Weise sah Hitler bald davon ab, das komplette Kabinett zu versammeln. Jeder Funktionär oder Amtsträger der Partei und jeder Minister hatte nur noch mit seinen Vorgesetzten zu tun oder, wie im Fall der Minister, mit Hitler selbst oder dessen engsten persönlichen Mitarbeitern.

Nichts war den Nazis verhaßter als die Vielzahl der deutschen Länder, die »Vielstaaterei«, der Partikularismus der Einzelstaaten, dessen sich die Feinde des Reiches stets bedient hatten, um dieses zu schwächen – seit dem Bündnis der Päpste und Fürsten gegen die großen Kaiser des Mittelalters. Um die Gleichschaltung der Länder zu gewährleisten, wurden deren Regierungen Vertretern der Zentralgewalt unterstellt, den sogenannten Reichsstatthaltern, die je nach Fall tatsächlich die Macht übernahmen oder im Gegenteil lediglich Repräsentationsfiguren waren. Dennoch ließ man neben ihnen Länderregierungen mit Ministerpräsidenten und Ministern bestehen, unterstellte sie allerdings direkt den Reichsministern. Natürlich mußte das zu Kompetenzrangeleien zwischen den Statthaltern des Reiches und den Ministerpräsidenten führen. Doch um die Dinge noch etwas mehr zu vereinfachen, wurde ein neues Amt eingeführt: das des Gauleiters[1], der die Parteigliederungen leitete. Natürlich neigte die Partei dazu, den Staat zu übergehen und die Verwaltung kurzzuschließen, wenngleich es ihr nie gelang, sie ganz zu unterwerfen.

Als Himmler zum Chef der deutschen Polizei für das gesamte Reich ernannt wurde und gleichzeitig »Reichsführer SS« blieb, etablierte sich noch eine weitere Hierarchie, eine Entwicklung, die kurz vor Kriegsende – nach dem Scheitern der »großen Verschwörung« und des Staatsstreichs vom 20. Juli – in der Ernennung Himmlers zum Reichsinnenminister gipfelte. Wenn die Länder in ihrer Gesamtheit auch weiterbestanden, und sei es auch nur auf dem Papier, so erfuhr Österreich nach der Annektierung im März 1938 ein ganz anderes Schicksal: Hitlers Haß auf sein Geburtsland war so groß, daß er sogar den Namen dieses alten politischen Gebildes (der auf das 9. Jahrhundert zurückging) abschaffte. Umbenannt in Ostmark, wurde Österreich in mehrere Gaue gegliedert, in denen die Gauleiter noch mehr Macht erhielten als im Altreich.

Die Nazis setzten die Vorsichtsmaßregeln, die Papen und Hindenburg für wirkungsvoll gehalten hatten, mühelos außer Kraft und nisteten sich im Staat ein. Ihre Instrumente – List, Terror, Drohungen und vor allem Propaganda – erwiesen sich als weitaus wirkungsvoller. Durch Einschüchterung und die dank des Ermächtigungsgesetzes eingeführte Zensur erreichte Joseph Goebbels, der als Chefpropagandist nun sein ganzes Talent entfaltete, innerhalb weniger Wochen die Gleichschaltung von Presse und Rundfunk. Zivilcourage ist in keiner Gesellschaft eine weit verbreitete Tugend, ganz besonders nicht in Deutschland, das damals von Gehorsam, Konformismus und Obrigkeitsdenken, den überkommenen Werten Preußens, der kleinen despotischen Fürstentümer und des Bismarck-Reiches, geprägt war. Säuberungen, besonders die erzwungene Entlassung jüdischer Journalisten, taten ein übriges, wobei die Gleichschaltung oft freiwillig und vorgreifend erfolgte. Mehr noch als die Presse wurde der Rundfunk zum Ziel aller Bemühungen des neugeschaffenen Ministeriums »für Volksaufklärung und Propaganda«. Die Nazis hatten seit jeher eine Vorliebe und ein Talent für große Spektakel, die sie wie eine Mischung aus Militärparade und Wagner-Oper inszenierten. Sie überschwemmten die Nation nun mit Propaganda. Den Anfang machte der »Tag von Potsdam«, an dem der zunehmend realitätsfremder werdende Feldmarschall und Reichspräsident Hindenburg in der Garnisonskirche vor dem Sarkophag Friedrichs des Großen den bürgerlichen Gefreiten, Nazi-Führer und neuen Reichskanzler gewissermaßen feierlich in sein Amt einführte. Zwölf Jahre später mußte der Sarkophag vor den heranrückenden sowjetischen Truppen in Sicherheit gebracht werden. Er fand auf Schloß Hohenzollern in Schwaben eine vorläufige Bleibe, dort, wo das Fürstengeschlecht im 13. Jahrhundert entstanden war und eine Linie zurückgelassen hatte, die erst spät im Kielwasser der preußischen Vettern aus der Anonymität heraustrat.[2]

Gleichwohl stand die Zeremonie von Potsdam im Zeichen von Traditionen, auf die der Nationalsozialismus danach nicht mehr zurückzugreifen brauchte, da er seine historische Legitimation nun erlangt hatte. Das wahre Hochamt des Regimes wurde der jährliche Reichsparteitag in der Wagnerstadt Nürnberg, jener alten Reichsstadt, die den Fürsten seit jeher getrotzt und bereits im 14. Jahrhundert ihre Juden verbrannt hatte. Hunderttausende, ja Millionen Parteigenossen, Angehörige der Hitlerjugend, der SA, der SS, des NS-Reiterkorps, des NS-Kraftfahrerkorps und unterschiedlichster anderer brauner Verbände versammelten sich dort zu einer unübersehbar großen Menschenmasse, die zugleich zum Gegenstand und zum Akteur des Spektakels oder, besser gesagt, des Kultes wurde. Die in der Menge erlebte Solidarität weckte ein Gefühl der innigen Verbundenheit von Führer und Volk. Der einzelne fühlte sich über die Grenzen seines Ich erhoben und in einem »Wir« aufgehen, das sich wiederum in zwei Teile spaltete, indem es sich in der Person des Führers inkarnierte, dem lebenden Messias einer neuen Religion, die sich freilich noch nicht als solche bezeichnete. Die Auftritte des Führers in Nürnberg waren eine Art säkularisierte Wiederkunft des Herrn, das Herabsteigen des Herrschers unter sein Volk und, für den Exkatholiken Hitler, das Gegenteil der Himmelfahrt. Nach Beginn des Krieges wurden keine Parteitage mehr abgehalten, doch unter der Leitung von Speer, dem Lieblingsarchitekten des alternden Führers, wurde in Nürnberg, Berlin und Linz der Bau gewaltiger Kulissen geplant, die nach dem Sieg der triumphalen Zurschaustellung der Machtfülle dienen sollten.

Nach dem Tag von Potsdam zog sich der immer seniler werdende Feldmarschall und Präsident auf sein Landgut Neudeck zurück, das er fortan nur noch selten verließ. Die düpierten Konservativen verfolgten die innenpolitische Entwicklung mit wachsender Sorge. Die Partei belegte den Staat mit Beschlag und installierte ihr Regime, doch der Kreis um den Präsidenten, durch seine Zugeständnisse gebunden, ließ sie gewähren. Die Entmachtung des Feldmarschalls offenbarte sich im Juni 1934 während der Röhm-Affäre, der sogenannten »Nacht der langen Messer«, auf die wir weiter unten noch zu sprechen kommen werden. Nicht genug damit, daß auf Hitlers Befehl Dutzende von SA-Führern ohne Gerichtsurteil hingerichtet wurden. Darüber hinaus ließen Machtträger aller Ebenen, Parteifunktionäre und SS-Führer, nach Belieben verhaften und exekutieren. Unter den prominenten Opfern war auch der frühere Reichskanzler General von Schleicher, jahrelang der eigentliche Chef der Reichswehr und Vertraute des Feldmarschalls. Papen, obwohl Vizekanzler, entkam den Mördern nur knapp und verlor bei dem Abenteuer mehrere Zähne. Sein enger Mitarbeiter und Berater Edgar Jung wurde getötet. Aber auch in dieser oder jener Kleinstadt ließen die neuen Herren ihre Rivalen oder Gläubiger ermorden. Ein Pardon des Reichspräsidenten legitimierte im Nachhinein diesen Machtmißbrauch. Der Greis hatte keinerlei Einfluß mehr und starb am 2. August. Er wurde nicht ersetzt, sondern Hitler ernannte sich selbst zum »Führer und Reichskanzler« und übernahm eigenmächtig das Amt des Staatsoberhaupts. Die Generalität, die den Mord an ihrem ehemaligen Vorgesetzten von Schleicher tatenlos hingenommen hatte, ließ Mannschaften und Offiziere umgehend auf den neuen Oberbefehlshaber vereidigen. Konnte sich die Reichswehr undankbar zeigen? Schließlich hatte Hitler zu ihren Gunsten die bedrohliche Konkurrenz der SA ausgeschaltet und ihr zudem erlaubt, die Grenzen, die ihr der Versailler Vertrag in bezug auf Truppenstärke und Bewaffnung auferlegt hatte, zu überschreiten.

Zu diesem Zeitpunkt war die politische Gleichschaltung längst abgeschlossen. Nach dem Verbot der Kommunistischen Partei im März 1933 wurden nun die Sozialdemokraten zur Zielscheibe ständiger Schikanen, Verhaftungen, Behinderungen und Verbote, bis die Partei kraft eines Gesetzes vom Juni 1933 gleichfalls offiziell verboten wurde. Die anderen Parteien, das Zentrum und die Deutschnationalen, wurden in den politischen Selbstmord getrieben. Die Partei des politischen Katholizismus zeigte zwar Ansätze von Widerstand, doch ihr letzter Vorsitzender, Prälat Kaas, emigrierte nach Rom und setzte im Einverständnis mit dem Heiligen Stuhl die Selbstauflösung durch, um »das Schlimmste zu vermeiden«, vor allem aber um die diplomatischen Bemühungen von Nuntius Pacelli, dem späteren Pius XII., nicht zu stören, der mit Papen über ein Reichskonkordat verhandelte (bislang gab es nur Konkordate mit Ländern, die zumeist aus der ersten Hälfte des 19. Jahrhunderts datierten). Pacelli und Papen verband die Angst vor dem Bolschewismus. Gewiß, Hitler und die Nazis bereiteten der Kirche Unannehmlichkeiten, ja sie stellten sogar eine Gefahr dar, doch ihr bedingungsloser Antibolschewismus machte sie auch zu wertvollen Verbündeten. Daher war es nötig, sich mit ihnen auf einen Modus vivendi zu verständigen. Das Konkordat garantierte zwar die freie Religionsausübung sowie den Fortbestand des kirchlichen Verbandswesens und damit verbundener Elemente wie des Rechts auf die Verbreitung von Hirtenbriefen, doch die Kirche opferte nicht nur die Parteien, die sie seit hundert Jahren gegen Übergriffe protestantischer oder liberaler Länder verteidigt hatten, sondern auch die christlichen Gewerkschaften, die katholischen Jugendorganisationen und die Laienbewegung der Katholischen Aktion. Die Kirche überließ Staat und Gesellschaft der Partei, doch vor allem war das Konkordat ein großer diplomatischer Erfolg für das Hitlerregime, dessen Verbrechen im Ausland allmählich bekannt wurden und das offen die internationalen Verpflichtungen verletzte, die seine Vorgänger eingegangen waren. Jene Macht, die von allen das höchste Ansehen genoß, zudem eine geistliche Macht, machte dem antichristlichen und antihumanistischen Nationalsozialismus Zugeständnisse, die sie anderen Regierungen, die dem christlichen Geist unendlich viel näher standen, stets verweigert hatte. Doch Papst Ratti, der frühere Nuntius in Warschau, und der künftige Papst Pacelli, der in Deutschland Zeuge kommunistischer Aufstände geworden war, lebten in panischer Angst vor dem Schreckgespenst des Bolschewismus. Noch während des Krieges unternahm Pius XII. angestrengte Versuche, den »Bruderkampf« beizulegen, der in seinen Augen die Kräfte des Widerstands gegen den Bolschewismus spaltete. Es ist schwer, alle literarischen Aspekte einmal beiseite gelassen, die Grundthesen in Rolf Hochhuths *Der Stellvertreter* über die Verblendung der Kirchenfürsten zu widerlegen. Am Ende war es der von der Kirche so rücksichtsvoll behandelte Hitler selbst, der die Kommunisten bis an die Elbe brachte und ihnen ganz Osteuropa auslieferte.

Noch bevor Papen und Pacelli die Verhandlungen abgeschlossen hatten, verließ Hugenberg, neben Papen Hitlers wichtigster Steigbügelhalter, die Regierung, in der er keinerlei Rolle mehr spielte. Innerhalb von sechs Monaten hatte die »braune Revolution« ihre Väter und Onkel verschlungen. Bereits Anfang Mai 1933 waren die Gewerkschaften aufgelöst worden. Zuvor hatten auch sie sich, um »das Notwendigste zu retten«, kompromittiert, indem sie an den Nazi-Feiern zum 1. Mai teilnahmen, der zum »Tag der nationalen Arbeit« erhoben worden war. Freilich vergeblich: Ihr Vermögen wurde eingezogen und der Deutschen Arbeitsfront übereignet, einer offiziellen ständischen Organisation, die durch den Zusammenschluß von »Arbeitgebern« und »Arbeitnehmern« den sozialen Frieden sichern sollte. Als mächtige und mitgliederstarke Organisation wird die Arbeitsfront unter ihrem Leiter Robert Ley, einem der ältesten Weggefährten Hitlers, alsbald zu einer tragenden Säule des Regimes. Obwohl das Führerprinzip zum Grundgesetz jedes Wirtschaftsunternehmens erklärt wurde, dessen Leiter den Titel Betriebsführer erhielt, stand die Arbeitsfront nicht ausschließlich im Dienst des Unternehmertums. In gewissen Grenzen konnte sie auch Argumente der Arbeiterschaft vorbringen. Außerdem organisierte sie mit Hilfe der ihr angeschlossenen Gemeinschaft »Kraft durch Freude« preiswerte Reisen und Ferienaufenthalte, die sich viele Arbeiter normalerweise niemals hätten leisten können. Ähnlich geartet waren die Bemühungen des Reiches, auf Geheiß Hitlers Volksempfänger und den berühmten Volkswagen zu bauen, an dem mehrere Generationen ihre Freude haben sollten – freilich erst nach dem Krieg. Der Rundfunk, das Automobil und künftig auch das Fernsehen sollten das Weltbild der deutschen Massen verändern und ihre kulturelle Homogenität gewährleisten.

Das Wort »Sozialismus« im Parteinamen sollte ursprünglich den Unterschied zwischen der neuen Bewegung und den traditionellen konservativen Parteien betonen. Nach 1930 erlebte die NSDAP plötzlich einen großen Zulauf an neuen Mitgliedern. Arbeitslose oder von Arbeitslosigkeit

bedrohte Arbeiter und Studenten ohne Aussicht auf eine Anstellung verliehen der Kritik am Kapitalismus neue Aktualität. Schon Gottfried Feder,
eines der geistigen Vorbilder Hitlers zu Beginn seiner Karriere, hatte gegen
dieses abstrakte, auf das Geld gründende System gewettert. Der wahre
Sozialismus, der Sozialismus deutscher oder preußischer Prägung, um mit
Moeller van den Bruck, einem der Theoretiker der konservativen Revolution in den zwanziger Jahren, zu sprechen, eroberte viele Herzen und
Köpfe. Viele Führer in Partei und SA entstammten armen oder verarmten
Familien. Sie erwarteten vom Führer, daß er diesen nicht-marxistischen
und solidarischen Sozialismus direkt und umgehend ins Werk setzte, da-
mit kein Volksgenosse mehr vom Kapital ausgebeutet werden konnte.
Das Kapital – seine Herren, die Bankiers, die Industriellen und deren
Knechte – sollte seinerseits der Diktatur, dem Gesetz des totalitären Staates, unterworfen werden. So dachten viele »alte Kämpfer« in der Partei
und vor allem in der SA, die in den schweren Jahren der Krise und des
Kampfes viele Arbeitslose in ihre Reihen aufgenommen hatte.

Stabschef der SA war der ehemalige Hauptmann Ernst Röhm, Berufs-
soldat und nach dem verlorenen Krieg unter anderem lange als Söldner
in Bolivien tätig: ein Haudegen mit verunstaltetem Gesicht – ihm fehlte
ein Stück der Nase –, homosexuell, unerschrocken, ein hervorragender
Organisator mit Führungsqualitäten und Sinn für Kameradschaftsgeist.
Er war zu einem der mächtigsten Männer in Deutschland geworden.
Selbst ein Außenseiter, hatte er viele seiner Unterführer unter Außensei-
tern angeworben: Männer von zweifelhafter Herkunft, Päderasten wie
er, deren einzige Referenz in einer Laufbahn als Raufbold bestand und
die oft nicht imstande waren, den Verlockungen des süßen Lebens und
der Macht zu widerstehen. Für die Offiziere der regulären Armee und
die Beamten des Staates empfanden sie nur den Haß und die Verachtung
der Deklassierten und Ungebildeten, der Menschen ohne Erziehung und
Adelstitel. So war es kein Wunder, daß zwischen der Armee der Partei
und der Armee des Staates eine offene Rivalität entbrannte, bei der es
der Reichswehr vor allem um die Verteidigung ihres Privilegs ging, allein
der bewaffnete Arm der Nation zu sein.

Die SA-Angehörigen verachteten die Spießbürger und Zivilisten, die
sich im März eilends auf die Seite der Sieger schlugen, indem sie massenhaft der Partei beitraten, und nannten sie spöttisch die »Märzgefal-
lenen«, ein Name, den man einst den im März 1848 in Berlin auf den
Barrikaden gefallenen Revolutionären gegeben hatte. Zu dieser Haltung
kamen die Wut und Verbitterung der Kampfgefährten von früher, die
fest an die sozialistischen und antikapitalistischen Parolen geglaubt hatten und deren markanteste Vertreter die Brüder Straßer waren. Hitler,

so hieß es in ihren Reihen, habe schlechte Ratgeber, angefangen bei Göring, dem satten, ordengeschmückten Bourgeois, bis hin zu den Bankiers
und anderen Kapitalisten, die ihm Papen zugeführt hatte. In der Partei-
hymne, die nun bei feierlichen Anlässen nach dem Deutschlandlied ge-
sungen wurde, dem Horst-Wessel-Lied (so benannt nach seinem Verfasser, einem beschäftigungslosen Studenten, der bei einem Streit mit
Kommunisten zu Tode gekommen war), hieß es unter anderem: »Kameraden, die Rotfront und *Reaktion* erschossen, marschiern im Geist in
unsren Reihen mit.« Sollte die SA, nachdem sie so viele Kämpfe ausgefochten hatte, zulassen, daß die »Reaktion« ihre Macht mit Zustimmung
oder dank der Verblendung des Führers festigte? Immer häufiger war in
ihren Reihen von der Notwendigkeit einer »zweiten Revolution« die
Rede. Nun mangelte es der SA Röhms aber nicht an Feinden, weder in
der Reichswehr noch unter den salonfähigen Leuten in der Partei. Und
so wurde Hitler zugetragen, daß Röhm einen »Putsch« vorbereite. In
der Tat hatte dieser beschlossen, eine große Zahl seiner Unterführer im
oberbayerischen Bad Wiessee zu versammeln. Hatte er die Absicht, etwas
zu unternehmen, um Hitler von dem verderblichen Einfluß seiner Berater
zu »befreien« und die Revolution wieder in Schwung zu bringen? Wie
dem auch sei, jedenfalls hatte er vergessen, daß Hitler den Instinkt und
die Grausamkeit eines Raubtiers besaß. Mit einigen Vertrauten eilte dieser nach Bad Wiessee und überraschte die Verschwörer nach einem nächt-
lichen Zechgelage im Bett, manche in den Armen ihrer Liebhaber. Einige
wurden an Ort und Stelle liquidiert, andere, darunter Röhm, in ein
Münchner Gefängnis gebracht. Als der Stabschef der SA sich weigerte,
Selbstmord zu begehen, erschossen ihn Offiziere der SS. Überall im Reich
wurden die Freunde Röhms unter ähnlichen Umständen ausgeschaltet.
Wir haben weiter oben bereits erwähnt, daß Hitler und seine Gefolgsleute
die Gelegenheit auch dazu nutzten, alte Rachegelüste zu stillen und un-
bequeme Gegner zu beseitigen. Wenige Wochen später beglich die Reichswehr ihre Schuld, indem sie den Treueid auf den Führer ablegte. Doch
nicht die Militärs hatte Hitler zu Hilfe gerufen, als er sich der Anhänger
der zweiten revolutionären Welle entledigte. Schon seit geraumer Zeit
hatte die SA, eine Volksmiliz, beobachtet, wie im Herzen des nationalsozialistischen Apparats die kleine, von Heinrich Himmler organisierte
SS[3] immer mehr an Bedeutung gewann. Der Brillenträger Himmler, äußerlich der Typ eines Volksschullehrers, der sich in Uniform unwohl fühlte,
aber ein Mann, der Kaltblütigkeit mit einem angespannten Willen verband, war das genaue Gegenteil des polternden Röhm, dieser Falstaff-
schen Gestalt: kühl, pedantisch, ergeben. Die SS hatte Waffen eingesetzt,
um die SA-Führer auszuschalten. Am Ende blieb von den braunen Ver-

bänden nur noch eine Reservemiliz für Feiertagsparaden übrig. Als Chef
der Polizei in Bayern, als Verantwortlicher für das Wachpersonal in den
Konzentrationslagern und Gebieter über die SS-Verbände, eine Elite, die
auf den modernen Krieg vorbereitet wurde und eine intensive ideologische Schulung erhielt, wurde Himmler weit mächtiger, erfolgreicher und
gefürchteter, als es Röhm mit den Schlägertrupps seiner Sturmabteilung
jemals gewesen war.

Von »Nationalsozialismus« war erst wieder die Rede, als die Erfordernisse des Krieges und vor allem die Ereignisse vom Juli 1944 die Partei
und ihre Organe nötigten, den Widerstand der Konservativen rücksichtslos zu zerschlagen und die Unternehmenschefs wie alle anderen Machtträger zu unterwerfen. Aber diese indirekte, kriegsbedingte Sozialisierung
bedurfte keiner ideologischen Verkleidung. Die Logik des Systems verlangte die Integration und Unterwerfung aller. Neben der Autorität der
Elite, die freilich noch keinen Namen trug und die das nationalsozialistische Reich allmählich aus seinen belebenden Widersprüchen hervor-
bringen wird, durfte keine unabhängige Autorität fortbestehen.

Schon kurz nach der Machtergreifung streckte die Partei, die sich zunehmend einen bürokratischen Charakter gab, ihre riesenhaften Kraken-
arme über ganz Deutschland aus und erfaßte alle Bereiche des gesellschaftlichen Lebens. Der Zustrom neuer Mitglieder war so gewaltig, daß
die Zahl der Parteigenossen schon nach kurzer Zeit die Vier-Millionen-
Grenze überschritt und die Partei eine Aufnahmesperre verhängte, die
mehrere Jahre gültig bleiben sollte. Die Neuhinzugekommenen waren
Parteigenossen wie alle anderen und gleichzeitig Geiseln ihres eigenen
Wohlverhaltens. Mit ihren wohlgenährten Bäuchen machten sie in braunen oder schwarzen Uniformen häufig eine klägliche Figur. Später wurde
es üblich, hohen Amtsträgern in Staat und Armee einen Ehrenrang in
der SS zu verleihen, und auch dabei ging es gleichzeitig um Belohnung
und Kompromittierung. Im sozialen Gefüge, in Verwaltung und Wirtschaft, in Wohneinheiten und später auch in der Armee wurden unzählige
Ämter und Dienststellen eingerichtet und »Beauftragte« eingesetzt. Gewisse Mitarbeiter gingen ihren Aufgaben haupt- oder nebenamtlich nach,
andere engagierten sich ehrenamtlich oder um der Macht willen. So entstand nach und nach ein engmaschiges Netz der Überwachung und Denunziation. Obwohl der Widerstand schon lange seine Bedeutung verloren hatte, für das Regime also keinerlei Bedrohung darstellte, waren
Angst und Terror zu allen Zeiten notwendige Machtinstrumente Hitlers.
Vom Blockwart an der Basis, der überwachte, mit wem die Hausbewoh-
ner verkehrten und wie großzügig sie für das Winterhilfswerk spendeten,
bis hinauf zum »Braunen Haus« in München, wo die führenden Partei-

stellen ihrer Arbeit nachgingen und Rudolf Heß, der Stellvertreter des Führers, residierte, dessen Position nach seinem abenteuerlichen Englandflug 1941 von Martin Bormann, bis dahin lediglich Adjutant im persönlichen Stab Hitlers, schrittweise übernommen, ausgefüllt und gestärkt wurde: Der Parteiapparat kontrollierte und überging die Verwaltung und alle gesellschaftlichen Einrichtungen, wirkte ihrer Arbeit entgegen und ergänzte sie, machte ihnen Vorgaben. Selbst innerhalb dieser Nazi-Welt förderte Hitler Kompetenzüberschneidungen und Rivalitäten, die langsam auch bis zu ihm vordrangen, die er aber nur zögernd und oft überhaupt nicht beilegte. Das Parteiabzeichen, das Hakenkreuz am Revers, wurde zum Erkennungszeichen der Mächtigen und ihrer Helfer. Die Partei bildete eine eigene Hierarchie neben dem Staat und bot zugleich ein Abbild der künftigen Elite. Sie stellte, je länger das Regime herrschte, die wirklichen Führer: die Gauleiter, die Reichskommissare in den besetzten Gebieten, die Kommissare für die Kriegswirtschaft. Dennoch sollte man sich davor hüten, zuviel System und Ordnung in diese Struktur hineinzuinterpretieren, die Hitler bewußt offen und instabil zu halten versuchte und die sich deshalb im Wechselspiel zwischen Notwendigkeit und Willkür unablässig veränderte.

Wenn man das Großdeutsche Reich der vierziger Jahre unbedingt in ein Schema pressen will, so kann man es sich allenfalls in Form konzentrischer Kreise vorstellen: die zivile Gesellschaft mit Behörden und Unternehmen, die Partei, die SS, die Elite innerhalb der Elite, und schließlich die Wehrmacht, die mit all diesen Realitäten in Verbindung stand und sich immer schwerer tat, ihre Identität zu bewahren und ein Eigenleben zu führen. Als »Führer« thronte Hitler über der Nation und der Gesellschaft, als Reichskanzler über der Verwaltung, doch er war von Anfang an vor allem Chef der Partei – die SS war »seine« Schutztruppe – und seit dem Tode Hindenburgs zudem Oberbefehlshaber der Streitkräfte. Er allein stand in dieser komplizierten und unbeständigen Welt für Einheit und Kontinuität. Aus diesem Grund mußte er zugleich abwesend und allgegenwärtig sein. Mit den Jahren machte er sich immer rarer: Nach 1941 weilte er nur noch selten in Berlin und nahm an keiner öffentlichen Kundgebung mehr teil. In den weit im Osten gelegenen Führerhauptquartieren entfremdete er sich von seinem Volk, das in der gewohnten Umgebung lebte, und von den Streitkräften, die er nur selten besuchte. Sein Privatleben blieb völlig im dunkeln: Daß er die Blondine Eva Braun in seiner Umgebung hatte, blieb eines der bestgehüteten Geheimnisse des Reiches. Mit der Regierung stand er über den Chef der Reichskanzlei Heinrich Lammers in Verbindung, der so etwas wie der erste Diener des Führers war, mit der Armee über den Chef des Oberkommandos der

Wehrmacht, Generalfeldmarschall Wilhelm Keitel, mit der Partei über Martin Bormann und mit der SS über Himmler. Doch auch dieses Bild ist zu schematisch, denn es gibt nur spätere Verhältnisse wieder und läßt wichtige Leute unberücksichtigt, die bisweilen eine maßgebliche Rolle spielten, wie etwa der Architekt Albert Speer und vor allem der Propagandachef Joseph Goebbels, Herr über die Medien, dessen Einfluß mit den Jahren so wuchs, daß Hitler ihn in seinem Testament zum Kanzler ernannte.

Der rassistische Antisemitismus, der totale, schrankenlose Haß auf die Juden, die in den Rang eines Todfeindes der arischen Rasse erhoben wurden, bildete das Kernstück der Nazi-Ideologie. Materialistischen Erklärungen, ob marxistisch oder nicht, bleibt diese Dimension verschlossen, denn sie suchen nach logischen kausalen Verbindungen, indem sie den Antisemitismus mehr oder weniger explizit unter den Antibolschewismus subsumieren oder den Judenhaß als »Ersatzlehre« bezeichnen, die an die Stelle des verbalen Sozialismus des ursprünglichen Nationalsozialismus getreten sei. Das hieße jedoch, den eigentlich religiösen und deshalb auch para- oder supranationalen Charakter von Hitlers Lehre zu verkennen, der zutage tritt, sobald er der Außenwelt mitteilt, was ihn im Innersten bewegt. Durch den rassistischen und radikalen Inhalt seines Antisemitismus unterscheidet sich der Nazismus von seinen Konkurrenten auf der Rechten, obschon der Antisemitismus dort an sich nicht neu ist. Es ist seine integrierende Wirkung, die absolut zentrale Stellung des Judenhasses in der Doktrin, die dem Nazismus den Charakter einer Gegenreligion verleiht. Nach Auffassung des Erlösers und Propheten Hitler besteht zwischen dem deutschen Volk und dem auserwählten Volk Jahwes mit seinen Propheten von Moses bis Elias tödliche Rivalität. Hitler, der spirituelle Erlöser und Herrscher über die Gläubigen, erinnert uns im übrigen eher an Mohammed, doch selbst hier besteht der grundlegende Unterschied darin, daß es im Hitlerismus keine Transzendenz gibt. Kein Nazi konnte, solange er noch einer war, einen äußeren und höheren Gott anbeten. Hitlers Gott inkarniert sich in einer historischen Rasse. Seine Gegenwart ist immanent, und seine Herrschaft wird ein Ende haben. Sie endet mit der Geschichte, spätestens dann, wenn die Welt untergeht, vielleicht jedoch schon früher, wenn die germanische Rasse trotz systematischer Verjüngung und Auffrischung schließlich ihren Niedergang erleben wird. Die vollständige und permanente Mobilisierung bedurfte eines totalen Feindes, der total vernichtet werden konnte.

Die größte Stärke Hitlers bestand darin, daß er im Besitz einer religiösen Wahrheit und zugleich ein Mann der Improvisation war. Alles, was er tat, hatte er in seinen Schriften angekündigt. Es hätte genügt, sie zu lesen und ernst zu nehmen, doch gerade dazu ist die von Christentum und Aufklärung geprägte abendländische Kultur nicht imstande gewesen. Mit konkreten Entscheidungen hat sich Hitler nie vor der Zeit beschäftigt. So hat er sich zweifellos nie ernstlich gefragt, auf welche Weise er Deutschland und die Welt von den Juden »befreien« wollte. Bei ihm zog eine Entscheidung die andere nach sich und fügte sich in die Wirklichkeit ein, wie sie mit Hilfe der »Weltanschauung« dargestellt und interpretiert wurde.

Damit die Juden vernichtet werden konnten, durften sie nicht eingliederungsfähig sein. Aus diesem Grund konnte sie auch keine Taufe von der Schuld reinwaschen, die ihnen von Geburt an anhaftete. Dennoch begann alles mit begrenzten und relativ bescheidenen Maßnahmen, ganz nach der von Hitler bevorzugten listigen Methode, schrittweise vorzugehen bis zu dem Moment, wo er zum endgültigen Schlag ausholen konnte, der dann ebenso schrecklich wie spektakulär ausfiel. Ein »Gesetz zur Wiederherstellung des Berufsbeamtentums«, dessen Kompetenz die Sozialdemokraten und andere Weimarer Politiker angeblich durch die Einstellung unfähiger Parteibuchbeamter ausgehöhlt hatten, schloß schon im April 1933 alle Juden vom öffentlichen Dienst aus, die mindestens drei jüdische Großeltern hatten. Noch wurden aber Kriegsteilnehmer, die für ihren Fronteinsatz ausgezeichnet worden waren, ausgenommen. Ohne diese Ausnahme hätte das Gesetz zu diesem Zeitpunkt unter den Staatsdienern einen zu großen und verfrühten Schock ausgelöst. Natürlich wurden die ehemaligen Frontkämpfer etwas später ebenfalls entlassen. Die Nazi-Führer hatten ein sehr gutes Gespür dafür, wie weit sie in einem bestimmten Moment gehen konnten. Die Zahl der Juden, die man in der ersten Zeit nach der »nationalen Erhebung« mißhandelt oder in die neuen Konzentrationslager eingeliefert hatte, war zwar beträchtlich, doch die breite Masse der Juden lebte mit ihren Familien monate- und jahrelang relativ unbehelligt, wenngleich sie sahen, daß sich die Schlinge langsam zuzog.

Der am 1. April 1933 über jüdische Geschäfte verhängte Boykott war eine Warnung, die ohne unmittelbare Folgen blieb. Viele konnten ins sichere Ausland fliehen und ihr gesamtes Vermögen oder wenigstens einen beträchtlichen Teil mitnehmen. Doch viele wollten ausharren, entweder aus Patriotismus oder aus Mangel an Vorstellungskraft. Gewiß, der Zionismus erlebte, insbesondere unter den Jüngeren, einen enormen Aufschwung, doch viele Juden hatten seit mehreren Generationen die innere Beziehung und Bindung zu ihrem Judentum verloren. Obwohl der NS-Staat sie ausgrenzte, ließ er ihnen Schonräume: Die Kinder wurden zwar von den staatlichen Schulen verwiesen, durften aber jüdische Schulen besuchen, die Reichsvereinigung der Juden in Deutschland konnte gewisse Aktivitäten entwickeln und der Jüdische Kulturbund Theateraufführungen veranstalten, deren Besuch freilich auf seine Mitglieder beschränkt blieb. In der relativen Anonymität der Großstadt konnte man besser leben und sich der Unterdrückung widersetzen als auf dem Land, wo sich Haß und Neid gegen bekannte Individuen richteten. Wenn die Enttäuschungen auch zunahmen und Kollegen und Freunde sich von ihren jüdischen Bekannten abwandten, so gab es doch auch viele Beweise der Treue und Ergebenheit, viele unerschütterliche Freundschaften. Es gereicht der Menschheit zur Ehre, daß »arische« Deutsche Tausende von Juden bis zum Schluß unter Gefahr für das eigene Leben beschützten und versteckten. Viele Ehegatten gingen lieber ins Exil oder nahmen soziale Ächtung in Kauf, als ihren jüdischen Partner zu verlassen. Doch die überwältigende Mehrheit des deutschen Volkes ließ die Verfolgung geschehen, ohne aktiv an ihr teilzunehmen, gewiß, aber auch ohne gegen sie einzuschreiten. In wachsendem Maße ihrer Bewegungsfreiheit beraubt, isoliert und ausgegrenzt, führten Zehntausende von Juden in Deutschland bis zur »Endlösung« neun, zehn Jahre lang ein Leben in Angst und Erniedrigung. Hunderttausenden gelang die Flucht. Im übrigen förderte das Regime die Emigration zumindest bis zum Krieg, um sich selbst das Leben leichter und anderen Ländern das Leben schwerer zu machen, denn die Auswanderung der Juden war dazu angetan, auch in den Gastländern antisemitische Gefühle zu erregen und zu schüren.

Mit den Nürnberger Gesetzen vom 15. September 1935 wurde die rassistische Ausgrenzung festgeschrieben. Nicht genug damit, daß Eheschließungen mit jüdischen Partnern verboten und unter strenge Strafe gestellt wurden, fortan galt auch außerehelicher Geschlechtsverkehr als »Rassenschande«. Juden, die dieses Verbrechens bezichtigt wurden, endeten im allgemeinen im Konzentrationslager. Halbjuden wurden in dieser Hinsicht »hundertprozentigen« gleichgestellt. Später folgten das zwangsweise Tragen des gelben Davidsterns, die Einrichtung separater Plätze in öffentlichen Verkehrsmitteln und auf öffentlichen Bänken, getrennte Einkaufszeiten in Geschäften und schließlich die Einweisung in bestimmte Stadtviertel, neue Ghettos. Im November 1938, nachdem ein junger Jude in Paris einen deutschen Diplomaten getötet hatte, ordnete der Parteiapparat die systematische Plünderung der Synagogen, der von jüdischen Vereinen genutzten Räumlichkeiten und der jüdischen Läden (sofern sie noch existierten) an und führte sie auch selbst durch. Tausende Juden wurden verhaftet und in die Lager verschleppt. Die Überlebenden

wurden nach einiger Zeit gegen Lösegeld freigelassen. Die jüdischen Gemeinden wurden besteuert und mußten hohe Abgaben entrichten. In
Österreich hatte man einige Wochen zuvor, unmittelbar nach dem »Anschluß« 1938, mit den Maßnahmen gegen Juden in raschem Tempo
nachgezogen. Dann kam der Krieg, und die Falle schnappte zu. Die Alten,
die Armen, die Pechvögel und die Starrköpfigen saßen fest. Im Altreich,
dem Reich in den Grenzen von 1937, begannen die Deportationen im
Winter 1942/43. Die Entscheidung dazu war im Januar 1942 auf der
berüchtigten Wannsee-Konferenz gefallen, bei der Spitzenvertreter der
verschiedenen beteiligten Dienststellen sich darauf verständigt hatten, wie
und mit welchen Mitteln die Ausrottung durchgeführt werden sollte.
Doch selbst in diesem Stadium hatten Willkür, Unordnung, Protektion
und Zufall Einfluß auf das Schicksal des einzelnen. So konnte es vorkommen, daß eine alte Dame, obwohl den Dienststellen der SS bekannt,
bis zum Ende in ihrem bayerischen Dorf »unbehelligt« blieb. Ein Teil
wurde in die Ghettos nach Polen deportiert, ein anderer direkt nach
Auschwitz, Sobibor oder Treblinka. Das tschechoslowakische Terezín,
die alte österreichische Festung Theresienstadt, war eine Zeitlang eine
Stätte der »Nicht-Vernichtung«. Auf den Selektionsrampen wurden einige verschont, weil sie für die Arbeit kräftig genug erschienen oder,
wenn es sich um Mädchen handelte, weil sie schön waren. Im Jahr 1944
begannen Verhandlungen über die Rettung der ungarischen Juden, die
mit einem Teilerfolg endeten und deren Spuren sich bis in die unmittelbare Umgebung Himmlers zurückverfolgen lassen. In den besetzten Ländern wurde die Ausrottung mit extremer ideologischer und bürokrati-
scher Hartnäckigkeit betrieben. In Polen und Rußland ging die Zahl der
Opfer in die Millionen. In Deutschland kursierten Gerüchte, die mancherorts Zorn und vage Ängste erregten, doch in keiner Geschichte ist
von einem deutschen Maximilian Kolbe die Rede, der wie der polnische
Franziskaner für einen Juden den Tod auf sich genommen hätte. Durch
die Judenvernichtung wollte Hitler Fakten schaffen, die nicht wiedergut-
zumachen waren und dem gesamten deutschen Volk eine Kollektivschuld
aufluden, die es zwingen sollte, die Rolle weiterzuspielen, die ihm seine
Herren zugedacht hatten.

Bevor wir den Bericht über diese furchtbare Leidensperiode abschließ-
en, erscheinen mir zwei Anmerkungen angebracht. Die erste betrifft die
Verantwortung der zivilisierten Staaten, die es nacheinander ablehnten,
deutsche und österreichische Juden ins Land zu lassen. Viele Arme, Alte
und Alleinstehende, die keine Beziehungen hatten, starben in den Gaskammern, weil niemand bereit gewesen war, sie aufzunehmen. Bei den
internationalen Konferenzen schob man sich gegenseitig die Schuld zu.

Inbesondere in Frankreich und in der Schweiz spielte der Antisemitismus neben den Institutionen, die ihre Hilfsmaßnahmen verdoppelten, eine beschämende Rolle. Die französischen Regierungen verfolgten zu keinem Zeitpunkt eine klare politische Linie. Dies gipfelte in den absurden, 1939 und 1940 beschlossenen Maßnahmen, alle deutschen Staatsangehörigen zu internieren und somit Juden, aktive Hitlergegner und Nazis zusammen in französische Lager zu sperren. Wie später bekannt wurde, weigerten sich die Verantwortlichen in England und Amerika, ihre Kenntnisse über die Ausrottungspolitik – und sie wußten fast alles – zu enthüllen, weil sie Angst hatten, insbesondere in Palästina zu viele jüdische Immigranten aufnehmen zu müssen. In Frankreich machten sich die Polizei der mit den Deutschen kollaborierenden Vichy-Regierung und später die Miliz, wenn auch nicht immer, zu eifrigen Handlangern bei den Deportationen. Gewiß, die judenfeindlichen Maßnahmen lösten in der Welt bereits 1933 tiefe Empörung aus, die nicht ohne Wirkung blieb, doch auch das Gegenteil war der Fall. Der Papst, obwohl gut informiert, sah von einer Verurteilung des Völkermords ab, weil er befürchtete, die Front gegen den Bolschewismus zu schwächen.

Die zweite Anmerkung betrifft die Debatte über die Beispiellosigkeit der Verbrechen. Die Behauptung, daß zwischen den Verbrechen der Bolschewiken und der Ausrottungspolitik der Nazis eine direkte kausale Beziehung bestehe, ist ebenso banal wie falsch. Banal, weil es offensichtlich ist, daß die Nazis den Bolschewismus fürchteten und verabscheuten, und falsch, weil es sich um Erscheinungen von unterschiedlicher Natur und Dimension handelt. Die deportierten Kulaken konnten in den sowjetischen Lagern manchmal überleben. Hungersnöte wurden allenfalls hingenommen, nicht aber gezielt herbeigeführt. Auschwitz hingegen ist das einzige Beispiel für die planmäßige Beseitigung einer ganzen historisch gewachsenen Gemeinschaft, Frauen und Kinder eingeschlossen, durch einen modernen, zivilisierten Staat. Für die Opfer gab es kein Entrinnen. Die ungläubigen Nazis ließen nicht einmal Gott die Möglichkeit, die Seinen zu erkennen, da ja auch die »Schuld« der Opfer nicht individueller Natur war. Deshalb – wegen Auschwitz und vor allem wegen Hitler, der sich in Auschwitz offenbart und seine Erfüllung findet – gleicht der Nationalsozialismus keinem anderen Regierungssystem und keiner anderen historischen Bewegung und kann nicht, wie es die Kommunisten taten und weiter tun, unter einen allgemeinen und universellen Faschismus subsumiert werden. Ebensowenig läßt er sich auf einen universellen und beispiellosen Totalitarismus reduzieren, obwohl er natürlich *auch* faschistisch und totalitär war. Das letztliche Scheitern Hitlers besteht darin, daß er seine Identität aus seinen Verbrechen an den Juden bezogen hat. Hitler, definiert durch die Juden: Auf diese Weise rächt sich der Geist.

Zwei Phänomene prägten das Bild von Nazideutschland im Ausland: die Massenkundgebungen in Nürnberg – die gleichermaßen Feindseligkeit wie Faszination auslösten, bei einigen aber auch Zustimmung fanden, Bewunderung und Neid erregten – und die Konzentrationslager. Eingerichtet, um den nach der Machtergreifung der Nazis unkontrolliert wütenden Terror in geordnete Bahnen zu lenken, stellten die Lager in der Tat wieder eine Art Ordnung her, wurden gleichzeitig aber auch zu zentralen Einrichtungen des NS-Staates, die sich nicht verbergen ließen. Die Mühlen der Justiz mahlten langsam, und die Gesetze, Gerichte und selbst die Gefängnisse aus der »vorrevolutionären« Zeit waren nicht dafür geschaffen, Terror auszuüben, Skeptiker zu beeinflussen oder politische Gegner für immer verschwinden zu lassen. Noch hatte sich die Polizei nicht völlig von ihrer einstigen Pflichtauffassung und Ideologie gelöst, die sie zu einem neutralen Arm des Gesetzes gemacht hatten. Die Nazis benötigten eine Institution, die der Bestrafung und Abschreckung diente, aber auch dafür konzipiert war, die Vergeltung bestimmten Regeln zu unterwerfen. Ihr Personal mußte aus kampferprobten Aktivisten bestehen. Es war nötig, die Gegner aus der Gesellschaft zu entfernen, sie in einer kleinen, von Gewalt und Einschüchterung geprägten Welt verschwinden lassen und in der Bevölkerung außerhalb der Lager den Wunsch zu wecken, nicht allzu viel darüber zu erfahren, gleichzeitig aber denjenigen, die gegen den Nazismus aufbegehren wollten, klarzumachen, daß den Gegnern des Regimes im Lager rasch jede Aufsässigkeit ausgetrieben wurde. Die KZ-Wächter, in ihrer Mehrzahl Sozialfälle, Psychopathen und Sadisten, konnten sich individuell der Gefangenen annehmen, sie mißhandeln und umbringen. Ein junger bayerischer Richter ermittelte monatelang gegen KZ-Wächter wegen Mordes, bis er schießlich als Störenfried in die Provinz versetzt wurde (nach dem Krieg wurde er Staatssekretär).[4]

Das Lager konnte das totale Grauen sein; so wurde es im *Braunbuch* beschrieben, in dem die Verbrechen der Nazis bereits 1934 angeprangert wurden. Als Orte der Bestrafung und, durch die Angst, die sie einflößten, der Disziplinierung, wurden nach und nach in ganz Deutschland Lager errichtet und, nach den Eroberungen, auch in Österreich, Polen und den baltischen Staaten. Nach 1939 gesellten sich zu den Deutschen und Österreichern immer mehr Oppositionelle und Widerstandskämpfer aus den besetzten Ländern. Die Zahl der Häftlinge schnellte in die Höhe. In Dachau, einem der ältesten und bekanntesten Lager, stieg sie von neuntausend im Jahr 1940 auf fünfundreißigtausend im Jahr 1945, zu denen noch einmal die gleiche Zahl an Gefangenen hinzukam, die in Außenlagern lebten. Bald waren mehr Ausländer interniert als Deutsche. Etwas später beschlossen die Reichsführung SS und der Reichskommissar für Bewaffnung, die Möglichkeiten zu nutzen, die sich in den Lagern boten, und die Häftlinge als Arbeitskräfte einzusetzen, sei es als Fachleute, sofern sie über die notwendige Qualifikation verfügten oder entsprechende Ambitionen hatten, sei es als einfache Zwangsarbeiter, die der Willkür preisgegeben waren und jederzeit ersetzt werden konnten. Mit der Zeit erlangten die Konzentrationslager eine nicht zu vernachlässigende Bedeutung für die Kriegsanstrengungen, denn die Häftlinge erhielten keinen Lohn für ihre Arbeit, wurden schlecht ernährt und konnten nach Belieben ausgebeutet werden, indem man ihnen sehr lange Arbeitstage auferlegte und besonders anstrengende und gefährliche Aufgaben übertrug wie etwa den Bau unterirdischer Rüstungsfabriken oder Aufräumungsarbeiten in bombardierten Städten. Der Zustrom an Arbeitskräften riß nicht ab. Entweder forderte man zukünftige Häftlinge an, die bei systematischen Razzien in den Ostgebieten festgenommen wurden, oder man besorgte sie unter den Fremdarbeitern im Reich selbst, indem man die Zügel anzog und die geringsten Anzeichen von Disziplinlosigkeit oder mangelndem Respekt vor den deutschen Herren mit der Einlieferung ins KZ bestrafte. Im Lager war alles einfach: Gehorsam wurde dadurch erreicht, daß man »Saboteure« und »Aufwiegler« öffentlich henkte. Häftlinge, die sich geringerer »Vergehen« schuldig gemacht hatten, erhielten von einem Mitinsassen fünfundzwanzig, vierzig oder hundert Stockhiebe vor der komplett angetretenen Lagerbesatzung. Die steigende Zahl der Lager und ihrer Insassen führte zu tiefgreifenden Veränderungen im »Lagersystem«, diesem wichtigen Aspekt der nationalsozialistischen Wirklichkeit. So wurden im Lauf der Zeit neue Häftlingskategorien eingeführt: Zu den politischen Gefangenen gesellten sich die »Berufsverbrecher«, die »Asozialen« (Bettler und Landstreicher), die Homosexuellen und die Zeugen Jehovas. Da die Führung der rapide wachsenden Gefangenenzahl eine gewisse Selbstverwaltung der Häftlinge erforderlich machte, schufen die SS-Verantwortlichen die Funktionen des Kapos (Leiter eines Arbeitskommandos) und des »Stubenältesten«, wobei sie diese Posten anfangs mit Kriminellen oder Asozialen besetzten, teils weil sie ihnen wesensverwandt, teils weil sie fügsamer waren – aber auch um die »Politischen« zu demütigen. Doch von dem Zeitpunkt an, als die Lager einen wichtigen Beitrag zur Kriegswirtschaft leisteten, benötigte man Leute, die eher in der Lage waren, die Ordnung aufrechtzuerhalten, ein Mindestmaß an Hygiene zu gewährleisten und die Arbeit einzuteilen. In den meisten La-

gern wurden solche internen Verwaltungsaufgaben nun in zunehmendem
Maße »Politischen« übertragen, was diesen die Möglichkeit eröffnete,
Maßnahmen abzusprechen und durchzuführen, die dem Schutz der Insassen dienten oder einer Arbeitsverweigerung gleichkamen, ja, sogar
einen regelrechten inneren Widerstand im Lager zu organisieren.

Während Himmler die verschiedenen Polizeibehörden in einer zentralen Organisation, dem Reichssicherheitshauptamt, zusammenfaßte, dem
die Lager unterstanden, vermehrte die SS ihren Besitz um eine Vielzahl
von Wirtschaftsunternehmen, die das Gros ihrer Arbeitskräfte aus den
Lagern bezogen und Himmler erlaubten, auf Entscheidungen von großer
wirtschaftlicher und sozialer Tragweite mehr Einfluß zu nehmen, was
allerdings den anderen Verantwortlichen in diesem Bereich immer lästiger
wurde. Parallel dazu schuf Himmler neben der Wehrmacht seine eigenen
Streitkräfte, die Waffen-SS, die gegen Ende des Krieges über eine Million
Mann zählte. Die Ausrüstung und die Waffen, die diese Verbände benötigten, wurden, soweit möglich, in den Fabriken und Werken produziert,
die in direkter Verbindung mit den Lagern arbeiteten. Der SS-Apparat
im Schoß des Regimes wurde mit Riesenschritten ausgebaut. Nach dem
20. Juli 1944 wurde Himmler zum Innenminister und Befehlshaber des
Ersatzheeres ernannt, der für alle Verbände in der Etappe, für Truppen-
aushebung und Ausbildung zuständig war. Die Vernichtungslager im
Osten nicht mitgerechnet (aber auch die meisten Lager im Reichsgebiet
verfügten über Gaskammern), gab es gegen Ende 1944 rund zwanzig
»normale« Lager, in denen zwischen dreihundert- und fünfhunderttausend Häftlinge unter extrem unterschiedlichen Bedingungen lebten. Die
Lager waren, je nach Härte der Lebensbedingungen und Zweck der Einweisung, in Kategorien unterteilt. In den Lagern der Kategorie III, in die
der größte Teil der im Ausland verhafteten Widerstandskämpfer kam,
sollten die Gefangenen für immer verschwinden (bei »Nacht und Nebel«,
daher das Kürzel NN hinter den Namen auf den Überstellungslisten).
Andererseits sollten alle verhafteten deutschen katholischen Priester und
Seminaristen auf Grund einer Vereinbarung mit dem Episkopat aus dem
Jahr 1941 in Dachau zusammengefaßt werden, wo man sie von der Arbeit freistellte. Dennoch sorgten wachsende Kommunikationsprobleme,
der Vormarsch der feindlichen Truppen und die Seuchen des Winters
1944/45 (Typhus, Fleckfieber, Diarrhöe) im Lagersystem im selben Maße
für Unordnung, wie es erweitert und perfektioniert wurde. Es stellte im
Herzen des Dritten Reiches eine Art modellhaftes Abbild des Regimes
dar, reduziert auf dessen wesentliche Merkmale, die es selbst prägte und
verstärkte und dadurch dessen tiefe Wahrheiten noch deutlicher offenbarte. Hunderttausende ausländischer Oppositioneller wurden in den

deutschen Konzentrationslagern festgehalten. Für viele Überlebende war dies eine Art dramatische Einführung in die Realitäten und Gesetze der Politik. Angehörige verschiedener europäischer Nationen machten, indem sie den Wahnsinn, das Grauen und das Unbegreifliche überwanden, die Erfahrung einer gemeinsamen demokratischen Identität. Viele lernten dort auch aus eigener Erfahrung das Wesen des Kommunismus und die von ihm ausgehenden Gefahren kennen.

Die breite Zustimmung, die das neue Regime und die »nationale Erhebung« in der deutschen Gesellschaft fanden, verdankte sich zu einem gewissen Teil auch den spektakulären Erfolgen in der Wirtschaftspolitik. Diese Erfolge hatten eine psychologische Grundlage: Zuversicht, ja Begeisterung war dem Gang der Geschäfte noch nie abträglich. Überall in der Welt hatte die Krise die Talsohle durchschritten, doch nirgendwo erholte sich die Wirtschaft so rasch wie in Hitlerdeutschland. Im Jahr 1938 hatte man praktisch Vollbeschäftigung erreicht, während die Arbeitslosigkeit in den anderen westlichen Ländern bis zum Krieg sehr hoch blieb (in den USA lag sie trotz des New Deal bei annähernd zwanzig Prozent). Die Nazis profitierten zwar auch von konjunkturpolitischen Maßnahmen, die vor ihrer Machtergreifung von den Weimarer Regierungen beschlossen oder eingeleitet worden waren. Doch die wesentlichen Garanten ihres Erfolgs waren zum einen das Genie und die Tatkraft Hjalmar Schachts, der jahrelang Hitlers Vertrauen genoß, zum anderen die massive Zustimmung der Unternehmer, die es dem Regime dankten, daß es sie von den Gewerkschaften befreit hatte. Bereits 1933 übernahm Schacht wieder die Leitung der Reichsbank, die er 1930 niedergelegt hatte, nachdem er sich mit der republikanischen Regierung überworfen hatte. Ihr hatte er vorgeworfen, daß sie bei den Verhandlungen über den Young-Plan seine Ratschläge nur ungenügend beherzigt habe. Im Jahr darauf wurde er zum Wirtschaftsminister ernannt. In die neuesten Entwicklungen in der Wirtschaftswissenschaft und insbesondere in die Theorien von Keynes vollständig eingeweiht und mit einer beeindruckenden natürlichen Autorität ausgestattet, setzte er es sich zum Ziel, den Abbau der Arbeitslosigkeit und die Wiederaufrüstung zu finanzieren, ohne am Fundament der liberal-kapitalistischen Wirtschaft zu rütteln. Er war bereit, beträchtliche Eingriffe von seiten des Staates zu dulden, vorausgesetzt, sie wirkten wettbewerbsfördernd und ließen den Unternehmern freie Hand, ihren Beitrag selbst zu gestalten. So wie er in gewisser Weise den Grundbesitz und die Landwirtschaft in ihrer Gesamtheit kapitalisiert hatte, um die Rentenmark einzuführen – die sein fruchtbarer und scharfer Verstand bereits 1923 ersonnen hatte –, so verfolgte er nun eine Wachstumspolitik, das heißt, er nutzte das Vertrauen in die größten Industrieunternehmen, allen voran Krupp und Siemens, um Zahlungsmittel bereitzustellen. Die Wiederaufrüstung belastete die Ausgaben erst ab Ende 1934. Davor wurde der Aufschwung durch öffentliche Bauvorhaben in Gang gebracht, insbesondere durch die Inangriffnahme des ehrgeizigen Autobahnprojekts. Um Devisen zu sparen, knüpfte Schacht, in Übereinstimmung mit Hitlers politischen Plänen, möglichst viele Beziehungen zu Ländern, die im Austausch gegen industrielle Fertigwaren die von der deutschen Wirtschaft dringend benötigten Rohstoffe liefern konnten. Neben Lateinamerika zielte diese Politik vor allem auf die Staaten in Südosteuropa, für die sich Schacht, angeregt durch Friedrich Naumanns Gedanken über eine mitteleuropäische Wirtschaftsgemeinschaft, bereits vor 1914 interessiert hatte. Durch die Intensivierung des Handels mit diesen Ländern machte er sie zu Kunden Hitlerdeutschlands und entzog sie dem Einfluß Frankreichs.

Das günstige psychologische Klima, das Genie Schachts, der weltweite Aufschwung, so langsam und beschränkt er auch sein mochte, und die breite Zustimmung in der Wirtschaft, dergestalt waren die Gründe für das erste deutsche Wirtschaftswunder. Hitler wiederum achtete mit dem untrüglichen Gespür des Demagogen darauf, daß das Volk den privaten Konsum nicht übertrieb und dennoch den Eindruck hatte, an einem ständigen Wirtschaftswachstum und Machtzuwachs Deutschlands zu partizipieren. Tatsächlich aber mobilisierte der Staat für die Verwirklichung seiner uneingestandenen Ziele Spargelder der Privathaushalte und Investitionen der Industriellen. Er finanzierte Vollbeschäftigung und Wiederaufrüstung durch eine zurückgestaute Inflation. Eines Tages mußte die Wahrheit ans Licht kommen, es sei denn, man schuf eine völlig neue Ausgangslage und entschloß sich zum Krieg. Der selbstbewußte und stolze Schacht wollte Herr der Entwicklung bleiben und paßte das Tempo der Wiederbewaffnung dem Wachstum der Wirtschaft an. Der Konflikt war vorprogrammiert: 1939 nahm der große Finanzexperte seinen Hut. Von nun an sollten nur noch die Bedürfnisse der Streitkräfte zählen. Immer deutlicher zeichnete sich ab, daß alle Bemühungen auf Krieg hinausliefen, daß Hitler den Krieg wollte und daß der Krieg das einbringen sollte, was nötig war, um die verdeckte Inflation aufzusaugen und ihn selbst zu finanzieren. Göring, verantwortlich für den ersten Vierjahresplan von 1936, erhielt den Auftrag, die wirtschaftlichen Vorbereitungen auf den Konflikt zu koordinieren, den der Führer siegreich beenden wollte, solange er noch im besten Mannesalter war. Im Jahr 1889 geboren, war Hitler 1939, als der Krieg begann, fünfzig Jahre alt.

Trotz des Polyzentrismus, den Hitler wie in allen anderen wichtigen

Lebensbereichen des Landes auch in der Wirtschaft anwandte, funktionierte die Kriegswirtschaft unter der Leitung Görings und des Ingenieurs Todt, des Reichsministers für Bewaffnung und Munition, erstaunlich gut. Das Erfolgsgeheimnis war, daß die Selbständigkeit der Unternehmer, so begrenzt sie auch sein mochte, nicht durch bürokratische Bevormundung ersetzt wurde. Den Unternehmern oblag die praktische Umsetzung der Programme, während die politischen Machthaber die großen Richtungen vorgaben. Dank der relativen Flexibilität dieses Systems erwies sich die Rationierung von Lebensmitteln und Kleidung nahezu bis zum Ende als ausreichend, um ein Volk zu disziplinieren, das, soeben von der Arbeitslosigkeit befreit, ohnehin nur bescheidene Bedürfnisse und Erwartungen hatte und die Entbehrungen und Belastungen des Krieges mit erstaunlicher Geduld ertrug. Es ist wahr, daß der relative Wohlstand der Deutschen, wie von Hitler gewollt und vorhergesehen, auf der Ausbeutung der riesigen Gebiete beruhte, die erobert oder unterworfen waren. Die Kriegsgefangenen und Fremdarbeiter in Deutschland schufteten praktisch ohne Lohn. Die Landwirtschaft und die Industrie in den besetzten Ländern, und an erster Stelle in Frankreich, mußte vorrangig das produzieren, was Deutschland benötigte. Anders als in den Jahren 1914 bis 1918 war es diesmal der Feind, der einen Großteil der deutschen Kriegsanstrengungen finanzierte. Und wenn die Unternehmer auch weitgehend selbständig blieben (obschon ständig von staatlichen Eingriffen bedroht, die, wenn sie einmal erfolgten, nicht mehr rückgängig zu machen waren), so beruhigte der demagogisch erzeugte Schein einer gleichmäßigen Lastenverteilung die breiten Volksschichten. Außerdem sollte nicht vergessen werden, mit welcher Leichtigkeit deutsche Konzerne, unter anderem durch den Raub jüdischen Vermögens, im eroberten Ausland Firmen aufkauften (zum Beispiel die Hermann-Göring-Werke in Österreich) und wie bereitwillig die deutschen Wirtschaftsführer Kriegsgefangene und KZ-Häftlinge als Zwangsarbeiter beschäftigten, ohne sich um deren Not zu kümmern. Einige, wie etwa Alfried Krupp, hatten nach 1945 das Pech, daß sie stellvertretend für alle anderen mit ein paar Jahren Gefängnis büßen mußten, eine lächerliche Strafe, gemessen am Leid und am Tod so vieler Arbeitssklaven.

Die Wiederaufrüstung bildete das Kernstück von Hitlers Programm: Das Ziel war, Deutschland zu altem Stolz und alter Stärke zu verhelfen und in die Lage zu versetzen, seine imperiale Mission wieder aufzunehmen. Seit dem 9. November 1918, dem Tag der Ausrufung der Republik, hatten nicht nur Hitler und seine frühen Mitstreiter, sondern weit über diesen kleinen Kreis hinaus auch viele andere Deutsche, ohne Zweifel die Mehrheit, davon geträumt, eines Tages die unerträglichen Ketten, die in Versailles zu Unrecht geschmiedet worden waren, abzuschütteln. Nicht von ungefähr hatte Hitler so viele Reden gewohnheitsmäßig mit dem Satz begonnen: »Vierzehn Jahre der Schmach ...« Die Wiederaufrüstung begann schon in den ersten Wochen, allerdings achteten erfahrene und umsichtige Beamte darauf, daß sie zunächst beschränkt blieb und heimlich vonstatten ging, denn neben den Kräfteverhältnissen in Europa galt es auch die Tatsache zu berücksichtigen, daß die Beschaffung von Geldmitteln und die Bereitstellung von Arbeitskräften eine gewisse Zeit erforderte. Hatte Stresemann unter großen Mühen die Aufnahme Deutschlands in den Völkerbund erwirkt, so erklärte Hitler 1933 nun den Austritt, ließ die Entscheidung durch ein einstimmiges Votum des Reichstags und ein Plebiszit bestätigen und zeigte dadurch demonstrativ, welchen Weg er einzuschlagen gedachte. Deutschland war isoliert, doch es fürchtete diese Isolation nicht, sondern suchte sie sogar in dieser frühen Phase, in der das Regime seine Macht in erster Linie seine Herrschaft über die Nation konsolidieren mußte. Daß dieser Weg der richtige war, sah Hitler im Januar 1935 bei der Volksabstimmung im Saargebiet bestätigt, als sich die Befürworter einer Rückkehr ins Reich durchsetzten: Obwohl die Abstimmung frei war und die politischen Gegner der Nazis, die sich keinen Illusionen hingeben durften, verzweifelte Kampagnen unternahmen, stimmten 91 Prozent der Wähler für eine Wiedervereinigung mit dem inzwischen nationalsozialistischen Reich. Drei Monate später fühlte sich Hitler seiner Sache so sicher, daß er einseitig die militärischen Klauseln des Versailler Vertrags aufkündigte und die allgemeine Wehrpflicht einführte. Die neue Wehrmacht sollte eine Friedensstärke von insgesamt 36 Divisionen und 550 000 Mann besitzen, inklusive der Luftwaffe, deren seit 1933 betriebener Ausbau nun offiziell bekanntgegeben wurde. Die Antwort der Siegermächte von 1918 fiel rein verbal aus: Frankreich, Großbritannien und Italien erhoben in Stresa am Lago Maggiore energischen Protest – verzichteten aber auf Sanktionen. Dabei hatte das faschistische Italien erfolgreich Front gemacht, als im Juli 1934 ein Nazi-Putsch die Unabhängigkeit Österreichs bedroht hatte. Trotz der Ermordung des Bundeskanzlers Dollfuß hatte Italien mobil gemacht und damals die konservative katholische Regierung in Wien gerettet.

Nun aber, im Jahr 1935, steckte der italienische Diktator Mussolini mitten in den Vorbereitungen zu seinem Abessinienfeldzug, und Großbritannien, das besorgt die Entwicklung in Fernost verfolgte, wo Japan die Hand nach China ausstreckte, und das im übrigen kaum weniger antibolschewistisch war als Hitler, strebte unter der Führung konservativer Traditionalisten wie Stanley Baldwin und Neville Chamberlain ein

Abkommen mit dem deutschen Diktator an, da eine Konfrontation nur
den revolutionären Kräften zugute gekommen wäre. Was würde nach
einem Zusammenbruch des Hitler-Regimes in Deutschland geschehen?
Bis zum Krieg und bei verschiedener Gelegenheit sogar während des Krieges setzte Hitler die Erpressung mit dem Bolschewismus als überaus wirksame Waffe ein. Obwohl sein Sonderbotschafter, der ehemalige Sektvertreter Joachim von Ribbentrop, der die Engländer verabscheute, aggressiv
und kompromißlos auftrat, führten die Verhandlungen zwischen London
und Berlin rasch zum Abschluß eines deutsch-britischen Flottenabkommens: Großbritannien, das bestrebt war, Hitler in eine europäische Ordnung einzubinden und gleichzeitig die Sowjetunion auszugrenzen, akzeptierte die Wiederaufnahme der deutschen Flottenrüstung unter der
Bedingung, daß ein Kräfteverhältnis von 35 zu 100 zu seinen Gunsten
gewahrt wurde. Damit waren die Briten die ersten, die den Vertrag von
1919 juristisch begruben. Hitler wertete den Abschluß als wichtige Etappe auf dem Weg zu einem deutsch-britischen Bündnis, das in der Lage
sein würde, die Welt zu beherrschen und aufzuteilen. Dies war ein alter
Traum der Anhänger des Pangermanismus, die nicht verstehen konnten,
warum die Angelsachsen sich ihrer rassischen Pflicht entzogen. Nun hatte
die britische Regierung zwar keineswegs die Absicht, mit dem Abenteurer,
der in Deutschland regierte, eine solche Allianz einzugehen, sondern sie
versuchte, ihn zu bremsen und für ihre Zwecke einzuspannen. Doch
durch das Abkommen mit Hitler hatte sie sich grob unsolidarisch gegenüber Frankreich gezeigt. Als noch im selben Jahr, 1935, Mussolini
den Abessinienkrieg begann, war es diesmal Frankreich unter Pierre Laval, das, um die Unterstützung des italienischen Diktators gegen Deutschland nicht zu verlieren, die von England betriebene Sanktionspolitik zum
Scheitern brachte. Zweifellos hatte Großbritannien selbst nicht die Absicht, auf diesem Weg sehr weit zu gehen: Durch die Schließung des
Suezkanals hätte es das italienische Unternehmen ohne weiteres stoppen
können. Doch so unzureichend die Sanktionen auch waren, um die Besetzung Abessiniens zu verhindern, Mussolini verletzten sie doch und
zwangen ihn zu einer Annäherung an Hitler. Das österreichische Regime
mußte nach innen wie nach außen Zugeständnisse machen. Die Verständigung mit der Sowjetunion, die Frankreichs Regierung anstrebte und
die im Innern zunehmend auf Widerstand stieß, als man 1935 unter der
Führung Lavals einen Beistandspakt schloß, war weder aufrichtig genug,
noch wurde sie auf militärischem Gebiet mit genügendem Ernst betrieben. Demzufolge hielt Hitler einen neuen Coup für möglich: die Besetzung des Rheinlands, das seit dem Abzug der alliierten Truppen 1930
entmilitarisierte Zone war. Am 7. März 1936 überquerte ein kleinerer

deutscher Truppenverband den Rhein, um zu testen, wie die Franzosen reagieren würden. Die Generalität der Wehrmacht hatte von dieser Provokation abgeraten, da sie die Ansicht vertrat, die Wiederaufrüstung sei noch nicht weit genug gediehen und die deutsche Armee könne den französischen Streitkräften nicht standhalten. Doch Hitler war überzeugt, daß Frankreich nicht reagieren würde. Und tatsächlich beließ es Paris bei verbalen Protesten, dabei hatten die deutschen Truppen Befehl, sich im Falle einer französischen Intervention sofort zurückzuziehen. Nach der erfolgreichen Besetzung beschloß Hitler, den Reichstag aufzulösen und dem Volk Gelegenheit zu geben, der seit 1933 betriebenen Politik seine breite Zustimmung zu geben. Er selbst schöpfte aus diesem riskanten Abenteuer die Gewißheit, daß er der Mann der Vorsehung war und daß die Nation sich in zunehmendem Maß von der Richtigkeit dieses Anspruchs überzeugen ließ. Alles gelang ihm. Die Gegner protestierten zwar zunächst, nahmen dann aber am Verhandlungstisch Platz. Der Ausbau der für seine Expansionspolitik benötigten militärischen Instrumente konnte also weitergehen. Bald sollte sich erstmals die Gelegenheit bieten, sie auszuprobieren. Im Juli 1936 erhoben sich in Spanien einige Generäle gegen die republikanische Regierung. Damit begann ein Konflikt, der auf internationaler Ebene wie die Generalprobe für einen neuen großen Krieg anmutete, den viele von nun an für unvermeidlich hielten.

Die Intervention Italiens und Deutschlands auf seiten der Franco-Anhänger erschien wie die Kampfansage einer Art faschistischen Internationale gegen die kommunistische Internationale, die sich stark auf seiten der Republikaner engagierte, aber auch gegen die Demokratien, deren Politik von Widersprüchen und Unsicherheiten gekennzeichnet war. Das zahlenmäßig begrenzte deutsche Eingreifen (rund 5000 Mann) ermöglichte den Luftwaffenverbänden, der sogenannten Legion Condor, unter realen Gefechtsbedingungen den Ernstfall zu proben. Andererseits brachte die Intervention in Spanien der Achse Rom-Berlin nicht den gewünschten Erfolg, von den Niederlagen des italienischen Kontingents ganz zu schweigen. Francos Spanien gewährte Deutschland zwar wichtige Vergünstigungen bei der Lieferung lebensnotwendiger Rohstoffe für dessen Rüstungsproduktion, doch es beugte sich niemals ganz der deutschen Vorherrschaft, nicht einmal nach der Niederlage Frankreichs im Jahr 1940.

Und dennoch: Die anhaltenden Erfolge der faschistischen Mächte und die fast überall in Europa wachsende Angst vor der Taktik der Volksfront, die, nicht ohne Hintergedanken, von der Komintern-Führung schließlich übernommen wurde, führten vielerorts zur Gründung und zum Aufschwung faschistischer, ja sogar nationalsozialistischer Parteien und Bündnisse. In Frankreich bewirkte die Volksfront eine Radikalisierung der Rechten, in Holland entstand eine regelrechte Nazi-Partei. Quisling in Norwegen und Degrelle im frankophonen Belgien schwammen auf dieser Welle. Die traditionell reaktionären, aber zunehmend von Faschisten durchsetzten Regierungen, die in den meisten Nachfolgestaaten Österreich-Ungarns und auf dem Balkan regierten, nahmen einen außenpolitischen Kurswechsel vor mit dem Ziel, ihre Beziehungen zu Hitler-Deutschland zu verbessern. Der Westen geriet in die Defensive, und gleichzeitig stärkten Ideologie und Opportunismus den Einfluß des deutschen Nationalsozialismus in jenen Regionen, in denen der Antikommunismus aufgrund der Nähe zur russischen Grenze besonders stark ausgeprägt war. Dennoch dauerte der Spanische Bürgerkrieg zur allgemeinen Überraschung dank der festen Entschlossenheit und Tapferkeit der Republikaner fast drei Jahre. Das faschistische Italien erlitt Niederlagen, die seine Grenzen aufzeigten. Großbritannien, das eine Einmischung strikt ablehnte, und die französische Volksfront, die hin- und hergerissen war zwischen ihrer Solidarität mit der spanischen Linken und ihrem Wunsch, mit England einen gemeinsamen Kurs zu steuern, und es deshalb nicht wagte, ohne den britischen Verbündeten zu handeln, bestärkten die deutsche Führung in der Überzeugung, daß die zaudernden Demokratien dem Untergang geweiht seien. Ein neuer »Coup« rückte in den Bereich des Möglichen, als Mussolini gezwungen war, sein Protektorat über Österreich aufzugeben. Dem Ruf fragwürdiger Personen folgend, die Bundeskanzler Kurt Schuschnigg unter deutschem Druck in die Regierung hatte aufnehmen müssen, rückten im März 1938 Truppen der Wehrmacht in Österreich ein. Die große Mehrheit der Bevölkerung begrüßte sie wie Befreier. Der »Anschluß«, 1919 noch verweigert, löste in den meisten westlichen Ländern nicht einmal offizielle Proteste aus. Einmal mehr hatte die Führung der Wehrmacht versucht, Hitler zu bremsen, doch der Diktator, überzeugt, daß er früh sterben würde, forcierte das Tempo. Kaum hatte er sich Österreich einverleibt, begann die Agitation unter den über drei Millionen in Böhmen und Mähren lebenden Deutschen (fälschlicherweise Sudetendeutsche[5] genannt), die 1919 ebenfalls für einen Anschluß votiert hatten. Die ausbleibende Reaktion in Paris und London nach der Besetzung eines Teils des souveränen Landes, das im Interesse seiner wirtschaftlichen Gesundung direkt der Kontrolle des Völkerbundes unterstand, konnte Hitler nur von der Richtigkeit seiner Vorahnungen überzeugen.

Das Schicksal, das die Verlierer in Österreich ereilte – die führenden Persönlichkeiten der Regierung Schuschnigg und der Vaterländischen

Front, die Funktionäre der von dieser bereits verbotenen kommunistischen und sozialdemokratischen Parteien und Hunderttausende von Juden –, hätte die internationale Staatengemeinschaft einmal mehr alar-
mieren müssen. Doch man antwortete vor allem mit neuerlichen
Grenzschließungen. Während die Konzentrationslager sich mit Österreichern füllten – eines der schlimmsten wurde im Land selbst, in Maut-
hausen, errichtet –, setzte die englische Regierung ihre Bemühungen fort,
Hitler für ein Abkommen zu gewinnen, das fast alle seine bereits bekannten Forderungen erfüllt hätte, wenn er im Gegenzug auf weitere
größere Veränderungen verzichtete und eine Art bindende Zusage gab,
sich mit dem bisherigen Machtzuwachs zu begnügen. Umgekehrt wollte
Hitler lange nicht glauben, daß Großbritannien tatsächlich und definitiv
sein Angebot ausschlug, mit Deutschland eine Allianz zu bilden. England
drängte ihn in gewisser Weise, sich ein Beispiel an Bismarck zu nehmen,
der nach seinen Siegen in erster Linie darauf bedacht gewesen war, in
Europa wieder ein Gleichgewicht herzustellen. Doch Hitler wollte kein
Gleichgewicht. Er wollte die Herrschaft und, um sie zu erlangen, den
Krieg. Eine solche Haltung war dem britischen Außenminister Lord Ha-
lifax und seinem Premierminister Neville Chamberlain unbegreiflich. Als
der Premier im September 1938 von der Konferenz in München zurück-
kehrte, bei der er die Völker Mitteleuropas praktisch an Hitler ausgeliefert hatte, glaubte er versichern zu können, er habe mit Hitler, Daladier
und Mussolini »den Frieden für unsere Zeit« gerettet. Doch Hitler war
zum Krieg entschlossen, mit oder ohne England. Denn nur ein Krieg gab
ihm die Möglichkeit, die Öffnung des Ostens zu erzwingen, riesige Gebiete zu erobern, in denen sich viele Millionen deutsche Kolonisten ansiedeln sollten, und das neue Großdeutsche Reich zu errichten.

Chamberlain hatte die territoriale Integrität der Tschechoslowakei geopfert, um die Gefahr eines Kriegs abzuwenden. Und er scheute das
Risiko abermals, als Hitlers Truppen Anfang 1939 Prag besetzten. Die
Demokratien beließen es bei Protesten, obwohl Hitler nun über das von
Deutschen bewohnte Gebiet hinausgedrungen war. Dies war der eigentliche Beginn der NS-Ostpolitik, der Eroberung von Lebensraum. Gleichwohl geriet die westliche Öffentlichkeit, alarmiert durch Journalisten und
eine kleine Schar erfahrener Politiker wie Winston Churchill in England,
nach der faktischen Annexion der tschechischen Provinzen und ihrer
Umwandlung in ein Reichsprotektorat allmählich in Panik. Churchill,
der unermüdlich zum Widerstand gegen Hitler aufrief, fand wieder ein
wachsendes Gehör. Das nächste Ziel Hitlers konnte nur Polen sein, der
Feind Nummer eins des deutschen Revisionismus, dem er bereits kurz
nach der Machtergreifung einen Nichtangriffspakt angeboten hatte, um

sein Mißtrauen einzuschläfern. Die reaktionäre und antisemitische polnische Regierung, deren starker Mann Oberst Beck war, hatte sich sogar bereit gefunden, an der Zerstückelung der Tschechoslowakei mitzuwirken. Bald würde nun Polen selbst an der Reihe sein, doch in seiner Verblendung verschloß es sich der Einsicht, daß eine Verteidigung gegen Hitler ohne eine Übereinkunft mit der Sowjetunion unmöglich war, der die Polen ebenso mißtrauten wie den Deutschen, und sicherlich nicht zu Unrecht. Doch die ebenfalls heftig antikommunistischen Verantwortlichen in Frankreich und Großbritannien dachten in Wahrheit ganz ähnlich. Die Verhandlungen über ein Militärbündnis, die im Sommer 1939 in Moskau stattfanden, wurden von westlicher Seite mit minimalem Eifer geführt, ja sogar mit der Furcht, sie könnten zu einem Ergebnis führen.

Die monokeltragenden Offiziere mochten gewiß die ungebildeten und »neureichen« Plebejer nicht, die sich des Staates bemächtigt hatten, obwohl man geglaubt hatte, sie ließen sich als mehr oder weniger fügsame Helfer benutzen. Und Hitler wiederum betrachtete diese Männer, die häufig tüchtig und gebildet, meist aber mit dem in seinen Augen schweren Makel, Erben zu sein, behaftet waren, mit einer Mischung aus Mißtrauen und Furcht. Seine Mentalität eines raffgierigen Banditen, der jedes Gesetz verachtet, sich nur von seiner Rauflust leiten läßt und Gewalt nicht nur für erlaubt, sondern auch für erforderlich hält, stand in krassem Gegensatz zu der meistens religiös untermauerten Bildung der Offiziere und Beamten, die wohl versucht hatten, die in ihren Augen 1918 zu Unrecht zerstörte Ordnung wiederherzustellen und Deutschland zu alter Macht zu verhelfen, aber bis auf wenige Ausnahmen keinen Anspruch auf Weltherrschaft erhoben. Die Streitkräfte, insbesondere das auf eine jahrhundertealte Tradition zurückblickende Heer, bewahrten ihren Bismarckschen Geist und verfielen niemals ganz dem Hitlerismus. Anders lagen die Dinge bei der Luftwaffe und bei der Marine, die beide jüngeren Ursprungs waren. In den Reihen der Opposition, die lange stumm blieb, dann aber immer entschlossener wurde, sollten Flieger und Seeleute die Ausnahme bleiben, wobei allerdings einer der berühmtesten »Widerstandskämpfer«, Admiral Canaris, nicht vergessen werden darf. Aber der Geheimdienstchef war nicht repräsentativ für die Marine.

Doch trotz seiner ungehobelten Manieren und seiner Bluttaten, denen auch angesehene Offiziere und Generäle zum Opfer gefallen waren, war Hitler in den Augen der meisten Militärs ein Mann, der Deutschlands Ehre wieder hergestellt hatte und es wieder bewaffnete. Wie sollten sie sich ernsthaft einem Mann widersetzen, der ihnen alles das gab, worauf sie nicht einmal zu hoffen gewagt hatten, Menschen und Geld, und das in einem so kurzen Zeitraum, daß sie als gewissenhafte Berufssoldaten in der Praxis nicht immer Schritt zu halten vermochten. Zudem hatten die legalen und rechtmäßigen Kommandeure nun dem ehemaligen »böhmischen Gefreiten« den Treueid geleistet und auch ihre Untergebenen auf ihn vereidigen lassen. Dieses Gelöbnis wog schwer, denn es band jeden Offizier persönlich an seinen »obersten Kriegsherrn«. Wie viele Diskussionen, wie viele theologische Konsultationen mußten in den folgenden Jahren geführt werden, bis man in dieser sonderbaren Welt, in der noch die überkommenen Gesetze des Feudalismus herrschten, endlich zu der Erkenntnis gelangte, daß Hitler Deutschland ins Verderben führe und selbst als erster den Eid verletzt habe, der ihn an diejenigen band, die ihm die Treue gelobt hatten.

Nicht ohne Grund hat man dem »Widerstand« in der Wehrmacht vorgeworfen, er habe sich erst formiert, als bereits offenkundig war, daß Hitler »seinen« Krieg nicht mehr gewinnen könne. Dieser Vorwurf ist gleichermaßen berechtigt wie unverdient. Zunächst einmal, weil die Militärs auf Entscheidungen dieser Art nicht vorbereitet waren. Sie waren in einem Geist erzogen, der jeden Gedanken daran verbot, sich einem Regime aus grundsätzlichen, ideologischen Erwägungen zu widersetzen. Zudem hatte Hitler bei der Verwirklichung eines Programms, das so formuliert war, daß die Militärs es sich durchaus als ihres erkennen konnten, grandiose Erfolge erzielt. Praktizierende Protestanten empörten sich allenfalls über die Verfolgungen, denen die Bekennende Kirche ausgesetzt war, zumal deren Galionsfigur Martin Niemöller, ein ehemaliger U-Boot-Kommandant aus dem Ersten Weltkrieg, einer der Ihren war. Man spottete, man murrte, man schützte Kameraden vor den Nachstellungen der Gestapo, die innerhalb der Wehrmacht nicht aktiv werden konnte. Lange Zeit blieb es dabei, denn es war viel verlangt von den Offizieren, gegen einen Oberbefehlshaber zu konspirieren, der sie von Sieg zu Sieg führte. Die wahre Natur des Regimes, seine Brutalität und sein Nihilismus, wurde ihnen erst allmählich bewußt. Erst die Erfahrungen im Osten bewegten viele, in aktive Opposition zu gehen: das Vorgehen der Einsatzkommandos gegen die Juden und die kommunistischen Kommissare, die Deportationen, der Terror. Eine kleine Gruppe von Offizieren beging allerdings schon vor dem Krieg regelrechte Akte des Hochverrats, indem sie die britische Regierung direkt oder über neutrale Mittelsmänner vor den aggressiven Absichten Hitlers warnten, sie zum Handeln drängten oder auf die Schwächen und Unzulänglichkeiten der ungenügend vorbereiteten Wiederbewaffnung hinwiesen. Oberst Hans Oster, der Adjutant von Admiral Canaris, gehörte zum Kern dieser Opposition, die tatsächlich den Namen »Widerstand« verdient. Im Jahr 1938, während der Sudetenkrise,

deckte der von vielen Offizieren wegen seiner strengen sittlichen Grundsätze bewunderte Generalstabschef Ludwig Beck solche Warnungen
ebenso wie 1940, als Oster die Alliierten über die deutschen Angriffsab-
sichten gegen Norwegen, die Niederlande und Belgien informierte und
sie vom ungefähren Zeitpunkt der Offensive unterrichtete. Das Mißtrau-
en, die Verachtung und die strikte Ablehnung, auf die solche Initiativen
in London stießen, trugen erheblich zur Entmutigung der oppositionellen
Offiziere bei, so daß sich alle oder fast alle fragen mußten, ob und wie
sie weiter gegen einen Oberbefehlshaber vorgehen sollten, der so erfolgreich und deshalb überaus populär war. Erst am Wendepunkt des Krieges,
nach der Niederlage in Stalingrad, formierte sich die Opposition erneut
und schuf eine konspirative Organisation, die am 20. Juli 1944 fast Erfolg
gehabt hätte. Doch selbst an diesem späten Zeitpunkt mußten die Verschwörer zum Mittel des individuellen Attentats greifen, da sie in der
Bevölkerung keine wirkliche Basis hatten. Hitlers Vergeltung war grausam. Mit seinen Getreuen sah er sich Filme von den Hinrichtungen der
Verschwörer an und weidete sich an den Qualen der Verurteilten, die an
Fleischerhaken aufgehängt und erdrosselt wurden.

Himmler verstand es, die Wut des Führers für seine Zwecke zu nutzen:
Er öffnete die Wehrmacht dem Zugriff der SS, schleuste Männer seines
Vertrauens in die Armee ein und übernahm selbst die Führung des Ersatzheeres. Auch die Verschwörung des 20. Juli war bei den Alliierten
auf spontanes oder vorsätzliches Unverständnis gestoßen: Der sowjetische Verbündete hätte leicht von eventuellen Geheimverhandlungen
erfahren und die westlichen Staaten mit einem Pakt wie 1939 überraschen können. Außerdem war bereits entschieden worden, Deutschland
zu einer bedingungslosen Kapitulation zu zwingen. Und doch: Hätten
die Angehörigen des Widerstands die Macht erobert, so wäre man gezwungen gewesen, ihre Existenz notgedrungen zur Kenntnis zu nehmen.
Wäre Hitler getötet worden, so hätte sich die Lage in Berlin zweifellos
zu ihren Gunsten entwickelt. Doch das war nicht der Fall: Goebbels gab
gleichzeitig das Attentat und sein Scheitern bekannt, und Graf Stauffenberg, Seele und Schwert des Widerstands in einer Person, wurde auf
Anordnung des Befehlshabers des Ersatzheeres, der sich den Verschwörern zunächst angeschlossen hatte, standrechtlich erschossen. Bei den
anschließenden Verfolgungen, denen auch zahlreiche Zivilisten zum Opfer fielen, die seit Jahren gegen Hitler opponiert hatten – Konservative,
Liberale, Sozialdemokraten –, verlor Deutschland eine Schicht erfahrener
Politiker, die sich aufgrund ihrer regimefeindlichen Tätigkeit den Alliierten nach dem Krieg als Verhandlungspartner geradezu aufgezwungen
hätten. Zum damaligen Zeitpunkt hatten die sowjetischen Truppen noch

nicht die Ostgrenze Polens überschritten. Heute, ein halbes Jahrhundert später, leidet nicht nur Deutschland noch immer unter den Folgen jener Fußbewegung, mit der Oberst Hoßbach Stauffenbergs Aktentasche mit der Bombe unter eine schwere Tischplatte schob. Nichts symbolisiert besser, wie isoliert und auf sich allein gestellt die Verschwörer waren: Der eigentliche Kopf der Erhebung war gezwungen, die Bombe selbst zu legen, er, der niemals sein Leben bei der Aktion im Führerhauptquartier hätte aufs Spiel setzen dürfen, da seine Anwesenheit in Berlin unverzichtbar war!

Widerstand oder Opposition? Die Deutschen sprechen von »Widerstand«, doch die Verschwörer des 20. Juli verstanden sich eher als Oppositionelle. Zweifellos muß man hier nach sozialer Stellung und Zeitpunkt unterscheiden. Die Kommunisten etwa begannen bereits kurz nach dem Verbot ihrer Partei im Jahr 1933 mit der Untergrundarbeit und setzten sie bis zum Kriegsende fort. Selbst den entschiedenen Gegnern des marxistisch-leninistischen Totalitarismus nötigen die Tugenden jener Menschen, die im wahren Sinn zur Selbstaufopferung bereit gewesen waren, Bewunderung ab: ihr Mut, ihre tägliche Überwindung der Angst vor Folter und Tod und ihr Glaube, was auch sein Gegenstand oder Inhalt gewesen sein mag. Der Dienst an Gott, auch wenn es nur ein falscher Gott ist, nötigt auch Gläubigen immer eine Art Zustimmung ab. Die Kommunisten druckten Flugblätter, Propagandaschriften und Untergrundzeitungen, begingen Sabotageakte und betrieben sogar komplizierte Spionage. Ihr Widerstand wurde nie ganz gebrochen, auch wenn sehr viele inhaftiert, zum Tode verurteilt und hingerichtet wurden oder in den Konzentrationslagern an Auszehrung starben. Durch die Zahl ihrer Märtyrer nimmt die Kommunistische Partei mit Abstand den ersten Platz im deutschen Widerstand ein. Mit ihrer unerschütterlichen Disziplin überlebte die KPD sogar den Hitler-Stalin-Pakt und unentschuldbare verräterische Akte des stalinistischen Staates, wie etwa die Auslieferung kommunistischer deutscher Flüchtlinge, die bei den Säuberungen in der Sowjetunion in Ungnade fielen, an die Polizei des NS-Staates. Margarete Buber-Neumann, die Witwe des früheren KPD-Chefs Heinz Neumann, der im sowjetischen Gulag verschwand, hat diese schrecklichen Vorgänge in unvergeßlichen Büchern geschildert.[6] Sie wurde ins KZ Ravensbrück eingeliefert, in dem viele Angehörige der französischen Résistance den Tod fanden, doch sie selbst überlebte, eine Zeugin gegen zwei Lagersysteme. Wenn die Kommunistische Partei auch niemals aufhörte zu existieren, so zerfielen doch ihre Strukturen. Die Führung wurde nach Moskau verlegt, und die Tätigkeit im Reich wurde von kleinen Gruppen fortgeführt, deren Kontakte zu den übergeordneten Stellen dem Zufall unterworfen waren. Ein großes politisches Aktions- und Spionagenetz wie die Rote Kapelle, zu deren Aktivisten hohe Beamte gehörten, die angesehenen Familien der Oberschicht entstammten, organisierte sich getrennt, ohne direkte Verbindungen zu den Parteizellen. Die führenden Verschwörer des 20. Juli versuchten, Kontakt zu der Untergrundpartei aufzunehmen, doch einer der Vertreter, mit dem sie sich schließlich trafen, war von der Gestapo umgedreht worden. Es ist wahrscheinlich, wenn nicht sogar sicher, daß Himmler von einem bevorstehenden Putschversuch wußte, doch bis heute ist unklar, ob er den Dingen ihren Lauf ließ, um nach einem Sieg der Alliierten eventuell Vorteil aus dieser Haltung zu ziehen, oder ob seine Informationen nicht präzise genug waren.

Die sozialdemokratische Opposition war noch »dezentralisierter«. Die Parteiführung war zunächst nach Prag, später nach Paris und schließlich nach London geflohen und fand, insbesondere nach Kriegsbeginn, immer seltener Gelegenheit, mit den in Deutschland zurückgebliebenen Aktivisten in Kontakt zu treten. Die Partei hörte praktisch auf zu existieren. Sie hatte niemals eine zentrale Untergrundorganisation. Die Zahl ihrer Aktivisten und Opfer war deswegen nicht geringer. Wie bei den Kommunisten handelte es sich meist um Arbeiter, die nur einem kleinen Kreis bekannt waren und keine berühmten Namen trugen. Bekannte Vertreter der Sozialdemokratie wurden jedoch bereits im Frühstadium in die Verschwörung des 20. Juli einbezogen. So sollte Wilhelm Leuschner, ehemaliger hessischer Innenminister und Gewerkschaftsführer, in der provisorischen Regierung, die man nach Hitlers Tod bilden wollte, ebenso einen Posten übernehmen wie Julius Leber, ehemaliger Reichstagsabgeordneter und geistiges Vorbild des jungen Willy Brandt. Sie fanden den Tod wie fast alle führenden Köpfe der Verschwörung. Einige Splittergruppen wie die Sozialistische Arbeiterpartei (SAP), die sich 1932 wegen der Unterstützung Brünings von der SPD abgespalten hatte (und der Brandt damals angehörte), und die Gruppe »Neu Beginnen«, die versuchte, die Grundlagen des Sozialismus neu zu überdenken, hatten schon vor Hitlers Machtergreifung Vorkehrungen getroffen, die es ihnen ermöglichten, länger als andere zu überleben, in einigen Fällen sogar bis 1945, doch ihre Wirkung blieb begrenzt. Keine der großen und traditionellen politischen Gruppierungen war auf den Kampf gegen ein totalitäres Regime vorbereitet, das über furchtbare Propaganda- und Unterdrückungsinstrumente verfügte. Und so waren es kleine Gruppen und sogar Einzelpersonen, die sich diesen oder jenen Ansprüchen der Machthaber entgegenstemmten, Verfolgten Hilfe und Schutz boten, von Mund zu Mund die Wahrheit verbreiteten, die offiziellen Lügen entlarvten und lieber Gott gehorchten, als sich dem Führer zu unterwerfen. Man wird niemals die genaue Zahl erfahren, doch man weiß, daß zwischen 1933 und 1945 über hunderttausend Personen von Zivil- und Militärgerichten aus politischen oder vergleichbaren Gründen zum Tode verurteilt und tatsächlich hingerichtet wurden. Junge Menschen schlossen sich zu Widerstandsgruppen zusammen, die weder zu den alten Parteien noch zu der politisch-militärischen Verschwörung des 20. Juli Verbindungen hatten und wie spontane Äußerungen des Gewissens anmuteten. Die bekannteste war die Weiße Rose, eine Münchner Studentengruppe, die sich aber über das ganze Deutschland verbreitete. Die Mitglieder der Weißen Rose waren Christen, die nie aufgehört hatten, es zu sein, oder es (wieder) geworden waren. Unter den Kräften, die sich dem Hitlerstaat nicht oder nicht völlig unterwarfen, nehmen die Christen einen wichtigen und besonderen Platz ein, genauer gesagt zahlreiche Christen. Nicht aber die Mehrheit, denn die Amtskirchen strebten, ihrem Wesen entsprechend, wenn schon kein Bündnis mit dem Hitlerstaat, so doch zumindest die wechselseitige Anerkennung bestimmter Grenzen an.

Religiöse Gründe zählten neben dem Patriotismus zu den stärksten Motiven jener Männer und Frauen, die der Tyrannei ein Ende setzen wollten, deren ideologisches Fundament, wie sie erkannt hatten oder mit der Zeit erkannten, total antichristlich war. Die Verkehrung der Werte, die Hitler anstrebte, war vor allem und in erster Linie der Bruch mit Gott. Der gottlose und gesetzlose Tyrann begegnet einem in Gestalten wie Herodes, Antiochos oder dem Pharao unablässig in der Bibel. Und doch dauerte es manchmal Jahre, bis dieser oder jener General, dessen Geschäft ja der Tod war, sich endlich zu der Erkenntnis durchrang, daß der Tyrannenmord unter derartigen Umständen zulässig sein konnte.

Erstaunlicherweise entbrannte in der evangelischen Kirche, die sich traditionell der weltlichen Macht fügte – ein Gehorsam, den Luther zu einem Kernpunkt der Organisation des religiösen Lebens in der menschlichen Gesellschaft gemacht hatte –, als erstes ein Konflikt, der zudem am längsten andauern sollte. Viele Protestanten, Patrioten und Konservative, hatten sich für den Nationalsozialismus begeistert und strebten unter dem Eindruck der Reformen, mit denen Hitler das Reich unter seiner Führung zentralisierte, einen Zusammenschluß der allzu zahlreichen Landeskirchen an, die noch auf Monarchie und Einzelstaaten zurückgingen, die längst abgeschafft oder von Preußen annektiert worden waren. So bildete sich, in der Folge der »nationalen Erhebung«, eine »Reichskirche« mit einem »Reichsbischof« an der Spitze, der nach Ansicht der Nazis und ihrer Anhänger die Kirche im Sinne des Führerprinzips leiten sollte.

Zum Bischof wurde Pastor Friedrich von Bodelschwingh vorgeschlagen, ein maßvoller, im karitativen Bereich tätiger Mann, dessen Name dank der Krankenanstalten, die seine Familie im 19. Jahrhundert gegründet hatte, unter den Gläubigen hohes Ansehen genoß. So war er natürlich nicht das von den »Deutschen Christen« erwünschte Leitbild, und da er keinen Gefallen an politischen Auseinandersetzungen hatte, verzichtete er auf die Wahl. An seine Stelle trat der Militärgeistliche Ludwig Müller. Gegen dessen von oben verfügte Ernennung, vor allem aber gegen den Beschluß, den »Arierparagraphen« innerhalb der Kirche anzuwenden und damit Juden vom Pfarramt und anderen kirchlichen Funktionen auszuschließen, machte eine Minderheit von Geistlichen und Laien Front. Gott gehorchen statt der weltlichen Macht, wenn man vor die Alternative gestellt wurde, lautete die Devise bei den Versammlungen, auf denen sich der Protest gegen die Unterwerfung der Religion unter den totalitären Staat organisierte und artikulierte. Dieser Protest, der in den calvinistischen Gebieten Westfalens besonders heftig ausfiel, fand seinen Wortführer in Martin Niemöller, dem Gemeindepfarrer eines mittelständischen Berliner Vororts, bekannt für seine Tapferkeit als U-Boot-Kommandant im Ersten Weltkrieg. Niemöller wurde, da er trotz Redeverbot weiterpredigte, mehrmals verhaftet und schließlich ins Konzentrationslager Dachau eingeliefert, wenn auch in eine Sonderabteilung, wo er im Vergleich mit den anderen Häftlingen beneidenswerte Privilegien genoß. Sein Beispiel bewirkte mehr als die Verfolgung, der er ausgesetzt war. Die Oppositionellen schlossen sich zur »Bekennenden Kirche« zusammen, die mit unmißverständlicher Deutlichkeit darlegte, in welchen Punkten die Gewissenspflicht mit der Gehorsamspflicht gegenüber der Obrigkeit kollidierte. Obwohl sie eine Minderheit im protestantischen Teil der Gesellschaft darstellte, übte die Bekennende Kirche eine große Wirkung aus. Viele, die an der Verschwörung gegen Hitler maßgeblich beteiligt waren, standen ihr nahe. Einer der bemerkenswertesten Angehörigen des Widerstands war Pastor Dietrich Bonhoeffer. Der brillante und tiefsinnige Theologe, der nach dem 20. Juli hingerichtet wurde, legte in seinen Schriften das geistliche Fundament für die Opposition gegen den alles beanspruchenden Staat. Zu den engagiertesten Laien in der Bekennenden Kirche gehörte auch Gustav Heinemann, der später, von 1969 bis 1974, das Amt des deutschen Bundespräsidenten bekleiden sollte. Der Staat ging zwar mit Verboten, Verhaftungen und Prozessen gegen die Bekennende Kirche vor, da sie aber nur eine Minderheit von Protestanten um sich scharte und da er einem Solidarisierungseffekt vorbeugen wollte, verfolgte er alles in allem eher eine Taktik der Ausgrenzung als der offenen Konfrontation. In Dachau, wo 1944 über dreihundert katholische Priester aus Deutschland und Österreich inhaftiert waren (dazu 800 polnische, die Überlebenden von 2000), wurden damals nur etwa zehn evangelische Pastoren festgehalten.

Was die katholische Kirche anbelangt, so war ihre Situation durch einen Widerspruch gekennzeichnet. Die katholische Zentrumspartei hatte zwar zu den entschiedenen Gegnern des Nazismus gezählt, doch einer ihrer Führer, von Papen, hatte Hitler den Weg zur Macht geebnet. In Rom glaubte man ebenso wie viele Politiker und Institutionen, daß Hitler sich für einen konservativen Kreuzzug gegen den Bolschewismus einspannen lasse. Aus Rücksicht auf ihn und um ihn zu zügeln, hatte sich der Vatikan bereitgefunden, mit seinen Bevollmächtigten das Reichskonkordat auszuhandeln, obwohl Hitler selbst ein katholischer Apostat und Renegat war, ein Feind Gottes und seiner Kirche schlechthin. Von diesem Widerspruch konnten sich die römische und die deutsche Kirche niemals ganz frei machen. Natürlich verstießen Hitler und die Nazis sehr bald gegen das Konkordat, das die Freiheit der kirchlichen Arbeit in den Gemeinden garantierte. Bereits im Jahr 1933 wurde Baldur von Schirach, der Führer der Hitler-Jugend, zum Reichsjugendführer ernannt. Der Staat beanspruchte das Erziehungsmonopol, um aus den Kindern hundertprozentige Nationalsozialisten zu machen. Die großen katholischen Jugendorganisationen hatten sich aufgelöst oder waren aufgelöst worden, und die HJ-Führer bekämpften die Jugendarbeit der Gemeinden. Zahlreiche engagierte Laien und Priester wurden verhaftet. Der angesehene Berliner Priester und Dompropst Lichtenberg nahm Juden in Schutz und sprach ihnen Trost zu. Der Erzbischof von München, Kardinal von Faulhaber, ein konservativer Monarchist, widersetzte sich den Verfolgungen, die auf konvertierte Juden ausgedehnt wurden. In geistlicher Hinsicht, sagte er, sind wir alle Semiten. Später protestierte der Bischof von Münster, Graf von Galen, in Predigten gegen das streng geheim gehaltene Programm zur »Vernichtung lebensunwerten Lebens«, das gegen Erbkranke und Behinderte zielte. Er erregte damit großes Aufsehen. Ihn selbst wagte man nicht zu verhaften, doch ein Großteil seines Klerus verbreitete seine Predigten, und Dutzende von Priestern kamen zur Strafe dafür nach Dachau. Andere Bischöfe waren vor allem auf Konfliktvermeidung bedacht, aber zahlreiche engagierte und namhafte Vertreter des Zentrums wurden mehrmals verhaftet. In Österreich bildeten Priester regelrechte Widerstandsgruppen. Der Jesuit Alfred Delp wurde zum Tode verurteilt und Anfang 1945 zusammen mit Verschwörern des 20. Juli hingerichtet. Hatte Pius XI. in der Enzyklika *Mit brennender Sorge* den atheistischen Nationalsozialismus verurteilt, so lehnte es Pius XII. ab, die Judenverfolgung öffentlich anzuprangern, um den Diktator nicht gegen den Vatikan

aufzubringen. Einige katholische Bischöfe in Deutschland zweifelten an
der Loyalität der Gläubigen, wenn man sie vor die Alternative stellte,
zwischen der Kirche und dem Führer zu wählen, und der Vatikan wollte
sich nicht der Möglichkeit berauben, zur Wiederherstellung des Friedens
beizutragen – und zur Bildung einer geschlossenen Front gegen den Bolschewismus. Freilich hinderte dies viele Katholiken nicht daran, den Nazismus abzulehnen oder sogar zu bekämpfen. Denken wir nur an den
passiven Widerstand eines Konrad Adenauer, der zwar an der Fähigkeit
der Militärs zweifelte, eine erfolgreiche Verschwörung durchzuführen,
aber keinen Kompromiß mit dem Regime einging, oder an das Engagement des früheren württembergischen Staatspräsidenten Bolz, der an der
Verschwörung mitwirkte und dafür hingerichtet wurde. Der Mythos vom
Widerstand der Kirche, der nach dem Krieg genährt wurde, geht viel zu
weit und gibt die Tatsachen verzerrt wieder. Doch es gab sehr wohl einen
katholischen Widerstand, und viele seiner Überlebenden sollten im Nachkriegsdeutschland eine wichtige Rolle spielen.

Im Sommer 1939 war Hitler zum Krieg bereit. Er nahm das Risiko nicht
nur in Kauf, er suchte es. Die große Mehrheit der Generäle wollte noch
Zeit gewinnen. Wenn es schon zum Krieg kommen mußte, dann waren
die Jahre 1942 und 1943 die günstigste Zeit, denn dann würde die nach
1933 in Gang gesetzte Maschinerie auf Hochtouren laufen. Doch Hitler
hatte es eilig. Er wollte nicht zu alt sein, um seinen Krieg zu führen und
anschließend sein Großreich zu errichten. Das Programm, das er 1935
den überwiegend skeptischen Generälen vorgestellt hatte, war Punkt für
Punkt umgesetzt worden. Jetzt blieb nur noch Polen. Gewiß, die Briten
waren auf sein Bündnisangebot nicht eingegangen, doch inzwischen
glaubte er, auf sie verzichten zu können. Vielleicht konnte er ja später
auf sie zurückkommen, wenn sie ihren Platz in der Gemeinschaft der
germanischen Völker eingenommen hätten. Er selbst war sich seiner
Kraft sicher. Und um *ganz* sicher zu gehen, hatte er Anfang 1938 private
Probleme des Reichswehrministers von Blomberg und des Chefs der Heeresleitung von Fritsch dazu benutzt, persönlich den Oberbefehl über die
gesamte Wehrmacht zu übernehmen. Dabei hatte Blomberg, ein konservativer und nicht besonders kluger Offizier, nie die geringsten Schwierigkeiten gemacht. Es war die anrüchige Vergangenheit der jungen Frau,
die er, mit Hitler und Göring als Trauzeugen, in zweiter Ehe geheiratet
hatte, die ihn zum Rücktritt zwang und Hitler Gelegenheit gab, sich die
unmittelbare Kontrolle über die Streitkräfte zu sichern, ohne dazwischen-
geschalteten Minister.
    Anders verhielt es sich mit Fritsch. Er war ein Gegner der Nazis und

fürchtete, daß der Hasardeur Hitler leichtfertig das Schicksal Deutschlands und der Armee aufs Spiel setzen könnte. Seine Dienststellen waren Zentren der Kritik und der geistigen Opposition. Göring und die Gestapo – also Himmler – fanden nach eifriger Suche Beweise dafür, daß der Generaloberst praktizierender Homosexueller sei. Eine Gegenüberstellung wie aus einem Schmierenstück zwischen dem Oberbefehlshaber und einem Strichjungen wurde arrangiert. Der Junge gestand, daß eine Verwechslung vorlag. Er kannte den Oberbefehlshaber nicht, sein wirklicher Partner wurde ausfindig gemacht. Es handelte sich um einen Offizier ähnlichen Namens. Doch Fritsch hatte seinen Rücktritt eingereicht, um sich besser verteidigen zu können. Damit war er kaltgestellt, die Entscheidung wurde nicht widerrufen. An seiner Stelle wurde General von Brauchitsch ernannt. Auch dieser General hatte Scheidungs- und Geldprobleme, die der Führer eilends für ihn regelte. Er sollte niemals Schwierigkeiten machen. Assistiert von dem ihm treu ergebenen Keitel, dem Chef des Oberkommandos der Wehrmacht, einem Mann ohne Ehrgeiz und Phantasie, gebot Hitler nun allein über die Streitkräfte. Trotz aller Vorbehalte und Befürchtungen der militärischen Fachleute wurde der Krieg gegen Polen beschlossen. Der Geheimdienst fingierte am 31. August 1939 einen Angriff polnischer Soldaten auf den deutschen Rundfunksender Gleiwitz. Das einzige Polnische an den Soldaten waren die Uniformen, doch Deutschland antwortete auf den Überfall mit der Kriegserklärung. Daß die Franzosen den Polen zu Hilfe kamen, erschien unausweichlich, ob aber die Briten ihrem Beispiel folgen würden, bereitete den Verantwortlichen in Deutschland Kopfzerbrechen. Um einem möglichen französischen Ablenkungsangriff vorzubeugen, hatte Hitler den Westwall errichten lassen, eine Art Gegenstück zur Maginot-Linie. Die Wehrmacht benötigte nur drei Wochen, um Polen vernichtend zu schlagen. Doch vor dem endgültigen Bruch des Friedens war es am 23. August 1939 zum Hitler-Stalin-Pakt gekommen. Zynismus hatte die beiden Diktatoren einander näher gebracht. Hitler wollte verhindern, daß die Sowjetunion sich in das Lager seiner Gegner einreihte, und Stalin wollte zusehen können, wie die europäischen Kapitalisten sich gegenseitig verschlangen. Durch den Pakt glaubte er, Hitlers Eroberungsgelüste nach Westen zu lenken und die deutschen Truppen dort zu binden. Der unerwartete Zusammenbruch Frankreichs 1940 sollte ihn dann zwingen, seine Prognosen zu revidieren. Doch einstweilen wurde Polen durch den Pakt isoliert und zu einer vierten Teilung verurteilt. Strebte Hitler eine ernsthafte Verständigung mit Stalin an? Die Frage ist eindeutig zu verneinen. Sein Ziel war und blieb die Eroberung von »Lebensraum« im Osten, und das machte die Vernichtung des sowjetischen Staates und der russischen Nation erforderlich. Der Pakt erlaubte dem Westen, seine Angelegenheiten zunächst ohne große Mühe zu regeln: Die Sowjetunion verpflichtete sich, die Rohstoffe zu liefern oder liefern zu lassen, die Deutschland für die Verfolgung seiner Kriegsziele brauchte.

Anders als 1914 löste der Kriegseintritt keine Begeisterung aus. Die Deutschen waren an Disziplin gewöhnt, und das Regime hatte das Land fest im Griff. Die ersten Siege der Hitler-Armeen schienen die ehrgeizigsten Pläne zu rechtfertigen. Und doch war die Angst vor einem katastrophalen Ende in vielen Köpfen gegenwärtig, als seien diejenigen, die ihrem Führer frenetisch applaudierten, in einem verborgenen Winkel ihrer Seele doch Defätisten und Pessimisten geblieben, eine Haltung, die fortan jeden, der sie nicht tunlichst für sich behielt, an den Galgen bringen konnte.

Die westlichen Staaten, die Polen seinem traurigen Schicksal überließen, erweckten nicht den Anschein, als wollten sie mit großem Engagement in den Krieg eingreifen. An der Maginot-Linie rührte sich nichts. Wollte man Hitler wirklich schlagen? Während an der Front noch keine Entscheidung gefallen war, diskutierten London und Paris über eine eventuelle Expedition in die Ostsee, um das von Stalin angegriffene tapfere kleine Finnland zu unterstützen. Unterdessen setzte das Raubtier zum Sprung an. Am 10. Mai 1940 begann der Angriff im Westen.

Der riesige Umweg über die Besetzung Dänemarks, Norwegens und der Niederlande hatte den Zweck, wichtige Versorgungsquellen zu sichern und gleichzeitig Frankreich zu isolieren. Der Vorstoß durch die Ardennen im Juni 1940 überraschte eine Armeeführung, der dieser Krieg gegen den Bannerträger des Antibolschewismus nicht behagte. Die Schnelligkeit des französischen Zusammenbruchs verblüffte die Militärexperten und bestätigte Hitler in seinen Vorahnungen. Frühmorgens besuchte er die französische Hauptstadt, doch er blieb nur wenige Stunden: eine schöne Stadt, doch seine würden noch schöner werden. Vichy wurde ein anderer Name für ein deutsches Protektorat. Man machte dessen Staatschef, Marschall Pétain, glauben, er sei souverän, doch sein Land war nichts weiter als eine Wirtschaft, die für das Großreich arbeiten mußte. Diese unerwartete Entwicklung verschlug den Zeitgenossen den Atem. Was aber wäre geschehen, wenn Frankreich wirklich Krieg geführt hätte? Ein neuer Aderlaß mit zwei Millionen Toten hätte de facto das physische Ende der Nation bedeutet. Der Kriegseintritt Italiens im Juni 1940 war für Deutschland in politischer und ökonomischer Hinsicht ein großer Gewinn, gleichzeitig aber auch eine Belastung, wie die Unfähigkeit der italienischen Truppen während des Karfreitagkriegs in Albanien zeigen sollte. Ende Sommer 1940 war Westeuropa von Narvik bis Bayonne in deutscher Hand, das unbesetzte Frankreich zwischen dem siegreichen Deutschland und Italien eingekeilt. Doch zur großen Überraschung Hitlers setzten die Briten den Krieg fort, indem sie Winston Churchill, seinen unversöhnlichsten Gegner, zum Premierminister machten. Die Invasionsarmee marschierte an der französischen und belgischen Kanalküste auf. Keine hundertfünfzig Jahre zuvor hatte sich Napoleons große Armee in der gleichen Absicht bei Boulogne gesammelt. Auch sie hatte das Vorhaben aufgegeben. Das Reich verbuchte seinen ersten wirklichen Mißerfolg, läßt man einmal die Krise in Österreich vom Juli 1934 außer acht, an der es allerdings nicht direkt beteiligt gewesen war. Obendrein war es eine Schlappe für eines der liebsten Kinder des Regimes, die Luftwaffe, die den Landungstruppen nicht die unverzichtbare Luftherrschaft garantieren konnte. Andererseits war das auf seiner Insel abgeschottete England nicht das einzige mögliche Ziel, das in Frage kam. Die britische Hauptstreitmacht war in Nordafrika gebunden und stand dort den Italienern gegenüber, die alsbald massive Verstärkung durch das deutsche Afrika-Korps erhalten sollten. Zum erstenmal kämpfte so eine wirklich bedeutende deutsche Armee außerhalb Europas.

Die Luftangriffe der Royal Air Force auf Deutschland waren nur Nadelstiche. Überzeugt, daß England sich am Ende doch noch mit ihm vereinigen würde, ließ Hitler Churchill auf den Klippen von Dover unbehelligt und traf Vorbereitungen für das, was von Anfang an das wahre Ziel und die eigentliche Feuerprobe seines Programms war: die Eroberung von Lebensraum im Osten. Nebenbei mußte er Mussolini Hilfe leisten, der sich bei dem Versuch, den starken Mann zu spielen, in einen lächerlichen und widerwärtigen Krieg mit dem kleinen Griechenland verstrickt hatte. Just in diesem Moment verfiel man in Jugoslawien auf die unglückselige Idee, den Regenten, Prinz Paul, und seinen Minister Stojadinóvic zu stürzen, denen es gelungen war, den schwierigen Wechsel von der Allianz mit Frankreich zum Pakt mit den Achsenmächten zu vollziehen. Die deutschen Truppen machten kurzen Prozeß. Die slowenischen Gebiete, die Österreich nach dem Ersten Weltkrieg hatte abtreten müssen, wurden zum Teil dem Großdeutschen Reich einverleibt. Nachdem das restliche Slowenien Italien zugeschlagen worden war, errichtete man ein Königreich Kroatien, dessen wahrer Herrscher (trotz eines italienischen Königs, der freilich nie den Thron besteigen sollte) ein alter erzreaktionärer Verschwörer wurde: der »Poglavik« Pavelic, Chef der Ustascha-Bewegung, die 1934 in Marseille König Alexander I. und den französischen Minister Barthou ermordet hatte. Was für eine Regierung! Die blutrünstigste, barbarischste und mittelalterlichste der Hitler-Ära. Der Schriftsteller Curzio Malaparte, der zu dieser Zeit als Kriegsbericht-

erstatter Zagreb besuchte, konnte rückblickend das Grauen nicht unterdrücken, das ihn beim Anblick eines Korbes voller herausgerissener Augen überkam, den ihm der alte Bandenchef stolz präsentierte. Hunderttausende orthodoxer Serben und Juden wurden auf bestialische Weise
ermordet. Es dauerte nicht lange, bis in Serbien der Staat zusammenbrach
und sich, an die Tradition des Partisanenkriegs gegen die osmanischen
Türken anknüpfend, eine breite, mancherorts in ein marxistisches Gewand gekleidete Widerstandsbewegung formierte, mit der die stolze
Wehrmacht nie ganz fertig werden sollte. Von allen Ländern im besetzten
Europa war Jugoslawien das einzige, das einen Großteil seines Territoriums später aus eigener Kraft befreite. Griechenland, das in einem
heroischen Kampf den Legionen des italienischen Provinz-Operetten-Cä-
sars getrotzt hatte, wurde auf der ganzen Linie geschlagen. Die Eroberung
Kretas durch deutsche Fallschirmjäger erinnerte an die Heldentaten in
den Kriegen von einst und bedrohte Ägypten, dem sich der Kommandeur
des deutschen Afrika-Korps, Rommel, auf dem Weg durch die Wüste
näherte. Die deutschen Wirtshausstrategen begannen, den Krieg in den
Romanen von Karl May zu verfolgen, jenem immer zu Hause gebliebenen, aber mit einer blühenden Phantasie begabten Kleinbürger, der Generationen deutscher Jungen in seinen Bann schlug (und es noch immer
tut) und von dessen Erzählungen ein gut Teil im Orient spielt.

Am 22. Juni 1941 überquerte die Wehrmacht, natürlich im Morgen-
grauen, die Grenzen zur Sowjetunion, an den Flanken unterstützt von
den Armeen Finnlands, Ungarns und Rumäniens (später sollte auch noch
ein italienisches Expeditionskorps dazustoßen). Trotz unzähliger Alarm-
signale und Warnungen auch von seiten Englands wurde Stalin, wie es
scheint, überrascht. Immerhin hatte er das Abkommen von 1940 gewissenhaft, wenn man so sagen darf, eingehalten, insbesondere was die Roh-
stofflieferungen anging. Es ist zwar richtig, daß die Reise von Außenminister Molotow nach Berlin erfolglos verlaufen war. Die territorialen
Forderungen, von denen Stalin eine Umwandlung des Pakts in ein Bündnis abhängig machen wollte, hatten bei Hitler keinen Anklang gefunden.
Der rasche Zusammenbruch Frankreichs hatte ihn beunruhigt. Bei seiner
Denkweise konnte er auf die Standhaftigkeit der Engländer nicht vertrauen, und in den Vereinigten Staaten sah er ebensowenig wie Hitler
eine ernstzunehmende Militärmacht. Doch anscheinend hatte er angenommen, daß ihm noch Zeit bis zum entscheidenden Waffengang bleiben
würde. Die sowjetischen Truppen schlugen sich zwar an einigen Stellen
tapfer, doch es gelang ihnen nicht, den Feind an einer stabilen Front zu
stoppen. Die schlagkräftige Wehrmacht stieß schnell ins riesige Rußland
vor. Nach drei Monaten lagen Leningrad und Moskau in Schußweite

ihrer Panzer. Die sowjetische Regierung hatte sich hinter die Wolga zurückgezogen. Vor allem auf dem Land wurden die Deutschen oft wie Befreier begrüßt.

Die Geschichte liebt den »Remake«. Wie der oben erwähnte Napoleon im Lager von Boulogne scheiterte der deutsche Herrscher über Europa ebenfalls dort, wo sich das Schicksal zum erstenmal gegen die Franzosen gewendet hatte: vor Moskau. Der verfrühte Wintereinbruch gab Rußland, seinem Diktator und dem Staatsapparat, Gelegenheit, neue Kraft zu schöpfen. Frische Truppen wurden aus der Weite eines Territoriums herangeführt, das zwei Kontinente umfaßte, ebenso Flugzeuge und Panzer, die der schrecklichen Kälte angepaßt waren. Das Volk hatte aus der Geschichte gelernt, in der Defensive auf eigenem Boden zu kämpfen. Die schwungvolle Blitzoffensive der Deutschen blieb in Eis und Schnee stekken. Schon damals war der Krieg für Hitler verloren, doch er sollte weitere dreieinhalb Jahre dauern und viele Millionen Tote fordern, bis dies schließlich erkannt und auch von Hitler selbst eingesehen wurde.

Obwohl der Elan gebremst war, besetzte Deutschland über die Hälfte des »brauchbaren« europäischen Rußland vom Kaukasus (der etwas später erreicht wurde) bis nach Karelien. Mit Ausnahme der neutralen Staaten Schweden, Schweiz, Portugal und Türkei war der ganze restliche Kontinent entweder direkt den Entscheidungen der Hegemonialmacht unterworfen oder durch Allianzen an sie gebunden, die den Spielraum dieser Länder immer mehr einengten (nur Spanien gelang es, wirklich selbständig zu bleiben). Wie sollte man ein so riesiges Gebiet verwalten und in Europa auf Dauer eine unerschütterliche Herrschaft errichten? Dies war die Frage, der sich Hitler in diesem entscheidenden historischen Moment stellen mußte. Napoleon war an dieser Aufgabe gescheitert, trotz seines Genies und trotz der verlockenden Ideale der Revolution, deren Erbe er zumindest teilweise geblieben war. In gewisser Weise hatte Deutschland seit eineinhalb Jahrhunderten von der Erinnerung an die nationale Erhebung gelebt, bei der die Nation, indem sie das Joch des Korsen abschüttelte, einen beträchtlichen Teil ihrer modernen Identität erlangt hatte. Und jetzt erhoben sich die anderen Nationen gegen Deutschland und *seinen* Tyrannen.

In Anbetracht der Persönlichkeit Adolf Hitlers und der Natur des Nationalsozialismus war das Vorhaben, ein Europa unter seiner Herrschaft zu schaffen, von vornherein zum Scheitern verurteilt. Die Ideologie der Französischen Revolution, obwohl durch die Praxis der Napoleonischen Herrschaft ständig widerlegt, forderte Gleichheit zwischen den Menschen und Völkern. Demgegenüber war nach dem Glauben der Nazis die germanische Rasse, verkörpert im deutschen Volk, dazu berufen, die allei-

nige und absolute Herrschaft auszuüben, wobei höchstens den anderen
Germanen, Skandinaviern und eventuell noch den Angelsachsen eine begrenzte Gleichheit zugestanden werden sollte. Notfalls sollten Individuen
mit gutem Aussehen durch eine geistige oder biologische »Aufnordung«
eingegliedert werden. Hitlers Reich konnte nur eine Herrschaft der Ungleichheit mit verschiedenen Abstufungen sein, wobei die unterste Sprosse der Leiter, gleich über den Juden, für die Russen reserviert war. Im
übrigen sparte die Pyramide der Ungleichheit auch das deutsche Volk
selbst nicht aus. In den *Nationalpolitischen Bildungsanstalten,* Schu-
lungsorganisationen der Partei, kurz *Napolas* genannt, und in den »Or-
densburgen« wurde die künftige politisch-militärische Führungsschicht
ausgebildet. Dieser neuen Ritterschaft sollte das deutsche Volk als eine
Art Fußvolk dienen und die anderen Völker, je nach Rang und Betragen,
als Hilfstruppen, die streng überwacht und beaufsichtigt wurden, ja selbst
als an die Scholle gebundene Hörige und gar als Sklaven, wenn man an
die Arbeitskräfte in den Konzentrationslagern denkt. Das übrige Europa
dazu zu bewegen, das neue Reich zu unterstützen und in einem späteren
Stadium sogar zu verteidigen, konnte keine leichte Aufgabe sein. Und
doch scheiterten das Regime und sein Führer nicht ganz. Während sich
überall in den besetzten Ländern Widerstandsbewegungen und Partisa-
nengruppen formierten, entstanden gleichzeitig auch faschistische und
sogar nationalsozialistische Gruppierungen, und in zahlreichen Ländern
schlossen sich Freiwillige zu militärischen Verbänden zusammen, um unter deutschem Befehl gegen den Bolschewismus zu kämpfen. In der Folgezeit dehnte Himmler die Rekrutierung seiner Waffen-SS auf das eroberte Europa aus mit dem Ziel, innerhalb seines Machtapparats eine
zweite Streitmacht aufzubauen, die der Wehrmacht, die er ihrerseits auch
unter seine Kontrolle zu bringen gedachte, Konkurrenz machen sollte.
Die Zahl der Freiwilligen, die in den Niederlanden, in Belgien, Frankreich
(unter Berufung auf Karl den Großen), auf dem Balkan (besonders unter
den bosnischen Moslems und den Volksdeutschen[7]), in Dänemark und
Norwegen angeworben wurden, war keineswegs unerheblich. Diese Armee von Hilfstruppen stand den Legionen Hitlers zur Seite. Von Jugoslawien bis Frankreich, von Italien (nach der Kapitulation Marschall Ba-
doglios) bis Norwegen und in den nichtrussischen Gebieten des besetzten
Teils der Sowjetunion entbrannte in weiten Teilen Europas ein Bürgerkrieg, während der äußere Krieg an den Fronten in Rußland und Nordafrika weiterging.

Doch war es in Rußland, wo sich die schwierigsten Probleme stellten
und die folgenschwersten Entscheidungen getroffen werden mußten.
Mancherorts als Befreier empfangen, wurden die deutschen Truppen bald

zu einem Verhalten genötigt, das die Hoffnungen der Antibolschewisten zerstören mußte. Eine Versöhnung mit der Bevölkerung war von dem Augenblick an undenkbar, als Hitler, Himmler und ihre Getreuen beschlossen, Teile des russischen Volkes nach Osten zu deportieren (Hitler sprach von dreißig Millionen umzusiedelnden Russen), um Platz für deutsche Kolonisten zu schaffen, während die Zurückgebliebenen, aller Rechte beraubt, für die neuen Herren arbeiten sollten. Einmal in seinem Leben sollte jeder Russe nach Berlin geführt werden, damit er sich von der unermeßlichen Überlegenheit der Deutschen überzeugen konnte. Und natürlich sollte keiner eine Ausbildung erhalten, die über das Hauptschulniveau hinausging.

Manche deutschen Diplomaten und Offiziere indes hegten ganz andere Pläne. In ihren Augen konnte Deutschland alles gewinnen, wenn es die Gründung befreundeter und verbündeter Staaten in den ehemaligen sowjetischen Gebieten förderte. Die Ausrottung ganzer Bevölkerungsteile, die schrecklichen Untaten der SS und der Einsatzkommandos von Sicherheitspolizei und Sicherheitsdienst im Kampf gegen Partisanen, die Dezimierung ganzer Dörfer, die Massenhinrichtungen, Folter und Erniedrigungen jeder Art, die Hungersnot unter den Millionen von Kriegsgefangenen, die absichtlich herbeigeführt wurde, um ihre Zahl zu vermindern – dies alles empörte Menschen, die normal geblieben waren und mit den wahnwitzigen Spekulationen eines Führers, der sich in seiner »Wolfsschanze«[8] immer mehr abschottete, nichts anfangen konnten. Im Kampf gegen die Gauleiter und SS-Generäle erzielten die Befürworter einer anderen Politik vor Ort kaum Erfolge, doch in Deutschland selbst bekamen sie die Erlaubnis, aus Kriegsgefangenen russische Verbände zu bilden. Der gefangene General Wlassow, eine starke Persönlichkeit und ein Gegner des Stalin-Regimes, wurde an die Spitze einer Armee gestellt, die über eine Million von Freiwilligen umfaßte. Selbst wenn man berücksichtigt, daß der Dienst unter Wlassow für viele Gefangene die einzige Chance war, dem Tod durch Hunger oder Zwangsarbeit zu entgehen, offenbart dies doch, wie tief der Groll war, den das russische Volk gegen Stalin hegte. Freilich hatte dieser Versuch nur dann einen Sinn, wenn die Politik in den besetzten Gebieten von Grund auf geändert wurde, doch dazu konnte sich Hitler, der sichtlich den Kontakt zur Realität zu verlieren begann, trotz aller taktischer Kehrtwendungen, die er in der Vergangenheit vollzogen hatte, nicht durchringen. Er wäre gezwungen gewesen, das Kernstück seines Vorhabens aufzugeben. Statt dessen schrumpfte das besetzte sowjetische Gebiet vom Sommer 1943 an zusehends.

Die Wlassow-Armee löste sich am Ende des Krieges auf. Ihr Befehlshaber und viele Soldaten wurden von den Briten unter Berufung auf das

Bündnis an Moskau ausgeliefert. Die meisten wurden hingerichtet. Ganze
Einheiten begingen Selbstmord.

Hitler und die meisten seiner Vertrauten hatten den Amerikanern nicht
zugetraut, daß sie ihre gewaltigen menschlichen und materiellen Ressourcen so rasch mobilisieren würden. Tatsächlich hatte Franklin D. Roosevelt die Vereinigten Staaten schon vor geraumer Zeit in eine Art halben
Kriegszustand versetzt, ein Umstand, der England in seinem Widerstand
sehr zugute kam. Man denke nur an die »Leihgabe« von fünfzig Kriegs-
schiffen als Ersatz für die im U-Boot-Krieg erlittenen Verluste. Die Verblendung Hitlers war so groß, daß er nach dem Überfall auf Pearl Har-
bour am 7. Dezember 1941, der den amerikanisch-japanischen Krieg im
Pazifik auslöste, den Vereinigten Staaten selbst den Krieg erklärte. Die
Hartnäckigkeit Roosevelts, der sich auf wachsende Zustimmung in der
Öffentlichkeit stützen konnte (1940 war er als erster Präsident zum dritten Mal wiedergewählt worden, was sein Ansehen beträchtlich gestärkt
hatte), führte zum Ziel. Knapp ein Jahr später, im November 1942, erfolgte eine amerikanisch-britische Großlandung in Nordafrika. Die Mitwirkung Frankreichs am Krieg, von London aus in bescheidenem Umfang fortgesetzt, erfuhr einen deutlichen Aufschwung, während die
deutsch-italienischen Truppen, die, nachdem Rommels Afrika-Korps kurze Zeit den Suezkanal bedroht hatte, von der ägyptischen Grenze zurückgedrängt worden waren, nun in einem riesigen Kessel eingeschlossen
wurden und kapitulieren mußten. Die Landung auf Sizilien, dann auf
dem italienischen Festland führte zum Zerbrechen der Achse, auch wenn
Mussolini nach seiner Befreiung durch ein deutsches Kommando im Norden Italiens eine faschistische Staatsgewalt errichten konnte. Doch seine
»Sozialrepublik« war nichts weiter als ein deutsches Protektorat, und in
allen noch nicht befreiten Gebieten formierte sich ein Widerstand, den
der italienische König Victor Emanuel und seine im Süden gebildete Regierung für rechtmäßig erklärten. Die italienischen Truppen, die eine Vereinigung mit den Deutschen auf dem Balkan ablehnten, wurden gegen
den Willen Mussolinis hart bestraft: Viele Offiziere wurden erschossen,
Tausende von Soldaten als »Verräter« in Konzentrationslager verschleppt, wo sie als Untermenschen behandelt wurden: Wie den Russen
wurden ihnen als Schandmal mit dem Rasiermesser ein langer Streifen
durch das Kopfhaar gezogen. Die Front in Italien verschob sich unter
sehr schweren Kämpfen langsam nach Norden. Im Mai 1944 wurde
Rom befreit. Die seit Monaten angekündigte, ersehnte und gefürchtete
große Landung, die eine Westfront eröffnen sollte, konnte nicht mehr
lange auf sich warten lassen.

Im Dezember 1942, einige Wochen nach der amerikanisch-britischen Landung in Nordafrika, brachte Stalingrad die Wende in Rußland. Hitler, der mit rücksichtsloser Unnachgiebigkeit Rückzug und Evakuierung verbot, verurteilte damit die dreihunderttausend Mann der 6. Armee und der ihr angeschlossenen Verbände zu schrecklichen Leiden und in den meisten Fällen zum Tode. Das blinde Vertrauen in sein strategisches Genie wurde tief erschüttert. Die Mitarbeit mehrerer in Gefangenschaft geratener Generäle und hoher Offiziere im »Nationalkomitee Freies Deutschland«, das in Moskau gebildet worden war und von deutschen Kommunisten dominiert wurde, ließ sich vor der Bevölkerung im Reich nicht lange verheimlichen.

Dennoch wollten Hitler und mit ihm ein großer Teil des Volkes, das sich durch seinen Führer selbst völlig entfremdet worden war, an weitere Wunder glauben. Der Atlantikwall, die an der Atlantikküste errichteten Bunkerbefestigungen, würde die amerikanisch-britische »Invasion« zum Scheitern bringen. Die Wunderwaffen – unbemannte Flugzeuge, Raketen, Düsenjäger – würden England in die Knie zwingen. Der ungeheure Machtzuwachs des kapitalistischen Amerika würde Stalin zum Friedensschluß bewegen (doch Hitler war, obwohl er einige Kontakte knüpfen ließ, nicht wirklich dazu bereit, den großen Traum vom Lebensraum aufzugeben). Nach der erfolgreichen Landung der Alliierten im Juni 1944 gelang es dem deutschen Oberkommando, am Westwall wieder eine stabile Front zu errichten. Der Versuch der Briten, in den Niederlanden den Rhein zu überqueren, endete in einer Katastrophe. Das Scheitern des Attentats vom 20. Juli bestärkte den Oberbefehlshaber Hitler, dessen Gesundheitszustand sich rapide verschlechterte, in dem Glauben an eine günstige Wendung. Die deutsche Winteroffensive in den Ardennen schien ihm ebenso recht zu geben wie die Tatsache, daß die Rote Armee in Polen nur schleppend vorankam. Doch nach anfänglichen Erfolgen scheiterte dieses ebenso erstaunliche wie sinnlose Aufbäumen an der erdrückenden materiellen Überlegenheit der Amerikaner und der Moral ihrer mittlerweile kampferprobten Soldaten. Die Alliierten hatten fast überall bereits Breschen in die deutschen Linien geschlagen, als der Tod von Präsident Roosevelt den letzten Getreuen Hitlers und ihm selbst eine letzte Gelegenheit gab, sinnloserweise noch einmal Hoffnung zu schöpfen. Hatte der Tod von Zarin Elisabeth im Jahr 1762 nicht Friedrich den Großen gerettet, als für den König von Preußen bereits alles verloren schien? Und mußten sich die Angelsachsen und die Sowjets, wenn sie erst einmal als Verbündete in Deutschland eingerückt waren, nicht in die Haare geraten? Deutschland und Hitler würden dann wieder eine wichtige Rolle erlangen. Durchhalten war das Gebot der Stunde.

Und sie hielten lange durch! Mit sechzehn Jahren eingezogen, wie 1814 in Frankreich die nach der Kaiserin-Regentin genannten »Marie-Louise«, in einem Alter, in dem viele noch nach der Mutter riefen, lieferten Hitler-Jungen sowie die älteren Männer im »Volkssturm« stellenweise noch einen verbissenen Verteidigungskampf. Die Deportation und die Vernichtung der Juden gingen weiter, bis die Lager in Polen aufgegeben wurden. Andernorts dauerten sie bis zum endgültigen Zusammenbruch an. Da ein Großteil des Landes besetzt war, sollte sich der Widerstand auf die »Alpen-Festung« konzentrieren, wo man auf den Bruch zwischen Moskau und Washington und den Einsatz der vor Ort gebauten Düsenflugzeuge warten wollte. Die Prozesse gegen die Verschwörer des 20. Juli 1944 gingen weiter: Mehrere der wichtigsten Gegner Hitlers wie General Oster und Admiral Canaris wurden erst im April hingerichtet. Wer es wagte, eine Stadt oder ein Dorf dem Feind auszuliefern, wurde als Verräter verurteilt und zur Abschreckung aufgehängt. Und doch: Während einige den Kampf mit religiösem Fanatismus fortsetzten, begannen viele Einheiten, sich aufzulösen. Die heimliche Losung lautete, alles zu versuchen, um die amerikanisch-britischen Linien zu erreichen, denn alle deutschen Soldaten wußten, was sie bei der Roten Armee erwartete. Was folgte, war eine Volksabstimmung mit den Füßen, die noch spektakulärer hätte ausfallen können, wenn die Amerikaner ihren Vorstoß nicht wie vereinbart an der Elbe gestoppt hätten. Seit 1941 hatten die englische und die amerikanische Luftwaffe systematisch die deutschen Städte bombardiert. Im Februar 1945 starben siebzigtausend Menschen im Inferno von Dresden. Das Volk war mit seinen Kräften am Ende, doch die Instrumente der Unterdrückung und die verinnerlichte Disziplin sorgten dafür, daß nirgendwo ein wirklicher Aufstand losbrach. Als der Tod Roosevelts nicht die erhofften Wirkungen brachte, begriff Hitler, daß das Ende nahe war. Angesicht der bereits im November 1942 in Casablanca erhobenen Forderung nach einer bedingungslosen Kapitulation war jeder Verhandlungsversuch zwecklos. Doch aus diesem Holz war der Führer ohnehin nicht geschnitzt. Er würde sich nicht ergeben wie Napoleon III. oder fliehen wie Wilhelm II. Und davon einmal abgesehen: Wer hätte ihn schon aufgenommen? In den religiösen Mythen und den Heldensagen der Germanen enden die Protagonisten stets tragisch, so auch die letzten Goten, die sich am Fuße des Vesuv von dem erdrückend überlegenen byzantinischen Heer töten ließen – ein Kampf, dessen Schilderung den jungen Adolf wie Generationen von Jungen anderswo bis ins Innerste aufgewühlt hatte.[9]

Hitler, nach jahrelanger Abwesenheit nach Berlin zurückgekehrt, beschloß, sich in der Reichskanzlei einzuschließen, die er als offiziellen Amtssitz für den Führer des vom Atlantik bis zum Ural reichenden großdeutschen Reiches hatte bauen lassen, und dort auf den Tod zu warten. Noch am letzten Tag ließ er vermeintliche Verräter hinrichten. In seinem Testament warf er dem deutschen Volk vor, es habe sich seines Führers nicht würdig erwiesen. Dennoch bestimmte er, um die Kontinuität des Staates zu sichern, einen Nachfolger: Großadmiral Dönitz, denn auch Göring war als Verräter in Ungnade gefallen. Nachdem Hitler seinen Hund vergiftet und seine Geliebte Eva Braun geheiratet hatte, tötete er die Frischvermählte und schoß sich selbst eine Kugel in den Mund. Als Dönitz von dem tragischen Tod des Führers erfuhr, ernannte er sich selbst zum Staatschef und spielte diesen in einer Kaserne im Flensburger Hafen mehrere Wochen lang, bis ihn die Engländer schließlich verhafteten. Am 7. Mai unterzeichneten Generaloberst Jodl und Generaladmiral von Friedeburg in Reims die Kapitulation. Sie wurde zwei Tage später von Generalfeldmarschall Keitel in Berlin wiederholt. Keitel und Jodl wurden in Nürnberg zum Tode verurteilt, und Friedeburg sollte wie Goebbels, Himmler und Göring Selbstmord begehen.

Nun, da sich der Vorhang über dieses blutige und grausame Stück gesenkt hat, »eine Geschichte voller Wut und Blut, erzählt von einem Verrückten«, kann ich in meinem Bericht über den Werdegang eines Volkes nicht fortfahren, ohne einen Augenblick innezuhalten. Manchmal beneide ich die Marxisten, die alles aus dem Klassenkampf und den Produktionsverhältnissen erklären. Gewiß, die Kapitalisten haben Hitler unterstützt, einige zu Beginn, einige auch später noch, andere bis zum Schluß und darüber hinaus. Aber die Bewegung, die ihn an die Macht gebracht hatte, war in der Tat eine »Volksbewegung«, die nicht nur im Volk wurzelte, sondern sich auch gegen die Reichen und Mächtigen richtete, eine von Haß und Neid erfüllte Bewegung. Und sie war gleichzeitig eine Bewegung, die überholten Vorstellungen anhing, die rückwärtsgewandt war wie viele Menschen aus dem einfachen Volk, Ladeninhaber und Handwerker, kleine Beamte oder deren Kinder. Und zu den Strukturen, die Hitler fürchtete, denen er mißtraute, obgleich er sich ihrer bediente, und deren Beseitigung er plante, gehörten das Kapital und die mit ihm verbundene Macht ebenso wie der Staat und das Recht. Was mich überrascht – und hier kann der historische Materialismus offenkundig nicht weiterhelfen, auch wenn die Methode zusätzliche erhellende Aspekte liefert – ist der nihilistische und regressive Charakter des Nationalsozialismus. Viel mehr als in *Mein Kampf* kommen die wahren Absichten und Befürchtungen Hitlers in den *Tischgesprächen* aus den Kriegsjahren zum Vorschein. Hier nimmt die neofeudalistische und barbarische Welt Gestalt an, in die Hitler das imaginäre deutsche Volk zurückführen wollte.[10]

Es ist verblüffend und doch auch leicht zu verstehen, daß das reale und in seiner Mehrheit eher passive Volk sich so lange Zeit bereitwillig mit dem imaginären Volk verschmolz, das in den Reden und Taten des Regimes auftrat, und daß eine begeisterte und fanatische Minderheit tatsächlich daranging, den aberwitzigen Traum von diesem Volk und seinem Reich zu verwirklichen. Die Beispiellosigkeit der Naziverbrechen, über die in letzter Zeit soviel diskutiert worden ist,[11] stellt in meinen Augen nur einen Sonderfall der beispiellosen Bemühungen dar, mit denen ein unter Wahnvorstellungen leidender Führer versuchte, ein großes modernes Volk zu der Lebens-, Denk- und Empfindungsweise der Germanenstämme, wie sie in deren Mythen zum Ausdruck kommt, zurückzuführen. Man kann die Zustimmung der breiten Masse mit dem früher erlittenen Unglück erklären, mit dem Krieg, der Niederlage, der Demütigung, der Inflation, der Arbeitslosigkeit; man kann sie auf das Unbehagen in der modernen Kultur zurückführen, das in intellektuellen Kreisen vor dem Krieg so verbreitet gewesen war und von der deutschen Rechten in einem Klima der Rezession und Reaktion übernommen wurde, im Namen der Schichten und Klassen, deren Macht und Besitz bedroht war (auch Macht ist Besitz und oft ein ererbter). Man kann sie mit der massiven Beeinflussung durch die Medien erklären, mit der Propaganda, diesem einzigartigen Instrument zur Manipulation der öffentlichen Meinung, das Goebbels so meisterhaft beherrschte; mit dem Terror, den die Krake Himmlers, zumindest in Form von Drohungen, in allen Bereichen der deutschen Gesellschaft verbreitete. Keiner dieser Ansätze stellt mich ganz zufrieden. In der gesamten Geschichte des Abendlandes seit dem Ende der Antike findet sich keine Gestalt, die man mit Hitler vergleichen könnte, diesem charismatischen, in seinen Hirngespinsten und Träumereien gefangenen Führer, der teuflische Züge mit Wahnsinn verband und, obwohl er wie ein Clown aussah, über eine bemerkenswerte Geschicklichkeit und Schlagfertigkeit verfügte, mit denen er seine Gegner immer wieder überraschte.

Daß dies alles einem der kultiviertesten Völker der Welt widerfahren konnte, das bis dahin einen der größten und umfassendsten Beiträge zum geistigen Fortschritt der Menschheit geleistet hatte – anstatt den Rassismus und die Ausgrenzung als Erklärung zu bemühen –, diese Feststellung sollte uns ein für allemal davon kurieren, die Geschichte und mithin das menschliche Verhalten im allgemeinen mit mechanistischen Erklärungen und Begriffen deuten zu wollen.

Die Bibel erklärt vielleicht besser als die Lehren von Marx und Freud, was dem deutschen Volk zwischen 1933 und 1945 widerfahren ist. Aber zweifellos ist es nötig, auf alle diese Erklärungsinstrumente zurückzugreifen und die methodisch korrekte Auswertung der Fakten mit theologischen Untersuchungen zu verbinden. So wie es in der »Farm der Tiere« von George Orwell Tiere gibt, die »gleicher« sind als alle anderen, so stellt der Nationalsozialismus ein Phänomen dar, das »einzigartiger« war als viele andere. Geben wir uns keinen Illusionen hin: Eines Tages könnte Hitler aus dem Jenseits heraus wieder eine Art düstere Faszination auf »sein« Volk und auch auf andere Völker ausüben, eine Faszination, der wir uns mit allen Mitteln widersetzen müssen, ohne ihr Zeit zum Wachsen zu lassen.

Die wahre Natur des Nazismus, sein Nihilismus und seine Schizophrenie, wird schließlich in seiner kulturellen Impotenz offenbar. Wohin wir auch blicken, er hat kein Gemälde, keine Skulptur, kein Buch, kein Gedicht, kein Theaterstück hervorgebracht, das die Beachtung der Nachwelt verdienen würde. Gleiches gilt auch für die von Gigantomanie gezeichneten Baupläne für Germania, die Superkapitale, die Berlin ersetzen sollte (im doppelten Sinn des Wortes). Da findet sich nichts, was nicht unter den Begriff »Brutalität in Stein« fiele, mit dem die Werke des Regimebildhauers Arno Breker charakterisiert worden sind (dessen Arbeiten sich nach wie vor sehr gut verkaufen). Die gigantischen Anstrengungen eines großen, irregeleiteten Volkes endeten so in der Sterilität, so wie die großen Flüsse Turkestans im Sand versickern.

Zeittafel

1933   Am 30. Januar wird Adolf Hitler von Hindenburg zum Reichskanzler ernannt. Auflösung des Reichstages (»Machtergreifung«). Reichstagsbrand am 27. Februar. Reichstagswahlen am 5. März. Am 24. März wird durch ein sog. Gesetz zur Behebung der Not von Volk und Reich (»Ermächtigungsgesetz«) die Verfassung praktisch außer Kraft gesetzt. Absetzung aller noch nicht nationalsozialistisch geführten Landesregierungen. Verbot der SPD und erzwungene Selbstauflösung aller noch bestehenden Parteien. Einparteienherrschaft der NSDAP. Im Oktober Austritt Deutschlands aus dem Völkerbund. Einrichtung von »Konzentrationslagern«.

1934   Sog. Röhm-Putsch 30. Juni – 2. Juli. Tod von Reichspräsident Hindenburg. Hitler ernennt sich zum »Führer und Reichskanzler«.

1935   Aufbau der Wehrmacht. Rückgliederung des Saargebietes in das Deutsche Reich. Im sog. Gesetz zum Schutz des deutschen Blutes und der deutschen Ehre (»Nürnberger Gesetze«) werden Entrechtung und Verfolgung der Juden festgeschrieben.

1936   Vertrag Deutschlands mit dem faschistischen Italien und Anerkennung der Franco-Regierung in Spanien. Antikominternpakt mit Japan.

1938   Einmarsch deutscher Truppen in Österreich und sog. Anschluß Österreichs an das Deutsche Reich (13. März). Münchener Konferenz (Hitler, Mussolini, Chamberlain, Daladier) beschließt die Abtretung der sudetendeutschen Gebiete. Einmarsch in das Sudetenland (1. Oktober). Organisierte Pogrome an Juden (sog. Reichskristallnacht) am 9./10. November.

1939   Einmarsch in die Tschechoslowakei, die in ein sog. Reichsprotektorat Böhmen-Mähren umgewandelt wird. Deutsch-Sowjetischer Nichtangriffspakt zwischen Hitler und Stalin (23. August). Am 1. September deutscher Überfall auf Polen. England und Frankreich erklären Deutschland den Krieg.

1940   Das besetzte Polen wird zum Generalgouvernement erklärt. Besetzung Dänemarks und Norwegens. Deutscher Angriff auf Frankreich und Besetzung. Waffenstillstand mit Frankreich (Regime von Marschall Pétain). Beginn des Luftkrieges gegen England.

1941   Deutscher Angriff auf Jugoslawien und Griechenland. Am 22. Juni Beginn des Angriffs auf die Sowjetunion. Am 14. August erklären der amerikanische Präsident Roosevelt und der britische Premier Churchill in der Atlantik-Charta als gemeinsames Ziel u. a. die Entwaffnung der Angreiferstaaten (Deutschland, Japan). Im Dezember Kriegserklärung Hitlers an die USA.

1942   Auf der Wannseekonferenz am 20. Januar wird die Ausrottung der Juden (»Endlösung der Judenfrage«) beschlossen. Landung der Alliierten in Nordafrika im November. Beginn der sowjetischen Gegenoffensive (Schlacht um Stalingrad). Die USA, Großbritannien, die Sowjetunion, China und 22 weitere Staaten verbünden sich zur Alliierten Koalition gegen Deutschland.

1943   Auf der Konferenz von Casablanca (14.–26. Januar) erklären Roosevelt und Churchill die bedingungslose Kapitulation Deutschlands zum Kriegsziel. Kapitulation der deutschen 6. Armee in Stalingrad. Am 18. Februar verkündet Joseph Goebbels im Berliner Sportpalast den »totalen Krieg«. Auf der Gipfelkonferenz in Teheran November/Dezember treffen sich die »Großen Drei« (Roosevelt, Churchill, Stalin) und beraten das weitere militärische Vorgehen gegen Deutschland.

1944   Am 6. Juni beginnt die Invasion der Alliierten in der Normandie. Am 20. Juli scheitert ein Attentat auf Hilter. Die Führer der Widerstandsbewegung werden hingerichtet.

1945   Auf der Gipfelkonferenz von Jalta 4.–11. Februar wird über die politische Aufteilung Deutschlands und die Besatzungspolitik nach Kriegsende beraten. Am 30. April verübt Hitler Selbstmord. Am 7./8. Mai kapituliert die deutsche Wehrmacht.

20. KAPITEL

Wege und Wagnisse des deutschen Geistes

Anmerkungen zur deutschen Kultur im
19. und 20. Jahrhundert

Ich habe mich lange gefragt, ob es notwendig und möglich ist, dieses Kapitel zu schreiben. Es stand zu befürchten, daß es zu einer bloßen Aufzählung geraten würde, und stellenweise ist es das auch. Und doch habe ich es für unerläßlich gehalten. Ich konnte mich bei der Darstellung der grandiosen oder erschreckenden, beispielhaften oder grotesken Wege, die das deutsche Volk in seiner geistigen Entwicklung, in seinen Strukturen und in seinen Werken gegangen ist, nicht allein auf politische, wirtschaftliche und soziale Aspekte, auf Kriege und Gesetze, auf Verbrauchsgüter und Konsumkraft, auf Konferenzen und Aufstände beschränken. Beim nochmaligen Lesen stelle ich jedoch fest, daß hier zwangsläufig das Subjektive dominiert. Ein anderer Historiker hätte seine Auswahl nach anderen ästhetischen oder ideologischen Kriterien getroffen. Die letzten Kapitel sind, häufiger noch als der Rest des Buches, in der ersten Person geschrieben. Das liegt daran, daß sie auch die Geschichte *meiner* Zeit, die Geschichte *meines* Lebens erzählen.

Meine Ausflüge in das deutsche Geistesleben zeigen eine deutliche Vorliebe für die Geschichte und die Philosophie. Das Deutschland der Klassik und Romantik glänzt vor allem in der Lyrik, im Drama und – allerdings viel seltener – in der Komödie. Goethe und Schiller gingen mit gutem Beispiel voran. Der *West-östliche Divan*, die *Römischen Elegien* und vor allem *Faust II* fallen ganz ins 19. Jahrhundert, und wenn Schiller auch nur dessen Anfangsjahre erlebte, so sind seine Dramen *Don Carlos*, *Die Jungfrau von Orleans* und *Maria Stuart* doch hochmoderne Stücke eines echten politischen Theaters. Auf den letzten Stationen des *Faust* erreicht Goethe, der im antiken Griechenland und in der Reformationszeit begann, saint-simonistische Modernität. Heinrich von Kleist ist mit *Prinz Friedrich von Homburg* und *Die Hermannsschlacht* der Dramatiker der Befreiungskriege, die er nie erleben wird. Auf demselben Niveau wie die großen Originalwerke steht die glanzvolle Übersetzung – müßte man nicht eher »Einbürgerung« sagen? – Shakespeares. Ludwig Tieck und August Wilhelm von Schlegel haben den größten Schriftsteller englischer

Zunge zu einem deutschen Autor gemacht und dank einer in Schönheit und Originalität gleichwertigen Sprache der deutschen Kultur einverleibt, während Shakespeare für den französischen Leser, der nicht in den Genuß einer solchen Nachdichtung kommt, immer ein Ausländer bleiben wird. Wenn es ein Theaterautor nach Schiller verstanden hat, sich in die Shakespearische Tradition einzureihen, so ist das der Österreicher Franz Grillparzer, der mit seinen Geschichtsdramen ein für die Habsburgermonarchie spezifisches staatsbürgerliches Bewußtsein schaffen will und wie viele andere an die auf den *Sturm und Drang* zurückgehenden Bemühungen anknüpft, Geschichte zu aktualisieren.

Ein Zeitgenosse Grillparzers und ebenfalls Wiener, aber ganz Theatermann (während der Beamte Grillparzer nur nach Dienstschluß schreibt) ist Johann Nestroy, ein Gaukler, Possenreißer und Wortjongleur, der es geschickt versteht, mit Situationen und menschlichen Schwächen zu spielen. Nestroy arbeitet sein Leben lang – er schreibt über achtzig Stücke und spielt selbst in ihnen mit – in einer dichten, volkstümlichen Sprache, die Nicht-Wiener nur mit Mühe verstehen. Seine verblüffenden Weisheiten stellen alles in Frage. Er ist der revolutionärste Schriftsteller des Jahrhunderts, ein Molière der Wiener Vorstadt.

Ganz anders geartet ist das zornige, grandiose und aufrührerische Theater Georg Büchners. Mit *Woyzeck* und *Dantons Tod* steht der mit fünfundzwanzig Jahren verstorbene geniale junge Mediziner als ebenbürtiger Nachfolger in der Tradition eines Shakespeare, Schiller und Kleist. Sie sind die »Königsdramen« der anbrechenden bürgerlichen Epoche.

Die Romantiker haben die Geschichte und die Geschichten des Volkes wiederentdeckt (ohne sich wie der junge Doktor Büchner der politischen Revolution zu verschreiben) und sammeln die Märchen und Sagen der Deutschen. Ludwig Tieck, Achim von Arnim, Clemens Brentano und vor allem die Brüder Grimm schaffen so, im doppelten Sinne des Wortes, eine Art Volksliteratur, die über die Zimmer der Kinder, der Gouvernanten und sogar der Mütter Einzug in die Hütten wie in die Paläste hält. Ihre Neugier als Übersetzer bleibt nicht auf Shakespeare beschränkt. Spanien, die slawischen Völker, die Kelten, die alten Germanen, aber auch die arabische Welt, Indien und Persien – man denke an Goethes *West-östlichen Divan* – gehen in die Literatur ein, die in Deutschland gelesen und gelehrt wird. In einer Epoche, in der sich das Land selbst wiederentdeckt, hält auch Fremdes Einzug in die deutsche Kultur, aber es drängt sich nicht machtvoll auf, wie das im 17. und 18. Jahrhundert aufgrund der Vormachtstellung der Spanier, Italiener und vor allem der Franzosen der Fall war, nein, es wird förmlich aufgesogen. Die deutsche Kultur wird nationaler, aber es wird weiter übersetzt, sie bleibt für äußere Einflüsse empfänglich. Diese Offenheit hängt zweifellos damit zusammen, daß eine Stadt-Metropole fehlt, die sich als Vorbild aufdrängen könnte. In Deutschland gibt es eine Vielzahl von Hauptstädten. Es herrscht ein kultureller Föderalismus, der die Regionen nicht zur Provinz degradiert. Es gibt Länder, Teilstaaten, Königreiche, Freie Städte. Die innere Vielfalt macht empfänglich für die äußeren Vielfalten.

Heinrich Heine war ein beredter und prägnanter Essayist, ein bissiger Pamphletist, aber vor allem ein Dichter, der zu den Größten zählt. Seine Verse wurden zu geflügelten Worten. Seine »Lorelei« und seine »Grenadiere« sind wie Verse eines anonymen Dichters zum nationalen Kulturgut geworden. Ähnliches widerfuhr Professor Ludwig Uhland, einem liberalen Schwaben und Achtundvierziger. Aus seinen Balladen haben die jungen Deutschen mehr über die Geschichte ihres Landes gelernt als in den Vorlesungen so mancher Professoren. Annette von Droste-Hülshoff ist mehr Novellistin als Lyrikerin, aber ihre Verse *(Das geistliche Jahr)* werden noch heute auswendig gelernt. Vielleicht müßte man den Nietzsche des *Also sprach Zarathustra* eher zu den Dichtern als zu den Philosophen zählen (auf jeden Fall gilt das für die an den Universitäten betriebene Philosophie). Hoffmann von Fallersleben lebt in seinem »Deutschland über alles« weiter, das aufgrund eines Mißverständnisses zur Nationalhymne wurde, denn der Dichter träumte keineswegs von einer deutschen Weltherrschaft, er wollte nur, daß sein Land bewunderungswürdiger werde als alle anderen. In der zweiten Hälfte des Jahrhunderts erfindet Wilhelm Busch, der geniale Satiriker, in gewisser Weise den Comic strip und koppelt seine Bildergeschichten mit Versen, die oft belustigend, manchmal sublim sind. Wir werden später noch sehen, wie die Stimme der deutschen Poesie mit ihrer Begeisterung, ihren Klagen und ihrer Frömmigkeit die Entwicklung der deutschen Nation begleitet, vom Expressionismus bis zum Rückfall in die Primitivität unter Hitler. Ich will mich hier auf vier wichtige Namen beschränken: Hugo von Hofmannsthal, der das Ende einer Welt heraufziehen sieht und vorhersagt, angefangen beim Privatleben der mondänen Gesellschaft bis hin zu dem großen, zeitlosen Fresko vom Sterben *Jedermanns,* einem düsteren Memento, das die Salzburger Festspiele in die mondäne Gesellschaft zurückführen. Stefan George ist ein grandioser und hieratischer Effekthascher, dessen Verse für einen Literaturfürsten bisweilen zu feierlich tönen, der im Kreis seiner Bewunderer und Jünger aber auch ein bürgerlicher Mann seiner Zeit bleibt. Der größte von allen ist, weit über sein Jahrhundert hinaus, Rainer Maria Rilke, ein in Prag gebürtiger Österreicher, der, ausgehend von einer

vagen und manchmal sogar ein wenig manierierten Religiosität, in der
Begegnung mit dem Göttlichen, dem er fast wie seinesgleichen gegen-
übertritt, den Gipfel einer unerschrockenen, machtvollen, ja gebieteri-
schen Vision erklimmt: »Wer, wenn ich schriee, hörte mich denn aus der
Engel Ordnungen?« Und der vierte, der unverschämte, bissige, nörgelnde
und in der Entlarvung der Herrschaftsverhältnisse überragende Bertolt
Brecht, ein charmanter Zyniker, der sich durch nichts täuschen läßt, auch
nicht durch sein eigenes Genie, durch seine eigenen Entscheidungen. Er
ist vielleicht der politischste – oder auch unpolitischste – Dichter, von
der *Dreigroschenoper* mit ihren Gaunern, Huren und Spiegelungen der
bürgerlichen Welt bis zu der Frage: »Cäsar schlug die Gallier. War er da
ganz allein? Hatte er nicht wenigstens einen Koch bei sich?«

Kehren wir zum Theater zurück: Der aus dem hohen Norden stammende
Friedrich Hebbel lebte in seinen späteren Jahren ebenfalls in Wien, der
damaligen Theatermetropole im deutschsprachigen Raum. In seinem
Werk liefert die Geschichte nur den Vorwand für das innere Abenteuer.
Nach ihm trägt sich fast ein halbes Jahrhundert lang kein Name von
Rang in die Annalen des Theaters ein. Dies ändert sich erst mit dem
politisch-mystischen Naturalismus eines Gerhart Hauptmann, bei dem
der Protest gegen die sozialen Verhältnisse und die Empörung über die
Leiden der kleinen Leute verinnerlicht werden und sich in der Klage eines
desillusionierten alten Mannes verdichten. Und doch: Ist der wahre und
unbestrittene Meister der deutschen Bühne in der zweiten Hälfte des
19. Jahrhunderts in Wirklichkeit nicht Richard Wagner, der Komponist,
Librettist und Regisseur seiner »Musikdramen«?

Goethe und Kant hatten den Deutschen gezeigt, daß sie den Größten
ebenbürtig waren. Die Wiederentdeckung des glanzvollen Mittelalters
verschafft Deutschland eine Legitimität, die es der des revolutionären
Frankreich entgegenstellen kann. Die Romantik der Brüder Schlegel, eines Tieck und eines Novalis rückt die Liebe zur Natur in den Blickpunkt,
die sittliche Befreiung, das Nationalgefühl, die Begeisterung für die Kunst
als höchstes Ideal in einer Zeit wuchernder Empfindsamkeit, und am
Ende mündet alles in eine etwas überbetonte, voluntaristische Religiosität. Dieses ungestüme Hervorbrechen neuer Ideen nährte in den edlen
Seelen den Wunsch nach einer Befreiung im doppelten Sinn, zum einen
vom Joch des französischen Unterdrückers, zum anderen von der Herrschaft der Fürsten, die ihre Krone vom Usurpator empfangen und dadurch jede nationale Legitimität verlieren. Frankreich war 1792 durch
eine ausländische Invasion bedroht, die allerdings nie stattfand; deshalb

bezieht sich das Wort »Freiheit« in Frankreich nur auf die inneren Verhältnisse. Von Jeanne d'Arc bis 1944 stand das Land nie vor der Aufgabe, eine Fremdherrschaft abzuschütteln. In Deutschland hingegen nimmt das Wort in dem Moment, da es sich nicht mehr nur auf das Individuum bezieht, das im Innern nach geistiger Befreiung strebt, unter dem Druck der Geschichte einen doppelten Sinn an: Außenpolitisch bedeutet es die Befreiung von der französischen Besatzung und später von der Kontrolle der Großmächte über den Deutschen Bund, den beim Wiener Kongreß 1815 gegründeten losen Zusammenschluß der Einzelstaaten. Innenpolitisch steht es für eine Veränderung der politischen und gesellschaftlichen Ordnung. Einige wollten diese neue Ordnung an den Werten der Französischen Revolution ausrichten, während sich andere, die diese als spezifisch französisch ablehnten, als den deutschen fremd, ja sogar entgegengesetzt, auf die Suche nach einer sozialpolitischen Ordnung machten, die eigenständige nationale Züge tragen sollte.

Johann Gottlieb Fichte, zunächst ein Bewunderer der Revolution, zeichnet die Umrisse eines nationalen Totalitarismus. Die Schriftsteller und Denker der Befreiungskriege widmen sich der Beschreibung und Verherrlichung des Deutschtums. Nach 1815 setzt sich die Linke der nationalen Bewegung liberale, ja sogar demokratische Ziele. Die Rechte will die Monarchie und die aus dem Naturrecht abgeleitete Gesellschaftsordnung – später wird man Korporativismus sagen – auf die Wiederherstellung christlicher Werte gründen. Es entsteht eine Art nationaler Historismus, der katholische (Baader, Haller) und protestantische Varianten hervorbringt (Marwitz, Schleiermacher). Hier kann man den Beginn des Sonderwegs sehen, den das politische Denken in Deutschland einschlägt, das, indem es den englischen Pragmatismus der staatsbürgerlichen Freiheiten und Rechte ebenso ablehnt wie die französische Ideologie der Menschenrechte und Grundfreiheiten, zu einer Art archaische Modernität, zu einer barbarischen Modernität führt.

Hier ist es an der Zeit, von Hegel und seiner doppelten Nachkommenschaft zu sprechen. Hegel hinterläßt ein großartiges, gewaltiges Werk: das Nebeneinander, die substantielle Ko-Identität von Sein, Wahrheit und Sittlichkeit; das Denken, das bei jedem seiner Schritte die Schöpfung der Welt wiederholt, die dialektische Struktur der Wirklichkeit, das Zusammenfallen von sittlicher Pflicht und Freiheit, der Gang des objektiven Geistes durch die Geschichte und seine Entfaltung zur höchsten Form, dem Staat; und schließlich der Staat selbst, der seine vollendetste Form im preußischen Staat findet. Die gewaltige Dynamik, die das Hegelsche System trotz seiner Endlichkeit in sich trägt – wie viele andere von Luther bis Marx glaubt auch Hegel, daß die Geschichte mit den

Veränderungen seiner Zeit endet –, erschüttert seit nunmehr fast zweihundert Jahren die Gesellschaften und die Philosophie. Indem Hegel das innere moralische Gesetz durch die Faktizität ersetzt, wird sein Werk zum Fundament von sich befehdenden Barbareien. Seit 1917 überziehen diese mit blutigen Kriegen und Tyranneien die Welt.

Neben ihm befruchten die großen metaphysischen Spekulationen Schellings die letzten Generationen der Romantik. Seine zentralen Themen sind das Verhältnis des Geistes zur Natur, zu der er gehört und die er transzendiert, und die Manifestation des Göttlichen in der Geschichte, der es zugleich äußerlich und innerlich ist. Derweil liefert sein Schüler Ludwig Feuerbach dem Neujakobinertum der Jahre 1830 bis 1840 eine materialistische philosophische Grundlage. Gegen die Unterdrückung der Freiheit und des Strebens nach nationaler Einheit, für die symbolisch der Name des österreichischen Staatskanzlers Fürst von Metternich steht, nimmt eine junge Generation, die Romantik, Christentum und deutschtümelnden Historismus gleichermaßen ablehnt, die Fackel der revolutionären Ideen wieder auf: Heinrich Heine, Dichter und Essayist, der Pamphletist Ludwig Börne, der geniale Georg Büchner, der dies alles auch ist und darüber hinaus ein Dramatiker mit gleich wunderbarer Heftigkeit und Eleganz, sowie der individualistische Anarchist Max Stirner begründen zwischen 1825 und 1848 die revolutionäre Tradition des deutschen Denkens, die Karl Marx in Beschlag nehmen wird, um daraus ein umfassenderes System zu konstruieren.

Bevor wir uns jedoch dem »roten Preußen« mit dem Prophetenbart zuwenden (der in Wahrheit gar nichts Preußisches an sich hatte, denn seine Geburtsstadt Trier gehörte, als er zur Welt kam, erst seit drei Jahren zum Berliner Königreich, in einer jüdischen Familie, die allerdings bald zum Protestantismus konvertieren sollte, um die Advokatenkarriere des Vaters zu fördern), widmen wir uns einen Augenblick dem deutschen Katholizismus in der ersten Hälfte des 19. Jahrhunderts. Die Kirche hatte in dem aus zahlreichen Fürstentümern bestehenden Reich unter der Französischen Revolution und dem aufgeklärten Absolutismus der deutschen Teilstaaten schwer zu leiden. Sie verlor ihre Besitzungen und Privilegien, ihre Schulen und Universitäten. Aber die Säkularisation war nicht nur materieller und rechtlicher Natur. Darüber hinaus bestand seit langem – bis zum Wiedererstarken eines lutherischen, romantischen, monarchistischen und rückwärtsgewandten Fundamentalismus, wie man heute sagen würde – eine Art Symbiose zwischen dem Protestantismus und der Aufklärung. Der Liberalismus und Etatismus der protestantischen Staatsbeamten stimmte mit dem Luthertum darin überein, daß der Katholizismus eine archaische, barbarische und fremdländische, undeutsche Religion sei. Nach 1815 hatten fast alle deutschen Staaten protestantische Fürsten. Die einzigen Ausnahmen bildeten Österreich, Bayern, Sachsen (aber hier hatte sich das Königshaus durch seine Entscheidung, zu rekonvertieren, um den polnischen Thron zu erhalten und zu behalten, von seinem erzprotestantischen Volk völlig isoliert), ferner Liechtenstein und die beiden kleinen Fürstentümer Hohenzollern. Und auch die vier verbliebenen Freien Städte wurden protestantisch regiert. Der Katholizismus – dem die Staaten direkte Beziehungen zu Rom untersagten – schien bestimmt, zu einer Religion der bäuerlichen Bevölkerung zu verkümmern, die dem steigenden Bildungsniveau nicht standhalten würde. Doch dann erwachte neues religiöses Leben, das vor allem mit dem Namen des Bischofs von Regensburg, Johann Michael Sailer, verbunden ist. In der deutschen Kirche wuchs eine neue Generation von Priestern heran, gleichzeitig gebildet und von den rationalistischen Einflüssen der Aufklärung befreit. Eine Gruppe weltlicher Denker trat entschlossen für die Rechte der Kirche und der katholischen Bevölkerung ein. Johann Joseph Görres, der Ende des 18. Jahrhunderts in Koblenz mit der Französischen Revolution sympathisiert hatte, schwang sich in seinem *Rheinischen Merkur* und später in politisch-historischen Büchern und Streitschriften zum Wortführer dieser Bewegung auf. Im Kampf gegen bürokratische Unterdrückung und rationalistische Verachtung übernimmt der deutsche Katholizismus die Lehren von Joseph de Maistre und Lamennais und wird ultramontan, beschließt aber gleichzeitig, im Verein mit den Liberalen die Freiheiten einzuklagen, die die Staaten der Restauration ihren Untertanen hartnäckig verweigern. Nach 1848 verläßt die französische Kirche, durch die neuerliche revolutionäre Bedrohung abermals in Schrecken versetzt und seit Inkrafttreten des Falloux-Gesetzes mit weitgehenden Freiheiten im Unterrichtswesen ausgestattet, diesen Weg für lange Jahrzehnte: Das Erbe eines Lamennais taucht erst wieder mit der Gründung christlich-demokratischer Parteien auf.

In Deutschland hingegen, wo der Katholizismus vom Staat bekämpft oder zumindest bedrängt wird, zieht man aus der Entscheidung für den parlamentarischen Weg und der Forderung nach Verwirklichung der Menschenrechte und Grundfreiheiten ganz andere Konsequenzen. Eine katholische Partei wird gegründet, das sogenannte Zentrum, aus dem teilweise die heutige CDU hervorgegangen ist. Und es entsteht, angeregt durch die Erkenntnisse der katholischen Soziallehre, eine Vielzahl katholischer Verbände und Vereine. Die wichtigsten Vertreter dieser christlich-sozialen Bewegung sind der Bischof von Mainz Wilhelm von Ketteler in den wichtigen Jahren um 1848, der österreichische Baron Karl von Vogelsang (ein konvertierter Protestant aus Niederschlesien) und der Theo-

loge und Sozialpolitiker Franz Hitze in den siebziger Jahren. Alle drei
sind Gelehrte und gleichzeitig Männer der Tat. Ihr Einfluß auf die römische Kirche wird sich mit Beginn des Pontifikats von Leo XIII. (1878)
deutlich bemerkbar machen.

Männer der Weimarer Klassik, Romantiker, Patrioten, Katholiken, also
mehrere der kulturellen Hauptströmungen im Deutschland der ersten
Jahrhunderthälfte, gründen ihr Weltbild zumindest teilweise auf die Wiederentdeckung und Aufwertung der nationalen Geschichte. Die Geschichtsdramen Goethes, Schillers, Kleists und des Österreichers Grillparzer werden zu wichtigen Kulturgütern einer politisch vielgeteilten Nation,
die danach strebt, ihre Einheit und einstige Größe wiederzuerlangen. Schiller ist nicht nur Dramatiker, sondern lehrt auch als Professor für Geschichte an der Universität Jena. Nach den Siegen von 1813 und 1814 setzt sich
in den sogenannten Geisteswissenschaften der Historismus durch, der die
Wirklichkeit durch das Studium ihres geschichtlichen Werdens begreifen
will. Dabei sind zwei entgegengesetzte Richtungen zu unterscheiden. Die
eine beschäftigt sich mit dem Besonderen, dem Individuellen, die andere
richtete ihr Hauptaugenmerk auf das große Ganze, auf die Gemeinschaften und, in deren Herzen, die Nationen. Anknüpfend an Wilhelm von
Humboldt, der als Historiker, Philologe und Minister die preußischen und
dadurch indirekt auch die Universitäten der anderen deutschen Staaten
reformiert hat, vereint Leopold von Ranke die beiden Ansätze in einem
Monumentalwerk, in dem er hauptsächlich, aber keineswegs ausschließlich, die deutsche Geschichte behandelt. Ranke verzichtet auf den mora-
lisch-erzieherischen Anspruch der Aufklärung, er »will bloß zeigen, wie
es eigentlich gewesen«. Da er aber auch Lutheraner und Romantiker ist,
betrachtet er Individuen und Ereignisse als »Gedanken Gottes«. Viele
seiner Nachfolger werden die Geschichtswissenschaft zu einer bloßen
Waffe im politischen Kampf machen.

Hatte Humboldt der Universität die Freiheit und den Rang einer Pla-
tonischen Akademie verleihen wollen, so wird sie nach seiner Entlassung
als Minister im Jahr 1819 zu einer zweckbetonten Einrichtung, an der
die Staatsdiener der mittleren und höheren Ebene ausgebildet werden:
Administratoren, Pastoren, Lehrer und teilweise auch Offiziere. Zwar
hat sie weiterhin die Aufgabe, Wissenschaft und Forschung zu pflegen,
doch soll sie sich auch darin vorwiegend an den praktischen Erfordernissen des Staates orientieren. Insbesondere in Preußen (wo den Untertanen jede Einmischung in die Politik verboten ist, aber in den anderen
Staaten ist die Situation nicht so unähnlich) schlagen die begabten jungen
Männer aus dem Bürgertum eine wissenschaftliche Laufbahn ein, sofern
es sie nicht in die Verwaltung zieht, in der der Adel noch die meisten

höheren Posten bekleidet, oder in die Wirtschaft, die erst ab Mitte der dreißiger Jahre einen spürbaren Aufschwung erleben wird (1834 ruft Preußen den Deutschen Zollverein ins Leben, dem mit Ausnahme Österreichs nach und nach die meisten deutschen Staaten beitreten werden).

Die fest in der rationalistischen Kritik, im Kantschen Idealismus und in Hegelscher Dialektik verankerte deutsche Wissenschaft macht dank der strengen Berücksichtigung methodischer Fragen in allen Bereichen und Disziplinen einen Riesensprung nach vorn. In der Philologie und Rechtsgeschichte, in der Nationalökonomie, in Chemie und Biologie als angewandte Wissenschaften für Industrie und Landwirtschaft erobert Deutschland bald eine internationale Spitzenstellung. Die Entdeckung der indogermanischen Sprachfamilie, die Erschließung der germanischen Quellen des europäischen Rechts und die Industriebetriebslehre, die von den Schülern des Volkswirts und genialen Visionärs Friedrich List als Instrument der nationalen Einigung begriffen wird, liefern neue Erkenntnisse, die ein Heer von Gymnasiallehrern, an den Universitäten ausgebildet, weitervermittelt. Auf diese Weise wird dem Mittelstand eine Bildung zuteil, die auf einem historischen und nationalen Fundament fußt. Außerhalb der Universitäten und Gymnasien wird diese Bildung von Vereinen verbreitet, die sich, scheinbar unpolitisch, in rasantem Tempo vermehren, obwohl die Staaten ihre Untertanen mit Verboten oder Beschränkungen daran zu hindern suchen, als Bürger aufzutreten. Ohne die Universitäten und die Dozenten, die sich häufig als treibende Kraft der liberalen Einigungsbewegung verstehen, hätten die unzähligen Turnvereine und die nicht weniger zahlreichen Sängerbünde oder Gesangvereine niemals den enormen Aufschwung genommen, der ihnen in der Zeit zwischen dem Scheitern der Revolution von 1848 und dem Triumph der Bismarckschen Diplomatie 1871 beschieden war. Gleiches gilt selbstverständlich auch für die Philologenverbände und ähnliche Vereinigungen, deren Treffen wie die der Turner und der Sänger zu Versammlungen der nationalen Bewegung werden. Männer wie der Tübinger Literaturprofessor und Dichter Ludwig Uhland oder der Göttinger Geschichtsprofessor Georg Gervinus werden zu Nationalhelden. Letzteren enthebt der König von Hannover 1837 seines Amtes und weist ihn aus dem Lande, weil er zusammen mit den Brüdern Grimm, die neben ihrer Märchensammlung der deutschen Sprache ein einzigartiges Wörterbuch geschenkt haben, gegen die Aufhebung der Verfassung protestiert hat.

Die meisten der bedeutenden Hochschullehrer, die anstelle der Könige, Fürsten und Minister die »Kulturnation« zu ihren wahren Leitbildern erheben, werden in der Frankfurter Nationalversammlung von 1848 Abgeordnete sein. Erstmals rücken Dichter, Historiker, Philologen und Juristen an die Spitze der Gesellschaft und übernehmen Verantwortung für die nationale Gemeinschaft, um einen modernen Ausdruck zu verwenden, den die Achtundvierziger freilich durchaus verstanden hätten. Sie werden vor allem deshalb scheitern, weil die Revolution zu viele Schauplätze hat (in Berlin, Wien, Dresden und in der Rheinpfalz flammen gleichzeitig Aufstände auf, und zu ihrer Niederschlagung ist es nicht einmal nötig, sie voneinander zu isolieren). Und dennoch wird Deutschland nach der Phase der Reaktion und nach den Kriegen, mit denen Preußen gewaltsam seine Vorherrschaft durchsetzt, von den enormen Vorteilen des Rechtsstaates profitieren können. Denn das ist es, was das aufstrebende Bürgertum am dringendsten benötigt: Der Rechtsstaat garantiert die wirtschaftliche Ungleichheit, anstatt sie abzuschaffen, und fördert den Aufschwung von Industrie und Bankwesen. Aber er wird den Deutschen auch Meinungs- und Pressefreiheit bringen, selbst wenn die Selbstzensur mitunter Formen annimmt, die einer Selbstknebelung gleichkommen. Selten konnte ein Pamphletist eine starke und angesehene Obrigkeit in ähnlicher Weise geißeln wie Maximilian Harden zu Beginn des 20. Jahrhunderts, als er den häufigen Gesinnungswandel von Kaiser Wilhelm II. und die kleinen Niederträchtigkeiten in dessen Gefolge attackierte. Und selten hat ein Schriftsteller die Hüter der öffentlichen Meinung und Wirtschaftslenker eines (zumindest noch dem Anschein nach) mächtigen Staates so zum Zittern gebracht wie Karl Kraus, der mit seiner *Fackel*, einer Zeitschrift, deren einziger Autor er praktisch war, fast vierzig Jahre lang in die dunklen Wiener Abgründe leuchtete. Nach 1848/1849 errangen die Intellektuellen niemals die ganze Macht, aber bis auf das schreckliche Zwischenspiel unter Hitler wurden sie nie wieder völlig machtlos.

Der erste Jude, der einen wichtigen Platz in der deutschen Kultur einnahm, war der in der zweiten Hälfte des 18. Jahrhunderts wirkende und mit Lessing befreundete Berliner Philosoph Moses Mendelssohn. Die Emanzipation der Juden war eine Errungenschaft der Aufklärung und der Französischen Revolution. Sie kommt erst 1848 zum Abschluß, aber selbst nach dieser Zäsur wurden in vielen Staaten, besonders in Preußen, nur Konvertiten zum Staatsdienst zugelassen. Denjenigen, die weder Kaufmann noch Bankier werden wollten, standen vor allem die freien Berufe offen, denn mittlerweile hatten Reformen fast alle Zunftbeschränkungen abgeschafft. Das Universitätsstudium war für die Kinder Israels der Königsweg zur Integration, und so war es kein Zufall, daß die Zahl der jüdischen Studenten an den Unversitäten nach dem Frieden von 1815 binnen kurzer Zeit in die Höhe schnellte. Der Name Mendelssohn war nur wenigen Philosophen und Angehörigen der gehobenen Berliner Gesellschaft ein Begriff. Heine avancierte sehr schnell zum Nationaldichter, von den einen innig geliebt, von den anderen zutiefst verabscheut. Die Juden machten nicht einmal ein Prozent der deutschen Bevölkerung aus, doch als Rechtsanwälte, Ärzte oder Journalisten waren sie, namentlich in Berlin und Wien, immer stärker vertreten. In diesen Berufen, denen die moderne Zivilisation eine wachsende Bedeutung beimaß, kamen sie mit der breiten Bevölkerung in Berührung und rückten dadurch ins Blickfeld der Öffentlichkeit. Die Unternehmer, Kaufleute und neureichen Industriellen sowie deren leitende Mitarbeiter, also das assimilierte oder sich assimilierende jüdische Bürgertum (das sich allerdings selten taufen läßt, obwohl seine Bindung zum »mosaischen« Glauben, wie die preußische Verwaltung ihn nennt, oft nur noch vage und formell ist) spielt im Kulturleben eine wichtige Rolle, zunächst vor allem als Konsument und seltener als »Mäzen«. Nach Heine und Marx machen große jüdische Künstler und Denker erst wieder um die Jahrhundertwende von sich reden.

Da Gleichberechtigung ebenso ein politisches Problem ist wie die Bekämpfung des Antisemitismus, tun sich jüdische Ärzte, Juristen und Journalisten, aber auch einige Industrielle und Bürger bald in der Politik hervor, vor allem in den Parlamenten, die zwischen 1848 und 1860 in allen deutschen Staaten mit Ausnahme der beiden Großherzogtümer Mecklenburg entstehen oder wieder eingeführt werden. Als Angehörige einer Minderheit, die früher unterdrückt wurde und der ein Großteil der Bevölkerung und der herrschenden Schichten immer noch mit Mißtrauen begegnen, engagieren sich die Juden meist für die Linke, für den Liberalismus und, etwas später, für den Sozialismus. Von den drei wichtigsten Gründern der sozialistischen Bewegung in Deutschland sind zwei jüdischer Herkunft (der dritte, Friedrich Engels, stammt aus einer pietistischen Industriellenfamilie). Andererseits ist aber auch Julius Stahl, der große Theoretiker des preußischen Konservatismus um 1850, der Herkunft nach ein Jude.

Als Jean-Paul Sartre 1949 in einem Interview gefragt wurde: »Wer ist nach Ihrer Meinung der größte deutsche Schriftsteller?« und als er antwortete: »Karl Marx«, rief er damit in Frankfurt große Verwunderung hervor. Unter den Intellektuellen im deutschsprachigen Raum war es nicht üblich, Marx der Rubrik der »großen Schriftsteller« zuzuordnen. Nimmt man allerdings die Wirkung seiner Schriften zum Maßstab, so verdient er zweifellos ebenso einen Platz unter den wichtigsten deutschen Autoren wie Martin Luther. Er war der überragende Theoretiker einer Revolution, die dann allerdings nur in anderen Ländern stattfinden sollte, sieht man von der DDR ab, in die sie gewissermaßen reimportiert wurde, und das unter Bedingungen, die der scharfzüngige, kompromißlose Pamphletist fraglos voller Widerwillen abgelehnt hätte. Dies ändert jedoch nichts daran, daß kein Philosoph an seiner Nachkommenschaft schuldlos ist. Marx ist wie Luther ein Großer, weil er profunden Scharfsinn mit ausgeprägtem, zugleich kritischem und konstruktivem Pragmatismus verbindet. Nach eineinhalb Jahrtausenden, die ganz im Zeichen des Spiritualismus standen, macht er sich an die Rehabilitierung der Materie, des Körpers und deren begründeter Ansprüche. Er schwingt sich zum Erben der Französischen Revolution auf, der bürgerlichen Revolution, die er zur Vollendung durch das Proletariat führt. Und gleichzeitig gibt er der nationalen deutschen Erhebung gegen die französische Herrschaft, der doppelten Forderung nach Einheit und Freiheit, die nur das Proletariat einlösen kann, ihre wahre Bedeutung. Von Hegel hat er gelernt, daß die Macht die sich entfaltende Vernunft ist, sobald sie sich in Richtung der geschichtlichen Entwicklung zeigt und wirkt. Zusammen mit Luther und Hegel gehört Marx zu jener Spezies von Denkern, die das nahe Ende der Geschichte erwarten, ihre Vollendung in der Aufhebung der Widersprüche, in einer letzten Synthese: den endgültigen und immerwährenden Stillstand des in sich selbst ruhenden Weltgeistes, die letzte Wiederkunft des Herrn, die gleichzeitig Gericht über die Zeit und Ende der Zeit ist. Die konfliktfreie sozialistische Gesellschaft öffnet dem Menschen in der Zeit das Tor zu einer anderen Zeit, deren friedvolles Glück der unendlichen Kontemplation der Herrlichkeit Gottes, in die sich der durch die Gnade erlöste Christ im Jenseits versenken wird, zum Verwechseln ähnelt. Für Marx wird dieses Glück irdischer und endlicher Natur sein, aber ebenso unvorstellbar. Für den Historiker, der die Phänomene als solche betrachtet, sind der Glaube der Schüler von Marx und der Glaube der Christen ihrem Wesen nach gleich. Marx erscheint als der Stifter einer neuen Religion, die, dem Islam gleich, fähig ist, zahllose Heerscharen für einen säkularisierten heiligen Krieg zu mobilisieren, weil nur das Diesseits, das Säkulum, heilig ist. Wie alle großen Religionsstifter findet er Minister und Generäle, die für ihn Waffen schmieden, Truppen ausheben und eroberte Gebiete verwalten und gleichzeitig die Botschaft weiterverbreiten, kommentieren und auslegen. Die deutsche Sozialdemokratie wird aus einem Konflikt hervorgehen zwischen dem prophetischen Philosophen und dem militärisch-industriellen Komplex des preußischen Staates, den Herrschafts- und Organisationsmodellen, die Moltkes Armee und Krupps Unternehmen unter der Führung eines Staatsmannes in den deutschen Staaten verbreiten, der sich trotz seiner überragenden Größe zügelt, der zugleich stolz und bescheiden ist: Otto von Bismarck.

Marx und Bismarck beherrschten das halbe Jahrhundert deutscher Geschichte, das 1870 begann und 1918 endete. Marx verabscheute Bismarck, und Bismarck erkannte nie die Größe von Marx, der ihm als einziger Deutscher seiner Zeit wirklich ebenbürtig war. Die Schriften des Londoner Privatgelehrten dürften ihn kaum interessiert haben. Andererseits erkannte er mit dem Scharfblick des großen Politikers, daß die von Ferdinand Lassalle ins Leben gerufene und später von August Bebel und Wilhelm Liebknecht im Sinne von Marx fortgeführte Arbeiterbewegung die Kräfteverhältnisse in der Welt, in der er lebte, verändern würde. Das Interesse, das er Lassalle entgegenbrachte, galt dem Praktiker, der mit der Zeit – und vielleicht in gar nicht so ferner Zukunft – sein Verbündeter oder Rivale werden könnte. Daß der jüdische Publizist ein angenehmer, hochgebildeter Gesellschafter war, machte ihn noch anziehender. Lassalles Denken hatte weder das Gewicht noch die Tiefe, noch die Originalität der Marxschen Theorie, doch schätzte er die konkrete politische Realität realistischer ein. Die Partei, die er gründete, sollte, obwohl sie sich sehr bald auf den Marxismus berief, an den strategischen Intuitionen ihres Gründers lange festhalten.

Nach dem Scheitern der Revolution von 1848 mit ihren hochgesteckten liberalen und demokratischen Zielen, darunter auch dem Traum von einer brüderlichen Koexistenz der Nationalitäten, die – Deutsche, Polen, Tschechen, Slowenen, Italiener und andere – bunt gemischt in den östlichen und südöstlichen Territorien des Deutschen Bundes leben, wird das deutsche Volk innen- wie außenpolitisch den Weg der »Realpolitik« einschlagen. Im Innern führt der langwierige Konflikt zwischen Bismarck und der liberalen Partei zur Spaltung derselben. Der national-liberale Flügel folgt Bismarck auf dem Weg in den Krieg, um die neue, mit Blut und Eisen geschmiedete nationale Einigung zu vollenden. Dank einem Kompromiß wird dieses neue Reich eine konstitutionelle Monarchie, in der das Volk das allgemeine gleiche Wahlrecht genießt und Abgeordnete wählt, die in seinem Namen an der Ausarbeitung der Gesetze und der Verabschiedung des Haushalts mitwirken. Doch die patriarchalisch-patrimoniale Ordnung auf den großen Landgütern im Osten bleibt bestehen, und der Adel behält seine wirtschaftlichen und sozialen Privilegien. Er besetzt die Mehrheit der Spitzenposten in Armee und Verwaltung und behauptet seine dominierende Stellung im preußischen Landtag, der immer noch nach dem Zensuswahlrecht gewählt wird. Außerdem genießt er indirekt ein Vetorecht, das von den Regierungen der Einzelstaaten, deren Delegierte die zweite Kammer, den Bundesrat, bilden, ausgeübt wird und bei denen der Einfluß des Adels vorherrschend bleibt, und schließlich hat er weiter die Möglichkeit, der Gesellschaft seine Vorstellungen und Werte aufzuzwingen. Dennoch ist er gezwungen, die Macht zu teilen: Die Industriellen und Bankiers des Großbürgertums stellen eine neue Kraft dar und verlangen vom Staat, daß er ihre Interessen genauso berücksichtigt wie die der Großgrundbesitzer. Die wirtschaftliche Entwicklung, die Bevölkerungsexplosion und die rasch fortschreitende Urbanisierung verändern das Gesicht des alten Deutschland. Das neue Reich ist ein Rechtsstaat, in dem das Gesetz, wie es im allgemeinen Wahlrecht symbolisch zum Ausdruck kommt, die Gleichheit aller Bürger garantiert, doch gleichzeitig ist es ein politischer Machtstaat, der die vom militärisch-industriellen Komplex beherrscht wird. Die Forderung nach nationaler Einheit ist erfüllt, aber der Traum von einem brüderlichen Zusammenleben der Völker weicht nach und nach einer aggressiven nationalistischen Ideologie. Das kaiserliche Deutschland muß noch größer werden, seine Macht und seinen Reichtum mehren, den Nachbarvölkern seine Autorität aufzwingen. Der Imperialismus, die höchste Form des Nationalismus, findet in den führenden Schichten ebenso Anklang wie im Mittelstand. Der Anspruch auf eine dominierende Rolle in Europa, ja sogar auf eine Vormachtstellung in der Welt, stützt sich auf neue biologistische und rassistische Theorien, die zum Schaden der humanistischen Tradition, der Aufklärung, ja selbst der christlichen Grundlagen der deutschen Kultur Verbreitung finden.

Dieser tiefgreifende Bewußtseinswandel schlägt sich jedoch nicht in großen literarischen oder philosophischen Werken nieder. Der Künstler, der diese Mischung aus dem Willen zur Macht und bürgerlichem Willen am besten repräsentiert, ist zwar ein großes Genie, aber nur in zweiter Linie Literat: Richard Wagner. Er hat in seiner geistigen Entwicklung selbst den Weg beschritten, der von der demokratischen Revolution zur Siegessicherheit einer Rasse führt. Das neue Reich mit den Uniformen der Militärs und den Plastrons der Neureichen feiert seine Hochämter in Bayreuth. »Mach mir angst«, scheint es dem großen Mystagogen zuzurufen, der vor in Uniformen gezwängten Generälen und befrackten, schmerbäuchigen Geheimen Kommerzienräten die unabwendbaren Folgen der Leidenschaften verherrlicht, bis alles von einem Weltenbrand verschlungen wird. Drängt sich da heute nicht der Gedanke auf, daß Hitler an seinem letzten Tag in der Reichskanzlei – mit seinem bescheidenen Talent des Kopisten – das Ende des Wagnerschen Rings wiederholen wollte?

Der populärste und einflußreichste Denker der Bismarck-Ära war der materialistische Zoologe Ernst Haeckel. Er verfocht den Darwinismus und systematisierte ihn mit einem »biogenetischen Grundgesetz«. Per-

sönlich stand er in der Tradition der Aufklärung, wenngleich er in seiner
zweiten Schaffensperiode bis in die neunziger Jahre hinein zu einer Art
Naturmystik neigte. Sein materialistischer, entschieden antireligiöser Mo-
nismus wurde zur Ideologie eines Teils der deutschen Linken, der Frei-
denker, und fand in der Sozialdemokratie Verbreitung. Doch sein Biolo-
gismus interessierte auch die rassistische antisemitische Bewegung, die
ebenfalls in der Bismarck-Ära verbreitete.

Die eine wie die andere Gruppe verwarf die religiösen und sogar die
idealistischen Grundlagen des Humanismus. Zur gleichen Zeit entwarfen
zahlreiche Schriftsteller, Romanciers und Essayisten, zuweilen von wissenschaftlichem Ehrgeiz getrieben, das Bild eines deutschen Volkes oder
einer germanisch-nordischen Rasse, die dazu bestimmt sei, andere Völker
zu beherrschen und ihnen das Heil zu bringen, eine Mission, die ein Mal
mit der göttlichen Vorsehung begründet wurde, die wenig mit dem Gott
der Juden und Christen zu tun hatte, und ein anderes Mal mit den Gesetzen der Natur, die das deutsche Volk mit Vorzügen ausgestattet habe,
die sich bei keinem anderen fänden.

Die Agitation für koloniale Eroberungen und den Ausbau der Flotte
ging mit einer judenfeindlichen Propaganda einher, die sich nicht mehr
auf religiöse, sondern auf biologische und rassische Argumente stützte.
Die Schriften und Reden des evangelischen Geistlichen Adolf Stoecker,
der eine religiöse antisemitische Partei gründete, und die oft nebulösen,
gegen Abendland, Liberalismus und Christentum gerichteten Spekulationen eines Paul de Lagarde oder eines Julius Langbehn, der die irrationalen
Kräfte im künstlerischen Schaffen pries, fanden in dem vom »nationalen«
Geist des Bismarck-Staates geprägten Bürgertum ein starkes Echo. Zu
den bewunderten Schriftstellern, deren Bücher ein großes Publikum erreichten, gehörten Felix Dahn und Gustav Freytag. Sie zeigen quer durch
die Epochen die Tugenden und Leistungen einer deutschen Rasse, die
unentwegt den heimtückischen Machenschaften von Feinden ausgesetzt
ist, die »minderwertigen« Rassen angehören: Asiaten, Slawen oder Juden.
Der populäre historische Roman hilft dabei, die Thesen derjenigen Historiker zu verbreiten, die, allen voran Heinrich von Treitschke, ihr ty-
pischster Vertreter, vom Katheder aus die neue nationalistische Weltanschauung verkünden und den Willen zur Macht verherrlichen. Fast alle
waren sie bis 1866 engagierte Verfechter eines humanistischen, patriotischen und demokratischen Liberalismus. Und ein großer Teil der gebildeten Deutschen sollte ihre neuen Anschauungen übernehmen. Im Gegensatz zu Treitschke und seinen Anhängern hielt der Basler Jacob
Burckhardt, von der Kunstgeschichte zur allgemeinen Geschichte gekommen und geographisch wie kulturell am Rande des damaligen deutschen

Geisteslebens angesiedelt, an einem kultivierten Humanismus fest, dessen
Grundwerte Schönheit und Vernunft waren. In seinen *Weltgeschichtli-
chen Betrachtungen* prophezeite Burckhardt jedoch das Kommen
schrecklicher Vereinfacher und großer Tyrannen, falscher Propheten und
wahrer Verführer, doch seine Warnungen erreichten nur eine Elite am
Rande der eigentlichen Entscheidungszentren.

Im Gegensatz zu der Gruppe der nationalistischen Historiker vertritt
Konstantin Frantz die Idee eines in christlicher und mittelalterlicher Tradition stehenden, ständisch verfaßten mitteleuropäischen Staatenbundes.
Der in Österreich lehrende Julius von Ficker hält den Anhängern der
kleindeutschen Lösung unter den Historikern die Kaiser des Mittelalters
und deren universalistische Bestrebungen entgegen. An dieser Stelle kann
ich endlich wieder einmal eine Frau erwähnen: In den achtziger Jahren
des vorigen Jahrhunderts muß sich die wunderbare Ricarda Huch in
Begleitung ihres Bruders an der Zürcher Universität einschreiben, weil
die deutschen Universitäten noch keine Frauen aufnehmen, schon gar
keine unverheirateten. In ihrem Werk *Der große Krieg in Deutschland*
erinnert sie in vielen Einzelszenen, in denen literarisches Talent und wissenschaftliche Sorgfalt eine harmonische Ehe eingehen, an eines der tra-
gischsten Kapitel in der deutschen Geschichte vor der Zeit des Nationalsozialismus. Im Dritten Reich selbst wird sie zu den wenigen starken
Persönlichkeiten gehören, die keinerlei Kompromiß eingehen. Der Philosoph Oswald Spengler hingegen verkündet den *Untergang des Abendlandes* und beschwört das Kommen eines deutschen Sozialismus, der
zugleich national, antiliberal und autoritär sein wird. Dennoch wird er
am Spektakel des Hitlerismus wenig Gefallen finden. Als richtiger und
bedeutender Historiker faßt Friedrich Meinecke, ein bürgerlicher, aber
liberaler Patriot, die Optionen Deutschlands in seinem umfangreichen
Werk *Weltbürgertum und Nationalstaat* (1907) zusammen. Nach 1945
wird er als Achtzigjähriger fast im Alleingang eine große Bestandsauf-
nahme nach Hitler machen und den Weg nachzeichnen, der sein Volk in
Die deutsche Katastrophe geführt hat.

Zu Beginn des 20. Jahrhunderts widmet sich das Denken in Deutschland,
angeregt durch Karl Marx und durch Historiker wie Karl Lamprecht,
die der Wirtschaft nun verstärkte Aufmerksamkeit schenken, nun auch
soziologischen Problemen und erschließt damit einen neuen Wissensbe-
reich, aus dem bedeutende Werke hervorgehen werden. Max Weber, der
bei der Untersuchung gesellschaftlicher Phänomene historisches und
systematisch-typisierendes Verfahren vereint, wendet die soziologische
Methode ebenso auf Musik wie auf Religion oder Politik an. Seine grund-

sätzliche Unterscheidung zwischen Verantwortungsethik und Gesinnungsethik – wobei erstere den Regierenden, letztere den politischen Aktivisten zur Pflicht gemacht wird – ermöglicht eine neue kritische Sicht des politischen Lebens. Weber befreit die Sozialwissenschaften vom marxistischen Dogmatismus, der Zweifel an ihrer Wissenschaftlichkeit hat aufkommen lassen. Gleichzeitig setzt er sich als Hochschullehrer für das konkrete politische Ziel einer nationalen Demokratie ein. Damit greift Weber auf die Bestrebungen der Generationen von 1813 und 1848 zurück, die von der Notwendigkeit und von der Möglichkeit überzeugt waren, Freiheit und Nation zu versöhnen. Allerdings belastet eine neuerliche Ambiguität ein solches Engagement, das in einer Zeit, da die meisten Professoren eher national-konservativ empfinden, ohnehin recht selten ist: Die deutsche Nation kann sich die Einheit nicht mehr zum Ziel setzen, denn sie ist schon seit zwei Generationen vereint. Nationale deutsche Politik, das bedeutet von nun aktive Mitwirkung an der Weltpolitik, und zwar in der Rolle einer Großmacht, die auf die eine oder andere Weise über Nachbarvölker (Mitteleuropa) oder Völker in Übersee (Kolonialismus) eine politische, wirtschaftliche und kulturelle Vorherrschaft ausübt. Der Nationalsoziale Verein des Pastors Friedrich Naumann, der auf die Wiedereingliederung der starken sozialdemokratischen Kräfte in die nationale Gemeinschaft hinwirken will, ist ein weiterer Beleg für die Entstehung einer nationalen demokratischen Linken. Naumann und Weber werden sich nach 1918 in der Deutschen Demokratischen Partei (DDP) zusammenfinden, die im Bündnis mit den Sozialdemokraten und dem katholischen Zentrum das Ziel verfolgt, die Republik mit Leben zu erfüllen und ihr Profil zu geben.

Dies alles sind im wesentlichen Unternehmungen von Intellektuellen für Intellektuelle, gleichwohl darf ihr indirekter Einfluß auf die Gesellschaft und die Kultur nicht unterschätzt werden. Zu den großen Soziologen und Politologen der ersten Generation zählt auch der Theologe Ernst Troeltsch, der sich mit den Soziallehren der christlichen Kirchen beschäftigt. In seinen Augen eröffnet der einzigartige und irreversible Charakter der historischen, psychologischen und gesellschaftlichen Gegebenheiten die Möglichkeit, diese mit wissenschaftlichen Methoden in ihrem Gesamtzusammenhang zu erfassen. Auch Troeltsch wird nach 1918 für die neue Demokratie eintreten. Im selben Maße, wie die deutsche Rechte dem marxistischen Materialismus – und allgemeiner der lebensfeindlichen rationalistischen Methode – ihren »Idealismus« gegenüberstellen will, mißtraut sie auch der Soziologie und der Politologie. Beide können jedoch auch Wasser auf ihre Mühle sein, wie das umfangreiche Werk des Nationalökonomen und Soziologen Werner Sombart beweist, der Kapitalismus und Sozialismus untersucht. Zunächst dem Marxismus nahestehend, bekämpft er später erbittert die Theorie des Gründers der Ersten Internationale und jener politischen Kräfte, die sich auf ihn berufen. Im Nationalsozialismus wird er, der seinerseits auch die soziologische Methode rigoros ablehnt, sich in einen kulturellen Elfenbeinturm zurückziehen.

Eine unvergleichlich größere Wirkung hatte das Denken des Philosophen Friedrich Nietzsche, der Wahl-Basler und ein Zeitgenosse Burckhardts war. Seit hundert Jahren hat es nichts von seiner Aktualität eingebüßt. Dieser schüchterne und großdenkende Gelehrte blieb nicht auf halbem Wege stehen. In brillanter Sprache schleudert er den Heuchlern, den Zauderern, den Resignierten und Duckmäusern seine unerbittliche These von der »Umwertung der Werte« entgegen. Der dionysische Mensch, der alle Freuden aus einem Dasein ohne Jenseitsglauben schöpft, ist das Vorbild eines neuen schöpferischen Übermenschentums. Die Bejahung des Lebens, des Diesseits und der Herrenfreiheit, die als Moral nur das Gesetz anerkennt, das sie sich selbst gibt, gipfelt in der Verherrlichung des »Willens zur Macht«. Allein der befreite Mensch verdient es, über diejenigen zu herrschen, die sich von den Zwängen, die ihnen die Priester der falschen Götter (und mit Ausnahme des Übermenschen gibt es nur falsche Götter) auferlegt haben, weder befreien wollen noch können. Von Nietzsche hebt sich scharf die nüchterne Gestalt Arthur Schopenhauers ab, der die Welt als Erscheinung deutet, die sich selbst erscheint, als Vorstellung ihrer selbst, eines einzelnen nicht-rationalen, primitiven, impulsiven Willens zum Leben. Lange Zeit zog der Schopenhauersche Pessimismus nur eine kleine Gruppe bedeutender Geister in seinen Bann. Atheismus und Irrationalismus, die bei Schopenhauer in den Wunsch nach »Selbstabtötung« münden, verwandeln sich bei Nietzsche in den unbändigen (dionysischen) Willen, die unerschöpflichen Möglichkeiten des Daseins auszuleben. Nietzsche übte eine große Wirkung aus und gab die unterschiedlichsten Anstöße. Die tiefe Zweideutigkeit seines Werkes ermöglichte es ehrgeizigen Spießern, Pseudogelehrten und zornigen Plebejern, nicht nur sein Denken, sondern auch seine brillanten, paradoxen Formulierungen zu vereinnahmen (und bewußt zu mißbrauchen). Das war der unvermeidliche Preis für seine Unvorsichtigkeit, für seine Weigerung, zu denken, daß man ihn beim Wort nehmen konnte.

Der Übermensch, die Herrenmoral und der Wille zur Macht werden den geifernden Lemuren, der Bande von Dieben, Mördern und Folterern, die ihrem Despotismus den Namen Drittes Reich geben werden, als »geistige« Rechtfertigung dienen. Der Name »Drittes Reich« taucht erstmals in der spekulativen theologischen Mystik des Mittelalters (Joachim von Fiore) auf, um später, säkularisiert und verfälscht, in den nationalistischen und imperialistischen Sprachschatz des Wilhelminischen Deutschland einzugehen (nach einer Passage in der Schöpfungsphilosophie Schellings). Aufgrund seines literarischen Genies und der blendenden Kraft seiner Ideen ist Nietzsche an dieser Nachkommenschaft zwar nicht schuldlos, doch verdient er es keineswegs, mit ihr verwechselt zu werden. Er hat in dem Orchester, das die Werte zerstört hat, auf einem erstklassigen Instrument gespielt, aber es ist ihm nicht gelungen, die so geschaffene Leere zu füllen. Sein starker Geist leidet an einem tiefen und ungestillten Bedürfnis zu lieben und geliebt zu werden. Der Schöpfer des Übermenschen versinkt in einem unerträglichen Weltschmerz. Seine letzte Geste vor seinem psychischen Zusammenbruch: Er umarmt einen geschundenen Droschkengaul und nimmt das ganze Leid der Kreatur auf sich. Später wird Himmler in seiner berühmten Rede vor SS-Führern, in der er ihnen die Notwendigkeit darlegt, mit der »Endlösung« der Judenfrage fortzufahren, ohne sich von Mitleid übermannen zu lassen, daran erinnern, daß von allen Völkern nur die Deutschen Tiere anständig behandeln. Armer großer Nietzsche: Schlimmer hätte er nicht mißbraucht werden können.

Das Denken Schopenhauers und Nietzsches, die Romantik und der Idealismus, die Suche nach den alten germanischen Tugenden, die Naturverbundenheit und die Ablehnung der städtisch geprägten Zivilisation der Maschinen und des Geldes, alle diese immer wiederkehrenden und verwandten Elemente fließen in die Jugendbewegung ein, die in den letzten Jahren des 19. Jahrhunderts entsteht. Aus Protest gegen Familie und Schule, gegen die Sitten und Gepflogenheiten einer künstlichen sozialen Welt, die falsche Werte hochhält und falsche Prioritäten setzt, versuchen junge Lehrer und Gymnasiasten zunächst, den Zwängen zu entfliehen und in der Natur ihre Freiheit zu finden, geraten aber bald in den Sog antiliberaler, antikapitalistischer und oft auch antisemitischer Ideologien. Die Natur im sozialen Bereich ist das Volk in seiner ursprünglichen Reinheit. Man singt seine Lieder (die Herder, Arnim, Brentano, die Brüder Grimm und ihre Nachfolger gesammelt haben), man tanzt seine Tänze. Das »Volk«, mystisch und ursprünglich, ist das Gegenteil vom »Staat«, der politischen Nation der Französischen Revolution.

Der durch Liberalismus und Kapitalismus gespaltenen Gesellschaft stellt man den »Bund« und die »Gemeinschaft« gegenüber. Die Jugendbewegung weist verschiedene dominierende Merkmale auf, die zeitgleich oder nacheinander auftreten, die unter sich teils verwandt, teils widersprüchlich sind. Hervorzuheben wären vor allem: der Einfluß der christlichen Soziallehre und einer neuen antichristlichen Mystik, ein romantischer Pantheismus und die Bejahung moralischer und sexueller Freiheiten (mit homosexuellen Konnotationen, die im Hinweis auf das antike Griechenland gerechtfertigt werden). Die Verwandtschaft mit der Bewegung zur Zeit der Befreiungskriege ist offensichtlich, und nicht minder die Bereitschaft, sich von den antiliberalen und antidemokratischen Kräften vereinnahmen oder benutzen lassen, die angesichts der zunehmenden Bedrohung der herrschenden Ordnung im Begriff sind, das Gewand des verfassungstreuen Konservatismus abzulegen.

In ihrem Bestreben, mit Konventionen zu brechen, Themen zu behandeln, die bislang als unschicklich galten oder tabu waren, und den Leidenschaften zu huldigen, allen voran der Liebe, der erotischen Wissenschaft, steht die literarische Bewegung des Naturalismus in naher Verwandtschaft zur Jugendbewegung. Allerdings ist sie kein spezifisch deutsches Phänomen. Auch Emile Zola, Henrik Ibsen und August Strindberg haben den Menschen als Teil der Natur so wie alle anderen ihrer Elemente dargestellt und ihn darüber hinaus in den erbärmlichsten und schockierendsten Lebensverhältnissen gezeigt. Die Lage des Proletariats und die mit dokumentarischer Exaktheit beschriebene Sexualität (zumindest im Rahmen dessen, was in der damaligen Zeit toleriert werden konnte) sind Themen, deren Behandlung leicht zu einer Anklage gerät.

Die scheinbare Kälte des Wissenschaftlers ist für den Schriftsteller oder Maler jener Zeit nur ein Mittel, seiner tiefen Empörung Ausdruck zu verleihen, einer Empörung, die ihn häufig veranlaßt, sich in oder am Rande der Arbeiterbewegung politisch zu engagieren. Gerhart Hauptmanns Theaterstücke *Vor Sonnenaufgang* und *Die Weber* gehören zu den ungestümsten und gelungensten Versuchen, die verborgenen Tiefen von Gesellschaft und Individuum aufzudecken.

Der positivistische Materialismus und der Naturalismus reißen tausendjährige Schleier weg und machen den Menschen, und zwar den ganzen Menschen, zum Objekt einer wissenschaftlichen Forschung, die weder Scham noch religiöse Ehrfurcht kennt. Nietzsche wiederum, der den dionysischen Übermenschen von allen moralischen Fesseln befreit, schlägt Breschen, in die der Forscherdrang Sigmund Freuds hineinstoßen wird. Die Tiefen des Unbewußten, die ungeheuren Kräfte der bisher gebändigten und umgelenkten Triebe werden endlich als wichtige Elemente der menschlichen Natur, Existenz und Spiritualität erkannt.

Nun, da Freud das Unaussprechliche beim Namen genannt hat, wirkt jedes herkömmliche Menschenbild unvollständig und lückenhaft. Und genau darin liegt die Gemeinsamkeit von Freud und Marx. Beide haben den bislang verdammten Teil aufgedeckt: Was die Produktionsverhältnisse, der Besitz an Produktionsmitteln und der permanente Klassenkampf für die Gesellschaft sind, das ist die Sexualität mit ihren Trieben und Komplexen für das Individuum. Vielleicht kann man noch weiter gehen und in der Tatsache, daß sie beide jüdischen Familien entstammten, die sich erst kürzlich »assimiliert« hatten (Freud war der erste Akademiker in seiner Familie, Marx der zweite nach seinem Vater, dem Advokaten), einen Faktor sehen, der sie in ihrem Argwohn und in ihrem Willen bestärkte, die Fassade einer Welt niederzureißen, die lange Zeit nicht die ihre gewesen war und die sie noch immer, offen oder versteckt, ihre Ablehnung spüren ließ.

Die offizielle Kultur des besitzenden und konformistischen Deutschland, was auch immer sie war, empfand den überraschenden Angriff der Freudschen Lehre als tödliche Bedrohung. Was bisher als wahr galt, wurde umgedreht und zur Lüge erklärt wie einst die Wahrheiten der idealistischen Historiker durch den im ersten Satz des *Kommunistischen Manifestes* proklamierten historischen Materialismus. Daher rührte auch der fast pathologische Haß, den die konservativ und nationalistisch gesinnten Intellektuellen gegen die Psychoanalyse, diese »jüdische Schweinerei«, verkünden werden.

Halten wir nebenbei fest, daß Freud der erste Österreicher ist, den wir in unserer Chronik nach den sechzig bzw. fünfundsechzig Jahre vor ihm geborenen Dichtern Grillparzer und Nestroy erwähnen. Deutsch-Österreich, das zuerst durch Metternich, dann durch Bismarck isoliert wird, ist ein Teil Deutschlands und gleichzeitig Teil eines Vielvölkerstaates. Vor den achtziger Jahren des letzten Jahrhunderts ist keine der wichtigen Bewegungen in Deutschland dort entstanden, keines der großen Kapitel deutscher Geschichte dort geschrieben worden. Um so wichtiger ist es, den Ablauf der folgenden Ereignisse festzuhalten. In den letzten beiden Jahrzehnten des 19. Jahrhunderts, in denen Freud die Forschungen und Überlegungen anstellt, deren Ergebnisse er ab 1900 unter großem Aufsehen veröffentlichen wird, kommen unter den Deutschen in Österreich oder unter seinen deutschsprachigen Bewohnern zwei wichtige Entwicklungen in Gang: Hier nämlich, in einem Staat, in dem die dominierende Stellung der Deutschen und des Deutschen von den anderen Volksgruppen zunehmend in Frage gestellt und bekämpft wird, artikuliert sich der großdeutsche Nationalismus zuallererst und am aggressivsten, und zwar in Gestalt der ebenso antislawischen und antisemitischen wie antikatholischen und antimonarchistischen Bewegung Georg Schönerers, der entscheidenden

Einfluß auf den 1889 in Österreich geborenen Adolf Hitler haben wird.

Die fanatische Anti-Rom-Einstellung führt zum Anti-Christianismus. In der Hauptstadt Wien, in die ungehindert Juden aus den östlichen Provinzen strömen und in der der Anteil der Juden unter den Ärzten, Anwälten und Journalisten, die mehr als andere im Blickfeld stehen, noch weit höher ist als in Berlin, gewinnt der christlich oder rassisch begründete Antisemitismus bald auch in der kleinbürgerlichen Unterschicht und im Mittelstand, die am stärksten der »Konkurrenz« der Neuankömmlinge ausgesetzt sind, an Schärfe. Und so ist es nicht verwunderlich, daß der Antisemitismus auch in der Ideologie und im Programm der christlich-sozialen Bewegung breiten Raum einnimmt, die sich zur gleichen Zeit unter der Führung des charismatischen Rechtsanwalts und Kutschersohns Karl Lueger herausbildet und auf Ideen gründet, die man später als »Sozialkatholizismus« bezeichnen wird.

Die dritte wichtige Bewegung, die um die Jahrhundertwende in Deutsch-Österreich Gestalt annimmt, ist nur zum Teil als Ausdruck des deutschen Geisteslebens anzusehen: der von Theodor Herzl begründete Zionismus. Als Reaktion auf den zunehmenden Antisemitismus eines Schönerer und eines Lueger entstanden, bemüht sich der Zionismus, die ungemein vielfältigen und festen, aber auch von Widersprüchen gekennzeichneten Bindungen zu lösen, die im Verlauf der Geschichte und insbesondere seit Mitte des 18. Jahrhunderts zwischen Deutschen und Juden geknüpft worden waren. Daß das osteuropäische Judentum aufgrund seiner Sprache teilweise, wie ein fremdartiger, selbständig gewordener Ableger, den mannigfachen Erscheinungsformen der deutschen Kultur zuzurechnen ist, konnte der Entstehung solcher Bindungen nur förderlich sein. Herzl sieht die Katastrophe heraufziehen, ohne freilich ihr schreckliches Ausmaß zu ahnen, das schlechterdings unvorstellbar war für jemanden, der in der europäischen Zivilisation des ausgehenden 19. Jahrhunderts aufgewachsen war und gelebt hat, und will ihr durch eine Trennung zuvorkommen. Sein Landsmann Hitler wird ihm auf schreckliche Weise recht geben. Die deutsche Kultur aber wird sich von diesem Verlust, den sie sich selbst zufügt, nie wieder ganz erholen, denn hundert Jahre lang hatten jüdische Wissenschaftler, Lehrer und Künstler maßgeblich dazu beigetragen, das deutsche Geistesleben seinem Provinzialismus zu entreißen.

Trotz ihres Reichtums und ihrer Erfolge wirkt die Bundesrepublik ein wenig bieder und provinziell, als ein Volk und ein Land mit begrenzten Horizonten. Ganz zu schweigen von der ehemaligen DDR, die moralisch und kulturell um Jahrzehnte im Rückstand war. Die Germanität besitzt heute keine Metropole von Weltrang mehr. Ohne ihre jüdische Intelligenzija scheinen Berlin und Wien in ihrem zu weit gewordenen, altmodischen kulturellen Putz wie orientierungslose Schwimmer.

In der Führung der deutschen Sozialdemokratie sind Juden ebenso stark vertreten wie in der ihrer österreichischen Schwesterpartei. In Deutschland entfesseln Eduard Bernstein, Karl Kautsky und Rosa Luxemburg die großen Debatten und formulieren die politischen Grundsätze. In Österreich ist Victor Adler zugleich Gründer und, bis 1918, unbestrittener Parteichef. Dank dieser Position im In- und Ausland ein einflußreicher Mann, versucht er, auf den erbitterten Ideologiestreit unter den deutschen Sozialisten mäßigend einzuwirken. Deren Partei war aus dem zwölfjährigen Kampf, den ihr der große Bismarck aufgezwungen hatte, siegreich hervorgegangen. Die Zahl ihrer Wähler ging mittlerweile in die Millionen. Eine starke Gewerkschaftsbewegung, die eng mit der Partei verflochten ist, setzt sich für bessere Lebensbedingungen der Arbeiterklasse ein, die später nach der Übernahme der politischen Macht überwunden werden soll. Obwohl die Sozialdemokratie sich als revolutionär bezeichnet und zu einem orthodoxen Marxismus bekennt, zieht sie die parlamentarische Arbeit vor, schreckt aber noch vor einer Zusammenarbeit mit den Linksliberalen zurück, die es ihr erlauben würde, die kaiserliche Regierung zu tiefgreifenden Reformen zu zwingen. Ein solches Bündnis wäre nur unter einer Voraussetzung denkbar: Die Partei müßte aufhören, sich revolutionär zu nennen, und ihr Programm, in dem sie die völlige Abschaffung der kapitalistischen Wirtschaftsordnung fordert, durch eine Liste möglicher Änderungsvorschläge ersetzen.

Der Widerspruch zwischen ihrem erklärten revolutionären Anspruch und ihrem oftmals realistischen Verhalten lähmt die Sozialdemokratie und beraubt sie der Möglichkeit, von ihrer zunehmenden Macht Gebrauch zu machen. In dieser Situation löst Eduard Bernstein, der lange zu den engsten Mitarbeitern von Marx und namentlich von Engels gezählt hatte, den Revisionismusstreit aus. Marx hatte die Tiefen des gesellschaftlichen Unbewußten freigelegt und das verborgene Gesicht der Geschichte bewußtgemacht, aber als Prophet hatte er Voraussagen gewagt, die sich nicht erfüllten. Die von ihm prognostizierte Verelendung des Proletariats bleibt aus, statt dessen verbessern sich auf lange Sicht dessen Lebensbedingungen und politisch-rechtliche Stellung. Der Anteil der Lohnarbeiter, die untergeordnete Tätigkeiten verrichten,[1] wächst längst nicht so schnell wie zu Marx' Zeiten, und bald wird er überhaupt nicht mehr steigen. Marx hat der Entstehung neuer Schichten von Lohnarbeitern, Angestellten und Führungskräften, die sich mit ungebremstem

Elan das ganze Jahrhundert hindurch fortsetzen wird, nicht genügend
Beachtung geschenkt. Und natürlich wissen die Proletarier die Vorteile,
die der Rechtsstaat und das allgemeine Wahlrecht mit sich bringen, ebenso zu schätzen wie die Reformen, die die Partei, die Gewerkschaften und
eine breite Bewegung, darunter auch die Christlich-Sozialen und die »Ka-
thedersozialisten« – eine Gruppe von Wissenschaftlern, die für Fortschritt
und Gerechtigkeit eintreten –, zu ihren Gunsten durchsetzen. Die parlamentarische bürgerliche Demokratie ist nicht nur ein Köder oder eine
Falle. Die tägliche Erfahrung beweist dies den Arbeitern, deren Vertreter
in den Aufsichtsgremien der Kranken- und Rentenkassen und in den
Arbeitsgerichten sitzen. Bernstein zieht aus dieser Entwicklung ideologische und programmatische Konsequenzen und schließt, gestützt auf den
Reformkurs der Sozialdemokraten in Süddeutschland, für die Zukunft
auch parlamentarische Bündnisse mit Linksliberalen und sogar mit den
katholischen Parteien nicht mehr aus.

Doch die Revisionisten bleiben eine Minderheit. Die Masse der Parteimitglieder will, unter der Führung des alten August Bebel, der bereits
seit den sechziger Jahren für den Sozialismus streitet, ihren revolutionären Traum mit der Hoffnung auf eine jähe und totale Umwälzung nicht
aufgeben. Sie halten an der Überzeugung fest, daß zwischen Proletariat
und Bourgeoisie immer eine unüberbrückbare Kluft bestehenbleibt – die
Vertreter dieser Ansicht wären allenfalls zu Verteidigungsallianzen bereit,
so etwa wenn das allgemeine Wahlrecht zum Reichstag in Gefahr geriete.
Wie könnten sie vergessen, daß sie während der Verfolgung unter Bismarck von den Liberalen und den Katholiken alleingelassen worden
sind? Tatsächlich aber denken weder Bebel noch sein Chefideologe
Kautsky ernsthaft an eine gewaltsame Revolution, und die Masse der
Aktiven hat wenig Lust auf theoretische Diskussionen. Sie fühlen, daß
die Partei revolutionär bleibt, auch ohne Revolution zu machen, und sie
sind davon überzeugt, daß die Sozialdemokraten bei den allgemeinen
Wahlen eines Tages die Mehrheit erringen werden und daß die große
Veränderung dann friedlich und geordnet vonstatten gehen wird. Gleichzeitig aber sind sie der Meinung, daß die Arbeiterschaft unter sich und
für sich bleiben muß, bis sie eines Tages zu der ganzen Nation wird.
Diese Haltung deckt sich mit den Wünschen der Gewerkschaften, die
für konkrete Verbesserungen im Alltag kämpfen und für ideologische
Richtungskämpfe nichts übrig haben.

Gegen Bernstein, aber ebenso kritisch gegenüber der Mehrheit in der
Parteimitte, formiert sich in den ersten Jahren des 20. Jahrhunderts eine
radikale Linke. Sie hält an der marxistischen Lehre in ihrer Gesamtheit
fest und wirft der Mehrheit vor, sie sei unbeweglich und warte passiv auf

den Tag, an dem irgendwie alles von allein in den Sozialismus übergehen werde. Die Sprecher dieser neuen extremen Linken glauben, daß die Revolution vorbereitet und organisiert werden müsse. Sie befürworten Gewaltmaßnahmen des Proletariats, sofern sie sich gegen die permanente Gewalt der Besitzenden richten, und nehmen die Forderung nach der Diktatur des Proletariats ernst. Rosa Luxemburg, kämpferische und schillernde Protagonistin und wichtigste Theoretikerin dieser Strömung, glaubt an die revolutionäre Kreativität der Massen. Ihr Feuer wird durch das Beispiel der russischen Revolution von 1905 geschürt. Wie Karl Liebknecht teilt sie die Kritik, die Lenin nach der Trennung von Bolschewiki und Menschewiki an den »verbürgerlichten« Sozialdemokraten übt. Auch für die radikale Linke wird mit dem Krieg die Stunde der Wahrheit schlagen.

Eine Vergrößerung des Marktes zieht stets eine Steigerung der Produktion nach sich. Dies gilt natürlich auch für die Literatur, die Musik und die Malerei. Gibt es mehr potentielle Leser, wächst auch die Zahl der Schriftsteller, insbesondere dann, wenn diese Entwicklung mit einer neuen Bevölkerungsexplosion einhergeht, wie es in dieser Periode der Fall war. Im 19. Jahrhundert wird in allen deutschen Staaten schrittweise, wenn auch nicht überall im selben Tempo, die allgemeine Schulpflicht eingeführt, und gleichzeitig vervielfacht sich die Zahl der Schüler und Studenten an den höheren Schulen und Universitäten. Neben dem klassischen Gymnasium entsteht das Realgymnasium, an dem Latein, aber kein Griechisch unterrichtet wird; der Schwerpunkt liegt nun auf den neuen Sprachen. Später folgen die Realschule und die Oberrealschule, deren Lehrpläne am Bedarf der Unternehmen an mittleren Führungskräften ausgerichtet sind. Sie wenden sich an die Kinder aus den jüngst entstandenen Schichten des Bürgertums, das während der Industriellen Revolution in Deutschland selbst rapide wächst, und bilden sie zu Führungskräften der unteren Ebene aus, denen die herrschenden Schichten und die herrschende Kultur lange eine untergeordnete soziale Stellung zuschreiben werden. Da diese Gruppe nicht danach trachten kann, eigene kulturelle Vorstellungen durchzusetzen, obwohl sie beim Aufbau des modernen Deutschland eine tragende Rolle spielt, übernimmt sie notgedrungen die kulturellen und politischen Werte und Ideologien, die von »richtigen« Universitäten und den »richtigen« Gymnasien, den humanistischen nämlich, vorgegeben und vermittelt werden. Im Bismarck-Reich und im Wilhelminischen Deutschland verschaffen neben dem Adelstitel vor allem zwei Dinge soziales Prestige: das vom Souverän ausgestellte Reserveoffizierspatent und der von der Universität verliehene Doktortitel. Neben den Universitäten entstehen Technische Hochschulen, an denen

vorzugsweise Kinder aus Ingenieursfamilien eine technische und natur-
wissenschaftliche Ausbildung erhalten. Noch praxisorientierter sind die
neuen Fachhochschulen, die sich eng an die vielfältigen Gewerbezweige
angelehnen. Es wird über hundert Jahre dauern, bis die Technischen
Hochschulen den Universitäten gleichgestellt werden, insbesondere was
die Verleihung der angesehensten akademischen Grade angeht – am Ende
dieser Entwicklung hat die Massenuniversität freilich nur noch den Namen mit jener Einrichtung gemein, die Wilhelm von Humboldt und seine
Nacheiferer reformiert und erneuert hatten. Was die Fachhochschulen
anbetrifft, die den gleichen Weg gehen, so haben sie heute, am Ende des
20. Jahrhunderts, noch immer nicht in allen Ländern die seit langem
angestrebte Gleichstellung erlangt. Längst hat die Arbeitswelt aufgehört,
die tiefe Kluft zwischen den unteren Schichten auf der einen und dem
Mittelstand und der Oberschicht auf anderen Seite zu reproduzieren. Die
Formeln, die zwischen 1960 und 1980 von der modernistischen und
egalitären Linken in der Bundesrepublik entwickelt werden, sind die Gesamtschule auf der Sekundarstufe und die Gesamthochschule. Sie lösen
das traditionelle dreigliedrige Schulsystem ab, können sich allerdings
nicht überall durchsetzen, was zum Teil an den politischen Mehrheitsverhältnissen liegt. Doch das wichtigste Ergebnis dieser Reformen ist eine
gewaltige Ausweitung des Bildungsangebots, die in jüngerer Zeit noch
durch den Siegeszug der elektronischen Medien, insbesondere des Fern-
sehens und danach des Internets, beschleunigt worden ist. Eine Bevölkerung, die immer wohlhabender und gebildeter wird, stellt einen riesigen,
stetig expandierenden kulturellen Markt dar.

Die bisherigen Ausführungen machen verständlich, auf welche Schwierigkeiten eine »allgemeine Geschichte« stößt, wenn sie versucht, den enormen Anstieg einer kulturellen Produktion zu berücksichtigen, die von
ständigen Neuerungen im technischen und kommerziellen Bereich profitiert. Nehmen wir als Beispiel die Presse, die vor der Französischen Revolution kaum vorhanden war. Wollen wir ihre immer raschere Expansion
erklären, so müssen wir eine ganze Reihe wichtiger Faktoren berücksichtigen: die Bevölkerungsexplosion, die Einführung der Schulpflicht, neue
revolutionäre Technologien wie Rotationspressen im Druckgewerbe, die
Schaffung moderner Kommunikationsnetze (der Telegraph beschleunigt
die Übermittlung von Informationen, die Eisenbahn die Verteilung von
Gütern) und, nicht zu vergessen, den politischen Fortschritt, der zur Einführung der Pressefreiheit führt. Eines der wichtigsten Ergebnisse dieser
Entwicklung ist die Vereinheitlichung der Märkte, die ihrerseits die politische Einigung fördert. Gleichzeitig entsteht ein riesiges Publikum, dessen

Vorlieben und Konsumgewohnheiten immer einförmiger werden, neue
Berufe wie der des Journalisten tauchen auf, alte wie der des Schriftstellers
oder Künstlers konsolidieren sich. Die massive Expansion der mittleren
Klassen, die politisch-administrative Befreiung der Gemeinden und die
Entwicklung des Vereinswesens ermöglichen der Musik, sich aus der Abhängigkeit von Adel und Kirche zu lösen, und verhelfen dem Theater zu
einem enormen Aufschwung: Das Mäzenatentum und der Kulturbetrieb
wachsen im selben Maße, wie die Wirtschaft expandiert.

Auch das Kulturleben ist weitgehend von dem dezentralen und föde-
ralen Charakter geprägt, den das politische Leben selbst im Bismarck-
Reich und in der Weimarer Republik bewahrt hat. Doch gegen Ende der
hier behandelten Periode, genauer gesagt in den zwanziger Jahren, wirken
Medienkonzerne wie die Presseverlagsgruppe Ullstein oder das Kinoim-
perium Hugenbergs auf eine Zentralisierung hin. Außerdem bevorzugen
die einfachen Leute Produkte, die, auch wenn die ganz auf die »hohe
Kultur« fixierte Kritik darüber die Nase rümpft, ihren Bedürfnissen, ihrem
Geschmack und ihren Träumen entsprechen – und ihrem Geldbeutel.
Besser als an den großen Kunstwerken läßt sich an solchen Produkten der
Übergang von einem elitären, zivilen und moralistischen Humanismus zu
einem nationalistischen Pseudoidealismus verfolgen, der Werte wie Macht
und soldatische Tugenden wie Mut, Disziplin und Gehorsam verherrlicht.
Die Kultur spaltet sich – aber natürlich sind solche Unterscheidungen zu
grob vereinfachend – in konformistische Produktion und Konsum, die zur
Stabilisierung der politischen, gesellschaftlichen und wirtschaftlichen Verhältnisse beitragen, und in eine Sparte für gehobene ästhetische Ansprüche, die zwischen sozialer Nicht-Verantwortlichkeit und intellektuellem
Revoluzzertum schwankt. Schließlich bringt die Arbeiterbewegung, die
ab 1870 eine immer wichtigere Rolle im politischen, wirtschaftlichen und
kulturellen Leben der Gesellschaft spielt, eine eigene »Gegenkultur« hervor, der es freilich nicht gelingt, sich ganz von den beiden anderen großen
Bereichen abzugrenzen. Die Arbeiterbildung als Teil der Volksbildung
sieht als Lektüre Klassiker vor und gibt dabei jenen Werken den Vorzug,
die den eigenen Zielen am förderlichsten erscheinen. Im übrigen versteht
es sich von selbst, daß auch die großen Konkurrenzeinrichtungen der
katholischen Volksbildung die breite Masse und die vorhandenen Talente,
die Produzenten und die Konsumenten für ihre politisch-religiösen Zwek-
ke einspannen wollen.
Die bürgerliche Epoche ist die des Romans schlechthin. Der Roman ist eine
Kunstform, die weder öffentlich aufgeführt noch in Gemeinschaft konsu-
miert wird. Er entspricht einer Gesellschaft, die industrialisiert wird und
sich von der Bindung an die Kirche löst, einer Gesellschaft, in welcher der

Staat, bestehend aus lauter Individuen, die einzige legitime Gemeinschaft ist. Für mich ragen im 19. Jahrhundert zwei große Autorennamen heraus: Der erste ist Theodor Fontane, Preuße durch und durch, weil hugenottischer Abstammung, und der großartige Chronist einer Übergangsgesellschaft, einer Gesellschaft zwischen Adel und Bürgertum, der Bismarckschen schlechthin, die sich in den von ihm geschilderten Frauenschicksalen offenbart, daher die Größe von *Effi Briest.* Aber Fontane ist auch ein wirklicher Historiker: Die nationale Erhebung von 1813 wird erst in *Vor dem Sturm* richtig verständlich, und die Tragödie der patriarchalischen Ordnung, die von der neuen Ordnung der Industriellen und Bankiers abgelöst wird, in *Der Stechlin.* Am anderen Ende Deutschlands, das heißt in Österreich, finden wir die desillusionierte und der Erinnerung an eine verlorene Jugend nachhängende, geheimnisvolle und zeitentrückte Dichtkunst eines Adalbert Stifter. Stifter steht der zeitgenössischen Gesellschaft so fremd gegenüber, wie Fontane mit beiden Beinen in ihr steht.

Mit Respekt erwähnen sollte man auch den Schweizer Conrad Ferdinand Meyer und seine historischen Erzählungen, den Norddeutschen Theodor Storm und, eine Generation früher, den sanftmütigen Jean Paul und den Alemannen Johann Peter Hebel, dessen *Schatzkästlein des rheinischen Hausfreunds* mit subtilen und volkstümlichen Erzählungen gefüllt ist.

Überspringen wir in entgegengesetzter Richtung mehrere Jahrzehnte, die keine sehr großen Namen hervorgebracht haben, so gelange ich zu den Brüdern Mann. Thomas und Heinrich sind grundverschieden und für uns doch unverkennbar Brüder, auch wenn ihnen selbst dies ein Ärgernis gewesen zu sein scheint. In *Königliche Hoheit* und vor allem in *Buddenbrooks* kündigt Thomas Mann das Ende einer Welt an, der Welt vor 1914, die weder Protest noch Auflehnung kennt, in der es nur individuelle Abenteuer gibt. Im *Zauberberg* wird die Politik als eine fremdartige Welt angeprangert. Die Romantetralogie *Joseph und seine Brüder* ist eine Flucht aus der Welt, die durch das Verschwinden des Mythos unerträglich wird, aber die Geschichte wird noch einmal gut ausgehen. *Doktor Faustus* hingegen kann nicht mehr an ein glückliches Ende glauben, und doch endet der Roman mit dem Sieg der Demokratie. Als würdevoller Patrizier, der seine Abgründe verbirgt, kann sich Thomas Mann nicht zwischen Apotheose und Katastrophe entscheiden. Heinrich Mann, der die sozialen Mißstände und die Dummheit der Reichen und Mächtigen anprangert, braucht keine Wahl zu treffen: Er glaubt daran, daß aus dieser Welt eine andere hervorgehen wird, eine humane Gesellschaft, die allen Menschen schließlich ermöglichen würde, ihr persönliches Unglück zu überwinden. Vom *Untertan* des Kaisers über *Professor Unrat* bis zu *Jugend und Vollendung des Königs Henri Quatre* wirken seine positiven und negativen Helden auf die Befreiung des Menschen hin, der endlich fähig wird, er selbst zu sein. War der eine der größere Schriftsteller, so hatte der andere den klareren Blick (außer am Ende, als er dem Stalinschen Trugbild erlag).

Zum Abschluß dieses knappen Rückblicks möchte ich noch an zwei Österreicher erinnern, die zwar grundverschieden sind, aber doch beide den geistigen Horizont erweitert haben: an Franz Kafka mit seinen traumartig-realistischen Erzählungen und Robert Musil, den größten Chronisten dieser Epoche. Aber kaum lege ich die Feder aus der Hand, kommen mir schon zehn weitere Namen in den Sinn.

Bei dieser Gelegenheit möchte ich betonen, daß die Ausgrenzung Österreichs nach 1867 die Einheit der deutschen Literatur ebensowenig zerstören konnte wie die freiwillige politische Trennung von 1945, mit der man den Zwangsanschluß rückgängig gemacht hat. Weitere Österreicher sind Franz Werfel, der den Weg vom bürgerlichen zum erbaulichen Roman beschreitet, Joseph Roth, der später zum Chronisten der untergegangenen Monarchie wird, der akribische Erzähler Stefan Zweig und der Romancier, Novellist und Dramatiker Arthur Schnitzler, dem das Kino schließlich zum Ruhm verhilft. Französische (Flaubert, Maupassant) wie russische Autoren (Dostojewskij, Tolstoj) üben in dieser Zeit einen starken Einfluß auf die deutsche Literatur aus, obwohl die nationalistische Begeisterung in der Gesellschaft groß ist. Alfred Döblin erhebt die Großstadt zum Romanthema, Erich Maria Remarque und Ernst Jünger beschreiben den Großen Weltkrieg. Letzterer, mehr Essayist als Erzähler, wird im Dritten Reich die berühmte Lehrfabel vom Oberförster, einem Meister der Barbarei, zu Papier bringen: *Auf den Marmorklippen*.

Nach dem Zweiten Weltkrieg wird in der westdeutschen Literatur der amerikanische Einfluß ästhetisch entscheidend sein: Heinrich Böll, Wolfgang Koeppen, Arno Schmidt, Günter Grass, Uwe Johnson, Martin Walser und Peter Handke beschreiben eine vielschichtige, aus den Fugen geratene Gesellschaft. In der DDR versuchen einige Schriftsteller wie Stefan Heym, Stefan Hermlin, Heiner Müller und Christa Wolf, sich ebenfalls eine Nische zu bewahren, doch als »Informanten« der Stasi oder als »nützliche Idioten« im Dienst des Regimes müssen sie trotz ihrer Begabung Kompromisse eingehen, die andere dadurch vermeiden, daß sie in den Westen übersiedeln oder ihre Ausbürgerung provozieren wie der Liedermacher Wolf Biermann.

Wenden wir uns für einen Augenblick von der Literatur ab, die uns vielleicht schon zu lange aufgehalten hat, weil sie zwar mein Fach ist, doch schließlich ist Richard Wagner, der Musiker, viel wichtiger als der Pamphletist. Im übrigen verlassen wir mit ihm gar nicht die Belletristik, denn er ist der einzige berühmte Opernschöpfer, der getreu seiner Konzeption vom Gesamtkunstwerk alle seine Libretti selbst geschrieben hat. Leider, Richard Wagner! möchte man ausrufen wie einst André Gide über Victor Hugo, ungeachtet der Tatsache, daß die politischen Entscheidungen Hugos mich positiver berühren. Richard Wagners Werk, in dem unterschiedliche spekulative Strömungen zusammenfließen, ist gleichermaßen grandios wie suspekt. Man kann es weder akzeptieren noch ablehnen. Er stellt alle seine Vorgänger seit Beethoven in den Schatten und läßt kaum Raum für den Romantiker Carl Maria von Weber. Und auch nach ihm haben es die Komponisten in Wien und Berlin schwer. Die großen Interpreten ernten weitaus größeren Ruhm. Der eher solide als geniale Richard Strauss übertrifft sich im wunderbaren Barock des *Rosenkavaliers* selbst, dessen Libretto im übrigen einen Höhepunkt in der feinfühligen Dichtung Hofmannsthals darstellt. Arnold Schönberg eröffnet der Musik neue und ungewöhnliche Perspektiven, die erst auf einer zweiten, der Verstandesebene faßbar werden. In der Weimarer Republik (und in Salzburg) sind die Dirigenten von Wilhelm Furtwängler bis Herbert von Karajan die wahren Herren in der Musik.

Wie beim Theater begegnet man auch hier den Segnungen des Föderalismus. München, Hamburg, Stuttgart, Düsseldorf sind keine Provinzstädte, sondern Hauptstädte. Aus diesem Grund werden Orchester und Bühnen dort viel nachhaltiger gefördert als in Frankreich und materiell wie auch personell weitaus besser ausgestattet. Wie in der geschriebenen, gesprochenen und gesungenen Sprache stellen wir auch bei den Werken der Malerei und Bildhauerei und den Schöpfungen der Architektur, den Kirchen, Museen und Palais, eine Hinwendung zum Ungegenständlichen oder Abstrakten fest. Sie kündigt sich bereits bei Lovis Corinth an (aber nur andeutungsweise bei seinem großen Zeitgenossen Max Liebermann, dem Berliner Porträtisten, der durchaus in einem Atemzug mit den französischen Impressionisten genannt werden darf), ebenso bei dem gleich nach Kriegsbeginn 1914 gefallenen Franz Marc, wobei ich besonders an seinen »Turm der blauen Pferde« und seine wildwuchernden Pflanzen denke, bei Emil Nolde, der im beschaulichen Schleswig-Holstein eine dämonisch anmutende Welt malt, und bei Paul Klee, der im Gegenständlichen ebenso zu Hause ist wie im Abstrakten. Bei diesen und vielen anderen! Kultur ist eine ebenso trügerische Gattung wie Wirtschaft, Gesellschaft und Politik. Der Handel mit Gemälden, staatliche Förderung oder privates Mäzenatentum sind von den Werken nicht zu trennen. Der Expressionismus kommt nicht zufällig in einer Gesellschaft auf, die auf den Ersten Weltkrieg zusteuert. Er verrät eine Geisteshaltung und eine seelische Befindlichkeit, eine Art der Wahrnehmung und eine Offenheit, die der Totalität der gesellschaftlichen Gegebenheiten entsprechen: Und auch hier tritt der unausweichliche Charakter des Individuellen hinzu, des »Einzigen«, um mit dem anarchistischen Philosophen Stirner zu sprechen, einem Zeitgenossen Schopenhauers, den wir an gegebener Stelle zu erwähnen vergaßen. Deshalb ist Genie die Begegnung zwischen einem realen und einem besitzergreifenden liebenden Blick. Kultur ist das Aufbegehren gegen streitbare Einfachheit und blockierte Identität: Sie ist alles und ihr Gegenteil. Und in jener Zeit des rapiden Wachstums erlebt sie ihrerseits eine gewaltige Blüte. Erinnern wir schließlich daran, daß in dieser Epoche, in der vielerorts der Nationalismus erstarkt, die deutsche Kultur sich sehr weit und großzügig nach außen öffnet. Balzac, Flaubert und Maupassant, Strindberg und Ibsen, Tolstoj und Dostojewskij sowie die großen Franzosen des 20. Jahrhunderts von André Gide bis Jean-Paul Sartre werden schon sehr früh und viel leichter in die deutsche Kultur integriert als ausländische Beiträge in die zu einer gewissen Selbstgefälligkeit neigende französische Kultur derselben Epoche.

Klassizismus in Berlin, Biedermeier in Wien, Synkretismus in München: Die preußische Architektur zu Beginn des 19. Jahrhunderts war von einer nüchternen, mitunter verspielten, aber fast immer grandiosen Einfachheit gekennzeichnet. Sie ist vor allem mit einem Namen verbunden, mit dem von Karl Friedrich Schinkel, der auch Zeichner, Maler und Bildhauer war. Später, in der Bismarck-Ära, baute der sich gern an das Barock erinnernde Synkretist Gottfried Semper Theater und Opernhäuser. Ende der fünfziger Jahre gab es in Wien die größte Baustelle Europas: Anstelle der geschleiften Befestigungsanlagen wurde eine breite ringförmige Prachtstraße angelegt, deren Stilvielfalt schließlich einen eigenen neuen Baustil kreierte. Der Philhellene König Ludwig I. von Bayern exportierte seine klassizistischen Kolonnaden sogar nach Athen. Die Münchner Pinakothek war das erste Museum in Europa, das als solches gebaut wurde. In dem Preußen Johann Gottfried Schadows, eines Zeitgenossen und Rivalen Schinkels und eines Meisters der Porträtbüste, der von 1784 bis 1841 lebte, besaß das nachromantische Deutschland einen großen Bildhauer. Uns zeitlich viel näher steht Renée Sintenis. Sie schuf anmutige Figuren von Kindern und Liebespaaren, Figurinen für Friedenszeiten.

In der Malerei herrscht, angefangen bei den Romantikern, eine Überfülle: Die Sicherheit der Pinselführung, die Tiefe der Farben, die Genauigkeit der Wiedergabe und das Auflodern des Imaginären bei Caspar David

Friedrich stellen einen großen Augenblick in der Kunst dar, das heißt bei der Begegnung einer menschlichen Vision mit der naturschaffenden Natur, die das Auge aus ihrem Solipsismus befreit. Gehen wir einige Jahre weiter, so stoßen wir auf einen viel bescheideneren, aber doch erwähnenswerten Künstler des Biedermeier: den Österreicher Ferdinand Waldmüller. Der Porträtmaler Franz von Lenbach ist ein wenig der Wagner der Bismarck-Ära (läßt man einmal den großen Anteil von Wahnsinn beim sächsischen Komponisten und Dichter außer acht); der feierliche und ein wenig geheimnisvolle Schweizer Arnold Böcklin ist nicht allzu weit von Nietzsche entfernt, und die Figuren des Tirolers Franz Defregger wirken wie in Holz geschnitzt. Und schon beginnt der Expressionismus, die Flut der Moderne zu Anfang des 20. Jahrhunderts, deren Vertreter die äußere Welt anhand seelischer Erlebnisse interpretieren, die sich hinter den Formen und Farben abzeichnen und zunächst unverständlich erscheinen.

Von allen Regeln und formalen Zwängen befreit, bringt die Kunst die Gefühle, die Triebe und die Leidenschaften zum Ausdruck, das elementare, ungestüme und aggressive Erleben, dessen Wirklichkeit auf Äußerlichkeiten keine Rücksicht nimmt. Sie ist pathetisch und ekstatisch, explosiv oder streng introvertiert, sie bläht die Bedeutung des Ich ins Unendliche auf, um dann ebenso rasch – und mit derselben Vehemenz – wieder zu einer kollektiven Mystik zurückzukehren. Der Expressionismus beunruhigt und verunsichert, er stellt Gewißheiten in Frage und löst fanatische und heftige Abwehrreaktionen aus. Einige seiner bedeutendsten Vertreter verfallen in einen radikalen politischen Aktivismus. Im Krieg engagieren sie sich für den Pazifismus, nach 1918 für den Kommunismus, während andere, die nur auf das Schwingen der Saiten in ihrem Innern hören, ihre Getreuen von der gesellschaftlichen Agitation abbringen. Intellektuelle und Dichter wie Ernst Toller, Erich Mühsam und Eugen Leviné spielen in der Münchner Räterepublik eine eher theatralische als effektive Rolle, und einige bezahlen ihr blauäugig-idealistisches Engagement mit dem Leben. Stefan George, der Priesterpoet, beschwört an der Spitze eines erlesenen Kreises vielversprechender Jünglinge feierlich ein inneres Drittes Reich, lange vor der Errichtung der Schreckensherrschaft, die sich mißbräuchlich diesen Namen geben wird. Rainer Maria Rilke wird mit bewegender, einmal ruhiger und kontemplativer, dann wieder ungestümer und feuriger Eindringlichkeit eine konfessionslose Frömmigkeit verkünden, eine mystische Vision, in der Himmel und Erde verschmelzen, aus der die Gesellschaft aber verschwunden ist. Der vielgestaltige und lange vor dem Krieg entstandene Expressionismus erreicht in der Weimarer Republik, die den Namen dieses Ortes zu recht trägt, zwischen 1920 und 1930 einen neuen Höhepunkt. Während Gesellschaft, Wirtschaft und Politik in der Krise stecken, bringen sie dem Land eine Zeit der kulturellen Blüte von erstaunlicher Kreativität, vergleichbar nur mit den ersten Jahren des Sturm und Drang und der Romantik. In Frankreich erscheinen Generationen genialer Klassiker in Glanzzeiten der Monarchie; in der zerfallenden Weimarer Republik feiert sich die Kultur mit einer Intensität und Mannigfaltigkeit, die ebenso unvergleichlich sind. Kein Gesetz der Geschichte schreibt vor, daß solche kulturellen Blüten immer nur mit Epochen staatlicher Größe und wirtschaftlichen Wohlstands einhergehen, und nie mit einem Abgleiten in die Dekadenz.

Der Erste Weltkrieg wird nicht nur für die verschiedenen sozialistischen Strömungen zur Stunde der Wahrheit. Die konservative Rechte verteidigt ihre Interessen, Privilegien und Grundüberzeugungen, kann den Aufstieg der revolutionären Kräfte und die Verbreitung umstürzlerischer Ideen jedoch nur verlangsamen, nicht aber stoppen. Die radikalen Anhänger einer nationalistischen und imperialistischen Politik fürchten, daß Deutschland bei der Aufteilung der Welt, die zu vollenden die Großmächte sich anschikken, zu kurz kommen könnte, wenn es weiter den Frieden wahrt. Nie ist das Land reicher gewesen, nie hat es weniger Grund zum Klagen gehabt, nie zuvor hatte es einen solchen Aufschwung erlebt, und doch: Ein wachsender Teil der Jugend langweilt sich. Die Angst der einen und der Überdruß der anderen verlangen nach einer reinigenden, heilbringenden Krise, die aus Blut eine neue, reinere und aufrichtigere Welt erstehen läßt. Der Krieg soll die kleinliche Enge des Alltags sprengen und die bürgerliche Ordnung erschüttern. Industrielle und Bankiers träumen von der Eroberung großer Territorien, deren Erwerb und Verteidigung der gesamten Gesellschaft eine eiserne Disziplin abverlangen würde, der sich auch die Gewerkschaften beugen müßten. Dichter und Geschäftsleute wünschen und fordern den Konflikt, und die führenden Köpfe des Generalstabs erklären dem Kaiser, daß es nach 1917–1918 für einen Sieg Deutschlands über eine französisch-russische Allianz zu spät sein werde. In den Stahlgewittern des Krieges soll ein neuer Mensch geschmiedet werden, unter einer Herrschaft, die sich nur noch von Mut und Pflicht leiten läßt. Diese diffusen Gefühle, die in allen möglichen, mehr oder weniger geheimen Bünden und Gesellschaften die Gemüter erhitzen, werden erst in der Nachkriegszeit eine gewisse intellektuelle oder literarische Form erhalten, so etwa in Oswald Spenglers *Der Untergang des Abendlandes* und deutlicher noch in seinem *Preußentum und Sozialismus*, aber vor allem in Moeller van den Brucks *Das Dritte Reich* (wieder dieser irritierende Ausdruck aus dem Mittelalter). Letzterer will aus der Asche der kurzlebigen Schandrepublik ein neues Reich erstehen lassen, das sich seiner Vorgänger würdig erweist und »preußischen Zuschnitts« ist (Preußen wird zum Vorbild an Mäßigung, Disziplin und kriegerischen Tugenden, der Begriff des Dienens wird aufgewertet, Genuß und Konsum werden verurteilt). Und schließlich erscheint in dieser Reihe der weitaus begabtere und vielseitigere Ernst Jünger, Denker und Romancier des reinigenden Krieges, der sich später in einen leidenschaftlichen Beobachter der organischen und anorganischen Welt verwandeln wird, ohne darüber die elitäre Kritik an der Vulgarität und Barbarei der Nazis zu vergessen. Denn schließlich sind es Vulgarität und niedere Gesinnung, die zur Barbarei führen.

Im kulturellen Leben der Weimarer Republik stehen sich mindestens zwei Deutschland gegenüber: Das eine, das alte, ist in der Defensive, das andere, das moderne, in der Offensive. Am Ende dieser kurzen, kaum vierzehn Jahre währenden Periode, die einen bedeutenden, glanzvollen Einschnitt markiert, werden sich die Rollen verkehrt haben, und die Moderne ist in der Defensive. Das Ende der Monarchie und das Ende des Krieges, der Zusammenbruch der herrschenden Ordnung und der Verfall der überkommenen Werte setzen eine überbordende Kreativität frei und hinterlassen ein Chaos, das ebenso destruktiv wie inspirierend wirkt. Weder von außen noch von innen werden dem Menschen verbindliche Regeln vorgeschrieben, mit Ausnahme derer, die man selbst aufstellt und vielleicht schon am nächsten Tag wieder ändert. Die Lockerung der Sitten, die um sich greifende Respektlosigkeit und Spottlust gehen mit der Erforschung verborgener und verschlungener Wege einher. Dies ist die Zeit der Spekulanten und Provokateure, während die Inflation die Ersparnisse der braven Leute auffrißt.

Die triste, viel zu schnell herangewachsene Hauptstadt Berlin erwacht plötzlich aus ihrer von Militär und Proletariat geprägten Lethargie und wird zum Tummelplatz der Wagemutigen. Max Reinhardt erneuert das Theater, Bertolt Brecht und Kurt Weill tun sich zusammen und schaffen Werke, wie man sie noch nie gesehen hat, Stücke, in denen Bettler und Prostituierte die edelmütigen Helden ersetzen. Polly, Hafendirne und Strichmädchen, macht der Jungfrau von Orléans und Maria Stuart Konkurrenz, Macky Messer, der Messerstecher, verdrängt Wilhelm Tell. Das Kino, eben noch eine Jahrmarktsattraktion, steigt in den Rang einer siebenten Kunst auf. F. W. Murnau, G. W. Pabst und Fritz Lang geben Kostproben ihrer genialen Fähigkeiten, und die UFA wird zum ersten mächtigen Unternehmen der Kulturindustrie. Die Malerei erreicht, ob abstrakt oder gegenständlich, mit Wassily Kandinsky, Max Beckmann, Oskar Kokoschka und Lovis Corinth einen neuen Höhepunkt und erinnert mit ihrem Ideenreichtum an die Wende vom 15. zum 16. Jahrhundert.

Die atonale oder Zwölftonmusik bricht mit allem Dagewesenen und verweist Gustav Mahler an die Seite der Klassiker, und wenn Arnold Schönberg und Anton Webern (ebenso wie Rilke, Hofmannsthal, Kokoschka, Egon Schiele, Klimt, Freud, Ludwig Wittgenstein und viele andere) auch Österreicher sind, so geht die Saat, die einige Jahre zuvor in Wien bestellt worden ist, jetzt in Berlin auf. Am erstaunlichsten freilich ist die künstlerische Produktivität auf dem Feld der Literatur: Sie reicht vom Neuklassizismus eines Thomas Mann, von Franz Werfel und Joseph Roth bis zu den mannigfaltigen Formen der Auflehnung bei Toller, Döblin, Fallada oder Tucholsky, während Rilke in den *Sonetten an Orpheus* und in den *Duineser Elegien* eine beispielhafte, zeitlose Größe erreicht. In der geistigen Welt, die in zunehmendem Maße von der Mathematik und den experimentellen Wissenschaften dominiert wird, gestalten Ludwig Wittgenstein und der Wiener Kreis die Grundlagen der Logik um, während Albert Einstein, zu Beginn seiner Laufbahn noch eine bescheidene technische Hilfskraft, mit leichter Hand und tollkühn die Einheit des Universums wiederherstellt.

Zur selben Zeit verknüpfen Max Horkheimer und Theodor W. Adorno in Frankfurt Marxismus und Soziologie und führen das kollektive menschliche Ganze wieder in die Ordnung der Wissenschaften von der Natur ein. Diese Ordnung, die zugleich natürlich und menschlich ist, wird von den Architekten und bildenden Künstlern des Bauhaus zur gleichen Zeit für die Baukunst und das Design entdeckt. Und mit dem Ziel, den neuen Menschen der neuen Demokratie zu erziehen, werden eine Vielzahl neuartiger pädagogischer Initiativen ins Leben gerufen, die einerseits das emanzipatorische Erbe des klassischen Humanismus betonen (zu ihren wichtigsten Vertretern gehören der preußische Kultusminister Carl Heinrich Becker sowie Kurt Hahn, der im Landeserziehungsheim Schloß Salem und später im schottischen Gordonstoun wirksam ist), und andererseits einen neuen, an den Lehren von Marx und Freud orientierten Humanismus wie den der Karl-Marx-Schule in Berlin-Neukölln.

Ebenfalls in Berlin wächst ein unüberschaubarer Blätterwald von Zeitschriften und Illustrierten, Tages- und Wochenzeitungen heran, die einen anspruchsvoll oder schulmeisterlich-gelehrt, die anderen unterhaltend oder engagiert, die in allen Tonlagen von marktschreierisch bis vornehmmoderat ihre Stimme erheben. Aus den Redaktionsstuben und Cafés der Hauptstadt wirken die Journalisten und Feuilletonisten, die Essayisten und Ideologen in den gesamten deutschsprachigen Raum hinein. Wäh-

rend auf der anderen Seite der Industrielle Hugenberg ein rechtes Presseimperium errichtet, das den Hass gegen die Republik schürt, verwandelt hier, auf der Linken, Theodor Wolff die alte *Vossische Zeitung* in
ein Organ des aufgeklärten Liberalismus, und Carl von Ossietzky führt
in der *Weltbühne* einen Kampf für die Menschenrechte, der ihn vor das
borniert und reaktionäre Reichsgericht und später ins Konzentrationslager bringt, für den er den Friedensnobelpreis erhalten und einen vorzeitigen Tod erleiden wird. Denn es gibt auch die andere Seite, eine gärende, dumpfe Unzufriedenheit, die alles Moderne ablehnt und an den
Privilegien und sozialen Unterschieden festhält, die für diejenigen eine
schützende Ordnung darstellen, die nur deren treuergebene, fanatische
Diener sind. Die Literatur, die diesem Denken eine Stimme verleiht, wird
erst vor dem düsteren Hintergrund eines populistischen, rassistischen Kolonialismus und Imperialismus bedeutungsvoll. Wer würde sich sonst für
Hans Grimm, den Autor von *Volk ohne Raum,* interessieren? Und doch
fand sein umfangreicher Roman ein Millionenpublikum, denn er hatte
eine gewisse Begabung, das zum Ausdruck zu bringen, was halb Deutschland fühlte, das wie versteinert in seiner Verweigerung war. Und wer
würde sich gar für Erwin Guido Kolbenheyer interessieren, der aus dem
Arzt und Alchimisten Paracelsus eine Art heroischen Mystagogen mit
einer antirationalistischen Botschaft machte? Solche Autoren ebneten
dem auf ewig namenlosen Heer der Schreiberlinge des Dritten Reiches
den Weg.

Seit Nietzsche hatten sich die deutschen Philosophen darauf beschränkt, Vorlesungen zu halten. Doch mit Edmund Husserl und seinem
»Schüler« Martin Heidegger, und in zweiter Linie mit Karl Jaspers und
Max Scheler, erstrahlt die deutsche Philosophie in neuem Glanz. Husserls
Werk mag tiefgründig und scharfsinnig sein (übrigens mehr als einleuchtend), doch Heidegger ist ein wahrer Philosoph. Ob man ihm seine Haltung zur »nationalen Erhebung« der Nazis nun verzeiht oder nicht, ob
man ihn deswegen verachtet oder verurteilt: Er reiht sich unter die Gro
ßen ein, die diese Welt hinterfragt und erforscht haben, und sein Name
nimmt, mit einem »leider!« versehen oder nicht, einen festen Platz im
Pantheon des Denkens ein. Er hinterläßt ein gewaltiges, außerordentlich
literarisches und sogar poetisches Werk, das, spekulativ und sogar scholastisch spitzfindig, eine verweltlichte Theodizee darstellt, ein verwirrendes Labyrinth, das den Menschen durch ein aufblitzendes Wort unversehens mit der Bestimmung seines Seins konfrontiert, so wie die
Pyramiden plötzlich aus der Wüste aufragen, wenn man sich ihnen von
Westen nähert.

Diese sublime Ontologie (eine Bezeichnung, die er verabscheut hätte), die erste seit Kant, erdrückt den Menschen fast, der ihr Träger sein sollte, doch dessen ungeachtet ist sie eines der größten Abenteuer im Denken unserer Zeit. Meiner Ansicht nach reicht einzig der Theologe Karl Barth an Heidegger heran. Barth verfügt zwar nicht über dessen literarisches Genie, dafür aber über eine vergleichbare spekulative und kontemplative Kraft. In einem Ton, der fraglos tiefgründiger ist als alles, was man um ihn herum hört, findet er als erster seit Jahrhunderten zu den Worten und den Gedanken des Reformators zurück, wie sie die Welt seit Luther nicht mehr vernommen hat. Eine Theologie für Zeiten der Heimsuchung, die sich bewähren muß, wenn der Fürst, statt den Gläubigen den Weg zu ebnen, sich in den Dienst des Bösen stellt. Es ist eine Philosophie und eine Theologie der Wahrhaftigkeit, ganz davon abgesehen, daß Karl Barth in der Situation von 1933 viel klarer und viel schneller als die meisten seiner bedeutenden und unbedeutenden Kollegen den Feind, die absolute Inauthentizität, erkennt.

Dessen Herrschaft bricht am 30. Januar 1933 an, und damit beginnt eine der schrecklichsten und schicksalhaftesten Etappen im deutschen Geistesleben. Charakteristisch für die Nazi-Zeit ist das Fehlen von Namen: Vergebens sucht man nach Künstlern, Gelehrten, Dichtern, Philosophen, Romanciers. Das System trägt in seinem Innern eine Leere, die es mit seiner Hetze, seinem Geschrei und seiner Armee nur vor denen verbergen kann, die hinters Licht geführt werden wollen. Es wird nichts als Ruinen, Zerstörung und den Verlust der Unabhängigkeit hinterlassen, nachdem es zwölf Jahre lang Brutalität und die Verachtung des Mitmenschen verherrlicht hat. Und hinter all den im Winde flatternden Hakenkreuzfahnen kommt die Fratze des Nihilismus zum Vorschein. Getreu seiner Logik wird Hitler versuchen, das deutsche Volk mit in »seinen« Tod zu reißen. Mit dieser Manifestation des Deutschtums ohne menschliches Gesicht, ohne Denker und Künstler, mit dieser anonymen Gesellschaft von Mördern, deren einziger Kopf der Schnauzbärtige aus Braunau war, werden wir uns noch lange zu beschäftigen haben. Es gibt keinen Text aus dem Dritten Reich, kein Werk, das bis in unsere Tage überlebt hätte. Alles, was bleibt, sind der einsame Appell der Münchner Studentengruppe Weiße Rose und, *post festum,* die denkwürdig heitere und heisere Stimme Ernst von Salomons in *Der Fragebogen.* Und natürlich – aber erbaulicher und vornehmer in seiner Mehrdeutigkeit – Ernst Jüngers *Marmorklippen,* eine verhüllte Anklage, die in der französischen Übersetzung sogar zu einem Handbuch im Kampf gegen die Nazis wurde. Und in einem Land, in dem das politische Denken, seit Hegel und Marx ihre Systeme errichtet hatten, selten und dünn geworden war, kommt den vorausweisenden Überlegungen des Kreisauer Kreises und einiger Verschwörer des 20. Juli eine fundamentale

Bedeutung zu, den Regeln der Zunft zum Trotz, die mehr zu Weitschweifigkeit als zu Originalität neigt. Sie bilden ein politisches Vermächtnis, das die Lebenden zwingt, diese Bemühungen fortzusetzen. Und in einer Zeit, in der die Daheimgebliebenen sich in der Armee verkriechen, weil sie dort Schutz vor der Partei finden (der Dichter Gottfried Benn geht als Arzt zum Militär), verkümmert die von ihren Wurzeln und ihrer Sprache abgetrennte deutsche Kultur in der Emigration.

Kehren wir noch einmal zum Begriff des Nihilismus zurück, dessen wir uns bedient haben, um das Wesen des Nazismus zu charakterisieren. Alle totalitären oder zum Totalitarismus neigenden Ideologien wollen den Sieg und die unumschränkte Herrschaft *einer* Idee, *einer* Auffassung von der Bestimmung des Menschen und *eine* bestimmte Weltordnung. Sie alle vertreten Werte. Ein Nationalismus, der nicht im Dienst eines universalen Prinzips, sondern einer besonderen und partikularistischen Entität steht, ist wie die Religion von Monsieur Jourdain aus Molières *Der Bürger als Edelmann*: Er verehrt und verherrlicht naturgegebene Dinge, zwei und zwei, die vier ergeben, blondes Haar oder sittliche Tugenden, die angeblich nur der edlen nordischen Rasse gegeben sind. Natürliche Eigenschaften lassen sich nicht erwerben, sie sind nicht die Frucht einer Arbeit, nicht der Lohn für eine Bemühung. Selbst wenn ein Jude dem Führer das Leben rettete, so bliebe er doch Jude und würde nicht in den Adelsstand erhoben werden wie der Großvater Trottas in Joseph Roths Roman, nachdem er in der Schlacht bei Solferino den österreichischen Kaiser gerettet hatte.

Der Nazismus ist die solipsistische Verherrlichung des Ich oder des Wir (des kollektiven Ich), er ist Herrschaft um der Herrschaft willen, ohne Zweck und ohne Rechtfertigung. Hier liegt die tiefere Bedeutung eines Satzes, der im herrschsüchtigen deutschen Nationalismus gern zitiert wurde: »Deutsch sein heißt, eine Sache um ihrer selbst willen zu tun.« Nichts ist absurder und abwegiger: Eine Sache um ihrer selbst willen zu tun, bedeutet, den Wert durch die Sache zu ersetzen, die ihm fremd ist, die Liebe zu Gott, die Liebe zur Revolution oder gar die Liebe zu den Frauen oder die Nächstenliebe, alles das, was uns veranlaßt, dieses oder jenes zu tun. Sinnlosigkeit um der Sinnlosigkeit willen. Daher rührt auch die so unverkennbare und offensichtliche Faszination, die der Tod auf die Nationalsozialisten ausübt, der Tod des anderen (Auschwitz) und der eigene Tod: der kollektive Selbstmord, der Selbstmord Hitlers mit Eva Braun, Goebbels' mit Frau und sechs Kindern, die sinnlose Verteidigung offener Städte gegen die Amerikaner ...

Danach, zwischen 1945 und 1990, hat es zwei Deutschland gegeben, und sogar drei, wenn man Österreich hinzuzählt, das freilich keines sein will und doch eines ist. In unseren Augen gehört auch das zu unserem Thema, obwohl das offizielle Österreich und viele Österreicher aller Schichten geglaubt haben, sie könnten sich durch eine Hintertür aus der Geschichte davonstehlen. Dem Unbehagen der Österreicher verdankt die deutschsprachige Literatur in der zweiten Nachkriegszeit wichtige Impulse. Sie fühlen sich unwohl in ihrer Haut, in diesem Überbleibsel des Reiches, in dem ein doppelter Provinzialismus droht, der proletarische Wiens und der kleinbürgerlich-bäuerliche des Alpenlands. Aber mit so viel überschüssigem Talent ist man sicher, ein breites Publikum zu finden ... natürlich in der Bundesrepublik Deutschland, aber auch in Frankreich, das in der Nachkriegszeit, kaum ist der erste Schock überwunden, gewissermaßen als ausgleichende Gerechtigkeit eine Art von territorialem Annex der deutschen Kultur wird. Nacheinander werden sie alle, wenn auch oft zu spät oder zu früh, rezipiert: Hegel, Marx, Freud, die Vertreter des Bauhaus, Heidegger, Peter Handke und Botho Strauß, das Kino von Pabst, Murnau, Fritz Lang bis hin zu Wim Wenders. Bis zum heutigen Tag – und der Affäre Waldheim kommt hier geradezu symbolische Bedeutung zu – gibt es in Österreich politisch-kultursoziologische Schichten und Bezirke, in denen der Sumpf des rassistischen, antisemitischen und großdeutschen Nationalismus immer noch nicht ausgetrocknet ist und weiter seine übelriechenden, krankmachenden Ausdünstungen verströmt. Welche symbolische Bedeutung liegt in der Tat in dem raffinierten Appell an diesen mürrischen und verlogenen Provinzgeist, der nicht einmal wirklich kriegsverbrecherisch zu sein wagte, sondern im Österreich der Schreibtischtäter unter Hitler wurzelt, sich, um die Erblast abzuschütteln, für den kurzen Spätherbst eines goldenen Universalismus mit Kreisky einen jüdischen Beinahe-Kaiser zu geben.

Gedenken wir schließlich des, zweifellos vorläufigen, Todes der Philosophie, die zwischen den rivalisierenden Disziplinen der Soziologie, der Politologie, der Geschichtswissenschaft – im Sinne eines reflektierenden, Orientierung gebenden Faches – und der Theologie aufgeteilt worden ist. Der Thron Heideggers ist verwaist. Die große Welle des Positivismus und der Wissenschaftsgläubigkeit, die nach 1945 über den deutschen Kulturraum hinwegrollt – mit Ausnahme der DDR, die den tristen Späßen eines irrationalen, in eine bürokratische Metaphysik umgewandelten Marxismus ausgesetzt ist –, bedeutet natürlich in erster Linie eine Reaktion auf den falschen Idealismus der Herrenmenschen, den antiwestlichen Irrationalismus, dessen Herrschaft soeben in Blut und Jauche versunken ist. Danach kommt die systematische Metaphysik bald wieder auf ihre Kosten, denn schnell wird der Glaube an die »Humanwissenschaft« – und ihre Beschwörung – mit Hilfe neuartiger Gebetsmühlen in formelhafte Regeln oder Denkgebäude verwandelt. Die Frankfurter Schule erlebt einen zweiten Frühling, der aber ohne große Wirkung bleibt, sieht man von Herbert Marcuse ab, der – bewundern wir einmal mehr die Umwege des Weltgeistes – von Berkeley aus die Vorlesungen der Ordinarien stört und fortschrittliche Denker wie Jürgen Habermas ebenso in Frage stellt wie Nostalgiker des Deutschtums à la Diwald. Dennoch ist es ein merkwürdiges und fruchtbares Neuland, das die Wissenschaften, die sich mit dem individuellen und kollektiven Verhalten der menschlichen Gattung und des Staatsbürgers in Vergangenheit und Gegenwart beschäftigen, nach 1945 beackern und das die zahllosen Journalisten, Assistenten, Parlamentarier und Parteien, die eine neue und zahlenmäßig fraglos die stärkste Untergruppe innerhalb der Intelligenz bilden, sogar in ein System bringen und in eine neue Vulgata verwandeln. Unter der Bedingung allerdings, daß sie nicht in die Falle einer »Remetaphysierung« tappen. Die politische Wissenschaft gilt als bevorzugtes Heilmittel gegen die versprengten Überreste des Nazismus in Kultur und Gesellschaft. Und man tut gut daran, die ersten neuen Lehrstühle mit Außenstehenden wie dem Sozialdemokraten und Juristen Carlo Schmid oder dem linken Katholiken und Historiker der Konzentrationslager Eugen Kogon zu besetzen. Später, in der zweiten Generation, werden diese Stellen wieder an normale Universitätslehrer vergeben.

Die Gegenwart entzieht sich leicht dem vereinfachenden Blick des Beobachters, der, obwohl um Klärung bemüht, in keinem Fall den Anspruch auf Objektivität erheben kann. Scheuen wir uns also nicht, unsere Lorbeeren unter denen zu verteilen, die wir, sei es aus Vorliebe, Neigung oder Verblendung, für wichtig und bedeutend halten. Was mich in der Nachkriegszeit als erstes überraschte, war das Scheitern der Emigranten. Für keinen war die Rückkehr ein Erfolg, auch wenn viele wieder hohe Auflagen ihrer Publikationen erzielten und die namhaftesten wie Thomas Mann zu Recht eine Aura der Verehrung umgab. Doch glaube ich mich zu erinnern, daß die Entdeckung von Sartres Werk das Geistesleben in Deutschland am Ende der vierziger Jahre stärker beeinflußte und befruchtete als die Wiederentdeckung der so ungleichen Brüder Mann. Besonders angetan war ich in dieser Phase des Neubeginns von dem Wirbel, den spontan gebildete literarische Vereinigungen wie die hauptsächlich aus Romanciers und Lyrikern bestehende Gruppe 47 verursachten. Dies mag an der guten Laune der Überlebenden gelegen haben, an dem erstaunlichen kulturellen Nachholbedarf einer ganzen Generation und

auch an einem gewissen Zusammengehörigkeitsgefühl von Menschen,
für die die Zeit des Hungerns noch nicht ganz vorüber war. Diese Generation hatte Humor, auch wenn er oft makaber war. Die Romane von
Wolfgang Koeppen und Arno Schmidt, die Gedichte von Marie Luise
Kaschnitz, der größten Schriftstellerdame der deutschen Literaturge-
schichte – doch, das ist sie, ich versichere es –, seien als Beleg dafür
angeführt. Das freie Deutschland entdeckt das Kino, sein eigenes – das
alte und das neue – und das der anderen.

Alles geschieht gleichzeitig und gewissermaßen auch im richtigen Augenblick, denn Deutschland war nicht nur von der neuen Produktion
abgeschnitten. Die Nazi-Zensur hatte auch den Zugang zu Werken der
Vergangenheit verbaut, darunter die schönsten nicht nur der deutschen
Kultur, sondern auch ihrer antiken und modernen Schwestern und Zieh-
mütter. Unmittelbar nach dem Krieg scheint der Neuanfang noch fern
(wir allein wissen, daß er nicht lange auf sich warten läßt). Zu den Künstlern, die am besten die Verwirrung, die Zerstörung und das Elend dieser
Zeit schildern, gehören Helmut Käutner, Wolfgang Staudte und der Dichter Wolfgang Borchert, der in *Draußen vor der Tür* die düstere Geschichte eines Kriegsheimkehrers erzählt, der am Frieden sterben wird.
Dreißig Jahre später sind es die Filme eines Hans-Jürgen Syberberg und
eines Rainer Werner Fassbinder, durch die Deutschland der Welt noch
einmal über sich sagen wird, daß niemals etwas für immer entschieden
ist.

Und doch: Unter der kompetenten Führung des umsichtigen und einsame Entscheidungen treffenden Staatsmannes Konrad Adenauer scheint
der größere Teil Deutschlands, dem kein Zwang und keine Gewalt angetan wird – wie einem vergewaltigten Mädchen, das im Sinne von Giraudoux des Rechts beraubt ist, »seine Liebe zu erklären« –, jenes
Deutschlands also, das zum zweiten Mal die Republik probt, endlich
und sogar definitiv im Westen Fuß zu fassen und selbst ein Teil des
Westens zu werden. Ob Amerikaner, Engländer oder Franzosen, das hat
wenig zu bedeuten. Der Westen steht für Demokratie und Vernunft, aber
auch für Freizügigkeit und Wohlstand für alle, auch wenn es nur ein
relativer Wohlstand ist – aber vergleichen wir das Leben der Arbeiter
von 1960 mit dem von 1860! Das Land wird Mitglied im Nordatlantikpakt und genießt den militärischen und politischen Schutz des mächtigsten Staates der Welt, doch daneben rührt sich auch ein gezielter und
organisierter Widerstand, der Züge einer politisch-ästhetischen Schwärmerei trägt und zu politisch-religiöser Sentimentalität neigt. Sehr bald
wird eine Intelligenz, der es an Genie, Abenteuerlust und ideologischer
Redlichkeit fehlt, die Erfahrung machen, daß es gelungen ist, wieder

einen demokratischen Staat aufzubauen, die Deutschen wohlhabender und zufriedener zu machen, als sie es jemals gewesen sind, und die innere und äußere Sicherheit zu garantieren ... Obendrein wird sie feststellen, daß das »Deutschtum« der *jet society* und der Charterflüge zu den Seychellen und nach Thailand ebenso gut ist wie das der Aufbruchjahre unter Wilhelm II. oder Friedrich Barbarossa.

Neue männliche und vor allem weibliche Tugenden werden wichtiger als Disziplin und Fleiß und das dreifache K der Ehefrau, die Beschränkung auf Kirche, Kinder und Küche. Hedonismus und Erotik, die gewaltige Welle der Kriegsdienstverweigerer, der American way of life, die Pille, das Fernsehen: Damals und noch heute finden gewisse Nostalgiker das alte Deutschland unverfälschter in den Landschaften der inzwischen ehemaligen DDR wieder, weil dort die Industrialisierung noch nicht alles zerstört hat – ein Witz, denn schließlich waren es nur der Mangel und die Ineffizienz des Systems, die eine totale Umgestaltung verhindert haben.

Ein Deutschland ohne Juden. In dieser Hinsicht ist Hitler erfolgreich gewesen. Das enorme intellektuelle, berufliche und ideologische Stimulans durch junge ehrgeizige Männer und Frauen, Kinder oder Enkel polnischer oder ukrainischer Ghetto-Bewohner, fehlt nun dem Land. Ohne Juden, und lange Zeit auch ohne Berlin, wird es in doppelter Hinsicht provinziell. Diejenigen, die im Deutschland nach Hitler Einfluß haben, sind Rückkehrer wie Adorno oder Marcuse oder Ausländer – oder zu Ausländern gewordene – wie Alfred Grosser, Henry Kissinger und André Glucksmann, Kinder von Emigranten, die Hitler vertrieben hat. Adenauer wird es gelingen, die Hypothek abzutragen, die einer Rückkehr Deutschlands in die Völkergemeinschaft im Wege steht, aber das merkwürdige Wort »Wiedergutmachung«, das man für Entschädigung benutzt und das im übrigen der Kindersprache entlehnt ist, enthüllt nur, daß nichts wieder so werden kann wie zuvor, weil es in Deutschland keine Juden mehr gibt und weil ein Staat Israel existiert, den ein Deutschland, das Selbstachtung besitzt (sprechen wir nicht von dem ehemaligen kommunistischen Plagiat), niemals wie einen x-beliebigen Staat wird behandeln können. Die verlorene Unschuld läßt sich ebensowenig wiederherstellen wie die Jungfräulichkeit. Jahrelang habe ich davon geträumt, ich hätte jemanden getötet und sei dadurch unwiderruflich ein anderer geworden. Natürlich geht es dabei weder um Reue noch um Vergebung.

Das wichtigste Phänomen in der Kultur jenes Deutschland, das damals, nach 1948, frei über sich bestimmen konnte, war die zweite Rezeption des Marxismus. Eine zweite deshalb, weil die marxistische Kultur bereits in der Weimarer Zeit einen Durchbruch erlebt hatte, der aber trotz seiner doppelten Bedeutung als geistige Erneuerung und als Ausdruck eines sozialen Snobismus Randphänomen geblieben war. Und nun sind es, im Zusammenwirken mit dem amerikanischen Positivismus der Sozialwissenschaften, die Verlockung der Bücher, die in einer Art sozialen Hölle aufbewahrt wurden – denn Marx hatte Lenin, Lenin wiederum Stalin und Stalin den Gulag und das SED-Regime nach sich gezogen – und die wunderbar einleuchtenden Halbwahrheiten der marxistischen Aufklärungen, denen die Söhne und Töchter der ehemaligen Nazis ebenso erlagen wie die Kinder der Adenauer-Wähler (oft waren es dieselben, aber nicht immer, und ganz gewiß bildeten sie nicht die Mehrheit). Dies alles hatte den Reiz des Verbotenen, und so stürzten sich die Wohlstandskinder in ein Abenteuer, das Abwechslung versprach. Wie sollten sie auch keine Lust haben, an den Säulen der selbstzufriedenen Restauration zu rütteln (während der neunzigjährige Adenauer sich bang fragte, ob das deutsche Volk wirklich von seinen Dämonen geheilt sei)? Und im übrigen befinden wir uns auf deutschem Boden, wo das Absolute eine Art berauschendes Getränk ist: Weil Amerika im blutigen Schlamm Vietnams versinkt, taugt die »formale« Demokratie nichts; weil die Atombombe den Frieden sichert, ist es ein falscher Friede. Und um nicht auf den gleichen Weg zu geraten, der die Väter nach Auschwitz geführt und zu Schuldigen gemacht hat, muß man die Palästinenser unterstützen. Und so ist es nicht etwa eine Demonstration gegen Walter Ulbricht, den Statthalter des Kreml in Ost-Berlin, oder gar gegen Bundeskanzler Kiesinger, der als junger Diplomat eher pro forma der NSDAP beitrat, sondern eine Demonstration gegen den Schah des Iran, die eine Bewegung auslöst, deren Nachwehen und Folgen in Westdeutschland bis heute noch zu spüren sind, bis hin zu der wachsenden Zahl derer, die erneut eine Abkopplung vom Westen wünschen.

Die Angst vor der Atomenergie und dem Krieg und der angesichts der Naturzerstörung um sich greifende Schrecken führen dazu, daß marxistische und postmarxistische Sekten sich mit christlichen und postchristlichen Strömungen vermischen. Der Friede wird mit Verbissenheit und Gewalt verteidigt. Was nicht ist und was sein sollte, muß durchgesetzt und notfalls erzwungen werden, denn es geht um das Überleben der Welt, und es bleibt keine Zeit, die Dummen zu überzeugen und die Böswilligen zu bekehren. In der inneren Emigration und in einem exotischen Aktivismus, im Antimilitarismus und in einem neuen linken Nationalismus kehrt ein wichtiger Teil des freien Deutschland zur Romantik zurück, zu dem brennenden Wunsch, das Gute und das Reale zur Deckung zu bringen: das Himmelreich auf Erden, gepredigt von einer Friedenstheologie, einem Christentum, das noch zu Lebzeiten der jetzigen Generation die Wiederkehr des Herrn erwartet. Alle verwandten oder gegensätzlichen Strömungen des deutschen Geisteslebens münden in eine große Auseinandersetzung, bei der das Transzendente und das Immanente wie zwei graue Katzen sind, die ihre Jungen deshalb nicht finden, weil diese fort sind, um die Milch der anderen Katze zu trinken. Dieser religiöse oder parareligiöse Aspekt der »Bewegungen«, die seit zwanzig Jahren und länger weite Lebensbereiche in Deutschland erfassen, ist um so erstaunlicher, als im kirchlichen Leben herausragende Intellektuelle und Geistliche fehlen: Große Theologen sind ebenso rar wie Märtyrer und, wenigstens soweit man von außen sehen kann, Heilige. Weder Karl Barth noch Karl Rahner haben bislang würdige Nachfolger gefunden, und diejenigen, über die man spricht, ein Hans Küng oder ein Johann Baptist Metz – ganz zu schweigen von Eugen Drewermann, über den allzuviel geredet wird und der seine bedeutenden Talente zum Schaden seiner Kirche glänzen läßt –, haben ihr Lager auf den Stufen und am Rand ihrer Kirche aufgeschlagen. Zweifellos entstehen neue Formen der Frömmigkeit und des kirchlichen Lebens. Vor allem entsteht – ohne daß ein Ende abzusehen ist – eine recht brisante Mischung aus Konformismen und Nonkonformismen, die ihrerseits zu Konformismen werden, durch die sich aber, so scheint mir, wie ein roter Faden eine Art leidvoller Egotismus zieht, dessen Schlüsselwörter Selbstentfaltung, Selbständigkeit und Selbsterfüllung den Menschen nicht ohne einen bitteren Beigeschmack über die Lippen kommen. Denn führen alle diese »Selbst« nicht von der Angst, Verpflichtungen einzugehen, zu der Angst, Kinder zu zeugen, zu der Angst, mit dem anderen zusammenzuleben? Führen sie nicht häufiger zu einem kollektiven Solipsismus statt zu schöpferischer Solidarität? Aber noch ist das Abenteuer nicht zu Ende. Das »Deutschtum« in Europa, das sich langsam, zu langsam auch in den idyllischen Nischen des Lebens herausbildet, in denen jeder für sich bleibt, hält ohne Zweifel noch weitere Überraschungen, Schrecken und Freuden für uns bereit.

Und da wir schon von Existenznischen sprechen, bietet es sich an, noch einen Blick über die Mauer zu werfen, bevor wir unsere Betrachtungen abschließen. Das andere, das zweite Deutschland – oder für uns das dritte – hat auf den ersten Blick nicht viel mit unserem Thema zu tun. Das Abenteuer führte dort nicht weit: an den Plattensee zum Urlaub, in den Südjemen zur Ausbildung der dortigen Polizei, zu Wirtschaftsgesprächen mit den Vertretern von GOSPLAN. Man kultivierte und verherrlichte die nationalen, staats»bürgerlichen« Tugenden und ging dabei sogar soweit, sich für die Erben Preußens auszugeben, wie Neureiche, die mit dem Schloß auch den Titel des früheren Besitzers erwerben wollen. Die Unteroffiziere und Erfüllungsgehilfen, die das Land im Auftrag der Herren in Moskau regierten, verstanden keinen Spaß. Phantasie und aus der Unordnung entspringender Schöpfergeist waren nicht ihre Stärke. In ihrem Staat bestand das Abenteuer darin, jeden Abend Westfernsehen zu sehen, ohne extremes Risiko den Wehrdienst zu verweigern, nicht in die Partei einzutreten oder so ganz und gar Christ zu sein, wie man es sich auf der anderen Seite kaum noch vorstellen konnte. Hier bestand kein Anlaß, über Philosophie oder die Humanwissenschaften zu diskutieren. Hier wurde geschwiegen, was nur durch den häufigen Umgang mit den feindlichen Medien abgemildert wurde. Man investierte viel Energie in die Arbeit und in die anderen Aktivitäten des Privatlebens. Daher die Nischen, in die sich viele zurückzogen, um dort die bescheidenen Früchte ihrer Anstrengungen zu genießen. Die DDR war eine Art Reserveheer des Deutschtums, verschlafen und betäubt vom Alkohol und den immergleichen sozialistischen Parolen. Talent und Genie verkümmerten in diesem süßlichen Totalitarismus. Kaum waren Schriftsteller, Künstler und Historiker in den Westen gegangen, wurden sie im gesamten deutschsprachigen Raum bekannt. Die deutsche Kultur zeigte also ein sehr besonderes Gesicht in diesem wichtigen Land, das nur deshalb lebensfähig war, weil die Führung schwieg und sich mit einer Mauer umgab, freilich nicht zum Schutz gegen Eindringlinge wie China, sondern um die Bewohner gewaltsam am Fortgehen zu hindern. Zuweilen lebte es sich dort gar nicht einmal allzu schlecht, aber die Menschen langweilten sich und hatten Angst zu verkümmern, niemals das richtige Meer zu sehen. Dies war auch der Grund, warum, in einem ganz anderen Zusammenhang, die »Bewegung«, der Kampf für den Frieden und die Umwelt, sich nicht mehr länger zügeln ließ in diesem Land, dessen lokale Machthaber Initiativen der Bewohner ebenso fürchteten wie die wechselnden Launen und Anzeichen von Verkalkung der Herren in Moskau. Man behalf sich, so gut es ging, mit Einschüchterung, mit Inhaftierungen – und mit jenem ungewöhnlichen Tauschgeschäft, das zwanzig Jahre lang funktionierte und die DDR-Gefängnisse alljährlich von rund 2000 Oppositionellen reinigte. War das nicht besser, als die Dissidenten auf Dauer einzusperren? Es gab ein intensives religiöses Leben, das von Störungen weitgehend verschont blieb, sieht man davon ab, daß denjenigen, die an ihm teilnahmen, die Karriere verbaut wurde und daß die Kinder von Gläubigen, die an den Pranger gestellt wurden, nicht studieren durften. Aber wie die Landschaft, so blieb auch der Glaube erhalten. Er äußerte sich in einer Reinheit und Spontanität, die manche für prä-, andere für postmodern hielten. Die Führung wiederum sagte sich, daß man durch

Arbeit und Arbeitenlassen immerhin zur siebtgrößten Wirtschaftsmacht
der Welt aufgestiegen war und sich als Primus im »sozialistischen Lager«
dem sowjetischen Riesen unentbehrlich gemacht hatte. Darauf war man
stolz, und daraus bezog man eine Art Legitimation. In den vierzig Jahren,
die man diesen Staat regierte – der zwar ein künstliches Gebilde war, es
mit den Jahren aber immer weniger wurde –, war man zu einer Art
Musterschüler geworden, fast wie die auf der anderen Seite. Man verhielt
sich still und rührte sich nur, um ein wenig (aber nicht zuviel) an der
Wirtschaft herumzudoktern. Man knüpfte ganz offen solidarische Bande
mit Spitzenpolitikern des ersten deutschen Staates, die durch den Handel
immer unauflöslicher wurden. Auch die Wiedervereinigung war möglicherweise eine Angelegenheit, die sich nicht auf einmal, sondern nur
schrittweise verwirklichen ließ. Dies alles wurde von dem Wind der russischen Geschichte hinweggefegt, dessen Auswirkungen auf Deutschland
die Hoffnungen und Sehnsüchte vom Herbst 1989 freisetzten.

Eines hatten die beiden Nachfolgestaaten Hitlerdeutschlands, der Weimarer Republik und des Bismarck-Reiches (hier nimmt Österreich eine
Sonderstellung ein) im vorletzten Jahrzehnt des 20. Jahrhunderts gemeinsam: ihr historisches Denken, ihre Vorliebe für und ihr unersättliches
Verlangen nach Geschichte. Neben der Rockmusik und der Technologie
hat dies die Kultur vor 1990 am stärksten geprägt, in Ost-Berlin wie in
Bonn.

Was die DDR angeht, so äußerte sich diese Tendenz anfangs, wie wir
gesehen haben, in dem Bedürfnis der Usurpatoren, sich in eine Ahnen-
reihe zu stellen. Immer größer wurden ihr Wunsch und ihr Verlangen,
sich als die wahren Erben der Vergangenheit und die einzigen Hoffnungs-
träger für die Zukunft auszugeben. Der Rest des gelobten Landes lag in
der DDR, nicht in der ihres nationalen Charakters beraubten, verwest-
lichten und amerikanisierten Bundesrepublik. Die Nation, das waren
»wir«, oder zumindest alles das, was an der nationalen Vergangenheit
rühmlich war, alles das, und war es noch so wenig, was zur Befreiung
des Menschen und zum Fortschritt der Aufklärung beigetragen hatte.
Die Nation, das waren »wir«, weil wir einen Pakt mit dem Herrn, das
heißt mit der Geschichte eingingen, deren korrekten Verlauf Marx her-
ausgearbeitet hatte, und deshalb die Zukunft des Menschen und speziell
die der deutschen Nation verkörperten. Man konnte vorübergehend in
vielen Punkten nachgeben, keinesfalls aber, wenn es um die korrekte
Deutung der Geschichte ging. Als der politische Druck in Europa nachließ, fühlten sich die Machthaber sicherer, und als sie gegenüber der
Sowjetunion vorsichtig die Karte des nationalen Interesses ausspielten

und ihre begrenzte, aber wachsende Selbständigkeit verteidigten, war die Geschichte, gleich nach der Ideologie, für sie tatsächlich die wichtigste moralische Waffe, die, wie die französische Atombombe, ein doppeltes politisches Ziel hatte: auf der einen Seite den Hauptgegner und -rivalen, auf der anderen den Hauptverbündeten.

Und bei genauerer Betrachtung zeigt sich, daß die Geschichte und ihre Interpretation längst auch die Kultur der Bundesrepublik beherrschten. Die Historiker in der DDR waren gezwungen, gegenüber der Orthodoxie List anzuwenden. Hatten sie Talent, so mußte man es erst unter ideologischem Ballast entdecken. Auf der anderen Seite, in der BRD, herrschte Vielfalt. Seit Jahren und in unterschiedlichen Formen hält die Debatte über die deutsche Geschichte die Intellektuellen in Atem, und meines Erachtens liegt gerade darin die beste Garantie für literarische Qualität. Von den großen liberalen und recht traditionellen Zeitgemälden, die Golo Mann nach dem Krieg entwarf und damit aus dem Schatten der anderen Manns trat, gelangen wir zu der gründlichen, sich nicht auf Schilderung von Ereignissen beschränkenden Geschichtsschreibung eines Hans-Ulrich Wehler und eines Jürgen Kocka, vor allem aber zu den fundamentalen Fragen über den Sinn der nationalen Geschichte, über die Notwendigkeit eines historischen Verwurzeltseins oder, im Gegenteil, einer Befreiung von allen Wurzeln, über die Alternative zwischen Identität und Emanzipation. Eine ganze Gruppe von Historikern und Schriftstellern – angefangen bei Fritz Fischer, der Deutschland stärker in die Verantwortung für 1914 brachte, bis zu Karl Dietrich Bracher und Martin Broszat, die das nationalsozialistische Phänomen in ein neues Licht rückten, und Thomas Nipperdey, Hans Peter Schwarz, Hagen Schulze und Michael Stürmer, die sich nicht von der Formel täuschen ließen, derzufolge die Deutschen den Sonderweg, eine falsche Richtung, eingeschlagen hatten – verlieh der deutschen Geschichte eine Identität, die zugleich aus Kontinuität und Brüchen bestand. Wie schon zwischen 1815 und 1848 sind die Historiker wieder die Vordenker verschiedener geistiger und politischer Strömungen innerhalb der Nation, ein merkwürdiges und faszinierendes Phänomen in einem Volk, das ein ganz anderes Verhältnis zu seiner jüngeren Vergangenheit hat als jedes andere und das, gerade deshalb, seine Vergangenheit annehmen muß, wenn es seiner Zukunft und der Zukunft, die es fortan mit den anderen Europäern gemein hat, teilhaftig werden will. Dieses Volk entdeckt nun, daß seine Kontinuität stets von Brüchen begleitet war und daß es immer vom regen Austausch mit den anderen Völkern Europas gelebt hat (und nun mit diesem neuen Europa, zu dem die Vereinigten Staaten geworden sind, die sich enger mit uns zusammengeschlossen haben als jemals zuvor). Und es entdeckt auch, daß

Emanzipation, eines der großen Ziele der Menschheitsgeschichte und mithin auch der deutschen Geschichte, keinen Anspruch auf eine Art späte Geburt erheben kann, die angeblich frei ist von allen Rückständen der Knechtschaft und des Aberglaubens: Der Aufstieg der Menschheit, dieses Fortschreiten zu einer Metanatur, welche die Natur weder mißachtet noch abweist – gäbe es kein solches Fortschreiten, hätte sich Gott beim Schöpfungsakt über die Welt lustig gemacht –, dieses Fortschreiten erfolgt selbstverständlich in dialektischen Schritten, und seine Dialektik, die am Beispiel des deutschen Geisteslebens besonders deutlich wird, ist das Gespräch zweier Stimmen über den Bruch und die Bewahrung.

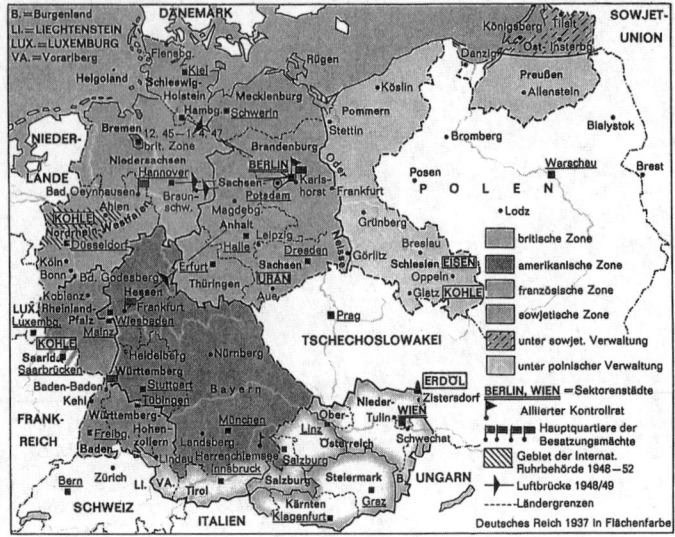

Deutschland nach dem Zweiten Weltkrieg

21. KAPITEL

Deutschland seit dem Zweiten Weltkrieg

Nach dem Nazismus

Tiefe Stille liegt über dem zerstörten Deutschland, dem besetzten Deutschland, dem unbeweglichen Deutschland, das in Erwartung eines unvorstellbaren, unvorhersehbaren Schicksals erstarrt war. Nie zuvor in der Neuzeit hatte ein großes Land, ein Mitglied im »Konzert der europäischen Mächte«, ein derartiges Los erlebt, das die Römer *debellatio* genannt hatten, das völlige Verschwinden eines Volkes und eines Staates durch den Krieg: »*Carthaginem esse delendam.*« Doch soweit waren die Alliierten nicht gegangen. Nicht einmal Henry Morgenthau hatte verlangt, die Deutschen als Sklaven zu verkaufen ... Es hatte nicht einmal zur Debatte gestanden, den deutschen Staat für immer zu beseitigen. Aber mit der Forderung nach bedingungsloser Kapitulation und der Weigerung, mit irgendwelchen deutschen Machthabern zu verhandeln, hatten die amerikanischen und britischen Sieger im Vergleich zu allen anderen großen Kriegen im neuzeitlichen Europa ein Novum geschaffen. Selbst 1814 und 1815 hatten die Verbündeten den wiedereingesetzten König im Namen Frankreichs verhandeln lassen. Daran läßt sich ermessen, wie folgenschwer das Scheitern der Verschwörung vom 20. Juli war: In Deutschland gab es niemanden mehr, mit dem man hätte verhandeln können. Hitler hatte die historische Bühne leergefegt, und die Tatsache, daß die Nation sich dem Dritten Reich ergeben hatte, raubte den in alle Welt verstreuten Emigranten jede Legitimität. Die Aufhebung der deutschen Souveränität bis auf weiteres war eine logische Konsequenz der singulären Natur von Hitlers Gewaltherrschaft.

Möglicherweise hätte die Entwicklung einen anderen Verlauf genommen, wenn Stalin allein über Deutschland hätte bestimmen können. Zweifellos hätte er in den ersten Tagen nach dem Einmarsch der Sieger eine aus »demokratischen« Persönlichkeiten bestehende Regierung gebildet, in der die Kommunisten zwar nur als kleine Minderheit vertreten gewesen wären, jedoch den für das Innenressort und die Polizei zuständigen Minister gestellt hätten. Auf jeden Fall verfuhr er so in der sowjetischen Besatzungszone auf Länderebene. Doch die Führer der Sowjetunion waren nicht die einzigen Herren im Land, und gemäß den Vereinbarungen von London und Jalta errichteten die Großen Drei auf der neuen Konferenz in Potsdam ein angelsächsisch-sowjetisches Kondominium unter Einbeziehung Frankreichs, das zu den Gesprächen allerdings nicht eingeladen wurde. Die Konferenz dauerte vom 17. Juli bis zum 2. August 1945. Stalin war in Potsdam der einzige Kriegsherr, der bereits 1939 an der Spitze seines Landes gestanden hatte (als er den berühmten Pakt mit Hitler unterzeichnete). Harry S. Truman war erst seit wenigen Wochen Präsident der Vereinigten Staaten, und Winston Churchill wurde mitten in der Konferenz durch »Major« Attlee abgelöst, dessen Labour Party soeben die Parlamentswahlen gewonnen hatte. Die Tinte der Unterschriften auf den Waffenstillstandsdokumenten war kaum trocken, als die Konferenz einberufen wurde. Im Gefolge der Regierungswechsel offenbarte sie gleichzeitig die Großartigkeit und die Schwächen des demokratischen Systems.

Der Mann aus dem Mittleren Westen Amerikas sollte ein bedeutender Präsident werden, doch zunächst mußte er sein Handwerk erlernen. Clement Attlee war stellvertretender Premierminister im Kriegskabinett gewesen und deshalb über alles auf dem laufenden, aber er hatte weder das Format, noch genoß er das Ansehen eines Winston Churchill. Wie schon in Jalta, so war Stalin auch in Potsdam, in der Sowjetzone, gewissermaßen zu Hause, und zudem wußte er viel besser als seine Gesprächspartner, was er wollte und was nicht. Obwohl die Amerikaner über die Hälfte der späteren Sowjetzone besetzt hatten, räumten sie diese Gebiete vereinbarungsgemäß, während die Sowjets die Westhälfte Berlins an die Westmächte »abtraten«. Man kann sich vorstellen, welchen Schock der Abzug der Amerikaner in der Bevölkerung Sachsens und Thüringens auslöste und wie erleichtert jene Berliner aufatmeten, die in den »guten« Sektoren wohnten.

Die schwerwiegendste Entscheidung der Amerikaner und Briten in Potsdam war, daß sie der Vertreibung der deutschen Bevölkerung aus den preußischen Ostprovinzen zustimmten. Sie veränderte die historische Landkarte Europas und hatte weitreichende Folgen für die Politik und die Menschen. Briten und Amerikaner ließen es zu, daß diese Gebiete, in denen ausschließlich oder mehrheitlich Deutsche wohnten, unter provisorische polnische Verwaltung gestellt wurden. Dadurch billigten sie zumindest indirekt den Entschluß Stalins, Polen rund dreihundert Kilometer nach Westen zu verschieben und den »Volksdemokratien« einzugliedern, ohne das Land nach seiner Meinung zu fragen. Viele Bewohner dieser Provinzen waren beim Einmarsch der nach Rache dürstenden (der Ausdruck muß vielfach wörtlich genommen werden) sowjetischen Soldaten geflohen. Viele waren bei den Kämpfen oder auf der Flucht ums Leben gekommen. Schätzungen zufolge hatten im Herbst und Winter 1945 und im Frühjahr 1946 über acht Millionen Frauen, Kinder und Alte ihr Land verlassen müssen (damals, am Ende des Krieges, waren nur wenig gesunde Männer darunter). Jetzt fanden sie sich in der Rolle von »Flüchtlingen« wieder, die in den Gemeinden der britischen und der amerikanischen Zone nicht gern gesehen und im allgemeinen auch nicht sonderlich gut behandelt wurden. Die Franzosen schotteten ihre Zone gegen diesen Zustrom ab, denn sie hatten auch so schon Mühe, dort genügend Nahrung für sich selbst, die Armee und die Zivilverwaltung, zu beschaffen. Zu den von Hunger und Kälte gezeichneten Neuankömmlingen aus den Ostprovinzen, die in vielen Fällen Opfer von Mißhandlungen geworden waren und nur leichtes Gepäck hatten mitführen können, gesellten sich die Vertriebenen aus der Tschechoslowakei, deren Schicksal in vielen Fällen besonders traumatisch gewesen war, und diejenigen, die sich in der Sowjetzone niederlassen mußten (ebenfalls ungefähr drei Millionen). Das ergibt elf Millionen, nicht mitgerechnet die Millionen, die vor dem Ende der Kampfhandlungen aus den deutschen Ostprovinzen und aus anderen osteuropäischen Ländern geflohen waren. Und wir sprechen in diesem Zusammenhang weder von den rund fünf Millionen Kriegsgefangenen, von denen viele nicht zurückkehren sollten, noch von den weiteren drei Millionen, die aus politischen Gründen oder ganz einfach um so zu leben, wie sie wollten, zwischen 1946 und 1961 aus der Sowjetischen Besatzungszone (SBZ) und später aus der DDR nach Westdeutschland flohen (der Mauerbau stoppte diesen Exodus bis 1989). Seit die Assyrer in ihrem Riesenreich ganze Völker umgesiedelt hatten, hatte es niemals eine Migration gegeben, bei der sich eine so riesige Menschenmasse auf die Straßen ergoß und sich in entfernten Gebieten ansiedeln mußte. Insgesamt waren es etwa zwanzig Millionen Deutsche, über ein Viertel der Nation. Daß sie eingegliedert wurden, ohne daß es zu einer Radikalisierung kam und eine Irredenta-Bewegung entstand, die den Wiederanschluß der verlorenen Heimat forderte, ist ein wahres Wunder. Aber ist es vorstellbar, daß ein solch kollektives Trauma ohne tiefe Auswirkungen und nachhaltige Folgen bleibt, die noch Jahrzehnte später spürbar sind?

Der nördliche Teil Ostpreußens wurde unter sowjetische, das übrige Gebiet jenseits der Oder und, in Schlesien, deren Nebenflusses, der Neiße, unter polnische Verwaltung gestellt. Im Westen wurden diese Gebiete von begrenzt. Es hat nicht den Anschein, daß Truman und Attlee von der Existenz zweier Flüsse dieses Namens wußten. Stalin wählte selbstverständlich die Grenze, die seinen Interessen am förderlichsten war. Rund eine Million Menschen waren davon betroffen.

Das andere große Thema bei der Potsdamer Konferenz war die Organisation der Verwaltung im besiegten Deutschland. Die Vertreter der besiegten deutschen Wehrmacht hatten das Schicksal ihres Volkes in die Hände der vier Alliierten gelegt, und diese vier trugen nun gemeinsam dafür die Verantwortung. Dabei blieb es fünfundvierzig Jahre lang, zumindest im Hinblick auf Deutschland »als Ganzes«. Dies hatte unter anderem zur Folge, daß die Alliierten trotz aller Unstimmigkeiten niemals einen separaten Friedensvertrag mit »ihrem« Teil Deutschlands abschlossen. Diese gemeinsame Verantwortlichkeit bildete auch die rechtliche Grundlage für die Präsenz der Westmächte in Berlin und, umgekehrt, für ihre Weigerung, die Eingliederung Ost-Berlins in die DDR anzuerkennen.

Im Auftrag ihrer Regierungen bildeten die vier Oberkommandierenden das höchste Verwaltungsorgan in Deutschland, den Alliierten Kontrollrat mit Sitz in Berlin. Der Kontrollrat hatte einstimmige Entscheidungen zu treffen, was seiner Arbeit nicht gerade förderlich war. Bis zum Frühjahr 1948, als er zum letztenmal zusammentrat, traf er eine Anzahl wichtiger Entscheidungen. So beschloß er unter anderem die Auflösung des Landes Preußen als des »Trägers des Militarismus und der Reaktion in Deutschland« und legte die Richtlinien für die Entnazifizierung fest, die in der Folgezeit jede Siegermacht nach ihrem Gutdünken auslegte. Aber dies galt im allgemeinen für alle Verfügungen, die der Kontrollrat erließ. Die eigentliche Macht wurde in den »Zonen« ausgeübt. Dennoch hatten die Großen Drei in Potsdam beschlossen, deutsche Zentralverwaltungen aufzubauen, die den Besatzern als Hilfsorgan dienen sollte. Wären sie tatsächlich ins Leben gerufen worden, so hätten sie – trotz der Gegensätze unter den deutschen Parteien, die sie sicherlich geschwächt hätten – dem Partikularismus in den Zonen entgegenwirken können. Doch die französische Regierung blockierte die Schaffung solcher Zentralverwaltungen. Da sie nicht nach Potsdam eingeladen worden war, fühlte sie sich an die dort gefaßten Beschlüsse nicht gebunden. Die französischen Verantwortlichen hatten panische Angst vor einem Wiedererstarken des deutschen Imperialismus und waren entschlossen, diesmal das durchzusetzen, was ihren Vorgängern 1918–1919 verweigert worden war: die Teilung Deutschlands. Die Entscheidungen und Direktiven des Kontrollrats ließen den Oberkommandierenden einen relativ großen Handlungsspielraum, und so verwaltete jeder seine »Zone« gemäß den Anweisungen seiner Regierung. Und wenn die Politik der drei westlichen Regierungen in ihren Zonen auch grundsätzliche Gemeinsamkeiten aufwies, so verfolgten die Sowjets in ihrer doch ganz andere Ziele. Bereits im Frühjahr 1946 zeigte die Zwangsvereinigung der sozialdemokratischen Partei mit der kommunistischen Partei, daß die Sowjetunion die

Absicht hatte, in der SBZ wie in den anderen von ihr eroberten Ländern Osteuropas eine kommunistische Herrschaft zu errichten. Dadurch, daß Frankreich sich dem Aufbau von deutschen Zentralverwaltungen widersetzte, entzog es der Sowjetunion ein wichtiges Instrument, dessen sie sich bedienen wollte, um in den Westzonen zu intervenieren und eine gewisse Kontrolle auch über diese zu erlangen. Denn hätten die Zentralverwaltungen in Berlin ihre Arbeit aufgenommen, so wären sie unmittelbar dem Druck der Sowjets ausgesetzt gewesen, und die deutschen Kommunisten hätten in ihnen weit mehr und weit einflußreichere Posten übernommen, als ihrem tatsächlichen oder vermutlichen Rückhalt beim Wähler entsprach. Paris erwies der wiederentstehenden deutschen Demokratie also einen großen Dienst, auch wenn das zum damaligen Zeitpunkt sicherlich nicht das Motiv war, von dem sich der französische Regierungschef de Gaulle und sein Außenminister Georges Bidault leiten ließen.

Die damalige Deutschlandpolitik Frankreichs läßt sich nur schwer auf eine Formel bringen, da das Land unter de Gaulle und nach ihm bis zum Sommer 1947 von einer Koalition aus sehr unterschiedlichen Parteien regiert wurde, unter denen die stalintreuen Kommunisten eine wichtige Stellung einnahmen. Die französische Führung widersetzte sich solange wie möglich der Bildung einer deutschen Behörde, die für das gesamte ehemalige Reich zuständig sein sollte. Doch die internationale Lage und die innenpolitischen Verhältnisse in Frankreich zwangen sie 1947 schließlich, ihre harte Haltung allmählich aufzuweichen. Dieser Kurswechsel fiel ihr schwer, wurde ihr aber durch die faktische Abspaltung der Ostzone leichter gemacht, die Stalin nach und nach gegen das übrige Deutschland abgeschottet hatte (nachdem er in Potsdam die »administrative« Angliederung der östlichen Hälfte dieser Zone an Polen durchgesetzt hatte). Die drei Westzonen umfaßten also nur noch die Hälfte des ehemaligen Reiches in den Grenzen von 1937. Alle positiven Entwicklungen in den deutsch-französischen Beziehungen zwischen 1945 und 1990 sind nur vor dem Hintergrund dieser Teilung möglich gewesen, denn sie verlieh Westdeutschland Dimensionen, die den französischen entsprachen. Und dies macht auch verständlich, warum 1990 die plötzliche deutsche Wiedervereinigung viele Franzosen beunruhigen und verunsichern sollte. Sie hatten besondere Beziehungen zwischen zwei Ländern akzeptiert, deren Bevölkerung ungefähr gleich groß war, nun aber sahen sie sich als 56-Millionen-Volk rund 80 Millionen wiedervereinigten Deutschen gegenüber. Zugegeben, angesichts von über einer Milliarde Chinesen und fast einer Milliarde Indern fallen diese Zahlen kaum ins Gewicht, und doch ... Die schrittweise Annäherung der französischen

Deutschlandpolitik an gemeinsame, von den angelsächsischen Mächten festgelegte Positionen führte in Frankreich logischerweise zu wachsenden Spannungen zwischen den Kommunisten auf der einen und den Sozialisten und den Christdemokraten auf der anderen Seite, wobei letztere von jenen Gruppen verstärkt wurden, die von der Rechten noch übrig waren (oder die sich auf dieser Seite des politischen Spektrums, die aufgrund der Zusammenarbeit ihrer traditionellen Vertreter mit dem Vichy-Regime verwaist war, neu formierten). Der endgültige Bruch erfolgte im Mai 1947. Im übrigen waren für Ministerpräsident Ramadiers Entscheidung, die kommunistischen Minister zu entlassen, innenpolitische Gründe ebenso ausschlaggebend wie die internationale Lage. Nach seinem Beitritt zum Nordatlantikpakt im Jahr 1949 konnte Frankreich dann seine deutschlandpolitischen Vorstellungen immer weniger zur Geltung bringen. Das Bündnis deckte das gesamte Konfrontationsgebiet in Europa ab, und die Gefahr eines Weltenbrands spitzte sich zu. Die hitzige Debatte über die deutsche Wiederbewaffnung muß seit dem Angriff des kommunistischen Nordkorea auf Südkorea im Jahr 1950 in diesem Zusammenhang gesehen werden. Die Welt war kleiner geworden, und die Situation in diesem fernen, geteilten Land ähnelte der Lage in Deutschland. Dies ließ eine politische und militärische Offensive gegen Westdeutschland befürchten. In den Augen der Zeitgenossen wollte Stalin mit dem Angriff auf Südkorea für seine Niederlage bei der Berliner Blockade Revanche nehmen.

Ein gevierteiltes, zerstückeltes und ausgeblutetes Land, verwüstete Städte, zerstörte Fabriken. Viele Millionen Menschen irren über die von Militärfahrzeugen verstopften Straßen: Evakuierte, die versuchen, in ihre Häuser oder Heimatorte zurückzukehren, oder vielmehr in das, was von ihnen übriggeblieben ist, Soldaten, die der Gefangenschaft entkommen sind, entflohene Kriegsgefangene, ehemalige Häftlinge, die aus Gefängnissen und Konzentrationslagern befreit worden sind. Und auch Ausländer sind darunter, Kriegsgefangene, die versuchen, nach Hause zu gelangen, ein unüberschaubares Heer von Zwangsarbeitern – zwischen zehn und zwanzig Millionen, von denen viele, ihrer Heimat beraubt, die neue, von den Amerikanern eingeführte statistische Gruppe der »Displaced Persons« bilden werden. Zu ihnen gehören auch Juden, die dem Massenmord entronnen sind und nun danach trachten, in das Land Israel zu gelangen, ein Ansinnen, das den Interessen der im Niedergang begriffenen britischen Großmacht zuwiderläuft und ihre unrealistischen Berechnungen über den Haufen wirft.

In der Sowjetzone herrscht Entsetzen. Den Siegern fehlt es an allem, und so nehmen sie sich, was nicht zerstört ist. Der Schock über die Vergewaltigungen gräbt sich unauslöschlich ins Gedächtnis der Menschen ein und wird durch Gerüchte noch verstärkt. Zuweilen findet sich auch ein menschlicher und gebildeter Offizier, der die deutsche Kultur kennt und bewundert und versucht, ein wenig Ordnung in das Chaos zu bringen, indem er die Wasser- und Stromversorgung wieder in Gang bringen läßt.

Bei den Amerikanern ergänzen DDT und Sulfonamide die Feldrationen. Hier sind es nicht Vergewaltigungen, die sich dem Gedächtnis einprägen, sondern die Zigarettenwährung und die Gefälligkeiten junger Frauen, deren Spitzname »Veronika Dankeschön« nicht von ungefähr mit den gleichen Buchstaben beginnt wie *veneral disease* (Geschlechtskrankheit). Doch die Amerikaner fürchten Epidemien und suchen sich dadurch vor ihnen zu schützen, daß sie Läuse und Hunger, die ja in gewisser Weise ihre Ursachen sind, in einem Aufwasch bekämpfen. Außerdem dienen in ihrer aus Texanern, Schwarzen und *mid-westerners* bestehenden Armee viele deutsche Flüchtlinge, die dank ihrer Sprachkenntnisse alles erklären können. In der ersten Phase der Besetzung spielen sie eine wichtige Rolle. Unwissenheit und gutes Gewissen bei den einen, Wiedersehensfreude und Rachegelüste bei den anderen sorgen dafür, daß die amerikanische Entnazifizierungskampagne zu einer bürokratischen Meisterleistung an Präzision und Konfusion wird. Doch wenn es darum geht, sich seine Zone auszusuchen, dann die amerikanische, denn dort schadet es einem am wenigsten, Deutscher zu sein. Den Briten, die sich weitgehend korrekt verhalten und Distanz wahren, fällt es am leichtesten, das Fraternisierungsverbot einzuhalten, das die Intellektuellen im Umfeld General Eisenhowers, des Oberkommandierenden der alliierten Streitkräfte, initiiert haben. Hinter Eisenhowers scheinbarer Einfältigkeit verbirgt sich jedoch eine gehörige Portion gesunder Menschenverstand, Kompetenz und Ehrgeiz. Er wird als erster General seit dem illustren Ulysses Grant zum Präsidenten der Vereinigten Staaten gewählt werden, jedoch in besserer Erinnerung bleiben. Was die Franzosen anbelangt, denen die Amerikaner einen Teil ihrer Zone, nämlich die südlichen Regionen der späteren Länder Baden und Württemberg, und die Engländer den Süden des Rheinlands und die Pfalz abgetreten haben, so herrscht in ihrer Heimat eine »Dreiparteienregierung«, die seit de Gaulles Ausscheiden kaum noch handlungsfähig ist, da jede Partei ihre Kraft darauf verschwendet, die Bemühungen der anderen zunichte zu machen. Die tiefen und sich weiter vertiefenden Gegensätze zwischen kommunistischen, sozialistischen und christdemokratischen Elementen führen dazu, daß die Verantwortlichen ein hohes Maß an Selbständigkeit genießen und unter Umgehung ihrer vorgesetzten Stellen jederzeit ihre politischen Freunde in

Paris um Unterstützung ersuchen können. Die französische Zone zerfällt in halbautonome Territorien und Verwaltungsbezirke und ähnelt darin dem Heiligen Römischen Reich in den letzten Jahrhunderten seines Bestehens. Für Ordnung sorgt eine Art Indienarmee, eine Armee kolonialen Zuschnitts mit FTP- und FFJ-Einsprengseln.[1] Wie überall gibt es auch unter den Franzosen Idealisten, die eine Versöhnung mit einem demokratischen Deutschland wollen, und Profiteure. Aber auch letztere genießen in dieser kleinen Zone, die von den Verwüstungen des Krieges und den Bevölkerungsbewegungen relativ verschont geblieben ist, ein viel höheres Maß an Autonomie als andernorts.

Zu den irreparablen Schäden, die Hitlers Krieg in Deutschland angerichtet hat, gehört – dies kann man nach einem halben Jahrhundert sagen – das Verschwinden der historischen Stadtkerne in den meisten mittleren und großen Städten, die dank der Aufmerksamkeit, die man seit der Romantik dem nationalen Erbe schenkte, bis dahin viel besser gepflegt worden waren als in Frankreich. War die deutsche nationale Bewegung der Jahre 1813–1815 nicht aus der Absicht hervorgegangen, der französischen Idee einer bewußt gewollten und auf dem Bruch mit der Vergangenheit gegründeten Nation des »täglichen Plebiszits« die Idee eines Volkes entgegenzustellen, das Teil der Natur, der Physis, war und durch seine ruhmreiche Geschichte, seine Vergangenheit, charakterisiert wurde? Was ist denn das heutige Deutschland ohne das mittelalterliche Köln und Nürnberg, ohne das Augsburg der Renaissance, ohne das barocke Würzburg, ohne das kaiserliche Frankfurt, ohne Hamburg, die Freie Hansestadt? Ein Volk, das seine eigene Vergangenheit zerstört hat, jagt dem Schatten seiner verlorenen Identität nach.

Solche Überlegungen und eine Aufzählung der erwähnten Verluste wären 1945, als es um das nackte Überleben zu gehen schien, auf Unverständnis gestoßen. Das industrielle Potential schien vernichtet. Würde ein Jahrhundert genügen, um für alle Menschen Wohnungen zu bauen? Wie sollte man nun ein Volk ernähren, das seit langem einen Großteil seiner Lebensmittel importiert und durch den Verkauf von Industriegütern finanziert hatte? Und wie sollte dieses ausgeblutete Land Reparationen leisten? Vertraten nicht viele Franzosen die Meinung, daß die Deutschen diesmal für alle Folgen der vierjährigen Besatzung und Ausbeutung ihrer Wirtschaft durch Hitlers Streitkräfte aufkommen sollten? Und forderten die Russen, die über 20 Millionen Tote zu beklagen hatten, nicht ihrerseits Reparationen für die Verheerungen in ihrem Land? Und die Polen? Allein die Amerikaner und Briten hatten angesichts der anscheinend so kümmerlichen Konkursmasse sofort auf Zahlungsforderungen verzichtet.

Tatsächlich war die Substanz weniger angegriffen, als es zunächst den Anschein hatte. Die Bevölkerung war längst nicht in dem Maße dezimiert wie unmittelbar nach der letzten nationalen Katastrophe, dem Dreißigjährigen Krieg. Die Kriegsgefangenen kehrten trotz des schrecklichen Aderlasses in der Sowjetunion und in Jugoslawien und der empfindlichen Verluste in Frankreich rascher und in größerer Zahl zurück, als man zunächst befürchtet hatte. Klammert man die mehreren zehntausend verurteilten »Kriegsverbrecher« aus, die sich, sofern sie überlebten, bis zu Adenauers Moskaureise 1955 gedulden mußten, war die Rückführung Ende 1948 praktisch abgeschlossen. Ein langer Zeitraum für die betroffenen Männer und Frauen, aber ein kurzer für die Geschichte. Zudem wird sich herausstellen, daß der Bombenkrieg, der die eigentlichen Zerstörungen angerichtet hatte, Häuser und ihre Bewohner stärker in Mitleidenschaft gezogen hatte als Fabriken und Industrieanlagen.

Die Alliierten zerstörten nicht nur im Zuge der Entwaffnung des Besiegten eine große Zahl von Produktionsmitteln, sie führten darüber hinaus auch ein umfassendes Demontageprogramm zugunsten der Sieger durch, das vor allem der Sowjetunion und auch Frankreich zugute kam, bei den neu gebildeten Gewerkschaften jedoch auf wachsenden Widerstand stieß. Zumindest im Westen, denn in der SBZ war die Gewerkschaftsbewegung gemäß kommunistischer Theorie und Praxis nur ein Instrument der Machthaber, der Partei. Trotz der Zerstörungen und Demontagen kam die Industrieproduktion im Westen wieder in Gang, langsam zwar, aber doch schnell genug, um das Existenzminimum zu sichern. In der Sowjetzone sollte die Wirtschaftsmisere noch Jahrzehnte anhalten. Zwar überlebte das Volk in seiner Gesamtheit auch dort und kam wieder zu Kräften, und das, obwohl zwischen 1945 und 1961 drei Millionen Bewohner, überwiegend aus den produktivsten Altersgruppen, abwanderten, doch konnte die Mangelwirtschaft nie ganz überwunden werden. Daran läßt sich gut ablesen, daß auch Westdeutschland viel länger gebraucht hätte, um zu einem normalen Leben zurückzufinden, wenn sich die internationale Lage nicht plötzlich verändert hätte.

Tatsächlich ist das Schicksal Deutschlands nach Hitler nur im übergeordneten Zusammenhang mit dem Konflikt zwischen der Sowjetunion und der »freien Welt« zu verstehen. Dieser Konflikt war unausweichlich, denn das Bündnis zwischen dem Kommunismus und den freiheitlichen Demokratien widersprach dem Wesen beider Systeme und konnte daher nur provisorischen Charakter haben, da keiner der beiden Partner in der Lage gewesen war, Hitlerdeutschland alleine zu besiegen. Stalin wollte ganz Europa unter seinen Willen zwingen, vom Nahen, Mittleren und

Fernen Osten gar nicht zu reden. Auf seine Weise blieb er dem marxistisch-leninistischen Gedanken der Weltrevolution treu. Nahezu in allen Ländern des westeuropäischen Kontinents verfügte er über disziplinierte kommunistische Parteien, und in vielen dieser Staaten waren die Kommunisten seit der Befreiung an der Regierung beteiligt.

In der Nachkriegszeit, in den Tagen und Wochen, die auf *Die deutsche Katastrophe* folgten, wie sie der greise nationalliberale Historiker Friedrich Meinecke bald in einer ergreifenden Selbstanklage nennen sollte, mußte die Haltung des deutschen Volkes gegenüber Sowjetrußland zu einem entscheidenden politischen Faktor werden. Und das blieb sie auch in den darauffolgenden Jahren und Jahrzehnten, bis durch die »sowjetische Katastrophe« in gewisser Weise eine neue historische Ausgangslage entstand. Stalin und seine Helfer taten alles, um die Deutschen, die nicht in ihre Gewalt geraten waren, gegen sich aufzubringen, sieht man einmal von wenigen Ausnahmen ab. Ihre Ablehnung, ihre tiefe Furcht und maßlose Empörung hatten zahlreiche Ursachen. Da war zunächst die Propaganda der Nazis, die zwölf Jahre lang allgegenwärtig gewesen war und den Antibolschewismus der zwanziger Jahre fortgesetzt hatte, in dem sich Rechtsextreme, Konservative, Katholiken und Liberale einig gewesen waren. Dazu kamen die schrecklichen Erfahrungen, die Millionen von deutschen Besatzungssoldaten in Rußland gemacht hatten, in einem Land, das materiell in vielerlei Hinsicht rückständig geblieben und durch den Bürgerkrieg, die Zwangskollektivierung der Bauern und die massiven Säuberungen weithin verwüstet worden war. Sie büßten nichts von ihrer Überzeugungskraft ein. Die Greuel, die den Einmarsch der Roten Armee in Deutschland begleiteten, wurden nicht als gerechte Strafe für die Verbrechen aufgefaßt, die Deutsche im Namen Deutschlands in Rußland begangen hatten, und die Verhaftungen, die Hinrichtungen und Willkürmaßnahmen aller Art, die der Errichtung des kommunistischen Systems in der Sowjetzone vorausgingen und sie begleiteten, fügten diesen alten Argumenten neue hinzu. Sieht man von der mehr oder weniger blinden Ergebenheit der überlebenden KPD-Mitglieder und der Emigranten ab, welche die Säuberungen in Rußland überlebt hatten und nun zurückkehrten, und sehen wir weiter vom Opportunismus jener ab, in deren Augen die Eroberung Europas durch die roten Kosaken bevorstand, so stieß der Kommunismus im nicht sowjetisch besetzten Deutschland auf einhellige Ablehnung. Und schließlich war es das kommunistische Rußland, dem die Deutschen die Hauptschuld an den Vertreibungen gaben, die zwischen Sommer 1945 und Sommer 1946, vor allem in dem dazwischenliegenden strengen Winter, Millionen von Frauen, Kindern, Alten und Kranken zwangen, über Landstraßen oder in ungeheizten Eisenbahnwaggons zu fliehen. Ihm lasteten sie an, daß Hunderttausende ermordet worden oder an Kälte, Hunger, Krankheit und Erschöpfung gestorben waren – die genaue Zahl konnte nie ermittelt werden. Die zügellosen Vergeltungsaktionen in Polen, in der Tschechoslowakei und in Jugoslawien (wo fast ein Drittel der dort ansässigen Donauschwaben umkam, fast zweihunderttausend von über fünfhunderttausend) wurden von der Außenwelt nicht in gleicher Weise zur Kenntnis genommen und verurteilt wie die Verbrechen Hitlers. Dies hinterließ bei den meisten Deutschen den Eindruck, ja die feste Überzeugung, daß die Justiz der Alliierten mit ihnen ein falsches Spiel treibe oder treiben würde.

Der Zustrom von Millionen Bedürftigen verursachte Spannungen, die man sich heute nur schwer vorstellen kann. Man mußte mit den »Neuen« die spärlichen Lebensmittel teilen, den knappen Wohnraum, die wenigen und gemessen an der Kaufkraft des Geldes zu schlecht bezahlten Stellen. Die Folgen waren zugleich schrecklich und erstaunlich: schrecklich, daß die Menschen sich durch das Elend häufiger mit Wut und Bösartigkeit begegneten als mit tätiger Solidarität, und erstaunlich, weil Einheimische und Vertriebene immense Anstrengungen unternahmen, um die Schäden zu beseitigen und sich wieder eine Existenz aufzubauen. Zehn Jahre nach diesen schweren Prüfungen steuerte Westdeutschland dem Höhepunkt des »Wirtschaftswunders« zu. Was die Politik anging, so war der Kommunismus in dieser Zeit rasch von der politischen Landkarte verschwunden, zumindest dort, wo freie Wahlen stattfanden, also im Westen. Im Jahr 1932 hatte die KPD im Reich noch 17 Prozent der Stimmen erhalten. Im Jahr 1949 verbuchte sie in der Bundesrepublik 5,7 Prozent der Stimmen, 1953 nur noch 2,2 Prozent, 1969 ganze 0,6 Prozent (unter dem Namen DKP) und 1972 schließlich 0,3 Prozent. Die Integration der zwölf Millionen Flüchtlinge und Vertriebenen, zu denen dreieinhalb Millionen Übersiedler aus der DDR und annähernd eine Million Volksdeutsche aus Ost- und Südosteuropa kamen, stellt ohne Zweifel eines der ruhmreichsten Kapitel in der deutschen Geschichte dar. Es war ein auf friedlichem Wege erkämpfter Sieg, der möglich wurde durch die Arbeit einer anonymen Masse Entwurzelter und die Solidarität, die im Rahmen einer kühnen, zugleich liberalen und sozialen Wirtschaftspolitik von oben her durchgesetzt wurde. Endlich einmal bekam die fleißige Bevölkerung eine Führung, die sie verdiente und deren Ideen eine effiziente Mischung aus kapitalistischem Liberalismus und christlicher Soziallehre darstellten: ein Bündnis, bestehend aus Konrad Adenauer und Ludwig Erhard, aus aufbauwilligen Unternehmern und Gewerkschaftlern, die um das Allgemeinwohl besorgt waren. Doch kaum ist das Schlimmste überstanden, wird die Erinnerung an die Massenflucht und die Leiden und die Sehnsucht

nach der verlorenen Heimat viele Vertriebene veranlassen, sich zu organisieren und Forderungen geltend zu machen, die eine kurzlebige Partei,
der Gesamtdeutsche Block/Bund der Heimatvertriebenen und Entrechteten (GB/BHE), zum Kern ihres Programms machen wird. Bei den Wahlen
von 1953 und 1957 erlebte diese Partei mit 5,9 Prozent bzw. 4,6 Prozent
der Stimmen einen gewissen Erfolg. Danach geht sie in der großen konservativen Partei auf, zu der die Christlich-Demokratische Union (CDU)
damals heranwächst. Die Landsmannschaften, die die Erinnerung an
Schlesien oder andere verlorene Ostgebiete wachhalten, hatten ein längeres Leben. Es gibt sie noch heute, nach der Wiedervereinigung. Neben
der ersten Generation zählen sie zu ihren Mitgliedern auch eine Minderheit von Kindern und Enkeln, die im »Exil« geboren oder erzogen wurden. Sie haben den Bundeskanzlern das Leben schwergemacht, als diese
seit dem Warschauer Vertrag von 1970 bis zur Wiedervereinigung die
Oder-Neiße-Grenze schrittweise anerkennen mußten, und dies um so aggressiver, als die Übersiedlung von annähernd fünfhunderttausend Deutschen aus Polen, oder vielmehr Deutsch-Polen aus Oberschlesien, zwischen 1985 und 1995 die alten Spannungen, Ressentiments und
Forderungen nährte oder wiederaufleben ließ – und gleichzeitig ihre politische Ausschlachtung ermöglichte.

Bereits im Herbst 1946 konnte niemand mehr verhehlen, daß die Kriegs-
allianz, die sich als »provisorische Notlösung« entpuppte, endgültig auseinandergebrochen war. Amerika war in rasantem Tempo ins zivile Leben
zurückgekehrt und leitete nun einen grandiosen wirtschaftlichen Aufschwung ein, eine Aufgabe, auf die sich sein Volk und seine Politiker
glänzend verstehen. Die Eindämmungspolitik begann: Sie führte überall
zum Erfolg. Doch der anschließenden Politik des Rollback sollte nur in
Griechenland, in der Türkei und im Iran ein begrenzter Erfolg beschieden
sein – ausschließlich dort, wo die Sowjetunion offen gegen die Abmachungen verstieß. Von nun an lieferte neben humanitären Aspekten, denen in der Politik der angelsächsischen Länder ein hoher Stellenwert
zukommt, auch das strategische Interesse überzeugende Argumente für
eine Revision der Haltung gegenüber dem besiegten Deutschland. In Anbetracht des von den Nazis propagierten und dann durch praktische
Erfahrung genährten Antikommunismus der Deutschen konnten die Politiker und Militärs des Kalten Krieges gar nicht umhin, in Deutschland
einen mögliche, ja unverzichtbaren Verbündeten zu sehen.
    Es war nur die logische Konsequenz, daß man nun die Demontagen
stoppte, Verbote und Kontrollen einschränkte und die Reparationsforderungen der Franzosen nach unten korrigierte, denen aber immer noch

das Saarland blieb, ein bedeutender Teil, dessen Kohlebergwerke sie jahrelang für ihre Wirtschaft ausbeuten konnten, bis der Kohlemangel sich schließlich in einen Überschuß verwandelte. Die Amerikaner belieferten die vom Hunger bedrohte Bevölkerung in den Städten und bezogen Westdeutschland in den Marshallplan ein. Das Land benutzte dieses wunderbare Manna mit Vernunft für die Wiederherstellung seiner Wirtschaftskraft, während Frankreich seinen Anteil in dem Indochina-Krieg verschwendete, der zu einem Faß ohne Boden wurde. Durch die Schaffung einer »Bizone« schon Ende 1946 sicherte sich Amerika einen »weitreichenden« Einfluß auf die britische Zone. England mußte die Belastungen der Jahre 1940 bis 1942, die es in einem zu hohen Maße allein hatte tragen müssen, mit dem Verlust seiner Stellung als Weltmacht bezahlen. Kaum drei Jahre nach Beendigung der Kampfhandlungen weckte die Währungsreform, ein Gemeinschaftswerk deutscher und amerikanischer Fachleute, wieder Zuversicht und befreite die Wirtschaft von den Altlasten. Nun wurde deutlich, daß das moralische und materielle Potential wenn schon nicht intakt, so doch zumindest in der Lage war, einen rasanten Aufschwung in Gang zu setzen.

Mit der amerikanischen Hilfe, die auch die Rückkehr Deutschlands auf die Weltmärkte beschleunigte, konnte sich die Wirtschaft noch umfassender modernisieren als nach dem Ersten Weltkrieg und ein erneutes (und vielleicht letztes) Mal die alten Tugenden Fleiß und Disziplin aktivieren. Vergessen wir aber nicht, daß die Geschichte auch Menschenwerk ist: Die weisen Väter dieses Erfolges waren auf amerikanischer Seite Präsident Truman, General Lucius Clay und der Hohe Kommissar für Deutschland, John McCloy, und auf der Bonner Seite der Politiker Konrad Adenauer und der Wirtschaftler Ludwig Erhard. Fünf Jahre nach der Kapitulation begann sich das deutsche »Wirtschaftswunder« in einem Tempo zu entfalten, das wohl den Zuschauern den Atem raubte, nicht aber den Akteuren.

Da Karthago – zumindest das, was die Flugzeuge von ihm übriggelassen hatten – nicht zerstört war und die Deutschen nicht als Sklaven verkauft wurden, war es nicht undenkbar, daß man den Besiegten eines Tages wieder eine Art politisches Leben zugestehen würde. Der Bruch der Kriegskoalition und der Beginn des Kalten Krieges konnten diesen Prozeß nur beschleunigen, auch wenn er in den Nachbarländern, die Hitlers Armeen besetzt gehalten hatten, auf Widerstand stieß. Aber niemand konnte sich einen solchen Neubeginn ohne vorherige »politische Säuberung« oder »Entnazifizierung« vorstellen. Auf diesen Grundsatz hatten sich die Alliierten ebenso verständigt wie auf eine Wiederherstellung der

Demokratie. Wahr ist aber auch, daß diese Vereinbarungen keineswegs eindeutig waren und daß Stalin und Attlee sicherlich nicht dasselbe meinten, wenn sie das Wort Demokratie in den Mund nahmen.

In der Sowjetzone zielte die Entnazifizierung in Wirklichkeit darauf ab, alle früher führenden »bürgerlichen« oder »aristokratischen« Kräfte auszuschalten, das heißt Großgrundbesitzer, Industrielle, hohe Zivilbeamte und Militärs, sofern sie nicht der KPD oder einer der Organisationen beitraten, die ihr ziemlich offen angegliedert waren.[2] In den westlichen Zonen versuchte man, die Nazis, je nachdem sie sich mehr oder weniger schuldig gemacht hatten, in Kategorien einzuteilen, wobei die Zuordnung eher restriktiv gehandhabt wurde. Ehrgeizlinge und Nutznießer des Systems, die es verstanden hatten, den Organisationen des Dritten Reiches nominell fernzubleiben, hatten wenig zu befürchten und fielen unter die Kategorie der Minderbelasteten. So wurden Kirchenvertreter und Aristokraten zuweilen mit einer Nachsicht behandelt, die sie nicht in jedem Fall verdient hatten. Jede Besatzungsmacht und, innerhalb des militärischen Verwaltungsapparats, jeder Verantwortliche oder jede Gruppe von Verantwortlichen, die eine gemeinsame politische und ideologische Richtung vertraten, behandelten diejenigen Deutschen bevorzugt, die ihre Überzeugungen teilten oder Bereitschaft zeigten, ihrem Kurs zu folgen. So war es kaum überraschend, daß die britische Labour-Regierung, die während der gesamten Übergangsphase und darüber hinaus die Macht innehatte (1945–1951), mit den deutschen Sozialdemokraten sympathisierte und sie aktiv unterstützte. Bei den Amerikanern und vor allem bei den Franzosen lagen die Dinge viel komplizierter.

In Wirklichkeit erfolgte die Entnazifizierung in drei Phasen. Die erste, die weltweit am meisten Aufmerksamkeit erregte, wurde durch den Internationalen Militärgerichtshof in Nürnberg repräsentiert, den die Alliierten eingesetzt hatten, um den Hauptkriegsverbrechern und jenen Nazi-Organisationen den Prozeß zu machen, die als verbrecherisch angesehen wurden (was für deren Mitglieder zur Folge hatte, daß sie individuell den Beweis ihrer Unschuld führen mußten). Zwischen dem 20. November 1945 und dem 1. Oktober 1946 fand ein denkwürdiger Prozeß statt, bei dem der britische Lord-Richter Lawrence mit bewundernswerter Unparteilichkeit den Vorsitz führte. Die Protokolle, Zeugenaussagen und Dokumente, die 42 Bände füllen, gehören zu den erschütterndsten schriftlichen Zeugnissen der Menschheitsgeschichte. Doch die Alliierten konnten nur über Kriegsverbrechen und Verbrechen gegen die Menschlichkeit verhandeln (in bezug auf letztere gab es zu dem Zeitpunkt, als sie begangen wurden, nicht einmal ein allgemein anerkanntes internationales Recht – es existiert bis heute nicht). Verbrechen, die zwischen 1933 und 1939 und später an Deutschen verübt worden waren, fielen also nicht in die Zuständigkeit des Gerichts, und noch schwerer wog, daß die Richter dem Lager der Sieger angehörten. Hinzu kam, daß der eine der vier Richter, der die Sowjetunion vertrat, Andrej Wyschinskij, bei den jeder Gerechtigkeit hohnsprechenden Prozessen, deren sich Stalin bedient hatte, um seine Gegner auszuschalten und sein Terrorregime zu errichten, eine maßgebliche Rolle gespielt hatte. Katyn sollte hier gewissermaßen über Auschwitz Gericht sitzen. Wieder mußten die Demokratien teuer für die Fehler bezahlen, die sie gezwungen hatten, mit Stalin ein Bündnis einzugehen, um mit Hitler fertig zu werden.

In der zweiten Phase stellte jede Siegermacht Verbrecher vor Gericht, die bei der Behandlung ihrer Staatsangehörigen gegen das Kriegsrecht verstoßen hatten (z. B. Prozesse der Amerikaner gegen die Urheber der Massaker an Kriegsgefangenen während der Ardennenoffensive im Dezember 1944). Ferner wurden verantwortliche Nazis der zweiten Kategorie wie Offiziere und Unteroffiziere zur Rechenschaft gezogen, die in Konzentrationslagern tätig waren (Prozeß der Amerikaner gegen die SS von Dachau).

In der dritten Phase schließlich erhielten die Deutschen die Vollmacht, Delikte und Verbrechen zu verfolgen, die gegen Deutsche und innerhalb des deutschen Staates begangen worden waren. Die sogenannten Spruchkammern stuften die Schuldigen in mehrere Kategorien ein und verhängten Sühnemaßnahmen wie Gefängnisstrafen, Vermögenseinziehung, Geldbußen und Aberkennung von Bürgerrechten.

Ich meine, daß die Aburteilung der Hauptschuldigen durch ein deutsches Gericht, das die vor Hitlers Machtergreifung geltenden deutschen Gesetze angewandt hätte, alles in allem eine juristisch und politisch befriedigendere Lösung gewesen wäre als das Tribunal von Nürnberg. Diese Gesetze hätten genügt, um alle an den Galgen oder vor ein Exekutionskommando zu bringen. Doch politische Säuberungen können niemals wirklich zufriedenstellen. Mal erfolgen sie zu langsam, mal zu schnell. Die einen werden zu hart, die anderen zu nachsichtig behandelt. Säuberungen setzen Bürgerkriegen ein Ende und gehören, als letzte Etappe, selbst zum Bürgerkrieg. Doch in unserem Fall hatten die Alliierten in Deutschland die Macht inne und nicht etwa eine revolutionäre Regierung von Hitlergegnern. Die Beteiligung ausländischer Siegermächte an der Abrechnung mit der Vergangenheit einer Nation führt zwangsläufig dazu, daß sich diese Abrechnung schwieriger gestaltet und anfechtbarer wird. Ein sehr großer Teil des deutschen Volkes hatte sich, zumindest durch Passivität, der Mittäterschaft schuldig gemacht – und indem er gefährdeten Personen keine Hilfe geleistet hatte. Unter diesen Bedingungen konnte die Entnazifizierung kein Erfolg werden, aber sie wurde eben-

sowenig ein völliger Fehlschlag. Auf jeden Fall schuf sie die Voraussetzung dafür, daß die politische Bühne, bis auf wenige Ausnahmen, von
den Nazigrößen gesäubert wurde. Entnazifizierung und Demokratisierung hatten zumindest den Effekt, daß der Nazismus und Sehnsüchte
nach ihm aus der Nachkriegsgeschichte verbannt wurden. Etwas zu
gründlich vielleicht, denn es ist nicht gut, wenn ein Volk schnell vergessen
kann, wozu es fähig gewesen ist und wessen es sich schuldig gemacht
hat.

Was die Wiederherstellung der Demokratie anging, so wußten die Alliierten, daß es in Deutschland Demokraten gegeben hatte und noch immer
gab. Für die Sowjets waren das die Kommunisten und deren Weggefährten, für die Westmächte – entsprechend ihrem Kenntnisstand – die Parteien, die Widerstand geleistet hatten, also KPD und SPD, die ehemaligen
KZ-Häftlinge, der Klerus, namentlich der katholische, und die Überlebenden der zivilen und militärischen Verschwörungen, die zum 20. Juli
geführt hatten. Nach einigen Wochen des Zögerns, in denen die Militärs
entweder ohne Befehle handelten oder diese zu wörtlich auslegten, nahm
die Verwaltung der Alliierten ihre Arbeit auf und suchte sich Gesprächspartner und Helfer. Selten waren es in allen vier Zonen dieselben Personen. Bei den Sowjets wurden bereits im Sommer vier Parteien gegründet.
Sie sollten die politischen Hauptströmungen der deutschen Geschichte
repräsentieren, zumindest diejenigen, die nicht mit dem »Faschismus«
kollaboriert hatten: Kommunisten, Sozialdemokraten, Liberale und Zentrumskatholiken. Eine Gruppe von Männern, die aus der Opposition
gegen Hitler hervorgegangen war, gründete eine »gemischte«, das heißt
eine überkonfessionelle christdemokratische Partei, die Christlich-Demokratische Union Deutschlands (CDUD), und die Sowjets billigten diesen
Schritt. Doch es versteht sich von selbst, daß die Kommunisten von der
Besatzungsmacht, die allein über die nötigen Mittel verfügte, am großzügigsten unterstützt wurden. Die ehemaligen preußischen Provinzen und
die ehemaligen Einzelstaaten des Reiches wurden in Länder umgewandelt
und mit Regierungen ausgestattet, denen Vertreter aller vier Parteien angehörten. In der Folgezeit, vom Herbst 1945 bis zum Frühjahr 1946,
war das große politische Unternehmen im eigentlichen Sinn (neben den
Strukturreformen, der Aufteilung der großen Landgüter und der Verstaatlichung von Großindustrie und Großhandel) die Vereinigung von
SPD und KPD. Die fest in der Arbeiterschaft verwurzelten Sozialdemokraten luden nicht die Schande auf sich, die den Agenten der Besatzungsmacht anhaftete. Aus diesem Grund mußte ihre Partei wie in den Volksdemokratien als unabhängige Alternative verschwinden.

Dies war nicht leicht zu bewerkstelligen. Unter der Führung Kurt Schumachers, der die SPD mit seiner starken Persönlichkeit zusammenschweißte und dessen oppositionelle Vergangenheit Respekt abnötigte, widerstand die Partei dem Druck, den Erpressungen und Verhaftungen. In Berlin mußten die Sowjets eine Urabstimmung unter den Parteimitgliedern durchführen, deren Ergebnis den Kommunisten sogar in ihrem eigenen Sektor eine schwere Niederlage einbrachte. Die Dampfwalze rollte trotzdem weiter, und ab dem Frühjahr 1946 war die Sozialdemokratie im »ersten deutschen Arbeiter- und Bauernstaat« nicht mehr legal existent. Die anderen Parteien spielten neben der SED, der Sozialistischen Einheitspartei Deutschlands, eine mehr oder weniger nützliche Statistenrolle.

In den Westzonen waren die Amerikaner die ersten und die Franzosen die letzten, die der Rückkehr zu einem demokratischen politischen Leben einen offiziellen Charakter gaben. Überall wurden die vier wiederbegründeten oder umgestalteten Parteien zugelassen. Hinzu kamen Gruppierungen, die entweder Regionalparteien waren oder dazu aufgefordert wurden, es zu bleiben, wie etwa das neugegründete Zentrum, dessen Mitglieder einen Zusammenschluß mit Protestanten ablehnten, weil diese in ihren Augen zu weit rechts standen oder zu wenig sozial eingestellt waren. Gewählt wurde von unten nach oben, von der Kommunalebene hinauf zur Landesebene. In den angelsächsischen Zonen ging man sogar soweit, die Bildung von Zonenbeiräten zuzulassen. In der französischen Zone hingegen zögerte man lange, Parteizusammenschlüsse auf Landesebene zu gestatten. Beziehungen über Ländergrenzen hinweg wurden offiziell nicht erlaubt. Trotz der unersetzlichen Verluste, die nun, da man sich einen Überblick über die Zahl der Opfer des 20. Juli und der anschließenden Verfolgung machte, offenbar wurden, taten sich sehr rasch Persönlichkeiten mit starker Ausstrahlung hervor. Schumacher, der an der Spitze der SPD in der britischen Zone stand, setzte seine Autorität bald in ganz Westdeutschland durch; die Bürgermeister von Hamburg (Max Brauer), Bremen (Wilhelm Kaisen) und Berlin (Ernst Reuter), der bayerische Landesvorsitzende der SPD Wilhelm Hoegner und der SPD-Chef von Südwürttemberg-Hohenzollern Carlo Schmid waren regelrechte »Stammesherzöge«, wie es sie im 9. Jahrhundert nach der Schwächung der karolingischen Zentralmacht gegeben hatte. In der CDU übernahm von der britischen Besatzungszone aus Konrad Adenauer das Ruder, dessen Führungsrolle anfangs jedoch von leitenden Katholiken bestritten wurde, die mit Blick auf eine gemeinsame Sozialpolitik ein Bündnis mit der SPD anstrebten und im Interesse der deutschen Einheit eine weniger klare Entscheidung für die Mächte der »freien Welt« wünschten. An der

Spitze dieser Opposition standen Karl Arnold, der spätere Ministerpräsident von Nordrhein-Westfalen, dem größten Land, und Jakob Kaiser, der von den Sowjets ausgewiesene ehemalige Vorsitzende der CDUD in der SBZ. Mit beiden wurde der geniale Taktiker Adenauer im Handumdrehen fertig. Bei den Liberalen repräsentierten Theodor Heuss, der künftige Bundespräsident und frühere Weggenosse des christlich-sozialen Friedrich Naumann, Reinhold Maier, Ministerpräsident von Württemberg-Baden, und Thomas Dehler, Jurist aus Franken, die »fortschrittliche« Tradition im Gegensatz zu den Nationalliberalen, die vor allem in Nordrhein-Westfalen vertreten waren. In der Vergangenheit war es zu mehreren Spaltungen gekommen, doch trotz dieser unterschiedlichen Erbteile und einiger kleinerer Abspaltungen wahrten die Liberalen diesmal ihre Einheit. Sie haben sie bis heute gewahrt und sind weiter für die beiden großen Parteien ein unverzichtbarer Koalitionspartner. Eine Spaltung blieb hingegen bestehen: Die Christlich-Soziale Union in Bayern folgte dem partikularistischen Weg, den die Bayerische Volkspartei eingeschlagen hatte, als sie 1920 aus der Fraktionsgemeinschaft mit der Zentrumspartei ausscherte, weil diese ihrer Ansicht nach zusammen mit den Sozialdemokraten zu engagiert für die Weimarer Republik eintrat.

Gleichwohl zerfällt auch die CSU zum damaligen Zeitpunkt in einen liberaleren und einen klerikal-konservativen Flügel. Den einen repräsentierte Joseph Müller, ein Überlebender des Widerstands, den anderen Alois Hundhammer, ein frommer Katholik, der unter dem Nazi-Regime den Beruf des Schuhmachers ausgeübt hatte, um nicht zum Mittäter zu werden, und Fritz Schäffer, der später der erste Finanzminister der Bundesrepublik wird. Halten wir nebenbei fest, daß Müller und Hundhammer wie Carlo Schmid und Dehler politische Neulinge waren, während alle anderen Spitzenpolitiker bereits in der Weimarer Republik eine Rolle gespielt hatten.

Bliebe noch die Kommunistische Partei. Dank ihres starken, mutigen Widerstandes und ihrer vielen tausend Märtyrer genoß sie ein gewisses Ansehen, das aber durch ihre totale Abhängigkeit von der Sowjetunion und von der ostdeutschen SED gemindert wurde. Zunächst erzielte sie ermutigende Erfolge unter der Arbeiterschaft, aber die abschreckenden Lehren, die man aus den Vorgängen in der Sowjetzone zog, überschatteten bald alles andere. Nach einigen Jahren schrumpfte die KPD zur Splitterpartei, bevor das Bundesverfassungsgericht sie 1956 schließlich überflüssigerweise als verfassungswidrig verbot. Im Jahr 1966 konstituierte sie sich wieder unter dem Namen DKP, doch gelang es ihr nie, aus der Bedeutungslosigkeit aufzusteigen.

Die Sowjetzone umfaßte fünf Länder: Sachsen (das ehemalige Königreich), Sachsen-Anhalt (die ehemalige preußische Provinz Sachsen und Anhalt), Thüringen, Brandenburg und Mecklenburg. In der amerikanischen Zone gab es vier: Bayern, Hessen (bestehend aus der ehemaligen preußischen Provinz Hessen-Nassau und dem ehemaligen Großherzogtum), die vereinigten nördlichen Teile Württembergs und Badens sowie die Enklave Bremen, die mitten in dem von den Briten kontrollierten Gebiet lag und das Ein- und Ausschiffen von Menschen und Material aus den bzw. in die Vereinigten Staaten erleichtern sollte. Die Engländer wiederum hatten die preußische Provinz Schleswig-Holstein mit der alten Hansestadt Lübeck zum Land erhoben, Hamburg wieder in einen Stadtstaat umgewandelt und die ehemalige Provinz Hannover mit den Ländern Braunschweig, Oldenburg und Schaumburg-Lippe zum Land Niedersachsen zusammengefaßt. Aus dem nördlichen Teil der preußischen Rheinprovinz und der Provinz Westfalen bildeten sie zusammen mit Lippe-Detmold das Land Nordrhein-Westfalen. Die französische Zone umfaßte die Länder Südbaden, Südwürttemberg-Hohenzollern und das aus der ehemaligen Bayerischen Pfalz und dem südlichen Teil der preußischen Rheinprovinz gebildete Land Rheinland-Pfalz. Das Saargebiet schließlich, das aus der Besatzungszone herausgelöst und wirtschaftlich Frankreich angegliedert wurde, erhielt einen Sonderstatus. Es wurde erst 1957 nach einer Volksabstimmung und gemäß den von Adenauer und Pinay 1956 unterzeichneten Vereinbarungen ein Bundesland der Bundesrepublik. Somit gab es nun elf Länder im Westen und fünf im Osten. Letztere wurden später aufgelöst und durch Bezirke ersetzt, in die das historisch gewachsene Gefüge künstlich zerlegt wurde. Im Westen sollte die Vereinigung der drei Länder Badens und Württembergs die Zahl der Teilstaaten des Bundes auf neun reduzieren. Nach der Wiedereingliederung des Saarlands waren es wieder zehn. Die Einbeziehung West-Berlins scheiterte am Veto der Westmächte, die den Sowjets keinen Vorwand für eine neue Blockade liefern wollten. Obwohl die meisten Länder neue, mehr oder weniger künstlich geschaffene Gebilde waren, wurden an der unmittelbar nach dem Krieg festgelegten Aufteilung keine weiteren Veränderungen vorgenommen. Dies deutet darauf hin, daß sie in der Realität inzwischen Wurzeln geschlagen haben wie schon einhundertfünfzig Jahre zuvor die nach der französischen Intervention im ehemals kaiserlichen Reich geschaffenen Rheinbund-Staaten. Hitler hatte durch die im übrigen nie ganz vollendete Abschaffung der Länder ein zentralistisches Element in das politische Leben Deutschlands gebracht, das seiner Geschichte völlig fremd war. Es stimmt eben, daß unhistorische Gleichmacherei zu den wichtigen Instrumenten derer gehört, die als Revolutionäre einen neuen Menschen schaffen wollen.

Das komplexe Kräftespiel zwischen Bund und Ländern, das in der Bundesrepublik entstanden ist, hat seine Wurzeln in der Vergangenheit, seit die Stämme der Sachsen, Franken, Alemannen und Bayern beschlossen, nach dem Erlöschen der karolingischen Dynastie zusammenzubleiben. Und wenn die kommunistische Diktatur die historisch gewachsenen Länder abschaffte und den Bezirken keinerlei Autonomie zugestand, so folgte sie dabei der Logik der Tabula rasa, einer Logik, die auf Dauer unhaltbar ist. Dies belegen Stalins bereits 1941 vollzogene Rückkehr zum großrussischen Patriotismus ebenso wie der Versuch einer Rehabilitierung der herausragenden Persönlichkeiten der preußischen Geschichte von Friedrich II. bis Bismarck in der DDR der achtziger Jahre und schließlich das Verschwinden dieses Staates, dessen einzige Grundlage die Ideologie und die Interessen einer ausländischen Supermacht gewesen waren. Aus diesem Grund hat man dort inzwischen wieder die Länder der Nachkriegszeit gebildet, und das wiedervereinigte Berlin ist sechzehntes Bundesland geworden.

Von Potsdam bis Bonn
Westdeutschland von 1945 bis 1949

Keine zwei Jahre lagen zwischen der Potsdamer Konferenz (Juli bis August 1945) und der Moskauer Außenministerkonferenz der vier Alliierten (März bis April 1947). Die Kriegskoalition, aus der Notwendigkeit geboren, Hitler zu bezwingen, war inzwischen auseinandergebrochen. Die Gleichschaltung der von der Sowjetunion besetzten Länder in Osteuropa, die Errichtung einer kommunistischen Herrschaft in der sowjetischen Besatzungszone und die Versuche der Sowjets, in Griechenland, in der Türkei und im Iran die in Jalta mehr oder weniger klar gezogenen Grenzen zu überschreiten – dies alles veranlaßte die Vereinigten Staaten, Großbritannien und weite Teile der öffentlichen Meinung in Westeuropa, für einen politischen Kurswechsel gegenüber der Sowjetunion einzutreten. Auf das Kriegsbündnis folgte die Verteidigung der freien Welt. Die Sowjets hatten Europa durch einen »Eisernen Vorhang« geteilt, wie Winston Churchill bereits 1946 in einer berühmten Rede gesagt hatte. Nun wollte man sie wenigstens daran hindern, ihn zu überschreiten. Das Hauptschlachtfeld des »Kalten Krieges«, der nun entbrennen sollte, lag zwangsläufig in Deutschland, einem großen Gebiet, dessen Zukunft unbestimmt war, es aber nicht bleiben durfte. In Anbetracht seines Industriepotentials, auch wenn es unter dem Krieg und den Demontagen gelitten hatte, und seiner großen Bevölkerung, die sozusagen kriegserprobt und in militärischen Angelegenheiten besonders erfahren war, konnte es im Konflikt zwischen der Sowjetunion und dem Westen den Ausschlag geben, selbst dann, wenn es nur eine passive Rolle spielte. Da die Weltlage – bei deren Beurteilung man auch Mentalitäten und Überzeugungen gebührend berücksichtigen muß – den Vereinigten Staaten verbot, der Sowjetunion mit der Atombombe zu drohen, mußte der Bruch des Bündnisses, das seit Hitlers Tod und der bedingungslosen Kapitulation von Dönitz keinen Sinn mehr hatte, zur Teilung der Welt und, in erster Linie, zur Teilung Deutschlands führen.

Da die Besatzung kostspielig war, wenn man die Deutschen ernähren mußte und die deutsche Wirtschaftskraft auf ein Minimum beschränkte, und da im Westen die Zahl derer stetig wuchs, die glaubten, daß die Deutschen in dem neuen Konflikt auf die eine oder andere Weise von Nutzen sein könnten und sollten, rückte die amerikanische Politik schrittweise von den Plänen Morgenthaus – der Deutschland radikal in einen reinen Agrarstaat verwandeln wollte – ab und unternahm eine gewisse Wiederankurbelung der deutschen Wirtschaft. Bereits im Mai 1946 stellten die Amerikaner alle Reparationslieferungen aus ihrer Zone an die Sowjetunion ein, während die Sowjets die Ressourcen in ihrer Zone der gemeinsamen Nutzung, wie in Potsdam vorgesehen, entzogen. Da Frankreich für seine Forderungen bezüglich des Ruhrgebiets, der linksrheinischen Gebiete und des Saarlands bei der Sowjetunion keine Unterstützung fand, schwenkte es nach und nach auf den deutschlandpolitischen Kurs der Angelsachsen ein, die ihm, was die Zuteilung von Ruhrkohle und das Saarstatut anging, einige Zugeständnisse machten. Die Gegensätze zwischen den Westmächten und den Sowjets führten zu einem totalen Scheitern der Moskauer Konferenz im Frühjahr 1947. Im Juni 1947 sodann fand in München ein Treffen aller Ministerpräsidenten aus den vier Zonen statt. Auch dieses endete mit einem endgültigen Bruch. Und dieser Bruch war unvermeidlich, denn die Ministerpräsidenten aus der SBZ hatten auftragsgemäß gefordert, die Wiederherstellung eines deutschen Einheitsstaates auf die Tagesordnung zu setzen. Bereits vorher, am 2. Dezember 1946, hatten Amerikaner und Briten die »Fusion« ihrer Zonen zu einem gemeinsamen Wirtschaftsraum beschlossen, ausgestattet mit einer Art Regierung und einem parlamentarischen Gremium, dessen Mitglieder von den Landtagen ernannt werden sollten. Diese Bizone, die Vorläuferin der Bundesrepublik, wird dann Anfang 1948 durch die Angliederung der französischen Zone zur Trizone erweitert.

Am 5. Juni 1947, nach dem Scheitern der Moskauer Konferenz, hielt der amerikanische Außenminister George Marshall, bei Kriegsende Generalstabschef, an der Universität Harvard eine Rede, in der er ein Programm zum wirtschaftlichen Wiederaufbau des freien Europa vorstellte, das fortan seinen Namen tragen sollte. Die Sowjetunion wird eine Teilnahme an dem Programm ablehnen, aber Amerika und ganz Westeuropa mit Ausnahme der neutralen Staaten, jedoch unter Einbeziehung der deutschen Bizone und der französischen Besatzungszone werden sich zusammentun, um gemeinsam ihre wirtschaftliche Entwicklung im Geiste der freien Marktwirtschaft zu fördern. Westdeutschland wird vom Marshall-Plan erheblich profitieren.

Im November 1947 scheiterte Moskau bei einer Außenministerkonferenz der Großen Vier in London erneut. Im Februar 1948 wurde, abermals in London, eine Ministerkonferenz der drei Westmächte eröffnet, an der auch Vertreter der Beneluxstaaten teilnahmen. Nach einer gewissen Schonfrist – man wollte die französische Bevölkerung, die sich mit dem Gedanken an die Neugründung eines deutschen Staates nur schwer anfreunden konnte, nicht vor den Kopf stoßen – wurden die Ministerpräsidenten der drei Zonen von den Militärregierungen über die Beschlüsse unterrichtet, die bei der Konferenz gefaßt worden waren. Danach sollte eine verfassunggebende Versammlung gebildet und beauftragt werden, einen Entwurf auszuarbeiten, der die Schaffung eines Regierungssystems auf föderativer Basis ermöglichen würde. Am 1. November 1948 nahm der »Parlamentarische Rat«, bestehend aus fünfundsechzig Delegierten der elf Landtage in den Westzonen, in Bonn seine Arbeit auf.[3]

Am 8. Mai 1949, auf den Tag vier Jahre nach der Kapitulation des Hitler-Reiches, wurde mit dreiundfünfzig gegen zwölf Stimmen ein Grundgesetz gebilligt (dagegen votierten einige bayerische Delegierte, die mehr Finanzrechte für die Länder wünschten, und je zwei Vertreter des Zentrums, der Deutschen Partei und der Kommunisten). Am 23. Mai trat dieses Gesetz, dem man mit Rücksicht auf die Teilung des Landes in bescheidener Zurückhaltung nicht den Namen »Verfassung« gab, in Kraft. Am 14. August bestimmten die Wähler über die Verteilung der 402 Sitze im ersten Deutschen Bundestag. Am 12. September wurde der Liberale Theodor Heuss, ehemaliger Reichstagsabgeordneter in der Weimarer Republik, zum Bundespräsidenten gewählt. Am 15. September wurde Konrad Adenauer, der Vorsitzende der Christlich-Demokratischen Union, zum Bundeskanzler gewählt. Obwohl er bei seinem Amtsantritt bereits dreiundsiebzig Jahre alt war, wird er bis 1963, also vierzehn Jahre lang, Regierungschef bleiben.

Das konservativ gesinnte amerikanische Besatzungspersonal der »zweiten Generation«, das enge Kontakte zu Wirtschaftskreisen unterhielt, hatte in der Bizone fast ausnahmslos deutsche Verwaltungs- und Wirtschaftsfachleute eingesetzt, die überzeugte Anhänger der Marktwirtschaft waren.

Die herausragende Figur unter ihnen, die dem Experiment einen Namen geben sollte, war der liberale Professor Ludwig Erhard, der zum Direktor der Wirtschaftsverwaltung in der Bizone ernannt wurde. Doch Erhard vertrat keinen ungezügelten Liberalismus. Er gestand dem Staat durchaus eine gewisse impulsgebende Rolle zu mit dem Ziel, einen ehrlichen Wettbewerb zu garantieren und zu gewährleisten, daß die Früchte des wirtschaftlichen Fortschritts gerechter verteilt werden. Von der Richtigkeit seines Standpunkts überzeugt, konnte er hartnäckig und eigensinnig sein. Und das war auch nötig, als er – nach der Währungsreform im Juni 1948, die hauptsächlich von der amerikanischen Militärverwaltung und ihren deutschen Beratern gewollt und vorbereitet worden war – die Aufhebung der Rationierungen durchsetzte, außer für einige Grundstoffe, deren Preise noch einige Zeit gebunden blieben. Mit der Währungsreform wurde die Reichsmark von der Deutschen Mark abgelöst. Jeder Erwachsene erhielt ein »Kopfgeld« von vierzig Mark, jedes Unternehmen sechzig Mark je Beschäftigtem. Der Währungsschnitt war eine radikale Maßnahme, bei der man sich darauf verließ, daß eine Fülle gehorteter Waren vorhanden war und daß gerade die Radikalität der Reform einen heilsamen Schock auslösen würde. Arbeit lohnte sich wieder, und die Bevölkerung krempelte die Ärmel auf. Gleichwohl war der Bedarf so groß, daß die Produktion nicht Schritt halten konnte. Die Preise stiegen, während Löhne und Gehälter eingefroren blieben. Am 12. November 1948 legten neun der insgesamt elf Millionen Arbeiter in den drei Westzonen die Arbeit nieder und traten in einen befristeten Warnstreik. Doch nach und nach gewann der Aufschwung Konturen und stabilisierte sich. Erhard hatte auf das richtige Pferd gesetzt. Die »soziale Marktwirtschaft« sollte zwar noch mehrmals durch schwere Krisen in Gefahr geraten (besonders in dem überaus strengen Winter 1950–1951), doch bereits 1950 wird die Sogwirkung der amerikanischen Wiederbewaffnung ebenso spürbar wie die mit Mitteln aus dem amerikanischen Wiederaufbauprogramm finanzierte Modernisierung von Industrie und Technik.[4]

Die Währungsreform löste auch die bis dahin in der Nachkriegszeit größte Machtprobe zwischen Ost und West aus. Sie war in der Tat eine einseitige Maßnahme und verstieß gegen die Abmachungen der Alliierten, obschon ihr zahlreiche Verstöße von seiten der Sowjets vorausgegangen waren. Aus diesem Grund glaubte Stalin, der einmal mehr die Entschlossenheit der Gegenseite unterschätzte, er könne die Westmächte aus Berlin vertreiben. Der Westteil der Stadt war wie ein Dorn im Fleisch des kommunistischen deutschen Staates, dessen Errichtung nahezu abgeschlossen war. Als Antwort auf die Währungsreform riegelte der Diktator West-Berlin mit seinen zwei Millionen Einwohnern ab und verhängte eine Blok-

kade. Er wollte die »freie Welt« zwingen, aus humanitären Gründen nachzugeben, aus Gründen also, um die er sich selbst, wie er es in seiner
blutigen Karriere so oft bewiesen hatte, keinen Deut scherte.

Amerika reagierte mit der Luftbrücke, die eine ungeheure menschliche
und technische Leistung darstellte (alle zwei Minuten landete in Berlin ein
Flugzeug), und die Westberliner Bevölkerung demonstrierte ein leidenschaftliches Vertrauen in die amerikanische Schutzmacht. Der Winter war
sehr kalt, Strom und Heizmaterial waren äußerst knapp, aber die Berliner
hielten durch. Nach einem Jahr gab Stalin nach, aber die politische Teilung
der Stadt sollte bis 1990 bestehenbleiben. Der Diktator bereitete einen
Vergeltungsschlag vor, der in einer ganz anderen Weltgegend erfolgen
sollte, nämlich im Fernen Osten, in Korea. Der Sieg der Kommunisten in
China zwang ihn, in dieser Weltgegend Präsenz und Stärke zu demonstrieren und sich ein günstiges politisches und strategisches Umfeld zu schaffen.
Aber auch dort scheiterte sein Unternehmen nach einem blutigen dreijährigen Krieg an der Entschlossenheit der Amerikaner. Mit seinem Widerstand gegen die Berliner Blockade und die Aggression in Korea setzte sich
Harry Truman, der sicherlich zu den bedeutendsten US-Präsidenten in der
Geschichte zählt, über die traditionellen isolationistischen Bestrebungen
des amerikanischen Volkes nach Kriegen hinweg und wurde, sofern man
das von einem einzelnen Menschen sagen kann, zum Retter der freien
Welt. Und dieser Welt sollten Westdeutschland und West-Berlin fortan
angehören. Seit dem November 1989 kann man es gar nicht oft genug
wiederholen: Durch seinen Widerstand gegen die Blockade 1948–1949
hat Berlin das Recht erworben, wieder die Hauptstadt Deutschlands zu
werden.

Alles hätte anders kommen können. Auch wenn die Westmächte zwischen 1945 und 1949 zahlreiche Fehler begingen und damit natürlich
Kritik erregten und sogar heftige Aversionen weckten, so unterlief ihnen
doch kein größerer Irrtum, der nicht zu korrigieren gewesen wäre und
die entrüstete Bevölkerung in die Arme der sowjetischen Sirene hätte
treiben können. Vom Osten bedrängt, eingeschüchtert und in Schrecken
versetzt, bewiesen die »Westdeutschen« viel Mut und Durchhaltevermögen und bekräftigten bei jeder sich bietenden Gelegenheit die Entscheidung, die sie 1945 bei der »Abstimmung mit den Stiefeln«[5] getroffen
hatten. Die überwältigende Mehrheit der Stimmen, die bei der ersten
Bundestagswahl auf die demokratischen Parteien entfielen, fand 1953 in
dem deutlichen Sieg der Parteien der Adenauer-Koalition eine weitere
Bestätigung. Der Wähler sprach sich für eine Politik der »kleinen Schritte« aus, die auf Solidarität des Westens setzte, in den das freie Deutschland nun eingebettet war, auch wenn der ungeduldige Kurt Schumacher

daran Anstoß nahm. Der Chef der Sozialdemokraten verstand nie, warum die Mehrheit der Wähler einem Mann den Vorzug gegeben hatte, der nicht auf den Tisch schlug und den er, der zehn Jahre in den Konzentrationslagern der Nazis zugebracht hatte, einmal herablassend als »Kanzler der Alliierten« beschimpft hatte.

Hunger, Krankheit und Kälte, das Millionenheer der Flüchtlinge und Vertriebenen, unvermeidliche Zusammenstöße mit den Besatzern, Arbeitslosigkeit, fünf Millionen Männer in Kriegsgefangenschaft – in den Jahren 1945 bis 1949 gab es Gründe genug, um in Westdeutschland das Klima eines nationalistischen Irredentismus zu erzeugen, aus dem Stalin großen Nutzen hätte ziehen können. Zeitgenossen wissen niemals, ob das Abenteuer, in das sie verstrickt sind, glücklich ausgehen wird. Mit Recht wird die Geschichte die Geduld und die unerschütterliche Zuversicht des deutschen Volkes und die Weisheit seiner führenden Politiker loben, die, mehr oder weniger unbeschadet dem nationalsozialistischen Alptraum entronnen, das Kommando über ein Schiff übernahmen, das bereits zu drei Vierteln in einem Meer aus Armut, öffentlichem und privatem Unglück, Trauer und Verzweiflung versunken war.

Der beste Staat in der deutschen Geschichte

In den langen Monaten vom August 1948 bis zum Mai 1949, in denen die von den elf Landtagen der drei Westzonen gewählten Abgeordneten des Parlamentarischen Rates am Grundgesetz der zukünftigen Bundesrepublik Deutschland arbeiteten, hatten sie stets die beiden großen, demokratisch inspirierten deutschen Verfassungen vor Augen, die in der Vergangenheit zu schlimmen Fehlschlägen geführt hatten. Mit der Reichsverfassung von 1849 hatte man eine konstitutionelle Monarchie einführen und gleichzeitig am Föderalismus festhalten wollen, der zu einer der großen »identitätsstiftenden« Traditionen geworden war. Sie trat nie in Kraft, weil der König von Preußen das Angebot, konstitutioneller Kaiser zu werden, empört zurückwies und die Reaktion nach kurzer demokratischer Begeisterung in ganz Deutschland und Österreich triumphierte. Und die Weimarer Reichsverfassung, die sich zu liberalen, demokratischen und christlich-sozialen Grundsätzen bekannte, wollte die Rolle der Exekutive beschneiden und dem Parlament mehr Gewicht verleihen, doch stellte sich heraus, daß sie, wenn auch unter denkbar ungünstigen historischen Bedingungen, außerstande war, den Bestand der Republik zu sichern.

Nach den bitteren Erfahrungen mit Hitlers Zentralismus und in Anbetracht des katastrophalen Verlaufs, den die Einführung des »demokratischen Zentralismus«, das heißt der Diktatur der »Staatspartei«, im sowjetisch besetzten Teil Deutschlands nahm, wollten die Mitglieder des Parlamentarischen Rates zuallererst den Föderalismus stärken. Die Befugnisse des Bundes sollten streng begrenzt werden und im wesentlichen eine angemessene Wahrnehmung der Hauptaufgaben des Staates im Bereich der Verteidigungs-, Währungs- und Außenpolitik ermöglichen. Die Länder sollten sogar bei der Gesetzgebung des Bundes mitwirken, und zwar über den Bundesrat, ohne dessen Zustimmung kein Gesetz erlassen werden durfte, das die Rechte der Länder berührte oder von diesen ausgeführt werden mußte. Im Lauf der Jahrzehnte hat sich die Rolle des Bundesrats immer mehr gefestigt. Insbesondere wacht er mißtrauisch über die Auswirkungen der europäischen Integration auf den Föderalismus im Innern. (So wurde die Verabschiedung des Vertrags von Maastricht durch Bundestag und Bundesrat 1992 an eine Verfassungsänderung geknüpft, die eine stärkere Mitwirkung der Länder an der Erarbeitung der deutschen Positionen in den europäischen Institutionen ermöglicht und die Entscheidungen von der Zustimmung *beider* Organe abhängig macht.) Das Bemühen, den Ländern wirkliche Kompetenzen zu verschaffen und Handlungsmöglichkeiten zu geben, kennzeichnete während der Arbeit des Parlamentarischen Rats im übrigen auch sehr deutlich die Warnungen und Interventionen der alliierten Vertreter, besonders der Franzosen.

Ebenso ernsthaft waren die Väter des Grundgesetzes darum bemüht, ein Gleichgewicht zwischen den Staatsorganen herzustellen, das Pattsituationen jener Art verhindert, denen die Weimarer Republik zum Opfer gefallen war. In Erinnerung an die verhängnisvolle Rolle, die Reichspräsident Hindenburg und seine Umgebung, unbehelligt von jeder parlamentarischen Kontrolle, gespielt hatten, stutzten sie den Status des Bundespräsidenten auf den einer rein moralischen Autorität zurecht, was einige Amtsinhaber wie die Präsidenten Heuss (1949–1959), Heinemann (1969–1974) und Richard von Weizsäcker (1984–1994) im übrigen nicht daran hindern sollte, realen politischen Einfluß auszuüben. Gleichwohl liegt die Exekutivgewalt im wesentlichen bei der Bundesregierung, und in ihr nimmt der Bundeskanzler eine dominierende Stellung ein. Dies ist auch der Grund, warum Bundestagswahlen sehr rasch den Charakter einer Volksabstimmung für oder gegen den amtierenden Kanzler und den Kanzlerkandidaten der größten Oppositionspartei angenommen haben. Im Interesse der politischen Stabilität verlangt das Grundgesetz, abermals eingedenk der Weimarer Erfahrungen, daß der Regierungschef nur mit der absoluten Mehrheit der Stimmen der Bundestagsmitglieder gestürzt werden kann und daß die Abgeordneten bei derselben Abstimmung einen Nachfolger bestimmen müssen. In der Geschichte der Bundesrepublik war das bisher nur einmal, nämlich 1982, der Fall, als Helmut Schmidt durch Helmut Kohl abgelöst wurde. Kein Kanzler hat weniger als drei Jahre regiert, während die Lebensdauer der Kabinette in der Weimarer Republik nach Monaten gezählt wurde. In neunundvierzig Jahren hat die Bundesrepublik Deutschland nur sechs Regierungschefs erlebt.

Zur politischen Stabilität hat auch das 1953 eingeführte Wahlsystem beigetragen, das jedem Wähler zwei Stimmen einräumt. Mit der Erststimme wird in einer Persönlichkeitswahl der Wahlkreisabgeordnete gewählt. Die Zweitstimme dient der Wahl einer Landesliste. Mit den Zweitstimmen, ausgezählt nach dem Proportionsverfahren, werden ebenso viele Abgeordnete gewählt wie mit den Erststimmen, allerdings zieht man die durch letztere errungenen Mandate von denen ab, die mit den Zweitstimmen gewonnen wurden: Entscheidend sind also die Zweitstimmen, doch dieses System der »verbesserten Verhältniswahl« verhindert, daß eine zu große Kluft zwischen Wählern und Gewählten entsteht. Die hohe Wahlbeteiligung hat dieses Wahlverfahren lange legitimiert. Doch seit Beginn der achtziger Jahre sinkt die Zahl der Wähler ständig. Dies könnte als Indiz dafür gedeutet werden, daß das zwischen 1948 und 1953 errichtete politische System an Attraktivität verliert.[6]

Der Bundestag besitzt sehr reale Vollmachten, insbesondere durch die Arbeit seiner zahlreichen Ausschüsse, die fast ständig tagen und deren wichtigster, der Haushaltsausschuß, regelmäßig und sehr genau nicht nur die Aufstellung, sondern auch die Durchführung des Staatshaushalts kontrolliert. Über den Bundestag, der in allgemeiner Wahl gewählt wird, und den Bundesrat, der sich aus Vertretern der Landesregierungen zusammensetzt, die ebenfalls aus allgemeiner Wahl hervorgehen, üben die politischen Parteien beträchtlichen Einfluß auf die Maßnahmen der Exekutive und die Entscheidungen des Gesetzgebers aus. Dies gilt um so mehr, als alle Bundesregierungen seit 1949 mit Ausnahme des kurzen Zwischenspiels von 1959 bis 1961 Koalitionsregierungen waren. Sieht man einmal von der Zeit der Großen Koalition (1966–1969) ab, war die FDP stets in der Regierung vertreten, sei es mit der CDU/CSU (1949–1959, 1962–1966 und seit 1982), sei es mit den Sozialdemokraten (1969–1982). Kooperation war in der Politik der westdeutschen Regierung also fast immer die Regel. Dies macht ständige interne Verhandlungen erforderlich und schränkt die Macht des Kanzlers ein. Letztere bleibt dennoch beträchtlich. In dem halben Jahrhundert, das die Bundesrepublik Deutschland nun besteht, war der Wunsch nach politischer Ausgewogenheit immer wieder ausschlaggebend für die Entscheidung des Wählers. Nur ein einziges Mal, 1957, verhalf dieser einer Partei (der CDU/CSU) zur absoluten Mehrheit, doch der weise Konrad Adenauer verzichtete damals darauf, diese Situation auszunutzen und eine Einparteienregierung zu bilden. Stets war der Wähler bestrebt, Extremisten auszugrenzen. Die Kommunisten verschwanden 1953 aus dem Bundestag und kehrten erst 1991 im Gewand der PDS[7] wieder zurück. Zur gleichen Zeit verloren auch die rechtsextremen Splittergruppen ihre Sitze im Parlament.[8] Die Stabilität der Institutionen und die Ruhe der politischen Entwicklung sind in erheblichem Maße auch der Tatsache zu verdanken, daß ein Verfassungsorgan eingeführt wurde, das in Deutschland und sogar in Europa bislang gefehlt hatte: das Bundesverfassungsgericht. Obwohl nach subtilen politischen Kriterien vorgeschlagen und von Bundestag und Bundesrat gewählt, haben die Karlsruher Richter die Entwicklung der deutschen Gesellschaft mit großer Besonnenheit begleitet, sowohl in moralischen Fragen wie auch in der Außenpolitik, um zwei weit voneinander entfernte Felder zu nennen. In den fünfziger Jahren hat das Karlsruher Gericht mehrere extremistische Parteien wie die KPD und eine neonazistische Gruppierung für verfassungswidrig erklärt und verboten und einen Versuch der Bundesregierung unterbunden, sich eine gewisse Macht über den Medienbereich zu sichern. Später, in den siebziger Jahren, hat es die alte Abtreibungsdebatte beendet und die sogenannte Fristenlösung (Freigabe des Schwangerschaftsabbruchs in den ersten drei Monaten) für grundgesetzwidrig erklärt, eine Klage Bayerns gegen die Ostpolitik der Regierung Brandt abgewiesen und in beträchtlichem Maße zur Gleichstellung der Frau und zum Schutz homosexueller Minderheiten beigetragen. Seine Bedeutung hat laufend zugenommen, insbesondere seit es auch direkt von Bürgern und nicht mehr nur von Verfassungsorganen und Gerichten angerufen werden kann, wie es bis 1969 der Fall war. Diese Entwicklung hat einige Konservative veranlaßt, von einem institutionellen Ungleichgewicht zu sprechen, da die direkt aus Wahlen hervorgegangene politische Gewalt mehr und mehr von der höchsten richterlichen Gewalt flankiert und begrenzt werde. Fest steht, daß nie zuvor in der deutschen Geschichte die Grundrechte und der Rechtsstaat stärker respektiert wurden.[9]

In einem gewissen Sinn hat das reibungslose Funktionieren der Institutionen und der freiheitlich geprägten politischen Strukturen die Entstehung gegensätzlicher Tendenzen gefördert. Doch steht dies keineswegs direkt im Widerspruch zu der verfassungsmäßigen Ordnung – die Gleichstellung der Sozialpartner, der Arbeitgeberverbände und der Gewerkschaften sowie ihrer Pendants in der Landwirtschaft und im Kulturbereich, hat sich in Wechselbeziehung mit dem politischen Leben im eigentlichen Sinn ebenfalls zunehmend konsolidiert. Der Gesetzgeber hat durch die gesetzliche Regelung der betrieblichen Mitbestimmung bereits

1951 die Weichen für diese Entwicklung gestellt, die der Bundesrepublik einen beispiellosen sozialen Frieden beschert hat.

Beunruhigender war bereits in den ersten Jahren der Bundesrepublik das Auftreten »außerparlamentarischer« Bewegungen, die versuchten, die Öffentlichkeit zu mobilisieren, und zwar außerhalb der und sogar gegen die demokratischen Institutionen und oft gegen die Parteien. In diesen Bewegungen, die zeitweise großen Zulauf erhielten, um dann mehr oder weniger schnell wieder in Bedeutungslosigkeit zu versinken, spielten Themen wie der Protest gegen den Krieg und die Nutzung der Atomenergie in allen erdenklichen Formen eine zentrale Rolle. Sie wurden von einer Bewegung aufgegriffen und in gewissem Sinn auch vereinnahmt, die sich schließlich als parlamentarische Partei konstituiert hat: von den Grünen.

Diese Bewegungen haben einen politischen Aktivismus ins Leben gerufen, wie er in vergleichbarer Form häufig auch in religiösen oder parareligiösen Bewegungen zu finden ist, und vertreten zuweilen ihre Positionen mit einer Vehemenz, die leicht in Intoleranz umschlagen kann. Solange in der DDR die kommunistische Herrschaft bestand, waren auch sie gegen eine Infiltration durch die Agenten des diktatorischen Polizeistaats nicht gefeit, der in Ostdeutschland installiert worden war. Im Schoß dieser stark von Emotionen und Existenzängsten geprägten Bewegungen formierten sich kleine Minderheiten, die bald aus ihrem schützenden Milieu ausbrachen und zu gewalttätigen Kampfmaßnahmen übergingen. Terroristische Splittergruppen, die zwar wenige Mitglieder hatten, aber nach jedem gelungenen Fischzug der staatlichen Sicherheitsorgane wie Phönix aus der Asche auferstanden, begleiteten über zwanzig Jahre lang die Arbeit der demokratischen Institutionen, ohne sie freilich ernsthaft zu beeinträchtigen. Die ruhige – für den Geschmack gewisser Leute zu ruhige – politische Lage in der Bundesrepublik hat die Aktivitäten von Extremisten begünstigt, die gerade wegen ihrer verschwindend geringen Zahl nicht zu fassen sind und ihre Aktionen gegen Symbolfiguren richten. Es stimmt zwar, daß der Terrorismus der Roten Armee Fraktion von den inneren und äußeren »Sicherheitsorganen« der DDR tatkräftig unterstützt wurde. Doch auch nach dem Sturz seiner Schutzmacht ist er in der Lage gewesen, Schaden anzurichten.

Ab 1992 erlebte eine andere außerparlamentarische Opposition einen Aufschwung, und gleichzeitig nahm die Zahl der gewalttätigen Übergriffe insbesondere gegen Asylbewerber und gegen seit langem in der Bundesrepublik lebende ausländische Arbeitnehmer sprunghaft zu. Wir haben es hier mit einem Phänomen zu tun, das sich von den früheren Oppositionsbewegungen grundsätzlich unterscheidet, denn die betreffenden Gruppierungen, die meist aus wenigen Mitgliedern bestehen, weisen im allgemeinen nur einen schwachen Organisationsgrad auf (Skinhead-Banden), unterliegen jedoch dem Einfluß kleiner und stark gegliederter rechtsextremer Bewegungen. Ihre gezielten Gewalttaten richten sich häufig gegen arme Menschen und unterscheiden sich darin sehr deutlich vom früheren Terrorismus der Linken, der sich gegen offizielle Vertreter von Staat und Gesellschaft oder zumindest gegen Institutionen von hohem Symbolwert richtete.

Das Grundgesetz hatte seit seiner Einführung zahlreiche Modifikationen erfahren, ohne daß freilich bis 1990 etwas Wesentliches geändert worden war. Nun aber, da es auch im Gebiet der ehemaligen DDR galt, stand es vor einer großen Belastungsprobe. Viele Ostdeutsche und einige Parteien der alten Bundesrepublik, die seit 1949 Entscheidungen hinnehmen mußten, die sie ursprünglich nicht mitgetragen haben – dies galt vor allem für die SPD –, wünschten nach der gemäß Artikel 23 (Beitritt der ostdeutschen Länder zur Bundesrepublik) vollzogenen Einigung größere Änderungen, denen ein Volksentscheid im Sinne des Artikel 146 folgen sollte. Gewiß, Grundgesetzänderungen könnten nur mit einer Zweidrittelmehrheit in Bundestag und Bundesrat beschlossen werden, und da weder die Regierungskoalition noch die Opposition gegenwärtig in einem der beiden Organe über eine solche Mehrheit verfügten, müßte jeder Änderung eine Übereinkunft der beiden großen Parteien, der SPD und der Union, vorausgehen. Da jedoch beide auf die augenblicklichen oder potentiellen Partner Rücksicht nehmen müssen, die Union auf die Liberalen und die SPD auf die Grünen, wäre für jede tiefgreifende Verfassungsänderung praktisch fast immer die Zustimmung von drei Fraktionen erforderlich, und eine solche Übereinstimmung ist schwer herzustellen. Einmal mehr wird das Grundgesetz die Parteien zwingen, einen gemeinsamen Nenner zu finden, was wiederum vor Augen führt, daß Änderungen in seinen wesentlichen Teilen nicht wirklich notwendig sind. Trotzdem gibt es nach einem halben Jahrhundert und nach der »Erlösung« der Gebiete der ehemaligen DDR gewisse Probleme, die, ob sie nun neu sind oder nur in einem neuen Licht erscheinen, verfassungsrechtlicher Lösungen bedürfen. Diese Probleme sind sehr unterschiedlicher Natur. Die Sozialdemokraten, die Grünen, die PDS, die Erbin des kommunistischen Deutschland, das Bündnis 90, dem viele Bürgerrechtler angehören, die maßgeblich am Umsturz von 1989 beteiligt waren, und einige Liberale würden gern das Volksbegehren und den Volksentscheid einführen oder vielmehr den Anwendungsbereich des letzteren beträchtlich erweitern.[10] Ein weiterer Punkt, den auch die Union geklärt sehen will, allerdings ganz anders als die Linke, ist die Frage, bis zu welchem Grad Militäreinsätze des vereinigten Deutschland außerhalb des streng begrenzten NATO- und

WEU-Gebietes von der Verfassung gedeckt sind. Dabei geht es vor allem darum, die Bedingungen zu präzisieren, unter denen deutsche Truppen an Einsätzen teilnehmen dürfen, die von der UNO entweder organisiert oder gebilligt werden (was nicht dasselbe ist). Bleiben schließlich noch so wichtige und so unterschiedliche gesellschaftspolitische Themen wie das Ausländerwahlrecht und die Abtreibungsregelung, wobei die Übernahme der in der ehemaligen DDR geltenden Fristenlösung nach gegenwärtiger Auffassung des Bundesverfassungsgerichts rechtswidrig ist. In diesen beiden wichtigen Komplexen sind im Juni 1995 im Bundestag die nötigen Kompromisse erreicht worden. Einige wollen, daß die Bewahrung der Umwelt, das Recht auf eine Wohnung und sogar das Recht auf Arbeit in die Verfassung aufgenommen werden. Die vordringlichste Reform war jedoch, trotz ihrer moralischen Fragwürdigkeit, die Änderung des Asylartikels im Grundgesetz. Sie ist die einzige, die bislang durchgeführt wurde, und hat das Asylrecht eingeschränkt, das in einer Zeit, in der Zuwanderer aus dem Osten und aus dem Süden Westeuropa zu überschwemmen drohen, viele für zu liberal hielten, zumindest die große Mehrheit der Bürger, der Politiker und der Journalisten. Tatsächlich hätte man nicht den Verfassungstext ändern müssen, denn die Prüfungsinstanzen wenden ihn sowieso sehr restriktiv an (weniger als 5 Prozent der Antragsteller wurden 1992 als politische Flüchtlinge anerkannt), sondern die gesetzlichen Vorschriften, die es den meisten abgewiesenen Antragstellern erlauben, in Deutschland zu bleiben. Allein 1992 sind über 420 000 neue Asylbewerber nach Deutschland geströmt. Weniger als 20 000 von ihnen wurden anerkannt. Was soll man mit den anderen tun? Sie abschieben? Aber in welche Länder? Die größte Gruppe kommt aus Rumänien, aus einem Land, das keine gemeinsame Grenze mit Deutschland hat. Polen, die Tschechische Republik, die Slowakei und Ungarn, die wichtigsten Transitländer, könnten unmöglich alle diejenigen aufnehmen, die Deutschland ausweisen möchte. Bei diesen überaus schwerwiegenden Problemen geht es auch um einige elementare humanitäre Grundsätze, zu denen sich die Bundesrepublik nach den Erfahrungen mit dem Nazismus verpflichtet hat.[11]

Niemals, unter keiner Regierung und zu keiner Zeit, haben die Deutschen in ihrer Gesamtheit ein höheres Maß an innerer und äußerer Sicherheit und einen größeren Wohlstand genossen als zwischen 1949 und 1990 in der Bundesrepublik, und trotz der schwierigen Probleme in den neuen Bundesländern darf man hoffen, daß dies in einigen Jahren auch für den Osten Deutschlands zutreffen wird. Allerdings muß man sich fragen, ob nicht auch in Deutschland auf die Dauer Prosperität und Sicherheit fragwürdig werden könnten. In diesem Fragezeichenzusammenhang muß als erstes das Problem der Überalterung der Bevölkerung und der besonders im Osten besorgniserregende Stand der Geburtenrate sowie das Zunehmen der Ein-Personen-Haushalte und der Ein-Eltern-Familien gesehen werden. An nächster Stelle kommt dann wohl die ungenügende Vorbereitung auf die Folgen der Globalisierung der Wirtschaft, die Löhne, Preise und Pensionen bei uns in Westeuropa auf die Dauer nicht auf dem bisherigen Niveau halten kann, das im Vergleich zu hoch liegt. Danach wäre die ungenügende Vorbereitung auf Konflikte zwischen den neuen und den alten Weltmächten zu bedenken, die Sicherheitsprobleme mit ihren geistigen und materiellen Folgen heranwachsen läßt, die ins Auge zu fassen fast niemand den Mut aufbringt. Aber diese Fragen stellen sich nicht nur für Deutschland, sondern für alle westeuropäischen Staaten. Wie dem auch sei, der Föderalismus und die Verfassungsgerichtsbarkeit schützen die Grundrechte und den Rechtsstaat in einem Maße, das selbst in den ruhigen Jahren zwischen 1871 und 1914 unvorstellbar gewesen wäre. Die Privatsphäre und die Lebensgewohnheiten des einzelnen sind weitgehend vor sozialem und moralischem Druck geschützt, und die persönlichen Freiheiten wirken sich kaum nachteilig auf die wirtschaftliche Prosperität aus, die auf einer gesunden Mischung aus Unternehmungsgeist und dem Bemühen beruht, die Früchte der Arbeit zu verteilen. Millionen von Gastarbeitern haben in Deutschland lange Zeit ein zufriedenes Leben geführt, ohne wirklich besorgniserregende Aversionen zu wecken (hier zeichnet sich momentan die bedrohlichste Entwicklung ab). Die überwältigende Mehrheit der Deutschen erreicht heute ein Bildungsniveau, das vor zweihundert Jahren nur einer kleinen Minderheit vorbehalten war. Armut wurde zurückgedrängt und ist nur noch bedingt vorhanden. Und doch: Die Erinnerung an weniger glückliche Zeiten verblaßt, und die Ansprüche steigen, während die allgemeine Weltlage sich verdüstert. Viele Deutsche wissen ihr unerhörtes Glück gar nicht gebührend zu schätzen, und nur wenige sind zu den Opfern bereit, die ihnen in naher Zukunft abverlangt werden, und zwar über diejenigen hinaus, die aufgrund der bedrohlichen Entwicklung der Alterspyramide unumgänglich werden. Eines Tages werden die Westdeutschen (und auch die Bürger der anderen westlichen Staaten) vielleicht mit Wehmut an die zweite Hälfte des 20. Jahrhunderts als eine Zeit der Ruhe und des Friedens zurückdenken.

Das Deutschland des Westens
Eine andere Gesellschaft

Ich habe diese Überschrift von Alfred Grosser entliehen, der eines seiner wichtigsten Bücher zu diesem Thema unter diesen Titel gestellt hat.[12] Allerdings soll hier nicht von ideologischen oder politischen Motiven die Rede sein, die Westdeutschland bewogen haben, der NATO und der Europäischen Gemeinschaft beizutreten, sondern von den tiefgreifenden Veränderungen, die in Lebensstil und Mentalität der Westdeutschen zwischen 1945 und dem Ende des 20. Jahrhunderts zu beobachten waren. Die Zukunft wird zeigen, in welchem Ausmaß diese Veränderungen auch auf Ostdeutschland übergreifen, das nun frei ist von den Zwängen, die ihm die kommunistische Diktatur und die Sowjetmacht im gleichen Zeitraum auferlegt hatten. Ich wage zu behaupten, daß Ostdeutschland sich allmählich dem westlichen Lebensstil anpassen und daß der gegenläufige Trend bescheiden bleiben wird.

Amerika war reich und hatte gesiegt. Der freie Teil Deutschlands, der seine Geschicke nach und nach wieder selbst in die Hand nehmen konnte, ließ eine lange Periode hinter sich, in der er von der Welt und einem Großteil seiner eigenen Vergangenheit abgeschnitten gewesen war. Die Menschen hungerten, aber nicht nur nach materieller Nahrung. Wer ihnen, wie der Autor dieser Zeilen, schon 1945 dabei half, sich in einer Welt zurechtzufinden, in der die Älteren den Anschluß verloren hatten und den Jüngeren alle Grundlagen fehlten, wird sich immer bewegt des unstillbaren Wissensdurstes erinnern, mit dem sich junge Kriegsgefangene auf Bücher stürzten, die sie nicht kannten, weil sie verboten gewesen waren, oder wie andere junge Männer, die zufällig oder aus Altersgründen der Gefangenschaft entgangen waren, in großer Zahl in die zu Begegnungsstätten umfunktionierten ehemaligen Kaderschulen der Hitlerjugend strömten, um französische oder englische Kultur kennenzulernen. Innerhalb weniger Jahre, ja sogar Monate, machte Westdeutschland auf diese Weise Bekanntschaft mit Hemingway und Faulkner, mit Eliot und Huxley, Sartre und Éluard, García Lorca und Antonio Gramsci, um nur wahllos ein paar klangvolle Namen herauszugreifen. Aber mit Hemingway kamen auch Coca-Cola und Bluejeans, und so entstand nach und nach eine neue, materialistisch geprägte Kultur amerikanischen Stils. Mehr als zu irgendeinem anderen Zeitpunkt in der Geschichte konnten und wollten sich die Deutschen dem Rausch des Massenkonsums hingeben, der auch und vor allem ein kulturelles Phänomen ist.

Die einen sahen im Nazismus eine revolutionäre, nihilistische Welle, die über das Land hereingebrochen war. Und nun galt es in ihren Augen, aus seinen Ruinen die Werte und Lebensformen von einst wiedererstehen zu lassen und neu zu beleben. Sie wünschten sich eine Rückkehr zu den Verhältnissen von vor 1933, zu einem Deutschland mit seinen charakteristischen Zügen, seiner historischen Bestimmung und seiner zeitlosen Identität, wie sie die »nationalen« Historiker mehr oder weniger dogmatisch und ideologisch definiert hatten. Doch sehr bald stellten ausländische Analytiker und ihre deutschen Kollegen oder Schüler fest, daß der Nazismus in Deutschland nicht zufällig Fuß gefaßt hatte. Nicht alles Vergangene war noch brauchbar, andererseits war aber auch nicht alles wegzuwerfen.

Auf der anderen Seite des politischen intellektuellen Spektrums vertrat man mit Recht die Ansicht, daß das Erbe der Vergangenheit nur unter Vorbehalt angetreten werden könne und daß man im Gegenteil in vielerlei Hinsicht mit der Tradition brechen müsse. In den Augen derer, die so dachten, hatte der Nazismus in der deutschen Wirklichkeit tiefe Wurzeln geschlagen, die man nun mit energischen chirurgischen Eingriffen in das gesellschaftliche Leben entfernen mußte. Wenn auch die Traditionalisten in der Politik und teilweise in der Wirtschaft die Oberhand behielten, so waren sie doch machtlos gegen das Tempo des sittlichen Wandels. Die Präsenz westlicher Ausländer und die Faszination, die das Ausland ausübte, dazu die Zerstörung traditioneller Bande durch Tod, Vertreibung, Emigration und Kriegsgefangenschaft ermöglichten die Entstehung neuer Ideale, während die Vermittlung von Überliefertem in vielerlei Hinsicht abbrach. Und man denke hier an die doppelte Bedeutung von »Band«, das Menschen gleichzeitig vereint und fesselt. Diese widersprüchliche Situation wird zusätzlich kompliziert durch die Errungenschaften von Wissenschaft und Technik. Die wichtigste ist ohne jeden Zweifel die Pille, die den Menschen die Möglichkeit eröffnet, ihre Fortpflanzung zu kontrollieren. Das plötzliche Sinken der Geburtenziffer, das sich in den Bevölkerungskurven als Pillenknick niederschlägt, ist nur der auffälligste Aspekt einer schrittweisen Entwicklung hin zu einem Menschen, der »für sich« ist – und nach einem Ideal strebt, das mit dem Modewort »Selbstverwirklichung« umschrieben wird. Er beschreitet einen hedonistischen Weg, auf dem die Pflicht als höchstes moralisches Ziel durch das Vergnügen ersetzt wird und der auf der letzten Etappe zu einem Solipsismus führt, in dem das vereiste egoistische »Selbst« ganz allein und für sich ist.

Diese Beschreibung gilt sicherlich nicht für die Gesamtheit der fleißigen, arbeitsamen Bürger, die auch dann noch den Grundwerten der christlichen Moral verhaftet bleiben, wenn sie ihren Glauben kaum noch praktizieren, und die sich alles in allem von ihren Eltern und Großeltern gar nicht so sehr unterscheiden, wohl aber für einen wachsenden und nicht unbedeutenden Teil der Bevölkerung. Dieses Deutschland muß in die etwas zu groß geratenen Kleidern einer Freiheit, mit der es nicht allzuviel anzufangen weiß, erst noch hineinwachsen. Es unterscheidet sich sehr von Ostdeutschland, doch schon beginnen dort viele, sich ihm schnell anzugleichen. Aber noch fehlen ihnen in den meisten Fällen die notwendigen Voraussetzungen für Freiheit, Wohlstand und Überfluß. So wird Deutschland für eine gewisse Zeit, die möglicherweise nicht lange dauern, sich dem Bewußtsein aber tief einprägen wird, eine Nation mit zwei Völkern bleiben.

Keine Verfolgung von Diokletian bis Hitler und Stalin hatte das Christentum vernichten können, doch der materielle Überfluß unserer Zeit, die Demokratisierung des Reichtums sozusagen, bewirkt in Verbindung mit der Wissensvermehrung und der Popularisierung der neuen, gleichsam universal gewordenen Unterhaltungsmedien eine tiefgreifende Säkularisierung. Gott, die Frage nach dem Sinn des Lebens und die Furcht vor dem Jüngsten Gericht, vor dem man Rechenschaft über seine Taten ablegen muß (und dabei spielen der Glaube und die Liebe zu Gott eine wesentliche Rolle), verschwinden aus dem Bewußtsein der Menschen, in Deutschland wie anderswo. In der Bundesrepublik, in der keine religionsfeindliche und antikonfessionelle Politik betrieben wurde wie in der ehemaligen DDR, blieb die Zahl der Kirchenmitglieder nach amtlichen Zahlen trotz eines ständigen leichten Anstiegs der Austritte relativ stabil,[13] während im kommunistischen Deutschland im Jahr 1990 nicht einmal mehr die Hälfte der Bevölkerung getauft war. Doch ebenso aufschlußreich ist, daß in Westdeutschland als wichtigster und fast ausschließlicher Grund für den Kirchenaustritt der Wunsch angegeben wird, keine Kirchensteuer mehr bezahlen zu müssen (je nach Land zwischen acht und zehn Prozent der Einkommens- oder Lohnsteuer).

In der ehemaligen DDR wurde eine Vielzahl von Kindern unehelich geboren, aber auch in der Bundesrepublik steigt der Anteil der unehelichen Kinder und der Alleinerziehenden ohne festen Partner unaufhaltsam. Lebensmodelle unterliegen nicht mehr, oder nicht mehr so sehr, gesellschaftlichen Zwängen. Die Erweiterung des Erfahrungshorizonts in einer »zweiten Welt« durch das Fernsehen und durch Auslandsreisen, die nur oberflächliche, auf künstlichen Entdeckungen beruhende Kontakte ermöglichen und nur wenig Einfluß auf unser Leben nehmen, verschafft letzten Endes keinen neuen Glauben, keine neuen Bindungen, keine neuen und wertvollen moralischen Grundsätze, sondern erzeugt eine Art Gleichgültigkeit, die als inneren Antrieb und Motivation nur noch die Befriedigung immer anspruchsvollerer materieller Bedürfnisse gelten läßt, die Befriedigung von Eitelkeit, Ehrgeiz und sozialer Geltungssucht. Und wenn die Katastrophen im Leben sich häufen, flüchten sich immer mehr unserer Zeitgenossen in Sekten oder suchen woanders »Ersatz«, ja nehmen sich sogar das Leben. Die Vereinsamung der Alten, deren »Lebenserwartung« dank der Wissenschaft ständig steigt, führt dazu, daß der Anteil der Selbstmörder mit fortschreitendem Alter zunimmt.

Es ist eine merkwürdige Gesellschaft, für die es keine historischen Vergleiche gibt. Dasselbe trifft, wenn man die allgemeinen Tendenzen betrachtet, auf ganz Westeuropa zu. Unterschiede in der Lebensweise erklären sich vor allem aus dem unterschiedlichen Stand der wirtschaftlichen Entwicklung. Das oben Gesagte gilt mehr oder weniger für alle westeuropäischen Länder, doch am stärksten war Westdeutschland betroffen, und es ist am reichsten geworden. In Westdeutschland ist die »Revolution der Mentalität« am schnellsten und weitesten fortgeschritten.

In der neuen Mentalität, die sich nach Kriegsende herausgebildet hat, nimmt die Faszination, die von Amerika ausgeht, einen zentralen Platz ein, und zwar durchaus in einem konträren Sinn, denn Faszination und Abneigung liegen so eng beieinander wie Alaska und Ostsibirien. Ob man Amerika liebt oder verabscheut, daran scheiden sich die Geister. Sein Lebensstil und seine Ideale ziehen an und stoßen ab. Wenn man vor 1990 in die ehemalige DDR reiste, wähnte man sich in einem Deutschland vor seiner Begegnung mit Amerika. Im Westen zählen Wissenschaftler, Diplomaten und Manager mehr, wenn sie in Harvard oder Yale, am California Institute of Technology in Pasadena, in Princeton oder Berkeley studiert haben. Das Englische, oder vielmehr das Amerikanische, ist zur Zweitsprache der Westdeutschen geworden; über dreißig Prozent sprechen es relativ gut. Neunzig Prozent der Deutschen, die in Fremdsprachen unterrichtet werden, lernen zuerst Englisch. In der Literatur, aber vor allem in der Musik, in Kino- und Fernsehfilmen spielt es eine immer wichtigere Rolle. Es taucht immer häufiger auf Hinweisschildern an öffentlichen Gebäuden und Verkehrsmitteln auf, und immer mehr Arbeiten deutscher Wissenschaftler werden auf englisch geschrieben und gelesen. Die französischen Kolonialkriege in den fünfziger und sechziger Jahren stießen vereinzelt auf Feindseligkeit und allgemein auf großes Unverständnis. Der Krieg der Amerikaner in Vietnam war dagegen für einen beträchtlichen Teil der westdeutschen Gesellschaft eine Art Bürgerkrieg, in dem die Amerikaner zu Gegnern geworden waren. Man nahm Amerika gegenüber eine ähnliche Haltung ein wie im 18. Jahrhundert gegenüber dem absolutistischen Frankreich von Versailles.

Wir haben bereits angedeutet, welche Veränderungen im privaten und sozialen Verhalten die Verbreitung der Anti-Baby-Pille hervorgerufen oder in Gang gesetzt hat – gegen den heftigen Widerstand der katholischen Kirche. Dieses Phänomen muß in einem größeren Zusammenhang gesehen werden, und zwar nicht nur im Hinblick auf die Befreiung von der herrschenden Moral, die, wenn schon nicht immer befolgt, so doch zumindest weitgehend respektiert wurde. Ein wichtiger Aspekt ist auch die neue Rollenverteilung zwischen den Geschlechtern in Familie, Beruf und Politik, mit anderen Worten die Emanzipation der Frau. Gewiß, dieses Phänomen ist in allen freiheitlichen westlichen Gesellschaften zu beobachten, aber auch in dieser Hinsicht ist die Entwicklung in Westdeutschland weiter fortgeschritten und radikaler als in den meisten anderen angelsächsischen und europäischen Ländern. Dies hängt mit der deutschen Geschichte zusammen, aber auch mit der Neigung zu einer gewissen inneren Radikalität, die wir bei Luther ebenso angetroffen haben wie im Sturm und Drang und nach 1918 im Berliner Kulturleben.

Die Radikalität der Emanzipationsbewegung zeigt sich nicht nur in grammatikalischen Änderungen wie in der merkwürdigen Idee, dem Plural von Wörtern ein großes »I« einzufügen, um die doppelgeschlechtliche Bedeutung hervorzuheben, wie etwa in »GenossInnen«. Schrittweise, und insbesondere unter der Regierung Brandt, wurden bestehende Gesetze und Vorschriften geändert, um der Forderung nach Gleichstellung der Frauen nachzukommen. Eine der wenigen Ausnahmen blieb die Wehrpflicht, die aufgrund der starken antimilitaristischen und pazifistischen Strömungen in der Frauenbewegung ausgespart wurde. Selbst die CDU hat dieser Entwicklung Rechnung getragen, indem sie Rita Süssmuth, eine der prominentesten Frauen in ihren Reihen, zur Bundestagspräsidentin kürte (vorher hatte bereits die Sozialdemokratin Annemarie Renger diesen Posten bekleidet). Jahrzehntelang hatte kein Bundesland einer Frau die Regierungsgeschäfte anvertraut – bis auf Berlin, aber das liegt schon lange zurück. Erst im Frühjahr 1992 wurde dieses Tabu mit der Wahl von Heide Simonis (SPD) zur Ministerpräsidentin von Schleswig-Holstein gebrochen. Weit stärker ins Gewicht fällt der Aufstieg der Frauen in verantwortungsvolle Positionen in der Verwaltung, in der Wirtschaft und in der evangelischen Kirche, wo die Zahl der Pastorinnen stetig zunimmt und die auch eine »Bischöfin« in ihren Reihen hat. Die Vehemenz des feministischen Anspruchs kann bis zu einem gewissen Grad auch als ein weiterer Aspekt der Amerikanisierung der Sitten und des Verhaltens betrachtet werden.

Schul- und hochschulpolitische Themen haben in den großen politischen Auseinandersetzungen bei zwei oder drei Gelegenheiten eine Rolle gespielt. Die erste Debatte dieser Art fand ganz zu Anfang im Parlamentarischen Rat statt, als die katholische Kirche die allgemeine Wiedereinführung der Konfessionsschule forderte, in der evangelische und katholische Kinder getrennt unterrichtet werden. Dabei ging es nicht um die Trennung von Staat und Kirche, denn schließlich waren es die Nazis gewesen, die das Kreuz aus den Klassenzimmern entfernt hatten. Adenauer und den meisten katholischen Politikern ging die Forderung der Kirche zu weit: Fast in allen Ländern wurde die Gemeinschaftsschule zur Regel. Religionsunterricht gehört seitdem zum Lehrplan und wird natürlich getrennt erteilt, gemäß den Vorschriften der Kirchen und der Konkordate. Eltern, die nicht wünschen, daß ihre Kinder am Religionsunterricht teilnehmen, müssen dies ausdrücklich sagen. In den »neuen Ländern« sieht dies natürlich öfters anders aus.

Zwanzig Jahre später entzündete sich der Streit am Thema Gesamtschule. Die sozialdemokratisch regierten Länder gingen daran, das herkömmliche, aus den Schularten Hauptschule, Realschule und Gymnasium bestehende System durch Schulzentren mit einem breitgefächerten Angebot zu ersetzen. In Frankreich war diese Reform von konservativ-liberalen Regierungen durchgeführt worden, in Deutschland wurde der Streit zunehmend politisiert: In bestimmten Ländern wie Hessen heizten ideologische Gegensätze – das Fach Geschichte sollte durch Sozialkunde ersetzt werden – die Debatte an. Parallel dazu führte der Massenandrang im Sekundarbereich zu einer Überfüllung der Universitäten. Zum erstenmal wurde ein zentraler Numerus clausus eingeführt – und was dann folgte, war eine wahre Explosion im Bildungsbereich, welche den Bau zahlreicher neuer Hochschulen notwendig machte. Diese Entwicklung ist nicht spezifisch deutsch, doch sie führte zu tiefgreifenden Veränderungen im sozialen Gefüge, da immer mehr Jungen und Mädchen eines Jahrgangs das Abitur machten und anschließend Anspruch auf attraktive Stellen erhoben. Doch die Folgen dieser Entwicklung im Sekundar- und Universitätsbereich wurden teilweise durch das gut funktionierende duale System in der beruflichen Bildung kompensiert. Es ist ein Zug unserer Zeit, daß die jungen Leute immer selbständiger werden. So wurde in den achtziger Jahren eine Reform durchgeführt, die es den Schülern der Abschlußklassen (oder der Sekundarstufe II) erlaubte, sich auf eine kleine Anzahl von Fächern zu konzentrieren und andere, die ihnen weniger liegen, abzuwählen. Auf diese Weise entfernte man sich noch weiter von dem klassischen Konzept der Allgemeinbildung.

Um das Jahr 1968 herum herrschte überall an den europäischen Universitäten Aufruhrstimmung, doch in Deutschland, wo entscheidende Wahlen bevorstanden, bei denen die Linke endlich an die Macht zu gelangen hoffte, war die Stimmung nicht so, daß der Funke auf die »übrige« Gesellschaft übersprang. Die Gewerkschaften unterstützten die Studenten in keiner Weise. Nach seiner Wahl zum Bundeskanzler 1969 setzte Willy Brandt Reformen durch mit dem Ziel, die Strukturen an der Universität zu »demokratisieren«. Und seit der politischen Wiedervereinigung Deutschlands 1990 steht man vor der Aufgabe, das Hochschulwesen der ehemaligen DDR zu »säubern« und zu demokratisieren. Eine schwierige Aufgabe, der sich die neuen Bundesländer nicht ohne die Hilfe von Beamten aus dem Westen entledigen können, was die Ressentiments gegen die »Wessis«, von denen die Überlebenden des Regimes profitieren, nur verstärkt. Da die Zahl der Studenten in der DDR streng reglementiert war, beschleunigt sich im vereinten Deutschland der Zuwachs an Studienbewerbern weiter. Im Westen verlangen immer mehr Universitäten das Recht, durch Qualifikationsprüfungen selbst eine Auswahl vorzunehmen.

Eines der umstrittensten Themen, das auch im Kampf um die Gleichberechtigung der Frau eine zentrale Rolle spielt, war und bleibt der Schwangerschaftsabbruch. Unter dem Druck von Frauenrechtlerinnen und anderen Befürwortern einer Liberalisierung brachte die Regierung Brandt ein Gesetz durch, das die Abtreibung unter ärztlicher Kontrolle während der ersten drei Schwangerschaftsmonate erlaubte.[14] Das Bundesverfassungsgericht erklärte dieses Gesetz für grundgesetzwidrig und nichtig, und die Regierung mußte es durch ein Gesetz ersetzen, das auf der sogenannten Indikationsregelung beruht. Danach muß eine Frau, die abtreiben will, sich von einer Beratungsstelle oder einem Arzt beraten lassen. Viele tun das. Da die Fristenlösung in den neuen Bundesländern in Kraft geblieben war, mußte sich der Bundestag erneut mit diesem schwierigen Problem befassen. Jeder Abgeordnete wählte zwischen den verschiedenen Möglichkeiten nach eigenem Wissen und Gewissen. Gleichzeitig entbrannte in den Medien eine heftige Diskussion. Der Bundestag votierte abermals für die Fristenlösung, doch das Verfassungsgericht griff im Jahr 1992 auf seine Argumente aus den siebziger Jahren zurück und erklärte diese Lösung erneut für verfassungswidrig. Das Gericht hat die Vorlage an das Parlament zurückverwiesen, jedoch so genaue Regeln festgelegt, daß viele Politiker sich fragen, ob ein neues Gesetz überhaupt noch notwendig ist. Denn obwohl die Richter einen Schwangerschaftsabbruch außerhalb der strengen gesetzlichen Bestimmungen für »rechtswidrig« erklären, fügen sie hinzu, daß er nicht strafbar ist. Das Resultat dieser merkwürdigen Entscheidung ist, daß die Krankenkassen für die Kosten eines »illegalen« Schwangerschaftsabbruchs nicht aufkommen. Allerdings räumen die Richter ein, daß sie gegebenenfalls aus Mitteln der Sozialhilfe bestritten werden könnten. Alles in allem, so scheint es, hat die Sache der Liberalisierung gute Chancen, sich durchzusetzen. Überläßt man den Frauen die Entscheidung, ob sie ein Kind austragen wollen, so ist das ein Schritt in Richtung hin zu mehr Emanzipation und gleichzeitig mehr Verantwortung. Allerdings zeigt die Debatte auch, welche Veränderungen im Schoße der Kirche, vor allem der katholischen, vonstatten gehen. In puncto Sexualität und Fortpflanzung entfernen sich die Christen in der Praxis immer weiter von den Vorschriften der Kirche, auch wenn diese vom Papst und vielen Bischöfen unablässig in Erinnerung gerufen werden. Wahr ist aber auch, daß das, was unter Umständen das Verantwortungsgefühl stärkt, junge und nicht mehr ganz junge Menschen auch zu verantwortungslosem Handeln verleiten kann. Dies ist bereits heute eine der großen Debatten, und sie wird sich zum Ende des Jahrhunderts hin noch verstärken.

Zu diesen Modernisierungs- und Emanzipationsbestrebungen gehört auch die Entkriminalisierung der männlichen Homosexualität (kurioserweise wurde ihr weibliches Pendant vom Strafrecht fast immer ignoriert). Sie erfolgte ebenfalls in der Amtszeit der sozialliberalen Regierung Brandt. Diese Veränderung erregte die Gemüter nicht übermäßig, denn sie war im Alltag bereits weitgehend vorweggenommen geworden. Dennoch trugen auch die Bewegungen der Schwulen und Lesben militantere, aggressivere und, in einem gewissen Sinn, »totalitärere« Züge als anderswo. Im allgemeinen standen sie in enger Verbindung mit anderen Protestbewegungen und traten im Sympathisantenumfeld der Terroristen ebenso in Erscheinung wie in der Hausbesetzerszene, so in der Hamburger Hafenstraße und am Prenzlauer Berg in Berlin. Beide Viertel genossen, trotz oder gerade wegen mancher zweifelhafter Aspekte, den Ruf antiautoritärer Freiräume, in denen das normale Gesetz nicht mehr galt.

Die »stille« Homosexualität ist in einer freizügigen Gesellschaft üblich geworden, doch die engagiert und fordernd auftretende Homosexualität schließt sich Bewegungen an, deren wichtigster Aspekt darin besteht, daß sie aus Gehorsamsverweigerung ein System und eine Ideologie gemacht haben. Andernorts scheint der Geist von 1968 erloschen, doch in Deutschland hat er nicht aufgehört, sich fortzupflanzen und zu erneuern. Er ist nach wie vor aktuell und, obwohl nur von marginaler Bedeutung, repräsentativ für eine vor allem unter jungen Leuten verbreitete Haltung: Im Februar 1991 hat über ein Drittel der Wehrpflichtigen den Wehrdienst verweigert. Hinzugefügt sei hier allerdings, daß die Welt damals unter dem Eindruck des Golfkriegs stand.

Die tiefe und aktive Empörung, die zur Anwendung von Gewalt führt, ist ihrem Ursprung nach gar nicht so weit entfernt von einem kämpferischen

Pazifismus und einem engagierten Umweltschutz, der die zunehmend bedrohte Welt retten will. Im übrigen sind das Haltungen und Kämpfe, die man in ähnlicher Form auch aus Amerika kennt, wo sie eine vergleichbare Schärfe angenommen haben. Auch dort fühlt sich der Beobachter an den Sturm und Drang erinnert, sieht man einmal davon ab, daß der gesellschaftspolitische Aspekt dieser Bewegung im 18. Jahrhundert verborgen blieb und von ihren eigenen Initiatoren verdrängt wurde, da ihnen der Zustand der Gesellschaft keine Möglichkeit der Veränderung eröffnete. Wie die amerikanische Gesellschaft, so toleriert und integriert auch die von Spannungen weitgehend verschonte westdeutsche Gesellschaft heute im Alltag eine breite Protestbewegung. Aber ebenso wahr ist, daß dieser allgemeine Trend zur Absorption, Integration und Anerkennung der Aufsässigen in Deutschland seit über zwanzig Jahren mit dem Phänomen des linksextremen Terrorismus kollidiert, der in Amerika keine Entsprechung hat.

Zu den Besonderheiten des Lebens im Deutschland vor der Wiedervereinigung gehört, wie wir bereits weiter oben gesehen haben, in der Tat der Terrorismus, die Anwendung von Gewalt durch eine sehr kleine Minderheit, die in unregelmäßigen Abständen blutige Verbrechen begeht, die politisch so gut wie ohne Folgen bleiben und den verhaßten Staat der imperialistischen Bourgeoisie nicht einmal dazu bewegen, noch brutaler zurückzuschlagen. Diesem Terrorismus fehlt es an Mitwirkenden – im Verlauf mehrerer Jahrzehnte waren es nicht einmal hundert Aktivisten –, doch er rekrutiert sich im selben Maße, wie die vorangegangene Generation in den Gefängnissen verschwindet oder den Mut verliert. Den Spannungen im Baskenland, in Nordirland und auf Korsika liegt ein Nationalitätenkonflikt zugrunde, und die Terroristen sind gewissermaßen die Speerspitze einer viel breiteren und gemäßigteren Bewegung. Die leninistischen Gruppen in Italien waren auch Ausdruck der Ungeduld einer zahlenmäßig nicht zu vernachlässigenden politischen Basis – die Roten Brigaden reagierten mit Gewalt auf schlimme und unerträgliche Mißstände. Es wäre gewagt, dasselbe über Westdeutschland zu behaupten. Gewiß, die Rote Armee Fraktion konnte sich auf konzentrische Kreise von Komplizen und Sympathisanten stützen, und die unsystematischen Ideen der meisten Terroristen entstammten der breiten pazifistischen, neutralistischen, ökologischen und chiliastischen Protestbewegung, aus der die Grünen in ihren verschiedenen Schattierungen hervorgegangen sind. Italien litt unter krassen sozialen Gegensätzen und einem steilen Gefälle zwischen wohlhabenden Regionen und Landstrichen, die kaum über dem Niveau eines Entwicklungslandes lagen, aber nichts dergleichen charakterisierte die Situation in Deutschland. Hier war der Terrorismus weniger ein Instrument im Kampf gegen unerträgliche Ungleichheit als vielmehr die Manifestation eines Widerwillens, der gewisse, zu Extremen neigende junge Leute erfüllte, ein Ausdruck stumpfer Zufriedenheit und satten Besitzes.

Man könnte fast sagen, daß die westdeutsche Gesellschaft sich den Terrorismus in einem gewissen Sinn einverleibt hat. Zum Preis von ein oder zwei Attentaten pro Jahr erfüllt er seine Funktion. Er weckt ein gewisses Maß an Empörung und Ängsten, die letzlich aber nur die herrschende Ordnung zementieren, die die Terroristen so gerne beseitigen würden. Wenn gewisse Kräfte der Protestszene sich Stadtindianer nannten, so charakterisierte das ziemlich treffend ihre Stellung in der Gesellschaft: Sie waren fast ebenso repräsentativ wie Indianer in New York. Doch das Aufkommen von rechtsextremer Gewalt verändert eine Landschaft, in der der Terrorismus von Randgruppen die Gesellschaft in ihrem ruhigen Leben eher bestätigte als verunsicherte.

Der Leser wird sich vielleicht mit Verwunderung fragen, warum nun, nach einem Abschnitt über den Terrorismus, Bemerkungen über die Faulheit folgen. Die Deutschen standen in dem Ruf, ein arbeitsames und diszipliniertes Volk zu sein. Sie sind es immer weniger. Die Gewerkschaft hat mit ihrer Forderung, die Wochenarbeitszeit zu verkürzen, im Westen beträchtliche Erfolge erzielt. Die 35-Stunden-Woche wird die Regel, die Aussicht auf dreißig Stunden scheint nicht übertrieben. Obwohl ein Großteil der schweren Arbeiten bereits von Türken und Jugoslawen verrichtet wird, halten viele Deutsche, vor allem junge, die Zeit, die sie mit Arbeit verbringen, für eine verlorene Zeit, deren Funktion gewissermaßen einzig darin besteht, ihre Freizeit zu finanzieren. Die Zahl derer, die in der Arbeit noch Erfüllung finden, nimmt stetig ab. Dies gilt für viele, die keiner verantwortungsvollen, kreativen, einträglichen und prestigebringenden Arbeit nachgehen. Sicherlich gibt es immer noch eine kleine Minderheit, die sich »zu Tode schuftet«. Die anderen tun das Nötigste, aber nicht mehr. In der Schweizer Fabrik eines deutschen Industriellen arbeiten die Arbeiter 1800 Stunden pro Jahr gegenüber 1200 Stunden in der deutschen Fabrik derselben Firma.

Arbeit ist in Deutschland nicht mehr das, was sie einmal war. Urlaub und ganz allgemein das Freizeitleben haben ihren Platz eingenommen. Im übrigen besteht ein Zusammenhang zwischen dem Absinken der Arbeit auf der Wertskala und der Tatsache, daß die Familien kleiner werden (und daß die Frauen erst später ihr erstes Kind bekommen – aber dieses Phänomen ist zweideutig, denn es gilt auch für Frauen, die sich zunächst ganz dem Berufsleben widmen). Im Grünen wohnen, seinen Hobbys nachgehen, Sport treiben und vor allem schöne Reisen in ferne Länder unternehmen, von einem solchen Leben träumte in den neunziger Jahren ein Großteil der Deutschen (zumindest bis zur Verschärfung der Massenarbeitslosigkeit). Die Schwärmerei für Thailand oder Guatemala hat durchaus normale und positive Aspekte, aber sie ist auch eine Flucht vor dem Leben, vor der Verantwortung, vor sich selbst, und sie ist Ausdruck der Suche nach einem zweiten Leben – wie häufiges Fernsehen. Und in diesem Massenphänomen stößt man wieder auf die Existenzangst, die jene wahren Grünen umtreibt, die sich nicht auf die Spekulationen marxistisch-leninistischer Theoretiker einlassen, die Angst vor dem Weltuntergang. Das Jahr 2000 rückt immer näher.

Deutschland des Westens und Deutschland im Westen. Kann Deutschland, ganz Deutschland – auch der östliche Teil, der nichts von der Verwestlichung Deutschlands erlebt hat – in den Aufbau Europas einbezogen werden? Trotz aller Verzögerungen und Entbehrungen, trotz Arbeitslosigkeit und eines Mangels an gegenseitigem Verständnis auf allen Gebieten bin ich der Meinung, daß es nur eine Frage der Zeit ist, bis sich der Osten, in nicht allzu ferner Zukunft, dem westlichen Vorbild anpassen wird. Für Ostdeutschland sind acht Jahre natürlich eine schrecklich lange Zeit. Da die bisherigen Veränderungen aber in vielerlei Hinsicht positiv waren, da sie mehr Demokratie, mehr Freiheit, mehr Rechtsstaat und mehr Emanzipation gebracht haben, darf man annehmen, daß sie trotz bedenklicher oder gefährlicher Begleiterscheinungen, trotz Arbeitslosigkeit und sozialer Unsicherheit, trotz zunehmender Ausländerfeindlichkeit eine ansteckende und mitreißende Wirkung haben werden.

Mitbestimmung und Lastenausgleich

Im Jahr 1931 vertraten Teile der deutschen Unternehmerschaft die Ansicht, daß das monatliche Arbeitslosengeld von 18 Reichsmark, gemessen an einem durchschnittlichen Monatsverdienst von 180 Reichsmark, zu hoch sei, und forderten, daß es gekürzt werden solle. Nur zwanzig Jahre später einigten sich Bundeskanzler Adenauer und der Vorsitzende des Deutschen Gewerkschaftsbundes, in dem die Mehrheit der gewerkschaftlich Organisierten vertreten war, darauf, in den Großunternehmen des Bergbaus und der Stahlindustrie die »paritätische« Mitbestimmung einzuführen, und im Jahr darauf wurde ein Gesetz über die »einfache Mitbestimmung« in allen anderen Großbetrieben verabschiedet (dreißig Prozent der Sitze im Aufsichtsrat). Ein weiterer Ausbau der Arbeitnehmerrechte erfolgte unter der sozialliberalen Regierung Helmut Schmidts im Jahr 1976.

Die Mitbestimmung war und bleibt das Herzstück einer ganzen Palette
von Regelungen und Praktiken, denen es zu verdanken ist, daß in den
sozialen Beziehungen nach und nach ein partnerschaftlicher Geist den
klassenkämpferischen Geist abgelöst hat. Gewiß, an großen Streiks hat
es auch in der Geschichte der Bundesrepublik nicht gefehlt. Sie wurden
von Gewerkschaften geführt, deren Streikkassen gut gefüllt waren. Doch
am Ende fand man immer einen Kompromiß, der für beide Seiten akzeptabel war. Die Gewerkschaften sind im sozialen und wirtschaftlichen
Leben zu einer Macht geworden. Sie verteidigen hartnäckig die Verbesserungen, die sie für ihre Mitglieder durchgesetzt haben, und kämpfen
unablässig für weitere. Was die politische Ebene angeht, so sind die Gewerkschaftsführer in ihrer Mehrheit Mitglieder der Sozialdemokratischen
Partei, doch eine starke, in der Tradition der katholischen Soziallehre
stehende Minderheit gehört der CDU an.

Selbst unter den sozialdemokratischen Kanzlern wahrten die Gewerkschaften Distanz zu den Inhabern der politischen Macht. Das Hineinwachsen in ihre neue Rolle wurde ihnen allerdings dadurch erleichtert,
daß die Sozialdemokraten 1959 auf dem Parteitag in Bad Godesberg ihr
Programm und ihre Sprache von Grund auf erneuerten. Im Godesberger
Programm wurde jeder Hinweis auf Klassenkampf und marxistische
Ideologie aufgegeben.

Als Eigentümer von Banken, Versicherungen, Bauunternehmen und
Wohnhäusern nahmen die Gewerkschaften in der Wirtschaft der alten
Bundesrepublik eine bedeutende Stellung ein, was das »angepaßte« Bild
unterstrich, das viele Funktionäre der Bevölkerung boten, die nach den
Heimsuchungen so vieler Jahrzehnte selbst darauf erpicht war, es sich
gutgehen zu lassen.[15] In der Bundesrepublik blieb die Gewerkschaftsbewegung eine treibende Kraft, auch wenn sie mitunter den Eindruck erweckte, sie sei ein Element des so weit verbreiteten aufgeklärten Konservativismus. Der Gedanke der Sozialpartnerschaft, der direkt auf die
Grundlagen der katholischen Soziallehre zurückgeht, nahm einen zentralen Platz in der »sozialen Marktwirtschaft« ein, die der Bundesre-
blik fünfzig Jahre lang sozialen Frieden beschert hat. Komplettiert wurde
er durch eine sehr wirkungsvolle Kontrolle von Unternehmensfusionen
und Zusammenschlüssen, während der Staat sich gleichzeitig der meisten
Unternehmen entledigte, die unter dem Hitler-Regime verstaatlicht worden waren. Während die Wirtschaft wieder auf Touren kam, wurde ein
umfassendes soziales Sicherungsnetz geknüpft. Die Zahl der Leistungs-
empfänger und der Umfang der Leistungen sind seitdem ständig gewachsen. Allerdings hätte sich die deutsche Gesellschaft schon vor der Wiedervereinigung mit deren enormen Problemen auf eine Situation einstellen

müssen, in der sie gezwungen sein wird, in Anbetracht der umgekehrten Alterspyramide die Einkommen und Sozialleistungen zu kürzen.

Der Krieg hatte viel Unglück aufgehäuft: Kriegsversehrte, Witwen, Waisen, Vertriebene, Enteignete. Mit dem Gesetz über den Lastenausgleich vom 14. August 1952 belegte man diejenigen, deren Besitz an Wert gewonnen hatte, mit Abgaben und beschaffte so die notwendigen Mittel für die Zahlung von Entschädigungen, Renten und Darlehen. Innerhalb von zwanzig Jahren wurden im Rahmen des Lastenausgleichs über achtzig Milliarden Mark neu verteilt. Die Opfer von Krieg und Nazismus wurden so weitgehend an dem erstaunlichen Wirtschaftsaufschwung beteiligt, der nach der Währungsreform einsetzte und dessen Auswirkungen ab dem Frühjahr 1951 spürbar wurden. Die Bemühungen, die Opfer des Hitler-Regimes zu entschädigen, waren besonders bemerkenswert, auch wenn die Ausgaben einige Finanzlöcher rissen, die zu stopfen man sich später bemühte.

Im Bezug auf das Problem der Entschädigung sollten zwei Gesichtspunkte herausgehoben werden. Erstens: Entschädigungen können erst dann gezahlt werden, wenn die erforderlichen Mittel zur Verfügung stehen oder erwirtschaftet worden sind. Das ist der Grund, warum es sieben Jahre dauerte (von 1945 bis 1952), bis der Lastenausgleich erfolgreich in Angriff genommen werden konnte. In Frankreich waren zwischen der ersten Rückkehr des Königs 1814 und dem 1825 verabschiedeten Entschädigungsgesetz, dem sogenannten »milliard des émigrés«, elf Jahre verstrichen ... Unsere zweite Bemerkung betrifft das Abkommen, das Bundeskanzler Adenauer bereits 1951 mit dem Staat Israel und den großen jüdischen Organisationen abschloß. Konrad Adenauer hatte begriffen, daß die von den Nazis an den Juden begangenen Verbrechen aus den Überlebenden unerbittliche Feinde Deutschlands gemacht hatten, und er hielt es für eine moralische und sogar religiöse Pflicht, große Anstrengungen zu machen, um Verzeihung zu erlangen. Um auf dem Weg, den er eingeschlagen hatte und der eines Tages zur Wiederaufnahme des deutschen Volkes in die Völkergemeinschaft führen sollte, nicht bei jedem Schritt auf die Feindseligkeit des Judenstaates und der großen jüdischen Organisationen zu stoßen, akzeptierte der Regierungschef der Bundesrepublik das Erbe Hitlers und erklärte sich bereit, ihnen beträchtliche Entschädigungen zu zahlen. Nahum Goldmann, der hochangesehene Präsident des jüdischen Weltkongresses, willigte bereits 1951 in ein Treffen mit Adenauer ein. Damit bescheinigte er dem Kanzler des neuen Deutschland vor aller Welt eine internationale Ehrbarkeit. Parallel dazu regelte ein Entschädigungsgesetz die Zahlung von Invaliden- und Altersrenten an jüdische Opfer, die die deutsche Staatsbürgerschaft besessen hatten, die Rückerstattung eingezogenen

Eigentums oder regelmäßige Ausgleichszahlungen, ja, sogar Ersatzleistungen für Schäden, die durch Berufsverbot und erzwungenen Studienabbruch entstanden waren. Nach der Wiedervereinigung warfen Rückerstattungen und Entschädigungen erneut enorme Probleme auf. Zudem stand man abermals vor der Notwendigkeit, »Säuberungen« durchzuführen und das Erbe einer Diktatur zu liquidieren, die fast ein halbes Jahrhundert gedauert hatte. In der Tat hatte sich der kommunistische Staat stets geweigert, jene Opfer des Rassismus, die nicht auf seinem Boden lebten (die Zahl der anderen war lächerlich gering), zu entschädigen.

Von der Wehrmacht zur Bundeswehr

Der Gedanke, daß das von den Alliierten vor der totalitären sowjetischen Herrschaft gerettete Westdeutschland einen Beitrag zur Verteidigung der »freien Welt« leisten sollte, war bereits vor dem Korea-Krieg erstmals gefaßt und zum Ausdruck gebracht worden, und zwar nicht nur von deutscher Seite, sondern auch von westlichen Verantwortlichen. Der Angriff Nordkoreas auf Südkorea verstärkte die bestehenden Befürchtungen. Bundeskanzler Adenauer hatte die Initiative ergriffen und den Besatzungsmächten angeboten, die Diskussion über eine Mitwirkung an der Verteidigung der freien Welt zu eröffnen. Sein Schritt löste bei Bekanntwerden heftige Proteste aus. Das eigentliche Hindernis war jedoch in Paris, denn die große Mehrheit der Franzosen war, angeführt von der politischen Klasse und den Medien, denen sie ihrerseits weitere Anstöße gab, gegen die »deutsche Wiederbewaffnung«. Die Erinnerungen an die zwei Weltkriege, die Deportationen, die Konzentrationslager, den Widerstandskampf, die Erschießungen, die Folterungen durch die Gestapo, alle diese Wunden hatten noch keine Zeit gehabt zu vernarben. Und die Kommunistische Partei Frankreichs, die Stalin treu ergeben war, mußte sich natürlich erbittert einer Entscheidung widersetzen, die darauf abzielte, die Verteidigung im Falle eines sowjetischen Angriffs zu verstärken. Dennoch erklärte sich Frankreich unter dem Druck der Alliierten, in erster Linie der Amerikaner, bereit, einen Plan für eine Europäische Verteidigungsgemeinschaft vorzulegen, in der alle nationalen Streitkräfte einem gemeinsamen Kommando unterstellt werden sollten. Bundeskanzler Adenauer unterstützte die Idee sofort, und bereits im Sommer 1950 begann man mit der Ausarbeitung eines Vertrags und der dazugehörigen Dokumente. Die Vorbereitungen waren 1952 abgeschlossen, und parallel dazu hatte man Verhandlungen über die Europäische Gemeinschaft für Kohle und Stahl (EKGS), die Montanunion, aufgenommen. Während jedoch der Wirtschaftsvertrag ohne größere Probleme unter Dach und Fach gebracht wurde, so daß der gemeinsame Markt für Kohle und Stahl bereits Anfang 1953 eröffnet werden konnte, zog sich die Ratifizierung des Verteidigungsvertrags in Frankreich bis zum Sommer 1954 hin. Inzwischen war der Korea-Krieg beendet und der kommunistische Aggressor hinter die Ausgangslinie zurückgedrängt worden. Die Gefahr eines allgemeinen »heißen« Krieges schien weniger drohend. In der öffentlichen Meinung in Frankreich verschmolz die ablehnende Haltung der Kommunisten gegen jede Beteiligung Westdeutschlands an den Verteidigungsanstrengungen mit der Weigerung der Gaullisten, die Kontrolle über die nationalen Verteidigungskräfte abzutreten, und den Ängsten vieler Sozialisten und Christdemokraten vor einem Wiedererstarken des »deutschen Militarismus«. Die französische Nationalversammlung verwarf den Plan schließlich, und die Regierung Mendès France stimmte danach der für die Gaullisten akzeptablen Aufnahme der Bundesrepublik in die NATO und die Westeuropäische Union zu. Im späten Frühjahr 1955 war das Wichtigste geregelt: Westdeutschland wurde ein Verbündeter der Sieger. Es hatte nun die Aufgabe, eine neue Armee aufzustellen.

Das Verteidigungsabkommen sollte dadurch ergänzt werden, daß das 1949 in Kraft getretene Besatzungsstatut durch einen »Deutschlandvertrag« abgelöst wurde, der die noch bestehenden Zuständigkeiten und Vorrechte der Alliierten beträchtlich einschränkte. Seit 1950 war es Deutschland schrittweise gestattet worden, sich mit den Instrumenten für eine weitgehend selbständige Außenpolitik auszustatten. Nach 1955 behielten sich die Alliierten im wesentlichen nur Maßnahmen vor, die für die Sicherheit ihrer Streitkräfte oder im Notstandsfall nötig werden konnten. Diese Vorbehalte blieben theoretisch bis zur Ratifizierung des »2 + 4«-Vertrags von 1990 bestehen, der die Verantwortlichkeit der Alliierten in und für Deutschland endgültig aufhob. Die ersten Verbände der Bundeswehr wurden 1956 gebildet. Doch der Beitrag Deutschlands zum Nordatlantischen Bündnis – ja sogar die Mitwirkung an Einsätzen der Vereinten Nationen – hat immer wieder Probleme aufgeworfen. Die parlamentarische Opposition (SPD) und Vertreter der außerparlamentarischen Opposition kritisierten das Wehrpflichtgesetz und die Einstellung hoher Offiziere, von denen viele noch die Uniform des Dritten Reiches getragen hatten. Das Recht auf Kriegsdienstverweigerung aus Gewissensgründen wurde feierlich in das Grundgesetz aufgenommen, und die Zahl derer, die von diesem Recht Gebrauch machen und einen Zivildienst ableisten, der länger dauert als der Grundwehrdienst, ist ständig gestiegen. Momentan liegt sie nahe bei der Hälfte der Wehrpflichtigen eines Jahrgangs.

Nach der Errichtung der Bundeswehr drehten sich die öffentliche Debatte und die Aufregung außerhalb des Parlaments eine Zeitlang um das, im übrigen rein hypothetische, Problem einer möglichen atomaren Bewaffnung der neuen deutschen Streitkräfte, die freilich nie ernsthaft erwogen wurde, auch wenn der junge und ungestüme Bundesverteidigungsminister, der Bayer Franz Josef Strauß, die Frage am Ende der fünfziger Jahre aufwarf. Die Sozialdemokratische Partei, der sich die Gründer der kleinen Gesamtdeutschen Volkspartei anschlossen, angesehene Protestanten, die unter der Führung des ehemaligen CDU-Mitglieds und späteren Bundespräsidenten Gustav Heinemann (der 1950 aus Protest gegen die Wiederbewaffnungspolitik von Bundeskanzler Adenauer von seinem Posten als Bundesinnenminister zurückgetreten war) mit einer neutralistischen Politik liebäugelten, spielte eine zentrale Rolle bei dieser Bewegung. Bis 1960 widersetzten sich die Sozialdemokraten einem politisch-militärischen Engagement im westlichen Lager, weil sie noch nicht jede Hoffnung aufgegeben hatten, durch Verhandlungen mit der Sowjetunion die deutsche Einheit wiederherstellen zu können. Dann aber schwenkten sie um und übernahmen die Grundpositionen in der Außen- und Verteidigungspolitik des alten Kanzlers.[16] Von da an blieben die Proteste gegen den Nordatlantikpakt und gegen die Konsequenzen, die sich aus der Hinwendung zum Westen ergaben, auf kleine religiöse und intellektuelle Zirkel beschränkt, die von Gruppierungen der extremen Linken unterstützt wurden (die wiederum stark dem Einfluß des kommunistischen Deutschland ausgesetzt waren). Ab 1966, als die SPD in eine Regierung der Großen Koalition eintrat (und Gustav Heinemann symbolhaft ein Ministerium erhielt, diesmal das Justizressort[17]), bekämpfte die außerparlamentarische Opposition vor allem die Verabschiedung der Notstandsgesetze. Nach dem Deutschlandvertrag von 1955 fielen Maßnahmen im Falle eines Notstands in die Zuständigkeit der Alliierten, solange die Bundesrepublik selbst keine entsprechenden Gesetze erlassen hatte, die Washington, London und Paris für zufriedenstellend erachten konnten. Kaum war das Gesetz verabschiedet, das insbesondere bei drohender Kriegsgefahr oder einem feindlichen Überraschungsangriff Anwendung finden sollte, legte sich die Aufregung wieder, doch die wiederholten Mißerfolge dieser Bewegungen, dazu die tiefgreifenden Veränderungen in der Gesellschaft (die Studentenbewegung von 1968), sollten enttäuschte Splittergruppen zu Gewaltaktionen treiben. Zum Ausbruch der Gewalt kam es nach Bildung der ersten Regierung unter sozialdemokratischer Führung (1969).[18]

Inzwischen hatte Frankreich beschlossen, sich aus dem integrierten Militärsystem der NATO zu lösen, und dadurch eine Krise zwischen beiden Ländern ausgelöst. Ein Teil der deutschen Öffentlichkeit hielt es nicht länger für vertretbar, Verbände auf deutschem Boden zu belassen, die nicht dem NATO-Oberbefehl unterstanden. Doch man fand einen Kompromiß, der das Fortbestehen der französischen Garnisonen ermöglichte, bis Frankreich 1990 schließlich einseitig beschloß, seine Truppen abzuziehen (wenn auch auf mehrere Jahre verteilt).[19] Grundsätzlich ist herauszustellen, daß die massive Präsenz ausländischer Soldaten auf dem Boden der Bundesrepublik, die nun bald fünfzig Jahre andauert, nur sehr selten zu nennenswerten Zwischenfällen geführt hat. Allerdings kann sich nun, da die sowjetische Bedrohung nicht mehr besteht, auch in dieser Hinsicht vieles ändern. Die Zahl der auf deutschem Gebiet stationierten alliierten Soldaten wurde bereits drastisch reduziert, während der Abzug der nahezu eine halbe Million Mann starken ehemaligen Sowjetarmee ohne größere Zwischenfälle vonstatten ging.

An diesem Punkt sollte man auch bemerken, daß die Existenz der Bundeswehr auf das politische und gesellschaftliche Leben des Landes kaum Einfluß genommen hat, während das Militär im preußischen Staat, im Bismarck-Reich und in der Weimarer Republik – von der NS-Zeit ganz zu schweigen – eine wesentliche Rolle gespielt hatte. Zu keinem Zeitpunkt seit 1965 haben die Streitkräfte Anstalten gemacht, sich in wichtige, die Zukunft Deutschlands betreffende Entscheidungen einzumischen. Im übrigen zeigen Umfragen, daß eine Laufbahn bei der Bundeswehr bei den jungen Leuten sehr wenig gefragt ist.

Im Klima der internationalen Entspannung in den siebziger Jahren, die besonders von der Ostpolitik der Regierung Brandt und der 1975 unterzeichneten KSZE-Schlußakte von Helsinki gekennzeichnet war, rangierten Verteidigungsfragen nicht mehr an erster Stelle des öffentlichen Interesses. Dies änderte sich gegen Ende des Jahrzehnts, als die Sowjetunion sich in zwei Abenteuer von großer Tragweite stürzte: Zum einen erweiterte sie ihr Atomwaffenarsenal durch die Aufstellung neuer Mittelstreckenraketen (SS 20), zum anderen intervenierte sie in Afghanistan. Bundeskanzler Schmidt gehörte zu den ersten, die Gegenmaßnahmen von seiten des Westens verlangten, die dann auch mit der Aufstellung neuer amerikanischer Mittelstreckenraketen, insbesondere der Pershing II, erfolgten. Ihre Stationierung auf westdeutschem Boden löste eine breite pazifistische Bewegung aus, die sich bei weitem nicht nur mit Verteidigungsfragen beschäftigte, sondern die Gesellschaft als Ganzes ins Auge faßte und über Deutschland hinaus nach einer globalen Antwort auf die Bedrohung der Umwelt suchte. Diesmal war es die im Verlauf der achtziger Jahre sich immer deutlicher abzeichnende Entwicklung in der Sowjetunion, die, indem sie neue Perspektiven für Abrüstungsverhandlungen eröffnete, dazu beitrug, daß sich die Aufregung nach und nach wieder legte. Letztere trug allerdings maßgeblich dazu bei, daß die neue Protestpartei der Grünen bei den Bundestagswahlen 1983 den Sprung ins Parlament schaffte.

Im Jahr 1990, nachdem der amerikanische Präsident Ronald Reagan mit seinen ehrgeizigen SDI-Plänen (Abwehr von Raketenwaffen im Weltraum) vorübergehend neue Unruhe ausgelöst hatte, sorgte der deutschsowjetische Vertrag, der die deutsche Vereinigung begleitete, für eine plötzliche Wendung in der Verteidigungspolitik. Während die Sowjetunion ihre Zustimmung zum Verbleib des vereinigten Deutschland in der NATO gab, akzeptierte die Bonner Regierung als Gegenleistung eine massive Reduzierung ihrer Streitkräfte und trug damit maßgeblich zum Erfolg der wichtigen Verhandlungen über Abrüstungsmaßnahmen und eine neue europäische Ordnung im Gefolge der Schlußakte von Helsinki bei, die 1990 in Paris bestätigt und erweitert wurden. In Deutschland selbst war die Ruhe von kurzer Dauer. Das Engagement einiger Verbündeter im Golfkrieg im Irak löste 1990 eine hitzige Debatte zwischen denjenigen aus, die eine deutsche Intervention an der Seite der alliierten Streitkräfte befürworteten, und den anderen, die für eine mehr oder weniger weitgehende Neutralität eintraten. Der Zusammenbruch der Sowjetmacht, das Aufflackern nationalistischer Gefühle speziell in den neuen Bundesländern und die Ressentiments gegen Israel verbanden sich hier bei manchen linken Politikern und Intellektuellen mit einer aufrichtigen Ablehnung der Anwendung von Waffengewalt als Mittel der internationalen Politik. Von da an nahm die Diskussion über den verfassungsrechtlichen Rahmen für Militäreinsätze deutscher Soldaten einen breiten Raum ein. Sie deckt sich bis zu einem gewissen Grad mit den grundsätzlichen Überlegungen zur Stellung des vereinten Deutschland in Europa und in der Welt, die im Juni 1991 der leidenschaftlichen Debatte über die Wahl der künftigen Hauptstadt viel Zündstoff lieferten. Die Veränderungen, die die ehemalige Sowjetunion erschüttern, machen es unabdingbar, daß die Bedingungen und Möglichkeiten einer neuen Sicherheitspolitik sowie alle Entscheidungen, die seit 1945 auf dem Felde der Außen- und Verteidigungspolitik getroffen worden sind, einer ernsthaften Prüfung unterzogen werden. Auf alle Fälle müssen diese den Anforderungen einer zutiefst veränderten Weltordnung angepaßt werden, in der alte Bedrohungen nur noch teilweise bestehen, während andere, neuere, sich schon mehr oder weniger unklar abzeichnen.

Ein sehr langes Provisorium
Die DDR (1949–1990)

Es ist noch zu früh, um die Geschichte der DDR zu schreiben – oder aber zu spät, wenn man die Absicht hätte, dem Beispiel der linientreuen »Historiker« der stalinistischen und poststalinistischen Regierungen zu folgen, für die Geschichtswissenschaft nur eine Abteilung der Propaganda war. Unter solchen Regimen lassen sich die Fakten nicht von den Interpretationen trennen, mit denen sie die Machthaber zu erklären versuchen. Aber gerade weil die Fakten unangenehm sind und keinen Befehlen gehorchen, müssen die Machthaber sie zensieren, korrigieren und bei Bedarf erfinden, während sie andere systematisch verschweigen. Und bricht ein totalitäres Regime zusammen, so werden die Archive, die Katasterämter und Dokumentationszentren keineswegs automatisch für Neugierige, Wissenschaftler, Politiker oder ganz einfach Überlebende geöffnet, die rückblickend nach Erklärungen suchen.

Stalin hatte dem Westen die Initiative überlassen, damit er ihm später vorwerfen konnte, einen getrennten deutschen Staat geschaffen zu haben. In Wahrheit trug er allein die Verantwortung für die deutsche Teilung, da er in der sowjetischen Besatzungszone ein kommunistisches Regime installiert und durch die Berliner Blockade versucht hatte, die Vereinbarungen von 1944–1945 rückgängig zu machen. Er wartete nur wenige Tage, um dann im anderen Teil Deutschlands seinerseits einen Staat ausrufen zu lassen, der die Antiphrase »Deutsche Demokratische Republik« als Namen erhielt. Dieser Satellitenstaat war keine Monarchie im klassischen Sinn des Wortes, und deshalb konnte man das neue Staatsgebilde notfalls als »Republik« bezeichnen, aber wie alle kommunistischen Staaten war er nur das Zerrbild einer Demokratie und unterstand völlig der Befehlsgewalt Moskaus. Das einzig Deutsche an ihm war die Nationalität der Erfüllungsgehilfen, die Stalin einsetzte, und jener Untertanen, die nicht fliehen konnten oder wollten. Drei Millionen dieser Untertanen wider Willen wählten zwischen 1945 und 1961 den Weg ins Exil. Bei insgesamt siebzehn Millionen Einwohnern war dies eine deutliche »Abstimmung mit den Stiefeln«. Diese Zahl entsprach annähernd der Zahl der Flüchtlinge und Vertriebenen, die 1945 und 1946 aus den unter polnische Verwaltung gestellten Provinzen oder der Tschechoslowakei kamen und sich in der sowjetisch besetzten Zone niederließen oder niederlassen mußten.[20]

Wilhelm Pieck, Vorsitzender der Sozialistischen Einheitspartei Deutschlands, der fälschlicherweise im Ruf eines gutmütigen Mannes stand, wurde 1949 zum Staatspräsidenten der DDR und der sozialdemokratische Überläufer Otto Grotewohl zum Vorsitzenden des Ministerrates gewählt, doch die wirkliche Macht lag natürlich in den Händen des Generalsekretärs der Partei, Walter Ulbricht, ein im Dienst der Sowjets ergrauter kommunistischer Apparatschik, der wie Pieck – um welchen Preis? – die stalinistischen Säuberungen überlebt hatte.

Offiziell war die Regierung der DDR von einer Koalition gebildet worden. In der Tat hatte man in Ost-Berlin (wie in Warschau und in den anderen Volksrepubliken) den Schein eines Mehrparteiensystems aufrechterhalten, wobei die zugelassenen Parteien natürlich das kommunistische Verständnis von Demokratie und Antifaschismus übernehmen und sich der »Nationalen Front« der »demokratischen« Parteien anschließen mußten. Die CDU, die Liberalen (LDPD), die Bauernpartei (DBP) und die Nationaldemokratische Partei (NDPD; ein Sammelbecken für ehemalige Nazis, die sich nicht allzusehr kompromittiert hatten) waren so oft gesäubert worden, daß sie nicht einmal mehr einen Hauch von Selbständigkeit verströmten. Hinzu kam, daß die Wahlvorschläge auf einer Einheitsliste zusammengefaßt wurden, auf der die SED allein fünfzig Prozent der Mandate besaß und in ihrer Position noch durch die Vertreter der streng von ihr kontrollierten Massenorganisationen gestärkt wurde (Gewerkschaften, Jugendorganisationen, Demokratischer Frauenbund, Kulturbund, Vereinigungen der Opfer des Faschismus). Dadurch war die Partei vor Überraschungen im Parlament sicher. Die Volkskammer war lediglich ein Scheinparlament wie alle Volksvertretungen in der Sowjetunion und in deren Satellitenstaaten. Dennoch kann man sagen, daß die alten, ihrer politischen Inhalte weitgehend beraubten »bürgerlichen« Parteien im Jahr 1989, als die Entwicklung in Moskau den Weg zur deutschen Einigung freimachte, den Übergangsprozeß erleichterten, indem sie die Funktionäre, die sich am stärksten kompromittiert hatten, durch neue, unverbrauchte Gesichter ersetzten.

Wir haben hier nicht die Absicht, die Geschichte der DDR im Detail nachzuzeichnen. Dies würde ein eigenes Buch erfordern. Bar jeder nationalen und moralischen Legitimität, besaß dieses Regime nach vierzig Jahren nur die zweifelhafte, aber nicht unbedeutsame Legitimierung, die vollendete Tatsachen und internationale Anerkennung verschaffen. Nach einer Phase rücksichtslos durchgeführter Veränderungen der existentiellen Rahmenbedingungen (Kollektivierung der Landwirtschaft, Verstaatlichung der Industrie, des Handels und, sogar in einem sehr großen Umfang, des Handwerks), nach enormen Reparationsleistungen an die Sowjetunion in Form von Lieferungen aus der laufenden Produktion und menschlicher Arbeit (der Uranbergbau, der lange Zeit vollständig von den Sowjets betrieben wurde, war davon ebenso betroffen wie alle anderen Produktionssektoren vom Werkzeugmaschinenbau bis zur Bekleidungsindustrie) sorgten der Druck von oben und die sprichwörtlichen Tugenden der Bevölkerung (Disziplin und Fleiß) dafür, daß allmählich eine Art »zweites Wirtschaftswunder« entstand, das zwar sehr viel bescheidener ausfiel als in der Bundesrepublik, im Vergleich zur Sowjetunion und deren anderen Satellitenstaaten in Europa aber beachtlich war. Die DDR konnte im Sowjetimperium die höchste Arbeitsproduktivität vorweisen, und ihre Industrie war zusammen mit der tschechoslowakischen bei weitem am leistungsfähigsten. Vierzig Jahre nach der Staatsgründung lebte es sich in diesem Land zwar schlecht, aber immer noch besser als anderswo im sozialistischen Lager. Ein Teil der Bevölkerung hatte sich mit diesem Leben abgefunden, dem man nach dem Bau der Berliner Mauer 1961 und der Errichtung von Sperranlagen an der fast vierzehnhundert Kilometer langen innerdeutschen Demarkationslinie ohne große Anstrengungen nicht mehr entfliehen konnte. Hätte die herrschende Bürokratie der Bevölkerung mehr vertraut, hätte sie ihr Reisen in den Westen, vor allem in die Bundesrepublik, erlaubt, so hätte wahrscheinlich die große Mehrheit der Menschen die Verhältnisse schließlich akzeptiert, die ihnen aufgezwungen worden waren. Sie hatten sich in der DDR eine Existenz aufgebaut, und da sie dazu erzogen worden waren, außerhalb der eng gesteckten Grenzen des Privatlebens niemals Initiative zu entwickeln, hatten die Lebensbedingungen im Westen für sie etwas Erschreckendes. Ein westdeutscher Beobachter nannte die ehemalige DDR eine »Nischengesellschaft«, in der nur der kleine Privatbereich zählte, in der man versuchte, sich ein bescheidenes, wohlbehütetes Glück aufzubauen, und gleichzeitig darauf hoffte, daß sich die Dinge dank Gorbatschow zum Besseren wenden würden.

In dieser Nischengesellschaft konnte man in gewisser Weise überleben, wenn man sich still verhielt und es vermied, dem Kollektivfürsten aufzufallen. Doch war dies auch eine Gesellschaft des Terrors und der massiven Repression, in der jeder wußte, daß es sehr viel Mut erforderte, sich der Stasi und den anderen machterhaltenden Organen zu widersetzen, so etwa der Justiz, die mit Todesurteilen nicht geizte. Die Folter, lange Zeit üblich, wurde niemals ganz abgeschafft. Auf eine Karriere konnte nur hoffen, wer wenigstens einigen Organisationen der Partei und der von ihr kontrollierten gesellschaftlichen Verbände beitrat: der FDJ, dem Freien Deutschen Gewerkschaftsbund (FDGB), dem Kulturbund usw. Als Mitglied in einer der Blockparteien wie der Ost-CDU oder der LDPD gehörte man in den meisten Fällen schon zu einer Minderheit. Dies galt insbesondere für praktizierende Christen, denen es widerstrebte, direkt einer der Filialen des Marxismus-Leninismus beizutreten, und die sich dadurch jede Aussicht auf eine Karriere verbauten. Selbst die Funktionäre der »angeschlossenen Parteien« unterstanden direkt den Weisungen der Staatspartei und der Stasi, und dies bereits auf Ortsebene.

Der Beeinflussung, Überwachung und Anwerbung als Informant konnte man sich nur unter größten Schwierigkeiten entziehen. Die einhunderttausend offiziellen Beamten der Staatspolizei wurden durch ein riesiges Netz von Informanten ergänzt (ihrerseits über einhunderttausend, und das bei siebzehn Millionen Einwohnern!), dem man sogar angehören konnte, ohne es zu wissen. Diese gewaltige bürokratische Krake erwies sich am Ende als machtlos, sieht man einmal davon ab, daß es ihr gelang, zahlreiche Persönlichkeiten des Zivillebens in Mißkredit zu bringen: Ibrahim Böhme, der erste SPD-Vorsitzende nach dem Sturz des Regimes, Lothar de Maizière, der erste Regierungschef der nichtkommunistischen DDR, und Manfred Stolpe, Konsistorialpräsident der evangelischen Kirche und gegenwärtiger Ministerpräsident des Landes Brandenburg, gehörten aus unterschiedlichen Gründen zu denjenigen, die das Regime für seine Zwecke einzuspannen versuchte und (nach seinem Sturz) teilweise mit Erfolg kompromittierte. Eine Bundestagsabgeordnete vom Bündnis 90/Grüne entdeckte nach Öffnung der Akten, daß ihr eigener Ehemann als Informant fungiert und den Auftrag gehabt hatte, sie zu bespitzeln.

Bevor man jemanden bestrafte oder mundtot machte, mußte man ihn in der Tat kompromittieren. So fand sich der Schriftstellerverband der DDR, von dem Satrapen Hermann Kant mit eiserner Hand geführt, trotz oftmals recht löblicher Versuche einzelner, Widerstand zu leisten, am Ende immer dazu bereit, »Verräter« scharf zu verurteilen: in den Westen gewechselte Regimegegner oder Intellektuelle, die wegen mangelnder Linientreue im Gefängnis saßen. Nicht jeder konnte oder wollte gehen. Die Nomenklatura genoß materielle Privilegien (darunter auch das Recht, in den Westen zu reisen, natürlich ohne die Familie). Andere wollten nicht von den hehren Idealen ihrer Jugend lassen und im nachhinein dem Antikommunismus der Nazis recht geben. Die antifaschistische Fassade des Regimes machte nach wie vor Eindruck, ganz besonders, wie man sagen muß, auf die linken Intellektuellen in Westdeutschland, ja, sogar in Frankreich. Hatte Erich Honecker, das letzte Oberhaupt des »sozialistischen« Staates, nicht zehn Jahre in den Kerkern der Nazis verbracht?

Gewiß, aber derselbe Honecker hatte den Befehl unterzeichnet und erneuert, auf Flüchtlinge zu schießen, die versuchten, die Berliner Mauer oder die Sperranlagen an der innerdeutschen Grenze zu überwinden. Bei solchen Fluchtversuchen starben über fünfzig Menschen, Hunderte wurden verletzt. Ein schreckliches Erbe im übrigen, denn kann man Soldaten oder Polizisten verurteilen, die nur Befehle ausführten? Oder auch nur deren Vorgesetzte? Schließlich hielten diese sich bei der Unterdrückung im Innern an ihre eigenen Gesetze, an die Gesetze eines Staates, der in den Vereinten Nationen vertreten war und dessen Beendigung nach internationalem Recht ausgehandelt und mit einem Vertrag besiegelt wurde.

Die einzige gesellschaftliche Organisation, die der allgemeinen Gleichschaltung mit einigem Erfolg einen gewissen Widerstand entgegensetzte, war die Kirche, genauer: die Kirchen, doch die wenigen und verstreut lebenden Katholiken traten wenig in Erscheinung – und der Staat wünschte seinerseits keine direkte Konfrontation mit dem Vatikan. Es ging also im wesentlichen um die evangelische Kirche, die gleichzeitig Hüterin gewisser Freiräume und Partnerin eines Regimes war, dessen Ende niemand vorhersehen konnte. Vom Staat überwacht und oft in das Informantennetz der Stasi verstrickt, stellten sich die Unterhändler der evangelischen Kirche auf das Terrain der »Kirche im Sozialismus«, denn schließlich konnte sich eine so große und vielschichtige Organisation nicht in eine geheime Widerstandsgruppe verwandeln. Und sie erzielten oft greifbare Erfolge (Beibehaltung der kirchlichen Strukturen, Fortbestand von Hochschulen, an denen Pastoren und Theologen außerhalb der staatlichen Universitäten ausgebildet werden konnten, Mitwirkung an Verhandlungen über den Freikauf politischer Häftlinge). Doch als Gegenleistung mußten sie bei der Anerkennung des Regimes mitunter sehr weit gehen. In der Endphase wurden die Gemeinden oft zu Versammlungs- und Zufluchtsorten für die Oppositionellen, was bei der Kirchenleitung Befürchtungen weckte und sie veranlaßte, Warnungen auszusprechen. Der Protestantismus in der DDR (in der am Ende fünfundvierzig Prozent jedes Jahrgangs nicht getauft waren) kann weder mit der katholischen Kirche in Polen, die gewissermaßen eine Bastion des nationalen Widerstands darstellte, verglichen werden, noch mit der gleichgeschalteten Kirche in Hitlerdeutschland. Sie beherbergte und schützte einige von denen, die ab 1989 das Schicksal der Ostdeutschen in die Hand nahmen – und dabei Gefahr liefen, eines Tages als Informanten der Stasi zu erscheinen. Vergessen wir nicht, daß der Totalitarismus auf Dauer jeden korrumpiert, der mit ihm in Berührung kommt und den er in seinen Krallen hält. Schriftsteller und Künstler konnten in den Westen übersiedeln. Aber eine Kirche kann ihre Gläubigen nicht im Stich lassen. Und die evangelische Kirche der DDR konnte ihre Distanzierung von der kapitalistischen Welt des König Mammon durchaus ehrlich meinen. Wird ihre Haltung von den augenblicklichen Nöten der »Ossis« nicht im nachhinein bestätigt und gerechtfertigt?

In den Bereichen Forschung und Lehre konnte die Staatspartei natürlich auch nicht die kleinsten Freiheiten zulassen. Wenn es auch keine kommunistische Mathematik gibt, so war doch alles, was die Humanwissenschaften anging und was den Aufbau der Gesellschaft berührte (Medizin, Ingenieursausbildung), strengster ideologischer Kontrolle unterworfen. Viele verantwortliche Politiker, aber auch Hochschullehrer und Betriebsleiter wurden zur Vertiefung ihrer Ausbildung in die Sowjetunion geschickt. Daß Russisch die erste Pflichtfremdsprache war, trug zusätzlich zur kulturellen und wissenschaftlichen Isolierung bei. Selbst renommierte Wissenschaftler kamen nur schwer an westliche Literatur heran. Aus politischem Mißtrauen kontrollierte der Polizeistaat streng die Ausstattung von Bibliotheken und den Zugang zu Vervielfältigungsapparaten. Die altehrwürdige Einheit von Bildung und Forschung wurde aufgehoben: Zuständig für die Forschung in den Humanwissenschaften waren die Akademie der Wissenschaften und Instanzen, die direkt der SED unterstanden (Zentralkomitee), die Ausbildung an den Hochschulen wurde streng überwacht. Auch in diesem Bereich sollte sich das Erbe der Gewaltherrschaft als schwer zu bewegende Bürde erweisen.

Der Parteiapparat war mit dem Verwaltungs-, Polizei- und Militärapparat eng verzahnt. Dies ergab ein soziales Gefüge, in dem Ehrgeiz, dogmatische Überzeugung und Angst strikte Disziplin gewährleisteten. Man konnte die DDR eine Republik preußischer Unteroffiziere nennen, obschon das Attribut »sächsische« zutreffender gewesen wäre, denn Preußen existierte faktisch nicht mehr, was seine Keimzelle Ostpreußen anging, und die Hüter der Ordnung wurden vor allem in Sachsen rekrutiert. Die Volksarmee genoß bei den Kollegen im Osten einen guten Ruf, auch deshalb, weil sie gut ausgerüstet war (was Deutschland nach 1990 die Möglichkeit gab, die Türkei und Ungarn mit schönen Geschenken zu beglücken). Aber letztlich erlaubte die Geschichte glücklicherweise weder den Soldaten noch den Polizisten, den »ersten sozialistischen Staat auf deutschem Boden« zu verteidigen. Man kann sich gut vorstellen, wie problematisch ihre Eingliederung in einem vereinten Deutschland gewesen ist, das ihre Erfahrung ebensowenig schätzt wie die Werte, auf die sie einst verpflichtet worden waren.

Alle kommunistischen Gesellschaften basierten auf Ungleichheiten, die sehr viel elementarer waren als in den freiheitlichen Gesellschaften, denn es handelte sich um Mangelgesellschaften. Um so wichtiger war es daher, den privilegierten Schichten anzugehören: Ob es sich nun um seltene Lebensmittel wie Kaffee oder Bananen handelte, um Geräte, die es im

Osten nicht gab (oder nur in schlechter Qualität), oder um Möbel und sogar Baumaterial für eine Garage – nichts war auf normalem Wege zu bekommen, und der Besitz westlicher Zahlungsmittel war das wichtigste Privileg. Die Spitzen der Nomenklatura residierten im exklusiven Berliner Stadtteil Wandlitz. Dort herrschte ein Überfluß an nützlichen und seltenen Artikeln, die häufig mit dem Geld gekauft worden waren, das die Bundesrepublik für die Freilassung politischer Häftlinge bezahlt hatte. Die Palette reichte von französischem Champagner über Damenbekleidung bis hin zu Möbeln und Fernsehgeräten. Es ist verblüffend, daß von den wenigen ehemaligen Spitzenfunktionären, die in den ersten Jahren nach 1990 gerichtlich belangt werden konnten, viele wegen Unterschlagung verurteilt wurden ...

Der Führung genügte es nicht, ihre Macht und ihre Privilegien mit Polizeiterror und Indoktrination zu verteidigen. Offiziell war die DDR eine Mehrparteien-Demokratie, doch dank der Einheitsliste standen die Ergebnisse der Wahlen von vornherein fest. Die einzige Möglichkeit, seine Ablehnung des Systems zu bekunden, bestand folglich darin, einen leeren oder ungültigen Stimmzettel abzugeben, denn angesichts der permanenten Überwachung, der die »Bürger« ausgesetzt waren, empfahl es sich nicht, der Wahl fernzubleiben.

In den letzten Jahren des Regimes, als sich oppositionelle Strömungen immer offener artikulierten, stieg die Zahl der Gegenstimmen, und mehr Bürger wagten es, bei der Auszählung mitzuwirken. Bei den Kommunalwahlen im Frühjahr 1989 stieg die Zahl der ablehnenden Stimmen in einem für die Verantwortlichen beunruhigenden Maß: Also beschloß man, das Ergebnis zu fälschen, aber »unabhängige« Beobachter paßten auf. Der von oben angeordnete Betrug wurde offenkundig und untergrub die moralische Basis des Regimes noch weiter. Der Prozeß wegen Wahlbetrugs, der 1992 gegen ehemalige Vertreter des Regimes begann, brachte Schandtaten an den Tag, die man zwar vermutet, nicht aber hatte beweisen können, doch jeder Ex-Funktionär wälzte die Verantwortung auf übergeordnete Stellen ab.

Die Bundesminister und Ministerpräsidenten aus dem Westen Deutschlands, die Erich Honecker, seit 1971 Walter Ulbrichts Nachfolger, in den achtziger Jahren besuchten, rechtfertigten ihren Schritt allzu gern mit dem Hinweis auf eine gewisse Liberalisierung in der Politik des Regimes, das nach und nach tatsächlich einige seiner scheußlichsten Praktiken abgestellt hatte. Die zahlreichen Enthüllungen seit dem Zusammenbruch dieses Systems, dem viele westliche Verantwortliche, deutsche und andere, noch viele Jahre Zeit gegeben hatten, belegen jedoch, daß die DDR bis zum Ende ein Polizeistaat war und daß ihre Untertanen-Bewohner sich dem absoluten

Autoritätsanspruch einer Obrigkeit beugen mußten, die auf allen Ebenen und in allen Lebensbereichen der Gesellschaft das Prinzip von Befehl und Gehorsam verankert hatte. Bis zu ihrem Zusammenbruch waren die Untertanen-Bewohner, die komischerweise »Bürger« genannt wurden, gezwungen, auf jede Initiative zu verzichten, Dinge hinzunehmen, niemals selbst Entscheidungen zu treffen und sich in die vielzitierten schützenden Nischen des Privatlebens zurückzuziehen, in denen sie sich, zumindest teilweise, dem gewaltigen Druck entziehen konnten, der in diesem System unablässig auf den Menschen lastete. Auf der anderen Seite gab es natürlich die Privilegierten, die, je nachdem, welche Sprosse der Hierarchie sie erklommen hatten, reich und mächtig waren. Sie unterschieden sich von den anderen in einer Weise, die in den westlichen Gesellschaften undenkbar wäre, und genossen die Segnungen dieses Unterschieds, der in einem solchen Grad nur in Gesellschaften existieren kann, in denen Mangel und Armut herrschen. Das Regime erkaufte sich Treue mit Privilegien, die man aber zusammen mit der Zugehörigkeit zu der besitzenden Minderheit verlor, sobald man opponierte, abweichende Meinungen äußerte oder auch nur andeutungsweise mit einem Vorgesetzten rivalisierte. Vielleicht ein Zehntel der Bevölkerung genoß kleine oder mittlere und eine winzige Minderheit große Privilegien. Für diejenigen, die in einem System dieser Art lebten, bedeutete Sozialismus ganz offensichtlich Ungleichheit – und diese Ungleichheit ging unendlich viel weiter als in jeder kapitalistischen westlichen Gesellschaft von heute.

Gewiß, das kommunistische System in der DDR hat ein schlechtes Ende genommen, auch wenn es weniger schlimm ausfiel, als zu befürchten war, weil das Regime sich am Ende nicht zur Wehr setzte, indem es auf die Menge feuern ließ wie die chinesischen Genossen. Einige haben wohl daran gedacht, aber da war es für den Einsatz von Gewalt bereits zu spät. Aber es hatte auch sehr schlecht begonnen. Man erinnere sich nur an die Greueltaten, die Angehörige der Roten Armee beim Einmarsch in Deutschland begingen, oder an das Massensterben – ob gezielt herbeigeführt oder nicht – in den Internierungslagern, die die sowjetischen Behörden errichteten (oder wiedereröffneten wie die nationalsozialistischen Konzentrationslager Buchenwald und Oranienburg-Sachsenhausen). Seit dem Sturz des Regimes hat man in Publikationen und mit Gedenkfeiern zahlreicher Massengräber gedacht, deren Existenz durchaus nicht allen unbekannt gewesen war, über die zu sprechen das System aber verboten und verhindert hatte. Über einhunderttausend Menschen starben in den Lagern an Hunger, Mißhandlungen und Krankheiten, nicht zu reden von den Hinrichtungen, die mit oder ohne Scheinverhandlung vorgenommen wurden. Nach 1949 wurden die Überlebenden oder diejenigen, die weder freigelassen noch in die Sowjetunion deportiert worden waren, den Behörden der neuen DDR übergeben und in Zuchthäuser gesperrt, in denen die Verpflegung jeder Beschreibung spottete und Terror und Folter an der Tagesordnung waren. Zu den Opfern gehörten nicht nur führende Nazis und Gestapo-Leute, sondern auch Kinder, die sich angeblich über einen sowjetischen Offizier lustig gemacht und dadurch sein Mißfallen erregt hatten, oder aktive Sozialdemokraten, die sich der Zwangsvereinigung ihrer Partei mit der KPD im Frühjahr 1946 widersetzt hatten. Im übrigen blieben Hunger und Mißhandlungen in den Gefängnissen der DDR bis zum Ende die Regel, und sogar noch in den ersten Zeiten nach dem Sturz des kommunistischen Regimes. Und wie einst in den Konzentrationslagern der Nazis wurden die »politischen« Häftlinge am schlechtesten behandelt und waren oft den Befehlen von kriminellen Mitgefangenen ausgeliefert.

Die wirtschaftliche Ausbeutung der sowjetisch besetzten Zone durch die Besatzer, die Demontagen, die Lieferungen aus der laufenden Produktion, die Gründung deutsch-sowjetischer Gesellschaften, in denen die Deutschen Kapital und Arbeit stellten und die Erzeugnisse den Sowjets reserviert waren, der rücksichtslose und bürokratische Charakter der Verstaatlichungen und der Bodenreform (bei der man zunächst die großen Güter unter ehemalige Landarbeiter und Bauern aufteilte, dann aber alle Kleinbetriebe, alte wie neue, zwangsweise zu riesigen Genossenschaften zusammenfaßte und diese zwang, sich immer mehr zu spezialisieren). Solche Maßnahmen und Methoden führten schnell zu einem beträchtlichen Rückgang der Produktion in allen Wirtschaftszweigen und zu einer allgemeinen Mangellage. Im Jahr 1953, nach Stalins Tod, als die Führung der DDR die Produktivität steigern, sprich die Arbeitsnormen erhöhen wollte, ohne die Löhne entsprechend anzuheben, machte das Volk seinem Ärger über die »Bonzen« Luft. Damit begann der Aufstand vom 17. Juni 1953, in dessen Verlauf der »Arbeiter- und Bauernstaat« sowjetische Panzer zu Hilfe rief und gegen die Arbeiter einsetzte. Der Aufstand, der in Ost-Berlin begann und auf zahlreiche Städte in der DDR übergriff, wurde blutig niedergeschlagen. Der Westen blieb passiv – das alles geschah auf der anderen Seite des Eisernen Vorhangs.

Das Regime gewann die Oberhand, nicht ohne umfassende Säuberungen, wie es sie nach dem Vorbild des großen sowjetischen Bruders und dessen Satelliten nach 1947 bereits in Ost-Berlin durchgeführt hatte – die Opfer waren bevorzugt Kommunisten gewesen, die das Exil und den Krieg im Westen verbracht hatten. Der Marxismus-Leninismus wurde zur verbindlichen Grundlage des kulturellen, wirtschaftlichen und politischen Lebens erklärt, dem Staat, der Arbeiterklasse und dem Volk die Diktatur der SED aufgezwungen, die ihre Macht nun systematisch ausbaute. Die Nationale Volksarmee, die Volkspolizei, die Stasi (Staatssicherheitsdienst) und die zahllosen Ableger der Partei in allen Lebensbereichen rahmten die Bürger unerbittlich ein. Die Industriebetriebe wurden zu großen Kombinaten zusammengefaßt, die sich ebenso spezialisieren mußten wie die landwirtschaftlichen Genossenschaften. Um den Einfluß der Kirche, gegen die man nicht offen vorzugehen wagte, zu reduzieren, führte man als Konkurrenz zur christlichen Konfirmation die Jugendweihe ein. Jugendliche, die sich ihr entzogen, waren für immer gebrandmarkt.

Als die Sowjetunion unter Chruschtschow den Kampf um Berlin wieder aufnahm und West-Berlin durch einen Status als »dritter deutscher Staat« vom übrigen Deutschland abschneiden wollte, drohte ein neuer Konflikt, der den Flüchtlingsstrom aus der DDR in die BRD anschwellen ließ – seit dem Ende der Blockade konnte man wieder ungehindert von einem Teil der ehemaligen Hauptstadt in den anderen wechseln. Gerüchte über eine bevorstehende Abriegelung erhöhten die Zahl der Hinüberwechselnden. Um den Ausblutungsprozeß zu stoppen, bei dem das Land seine rührigsten und qualifiziertesten Arbeitskräfte verlor, wurde auf Ulbrichts Befehl und mit dem Segen Moskaus am 13. August 1961 mit dem Bau der Mauer begonnen. Die Falle schnappte zu, und diejenigen, die nicht hatten gehen können oder wollen, saßen fest. Auch diesmal blieb der Westen passiv. Noch kurz vor dem Ende der DDR tönten die Verantwortlichen des Regimes, daß die Mauer, dieser »Schutzwall« für eine »friedliche Entwicklung zum Sozialismus«, wenn nötig noch hundert Jahre stehen werde. Sie überdauerte immerhin ganze dreißig Jahre. Der Mensch ist ein formbares Wesen, aus dem man fast alles machen kann.

Walter Ulbricht überlebte Chruschtschow, so wie er Stalin und Malenkow überlebt hatte. Doch seine Sturheit und sein Mangel an Flexibilität wurden den sowjetischen Führern schließlich lästig, die sich nun auf den langen Weg zu einer generellen Regelung des Ost-West-Konflikts auf der Grundlage des Status quo machten, einer Regelung, die ihnen natürlich Vorteile brachte und in der 1975 unterzeichneten Schlußakte von Helsinki gipfeln sollte.[21] Die Übernahme der Regierung durch die Sozialdemokraten in der Bundesrepublik eröffnete dieser Politik vielversprechende Perspektiven, die nach dem Willen der Sowjets gefördert werden mußten. Die Regierung unter Willy Brandt und seinem Außenminister, dem Freidemokraten Walter Scheel, verfolgte eine Ostpolitik, die darauf abzielte, durch die allgemeine Anerkennung der zwischen

1944 und 1948 in Europa geschaffenen Fakten ein Klima der Entspannung herbeizuführen, und Moskau wollte ihr in Ost-Berlin einen Partner zur Seite stellen, der zumindest dem Anschein nach flexibler war als bisher. So wurde Ulbricht 1971 zum Rücktritt veranlaßt. Erich Honecker, der zu seinem Nachfolger bestimmt wurde, sollte 1972 mit Bonn den Grundlagenvertrag unterzeichnen, in dem beide Staaten gegenseitig ihre völkerrechtliche Existenz anerkannten und gleichzeitig die Verstärkung und den Ausbau ihrer Beziehungen vereinbarten. Als Gegenleistung akzeptierte die DDR den von den Großen Vier neu ausgehandelten Status West-Berlins. Dennoch sollte es noch fünfzehn Jahre dauern, bis Erich Honecker 1987 in Bonn mit allen offiziellen Ehren empfangen werden konnte. Ein Gegenbesuch hat niemals stattgefunden.

Lange vor der Machtübernahme Michail Gorbatschows bekam das innere Gefüge der Sowjetunion und ihrer Satellitenstaaten unübersehbare Risse. Die Widersprüche der Kommandowirtschaft untergruben nach und nach alle Bereiche des gesellschaftlichen Lebens. Die DDR mochte den anderen Satellitenstaaten noch so weit voraus sein, sie wurde mit in den Abgrund gezogen. Die Maschinen verschlissen, die Produkte verkauften sich außerhalb der »sozialistischen« Welt immer schlechter, die Arbeitsproduktivität blieb weit hinter der des Westens zurück. Das Beispiel Polens und der Gewerkschaftsbewegung »Solidarnosc« und der Widerstand in der Tschechoslowakei nach dem »Prager Frühling« gegen eine neuerliche Gleichschaltung, an der 1968 ostdeutsche Truppen beteiligt waren, erregten in der DDR leidenschaftliche Aufmerksamkeit. Da die »Ostpolitik« mit der direkten Konfrontation Schluß gemacht hatte, wurde es immer schwieriger, die Jugend vor den verderblichen Einflüssen aus dem Westen zu schützen. Im Umfeld der Kirchen, die sich nicht mehr mit dem langsamen Erstickungstod abfinden wollten, den ihr die Machthaber zugedacht hatten, entstanden alternative Gruppen, die schwer zu kontrollieren waren und der Repression widerstanden. Gorbatschows Politik, die zwar von der tiefen und krebsartig sich ausbreitenden Krise in Wirtschaft und Gesellschaft diktiert, aber mit Verstand und ohne ideologische Scheuklappen in Angriff genommen wurde und sich darin von allen vorangegangenen sowjetischen Strategien unterschied, brachte die Führer der Satellitenstaaten, die noch der Generation Breschnews angehörten und von diesem eingesetzt worden waren, zwangsläufig in eine prekäre Lage.

Honecker und seine Kollegen standen Gorbatschows innenpolitischen Gegnern näher und begriffen nicht, daß die bedrohliche Situation sofortiges Handeln erforderte und dem Parteichef in Moskau keine andere Wahl ließ. Sie hielten mit dem Tempo der Geschichte nicht Schritt, und

wer zu spät kommt, um mit Gorbatschow zu sprechen, den bestraft das
Leben. Im Sommer 1989 flohen Tausende und Zehntausende Menschen
aus der DDR in den Westen. Man hat versucht, diejenigen, die blieben,
um in der DDR Veränderungen durchzusetzen und den Staat an das Volk
zurückzugeben, und die anderen, die weggingen, um vom Überfluß im
Westen zu profitieren, gegeneinander auszuspielen. Doch beide Haltungen waren weniger voneinander entfernt, als es auf den ersten Blick scheinen mag. Politische und ökonomische Freiheit, Parlamentarismus und
soziale Marktwirtschaft, Versammlungsfreiheit, Reise-, Kommunika-
tions- und Konsumfreiheit hängen alle voneinander ab. Die verknöcher-
ten und korrupten Greise, die in der DDR regierten, und ihre kurzlebigen
Nachfolger, die weniger verknöchert und (vielleicht) weniger korrupt waren (aber unumschränkte Macht korrumpiert alles und jeden), hatten
diese wechselseitige Abhängigkeit nicht begriffen. Die deutsche »Revolution« vom Herbst 1989 war, obwohl von sehr mutigen Männern und
Frauen mit großem Idealismus durchgeführt, nur zu einem Viertel
deutsch – sofern sich das überhaupt bemessen läßt – und zu drei Vierteln
sowjetisch.

Obwohl das SED-Regime stets eine autoritäre Willkürherrschaft ausübte und, bedingt durch den Bürokratismus nach sowjetischem Muster,
schwerfällig war, hatte es sich im Lauf der Jahrzehnte und speziell seit
1972 doch beträchtlich verändert. Der Mauerbau 1961 hatte das Scheitern des Versuches markiert, den Westen zu überflügeln, gleichzeitig aber
auch jede Hoffnung im Westen auf eine rasche Beseitigung der Diktatur
und eine baldige Aufhebung der deutschen Teilung zunichte gemacht.
Von da an mußte sich die Mehrheit der DDR-Bevölkerung endgültig
damit abfinden, ihr Leben an Ort und Stelle zu verbringen. Um so bemerkenswerter erscheint der Mut derer, die, von Verzweiflung oder Hoffnung getrieben, weiterhin versuchten, unter Lebensgefahr Mauer und
Stacheldraht zu überwinden (im Lauf der Jahre verloren Dutzende dabei
ihr Leben). Hinzu kamen Reisende, die es schafften, über durchlässigere
Grenzen (Ungarn, Jugoslawien) in den Westen zu gelangen, oder die eine
Reiseerlaubnis erhielten und in der Bundesrepublik blieben (dabei handelte es sich im allgemeinen um ältere Leute, denen die DDR nicht nach-
trauerte). Im Jahr 1988 waren das ungefähr sechstausend Menschen. Zu
dieser Zahl muß man noch rund zweitausend politische Häftlinge hin-
zurechnen, die Bonn jedes Jahr gegen Devisen und Güter, welche im
Osten knapp waren, freikaufte. Dieses merkwürdige »Tauschgeschäft«,
bei dem das Regime seinen wahren Charakter zeigte, zog sich vom Beginn
der achtziger Jahre bis zum Sturz der Diktatur hin. Schließlich haben
rund zwanzigtausend Menschen, ebenfalls vor allem ältere, 1988 die

Erlaubnis erhalten, in die Bundesrepublik überzusiedeln. Dank der Verträge, deren Unterzeichnung die DDR nicht hatte ablehnen können, entwickelte sich aber vor allem auch der private Besuchsverkehr. Im Jahr 1988 überstieg die Zahl der Besucher aus der Bundesrepublik und West-Berlin die Fünf-Millionen-Grenze, während umgekehrt zwei Millionen Menschen aus der DDR in die BRD reisen konnten. Das war beachtlich, aber doch nicht genug.

Von 1949 bis 1972 hatte die DDR unter der schützenden Hand der Sowjetunion um ihre internationale Anerkennung gekämpft, außerhalb des sozialistischen Lagers mit dürftigem Erfolg. In Bonn verkündete man damals den Grundsatz des »Alleinvertretungsanspruchs«, nach dem allein die aus demokratischen Wahlen hervorgegangene Bundesrepublik das ganze deutsche Volk völkerrechtlich vertreten dürfe. Die Anerkennung der DDR durch einen nichtkommunistischen Staat wurde in Bonn als unfreundlicher Akt bewertet, auf den man mit dem Abbruch der diplomatischen Beziehungen reagierte. Doch im Zuge der Entspannungspolitik modifizierte der Westen schrittweise seine Haltung gegenüber der Sowjetwelt. Auf die konfliktgeladene Konfrontation folgten Versuche, zu einer Form des friedlichen Zusammenlebens zu finden, bei der jede Seite auf Veränderungen im anderen Lager hinwirken konnte, die im eigenen Interesse lagen. Der Westen forderte die Achtung der Menschenrechte und Grundfreiheiten, während der Osten sich um die völkerrechtliche Anerkennung der zwischen 1945 und 1948 geschaffenen Fakten, der Grenzen und politischen Systeme, bemühte. Die letzte Etappe in diesem Prozeß war die im Grundlagenvertrag von 1972 festgeschriebene gegenseitige Anerkennung der beiden deutschen Staaten.[22] Dennoch hielt die Bundesrepublik, durch ihr Grundgesetz dazu verpflichtet, an dem Willen fest, eines Tages die staatliche Einheit wiederherzustellen. Aus diesem Grund blieb die Anerkennung der DDR ein Akt »besonderer Art«, der nicht unter internationales Recht fiel. Da die beiden Staaten füreinander kein Ausland werden durften, entsandten sie keine Botschafter in die Hauptstadt des anderen, sondern »Ständige Vertreter«, die sich beim Regierungschef akkreditierten. Die DDR bemühte sich vergeblich um eine Änderung dieses Zustands. Dennoch führte die gegenseitige Anerkennung unzweifelhaft zu einer allmählichen Intensivierung der Wirtschaftsbeziehungen und des Reiseverkehrs, ja sogar des Kulturaustausches (nach einem 1987 unterzeichneten Vertrag). Mehrere Millionen Besuche auf beiden Seiten, Städtepartnerschaften und vor allem die Aufstockung verschiedener Finanzhilfen, die der DDR von der BRD gewährt wurden, bewirkten eine minimale Liberalisierung, die der Bevölkerung

des realsozialistischen Staates zugute kam. Die ostdeutsche Wirtschaft
wurde von dieser Hilfe derart abhängig, daß der Staat schließlich bis zu
einem gewissen Grad sogar in der Ausübung seiner Souveränität eingeschränkt wurde. Die Polizei hatte auf die schlimmsten Formen der Folter
verzichtet, die Inhaftierung Oppositioneller büßte wegen der Freikäufe
an Wirkung ein, und Zwangsmaßnahmen fanden im Bonner Bundestag
und im Westfernsehen (das auch in vier Fünfteln des DDR-Gebiets empfangen werden konnte) sofort ein Echo. Dies alles und die Spannungen
mit Moskau nach Gorbatschows Machtübernahme zwangen die SED-
Führung zu einem weicheren Kurs. Als Erich Honecker 1972 die Nachfolge Walter Ulbrichts angetreten hatte, war er als der geeignete Mann
für eine politische Entkrampfung im Verhältnis zwischen den beiden
deutschen Staaten in Erscheinung getreten. Inzwischen war er mit seinen
über fünfundsiebzig Jahren selbst gealtert und zusammen mit seiner Riege
fast nur noch damit beschäftigt, sich den Veränderungen, die Moskau
»vorschlug« und die in Anbetracht der Entwicklung in der Sowjetunion
immer unausweichlicher wurden, zu widersetzen. Ohne Zweifel erkannten die ostdeutschen Führer aufgrund der prekären Lage ihres Staates,
welche großen Gefahren die sowjetische Führung mit ihrem »Leichtsinn«
heraufbeschwor. In ihrer fiktiven Welt gefangen, konnten sie jedoch nicht
zugeben, daß ihr »System«, ihr Regime, an allen Seiten abbröckelte.

Unzufriedene junge Leute demonstrierten in Ost-Berlin und stimmten
Hochrufe auf Gorbatschow an. Die Demonstrationen waren klein und
wurden rasch aufgelöst, doch ihre Teilnehmer genossen eine Art indirekten Schutz von seiten der westlichen Medien und einen direkten Schutz
von seiten der evangelischen Kirche, der die starre Haltung des Regimes
zu einer neuen Legitimität verhalf, weit über den relativ begrenzten Kreis
der Gläubigen hinaus. Im Jahr 1989 wußte jeder, daß es nicht mehr lange
so weitergehen konnte. In Anbetracht der wachsenden Abhängigkeit von
der Bundesrepublik konnte man sich der Reformpolitik Gorbatschows
nicht mehr verweigern. Man rechnete damit, daß die überalterte und
verbrauchte Mannschaft um Honecker die Macht bald abtreten würde.
Aber an wen und mit welchem Ziel? Unter diesem Blickwinkel nahm
die DDR eine Sonderstellung im riesigen Einflußgebiet der Sowjetunion
ein, deren Satellitenstaaten im Begriff waren, sich von der Abhängigkeit
von Moskau zu befreien. Trotz seines Anspruchs, eine sozialistische deutsche Nation zu schaffen, die anders sein sollte als die kapitalistische
Nation, war es dem SED-Staat nie gelungen, die Bande der nationalen
Einheit zu zerschneiden. Im Gegenteil, sie zogen sich immer enger, so
daß sich bereits die Frage zu stellen begann, welchen Platz die wiedervereinigte deutsche Nation in einem vereinten Europa einnehmen würde.

Im Sommer 1989 herrschte in der DDR eine Atmosphäre, die von einer diffusen Mischung aus Erwartungen und Ängsten, Hoffnung und Mutlosigkeit geprägt war. Vom »Figaro« gefragt, wie wahrscheinlich eine Wiedervereinigung der beiden deutschen Staaten sei, antwortete ich damals, daß sie sicher kommen werde, nur wisse man nicht, ob in sechs Tagen oder in sechs Jahren. Die richtige Antwort hätte lauten müssen: in etwas mehr als einem Jahr.

Im Herbst 1949 waren die beiden deutschen Staaten gegründet worden. Sie existierten, getrennt voneinander, etwas mehr als vierzig Jahre. Gleichwohl gab es in dieser Zeit viele Initiativen und Pläne, die auf eine Wiedervereinigung abzielten. Allerdings waren sie von ganz unterschiedlichen Absichten getragen. Anfang der fünfziger Jahre entstand in der Bundesrepublik eine Bewegung, in der verschiedene Motive zusammenflossen: der Wunsch nach einer Wiederherstellung der Einheit, die Abneigung gegen eine Wiederbewaffnung und ein tiefes Mißtrauen gegen Amerika, in dem man eine imperialistische Macht und zugleich eine offensive Bastion des Kapitalismus sah. Aushängeschild und Bannerträger der Bewegung war Gustav Heinemann. Unter Hitler einer der Organisatoren der Bekennenden Kirche, wurde er 1949 als CDU-Mitglied Bundesinnenminister, trat dann aber aus Protest gegen die Wiederbewaffnung zurück, gründete die Gesamtdeutsche Volkspartei, schloß sich später der SPD an und bekleidete schließlich von 1969 bis 1974 das Amt des Bundespräsidenten. Doch gegen Ende des Jahrzehnts versank die Bewegung in Bedeutungslosigkeit. Die Wiederbewaffung war inzwischen Realität geworden, und die Bundesrepublik genoß als Vollmitglied der Nato praktisch die gleichen Rechte wie die westlichen Siegermächte von 1945.

Stalin indes hatte die Hoffnung noch nicht aufgegeben, seine Macht wenigstens teilweise auf ganz Deutschland auszudehnen. Doch das kommunistische System in der DDR war unattraktiv und indirekt dafür verantwortlich, daß die kommunistische Partei in Westdeutschland nur ein Schattendasein führte. Dessen ungeachtet entschloß sich der Diktator nach dem Scheitern der Berliner Blockade zu einem großen Coup, indem er 1952 einen Einigungsprozeß vorschlug, der in freien Wahlen gipfeln sollte. Bis heute ist man in neutralistischen und linken Kreisen voll des Lobes für diesen Vorschlag. Doch Stalins Absichten waren leicht zu durchschauen. Sein Plan sah vor, die beiden Regierungsformen bis nach den Wahlen beizubehalten, das wiedervereinigte Deutschland zu neutralisieren und den Alliierten einschließlich der Sowjetunion die gemeinsame Kontrolle über die demokratische und antifaschistische Ausrichtung der Parteien zu übertragen, die zu den Wahlen zugelassen werden sollten.

Der Plan enthielt genügend Fallen, die es der Sowjetunion ermöglicht hätten, die Errichtung einer stabilen Demokratie in der Bundesrepublik zu sabotieren und der anderen Seite die Verantwortung dafür in die Schuhe zu schieben. Der Westen hatte also guten Grund, den Vorschlag zu verwerfen und zurückzuweisen. Der Sowjetunion war es in erster Linie darum zu tun, eine Entwicklung zu stoppen, die zur Integration der Bundesrepublik in eine westliche Werte- und Interessengemeinschaft führte, und den Aufbau der europäischen Gemeinschaft zu stören.

Ende der sechziger Jahre folgte eine neue Initiative, die auf eine »Wiedervereinigung« abzielte. Diesmal ging sie von der DDR aus, aber natürlich handelte diese nicht aus eigenem Antrieb, als sie mehrmals die Bildung einer Konföderation der beiden deutschen Staaten vorschlug, ein Ansinnen, das ebenfalls darauf hinauslief, die Bundesrepublik aus der Bindung an die westlichen Demokratien herauszulösen und dadurch zu neutralisieren. Tatsächlich hat die Sowjetunion, soweit es ihr möglich war, in Deutschland immer zwei komplementäre Ziele verfolgt: Zum einen wollte sie in der DDR ein kommunistisches System errichten und aufrechterhalten, zum anderen wollte sie eine gewisse Kontrolle über Westdeutschland erlangen, wobei letzteres früher oder später zur Schaffung einer atomwaffenfreien Zone in Deutschland, dann in ganz Europa und schließlich zum Abzug der Amerikaner hätte führen sollen. Der Zusammenhang mit der Politik, die Gorbatschow ab 1985 verfolgte, insbesondere mit der »doppelten Nullösung« und dem Trugbild vom »gemeinsamen europäischen Haus«, das de facto sowjetischer Kontrolle unterliegen würde, ist für jeden offensichtlich, der davor nicht die Augen verschließen will. Noch der deutsch-sowjetische Vertrag von 1990, mit dem die Truppenstärke der Bundeswehr stark begrenzt wurde, war ein letzter Schritt auf diesem Weg. Erst mit dem Zusammenbruch des sowjetischen Systems und Gorbatschows Sturz fand diese alte und beharrlich verfolgte Strategie ein – vorläufiges – Ende. Im übrigen kann man sich fragen, warum die Westdeutschen und ihre Verbündeten nicht schon längst dazu übergegangen waren, ähnliche Vorschläge zu unterbreiten und dabei freie Wahlen in der DDR zur Vorbedingung zu machen. Ohne Zweifel befürchtete man, in den Augen derer, die voller Bewunderung für Gorbatschow waren, als Provokateur dazustehen. Statt dessen fragten sich immer mehr bundesdeutsche Politiker, und beileibe nicht nur aus den Reihen der damaligen Opposition, noch unmittelbar vor dem Sturz des SED-Regimes wie schon dreißig oder vierzig Jahre zuvor, ob die fortschreitende Integration der Bundesrepublik in die europäische Union nicht ein Hindernis auf dem Weg zur Wiedervereinigung darstellen könnte. Dabei wurde ausgeklammert, daß die vom Grundgesetz als unverrückbares Ziel des deutschen Volkes geforderte Wiedervereinigung laut Verfassungstext nur durch eine Wiederherstellung der Einheit *in Freiheit* erfolgen konnte. Der Widerspruch zwischen der europäischen Einheit und der deutschen Einheit war und bleibt künstlich: Eine Wiedervereinigung Deutschlands in Freiheit war nur im Rahmen einer generellen Wiedervereinigung Europas denkbar, und so ist es auch gekommen. Was gestern noch wie eine Utopie erschien, ist inzwischen Realität geworden. Innerhalb weniger Monate ist die DDR verschwunden, und ihr Territorium und ihre Bewohner sind der Bundesrepublik eingegliedert worden. Im übrigen ist diese neue Realität nicht unbedingt so, wie Phantasten sie sich in ihren Träumen vorgestellt hatten. Unter Honecker war die Einheit so schön ...

Im Oktober 1989, als die Menschen durch Dresden, Leipzig und Berlin zogen und »Wir sind *das* Volk« riefen (der Ruf »Wir sind *ein* Volk« kam erst später auf), hatten sie sicherlich keine Vorstellung davon, auf welche Weise die Einheit hergestellt werden sollte und wie sie sich auf das Leben jedes DDR-Bürgers auswirken würde.

Gewiß, das System war bedrückend und verhaßt, aber es hatte vierzig Jahre Bestand (vierundvierzig Jahre, wenn man die Zeit von 1945 bis 1949 hinzuzählt), und zwölf Jahre Nazismus waren ihm vorausgegangen. Für die Bewohner der DDR hatten die letzten freien Wahlen 1932 stattgefunden. Nur Männer und Frauen, die 1990 über 79 Jahre alt waren, hatten an ihnen teilnehmen können.

Tatsächlich hatte die überwältigende Mehrheit der DDR-Bewohner unter sechzig Jahren in ihrem Leben nie etwas anderes als die Diktatur kennengelernt. Es gab zwar das Westfernsehen, doch diese Bilder ohne Geruch und ohne Geschmack waren der Abglanz einer unvorstellbaren Welt. Das Vorstellbare, die herrschende Ordnung, war zwar unzulänglich, aber dafür brauchte man nur ein Minimum an Entscheidungen selbst zu treffen. Man hatte eine Wohnung, genug zu essen und wurde medizinisch versorgt – man hatte es nicht so gut wie die Menschen im Westen, aber viel besser als die in der Sowjetunion. Jeder Schulabgänger erhielt sofort eine Lehrstelle – natürlich ohne, daß er nach seinen Wünschen gefragt wurde. Arbeitslosigkeit war unbekannt – ebenso wie rentables Wirtschaften in den Betrieben. Die Frauen arbeiteten (91 Prozent der 16- bis 60jährigen). Die Betriebe unterhielten Kantinen, Kindertagesstätten und Ferienzentren, und die FDJ bot Aktivitäten für Jugendliche an. Wer damit zufrieden war, zu gehorchen, Anordnungen auszuführen und seine kleine Nische zu schützen, und das war die große Mehrheit der Bevölkerung, der verdiente zwar wenig, mußte aber auch wenig arbeiten. Die Wohnungen waren schlecht, aber billig, und jeder hatte eine.

Die Industrie und speziell die sowjetischen Monopole verseuchten den Boden und verpesteten die Luft, aber niemand sprach darüber, die meisten »Bürger« deshalb nicht, weil sie nichts davon verstanden, und die anderen, weil man nicht das Recht hatte, über solche »dunklen Geheimnisse« zu reden. Für die meisten Bewohner der DDR war das kommunistische System gleichbedeutend mit Sicherheit, Mangel und Langeweile. Mittlerweile haben sie Zerstreuung und können aus dem vielfältigen kapitalistischen Angebot wählen, aber sie genießen keine Sicherheit mehr, und sie fühlen sich vom Überfluß der freien Welt ausgeschlossen, wie Parias. Dies gilt jedenfalls für die Mehrheit der Menschen, die plötzlich den Eindruck haben, für nichts gelebt und gearbeitet zu haben und zu nichts mehr nütze zu sein. Dies ist auch einer der Gründe, warum sich viele verwirrte junge Leute in Aggressivität flüchten.

Diese Menschen haben den Eindruck, daß man ihnen ihren Stolz genommen hat. Ihre Produkte genossen im Osten einen guten Ruf, und einige verkauften sich sogar im Westen. Dank einer Organisation, die nichts mit der freien Ausübung von Sport zu tun hatte, züchtete die DDR Weltmeister und Olympiasieger, die zwar häufiger gedopt waren, den Menschen aber die Möglichkeit gaben, für Momente so etwas wie Nationalstolz zu empfinden. Nun, da der Schwindel aufgeflogen ist, geraten nicht diejenigen unter Beschuß, die Dopingmittel verpaßt oder verordnet haben, sondern diejenigen, die ihren Betrug eingestehen. Kurzum, in Ostdeutschland entdeckt man allmählich, daß es eine DDR-Identität gab, und die ehemaligen »Bürger«-Untertanen haben zu einem beträchtlichen Teil den Eindruck – abgesehen von der Minderheit der früheren Oppositionellen und von denjenigen, deren Verhältnisse sich verbessern –, daß sie ihrer Identität beraubt werden. Mit den Jahren war es dem Regime tatsächlich gelungen, ein Volk zu formen, das zwar nicht exakt seiner Theorie entsprach, wohl aber seiner Praxis, in der eine armselige Sicherheit der Lohn für Gehorsam war.

Gegenwärtig sagen viele wohlmeinende Leute, daß niemand mehr wisse, wo sein Platz und was seine Pflicht sei. Der Kommunismus predigte eine verlogene Moral. Die Verantwortlichen selbst beherzigten sie zwar nicht, aber sie verschafften ihr bei den anderen Geltung, und deshalb war es eine Moral.

Die DDR, die zu ihren Lebzeiten keine Identität besaß, hat sich, oder ihrem Volk, postum eine Identität gegeben. Es wird viel Zeit nötig sein, und zweifellos werden schwere Krisen durchlebt werden müssen, bis sich auch die beiden getrennten Völker vereint haben, die fortan auf dem Territorium des vereinigten deutschen Staates zusammenleben.

»Perioden und Männer«
Von Konrad Adenauer bis Helmut Kohl

Man kann versuchen, die vierzigjährige Geschichte, die die Bundesrepublik Deutschland durchlaufen hat, in Perioden einzuteilen. Wenn sie den Namen »Bundesrepublik Deutschland« trug, so deshalb, weil sie den Anspruch erhob, der einzige legitime Staat des deutschen Volkes zu sein. Ihre Organe handelten stellvertretend für jene, die daran gehindert worden waren, sich an dem gemeinsamen Werk zu beteiligen. Sie war nicht *eine* deutsche Republik wie die DDR, die es nötig hatte, sich »demokratisch« zu nennen (im sowjetischen Sinn des Wortes): Die Bundesrepublik war Deutschland. Wenn es nach dem Willen der DDR-Führung gegangen wäre, dann hätte sie der Bundesrepublik den Namen »Deutsche Kapitalistische Republik« auferlegt. Dann wäre alles klar gewesen.

Die erste Periode dieser Geschichte begann ohne Zweifel mit dem Inkrafttreten des Grundgesetzes und des Besatzungsstatuts und endete mit der Aufhebung des letzteren im Jahr 1955 und dem Beitritt der Bundesrepublik zum Nordatlantikpakt und zur Westeuropäischen Union. Die Bonner Republik hatte damals praktisch ihre volle Souveränität wiedererlangt, und ihre Wirtschaft wuchs rapide.

Die zweite Periode dauerte von 1955 bis zur Bildung der Regierung Brandt im Herbst 1969. Sie läßt sich in zwei Abschnitte unterschiedlicher Dauer unterteilen: Der erste endete mit dem Rücktritt Bundeskanzler Adenauers im Herbst 1963, der zweite umfaßt die Regierung Ludwig Erhards (1963–1966) und die Große Koalition, die aus heutiger Sicht beide wie Übergangsgebilde erscheinen. Nach einer langen Wachstumsphase und einem kleinen Konjunktureinbruch in den Jahren 1965 bis 1967 erholte sich die Wirtschaft unter der Regierung Kiesinger wieder. Finanzminister Franz Josef Strauß (CSU) und Wirtschaftsminister Karl Schiller (SPD) erteilten der Welt eine eindrucksvolle Lektion in sozialer Marktwirtschaft.

Die dritte Periode dauerte von 1969 bis 1982. Sie umfaßt die dreizehn Jahre der sozialliberalen Koalition mit den Bundeskanzlern Brandt und Schmidt. Die Stimmung der Nachkriegszeit war verflogen, die 1945 geborenen Menschen waren dreißig Jahre alt. Auf die Jahre des Wiederaufbaus, die erzwungenermaßen von Konservativismus und Disziplin geprägt waren, folgte eine Ära der Freizügigkeit und Selbstentfaltung. Doch nach 1973 veränderte sich das Klima in der Weltwirtschaft. Die Bundesrepublik gehörte zu den Staaten, die diese Krise am besten überstanden.

Die vierte, 1982 beginnende Periode definiert sich einstweilen nur durch ihre bloße Existenz. Die Rückkehr zur christlich-liberalen Koalition war nicht einfach nur eine Rückkehr zu den Verhältnissen in der Zeit vor 1966, als die Freidemokraten der Regierung Erhard den Rücken kehrten. Jedenfalls haben wir es hier mit einer Periode zu tun, in der eine neue Protestwelle hochschwappte, die gleichzeitig ökologisch, pazifistisch und antikapitalistisch geprägt war und 1983 ihren symbolischen Ausdruck im Einzug der Grünen in den Bundestag fand. Seit dem Bund der Heimatvertriebenen und Entrechteten, dessen Reste 1957 von der CDU aufgesogen wurden, sind die Grünen die erste neue Gruppierung, der dieser Sprung gelingt. Im Jahr 1985 kommt Gorbatschow an die Macht. Die Begeisterung für ihn ging mit einem Wiederaufleben des Antiamerikanismus einher. Inzwischen hatte die Konjunktur wieder angezogen, und die Exporte erreichten Rekordhöhen, die eben noch für unmöglich gehalten wurden. Doch trotz des rasanten Aufschwungs gelang es der Gesellschaft aber nicht, die Arbeitslosigkeit zu beseitigen. Kann es sein, daß diese Gesellschaft nun die Arbeitlosigkeit, oder vielmehr das Heer der Arbeitslosen, braucht? Und wenn ja, muß man eine solche Gesellschaft nicht ändern? Doch Bundeskanzler Kohl, ein Mann der goldenen Mitte, durch und durch gemäßigt und eine beliebte Zielscheibe für Journalisten, hält sich seit fünfzehn Jahren fröhlich an der Macht. Da es ihm, dem sechsten Kanzler, gelungen ist, der erste gewählte Kanzler des vereinigten Deutschland zu werden, hat mit dem Beitritt der Länder der ehemaligen DDR zur Bundesrepublik im Oktober 1990 zweifellos eine neue Periode begonnen.

Vier Perioden, sechs Bundeskanzler. Die Geschichte, von der wir hier sprechen, ist nicht nur die Geschichte einer anonymen Masse, oder vielmehr zahlloser Namen und Menschen, deren Gesichter in der Masse aufgehen. Gesellschaften haben Lenker, Wortführer, Männer und Frauen, die einen mehr oder weniger verschwommenen gemeinsamen Willen verkörpern, die ihm eine Stimme geben, da er sich häufig nicht deutlich zu artikulieren vermag und voller Widersprüche ist. Gewiß, das Grundgesetz hat keine Wahlmonarchie geschaffen. Ein Regierungschef der Bundesrepublik Deutschland hat reale, aber begrenzte Vollmachten, »Richtlinienkompetenz« genannt. Er kann sich in die Amtsgeschäfte eines Ministers nur einmischen, wenn die Probleme, um die es geht, die Regierung als Ganzes betreffen. Er zeigt die Alternativen auf und weist den Weg. Und da er seit 1949 immer eine Koalitionsregierung führte (mit Ausnahme der Jahre 1957 bis 1961), mußte er häufiger verhandeln, als er befehlen konnte. Und doch kommt seiner moralischen Integrität, seiner Persönlichkeit, seinem Ansehen und seiner Popularität entscheidende Bedeutung zu. »Auf den Kanzler kommt es an«, lautete eine Wahlkampfparole unter

Adenauer, und sie hat seit über vierzig Jahren nichts von ihrer Aktualität verloren. Das Bild und der Name des Kanzlerkandidaten beherrschen den Wahlkampf viel stärker als das Programm seiner Partei. Die »Personalisierung der Macht« war schon in den ersten Jahren der Bundesrepublik sehr ausgeprägt, da die beiden großen Parteien, CDU und SPD, Männer von außergewöhnlichem Format an ihrer Spitze hatten, die sich in ihren Ansichten und ihrer Art extrem voneinander unterschieden. Jeder verkörperte in Reinkultur das, was die Mehrheit der Wähler seiner Partei in ihm sehen wollte, und zudem hatten beide jene faszinierende Ausstrahlung, die nur von großen Persönlichkeiten ausgeht. Adenauer und Schumacher, der Rheinländer und der Preuße, der Katholik und der Protestant, der Konservative und der Sozialist, machten es dem Wähler durch ihre Unterschiedlichkeit leicht, sich zu entscheiden. Später löste das Fernsehen Presse und Rundfunk ab, und jeder Wähler konnte nun den Eindruck bekommen, den Chef seiner Partei persönlich zu kennen. Das Fernsehen erhöhte die Chancen derer, die beim Publikum gut ankamen und mit ihrer Art zu sprechen die Mehrheit der Menschen bewegten. Es sind die Fernsehzuschauer, die alle zusammen das deutsche Volk bilden.[23] Das Fernsehen stellt – so wird deutlich – ein Handikap für Politiker oder Politikerinnen dar, die nicht über die auf dem Bildschirm nötigen Gaben verfügen, selbst wenn ihr Charakter oder ihre Intelligenz über jeden Zweifel erhaben sind. Schließlich muß derjenige, der Bundeskanzler werden, also die politischen Geschicke der Nation lenken will, in der Lage sein, unter den aktuellen Meinungstrends denjenigen herauszufinden und in seiner Person zu verkörpern, der geeignet ist, ihn an die Spitze zu tragen – wobei dieser Trend mit den Grundausrichtungen seines Lagers vereinbar sein muß.

Der erste Kanzler

Konrad Adenauer war mit dreiundsiebzig Jahren bereits ein alter Mann, als er mit einer Stimme Mehrheit (es war seine eigene) zum Bundeskanzler gewählt wurde. Konservativ, aber keineswegs ideologisch verbohrt, predigte er traditionelle und bewährte Tugenden, war aber auch aufgeschlossen für nutzbringende oder unumgängliche Neuerungen. Ohne sich Illusionen über die Menschen zu machen, war er gottergeben und machtliebend genug, um sich, gestützt auf eine eiserne Gesundheit, trotz seines hohen Alters der Aufgabe zu widmen, nicht etwa eine überholte Ordnung wiederherzustellen, sondern die Fähigkeiten und Kräfte seines Volkes wiederzubeleben. Er hatte den Zynismus und Nihilismus der Nazis erkannt, ihre unversöhnlich feindliche Einstellung gegenüber dem Christentum. Er sah im Nazismus eine extrem gefährliche Krankheit, von der man das, was von Deutschland und den Deutschen übriggeblieben war, kurieren mußte. Obwohl er nur über begrenzte internationale Erfahrung verfügte, da er nur ganz selten aus Deutschland herausgekommen war, schätzte er die Welt und die wahren Machtverhältnisse realistisch ein. Er sah, welche Lager es gab, und er wußte, welches das seine war. Und er wollte sich Genugtuung verschaffen: für den Verlust einer großen politischen Karriere, die ihm in der Weimarer Republik verweigert worden war, für die Mißhandlungen und die Demütigungen durch die Nazis, für das Nichtstun, zu dem sie ihn verurteilt hatten. Und er wollte, über seine Person hinaus, das katholische Deutschland an Preußen rächen. Nach dreißig Jahren grandioser und grauenvoller Abenteuer, nach soviel Blut und Tränen, nach dem Verlust von Provinzen, die die Heimat von Millionen Deutschen gewesen waren, nach soviel materieller Zerstörung und moralischer Verworfenheit brauchte Deutschland Ruhe, Ordnung und Werte, die sich in der Vergangenheit bewährt hatten. Es brauchte Arbeit und die Möglichkeit, die Früchte seiner Arbeit zu genießen. Es mußte seine Würde und seine Selbstachtung wiederfinden und Gelegenheit bekommen, die Wertschätzung der anderen Völker zurückzugewinnen. Kurt Schumacher, ein glühender Patriot und sozialistischer Sozialdemokrat, schlug den Deutschen ein neues Abenteuer vor, ein positives zwar, aber doch ein Abenteuer. Adenauer stand für das Ende aller Abenteuer. Man versteht die Enttäuschung Schumachers, als er von der Macht ausgeschlossen wurde, er, der überzeugt war, er könne das Volk mit seinen dirigistischen Rezepten aus dem Mangel führen und ihm mit seinem Nationalstolz, in dem er durch seine zehnjährige KZ-Haft bestärkt worden war, in seiner Buße beistehen. Doch man ist fast verwundert, daß er sich über den Ausgang der Wahlen im August 1949 Illusionen machen konnte.

Für ihn selbst und für das deutsche Volk dauerte die Regierungszeit Adenauers zu lange. Adenauer wäre gut beraten gewesen, seiner ersten Eingebung zu folgen und sich 1959 zum Bundespräsidenten wählen zu lassen: Ein Mann wie er hätte das Amt besser zur Geltung gebracht. Eine wachsende Zahl von Wählern hielt die Ziele der Nachkriegszeit damals für erreicht: Sicherheit in der westlichen Allianz, Mitverantwortung bei völkerrechtlicher Gleichstellung, Arbeit für alle und eine florierende Wirtschaft, die der Bevölkerung in den Städten und auf dem Land einen nie gekannten Wohlstand bescherte. Ja, eine wachsende Zahl fand sogar, daß dies alles normal war und ihnen zustand. Doch neue Perspektiven hatte der alte Kanzler nicht zu bieten. Wenn er die Wahlen von 1961 noch einmal gewann, dann deshalb, weil man den Sozialdemokraten immer noch nicht so recht traute.

Es gibt wenig Denkmäler von Konrad Adenauer, während Könige, Kaiser und Generäle deutsche Straßen und Plätze verstopfen. Und doch hat sich in der jüngeren deutschen Geschichte niemand so um das Vaterland verdient gemacht wie er. In wenigen Jahren hat er es dem Abgrund entrissen und zu erstaunlichen Erfolgen geführt. Am Ende war es seine eigene Partei, die ihm, da er zu einer Belastung für sie geworden war, »den Stuhl vor die Tür setzte«, wie er mir in einem Gespräch einige Jahre später sagte. Wenn er nicht früher zurücktrat, so deshalb, weil der Nachfolger, der ihm von der Öffentlichkeit und der Partei aufgedrängt wurde, sein Mißtrauen erregte: der »ewige« Wirtschaftsminister Ludwig Erhard, der dicke »Professor« mit der Zigarre, der »Vater des deutschen Wirtschaftswunders«, wie ihn jedermann nannte.

Der Sieg hat viele Väter, doch die Vaterschaft Ludwig Erhards ist unbestritten. Professor der Nationalökonomie, aber auch mit einer gewissen Erfahrung in der praktischen Betriebswirtschaft, wurde Erhard von den Amerikanern zum Direktor der Verwaltung für Wirtschaft der Bizone ernannt, weil er von dem großen »liberalen« Denker Wilhelm Röpke empfohlen worden war und weil er nicht der NSDAP angehört hatte. Er war immer nur ein großer Wirtschaftsexperte. Die Politik langweilte ihn, und er verstand nichts von ihren unwürdigen Machenschaften. Adenauer fürchtete, daß Erhard sein Werk ruinieren würde. Doch der Nationalökonom sollte nur seinen eigenen Ruf ruinieren, als er im Herbst 1963 endlich Bundeskanzler wurde. Jeder sah in ihm den Schöpfer des wirtschaftlichen Wiederaufstiegs des Landes, und in der Tat hatte er mit Mut und Ausdauer alle planwirtschaftlichen und dirigistischen Hindernisse, die der Entfaltung der Produktivkräfte im Wege standen, beseitigt. Dennoch wirkte er im Vergleich zu einem de Gaulle, einem Chruschtschow oder sogar einem Johnson wie ein Provinzler, der sich auf der großen Weltbühne nicht zurechtfand. Obwohl ein Fachmann, war er unfähig, die kleine Wirtschaftskrise von 1966 beizeiten unter Kontrolle zu bringen, während die Große Koalition sie spielend meisterte. Ende 1966 wurde der glücklose Erhard wie ein nicht angewachsenes Pfropfreis aus der Politik entfernt. Und der alte Adenauer hat maßgeblich daran mitgewirkt. Er hat das Zustandekommen der notwendigen Mehrheiten ermöglicht. Kaum war die neue Regierung gebildet, raffte eine Grippe den unbeugsamen Greis dahin, der noch mit einundneunzig Jahren rastlos aktiv gewesen war.

Der zweite Kanzler

Mit seinem Mangel an Aufgeschlossenheit für die großen Probleme der Welt und seinem wenig ausgeprägten Sinn für politisches Taktieren verärgerte Erhard Adenauer, der zwar wußte, daß er nicht auf ihn verzichten konnte, ihn aber auf sein Spezialgebiet, die Wirtschaftspolitik, festnagelte. Obwohl die CDU/CSU 1957 einen überwältigenden Wahlsieg feierte und die absolute Mehrheit errang, begannen viele Verantwortliche in Bund und Ländern gegen den Führungsstil des »Alten« aufzumucken, der im kleinen vertrauten Kreis einsame Entscheidungen traf, zusammen mit hohen Beamten wie Hans Globke (Staatssekretär im Kanzleramt, der wegen seiner Rolle im Innenministerium der NS-Zeit angegriffen wurde, sich aber darauf berief, daß er damals im Auftrag seiner Kirche gehandelt habe) oder Politikern wie Heinrich Krone, der schon als Abgeordneter des Zentrums auf den Bänken im alten Reichstag gesessen hatte. Als die zweite und letzte fünfjährige Amtszeit des Bundespräsidenten Theodor Heuss sich ihrem Ende zuneigte, spielte Adenauer mit dem Gedanken, sich aus dem ermüdenden politischen Tagesgeschäft zurückzuziehen und dieses hohe Repräsentationsamt zu stärken und aufzuwerten. Nach zehn Jahren anstrengender Arbeit im Kanzleramt war er, mittlerweile über dreiundachtzig Jahre alt, einem solchen Wechsel nicht abgeneigt. Schließlich, so ließ er sich von Experten erklären, konnten die Rechte des Bundespräsidenten großzügiger ausgelegt werden. Doch er wollte nicht gehen, ohne die Nachfolgefrage geklärt zu haben. Mehrere andere Kandidaten hätte er akzeptiert, nicht aber Ludwig Erhard, den er für einen Mann hielt, der nur wenig Talent für die allgemeine Politik besaß und sein außenpolitisches Werk untergraben würde. Das Hin und Her zwischen Kanzlerschaft und Präsidentschaft sollte am Ende allen schaden: Adenauer selbst, dem man nun nachsagte, er wisse nicht mehr, was er wolle, Erhard, dem für den Rest seines politischen Lebens die negative Einschätzung des großen und schrecklichen Greises anhaftete, und dem bisherigen Landwirtschaftsminister und neuen Bundespräsidenten Heinrich Lübke, der eher eine durchschnittliche Figur war und nun als ein Mann galt, der sich mit einem Posten begnügte, den Adenauer verschmäht hatte. Erhard steckte diese Demütigung ein, und wenn er auch kein begabter Politiker war, so verstand er es doch zu warten: Vier Jahre später mußte Adenauer, durch das Alter und einige Skandale geschwächt, seinen Hut nehmen und die Macht an ihn abtreten – allerdings nicht ohne den festen Vorsatz, ihm das Leben schwerzumachen, was er dann auch ausgiebig tat. Die Liberalen, auf deren Stimmen man seit den Wahlen von 1961 (bei denen der junge Willy Brandt erstmals für die SPD in

den Ring stieg) wieder angewiesen war, hatten den Rücktritt des »Alten«
gefordert, und dieser hatte schließlich zugesagt, seinen Sessel im Oktober
1963, in der Mitte der Legislaturperiode, zu räumen.

Adenauer hielt Erhard unter anderem vor, er zeige zu wenig Begeisterung für die europäische Einigung und das deutsch-französische Verhältnis, das deren Grundlage bilden müsse. Das mindeste, was man sagen
kann, ist, daß Ludwig Erhard sich zutiefst Amerika verbunden fühlte,
das er bewunderte und verstand (und von dem er sich verstanden fühlte),
und daß er dem deutsch-französischen Vertrag von 1963 nur wenig Bedeutung beimaß, während Adenauer in ihm einen wichtigen Meilenstein
auf dem Weg zur politischen Integration Westdeutschlands sah. In ähnlicher Weise unternahm Erhard keine großen Anstrengungen, um die im
Bundesgebiet stationierten französischen Truppen zu halten, nachdem de
Gaulle 1965 beschlossen hatte, sein Land aus dem integrierten Militärsystem der Nato zu lösen. Der Vertrag, mit dem die französische Militärpräsenz schließlich um weitere dreißig Jahre verlängert wurde, war
denn auch das Werk Heinrich Krones, den Konrad Adenauer seinem
Nachfolger als Aufpasser zur Seite gestellt hatte. Erhard, von seinem
Außenminister Gerhard Schröder schlecht beraten, ließ sich auf das eher
befremdliche Projekt der »multinationalen Fregatten« ein, das zu nichts
führte. Außerdem machten er und Schröder bei der heiklen Affäre um
den Austausch von Botschaftern mit Israel, der in den arabischen Ländern Empörung auslöste, eine schlechte Figur. Hinzu kam, daß Adenauer
bis 1965 CDU-Vorsitzender blieb, was es ihm leichtmachte, seinem Nachfolger zu schaden, ihm Steine in den Weg zu legen und ihn wegen politischer Torheiten bloßzustellen. Doch der Popularität des »Dicken« in
der Bevölkerung taten diese hinterlistigen Nachstellungen keinerlei Abbruch. Bei den Wahlen von 1965 feierte er einen glänzenden Sieg, doch
dann versäumte er es, rechtzeitig auf die durch Konjunkturüberhitzung
bedingte Rezession zu reagieren, die auf so viele Jahre des ununterbrochenen Wirtschaftsaufschwungs folgte und offenbarte, daß Angst und
Mißtrauen immer noch tief in der Nation verwurzelt waren. In diesem
Moment begingen die Liberalen einen schweren taktischen Fehler, als sie
es ablehnten, die Interventionsmaßnahmen mitzutragen, und die Regierung verließen. Damit zwangen sie den Vater des »Wirtschaftswunders«
zum Rücktritt. Längst schon hatten wichtige Männer der Union mit dem
Segen von Adenauer neue Kontakte zur SPD geknüpft, um eine mögliche
»Große Koalition« vorzubereiten. Die Vertrauten des Alten setzten sich
mit Herbert Wehner ins Einvernehmen, dem Fraktionsvorsitzenden der
SPD, der seine Partei auf die Außen-, NATO- und Europapolitik eingeschworen hatte, die Adenauer auf den Weg gebracht und Erhard so

schlecht verwaltet hatte. Im Dezember 1966 war die Große Koalition beschlossene Sache. Der CDU-Politiker Kurt Georg Kiesinger, Ministerpräsident von Baden-Württemberg und früherer Vorsitzender des außenpolitischen Ausschusses des Bundestags, erhielt in seiner Partei den Vorzug vor dem zu autoritären und eigenwilligen Bayern Franz Josef Strauß und wurde Kanzler. Erhard konnte seine Niederlage schlecht verwinden. Seine politische Karriere endete ohne Glanz. Ludwig Erhard war ein großer Wirtschaftsminister und ein mittelmäßiger Regierungschef, vor allem aber war er ein bemerkenswerter Theoretiker, der einen mit Rücksicht auf das soziale Klima gezügelten Liberalismus vertrat. Seine Theorie hatte sich in der Wirklichkeit mit großem Erfolg bewährt.

Der dritte Kanzler

Adenauer hatte Deutschland wiederaufgerichtet. Erhard hatte die Deutsche Mark eingeführt und das Wirtschaftswunder eingeleitet. Der dritte Kanzler, Kurt Georg Kiesinger, ein katholischer Schwabe (Erhard war protestantischer Franke gewesen, und damals war die Konfession von Politikern noch ebenso bedeutsam wie ihre regionale Herkunft), stand bis dahin auf der Prominentenliste nicht ganz oben. In seiner Zeit als stellvertretender Leiter der Rundfunkabteilung im Auswärtigen Amt von 1940 bis 1945 war dieser kultivierte Bürger sogar Mitglied der NSDAP gewesen, wenn auch ein sehr inaktives. Kiesingers Machtantritt bedeutete einen Generationswechsel. Adenauer war Jahrgang 1876, Kiesinger Jahrgang 1905! Sein sicheres Auftreten und sein diplomatisches Geschick hatten ihm den Vorsitz des außenpolitischen Ausschusses im Bundestag eingebracht, dann scheiterte seine Kandidatur als Außenminister jedoch am Widerstand Adenauers. So wurde er Ministerpräsident von Baden-Württemberg, dem Land mit dem gewaltigsten Wirtschaftsaufschwung in der gesamten Bundesrepublik. Ein möglicher Gegenkandidat als Kanzler war Franz Josef Strauß. Der autoritäre »bayerische Stier«, der zu politischen Extravaganzen fähig war, fand außerhalb der CSU allerdings nirgends Fürsprecher.

Kiesingers Wahl zum Bundeskanzler 1966 erfolgte dank einer Absprache zwischen den beiden großen Parteien CDU und SPD, die sich die Ministerposten teilten. Die Union war fest zu einer Änderung des Wahlrechts entschlossen, um die FDP, den bislang unverzichtbaren Bündnispartner, dessen Loyalität allerdings von der Natur der Sache her nie gesichert war, aus jeder Regierungskoalition auszuschließen: Mit der Einführung der Persönlichkeitswahl im Einmannwahlkreis hätten sie ihre Mandate im Bundestag verloren. Bis dahin bemühten sich die beiden großen Volksparteien, die wirtschaftlichen Schwierigkeiten in Deutschland, die seit langem erstmals wieder besorgniserregende Ausmaße angenommen hatten, gemeinsam in den Griff zu bekommen.

Die Idee zur Großen Koalition ging auf das Jahr 1961 zurück. Damals erschien sie als mögliche Reaktion auf die erpresserischen Forderungen der FDP, die von der CDU, nachdem diese bei der Bundestagswahl die absolute Mehrheit erneut um einige Sitze verfehlt hatte, einen Kanzlerwechsel verlangte. Die von Adenauer favorisierten Verhandlungen scheiterten allerdings an dem gewaltigen Mißtrauen, das sich zwischen beiden Parteien in all den langen Jahren der Konfrontation aufgebaut hatte. Diesmal ergriffen die Sozialdemokraten die Initiative, und zwar in Gestalt des damaligen stellvertretenden Parteivorsitzenden Herbert Wehner (er sollte dem neuen Kabinett als Bundesminister für gesamtdeutsche Fragen beitreten), der die Koalition tatsächlich zustande brachte. Die größten Hindernisse dabei waren durch das Godesberger Programm der SPD von 1959, mit dem die Berufung auf marxistische Positionen aufgegeben und auf wesentliche Punkte der sozialistischen Umgestaltung (vor allem Verstaatlichungen und Planwirtschaft) verzichtet wurde, aus dem Weg geräumt worden. Wehner hatte 1960 persönlich die Rede gehalten, mit der sich seine Partei zudem der von Konrad Adenauer von Anfang an betriebenen Deutschland- und Europapolitik in ihren großen Zügen angeschlossen hatte.

Kurt Georg Kiesinger führte mit Würde den Vorsitz in einer Regierung, in der Willy Brandt das Amt des Vizekanzlers und des Außenministers innehatte. Mit dem Bau der Berliner Mauer und der danach beginnenden Entspannungspolitik hatten sich die politischen Verhältnisse, vor allem in Deutschland, geändert. In gewissem Sinn wurde der sozialdemokratische Anschluß an die Positionen der CDU von 1960 jetzt überholt durch die Perspektiven einer neuen Ostpolitik und die Möglichkeit zu entspannteren Beziehungen zur Sowjetunion, ihren Satelliten und damit auch zum anderen Teil Deutschlands. Auf innenpolitischer Ebene konnten seit langem offen gelassene Probleme wie die Notstandsgesetzgebung endlich gelöst werden. Für die Sozialdemokratie nach Godesberg bot sich in der Großen Koalition vor allem die Gelegenheit, sich als eine regierungsfähige Partei zu profilieren, die an der Macht keinen Weltuntergang provozierte. Derweil kam es hinter den Kulissen zu einer Annäherung zwischen SPD und FDP, die unter der Führung Walter Scheels (der von 1969 bis 1974 Außenminister und von 1974 bis 1979 Bundespräsident sein sollte) von ihrem linken Flügel geleitet wurde. Die Bundestagswahl vom

September 1969 brachte der SPD zwar zum dritten Mal seit 1961 Zugewinne, doch behielt die CDU einen klaren Vorsprung als stärkste parlamentarische Kraft. Noch in der Wahlnacht einigte sich Willy Brandt aber mit Walter Scheel auf ein Bündnis, womit er sich über die Bedenken Herbert Wehners hinwegsetzte, der die Große Koalition noch für einige Zeit fortsetzen wollte, um die SPD auf eine von der CDU unabhängige Regierung besser vorzubereiten. Kiesinger, der sich hatte überraschen lassen, verlor das Amt des Kanzlers und mußte einige Zeit später auch den Parteivorsitz an einen jungen Politiker abgeben, der vom alten Adenauer gefördert worden war: den ehrgeizigen und gewandten Rainer Barzel. Die CDU hatte zwanzig Jahre lang den Kanzler gestellt und mußte den Posten jetzt den Sozialdemokraten abtreten, die ihn dreizehn Jahre lang besetzen sollten. In der Bundesrepublik bahnen sich Machtwechsel nur langsam an.

Der vierte Kanzler

Der vierte Bundeskanzler hieß gar nicht Willy Brandt. Zumindest bei seiner Geburt und in den ersten beiden Jahrzehnten seines Lebens trug er den Namen Herbert Frahm, 1913 als unehelicher Sohn eines jungen Arbeiters in Lübeck geboren. Erzogen wurde er von seinem Großvater, einem aktiven Sozialdemokraten, der in seiner Geburtsregion Mecklenburg noch Überreste des Feudalismus erlebt hatte. (So stand dem Feudalherrn im 19. Jahrhundert noch das Recht zu, »seine« Landarbeiter auspeitschen zu lassen.) Brandt wuchs in der kämpferischen und puritanischen Atmosphäre der alten SPD auf, gewissermaßen die Aristokratie der Arbeiterschaft. Gleichwohl besuchte er die renommiertesten Gymnasien der Hansestadt. In den unruhigen Zeiten am Ende der Weimarer Republik entschied er sich für eine radikale sozialistische Splittergruppe, die mit größerer Wachheit als der alte Parteiapparat der SPD die aufkommende Bedrohung durch den Nazismus erkannte: die Sozialistische Arbeiterpartei (SAP). Als engagierter Antifaschist mußte der junge Journalist bei Nacht und Nebel mit dem Schiff aus Deutschland fliehen, worauf er sich in Norwegen niederließ. 1936 kehrte er für einige Monate nach Berlin zurück und lebte im Untergrund. Damals gab er seinen der Gestapo nur allzu bekannten Namen Herbert Frahm auf und nannte sich fortan Willy Brandt. Im Exil schloß er sich der Sozialdemokratie an und nahm die norwegische Staatsbürgerschaft an. Nach der Invasion Norwegens floh er nach Schweden. Nach Hitlers Sturz wurde er als Mitglied einer norwegischen Mission nach Deutschland geschickt. Brandt entschied sich für die dauerhafte Rückkehr in die Heimat. Von Kurt Schumacher geschätzt, begann für ihn in Berlin im Fahrwasser des großen Bürgermeisters Ernst Reuter, der nach der Rückkehr aus dem Exil der Nazizeit zu einer Symbolfigur des Widerstandes gegen den kommunistischen Totalitarismus geworden war, eine steile politische Karriere. Als Präsident des Berliner Abgeordnetenhauses wurde er am 1. Oktober 1957 Regierender Bürgermeister.

Der gutaussehende, elegante, intelligente und freundliche Bürgermeister war nach der ungestümen Leidenschaft Kurt Schumachers und der etwas verdrießlichen Biederkeit Ollenhauers, die 1949, 1953 und 1957 dreimal hintereinander die Bundestagswahlen verloren hatten, ein neuer Typ des sozialdemokratischen Führers. 1961 war Adenauer fünfundachtzig Jahre alt. Als Gegenkandidaten zu dem großen alten Herrn entschied sich die SPD für den achtundvierzigjährigen Brandt. Seine Kandidatur war auf personeller Ebene die Konsequenz der ideologischen und programmatischen Entscheidungen von Bad Godesberg 1959. Einige Tage vor der Wahl errichtete der Osten die Berliner Mauer. Mit der Kraft seiner Worte bemühte sich Brandt zunächst, die aufgebrachte Menge von einem Sturm auf die »Schandmauer« abzuhalten. Später zog er als Staatsmann die Lehren aus der Haltung der Westalliierten, die es trotz ihrer Schutzfunktion für Westberlin zugelassen hatten, daß die Stadt von den Sowjets und der SED endgültig in zwei Teile geteilt worden war. Nach dem Schock von Berlin wurden die Wahlen einmal mehr vom alten Adenauer gewonnen. Wenn Brandt die SPD auch nicht zum Sieg geführt hatte, so hatte sie unter seiner Leitung doch spürbare Gewinne gemacht. Mit seinem Berater Egon Bahr arbeitete er nun das Konzept einer neuen Politik der Entspannung und Aussöhnung mit der Sowjetunion, mit Polen und der DDR aus, dessen Devise »Wandel durch Annäherung« (1963) lautete. Trotz erneuter bedeutender Stimmengewinne konnte sich Willy Brandt aber auch 1965 nicht gegen den Kandidaten der Union, den populären Ludwig Erhard, durchsetzen. Sensibel und leicht zu entmutigen, sah der Berliner Bürgermeister seine Laufbahn am Ende. Da aber sorgten die Liberalen für Erhards Sturz und machten so den Weg frei für die Große Koalition. Brandt konnte sich als Bundesaußenminister bewähren. Von der aktiven Rechten verabscheut (als unehelicher Sohn, als Sozialist, der im Exil gegen Deutschland gekämpft hatte, als Frauenheld und kultivierter Genießer mußte er fast automatisch Anstoß erregen), hatte er dank seiner Herkunft in der alten kämpferischen Sozialdemokratie mit dem »richtigen Stallgeruch« die besten Voraussetzungen, um für seine Partei auch eine neue Generation von linken Intellektuellen und Künstlern zu gewinnen. Das Bündnis mit der CDU betrachtete er als »vor-

übergehende Notlösung«. Die Wende bahnte sich bereits im Frühjahr
1969 mit der Wahl des Sozialdemokraten Gustav Heinemann, des Ju-
stizministers der Großen Koalition, zum Bundespräsidenten an. Heinemann, ein Überläufer in den Augen der CDU, für die er von 1949 bis
1950 erster Bundesinnenminister gewesen war, wurde mit den Stimmen
der Liberalen gegen den Verteidigungsminister Gerhard Schröder (CDU)
gewählt. Als Willy Brandt im September 1969 seine SPD/FDP-Regierung
bildete, eröffnete er die dreizehnjährige Ära der sozialliberalen Koalition.
Hätte die rechtsextreme NPD statt ihrer 4,3 Prozent damals mit auch
nur 5,1 Prozent die Sperrklausel überwunden und wäre sie mit 35 Abgeordneten in den Bundestag eingezogen, hätte alles einen anderen Kurs
genommen: Die demokratischen Parteien hätten wohl einen Waffenstillstand geschlossen und die Große Koalition (vielleicht um die Liberalen
erweitert) fortgeführt. So hatten sich 0,8 Prozent für Deutschlands
Schicksal als entscheidend erwiesen.

Willy Brandt blieb viereinhalb Jahre im Kanzleramt, eine relativ kurze,
aber ereignisreiche Periode, nach der er noch lange Zeit an der Spitze
der SPD (bis 1987) und der Sozialistischen Internationale blieb. Seine
Amtsperiode als Kanzler blieb den Deutschen als eine wichtige Epoche
im Gedächtnis: spektakuläre Reisen nach Moskau, Warschau und in die
DDR waren Teil einer Entspannungspolitik mit der Sowjetunion und
ihren Verbündeten, mit der Brandt und sein Außenminister Walter Scheel
die Aussöhnung mit den Westalliierten ergänzen wollten.

Völkerrechtlich und faktisch brachte die Wende allerdings keine bedeutenden Neuerungen. Der feierliche Verzicht auf eine gewaltsame Veränderung der Grenzen von 1945 war kein revolutionärer Akt für den
Regierungschef eines Staates, der fest in das Atlantische Bündnis eingegliedert war. Er bedeutete im übrigen auch nicht automatisch die staats-
rechtliche Anerkennung der Grenzen (vor allem der Oder-Neiße-Linie).
Willy Brandts Kniefall vor dem Mahnmal der Opfer des Warschauer
Ghettos dürfte bei den kommunistischen Machthabern Polens, die nicht
unbedingt als Freunde der Juden gelten konnten, keine übertriebene Sympathie hervorgerufen haben. Dennoch bildeten die 1970 geschlossenen
Verträge mit der Sowjetunion, mit Warschau (und später, 1973, mit der
Tschechoslowakei) unumgängliche Etappen auf dem Weg zu den KSZE-
Verträgen von Helsinki (1975) und leiteten somit auf weltpolitischer Ebene eine Periode allgemeiner Entspannung ein. Die Krönung dieser großangelegten diplomatischen Initiative war der »Grundlagenvertrag« mit
der DDR von 1972. Er bedeutete die gegenseitige Anerkennung der Existenz beider deutscher Staaten und sah die Aufnahme offizieller Beziehungen vor. So wie die Regierung Brandt/Scheel in der Frage der Grenzen

die traditionellen völkerrechtlichen Positionen aufrechterhielt, so blieb jedoch für Bonn die von Ost-Berlin als erledigt betrachtete Frage der deutschen Einheit weiterhin offen. In der Frage von West-Berlin hatten Verhandlungen der vier Siegermächte zuvor einen Kompromiß erbracht, der das Ende einer dreiundzwanzigjährigen Krise bedeutete. Moskau fand sich damit ab, daß Berlin seinen Status beibehielt und keine »besondere politische Einheit« wurde. Zwar schien die Gesamtheit dieser diplomatischen Vorstöße der Sowjetunion beträchtliche Vorteile wie die Anerkennung ihrer sämtlichen Eroberungen und Annexionen zu verschaffen, doch konnte man sich zwanzig Jahre später fragen, ob die Umwälzungen im Osten ohne den Korb III der KSZE-Schlußakte von Helsinki, auf den sich die Aktivisten der Menschenrechtsbewegung außerhalb und vor allem auch innerhalb des sozialistischen Lagers berufen konnten, hätten heranreifen können. Von den Verträgen der Jahre 1970 bis 1972 profitierten unbestreitbar vor allem die Ostdeutschen, deren Situation sich spürbar verbesserte. Und während vor 1972 jährlich nur einige tausend Besucher von West nach Ost reisen konnten, waren es 1988 fünf Millionen.

In der Innenpolitik strebte Willy Brandt, der sicher kein marxistischer Ideologe war, im Einklang mit dem Bündnispartner FDP vor allem eine Liberalisierung und Öffnung der Gesellschaft an, bei der einige allzu »restaurative« Aspekte der Ära Adenauer beseitigt wurden. Gewisse Bestimmungen des Strafrechts zur Homosexualität wurden abgeschafft, der Strafvollzug etwas humanisiert und die Gleichstellung von Mann und Frau vorangetrieben. Für Schule und Universität wurden demokratische Rahmenreformen beschlossen, wobei der Bund, dessen bildungspolitische Kompetenzen sich auf Leitlinien beschränken, eng mit den zuständigen Ministern der sozialdemokratisch geführten Länder kooperierte. Insgesamt herrschte im Land ein liberaleres und zwangloseres Klima. Die heranwachsende Generation hatte weder den Nationalsozialismus noch den Krieg, noch die Härten des Wiederaufbaus erlebt und erlitten. Die Reformen waren zwar mit hohen Kosten verbunden, doch waren sie von der westdeutschen Gesellschaft und der Wirtschaft, die seit zwanzig Jahren unablässig wuchs, ohne weiteres finanzierbar.

Mit dem Heranwachsen der neuen Generation der nach 1945 Geborenen kamen im deutschen Volk, dessen Traumata nur oberflächlich überwunden waren, allerdings auch Unzufriedenheit, Forderungen und Unruhe zum Vorschein. Eine in der Wohlstandsgesellschaft aufgewachsene Jugend rebellierte mit neuen Ängsten gegen die Generation ihrer Eltern, die sich erst für Hitler und dann für das Wirtschaftswunder entschieden hatten und deren Niederlagen und Erfolge gleichermaßen verachtet wurden. Wie überall in Westeuropa war es für sie nicht möglich, beim Vorbild der kommunistischen Gegenkultur Zuflucht zu suchen: Diese Dämonen wurden durch das abschreckende Beispiel der DDR gebannt. Andererseits war die sich folgende Opposition von SPD und CDU jeweils allzu zurückhaltend und »konstruktiv« gewesen. Die Reformen erschienen der wütenden Revolte als billiger Ersatz. So begannen im geteilten, ins Atlantische Bündnis und die Europäische Gemeinschaft eingebundenen Deutschland, das eine Vergangenheit zu bewältigen hatte und zu ganz neuen Ufern aufgebrochen war, einige Dutzend Phantasten sich einem Amateur-Terrorismus hinzugeben. Der störungsanfällige, komplexe Organismus der Gesellschaft reagierte bestürzt. Angesichts der lächerlichen, aber ungreifbaren Bedrohung zeigte sich Willy Brandt als Mann der Härte. Im Einvernehmen mit den Ministerpräsidenten der Länder unterzeichnete er 1972 den Extremistenbeschluß, der die erklärten Gegner der »freiheitlich-demokratischen Grundordnung« aus dem öffentlichen Dienst, vor allem aus dem Lehramt, fernhalten sollte. Die sogenannten »Berufsverbote«, die von den aktiven Verfechtern eines humanitären Liberalismus – oft ohne gründliche Kenntnis der Sachlage – heftig angegriffen wurden, waren vor allem ineffizient. Wohl wegen seines Ausscheidens aus der Regierung wurde Willy Brandts Unterschrift unter den Beschluß von ihm selbst und von den linken Intellektuellen und Schwärmern, die ihn später als ihren bedeutendsten Vertreter feierten, schließlich vergessen.

Bevor Brandt über eine Affäre stolperte, die an einen zweitklassigen Spionagefilm erinnert, erlebte er einen geradezu triumphalen Erfolg. Der rechte oder »nationalliberale« Flügel der FDP, der den Arbeitgebern nahestand, konnte sich für das Bündnis mit den Sozialdemokraten nur sehr schwer erwärmen. Zahlreiche liberale Abgeordnete verließen zwischen 1969 und 1972 die Fraktion. Die Mehrheit der Regierung Brandt/Scheel wurde dadurch immer dünner. Als im Frühjahr 1972 die Ratifizierung der Verträge von Moskau und Warschau durch den Bundestag anstand, war eine Majorität nicht mehr gesichert. Zwar hielten auch einige Abgeordnete der Opposition die Verträge im Zuge einer allgemeinen Entspannungspolitik zwischen Ost und West für unerläßlich, doch blieb der konservative Flügel von CDU und CSU den Idealen, Ängsten und Hoffnungen des Kalten Krieges verhaftet. Zudem bot sich der Opposition die Gelegenheit, dem politischen Gegner angesichts von dessen schwindender Mehrheit eine Niederlage zu bereiten. Rainer Barzel, der neue Vorsitzende der CDU, neigte persönlich zwar eher einem positiven Votum zu, hatte innerhalb der Union aber nicht die Autorität des alten Adenauer. So enthielt sich seine Fraktion der Stimme. Nachdem Brandt diese Hürde ge-

nommen hatte, stellten Barzel und seine Partei allerdings einen konstruk-
tiven Mißtrauensantrag, bei dem er selbst als Gegenkandidat auftrat. Rein
rechnerisch hätte Brandt eine Stimme gefehlt, aber bei der Auszählung
fehlten dann überraschend Barzel zwei Stimmen. Heute ist fast sicher,
daß zumindest eine gekauft worden war. Gleichwohl hatte Brandt seine
Mehrheit verloren. Die Parteien verständigten sich auf eine Befragung
des Souveräns. Bei den vorgezogenen Neuwahlen zum Bundestag im November 1972 errang Brandt einen Bilderbuchsieg. Erstmals in der Geschichte der Bundesrepublik Deutschland hatte die SPD mehr Stimmen
als die Unionsparteien erhalten. Eine breite solide Mehrheit ermöglichte
von nun an eine ruhige Regierung. Tatsächlich aber betrieb Brandt nach
der Ratifizierung des Grundlagenvertrags mit der DDR 1973 – der Abschluß war kurz vor den Wahlen bekanntgegeben worden und hatte der
Koalition Stimmen gesichert – keine intensive Regierungsarbeit mehr. Es
war, als habe sich sein Programm mit der Ostpolitik erschöpft. Brandt
schien von der Macht gelangweilt. Als er den Boden unter den Füßen
verlor, machte er nicht den Eindruck, sich an ihr festklammern zu wollen.

Günter Guillaume war als Geheimagent der DDR in die Reihen der
SPD eingeschleust worden, wo er sich langsam über einen langen Zeitraum hinweg eine Karriere aufgebaut hatte, die schließlich in den engsten
Mitarbeiterkreis des Kanzlers mündete. Brandt, der ihn weder engagiert
hatte, noch über die Verdachtsmomente gegen ihn informiert war, trug
für die Affäre keine Verantwortung. Doch seltsamerweise trat er lieber
zurück, als sich darauf zu berufen, daß er das Opfer unfähiger Mitarbeiter geworden war. Schon lange wurde ihm in der SPD hinter vorge-
haltener Hand vorgeworfen, er interessiere sich mehr für hübsche Frauen
als für die Alltagsarbeit in der Regierung. Brandt klammerte sich an
seinem Amt nicht fest, und seine Parteifreunde bemühten sich nicht sonderlich, ihn zurückzuhalten.

Bald nach dem Ausscheiden Brandts aus dem Amt wurde Walter
Scheel zum Bundespräsidenten gewählt. Scheel übernahm das Amt des
würdigen Gustav Heinemann, der sich für zu alt hielt, um sich ein
zweites Mal der Wahl zu stellen, und in diesem Zusammenhang das
geflügelte Wort prägte: »Man muß gehen, solang man noch laufen
kann.« Helmut Schmidt wurde der fünfte Kanzler der Bundesrepublik
Deutschland. Brandt hingegen behielt den Parteivorsitz, was allgemein
als Übergangslösung galt. Aber die Auguren irrten sich: Der Ex-Kanzler
gab dieses Amt erst 1987 im Alter von 73 Jahren ab, womit er seinen
Nachfolger im Kanzleramt Helmut Schmidt, für dessen Sturz er mit-
verantwortlich war, politisch überlebte. Wie einst der erste Kanzler bei
Erhard bemühte sich Brandt, Schmidt politisch das Wasser abzugraben.

In der langen letzten Etappe seiner Laufbahn zeigte er für die Bewegungen in der Partei und der Gesellschaft, die für mehr Demokratie und Transparenz im Innern wie im Äußern für mehr Emanzipation und Gleichheit, für eine stärkere Öffnung gegenüber den kommunistischen Ländern und für mehr Solidarität mit der dritten Welt kämpften, stets Verständnis und Sympathie. Als Träger des Friedensnobelpreises (1973), als Präsident der Sozialistischen Internationale und als kultivierter Mensch und Genießer war er, obwohl und vielleicht gerade weil er die Macht abgegeben hatte, sehr populär. Nach den Wahlen vom Dezember 1990 wurde er fast achtzigjährig Alterspräsident des Deutschen Bundestages. Als er 1992 starb, genoß er eine fast allgemeine Wertschätzung. Sie erinnert den Historiker daran, wie unbeständig und launisch die öffentliche Meinung sein kann.

Der fünfte Kanzler

Wie läßt sich der Staatsmann im Gegensatz zum einfachen Politiker definieren? Der Staatsmann verwirklicht ein Werk von einer bestimmten Dauer, das die Lebensumstände zahlreicher Menschen verändert und während eines bestimmten Zeitabschnitts auf einem Gebiet mit gewisser Bedeutung maßgeblich bleibt. Ein Staatsmann gibt einer Ära seinen Namen und bleibt noch lange nach seinem Tod oder seinem Ausscheiden aus der Politik in lebendiger Erinnerung. Nach dieser Definition wären Konrad Adenauer und Willy Brandt insofern Staatsmänner, als sie die unterschwelligen, aber mehrheitsfähigen Tendenzen in der Gesellschaft ihres Landes und ihrer Zeit in konstruktive Politik umzusetzen wußten. Helmut Schmidt, dessen Regierungszeit von Mai 1974 bis Oktober 1982 und damit fast doppelt so lange wie die von Willy Brandt dauerte, war dagegen eher ein großer Verwalter oder Administrator als ein politischer Baumeister. Das Deutschland unter seiner Führung war ein starkes Land, in dem eine ernsthafte und vorsichtige Politik betrieben wurde und das sich seiner Grenzen bewußt war. Schmidt führte die zwischen 1969 und 1970 begonnene Ostpolitik ohne große Neuerungen weiter. Die Bundesrepublik trug zum Gelingen der Konferenz von Helsinki viel bei. Im Anschluß erleichterte ein weiteres Abkommen mit Polen die Ausreise einer wachsenden Anzahl deutschstämmiger Polen in die Bundesrepublik im Gegenzug für materielle Zugeständnisse an die polnische Führung. Dank Schmidts ausgezeichneter Beziehungen zum französischen Staatspräsidenten Giscard d'Estaing, der etwa über den gleichen Zeitabschnitt (1974–1981) im Amt war wie er selbst, konnten Frankreich und

Deutschland der europäischen Einigung neue Impulse geben: die Direkt-
wahl zum Europäischen Parlament, die Schaffung des Europäischen Rates der Regierungschefs und Regierungen sowie die Einführung eines
europäischen Währungssystems. Bei den regelmäßigen Treffen der sieben
wichtigsten Wirtschaftsmächte der Welt genoß die Bundesrepublik unter
Helmut Schmidt reelles Ansehen und beträchtlichen Einfluß dank einer
stabilen Währung, eines effizienten Kampfs gegen die Inflation, einer
hervorragenden Entwicklung des Außenhandels und dank eines sozialen
Friedens, der bewahrt wurde durch ein institutionalisiertes gesellschaftliches Gleichgewicht und das in der Ära Adenauer entwickelte Konzept
der Sozialpartnerschaft. Die Ausweitung der paritätischen Mitbestimmung auf alle Unternehmen mit mehr als zweitausend Beschäftigten (sie
war zuvor auf die Bereiche Kohle und Stahl begrenzt) war gleichsam der
Schlußstein in diesem System des gesellschaftlichen Ausgleichs. Schmidt
mied in seiner Regierungszeit spektakuläre Auftritte und Aufsehen. Wie
Brandt kam er aus dem Norden, und wie er war er ein kultivierter
Mensch und Kunstliebhaber, der selbst musizierte, aber stets diskret und
zurückhaltend blieb. Während Brandt im Exil kämpfte, war dieser Sproß
einer Lehrerfamilie, ein gläubiger und praktizierender Christ, sieben Jahre lang Soldat gewesen und hatte es bei Kriegsende zum Oberleutnant
der Artillerie gebracht. Seine Gefangenschaft in Großbritannien verstärkte sein Interesse an der angelsächsischen Welt. Über den Kontakt zu
deutschen Sozialdemokraten, die bei der »demokratischen Umerziehung
der POW *(prisoners of war)*« beteiligt waren, fand Schmidt denn auch
den Weg zur SPD. Nach einem soliden Studium der Wirtschaftswissenschaften und einigen Jahren als Beamter in Hamburg wurde er 1953 als
Abgeordneter in den Deutschen Bundestag gewählt, dem er dreißig Jahre
lang angehören sollte. Seine Zielstrebigkeit, rasche Auffassungsgabe und
Redegewandtheit sicherten ihm einen raschen Aufstieg. »Schmidt-
Schnauze« lautete sein Spitzname. Zu einem kurzen Intermezzo kehrte
er als Innensenator nach Hamburg zurück. Während der großen Flut-
katastrophe von 1958, die ganze Stadtteile unter Wasser setzte, konnte
er sein Organisationstalent und seine Autorität unter Beweis stellen.
Nach der Rückkehr nach Bonn spielte er als Fraktionsvorsitzender der
SPD während der Großen Koalition eine bedeutende Rolle. 1969 übernahm er das Amt des Verteidigungsministers und gewann die Achtung
der Militärs, wobei seine sieben Jahre in Uniform sicher eine solide Basis
darstellten. 1972 trat er die Nachfolge Professor Schillers, seines einstigen
Universitätslehrers, im Doppelressort Finanzen und Wirtschaft an. Als
Kanzler gewann er zweimal, 1976 und 1980, die Bundestagswahlen. Daß
er als Regierungschef sehr populär war, hinderte seine Partei nicht daran,

die Basis seiner Autorität als Kanzler ab 1979 und trotz des Wahlerfolgs von 1980 nach und nach zu zerstören.

In den ersten Jahren der Amtszeit Helmut Schmidts erreichte der Terror der Roten Armee Fraktion (RAF), die mit einigen Dutzend Aktivisten, einigen hundert Unterstützern und Tausenden von Sympathisanten spektakuläre Anschläge verübte, einen Höhepunkt. Die aufsehenerregendste Aktion der RAF war 1977 die Entführung und Ermordung des Arbeitgeberpräsidenten Hanns Martin Schleyer. Wie im Fall der Entführung eines Flugzeugs der Lufthansa blieb Helmut Schmidt hart und lehnte jede Transaktion mit den terroristischen Erpressern ab. Die Erstürmung der Maschine, die in Spanien gestartet und nach Mogadischu entführt worden war, gelang mit relativ geringen Verlusten an Menschenleben und führte zur Wiederherstellung des Vertrauens in die Fähigkeit des Staates, die öffentliche Ordnung aufrechtzuerhalten. Bei den in Stammheim bei Stuttgart einsitzenden Terroristenführern der RAF bedeutete die Aktion das Ende jeder Hoffnung auf einen Austausch gegen die Insassen der gekaperten Maschine. Angesichts bevorstehender lebenslanger Haftstrafen entschieden sie sich für den kollektiven Selbstmord, wobei möglicherweise auch der Gedanke mitspielte, ihr Freitod könne von den Unterstützern als Mord hingestellt werden. Von da an brannte der Terrorismus, ohne ganz zu erlöschen, auf Sparflamme weiter und wurde im Hinblick auf die seltenen Anschläge und die Isolation der Aktivisten auf organisatorischer Ebene zur Randerscheinung. Dennoch bekundete ein durchaus bedeutender Teil der Antiatom- und der Friedensbewegung, Radikale bei den Grünen und den Jungsozialisten ein gewisses Maß an Verständnis für die Terroristen, die aus den gleichen Beweggründen, mit der gleichen Begeisterung und mit den gleichen Ängsten wie sie selbst bei der Verwirklichung ihrer Ziele zu den äußersten Mitteln gegriffen hatten. Als im Frühjahr 1989 einige Dutzend inhaftierter Terroristen mit der Forderung nach Zusammenlegung in den Hungerstreik traten, verhandelten die Regierungen der sozialdemokratisch geführten Länder und schlugen Transaktionen vor, die von den Beteiligten allerdings mit Verachtung zurückgewiesen wurden.

Während der Ära Schmidt wurde ein weiteres gesellschaftliches Phänomen, ein Krebsgeschwür im Gemeinwesen der Bundesrepublik, zum Dauerzustand: die Arbeitslosigkeit. Nach einem Vierteljahrhundert Vollbeschäftigung bewegten sich die Arbeitslosenzahlen ab Mitte der siebziger Jahre konstant zwischen einer und zweieinhalb Millionen. Nach der Vereinigung Deutschlands sollten sie dann alle Rekorde brechen. Jugend- und Langzeitarbeitslosigkeit setzten sich fest. Zwar verhinderte das soziale Netz das extreme Elend, das nach 1929 so verbreitet war, doch wurden die psychosozialen und politischen Auswirkungen allmählich spürbar. Auf jeden Fall sind Armut und fehlende Zukunftsperspektiven heute das Los vieler, während die meisten Deutschen, zumindest im Westen, nach wie vor mehr oder weniger stark am Wohlstand teilhaben, der trotz – oder vielleicht sogar wegen der Arbeitslosigkeit, wie viele inzwischen meinen – weiter wächst. Ist das Land auf dem Weg in eine »Zweiklassengesellschaft« mit zwei Drittel Begünstigten und einem Drittel Verlierern? Daß die kleinen radikalen Parteien von links und rechts gegen Ende der achtziger Jahre verstärkt Zulauf erhielten, ist gewiß im Zusammenhang mit der Verfestigung der Arbeitslosigkeit zum Dauerzustand zu sehen.

Eine weitere gesellschaftliche Erscheinung der Ära Schmidt, mit der sich die Regierung nicht effektiv auseinandersetzen und die sie auch nicht bekämpfen konnte, war die ökologische Bewegung. Ihr politischer Ansatzpunkt war der Kampf gegen die zivile und militärische Nutzung der Kernenergie. Die Angst vor dieser wurde regelrecht zum Bindemittel, das die Protestbewegungen vom Ende der siebziger Jahre und vom Anfang der achtziger Jahre zusammenhielt, eine religiöse und parareligiöse Bewegung mit moralischem wie politischem Anspruch. Neben Atomkraftwerken und Raketen riefen die Organisation von Wirtschaft und Gesellschaft, das Profitstreben, die Orgien des Massenkonsums und vor allem die immer raschere Zerstörung der Umwelt Protest hervor und mobilisierten Demonstranten. Lange Zeit in der Minderheit, entwickelten sich diese Kräfte zu einer Massenbewegung, die engagiert und begeistert ihre Ziele verfocht. Ihre Ängste und Protesthaltungen begannen über die Stimmzettel schließlich auch Einfluß auf die offizielle Politik zu nehmen. Die auf Produktion, Export, Eigentum und Luxus fixierte deutsche Gesellschaft war hin- und hergerissen zwischen dem geliebten eigenen Wagen mit vielen PS und öffentlichen Verkehrsmitteln, zwischen umweltzerstörenden Industrien und Kleinhandwerk, zwischen dem Kampf um die Natur vor der Haustür und den exotischen Lockungen von Gesellschaftsreisen in den sonnigen Süden. In den Koalitionen, die auf lokaler und regionaler Ebene zwischen SPD und Grünen entstanden, begann man hinsichtlich dieser beiden grundlegenden und von Grund auf gegensätzlichen Tendenzen nach Kompromissen zu suchen. Werden sie tragbar und dauerhaft sein?

Diese Entwicklungen zeichneten sich auf dem Höhepunkt von Helmut Schmidts Macht ab und sollten seinen Sturz mit herbeiführen. In der SPD, in der Willy Brandt seine Autorität subtil, aber hartnäckig noch immer behauptete, wurden unter dem Einfluß der Umwelt- und Friedensbewegung Bedenken gegen Kernkraft und Atomrüstung spürbar. Sicher ist, daß Brandt sich dieser Entwicklung nicht entgegengestellt hat. Auf den Parteikongressen der Sozialdemokraten wurden die Mehrheiten zugunsten der Politik der Regierung, die für die friedliche Nutzung der Kernenergie eintrat und die auf die neuen von den Sowjets entwickelten und aufgestellten Raketen besorgt reagierte, immer dünner. Dennoch schlug gerade Helmut Schmidt angesichts des sowjetischen Vorsprungs bei der Nuklearrüstung innerhalb des Atlantischen Bündnisses Alarm und sorgte für den sogenannten Doppelbeschluß. Die Sowjets sollten entweder über die Vernichtung ihrer neuen Waffen verhandeln, oder die Alliierten würden auf die Bedrohung notfalls ihrerseits mit der Produktion und Aufstellung neuer Waffen reagieren. Die Sowjets, die sich in der Breschnewschen Stagnation befanden, wie man es später in der Ära Gorbatschow nennen sollte, wiesen das Angebot der Westmächte zurück. Damit war die Aufstellung der Raketen vom Typ Pershing II und der Cruise-Missiles beschlossene Sache, auch wenn sie in der Bundesrepublik und anderswo auf heftigen Widerstand stieß. Erst im Frühjahr 1983, unter der Regierung Helmut Kohl, wird der Wähler endgültig für die Politik stimmen, für die sich Helmut Schmidt einst entschieden hatte.

Allerdings führte nicht die Atompolitik im Herbst 1982 nach fast dreizehn Jahren zu einem Auseinanderbrechen der Koalition aus SPD und FDP. Vielmehr veranlaßte die Rückkehr der Sozialdemokraten zu einer verstärkt dirigistischen Wirtschaftspolitik, die von einer neuen, eher akademischen denn proletarischen Linken durchgesetzt wurde, die Mehrheit in der Führung der Liberalen, sich für einen Bruch zu entscheiden. Auf wirtschaftlichem Terrain schien ein Einvernehmen zwischen CDU/CSU und FDP wenn nicht einfach, so doch realisierbar. Der im Stich gelassene Schmidt zog sich aus der aktiven Politik nach und nach zurück. Als Mitherausgeber der »Zeit«, der anspruchsvollsten und einflußreichsten bundesrepublikanischen Wochenzeitung, die eher liberal als sozialistisch orientiert ist, wirkt er aber noch immer indirekt auf die Politik ein, wobei er mit Gewandtheit und dank seiner Kompetenz die Rolle eines vielbeachteten *elder statesman* spielt.

Der sechste Kanzler

Helmut Kohl, Jahrgang 1930, ging bei Adenauers Machtantritt auf die zwanzig Jahre zu. Zwischen seiner Geburt und der des ersten Bundeskanzlers liegt ein Zeitraum von vierundfünfzig Jahren. Kohl war einer jener jungen Menschen, die noch in den letzten Monaten des Zweiten

Weltkrieges für Hitlers sinnlose und verbrecherische Politik auf dem Schlachtfeld hätten geopfert werden sollen, ein letztes Aufgebot, wie es einst auch Napoleon ins Leben gerufen hatte (trotz aller Überlegenheiten, die man dem Korsen zuschreiben möchte). Dies zeigt einmal mehr, wie sehr sich die verabscheuungswürdige Politik von Diktatoren gleicht.)

Aufgewachsen war er im Dritten Reich in einer katholischen Familie, deren Glaube so gefestigt war, daß ihn weder persönliche Vorteile noch Drohungen zu einem Anhänger des Nationalsozialismus machen konnten. Kohl, der bei Kriegsende fünfzehn Jahre alt war und die Sechzig inzwischen längst überschritten hat, ist der erste Regierungschef der Bundesrepublik, der sein gesamtes Leben als Erwachsener in einem Deutschland zugebracht hat, das so fest und unumkehrbar zur Normalität der westlichen Demokratien zurückgekehrt zu sein scheint, daß es wohl kein Wechselschicksal der Geschichte mehr zu den gefährlichen Sonderwegen von einst verleiten kann. Kohl ist mit über fünfzehn Jahren schon Ende 1997 viel länger im Amt, als es sein Vorgänger Helmut Schmidt gewesen war. Seit Gründung des Zweiten Reiches übertraf nur Bismarck, dieser allerdings bei weitem, die Dauer seiner Amtszeit. (Von Hitler sollte man im gleichen Zusammenhang nicht reden.)

Helmut Kohl, dem seine Körpergröße und seine Stentorstimme in der politischen Laufbahn ebenso zugute kamen wie ein starker Ehrgeiz und eine unermüdliche Schaffenskraft, war bereits während seiner Gymnasialzeit politisch aktiv. Er blieb dies auch während seines Heidelberger Studiums der Geschichte, wobei er in den Semesterferien als Steinmetz arbeitete. Der Mitbegründer der Jungen Union im Kreis Ludwigshafen, der großen Industriestadt am Rhein, in der er geboren worden war, wurde nacheinander Stadtrat, Landtagsabgeordneter, Fraktionschef und schließlich Landesminister. 1969 wurde er Ministerpräsident von Rheinland-Pfalz. Mit Ausnahme weniger Jahre als juristischer Berater eines Arbeitgeberverbandes war er stets Berufspolitiker. Dabei trat er fest für einige Grundüberzeugungen ein: für die katholische Soziallehre als Grundlage einer Konzeption brüderlicher zwischenmenschlicher Beziehungen; für die soziale Marktwirtschaft als ökonomische Basis des freiheitlichen Rechtsstaates; für die parlamentarische Demokratie, in der die Macht an Volksvertreter delegiert wird und das Volk die Gelegenheit hat, seine Vertreter nach einigen Jahren ab- oder wiederzuwählen; schließlich für die europäische Einigung, mit der die Zerrissenheit der europäischen Völker überwunden und ihre gemeinsame Freiheit gesichert werden soll.

Nach dem Sieg der sozialliberalen Koalition 1969, der die CDU in die Opposition drängte, eröffnete sich dem jüngsten Ministerpräsidenten eines Bundeslandes die Aussicht auf eine Karriere auf Bundesebene. Der Wahlverlierer Kurt Georg Kiesinger verlor auch den Parteivorsitz, und sein Nachfolger Rainer Barzel hatte weder die Führungsqualitäten noch die Autorität, um sich in seiner Position auf Dauer zu behaupten. Schon nach der ersten Niederlage bei den Wahlen 1972 mußte er den Vorsitz an Helmut Kohl abtreten. Kohl traf nun eine entscheidende Wahl: Er gab seine solide Position als Ministerpräsident in Mainz auf, um das viel schwierigere Amt des Oppositionsführers in Bonn zu übernehmen. 1976 führte der Vorsitzende von Partei und Fraktion seinen ersten Wahlkampf auf Bundesebene als Kanzlerkandidat: mit nur relativem Erfolg. Die CDU/CSU wurde zwar wieder stärkste Partei im Bundestag, verfehlte aber die absolute Mehrheit. 1980 schien Kohls Stellung ernsthaft bedroht. Der bayerische Ministerpräsident Franz Josef Strauß lief ihm als gemeinsamer Kanzlerkandidat der beiden Unionsparteien den Rang ab, scheiterte aber kläglich mit einem Wahlergebnis, das weit unter dem von 1976 unter Helmut Kohl lag. Damit stand der Pfälzer wieder an der Spitze der Opposition. Mit seinen festen Überzeugungen und mit unerschütterlicher Ruhe führte er seine Partei souverän und zog sich einen Stab loyaler Mitarbeiter heran. Zwei Jahre nach seinem letzten Wahlsieg wurde Helmut Schmidt, der von Abweichlern in seiner Partei immer stärker unter Druck gesetzt wurde, von den Liberalen im Stich gelassen, die damit trotz der offenkundigen Risiken eine ähnliche Wende vollzogen wie 1969. Die Rückkehr zum Bündnis der Ära Adenauer war vor allem das Werk Hans Dietrich Genschers, der 1969 als Innenminister ins Kabinett eingetreten und dann dem älteren Walter Scheel, den man 1974 zum Bundespräsidenten gewählt hatte, ins Außenministerium gefolgt war. Unterstützt wurde Genscher beim Bruch von 1982 durch Wirtschaftsminister Otto Graf Lambsdorff, der eine Rückkehr des Koalitionspartners zu einer dirigistischen Wirtschaftspolitik befürchtete. So verdankte Kohl seinen Einzug ins Kanzleramt im September 1982 nicht dem Wählervotum, sondern dem Auseinanderbrechen der sozialliberalen Koalition. Daß sich der »Pfälzer Riese« dennoch an der Macht halten konnte und aus den vier Bundestagswahlen von 1983, 1987, 1990 und 1994 nacheinander als Sieger hervorging, ist um so bemerkenswerter, als er zu den Medien und zu den meisten Intellektuellen im Lande stets ein konfliktreiches Verhältnis unterhielt. Er hatte das Glück und das Verdienst, daß die Bundesrepublik unter seiner Regierung zunächst wieder eine lange Periode kontinuierlicher materieller Verbesserungen und des Wohlstands erlebte, denen die vom Linksradikalismus bearbeitete Sozialdemokratie, die zudem die Konkurrenz der 1983 in den Bundestag eingezogenen Grünen zu fürchten hatte, außer Kritik keine echten Alternativen entgegensetzen konnte. Mit der ihm eigenen Hartnäckigkeit und im Vertrauen auf die Mehrheit im Volk setzte Kohl 1983 die Aufstellung der Mittelstreckenraketen Pershing II auf deutschem Boden als Antwort auf die Aufstellung der sowjetischen Raketen vom Typ SS 20 durch. 1986 gab er mit François Mitterrand die entscheidenden Anstöße zum Abschluß des Vertragswerks von Luxemburg, der sogenannten *Acte unique*, die eine Stärkung der gemeinsamen Institutionen und die Vollendung der wirtschaftlichen Integration zum 1. Januar 1993 vorsah. Mit diesem Vertrag wurden beträchtliche und sogar überraschende Fortschritte auf dem Weg in die gemeinsame europäische Zukunft erzielt. Ab dem Sommer 1989 betrieb Kohl das Krisenmanagement, das nach dem Zusammenbruch der kommunistischen Herrschaft in der DDR notwendig geworden war, mit einer Bravour, die selbst seine politischen Gegner anerkennen mußten. In weniger als einem Jahr führte er die Wiederherstellung der nationalen Einheit herbei. Als Wiedervereiniger und Befreier Deutschlands sollte Kohl am 18. März 1990 die ersten allgemeinen freien Wahlen in der DDR und im Dezember desselben Jahres die ersten freien gesamtdeutschen Wahlen seit 1932 gewinnen.

Die deutsche Wiedervereinigung, von der im Sommer 1989 niemand hatte vorhersagen können, daß sie so bald verwirklicht werden würde, wurde von Helmut Kohl mit großem strategischen Geschick mal vorangetrieben, mal begleitet. Auf innerdeutscher Ebene mußte er bei der Bevölkerung der DDR zunächst den Wunsch nach der nationalen Einheit wecken, während die Protestbewegung anfangs nur die Umgestaltung des Staates, nicht aber seine Abschaffung zum Ziel hatte. Als nächstes galt es, die politische Aufbruchstimmung in dem von einer hartnäckigen und sturen Führungsriege gelenkten Land, das indes eher für die Sozialdemokratie empfänglich schien, für die CDU und ihren liberalen Verbündeten zu nutzen. Um den anhaltenden Massenexodus in den Westen zu stoppen, mußte überstürzt die Deutsche Mark im Osten eingeführt werden, und dies zum wirtschaftlich kaum vertretbaren Umtauschkurs von eins zu eins. Kohl mußte diese Entscheidung, ein Gebot der politischen Vernunft, mit Entschlossenheit gegen den Widerstand der Experten, vor allem des Präsidiums der Bundesbank, durchsetzen. Gleichzeitig mußte er alle gesellschaftlichen Kräfte in Westdeutschland darauf vorbereiten, daß sie für die Ostdeutschen finanzielle Opfer würden bringen müssen, während die Mehrheit der Bürger zu Abstrichen bei ihrem soliden Wohlstand kaum bereit war. Immerhin konnte der gewaltige Finanztransfer in den Osten bei maßvollen Steuererhöhungen durchgezogen werden.

Der Status Deutschlands als geteiltes wie als wiedervereinigtes Land hing allerdings noch immer von den vier Siegermächten von 1945 ab. Dem unwiderstehlichen Drang der Deutschen nach Wiederherstellung der nationalen Einheit konnte sich keine der Westmächte in den Weg stellen, und selbst die Sowjets widersetzten sich ihm nicht lange. Kohl und Genscher erhielten angesichts der Entwicklungen in der Sowjetunion rasch die Gewißheit, daß die Einheit in fast allen Punkten zu den gewünschten Bedingungen vollzogen werden konnte. Vor allem blieb es bei der Mitgliedschaft des geeinten Deutschlands in der NATO und in der Europäischen Gemeinschaft. Zugleich sicherten sie sich die vorbehaltlose Unterstützung der Amerikaner und den Rückhalt der französischen und englischen Partner, die angesichts des wiedererstarkenden Deutschland allerdings auch einige Besorgnis anmeldeten. Die »2 + 4-Verhandlungen« zwischen den beiden deutschen Staaten und den vier Siegermächten führten zum Abschluß eines Vertrages, der einige zufriedenstellte und für alle akzeptabel war. Damit konnte die Vereinigung staats- und völkerrechtlich in völliger Legalität vollzogen werden. Der parallel dazu zwischen beiden deutschen Staaten ausgehandelte Einigungsvertrag ging vom Artikel 23 des Grundgesetzes aus, wonach dieses »in den anderen Teilen Deutschlands [...] nach deren Beitritt in Kraft zu setzen« sei.

Erschwert wurde der einfache Beitritt der ehemaligen DDR zur Bundesrepublik allerdings durch die gewaltigen Unterschiede in der Lebensweise und dem Denken der Bürger sowie in den Strukturen der beiden bis dahin getrennten Teile Deutschlands. Als Vorbereitung zum Beitritt der DDR zur BRD mußten Regeln festgelegt werden, wie die gültigen Gesetze und Rechtsnormen der Bundesrepublik, einer parlamentarischen Demokratie mit sozialer Marktwirtschaft, in Ostdeutschland eingeführt werden sollten. Die beiden von Ost-Berlin und Bonn unterzeichneten Verträge – der erste organisierte eine Wirtschafts-, Währungs- und Sozialunion, während der zweite den globalen Beitritt der DDR zur Bundesrepublik, also die politische Union regelte – beinhalten aus diesem Grund eine gewaltige Zahl von Übergangsregelungen, die allerdings weit davon entfernt sind, sämtliche Probleme auszuräumen oder alle möglichen Fälle und Streitfälle abzudecken. Die Verträge konnten auch die großen Unterschiede, die sich in der Identität der beiden Gemeinschaften von Ost und West in fast fünfzig Jahren Einzelstaatlichkeit herausgebildet hatten, nicht über Nacht abbauen.

Als Bundeskanzler Helmut Kohl am 3. Oktober 1990, kaum ein Jahr nach dem Fall der Mauer, als Regierungschef an dem feierlichen Akt teilnahm, mit dem die Parlamente beider deutscher Staaten in einer gemeinsamen Sitzung im Berliner Reichstag die Wiederherstellung der nationalen Einheit besiegelten, konnte er sich mit Recht als legitimer Erbe

Konrad Adenauers betrachten, der dessen politisches Werk fortgeführt hatte. Zugleich war er Garant und Wiederhersteller dessen, was vom Erbe Bismarcks und der Weimarer Republik lebendiggeblieben war. Der Biograph, der die Laufbahn dieses dem Volk, aus dem er stammt, so nahen und bei der intellektuellen Elite so unpopulären Staatsmannes in einigen Jahrzehnten nachzeichnen wird, mag sich vielleicht fragen, ob der Kanzler die politischen Alltagskämpfe nach dieser Sternstunde nicht anderen hätte überlassen sollen. Aber Kohl erlag dieser Versuchung nicht. Er wollte sich den schwierigen Aufgaben seines dritten Wahlkampfs als Regierungschef stellen, die ersten gemeinsamen Wahlen der beiden Teile Deutschlands gewinnen und die erste Regierung des vereinten Deutschland bilden. Hingegen wurde er mit der Enttäuschung und der Verunsicherung zahlreicher Bürger in den neuen Bundesländern und in Ost-Berlin konfrontiert. Nach Vollendung seines sechzigsten Lebensjahres äußerte er sich erstmals zu seiner Nachfolge. Die Frage war zwar kaum aktuell, doch mußte der Führer eines großen Landes auf sie ständig eine Antwort parat haben. Dann wurde sein designierter Nachfolger, Bundesinnenminister Wolfgang Schäuble, der im Dezember 1991 den Fraktionsvorsitz der CDU/CSU übernommen hatte, das Opfer eines Attentats. Er bewegt sich seither wie Franklin D. Roosevelt während seiner viermaligen Präsidentschaft von 1932 bis 1945 im Rollstuhl. Diesen hatte das Handikap allerdings nicht daran gehindert, sich zum Präsidenten der USA wählen zu lassen. Im Augenblick ist Helmut Kohl für den Kampf noch gewappnet. Er will den Wohlstand im Westen sichern, ihn im Osten einführen und die unumkehrbare Einheit Deutschlands in einem geeinten Europa vollenden. Mit diesen Aufgaben kann er die kommenden Jahre sinnvoll ausfüllen. Ein Kanzler, der 1995 die fünfundsechzig überschritten hat, wird diese Jahre vor allem dem Ziel widmen, die Einigung Europas weiter voranzutreiben, über die Etappe des Maastricht-Vertrages hinaus. Hatte Kohl schon einmal durchblicken lassen, daß er 1998 eventuell nicht mehr zur Wahl antreten wolle, so haben die weiter zu erwartenden schwierigen und langwierigen Verhandlungen ihn zu einem Sinneswandel bewegt. Dazu hat ihn auch die Mehrheit seiner Freunde in der CDU gedrängt, denen sehr wohl bewußt ist, daß sie die mit knapper Mehrheit gewonnenen Wahlen von 1994 ohne den »Bonus«, den die sehr starke Persönlichkeit des Kanzlers darstellt, zweifellos verloren hätten.

Tatsächlich ist die Mehrheit der Regierungskoalition in der Bundestagswahl vom 14. Oktober 1994 beträchtlich geschrumpft, denn die Liberalen, seit 1982 mit der CDU/CSU verbündet, gingen von 79 auf 47 Sitze zurück, und die CDU mußte im Osten erhebliche Verluste einstecken. Das Gesamtergebnis (244 CDU, 50 CSU, 47 FDP) ließ der Regierung

Kohl nur einen Vorsprung von 10 Sitzen. Weder in der CDU noch bei den Sozialdemokraten (deren Hoffnungen sich nicht erfüllt hatten) zeichnete sich eine Mehrheit für eine »große Koalition« ab. Kohl hielt deshalb an dem Bündnis mit den Liberalen fest, die allerdings – geschwächt – nicht zu bequemeren Partnern wurden. Da die Sozialdemokraten im Bundesrat (der Vertretung der Landesregierungen) eine breite Mehrheit haben, muß der Kanzler sich über jedes größere, ausgabenwirksame Gesetz mit der wichtigsten Oppositionspartei einigen. Doch die Koalition hält einstweilen. Da SPD und Grüne selbst dann, wenn die Liberalen zu ihnen überliefen, ohne die Neokommunisten keine Mehrheit hätten und ohne die letzteren auch eine Selbstauflösung des Bundestages nicht möglich wäre (es sei denn, die CDU/CSU stimmte ihr zu), spricht alles dafür, daß die Koalition wie vorgesehen bis zu den Wahlen von 1998 hält.

Hier ein Wort zu den Grünen, die bei den Wahlen vom Frühjahr 1983, den ersten, die unter einer von Kohl geleiteten Regierung stattfanden, erstmals in den Bundestag einzogen. Die Vorstellung, daß die Welt bedroht ist, vor allem durch Atomwaffen und Atomkraftwerke, hatte Ende der siebziger Jahre Männer und Frauen mit sehr unterschiedlichen Ansichten zusammengeführt, darunter Konservative, militante Pazifisten und »Überlebende« der studentischen Protestbewegung. Die Grünen hielten lange an dem kleinlichen »Rotationsprinzip« fest: Jeder der gewählten Abgeordneten mußte nach zwei Jahren abtreten und seinen Platz für den Nachrücker von der Liste freimachen, innerhalb der Fraktion wechselten die Funktionen rasch, in Führungspositionen teilten sich mehrere Abgeordnete, die ebenfalls laufend rotierten. Dennoch zogen die Grünen auch nach den Wahlen von 1987, 1990 und 1994 wieder ins Parlament ein. Innerhalb der Fraktion haben sich nach und nach die Gemäßigten durchgesetzt. In mehreren Ländern regieren die Grünen im Bündnis mit Sozialdemokraten, ja sogar mit Liberalen. Bei vielen wurde der militante Antimilitarismus von einst durch die Vorgänge in Bosnien gedämpft. Doch die Sorge um die Umwelt und die Furcht vor Katastrophen wie Tschernobyl sind in der deutschen Öffentlichkeit nach wie vor sehr gewichtige Faktoren, und diese Sorgen sichern den Grünen einen Stimmenanteil, der diese »andere« Partei zu einem dauerhaften und wichtigen politischen Faktor in Deutschland werden ließ. Im Osten sind die Umweltschützer ein Bündnis mit den »Überlebenden« der Protestbewegung eingegangen, die sich 1989 in der DDR entwickelt hatte und in der Übergangsphase bis zur Einheit eine gewisse Rolle spielte.

Vereinigung als Beitritt oder Einverleibung
Der Sturz des Hauses SED

Schon am Anfang dieses Buchs zur deutschen Geschichte habe ich versucht, der Zeitgeschichte, anders als dies in den meisten »allgemeinen Geschichten« geschieht, keine vorrangige Stellung einzuräumen. Wie ich nun feststellen muß, habe ich diese ursprüngliche Absicht nur zum Teil und sehr unvollkommen verwirklicht: Die letzten hundert Jahre der deutschen Geschichte nehmen über ein Viertel der gesamten Darstellung ein. Aber gibt es eine andere Möglichkeit, wenn über die jüngste Vergangenheit sehr viel mehr und Genaueres bekannt ist – was für den Historiker die Gefahr mit sich bringt, daß er sich im Uferlosen verliert – und wenn deren Folgen in blutigen und glanzvollen, bescheidenen und frommen Lettern noch immer auf den Wänden der Gegenwart prangen? Wir danken also dem Schicksal, daß wir diese abschließende Überlegung mit einem so erfreulichen Ausgangspunkt einleiten können. Mit einer hoffnungsvollen Note lassen wir die Darstellung einer Zeit verklingen, in der Schrecken und Unheil häufiger an der Tagesordnung waren als zivile Größe oder das Glück der Menschen. (Ganz zu schweigen von einer in der Geschichte stets außer acht gelassenen Größe, dem vom Menschen verursachten Leiden der Kreatur: So »verlor« beispielsweise allein die deutsche Armee in den ersten Monaten von Hitlers Überfall auf die Sowjetunion 800 000 Pferde …) Endlich kann ein Volk, das seit 1933 unablässig Jubel verordnet bekam, in freien demokratischen Wahlen seine Vertreter wählen. Aus Erfahrung kennen wir alle Fehler der Demokratie, doch wissen wir auch, daß Fortschritt und Verbesserungen bei keiner anderen politischen Lebensform besser aufgehoben sind. Ein Historiker ist nicht unparteiisch. Er ist zwar zunächst zu einer objektiven Darstellung des Geschehens, der »Früchte der Erde und der Arbeit des Menschen« verpflichtet, aber wenn er dies nach Maßgabe seiner Stärken und Schwächen getan hat, muß er Farbe bekennen und die Ereignisse und Bestrebungen der Zeit in einen sinnvollen Zusammenhang bringen. Während der Physiker die Natur nicht beurteilt, ist der Historiker dazu aufgerufen, die Menschen zugleich auch zu richten. Von daher habe ich das Recht und die Pflicht, diese Darstellung mit einem zuversichtlichen Schlußakkord ausklingen zu lassen und eine Hoffnung auszusprechen, die zum Teil enttäuscht, zugleich aber auch (welch schönes Wort) zum fruchtbaren Humus weiterer Hoffnung werden wird. Viele Menschen in aller Welt und vor allem in Europa haben wie der alte Samuel einst seinem Herrn dafür zu danken, daß sie den Herbst 1989, der zum Frühling wurde, noch miterleben durften.

Am Ende dieses letzten Kapitels soll es deshalb vorwiegend um den Sturz des Hauses »SED« gehen. Das kommunistische Regime der DDR ist oben bereits beschrieben worden. In seinen letzten Jahren, als die Vergreisung der Staatsführung immer deutlicher zu spüren war, wurden auch seine existenzbedrohenden inneren Widersprüche immer größer. Die brutale und verabscheuungswürdige Unterdrückung durch den Polizeiapparat war mit der langsam größer werdenden Durchlässigkeit der Grenzen und der immer stärkeren wirtschaftlichen Abhängigkeit von Westdeutschland schließlich nicht mehr vereinbar. Unter dem Schutz der evangelischen Kirche standen oppositionelle Gruppen, deren Protest im wesentlichen moralischer Natur und in gewissem Sinn anarchistisch war, gegen das Regime auf und trotzten den Polizeiknüppeln, Verhaftungen und Ausbürgerungen. Der lähmende Zentralismus der Planwirtschaft, die veralteten Produktionsweisen und die mangelnde Ausbildung der Belegschaften führten schließlich zu einem Zusammenbruch der Produktion in den Betrieben. Schriftsteller, Musiker und Theaterleute begannen sich den sturen Zwängen der DDR-Gesellschaft zu widersetzen. Zugleich empfing jeder in diesem Staat aus dem Westfernsehen die Bilder einer »zweiten Realität«, die nur wenige Kilometer und doch um Lichtjahre (vom heimischen Obskurantismus) entfernt war. Für die Wende entscheidend war indes vor allem das völlige Unvermögen der politischen Führung, die Entwicklung in der Sowjetunion unter Gorbatschow zu begreifen. Eine letzte Warnung sprach dieser in Berlin mit dem berühmt gewordenen Satz aus: »Wer zu spät kommt, den bestraft das Leben.« Dies war während der Feier zum vierzigjährigen Bestehen der DDR, einer an Shakespeare gemahnenden Veranstaltung, bei der Honecker, Stoph, Sindermann, Mielke, Hager und ihre Genossen als Karikaturen König Lears und seines Hofstaates erschienen. Wenige Tage später sollte der Chef der allmächtigen Staatssicherheit in der Volkskammer vor den belustigten Abgeordneten unter Tränen ausrufen: »Ich liebe euch doch alle.« Diese altersschwachen Männer, die sich an der Spitze der Macht der alltäglichen Realität versperrten, begriffen von den Vorgängen um sie herum nichts mehr. Ihre Scheinwelt stürzte in sich zusammen, als Michail Gorbatschow sie wissen ließ, daß die Ära der gegenseitigen »Hilfe« der Bruderstaaten zur Aufrechterhaltung der »sozialistischen Errungenschaften« vorüber war – das Signal zu einer friedlichen Revolution. Wie in Prag, wo es zur gleichen Zeit gärte, wagte es auch die von Moskau im Stich gelassene Führung in Ost-Berlin jetzt nicht mehr, zur Verteidigung ihrer Macht auf die »Massen« schießen zu lassen.

Es begann die Phase der Auflösung der politischen und wirtschaftlichen Strukturen des Staates. Die Sozialistische Einheitspartei (SED) versuchte ihre Stellung bis zum Januar 1990 zu halten, einige Inselchen der Macht zu behaupten und sich als unentbehrlich darzustellen. Doch ihr geordneter Rückzug stieß rasch auf zwei Hindernisse: auf den Massenexodus in den Westen und den nicht mehr zu unterdrückenden Ruf nach Freiheit. Die Ausreisewelle hatte im Sommer 1989 begonnen und sich mit der Öffnung der ungarischen Grenze (der sich die Sowjetunion weder widersetzen wollte noch konnte) noch beschleunigt. (Die Rolle der Tschechoslowakei, welche die ostdeutschen »Touristen« stets unbehelligt nach Ungarn weiterreisen ließ, ist in diesem Zusammenhang übrigens noch nicht ausreichend gewürdigt worden.) Schließlich faßte Egon Krenz, für kurze Zeit der Nachfolger Erich Honeckers, den verzweifelten Entschluß zur Öffnung der Mauer.[24] Es war sicher nicht allein seine Entscheidung, und wahrscheinlich steckte hinter ihr auch die Spekulation, daß sich der Schritt indirekt destabilisierend auf die westdeutsche Gesellschaft auswirken würde. Allerdings verrechneten sich die Machthaber der DDR, denn während die Ausreisewelle (über zweitausend Menschen pro Tag seit Beginn des Jahres 1990) in der Bundesrepublik zunächst nur minimale Folgen hatte, beschleunigte sie die innere Auflösung der DDR. Zudem verweigerte die Bonner Regierung Hans Modrow, dem Nachfolger von Honecker und Krenz an der Spitze der Regierung, die erbetene großangelegte Hilfe. Der politische und wirtschaftliche Bankrott mußte das Ende der DDR als selbständiger Staat bedeuten. Damit konnte auch über nichts anderes mehr verhandelt werden als über die Modalitäten zu ihrer Auflösung. Um diese Verhandlung führen zu können, war indes zunächst ein frei gewähltes Parlament nötig. Als die Vertreter der SED-Herrschaft, die immer schwankenderen Boden unter den Füßen hatten, das Datum dieser Abstimmung auf den 18. März 1990 festlegten, setzten sie damit in Wirklichkeit – in Ermangelung jeder Alternative – ihrer eigenen Macht ein Ende.

Allerdings erfüllte diese rapide und unkontrollierte Entwicklung auch außerhalb des Kreises der Politfunktionäre der SED, für die der Verlust der Macht zwangsläufig mit dem Verzicht auf ihre wirtschaftlichen und beruflichen Privilegien verbunden war (viele trafen allerdings Vorsorge in Form »wilder« Privatisierungen in die eigene Tasche), nicht unbedeutende gesellschaftliche Kräfte mit Besorgnis: einen großen Teil der Mitglieder der oppositionellen Gruppen und Grüppchen, Studenten, Kirchenleute, Intellektuelle und Künstler, die in den letzten Jahren gegen das Regime mutig Flagge gezeigt hatten. Anders als die Masse der Ausreisewilligen, die in der Mehrheit vom Überfluß und der Lebensart des

»goldenen Westens« angezogen wurden und daher »Konsumaktivisten«
genannt wurden, träumten diese »Widerständler« von einem geläuterten
und humanisierten Sozialismus, von einer Ordnung, die ihrem Land die
harten und strengen Gesetze einer von Marktwirtschaft und Profit beherrschten Gesellschaft ersparen würde. Aber wie einst die Kräfte der
französischen Résistance 1944/1945 gaben diese Idealisten bei der neuen
Entwicklung nicht den Ausschlag. Die Kommunisten gaben ihr Monopol
oder Quasimonopol über Medien, Betriebe, Verwaltungen, Papiervorrä-
te, Büros und Telefone nur unter Zwang auf. Um sie zur Herausgabe zu
bewegen, bedurfte es gleich starker Kräfte. Im Rennen um die neuen
Strukturen und Mittel, die für den anstehenden Wahlkampf gebraucht
wurden, konnten sich gegen die Altkommunisten nur die Parteien der
Bundesrepublik durchsetzen. Die sich selbst überlassenen Gruppierungen
der couragierten Bürgerrechtler wurden an den Rand gedrängt. Im Wahlkampf profitierten SPD, CDU und die Liberalen von der Einheit. Dennoch konnten die Kommunisten am 18. März im neuen »Hof der Groß-
en« eine Stellung behaupten, während die Bürgerrechtsbewegungen, die
Oppositionellen von 1989 – im Hinblick auf Mitgliederzahlen und Stimmen –, nicht einmal einen Achtungssieg errangen.

Unsere Darstellung endet mit einer Unternehmung, die es in der Geschichte der Nationalstaaten bislang noch nie gegeben hatte: mit dem
Rückkauf eines Viertels der Nation und des Landes durch die anderen
drei Viertel dieses Landes. Die Schätzungen waren abenteuerlich: Tausend Milliarden Deutsche Mark würden in einem Jahr benötigt, um die
Ersparnisse und Guthaben der Bürger der DDR – für Konsum und Investitionen – umzutauschen und ihre Einkommen noch vor dem Anstieg
ihrer Arbeitsproduktivität anzuheben. Aus wirtschaftlicher Sicht war das
Unternehmen völlig unsinnig und höchst riskant. Tausend Milliarden
Deutsche Mark machten andererseits allerdings gerade einmal das Doppelte vom Außenhandelsüberschuß der westdeutschen Wirtschaft von
1989 aus. Dagegen ist von den wahren Kosten der Einheit auch sieben
Jahre nach dem Beitritt der neuen Länder zur Bundesrepublik immer
noch nur soviel bekannt, daß sie noch sehr viel höher liegen werden. Bei
der Entscheidung standen politische Erwägungen im Vordergrund. Mit
der Ankündigung der Währungseinheit, also der Einführung der Deutschen Mark in der DDR, fast unmittelbar nach der Wahl vom 18. März
erfüllte Helmut Kohl nur seine politische Pflicht: Offen blieb, ob diese
Maßnahme, die von den einen als mutig, von den anderen als leichtsinnig
betrachtet wurde, auch vom Wähler in beiden Teilen des vereinten
Deutschlands honoriert würde. Die Antwort brachte der 2. Dezember

1990: Die Bürger im Westen wie im Osten stellten sich mit deutlicher Mehrheit hinter Helmut Kohls Entscheidungen. Allerdings waren die spürbaren Verbesserungen für die Bürger der ehemaligen DDR mit einer hohen Arbeitslosigkeit, mit Preissteigerungen und einem gewaltigen Umbau im Sozialsystem verbunden, das bislang nicht gerade effizient, aber fast kostenlos gewesen war. Viele Bürger mit Unternehmungsgeist sind bereits in den Westen abgewandert oder werden dies noch tun. Ein großer Teil der Zurückgebliebenen hat Angst vor den anstehenden Veränderungen, von denen sich gerade kleine Leute wenig Gutes versprechen. Unterdessen herrschte in der alten Bundesrepublik Verunsicherung über die materiellen Folgen der Wiedervereinigung: steigende Zinsen, Inflationsschübe und Steuererhöhungen. In einer hedonistischen Gesellschaft mit kleinbürgerlichem Bewußtsein läßt sich nur schwer an eine nationale Solidarität appellieren, ohne gleich ins Horn eines übertriebenen Nationalismus zu stoßen. Die Vereinigung der beiden deutschen Staaten ist nicht nur ein Triumph von Demokratie und sozialer Marktwirtschaft, sie schürt vielleicht auch die Feindschaft gegen Übersiedler aus der Ex-DDR, gegen Aussiedler aus den östlichen Ländern und vor allem gegen Gastarbeiter und Asylanten. Fünf Jahre danach kann man freilich feststellen, daß die Sorgen übertrieben waren und die – durchaus erheblichen, in der Geschichte beispiellosen – Kosten sich »lediglich« auf eine jährliche Abschöpfung von rund 180 Milliarden DM belaufen, die Westdeutschland murrend, aber ohne allzu lautstarke Proteste erträgt. Um die bittere Pille zu versüßen, hat die Bundesregierung es in den ersten Jahren allerdings vorgezogen, sich weiter und höher zu verschulden, statt die Steuern zu erhöhen.

Die deutsche Einheit, die plötzlich in greifbare Nähe gerückt war, war auf zwei Arten herbeizuführen. Das Grundgesetz der Bundesrepublik vom 23. Mai 1949 sieht in Artikel 146 vor, daß es an dem Tag seine Geltung verliert, an dem eine vom deutschen Volk in freier Selbstbestimmung gewählte Verfassung in Kraft gesetzt wird. Demnach hätte das Volk durch die Parlamente der beiden 1949 gegründeten Staaten und von West-Berlin zur Wahl einer Verfassunggebenden Versammlung aufgerufen werden können. Dieses Gremium hätte eine Verfassung erstellen müssen, die für beide deutschen Staaten (und für West-Berlin) Geltung gehabt hätte.

Allerdings heißt es in der Präambel des Grundgesetzes auch, das deutsche Volk der aufgelisteten Bundesländer habe »auch für jene Deutschen gehandelt, denen mitzuwirken versagt war«. Folgerichtig wird in Artikel 23 nach einer weiteren Aufzählung der Bundesländer, in denen das Grundgesetz gilt, hinzugefügt, »in anderen Teilen Deutschlands« sei »es nach deren Beitritt in Kraft zu setzen«. Dieser Passus ermöglichte somit entweder einen Beitritt der DDR als Ganzem (nach einer Abstimmung in der Volkskammer, einer Volksabstimmung oder nach beidem nacheinander) oder der noch oder wieder zu schaffenden Länder der ehemaligen DDR einzeln oder gemeinschaftlich nach einer Abstimmung der jeweiligen Landtage mit oder ohne Referendum. In beiden Fällen blieb das Problem West-Berlins bestehen, für das eine besondere Übereinkunft mit den Westalliierten notwendig war, die in den jeweiligen Sektoren der Stadt noch immer Souveränität besaßen.

Wäre der oben genannte erste Weg zur Einheit eingeschlagen worden, hätten die Verträge von 1954 und 1955 zwischen der Bundesrepublik Deutschland und den Westalliierten neu ausgehandelt werden müssen, einschließlich des Vertrages über den Beitritt der BRD zur NATO und des Vertrages über den Beitritt zur UNO. Das gleiche wäre bei den Römischen Verträgen und den folgenden Verträgen zum Aufbau der Europäischen Gemeinschaft der Fall gewesen. Solche Neuverhandlungen waren dagegen außer in den Fragen der Verteidigung nicht notwendig bei einem einfachen Beitritt der Ex-DDR oder ihrer Länder zur Bundesrepublik. Der hatte zudem den Vorteil, daß das bewährte Grundgesetz mit dem politischen Gleichgewicht zwischen Bund und Ländern und zwischen der Legislative, Exekutive und der Judikative in Kraft bleiben konnte.

Damit die deutsche Einheit auf die eine oder andere Weise vollzogen werden konnte, mußten die Siegermächte des Zweiten Weltkrieges, die seit der bedingungslosen Kapitulation von Hitlers Armeen die Souveränität über Deutschland besaßen, jedenfalls auf ihre Rechte auf Deutschland »als Ganzes« verzichten. Dieser Verzicht mußte zunächst ausgehandelt werden. Von deutscher Seite aus war er mit Garantien verknüpft, zu denen die offizielle Anerkennung der polnischen Westgrenzen durch die Bundesregierung gehörte. Diese mußte nach einem Spruch des Bundesverfassungsgerichtes in Übereinstimmung mit dem von Willy Brandt unterzeichneten Vertrag von Warschau von 1970 und den anhängigen Dokumenten stehen. (Das Vertragswerk war damals vorbehaltlich der Tatsache abgeschlossen worden, daß nur eine gesamtdeutsche Regierung eine völkerrechtlich verbindliche Vereinbarung über den Verlauf der polnischen Westgrenze treffen könnte.)

Die Entwicklung in der DDR seit Sommer 1989 war zu einem sehr großen Teil die Folge der gewaltigen Umwälzungen im Sowjetreich unter Michail Gorbatschow, der unter dem Druck der Ereignisse die unumgänglichen Reformen eingeleitet hatte. Während die Sowjetunion in der Lage war,

Raumschiffe ins Weltall zu schicken, konnte sie andererseits die Konsum-
bedürfnisse der Mehrheit ihrer Bevölkerung nicht angemessen befriedigen.
Wegen ihrer zentralistischen und bürokratischen Wirtschaftsweise geriet
sie auch im Rüstungswettlauf mit den USA in einen technologischen Rückstand. Zugleich machte die moderne Technik die Mauern, mit denen sich
die Sowjetmacht gegen den unkontrollierten Informationsfluß aus dem
Westen abschotten wollte, immer durchlässiger. Bei den unterworfenen
Völkern regte sich erneut das Nationalbewußtsein. Das von Stalin errichtete und unter Breschnew zementierte Reich brach in ganzen Abschnitten
in sich zusammen. Ein gewaltiger Freiheitsdrang mischte sich mit weniger
lauteren Bestrebungen, mit religiösem Fanatismus und aggressivem Nationalismus. Gorbatschow, dem man gewiß bedeutende politische Fähigkeiten nicht absprechen kann, unternahm ein gewaltiges Werk zur Modernisierung, Konsolidierung und Erneuerung der Sowjetunion, wobei auch
Rückzugsmanöver in Kauf genommen werden mußten. Der innere Wandel
wirkte sich unweigerlich auf die sowjetische Außenpolitik in Europa aus.
Da die Sowjetunion mit den von Amerika diktierten Militärausgaben nicht
mehr Schritt halten und die Herrschaft über die osteuropäischen Satellitenstaaten nicht mehr aufrechterhalten konnte, unternahm sie einen Rückzug an allen Fronten und versuchte, sich die Aufgabe des nicht mehr zu
haltenden Terrains mit politischen Zugeständnissen und Wirtschaftshilfen
bezahlen zu lassen. Vorsichtig versuchte Kanzler Kohl, dem der liberale
Bundesaußenminister Genscher häufig mit exponierteren Initiativen vor-
anging, die östlichen Avancen unter völligem Verzicht auf deutsche Al-
leingänge innerhalb der NATO oder der Europäischen Gemeinschaft zugunsten der Deutschen in den kommunistischen Ländern zu nutzen.
Befürchtungen, die Bundesrepublik werde sich zu allzu großen Verpflichtungen gegenüber der Sowjetunion hinreißen lassen, stellten sich als unbe-
gründet heraus. Bis zur Öffnung der Berliner Mauer kam es zu keinem
entscheidenden Durchbruch, weder in den Wirtschaftsbeziehungen zur Sowjetunion noch in der Sicherheitspolitik, abgesehen von der Affäre um die
Kurzstreckenraketen, die in den ersten Monaten 1989 zu Spannungen zwischen der Bundesrepublik und den Vereinigten Staaten führte. Ausgelöst
wurde der Konflikt in diesem Fall allerdings eher durch die amerikanische
Politik gegenüber der Sowjetunion und vor allem durch den von Präsident
Reagan in die Wege geleiteten unerwarteten Abzug der Mittelstreckenraketen. Gorbatschow schlug aus ihr denn auch einiges Kapital, vor allem
insofern sich die Wirkung seiner Politik oder deren Präsentation in der
westdeutschen Öffentlichkeit danach noch verstärkte. Wegen der engen
Abstimmung seiner Politik mit dem Atlantischen Bündnis und der Europäischen Gemeinschaft setzte sich der Bundeskanzler den heftigen Angrif-

fen der sozialdemokratischen Opposition aus. Diese verlangte, die Bundesrepublik solle Gorbatschows Initiativen zur Abrüstung, Rüstungskontrolle
und Verminderung der Streitkräfte stärker unterstützen. Zugleich knüpften die Sozialdemokraten verstärkt Kontakte zu den Machthabern der
kommunistischen Länder Osteuropas, wobei sogar die gemeinsamen marxistischen Ursprünge, vor allem mit den deutschen Kommunisten der
DDR, beschworen wurden. Die Parteiführung der SPD vertraute inzwischen mehrheitlich nur noch auf eine langsame Annäherung, auf eine Politik der kleinen Schritte nach der Formel von Willy Brandts wichtigem
Ratgeber Egon Bahr: »Wandel durch Annäherung«. Hatte Willy Brandt
nicht einige Zeit vor den großen Umwälzungen in der DDR davon gesprochen, die Affirmation des politischen Willens nach Wiedervereinigung der
beiden deutschen Staaten sei eine »Lebenslüge der Bundesrepublik«? Die
SPD vollzog im geeigneten Augenblick allerdings eine Kehrtwendung und
sicherte der wieder im Entstehen begriffenen Schwesterpartei in Ostdeutschland ihre Unterstützung zu. Und schon im Februar 1990 wurde
Willy Brandt, bereits Ehrenvorsitzender der West-SPD, auch von der SPD-
Ost in dieses Amt berufen.

Vergangenheitsbewältigung, Rückgabe und Entschädigung, Investitionen und Aufbau Ost

Nach der Wahl vom 18. März 1990, die der CDU/CSU einen unerwarteten Vorsprung bescherte, die Liberalen festigte und die Sozialdemokraten
enttäuschte (die SED-Nachfolgerin PDS kam mit einem eher guten Ergebnis davon), wurde unter der Führung Lothar de Maizières, der Anwalt
und aktives Mitglied der evangelischen Kirche war und schon im Dezember die Führer der nach jahrzehntelanger Kollaboration allzu kompromittierten Ost-CDU abgelöst hatte, eine große Koalition aus CDU, SPD und
FDP gebildet. Aus dem neuen Kabinett ausgeschlossen waren natürlich
die Erben der Kommunisten um den Anwalt Gregor Gysi, dessen Vater
in der SED einen bedeutenden Posten bekleidet hatte. De Maizières einzige
Aufgabe sollte darin bestehen, den Staat aufzulösen, den die Sowjetunion
in ihrer Besatzungszone ab 1945 künstlich geschaffen hatte. Zunächst
wurde am 1. Juli die Währungseinheit verwirklicht: An die Stelle der
schwachen Ostmark trat die siegreiche Deutsche Mark. Jeder Erwachsene
konnte bis zu 6000 Mark Ost gegen 6000 Mark West zum Kurs von eins
zu eins eintauschen, ein gewaltiger Unterschied zu den 40 DM der Währungsreform vom 1. Juli 1948. Die beiden Zahlen geben einen Eindruck
von dem Ausmaß des westdeutschen Wirtschaftswunders.

Die Fachleute und allen voran die Währungshüter der Bundesbank hatten sich mit ausgezeichneten Argumenten gegen den Umtauschkurs von eins zu eins gewandt. Dabei ließen sie freilich außer acht, daß der Exodus nach Westen ohne diese spektakuläre Maßnahme, mit der ein Zeichen gesetzt wurde, nicht zu stoppen gewesen wäre. Er hätte sogar noch Auftrieb erhalten und schließlich zu einer weitgehenden Entvölkerung der DDR geführt. Sehr rasch begriffen die Bürger im Osten, daß sie von nun an zu den Armen einer reichen Nation gehörten, aber die Faszination angesichts des Warenüberflusses und der Wahlmöglichkeiten ließ ihre Befürchtungen anfangs verstummen. Die Einkommen hinkten denen im Westen sehr stark hinterher, wurden aber auf Druck der Gewerkschaften aus dem Westen, die an die Stelle der in den kommunistischen Machtapparat eingebundenen Ostgewerkschaften traten, angehoben. Trotzdem lagen sie im Osten im Sommer 1995, also fünf Jahre nach der Währungsreform mit dem Umtausch eins zu eins, immer noch bei 75 Prozent des Westniveaus. Den Anschluß haben auch diejenigen, die weder arbeitslos noch im Vorruhestand, noch von Umschulungsmaßnahmen betroffen sind (das sind 30 Prozent der erwerbsfähigen Bevölkerung), auch vor 1997 noch nicht erreicht.

Das zweite wichtige und sogar bei weitem das wichtigste Datum auf dem Weg in das vereinte Deutschland war der 3. Oktober 1990. An diesem Tag trat der Einigungsvertrag in Kraft, ein gewaltiges Vertragswerk, das mit seinen minutiösen Detailbestimmungen sehr viel mehr ist als nur eine einfache Darlegung der Bedingungen, unter denen die Eingliederung der fünf auf dem Territorium der ehemaligen DDR neu geschaffenen oder besser gesagt wiederhergestellten Bundesländer vollzogen werden sollte. Niemand kann den Ministerialbeamten aus Bonn (und in geringerem Maße aus Berlin), die diese tausend Seiten des Fahrplans der Vereinigung Deutschlands in wenigen Wochen erdacht und verfaßt haben, die Bewunderung versagen. Obwohl einige Passagen nicht ganz klar sind, haben diese Männer das große Verdienst, einen in der Geschichte einmaligen Vorgang ermöglicht zu haben: die friedliche Eingliederung eines Staates mit mehr als fünfzehn Millionen Einwohnern in einen anderen Staat. Das Vertragswerk, in dem gewaltige politische und juristische Arbeit steckte, wurde von den Delegationsleitern, Bundesinnenminister Wolfgang Schäuble und DDR-Staatssekretär Günter Krause unterzeichnet. An dem Tag, an dem es von den beiden im Berliner Reichstag zusammengetretenen Volksvertretungen verabschiedet wurde, hörte die DDR zu existieren auf. Lothar de Maizière, Günter Krause und mehrere andere Politiker und Politikerinnen der Ex-DDR traten in das Bonner Kabinett ein.

Die Kommunalwahlen hatten zuvor in der gesamten DDR die Tendenzen der Wahl vom 18. März im großen und ganzen bestätigt. Am 14. Oktober wählten die Bürger der fünf neuen Bundesländer ihre Landtage und diese danach ihre Regierungen. Während sich vier der fünf neuen Länder für einen Ministerpräsidenten der CDU entschieden, wählte nur Brandenburg in Gestalt eines hohen Funktionärs der evangelischen Kirche einen sozialdemokratischen Regierungschef. Während dieser Zeit wurde zugleich der Geltungsbereich der bundesdeutschen Gesetze in einzelnen Etappen und nach den verschiedenen Lebensbereichen unterschiedlich auf die neuen Länder und Ost-Berlin, das mit West-Berlin fusionierte, ausgedehnt.

Am 2. Dezember 1990 wurde der erste gemeinsame deutsche Bundestag (und das neue Abgeordnetenhaus des vereinten Berlin) gewählt. Das Bundesverfassungsgericht hatte das vom vorigen Bundestag beschlossene Wahlrecht »korrigiert«: Statt als einheitliches Territorium wählten die beiden Teile Deutschlands noch einmal getrennt. Damit erhielten auch die unbedeutenderen Parteien der Ex-DDR, die SED-Nachfolgepartei PDS und das kleinere, aus der Opposition gegen das SED-Regime hervorgegangene Bündnis 90 eine Chance. Tatsächlich zogen beide Gruppierungen in den Bundestag ein, während die Westgrünen ihre Sitze verloren. Das Prinzip der getrennten Auszählung galt allerdings nur für die ersten allgemeinen Wahlen vom 2. Dezember 1990. Nach der Bildung der Regierungen in den neuen Bundesländern nahmen diese auch ihre Sitze im Bundesrat ein.

Mit dem Einigungsvertrag war bestätigt worden, was seit 1945 zahllose Male geschrieben, gesagt und beschlossen worden war. Berlin war und blieb die Hauptstadt des geeinten Deutschland. Allerdings war die Entscheidung über den Sitz der höchsten Bundesorgane nach dem Vertragstext dem neuen Bundestag vorbehalten, womit theoretisch die Möglichkeit bestand, daß der Staatschef, die Regierung und die Parlamente ihre Aufgaben außerhalb der Hauptstadt erfüllen würden. Nach heftigen Kontroversen, bei denen neben persönlichen Überzeugungen auch handfeste Interessen eine Rolle spielten, entschied sich eine knappe Mehrheit nach einer Diskussion, die als eine Sternstunde des deutschen Parlamentarismus gelten kann, am 20. Juni 1991 für Berlin als Regierungssitz. Bei seiner Parteinahme für die Metropole an der Spree hatte Helmut Kohl jede Mißdeutung dieser Entscheidung als eine Infragestellung der großen Entscheidungen vermieden, die während der Ära Adenauer zugunsten des westlichen Bündnisses und Europas gefallen waren.

Das Schicksal Deutschlands lag allerdings nicht allein in den Händen der Deutschen. Nach der bedingungslosen Kapitulation von 1945 waren die Siegermächte die eigentlichen Souveräne des Landes. Das Besatzungsstatut von 1949, das deren tatsächlich ausgeübte Macht beschränkte, hatte für Westdeutschland eine erste Etappe auf dem Rückweg zur Unabhängigkeit bedeutet, wobei die Alliierten sämtliche Zugeständnisse im Krisenfall wieder hätten zurücknehmen können. Eine zweite Phase leitete der Deutschlandvertrag[25] von 1955 ein, der die Besatzung in eine Militärpräsenz der Alliierten umwandelte. Bestehen blieben allerdings die Bestimmungen zum Notstand, die erst außer Kraft gesetzt wurden, als die Bundesrepublik unter der Großen Koalition (1966–1969) eine entsprechende eigene Gesetzgebung verabschiedete. Diese Verträge galten allerdings nur für Westdeutschland, während für die DDR sowjetische Entscheidungen Gültigkeit hatten. Die Wiedervereinigung, die an die Verträge von Jalta und Potsdam rührte, stellte die Quelle der alliierten Ansprüche in Frage. Verhandlungen zwischen den beiden deutschen Staaten und den vier Siegermächten wurden damit zwingend. Sie gestalteten sich wegen der an die Ära Breschnew erinnernden Haltung der Sowjets und den teils offenen, teils verborgenen Vorbehalten Frankreichs und Großbritanniens, die sich auf die Sowjetunion stützen zu können glaubten, zunächst recht schwierig. Aber dazu kam es nicht: Bei raschen bilateralen Gesprächen erhielt Kohl von Gorbatschow im Juli 1990 die Zusage, ein geeintes Deutschland könne in der NATO bleiben, wenn es im Gegenzug seine Streitkräfte drastisch auf 370000 Mann verringern würde. Die sich anschließenden »2 + 4-Gespräche« (der Regierungen der beiden deutschen Staaten und der Alliierten von 1945) waren danach nur noch Formsache. Allerdings hegte ein Teil der französischen Führung, der die Schwächung der Sowjetmacht überschätzte, Befürchtungen im Hinblick auf ein Wiedererstarken der Deutschen. Die außenpolitische Konzeption, Deutschland und die Großmacht im Osten gegeneinander auszubalancieren, war älter als die Sowjetunion: Sie hatte bereits zum französisch-russischen Bündnis von 1893 geführt, war mit dem Niedergang des sowjetischen Imperiums aber hinfällig geworden. Der Text der »2 + 4-Gespräche« erlegte dem vereinigten Deutschland einen Vertrag mit Polen auf, in dem die Unverletzlichkeit der polnischen Westgrenzen festgeschrieben wurde. Ohne lange Kämpfe konnte Helmut Kohl diesen Vertrag einschließlich der Verpflichtung gegenüber Polen ratifizieren lassen, bei fortlaufenden Protesten einiger Vertreter von Vertriebenenverbänden.

Die fortschreitende Auflösung der Sowjetmacht, das Entstehen eines neuen russischen Staates mit gewaltigen inneren Schwierigkeiten, in dem nach außen nationalistische Tendenzen wirksam werden, die sowjetische Erinnerungen mit imperialistischen Elementen aus weiter zurückliegenden Zeiten verknüpfen, die Unabhängigkeit der baltischen Staaten – und die gleichzeitigen ethnischen politischen und sozialen Konflikte in Jugoslawien – stellten Deutschland vor weitere Probleme und bürdeten ihm neue Verpflichtungen auf. Zugleich eröffnete dies alles aber auch neue Perspektiven im Hinblick auf Macht, Einfluß und wirtschaftliche Interessen. Vor diesem Hintergrund liefen einige Partnerländer, allen voran Frankreich, Gefahr, Deutschland, das beim Bau des gemeinsamen europäischen Hauses einen fast grenzenlos guten Willen zeigte, in den nationalen »Sonderweg« zu treiben, weil sie selbst an einem integrierten Europa, das über eine große Freihandelszone hinaus auch eine tatsächliche politische und militärische Macht darstellen würde, kein wirkliches Interesse hatten.

Es ist – entgegen einer in Frankreich sehr verbreiteten Meinung – anzunehmen, daß eine »nationale« Politik Deutschlands sich diplomatisch und besonders wirtschaftlich nicht in erster Linie nach Osten ausrichten würde, denn der Osten ist, Rußland eingeschlossen, auf absehbare Zeit für die deutsche Industrie, den deutschen Export und die deutschen Banken von sehr begrenzter Bedeutung; die Alternative zum geeinten Europa wäre für Deutschland eine verstärkte und exklusive Anbindung an die Vereinigten Staaten, für die es dann der Brückenkopf in Europa wäre, ein Brückenkopf, dessen hohe Bedeutung sich im Golfkrieg erwiesen hat, als Deutschland die wichtigste rückwärtige Basis der USA war, ohne sich direkt an den Kämpfen zu beteiligen.

Entmutigende Signale aus Frankreich könnten freilich zu einem Schwund des guten Willens in Deutschland führen, was beiden Ländern und den anderen Staaten und Völkern Europas sehr zum Schaden gereichen würde. Daher kam der Billigung des Maastrichter Vertrages, der auf eine gemeinsame deutsch-französische Initiative zurückgeht, durch die Abstimmung des französischen Volkes eine besondere Bedeutung zu, und daher ist es gleichfalls von größter Wichtigkeit, daß die Währungsunion und die politische Union trotz äußerer und innerer Widerstände rasch vorangetrieben werden und daß Frankreich auf dem derart eingeschlagenen Weg weiter fortschreitet.

In Frankreich kamen vor allem auf der Rechten, aber auch in den Reihen der Linken (Chevènement u. a.) wieder alte nationalistische Einstellungen hoch, die sich an der »Souveränität« berauschen. Der Widerstand, den 1994 und 1995 ein Teil der Verwaltung und der Regierung gegen die Anwendung des Schengener Abkommens leistete, ist ebenso Ausdruck dieser Einstellung wie die Unschlüssigkeit führender französischer Politiker über den Beginn der Währungsunion und die Empörung, die im Herbst 1994 das CDU-Papier des Abgeordneten Lamers auslöste, in dem die Notwendigkeit eines föderativen Europa betont wurde. Diese nostalgischen, rückwärtsgewandten Einstellungen könnten eines Tages bewirken, daß Deutschland nicht länger an der europäischen Hoffnung festhält. Der Erfolg des »Front national« in der ersten Runde der Präsidentenwahl von 1995 (über 20 Prozent der Stimmen, wenn man die für De Villiers abgegebenen hinzunimmt) wurde in der deutschen Öffentlichkeit mit großer Erschütterung aufgenommen.

Bei der Wiedervereinigung wurden die Deutschen aus Ost und West mit vier großen Problemen konfrontiert, die sie auf ganz unterschiedliche Weise angingen. Das erste wichtige Problem ist bis heute ohne befriedigende Lösung geblieben, und man muß sich fragen, ob es eine solche überhaupt geben kann: die Frage der Verantwortlichkeiten. Wie soll man nach fünfundvierzig Jahren mit den Machthabern, Ausführenden und Helfershelfern des totalitären Regimes verfahren? In Frankreich hatte eine ähnliche Frage einst nach »nur« vier Jahren einer Fremdherrschaft und eines reaktionären – faschistischen – Regimes gewaltige Probleme bereitet. Und in der ehemaligen DDR können heute selbst die Mitarbeiter des Staatssicherheitsdienstes versuchen, sich als einfache Befehlsempfänger der Moskauer Befehlszentrale darzustellen. Wie soll man in einem Regime, unter dem bereits zwei Generationen in eine abgeschlossene Gesellschaft hineingeboren und dort aufgewachsen sind, persönliche Verantwortlichkeiten festlegen? Wie soll man Verbrechen und Vergehen definieren, wenn diese in einem Staat, der seit 1972 völkerrechtlich anerkannt war und einen Sitz in den Vereinten Nationen hatte, gesetzlich gedeckt und verordnet waren? Kann man die westdeutsche Gesetzgebung auf die Bürger der DDR anwenden, in der sie zu der Zeit, als die zu verfolgenden Verbrechen und Vergehen begangen wurden, keinerlei Gültigkeit besaß? In dem Falle würde wohl das grundlegende Prinzip unseres Rechtes verletzt, wonach Gesetze keine rückwirkende Kraft haben. (Wegen dieses Prinzips ist es ja auch so schwierig, Kriegsverbrechen während der Nazidiktatur als »Verbrechen gegen die Menschheit« zu ahnden, da es diese während der damaligen Zeit ja noch in keiner Gesetzgebung gab. In Frankreich wurde die Öffentlichkeit während des Prozesses gegen Klaus Barbie mit diesem Widerspruch konfrontiert.) Und wie sollen Straftaten geahndet werden, die vierzig und mehr Jahre zurückliegen? Unter Mißachtung der ebenfalls sakrosankten dreißigjährigen Verjährungsfrist? Die alte Bundesrepublik, die sporadisch Prozesse gegen achtzigjährige Nazis führen mußte, wurde mit diesen Schwierigkeiten endlos konfrontiert. Und nach der Wiedervereinigung kam 1992 der Prozeß gegen den einstigen Chef des Ministeriums für Staatssicherheit Erich Mielke, dem man den Mord an zwei Berliner Polizisten im Jahre 1932 zur Last legte, und der noch nicht beendet ist, weil der Angeklagte nicht mehr fähig ist, an den Verhandlungen teilzunehmen! Richtig deutlich wurden alle Widersprüche und Absurditäten einer juristischen Aufarbeitung der DDR-Vergangenheit im Rahmen des Einigungsvertrags mit dem Verfahren gegen Erich Honekker. Die einstige Nummer eins der Diktatur berief sich auf die Gesetzmäßigkeit seiner Entscheidungen als Staatschef, und als der Prozeß gegen ihn unter Berufung auf seinen schlechten Gesundheitszustand – wobei möglicherweise übertrieben wurde – eingestellt wurde, waren viele Juristen und Politiker nur zu froh, aus einer Zwickmühle befreit zu sein. Erich Honecker ist friedlich in Chile verstorben. Die Eltern und Geschwister der DDR-Bürger, die seinem Schießbefehl an der Berliner Mauer oder am Stacheldraht der Grenzlinie zwischen den beiden deutschen Staaten zum Opfer fielen, geben sich damit aber nicht zufrieden.

Im Herbst 1991 wurden die Prozesse gegen die jungen Soldaten der Volksarmee eröffnet, die Bürger der DDR bei einem Fluchtversuch an der Mauer erschossen oder mit Schüssen verletzt haben. Sie handelten nach den geltenden Gesetzen ihres Staates. Wird man sich nun an diejenigen halten, welche diese Gesetze erlassen und ihre Einhaltung überwacht haben? Ihr Alter hatte sie tatsächlich nicht daran gehindert, bis 1989 über die DDR zu herrschen. Wie aber sollte man Honecker verurteilen und Modrow, den langjährigen Satrapen von Dresden, der dann sogar im Bundestag saß, schonen? Soll man die Folterer bestrafen und ihre Vorgesetzten, welche das Unrecht legalisiert, wenn nicht erzwungen haben, laufenlassen? Jede Lösung dieser Fragen wird stets einen bitteren Nachgeschmack hinterlassen.

Meiner Meinung nach hätte man besser daran getan, all diejenigen, die in der SED, in den Blockparteien (Ost-CDU, Liberale, Bauernpartei usw.) und in den staatlichen Einrichtungen weisungsbefugte Funktionen (die namentlich aufgelistet werden müßten) ausgeübt haben, automatisch aus jedem öffentlichen, administrativen oder gewählten Amt auszuschließen (außer solchen, die sich um die Freiheit verdient gemacht haben). Daß Modrow einen Sitz im Bundestag erhielt, ist in meinen Augen ein größerer Skandal als die Möglichkeit, daß ein »kleiner« Folterer straflos ausgeht.

Da man sich gegen eine so einfache und klare Lösung entschieden hat, [26] stand Deutschland jetzt eine Lawine unseliger Prozesse ins Haus, die unbefriedigend enden und in eine ebenso unselige Amnestie münden werden. Das kurioseste Beispiel für diese Widersprüche ist der Prozeß gegen Beamte des Geheimdienstes, wobei es freilich nur um die Spionage der DDR in der Bundesrepublik geht. Der Prozeß lag monatelang auf Eis bis zur Entscheidung des Bundesverfassungsgerichtes, ob eine Strafverfolgung in diesem Fall nicht gegen das Gleichheitsprinzip verstößt, da natürlich keine Rede davon sein kann, auch die westdeutschen Organisatoren der Spionage in der Ex-DDR zur Rechenschaft zu ziehen. Das Gericht hat endlich 1995 zugunsten der einstigen DDR-Spione entschieden.

All diese Schwierigkeiten sind freilich nur Randerscheinungen des Einigungsprozesses. Ein viel ernsthafteres Problem, welches das Klima in Deutschland noch lange vergiften wird, ist die Verstrickung der ehemaligen Bürger der DDR in das Netz der Bespitzelungen, das der allgegenwärtige Staatssicherheitsdienst über die ganze Gesellschaft gebreitet hatte. So waren unzählige Bürger der DDR angehalten worden, über die Äußerungen und Handlungen ihrer Bekannten Auskunft zu geben. Die Leute der Stasi haben vor dem Rückzug in den Ruhestand oder vor dem Überwechseln in neue Tätigkeiten natürlich zahlreiche Personalakten mitgehen lassen, die sie für Gegenleistungen zuweilen weiterleiten. Allerdings sind viele Akten auch wiederaufgetaucht, wobei nicht immer klar ist, durch wessen Hände sie gegangen und ob sie manipuliert worden sind. Wer sich in der DDR aus der anonymen Masse der Bürger heraushob, mußte damit rechnen, von der Stasi früher oder später zu einem Gespräch gebeten zu werden. Es ist durchaus möglich, daß später die Namen Ahnungsloser in Stasi-Akten als Spitzel eingetragen wurden oder daß Spitzeldienste dank der alten Seilschaften nicht ans Tageslicht kommen. Kurzum, noch auf Jahre hinaus ist wohl jeder, der in den neuen Bundesländern in Politik oder Gesellschaft eine Rolle spielt, von Verdächtigungen bedroht, und sei es auch nur, weil eine mit seinem Namen versehene leere Stasi-Akte gefunden wird, wie im Falle des ehemaligen DDR-Ministerpräsidenten und stellvertretenden Vorsitzenden der Bundes-CDU, Lothar de Maizière, von dem allgemein bekannt ist, daß er zahlreiche politische Angeklagte engagiert verteidigt hatte. Schon die Tatsache, daß er der DDR nicht den Rücken gekehrt hatte, obwohl eine Ausreise für einen Mann seiner Stellung nie völlig unmöglich gewesen war, könnte absurderweise gegen ihn ausgelegt werden. Dies ist ein weiterer Teil des schweren Erbes, welches das totalitäre Regime hinterlassen hat. Eine wichtige Behörde, die von einem ehemaligen Pastor geleitet wird, bemüht sich, allen Betroffenen Einblick in ihre Stasi-Akten zu verschaffen und diese zugleich gerichtlich und administrativ auszuwerten.

Die zweite große Altlast aus dem vergifteten Erbe der DDR ist der gesamte Komplex um die Privatisierung und Klärung von Eigentumsfragen. Im »kommunistischen« Staat hatte es mehrere Wellen von Enteignungen gegeben, von denen die ersten noch von den sowjetischen Behörden vorgenommen worden waren. Noch früher, zwischen 1933 und 1945, waren Gegner des Naziregimes, Juden und die Familien der am gescheiterten

Attentat vom 20. Juli 1944 Beteiligten enteignet worden. Die Verantwortlichen, angefangen mit den Verfassern der beiden Einigungsverträge, waren zur Einführung von Ludwig Erhards sozialer Marktwirtschaft in der DDR entschlossen und mußten dazu zwei entgegengesetzten Anforderungen gerecht werden. Zunächst ging es darum, rasch lebensfähige Betriebe zu schaffen und dazu westdeutsche und ausländische Investoren anzulocken. Andererseits mußten die Forderungen der Bürger, die vor kurzem oder langem enteignet worden waren, durch Entschädigung oder Rückgabe zufriedengestellt werden. Der kommunistische Staat hatte in einzelnen Fällen Katasterakten absichtlich vernichtet, so daß manche Besitzansprüche nur sehr schwer geltend zu machen sind. Im Vertrag zwischen Kohl und Gorbatschow wurde der Sowjetunion zugesagt, daß die direkt unter sowjetischer Regie zwischen 1945 bis 1949 durchgeführten Enteignungen nicht in Frage gestellt würden. Während in Frankreich Ludwig XVIII. gleich nach seiner Rückkehr nach Paris 1814 beschlossen hatte, die von Privatleuten erworbenen »Nationalgüter« unangetastet zu lassen, sind in der Ex-DDR in der Frage von Rückgabe und Entschädigung noch sieben Jahre nach dem Fall der Mauer zahlreiche Punkte ungeklärt. Wenn der Gesetzgeber hier nicht mit einschneidenden Maßnahmen reagiert, dürften die Rechtsanwälte noch auf Generationen hinaus mit Arbeit überhäuft sein. Einige bedeutende Verbesserungen beim Gesetz zu Rückgabe und Entschädigung gibt es immerhin schon. Als ein Beispiel unter Tausenden verlangte die SPD die Rückgabe ihrer Zeitungen, welche die Nazis 1933 beschlagnahmt hatten. Die in den ersten Jahren mit der Privatisierung betraute Treuhandanstalt wollte sie an einen großen westlichen Pressekonzern veräußern. Die SPD, die den Verkauf zunächst blockierte, begnügte sich schließlich mit vierzig Prozent des Kapitals an der größten ostdeutschen Tageszeitung. Ein weiteres Beispiel ist das beschlagnahmte Grundeigentum der Familien der Mitverschworenen des 20. Juli, Boden, der wie alle landwirtschaftlichen Genossenschaften der Treuhand unterstand. Vorrangig behandelt wird auch beschlagnahmtes Eigentum von Juden, doch verzögern – vor allem bei letzterem – das lange Zurückliegen und die große Anzahl der Fälle die Arbeit der zuständigen Behörden, die aus dem Nichts heraus erst einmal geschaffen werden mußten.

Die Treuhandanstalt war von der Regierung Modrow ins Leben gerufen worden, um die Privatisierung der Betriebe zugunsten einer gemischten Wirtschaftsweise zu organisieren, die viele »Reformkommunisten« und manche oppositionelle Anhänger eines humanen Sozialismus Anfang 1990 statt der freien Marktwirtschaft an die Stelle der zentralen Kommandowirtschaft hatten stellen wollen. Die Treuhandanstalt als eine gewaltige zentrale Behörde (die erst 1991 in fünfzehn autonome Filialen aufgegliedert wurde) erhielt auf einen Satz das Eigentum von etwa achttausend Betrieben vom kleinen Lebensmittelladen über Cafés bis hin zu Kombinaten mit Hunderten und Tausenden Beschäftigten. Ein Großteil der Betriebe war nicht mehr zu verkaufen: Die Maschinen waren veraltet oder reparaturbedürftig, das Eigentum an Grund und Boden ungeklärt, das Personal war mangelhaft ausgebildet und die Qualität der Erzeugnisse schlecht. Letztere waren vormals auf den Märkten der anderen kommunistischen Länder abgesetzt worden, und diese konnten sie jetzt nicht mehr bezahlen oder kauften gleich Produkte aus dem Westen. Der Zusammenbruch des Exports in die Sowjetunion und die anderen Mitgliedstaaten des ehemaligen Comecon hatte für die ostdeutsche Wirtschaft sofort verheerende Folgen. Viele Betriebe, für die eine Rettung noch in Frage kam, bedurften auf allen Ebenen einer Sanierung, die zunächst einmal bedeutende Kapitalinvestitionen notwendig machte. Tatsächlich verschärften sich die Probleme mit der Zeit, und die Treuhand mußte vor dem Verkauf mancher Objekte erst einmal selbst in eine Sanierung investieren oder sie mit Auflagen im Hinblick auf Investitionen oder dem Erhalt von Arbeitsplätzen zu niedrigen Preisen losschlagen.

Die Optimisten rechneten 1992 damit, daß sich die wirtschaftliche Situation in der Ex-DDR innerhalb von fünf Jahren normalisieren würde. Im Jahre 1995 zeigte sich, daß diese Hoffnung wohl zu optimistisch war. Derweil standen sich in den neuen Bundesländern der zuweilen abenteuerliche Unternehmungsgeist einiger Bürger mit Eigeninitiative und die abwartende und resignative Haltung der großen Masse der Menschen gegenüber, die unter der alten Kommandowirtschaft vor allem zum Gehorsam angehalten worden waren. Der Staat und damit vor allem die alten Bundesländer mußten ständig die Leistungen und Mittel erhöhen, damit die Treuhand Käufer und Investoren für Betriebe fand, bei denen zunächst einmal allerhand Altlasten zu beseitigen waren: Altschulden, ein personeller Überhang und Produkte, die in einer Situation, in der sich der »Markt der Verkäufer« zum »Markt der Käufer« wandelte, immer schwerer absetzbar waren. Mehrere hunderttausend Menschen gehören sogenannten Beschäftigungsgesellschaften an, die in gewisser Hinsicht mit den französischen »Ateliers nationaux« von 1848 (nationale, d.h. öffentliche Werkstätten) vergleichbar sind, wenn sie auch viel besser organisiert und mit viel mehr Kapital ausgestattet sind. Durch diese hatte der Anstieg der Arbeitslosigkeit Ende 1993 auf offiziell 1,3 Millionen Menschen (von 16 Millionen Einwohnern) begrenzt werden können, während zugleich auch die befristete Arbeit und der Vorruhestand eine bedeutende Rolle spielt. Die Suche nach einem Arbeitsplatz oder einer Lehrstelle war eine

Erfahrung, auf welche die Bewohner der Ex-DDR in keiner Weise vorbereitet waren, ebensowenig wie auf den Wegfall sozialer Einrichtungen innerhalb ihrer Betriebe, die in der kapitalistischen Wirtschaft mit ihrem Rentabilitätsgebot nicht mehr bezahlt werden können. Dank der Experimentierfreude der Verantwortlichen des gewaltigen, in der Geschichte einzigartigen Unternehmens, dank des Engagements der in marktwirtschaftlicher Planung erfahrenen Mitarbeiter und dank eines erfolgreichen finanziellen und juristischen Sanierungskonzeptes arbeitete der Apparat der Treuhand auf Hochtouren. Trotz zahlreicher Schwierigkeiten und Mißerfolge hat die Anfang 1990 geschaffene Einrichtung wie vorgesehen ihre Aufgabe bis zum 31. Dezember 1994 erfüllt.

Mit den politischen und wirtschaftlichen Problemen, mit der juristischen Aufarbeitung der DDR-Vergangenheit und mit der Privatisierung eng verknüpft ist die Frage des Aufbaus einer neuen öffentlichen Verwaltung. Die DDR war ein extrem zentralisierter Staat, in dem die Verwaltung unter der strikten Kontrolle der Partei stand und mit ihr in Symbiose lebte. Nach der Auflösung der zentralen Verwaltung bei der Wiedervereinigung mußten in den neuen Bundesländern aus dem Nichts heraus neue administrative Strukturen geschaffen werden, die im Einklang mit dem Grundgesetz eine Vielzahl staatlicher Aufgaben erfüllen. Die neuen Landesregierungen mußten eine funktionierende Verwaltung aufbauen, und dies möglichst ohne Mitarbeiter, die unter dem SED-Regime eine wichtige Rolle gespielt hatten, was oft schlichtweg unmöglich war. Die alten stellten den neuen Bundesländern zwar leihweise Beamte zur Verfügung, und Freiwillige siedelten befristet in den Osten über, doch reichte deren Zahl bei weitem nicht aus. Trotz Fortbildungsmaßnahmen im Schnellverfahren behinderten die Probleme in der Verwaltung lange Zeit die wirtschaftliche Entwicklung im Osten (zum Beispiel, wenn die Katasterämter wegen personeller Unterbesetzung oder mangelnder Erfahrung die Eigentumsverhältnisse von Grundstücken nicht klären konnten). Probleme gab es natürlich auch in der Justiz, die einst im Dienst des Regimes gestanden und dessen Gesetze angewandt hat und die nun mit einer völlig neuen Gesetzgebung konfrontiert wurde. Ehemalige Richter und Staatsanwälte der DDR mußten sich einem Verfahren zur Überprüfung ihrer Vergangenheit durch eine Kommission unterziehen, wobei diejenigen, die besonders tief in das Unrecht der DDR-Justiz verstrickt waren, aus dem Dienst entfernt wurden. Wer übernommen wurde, mußte sich erst einmal gründlich in die Gesetzbücher und das Verfahrensrecht der Bundesrepublik einarbeiten.

   An den Schulen und Universitäten war die Situation kaum anders.

Allerdings wurden im Hinblick auf das Lehrpersonal nicht ganz so radikale Entscheidungen getroffen. In Fächern wie Volkswirtschaft, Geschichte oder in den musischen Fächern mußten die Lehrinhalte geändert werden. Die Ausbildung von Berufssportlern, die unter dem alten Regime besonders wichtig war und auf dem häufigen Gebrauch von Doping-Mitteln beruhte, ändert sich vollkommen in einem System, in dem der Sport wieder zur privaten Aktivität wird. Auch die zahlreichen Professoren des Marxismus-Leninismus sind überflüssig geworden. Nun sollen sie die Vorteile eines Systems lehren, das auf Gewinnstreben, freier Konkurrenz und parlamentarischer Demokratie beruht. Was soll man mit Medizinprofessoren machen, die verstorbene Kranke systematisch dazu benutzten, um Organe zu entnehmen? Wie die Generäle des Geheimdienstes ziehen die von Entlassung bedrohten Professoren vor das Bundesverfassungsgericht, das bereits mit Klagen der Alteigentümer der 1945/1949 enteigneten Güter gegen den deutsch-sowjetischen Vertrag überhäuft ist. Überall in den Verwaltungen, in der Justiz und im Bildungswesen hielten sich alte Seilschaften der SED und damit der Stasi, die einen durchgreifenden Wandel blockierten. Jahrzehnte werden vergehen müssen, bevor die Vergangenheit der DDR endgültig juristisch aufgearbeitet und nur noch Gegenstand für die Historiker ist. Die schlagartige Einführung rechtsstaatlicher Prinzipien hat die Probleme bei der Vergangenheitsbewältigung noch vermehrt – aber konnte und durfte man anders vorgehen? Die Bürger der DDR, die das SED-Regime in Ostdeutschland zu Fall gebracht hatten, hatten ja gerade den Rechtsstaat, eine Demokratie ohne Ausklammerungen, angestrebt.

In einem Land, in dem die die landwirtschaftliche Produktion und die Landbevölkerung wenigstens bis zu den Enteignungen des Großgrundbesitzes zwischen 1944 und 1947 eine gewaltige wirtschaftliche und gesellschaftliche Bedeutung hatten, müssen auch die Folgen der Wiedervereinigung für den ostdeutschen Agrarsektor beleuchtet werden. Die großen, hochspezialisierten bäuerlichen Genossenschaften, die eher Agrarfabriken als Bauernhöfe waren, verloren in den neuen Bundesländern natürlich zum großen Teil die Überlebensfähigkeit. Indes haben nur wenige Mitglieder der Genossenschaften Interesse daran und die Fähigkeit, wieder oder erstmals als Landwirte selbständig zu wirtschaften. Nach einer der glaubhaftesten Prognosen sieht es jedenfalls so aus, als werde mindestens die Hälfte der Getreideanbaufläche in den neuen Bundesländern stillgelegt werden müssen. 1990 mußten mangels Nachfrage nach Milch 400 000 Kühe geschlachtet werden. Sie wurden anschließend an die Sowjetunion verkauft, die sie im übrigen mit westdeutschen Kre-

diten bezahlt hat. Im dünn besiedelten Ostdeutschland werden nach einer
Rundumsanierung vielleicht einige hochmoderne Industriezentren entstehen. Um sie herum könnten große Flächen als Naturschutzgebiete aus-
gewiesen werden, in denen sich dann ein die Umwelt respektierender
Tourismus als Wirtschaftsfaktor entwickeln ließe. Dazu müßten Privat-
unternehmer und öffentliche Investoren (vor allem die Gemeinden) allerdings den Verlockungen des schnellen Geldes widerstehen.

Seit der Vereinigung sind von einzelnen oder kleinen Gesellschafter-
gruppen in wachsender Zahl Handwerksbetriebe sowie kleine und mittlere Unternehmen gegründet worden. Diese Neugründungen, anfangs
von der Möglichkeit begünstigt, Ersparnisse in Ostmark im Verhältnis
1 : 1 umzutauschen, bilden allmählich ein solides wirtschaftliches Geflecht. Gleichzeitig wurden einige Großunternehmen saniert, darunter
die vormaligen Zeiss-Betriebe in Jena, die unter der Leitung des ehemaligen Ministerpräsidenten von Baden-Württemberg, Späth, jetzt als *Jen-
optik* firmieren. Kapitalstarke Gesellschaften aus Westdeutschland, ja sogar aus Frankreich und Amerika haben weitere Großunternehmen aus
dem Boden gestampft. Meistens wurde dabei die bisherige Infrastruktur
aufgegeben, und die neuen Unternehmen können es wegen ihrer moder-
neren Ausrüstung sogar mit dem Westen aufnehmen; freilich bleiben dies
noch vereinzelte Fälle.

In einem Land, das vierzig Jahre lang einen eigenen Staat gebildet und
einem Regime unterstanden hatte, das sich völlig von den Verhältnissen
unterschied, die seine Bevölkerung nach der Wiedervereinigung kennenlernen sollte, mußte der ungeheure Ansturm des Neuen Geistes- und
Gemütsregungen auslösen, die niemand auch nur annähernd hätte vorhersehen können. Zwar hatten die meisten aufmerksam die Sendungen
des Westfernsehens verfolgt, doch auf die anstehenden Veränderungen
waren die Bewohner der Ex-DDR im Grunde nicht vorbereitet. Diejenigen, die sich andere Verhältnisse erträumten als jene, unter denen sie
lebten und zu leben gezwungen waren, erhofften sich wohl überwiegend
eine weite Öffnung der Grenzen und ein weniger gegängeltes Leben; sicher dachten sie, das Ende der Herrschaft der SED (Sozialistische Einheitspartei Deutschlands) – so hieß die ostdeutsche kommunistische Partei seit der von den Sowjets 1946 erzwungenen Vereinigung von
Sozialdemokratischer und Kommunistischer Partei – werde zu einer Demokratisierung des politischen Lebens führen, doch ging es den meisten
nicht um das Verschwinden ihres Staates oder darum, die sozialistische
Wirtschaft schlicht und einfach durch eine kapitalistische zu ersetzen.
Doch die Dynamik der Bewegung, die im Herbst 1989 in Gang gekom-

men war, drängte zur Vereinigung, und auch diejenigen, die in der Opposition gegen den SED-Staat von einer ganz anderen Entwicklung geträumt hatten, wurden nun zumeist mitgerissen. Diese Haltung vertraten Ende 1989, Anfang 1990 viele Mitglieder der »Forum«-Gruppen und der neuen Parteien, die mit den Erben der alten Staatspartei an »Runden Tischen« zusammensaßen. Doch die Dynamik der freien Wahlen, die unter dem Druck der sich schnell verschlechternden Wirtschaftsverhältnisse vom zunächst vorgesehenen Termin im Mai auf den 18. März 1990 vorgezogen wurden, zwang die Oppositionsgruppen zur Improvisation und bahnte den westdeutschen Parteien den Weg, die – teilweise auch mit Kandidaten, Männern und Frauen, aus dem Westen – den Wahlkampf und das Stimmverhalten beherrschten. Damit wurde der Weg in die Einheit unausweichlich, und die postkommunistische Regierung des Rechtsanwalts Lothar de Maizière konnte gar nicht anders, als sehr schnell die Verhandlungen aufzunehmen, die zu den Einigungsverträgen führen sollte. Ein seltsamer, ja sogar historisch einmaliger Vorgang, ging es doch um die Festlegung der Bedingungen, unter denen ein bestehender Staat in einem anderen Staat aufgehen würde.

Die neue extreme Rechte
Die kahlgeschorenen Köpfe des Neonazismus

In den frühen neunziger Jahren gab es im wiedervereinigten Deutschland eine bedrohliche Erscheinung, die in einer Darstellung der deutschen Geschichte nicht unerwähnt bleiben darf. Das trübe Gebräu nazistischer Sehnsüchte hatte sich in Deutschland nach 1945 nie ganz aufgelöst, und angesichts der gewaltigen Massen, die einst den Führer bejubelt und nach dem totalen Krieg geschrien hatten, wundert es geradezu, daß dieser Abschaum des deutschen Volkes in den Jahren nach dem Zusammenbruch nicht noch aktiver geworden ist und während des langen Kalten Krieges – die Sowjetunion, die Hitler 1941 in der trügerischen Hoffnung auf einen raschen Sieg über den Bolschewismus überfallen hatte, war jetzt ja der gemeinsame Gegner – nicht noch mehr Unheil angerichtet hat. Aber die totale Niederlage von 1945, die Angst vor dem Kommunismus und die großen Erfolge der neuen Wirtschaftsordnung ließen den Ewiggestrigen nur wenig Chancen. Es gab wohl einige rechtsextreme Parteien, welche die Bezeichnung »Neonazis« mehr oder weniger verdienten, doch war ihr Einfluß auf die großen Entscheidungen im neuen Zeitalter der deutschen Geschichte fast gleich Null. Auch wenn antisemitische Zeitungen erschienen und Friedhöfe geschändet wurden, waren diese kleinen üblen Kreise unwiderruflich zu einer Randexistenz verurteilt. Außer in besonders rückständigen Gegenden Bayerns und Niedersachsens mit einem hohen Anteil an Heimatvertriebenen aus Polen und dem Sudetenland mußte man sich nicht einmal vor den Wahlen für ihre Stimmen interessieren. Sie waren nicht gesellschaftsfähig, wurden allgemein gemieden, und niemand brauchte sich mit ihnen auseinanderzusetzen.

Von Ostdeutschland ausgehend schien sich die Lage der extremen Rechten zunächst zu verändern. Sie profitierte ein wenig von Siegen linker Aktivisten über die Kommunisten, wobei diese Kämpfer für die Freiheit ein Volk mitgezogen hatten, das seiner geistigen Haltung und seinen tieferen Empfindungen nach eher nach rechts tendierte. Haben die kommunistischen Regime letztlich nicht alle ihren Bestand auf Autoritätshörigkeit, Konformismus und Nationalismus gegründet? Und von einigen kleinen demokratischen Minderheiten abgesehen hinterlassen sie Menschen, die daran gewöhnt sind, zu gehorchen und nie selbst die Initiative zu ergreifen.

Dies alles zeigt denn auch, wie relativ die Begriffe rechts und links geworden sind. Mit der »sanften Revolution« hat sich der äußere Rahmen des Lebens, im Hinblick auf den Arbeitsmarkt wie auf die Politik, radikal gewandelt. War einst einer indoktrinierten Jugend praktisch jeder Schritt vorgeschrieben worden, im Frieden und im Kriegsfall, so ist diese nun damit konfrontiert, eigene politische Entscheidungen treffen zu müssen. Und während sich kein Bürger der DDR bei der Suche nach einer Arbeit oder Lehrstelle Sorgen zu machen brauchte – auch wenn die Bezahlung schlecht oder der Beruf nicht erwünscht war –, sind diese alten Sicherheiten mit der SED-Herrschaft untergegangen. Die Menschen fühlten sich von den Kommunisten von einst im Stich gelassen und von ihren Brüdern und Schwestern aus dem Westen nicht akzeptiert und unverstanden. Große Verunsicherung herrschte im übrigen auch bei den Ordnungskräften, unter denen keiner wußte, ob er die Überprüfung seiner Vergangenheit im Amt überstehen wird. So hielten und halten sich Polizisten bei Einsätzen möglichst zurück. Wer weiß denn auch, woher der Wind morgen bläst?

In dieser Situation neigen einige dazu, die Wut und Empörung über ihre beklemmende Lage an noch Schwächeren auszulassen. In der DDR gab es verhältnismäßig wenige Ausländer, zumeist leihweise überlassene Arbeitskräfte aus den »Bruderländern« Vietnam, Moçambique und Kuba, die mit Geld und technologischem Wissen in die Heimat zurückkehren sollten. Gerade sie trifft der Zusammenbruch einer unerschütterlich scheinenden Ordnung noch härter. Gewaltsamen Übergriffen waren sie bereits unter dem alten Regime manchmal ausgeliefert, auch wenn die Fälle von den Medien totgeschwiegen oder erst sehr spät aufgegriffen worden waren. Jetzt aber bekamen sie den ganzen von der Angst ausgelösten Haß zu spüren. Der Mob läßt seine Wut über erlittene Erniedrigungen blutig an Wehrlosen aus. Ein Fremdarbeiter wird aus dem fahrenden Zug, ein Asylant aus dem Fenster gestoßen. Eingeschworene Neonazis und Organisationen, die im Westen eine Dämmerexistenz führten, wittern plötzlich Morgenluft. Mit Geld, Uniformen und Fahnen mobilisieren sie Skinheads, die auf Totschlag aus sind und alle Vorsicht vergessen. Allerdings neigt man im Westen nur allzu rasch dazu, dies mit erhobenem Zeigefinger zur Altlast der kommunistischen Zwangsherrschaft zu erklären. Allzuoft wird dabei vergessen, daß man eine gewaltige Menge an Aussiedlern und Asylanten, für welche die Schulen, Kasernen und anderen verfügbaren Quartiere im Westen nicht mehr ausreichten, leichtfertig auf die ohnehin mit riesigen Problemen belasteten neuen Bundesländer abgewälzt hat. Neben den gelegentlichen Schlägereien beim Fußballspiel werden jetzt auch Jagden auf Ausländer veranstaltet. Angesichts der Untätigkeit der lokalen Polizei bei den Ausschreitungen im Stadium konnte man darauf spekulieren, daß sie auch bei ausländerfeindlichen Übergriffen nur zögerlich und unzulänglich reagieren werde. Die Nazifahnen schwenkenden Glatzköpfe mit ihren »deutschnationalen« Symbolen waren zum Teil Ignoranten und Hohlköpfe, Jugendliche, die den Namen Adolf Hitler vielleicht zum erstenmal gehört hatten.

Die Gewalttätigkeiten, die von Skinheads und Neonazis zunächst im Osten begangen wurden, wo man zwar gewiß keine Entschuldigungen, aber Erklärungen für sie hatte, griffen mit unerwarteter Geschwindigkeit auf den Westen über. Sonntags, am Tag der Fußballspiele, kommt es immer wieder zu Übergriffen auf Wohnheime von Asylbewerbern. Auch in Westdeutschland gibt es eine wachsende Minderheit von Jugendlichen, die in der Überflußgesellschaft unter sozialen Härten ohne Liebe, ohne angemessene Fürsorge, ohne anständige Ausbildung und ohne geeigneten Wohnraum heranwachsen. Zu ihnen gehören zum Beispiel auch diejenigen, die sonntags von Autobahnbrücken herab Steine auf Fahrzeuge werfen. Sie sind unausgelastet, verbittert und neidisch, unglücklich und ganz besonders anfällig für neonazistisches Gedankengut. Auch hier zeigt sich die Polizei schwach, zu einem systematischen Durchgreifen unfähig und offenbar ohne präzise Direktiven. Denn angesichts des gewaltigen Zustroms von Ausländern haben es sämtliche demokratischen Parteien, die in den Bundesländern (denen die Polizei ja untersteht) an der Macht beteiligt sind, mit der Angst zu tun bekommen. Fast zwei Millionen Asylsuchende, Deutschstämmige aus Polen und Rußland und illegale Einwanderer strömten allein im Jahr 1992 ins Land, und 1993 waren es noch mehr. Das Grundgesetz von 1949 sah ein Recht auf Asyl vor, und andere Gesetze garantierten Deutschstämmigen, deren Vorfahren vor zweihundert Jahren zum Beispiel nach Rußland ausgewandert waren, automatisch eine Eingliederung in die Bundesrepublik. In der oben genannten Zahl nicht enthalten sind die Übersiedler aus der Ex-DDR, die nach Schätzungen allein im Jahr 1992 150000 betragen haben. In der alten Bundesrepublik fehlen zwei Millionen Wohnungen, und der Großteil der Immobilien in den neuen Bundesländern ist vom Verfall betroffen. Ein übervölkertes Land erlebt auf einem Territorium, das nur noch die Hälfte der Fläche von Bismarcks Deutschland ausmacht, die stärkste Einwanderungswelle von ganz Europa.

Wir wollen nicht über die Zukunft spekulieren. Die Lage ist ernst, ebenso ernst wie in Frankreich, wo es von alters her sicher ebenso viele fremdenfeindliche Tendenzen gibt wie in Deutschland. In der neuen Bundesrepublik sind jetzt alle politischen Kräfte zur Bekämpfung des Neonazismus aufgerufen. Es gilt, das staatliche Gewaltmonopol auf der Straße wiederherzustellen, vor allem aber die große Minderheit der Verlierer und Verbitterten wieder in die Normalität eines Arbeitslebens zurückzuführen. Zum Rechtsextremismus in Deutschland (und anderswo) sei zweierlei noch angemerkt: Die extreme Rechte wurde seit ihrem Bestehen und vor allem im 20. Jahrhundert getragen von einer Welle des Antimodernismus, von der Angst vieler Menschen vor Veränderungen, die ihre Identität in Frage stellen könnten. Fremdenhaß ist nur eine sekundäre Folge der Ängste, welche die Liberalisierung der Sitten, das Hinterfragen von Autorität und die kritische Betrachtung von Identifikationsfiguren, aber auch die existentielle Bedrohung von kleinen Unternehmen, Läden und landwirtschaftlichen Betrieben durch einen wachsenden Konkurrenzdruck auslösen. Da solche Ängste eine falsche Sicht der Wirklichkeit enthalten, sind sie den Veränderungen, durch die sie ausgelöst werden und die sie verhindern wollen, sogar noch dienlich und förderlich. Doch führen sie ein Land oft auch zumindest vorübergehend auf blutige historische Abwege. Der gewaltige Fortschritt von Demokratie und Menschenrechten seit 1945 ist die Konsequenz einer Entwicklung, die bis nach Auschwitz geführt hat. Doch ist der Neubeginn stets von weiteren Irrwegen bedroht.

In der DDR – und bei einem nicht zu vernachlässigenden Teil der Meinungsmacher im Westen – wurde der Anspruch der Staatspartei auf das Monopol des Antifaschismus so sehr verinnerlicht, daß viele Bürger nun meinen, Antifaschismus sei eine verdeckte Form des Kommunismus gewesen, und in den Konzentrationslagern der Nazis hätten nur Stalinisten gesessen. Die Gleichung ist einfach: Wenn der Antifaschismus das Werkzeug des Kommunismus war, dann ist er verwerflich und abzulehnen. Und nur der »Faschismus« kann den Kommunismus besiegen. Was aber ist mit Spanien, mit Portugal oder mit Polen? Schwarzweißmalerei ist sicher das falsche Rezept. Die kommunistische Bedrohung war aber auch ein Ansporn für Westdeutschland, sich immer mehr für das westliche Bündnis und die Demokratie zu engagieren. Jetzt, da manche die Herrschaft des Kommunismus nicht mehr fürchten, fühlen sie sich an das, was den Unterschied zu ihm ausmachte, plötzlich nicht mehr gebunden ...

Zwischen den Hoffnungen, die wir am Ende des vorigen Kapitels ausgesprochen haben, und den hier geäußerten Befürchtungen muß die deutsche Demokratie ihren Weg finden. Der Rechtsextremismus ist vorerst nur ein Eitergeschwür, zugleich aber verlangt das Erstarken nationalistischer Strömungen jetzt, da im Zuge der europäischen Einigung an die sensibelsten Bereiche der nationalen Souveränität gerührt wird, intelligente und zugleich entschlossene Reaktionen, gerade in einem Land mit einem traumatisierten Volk wie dem der ehemaligen DDR.

Im Zusammenhang mit dem Rechtsextremismus in Deutschland mußte man sich auch mit den beschränkten Wahlerfolgen der Partei der »Republikaner« befassen, selbst wenn diese sich einen möglichst demokratischen Anstrich geben. Anfang der neunziger Jahre konnten sie in manchen Ländern (wie Baden-Württemberg) und in Gemeinden, in denen sie zur Wahl standen, die 5-Prozent-Hürde überspringen. 1993 sagten Meinungsumfragen den Republikanern noch ein Wahlergebnis voraus, das ihnen mit dreißig bis vierzig Abgeordneten den Einzug in den Bundestag sichern würde. Daraus ist glücklicherweise bei der Bundestagswahl von 1994 nichts geworden, da die Konkurrenz von noch radikaleren Splittergruppen den Republikanern die Überschreitung der 5-Prozent-Grenze unmöglich machte. Sie erhielten nur 1,9 Prozent der Stimmen. Hinter ihnen steht allerdings eine diffuse Rotte Ewiggestriger und Fanatiker, die ihrer Zeit stets hinterher sind und nichts begreifen wollen. Es gibt sie haufenweise, und die Schwierigkeiten der Wiedervereinigung, der wachsende Zustrom von Ausländern und die Skandale in der Politik geben den Ressentiments, die den Rechtsradikalen ihre Wahlstimmen verschaffen, immer neue Nahrung. Wie in Frankreich angesichts der *Front national* tun sich die etablierten Parteien schwer, eine wirksame Strategie zur Eindämmung dieser gefährlichen Strömung zu finden. Die Reps im Dienst eines »gesunden« Nationalismus sind natürlich gegen Brüssel, Maastricht und das geeinte Europa und für ein nicht existierendes Europa der Vaterländer. Man wird vielleicht noch lange von ihnen hören ... und wohl auch von den Gruppen, die dem nationalsozialistischen Modell noch viel näher stehen. Um so erfreulicher ist es, feststellen zu können, daß in Deutschland der weitere Aufstieg einer rechtsradikalen Bewegung bislang (im Sommer 1997) nicht stattgefunden hat.

Der Aufstieg des Neokommunismus

Nach der Implosion des kommunistischen Regimes in der DDR änderte die Staatspartei SED ihren Namen und wurde zur »Partei des Demokratischen Sozialismus« (PDS). Deren maßgebende Verantwortlichen hatten, abgesehen von Modrow, unter der Diktatur zum größten Teil keine führende Rolle gespielt, obwohl sie alle in unterschiedlichen Funktionen zur, wie man sagen könnte, herrschenden Klasse Ostdeutschlands gehört hatten – namentlich der Rechtsanwalt Gysi, der, Sohn eines ehemaligen Kulturministers, seit 1995 die PDS-Fraktion im Bundestag leitet. Die neokommunistische Partei hat es geschickt verstanden, die Sehnsüchte und Ressentiments eines nicht geringen Teils der Bevölkerung der ehemaligen DDR für ihre Kandidaten und Listenvorschläge zu vereinnahmen; diese Wähler glauben, die Veränderung habe ihnen geschadet, und sie wollen sich nicht damit abfinden, daß die Zeit von 1945 bis 1990, die für viele von ihnen ihr ganzes Leben oder zumindest ihr bewußtes und aktives Leben umfaßt, in Bausch und Bogen verdammt wird. Unter den Aktiven und den Wählern der PDS finden sich zahlreiche ehemalige Funktionsträger der SED und ihrer Gliederungen, der FDJ, der Gewerkschaften usw.; deshalb erzielt die neokommunistische Partei besonders in den Wohnvierteln der Funktionäre des alten Regimes aufsehenerregende Erfolge. Im Oktober 1994 haben aber auch viele Arbeitslose, viele Frauen, die sich als Opfer eines »westlichen Machismo« sehen (vor 1990 war der Anteil der berufstätigen Frauen zwischen 16 und 60 Jahren mit 91 Prozent fast doppelt so hoch wie in der Bundesrepublik), viele in den Vorruhestand gedrängte Arbeiter und viele nicht von der Bundeswehr übernommene ehemalige Soldaten für die PDS gestimmt, die 4,4 Prozent der Stimmen (1 Prozent im Westen und 19,8 Prozent im Osten) erhielt und damit 30 Sitze errang, davon vier »Direktmandate« (alle in Ostberlin).

In dem Wunsch, ihre Organisation von dem Vorwurf reinzuwaschen, eine Fortsetzung der alten Staatspartei mit ihrer Ideologie und ihren autoritären Methoden zu sein, und sie als respektabel, gesetzestreu und demokratisch erscheinen zu lassen, meiden die Parteiführer das marxistische Vokabular, die »hölzerne Sprache« der SED. Sie geben sich als demokratische und parlamentarische Musterknaben und dienen sich (d. h. die Stimmen ihrer Abgeordneten) den Sozialdemokraten an, die sie bis heute (Herbst 1997) zurückgewiesen haben, außer in Sachsen-Anhalt, wo eine rot-grüne Minderheitsregierung sich von der PDS tolerieren läßt. Auf längere Sicht könnte es freilich auch in anderen Bundesländern zu ähnlichen Abmachungen kommen. Zum Beweis ihrer Respektabilität verweist die gegenwärtige Parteiführung darauf, daß sie innerparteilich gegen einen linken Flügel kämpft, der von marxistischer oder gar stalinistischer Orthodoxie geprägt ist (»es war nicht alles schlecht«). Sollten für die Bildung einer sozialdemokratisch geführten Bundesregierung einmal die Stimmen der PDS-Abgeordneten nötig sein, darf man annehmen, daß zumindest ein Teil der SPD sich solchen Hilfsangeboten nicht verschließen würde.

Einstweilen ist die PDS noch eine Partei des deutschen Ostens, die Partei der Einheitsverlierer; im Westen konnte sie bisher nicht einmal die sehr mageren Ergebnisse der früheren DKP (Deutsche Kommunistische Partei) übertreffen, die nie in den Bundestag gekommen ist, nachdem die alte KPD, die seit 1953 nicht mehr im Bundestag vertreten war, 1956 verboten wurde. Doch eine Partei, die in Ostberlin 30 Prozent der Stimmen auf sich vereinigt, ist im Deutschland des ausgehenden 20. Jahrhunderts keine vernachlässigbare Größe, mag es auch fraglich erscheinen, daß sie ihre Stimmergebnisse in den Jahren 1998 und 2002 wiederholen wird. Aus französischer Sicht kann man einstweilen die bemerkenswerte Feststellung treffen, daß die Neokommunisten im politischen Spektrum Deutschlands einen ähnlichen Platz einnehmen wie die äußerste Rechte des Front national in Frankreich.

Eine eher nervöse als begeisterte Gesellschaft

Deutschland, das heißt die alte Bundesrepublik, an die sich die neuen Länder jetzt langsam anpassen, ist eine auf solidem Grund gebaute Gesellschaft. Die Kirchen, Gewerkschaften und Arbeitgeberverbände, die Berufsverbände der Bauern, Ärzte, Ingenieure, Lehrer und Studenten sowie die Sportvereine entfalten intensive Aktivitäten, die mit ihren Zielsetzungen und Erfolgen direkt auf die Arbeit der staatlichen Institutionen einwirken. Im nichtkommunistischen Deutschland entstand nach 1949 eine Art zweiter Föderalismus – die Grundlagen dazu wurden allerdings schon zu einem bedeutenden Teil zwischen der Stunde Null vom 8. Mai 1945 und der Gründung des neuen Staates im Herbst 1949 gelegt –, ein Föderalismus gesellschaftlicher Art, der nicht weniger wichtig ist als der

der Länder. Diese Strukturen haben sich in dem halben Jahrhundert seit der Kapitulation von Reims natürlich beträchtlich weiterentwickelt. Der katholische Episkopat würde seinen Einfluß jetzt gewiß nicht mehr so direkt geltend zu machen versuchen wie 1949, als er gegen den Widerstand des frommen Adenauer, der nichts von einem Klerikalen hatte, vergeblich versuchte, die Existenz von konfessionellen öffentlichen Volksschulen im Grundgesetz zu verankern. Heute begnügt sich der als erzkonservativ geltende Bischof von Fulda damit, öffentlich die verdorbenen Sitten der Epoche zu geißeln. Indes führt die römische Kirche, flankiert von einflußreichen Freiwilligenorganisationen, einen massiven Kampf gegen die Liberalisierung des Schwangerschaftsabbruchs, wie sie durch das neue, 1992 vom Bundestag verabschiedete Gesetz vorgesehen ist. Der Neuregelung zugestimmt hatten die meisten Abgeordneten der CDU aus Ostdeutschland, wo der Schwangerschaftsabbruch nach der Fristenregelung legal und kostenlos gewesen war. Wie schon früher erwähnt, ist diese Novelle am Bundesverfassungsgericht gescheitert. Der im Juni 1995 im Bundestag votierte Kompromiß hatte bessere Chancen. Aber auch er ist von einem Teil der kirchentreuen Abgeordneten der CDU/CSU nicht akzeptiert worden.

Dagegen hat die Kirche auf das Alltagsleben der Menschen einen immer geringeren Einfluß, wie auch die Anzahl der sonntäglichen Kirchgänger zusehends abnimmt. In einem Land, in dem über ein Drittel der Haushalte aus nur einer Person bestehen und das eine der niedrigsten Geburtenraten der Welt hat (1,1 Kinder), zeichnet sich bis zum Jahr 2010 eine Überalterung der Gesellschaft ab, die zu einer ernsthaften Bedrohung für die Sozialordnung und die wirtschaftliche Leistungsfähigkeit wird. Die Herabsetzung des Rentenalters, Arbeitszeitverkürzungen und der Anstieg der Arbeitslosigkeit führen einen gewaltigen Wandel herbei, dessen Folgen heute weder Gesellschaftstheoretiker noch Politiker abzusehen vermögen.

Der Erfolg eines Eugen Drewermann bei einem Teil der katholischen Öffentlichkeit und sein bedeutendes Medienecho auch beim breiten Publikum zeigen, wie einschneidend die Veränderungen in den in der Tradition besonders fest verankerten gesellschaftlichen Körperschaften – in der katholischen Kirche und auf anderer Ebene mit anderen Beispielen in den Gewerkschaften – sind. Durch den Wegfall von Tabus, der den Medien zu verdanken ist und durch früher hart verteufelte Verhaltensweisen – von der Homosexualität bis zum Partnertausch –, die heute als normal akzeptiert werden, entstehen neue Leitbilder, verkörpert von Persönlichkeiten mit gewaltiger Ausstrahlung: Das Ansehen des Pop-Idols Madonna ist hier durchaus vereinbar mit dem einer Mutter Teresa.

Der Gewerkschaftsbewegung geht es inzwischen nicht mehr vordring-
lich um die Errichtung einer neuen Gesellschaft, in der es keine Ausbeutung des Menschen durch den Menschen mehr gibt. Das Proletariat als
ökonomische Klasse und als Träger eines bestimmten Klassenbewußtseins
existiert nur noch in gesellschaftlichen und geographischen Bereichen, die
rasch schwinden. Zur marxistischen Ideologie vom Sozialismus bekennen
sich nur noch die kleinen Kreise der Jungsozialisten (Jusos), die allerdings
zur künftigen Generation der Parteifunktionäre und Abgeordneten gehören und so einen gewissen kreativen wie destruktiven Einfluß ausüben.
Die Führer der Gewerkschaften kommen immer häufiger aus den Vorle-
sungssälen der Hochschulen und nicht mehr aus den Fabrikhallen. Ihr
Werdegang ähnelt immer mehr dem von Managern in der Industrie oder
dem Bankwesen.

Das Fehlen einer nationalen zentralen Ausbildungsstätte für das Ver-
waltungswesen ist eines der wichtigsten Kennzeichen des Bildungssystems
in Deutschland im Unterschied zu Frankreich. Auf ein Hochschulstudium
in Recht, Wirtschaftswissenschaften, Politologie oder Ingenieurswesen
folgt der Eintritt in ein Privatunternehmen, in dem dann, sofern die Laufbahn nicht über andere Unternehmen verläuft, Karriere gemacht wird.
Unter den Führern der deutschen Wirtschaft gibt es nur wenige ehemalige
hohe Beamte, und die Unterschiede zwischen der Funktion der Vertreter
der Arbeitgeber und der Vertreter der Beschäftigten werden immer geringer. Dennoch gibt es in den Büros, Werkstätten und Fabriken nach
wie vor ein für den Arbeitskampf mobilisierbares Potential, wenn auch
nur für kategoriale Interessen. Die Arbeitgeber sind demgegenüber in
einer merkwürdigen Dreierkonstellation organisiert: Der Bundesverband
der Deutschen Industrie, der Arbeitgeberverband und der institutionelle
Zusammenschluß des Deutschen Industrie- und Handelstags teilen sich
die Vertretung gegenüber den Beschäftigten und den Behörden einschließlich der Bundesregierung.

Diesen starken traditionellen Strukturen stehen zwei große Bereiche
der Aktion und der Agitation gegenüber: die Unternehmen und die großen Sammlungsbewegungen. Nichts ist gegensätzlicher als die Banken
mit ihren steinernen Palästen und die kurzlebigen Massenaktivitäten.
Während die einen mit gewaltigem Pomp, mit Reden, mit Banketten und
Prominenz aus Wirtschaft und Politik ihr hundertjähriges Bestehen feiern, bringen die anderen mit kämpferischen Parolen oder Tausenden von
Kerzen, Symbolen des Gedenkens und der Solidarität, gewaltige Men-
schenmassen zusammen. Seit Bestehen der Bundesrepublik haben
außerparlamentarische Bewegungen, ob gegen die atomare Bewaffnung,
die Notstandsgesetze oder die Aufstellung von Raketen gerichtet, das auf

dem Prinzip der gewählten parlamentarischen Vertretung beruhende politische System mitgeprägt und ergänzt.

Dennoch haben die großen Massenbewegungen, die von leidenschaftlich pazifistischen und humanitären Anliegen getragen wurden, politisch nur eine eingeschränkte Wirkung, zumindest bei konkreten politischen Entscheidungen wie der Aufstellung der Raketen vom Typ Pershing II. Dagegen hat beispielsweise die Friedensbewegung, die von ihrer einstigen Bedeutung freilich viel eingebüßt hat, das geistige Klima in der Nation, vor allem in den Fragen der Verteidigung oder im Hinblick auf Bundeswehreinsätze außerhalb des NATO-Bereichs, entscheidend mitgeprägt und tut dies noch immer. Die großen Demonstrationen gegen den Rechtsradikalismus im Winter 1992/1993 hatten vor allem moralischen Charakter und drückten keine konkreten politischen Forderungen aus, außer der nach wirksamer Bekämpfung rechtsradikaler Gewalt. Die Ablehnung der sozio-politischen Wirklichkeit drückt sich deutlicher in der wachsenden Nichtbeteiligung an Wahlen aus (besonders bei Jungbürgern), in der Gewalttätigkeit der Skinheads und in antimilitaristischen Manifestationen (mit Aussagen wie: »Alle Soldaten sind Mörder«) sowie Protesten gegen den Transport von Atommüll zur Endlagerung. Der Grad der Ablehnung von Krieg und Gewalt, selbst wenn diese vom Staat sanktioniert und legitimiert sind, drückt sich im Ausmaß der Wehrdienstverweigerung aus, die jährlich fast die Hälfte der Wehrpflichtigen umfaßt. 70 000 dieser jungen Männer dienen ihre »Zeit« (die zwei Monate mehr als der Bundeswehrdienst ausmachen) in Krankenhäusern, Altersheimen und Kinderheimen ab. Und der Offiziersberuf rangiert weiter ganz unten in der Skala der Berufe, die in der öffentlichen Meinung als positiv gelten.

Bei den gesellschaftlichen Problemen kam der Schule und der Universität in den fünfzig Jahren des Bestehens der Bundesrepublik eine zentrale Bedeutung zu. Wegen der ausschließlichen Länderhoheit im Bildungswesen konnten Hessen, Hamburg, Bremen und Nordrhein-Westfalen die Gesamtschule, wie erwähnt, bereits weitgehend einführen, während zum Beispiel Bayern dem Gymnasium, in dem das Latein charakteristischerweise noch eine große Rolle spielt, treu geblieben ist. Allerdings erhielten die Schüler in der Oberstufe fast überall die Möglichkeit zu einer Spezialisierung, wobei selbst so wichtige Fächer wie Geschichte abgewählt werden können. Dank des Berufsbildungssystems werden die Gymnasien und technischen Oberschulen anders als in Frankreich wenigstens nicht von praxisfeindlichen Lehrkräften beherrscht. Da die Einschreibung an der Universität in den meisten begehrten Fächern einem Numerus clausus unterliegt, müssen sich die Studienanwärter – seltsamerweise trotz der

Länderhoheit im Bildungswesen – mit ihren Abiturnoten bei einer zentralen Vergabestelle um ihren Studienplatz bewerben, nach Meinung der Pädagogen kein sehr sinnvolles Verfahren.

Die Universitäten und Fachhochschulen (letztere orientieren sich stärker an der Praxis und streben eine Gleichstellung mit den Universitäten an, die Doktortitel vergeben können) haben – trotz des Numerus clausus – die gleiche explosionsartige Zunahme der Studentenzahlen von einigen hunderttausend zu mehreren Millionen erlebt wie in Frankreich. Wie überall in der westlichen Welt wird das Grundstudium durch eine weitergehende Spezialisierung im Hauptstudium, die in den Vereinigten Staaten fast zwingend mit dem weiteren Studium als *post graduate* erfolgt, ergänzt und vervollständigt. Da eine zentrale Instanz auf Bundesebene fehlt – die beiden Bundesministerien für Bildung und Wissenschaft, die bei den Universitäten für ein Mindestmaß an Einheitlichkeit sorgen und sie mitfinanzieren, haben nur begrenzt Einfluß –, wird das ständig von Alleingängen bedrohte einheitliche Gesamtsystem durch die Ständige Konferenz der Kultusminister der Länder zusammengehalten, ein schwerfälliges, aber letztlich effizient arbeitendes Gremium. Und die fest in die Wirtschaft eingebundene Wissenschaft profitiert von einer sehr liberalen Gesetzgebung zur Spendenfinanzierung. Sie ist auf organisatorischer Ebene praktisch unabhängig, vor allem in Gestalt der verschiedenen Institute der Max-Planck-Gesellschaft, die im Gegensatz zum französischen Centre National de la Recherche Scientifique (CNRS) ganz ohne staatliche Weisungen und Verwaltungsmethoden arbeitet. Neue, wesentliche Reformen werden auf diesem Gebiet immer drängender.

Die Medien gehören wohl zu den einflußreichsten Strukturen in der westdeutschen Gesellschaft (die sich bemüht, die ostdeutsche zu integrieren). Die Deutschen in den westlichen Besatzungszonen hatten anfangs wohl die beste Medienlandschaft der Welt. Dies hängt weitgehend damit zusammen, daß sich den Verantwortlichen der Alliierten plötzlich die Gelegenheit bot, in einem eroberten Land mit Geldern, die nicht an Entscheidungen des nationalen Parlaments gebunden waren, die Zeitung oder das Radio ihrer Träume zu verwirklichen. Als die Verhältnisse nach ihrem Abschied weniger idyllisch und alltäglicher wurden, blieb von diesen günstigen Bedingungen und von der Kreativität zwischen den Ruinen noch einiges bestehen. Die meisten großen überregionalen Tageszeitungen sind nach wie vor seriös und geben die Ereignisse wenn nicht neutral, so meistens doch rational und mit Respekt vor der Privatsphäre von Betroffenen wieder. Ebenso verhielt es sich lange Zeit mit den Radio- und Fernsehanstalten, die auf einem öffentlichen, nichtstaatlichen Monopol beruhten. Die Organe von Rundfunk und Fernsehen wurden per Landesgesetz geschaffen und ihre Leitung einem Rat aus Vertretern der im Land aktiven kulturellen und gesellschaftlichen Kräfte unterstellt. Ein Versuch von Bundeskanzler Adenauer, das Zweite Deutsche Fernsehen der Kontrolle der Bundesregierung zu unterstellen, scheiterte am Bundesverfassungsgericht. Die politischen und kulturellen Wochenzeitungen wie »Die Zeit« (linksliberal, Hamburg) und der »Rheinische Merkur« (christdemokratisch, Bonn) stehen ebenfalls für höchstes Niveau. Gleichwohl zieht die Masse der Bürgerinnen und Bürger diesen sehr seriösen Blättern Regional- und Lokalzeitungen vor, die ihrem traditionellen Lebensstil eher entsprechen. Auch wenn es den Begriff zur Zeit seiner Entstehung noch nicht gab, so war und ist der größte Medienerfolg in der Bundesrepublik die illustrierte Wochenzeitschrift »Der Spiegel«. Als Vorbild hatten amerikanische Nachrichtenmagazine gedient, die an die Verhältnisse des vom Krieg erschütterten und von der Nachkriegszeit geprägten Deutschland angepaßt wurden. Später entwickelte sich eine Sensations- und Regenbogenpresse: Das hervorstechende Beispiel ist die »Bild-Zeitung« mit ihrer deftigen, sprachlich und inhaltlich einfältigen Berichterstattung. Mit ihrer Auflage, die vier Millionen Exemplare übersteigt, hat sie alle Konkurrenten mit einem verheerenden journalistischen Stil klar aus dem Feld geschlagen. Die Gründung privater Fernsehsender veränderte (mehr als private Rundfunksender) in den achtziger Jahren das Klima in dem am häufigsten konsumierten Medium: Toxische Mischungen aus Gewalt, Sentimentalität, romantischen Illusionen und voyeuristischem Sex sind Grundlage einer neuen »Volkskultur«, in der die Erwachsenenbildung durch Volkshochschulen (die es in jeder Stadt und zuweilen auch auf dem flachen Land gibt) nur noch eine untergeordnete Rolle spielt.

Die zwischen 1945 und 1949 mit löblichen Absichten, teilweise nach dem Vorbild der Westmächte improvisierten und zusammengebastelten Strukturen in Deutschland werden allmählich altersschwach. Die Zahl der Kirchgänger am Sonntag ist sehr viel kleiner als die Zahl derer, die Kirchensteuern zahlen. Die immer längeren Studienzeiten fördern nicht unbedingt das kulturelle Niveau des Landes, und die Medien entziehen sich ihrer Verantwortung mit einer Flut von Bildern und Meldungen von ganz unterschiedlicher Bedeutung, durch die eine Haltung der Gleichgültigkeit und der Ohnmacht gefördert wird. Eine eher nervöse als begeisterte Gesellschaft belebt den Staat, dem sich der Osten mit seiner noch unaufgearbeiteten Vergangenheit angeschlossen hat. So sind beide Teile Deutschlands auf die Gefahren und Herausforderungen am Ende des Jahrhunderts und am Anfang des neuen Jahrtausends kaum vorbereitet. Aber sind andere europäische Länder, wie zum Beispiel Frankreich, diesbezüglich besser gestellt?

Zeittafel

1945   Konferenz von Potsdam (17. 7.–2. 8.). Errichtung des Alliierten Kontrollrats (30. 8.). Eröffnung des Hauptkriegsverbrecherprozesses in Nürnberg (bis Oktober 1946).

1948   Beginn der sowjetischen Blockade der Westsektoren Berlins (24. 6.). Verfassungskonvent von Herrenchiemsee (10. 8.–23. 8.).

1949   Verkündung des Grundgesetzes: Konstituierung der Bundesrepublik Deutschland (23. 5.). Wahlen zum 1. Deutschen Bundestag (14. 8.). Wahl Konrad Adenauers zum ersten Bundeskanzler (15. 9.). Verkündung der Verfassung durch die provisorische Volkskammer: Gründung der DDR (7. 10.).

1952   Unterzeichnung des Deutschland-Vertrages zwischen der Bundesrepublik und den drei Westalliierten (26. 5.).

1953   Volksaufstand in der DDR (17. 6.).

1954   Außenminister-Konferenz der Vier Mächte in Berlin (Januar/Februar). Unterzeichnung der Pariser Verträge (23. 10.).

1955   Die Pariser Verträge treten in Kraft: »Tag der Souveränität der Bundesrepublik« (5. 5.). Beitritt der Bundesrepublik zur Nato (9. 5.).

1958   Berlin-Ultimatum von Chruschtschow: Die Sowjetunion fordert für West-Berlin den Status einer entmilitarisierten »Freien Stadt« (November).

1959   Sowjetischer Vorschlag eines Friedensvertrages mit den beiden deutschen Staaten (Januar). Außenminister-Konferenz der Vier Mächte in Genf (Mai – August).

1961   Bau der Berliner Mauer (13. 8.).

1963   Adenauer und de Gaulle unterzeichnen den Vertrag über deutsch-französische Zusammenarbeit (Elysée-Vertrag) (22. 1.). Willy Brandt und Egon Bahr sprechen an der Evangelischen Akademie in Tutzing. Bahr proklamiert einen »Wandel durch Annäherung« (15. 7.).

1965   Der Rat der EKD veröffentlicht die Denkschrift »Die Lage der Vertriebenen und das Verhältnis des deutschen Volkes zu seinen östlichen Nachbarn« (16. 10.).

1966   Große Koalitionsregierung mit Kurt Georg Kiesinger (CDU) als Bundeskanzler und Willy Brandt (SPD) als Außenminister (1. 12.).

1969   Willy Brandt bildet eine sozialliberale Koalitionsregierung mit Walter Scheel als Außenminister (21. 10.).

1970   Willy Brandt trifft sich in Erfurt mit DDR-Ministerpräsident Willi Stoph (19. 3.). Beginn der Viermächte-Verhandlungen über Berlin (26. 3.). Unterzeichnung des Moskauer Vertrages. Außenminister Scheel händigt Gromyko den »Brief zur deutschen Einheit« aus (12. 8.). Beginn der deutsch-deutschen Verhandlungen zwischen Egon Bahr und DDR-Staatssekretär Michael Kohl (27. 11.). Unterzeichnung des Warschauer Vertrages (7. 12.).

1971   Erich Honecker löst Walter Ulbricht als SED-Parteichef ab (3. 5.).

1972   Unterzeichnung des deutsch-deutschen Verkehrsvertrages (26. 6.). Beginn der Verhandlungen zu einem Vertrag über die Grundlagen der Beziehungen zwischen der Bundesrepublik und der DDR (16. 8.). Brandt wird erneut zum Bundeskanzler gewählt (12. 12.). Grundlagenvertrag (21. 12.).

1973   Der vom Deutschen Bundestag ratifizierte Grundlagenvertrag zwischen der Bundesrepublik und der DDR tritt in Kraft (21. 6.). Konferenz über Sicherheit und Zusammenarbeit in Europa in Helsinki (Juli). Die Bundesrepublik und die DDR treten der UNO bei (18. 9.). Unterzeichnung des Prager Vertrages (11. 12.).

1974 Die Bundesrepublik und die DDR richten »Ständige Vertretungen« in Bonn und Ost-Berlin ein (2. 5.). Rücktritt Willy Brandts, Wahl Helmut Schmidts zum neuen Bundeskanzler (Mai).

1977 Generalbundesanwalt Siegfried Buback (April), der Bankier Jürgen Ponto (Juli) und der Arbeitgeberpräsident Hanns Martin Schleyer (September) werden von Terroristen ermordet.

1979 Erste direkte Wahlen zum Europäischen Parlament (10. 6.).

1981 Bundeskanzler Schmidt besucht die DDR. Gipfeltreffen mit Erich Honecker am Werbellinsee (Dezember).

1982 Die sozialliberale Koalitionsregierung zerbricht. Helmut Kohl wird Bundeskanzler einer konservativliberalen Koalitionsregierung (1. 10.).

1986 Unterzeichnung des deutsch-deutschen Kulturabkommens (6. 5.). Außenminister Genscher vereinbart mit Gorbatschow in Moskau, in den deutsch-sowjetischen Beziehungen »eine neue Seite aufzuschlagen« (Juli).

1987 Staatsbesuch von Erich Honecker in der Bundesrepublik (September).

1988 An einer offiziellen Demonstration zum Gedenken an Rosa Luxemburg und Karl Liebknecht in Ost-Berlin nehmen nicht-offizielle Demonstranten teil, von denen viele verhaftet werden (17. 1.). Auf einem Kirchentag in Halle trägt der Wittenberger Pastor Friedrich Schorlemmer 20 Thesen zur politischen und gesellschaftlichen Erneuerung vor (23. 6.). Gorbatschow wird zum Staatspräsidenten gewählt, Bundeskanzler Kohl in Moskau (Oktober).

1989 Kommunalwahlen in der DDR, unabhängige Beobachter weisen auf Wahlfälschung hin (7. 5.). Wachsende Zahl von DDR-Bürgern, die über Ungarn nach Österreich flüchten oder Zuflucht in deutschen Botschaften suchen (Juli – August). Gründung der Bürgerrechtsbewegung »Neues Forum« in der DDR (September). Gorbatschow kommt nach Ost-Berlin zu den Feierlichkeiten zum 40. Jahrestag der DDR-Gründung und warnt davor, »zu spät zu kommen« (5. 10.). Massendemonstrationen in Leipzig. Die Sicherheitskräfte greifen nicht ein (Oktober). Massendemonstration in Ost-Berlin auf dem Alexanderplatz (4. 11.). Öffnung der Berliner Mauer (9. 11.). Hans Modrow wird Ministerpräsident der DDR (13. 11.). Kohl legt ein »Zehn-Punkte-Programm« zur Überwindung der Teilung Deutschlands und Europas vor (28. 11.). Öffnung des Brandenburger Tors in Berlin (21. 12.).

1990 Die Bonner Regierung bildet einen Kabinettsausschuß »Deutsche Einheit« (7. 2.). Wahlen zur Volkskammer der DDR (18. 3.). Die Bundesregierung und die DDR unterzeichnen den Vertrag zur Schaffung der Währungs-, Wirtschafts- und Sozialunion (18. 5.). Die Volkskammer stimmt für den Beitritt der DDR zur Bundesrepublik gemäß Artikel 23 des Grundgesetzes (23. 8.). Formelle Deklaration der Aufhebung der Viermächte-Befugnisse in Deutschland (1. 10.). »Tag der deutschen Einheit«: Die DDR tritt der Bundesrepublik bei (3. 10.). Erste gesamtdeutsche Bundestagswahlen (2. 12.).

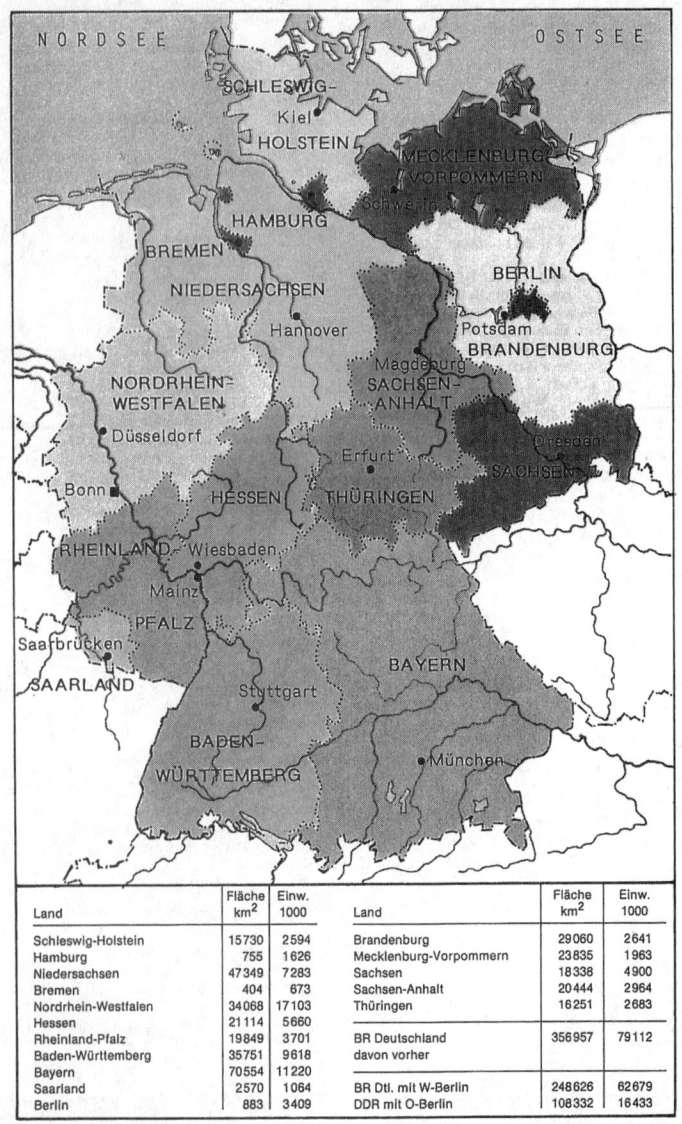

Land	Fläche km²	Einw. 1000	Land	Fläche km²	Einw. 1000
Schleswig-Holstein	15730	2594	Brandenburg	29060	2641
Hamburg	755	1626	Mecklenburg-Vorpommern	23835	1963
Niedersachsen	47349	7283	Sachsen	18338	4900
Bremen	404	673	Sachsen-Anhalt	20444	2964
Nordrhein-Westfalen	34068	17103	Thüringen	16251	2683
Hessen	21114	5660			
Rheinland-Pfalz	19849	3701	BR Deutschland	356957	79112
Baden-Württemberg	35751	9618	davon vorher		
Bayern	70554	11220			
Saarland	2570	1064	BR Dtl. mit W-Berlin	248626	62679
Berlin	883	3409	DDR mit O-Berlin	108332	16433

Die Bundesrepublik Deutschland Ende 1990

Das vereinte Deutschland im zu einigenden Europa

Es ist nicht leicht, ein Volk, das fünfundvierzig Jahre geteilt war und zwei Generationen lang in auseinanderstrebenden Kulturen gelebt hat, nun wieder zusammenzufügen. Diejenigen Bewohner der DDR, die am 18. März 1990 wahlberechtigt waren und die an der letzten freien Wahl (im November 1932) teilgenommen hatten, befanden sich im biblischen Alter von 79 Jahren! Das Fernsehen, die Pille, der allgemeine Wohlstand, die Erosion von Glaube und Sitte im traditionellen Verständnis haben bei den Westdeutschen zu Individualismus, Hedonismus und in mancher Hinsicht auch zum »Autismus« geführt. Sie haben sich in ihrem Egozentrismus eingerichtet und schreien Protest, sobald ihre erworbenen Rechte und Besitzstände angetastet werden könnten. Der in den sechziger Jahren einsetzende Geburtenrückgang, das enorme Anwachsen der Zahl der Wehrdienstverweigerer, der Nachwuchsmangel in Priester- und Ordensberufen, die Vereinsamung der Alten in Alters- und Pflegeheimen (wo sie mehr oder weniger komfortabel ihren Tod erwarten), der Rückzug der in Handel und Wirtschaft Tätigen aus dem Bereich politischer Verantwortung – womit sie, wie zu Beginn des Parlamentarismus im 19. Jahrhundert, aber zum Teil aus ganz anderen Gründen, die parlamentarische Vertretung den Beamten überlassen –, die Uniformierung der Eliten in Wirtschaft und Gesellschaft unter dem Leitbild des Managers (selbst in der Gewerkschaftsbewegung sind heute die alten Kämpfer aus der Arbeiterschicht durch Akademiker ersetzt, die oft in den gleichen Fakultäten ihr Studium absolviert haben wie die Führungskräfte in den Unternehmen), der ungeheure Druck, den die Freizeitindustrie auf das Zeitbudget, das Denken und die ganze Lebensführung ausübt, alles das sind Symptome des gesellschaftlichen Wandels, der Kultur und Alltagsleben gründlich umgestaltet. Manche Kritiker sprechen von Amerikanisierung, aber sie machen es sich zu leicht. Zweifellos hat sich Westdeutschland der Welt draußen weit geöffnet. Wer in der Nachkriegszeit im selben jugoslawischen Badeort Touristen aus den beiden Teilen Deutschlands traf, konnte sicher sein, daß die Ostdeutschen den Klischees von einst noch am ehesten entsprachen. Wie anders dagegen die Westdeutschen: Sie sind Bewohner eines Staates geworden, der in NATO, UNO und Europäischer Gemeinschaft wohlgelitten ist, sie profitieren von der raschen Öffnung der Grenzen, schauen die gleichen Filme an und lesen die gleichen Bücher wie die anderen Bürger des Westens, verbringen jedes Jahr viele Ferienwochen im Ausland, konsumieren immer mehr ausländische Nahrungsmittel und Getränke, lernen mindestens eine Fremdsprache, zumindest deren Grundelemente. Die Westdeutschen vor der Wiedervereinigung hätten die große Mehrheit der Generation ihrer Urgroßeltern verblüfft und wohl auch schockiert. Dafür verblüffen und schockieren sie die anderen Europäer sehr viel weniger, im übrigen ähneln sie ihnen auch immer mehr. Die Urgroßeltern hätten sich vielleicht eher im Denken und Verhalten der Bewohner der früheren DDR wiedererkannt.

Wie alles, was über das charakteristische Verhalten eines Volkes geäußert oder geschrieben wird, ist auch unsere Darstellung zu schematisch. Neuen Verhaltensweisen stehen alle möglichen Denk- und Lebensgewohnheiten gegenüber, die sehr viel traditioneller oder im Gegenteil noch umwälzend neuer sind, und das bei denselben Menschen und in den gleichen Milieus. Das Deutschland von gestern oder sogar von vorgestern lebt in der Bundesrepublik weiter oder bildet sich neu, das Deutschland der Leser Goethes und Hölderlins ebenso gut oder schlecht wie das Deutschland der SS. Auf der »Linken« wie auf der »Rechten« gibt es hartnäckigen Widerstand gegen Neuerungen, und dieser Widerstand kann sich nationalistisch oder pazifistisch, fremdenfeindlich oder grün-alternativ geben. Ob berechtigt oder nicht, der Wandel ängstigt manchen, mag es nun um neue Supermärkte oder die Erwärmung der Erdatmosphäre gehen. Das alte Streben nach dem Absoluten hat in den verschiedensten Kreisen, bei den Terroristen der siebziger Jahre, bei den Alternativen aller Schattierungen, bei den Grünen oder bei den Feministinnen, zu Übertreibungen und Überspanntheiten geführt, die an andere Episoden der sozialen und kulturellen Geschichte Deutschlands erinnern, man denke nur an Thomas Müntzer und die Wiedertäufer, an den jugendlich-fanatischen Nationalismus der Befreiungskriege, an die Jugendbewegung der Jahrhundertwende und an die quasi-religiöse Inbrunst, mit der die Dogmen von Sankt Marx geglaubt wurden. Die westdeutsche Kultur bot sich als ein schillerndes Kaleidoskop dar, in dem Extravagantes und Bewegendes nebeneinander existierten, und dies in ständiger Bewegung. Das ist es wohl, »was sich Morgenröte nennt«[1], wie es bei Giraudoux einmal heißt, und das nennt man Freiheit. So gesehen waren den Westdeutschen Paris und New York oft näher als Leipzig und Neubrandenburg.

Drüben in der DDR herrschte die amtliche staatliche Kultur, der zum Dogma erhobene und in parteiamtlichem Jargon gebetsmühlenhaft wie-

derholte Marxismus-Leninismus. Das Dramatische an der Situation der
Einwohner des »real existierenden Sozialismus« war, daß er tatsächlich
existierte, denn seine Propheten, Kardinäle und Generalvikare hatten einen gewaltigen Teil des Planeten in Beschlag genommen und durften sich
dem Glauben hingeben, daß sich die Wirklichkeit einmal wirklich ihrer
Pseudo-Wissenschaft anbequemen würde. Dafür allerdings mußte die Bevölkerung der Länder des Sozialismus vom Kontakt mit der übrigen Welt,
das heißt von den Ländern des Kapitalismus, Imperialismus und der
formalen Demokratie, den Gesellschaften, in denen die Arbeiterschaft
vom Kapital ausgebeutet wird, ferngehalten werden. So wurde die Berliner Mauer mitten in der Ära angeblicher Entspannung zum sehr sichtbaren Symbol des »Eisernen Vorhangs«. Sogar in der DDR, wo die Isolierung weit geringer war als in den anderen »Volksdemokratien«,
geschweige denn in der Sowjetunion selbst, war es dem Regime gelungen,
die Bürger in ideologischem Bann zu halten und ihr Denken zu steuern.
Das Regime bestimmte den Alltag, die Arbeit, die Unternehmensführung,
die (organisierte) Freizeit, Bildung und Erziehung der Jugend. Wer Karriere machen wollte, mußte sich, abgesehen vom kirchlichen Raum, in
Gehorsam gegenüber dem Regime üben, einem Gehorsam, der zumindest
teilweise das Denken und selbst die Moral deformierte. Es ist schwer,
wenn nicht unmöglich, sich ein ganzes Leben lang einem offiziellen Lü-
gensystem, das in alle Lebensbereiche eindringt, unausgesetzt und kompromißlos zu verweigern. Da die Welt, in der man lebte und die man
täglich berühren konnte, allem Anschein nach der allseits gelehrten und
bekräftigten Ideologie entsprach (bis zu dem Augenblick, da man unter
dem Einfluß von Gorbatschows Politik der Öffnung erkennen mußte,
daß der Kaiser nackt war, das heißt, daß die Sowjetunion infolge lang-
anhaltender Mißwirtschaft vor dem Zusammenbruch stand), konnte diese Welt nicht nur ein Lügengebäude sein. An dieser jedermann einge-
impften Weltsicht mußte doch etwas Wahres sein, die marxistische
Analyse konnte, wenn schon nicht die Mängel des Sozialismus, so wenigstens die Widersprüche und Krisen des Kapitalismus plausibel machen. Erstaunlicherweise waren es dann, nach dem Herbst 1989, die
zynischen Apparatschiks, denen am besten und scheinbar mühelos der
Sprung in die Marktwirtschaft gelang. Und gerade die Oppositionellen,
die von einem Sozialismus mit menschlichem Gesicht träumten und die
sinnentleerten Formeln der offiziellen Ideologie nicht nachbeteten, bemühten sich aufrichtig, bestimmte Elemente der Marxschen Lehre als
wertvolle und lebendige Wahrheit zu retten. Die grundlegende Frage lautete dann, ob die als erhaltenswert betrachteten Elemente vom ganzen
Rest, das heißt von der Staatswirtschaft, der Ausschaltung von Konkur-

renz und Profit, der Abschaffung des Privateigentums und der polizei-
staatlichen Reglementierung zur Stützung des Systems, abgetrennt werden konnten. Kann man sich umgekehrt ernsthaft eine Marktwirtschaft
vorstellen, in der Vollbeschäftigung per Gesetz garantiert wird – oder ein
Recht auf Arbeit Verfassungsrang hat, wie selbst in Westdeutschland viele
Vertreter der Linken fordern – und die Preise nach anderen als wirtschaftlichen Kriterien bestimmt werden? Solange die Staatswirtschaft
nicht unter der Last ihrer fehlenden Effektivität, verschlissener Betriebs-
einrichtungen und veralteter Methoden zusammenbrach, konnte sie ein
gewisses Maß an Sicherheit gewähren, sofern man nur recht bescheidene
Ansprüche stellte: spottbillige Mieten, wenig oder gar nicht instandge-
haltene Häuser, niedrige Sozialbeiträge – was die Belastungen der Betriebe noch größer machte, während die Dienstleistungen zu wünschen übrig
ließen –, Arbeitsbedingungen, die kaum Streß, aber auch keine Erfüllung
bescherten, garantierte, aber niedrige Löhne. Wer sich in diesem bescheidenen und freudlosen Glück eingerichtet hat, dem können Veränderungen, die größere Anstrengungen verlangen, schon angst machen. Die
Konsumgesellschaft ist voller Risiken und Ungewißheiten. In der DDR
gab es eine Kultur behaglicher Mediokrität, die sich nun vom aggressiven
Charakter der westdeutschen Wirtschaft und Politik bedrängt fühlen
mußte.

   In der DDR war Solidarität kein Fremdwort, während in der Bundesrepublik der Kampf jeder gegen jeden herrschte – so zumindest wurde
es vor der Revolution in den kommunistischen Medien dargestellt. In
einer Mangelwirtschaft ist ein gewisses Maß an Solidarität, nachbar-
schaftlicher Hilfe und fraglosem Einverständnis, selbst in der Kritik am
Regime, einfach unerläßlich. Diesen von »menschlicher Wärme« geprägten Beziehungen standen aber allgemeines Mißtrauen und Argwohn gegenüber, die der Staatssicherheitsdienst mit seinem auf Überwachung und
Denunziation beruhenden Apparat schürte. Von daher hatte der Rückzug
ins Private auch einen antisolidarischen, egoistischen Aspekt. Solidarität
gab es vor allem bei denen, die das Regime kritisierten und Opposition
betrieben, und allen, die ihnen Unterstützung und Schutz gewährten,
besonders in manchen evangelischen Gemeinden. Wir sind uns allerdings
nicht sicher, ob die Tugend der Solidarität wirklich so weitverbreitet war,
wie es manche Oppositionelle heute glauben. Hier ist die Angst am Werk,
die viele angesichts der nicht gewollten Assimilation an westliche Lebens-
stile umtreibt.

   Die Bewohner der DDR lebten zum großen Teil in einer Kultur des
Eingesperrtsein. Deshalb wurde die Forderung nach Reisefreiheit, vor
allem nach Reisen in den Westen, zu einem der stärksten Antriebe zur

Opposition. Man wollte die Welt in ihrer ganzen Vielfalt sehen, und ebendas mußten die Regimeführung und ihr Machtapparat am meisten fürchten: daß die Bürger der DDR ruhig wieder heimkehrten, aber mit neuen, die herrschende Ordnung zersetzenden Ideen. Eingesperrt in ihrem Land (mit der Erlaubnis, das Westfernsehen in ihren Zellen zu empfangen – ein gutes Mittel, um die Gefangenen ruhig zu halten), sind sie nicht den Weg der Integration in supranationale Strukturen gegangen, wie es für die Bundesrepublik charakteristisch ist. Für manche Grüne oder »Alternative« sind die Ostdeutschen aus der ehemaligen DDR »authentischer« als die Westdeutschen, da sie kaum oder gar nicht vom amerikanischen Lebensstil geprägt sind. Ohne Erfahrung mit westlichen supranationalen Strukturen wie NATO und Europäische Union erscheinen sie uns allerdings auch anfälliger für neue nationalistische Ideen und fremdenfeindliche oder rassistische Reaktionen. Für viele Ostdeutsche sind die Russen immer noch Barbaren, die sich als arrogante Besatzer aufgeführt haben, die Polen gelten als notorische Faulenzer, die vom Schwarzhandel leben. Da sich der Umbau der Wirtschaft in die Länge zieht und die Krise dramatische Folgen zeitigt, kann es nicht verwundern, daß Menschen, die zu Opfern des Umbaus werden, verführt sind, nach Sündenböcken Ausschau zu halten. Unter der Vorherrschaft der Sowjetunion konnten sich die Bürger der DDR kein objektives Bild der Lage der anderen Völker machen, seien sie Mitglied der Nato oder des Warschauer Paktes. Jetzt, da sie stolpernd in der freien Welt angekommen sind, bleiben viele ehemalige Untertanen des kommunistischen Regimes immer noch Parteigänger einer antiquierten, nationalistischen und neutralistischen Politik. Sie vergrößern damit die Schar ähnlich Denkender in Westdeutschland, die es dort immer gegeben hat und die aus Gründen, die teils mit den Tendenzen in den neuen Ländern übereinstimmen, teils auch ganz anderer Natur sind, nun wieder Auftrieb bekommen.

Doch das Schlimmste ist niemals gewiß. In der Geschichte der Völker, die im allgemeinen und glücklicherweise durch das Mittelmaß bestimmt wird, tritt Gutes und Böses nur selten in Reinkultur auf. Wir haben nicht die Absicht, Voraussagen auf das kommende Kapitel der deutschen Geschichte zu machen. Wir haben in unserer Darstellung in den vorhergehenden Zeilen lediglich versucht, das Material in seiner enormen Vielschichtigkeit aufzuzeigen, aus dem die deutsche Einheit gestaltet werden muß. Ziel ist eine neue »Republik Deutschland«, die ebenso föderativ, wenn nicht noch föderativer als die bisherige sein soll. Allen Schwierigkeiten und Unterschieden zum Trotz werden sich die beiden deutschen Kulturen von heute wieder vereinen nach Art der großen Ströme, die lange nach ihrem Zusammenfluß noch Wassermassen unterschiedlicher Färbung zeigen. Wenn sich auch die beiden Kulturen in der wiederver- einigten Bevölkerung des Landes vermischen, wird es doch immer Men- schen geben, die bestimmten Aspekten, die charakteristisch für die öst- liche oder westliche Hälfte Deutschlands waren, größeres Gewicht beilegen als anderen. Die politischen Konfrontationen, die aus dieser neu- en Rivalität entstehen, werden noch lange andauern, wie im vorigen Jahr- hundert die traditionelle Auseinandersetzung zwischen Katholiken und Protestanten im Bismarckschen Reich. Damals erwuchs der Sozialdemo- kratie als neuer politischer Kraft aus der neuen Polarisation zwischen Fabrikbesitzern und Arbeitern, zwischen Ausbeutern und Ausgebeuteten, die Schubkraft. Auch zwischen den Bewohnern der ehemaligen DDR und denen der alten Bundesrepublik können Spannungen, wie sie zwi- schen »Armen« und »Reichen« auftreten, noch beträchtlich zunehmen. Die Ostdeutschen werden sich nicht für immer mit einem Lebensstandard abfinden, der, auch wenn er die Deutsche Mark zur Grundlage hat, zwei- bis dreimal niedriger ist als der ihrer neuen Landsleute im Westen; auf der anderen Seite sind die Westdeutschen immer weniger bereit, die Er- rungenschaften ihrer Wirtschaft mit den Habenichtsen aus dem Osten zu teilen. Die Fortschritte bei der Angleichung der Lebensverhältnisse in Ost und West werden die Radikalisierung der politischen Opposition angesichts der relativen Langsamkeit dieses Prozesses nicht verhindern. Es sieht so aus, als laufe alles auf ein Wettrennen zwischen diesen beiden Tendenzen hinaus.

Wir haben nicht ohne eine gewisse Verblüffung miterleben können, wel- che Befürchtungen ein wiedervereinigtes Deutschland bei seinen Nach- barn und in der ganzen übrigen Welt auszulösen vermochte, auch und gerade bei Völkern, die schon länger als eine Generation mit West- deutschland in einer Verteidigungsallianz und einer engen Wirtschafts- gemeinschaft stehen. Wie anachronistisch und überzogen solche Ängste auch erscheinen mögen, wenn sie so massiv auftreten, stellen sie eine unleugbare Realität dar, mit der sich die Deutschen von heute und auch noch von morgen auseinandersetzen müssen. Dafür brauchen sie eine gemeinsame Strategie.

Eine mögliche Haltung wäre nun, daß sie sich in die Schmollecke zurückziehen und ganz auf ihre Wirtschaftskraft vertrauen, die aller- dings – und das wissen die Verantwortlichen in Politik und Wirtschaft genau – ganz und gar auf den internationalen Rahmen angewiesen ist, in dem sich ihre Aktivitäten abspielen. Immerhin wäre es denkbar, eine Ausweitung des Handels mit Osteuropa und der ehemaligen Sowjetunion anzustreben, da die Staaten des früheren Ostblocks den größten Bedarf an deutscher Hilfe haben. Zugleich fürchten diese Länder aber, daß sich das Streben nach wirtschaftlichem Profit wieder in den Willen zur politischen Vorherrschaft verwandeln könnte. Die Deutschen, die sich für eine solche Politik einsetzen, und ihre möglichen Partner im Osten, die nolens volens mit ihnen kooperieren müßten, täuschen sich jedoch über die Fähigkeit des vereinten Deutschland, eine solche Rolle nochmals zu spielen, und über den Willen der großen Mehrheit der Deutschen und ihrer politischen Klasse, für eine solche Strategie zu optieren.

Das vereinte Deutschland mit seiner Bevölkerung von achtzig Millionen, die sich auf einem engen Staatsgebiet drängen und deren Geburtenrate weltweit eine der niedrigsten ist, wird immer nur eine mittlere Großmacht bleiben, selbst wenn es einmal die ungeheure Aufgabe gemeistert hat, in den neuen Ländern die gleichen Lebensbedingungen wie in der alten Bundesrepublik zu schaffen. Die Vorstellung, ein solches Land könne eine unabhängige Rolle im Konzert der wahren Supermächte des 21. Jahrhunderts spielen, ist jenseits aller realistischen Erwartung, wenn sie auch in sich eine Wirklichkeit bildet.

Selbst die fanatischsten Nationalisten können Deutschland nicht mehr die Statur einer hegemonialen Weltmacht zuschreiben, sondern sehen es besten- oder schlimmstenfalls in der Rolle des wechselhaften Bundesgenossen der wahren Großmächte, was reale, aber begrenzte Vorteile für das Land bringen könnte. Die Reaktionen auf den Prozeß der Vereinigung haben im übrigen gezeigt, daß die Nachbarn im Osten, gleichviel ob es sich um einstige Verbündete oder Gegner Deutschlands handelt, durchaus zögern, sich ausschließlich an die Deutschen zu binden, wenn darunter ihre Beziehungen zu anderen Großmächten Schaden erleiden, so konfliktreich diese auch sein mögen oder in der Vergangenheit gewesen sind. Ganz zu schweigen von der Tatsache, daß der Finanzbedarf, den Rußland und die anderen Nachfolgestaaten der Sowjetunion haben, bei weitem alles übersteigt, was Deutschland im Rahmen einer Wirtschaftshilfe anbieten könnte.

Kurz, das vereinte Deutschland ist stark und abhängig zugleich. Die Abhängigkeit von seinen Partnern aller Art schafft Solidaritäten und wehrt den Tendenzen, das Heil in der Unabhängigkeit zu suchen oder sich neutralistischen Träumen hinzugeben. Noch kann sich niemand genau vorstellen, wie die globalen Konstellationen im 21. Jahrhundert aussehen, etwa das Verhältnis zwischen Nord und Süd, zwischen Europa und Nordafrika, zwischen Rußland und den islamischen Völkern Innerasiens, zwischen China und Japan. In jedem Fall können die Völker Europas nur gemeinsam, nur als Union, eine Rolle in diesem Konzert

beanspruchen, allem Trennenden in ihrer Geschichte zum Trotz. Auch
die starke emotionale Verwurzelung in nationalen Strukturen und Verhaltensweisen wird dies nicht verhindern. Zwar erhebt sich allenthalben
Widerstand gegen Pläne, mehr staatliche Souveränität auf europäische
Institutionen zu übertragen, obwohl diese Forderung ganz in der Logik
der europäischen Integration liegt, mit der vor vierzig Jahren begonnen
wurde. Ein solcher »nationaler Widerstand« hat aber nur dann Aussicht
auf Erfolg, wenn er sich seinerseits auf europäischer Ebene organisiert,
was gerade seinem Bedürfnis widerspricht, nationalistische Gefühle,
Fremdenhaß und Rassismus für sich auszubeuten.

Der Historiker wirft am Ende seines langen Marsches durch die Jahrhunderte einen letzten Blick zurück auf den Weg des deutschen Volkes
und Deutschlands durch die dunklen Jahrtausende: Die großen Wanderungen, von denen uns nur die letzten Züge näher bekannt sind, bis
zur Gründung des ersten Königtums, das zum Träger des Kaisertums
werden sollte, zu der Herausbildung der deutschen Territorialherrschaft
innerhalb des Reichsverbands; daran anschließend die großen historischen Etappen der Reformation und der Gegenreformation, der Aufstieg
Österreichs und Preußens, die gewaltigen Umwälzungen im Gefolge der
Französischen Revolution und im Gegenzug die Erhebung gegen die
französische Besatzung, die eigentlich erst, nach dem Vorbild der Franzosen und gleichzeitig gegen sie gerichtet, die Deutschen zur Nation zu
werden nötigt; der revolutionäre Umbruch der Lebensverhältnisse, der
ein von Landwirtschaft, Handwerk und Kleinhandel geprägtes Land in
eine industrielle Großmacht verwandelte, und damit eng verbunden ein
rasanter Anstieg der Bevölkerung, die sich allein im 19. Jahrhundert
verdreifacht; die unvollkommene nationale Einigung im Bismarckschen
Reich und die zunehmende Bedeutung dreier voneinander abhängiger
Faktoren, nämlich der militärisch-industrielle Komplex, die gesellschaftliche Gegenmacht der Sozialdemokratie und die imperialistischen Programme; der große Schock des Ersten Weltkriegs mit seinen unabseh-
baren Folgen, von manchen als Anfang eines zweiten Dreißigjährigen
Krieges bezeichnet, in dem zwar nicht Europa und Deutschland total
zugrunde gingen, wohl aber das Konzept nationaler Unabhängigkeit,
das auf die Weltherrschaft abzielte, als Idee und Realität endgültig verabschiedet wurde. Schließlich die bisher letzten Kapitel: das geteilte
Deutschland als Folge des Weltkampfes, in den Hitler in seiner maßlosen Verblendung das deutsche Volk führte, weniger als Urheber denn
als Provokateur. Und das wiedervereinigte Deutschland in einer Welt,
die sich nach fünfzig Jahren der Konfrontation zwischen Ost und West

nun rasch auf einen »Polyzentrismus«, auf ein »universales Konzert« hinzuentwickeln scheint, wenn es der Menschheit nicht an dem nötigen Glück und an der nötigen Weisheit fehlt, um ihr Überleben zu sichern.

Denn, wie Edgar Morin zu Recht sagt, gleichviel ob es um die Staaten Europas oder um alle Völker der Erde geht, die ganze Menschheit steht künftig vor der Wahl zwischen Sich-Zusammentun und Barbarei. Die Barbarei aber würde geradewegs und rasch in die Selbstvernichtung der Menschheit münden.

Im Laufe unserer Darstellung sind die Jahrhunderte und ihre Menschen, die gemeinsam den Stoff unserer Erzählung ausmachen, in langer Folge an uns vorübergezogen, aber die Nation als historische Wirklichkeit und Ideologie hat nur für weniger als zweihundert Jahre eine ausschlaggebende Rolle gespielt. Gewiß, Begriff und Sache hatten ihre Vorgeschichte und ihre Vorformen. Zumindest seit dem 12. Jahrhundert verstanden sich Deutsche (aber beileibe nicht alle) als Deutsche, aber das, was eine Nation im modernen Verständnis ausmacht, ein Nationalstaat, eine staatstragende Nation, hat im Falle Deutschlands nur ein dreiviertel Jahrhundert existiert, und selbst dann war es ein unvollständiger Nationalstaat, denn ein Viertel der Nation blieb ausgeschlossen. Deutschland und das deutsche Volk existierten schon viele Jahrhunderte, ehe es zu dieser kurzen nationalstaatlichen Phase kam, die allerdings immer noch die Sicht der heutigen Deutschen und ihrer Nachbarn, seien es Freunde oder Gegner, weitgehend bestimmt. Indes wäre der Gedanke nicht abwegig, daß die Deutschen ihre nationale Existenz im schützenden und fruchtbringenden Rahmen einer europäischen Föderation weiterführen und vertiefen könnten.

Die Europäische Union ist gewiß unerläßlich, wenn die Völker Europas ihre Unabhängigkeit und ihre Identität, die jeweils spezifische und die gemeinsame, verteidigen und bewahren und wenn sie den anderen Völkern der Erde bei der progressiven Verwirklichung der Menschenrechte und der Demokratie helfen wollen. Die Union ist möglich, aber für ihren Erfolg gibt es keine Garantie, da sie wie jede andere menschliche Unternehmung auch scheitern kann. Indes wird immer deutlicher, daß der weltweite Rahmen in Zukunft sich immer mehr den Vorstellungen und Aktionen aller nationalen und staatlichen Gebilde des ganzen Erdballs aufzwingen wird. Tatsächlich macht der Polyzentrismus alle Völker und alle Staaten zur möglichen Zielscheibe politischer und militärischer Aggressionen aller anderen oder zumindest der mächtigsten unter ihnen. Wer sollte China daran hindern, im 21. Jahrhundert einen Atomkrieg auszulösen, wenn nicht das Gleichgewicht des Schreckens, das schon zu Zeiten der amerikanisch-sowjetischen Dyarchie die Welt vor einer sol-

chen Katastrophe bewahrt hat? Wer sollte die unzähligen Völker Nordafrikas, die von Armut und zunehmender Radikalisierung durch islami-
sche Fundamentalisten mobilisiert sind, daran hindern, ein zweites Mal
die Eroberung Europas zu versuchen, die vor 1250 Jahren bei Poitiers
und Tours nur knapp gescheitert war? Wer, wenn nicht eine europäische
Großmacht, die mit einer gemeinsamen Politik tätiger Solidarität allen
Völkern bei der Schaffung menschenwürdiger Lebensverhältnisse in ihren
Ländern hilft?

Jenseits dieser Probleme, die sich nicht fundamental von denen unterscheiden, welche auch schon in anderen Epochen unserer europäischen
Geschichte aufgetreten sind, steht jedoch die radikal neue, noch nie erlebte Drohung der Zerstörung der Erde durch ihre Bewohner. Wie kann
sich die Masse der einhundertfünfzig bis zweihundert souveränen Staaten
dieser Erde effektiv und beizeiten organisieren, um die Rettung des Planeten zu unternehmen, für die es bald zu spät sein wird? Dem deutschen
Volk wird einmal die Begeisterung, mit der es unter dem Druck oft sehr
parteiischer, aggressiver und bisweilen verschrobener Avantgarde-Grup-
pen zum Kreuzzug für die Rettung der Erde, die allen Menschen heilig
sein sollte, aufgebrochen ist, als einer der wichtigsten Beiträge angerechnet werden, die es zum Heil der ganzen Menschheit erbracht hat. Vielleicht ist das zuviel der Ehre für die Fraktionen der Grünen, die sich oft
lächerlich und bisweilen auch verhaßt machen. Lächerlich und verhaßt,
so erschienen allerdings auch, zumindest in den Augen der griechischen
und römischen Würdenträger und Intellektuellen, die christlichen Agita-
toren der ersten Jahrhunderte unserer Zeitrechnung.

Ich wundere mich selbst, daß ich am Schluß der Geschichte eines großen europäischen Volkes dieses Loblied auf eine Minderheit anstimme,
die sich ungebärdig gibt und deren politisches Handeln sich oft am Rande
der Absurdität bewegt. Dennoch teile ich mit ihnen die Überzeugung,
daß wir bei unserem Handeln stets der Tatsache eingedenk sein müssen,
daß nicht nur unsere Zivilisation vergänglich ist – wie Paul Valéry nach
dem Ersten Weltkrieg schrieb, diesem ersten Schritt zur Selbstzerstörung
Europas –, sondern auch unsere Erde und damit die Voraussetzung für
alle Zivilisationen. Die Pflicht aller Europäer ist es heute, sich mit Vernunft und Gelassenheit und ohne Weltuntergangsaufregungen für die
Rettung der Erde einzusetzen. Die europäische Zivilisation (zu der auch
die Vereinigten Staaten und Rußland gehören) ist ja für einige Faktoren
verantwortlich, die diese Bedrohung massiv verstärken, aber sie hat auch
einige der Werte hervorgebracht, die dazu angetan sind, Hoffnungen zu
begründen und zu verwirklichen.

Deutschland ist immer noch eine führende Industrienation in der Welt.

Weil es Hitler folgte, stürzte es Europa in eine der größten Katastrophen seiner Geschichte und bewirkte als Folgeeffekt die Errichtung des totalitären Sowjetreiches. Deutsche Wissenschaftler waren es, die die theoretischen und technologischen Grundlagen für die Atombombe schufen. Aus der Verantwortung für das Vergangene sollte Deutschland den Ansporn gewinnen, gemeinsam mit seinen Partnern und Verbündeten, nötigenfalls auch als Motor der Entwicklung, die doppelte Aufgabe der Rettung Europas und der Rettung der Erde beherzt anzugehen. Doch die Geschichte, jederzeit und überall, kann sich überschlagen und ins Scheitern absinken. Das ist der Preis unserer Freiheit.

Anmerkungen

1. Kapitel

1 Das Indoeuropäische bildet eine große Familie, in der das Altindische (Sanskrit) und Persische, das Altgriechische, die italischen Sprachen, darunter das Lateinische, die baltischen und slawischen, die keltischen und die germanischen Sprachen versammelt sind. Für alle hat man eine gemeinsame Ursprache rekonstruiert, die von den Indogermanen zwischen Südrußland und Zentralasien gesprochen worden sein soll. Im Verlauf ihrer Wanderungen haben sich diese dann mit anderen Völkern vermischt.

2 Achtunddreißig im Jahr 1815, dreiunddreißig im Jahr 1866.

3 In der ersten Strophe, die heute nicht mehr als Bestandteil der Nationalhymne gilt, heißt es in der Tat, Deutschland reiche »von der Maas bis an die Memel, von der Etsch bis an den Belt«.

4 In Oberschlesien, das nach 1945 zu Polen kam, war eine mehr oder weniger zweisprachige deutsche Minderheit der Vertreibung entgangen. Nach dem Zusammenbruch der kommunistischen Herrschaft hat diese Minderheit, mit den Verlockungen des deutschen Wohlstands vor Augen, wieder ihre Stimme zu erheben gewagt. Eine starke deutsche Minderheit regt sich auch in Ungarn, wo sie über große kulturelle Autonomie verfügt. Was die Rumäniendeutschen betrifft, so sind die meisten nunmehr nach Deutschland zurückgewandert.

5 Von den blutigen Intermezzo des Dritten Reichs einmal abgesehen.

6 Literarische Strömung in den siebziger Jahren des 18. Jahrhunderts, die eine eigenständige, von der Vorherrschaft des Französischen befreite deutsche Kultur forderte.

7 Die Aufhebung vieler Kleinstaaten geht auf die Neugliederung des deutschen Territoriums unter dem Druck Napoleons zurück.

8 Natürlich hat es, wie immer in der Geschichte, Ansätze zu einer Theoretisierung gegeben, die in Spuren nachweisbar ist. So bekundete Karl der Große Interesse an den Legenden und Erzählungen der germanischen Völker und ließ sie aufschreiben. Unter seinen Nachfolgern entstanden in den Klöstern Texte, die Inhalte aus der antiken Tradition mit Zügen der germanischen Lebenswelt versahen: das Heliand-Epos ist eine volkssprachliche Darstellung des Lebens Jesu, bei der die Transposition in germanisches Denken und Fühlen soweit geht, daß der schändliche Kreuzestod verschwiegen wird, damit der Christus als junger König und Anführer der Scharen seines Eroberervolkes präsentiert werden kann. Im »Ludwigslied«, einem Heldenlied um einen karolingischen König des Westfränkischen Reiches, ist von den Auseinandersetzungen zwischen den »Deutschen«, d. h. den Franken und den Wikingern, die Rede. Insgesamt ist man jedoch bei diesen spärlichen Hinweisen eher auf Vermutungen angewiesen, so lückenhaft ist die Textüberlieferung und so gering bleibt der ideologische Ertrag. Die kulturtragende Geistlichkeit begegnete

dem Volk mit dessen im Heidentum wurzelnder Sprache stets argwöhnisch, sofern die Laien sich nicht mit den übersetzten Brocken vom Tisch der Geistlichen begnügten, an dem nur das Latein zugelassen war.

9 Von der ersten Auseinandersetzung, in der sich Karl V. und Franz I. gegenüberstanden, bis zum Zweiten Weltkrieg hat man dreiundzwanzig Kriege zwischen Deutschen und Franzosen gezählt. Die meisten davon fanden auf deutschem Boden statt, vor allem im 17. und 18. Jahrhundert.

10 Eine Minderheit von deutschen Historikern, die meisten davon Katholiken, hat vergeblich versucht, dem mystifizierenden Nationalismus eine andere, auf dem alten Reichsgedanken fußende Sicht der Vergangenheit entgegenzustellen. Sie betonten die Idee des über allen Nationen stehenden christlichen Reiches und gaben damit ihrerseits Anlaß zu mißverständlichen Interpretationen.

2. Kapitel

1 Die Römer haben den Namen vermutlich von den Kelten übernommen.

2 Dabei sollte man indes nicht den Gegensatz von »Apollinischem« und »Dionysischem« vergessen: der Kampf der Götter und Giganten, Orpheus, den die Mänaden zerreißen, die Atriden, die von den Erinnyen verfolgt werden, das ganze Griechenland Nietzsches im Gegensatz zu demjenigen Hölderlins ...

3 Ein Beispiel aus späterer Zeit: England wurde Anfang des 6. Jahrhunderts von Angeln, Sachsen (Westgermanen) und Jüten (Nordgermanen) erobert, die sich gegen die Kelten verbündet hatten. Im 9. Jahrhundert wurden sie das Ziel dänischer und norwegischer Invasionen, bis schließlich im 11. Jahrhundert die Normannen die britische Insel eroberten. Die Normannen waren ihrerseits Skandinavier, die im Kontakt mit Franken oder Römern gestanden hatten.

4 Hüten wir uns aber vor Übertreibungen; auch in Gallien kam es zu berühmten Aufständen, und das Latein (und was für ein Latein!) verbreitete sich erst im 3. und 4. Jahrhundert auf dem Land als Nebeneffekt der Christianisierung.

5 Vielleicht ist aus ihrem Zerfall der Stamm der Bayern hervorgegangen, die plötzlich um 500 in Böhmen erscheinen.

6 Vielleicht verabscheuten die »Römer« gerade die Vandalen so sehr, weil diese unter allen germanischen Stämmen am unerbittlichsten den katholischen Glauben verfolgten. Die Vandalen hingen wie die meisten Germanen damals der ketzerischen Lehre des Arius an. Dieser byzantinische Theologe (260–336) vertrat die Auffassung, Christus sei nicht göttlicher Natur, sondern sei nur das vornehmste aller Geschöpfe.

7 Über die Vandalen hat der frühere französische Außenminister Michel Jobert ein Buch geschrieben, das man mit Genuß lesen kann (M. Jobert, Vandales, Paris 1990).

8 Von dieser Sammlung ist leider nichts erhalten geblieben, da die Kirche alles verbannte, was die heidnische Vergangenheit betraf, sofern es keine Heiligenviten waren.

9 Es ist vielleicht nicht uninteressant zu wissen, daß ein Teil der Goten auch nach dem Sieg der Hunnen und nach der Westwanderung der Mehrheit der gotischen Stämme in Südrußland blieb. Noch im 16. Jahrhundert berichten deutsche Reisende von Goten auf der Halbinsel Krim und bringen Aufzeichnungen über deren Sprache heim. Diese Krimgoten sind seitdem untergegan-

gen, aber Hitler erinnert sich an sie in seinen »Tischgesprächen« und kündigt an, er werde deutschsprachige Bewohner Tirols, die seit dem Mittelalter dort ansässig sind, auf die Krim verpflanzen.

10 Wir sprechen in unserer Darstellung nicht von den Friesen, die zu den nordgermanischen Stämmen gehören, eine eigene Sprache sprechen, aber im Deutschland des Mittelalters nur eine untergeordnete Rolle spielen. Hingegen möchten wir die Thüringer erwähnen, die ein Lehnskönigtum (»regnum«) der Merowinger bildeten, aber ansonsten nicht als eigener Stamm gelten, da sie im Norden von den Sachsen und im Süden von den Franken beherrscht wurden. Zum Zeitpunkt der Entstehung des Ostfränkischen Reiches bestanden nur vier Stammesherzogtümer (oder »regna«), diejenigen der Ostfranken, der Alamannen (Schwaben), der Baiern und der Sachsen. Das thüringische Königtum erlischt 531 nach dem Sieg der Franken. Erst im 11. Jahrhundert entsteht wieder eine Landgrafschaft Thüringen als Folge der Teilung des Herzogtums Sachsen nach dem Sturz Heinrichs des Löwen. Thüringen erlangt so eine gewisse Autonomie unter der Autorität des fernen Kaisers. Ende des 13. Jahrhunderts bemächtigen sich die Markgrafen von Meissen aus der Dynastie der Wettiner eines großen Teils Thüringens. Die Markgrafen erhalten später den Titel der Kurfüsten von Sachsen ...

11 Nach einem Verfahren, das im spätrömischen Recht als *hospitalitas* bezeichnet wurde.

12 Dort gelang es Justinian, die Westgoten für einige Jahrzehnte aus den südlichen Provinzen zu vertreiben.

13 Die römische Provinzialaristokratie war seit dem 2. Jahrhundert im römischen Senat vertreten.

3. Kapitel

1 Das *imperium* allein konnte auf die Franken übergegangen sein; der Ausdruck *imperium Romanorum* hätte diese Übertragung, die für die politische Ideologie der Karolinger so wesentlich war, gerade geleugnet.

2 *Tiudesc, tiudisc* ist das Adjektiv, das vom Substantiv *thiot* gleich »Volk« abgeleitet ist. Das Deutsche ist die Sprache des Volkes. Die latinisierte Form lautet *theodiscus*, das zugehörige Adverb ist *theodisce* (auf deutsch).

3 Lothar I. hatte auch Italien und den schmalen Korridor zwischen Rhône und Alpen bis zum Mittelmeer in seinem Herrschaftsbereich behalten. Nach dem Tod seiner Söhne gingen diese beiden Reiche (»Italien« und »Burgund«) den Karolingern rasch verloren.

4 In dem Namen Arnulf stecken die Wurzel *arn* »Adler« und *wolf* »Wolf«. Ludwig kommt von *hlut* »laut«, »berühmt« und *wig* »Kampf«. Der Name Karl bedeutet soviel wie »freier Mann«.

5 Das Wort besteht aus den Wurzeln *her* »Heer«, und *-zoge*, das aus »ziehen« abgeleitet ist.

4. Kapitel

1 *Kuonrat* bedeutet soviel wie »kühner Ratgeber«.

2 Heinrich, *Hagan-rich,* ist »der im Heim Herrschende«.

3 Der Name der Nation entwickelt sich vom 10. zum 19. Jahrhundert über

folgende Formen: Theudisk, Diutisk, Tutisk, Tiutsch, Teutschland. Letztgenannte Form findet sich auch noch bei Goethe und bei den Romantikern.

4 Genaugenommen gehörten Savoyen und die Freigrafschaft Burgund nicht
unmittelbar zum Erbteil Lothars, sondern zum Königreich Burgund, das aber
ein Teil dieses Erbes bildete und erst unter Konrad II. (1024–1039) wieder
zum Reich kam.

5 Der Name geht auf die Silbe *od-* zurück, die »Besitz«, »Reichtum« bedeutet.

6 Die Schicksalsgemeinschaft von Ungarn und Deutschen hat 1989 eine glänzende Bestätigung gefunden, als die offiziell noch kommunistische Regierung
in Budapest die Grenze den Tausenden von ostdeutschen Flüchtlingen, öffnete, die damals über Österreich in die Bundesrepublik ausreisen wollten.

7 Die Pruzzen oder Preußen bildeten mit den Litauern, Letten, Liven und Kuren
den baltischen Zweig der indogermanischen Völkerfamilie. Die Preußen wurden zwischen dem 11. und 17. Jahrhundert vollkommen germanisiert.

8 Gnesen, polnisch Gniezno, war lange Zeit der Sitz des polnischen Primas,
der heute in Warschau residiert.

9 Otto I. hatte die Römer dazu verpflichtet, keinen Papst ohne seine Einwilli-
gung zu designieren.

10 Die aus dem Erbteil Lothars hervorgegangenen Königreiche von Hoch- und
Niederburgund (auch Arelat genannt), hatten sich aus dem Reichsverband
gelöst, ersteres im Jahr 888, letztes 855. Im Jahr 934 wieder zum Königreich
Burgund vereint, brachte sie Konrad II 1032. wieder ins Reich.

11 Wir sprechen hier nur von jenen Abteien, die dem Reich und damit dem
Kaiser unmittelbar unterstellt waren. Die großen Grundherren, Herzöge, Grafen und Markgrafen sowie die reichen Stadtbürger konnten ebenfalls Eigen-
kirchen gründen und sich die Ernennung der Äbte und anderen hohen Kleriker vorbehalten.

12 Die Kaiserin war die Witwe eines großen italienischen Feudalherrn, Lothar
von Ivrea, der für kurze Zeit die Königskrone von Italien getragen hatte.

13 Anders im Westfränkischen Reich: Zwar war Hugo Capet nur neun Jahre
lang König, aber Robert II., der Fromme, regierte 35 Jahre lang, Heinrich I.
29 Jahre lang, Philipp I. 48 Jahre lang, Ludwig VI. 29 Jahre lang, Ludwig VII. blieb 43 Jahre auf dem Thron, ebenso lange hielt sich Philipp II.
Augustus. Ludwig VIII. waren nur drei Regierungsjahre beschieden, aber
Ludwig IX., der Heilige, regierte 44 Jahre lang. Zwischen 987 unnd 1270
gab es neun Könige in Frankreich, in der Zeitspanne zwischen 983 und 1254
dagegen fünfzehn Könige und Kaiser in Deutschland, drei Gegenkönige und
einen Mitkönig nicht mitgerechnet. In Frankreich geht die Krone ohne Unterbrechung vom Vater auf den Sohn über. Anders in Deutschland: Heinrich II. ist ein entfernter Vetter Ottos III.; Lothar III., der einzige König seines
Geschlechts, steht allein zwischen den Reihen der salischen und staufischen
Kaiser; Friedrich Barbarossa ist nur der Neffe Konrads III.; Philipp von
Schwaben wird zum König gewählt, weil sein Neffe Friedrich II. noch zu
jung ist; zur gleichen Zeit wird ein Gegenkönig in der Person Ottos IV. gewählt, der aus welfischem Geschlecht stammt und einziger König seines Hauses ist. Nach dem Erlöschen des Staufergeschlechts streiten sich zwei fremde
Prätendenten um den Königsthron. Die geschichtliche Entwicklung in Frankreich und Deutschland könnte konträrer nicht sein.

14 Siehe Kapitel V.

15 Die Salier waren ein Zweig der zahlreichen Frankenstämme und siedelten
ursprünglich im Land der Bataver am Niederrhein, in den heutigen Nieder-

landen. In merowingischer Zeit hatten ihre Anführer dann die Frankenstämme geeint. Von ihren Vorfahren rührte auch das Salische Gesetz, das die Frauen von der königlichen Erbfolge ausschloß. Das deutsche Königsgeschlecht, das von 1024 bis 1125 regierte, erhielt von den Geschichtsschreibern des 12. Jahrhunderts den Namen »Salier«, um es von den vorangegangenen »Sachsen« auf dem Königsthron zu unterscheiden. Im Althochdeutschen bedeutet *sal* »Besitz« und »Gut«.

16 *Waltharius* = Walter, aus *waltan* »walten«, »herrschen« und *her* »Heer«.
17 Aus *hrod* »Ruhm« und *swinths* »stark«.
18 Aus *ger* »Speer« und *bert* »glänzend«.
19 Aus *hiltja* »Kampf« und *brant* »Waffe«.
20 Kron-Flandern gehörte damals zum französischen Königreich, das kleinere Reichs-Flandern zum Reich.

5. Kapitel

1 Ein germanischer Name. Im »Nibelungenlied« hat Dietrich von Bern (Theoderich) den alten Hildebrand als treusten Gefolgsmann. Das »Hildebrandslied« wurde in Althochdeutsch zwischen 810 und 820 in der Abtei Fulda verfaßt.
2 Siehe 4. Kapitel, S. 88.
3 Es gibt Gründe, die Konfrontation mit dem Erlöschen der Stauferdynastie im Jahr 1254 enden zu lassen. Der Machtkampf zwischen Papsttum und Kaiserreich flackerte aber auch im folgenden Jahrhundert immer wieder auf, besonders unter Ludwig IV., dem Bayern, der im Streit mit den Päpsten in Avignon lag.
4 Gleichzeitig festigte das Papsttum seine Macht in Rom selbst und in den umliegenden Territorien, die es der Macht des Kaisers ganz zu entziehen trachtete.
5 Langobardische Fürstentümer, die mehr oder weniger zu Lehen des Reiches geworden waren, hatten sich in Süditalien auch nach der Annexion des Langobardenreiches durch die Franken gehalten. Ihnen machten die byzantinischen Griechen und die Sarazenen die Herrschaft streitig.
6 Tankred, Baron von Hauteville, der Vater der zwölf Söhne, vereint in seinem Namen die germanischen Wortstämme *danc* »Denken, Dank« und *rat* »Rat, Ratgeber«; Roger ist aus althochdt. *hruod* »Ruhm« und *ger* »Speer« gebildet; Wilhelm aus *willeo* »Wille« und *helm* »Helm, Schutz«.
7 Aus diesem Konflikt stammen die Bezeichnungen »Welfen« und »Waiblinger« (der Name soll von der Stauferstadt Waiblingen abgeleitet sein, doch bleibt die Etymologie umstritten), woraus die Italiener *guelfi* und *ghibellini* machten, die ersteren hielten es mit dem Papst und den Städten, die letzteren gehörten zur Partei des Kaisers.
8 Den Namen gab der Germanenstamm der Silingen, die während der Völkerwanderung hier siedelten.
9 An diesen Ursprung erinnern Ortsnamen mit dem Bestandteil »-roden, -rode, -reuth«: z.B. bedeutet Bayreuth soviel wie »bayerische Rodung«.
10 Diese Bezeichnung ist zu einem häufigen Familiennamen geworden.

6. Kapitel

1 Italien, Burgund und Deutschland bildeten zusammen das von Otto I. 964
   nach langer Unterbrechung erneuerte Reich (Burgund kam erst unter Konrad II. zum Reich zurück).
2 Familie des schwäbischen Uradels, die in Deutschland wie auch in Italien
   verwurzelt war. Heinrich der Stolze, Herzog von Sachsen und Bayern, Schwiegersohn des Kaisers Lothar III., war von Konrad III., dem ersten staufischen
   König, um seine Reichslehen gebracht worden, doch sein Sohn Heinrich der
   Löwe erwarb es wieder zurück.
3 Um Braunschweig, Lüneburg und Hannover bauten die Welfen nach und
   nach ein umfangreiches Territorium auf, das im 17. Jahrhundert zum Kurfürstentum erhoben wurde. Ein Zweig des Welfenhauses erbte Anfang des
   18. Jahrhunderts die Krone des britischen Königreiches.
4 Ernst Kantorowicz, *Kaiser Friedrich der Zweite*, 2 Bde., Berlin 1927–1931,
   6. unveränderte Auflage Stuttgart 1988.
5 Friedrichs ältester Sohn, der zu Lebzeiten seines Vaters zum König erhoben
   wurde, trug diesen Herrschernamen, doch nach seinem Sturz verschwand er
   aus der offiziellen Herrscherchronik. Heinrich von Luxemburg (1308–1313)
   gilt als der »echte« Heinrich VII.
6 Siehe S. 821, 5. Kapitel, Anmerkung 7.
7 Der spätere Malteserorden.
8 Bereits 1146 hatte der Papst diejenigen Kriege als Kreuzzug erklärt, die christliche (d. h. deutschen) Grundherren und Fürsten gegen die heidnischen Slawen
   östlich der Elbe führten. Wie die Spanier gegen die Araber (und einige Jahre
   später die Nordfranzosen gegen die katharischen Ketzer) zogen nun auch die
   Sachsen und Thüringer zum Kreuzzug gegen ihre heidnischen Nachbarn. Im
   Frühjahr brachen die Kreuzritter auf und, sofern sie nicht im Kampf gefallen
   waren, kamen sie zur Ernte wieder heim. Genauso befehdeten sich auch die
   Stämme der Vorzeit, genauso zogen die Wikinger auf Raub, ehe sie zur Über-
   winterung feste Lager in Frankreich, England und Deutschland anlegten. Sobald der Ordensstaat in Preußen und Livland (Lettland) etabliert war, verfuhr
   man in gleicher Weise mit den heidnischen Litauern. Aus ganz Europa kamen
   christliche Krieger, um im Frühjahr mit den Deutschrittern zum Kreuzzug
   aufzubrechen.

7. Kapitel

1 Zur ersten Nachfolgekrise kam es erst zu Beginn des 14. Jahrhunderts, zu
   spät, um eine Wahlmonarchie an die Stelle der Erbmonarchie zu setzen.
2 Nur ganz am Anfang stand Venedig unter der Lehnsoberhoheit des fernen
   Byzanz.
3 Die Bünde der schweizerischen Bauern hatten sich gegen ihre habsburgischen
   Herren erhoben, von denen mehrere auf den Königsthron gelangten; darunter
   litten die Beziehungen zum Heiligen Römischen Reich. An dieser Stelle sei
   angemerkt, daß das Reichsgebilde, das aus dem Hochmittelalter übriggeblieben ist, nunmehr mit der Bezeichnung »deutsch« belegt werden darf. Zwar
   stellt es immer noch etwas anderes dar als die übrigen europäischen Königs-
   reiche, aber ungeachtet der offiziellen Titel und Würden ist es auch nicht
   mehr das Reich Karls des Großen, der Ottonen oder der Staufer.

4 Und damit war er auch ein Urenkel Kaiser Friedrich Barbarossas.

5 Das Papsttum hatte sich an das Haus Anjou um Hilfe gewandt, um den Staufern Sizilien und das Königreich Neapel zu entwinden. Einmal im Land, stellten
die Franzosen nun ihrerseits Forderungen an das Papsttum und versuchten wie
ihre Vorgänger, ihren Herrschaftsbereich auf ganz Italien auszudehnen.

6 Zu Beginn des 15. Jahrhunderts wird das tschechische Volk wieder eine zentrale Rolle in Mitteleuropa spielen, dann aber in der religiösen und sozialen
Dimension der hussitischen »Revolution« (Siehe 8. Kapitel).

7 Friedrich II. sprach Italienisch als Muttersprache.

8 Diese Situation wurde erst 1348 durch einen Verkauf geregelt.

9 Die Verhältnisse waren mit denen vergleichbar, die Deutschland unter Heinrich IV. erlebt hatte, nur hatte damals der Großteil der Bischöfe und Priester
das Interdikt nicht befolgt. Die Macht des Papstes innerhalb der Kirche hatte
sich im Zeitraum von zweihundertfünfzig Jahren verstärkt. Der Kampf des
Bayern gegen den Papst von Avignon wurde zu einer festen Größe im Gedächtnis des Volkes, auf die noch Luther zurückgreifen wird. Und war Wilhelm von Ockham nicht der Lehrer von John Wyclif, des Oxforder Häretikers, der wiederum in Jan Hus einen gelehrigen Schüler fand?

10 Im Jahr 1257 tritt das Kollegium der sieben Kurfürsten zum ersten Mal
zusammen.

11 Österreich war selbst kolonisiertes Land, was allerdings mehrere Jahrhunderte zurücklag.

12 Die Reichsritter, die ebenfalls nur dem Kaiser reichsunmittelbar unterstanden
und in Kantone zusammengefaßt waren, waren im Reichstag nicht vertreten.

13 Es fällt auf, wie wenig in der Epoche, die wir gerade beschreiben, vom Norden
die Rede ist. Vor allem der Nordwesten hatte nach der Zerschlagung des
welfischen Sachsen viel von seiner Bedeutung eingebüßt, allerdings galt das
nur für das Binnenland. Flandern, Holland, Friesland, Bremen, Hamburg
und Lübeck erlebten seit dem 13. Jahrhundert einen ungeheuren Aufschwung,
doch aus verschiedenen historischen Gründen wird diese Entwicklung immer
mehr zu einem Randphänomen in Bezug auf die Kernlande des Reiches.
Kronflandern (im Gegensatz zu Reichsflandern) mit Brügge mochte zwar
germanisch geprägt sein, gehörte aber juristisch bis ins 16. Jahrhundert zum
Königreich Frankreich.

14 Der Aufschwung des Fernhandels hat ebenfalls mehrere Ursachen. Erstens
die Kreuzzüge, vor allem der vierte, in dessen Verlauf den fränkischen Kreuzfahrern Konstantinopel in die Hände fiel. Europa erhielt plötzlich Zugang
zum Schwarzen Meer und damit Aussichten und Handelsbeziehungen, die
lange anhalten sollten. Dann der Geschmack und die Lust am Abenteuer, für
die die Reiseberichte Marco Polos beredtes Zeugnis geben. Eine Welt tat sich
auf, die nicht mehr auf das Mittelmeer und seine nördlichen und nordwestlichen Ausläufer beschränkt war.

15 Die Fürsten konnten ihren wachsenden Bedarf an Münzgeld decken, weil die
Bergbautechniken im 13. und 14. Jahrhundert große Fortschritte machten
und weil zu den alten Schürfstätten im Harz neue Minen in Tirol, in der
Steiermark, in Kärnten, im Schwarzwald, in Sachsen und Böhmen hinzukamen. Der deutsche Bergmann wurde in ganz Europa zum gefragten Spezia-
listen; die Könige von Ungarn und Schweden warben deutsche Bergleute für
den Aufbau lokaler Minenbetriebe an. Aus dieser Zeit rühren die vielen,
reichen deutschen Enklaven in der Slowakei und die neuen Siedlungen in
Böhmen und Mähren.

16 Der Orden wurde vom hl. Norbert, dem Kaplan des Kaisers Heinrich V.,
   1120 in der Abtei Prémontré bei Laon gegründet. Die nach der strengen
   Augustinusregel lebenden Prämonstratenser breiteten sich, parallel zu den
   Zisterziensern, rasch in Norddeutschland aus.
17 Am Hofe des Landgrafen von Thüringen kamen die Sänger, Spielleute und
   Ritter zum Wettstreit und zu Festen zusammen. Wagner hat in seinem *Tannhäuser* diese Sängerfeste wiederbeschworen.

8. Kapitel

1 Der deutsche König trug seit der Goldenen Bulle den Titel »gewählter Römischer König«, da er nun verfassungsgemäß von den Kurfürsten gewählt
  wurde. Mit diesem Titel waren weiterhin alle kaiserlichen Hoheitsrechte über
  Italien und Burgund verbunden, und zwar bereits vor der Krönung zum Kaiser.

9. Kapitel

1 Die Habsburger hatten Kärnten 1335 erworben. Im Jahr 1363 kam Tirol
  hinzu.
2 Die zweite Schlacht bei Tannenberg im Jahr 1914 brachte den Vormarsch
  der russischen Truppen in Ostpreußen zum Stehen. Der Sieg wurde dem
  General und späteren Feldmarschall Paul von Hindenburg zugeschrieben.
3 Mystisches Erbauungsbuch, das den starken Einfluß Meister Eckarts verrät.
  Das Ende des 14. Jahrhunderts erschienene und viel gelesene Buch wurde
  eine wichtige Quelle für das religiöse Empfinden Martin Luthers.
4 Die Neuerungen in der Waffentechnik (Pulver und Feuerwaffen) erforderten
  eine ganz andere Ausbildung und Vorbereitung als beim Kampf mit der
  Blankwaffe. Der Einsatz von Söldnern als »Kanonenfutter«, die im Gegensatz
  zu Vasallen bei Gefangennahme keinen durch Geld zurückzulösenden Wert
  darstellten, machte den Krieg sehr viel blutiger, denn das Leben des Söldners
  zählte wenig. Im Gegenteil, angesichts der Bedrohung, die unbeschäftigte
  Söldnerhaufen für den Staat und die Bevölkerung darstellten, hatten alle ein
  Interesse daran, daß sich diese notwendigen, aber gefährlichen Kampfhähne
  gegenseitig den Garaus machten. Der italienische Kondottiere und der Lands-
  knecht-Hauptmann bildeten einen neuen Typ des Militärs. Das fast völlige
  Fehlen einer Zentralmacht in Italien erlaubte es dort Söldnerführern mit Fortüne, ganze Fürstentümer zu erobern oder neu zu gründen.
5 Von mhd. *gewёrke* Im 13. Jahrhundert die gebräuchliche Bezeichnung für die
  Inhaber der Kuxe eines Bergwerkes, dann (Mit)arbeiter. Dazu seit dem
  16. Jahrhundert auch »Gewerkschaft« im gleichen Sinn. Seit 1868 wird der
  Begriff in der heute üblichen Bedeutung »Arbeiterverband« gebraucht.
6 Die Mauerziegeln wurden auch als Baumaterial benutzt, wenn Steinbrüche
  weit entfernt waren, so z. B. für den Bau der Münchner Frauenkirche, des
  Doms unserer lieben Frau, der ursprünglich wie das Ulmer Münster eine
  einfache, aber großartige Pfarrkirche war.
7 Die Universität der Freien Reichsstadt Nürnberg.

10. Kapitel

1 Doch wir haben den Einfluß des Jan Hus auf Luther gesehen.

2 Unter den Fürsten entschieden sich manche für die Reformation, weil sie sich wirtschaftliche und politische Vorteile davon versprachen, andere handelten wie Friedrich der Weise aus Sorge um ihr Seelenheil und das ihrer Untertanen, die meisten aber taten es wohl aus einer Mischung beider Motive.

3 Nachdem sich die Herzogtümer Schwaben, Franken und Lothringen zwischen dem 11. und 13. Jahrhundert jedes für sich weiterentwickelt hatten, gelangte im Südwesten kein Territorialstaat zu unangefochtener Vorherrschaft. Dagegen wahrte Bayern seine territoriale Integrität, und auch in den Gebieten der einstigen Ostkolonisation bildeten sich große zusammenhängende Ensembles, so z. B. das wettinische Sachsen, Brandenburg, der deutsche Ordensstaat, die Herzogtümer Mecklenburg und Pommern. Gleiches gilt auch für Österreich und das mächtige Königreich Böhmen.

4 Das gleiche tun auch die Freien Städte, wo immer sie können.

5 Deutschland bekam im 17. Jahrhundert mit einigen kleinen preußischen Stützpunkten in Westafrika Anteil am Handel mit den Kolonien, doch blieb das Handelsvolumen ganz unerheblich.

6 Das Bündnis des allerchristlichen Königs mit dem Großen Sultan, das Franz I. eingegangen war, wurde in Deutschland als Verrat an der gemeinsamen Sache des Christentums empfunden und als solcher auch in antifranzösischen Streitschriften angeprangert.

7 Die übrigen Ordensgebiete kannten ein höchst unterschiedliches Schicksal. Livland und Estland, auf die Polen, Schweden und Rußland Appetit hatten, wurden zuerst die Beute Schwedens, das sie aber nach dem Nordischen Krieg (1701–1725) an Rußland abtreten mußte. Kurland wurde ein säkularisiertes Herzogtum zugunsten des Statthalters des Hochmeisters, ein Baron von Kettler, und stand erst unter polnischer, dann unter russischer Lehnsoberhoheit. Schließlich bildeten die im ganzen Reich verstreuten umfangreichen Besitzungen des Deutschen Ordens unter Führung des Hochmeisters einen eigenen Stand, den sie bis zu den Umwälzungen der napoleonischen Ära und dem Untergang des Heiligen Römischen Reiches bewahrten.

8 Über Zwingli siehe S. 281 und folgende.

9 In Marburg trat Luther jedem Kompromiß in der Frage des Abendmahls entgegen, indem er die Einsetzungsworte schrieb: »*Hoc est enim ...*«

10 Gruppe der Täufer, benannt nach ihrem Bischof Jakob Hutter, der 1536 in Innsbruck das Martyrium erlitt. Die Sekte war in Mähren, aber auch in Ungarn, Siebenbürgen und in der Ukraine verbreitet. Viele Hutterische Brüder wanderten im 19. Jahrhundert nach Amerika aus.

11 Aber Jakob Hutter und Johann Hus sind zwei verschiedene Personen, die im Abstand von einem Jahrhundert gelebt haben.

12 Das »neue Königreich Gottes in Münster« ist in unserer Zeit Thema einer der packendsten Erzählungen der französischen Schriftstellerin Marguerite Yourcenar geworden, *L'Œuvre au noir*, Paris 1968.

11. Kapitel

1 Die Hohenzollern hatten sich mit diesem Glaubensübertritt die Unterstützung und das Erbe der Oranier am Unterrhein und in den Niederlanden sichern wollen.

2 Petrus Canisius alias Kanijs wurde 1521 im niederländischen Nimwegen geboren. 1925 wurde er heiliggesprochen und zum Kirchenlehrer erhoben.

3 Das 1495 vom Wormser Reichstag gegründete Reichskammergericht, das nacheinander in Frankfurt, Worms, Speyer und von 1693 bis 1806 in Wetzlar tagte, war zuständig für Fragen des Friedens zwischen den Reichsständen, für die Reichsacht, Steuerfragen und territoriale Streitigkeiten unter Reichsständen sowie für Zivilklagen gegen diese. Die Richter wurden zur Hälfte vom Kaiser und zur Hälfte von den im Reichstag vertretenen Ständen gewählt. Der Reichshofrat war dagegen 1498 gegründet worden. An der Spitze stand der Kaiser, der Präsident und seine Beisitzer wurden vom Kaiser gewählt. Der in Wien tagende Reichshofrat war zuständig für Reichslehnsachen, Kriminalklagen gegen Reichsunmittelbare, kaiserliche Reservatrechte, die Nachfolge bei Adelstiteln und für alle italienischen Angelegenheiten.

4 Die Ereignisse lieferten den Stoff für eines der meistgespielten Dramen des großen Wiener Dichters und Dramaturgen Franz Grillparzer: »Ein Bruderzwist im Hause Österreich«.

5 Unter Berufung auf die Lehnsabhängigkeiten einiger Territorien des Reichs von Besitzungen, die Frankreich durch die Westfälischen Verträge im Elsaß und in Lothringen erhalten hatte, vergrößerte Ludwig XIV. seine Besitzungen im Elsaß, an der Mosel und der Saar beträchtlich. Sogenannte Reunionskammern in Metz, Besançon, Breisach und Tournai befaßten sich mit entsprechenden – oft fadenscheinigen – juristischen Absicherungen. Im Vertrag von Rijswijk 1697 mußte Frankreich einen großen Teil der erworbenen Territorien wieder abtreten. Straßburg und die Reunionen des Elsaß blieben allerdings bei Frankreich. Lothringen und Montbéliard (Mömpelgard) wurden erst gegen Ende des 18. Jahrhunderts endgültig französisch.

12. Kapitel

1 Nach der Abdankung Königin Christines von Schweden 1654 nach einer Herrschaft ohne sichere Führung, bestieg Pfalzgraf Karl Gustav von Pfalz-Zweibrücken, der Sohn einer Schwester Gustav Adolfs, den Thron und führte die schwedischen Streitkräfte neuen Siegen entgegen (1654–1660).

2 Mit diesem merkwürdigen Titel machte der Kaiser deutlich, daß er Friedrich einen Königstitel zuerkannte, der an eine Person gebunden war und somit noch nicht die Erhebung Preußens zum Königreich bedeutete.

3 Franz Stephan mußte sein geliebtes Lothringen 1735 nach dem sogenannten Polnischen Erbfolgekrieg gegen das Herzogtum Toskana eintauschen. Lothringen fiel dabei dem polnischen Exkönig Stanislaus Leszczynski zu, der es im Gegenzug seinem Schwiegervater Ludwig XV. vererben mußte. So verleibte sich Frankreich dieses Territorium des Reichs 1766 nach drei Jahrhunderten vergeblicher Versuche schließlich ein.

4 Während der Gegenreformation blieben zahlreiche reformierte Gemeinden in den Alpen bestehen, während die Bevölkerung in den zugänglichen, tiefer

gelegenen Gebieten auf den »rechten Weg« des Katholizismus zurückgebracht wurde.

5 Eine von einem Ban (lateinisch Banus), einer Art Vizekönig, regierte Provinz zwischen dem Ostufer der Theiß und Siebenbürgen mit der Haupstadt Temeschburg (Temesvar, Timi{s}oara).

6 Auf die Herrschaft Sigismunds von Luxemburg und seines Schwiegersohnes Albrecht von Habsburg war im 15. Jahrhundert eine nationale Reaktion unter Matthias Corvinus gefolgt. Nach der Entscheidungsschlacht bei Mohacs 1526 blieb nur ein kleiner Teil Ungarns unter kaiserlicher Herrschaft.

7 Der Große Kurfürst hatte in erster Ehe eine Prinzessin aus dem Hause Oranien geheiratet. Sie war die Mutter König Friedrichs I.

13. Kapitel

1 Der letzte Stuart als König von England und Schottland, Jakob II. (1685–1688), war vom Protestantismus wieder zum katholischen Glauben seiner Großmutter Maria Stuart übergetreten. Jakob, der in Verdacht geriet, eine absolute Monarchie errichten zu wollen, wurde bei einem Aufstand der protestantischen Konstitutionalisten vertrieben. Seine Nachfolge traten durch Parlamentsbeschluß seine Tochter Maria und ihr Gatte Wilhelm III. von Nassau-Oranien (1689–1702) an, der siegreiche Verteidiger der protestantischen Niederlande gegen das katholische, mit Jakob II. verbündete Frankreich.
Da die Verbindung zwischen Maria und Wilhelm kinderlos blieb und Maria vor Wilhelm starb, fiel der Thron 1702 an Jakobs zweite Tochter, die ebenfalls protestantisch gebliebene Prinzessin Anna. Sie hatte keine Nachkommen. Weil der *Act of settlement* den katholischen Mannesstamm Jakobs II. aus der Nachfolge ausschloß, wurde Kurfürst Georg Ludwig von Hannover, der Enkel einer Tochter Jakobs I. von England (1603–1625), Thronanwärter. Er bestieg den Thron 1714 als Georg I. und starb 1727. Sein Sohn Georg II. regierte bis 1760.

2 Auf Peter den Großen, der seinen einzigen Sohn, den Zarewitsch Aleksej, 1718 umbringen ließ, folgten seine Witwe Katharina I. (1725–1727) und dann sein Enkel Peter II. (1727–1730). Auf sie folgten die sogenannte Zarin Anna (1730–1740), die Tochter von Peters verstorbenem Halbbruder Iwan V., und Zarin Elisabeth (1741–1761), die jüngste Tochter Peters des Großen. Elisabeth bestimmte Herzog Peter von Holstein-Gottorp, den Sohn ihrer älteren Schwester Anna, zum Erben. Peter III. war mit einer Prinzessin von Anhalt-Zerbst, einer Verwandten Friedrichs des Großen, verheiratet. Sie stürzte ihren Gatten, ließ ihn ermorden und bestieg unter dem Namen Katharina II. (1762–1796) den russischen Zarenthron.

3 Der Name Galizien geht auf das russisch-ukrainischen Fürstentum Halitsch zurück und wurde nach und nach auf den mit Polen bevölkerten Westteil der Region mit Krakau, der alten Hauptstadt des Königreichs, ausgedehnt. Krakau wurde Österreich allerdings erst bei der dritten polnischen Teilung angegliedert. Lodomerien war ebenfalls ein ukrainisches Fürstentum um die Stadt Wladimir, nach dessen entstellten Namen es benannt wurde. Beide Gebiete waren 1386 von Polen annektiert worden.

4 Hundert Jahre später wurde den preußischen Junkern folgender Sinnspruch nachgesagt: »Sei der König absolut, wenn er unsern Willen tut.«

5 Ein unteilbares und unveräußerliches Stammgut, das der Erbe nur als Nutznießer führte. Fideikommisse wurden unter den Nazis endgültig abgeschafft.
6 Abraham a Sancta Clara verfaßte leider auch antisemitische Hetzschriften,
   in denen er Juden als Feinde der Menschheit diffamierte.
7 Im 13. Jahrhundert gab es auch einen jüdischen Minnesänger: Süß von Trim-
   berg.

14. Kapitel

1 Zahlreiche Beobachter machten für die unhaltbar gewordenen Zustände auch
   den Katholizismus als archaische und überkommene Glaubensform verantwortlich.
2 Der Immerwährende Reichstag, die Versammlung der verschiedenen Territorien, tagte seit 1664 ständig in Regensburg.
3 Marie Louise war eine Großnichte der Königin Marie Antoinette. Die Heirat
   machte den korsischen »Thronräuber« somit gewissermaßen zum angehei-
   rateten Neffen Ludwigs XVI. und des Thronanwärters Ludwig XVIII.
4 Ziele waren bereits in der Industrialisierung begriffene Regionen Deutschlands oder Amerika, das vor allem im 19. Jahrhundert mehrere Millionen
   deutsche Auswanderer aufnahm.
5 »Major« Adolf von Lützow (1782–1834), der 1809 an der Unternehmung
   von Schills beteiligt gewesen war, hob 1813 ein vornehmlich studentisches
   Freiwilligenkorps aus, das nie über mehr als dreitausend Mann verfügte.
   Seine schwarz uniformierten Soldaten operierten im Rücken des Gegners.
6 Das Einjährige, eine Bescheinigung, das nur ein einjähriger Militärdienst abzu-
   leisten war, wurde später eine Art bürgerliche Visitenkarte, das Eintrittsbillet
   in die höheren Schichten. Das Statut des Reserveoffiziers spaltete die Gesellschaft in zwei Teile. Brillant veranschaulicht werden diese gesellschaftlichen
   Verhältnisse in Heinrich Manns 1914 erschienenem Roman »Der Untertan«.
7 Gebhard Leberecht von Blücher (1742–1819) war von 1813 bis 1815 Oberbefehlshaber der preußischen Truppen, er wurde mit Titel und Rang eines
   Generalfeldmarschalls ausgezeichnet; August Neidhardt von Gneisenau
   (1760–1831) war Generalstabschef der Schlesischen Armee.

15. Kapitel

1 Um die Bedeutung dieser langen Friedensperiode richtig einschätzen zu können, halte man sich nur den Dreißigjährigen Krieg vor Augen, dessen Folgen
   auf deutschem Boden noch ein Jahrhundert später spürbar waren. Ähnlich
   verheerend wirkten sich die Feldzüge von 1870/1871 im östlichen und nordöstlichen Frankreich oder vor allem der Erste Weltkrieg mit seinen nie dagewesenen Zerstörungen aus.
2 Der Gegensatz zwischen den Kräften der Ordnung und denen des Wandels
   spielt auch in der französischen Geschichte der letzten beiden Jahrhunderte
   eine zentrale Rolle (siehe hierzu das aufschlußreiche Werk François Goguels,
   La Politique des Partis sous la IIIe République, Paris 1946).
3 Diese erstaunliche Wendung prägte das politische Leben der deutschen Katholiken auch nach dem Sturz der Monarchien und blieb selbst noch während
   der Anfänge der Bundesrepublik spürbar.

4 Athanasius, der Patriarch von Alexandria, setzte sich im 4. Jahrhundert gegen die Einmischung des Kaisers in Glaubensfragen zur Wehr.

5 Bei dieser Entwicklung spielten Österreich und die Schweiz eine erhebliche Rolle. Die politisch-kulturellen Grenzen und die Staatsgrenzen fielen in diesem Bereich durchaus nicht zusammen.

6 Der Deutsche Bund mit der großen deutschen Volksgemeinschaft im Zentrum Europas bildete mit mehreren benachbarten Staaten und Völker eine Schicksalsgemeinschaft: Der König von Dänemark gehörte dem Bund als Herzog von Holstein ebenso an wie der König von England (bis 1837) als König von Hannover und der König der Niederlande als Großherzog von Luxemburg. Auch das gesamte tschechische Volk mit Böhmen, Mähren und dem österreichischen Schlesien, die Teil des einstigen Heiligen Römischen Reichs gewesen waren, gehörte dem Bund an. Das gleiche galt für die Slowenen mit Steiermark, Kärntens und Krains, die Italiener in Südtirol, Görz und Triest und die Polen im preußischen Schlesien. Dem Deutschen Bund nicht beigetreten waren dagegen die Territorien Preußens und des österreichischen Kaiserreichs, die wie Posen und Ungarn vor 1806 nicht Mitglieder des Alten Reichs gewesen waren. Als Teile Preußens und Österreich waren sie mit dem Deutschen Bund aber dennoch durch vielfältige Strukturen und Abhängigkeiten verbunden.

7 Erzherzog Johann, ein gemäßigter Liberaler, der wegen seiner Heirat mit der Tochter eines Postmeisters besonders beliebt war, wurde von den Abgeordneten der Nationalversammlung gewählt und war somit das legitime Staatsoberhaupt aller Deutschen. Adolf Hitler, der nach dem »Anschluß« Österreichs von 1938 bis 1944 Staatsoberhaupt aller Deutschen war, hatte seine Stellung dagegen nicht auf legitime Weise erlangt.

8 Der konservative Politiker Ernst Ludwig von Gerlach (1795–1877) und sein Bruder General Leopold (1790–1861) standen König Friedrich Wilhelm IV. sehr nahe und waren zunächst Anhänger Bismarcks. Dann aber betrachteten sie ihn als einen Verräter an der Sache des christlichen Konservativismus.

16. Kapitel

1 Glücksburg und Augustenburg waren Nebenlinien der Dynastie Oldenburg, die seit dem 15. Jahrhundert Dänemark beherrschte. Gottorp, eine weitere Linie, hatte damals den Zarenthron inne.

2 Der heute noch existierenden starken dänischen Minderheit in Schleswig wurde das Recht zuerkannt, über ihre politische Zugehörigkeit per Volksentscheid selbst zu bestimmen. Durchgeführt wurde dieser allerdings erst 1920!

3 Der damals gebräuchliche Name für die Ukrainer mit unierter Religion im Ostteil Galiziens um Lemberg (Lwow).

4 Der Ausdruck bezeichnete 1848/1849 das Gebilde, zu dem das wiederhergestellte »engere« deutsche Reich und die äußeren, nicht deutschen Teile der habsburgischen Monarchie gehören sollten.

17. Kapitel

1 Das Haus Hannover war ein Zweig der Dynastie der Welfen, die sich im 12. Jahrhundert, wie bereits erwähnt, der Kaisermacht Friedrich Barbarossas stolz und heftig widersetzt hatte (siehe Kapitel VI).

2 Lenin und Trotzki konzentrierten sich auf den Kern des alten russischen Reichs und gaben sämtliche Vorposten auf, um eine Ausgangsbasis für zukünftige Offensiven zu bewahren. 1941 sollte sich Stalin an diese Strategie erinnern.

18. Kapitel

1 Der Jude Kurt Eisner, ein Journalist und idealistischer Pazifist, war durch die Novemberrevolution in München an die Macht gekommen. Er wurde von einem jungen adligen Offizier, dem Grafen Arco, erschossen. Nach Eisners Tod ging die Macht an eine Koalition aus Linkssozialisten und Kommunisten, die die »Räterepublik« ausriefen.

2 Wir haben bereits weiter oben gesehen, daß die SPD wenige Wochen später ebendiese Kürzung der Arbeitslosenunterstützung billigte, um nicht die Regierung Brüning zu stürzen, die gerade erst ihre Geschäfte aufgenommen hatte.

3 Der kleine niedersächsische Kurort Bad Harzburg war der Schauplatz der Begegnung der Führer der Rechten, zu denen sich auch die Spitzen des »Stahlhelms« gesellten, eine paramilitärische Organisation, die der DNVP nahestand.

4 Die Revolution war am 9. November 1918 ausgebrochen.

5 Edmond Vermeil, *Les Doctrinaires de la révolution allemande, 1918–1938*, Paris 1947.

6 Marguerite Yourcenar, *Le Coup de grâce*, Paris 1939 (dt. Der Fangschuß, 1962).

7 Die deutschen Freiwilligen unterstützten die lokalen Regierungen gegen die Bolschewiken, aber auch die deutschen »Barone« gegen ihre Bauern.

8 Doch wäre es nicht klüger und auch moralischer gewesen, die Bevölkerung zur Abstimmung über ihre staatliche Zugehörigkeit aufzurufen, was ihnen Bismarck stets verweigert hatte? Im Jahr 1919 hätte Frankreich über den Ausgang der Abstimmung nichts zu befürchten gehabt.

9 Der im März 1921 zwischen der Sowjetunion und Polen geschlossene Vertrag von Riga markierte das Ende beider Konflikte.

10 Der Versailler Vertrag hatte Polen einen Streifen Land entlang dem Unterlauf der Weichsel zugesprochen, der von Posen bis zur Ostsee verlief und die Städte Bromberg (Bydgoszcz), Thorn (Torun) und den kleine Hafen Gdingen (Gdynia) umfaßte. Dieser »polnische Korridor« trennte Ostpreußen vom übrigen Reich ab. Dies stellte für die breite deutsche Öffentlichkeit eines der negativsten und absurdesten Ergebnisse des Diktats der Alliierten dar.

11 Die ungarische Aristokratie widersetzte sich auch der Einführung des allgemeinen Wahlrechts. Ausgenommen die Bankiers, die Großen aus Industrie und Handel, die hohen Staatsbeamten und Universitätsprofessoren, waren alle Nicht-Adligen, mochten sie auch Ungarn sein, von der Teilhabe an der politischen Macht ausgeschlossen.

12 Anders verhält es sich mit dem Linksliberalismus, der sich auch »Fortschritts-

bewegung« nannte. Er bewahrte im Bismarckschen und Wilhelminischen Deutschland weiterhin seinen Einfluß, während er in Österreich ohne Bedeutung blieb.

13 Die Sozialistische Partei Österreichs (SPÖ) für die Sozialdemokraten und die Österreichische Volkspartei (ÖVP) für die Christlich-Sozialen.

19. Kapitel

1 Der Landschaftsbegriff »Gau« wurde erst im Nationalsozialismus zur Bezeichnung für eine Organisationseinheit der NSDAP.

2 Nach dem Sturz des SED-Regimes und der Vereinigung der DDR mit der BRD wurde der Sarkophag feierlich wieder nach Potsdam überführt. Er wurde unter anderen von Louis Ferdinand Prinz von Preußen, Chef des Hauses Hohenzollern, und Bundeskanzler Kohl getragen.

3 SS war die Abkürzung für »Schutzstaffel«, während SA für »Sturmabteilung« stand. Die schwarze Uniform der SS verdrängte die »Braunhemden«.

4 Dieser Fall beweist, daß Mut nicht unbedingt mit dem Tode bestraft wurde.

5 Das Gebirgsland der Sudeten erstreckt sich nur über den Norden Böhmens, während die deutsche Minderheit in großer Zahl die gesamten tschechischen Randgebiete bewohnte mit Ausnahme der Ostgrenze (zwischen Mähren und der Slowakei).

6 *Als Gefangene bei Stalin und Hitler,* München 1949.

7 Mit dem Begriff »Volksdeutsche« wurden unter Hitler die Angehörigen der deutschen Minderheiten bezeichnet, die, oft schon seit Jahrhunderten, in zahlreichen Ländern Osteuropas, in Rußland und bis zum Kaukasus lebten.

8 Die »Wolfsschanze« war während des Krieges im Osten der tief in den Wäldern Ostpreußens gelegene Sitz des Führerhauptquartiers.

9 Dank dem historischen Roman des »national« ausgerichteten Professors Felix Dahn mit dem Titel *Ein Kampf um Rom,* der seit seinem Erscheinen 1876 – 1878 unzählige Auflagen erlebt hat.

10 Henry Picker, *Hitlers Tischgespräche im Führerhauptquartier 1941–1942,* Bonn 1951.

11 Siehe mein Vorwort zu dem Buch *L'Histoire en question,* erschienen 1988.

20. Kapitel

1 Das gilt im wesentlichen für die Industriearbeiter.

21. Kapitel

1 Die Francs-tireurs et Partisans français (FTP) waren Guerilla- und Sabotageeinheiten im besetzten Frankreich unter kommunistischer Führung. Sie wurden nach der Befreiung mehr oder minder schnell in die Forces françaises de l'intérieur (FFI, Französische Streitkräfte im Innern) integriert, die direkt de Gaulle unterstanden.

2 Selbstverständlich durfte nicht jeder Mitglied werden.

3 Berlin war nur durch Delegierte ohne Stimmrecht vertreten.

4 Die US-Regierung blockte den von General Lucius Clay, dem Oberbefehlsha-

ber der amerikanischen Landstreitkräfte in Europa, unterstützten Versuch der deutschen Stellen ab, die Reform mit einem »Lastenausgleich« zu verbinden, der hohe Vermögens- und Gewinnabgaben beinhalten sollte. Entsprechende Maßnahmen wurden erst Anfang der fünfziger Jahre durchgeführt.

5 Die Soldaten der Wehrmacht waren 1945, um nicht in sowjetische Kriegsgefangenschaft zu geraten, im Eilmarsch den Amerikanern entgegenmarschiert.

6 Das Wahlrecht der alten Bundesrepublik wurde auf das Gebiet der ehemaligen DDR übertragen, indem man 72 neue Wahlkreise mit Persönlichkeitswahl schuf, denen 72 zu besetzende Sitze in den sechs großen Wahlbezirken entsprechen, in denen ausschließlich das Verhältniswahlrecht gilt. Im Prinzip wurde der Bundestag also um 144 neue Sitze erweitert. Dabei muß bedacht werden, daß der Bürger bei der Bundestagswahl über zwei Stimmen verfügt: Mit der Erststimme wählt er einen der Kandidaten, die im Wahlkreis seines Wohnortes antreten und im allgemeinen von einer Partei vorgeschlagen werden. Gewählt ist, wer (wie in England) die relative Mehrheit erringt. Mit der Zweitstimme spricht sich der Wähler für die Kandidatenliste aus, die innerhalb eines großen Wahlbezirks von einer Partei vorgelegt wird; der Bezirk entspricht im allgemeinen einem Land beziehungsweise – in den größeren Ländern – einem Teil des Landes (*Landesliste*). Vor allem kommt es auf die Zweitstimmen an, doch innerhalb der großen Wahlbezirke, in denen das Verhältniswahlrecht gilt, werden die mit der Erststimme gewählten Abgeordneten von der Zahl der Abgeordneten abgezogen, die eine Partei durch die Zweitstimmen erzielt. Erlangt eine Partei jedoch mit den Erststimmen mehr Sitze als mit den Zweitstimmen, so behält sie diese »Überhangmandate«. Bei der ersten Wahl nach der Wiedervereinigung im Jahr 1990 hätte sich der Bundestag normalerweise aus 656 Abgeordneten zusammengesetzt (328 nach Persönlichkeitswahl in den Wahlkreisen und 328 nach Verhältniswahl in den großen Wahlbezirken), doch fielen der CDU sechs »Überhangmandate« zu, und so umfaßte er 662 Sitze. Bei der nächsten Bundestagswahl im Jahr 1994 gab es 672 Abgeordnete. Zu den 656 Abgeordneten, die dem Zweitstimmenergebnis der Parteien entsprechen, kamen diesmal 16 zusätzliche Sitze hinzu, in die sich die CDU/CSU (12) und SPD (4) teilen. Kompliziert wird das System der zwei Stimmen durch die 5-Prozent-Regel. Die Stimmen, die eine Partei nach dem Verhältniswahlrecht in den großen Wahlbezirken erhält, werden ihr nämlich nur dann angerechnet, wenn ihr Gesamtergebnis auf der nationalen Ebene über 5 Prozent der Stimmen beträgt oder wenn sie in den Wahlkreisen mindestens drei »Direktmandate« erringt. Aus diesen Bestimmungen folgt, daß ein berechnender Wähler seine beiden Stimmen nicht unbedingt derselben Partei gibt. Die liberale FDP, die mindestens seit 1969 unentbehrlicher Partner aller Mehrheiten ist, hat in den Wahlkreisen mit Persönlichkeitswahl kaum Chancen, einen Sitz zu erringen. Will der Wähler »zweckmäßig« abstimmen, so gibt er dort seine Erststimme der großen Partner-Partei (seit 1982 ist das die CDU/CSU), während er in den großen Wahlbezirken, in denen das Verhältniswahlrecht gilt, mit seiner Zweitstimme dafür sorgt, daß die Liberalen in den Bundestag kommen (indem er ihnen über die 5-Prozent-Hürde hilft). Die neokommunistische PDS hat 1994 auf nationaler Ebene die 5 Prozent nicht erreicht, doch da sie vier »direkte« Abgeordnete hatte, kamen ihr ihre »Zweitstimmen« zugute.

7 Die Partei des Demokratischen Sozialismus hat, nur wenig geläutert, die Nachfolge der früheren Staatspartei SED des kommunistischen Deutschland

angetreten ... Nach der Wahl von 1990 kamen ihre Abgeordneten alle aus der ehemaligen DDR.

8 Eine Partei muß in der Tat fünf Prozent der Zweitstimmen im gesamten Bundesgebiet auf sich vereinigen, will sie in den Bundestag einziehen. (Dies gilt natürlich nicht für Direktmandate, die für neue Parteien allerdings nur schwer zu erringen sind – selbst die Freien Demokraten haben 1990 nur eines erhalten. Damit die Zweitstimmen zählen, muß eine Partei, die an der Fünf-Prozent-Klausel scheitert, mindestens drei Direktmandate gewinnen.) Diese Regel stellt für neue Parteien eine hohe Hürde dar: Die Grünen waren lange Zeit die einzigen, die sie überwinden konnten, nämlich 1983 in der alten Bundesrepublik. Die eindeutig neonazistisch ausgerichtete Nationaldemokratische Partei Deutschlands (NPD) scheiterte 1968 mit 4,7 Prozent der Stimmen nur knapp. Seitdem hat die äußerste Rechte nie 5 Prozent der Stimmen erreicht, auch nicht 1994, als sie mit mehreren, rivalisierenden Parteien antrat. Seit 1990 sitzt die PDS im Bundestag, 1994 dank ihrer vier Direktmandate.

9 Nach der Wiedervereinigung hat der Bundestag 1992 ein neues Gesetz verabschiedet, das den Schwangerschaftsabbruch erleichtert. Es wurde von der Verfassungsrichtern ebenfalls in wesentlichen Teilen verworfen.

10 Das Volksbegehren ist gegenwärtig nur für die Neugliederung des Bundesgebietes vorgesehen.

11 Die 1993 beschlossene Grundgesetzänderung erlaubt die Zurückweisung von Asylsuchenden aus Staaten, die unter dem Aspekt der Freiheits- und Menschenrechte als »sicher« gelten. Diese Neuformulierung des Grundgesetzes hat die Zahl der Asylbewerber um drei Viertel gesenkt.

12 *L'Allemagne de l'Occident 1945–1952*, Paris 1953.

13 Die Entwicklung beschleunigt sich gegenwärtig.

14 Diese Regelung wird Fristenlösung genannt.

15 Gleichwohl gerieten viele Großunternehmen, denen die Gewerkschaften anspruchsvoll das Etikett »gemeinwirtschaftlich« gegeben hatten, wegen des schlechten Managements der verantwortlichen zweiten Generation in den achtziger Jahren zunehmend in Schwierigkeiten. Skandale und Strafprozesse waren die Folge. So mußte der DGB das große Wohnungsbauunternehmen »Neue Heimat« und die »Bank für Gemeinwirtschaft« abstoßen. Letztere gehört heute mehrheitlich dem französischen Geldinstitut Crédit Lyonnais, das seinerseits durch Mißwirtschaft in große Schwierigkeiten geraten ist.

17 Zum einen zog die SPD damit die Konsequenz aus der neuerlichen Aggressivität der Sowjets in Berlin, zum anderen dehnte sie den Reformkurs des 1959 beschlossenen Godesberger Programms auf das Feld der Außenpolitik aus.

17 Er war inzwischen der SPD beigetreten.

18 In welchem Ausmaß die westdeutschen Terroristen jahrzehntelang durch die DDR-Geheimdienste unterstützt wurden, wurde erst nach dem Zusammenbruch des kommunistischen Staates deutlich.

19 Inzwischen wurde die deutsch-französische Brigade gebildet und danach das Eurokorps.

20 Aber auch von diesen übersiedelten später viele in den Westen.

21 In Helsinki hatten die westlichen Staats- und Regierungschefs den wichtigsten Punkt der sowjetischen Forderungen akzeptiert und die Unverletzlichkeit der zwischen 1945 und 1948 in Europa gezogenen politischen Grenzen anerkannt. Die List des Geistes wandte sich allerdings gegen die Erben Stalins, und zwar in Gestalt von Bürgerrechtlern, die die im »Dritten Korb« einge-

gangenen Verpflichtungen (Achtung der Menschenrechte und Grundfreiheiten) dazu benutzten, die Opposition in der Sowjetunion und in ihren Satellitenstaaten zu unterstützen und zu stärken, wobei die – freilich nur sehr
bedingte – Lockerung der repressiven Politik ihren Hauptgrund in der wachsenden Abhängigkeit des sozialistischen Lagers von der liberalen kapitalistischen Wirtschaft hatte. Diese Abhängigkeit sollte dann weiter zunehmen.

22 Unter der 1969 gebildeten, sozialdemokratisch geführten Bonner Regierung
strebte die Bundesrepublik eine Normalisierung ihrer Beziehungen zu den
kommunistischen Staaten in Europa an. Ein Hauptziel dieser Politik war, die
ständige Bedrohung West-Berlins durch die Sowjetunion zu beseitigen. So
kam es zu einem Junktim: Bonn erkannte die westliche Staatsgrenze Polens
an (unter dem Vorbehalt der Bestätigung durch ein künftiges vereinigtes
Deutschland), und die Sowjetunion ließ ihre Forderung nach einem Sonderstatus West-Berlins fallen. Dies führte zur gegenseitigen, rechtlich sehr spe-
ziellen Anerkennung der beiden deutschen Staaten und zu ihrer gleichzeitigen
Aufnahme in die Vereinten Nationen.

23 Wie wichtig das Fernsehen ist, hat man bei der letzten Krise der DDR und
im Wahlkampf für die letzte Volkskammer gesehen. Die große Mehrheit der
Menschen im Osten lauschte vor allem den Reden der Spitzenpolitiker aus
dem Westen, die sie seit langem vom Bildschirm kannte.

24 Tatsächlich scheint es sich um eine Initiative einzelner nachgeordneter Beamter gehandelt zu haben, die einem bereits gefaßten, aber noch nicht veröf-
fentlichten Beschluß der Führung zuvorkamen.

25 Der Vertrag regelte den Beitritt der Bundesrepublik zum atlantischen Bündnis.

26 Sie hätte nach Vollzug der Vereinigung allerdings ein Ausnahmegesetz notwendig gemacht, das vom Bundesverfassungsgericht wahrscheinlich gekippt
worden wäre.

Ausblick

1 Jean Giraudoux: »Elektra«, Akt II, Szene 10.

Namenregister

Deutsche Kultur –

Ein halbes Jahrhundert

Die erste vollständige Kulturgeschichte der Bundesrepublik,
vom Neubeginn nach dem Krieg
über die vierzig Jahre der Teilung bis in unsere Gegenwart.
Hermann Glaser, der seit Jahren
als Kenner der deutschen Nach-
kriegskultur einen Namen hat,
führt die gesamte kulturelle
Landschaft der Bundesrepublik
zu einem großen Geschichtsbuch
zusammen: die Geschichte von
Literatur und Philosophie, von
Malerei und Musik und die
Geschichte unseres Alltags, der
Medien, der Moden, des Designs.
Nachschlagewerk und Lesebuch
zugleich.

Hermann Glaser

*Deutsche
Kultur*

1945–2000

Hanser

576 Seiten mit 76 Abbildungen
Leinen, Fadenheftung

Deutsche Geschichte der neuesten Zeit im dtv

Herausgegeben von Martin Broszat, Wolfgang Benz und Hermann Graml in Verbindung mit dem Institut für Zeitgeschichte, München.

Deutsche Geschichte der neuesten Zeit
im dtv

20 Tage im 20. Jahrhundert

Die neue Reihe im dtv
Herausgegeben von
Norbert Frei, Klaus-Dietmar Henke und Hans Woller

Zwanzig Tagesereignisse aus den letzten 100 Jahren bilden den Ausgangspunkt für eine umfassende Darstellung der internationalen historischen, gesellschaftlichen, wirtschaftlichen und kulturellen Entwicklung vom Beginn des Jahrhunderts bis zum Ende des Jahrtausends. Das Ergebnis: eine Bilanz des 20. Jahrhunderts.

Die ersten fünf Bände liegen vor:

Volker R. Berghahn
Sarajewo, 28. Juni 1914
Der Untergang des alten Europa
dtv 30601

Jürgen Osterhammel
Shanghai, 30. Mai 1925
Die chinesische Revolution
dtv 30604

Brigitte Röthlein
Mare Tranquillitatis, 20. Juli 1969
Die wissenschaftlich-technische Revolution
dtv 30613

Harold James
Rambouillet, 15. November 1975
Die Globalisierung der Wirtschaft
Aus dem Englischen von Hermann Graml
dtv 30615

Walther L. Bernecker
Port Harcourt, 10. November 1995
Aufbruch und Elend in der Dritten Welt
dtv 30619